Peter Grove
Deutungen des Subjekts

Theologische Bibliothek Töpelmann

Herausgegeben von
O. Bayer · W. Härle · H.-P. Müller

Band 129

Walter de Gruyter · Berlin · New York

Peter Grove

Deutungen des Subjekts

Schleiermachers Philosophie der Religion

Walter de Gruyter · Berlin · New York

Herausgegeben mit Unterstützung von Statens Humanistiske Forskningsråd, Lillian og Dan Finks Fond und G.E.C. Gads Fond

♾ Gedruckt auf säurefreiem Papier,
das die US-ANSI-Norm über Haltbarkeit erfüllt.

ISBN 3-11-018224-6

Bibliografische Information Der Deutschen Bibliothek

Die Deutsche Bibliothek verzeichnet diese Publikation in der Deutschen Nationalbibliografie; detaillierte bibliografische Daten sind im Internet über http://dnb.ddb.de abrufbar.

Printed in Germany
Umschlaggestaltung: Christopher Schneider, Berlin

Vorwort

Die folgende Abhandlung wurde im Februar 2002 zur Erlangung des dänischen theologischen Doktorgrads, der an einer deutschen Universität ungefähr der Habilitation entspricht, an der Theologischen Fakultät der Universität Aarhus eingereicht. Sie erscheint hier substantiell unverändert; die inzwischen erschienene Literatur konnte im Rahmen des erst nach der Publikation abgeschlossenen Prüfungsverfahrens für die Drucklegung nicht berücksichtigt werden.

Ich weiß mich einer langen Reihe von Institutionen und Personen zu Dank verpflichtet. Zunächst der Theologischen Fakultät an der Universität Kopenhagen, die mir 1986-1989 ein Stipendium an der Abteilung für systematische Theologie gewährte; in diesem Zeitraum entstanden die allerersten Keime zu der hier vorgelegten Untersuchung. Sie sprossen erst viele Jahre später, als ich an der Abteilung für systematische Theologie der Theologischen Fakultät an der Universität Aarhus angestellt war, zeitweise aufgrund von 2000/01 erhaltenen Stipendien von Carlsbergfondet und Statens Humanistiske Forskningsråd. Den Stipendiengebern sowie der Fakultät und der Abteilung sei an dieser Stelle herzlich gedankt.

Kollegen und Freunden im In- und Ausland bin ich für ihre Hilfe sehr dankbar. Herrn Prof. Dr. theol. Peter Widmann (Århus) und Herrn Universitätslektor Anders Moe Rasmussen (Århus), die mir viele Jahre hindurch Anregungen und Ermunterungen gegeben haben, möchte ich besonders hervorheben. Ich danke Herrn Prof. Dr. Jürgen Stolzenberg (Halle) und Herrn Prof. Dr. Andreas Arndt (Berlin) für ihre Unterstützung. Insbesondere möchte ich Herrn Prof. Dr. theol. Svend Andersen (Århus), Herrn Prof. Dr. Ulrich Barth (Halle) und Herrn Prof. Dr. Konrad Cramer (Göttingen) für ihre freundliche Bereitschaft, dem Gutachterausschuß beizutreten, herzlich danken. Es war mir eine ganz besondere Freude, daß Herr Cramer, der mich vor vielen Jahren während eines Studienaufenthalts in Göttingen sehr entgegenkommend aufnahm, und Herr Barth, zu dem ich dort ebenso einen guten Kontakt erhielt, die damit verbundene Arbeit auf sich nahmen.

Dem Lektor vom Verlag Walter de Gruyter, Herrn Dr. Albrecht Döhnert, der während des langen Prozesses der Drucklegung mir gegenüber sehr aufgeschlossen und hilfsbereit war, danke ich sehr herzlich. Ebenso möchte ich den Herausgebern der Theologischen Bibliothek Töpelmann,

Herrn Prof. Dr. Oswald Bayer (Tübingen), Herrn Prof. Dr. Wilfried Härle (Heidelberg) und Herrn Prof. Dr. Hans-Peter Müller (Münster) für die Aufnahme der Abhandlung in diese Reihe meinen Dank sagen. Ich habe das Manuskript ursprünglich selbst in deutscher Sprache geschrieben; mein besonderer Dank gilt Herrn Dr. Friedemann Steck (München), der die nicht beneidenswerte Aufgabe der sprachlich-stilistischen Korrektur übernahm und auf verdienstvolle Weise durchführte. Für zurückgebliebene sprachliche Eigenarten trage ich die Verantwortung.

Die Veröffentlichung der Abhandlung wurde durch großzügige Zuschüsse von Statens Humanistiske Forskningsråd, Lillian og Dan Finks Fond und G.E.C. Gads Fond ermöglicht, wofür ich herzlich danke.

Nicht zuletzt möchte ich meiner Familie danken, die um der weitschweifigen Studien willen, die der Abhandlung vorausgingen, große Entbehrungen ertragen hat.

Århus, im September 2004
Peter Grove

Inhaltsverzeichnis

II. Theoriebildungen

II.A. Religion und Metaphysik in den *Reden*

II.B. Entfaltung des Subjektivitätsbegriffs

II.C. Religion und Metaphysik nach dem Spätwerk

Anhang

Einleitung

1. Zur Fragestellung

Das Denken Friedrich Daniel Ernst Schleiermachers steht im engen Zusammenhang mit der deutschen Philosophie von der Aufklärung über Kant bis zum Frühidealismus und zur Frühromantik. Ist Schleiermacher ein Exponent dieser Philosophie – die hier vorläufig unter Absehung ihrer inneren Differenzen mit dem Begriff des deutschen Idealismus bezeichnet wird – und teilt er weitgehend ihre Bedingungen, so läßt sich im Hinblick auf die Untersuchung seiner Philosophie der Religion einleitend fragen, welche bleibende religionsphilosophische Relevanz der deutsche Idealismus hat.

Eine Wiederaufnahme des Idealismus scheint schlechte Chancen zu haben. Die Frage ist indessen, warum es so scheint. Um darauf eine Antwort zu geben, muß man auf einige Elemente hinweisen, die den größten Teil des Denkens des Nachidealismus und des zwanzigsten Jahrhunderts kennzeichnen. Erstens war dieses Denken sehr oft *religionskritisch*. Es ist vielsagend, daß dies selbst bei einem breiten Strom der Theologie dieser Periode der Fall war. Freilich ist diesbezüglich die Lage allmählich eine andere geworden. Sodann war der Hauptstrom des Denkens *metaphysikkritisch* in einem Sinn, der auch einen monotheistischen Gottesgedanken ausschließen mußte. Endlich war der Großteil der neueren Philosophie jedenfalls bis Ende des zwanzigsten Jahrhunderts *subjektkritisch*, sei es vor dem Hintergrund eines physikalischen Naturalismus, eines Seinsdenkens oder einer Differenzphilosophie o.ä. Besonders von religionsphilosophischer Seite muß aber gefragt werden, ob einem menschlichen Gottesverhältnis und Phänomenen wie Glaube und Sünde, Handeln und Moralität von solchen radikal antihumanistischen Positionen her Rechnung getragen werden kann. Sind solche Bedenken berechtigt, so besteht eine wesentliche Aufgabe darin, die lange Zeit verketzerten Themen – Religion, Metaphysik und Subjektivität – wieder aufzunehmen. Die letzte geistige Bewegung, welche die zentrale Bedeutung dieser Themen im Zusammenhang festhielt, war der deutsche Idealismus. Er kann selbstverständlich nicht ohne weiteres wiederholt werden. Es ist aber naheliegend, ihn zu konsultieren, wenn die betreffenden Fragen neu behandelt werden sollen.

Der im wesentlichen negativen Haltung gegenüber dem deutschen
Idealismus innerhalb des Denkens der letzten 150 Jahre korrespondiert ein
bestimmtes Bild von ihm und vom modernen Denken überhaupt: Er wird
als hoch- und freischwebende, willkürliche Spekulation aufgefaßt und
durch Klischees wie „Cartesianismus" und „auf sich selbst beruhendes
Bewußtsein" charakterisiert. Die Destruktion dieses Bildes in der neueren
Forschung vermag indessen ein erneutes religionsphilosophisches Interesse am deutschen Idealismus entscheidend zu fördern; als bahnbrechend
in dieser Forschung sind vor allem die Arbeiten von Dieter Henrich hervorzuheben. Man kann auf einige Einsichten hinweisen, die zu dieser
Destruktion beitragen und die alle das, was man *antifundamentalistische*
philosophische Motive nennen könnte, artikulieren: 1. Weit davon entfernt, daß der Idealismus ohne Wirklichkeitsbezug ist, gilt im allgemeinen, daß seine Philosophie am Selbstverständnis und an der Lebenspraxis
des Menschen orientiert wird. Henrich spricht im Blick hierauf vom
Rousseauismus der klassischen deutschen Philosophie.[1] Dieser Zug wird
von einigen Denkern zu dem prinzipiellen Gesichtspunkt ausgearbeitet,
daß die Philosophie als aus dem elementaren bewußten Leben, als aus
einem Denken, das spontan in jedem Menschen entsteht, entspringend
und bleibend an dieses rückgebunden aufgefaßt werden muß. 2. Man
operiert mit schwachen Begründungsformen, ist gegen monistische
Theoriekonzeptionen skeptisch, ersetzt die Vorstellung von *einem* philosophischen Grundsatz durch den Gedanken von Voraussetzungen in
einem pointierten Sinn und durch zirkuläre und relationale Theoriemo-
delle etc. Ein kleinster gemeinschaftlicher Nenner der Philosophie der
zweiten Hälfte der 1790er Jahre besteht 3. darin, daß die Subjektivität
nicht hypostasiert, sondern als begründet und abhängig betrachtet wird,
und 4. darin, daß das metaphysische Thema nicht dogmatisch behauptet,
sondern von der Subjektivität her und primär als ihre Voraussetzung gedacht wird.

Schleiermachers Denken ist – wie in Einzelheiten erwiesen werden
soll – ein Exponent des deutschen Idealismus im angegebenen weiten
Sinn. Seine theologisch-philosophische Konzeption liegt mehr oder weniger auf der Linie der Gedankengänge, die in dieser Periode auch sonst in
der philosophischen Avantgarde in Deutschland verbreitet waren, und
kann aus denselben Gründen wie diese Aufmerksamkeit beanspruchen.
Weiter sind Schleiermachers philosophische und theologische Theorien
in etwa dem gleichen Kontext wie der sonstige Idealismus entstanden und
zudem mit denselben Konstellationen von Theorien und Personen verwo-

---

1   Vgl. zum Beispiel Henrich, Grund 357f.

ben. Eine Darstellung, die mit Bezug auf diese Zusammenhänge die Voraussetzungen, die interne Entwicklung und die Argumentationsweise von Schleiermachers Denken hinlänglich untersucht, liegt bislang nicht vor. Die folgende Abhandlung versteht sich als ein Beitrag zu einer solchen umfassenden Darstellung.

Die Untersuchung wird sich auf die Religionsphilosophie konzentrieren. Beabsichtigt ist eine systematische Neuinterpretation der allgemeinen religionsphilosophischen Theoriebildungen Schleiermachers, d.h. seiner philosophischen Theorien der Religion einschließlich des Gottesgedankens. Mit anderen Worten, das Hauptziel der Untersuchung ist die systematische Interpretation der Religionsbegriffe der beiden wichtigsten Veröffentlichungen Schleiermachers: Nach dem 1799 anonym erschienenen Werk *Über die Religion. Reden an die Gebildeten unter ihren Verächtern* – kurz *Reden* genannt – ist „die allgemeinste und höchste Formel der Religion" „Anschauen des Universums",[2] wobei hinzugefügt wird, daß dieses mit Gefühlen verbunden ist.[3] In der Einleitung der sogenannten Glaubenslehre, des dogmatischen Lehrbuchs, das 1821/22 und in zweiter Auflage 1830/31 unter dem Titel *Der christliche Glaube nach den Grundsäzen der evangelischen Kirche im Zusammenhange dargestellt* erschien, findet sich die Religionsdefinition in § 8 der Erstauflage und in § 4 der Zweitauflage: Nachdem die Religion in § 3 als „eine Bestimmtheit des Gefühls oder des unmittelbaren Selbstbewußtseins" gekennzeichnet worden ist,[4] wird sie in § 4 näher so definiert: „Das Gemeinsame aller noch so verschiedenen Aeußerungen der Frömmigkeit, wodurch diese sich zugleich von allen andern Gefühlen unterscheiden, also das sich selbst gleiche Wesen der Frömmigkeit ist dieses, daß wir uns unsrer selbst als schlechthin abhängig, oder, was dasselbe sagen will, als in Beziehung mit Gott bewußt sind".[5]

Unter Religionsphilosophie oder Philosophie der Religion wird im Folgenden zunächst einfach Philosophie, die sich auf Religion bezieht, verstanden. Dies weicht terminologisch von Schleiermacher ab. Er verwendet diesen damals weitgehend neuen Begriff als Bezeichnung einer Disziplin, die der allgemeinen Religionstheorie nachgeordnet ist und die die gegebenen religiösen Gemeinschaften vergleichen soll, um ihre Individualität zu ermitteln.[6] Die Durchführung dieser Aufgabe bei Schleier-

---

2 KGA I/2, 213,34ff. = R, 55.
3 KGA I/2, 218,20ff. = R, 66f.
4 KGA I/13.1, 20 = Gl2.1, 14.
5 KGA I/13.1, 32 = Gl2.1, 23.
6 KGA I/6, 334 § 23. Er weist hier selbst darauf hin, daß er die Bezeichnung in einem „noch nicht ganz gewöhnlichen Sinne" gebraucht. Ebenso wird in der Abhandlung der Begriff der philosophischen Theologie meist in einer von Schleiermachers eigener Terminologie

macher geht also thematisch über den Problemkreis der folgenden Untersuchung, die beim allgemeinen Religionsbegriff stehen bleibt, hinaus.
   Schleiermachers Philosophie der Religion thematisiert diese mit Bezug auf den Gedanken der menschlichen Subjektivität, d.h. die Tatsache,
daß wir nicht einfach *sind* und dahinleben, sondern uns zu uns selbst verhalten und also Subjekte sind. Dieser Ansatz ist wohlbegründet. Es geht
dabei nicht um ein Thema neben anderen, das man hier aufnehmen oder
liegen lassen kann, sondern um die Prämisse, daß ohne den Gedanken des
Subjekts der Begriff der Religion unverständlich bleibt. Dieser Ansatz,
dem Schleiermacher schon in den *Reden* folgt, tritt am deutlichsten in den
Bestimmungen der Glaubenslehre zutage, die den Religionsbegriff ausdrücklich subjektivitätstheoretisch interpretiert. Daraus ergibt sich die
Aufgabe zu untersuchen, wie im Zusammenhang der Behandlung des
Religionsthemas die Subjektivität als Gefühl und Selbstbewußtsein von
Schleiermacher näher bestimmt wird. Durch den Hinweis auf die Gefühls-
und Selbstbewußtseinstheorie wird jedoch explizit nur auf das eine Glied
des Obertitels der Abhandlung Rücksicht genommen. Der Titel zielt weiter auf Deutungen, die vom Subjekt aufgrund seines Wissens von sich
gebildet werden.[7] Wie später klar werden soll, kann auf diese Weise gesagt werden, daß Schleiermacher – und zwar sowohl der frühe als auch
der späte – Religion als Subjektivität im Sinne einer Art des Selbstver-
ständnisses und der Selbstdeutung des Menschen begreift.
   Die Untersuchung der Religionsphilosophie Schleiermachers muß
sich also auf seine Subjektivitätstheorie konzentrieren. Allerdings soll
nicht bestritten werden, daß seine religionstheoretischen Argumentationen zugleich durchaus gemeinschaftsbezogen sind; jede Religion wird
nach Schleiermacher immer von einer Gemeinschaft getragen. Die Abhandlung geht aber von der Annahme der Nichtherleitbarkeit der Subjektivität aus der Intersubjektivität aus und setzt voraus, daß jene Thematisierung der Religion eigenständig und grundlegend ist. Auf sie wird hier
das Schwergewicht gelegt, während die intersubjektive Dimension des
Religionsbegriffes nicht weiter verfolgt wird.

---

   abweichenden, gewöhnlicheren Bedeutung verwendet (vgl. ebd. 335 § 24; 338ff. §§ 32ff.).
   Zu vernachlässigen ist hier auch eine weitere terminologische Eigentümlichkeit Schleiermachers: Nachdem er zunächst selbst den Begriff der Religion in Anspruch genommen
   hat, ersetzt er ihn, abweichend von der üblichen theoretischen Sprache, durch den Begriff der Frömmigkeit (KGA I/7.1, 20,17ff.; 42f.). Er verfährt jedoch nicht konsequent, wie
   die Rede von Religionsphilosophie zeigt.
7 Vgl. Henrichs Unterscheidung von Subjektivität als invariantem Wissen von sich und
   als davon ausgehender dynamischer Selbstverständigung und Selbstdeutung (Henrich,
   Leben 11ff.; ders., Versuch 31.343f.). Er behält jedoch in neueren Arbeiten den Begriff der
   Subjektivität meist dem letztgenannten Moment vor.

Nun soll Philosophie der Religion in der Untersuchung nicht allein als Philosophie über Religion verstanden werden. Philosophie und Religion – auch als Funktion der Subjektivität (und der Intersubjektivität) – beziehen sich beide, jedenfalls wie sie im Kontext des Christentums artikuliert werden, auf das Ganze, auf eine letzte Einheit oder auf das Absolute. Dies kommt in den zitierten Religionsdefinitionen Schleiermachers in den Ideen vom Universum und von Gott zum Ausdruck, die nach seinen Bestimmungen höherstufige Deutungen des Subjekts darstellen. Auch seine diesbezüglichen Theoriebildungen sollen in der Abhandlung analysiert werden. Sie thematisieren einerseits den religiösen Gottesgedanken und sind insofern Teil der Religionsphilosophie, wie sie hier gefaßt wird. Andererseits beziehen sie sich auf einen Gedanken Gottes oder des Absoluten, der als von der Religion unabhängig und vom erkennenden Weltverhältnis des Menschen her entwickelt und in der Abhandlung als metaphysisch bezeichnet wird. Es geht dabei insbesondere um Metaphysik als Metaphysik des Unendlichen bzw. um eine solche, die dem theologischen Teil der traditionellen *metaphysica specialis* entspricht. Schleiermachers Religionsphilosophie umfaßt die Metaphysik zwar nicht, ist aber wesentlich auf sie bezogen und nur in diesem Bezug angemessen zu verstehen.

Die Theorien des deutschen Idealismus wie in diesem Fall Schleiermachers Religionsphilosophie, Subjektivitätstheorie und Metaphysik sind dem heutigen Leser nicht leicht, sondern oft nur durch großen interpretatorischen Aufwand zugänglich. Deshalb bedarf es einer sorgfältigen Erwägung der *Methode*. Die Untersuchung, die hier vorgelegt wird, ist durch eine Verbindung von historischen und systematischen Verfahrensweisen gekennzeichnet. Sie unternimmt eine entwicklungsgeschichtliche Betrachtung, insofern sie Schleiermachers spätes Werk vor dem Hintergrund des frühen interpretiert, ohne jedoch eine kontinuierliche Darstellung seiner Entwicklung als ganzer liefern zu wollen. Die genetisch verfahrende Interpretation beleuchtet normalerweise eine Theorie von ihren Vorstadien und von den unter anderem darin artikulierten Überlegungen des Urhebers her. Insofern vermag sie die unaufgebbare hermeneutische Forderung, daß die Interpretation den Intentionen des Verfassers gerecht werden muß, zu erfüllen.[8] Die folgende Abhandlung überschreitet indessen die Perspektive eines derartigen historisch-genetischen Verfahrens, indem sie sich nicht an die Selbstdarstellung Schleiermachers bindet. In Anknüpfung an die jüngere Idealismusforschung wird die historische Interpretation kontextuell angelegt. Der große Erfolg der Idealismusstudien im Kreis von Dieter Henrich beruht zum Teil darauf, daß man den

---

8 Vgl. Henrich, Identität [1976] 9f.; Carl, Kant 13f.

Blickpunkt vom einzelnen Denker auf die mannigfaltigen Interdependenzen und Konstellationen von Theorien und Personen sowie die Problemstellungen und Debatten, die zusammen den Hintergrund der Werke bilden, verlagert hat.[9] Es soll ein Versuch gemacht werden, dieses Verfahren der sogenannten Konstellationsforschung, deren Ergebnisse mit Bezug auf den Frühidealismus und die Frühromantik des Jenaer Kreises schon als solche große Relevanz für die Interpretation Schleiermachers besitzen, hier fruchtbar zu machen. Sodann geht die Untersuchung über Schleiermachers Selbstdarstellung insofern hinaus, als sie sich auf seine faktische Argumentation mittels eines systematischen Verfahrens bezieht, sie jedoch immer noch in ihrem eigenen Zusammenhang erörtert. Sie versucht, die Texte in ihrer sachlichen Bedeutung aufzuschließen und dabei die systematischen Voraussetzungen, theoretischen Mittel, Aufbau und Inhalt der Argumentation zu analysieren.[10] Die historische Untersuchung ist nicht Selbstzweck, sondern dient der systematischen Interpretation. Diese wiederum ist ihrerseits außerstande, die Problemzusammenhänge und theoretischen Konstellationen, denen die Texte entspringen und auf welche sie reagieren, hinreichend zu berücksichtigen. Die historisch-genetische Interpretation und die Argumentationsanalyse müssen also Hand in Hand gehen.

Damit sind die Bedingungen der *näheren thematischen und textmäßigen Eingrenzung* gegeben. Nur die wichtigsten religionsphilosophischen Gedankengänge Schleiermachers werden analysiert: Wie bereits deutlich wurde, werden die der *Reden* und der Glaubenslehre im Zentrum stehen. Im Spätwerk sind außerdem besonders die Metaphysik und die Religionstheorie der Vorlesungen über Dialektik relevant. Sie werden in erkenntnis- und subjektivitätstheoretischer Hinsicht durch die Texte zur philosophischen Ethik ergänzt. Hinzu kommen sehr frühe fragmentarische, aber aufschlußreiche Ausführungen über das Thema. Die Untersuchung umfaßt also Schleiermachers religionsphilosophische Theoriebildungen in ihrer Ganzheit.

---

9   Siehe Henrich, Konstellationen 12ff.27–46.107ff.

10 Dieser methodische Ansatz ist weniger anspruchsvoll als der der systematischen Rekonstruktion, wie Henrich sie im Zusammenhang seiner Kant-Studien skizziert hat. Von der Behauptung her, daß „innovierende Texte undeutliche Texte sind", fordert er, daß der Interpret gegebenenfalls in einer einzelnen Sequenz von Sätzen des Textes verschiedene Gedankenlinien unterscheidet und feststellt, welche von ihnen konsistent gemacht werden kann (Henrich, Identität [1976] 10f.), wobei die Möglichkeit offen gehalten wird, daß diese von „den im Text vorherrschenden Absichten" und „dominanten Gedankenlinien" abweicht (ders., Identität [1988] 41). Siehe dagegen Carl, Kant 14, aber auch Henrich, Grund 429 einschl. Anm. 207.

Die Textbasis der Untersuchung erweist sich infolge der historisch-genetischen Anlage als sehr umfangreich. Sie umfaßt erstens Material aus Schleiermachers Hand; grundsätzlich muß alles Zugängliche der Periode einbezogen werden, in welcher sein Denken in seinen Grundzügen ausgeformt wurde, d.h. vom Anfang an bis um 1803. Näheres darüber wird im Laufe der Untersuchung ermittelt. Zweitens müssen theoretische Konstellationen, die durch die Werke der betreffenden Philosophen repräsentiert werden, und Gesprächslagen, die durch Zeitschriften, Briefwechsel und anderes dokumentiert sind, berücksichtigt werden. Am wichtigsten ist die Diskussion über die kritische Philosophie von Kant bis Friedrich Schlegel, aber auch die Wolffsche Schulphilosophie und die Spätaufklärung und ebenso die Spinoza-Renaissance müssen einbezogen werden. Aufgrund der philosophischen Orientierung der Untersuchung wird auf Voraussetzungen Schleiermachers etwa in der schönen Literatur oder in der Frömmigkeitsgeschichte, wo vor allem der Herrnhutismus zu berücksichtigen wäre, nicht näher eingegangen.

Selbst nach eineinhalb Jahrhunderten Schleiermacher-Forschung hat man bei der Durchführung einer Untersuchung, wie sie hier konzipiert wird, oft das Gefühl, jungfräulichen Boden zu betreten. Andererseits liegen in der umfassenden *Literatur* sehr bedeutsame Forschungsbeiträge vor.[11] Einige der wichtigsten Untersuchungen, die sich in ihren Anlagen und Ambitionen mit der gegenwärtigen Abhandlung auf die eine oder die andere Weise berühren und überdies die größte Wirkung in der Forschung ausgeübt haben, sollen hier vorläufig im Blick auf prinzipielle Aspekte kurz kommentiert werden.

Die eigentliche, methodisch reflektierte Schleiermacher-Forschung beginnt erst mit *Wilhelm Diltheys* Werk *Leben Schleiermachers*, das in gewisser Weise bislang noch unübertroffen ist. Dilthey war Initiator der genetischen Erforschung nicht nur Schleiermachers, sondern des klassischen deutschen Denkens überhaupt. Das *Leben Schleiermachers* war dafür das erste großangelegte Beispiel. Daneben förderte er sie durch Editionsprojekte, mit Bezug auf Schleiermacher durch eine – selektive und paraphrasierende – Ausgabe der frühen Entwürfe und Notizen,[12] ebenso wie er bei der Herausgabe von Briefen mitwirkte.[13] So konnte Dilthey aus einem großen Material, das den bisherigen Interpreten unbekannt war, für seine Darstellung schöpfen. Am wichtigsten in dieser Darstellung ist der

---

11　Eine Forschungsübersicht mit dem Schwerpunkt auf der Philosophie gibt Scholtz, Philosophie.

12　Schleiermacher, Denkmale; dazu Meckenstock, Edition. Zu Diltheys Schleiermacher-Interpretation siehe auch Meckenstock, Ethik 4ff.

13　Br 3-4.

erste von ihm selbst 1870 herausgegebene Band,[14] der Schleiermachers
Entwicklung bis 1802 verfolgt. Diltheys Plan war, in weiteren Bänden das
Schleiermachersche Werk als ganzes zu interpretieren[15] und so vom frü-
hen Denker her den späten genetisch aufzuschließen. Seine unfertigen
Manuskripte dazu wurden später aus dem Nachlaß publiziert.[16]

Auf der neuen Textgrundlage gelingt es Dilthey, auf meines Erachtens
mindestens in groben Zügen überzeugende Weise, einige der wichtigsten
Impulsgeber des jungen Schleiermacher nachzuweisen und eine Periodisierung seiner Entwicklung durchzuführen. Allerdings bleibt der Ertrag
seiner Untersuchung durch seine nicht nur biographische, sondern pointiert lebensphilosophische Konzeption der historisch-genetischen Methode[17] erheblich eingeschränkt. Er faßt Gedanken als sekundäre Ausdrücke
eines ursprünglichen Erlebnisses auf, weshalb sie nur verstanden werden
können, wenn man auf dieses zurückgeht. So kommt Schleiermacher bei
ihm vor allem als genialer Erneuerer von Religion und Moral und als
„Verkündiger der großen Lehre von der Individualität" in Betracht.[18] Zu
den biographischen Kapiteln fügt Dilthey zwar ausführliche Exkurse über
das zeitgenössische Denken und Dichten hinzu, gelangt aber kaum dazu,
diese Einbeziehung des Kontextes für die Interpretation des Textes
Schleiermachers fruchtbar zu machen. Unter diesen methodischen und
philosophischen Prämissen können dessen theoretischen Arbeiten als
solche keine selbständige Bedeutung haben. Analysen ihrer Argumentation gibt Dilthey nicht. Seine inhaltlichen Behandlungen der Texte bleiben
relativ oberflächlich und gehen nur selten über das bloße Referat hinaus.
Dies gilt zum Beispiel von seiner Interpretation der *Reden*,[19] aber noch
mehr von seiner Darstellung der späten Hauptschriften und Hauptvorlesungen.[20]

Diltheys Buch leitete eine umfassende Beschäftigung mit Schleiermacher ein. Als – sehr verschiedenartige – Ergebnisse können Arbeiten von
Heinrich Scholz, Hermann Süskind und – auch als Beispiel der damals
fruchtbaren schwedischen Forschung – Anders Nygren genannt werden.[21]
Diese Art der Forschung wurde jedenfalls auf der theologischen Seite in

---

14 Dilthey, Leben, Bd. 1.1.
15 Vgl. Dilthey, Leben, Bd. 1.1; Bd. 1.2, XXIff.
16 Dilthey, Leben, Bd. 1.2; 2.
17 Vgl. Dilthey, Leben, Bd. 1.1, bes. XXXIII.
18 Ebd. 261.
19 Vgl. ebd. 394ff.
20 Dilthey, Leben, Bd. 2.
21 Scholz, Christentum; Süskind, Einfluss; Nygren, Dogmatikens.

Deutschland durch die dialektische Theologie[22] abgeschnitten oder nach deren Auftreten – mit einzelnen Ausnahmen, unter denen *Emanuel Hirsch* die wichtigste war – nur einseitig weitergeführt.[23] Hirsch kann als der letzte Vertreter jener älteren Forschung betrachtet werden. Der Wert seines Beitrags, insbesondere der beiden Schleiermacher-Kapitel seiner Theologiegeschichte,[24] beruht jedoch, soweit ich sehe, nicht so sehr auf eigentlich neuen Forschungsergebnissen. Wenn man von der unten einzubeziehenden Darstellung des Verhältnisses Schleiermachers zu Fichte absieht, ist bei Hirsch historisch-genetisch kaum viel Neues zu finden – er fußt hier deutlich besonders auf Dilthey –, und im Blick auf die systematische Analyse ist die Lage eine ähnliche. Das ist bei Hirschs über Schleiermacher weit hinausgreifendem Vorhaben verständlich. Was er in den beiden Kapiteln leistet, ist eine vorzügliche Gesamtdarstellung des Werks, die besonders in die Dialektik und die Glaubenslehre tief eindringt und eine systematische Bestandsaufnahme des damit Erreichten unternimmt. Außerdem hat Hirsch als Bindeglied zwischen der ersten, durch die dialektische Theologie abgebrochenen theologischen Erforschung des Werkes Schleiermachers und der neuangefangenen Forschung nach dem zweiten Weltkrieg und besonders in den sechziger Jahren und als deren Initiator gewirkt.

Als repräsentativ für diese Forschungsphase kann *Eilert Herms'* Arbeit *Herkunft, Entfaltung und erste Gestalt des Systems der Wissenschaften bei Schleiermacher* von 1974 gelten, die einige Jahre den Status eines Standardwerks mit Bezug auf den frühen Schleiermacher hatte und noch immer einflußreich ist.[25] Herms knüpft an Dilthey an, auch in der von diesem nicht wirklich durchgeführten Zielsetzung, von der Darstellung der Entwicklung Schleiermachers zur Interpretation seines reifen Systems zu kommen.[26] Obwohl seine Untersuchung nur bis 1804 geht, ist deutlich, daß er das damit von Schleiermacher Aufgearbeitete oder eher die von Herms hervorgehobenen schon 1794 erreichten Ergebnisse als grundlegend für das spätere Werk auffaßt, wie besonders aus den folgenden Arbeiten Herms' hervorgeht.[27] Im Unterschied zu Dilthey bezieht er sich

---

22 Vgl. Brunner, Mystik; Karl Barth, Schleiermacher.

23 Hirsch hebt 1952 „die trotz Wilhelm Dilthey noch nicht überwundne Einseitigkeit der theologischen Schleiermacherforschung" hervor, „Schleiermachers Religions- und Glaubenslehre so zu behandeln, als ob eine Sintflut, abgesehn von Kant, alle andern Dokumente des Denkens der Schleiermacherzeit verschlungen hätte" (Hirsch, Geschichte, Bd. IV, 411). Diese Kritik erweist sich teilweise noch heute als gültig.

24 Hirsch, Geschichte, Bd. IV, Kap. 46; Bd. V, Kap. 51.

25 Sie wurde einer begründeten Kritik unterzogen in Meckenstock, Ethik 13ff.

26 Herms, Herkunft 16ff.

27 Vgl. Herms, Ethik 515ff.; ders., Platonismus 4 Anm. 3.

streng auf Schleiermachers Argumentation. So kombiniert er eine kontextuell orientierte historisch-genetische und eine systematische Methode.[28] Die Fruchtbarkeit von Herms' Programm in methodischer und sachlicher Hinsicht zeigt sich im Aufweisen und in der Analyse von bisher unterbelichteten Kontextbezügen und Gedanken Schleiermachers. Trotzdem weckt seine Durchführung des Programms Bedenken.

Herms legt keine extensiven Analysen der systematischen Arbeiten Schleiermachers vor. Er stützt sich oft auf Einzelaussagen daraus und in eben so hohem Maße auf Aussagen in Briefen und populären Abhandlungen. Es wird später auf die konkreten zentralen Glieder der Interpretation einzugehen sein. Enthält diese auch wichtige Wahrheitsmomente, ist sie dennoch in Einzelheiten sowie in größeren Zügen unhaltbar. Herms verfährt in einem starken Sinn rekonstruktiv. So stellt er in Abschnitten, die gewissermaßen Diltheys breite geistesgeschichtliche Darstellungen ersetzen, die Gedankenwelt der Schleiermacher beeinflussenden Denker dar, indem er ohne Bezug auf dessen Texte Defizite und Inkonsistenzen in den betreffenden Positionen rekonstruiert, um sodann immer wieder Schleiermachers Position als die Lösung der Schwierigkeiten nachzubilden.[29] Dadurch begeht er den Fehler, dem durch den historisch-genetischen Unterbau der Untersuchung hätte vorgebeugt werden sollen, sein eigenes Verständnis der Vorgänger Schleiermachers diesem beizulegen. Herms' Ziel ist, „die intellektuelle Entwicklung Schleiermachers wirklich als einen festen Zusammenhang" „von Einsichten, Theorien und Argumenten", durch eine „innere Logik" bestimmt, nachzuvollziehen.[30] Diese ambitionierte Aussage ist charakteristisch: Gab es bei Dilthey ein Defizit im Blick auf die Explikation der Begriffe und Argumente Schleiermachers, gibt es bei Herms einen nicht weniger problematischen Überschuß.

Falk Wagners gleichzeitig erschienenes Buch *Schleiermachers Dialektik. Eine kritische Interpretation* ist ebenso wichtig und einflußreich, obgleich es wohl die Mehrzahl der Leser in eine gewisse Verlegenheit versetzt hat. Es ist die einzige neuere Interpretation von Schleiermachers Dialektik als ganzer. Von dieser her bezieht es die Glaubenslehre und nebenbei auch die philosophische Ethik ein, während das Jugend- und das Frühwerk nicht, bzw. nur am Rande und überhaupt nur ein kleinerer Teil der Theoriebildungen Schleiermachers behandelt werden. Wagners Arbeit geht jedoch auf die hier interessierenden religions- und subjektivitätstheoretischen und metaphysischen Argumentationen und also auf Schleiermachers zentrale Einsichten ein. Sie tut dies auf sehr lehrreiche Weise und

---

28   Herms, Herkunft 16ff.
29   Vgl. ebd. 60f., mit ebd. 88, und ebd. 98.133ff., mit ebd., bes. 152f.
30   Ebd. 16f.

mit einer kaum überbietbaren systematischen Konzentration, aber von einigen nicht unproblematischen Voraussetzungen her. Sie sind zuerst methodischer Art. Wagner beansprucht, rein werkimmanent, streng argumentativ und rekonstruktiv und ohne entwicklungsgeschichtliche Betrachtungen zu verfahren.[31] In der Durchführung ist oft unklar, inwiefern er Schleiermachers Intention respektiert. Andere Schwierigkeiten betreffen die Beziehungen der Dialektik zum philosophischen Kontext. Wagner geht von der Prämisse aus, daß der „philosophische Ort Schleiermachers innerhalb des Deutschen Idealismus"[32] ohne historisch-genetische Untersuchungen bestimmt werden kann;[33] Wagners Versuch einer Ortsbestimmung wird in der folgenden Untersuchung problematisiert. Sodann sind Wagners nicht selbstverständliche Voraussetzungen philosophischer Art in Frage zu stellen. Er argumentiert letztlich von einem hochspekulativen Ansatz her, der nicht nur im Widerspruch zu Schleiermachers grundlegenden Annahmen steht; Wagner bleibt dem Leser auch den Erweis der Rationalität dieser Spekulation schuldig. So läuft seine Interpretation darauf hinaus, daß Schleiermachers Philosophie lediglich ein mißlungener Idealismus ist.[34]

Weitere Positionen der neueren Schleiermacher-Forschung sollen noch erwähnt werden, die sich anders als die bisher kommentierte Forschung auf die seit 1980 erscheinende *Kritische Gesamtausgabe* stützen können, die bis jetzt besonders zum frühen Schleiermacher neues Material erschlossen hat. Es gibt meines Wissens keine Arbeiten, denen mein Beitrag in methodischer und zum Teil auch sachlicher Hinsicht so nahe kommt, wie die von *Andreas Arndt*,[35] der an der neuen Ausgabe beteiligt ist.[36] Diese Nähe betrifft besonders die Behandlung des Verhältnisses zwischen Schleiermacher und Schlegel. Dagegen scheint das, was Arndt über das vorromantische Werk Schleiermachers – das ja grundlegend für das folgende Werk ist – geschrieben hat, hauptsächlich nicht auf eigene historisch-genetische Studien zu bauen, weshalb seine Darstellung von „Schleiermachers Philosophie im Kontext"[37] in dieser Hinsicht mit einem Körnchen Salz genommen werden muß. Er verfolgt hier besonders das

---

31   Wagner, Dialektik 11ff.264
32   Ebd. 264.
33   Ebd. 264ff. Ebenso Reuter, Einheit.
34   Siehe Wagner, Dialektik, bes. 268ff.
35   Vgl. besonders Arndt, Vorgeschichte; ders., Gefühl.
36   Der Herausgeber Arndt hat mir freundlicherweise vor dem Erscheinen des Bandes über Dialektik (KGA II/10.1-2) Auszüge von Nachschriften der Vorlesungen von 1818/19 und 1822 überlassen. Der Band, der kurz vor dem Abschluß des Manuskriptes erschien, kann hier nicht umfassend berücksichtigt werden.
37   Arndt, Kommentar 1032-1125.

Ziel, nachzuweisen, daß Schleiermacher bei weitem nicht auf der Höhe der Philosophie seiner Zeit steht; die folgenden Kapitel werden versuchen zu zeigen, daß dieses Urteil nicht berechtigt ist. Von Arndts Behandlung des Jugendwerkes kann eine Linie zu seiner Interpretation der Dialektik Schleiermachers gezogen werden, wo er in einigen seiner Ergebnisse Wagner nahe kommt.[38] Im Vergleich damit verdienen ein Beitrag von *Konrad Cramer* und die Beiträge *Ulrich Barths* hervorgehoben zu werden. Der betreffende Aufsatz Cramers[39] hat § 4 der zweiten Auflage der Glaubenslehre als Gegenstand und ist vorbildlich als systematische Rekonstruktion. Darin kommen ihm Barths sich auf verschiedene Gebiete des Schleiermacherschen Werkes beziehende perspektivenreiche Aufsätze nahe.[40] Einige der wichtigsten Ergebnisse beider Interpreten werden auf einer breiteren Grundlage durch die gegenwärtige Untersuchung bestätigt.

Alles in allem darf man sagen, daß die Schleiermacher-Forschung bei ihrem gegenwärtigen Stand, jedenfalls was unsere Fragestellung betrifft, berechtigte Erwartungen nicht erfüllt. Wir sind davon noch weit entfernt, das Wissen von Schleiermachers theoretischer Entwicklung und das Verständnis seiner zentralen Argumentationen zu haben, das wir unter den gegebenen Bedingungen – d.h. insbesondere das nun zugängliche Material, die entwickelten Methoden, das mit Bezug auf angrenzende Gebiete des deutschen Idealismus aufgearbeitete Wissen – tatsächlich haben könnten. Die Abhandlung versteht sich als ein Beitrag, dem abzuhelfen.

2. Inhaltsübersicht

Unter Bezugnahme auf das Wissen, das durch die bisherige Forschung erreicht wurde, sollen die Thesen und einzelnen Untersuchungsziele und zugleich der Aufbau der Abhandlung – auch zur leichteren Orientierung in ihrem langen und verzweigten Untersuchungsgang – kurz dargestellt werden.

Der *erste Teil* der Abhandlung, *Voraussetzungen*, hat zur Aufgabe, die Genese der philosophischen Konzeption Schleiermachers zu untersuchen. Die Hauptthese dieses Teils als ganzen ist, daß Schleiermacher vom Ende der 1780er Jahre an in Auseinandersetzung mit einigen der wichtigsten Repräsentanten der mit Kant anfangenden Philosophie eine Art der

---

38 Siehe unter anderem Arndt, Unmittelbarkeit.
39 Cramer, Prämissen.
40 Vgl. besonders Barth, Gott 125ff.; ders., Bewußtsein.

Transzendentalphilosophie entwickelt, wobei dieser Begriff in einem weiten Sinn zu verstehen ist. Die Entwicklung bricht um 1800 nicht ab, aber die grundlegenden Züge seines Ansatzes überhaupt liegen zu dieser Zeit fest.

Kapitel 1 geht insbesondere Schleiermachers früher Rezeption des Kantianismus bis etwa 1796 nach. Es beansprucht nachzuweisen, daß er im betreffenden Zeitraum diesem immer näher kommt, indem er jedoch im Verhältnis zu Kant sein eigenes Profil behält und nie ein orthodoxer Kantianer wird. Von der grundlegenden Bedeutung der Kantischen Philosophie für sein Denken hat man mindestens seit Wilhelm Dilthey gewußt, der jedoch so verfährt, „als habe Schleiermacher Kant so gelesen, wie Dilthey selbst Kant liest".[41] Demgegenüber hat in der neueren Forschung besonders Eilert Herms die Aufmerksamkeit auf Voraussetzungen der Kant-Rezeption Schleiermachers hingelenkt. Er verweist zu Recht auf die *vorkantische Aufklärung*, vor allem wie sie von Schleiermachers philosophischem Lehrer an der Universität in Halle, Johann August Eberhard, vertreten wurde. Weder Herms, der dessen Bedeutung für Schleiermacher übertreibt, noch neuere Arbeiten zum Jugendwerk sind hier jedoch zu befriedigenden Ergebnissen gekommen. Die vorliegende Abhandlung versucht auf begründetere Weise Eberhards Einfluß zu bestimmen. Sie untersucht, wie er bei der Kopräsenz von Wolffscher Schulphilosophie und Kantianismus in der damaligen Debatte zeitweilig beide besonders vom Erstgenannten her zu vereinigen versucht. Er gibt diesen Versuch bald auf, aber seine frühe Eberhard-Rezeption prägt – wie im Laufe des zweiten Teils der Abhandlung argumentiert wird – bleibend besonders seine Theorie des Gefühls. Daß die Bedeutung der Schulphilosophie und der Spätaufklärung für Schleiermacher bisher unangemessen verstanden worden ist, hängt damit zusammen, daß der sich oft überlieferter Denkmittel bedienende *Frühkantianismus* in die Interpretation fast nicht einbezogen wurde. Ich versuche nachzuweisen, daß der erwähnte Vermittlungsversuch Schleiermachers von einem entsprechenden Versuch mit Ausgangspunkt im Kantianismus und zwar in Karl Leonhard Reinholds Variante desselben abgelöst wird. Außerdem versuche ich zu zeigen, daß Schleiermacher schon früher in der Moral- und Religionsphilosophie wichtige Anregungen von August Wilhelm Rehberg erhalten hat. Von Schleiermachers Beschäftigung mit den Frühkantianern gehen Linien zu einem dritten Faktor seiner Kant-Rezeption, dem *Spinozismus*, der besonders durch Jacobis Darstellung bei ihm präsent ist. Der Stellenwert der Spinoza-Renaissance in der Entwicklung des Denkens Schleiermachers

---

41 Meckenstock, Ethik 13.

wurde schon von Dilthey erkannt. Was meine Untersuchung hier Neues
zu leisten behauptet, besteht vor allem in dem Nachweis, wie sich Schleiermacher bei seinem Versuch einer Vermittlung von Kantianismus und
Spinozismus auf Gedanken Reinholds stützt.

Sodann analysiert das erste Kapitel verschiedene Argumentationen
Schleiermachers, die für die Fragestellung der Abhandlung auf direktere
Weise wichtig sind. So zielt es darauf zu zeigen, daß er sich in der Erörterung des *Selbstbewußtseins* zu dieser Zeit meist unmittelbar an Kant selbst
orientiert, indem er sich auf dessen Konzeption in der transzendentalen
Deduktion der Kategorien in *Kritik der reinen Vernunft* stützt und sie –
eigenständig, wie es scheint – auf die praktische Subjektivität überträgt.
Auch Schleiermachers *religionsphilosophische* Theoriebildungen sind hier
ansatzweise vorbereitet. Sein Verständnis der Religion als solcher liegt
noch auf der Linie ihrer moralphilosophischen Interpretation in der Spätaufklärung und im Kantianismus. In der Theologie kommt er dagegen zu
radikal neuen Ergebnissen. Das Kapitel soll zeigen, wie Schleiermacher
auf diesem Gebiet sowohl einen Abbau als auch einen Aufbau vornimmt:
Mit Kant verwirft er die rationale Metaphysik, aber – sehr früh und in
Übereinstimmung mit Rehberg – auch Kants praktisch-philosophisch
begründete Metaphysik. Der Aufbau ist ein doppelter: Von Kant und
Spinoza her entwickelt er Ansätze einer neuen, bescheidenen, atheistischen Metaphysik. Andererseits schreibt Schleiermacher durch eine Modi-
fikation der sogenannten Postulatenlehre Kants und des jungen Fichte der
Religion als einer Bestimmtheit des praktischen Selbstbewußtseins die
Funktion zu, eine nichtmetaphysische Theologie zu begründen, die als
Ausdruck der Selbstdeutung des Subjekts gefaßt wird.[42]

Kapitel 2 untersucht Schleiermachers Denken von 1796 bis 1803, wobei
die Religionsphilosophie dieser Periode den beiden folgenden Kapiteln
vorbehalten bleibt. In Zentrum steht die These, daß Schleiermacher hier
eine näher zu definierende *romantische* philosophische Konzeption ausbildet. Dies erfolgt auf der Grundlage der bisher von ihm erreichten Position, aber auch von neuen Anregungen her. Die entscheidendsten sind
meines Erachtens solche, die von Friedrich Schlegel herrühren oder durch
ihn vermittelt werden. Schon Dilthey hat darauf aufmerksam gemacht, es
blieb aber in der Literatur der nächsten hundert Jahre nahezu unbeachtet.
Inzwischen hat die neuere Erforschung des Idealismus und der Frühromantik eine neue Situation geschaffen, die in wesentlichen Hinsichten
auch Schleiermacher berührt; sie ist neuerdings von Andreas Arndt näher
berücksichtigt worden. Die Untersuchung des Verhältnisses Schleierma-

---

42 In Kap. 1 und besonders in die Abschnitte 1.3, 1.5.2-3 und 1.6.2-4 gehen umgearbeitete
    Teile von Grove, Frihed, ein.

chers besonders zu Schlegel ist zweifellos der Schlüssel zur Klärung der wichtigen Kontroversfrage der Forschung, welche Bedeutung Johann Gottlieb Fichte – dem nach der heutigen Idealismusforschung eine Schlüsselrolle in der Entwicklung der übrigen nachkantischen Philosophie zukommt – für Schleiermachers Denken hat: gegen die dominante, zum Beispiel von Herms und Arndt vertretene These, daß die Bedeutung sehr gering war, wie auch gegen die von weniger zahlreichen, aber bedeutenden Forschern – vor allem von Emanuel Hirsch – verteidigte entgegengesetzte These, daß von einer weitgehenden Abhängigkeit die Rede ist, kann meines Erachtens bei Schleiermacher ein Rezeptionsmodell festgestellt werden, das Entsprechungen in der übrigen Frühromantik hat: breite Aneignung von Motiven der frühen Wissenschaftslehre bei gleichzeitiger grundsätzlicher Kritik. Rezipiert werden in Übereinstimmung mit dem Charakter der Philosophie Fichtes vor allem subjektivitätstheoretische Gedankenfiguren; dem Gedanken des absoluten Ich wird aber die Idee eines übersubjektiven Absoluten gegenübergestellt. Es ist ein Beispiel dieser Umformung, wenn Schleiermacher, angeregt durch Schlegel, den Ausgang der Philosophie von einem einzigen Grundsatz, der in der Wissenschaftslehre das Ich zum Inhalt hat, durch den Gedanken eines Ganzen von gegenseitig einander begründenden Sätzen ersetzt. Eine bekannte Version des Gedankens der gegen Fichte gerichteten umfassenden Einheit ist die Idee des Universums in den *Reden* über die Religion.[43]

---

43 In historisch-genetischer, konstellationsforschungsorientierter Hinsicht muß die Untersuchung notwendigerweise unvollständig bleiben. Es sei hier auf einige nicht verfolgte Aufgaben verwiesen. Der Einfluß von Friedrich Heinrich Jacobis Philosophie auf Schleiermacher kann hier nicht extensiv analysiert werden. Dies ist ein Mangel, da Schleiermacher wie die meisten deutschen Denker seiner Generation zweifellos entscheidende Anregungen von Jacobi empfangen hat. Jacobis Einfluß wurde aus der ohnedies umfassenden Untersuchung ausgegrenzt, da es um eine sehr delikate und schwierige Frage geht, zu deren Beantwortung es in der Forschung nur unzureichende Ansätze gibt (vor allem Herms, Herkunft). Die Aneignung Jacobis vollzieht sich bei Schleiermacher wie bei der Mehrzahl seiner Altersgenossen in einer komplexen Verbindung mit Umformung und Kritik, die von transzendentalphilosophischen Gedankengängen her erfolgt. Die erste durchzuführende Aufgabe, auch mit Bezug auf die Jacobi-Rezeption, müßte also sein, der Ausbildung der Transzendentalphilosophie Schleiermachers nachzugehen. Des weiteren bleibt hier auch die Platon-Rezeption ausgespart, deren Bedeutung außerdem erst nach der eigentlichen Grundlegungsphase seines Denkens recht sichtbar wird (vgl. Arndt, Platon VIIf.; Arndt unterschätzt wohl jedoch – Schleiermachers Grundlegung seines Ansatzes schon auf 1794 datierend – Platons Einwirkung). Wenn die Untersuchung außerdem auch auf Schleiermachers Verhältnis zu Friedrich Wilhelm Joseph Schelling – und Henrik Steffens – nicht ausführlich eingeht, so soll damit nicht behauptet werden, daß Schelling – über die hier nicht im Zentrum der Aufmerksamkeit stehende Naturphilosophie oder Wissenschaftssystematik hinaus, wo sein Einfluß deutlich ist oder wo, was den zweiten Punkt betrifft, jedenfalls eine zeitweilige partielle Übereinstimmung geherrscht hat – keine bedeutsame Rolle für Schleiermacher gespielt hat. Dies

Der *zweite Teil* unternimmt es, die religionsphilosophischen *Theoriebildungen* des reifen Schleiermacher in ihrem systematischen Gehalt von den Resultaten des ersten Teils her zu erschließen. Dieser Teil ist also weniger mit historischen Einzelheiten befrachtet, und die einzelnen Kapitel können kürzer gefaßt werden. Die Hauptthese des zweiten Teils besagt, daß die zwei verschiedenen religionsphilosophischen Entwürfe, die beim reifen Schleiermacher festgestellt werden können, beide vor dem Hintergrund seiner kritizistischen Philosophie, aber auf eine voneinander abweichende Weise Religion als Deutung des Subjekts begreifen.

Kapitel 3 und 4 bleiben noch bei Schleiermachers Konzeption, wie sie um 1800 artikuliert wird, indem sie die Thematisierung der Religion in den *Reden* analysieren. Sie setzen sich mit der dominierenden Auffassung der Forschung besonders an drei Punkten auseinander: dem Theoriestatus des Vorgetragenen, dem Inhalt des Religionsbegriffs und der Stellung der Metaphysik in der Religionsschrift. *Kapitel 3* versucht zuerst zu zeigen, daß trotz der Form der *Reden* von einer begrifflichen, philosophischen Theorie der Religion und also von Religionsphilosophie die Rede ist, und daß es um eine sich mit Ansätzen Friedrich Schlegels berührende transzendentalphilosophisch konzipierte Theorie geht. Weiter analysiert es den Begriff der Religion als mit Gefühl verbundener *Anschauung des Universums*. In der neueren Forschung besteht eine manifeste Tendenz – zu welcher unter anderen Eilert Herms, Günter Meckenstock und Friedrich Wilhelm Graf beitragen –, darin eine aporetische Vergegenständlichung des Unendlichen impliziert zu sehen. Dagegen ist zu zeigen, daß die Pointe der Verwendung des Begriffs der Anschauung in der Religionsdefinition geradezu entgegengesetzt zu verorten ist, nämlich darin, eine solche Objektivierung auszuschließen. Eine andere, auch nicht durch den Begriff des Gefühls überwundene konzeptionelle Schwierigkeit besteht darin, durch die Religionsdefinition dem darin immerhin vorausgesetzten Subjektgedanken Rechnung zu tragen. Es ist vor allem der über Schleiermachers frühe Spinoza-Studien durchgeführte Aufweis des Zusammenhangs der Religionstheorie der *Reden* mit Gedankengängen Reinholds, der hier in der Interpretation erkenntnisproduktiv wird. Die religiöse Anschauung wird vom Redner näher als Anschauung des einzelnen Endlichen als Darstellung des Unendlichen gefaßt. Aufgrund

---

scheint freilich nicht für jene Phase, wohl aber später der Fall zu sein, und zwar nicht so sehr in subjektivitäts- und religionstheoretischer als in metaphysischer Rücksicht. Es kann hier auf Hermann Süskinds Untersuchung verwiesen werden, die allerdings vom heutigen Editions- und Forschungsstand her einer Nachprüfung bedarf (Süskind, Einfluss). Auch Schleiermachers Beschäftigung mit Schelling erfolgt, nach den Texten zur Dialektik zu urteilen, auf der früher gelegten Grundlage und wird durch seine unten aufzuweisenden frühromantischen philosophischen Annahmen gebrochen.

dieser Als-Struktur hat das Anschauen den Charakter einer *Deutung*. Dieses fruchtbare Moment wurde erst in der Forschung der allerletzten Jahren bemerkt. Das *4. Kapitel* versucht, in metaphysisch-theologischer Rücksicht die Idee des Universums als in der religiösen Deutung vorausgesetzte, implizit metaphysische Idee des Ganzen und den Gedanken eines persönlichen Gottes als höherstufige Deutung derselben zu begreifen. Dadurch legt die Untersuchung die Grundlage einer Stellungnahme zur ebenso manifesten Tendenz der Forschung, im Verhältnis zwischen Religion und Metaphysik in der Religionsschrift ein fundamentales Problem zu finden: Schleiermachers Darstellung ist hier in der Tat mangelhaft, insofern er die religionsphilosophische Relevanz der Metaphysik weder entfaltet noch ausdrücklich zugibt. Aufgrund der *impliziten Metaphysik* der *Reden* liegt aber nicht eine Aporie vor, sondern eher die Möglichkeit einer weitergehenden Theoriebildung.

Alle folgenden Kapitel sind in der Hauptsache durch die genannten Schwierigkeiten und Defizite bestimmt, indem sie die These verfolgen, daß Schleiermachers späteren religionsphilosophischen Theoriebildungen – d.h. solche von 1804 an – diese zu bewältigen suchen. Dies soll in – meist indirekter – Auseinandersetzung mit einer prominenten Interpretationslinie erfolgen, deren wichtigster Repräsentant unter den neueren Forschern Falk Wagner ist, und zwar vor allem an folgenden Punkten: der Metaphysik, dem Gehalt der Theorie der Subjektivität und der Religion und dem Verhältnis von Metaphysik und Religion, philosophischer und religiöser Gotteslehre.

So ziehen sich durch diese Kapitel gewissermaßen zwei Fäden hindurch, die einerseits Subjektivität und Religion und andererseits Metaphysik und Theologie berühren. Sie gehen beide vom *Kapitel 5* aus, das sich auf die in Schleiermachers philosophischer Ethik verortete, in der bisherigen Forschung vernachlässigte Erkenntnistheorie bezieht. Es hat unter anderem als besondere Aufgabe, die erkenntnis- und bewußtseinstheoretische Kontinuität zwischen Früh- und Spätwerk zu erweisen, um ausschließen zu können, daß die Korrektur des Religionsbegriffs der *Reden* eine Folge derartiger Veränderungen ist.

Kapitel 6 gibt aufgrund der in der Forschung unterbelichteten Argumentationen der Ethik eine erste Interpretation der Theorie der Subjektivität als Gefühl und als Selbstbewußtsein, die nun von Schleiermacher entfaltet wird, und mit welcher sein neuer Religionsbegriff verbunden ist. Die Interpretation wird in *Kapitel 8 und 9* mit Bezug auf die Dialektik und die Glaubenslehre vertieft. Ein vorerst hervorzuhebendes Spezifikum dieser Theorie, die auf sehr früh angeeignete Theoreme baut, aber auch bisher bei Schleiermacher nicht festgestellte Bestimmungen enthält, ist der

Begriff des *Gefühls* als einer durch Affektion bestimmten, momentan-
zuständlichen und in diesem Sinn konkreten Subjektivität. Er ist mit dem
Gefühlsbegriff der *Reden* identisch und also an sich nicht fähig, die
Schwierigkeit ihrer Religionstheorie zu lösen. Vom Gefühl unterscheidet
Schleiermacher jedoch nun das Selbstbewußtsein des Subjekts. Die Analyse seiner Bestimmungen des Begriffs des Selbstbewußtseins führt zu der
These, daß er dadurch eine auf die Spontaneität des Subjekts beruhende,
abstrakte Selbstbeziehung im Sinne von Identitätsbewußtsein denkt. Erst
jetzt erklärt Schleiermacher auch den Wissenssinn der Subjektivität im
Sinne eines *unmittelbaren* Selbstbewußtseins. Vor dem Hintergrund der im
Laufe der Abhandlung durchgeführten Untersuchung seiner bewußtseinstheoretischen Voraussetzungen kann in Absetzung von dem verbreiteten, durch Wagner angeregten Typus der Deutung dieses Begriffs
als mit der aporetischen sogenannten Reflexionstheorie vom Selbstbewußtsein verflochtenen eine neue Interpretation vorgelegt werden: Im
Selbstbewußtsein als eines unmittelbaren ist sich das Subjekt seiner selbst
implizit, auf eine nichtvergegenständlichende Weise bewußt. Es ergibt
sich folglich, daß der späte Schleiermacher das mit der früheren Religionstheorie verknüpfte Problem überwindet. Indem der Religionsbegriff
also auf andere Weise auf die bewußte Selbstbeziehung des Subjekts eng
bezogen wird, wird ebenso der Inhalt dieses Begriffes neu bestimmt, und
zwar als das Gefühl der unverfügbaren Bedingtheit der Subjektivität als
Freiheit und Selbstbewußtsein. Mit dieser Definition der Religion als einer
Art des Gefühls und des Selbstbewußtseins und insofern als bloßer
Selbstbeziehung bleibt als Erkenntnisbeziehung nach außen im religiösen
Bewußtsein nur eine indirekte, durch ein Gefühl als konkretes vermittelte
zurück. Damit scheint aus dem im Begriff der religiösen Anschauung der
Reden enthaltenen Moment der Deutung alles Endlichen im strengeren
Sinn eine Selbstdeutung zu werden, die erst recht als eine reflexive zum
Zuge kommt.

Kapitel 7 und 10 beziehen sich auf die zweite durch die *Reden* hinterlassene Schwierigkeit, die die Metaphysik und ihr Verhältnis zur Religion
betraf. *Kapitel 7* soll vorerst neues Licht auf die jetzt in der Dialektik von
Schleiermacher explizit entworfene *Metaphysik* werfen und sie als vorzüg-
lichen Ausdruck seiner *frühromantischen* Transzendentalphilosophie auf-
wiesen. Es soll unter anderem gezeigt werden, wie er in Weiterführung
von frühen Ansätzen, die sein Denken mit Schlegel verbinden, Metaphysik als einem Denken entspringend konzipiert, das jeder Mensch vollzieht,
und sie an einem Gedanken eines transzendenten Grundes orientiert, der
nicht in einem einzigen Grundsatz als Anfang der ganzen Philosophie
gefaßt werden kann. Weiter soll festgestellt werden, daß er diesen Gedan-

ken zum Inhalt einer im Vergleich mit dem Frühwerk neuen *philosophischen Theologie* macht. Ist diese auf das objektive Bewußtsein bezogen, analysiert *Kapitel 10* die am subjektiven Leben des Menschen orientierte Theorie des späten Schleiermacher vom *religiösen Gottesgedanken* als reflexiver Auslegung des religiösen Bewußtseins. Was das Verhältnis von Religion und Metaphysik, philosophischer und religiöser Theologie betrifft, gipfelt das Kapitel im Versuch der Rekonstruktion einer doppelten These bei Schleiermacher, die Bezüge zu seinen frühesten Arbeiten hat und die sich darauf bezieht, daß beide von *demselben* auf jeweils unterschiedliche Weise handeln und so einander gegenseitig zu stützen vermögen.

I. Voraussetzungen

1. Zwischen Aufklärung, Kantianismus und Spinoza-Renaissance

Die Aufgabe des ersten Teils ist vor allem, Schleiermachers philosophisches Denken *historisch-genetisch* zu untersuchen, um von seinen philosophischen Anfängen her die Voraussetzungen seines reiferen Denkens zu ermitteln. Es soll gezeigt werden, wie er in den für ihn wie für die deutsche Philosophie im ganzen fruchtbaren Jahren bis um die Jahrhundertwende eine eigene kritizistische, in einem weiten Sinn *transzendentalphilosophische* Konzeption ausbildet.

In diesem Kapitel wird es um die Periode gehen, die insbesondere im Zeichen der *Kant-Rezeption* Schleiermachers steht. Sie hat ihren Schwerpunkt in den Jahren *1789-1794* und dauert spätestens *bis 1796/97*, als Schleiermacher das letzte Mal im Stile seiner vorhergehenden Theoriebildung sich konstruktiv an Kant anschließt und eine neue Form der Kant-Kritik ausbildet.

Die nähere sachliche und textmäßige Abgrenzung wird durch meine Fragestellung bestimmt. Nicht alle Themen beim jungen Schleiermacher, sondern vorzüglich die subjektivitätstheoretischen, religionsphilosophischen und metaphysischen Motive sollen untersucht werden. Freilich sind diese nur im Zusammenhang seiner umfassenderen philosophischen Ansätze verständlich, die ebenso zum Gegenstand der Untersuchung gemacht werden müssen. Es handelt sich vorerst um zur praktischen Philosophie gehörende Gedankengänge, die Schleiermachers Frühwerk vorwiegend prägen. Ich werde verschiedene Aspekte seiner Thematisierung der praktischen Subjektivität behandeln, aber seine freiheitstheoretischen Überlegungen nicht explizit analysieren. Nicht weil sie unbedeutend sind, sondern weil sie eine eigene Untersuchung erfordern würden, die den Rahmen dieser Abhandlung sprengen müßte.[1] Was die theoretische Philosophie betrifft, gibt es in Schleiermachers Texten aus dieser Zeit nur wenig Material. Dies muß jedoch nicht heißen, daß sie in seinen Argumentationen von geringerer Bedeutung ist, oder daß er diese Seite des Kantischen Denkens nicht rezipiert. Die religionsphilosophischen Gedankengänge des jungen Schleiermacher, die sich sowohl an die prak-

---

1   Vgl. Grove, Frihed, Kap. III.

tische als auch an die theoretische Philosophie anschließen, betreffen vor allem die kognitiv-inhaltliche Seite der Religion, die Gedanken über Gott und die Unsterblichkeit des Menschen, oder mit anderen Worten das Verhältnis zwischen Religion, Theologie und Metaphysik.

Die vorwiegend historisch-genetische Konzeption dieses Teils der Untersuchung macht die Einbeziehung aller zugänglichen Schleiermacher-Texte des Zeitraums notwendig. Vor allem zwei Textgruppen sind relevant: alle seine Entwürfe zu Abhandlungen u.ä. und der Briefwechsel. Außer dem Schleiermacher-Material muß ein großer Textkomplex einbezogen werden, der über die zeitgenössische Diskussion Auskunft gibt, vor allem philosophische Schriften und Zeitschriften. Mit Bezug auf die Rekonstruktion seiner Beantwortung philosophischer und theologischer Grundlegungsfragen besteht die primäre Textgrundlage in Schleiermachers selbständigen, systematischen Entwürfen. Von gewissen Gelegenheitsarbeiten kann in dieser Hinsicht deshalb abgesehen werden. Die größte Textgruppe, die in Betracht kommt, besteht aus vorwiegend praktisch-philosophischen Texten: „Ueber das höchste Gut", „Notizen zu Kant: Kritik der praktischen Vernunft" und „Freiheitsgespräch" (alle von 1789) und „Über die Freiheit" (zwischen 1790 und 1792).[2] Eine weitere Gruppe bezieht sich auf Schriften Jacobis, insbesondere auf die Zweitauflage seines Spinoza-Buches: „Spinozismus. Spinoza betreffend aus Jakobi", „Kurze Darstellung des Spinozistischen Systems" und „Ueber dasjenige in Jakobis Briefen und Realismus was den Spinoza nicht betrift, und besonders über seine eigene Philosophie" (alle von 1793/94).[3] Auch ein kurzer religionsphilosophischer Text, der gern unter dem Titel „Wissen, Glauben und Meinen" besprochen wird (wahrscheinlich 1793),[4] soll hervorgehoben werden. Diese Entwürfe, die eine mehr oder weniger systematische Form haben, werden durch Texte mehr populären Charakters – besonders das große Manuskript „Über den Wert des Lebens" (von

---

2   KGA I/1, 81-125.127-134.135-164.217-356; Datierungen nach KGA I/1. Anders als Bernd Oberdorfer messe ich Schleiermachers Anmerkungen zu Aristoteles' Nikomachischer Ethik, Buch 8-9, von 1788 (KGA I/1, 1-43) keine entscheidende Rolle bei. Auch wenn man davon absieht, daß die Hauptideen dieser Anmerkungen Schleiermachers eigener Erklärung zufolge von Eberhard diktiert wurden (vgl. ebd. 42,1ff., mit den zahlreichen mit x markierten Stellen im Text, ebd. 1ff.), und man zugibt, daß das darin behandelte Freundschaftsthema einen Platz in Schleiermachers Denken hatte, geben sie über die hier interessierenden Prinzipienfragen geringe Auskunft. Überhaupt ist Oberdorfers These, daß alle anderen Theorieversuche von jenen Anmerkungen her verstanden werden müssen, daß sie der „Schlüsseltext" des Frühwerkes sind (vgl. Oberdorfer, Geselligkeit 10.318 u.a.), nicht zuzustimmen.

3   KGA I/1, 511-558.559-582.583-597.

4   KGA V/1, Nr. 326; zur Datierung siehe Grove, Postulatenlehre, 48ff.

1792/93)[5] – und durch Predigten[6] ergänzt. Als die frühe Kant-Rezeption Schleiermachers abschließend können seine „Notizen und Exzerpte zur Vertragslehre" und sein „Entwurf zur Abhandlung über die Vertragslehre" (1796/97)[7] betrachtet werden.

1.1. Zu Schleiermachers philosophischen Anfängen

Die entscheidende Bedeutung von Schleiermachers Kant-Rezeption für seine philosophischen und theologischen Theoriebildungen ist mit Recht von Wilhelm Dilthey in seinem bahnbrechenden Buch hervorgehoben worden.[8] Wegen seiner Methode bleiben seine Angaben zum Verhältnis Schleiermachers zu Kant jedoch unbefriedigend, und das nicht nur in systematischer Hinsicht. Er vernachlässigt auch wichtige geschichtliche Bedingungen von dessen Beschäftigung mit den Kantischen Schriften.[9] Zwar wird ein weiter geistesgeschichtlicher Horizont berücksichtigt, es werden aber selten mehr als sehr allgemeine Hinweise auf den näheren Kontext gegeben. Auf den Frühkantianismus wird auf dieser Ebene nicht Bezug genommen. Statt dessen stellt Dilthey im Zusammenhang seiner Interpretation des jungen Schleiermacher sein eigenes Kant-Verständnis umfassend dar, das er jedoch eher auf das Spätwerk Schleiermachers bezieht.[10]

Dilthey weist auch auf die Bedeutung der Wolff-Schule für Schleiermacher hin, die ihm besonders durch Eberhard vermittelt wurde. Es ist aber vor allen anderen Eilert Herms' Verdienst, die Wolffsche Schulphilosophie in den Blickpunkt der Forschung gezogen und mit Rücksicht auf Schleiermachers Kant-Rezeption untersucht zu haben.[11] Herms überzeugt indessen nicht, wenn er behauptet, daß Schleiermacher in der Grundlegung der Philosophie sehr weitgehend von der Schulphilosophie abhän-

---

5   KGA I/1, 391-471. Vgl. auch die fiktiven Briefe „An Cecilie", ebd. 189-212.
6   Ein chronologisches Verzeichnis der gedruckten Predigten und Predigtentwürfe Schleiermachers aus diesem Zeitraum gibt Meding, Bibliographie 331f. Zu Datierung und Ausgaben siehe ebd. 229ff. Die Mehrzahl der Predigten sind gedruckt SW II/7, 3-380. Spätere Bearbeitungen von Predigten, die ursprünglich in der frühen Periode gehalten wurden, sind unter anderem einzelne Predigten der ersten Sammlung von 1801, SW II/1, 15-184.
7   KGA I/2, 51-69.71-74.
8   Dilthey, Leben, Bd. 1.1, XXXVIIf.87ff.133ff.157ff.
9   Vgl. Diltheys problematische Behauptung: „Seine Isolierung von der Literatur verwies ihn immer wieder darauf, sie von neuem durchzudenken, durchzulesen" (ebd. 88).
10 Ebd. 94ff.114ff.
11 Herms, Herkunft, 2. Teil.

gig ist. Ebenso geht er zu weit, wenn er meint, „daß die Kantrezeption Schleiermachers überhaupt im Rahmen der hallischen Schulphilosophie stattfand und nur vor ihrem Hintergrund verständlich ist".[12] Gegen Herms, dessen These Bernd Oberdorfer übernimmt und weiterentwickelt,[13] hat sich an diesem Punkt auf einer verbesserten Textgrundlage Günter Meckenstock gewendet,[14] der jedoch seinerseits dazu neigt, Schleiermacher mit Kant übermäßig zu harmonisieren. Die sich hierdurch abzeichnende Alternative ist meines Erachtens nicht sachgemäß. Die Herkunft und der innere Gehalt seines frühen Denkens wie auch die philosophische Situation, mit der er sich auseinandersetzt, ist komplexer.

Ich möchte zeigen, daß sich im Verlauf dieser Jahre in Schleiermachers Denken eine immer größere Annäherung an Kantische Argumentationen vollzieht. Dabei soll dem Umstand Rechnung getragen werden, daß *Kantianismus* um 1790 nicht einfach mit der Philosophie Kants identisch ist. Er wird durch eine Reihe von Autoren vertreten, die Kant mehr oder weniger nahe stehen, aber – unbewußt oder bewußt – oft auch von seinem Denken abweichen. Wenn man von unzureichenden Hinweisen auf Reinhold absieht,[15] blieb diese innere Differenziertheit des Kantianismus und die Frage nach Schleiermachers Beziehungen zu den Frühkantianern durch die bisherige Schleiermacher-Forschung unbeachtet. Es soll aufgewiesen werden, daß bei Schleiermacher mit Kant nur teilweise übereinstimmende Gedanken aus Einflüssen durch derartige Kantianer verstanden werden können und daß übereinstimmende Gedanken bei diesen und bei Schleiermacher von ähnlichen Voraussetzungen her erklärbar sind, besonders weil beide zum Teil die Sprache der Wolffschen Schulphilosophie sprechen.

Die Hauptthese über die Beziehung Schleiermachers zu Kant und zum Kantianismus macht zwar geltend, daß die Hermssche Rekonstruktion ihn gegen den Strich liest, schließt jedoch nicht aus, daß Theoreme der *vorkantischen Aufklärung* besonders in den ersten Phasen dieser Entwicklung eine

---

12 Ebd. 41, vgl. ebd. 96ff.100ff.
13 Vgl. Oberdorfer, Geselligkeit, bes. 189f. Seine Arbeit unterscheidet sich in mehreren Hinsichten von Herms, vor allem durch die Entdeckung der grundlegenden Bedeutung der Aristoteles-Anmerkungen Schleiermachers für dessen Theoriebildung. Herms' These hat mehrere bedeutende Arbeiten geprägt, unter anderem Nowak, Frühromantik; Meier-Dörken, Theologie; Arndt, Kommentar 1034ff. Ich werde mich ausführlich mit Herms' Rekonstruktion auseinandersetzen, weil sie in der Tat wichtige Wahrheitsmomente enthält, aber auch weil sie sich als zählebig erwiesen hat, auch wo ihre Thesen meines Erachtens unhaltbar sind.
14 Meckenstock, Ethik 13ff.
15 Vgl. Herms, Herkunft 94ff.; Blackwell, Philosophy 13ff.35ff.; Meckenstock, Ethik 56f.; Lamm, God 81ff.; Oberdorfer, Geselligkeit 251.257.293ff.

Rolle spielen. In einer Nebenthese soll darüber hinaus behauptet werden, daß Motive und Gedankengänge dieser Provenienz eine bleibende Bedeutung in Schleiermachers ansonsten der neuen philosophischen Bewegung angehörenden Philosophie haben. Es kommt hier nicht so sehr auf Eberhards Bedeutung für Schleiermachers zukünftige Leistungen in bezug auf die antike Philosophie an, worauf ab und zu verwiesen wird.[16] Entscheidend sind vielmehr Zusammenhänge, die die Gefühlstheorie[17] und die Bewußtseinstheorie überhaupt betreffen. Es soll im zweiten Teil der Untersuchung erwiesen werden, daß Schleiermachers spätere Theorie des Gefühls als eine Theorie der empirischen Dimension der Subjektivität Gedanken der spätaufklärerischen Schulphilosophie weiterführt.

1.1.1. Schleiermacher in der philosophischen Situation um 1790

Die Situation der deutschen Philosophie um 1790 war durch mindestens fünf Richtungen oder Positionen bestimmt, die sich jedoch zum Teil berührten und überschnitten: 1. die Wolffsche Schulphilosophie; sie war allerdings längst angefochten und kritisiert worden, wirkte aber besonders durch ihre Lehrbücher fort, die noch an vielen Universitäten den Vorlesungen zugrunde gelegt wurden; 2. die Spätaufklärung, unter anderem die eklektische Popularphilosophie, die Motive insbesondere des britischen Empirismus mit deutscher, oft Wolffscher Tradition verband; 3. der Kantianismus; 4. die sogenannte Glaubensphilosophie Hamanns, Jacobis und anderer; 5. die Spinoza-Renaissance.

Auf alle diese Richtungen, von denen an dieser Stelle die drei ersten berührt werden sollen, muß bei der Interpretation von Schleiermachers Denken Rücksicht genommen werden. Die Schulphilosophie war – wie schon bemerkt – in seinem Zusammenhang vor allem durch Eberhard präsent. Er blieb dieser im grundsätzlichen treu und war einer ihrer herausragenden späten Vertreter. So wurde er der Bekämpfer Kants, als welcher er heute meist bekannt ist. Schleiermacher hat zweifellos auch die *Metaphysik* Alexander Gottlieb Baumgartens gelesen, nach welcher Eberhard über diese Disziplin las, ebenso wie sein Studium ethischer und metaphysischer Werke Christian Wolffs bezeugt ist.[18] Ein selbständiges

---

16 Vgl. Meckenstock, Ethik 26f.; Ulrich Barth, Reden 448. Siehe auch Schleiermachers eigenen späteren Hinweis im Brief an Karl Gustav von Brinkman vom 15.12.1804, Br 4, 109.
17 Vgl. Ulrich Barth, Reden 448f.
18 KGA V/1, Nr. 131,79ff.

Leibniz-Studium hat er zu dieser Zeit dagegen kaum durchgeführt.[19] Die bunte Erscheinung der Spätaufklärung wird in Schleiermachers Kontext auch von Eberhard repräsentiert, besonders insofern dieser versucht, der Empfindung und dem Gefühl innerhalb des schulphilosophischen Rahmens besser Rechnung zu tragen als die frühere Wolff-Schule. Neben Eberhard, auf den ich mich hier konzentriere, wären in einer erschöpfenderen Untersuchung des Schleiermacherschen Frühwerkes jedenfalls Moses Mendelssohn und auch Johann Joachim Spalding breit einzubeziehen. Eine solche Untersuchung müßte ebenso möglichen Bezügen zu der Wolff-Schule ferner stehenden Autoren nachgehen.

Eberhard hat als der einzige der genannten Philosophen durch persönlichen Kontakt und Lehrveranstaltungen auf Schleiermacher gewirkt. Schleiermacher hat mit den zu dieser Zeit in Halle tätigen Kantianern kaum nähere Verbindung gehabt.[20] Die persönliche Beziehung zu Eberhard ist übrigens von kurzer Dauer gewesen: Schleiermacher war in Halle seit April 1787, die Beziehung scheint aber erst im Sommersemester 1788 angefangen zu haben und wird nach Schleiermachers Weggang aus Halle im April oder Mai 1789[21] nur durch Karl Gustav von Brinkman vermittelt, um bald zu Ende zu gehen.[22] Dieser Freund, der zu Eberhard eine engere Beziehung hatte als Schleiermacher selbst und der in dessen *Philosophischem Magazin* Gedichte publizierte, hatte auch Kontakte nach Jena, besonders zu Reinhold,[23] und war also für Schleiermacher ein Verbindungsglied mit beiden Hauptlagern der damaligen philosophischen Welt Deutschlands.

---

19   1789 ist Schleiermachers Kenntnis von Leibniz wohl hauptsächlich durch die Wolffsche Schulphilosophie und durch die Spätaufklärung vermittelt. 1793/94, wo er auf der Linie von Jacobis Darstellung Spinoza und Leibniz vergleicht (KGA I/1, 547ff.569ff.), scheint er sich auch nicht ausführlich und selbständig mit diesem beschäftigt zu haben. So benutzt er Jacobi als Quelle elementarer Auskünfte über Leibniz' Werk (ebd. 587). Vgl. Dilthey, Leben, Bd. 1.1, 87f.; Herms, Herkunft 142; Meckenstock, Ethik 186f.

20   Ludwig Heinrich von Jakob wird einmal von Schleiermacher aus zweiter Hand referiert (KGA V/1, Nr. 121,66f.). Er nennt auch etwas distanzierend Johann Gottfried Karl Christian Kiesewetter (ebd. Nr. 123,116f.), der jedoch erst später in Berlin „Kantische Vorlesungen" hielt (ebd. Nr. 128,257ff.).

21   Vgl. ebd. XXXf.

22   Vgl. KGA I/1, XXXIIIf., mit KGA V/1, Nr. 118,86ff.; 119,175ff.290ff.; 124,64ff. Schleiermacher stand wohl nicht im Briefwechsel mit Eberhard. Als Professor in Halle trat er 1804 wieder in Kontakt mit ihm, als die sachliche Distanz jedoch deutlich war. Während Eberhard den früheren Schüler wegen der *Reden* als Atheisten betrachtete, erklärt dieser über jenen: „Philosophiren mag ich nun freilich auch nicht gern mit ihm außer historisch" (Brief vom 15.12.1804, Br 4, 109). Er hat ihn aber zeitlebens geachtet. Ein später Beleg ist die Randbemerkung zur Erstauflage der Glaubenslehre, auf die unten 10.2.3 eingegangen wird.

23   Siehe KGA V/1, Nr. 118,108ff.

Schleiermacher hat in seinen zwei Hallenser Jahren Eberhards Vorlesungen über Metaphysik und Ethik und wohl auch die über Geschichte der Philosophie gehört. Dagegen ist ungewiß, ob er Hörer einer von Eberhards in den betreffenden Semestern wiederholten Vorlesung über Logik nach Meiers *Vernunftlehre* war.[24] Darüber hinaus ist mit einem literarischen Einfluß des Lehrers zu rechnen. Es geht dabei vorerst um selbständige Publikationen. Den Vorlesungen über Ethik und Philosophiegeschichte lagen Eberhards Lehrbücher zugrunde, aus welchen in unserem Zusammenhang besonders die *Sittenlehre der Vernunft* relevant ist. Dasselbe gilt von Eberhards *Allgemeine Theorie des Denkens und Empfindens*. Obwohl es für Schleiermachers Beschäftigung mit diesem Buch, dem der Verfasser seinen Lehrstuhl verdankte, keine äußere Belege zu geben scheint,[25] wird sie aus inhaltlichen Gründen nahe gelegt.

Von den Kantischen Hauptschriften haben *Kritik der reinen Vernunft* und *Kritik der praktischen Vernunft* die größte Bedeutung für Schleiermachers Theoriebildungen. Es gibt jedoch in seinem Frühwerk Indizien seiner Beschäftigung auch mit der *Kritik der Urteilskraft*.[26] Seitens des Kantianismus müssen andere Schriften als die von Kant selbst beachtet werden. Schleiermacher hat die wichtigsten Hilfsmittel zum Studium dieser benutzt: Carl Christian Erhard Schmids *Wörterbuch zum leichtern Gebrauch der Kantischen Schriften* und Johann Schultz' *Prüfung der Kantischen Critik der reinen Vernunft*.[27] Bedeutender ist Schleiermachers Studium der beiden anderen und selbständigeren Vertreter des Frühkantianismus: Es ist bekannt, daß er sich auf Reinholds *Versuch einer neuen Theorie des menschlichen Vorstellungsvermögens* bezogen hat. Wahrscheinlich hat er neben Rehbergs berühmter und einflußreicher Besprechung der *Kritik der prak-*

---

24 Vgl. ebd. Nr. 79,26f.; 123,46f.; KGA I/1, XXXIIIf.; Herms, Herkunft 41.282.

25 Von Brinkman erwähnt *seine* Lektüre des Buches im Brief vom 4.12.1789, KGA V/1, Nr. 127,132f. Gawlina, Medusenhaupt, hat eine gründliche Analyse von Eberhards Streit mit Kant vorgelegt; siehe ferner Beiser, Fate 193ff.217ff. Dagegen gibt es keine entsprechende Behandlung seines früheren Werkes. Nicht immer zuverlässig ist die Darstellung in Herms, Herkunft 44ff. Die beiden genannten Bücher Eberhards werden behandelt in Oberdorfer, Gesellligkeit, Kap. 2.

26 Siehe unten Anm. 315.477. Schleiermacher kauft die KU Ende 1792; vgl. Brief vom 4.12.1792, KGA V/1, Nr. 204,97ff. Seine nachgelassene Bibliothek enthielt die Zweitauflage von 1793; siehe Meckenstock, Bibliothek 210 Nr. 1021. Obwohl die dritte Kritik nicht so wichtig für Schleiermacher war wie die beiden ersten Kritiken, muß die Auffassung, die sich in der Literatur entwickelt hat, daß er das Buch kaum gelesen oder rezipiert hat (vgl. besonders Dilthey, Leben, Bd. 1.1, 132 Anm. 35; Herms, Herkunft 121; Scholtz, Ethik 283f. Anm. 22), die schon bei seinem großen, wenn auch nicht vorbehaltlosen Interesse für die Kantische Philosophie sehr unwahrscheinlich erscheint, als unhaltbar bezeichnet werden.

27 Vgl. KGA I/1, 542ff.; Meckenstock, Bibliothek 264 Nr. 1726; 268 Nr. 1782.

tischen Vernunft auch dessen frühes Hauptwerk, *Ueber das Verhältniß der Metaphysik zu der Religion*, rezipiert.[28]

Weiter spielten Zeitschriften eine wesentliche Rolle bei Schleiermachers Kenntnisnahme der aktuellen theoretischen Diskussion. Hier muß Eberhards, der Auseinandersetzung mit der Kantischen Philosophie gewidmetes *Philosophisches Magazin* genannt werden. Schleiermacher liest jedenfalls den ersten Jahrgang.[29] Noch wichtiger waren Rezensionsorgane, die im Vergleich mit den besprochenen Büchern eine nicht zu unterschätzende Rolle in der literarischen Öffentlichkeit spielten. Insbesondere muß die *Allgemeine Literatur-Zeitung* hervorgehoben werden, die von dem letzten zu nennenden Frühkantianer, Christian Gottfried Schütz, herausgegeben wurde. Sie gehörte zum regelmäßigen Lesestoff des jungen Schleiermacher, und es gibt mehrere Beispiele für ihre entscheidende Bedeutung für seine Rezeption philosophischer Werke und Diskussionsbeiträge.[30]

Endlich können – ohne der eigentlichen Interpretation vorzugreifen – Hinweise auf besondere thematische Verbindungen im frühen Denken Schleiermachers mit Diskussionslagen der Zeit genannt werden. An erster Stelle muß von der Religionsthematik die Rede sein. Aufklärung in Sachen der Religion ist von Anfang an ein wichtiges Motiv Schleiermachers gewesen, was sich biographisch in seiner Ablösung von der Brüdergemeine ausdrückt.[31] Nicht zuletzt darin war wohl sein Interesse für die Kantische Philosophie begründet. So schreibt Schleiermacher am 14.8.1787 an seinen Vater, der Kants Denken als Korrektiv zu Eberhards Metaphysik empfohlen hatte:[32]

---

28 Rehberg bekennt seine Autorschaft der anonym erschienenen Rezension in Rehberg, Erläuterungen 221. Dieser dritte relevante Rehberg-Text ist in Schulz, Opposition 257-271, abgedruckt, wird hier aber nach dem Original gelesen. Es erscheint naheliegend, daß Schleiermacher auch mit ihm bekannt ist, da Brinkman zu demselben Heft des TM von September 1788, 240ff., beigetragen hat.

29 Vgl. Briefe vom Herbst 1788, 27.5. und 8.8.1789, KGA V/1, Nr. 106; 114,58f.; 121,65f. Er besaß drei Jahrgänge von PhM; siehe Meckenstock, Bibliothek 244 Nr. 1466. Die wichtigsten Beiträge von Eberhard sind in Kant, Streit mit Eberhard 1-107, nachgedruckt, es wird hier aber nach PhM zitiert. Ich beziehe Eberhards zweite den Kantianismus bekämpfende Zeitschrift, *Philosophisches Archiv*, die 1792-1795 herausgegeben wurde (vgl. Gawlina, Medusenhaupt 333), nicht ein. Wir haben keine Zeugnisse von Schleiermachers Lektüre des Archivs, die überhaupt unwahrscheinlich ist. Wie wir sehen werden, hat er sich zu dieser Zeit längst von der Philosophie seines Lehrers distanziert.

30 Zu Schleiermachers Verhältnis zur ALZ vgl. Grove, Rehberg 9. Zur ALZ siehe Schröpfer, Gelehrsamkeit.

31 Vgl. besonders die diesbezüglichen Briefe an den Vater vom Juli 1786, 21.1., 12.2.1787 und vom Februar/März 1787, KGA V/1, Nr. 45.53.55.59.

32 Ebd. Nr. 79,26ff.

„Was die Kantische Philosophie betrifft die Sie mir zu studiren empfehlen, so habe ich von je her günstige Meinungen von ihr gehabt, eben weil sie die Vernunft von den metaphysischen Wüsten zurük in die Felder, die ihr eigenthümlich gehören, zurükweist. Ich habe deswegen schon in Barby mit ein paar guten Freunden die prolegomena gelesen, aber freilich nur so viel davon verstanden, als man verstehen kann, ohne die Kritik der reinen Vernunft gelesen zu haben. Ob ich nun gleich, weil ich die Kritik nicht kriegen konnte, nicht im Stande gewesen bin während des Eberhard'schen Collegii die Wolfische Philosophie mit der Kantischen zu vergleichen, so soll doch solches in diesen MichaelisFerien geschehen, und das mit desto beßerm Erfolg, da der Onkel dann selbst die Kantischen Schriften lesen will, um dieses in allem Betracht merkwürdige Phaenomenon aus der Quelle kennen zu lernen. So viel ich aber bis jezt von Kant verstehe, so läßt er das Urtheil in Religionssachen ganz frei".[33]

Schleiermachers Interesse am Religionsthema stimmt tatsächlich mit einem zentralen Motiv Kants überein und noch mehr mit dem frühen Kantianismus, dessen letztes Anliegen überhaupt religionsphilosophischer Art war.[34] Wie besonders aus Schleiermachers erster selbständiger Arbeit hervorgeht, redet er jedoch in diesem Stück, anders als die Jenaer Kantianer, keinem orthodoxen Kantianismus das Wort. Wie wir sehen werden, hat seine an diesem Punkt skeptischere Version des Kantianismus dennoch einen Vorgänger unter den Frühkantianern, nämlich Rehberg.

Die andere Hauptfragestellung der ersten Entwürfe Schleiermachers verbindet diese mit Diskussionszusammenhängen sowohl der Spätaufklärung als auch des Frühkantianismus. Wie deutlich werden soll, geht es in Schleiermachers Beschäftigung mit der Willensthematik um Probleme, die sich erst aus seiner kritischen Anknüpfung an Kant ergeben, also um eine spezifisch nachkantische Problemstellung. Kants Willens- und Freiheitstheorie war Gegenstand einer lebhaften und umfassenden Debatte unter Kants ersten Schülern.[35] Schleiermachers Entwürfe enthalten Bezüge zu den ersten Diskussionsbeiträgen, die von Rehberg und Reinhold herrühren. Sein Beitrag zeichnet sich durch Rückgriff auf theoretische Mittel der vorkantischen Philosophie aus, was diesem ein eigenes Profil gibt, Schleiermacher aber nicht aus dem Kreis der Kantianer ausschließt. Sein Vorgehen entspricht in der Sache wiederum vor allem Rehberg. Er knüpft hier auch modifizierend an Reinhold an.

---

33 Ebd. Nr. 80,35ff.
34 Vgl. Hinske, Frühkantianismus 242f. Hinske bezieht sich besonders auf frühe Aussagen von Schütz, könnte aber ebenso auf Reinhold verwiesen haben, nämlich auf seine ein paar Jahre jüngeren „Briefe über die Kantische Philosophie" in der ursprünglichen Ausgabe in TM.
35 Siehe dazu die Textverweise und die Textauswahl in Bittner/Cramer, Materialien 466f.227ff.

Als ein eigenes Motiv des frühen Schleiermacher, das sich an die gleichzeitige, besonders im *Philosophischen Magazin* und in der *Allgemeinen Literatur-Zeitung* ausgetragene Debatte anschließt, kann auch das In-Beziehung-Setzen von alter und neuer Philosophie als solches hervorgehoben werden. Schleiermachers frühe Abhandlungen sind Versuche der Vermittlung, die darin durch beide streitenden Parteien Anregungen erhalten haben.

1.1.2. Zu Schleiermachers philosophischer Frühentwicklung

Es erscheint nützlich, vor der Behandlung der Abhandlungen von „Über das höchste Gut" bis „Über die Freiheit", mit Schwergewicht auf den Briefen Schleiermachers, die damit korrespondierenden philosophischen Studien und Fortentwicklungen zu skizzieren. Auf die Auskünfte der brieflichen Quellen werden sich die verschiedenen systematischen Arbeiten recht genau beziehen lassen.

Man muß sich von einer Vorstellung freimachen, die auf Eilert Herms zurückgeht und von Bernd Oberdorfer wiederholt wird: daß eine sozusagen Kant-freie, durch Eberhard-Rezeption gekennzeichnete Frühphase in Schleiermachers Entwicklung festgestellt werden kann, die dann die Voraussetzung seiner angeblich erst danach einsetzenden Kant-Rezeption ist.[36] Wie indessen die verschiedenen denkerischen Bewegungen in der allgemeinen philosophischen Situation gegenwärtig sind, so ist auch bei Schleiermacher von einer Gleichzeitigkeit ihrer Präsenz auszugehen, obwohl natürlich Schwerpunktverlagerungen stattfinden.

Schleiermachers philosophische Entwicklung fängt nicht erst mit seinen Studien in Halle an. Zwar war der Philosophieunterricht, den er während seines Aufenthaltes am herrnhutischen Seminar in Barby 1785-1787 erhalten hat, dürftig.[37] Mit ein paar Freunden hat er aber einen „Club" gebildet, der den Rahmen für Lektüre und Diskussion neuerer philosophischer Literatur darstellte.[38] In diesem Zusammenhang kann genannt werden, daß Schleiermacher bei seiner Loslösung von der Brüdergemeine dem Vater gegenüber einen vollkommenheitsethischen Standpunkt ver-

---

36 Herms, Herkunft 41.88ff.; Oberdorfer, Geselligkeit 13f.147.189f.; dagegen Meckenstock, Ethik 13.

37 Dazu Meyer, Gang 176f., vgl. Schleiermachers Selbstbiographie von 1794, Br 1, 3-15, dort 10. Dem Unterricht lag ein Buch des Eklektikers Johann Georg Heinrich Feder zugrunde (Meyer, Gang 177).

38 Vgl. KGA V/1, Nr. 50,6; Meyer, Gang 203ff.

rät.[39] Von besonderer Bedeutung für uns ist, daß seine Beschäftigung mit dem Kantianismus in die Zeit in Barby zurückreicht. Dafür gibt es mehrere Zeugnisse: Schon 1785 ist Schleiermachers Lektüre der damals ganz neuen *Allgemeinen Literatur-Zeitung* – des Hauptorgans der Kantianer – dokumentiert;[40] seine eigene Kant-Lektüre, die im Zusammenhang des philosophischen Klubs erfolgte und die *Prolegomena zu einer jeden künftigen Metaphysik, die als Wissenschaft wird auftreten können* und wohl mindestens auch „Was heißt: Sich im Denken orientiren?" umfaßte, läßt sich auf 1786 datieren;[41] endlich hat er von Barby aus brieflich eine der Rezensionen von Kants *Grundlegung zur Metaphysik der Sitten* in der *Allgemeinen Literatur-Zeitung* ausführlich referiert.[42] Dies belegt deutlich Schleiermachers frühes Interesse an der Kantischen Philosophie, „dieses in allem Betracht merkwürdige Phaenomenon".[43] Auf der anderen Seite sollte sein Verstehen desselben zu dieser Zeit nicht überschätzt werden. Sein eigener diesbezüglicher Vorbehalt ist ernstzunehmen. Hier muß auch der Neuartigkeit des Denkens Kants Rechnung getragen werden. Schleiermacher hat frühestens im Herbst 1787 die *Kritik der reinen Vernunft* – und zwar vermutlich die zweite Auflage – gelesen.

Ungeachtet Schleiermachers früher Bekanntschaft mit dem Kantianismus ist damit zu rechnen, daß in Halle Gedanken der Wolffschen Schulphilosophie von Eberhard und auch älteren Denkern Einfluß auf ihn ausüben. Besonders in den Monaten nach seinem Abschied von Halle äußert er sich sehr lobend über Eberhard – „diesen trefflichen Mann", wie er ihn mehrmals ein bißchen stereotyp nennt.[44] Auch wenn sich solche Äußerungen mehr auf einer persönlichen als auf einer sachlichen Ebene bewegen, finden sie nicht ohne Wertschätzung des Denkers statt. Auf der anderen Seite kann Schleiermacher sich noch zu dieser Zeit kritisch über die Kantische Philosophie auslassen,[45] aber gleichzeitig auf der Linie älterer Aussagen, jetzt indessen kaum ganz ohne Koketterie mit Bezug auf dieses Denken sagen, daß er „von einer Sache schwaze von der ich nichts

---

39 Vgl. KGA V/1, Nr. 53,27ff.; 54,32ff.; 59,20ff.

40 Brief von Samuel Ernst Timotheus Stubenrauch vom 10.12.1785, ebd. Nr. 35,9ff.

41 Vgl. die Eintragungen von 20.-21.9.1786 in Okely, Tagebuch 200.203f., mit oben Anm. 33.

42 Vgl. Brief von Samuel Okely vom 17.1.1787, KGA V/1, Nr. 52,47f.

43 Ebd. Nr. 80,46f. Die Meinung: „Mit einer grundsätzlichen Bejahung des Anliegens der transzendentalen Vernunftkritik begann Schleiermacher wohl bereits seine Hallenser Studienzeit" (Meckenstock, Ethik 25), widerspricht allerdings dem Bild, das durch die unten einbezogenen Briefe gezeichnet wird.

44 KGA V/1, Nr. 119,175ff.; 124,63ff.; 128,261f.; vgl. ebd. Nr. 116,94ff.; 128,274f.

45 Brief von 22.7.1789, ebd. Nr. 119,248ff.

verstehe".[46] Die Schulphilosophie ist jedoch nie als ganze bei Schleiermacher übernommen worden oder alleinherrschend gewesen. Er setzt in Halle seine Studien Kants und Kantischer Autoren fort.[47] Ein Brief vom 4.4.1789 nennt *Grundlegung zur Metaphysik der Sitten* und „den Rehberg", was wahrscheinlich auf dessen *Ueber das Verhältniß der Metaphysik zu der Religion* verweist.[48] Ende Dezember desselben Jahres erzählt er, daß er in diesem Jahr „die moralischen und metaphysischen Schriften des Aristoteles und des Vater Wolfs gelesen" und „einen großen Theil der Kantischen Schriften *wieder durchstudirt*" hat;[49] diese Wendung weist wohl auf ein früheres gründliches Kant-Studium hin, das auf die Zeit in Halle festgesetzt werden muß. Dies wird die vermutlich in den ersten Monaten von 1789[50] ausgearbeitete Abhandlung „Über das höchste Gut" bestätigen, die eine umfassende Beschäftigung mit sowohl theoretischer als auch praktischer Kantischer Philosophie voraussetzt.

Zwei Wochen vor diesem Brief hat Schleiermacher betont über seine in der zweiten Hälfte des November stattgefundene Lektüre von Reinholds Rezension des dritten und vierten Stücks des *Philosophischen Magazins* berichtet.[51] Nach diesen Berichten vom Studium Reinholds und Kants erklärt er Anfang Februar 1790 mit Bezug auf ihn oder auf den Kantianismus, „daß ich von Tag zu Tage mehr im Glauben an diese Philosophie zunehme, und zwar desto mehr je mehr ich sie mit der Leibnizischen vergleiche".[52] Hier mißt Schleiermacher auch Johann Gottlieb Töllners Philosophie an Kant[53] – ein Verfahren, das er ebenso schon ein Jahr zuvor in dem Aufsatz über das höchste Gut, auf den sich das Folgende bezieht, gegenüber Platon gebraucht hat.[54]

1.2. Autonomie

Schleiermachers früheste selbständige systematische Arbeiten – eingeleitet durch „Über das höchste Gut" – sind auf die Diskussion der praktischen Philosophie Kants konzentriert. Sie beziehen sich darauf sowohl affirma-

---

46   Ebd. Nr. 119,135.
47   Vgl. auch Schleiermachers Rückblick in einem Brief vom 18.6.1799, KGA V/3, Nr. 661.
48   KGA V/1, Nr. 113,6, vgl. Grove, Rehberg 7ff.
49   KGA V/1, Nr. 131,79ff.; Hervorhebung von mir.
50   Vgl. KGA I/1, XLI.
51   KGA V/1, Nr. 128,262ff.
52   Ebd. Nr. 134,55ff.
53   Ebd. Nr. 134,59ff.
54   KGA I/1, 109,31ff.3ff.

tiv als auch kritisch mit einer Sicherheit, die von vorausgehenden philosophischen Anstrengungen zeugt. Mir kommt es vor allem darauf an nachzuweisen, daß und wie ihre Hauptfragestellung eine *nachkantische* ist.[55] Dies gilt ungeachtet dessen, daß sich bei Schleiermacher auch noch ein wohl teils bewußter, teils unbewußter Rückgriff auf vorkantische Gedanken und ein besonders in den Freiheitstexten deutliches Bestreben eines Brückenschlags zwischen Wolff-Schule und Kantianismus nachweisen lassen. Durchgehendes Thema ist das rechte Verständnis der Autonomie des moralischen Subjekts. Weiter soll vor allem anhand der genannten Abhandlung gezeigt werden, wie Schleiermacher in dieser Konstellation eine Position vertritt, die sich durch Vergleich mit Arbeiten *August Wilhelm Rehbergs*, von welchem er allem Anschein nach abhängig ist,[56] auch als eine spezifisch *frühkantische* ausweist.

Auffälligstes Kennzeichen dieser Position in moralphilosophischer Hinsicht ist die Unterscheidung, wenn auch nicht Trennung, von *Erkenntnis- und Beurteilungsprinzip* und *Ausübungsprinzip* der Sittlichkeit. Kants πρῶτον ψεῦδος in der Ethik besteht nach Schleiermacher vorerst darin, unseren Willen mit einer höheren Art zu verwechseln, indem er beide Prinzipien nicht in angemessener Weise differenziert hat.[57] Seitens der sittlichen Erkenntnis knüpft er an Kants Ethik an, will aber den kategorischen Imperativ nicht als alleinigen Grund der konkreten sittlichen Praxis verstehen. Überhaupt ist ihm an der Realisierung der Sittlichkeit gelegen. Dies, was sich im Vergleich zu Kant in Veränderungen in der Auffassung des Begriffs des höchsten Gutes, aber auch des Begriffs des sittlichen Gefühls, der Erklärung der Willensbestimmung und der Freiheitslehre ausdrückt, weist auf Schleiermachers spätere Güterethik voraus.

1.2.1. Das sittliche Erkenntnisprinzip

Schleiermachers Auffassung der sittlichen Erkenntnis kommt am tiefsten im Zusammenhang mit Reflexionen über die Bestimmung des Begriffs vom höchsten Gut zu Wort. Sie stehen in der Abhandlung über diesen Begriff, die eine erste Frucht seines eingehenden Studiums von Kants *Kritik*

---

55   Vgl. Meckenstock, Ethik 27f.; Moxter, Güterbegriff 18.
56   Ich gehe hier von der Annahme dieser Abhängigkeit aus und beschränke mich meist auf die Darstellung von Übereinstimmungen; vgl. Grove, Rehberg.
57   KGA I/1, 104,30ff.

der praktischen Vernunft darstellt.[58] Sie bezieht sich jedoch nicht nur darauf und vielleicht auf die *Grundlegung zur Metaphysik der Sitten*. Es gibt viele Anspielungen auch auf die erste Kritik und explizite Berufungen darauf. Mit Bezug auf die epistemische Seite der Sittlichkeit schließt sich Schleiermacher grundsätzlich Kant an. Ebenso knüpft er in metaphysischer Hinsicht radikalisierend an diesen an.[59] Die Untersuchung kommt der erwähnten Behauptung Eilert Herms' in die Quere, daß Schleiermachers Denken mit einem Anschluß an Eberhard anfängt und erst später Kant näher kommt.[60] Auf der anderen Seite lassen sich hier – von den Vertretern dieser Auffassung nicht diagnostizierte – Einschränkungen in seinem Verständnis und in seiner Darstellung von Kant feststellen.

Herms' Hauptthese mit Bezug auf Schleiermachers Verhältnis zur Wolffschen Schulphilosophie besagt in erster Linie, daß er mit ihr die *empirische Psychologie* zur philosophischen Grundwissenschaft macht.[61] Ich werde in den folgenden Abschnitten nach und nach seine wichtigsten Belege für diese These, die schon in ihrem die Wolffsche Schule interpretierenden Teil nur mit Einschränkungen aufrechthalten werden kann, in Frage stellen. Daß Schleiermacher vieles von der empirischen Psychologie der Schulphilosophie übernimmt, ist jedoch wahr. Insofern ist diese eine selbstverständliche Voraussetzung, nicht nur bei ihm, sondern auch bei anderen Kantianern und bei Kant selbst. Ein von diesem ausdrücklich gemachtes und auch für uns relevantes Exempel sind die Begriffe des Begehrungsvermögens und des Lustgefühls.[62] Die empirische Psychologie erhält zwar im Zusammenhang der Ausübung der Sittlichkeit eine größere Bedeutung bei Schleiermacher als bei Kant und orthodoxeren Kantianern. Ein Beispiel der selbstverständlichen Voraussetzung der Psychologie ist sein erster Schritt im betreffenden Aufsatz, der die Entwicklung des Begriffs der Glückseligkeit in der Geschichte der Menschheit erklärt und dabei verschiedene überlieferte psychologische Begriffe verwendet.[63] Wenn Schleiermacher diese Entwicklung als Hintergrund des Begriffs vom höchsten Gut „die natürliche Geschichte" dessen nennt,[64] ist dies in

---

58   Diese Abhandlung Schleiermachers ist unvollständig überliefert. Seine Anmerkungen dazu, die Dilthey vorlagen, aber von ihm nicht veröffentlicht wurden, gelten als inzwischen verlorengegangen (vgl. Schleiermacher, Denkmale 5; KGA I/1, XX).

59   Siehe unten 1.5.2.

60   Vgl. Herms, Herkunft 90f.99ff. Auch Bernd Oberdorfer vernachlässigt Schleiermachers prinzipielle Anknüpfung an Kant in „Über das höchste Gut" (Oberdorfer, Geselligkeit 194ff.).

61   Herms, Herkunft, bes. 42ff.82ff., vgl. ebd. 46ff.

62   Siehe KpV, 15ff. Anm.; vgl. zum Beispiel Hinske, Psychologie.

63   KGA I/1, 84ff.

64   Ebd. 107,2ff.

Übereinstimmung mit dem Status der empirischen Psychologie bei
Eberhard und in der übrigen Schulphilosophie.[65] Der Glückseligkeitsbegriff des Aufsatzes fällt in Anknüpfung an Kant einseitig hedonistisch aus.[66]
Der Aufsatz bezeugt indes gleichzeitig, daß die empirische Psychologie nur eine begrenzte Bedeutung im Gedankengang Schleiermachers hat.
Bei der Bestimmung des höchsten Gutes können wir nicht „bloße Erfah-
rungsbegriffe vergleichen und zusammensezen", es geht darum, „völlig
rational zu verfahren".[67] Das schließt ein, daß es unabhängig vom Glückseligkeitsgedanken begriffen werden muß. Die scharfe Unterscheidung
von Sittenlehre und Glückseligkeitslehre – mit Kant die erste und wichtigste Beschäftigung der Kritik der praktischen Vernunft[68] – trennt Schleiermacher von typischen Positionen der Spätaufklärung; ein naheliegendes
Beispiel ist Eberhards *Sittenlehre der Vernunft*. Schleiermacher beruft sich
auf Kants Autonomiegedanken, ohne jedoch hier spezifisch Kantische
Wendungen zu gebrauchen,[69] und auf seine Darlegung des reinen praktischen Gesetzes als Grundlage für den Begriff des höchsten Gutes.[70] Zu
diesem Zeitpunkt bekennt sich Schleiermacher zu einer Verfahrensethik;
mit seiner Eingrenzung des Verhältnisses zwischen diesem Begriff und
dem Sittengesetz eignet er sich die Methode an, die Kant zufolge für eine
Kritik der praktischen Vernunft gelten muß: daß der Begriff des höchsten
Gutes zuallererst nach dem Gesetz und durch das Gesetz bestimmt werden könne.[71] Schleiermachers durchaus angemeldeter Vorbehalt gilt nur
gegenüber Kants Gebrauch dieses Satzes, um eine Generaldiagnose der
Irrtümer herkömmlicher Philosophie bei der Bestimmung des obersten
Prinzips für die Moral zu formulieren.[72] Er macht das Verhältnis zwischen
dem Gesetz und dem höchsten Gut mit Hilfe eines eigenen mathemati-

---

65 Vgl. Herms, Herkunft 52; Hinske, Psychologie 102.
66 KGA I/1, 86,26f.; KrV B, 834. Ebensowenig wie der Kantische Begriff wird Schleiermа-
    chers Begriff der Glückseligkeit dadurch erschöpft. Davon zeugen viele frühe Predigten,
    zum Beispiel SW II/7, 8ff.68ff.
67 KGA I/1, 88,36ff.
68 KpV, 165.
69 KGA I/1, 89,2ff.: „Und wenn denn doch noch etwas von fremdartiger Zuthat zurük-
    geblieben ist, so müßen wir nothwendig in alle die Verwirrungen und Inconsequenzen
    verfallen, die uns HErr Kant unter dem Namen der Heteronomie der Willkühr in ihrer
    Blöße dargestellt hat". Vgl. auch noch den ersten Abschnitt von „Über die Freiheit", ebd.
    226,1ff.
70 Ebd. 92,3ff.
71 Ebd. 89,23ff., vgl. KpV, 110ff. Vgl. auch Moxter, Güterbegriff 19f.24. Siehe dort auch zu
    den Veränderungen in Stellung und Inhalt des Begriffs des höchsten Gutes im Vergleich
    zu Kant, die auf Schleiermachers spätere, auf diesen Begriff konzentrierte Ethik voraus-
    weisen.
72 KGA I/1, 89,28f.; KpV, 112ff.

schen Bildes anschaulich: Das reine praktische Vernunftgesetz verhalte sich zum höchsten Gut wie eine gegebene mathematische Formel zu einer nach ihr gezogenen Kurve. Seine Pointe in diesem Vergleich ist der Kantische Gesichtspunkt, daß das höchste Gut in strenger Korrespondenz mit dem reinen Sittengesetz ohne hinzutretende empirische Annahmen gedacht werden müsse.[73] Auf diese Weise wird das höchste Gut von Schleiermacher als der Inbegriff alles dessen, was durch das reine Vernunftgesetz möglich ist, definiert. Diese Definition enthält auch eine mit Kantischen Mitteln formulierte Kritik an Kant, der ja die Glückseligkeit als Teil des höchsten Gutes festhält. Darin, beide nicht streng auseinandergehalten zu haben, besteht die andere Seite von Kants πρῶτον ψεῦδος in der Moralphilosophie.[74] Er ist nach Schleiermacher inkonsequent im Verhältnis zu seinem eigenen Ausgangspunkt.[75] Alle diese Bestimmungen verwertet Schleiermacher wieder in seinen reifen Arbeiten.[76] Ungeachtet späterer Abänderungen bleiben sie also grundlegend für seine Theoriebildung.

Was hier zuerst festgehalten werden soll, ist die Tatsache, daß Schleiermacher Kants Formulierung des moralischen Erkenntnisprinzips *vorbehaltlos* rezipiert. Mit Bezug auf die gesetz- oder regelgebende Funktion der praktischen Vernunft hat er keine Einwände gegen ihn zu machen.[77] In diesem Sinn nimmt er dessen Definition der Vernunft als Vermögen der Prinzipien auf und bezieht sie auf den praktischen Modus der Vernunft.[78] In demselben Sinn versteht er mit Kant – und wie wir sehen werden, im Gegensatz zur Wolff-Schule – die praktische Vernunft als „für sich selbst praktisch"[79] und gibt ihr einen Vorzug vor der theoretischen.[80] Es gibt weder in „Über das höchste Gut" noch in anderen frühen Arbeiten Zeichen, daß Schleiermacher Bedenken über den Kantischen Formalismus

---

73   KGA I/1, 91,6ff., vgl. ebd. 93,38-94,39.
74   Ebd. 104,37ff.
75   Ebd. 95ff.
76   Vgl. Schleiermacher, Über den Unterschied zwischen Naturgesetz und Sittengesetz, KGA I/11, 429-451, dort 441,7ff.; ders., Grundlinien einer Kritik der bisherigen Sittenlehre, KGA I/4, 27-357, dort 68,25ff.; 100,20ff.; 122ff.
77   Vgl. KGA I/1, 130,20ff.; 161,5ff., und den von Dilthey unvollständig mitgeteilten Plan zu einer Abhandlung über den sittlichen Grundsatz; siehe Schleiermacher, Denkmale 5, zitiert KGA I/1, XXf.
78   Vgl. KGA I/1, 100,30f., mit KrV B, 356.
79   KGA I/1, 111,16ff., vgl. ebd. 91,31f.
80   Ebd. 112,2ff.; 120,8f. Wenn er auch noch keine Kritik des Vernunftbegriffs der Schule vorträgt (Oberdorfer, Gesselligkeit 197ff.), muß dieser Ansatz eine solche zur Folge haben. Daß sie nicht zu dieser Zeit vorgetragen wird, wird aus dem folgenden verständlich.

oder Apriorismus in der Ethik äußert.[81] Der Formalismus und Apriorismus ist in der von ihm bejahten Bestimmung des Verhältnisses von Sittengesetz und Begriff des Guten enthalten. Ein weiterer Punkt, in dem Schleiermachers bisher betrachtete Argumentation – vielleicht noch ohne daß er es selbst ganz versteht – der Schulphilosophie widerspricht, besteht darin, daß er in der praktischen Philosophie mit Kant einen wesentlichen Gegensatz von Sinnlichkeit und Verstand oder Vernunft voraussetzt.[82] Dies gilt, obwohl er – wie wir sehen werden – auf der konkreten Ebene der Realisierung der Moralität beide näher verbindet als jener.

Trotz Schleiermachers Anschluß an Kant, was die epistemische Seite der Sittlichkeit betrifft, und trotz der Implikation genuin Kantischer und von der Wolffschen Philosophie abweichender Distinktionen ist er jedoch hier nicht auf der Höhe des Gedankengangs Kants. Das wird klar, wenn man fragt, wie seine Wendung, rein rational zu verfahren, verstanden werden soll. Sie wird in seiner Einführung des Sittengesetzes mit Hinweis auf Kants kategorischen Imperativ expliziert. Dieser wichtige Abschnitt soll *in extenso* zitiert werden:

> „Sobald wir nemlich den Gedanken faßen unsre Handlungen gewißen Principien zu unterwerfen und zwar Principien der reinen Vernunft, so ist das erste was uns gegeben ist, die einschränkende Bedingung welcher jeder Schritt unterworfen seyn muß, der *Grundsaz der Consequenz* – die ursprünglichste Regel von welcher sich die Vernunft bei allen ihren Handlungen niemals entfernt, daß nemlich keiner ihrer Säze sich selbst oder seinen Brüdern widersprechen muß. Auf den ersten Anblik scheint es zwar daß dieser eben so unfruchtbar seyn müße, als er unläugbar gewiß ist, aber durch einen merkwürdigen Umstand geschieht es, daß er mit einer kleinen Erweiterung nicht nur die negative, sondern auch die *hinreichenden positiven* Bedingungen unsres ganzen Verfahrens in sich enthält.
>
> Es ist der Vernunft wesentlich, daß sie überall, wo sie für sich allein handelt, mit Verachtung alles kleinlichen und subjektiven und aller Einschränkungen und Verhältniße des individuellen, in der größten Allgemeinheit schließt und beschließt; mit eben dieser Eigenschaft muß nun auch ein jedes einzelnes ihrer Geseze gedacht werden; *es muß in dieser Allgemeinheit consequent seyn*; das Gebot, was sie mir auflegt ist nicht ein Gesez, welches sie blos

---

81 Gegen Herms, Herkunft 102ff.; Blackwell, Philosophy 24f.47ff., und auch Meier-Dörken, Theologie 94f.166ff., wo Predigten als Belege für Schleiermachers Abweichung von Kant in diesem Punkt angeführt werden. Die Predigten sind aber unter anderen Voraussetzungen geschrieben als die systematischen Arbeiten und können nicht zur primären Grundlage der Bestimmung der prinzipiellen moralphilosophischen Position Schleiermachers gerechnet werden.

82 Vgl. zum Beispiel KGA I/1, 91,10ff.; KpV, 41ff. Schleiermacher kann an der genannten Stelle im übrigen unpointiert von „deutlich denken" reden – was traditionell die Funktion des Verstandes und der Vernunft ist –, ohne daß dies die im Zusammenhang behandelte Funktion der Vernunft umfaßt.

mir gibt; es muß sich über alles erstreken, was unter der Herrschaft der Vernunft steht, und so muß es die Probe der Consequenz aushalten. Dies ist der Charakter des reinen Sittengesezes, so wie ihn uns HErr Kant aufstellt".[83]

Die erste Frage, die in Anknüpfung an diesen Gedankengang zu stellen ist, betrifft die Bedeutung des Grundsatzes der Konsequenz. Ich schlage vor, ihn als mit dem Satz des Widerspruchs identisch zu interpretieren. Eine solche Fassung dieses Satzes ist sicherlich ungewöhnlich, doch das ist schon der Ausdruck selbst.[84]

Es kann eine Reihe von Gründen genannt werden, die für eine Identifikation von Schleiermachers Prinzip der Konsequenz und dem Widerspruchsprinzip sprechen. Es läßt sich erstens auf seine Angabe über den Inhalt des betreffenden Satzes hinweisen, daß die Sätze der Vernunft nie sich selbst oder einander widersprechen dürfen. Der Begriff des Widerspruches oder der Kontradiktion, den er unterschiedslos neben dem der Inkonsequenz benutzen kann,[85] wird auch sonst in der Abhandlung hervorgehoben. Die Vernunft wird als Vermögen eingeführt, Widerspruch aufzuheben.[86] Es geht um den Widerspruch, der im Gegensatz zum höchsten Gut als reinem Vernunftbegriff wesentlich mit dem Glückseligkeitsgedanken verbunden ist.[87] Zweitens wird der Status des Satzes so bestimmt, daß davon auszugehen ist, daß Schleiermacher auf das Kontradiktionsprinzip abzielt. Es ist in einer Tradition, mit der Schleiermacher besonders aus der Wolff-Schule vertraut ist, die erste, ursprünglichste und unbestreitbar gewisse Regel der Vernunft.[88] Er präzisiert dies – vermutlich mit Kants Einschränkung der Gültigkeit des Widerspruchssatzes[89] – da-

---

83   KGA I/1, 91,20ff.

84   Im Spätmittelalter entwickelte sich als Ergänzung zur aristotelischen Logik eine Lehre von den Konsequenzen, die als für die ganze Logik grundlegend und damit der Syllogistik übergeordnet aufgefaßt werden konnte. Die Lehre tritt im 17. Jahrhundert in den Hintergrund und wird in der neueren Logik nur ausnahmsweise und teilweise aufgenommen. Hier macht der Konsequenzbegriff normalerweise nur einen Teil der Lehre vom Schluß aus. Wo man ein erstes Prinzip der Logik und eventuell der Philosophie überhaupt annimmt, ist dies das Kontradiktionsprinzip, von dem Regeln unter anderem über die Konsequenz abgeleitet werden können. Vgl. Delgado, Konsequenz, HWPh 4 [1976] 977-980; Risse, Logik, bes. Bd. 2, 255f.611.639ff. Eine Terminologie, die derjenigen Schleiermachers an dieser Stelle entspricht, ließ sich in zeitgenössischer und älterer Literatur nicht belegen.

85   KGA I/1, 89,4.18, vgl. ebd. 202,17.27f.

86   Ebd. 87,30f.

87   Ebd. 86ff.92f.105f.

88   Vgl. Aristoteles, Met. 1005 b 12ff.; Wolff, Gedancken [1751] §§ 10f.; Baumgarten, Metaphysik § 7; Reimarus, Vernunftlehre §§ 29ff. Das letztgenannte Werk war bei Schleiermachers Tod in seinem Besitz; siehe Meckenstock, Bibliothek 252 Nr. 1569.

89   KrV B, 189ff.

hingehend, daß dieser Grundsatz eine notwendige, aber nicht hinreichende, nur negative Bedingung für die sittliche Erkenntnis sei. Die Ähnlichkeit mit den Kantischen Bestimmungen an dieser Stelle ist ein weiterer Beleg für meine Interpretation.

Ist diese Interpretation richtig, liegt eine wesentliche Übereinstimmung mit Rehbergs eigentümlicher Rezeption des kategorischen Imperativs besonders in seiner Besprechung von Kants zweiter Kritik[90] vor. Rehberg identifiziert hier den höchsten sittlichen Grundsatz mit dem Satz vom Widerspruch. Er begründet diese Identifikation unter anderem damit, daß die sittlichen Forderungen rein negativer, aufhebender Natur seien.[91] Dieser Hinweis entspricht in Schleiermachers Darstellung der Beschreibung des Grundsatzes der Konsequenz als eines einschränkenden und unfruchtbaren Prinzips. Indessen ist der Widerspruchssatz Schleiermacher zufolge keine hinreichende Bedingung für die Erkenntnis des Guten. Damit ist der Inhalt des kategorischen Imperatives Kants für ihn nicht erschöpft. Der Grundsatz der Konsequenz mache nur „mit einer kleinen Erweiterung" eine hinreichende, positive Bedingung aus. Diese Erweiterung bestehe im Moment der Allgemeinheit, die ein wesentliches Kennzeichen der Rationalität sei.

Was wird hier hinzugefügt? Dies ist die zweite entscheidende Frage, auf die die Analyse von Schleiermachers Gedankengang eine Antwort zu suchen hat. Schleiermacher drückt sich nicht besonders klar aus. Es wird deutlich auf Kants Formulierung des Imperativs angespielt. In Hinsicht auf den Aufbau des Gedankengangs kann darauf hingewiesen werden, daß auch Rehberg die Allgemeinheit als ein Moment neben der Widerspruchsfreiheit behandelt.[92] Die Ähnlichkeit erstreckt sich weiterhin auf

---

90   Dazu Schulz, Opposition. Der Text ist dort, 230-256, und leicht verkürzt in Bittner/ Cramer, Materialien 179-196, abgedruckt, wird aber im folgenden nach der Originalversion zitiert.

91   Rehberg, Rezension von KpV 357: „Diesem zufolge ist der Satz des Widerspruchs das oberste Principium cognoscendi der reinen Sittlichkeit. Es sind aber auch ihre Vorschriften ursprünglich wirklich nur verbietend, und alle ursprüngliche Wirksamkeit der Vernunft, besteht darin, Handlungen aufzuheben, ebenso wie der empfundene Widerspruch in einem Gedanken, die Illusion vernichtet, vermöge deren er für wahr gehalten ward". Vgl. Rehberg, Verhältnis 130ff.

92   Rehberg, Rezension von KpV 357: „Es scheint zwar, als ob es durch das Wort *allgemeines* Gesetz noch mehr in sich fassen wollte, als die Handlung selbst, welcher es in jedem Falle angepaßt wird. Allein diese Allgemeinheit zeigt, (wie Rec. an einem andern Orte ausführlicher gesagt hat,) nur eine negative Bestimmung an, eine Loßmachung von allen möglichen subjectiven Nebenbestimmungen". Die Klammer verweist auf Rehberg, Verhältnis 122f. Anm., wo die innere Notwendigkeit im Sinne von Denkbarkeit oder Vernunftmäßigkeit der Allgemeinheit übergeordnet wird. Mit diesem Ansatz steht Rehberg im Kreis der Frühkantianer nicht allein. So wird er von Johann Schultz, Prüfung 27, übernommen.

den Gesichtspunkt selbst: Schleiermachers Bestimmung, nach der die Allgemeinheit eine Verachtung gegenüber allem Kleinlichen und Subjektiven, allen Beschränkungen und Verhältnissen des Individuellen beinhalte, entspricht Rehbergs Erklärung, das Allgemeinheitsprädikat bei Kant ziele auf die Befreiung von allen möglichen subjektiven Nebenbestimmungen ab. Schleiermacher formuliert das Allgemeinheitsmoment auch so, daß das Vernunftgebot nicht nur für mich gelten dürfe, sondern für alle vernünftigen Subjekte, „und so muß es die Probe der Consequenz aushalten". Beide Bestimmungen geben sicherlich Aspekte der reinen praktischen Rationalität wieder. Sie treffen indes nicht die Pointe in Kants Testverfahren, das in der Frage besteht, ob meine Maxime in Widerspruch zu sich selbst gerate, wenn sie als allgemeines Gesetz gedacht werde. Es ist kaum gerechtfertigt, in Schleiermachers Formulierungen etwas anderes als eine Unterstreichung des Konsequenzmomentes zu sehen.[93]

Insofern ist das Resultat wie bei Rehberg eine charakteristische *Verkürzung* des Kantischen Ansatzes. Schleiermacher reduziert die Universalisierbarkeitsprobe in ihrer spezifischen Bedeutung. Der kategorische Imperativ wird gleichbedeutend mit der bloßen Forderung der Widerspruchsfreiheit in Maximen: Sittlich wäre lediglich eine konsistente, konsequent festgehaltene Maxime. Er wird zu einem theoretischen Prinzip, das auf subjektive praktische Grundsätze angewandt wird. Als solches kann es anders als Kants Prinzip nicht als Grundlage für die Bildung von sittlichen Maximen fungieren. Ihre Sittlichkeit wäre im besten Fall vorausgesetzt und das Prinzip tautologisch.[94] Noch weniger als

---

93 Die folgende Wiedergabe von Rehbergs Standpunkt im Zusammenhang von dessen Kommentar zum Allgemeinheitsbegriff hat auch für Schleiermacher Gültigkeit: „Das Gesetz heißt nach Rehberg einfach, handle der inneren Vernunftnotwendigkeit gemäß, d.h. widersprich dir nicht in deinen Handlungen und Entschlüssen. Wenn man von diesem Gesetz sagt, es sei ein allgemeines Gesetz, so bedeutet das nur, daß jede unserer Handlungen diesem Gesetz unterworfen werden muß, d.h. daß alle möglichen subjektiven Gründe der Beurteilung unserer Handlungen beiseitegesetzt werden müssen, um den objektiven Beurteilungsgrund, der im Satz des Widerspruches besteht, zur alleinigen Geltung zu bringen" (Schulz, Opposition 50). – Schleiermachers Ausdruck „in der größten Allgemeinheit" ist der Hauptbeleg Herms' und Blackwells für die Behauptung, daß er vom Kantischen Apriorismus und Formalismus abweicht: Es sei bloß von relativer Allgemeinheit und Reinheit die Rede (siehe oben Anm. 81). Diese Deutung, die bei Herms mit seiner These von Schleiermachers Rezeption der Schulphilosophie von der Seite der empirischen Psychologie her zusammenhängt, widerstreitet der Tatsache, daß Schleiermacher sich gerade in dieser Hinsicht ausdrücklich auf Kant beruft.

94 Vgl. Henrich, Selbstverhältnisse 18. Im Falle Rehbergs wird dies durch seine Beispiele der Anwendung des Grundsatzes auf konkrete Begierden und Maximen bekräftigt. Siehe Rehberg, Verhältnis 124f., und dazu Schulz, Opposition 44ff. – Zu einem entsprechenden Interpretationsergebnis kommt auf rein systematischem Weg Moxter, Güterbegriff 20ff.; näher dazu Grove, Rehberg 17f.

bei Rehberg ist bei alledem von Kritik an Kant die Rede, vielmehr gibt
Schleiermacher diesen zustimmend wieder und hat sich wohl an diesem
Punkt Rehberg als Ausleger der authentischen Intention Kants angeeignet.
Weiterhin weist Schleiermachers Darstellung des obersten sittlichen
Grundsatzes in Anknüpfung an Kant, ohne eine genaue oder nahekommende wörtliche Entsprechung in der Schulphilosophie zu haben – eine
solche Entsprechung habe ich nur bei Rehberg finden können –, eine
Strukturähnlichkeit und eine sachliche Kontinuität mit der Vollkommenheitsethik auf. Schleiermachers häufige Rede außer von Konsequenz auch
von Einheit, Harmonie und Ordnung ist überhaupt ein Erbe des Wolffschen Gedankens der Vollkommenheit eines Dinges als „Zusammenstimmung des Mannigfaltigen".[95] Dieser Zusammenhang wird durch
seine Bemerkungen zur Vollkommenheitsethik in der Abhandlung bestätigt, die hauptsächlich eine Kritik des mit dem Grundsatz der Vollkommenheit verbundenen Glückseligkeitsgedankens sind, diesen Grundsatz
jedoch von der Kritik freihält.[96] Umgekehrt berichtigt Rehberg, der auch
Elemente des vollkommenheitsethischen Denkens voraussetzt, von seiner
Rezeption des Grundsatzes Kants her die Darstellung, die dieser selbst
von seinem Verhältnis zur herkömmlichen Ethik gibt: Der kategorische
Imperativ stelle nur eine verbesserte Version des formalen Grundsatzes
der Übereinstimmung in der Vollkommenheitsethik dar.[97] Wie wir sahen,
hat Schleiermacher an diesem Punkt einen ähnlichen Vorbehalt gegenüber
Kant angemeldet.[98]

Rehberg hat also dazu beitragen können, Schleiermacher die Moralphilosophie Kants auf eine Weise zugänglich zu machen, die Schleiermachers Voraussetzungen entspricht. Davon, daß es bei der betreffenden
Darstellung von Kant um ein authentisches Verständnis dessen geht, hat
nicht nur Rehbergs eigene Präsentation seiner Modifikationen der Kantischen Kritik als „nur einer geringen Aenderung im Ausdrucke" überzeugen können.[99] Die Übereinstimmung mit dem Königsberger wurde ebenso

---

95 Wolff, Gedancken [1751] § 152.
96 KGA I/1, 120ff., dort 121,10ff.: „so sezt dieser Grundsaz das reine Sittengesez voraus, er
    ist eine Anwendung desselben auf eine gegebene psychologische Natur und es ist so
    weit nichts daran auszusezen". Die Behauptung, daß Schleiermacher beabsichtigte, nicht
    nur alle glückseligkeitsorientierten, sondern auch alle vollkommenheitsorientierten
    Merkmale aus dem Begriff des höchsten Gutes zu eliminieren (Meckenstock, Ethik 29f.),
    ist also unzutreffend.
97 Rehberg, Rezension von KpV 358.
98 KGA I/1, 89,28f.
99 Rehberg, Rezension von KpV 351.

von Johann Schultz in der *Allgemeinen Literatur-Zeitung* attestiert.[100] Zur damit anhebenden Wirkungsgeschichte des Rehbergschen Kant[101] gehören mit der größten Wahrscheinlichkeit auch Schleiermachers frühe Rezeption sowie seine spätere Kritik von Kants ethischem Grundsatz.

1.2.2. Sittliches Gefühl

Die obige Darstellung der Auffassung der sittlichen Erkenntnis beim jungen Schleiermacher scheint *einem* Sachverhalt nicht Rechnung zu tragen: seiner häufigen Verwendung eines Begriffs von einem sittlichen Gefühl. Führt sie nicht mit sich, daß die sittliche Erkenntnis einem Gefühl statt der Vernunft zugeschrieben wird? Das kann eindeutig verneint werden. Das Gute ist nach Schleiermacher in wesentlicher Übereinstimmung mit Kant epistemisch unabhängig von der Sinnlichkeit, indem es unter ein objektives Prinzip gehört. Schließt seine Grundlegung der Ethik einen Begriff eines sittlichen Gefühls in sich, dann geht es um ein nicht „urtheilendes, sondern antreibendes Gefühl".[102] Es wird also allein im Hinblick auf den Vollzug der Sittlichkeit im Tun in Anspruch genommen.

Ungeachtet des Ausgehens von Kant, ist die praktische Vernunft bei Schleiermacher nicht praktisch in derselben Bedeutung wie bei diesem. Es geht hier nicht allein um seine unbeabsichtigt verkürzende, auf einem unzureichenden Verstehen beruhende, allerdings affirmative Rezeption, sondern um Kritik und bewußt unternommene Umformulierung. Nach Kant ist der oberste moralische Grundsatz mehr als nur Erkenntnis- und Beurteilungsprinzip. Die Sittlichkeit besteht nicht bloß in Übereinstimmung mit dem Sittengesetz. Eine äußere, objektive Gemäßheit, die Kant Legalität nennt, könnte ganz unbeabsichtigt entstehen und dies sogar von unsittlichen, egoistischen Motiven her. Er fordert deshalb außerdem eine

---

100 Schultz, Rezension von Rehberg, Verhältnis 620. Dagegen wurde in der zweiten und kritischeren Besprechung des Buches in der ALZ Rehbergs Version des moralischen Erkenntnisprinzips von einem anderen leitenden Kant-Anhänger und -Interpreten, nämlich Reinhold, verworfen (Reinhold, Rezension von Rehberg, Verhältnis 696). Dieser hat jedoch spätestens 1792 im zweiten Band seiner *Briefe über die Kantische Philosophie* diesen Punkt bei Rehberg gelobt und übernommen (Reinhold, Briefe [1923] 298.492).

101 Dazu siehe Schulz, Opposition, 4. Kap., wo nicht auf Schleiermacher eingegangen wird.

102 KGA I/1, 328,26f. Gelegentlich kann Schleiermacher in den frühen Arbeiten von einem Gefühl des Sittengesetzes reden. So ebd. 259,34ff., wo der Sinn ist, daß die Kenntnis des Gesetzes im Gegensatz zur Kenntnis ästhetischer Regeln nicht ein allmählich erworbenes Wissen ist, sondern zum Menschsein gehört. Siehe auch KGA V/1, Nr. 326,75ff.119ff. Die frühen Predigten sprechen vom Gefühl für das Gute, für die Tugend oder die Pflicht (zum Beispiel SW II/7, 42.88.192), die Auffassung des Verhältnisses zwischen Vernunft und Gefühl ist aber dieselbe wie in den philosophischen Arbeiten (vgl. ebd. 6.91ff.).

subjektive Übereinstimmung des Willens mit dem Gesetz. Sie ist Moralität.[103] Soweit folgt Schleiermacher Kant.[104] Eine wichtige Pointe der *Kritik
der praktischen Vernunft* ist nun, daß das Moralgesetz auch die Triebfeder,
der subjektive Bestimmungsgrund ist. Darauf beruht in streng Kantischem
Sinn die Autonomie des vernünftigen Willens. Der oberste Grundsatz der
Sittlichkeit ist also zugleich das sittliche Ausübungsprinzip. Das ist der
ganze Gehalt der in „Über das höchste Gut" zustimmend zitierten These
Kants, daß die reine Vernunft für sich allein praktisch ist.[105] Mit diesem
letzten Teil der These ist Schleiermacher indessen nicht einverstanden.
Seine *ganze* Stellungnahme zur These entspricht der Auffassung von
Sophron, einer der Personen im „Freiheitsgespräch" Schleiermachers, wo
mit Bezug auf die zweite Kritik über den menschlichen Willen gesagt
wird:

> „Wenn er blos das Vermögen sei für das Begehrungsvermögen nach Ver-
> nunftprinzipien gewiße Regeln festzusezen wie es nach einigen Stellen schei-
> ne so unterschiebe Sophron den Saz vollkommen solle aber darunter das
> Vermögen verstanden werden gewiße Handlungen hervorzubringen welche
> diesen Regeln gemäß wären, so meinte er daß nicht nur reine Vernunft nicht
> für sich allein praktisch sei, sondern daß sie auch auf diese Art mit dem prak-
> tischen überall nicht das geringste zu schaffen habe".[106]

Die Vernunft und das Begehrungsvermögen, die sittliche Regel- und Gesetzgebung und die Ausübung der Sittlichkeit müssen deutlicher voneinander unterschieden und das zweite von diesen Elementen im Begriff
der Autonomie zum Gegenstand von Bestimmungen gemacht werden, die
die Kantische Erklärung überschreiten.[107]
Schleiermachers These wird mit Anspielung auf Kantische Wendungen so formuliert, daß der Wille des Menschen „nicht unmittelbar sondern nur vermittelst subjektiver von dem Sittengesez abgeleiteter Bewe-
gungsgründe durch dasselbe bestimmt werden kann".[108] Die hierin ent-

---

103 KpV, 126f.144.
104 Vgl. KGA I/1, 231.
105 Vgl. Henrich, Selbstverhältnisse 13ff., wo auch auf die nachkantische Diskussion hinge-
     wiesen wird, mit welcher Schleiermachers früheste Entwürfe sachlich verbunden sind.
106 KGA I/1, 161,5ff. Bei dieser Formulierung ist zu beachten, daß die Uneinigkeit Kants und
     Schleiermachers nicht Handlungen als äußeren Erfolg der Willensbestimmung, sondern
     diese selbst betrifft; daß wir den Handlungserfolg nicht vollständig beherrschen, steht
     unter ihnen nicht zur Debatte.
107 Die betreffende Unterscheidung wird in der Literatur oftmals nicht hinlänglich beachtet.
     Günter Meckenstock behauptet, daß die praktische Vernunft nach Schleiermachers ältes-
     ten Arbeiten eher eine beurteilende als eine gesetzgebende Funktion hat (Meckenstock,
     Ethik 50). Das ist unzutreffend: Sie hat eine gesetzgebende, aber nicht ohne nähere Be-
     stimmungen auch eine ausübende Funktion. Zu Eilert Herms siehe unten Anm. 118.
108 KGA I/1, 100,17ff.

haltene verneinende These, die sich in eine von Aristoteles bis – sagen wir vorerst – Hume reichende Tradition stellt, schließt ein, daß die Vernunft nicht handelt.[109] Die positive These nimmt mit ihrer Rede von subjektiven Bestimmungs- oder Beweggründen, die vom Vernunftgesetz abgeleitet sind, Kants Begriff der Achtung für das Gesetz als Wirkung dessen Bestimmung des Willens auf, um diesen Begriff jedoch in korrigierter Form gegen ihn wieder auszuspielen. Schleiermachers Pointe gegenüber Kant besteht darin, daß die Achtung nur als positives sinnliches Gefühl sinnvoll sein kann. Wegen der Wichtigkeit des Gefühlsbegriffs für unsere Fragestellung soll – ohne daß die ganze darauf zielende moralphilosophische Argumentation Schleiermachers analysiert wird – der Inhalt dieser positiven These näher befragt werden. Die aufschlußreichsten und einschneidendsten Reflexionen sind seine vom Herausgeber so genannten „Notizen" zur *Kritik der praktischen Vernunft* samt diejenigen, die den Schluß vom „Freiheitsgespräch" bilden.[110] Der Interpretation seien einige vorläufige Bemerkungen zur systematischen Einordnung der These in den philosophischen Kontext vorangestellt.

Um Schleiermachers Anfänge in dieser Hinsicht angemessen einordnen zu können, ist es entscheidend zu sehen, daß es hier um ein Problem geht, das sich vor dem Hintergrund einer schul- oder popularphilosophischen Ethik nicht in derselben Weise stellt. Mit anderen Worten, das Verhältnis zwischen Erkenntnis und Ausübung der Sittlichkeit macht von solchen ethischen Konzeptionen her kein ernstes Problem aus. Nimmt man wie Eberhard ein moralisches Gefühl, einen moralischen Sinn an und schreibt ihm eine besondere Funktion beim Vollzug der Moralität zu, ist zugleich von einer moralischen Erkenntnisinstanz die Rede, obwohl sie anders als die deutlichen Vorstellungen der Vernunft eine unsichere Erkenntnis gibt.[111] Voraussetzung dessen ist, daß der Unterschied zwischen Sinnlichkeit und Verstand oder Vernunft nur als ein gradueller verstanden wird, weshalb die Vermittlung beider unproblematisch ist. Nach der von Eberhard vertretenen Wolffschen Auffassung, mit welcher wir uns weiterhin beschäftigen müssen, sind sie Auswirkungen der einzigen Grundkraft der Seele.[112] Wenn Schleiermacher dagegen Erkenntnis- und Ausübungsprinzip scharf unterscheidet, zeigt er sich von Kantischen philosophischen Entscheidungen abhängig, auch wenn er an diesem Punkt zugleich an Kant Kritik übt. Sein Vorbehalt gegen das Gefühl als

---

109 Vgl. ebd. 100,27ff.; 160,22ff. Wenn es kantianisierend heißt, daß sie „für sich allein handelt" (ebd. 91,31f.), ist dies auf die bloße Gesetzgebung zu beziehen.
110 Ebd. 160ff.
111 Vgl. Eberhard, Sittenlehre §§ 51ff., bes. § 54.2
112 Ebd. § 54.1, vgl. Eberhard, Theorie 17ff.

sittliche Erkenntnisfunktion ist ebenso durch diesen geprägt. Obwohl die Mittel, mit denen Schleiermacher das betreffende Problem zu bewältigen versucht, teilweise aus der Tradition der vorkantischen Aufklärung herrühren, muß seine Konzeption als Ergebnis *eines Schrittes über Kant hinaus* und nicht hinter ihn zurück eingeschätzt werden.

Diese Einordnung läßt sich präzisieren: Wie bei der Erörterung der epistemischen Seite des sittlichen Bewußtseins hat Schleiermacher bei der Behandlung dessen im engeren Sinn praktischen Seite einen Bundesgenossen in Rehberg. Dieser nimmt hier völlig dieselbe Stellung zu Kant ein wie jener, zum Beispiel mit Bezug auf den Kantischen Begriff der Achtung.[113] Beiden gemeinsam ist auch, daß sie in Verbindung damit auf den Begriff einer kontrakausalen Freiheit verzichten.[114] Aus dieser sachlichen Übereinstimmung Schleiermachers mit Rehberg allein darf nicht auf dessen Einfluß an dieser Stelle geschlossen werden. Anders als bei der eigenartigen Formulierung des moralischen Erkenntnisprinzips und bei der später zu erörternden Frage der philosophischen Theologie hat Schleiermacher die zeitgenössische Kritik und Gegenposition von Kant möglicherweise von seinen eigenen Voraussetzungen her eigenständig erarbeitet. Wird der Einfluß Rehbergs aber, wie es tatsächlich der Fall ist, durch andere Belege sehr wahrscheinlich gemacht, ist es plausibel, sie auch hier zu sehen.

Bei der Exposition seiner These vom moralischen Gefühl geht Schleiermacher in einer „Notiz"[115] auf Kants schon berührte Erklärung der Begriffe vom Begehrungsvermögen und vom Lustgefühl in einer Anmerkung zur Vorrede der zweiten Kritik[116] ein. Kants Absicht ist dort, geläufige Definitionen so zu präzisieren, daß diese Begriffe die Ethik nicht in empiristischer Richtung präjudizieren. Dies würde nach ihm der Fall sein, wenn das Gefühl der Lust der Bestimmung des Begehrungsvermögens zugrunde gelegt würde. Mit dieser Behauptung muß sich Schleiermacher

---

113 Rehberg, Rezension von KpV 354: „Aber ist diese Achtung keine Empfindung? Kant windelt und drehet sich im 3ten Hauptstücke der Analytik auf die mannichfaltigste Art, um zu beweisen, daß sie kein sinnliches Gefühl sey. Aber hier ist er ganz unbefriedigend. Alles, was sich aus seinen Gründen folgern läßt, ist dieses: daß die angenehme Empfindung, die mit der Erkenntniß des Vernunftgesetzes verbunden ist, eben deswegen, weil sie mit dem absolut innern der Erkenntniß, im Gegensatze mit allem objectiven Inhalte derselben, verbunden ist; verdient, von diesen Quellen der Glückseligkeit ganz abgesondert zu werden. [...] Es ist daher ganz vortrefflich, daß Kant den Ausdruck der Achtung bloß für das mit der Erkenntniß des Vernunftgesetzes verbundne Gefühl bestimmt, aber diese Achtung bleibt doch immer demungeachtet ein Gefühl der Lust".

114 Vgl. ebd. 356f., mit KGA I/1, 129,5ff.; 163,18ff.; 349ff.

115 KGA I/1, 130f.

116 KpV, 15ff. Anm.

auseinandersetzen, der ja ein solches Gefühl in die Theorie der Sittlichkeit einführt, aber trotzdem kein empirisches Prinzip anerkennt.

Seine Überlegung ist, daß die Verbindung von Lust und Begierde nur dann als eine Bedrohung des Vernunftansatzes der Ethik erscheint, wenn man – wie Kant – die Unterscheidung von zwei verschiedenen Bedeutungen oder Dimensionen der Bestimmung des Begehrungsvermögens vernachlässigt, nicht aber wenn objektive und subjektive Bestimmungsgründe auseinandergehalten und das Lustgefühl zu den Letztgenannten gerechnet werden. Die Lust geht der Begierde, aber nicht dem Moralgesetz voran. Mit dieser Abgrenzung sichert Schleiermacher, daß die Einführung des sittlichen Gefühls nicht die mit Kant festgelegte Beziehung von Gesetz und Gegenstand der praktischen Vernunft antastet. Dessen Behauptung würde also nur gelten, wenn ein Gefühl der Lust als Bedingung der Willensbestimmung im Sinne der Aufstellung von Regeln für den Willen verstanden würde. Dann würde das Gefühl selbst Zweck für diesen, die Regeln würden nur hypothetische Imperative und das Ergebnis eine empirische praktische Philosophie sein.[117] Diese Möglichkeit ist ebenso unannehmbar für Schleiermacher wie für Kant.[118] Das genannte Problem besteht nach Schleiermacher dagegen nicht, wenn es um die subjektive Willensbestimmung geht:

> „Heißt aber jener Saz soviel als: Das Begehrungsvermögen kann de facto zu irgend einem actus nicht anders bestimmt werden als durch ein vorhergehendes Gefühl der Lust so hat das auf das Princip selbst keinen Einfluß. Denn 1.) der Gehalt desselben wird gar nicht verändert weil die Unabhängigkeit der Vernunft vermöge deren sie um das Princip zu suchen nichts vorauszusezen braucht als sich selbst, gar nicht aufgehoben wird. 2.) Die Form desselben oder seine Sanktion durch die Idee der Verbindlichkeit wird nicht aufgehoben sondern erleichtert indem nun nichts weiter dazu gehört als die Voraussezung daß es ein Gefühl der Lust gebe, welches sich uneingeschränkt auf das Gesez und die Funktion desselben beziehe".[119]

Die „Notiz" zeigt in eindrucksvoller Weise Schleiermachers grundsätzliche Anerkennung der Kantischen Interpretation der epistemischen Seite des sittlichen Bewußtseins. Der „Unabhängigkeit der Vernunft" wird auch nicht durch den Gedanken des auf das Gesetz bezogenen Gefühls Abbruch getan.

Das Wesentliche für uns ist nun, was im Anschluß an das Zitat nicht nur über die Funktion dieses Gefühls, sondern vor allem über den Ge-

---

117 KGA I/1, 131,1ff.
118 Gemäß Herms' Interpretation beginge Schleiermacher diesen Fehler, insofern er den Gefühlsbegriff und damit verbundenen Gedanken so benutzt, daß die Unterscheidung von reinen und empirischen Begriffen relativiert wird (Herms, Herkunft 101f.).
119 KGA I/1, 131,6ff.

fühlsbegriff selbst ermittelt werden kann. Vorerst kommt es darauf an zu verstehen, was es heißt, daß das Gefühl sich auf das vernünftige Gesetz bezieht. Ausgeschlossen bleibt, daß es hier um die Erkenntnis des Gesetzes geht, wofür ja eindeutig die Vernunft zuständig ist. Wenn Schleiermacher gelegentlich sagt, daß das Gesetz Gegenstand des Gefühls oder der Lust ist,[120] sollte diese Wendung also nicht überbetont werden. Meist wird das moralische Gefühl mit Kant als durch das Gesetz oder die Vernunft abgeleitet oder besser bewirkt und bestimmt dargestellt.[121] Dies ist so zu verstehen, daß es aus der sittlichen Einsicht entsteht. Deren Einwirkung wird als eine Erregung oder Affektion beschrieben, sie bezieht sich auf die „Receptivität des Empfindungsvermögens durch die Vorstellung des moralischen Gesezes afficirt zu werden".[122] Hier kommen schon wichtige Merkmale von Schleiermachers allgemeinem Gefühlsbegriff, wie er ihn auch künftig in Anspruch nimmt, zum Ausdruck: Gefühl wird nicht als ein nach außen gerichtetes Erkennen, sondern als auf das Subjekt bezogen verstanden, und zwar im Sinne einer subjektiven Affektion, die auf einem in engerem oder weiterem Sinn objektiven Erkennen beruht.[123]

Obwohl Wirkung der Vernunft wird das Gefühl nicht allein durch diese bestimmt. Als Gefühl der Lust ist es *sinnlich*. Auch dieses Merkmal bleibt für das Verständnis des Gefühls beim späteren Schleiermacher grundsätzlich in Geltung. Besonders auf diesen Punkt bezieht sich seine frühe Kritik des Begriffs der Achtung bei Kant, der von seinen Prämissen her hier nicht über eine negative, einschränkende Beziehung auf die Sinnlichkeit hinausgehen kann.[124] Aus der Sinnlichkeit des sittlichen Gefühls folgt, daß es mit einer Neigung korrespondieren und mit anderen subjektiven Bestimmungsgründen streiten muß.[125] Die Vorstellung des Sittengesetzes kann also nur auf völlig dieselbe Weise wie alle anderen Vorstellungen auf das Gemüt einwirken. Das Gesetz tut dies, indem es Lust erregt, und nur in diesem Sinn ist das moralische Gefühl eine Wirkung

---

120 Ebd. 124,37f.; 161,18f.
121 Ebd. 160,15f.; 162,1f.; 163,2f.; 234,6ff.
122 Ebd. 163,4ff., vgl. ebd. 160,20.
123 Dies ist kein Schleiermachersches Spezifikum; vgl. zum Beispiel den Kantischen Gefühlsbegriff, der seinerseits kaum beansprucht, etwas eigentlich Neues zu sagen (KpV, 40; KU B, 3ff.).
124 KGA I/1, 132ff., vgl. Henrich, Selbstverhältnisse 36ff. KGA I/1, 132,24ff., bezieht sich Schleiermacher auf Kant, Grundlegung zur Metaphysik der Sitten, AA IV, 385-464, dort 401,28f. Er könnte sich auch – wie der Herausgeber meint – auf Schmids Wörterbuch, dessen Artikel über die Achtung diese Kant-Stelle zitiert, beziehen. „Über die Freiheit" redet wohlwollender vom Begriff der Achtung, indem mit vorkantischen Konzeptionen eines moralischen Sinns verglichen wird (KGA I/1, 233f.).
125 KGA I/1, 100,20f.; 162,14ff.

der Vernunft. Was dieses Gefühl vor anderen auszeichnet, ist, daß es ein nicht-sinnliches Korrelat hat. Damit hängt ein weiteres Merkmal zusammen, das von größerer Bedeutung für unsere Fragestellung ist.

Bei Schleiermachers Hervorhebung der Sinnlichkeit des Gefühls übersieht man leicht eine feine Unterscheidung, die er hier auch macht, und die in der Forschung bisher übersehen wurde. Er unterscheidet *zwei Elemente des Gefühls*: das sittliche Gefühl „in seiner Reinigkeit" und in seinem Zusammenhang mit „unserm Zustand".[126] Das erste Element ist vom Gerichtetsein des Gefühls auf etwas Nichtsinnliches zu verstehen. Auf diese „Reinigkeit" zielt die Rede von der Uneingeschränktheit der Beziehung des Gefühls auf das Gesetz im obigen langen Zitat, in dessen Fortsetzung ebenso das Prädikat des Reinen verwendet wird.[127] Was das zweite Element betrifft, wurde unser Zustand vorher im „Freiheitsgespräch" als durch Widerstreit und Unvollkommenheit bestimmt gekennzeichnet.[128] Schleiermacher fügt zur Unterscheidung der zwei Elemente hinzu, es werde „immer aus beiden zusamengesezt seyn (aber eben deswegen ist es nicht keins von beiden)".[129] Er unterstreicht also einerseits, daß das sittliche Gefühl nur in diesem Zusammengesetztsein ist, andererseits daß beide Elemente der Doppelheit unentbehrlich sind. Dies alles scheint vielleicht hier von geringer Relevanz zu sein. Es läßt sich indessen im Zusammenhang des Begriffes des Selbstbewußtseins in aufschlußreicher Weise weiter verfolgen.

Es wurde oben hervorgehoben, daß es bei Schleiermachers Begriff des sittlichen Gefühls um ein erst mit seinem Anschluß an Kants Lehre vom sittlichen Erkenntnisprinzip akut gewordenes Problem geht. Die besondere Problemstellung war insofern undenkbar ohne Kant. Es wurde aber auch gesagt, daß sich Schleiermacher zur Lösung begrifflicher Mittel der Wolffschen Schulphilosophie und der Spätaufklärung bediente. Sein Begriff eines moralischen Gefühls kann historisch-genetisch zum Teil von dorther verstanden werden; vermutlich kann man nur indirekt – nämlich über das eklektische Denken der späten deutschen Aufklärung – Linien zur britischen *moral sense*-Philosophie ziehen.[130] Diese Provenienz wird im folgenden detaillierter nachgewiesen. Hier soll ein Hinweis mehr übergeordneter Art gegeben werden.

Er kann von der Frage aus formuliert werden, was die Lust des sittlichen Gefühls erregt. Eine Antwort wird gegeben, wenn das Gefühl als

---

126 Ebd. 162,4ff.
127 Ebd. 131,16f.
128 Ebd. 157,29ff.
129 Ebd. 162,7f.
130 Vgl. Arndt, Kommentar 1046ff.

„das Lustgefühl an der Regel" dargestellt wird oder als „Gefühl für Ordnung", „das Gefühl für praktische Consequenz und Einheit der Maximen", dem „das Gefühl [...] des Widerspruchs und der Vernunftwidrigkeit" kontrastiert,[131] oder wenn explizit gesagt wird, daß dem betreffenden Vergnügen „Harmonie Schönheit und Vollkomenheit" zugrunde liegen.[132] Der Ursprung solcher Vorstellungen braucht kaum erklärt zu werden. Ebenso fällt die Korrespondenz mit Schleiermachers eigentümlicher Rezeption des kategorischen Imperativs auf. Beim Begriff des sittlichen Gefühls geht es um die subjektive Entsprechung zum Konsequenzprinzip als oberstem sittlichem Grundsatz.

Alles in allem ist Schleiermacher bestrebt, nicht nur einem rationellen, sondern auch einem emotionellen Moment im sittlichen Bewußtsein Rechnung zu tragen.[133] Mit seiner Einführung des Begriffs von einem sinnlichen sittlichen Gefühl als Triebfeder zielt er nicht auf Preisgabe des Autonomiegedankens ab, sondern will im Gegenteil dessen Intention adäquat zur Geltung bringen: Ohne ein solches Gefühl trete das reine Gesetz als ein fremdes, äußerliches Prinzip auf, und das Ergebnis wäre Auto*nomie*

---

131 KGA I/1, 131,32; V/1, Nr. 128,329.167f.; I/1, 202,27f.

132 KGA I/1, 157,3ff. Siehe auch die Darstellung des Ideals echter Humanität in „Über den Wert des Lebens". Auf derselben Linie und vergleichbar mit Rehbergs Parallele von Sittlichkeit und Wahrheit (siehe oben Anm. 91) macht Schleiermacher hier Lust an Wahrheit zum Oberbegriff der Lust an Regeln sowohl in Erkenntnis als auch in Praxis: „Lust an Wahrheit, Unlust an Irrthum! denn freilich auch diese Art der Erkenntniß wird nur durch Lust und Unlust in Bewegung und Thätigkeit gesezt. Aber wie bring ich diese Erkenntniß durch diese Lust mit meinem Begehren in Einstimmung? wo find ich ein Verhältniß zwischen beiden? Nicht dadurch daß jene mir auf Gegenstände winkt, welche diese herbeizuschaffen strebt. Lust an Gegenständen ist eine andere Lust; kein Gegenstand entspricht diesen Ideen, und aller Genuß an Gegenständen wenn er auch allein durch diese Ideen möglich ist, ist doch nur zufällig und von einer gemeinen Gattung. Lust an Wahrheit ist Lust an Regeln, Freude an Uebereinstimmung der einzelnen Dinge mit der Regel. Daß ich mir alles denken kann, untergeordnet unter Gesezen, die ich fand, die in mir selbst liegen, das ist es. Und dies hohe Gefühl sollte keine der Humanität würdige Uebereinstimmung meiner Hauptkräfte begründen? Lust an Regeln ist das Triebrad meiner Erkenntniß; laß denn Lust an Regeln im Handeln die Tendenz meines Begehrungsvermögens seyn. Vermögen der Geseze ist Vernunft, die Krone meiner erkennenden Kräfte. Lust an Gesezen treibt mich an alle meine Erkenntniße auf sie zu beziehn, so sei auch Lust an Gesezen im Handeln die Tendenz meines Begehrens! Das ist das herrlichere ferne Ziel meiner Bestimmung! das ist die höchste innigste wesentliche Vereinigung meiner Kräfte! das ist Humanität im höchsten Grad, in ihrem wahren, innersten Wesen!" (KGA I/1, 412,9ff.).

133 Siehe auch die Briefe „An Cecilie", die auf einer konkreteren Ebene das Verhältnis zwischen Herz und Vernunft, individuellem Gefühl und Erkenntnis- und Beurteilungsregeln der Vernunft thematisieren: „Die Verbindung eines hohen Grades von Empfänglichkeit des Gefühls mit einem hohen Grad von Bewustseyn des Vernunftprincips ist der erste Grund des Charakters, welchen ich Ihnen vorstellte" (KGA I/1, 200,35ff., vgl. ebd. 198ff.; 209,10ff.).

statt *Autonomie*. Wegen der verwendeten begrifflichen Mittel kann Schleiermachers Durchführung als Interpretation des praktischen Bewußtseins nicht als gelungen beurteilt werden. Der einseitig *theoretischen* Akzentuierung des Vernunftmoments korrespondiert ein *ästhetisierendes* Verständnis des Lustmoments.[134] Die Intention, das Rationelle und das Emotionelle im Bewußtsein als gleich wesentlich zu fassen, kann gleichwohl anerkannt werden. Von hier aus geht eine Linie zu Schleiermachers spätem Subjektivitätsbegriff.

1.3. Versuche der Vermittlung

Daß es in Schleiermachers frühesten Arbeiten um bewußte Vermittlung von Schulphilosophie und Kantianismus geht, kommt klarer als in „Über das höchste Gut" im „Freiheitsgespräch" und im ersten Abschnitt von „Über die Freiheit" zum Ausdruck.[135] Der nächste Kontext des Vermittlungsprojektes ist der Streit zwischen Eberhard und den Kantianern. Dies wird deutlicher, wenn man es mit Aussagen Schleiermachers im Briefwechsel mit von Brinkman zusammenhält. Das Projekt wird jedoch in den beiden genannten Entwürfen auf unterschiedliche Weise durchgeführt.

1.3.1. Vorstellungskraft

Das „Freiheitsgespräch", dessen Abfassung auf Juni bis August 1789 datiert werden kann,[136] versucht hauptsächlich von schulphilosophischen theoretischen Voraussetzungen her alte und neue Philosophie zu verbinden. Nähern wir uns diesem Versuch über den Briefwechsel.

Auf einer Linie mit den schon zitierten Aussagen vom Sommer und Herbst 1789, die Eberhard rühmen, Kants Philosophie kritisieren und

---

134 Vgl. Dieter Henrichs Kommentar zu Wolffs Verständnis der menschlichen Praxis vom Begriff der Lust als anschauender, klarer Erkenntnis einer Vollkommenheit her: „Wenn man einmal zugesteht, daß Lust anschauende Erkenntnis einer gegenständlich gedachten Vollkommenheit, also nur ein theoretischer Akt ist, so folgt noch immer nicht, daß es auch eine Lust (in einem zweiten Sinne) geben muß, die darauf aus ist, das Gefällige zu verwirklichen. Wohlgefallen als ‚Lust an etwas' ist nicht dasselbe wie die praktische Lust des ‚Begehrens von etwas'" (Henrich, Begriff 95).
135 Vgl. Meckenstock, Ethik 43; Oberdorfer, Gesellligkeit 147.229 Anm. 60. In „Über die Freiheit" findet Meckenstock zwar Beziehungen zur Tradition, sieht aber letztlich kein Vermittlungsbemühen am Werk (vgl. Meckenstock, Ethik 52 Anm. 62, mit ebd. 115).
136 Vgl. KGA I/1, XLIIIff.

Schleiermachers Schwierigkeiten beim Verstehen dieser bezeugen,[137] liegen die kommentierenden Bemerkungen zu Eberhards Streit mit den Kantianern. Er spricht vom Kantischen Denken als „dieser Monopolistischen Philosophie"[138] und rügt den „Partheigeist, welchen die Kantianer im höchsten Grad besizen".[139] Früh sieht er jedoch auch Eberhard davon angesteckt.[140] Wenn solche Bemerkungen auch wenig über Schleiermachers sachliche Stellungnahme sagen, haben sie doch mit dem spezifischen Gegenstand dieses Abschnittes zu tun. So kann eine kommentierende Notiz hervorgehoben werden, die Schleiermacher nach Lektüre des ganzen ersten Bandes des Magazins und nach seiner Kenntnisnahme der Kritiken und Antikritiken der Beteiligten formuliert hat und die Licht auf seine ursprünglichen Erwartungen zur Auseinandersetzung wirft: „Ich hatte mich wie ein Kind über die zwischen Reinhold und Eberhard herrschende Eintracht gefreut; ich hatte gehofft daß sie kaltblütig und mäßig genug bleiben würden und durch ihre Untersuchungen der Sache der Philosophie wahren Vortheil zu schaffen, aber auch damit ist es jetzt vorbei; ich verspreche mir von nun an gar nichts mehr von Eberhards Magazin".[141] Was hat Schleiermacher denn von der Diskussion zwischen den beiden Parteien oder – um vorläufig auf Eberhards Seite zu bleiben – von dessen Magazin erwartet? Die Antwort ist in den ersten Sätzen enthalten: Seine Erwartung zielte auf eine die Philosophie fördernde Einigkeit.

Eine solche Erwartung muß wohl den Lesern größerer Teile der Zeitschrift ziemlich unplausibel vorkommen. Sie könnte jedoch durch Rehbergs Besprechung des ersten Stückes des Magazins in der *Allgemeinen Literatur-Zeitung* vom Januar 1789 bestätigt werden, die auch den Eindruck gewisser sachlicher Übereinstimmungen hinterlassen könnte.[142] Eine Erwartung wie die Schleiermachers läßt sich zumindest auf die Einleitungstexte dieses Stücks beziehen. Eberhard redet hier von dem

---

137 Dafür, daß Schleiermachers Verständnis der Kantischen Philosophie noch in einigen Stücken vielleicht geringer ist, als er selbst glaubt, spricht sein Urteil über Eberhards Aufsatz „Ueber das Gebiet des reinen Verstandes" als treffende Darstellung von Kant; siehe Brief von 8.8.1789, KGA V/1, Nr. 121,69ff. Zum betreffenden Aufsatz Eberhards in PhM 1, 263-289, siehe Gawlina, Medusenhaupt 174ff.

138 KGA V/1, Nr. 121,80.

139 Ebd. Nr. 134,34ff., dort 134,34f.

140 Ebd. Nr. 121,57ff.

141 Ebd. Nr. 121,53ff. Der erste Satz bezieht sich vielleicht auf Brinkmans Bericht über Reinholds frühere Schätzung Eberhards, ebd. Nr. 118,108f.

142 Rehberg, Rezension von PhM, bes. 77. Diese Rezension wurde unter anderem wegen der darin auch enthaltenen scharfen Kritik des Gedichts von Brinkman kommentiert in dessen Brief an Schleiermacher KGA V/1, Nr. 118,127ff.

„Nutzen" einer gegenseitigen Aussprache, „daß die Meinungen von beiden Seiten besser verstanden würden", und räumt die Möglichkeit seines unrichtigen Verstehens des anderen ein. „Auf diese Weise würde man endlich nach und nach sich verständigen, und – da so vieler Streit aus Mißverstand entsteht – endlich vielleicht auch wol gar vereinigen können".[143]

Ungeachtet Schleiermachers Enttäuschung in bezug auf den Beitrag des Magazins zur Vermittlung von alter und neuer Philosophie, artikulieren diese Wendungen und ihr Nachklang in Schleiermachers Brief etwas von dem, worauf er zu dieser Zeit selbst aus ist. Einen entsprechenden Niederschlag findet die Auseinandersetzung zwischen Wolffscher Schulphilosophie und Kantianismus im „Freiheitsgespräch". Hier tritt das Motiv, das uns auch schon als Schleiermachers eigenes Problem begegnet ist, nämlich die Schwerverständlichkeit der Kantischen Philosophie, deutlich zutage.[144] Es erscheint jedoch nicht nur in Gestalt der Beschwerde darüber, sondern wird auch von der anderen Seite des Streits her referiert, nämlich in Gestalt des wider die Vertreter der alten Philosophie erhobenen Vorwurfs des Nichtverstehens der neuen Denkweise. Im „Freiheitsgespräch" wird das Verstehensproblem mit der korrespondierenden Frage der neuen philosophischen Sprache Kants zusammen erörtert, die in gleicher Weise von Eberhard hervorgehoben wird.[145] Ebenso spielt der am meisten hervortretende Gesprächsteilnehmer, Sophron, auf die Hauptthese des Eberhardschen Magazins an, daß die Leibnizsche Philosophie oder – wie Eberhard gern sagt – die Leibnizsche Vernunftkritik alles Wahre der Kantischen Vernunftkritik enthalte und dazu vieles von dieser zu Unrecht Verworfene. Sophron drückt sich jedoch versöhnlicher aus als Eberhard.[146]

Hier wie in bezug auf den Text als ganzen muß auf dessen Form Rücksicht genommen werden, die nicht ohne Bedeutung für die Interpretation ist. Als Gespräch hat der Text mehrere Stimmen: Neben Sophron und dem unselbständigen Kleon spricht Kritias, der Repräsentant des

---

143 Eberhard, Vorbericht, PhM 1, III-X, dort IVf.
144 KGA I/1, 138ff.
145 Ebd. 139f., vgl. KGA V/1, Nr. 119,249f.; 121,67ff.; Eberhard, Nachricht von dem Zweck und der Einrichtung dieses philosophischen Magazins, nebst einigen Betrachtungen über den gegenwärtigen Zustand der Philosophie in Deutschland, PhM 1, 1-8, dort 4f.
146 Vgl. Eberhard, Ueber die Schranken der menschlichen Erkenntnis, PhM 1, 9-29, dort 26; Ueber das Gebiet des reinen Verstandes, ebd. 289, mit KGA I/1, 139,39ff.: „Die neuen Ideen welche Herr Kant in seine philosophische Sprache gebracht hat, müßen doch nothwendig älter seyn als die neuen Worte die er dazu erfinden zu müßen geglaubt hat und er muß sie sich in unsrer ältern philosophischen Sprache eben so deutlich gedacht haben als sie nun in seiner neueren vorgestellt werden"; siehe dazu Moxter, Güterbegriff 33f.

Kritizismus ist, aber während des größten Teils des Gesprächs abwesend ist und also Sophron das Wort überläßt. Diese Form erlaubt Offenheit und Experiment. Schleiermacher sollte deshalb nicht einfach mit einer der Personen – dem schulphilosophische Argumente vortragenden Sophron – identifiziert werden.[147] Trotzdem ist deutlich, daß dieser ihm nahe steht.[148] Das kann durch inhaltliche Hinweise unterstützt werden.

Was uns in diesem Zusammenhang im betreffenden Gespräch interessiert, sind die *theoretischen Mittel*, mit denen Sophron das menschliche Subjekt und seine Tätigkeit begreift. Es geht dabei um seine Lösung des Hauptproblems aller systematischen Arbeiten Schleiermachers aus diesen Jahren, das erst recht durch seine Anknüpfung an Kants Moralphilosophie akut geworden ist: wie menschliche, vernünftige Praxis philosophisch zu erklären ist. Es tritt hier in Gestalt der Frage auf, „was für einen Einfluß eigentlich die Vernunft auf unsre Handlungen hat".[149] Die wichtigsten Begriffe der Erklärung Sophrons können auf die ältere Schulphilosophie – zum Beispiel auf die von Wolff selbst, den Schleiermacher ja 1789 ausführlich gelesen hat[150] – zurückgeführt werden. Die Weise, mit der sie hier verwendet werden, und besonders die Hervorhebung des Gefühlsbegriffs machen wohl im Zusammenhang mit unserem Wissen von Schleiermachers Kontakt mit Eberhard den Verweis auf ihn und zwar vor allem auf seine *Allgemeine Theorie des Denkens und Empfindens* einleuchtender.[151]

Sophrons Ausgangspunkt ist „die ursprüngliche Kraft unsrer Seele" als „Kraft Vorstellungen hervorzubringen" und insbesondere deren Teilung „in das Vermögen *deutlicher* und *klarer Vorstellungen*";[152] von der Unterscheidung beider von den dunklen Vorstellungen sieht er ab.[153] Diese Annahmen stellen auf Leibniz zurückgehende Hauptgedanken der schulphilosophischen Psychologie von Wolff bis Eberhard dar und

---

147 Mit Moxter, Güterbegriff 33f. Anm. 58, gegen Meckenstock, Ethik 43.
148 Vgl. Oberdorfer, Geselligkeit 229 Anm. 60. Er übertreibt jedoch – auf der Linie seiner These von Schleiermachers starker Abhängigkeit von Eberhard – diese Pointe, wenn er Schleiermachers Haltung in großer Nähe zu der von Brinkman wiedergegebenen Bemerkung Johann Nikolaus Tetens' in einem Brief an Eberhard sieht (ebd. 233): Tetens „habe in der Kritik der reinen Vernunft viel Neues und viel wahres gefunden, nur sei das wahre nicht neu, und das neue nicht wahr" (KGA V/1, Nr. 127,115ff.). Siehe dazu Schleiermachers wenig aufschlußreiche Antwort, ebd. 128,260f., im Brief von 9.12.1789, wo er sich dem Kantianismus mehr angenähert hat, und vgl. mit dem Zitat oben Anm. 146, das anders als das Tetensche Diktum die neuen Ideen Kants nicht verwirft.
149 KGA I/1, 150,7f.; zum folgenden ebd. 150ff.
150 Siehe oben Anm. 49.
151 Vgl. Moxter, Güterbegriff 36ff.; Oberdorfer, Geselligkeit 232.236ff.
152 KGA I/1, 150,17ff.; Hervorhebung von mir.
153 Vgl. ebd. 150,21ff.

drücken ebenso das Zentrale der auch innerhalb dieser Disziplin von diesen entfalteten Erkenntnistheorie aus.

Voraussetzung ist Leibniz' Begriff der Monade: Diese ist als eine endliche Substanz Veränderungen unterworfen, die jedoch nicht von außen angeregt, sondern durch ein Prinzip der Monade selbst – durch eine Entelechie oder Kraft – gebildet und, indem sie rein innerlich sind, Vorstellungen sein müssen.[154] Ohne die Innerlichkeit aufzugeben, fassen Wolff und seine Nachfolger die Vorstellungskraft nicht nur als *vis repraesentativa universi*, sondern fügen ein *pro positu corporis in eodem* hinzu. Eine wichtige Pointe der Wolffschen Psychologie, auf die es im gegenwärtigen Zusammenhang besonders ankommt, und die aus dem Substanzbegriff gefolgert wird, ist, daß es nur *eine* Kraft geben kann.[155] Sinne, Einbildungskraft, Verstand, sinnliche Begierde, Wille etc. sind nicht selbständige Kräfte oder Vermögen, sondern Wirkungen von ein- und derselben Vorstellungskraft. Dieser Monismus der Kräfte ist also auch ein vorstellungstheoretischer Monismus: Alle Funktionen der Seele einschließlich der emotionellen und praktischen werden von der Erkenntnisfunktion her verstanden.

Die Vorstellungen werden in dunkle und klare eingeteilt und die klaren Vorstellungen wiederum in klare und verworrene oder undeutliche Vorstellungen einerseits und in klare und deutliche Vorstellungen anderseits. Diese Terminologie wird nicht immer konsequent festgehalten. Oft werden die beiden Arten der klaren Vorstellungen einfach als klare und als deutliche Vorstellungen unterschieden.[156] Der Sprachgebrauch im „Freiheitsgespräch" ist ein Beispiel dafür.[157] Auf dieser Grundlage wird eine Kontinuität der Perzeptionen der Sinne und des Verstandes gelehrt und die Dunkelheit und die Klarheit im Sinne von Verworrenheit besonders der sinnlichen Erkenntnisfunktion der Empfindung und der Einbildungskraft, die Deutlichkeit der verständigen und vernünftigen Erkenntnis zugeordnet. Die Verschiedenheit der Vorstellungen wird also als graduell und Erkenntnis als Verdeutlichung von Vorstellungen gedacht. Es geht allein um einen logischen, nicht um einen inhaltlichen Unterschied.

---

154 Leibniz, Monadologie §§ 10ff.
155 Vgl. Wolff, Gedancken [1751] §§ 742ff. Diese These gehört zur *rationalen* Seelenlehre. Insofern paßt das „Freiheitsgespräch", das unter Schleiermachers Arbeiten der Wolff-Schule am nächsten kommt, nicht zu Herms' Behauptung von Schleiermachers Aneignung der empirischen Psychologie.
156 Vgl. Gabriel, Klar und deutlich, HWPh 4 [1976] 846-848, dort 846. Umgekehrt kann der Terminus Klarheit jedoch auch im Sinne von Deutlichkeit verwendet werden. So Eberhard, Theorie 54.62.65.
157 Dagegen sondert Schleiermacher in dem mit der Arbeit am „Freiheitsgespräch" gleichzeitigen Brief an Brinkman vom 22.7.1789, KGA V/1, Nr. 119,31ff., dunkle Perzeptionen von klaren und deutlichen.

Brechen wir ab, um von hierher einen Blick auf Schleiermachers Aufsatz „Über das höchste Gut" zurück zu werfen, so erhalten wir ein Beispiel, daß er, ungeachtet seiner Anknüpfung an Kant, dort noch erkenntnistheoretisch von der Tradition abhängig bleibt. Mit deutlichem Hinweis auf die grundlegende Kantische These von der notwendigen Bedingtheit der menschlichen Erkenntnis durch sinnliche Rezeptivität spricht Schleiermacher von unserer Abhängigkeit „von den einschränkenden Bedingungen der Sinnlichkeit",[158] aber ebenso von unserer Unfreiheit „von jeder innern Einschränkung der denkenden Kraft".[159] Besonders die zweite Wendung zeigt, daß er – den Implikationen seiner moralphilosophischen Position entgegen – hinter Kants Lehre von der Sinnlichkeit als einem selbständigen, vom Verstand generisch verschiedenen Element des Erkennens zurückbleibt. Sie drückt den schulphilosophischen Begriff des sinnlichen Erkennens als Modifikation der einzigen Vorstellungskraft aus.[160] Die Stelle kann überdies durch entsprechende kantianisierende, in der Sache aber völlig traditionelle Wendungen in Eberhards *Philosophischem Magazin* mitveranlaßt sein.[161] Desungeachtet steht Schleiermachers Applikation dieses Punktes, die die Kantische Kritik der Metaphysik radikalisiert,[162] diametral der Wolffschen Denkweise gegenüber, wie sie in dieser Hinsicht bei Eberhard streng festgehalten wird.

Auch wenn in der Schulphilosophie Verstand und Vernunft als die oberen Erkenntnisfunktionen favorisiert werden, muß die Sinnlichkeit nicht notwendig als etwas nur Mangelhaftes eingeschätzt werden. Das Modell enthält die Möglichkeit einer stärkeren Betonung, daß sie wichtige, unersetzbare Leistungen bringt. Sie wird innerhalb der Wolff-Schule besonders in der Spätaufklärung realisiert, unter anderem bei Eberhard. Gerade in dieser Richtung geht auch Sophrons Interesse an den klaren Vorstellungen.

In der von Leibniz ausgehenden Philosophie werden diese Vorstellungen im Unterschied zu den dunklen durch Wiedererkennbarkeit definiert. Weiter werden sie normalerweise als undeutliche Vorstellungen durch Unterscheidbarkeit einer Vorstellung oder ihres Gegenstandes von anderen definiert. Mit anderen Worten, in einer klaren und undeutlichen Vorstellung ist man sich eines Dings im ganzen klar bewußt. Dagegen

---

158 KGA I/1, 99,30f.
159 Ebd. 99,13f.; Hervorhebung im Original.
160 Vgl. zum Beispiel Eberhard, Theorie 53ff. Siehe auch die folgende Anmerkung
161 Vgl. Eberhard, Ueber die Schranken der menschlichen Erkenntnis, PhM 1, bes. 22ff.; Gawlina, Medusenhaupt 47.100ff., bes. 116ff. Schleiermacher hat bei der Ausarbeitung seines Aufsatzes das erste Stück des Magazins gekannt (siehe oben Anm. 29).
162 Siehe unten 1.5.2.

werden in einer klaren und deutlichen Perzeption auch die Teile des Dinges klar bewußt. Deutlichkeit wird also als Unterscheidbarkeit der inneren Merkmale bestimmt.[163] Diese Bestimmungen sind es, die im „Freiheitsgespräch" aufgegriffen werden, und zwar allem Anschein nach besonders so, wie sie durch Eberhards Begriffe vom Denken und vom Empfinden in *Allgemeine Theorie* vermittelt werden: Während ein deutlicher Begriff das Mannigfaltige absondert, wird in einer klaren Vorstellung eine Mannigfaltigkeit von Teilvorstellungen vereinigt.[164] Mit Eberhard verbindet Sophron damit eine weitere bis auf Leibniz zurückverfolgbare Distinktion: Anders als in der durch Zeichen festgehaltenen und also symbolischen Erkenntnis der abstrakten deutlichen Vorstellungen geht die Erkenntnis der klaren Vorstellungen auf eine Anschauung des Gegenstandes selbst zurück.[165] Sophrons Pointe, daß unsere Handlungen nicht auf den deutlichen Vorstellungen der Vernunft, sondern auf den klaren Ideen der Empfindung beruhen,[166] wird durch den – den Wolffschen Vollkommenheitsbegriff in Anspruch nehmenden – Gedanken begründet, daß diese Ideen der in ihnen enthaltenen Vereinigung des Mannigfaltigen entsprechend ein *Gefühl der Lust* gewähren, dessen Lebendigkeit und Stärke – mit Eberhard – von der Menge der Teilvorstellungen und der Schnelligkeit ihrer Vereinigung abhängt. Infolgedessen treiben sie zur Verwirklichung ihrer Gegenstände an und sind also mit einem praktischen Anreiz verbunden.[167]

Soweit ist nicht abzusehen, wie Handlungen nach vernünftigen und d.h. deutlichen Regeln überhaupt möglich sein sollen, was in Anbetracht des Vernunftansatzes der Ethik Sophrons und auch Schleiermachers unbefriedigend ist. Auf Sophrons weiteren Argumentationsschritt, der darauf abzielt, diesen Ansatz und seine Erklärung der Handlungen zu verbinden, und wiederum auf Gedanken Eberhards bezogen werden kann, soll nur hingewiesen werden. Der Schritt besteht in einem Rekurs auf ein weiteres Vermögen zur Hervorbringung klarer Vorstellungen: die Einbildungskraft, die anders als das Empfindungsvermögen nicht an die Gegenwart gebunden ist und also größere Vermittlungsleistungen bringen kann.[168]

---

163 Vgl. Gabriel, Klar und deutlich, HWPh 4 [1976] 846.
164 KGA I/1, 151,15ff.; Eberhard, Theorie 44ff.
165 Vgl. KGA I/1, 151, mit Eberhard, Theorie 113ff.
166 Siehe auch die Predigt von 1791, SW II/7, 91-103. Vgl. im übrigen Eberhard, Theorie 59ff., bes. 61: daß der „Uebergang des Denkens in das Wollen und Handeln" „allemal durch das Gebiet des Empfindens geschehen müsse".
167 Vgl. KGA I/1, 152, mit Eberhard, Theorie 44ff.
168 KGA I/1, 154ff., vgl. Eberhard, Theorie, bes. 110ff.173ff. Andreas Arndt meint dagegen, daß Schleiermacher hier die Einbildungskraft aus Kants Erkenntnistheorie aufnimmt und verkürzt (Arndt, Kommentar 1045).

Sie vereinigt das Ideal und den realen Zustand, die Empfindung des Vergnügens und die vernünftige Erkenntnis der Vollkommenheit: „Augenblicklich sind diese beiden Ideen durch die Einbildungskraft unzertrennlich verbunden".[169] Der Gedankengang endet auf diese Weise bei dem uns schon bekannten Begriff eines sich auf das Vernunftgesetz beziehenden Gefühls.

Wie im folgenden gezeigt werden soll, wird der im „Freiheitsgespräch" unternommene Versuch, auf der Grundlage der Wolffschen Schulphilosophie das Praktische zu denken, von Schleiermacher nicht weitergeführt. Werden die von dieser herrührenden begrifflichen Mittel also aufgegeben, schließt dieser Versuch trotzdem ein vorwärtsweisendes Moment ein. Daher darf behauptet werden, daß Schleiermachers spätere Gefühlstheorie Wurzeln in der schulphilosophischen Psychologie der Spätaufklärung hat. Ebenso ist die These des Gesprächs, daß aus der anschauenden Erkenntnis der klaren Vorstellungen ein Gefühl der Lust oder Unlust entspringt, ein erster Vorläufer des Begriffs einer mit Gefühl verbundenen Anschauung in der Religionstheorie der *Reden*.[170].

1.3.2. Vorstellungsvermögen

Auch der Anfang von Schleiermachers „Über die Freiheit" bezieht sich auf die zeitgenössische Auseinandersetzung zwischen Schulphilosophie und Kritizismus. Hier wird das Motiv der Unverständlichkeit der Kantischen Philosophie noch einmal aufgenommen, nun jedoch in Gestalt eines distanzierteren Hinweises auf die Debatte.[171] Schleiermachers Zielsetzung ist anscheinend wie vorher, beide philosophische Richtungen zu vermitteln. Er bezeichnet das Ziel aber auf neue Weise: Es geht darum, eine Lösung der Streitfrage zu finden, die „allgemeingeltend" werden kann,[172] was „weder die deterministische Auflösung der Leibniz Wolfischen Schule, noch die neuere die in der Kritik der reinen Vernunft enthalten" ist, erfüllt.[173] Dieser Terminus rührt von *Reinhold*, nämlich von seinem *Versuch einer neuen Theorie des menschlichen Vorstellungsvermögens* her.[174] Es

---

169 KGA I/1, 157,7f.
170 Vgl. auch Arndt, Kommentar 1046.
171 KGA I/1, 219,30ff.; vgl. wiederum mit Eberhards Vorbericht und vorläufige Nachricht, PhM 1, IVff.5f.
172 KGA I/1, 219,24ff.; 228,14ff. u.a.
173 Ebd. 219,26ff.
174 Die Anklage der Unverständlichkeit und Dunkelheit der Philosophie Kants ist auch das Hauptthema der Vorrede des frühen Hauptwerks Reinholds. Er erklärt sie besonders von der philosophischen Situation her, wie sie durch eklektische Popularphilosophie

soll dafür argumentiert werden, daß diese Anknüpfung nicht unbedeutend, sondern Ausdruck dessen ist, daß Schleiermacher jetzt von dieser Theorie einiges für das Vermittlungsprojekt erwartet.[175] Wie aus der weiteren Untersuchung hervorgehen wird, reicht die Tragweite seiner frühen Reinhold-Rezeption über diesen Kontext hinaus. Ehe wir Eberhards Denken verlassen, soll bemerkt werden, daß diese neue Konstellation nicht nur dessen Verlust an Einfluß auf Schleiermacher impliziert: Wenn dieser sich zuerst über die Eintracht zwischen Eberhard und Reinhold, die auch sachlich zu verstehen ist, gefreut hat und sich dann an vorstellungs- und bewußtseinstheoretischen Gedanken Reinholds orientiert, die Affinität zur Tradition haben, bekundet dies indirekt die fortwirkende Bedeutung auch gewisser Eberhardscher Gedanken für Schleiermacher.

1.3.2.1. Erster Einfluß Reinholds

Die große Freiheitsabhandlung, die vermutlich in den ersten Monaten von 1790 angefangen und spätestens 1792 abgebrochen wurde,[176] ist nicht das erste Zeugnis von Schleiermachers Interesse für das Denken Reinholds. Der *Versuch* ist auch nicht der älteste Text dieses Autors, den er sich angeeignet hat. Es scheint zwar keine Spuren einer Beschäftigung Schleiermachers mit Reinholds älteren Aufsätzen zu geben, die unter anderem in *Der Teutsche Merkur* erschienen; relevant wären vor allem die damals vielbeachteten „Briefe über die Kantische Philosophie". Schleiermacher hat jedoch mindestens gelegentlich diese Zeitschrift gelesen,[177] und vielleicht haben wir ein Zeugnis seiner Kenntnis eines dort vor dem *Versuch* veröffentlichten Aufsatzes Reinholds. Schleiermachers erste sicher dokumentierte Reinhold-Lektüre betraf vielleicht nicht zufällig dessen Hauptbeitrag zum Streit mit Eberhard; sie kann präzise datiert werden, nämlich auf

---

(Reinhold, Versuch, bes. 15f.) und durch den Streit zwischen vier Hauptparteien in der spekulativen Philosophie (ebd. 41ff.) bestimmt ist. Er verteidigt also Kant, verweist jedoch auch auf die Weise, wie die Vernunftkritik vorgetragen wurde, als einen Grund dafür, daß sie mißverstanden wird (ebd. 22). Außerdem rügt er die eingeweihte Sprache der „Freunde der kantischen Philosophie" (ebd. 58ff.).

175 Zur Literatur zu Schleiermachers Reinhold-Rezeption siehe oben Anm. 15.

176 Vgl. KGA I/1, LVff. Der Herausgeber hält als Zeitraum der Abfassung der ganzen Abhandlung das Jahr 1790 für wahrscheinlich. Sie könnte jedoch länger gedauert haben; vgl. die Datierung ebd. 217.

177 Vgl. ebd. 453 App.; 558; KGA I/2, 5,35. Die Lektüre war um so mehr naheliegend, als Brinkman an dieser Stelle Lyrik veröffentlicht hat; siehe oben Anm. 28.

die zweite Hälfte November 1789.[178] Die Urheberschaft der anonym erschienenen Rezension hat Schleiermacher früher durch von Brinkman erfahren;[179] dieser hatte – wie oben erwähnt – Verbindung mit Reinhold.

Aber auch dies ist nicht seine erste Kenntnisnahme von Gedanken Reinholds, von der wir wissen. Nach einem Aufenthalt bei diesem schreibt Brinkman am 26.6.1789 an Schleiermacher:

> „Reinhold wird zu Michaelis eine neue Theorie des Vorstellungsvermögens herausgeben, auf die ich äußerst begierig bin. Sie wird zugleich zu einer Einleitung in die gesamte Kantische Philosophie dienen, und wird durch *andre* Wege, die aber freilich erst durch die Kritik der Vernunft gebahnt werden mußten, auf die nämlichen Resultate führen. Dies Buch wird aber blos ein AvantCoureur eines Werks von mehreren Bänden sein, das er nach und nach auszuarbeiten gedenkt".[180]

Dieser Bericht hat Schleiermachers Interesse an der betreffenden neuen Theorie sowohl als Auslegung der Philosophie Kants – willkommen in Anbetracht ihrer Neuartigkeit und vielbeklagten Schwerverständlichkeit – als auch als eigenständig vorgehendes Denken nähren können. Er kann zudem einige Wendungen in Schleiermachers gleichzeitigen Texten geprägt haben, so daß schon *vor* „Über die Freiheit" und zudem vor Schleiermachers eigener Lektüre von Reinholds Buch Spuren von diesem bei ihm vorhanden sind. Brinkmans Erzählung enthält mehrere aus Reinholds gedruckten Arbeiten bekannte Auskünfte und Begriffe, unter welchen hier vor allem eine Variante der Unterscheidung von den *Prämissen oder Prinzipien* und den *Resultaten* der Kantischen Philosophie Aufmerksamkeit auf sich zieht. Mit dieser Unterscheidung bestimmt Reinhold die Beziehung zwischen seiner Theorie des Vorstellungsvermögens und Kants Vernunftkritik.

Wahrscheinlich darf man einen Schritt weiter gehen zur Behauptung, daß die betreffenden Wendungen Schleiermachers nicht nur durch von Brinkmans Bericht, sondern direkt durch eigene Worte Reinholds geprägt sind. Schleiermacher spricht in seinem Brief vom 22.7., der auf Brinkmans Brief antwortet, über das Resultat dieser Philosophie im Unterschied zu den „tiefsinnigen Untersuchungen [...], welche man zum Behuf jenes Resultats darin anstellt".[181] Er tut dies in einem Kommentar zu Bemerkungen des Freundes über dessen Stellung zur zeitgenössischen Philosophie, wo er ihm bei seiner Orientierung an den Anwendungsgebieten der

---

178 Vgl. KGA V/1, Nr. 128,262f.
179 Ebd. Nr. 118,108ff. Wie Brinkman hier auch erzählt, glaubte Eberhard, daß Rehberg der Autor war.
180 Ebd. Nr. 118,144ff.
181 Ebd. Nr. 119,132ff.

Philosophie jenes Resultat empfiehlt.[182] Sowohl dieser Sprachgebrauch Schleiermachers als auch die Weise, wie er hier die Grundlegung und die Anwendung der Philosophie in bezug auf den Kantianismus unterscheidet, erinnert auffallend an Formulierungen in Reinholds „Ueber die bisherigen Schicksale der Kantischen Philosophie" im Mai-Heft von *Der Teutsche Merkur*.[183]

In demselben Brief berührt Schleiermacher sein „Freiheitsgespräch", das angefangen, aber nicht abgeschlossen ist.[184] Gegen das Ende *dieses* Textes taucht eine Entsprechung zur Reinholdschen Unterscheidung auf. Es wird referiert, daß das Gespräch auf Kants zweite Kritik kam, „auf ihre Resultate und die Art wie sie zu denselben gekomen sei", und daß Sophron und mit ihm Schleiermacher „einige von den ersten Grundsäzen derselben annahm", aber nicht „alle Folgen welche daraus gezogen werden".[185] Diese Unterscheidungen sind allem Anschein nach von Reinhold abhängig. Anderseits hat seine Unterscheidung bei Schleiermacher eine Verschiebung erfahren: Mit den Resultaten und Folgen Kants, die Schleiermacher nicht vorbehaltlos akzeptiert, meint er – wie aus der Fortsetzung hervorgeht – insbesondere die die Ausübung der Sittlichkeit

---

182 Ebd. Nr. 119,126ff., vgl. mit ebd. Nr. 119,101ff. und Nr. 118,97ff., wo Brinkman sein philosophisches Unvermögen bedauert und erklärt, daß er „den Menschen beobachten, und populäre Sittenlehre, Religion und dergleichen Zugemüse der eigentlichen Philosophie zubereiten lernen" will. Schleiermachers folgende Briefe, die Brinkmans Rede von den „Zugemüse[n] der eigentlichen Philosophie" aufnehmen, sind Hauptbelege Herms' für die Behauptung von der empirischen Psychologie als philosophischer Basiswissenschaft bei Schleiermacher (Herms, Herkunft 42.85). Es ist indes klar, daß Brinkmans Selbstdiagnose nicht auf Schleiermachers philosophische Entwürfe paßt. Dieser grenzt diese davon auch explizit als mit der eigentlichen Philosophie verwickelt ab. Am 8.8.1789 – also zur Zeit seines „Freiheitsgespräch" – schreibt er an Brinkman mit Bezug auf die Streitigkeiten unter Kantianern und Wolffianern: „die empirische Psychologie ist in diese Unruhen nicht mit verwikelt und Du brauchst Dich also um die heftigen Kanonaden in den Provinzen der Metaphysik gar nicht zu kümmern. Meinen Versuchen hingegen bleibt ihr Urtheil unwiderruflich gesprochen" (KGA V/1, Nr. 121,96ff.). Auf der Linie Herms' hat Arndt aus der Zugemüse-Metaphorik noch weitergehende Schlüsse auf einen krassen Realismus Schleiermachers gezogen (Arndt, Kommentar 1039ff.). Unbekümmert auch um die Chronologie von dessen Entwicklung behauptet Arndt: „Es scheint, als sei die Kantische Fragestellung nach den Bedingungen der Möglichkeit objektiv gültiger Erkenntnis in ihrer Radikalität Schleiermacher nie bewußt geworden, da er schon immer von der Wirklichkeit eines objektiven Wissens überzeugt war" (ebd. 1041). Seine philosophische Position ist „Entschärfung der Kantischen Vernunftkritik", die „im Rahmen einer vorkritischen Erkenntnisauffassung" bleibt (ebd. 1059). Solche Behauptungen lassen sich durch diese Briefe nicht belegen.

183 Reinhold, Schicksal, bes. 134f. Dieser Text wurde nachher unter anderem in Reinhold, Versuch 1-68, nachgedruckt, wo sie als „Vorrede" auftritt; die betreffende Stelle ebd. 67f.

184 KGA V/1, Nr. 119,261ff. Es ist mit dem hier genannten dritten Freiheitsgespräch identisch.

185 KGA I/1, 160,28ff.

betreffenden Folgetheoreme, wie die Lehre von der Achtung vor dem Gesetz und die Freiheitslehre. Dies entspricht nicht Reinholds eigentlicher Pointe: Die Resultate sind bei ihm eher das, was Schleiermacher als Grundsätze bezeichnet und was nach Reinholds Programm von etwas Grundlegenderem abgeleitet werden soll.[186] Schleiermacher, der ja zu dieser Zeit höchstens eine begrenzte Kenntnis des Reinholdschen Programms haben kann, verwendet sie, um seine an sich weniger weitreichende Korrektur der Kantischen Moralphilosophie darzustellen.

Von diesem kleinen Vorspiel gehen wir zu Schleiermachers Erwähnung seiner Beschäftigung mit Reinholds Rezension des *Philosophischen Magazins*.[187] Er hat diese im November 1789 „nicht nur gelesen sondern auch aus verschiedenen Ursachen abgeschrieben".[188] Man könnte vielleicht zweifeln, ob diese Auskunft buchstäblich zu nehmen ist – der Text streckt sich über 20 große Spalten. Es gibt aber in Schleiermachers Frühwerk andere Beispiele, daß er besonders wichtige Texte großen Umfangs beinahe vollständig abgeschrieben hat, um sie nachher benutzen zu können.[189] Letzteres ist vielleicht auch hier der Fall.[190] Die besondere Bedeutung, die Schleiermacher der Besprechung beimißt, wird durch die weitere Begründung des umständlichen Verfahrens hervorgehoben: „es ist viel merkwürdiges drin".[191] Worin besteht dies und die Gründe zum Abschreiben? Das Merkwürdige kann nicht bloß der von Schleiermacher in der Fortsetzung gerügte Umstand sein, daß Kant nicht selbst auf Eberhard antwortet, sondern dies Reinhold überlassen hat, auch kaum allein die diesem dazu von Kant zur Verfügung gestellten und in die Rezension eingearbeiteten Kommentare zum Magazin.

Wenn man von den erreichten Kenntnissen über Schleiermachers bisherige Theoriebildungen her die Rezension selbst heranzieht, kann eine plausible Antwort gegeben werden und die knappe Bemerkung des Briefes aufschlußreich sein. Eilert Herms, der zu Recht auf Bemerkung und Rezension aufmerksam gemacht hat, hat dies versucht.[192] Er schreibt dieser – wohl auch mit Recht – eine wichtige Bedeutung für Schleiermachers philosophische Entwicklung und für seine Annäherung an den Kantianismus zu. Herms' Vorschlag ist jedoch unhaltbar: Er behauptet, daß Schleiermacher, angeregt durch die Besprechung, sich von dem

186 Reinhold, Versuch, z.B. 67f.
187 KGA V/1, Nr.128,262ff.
188 Ebd. Nr. 128,264f.
189 Siehe besonders KGA I/1, 513-523.
190 Vgl. unten 1.5.5.2.
191 KGA V/1, Nr. 128,265.
192 Herms, Herkunft 91ff.

Eberhardschen Verständnis des Unterschieds von Sinnlichkeit und Verstand als eines bloß logischen befreit und sich – wie Herms daraus weiter folgert – die Synthesislehre Kants aneignet, ohne jedoch seine Unterscheidung von empirischen und reinen Elementen der Erkenntnis zu übernehmen; hier bleibe Schleiermacher auf dem Boden der empirischen Psychologie und überhaupt der Halleschen Schulphilosophie. Dies ist das Ergebnis von Herms' stark rekonstruktiver Vorgehensweise: Er verbindet problematische Mutmaßungen über Schleiermachers Reflexionen[193] mit Extrapolationen aus der Reinholdschen Besprechung.

Wovon handelt indessen diese Besprechung, und was hat darin Schleiermacher interessieren können? Sie beschäftigt sich hauptsächlich mit der Unterscheidung analytischer und synthetischer Urteile, indem sie sich sehr ausführlich mit Eberhards Standpunkt und Kant-Darstellung auseinandersetzt. Über Schleiermachers damalige Stellungnahme zu diesem Thema wissen wir nichts. Es liegt nicht auf der Linie seiner bis hierher bekannten Interessen. Dagegen kann eine andere Seite der Rezension mit diesen in Verbindung gebracht werden: Am Ende ändert sich ihr Sprachgebrauch markant; von einer normalen Kantischen Terminologie geht Reinhold in die Begrifflichkeit und Lehren seiner neuen Theorie des Vorstellungsvermögens über.[194] Es erscheint – auch im Zusammenhang mit Brinkmans diesbezüglicher Ankündigung – naheliegend, daß es *diese* ist, die Schleiermacher hat aufmerken lassen. Insofern sie sich am Vorstellungsbegriff orientiert, wäre Schleiermachers Interesse daran durch seine Rezeption der Wolffschen Psychologie vorbereitet; für diese Deutung von seiner Hervorhebung der Besprechung spricht der erste Abschnitt der großen Freiheitsabhandlung.[195] So haben Reinholds in der Auseinandersetzung mit Eberhard zur Darstellung Kantischen Denkens verwendete Begriffe von der Beziehung und Unterscheidung der Vorstellung vom Gegenstand Schleiermacher an den Wolffschen Begriff der klaren und deutlichen Vorstellung erinnern können.[196] In einer vorwärts gerichteten Perspektive ist als wesentlich zu notieren, welche Theoriestücke Reinholds Schleiermacher sich durch seine Abschrift der Rezension hat einprägen können. Es geht um die Lehren von der *Form* und dem *Stoff* der Vorstellung und vom *Ding an sich* als einem unvorstellbaren. An einer

---

193 So wird aus Schleiermachers positiv würdigenden Verweis auf Eberhards Aufsatz „Ueber das Gebiet des reinen Verstandes" (KGA V/1, Nr. 121,69ff.) bei Herms ein Einwand gegen Eberhard (Herms, Herkunft 99).

194 Reinhold, Rezension von PhM 593ff.

195 Siehe auch Rehbergs Betonung der Übereinstimmung zwischen Reinhold und den Wolffianern an diesem Punkt (Rehberg, Rezension von Reinhold, Beyträge 204).

196 Vgl. Reinhold, Rezension von PhM 595, mit KGA V/1, Nr. 119,39ff.

wichtigen Stelle wird sich Schleiermacher später gerade auf diese stützen. Es ergibt sich also, daß die Linien ebenso von Schleiermachers Erwähnung der Rezension zu der neuen Vorstellungstheorie führen, auch wenn er – wie man annehmen muß – Reinholds Buch noch nicht aus erster Hand kennt.

In dem Brief vom 3.2.1790, wo Schleiermacher seinen täglich wachsenden Glauben an die Kantische Philosophie bekennt, schreibt er mit Bezug auf einige unter Eberhard und den Kantianern gewechselte Polemiken: „Niemand hat wol in dieser Sache deutlicher bewiesen daß die große Philosophie nicht für den gröbsten Fehlschlüßen sichert als Reinhold".[197] Bei Schleiermachers Beurteilung von Reinholds Rolle in jenen Querelen darf nicht übersehen werden, daß sie sich vor dem Hintergrund einer positiven Einschätzung von dessen Denken – nämlich als „großer Philosophie" – ergibt. Ob Schleiermacher jetzt den *Versuch* gelesen hat, wissen wir nicht. Ungeachtet dessen ist seine Rede von seinem zunehmenden Glauben an die Kantische Philosophie vielleicht auch auf Reinholds Denken zu beziehen.

1.3.2.2. Trieb und Willensbestimmung

Der erste Abschnitt von Schleiermachers „Über die Freiheit" soll nun mit besonderer Rücksicht auf die Rezeption von Reinholds frühem Hauptwerk befragt werden. Ich nehme die einleitend aufgeworfene Frage nach der philosophischen Zielsetzung von Schleiermachers Freiheitsabhandlung wieder auf, um diese sodann auf die prägnanten einzelnen Begriffe zu beziehen. Reinholds Denken kommt tatsächlich in mehreren Punkten Schleiermachers Intention entgegen. Dies läßt sich von dem von ihm aufgegriffenen Begriff der *Allgemeingeltung* her entwickeln. Schleiermacher verwendet übrigens hier eine Distinktion von den Gründen und dem Resultat der kritischen und der schulphilosophischen Philosophie.[198]

Jener Begriff ist mit der Frage nach dem Status des von Reinhold geforderten einzigen Grundsatzes der Philosophie eng verbunden, auf die es uns vorerst nicht ankommt. Daß etwas nicht nur allgemeingültig, sondern allgemeingeltend ist, bedeutet nach dem *Versuch einer neuen Theorie des menschlichen Vorstellungsvermögens*, daß es jedem Philosophen – oder wie Reinhold vielleicht ein bißchen weiter zielend sagt: „jedem gesunden und philosophirenden Kopfe" – verständlich ist, und daß

---

197 KGA V/1, Nr. 134,46ff.
198 KGA I/1, 219,29f.

darüber unter solchen allgemeines Einverständnis herrscht.[199] Die Allgemeingeltung wird als die Bewährung der Allgemeingültigkeit gefaßt.[200] Reinhold bezieht sich dabei auf den aktuellen Streit zwischen Wolffscher und Kantischer Philosophie,[201] besonders aber auf eine gemäß seiner Diagnose der philosophischen Situation grundsätzliche Uneinigkeit unter vier Hauptparteien.[202] Die Philosophie Kants rechnet er nicht zu diesen; ihr oder eher seiner eigenen neuen Theorie des Vorstellungsvermögens teilt er die Aufgabe zu, den Streit zu schlichten. Der Begriff der Allgemeingeltung sagt also etwas über die weitgehende Ambition dieser Theorie aus. Er hat auch Implikationen für die Weise, wie sie argumentieren muß: immer von etwas ausgehen, was man als schon allgemein angenommen voraussetzen darf. Reinhold denkt in erster Linie an die Vorstellung und das Vorstellungsvermögen.[203]

Schleiermachers Abhandlung zielt in bezug auf ihr Thema, die Freiheitsfrage, auch auf allgemeine Einigkeit streitender Parteien, vor allem von Wolff-Schule und Kantianismus. Ebenso übernimmt sie mit dem Begriff des Allgemeingeltenden die diesem entsprechende Vorgehensweise, die Schleiermacher jedoch eigenständig handhabt. Seine Behandlung der Freiheitsfrage orientiert sich an minimalen, unproblematischen Annahmen. Es handelt sich nicht um solche der philosophisch-wissenschaftlichen Vernunft, sondern um etwas, was „jeder Mensch"[204] voraussetzt. Ausgangs- und Bezugspunkt der Untersuchung Schleiermachers bildet „unser ganzes praktisches Verfahren",[205] d.h. eine praktische Reflexion, die sich auf verschiedenen Ebenen der Willensbestimmung vollzieht, und insbesondere eine Idee von moralischer Verbindlichkeit, deren allgemeines Anerkanntsein sorgfältig aufgewiesen wird.[206] Diese soll sowohl alter als auch neuer Philosophie angemessen sein.[207] Schleiermacher unterläßt es bewußt, den Begriff des reinen praktischen Vernunftgesetzes hier ins Spiel zu bringen, den er sich aus der Kantischen Ethik angeeignet hat. Es ist zugleich deutlich, daß er diesen Begriff noch festhält; ebenso grenzt er sich von der Glückseligkeitsethik ab.[208] Aus metho-

---

199 Vgl. Reinhold, Versuch, bes. 71ff., dort 71; dazu Mensen, Frage, 119ff.; Bondeli, Anfangsproblem 102ff.
200 Reinhold, Versuch 37.66.142.
201 Ebd. 58ff.
202 Vgl. ebd., bes. 41ff.
203 Vgl. ebd. 73f., mit ebd. 190f.
204 KGA I/1, 220,36.
205 Ebd. 228,10f.
206 Ebd. 220,36ff.; 228,9ff.; 229,21ff.
207 Vgl. ebd. 229ff.
208 Ebd. 230,22ff.; 234,1ff.; siehe auch ebd. 325ff.

disch-strategischen Gründen legt Schleiermacher seiner Freiheitstheorie
den Begriff der praktischen Vernunft in einem „weiteren Sinn" zugrunde.[209] Auf dieselbe Weise verfährt Reinhold in moralphilosophischen
Vorüberlegungen zu seiner Theorie des Vorstellungsvermögens,[210] ebenso
wie er in dieser von der weiteren Bedeutung dieses Wortes, mit Einschluß
unter anderem auch des Gedankens einer vorstellenden Kraft, ausgeht.[211]

Der erste Abschnitt von „Über die Freiheit" führt die Untersuchung
der menschlichen Willensbestimmung in zwei Hauptteilen durch, aus
denen hier nicht die ganze Argumentation analysiert, sondern allein
einige begriffliche Mittel bestimmt werden sollen. Im ersten Teil, der eine
Bestimmung der Gattung und der besonderen Modifikationen des Begehrungsvermögens enthält,[212] geht Schleiermacher zuerst wiederum auf
Kants einleitende, ursprünglich in der überlieferten empirischen Psychologie beheimatete Definition ein. Nach dieser ist das Begehrungsvermögen
das Vermögen eines Subjektes, „durch seine Vorstellungen Ursache von
der Wirklichkeit der Gegenstände dieser Vorstellungen zu sein".[213] Vermutlich durch Rehbergs Rezension der Kritik der praktischen Vernunft
angeregt, wendet Schleiermacher ein, daß diese Definition nicht nur das
Begehren, sondern auch das äußere Handeln umfaßt.[214] Neu ist, daß er
jetzt Mittel zur Korrektur bei Reinhold sucht, indem er dessen Begriff des
Triebs aufgreift.[215] Dieser Begriff wird durch Reinholds „Grundlinien der
Theorie des Begehrungsvermögens", die einen Exkurs in seinem Buch
ausmachen,[216] zu einem Grundbegriff der praktischen Philosophie. Zunächst soll hervorgehoben werden, daß Reinholds Triebbegriff und sein
dadurch bestimmter Begriff des Begehrungsvermögens dem schulphilosophischen Begriff desselben als eines Vermögens, aus der Kraft der Seele
Vorstellungen hervorzubringen, nahe stehen. Er bestimmt den Trieb vom
Begriff einer vorstellenden Kraft als Grund der Wirklichkeit der Vorstellung her.[217] Wahrscheinlich hat Rehberg hier eine vermittelnde Rolle

---

209 Ebd. 300,33ff.
210 Reinhold, Versuch 99.
211 Ebd. 195ff.
212 KGA I/1, 222ff.
213 KpV, 16 Anm.; Hervorhebung im Original.
214 KGA I/1, 222,15ff., vgl. Rehberg, Rezension von KpV 352. Mit der Tatsache, daß nicht
   nur Reinhold, sondern eventuell auch Rehberg an dieser Stelle einwirken, stimmt überein, daß Schleiermacher dem Einwand schon in einer „Notiz" zur KpV vorgreift (KGA
   I/1, 131,26f.).
215 KGA I/1, 223,4ff.
216 Reinhold, Versuch 560-575.
217 Vgl. ebd. 561: „Das Verhältniß der vorstellenden Kraft zu der in ihrem Vermögen à priori
   bestimmten Möglichkeit der Vorstellung, das Verhältniß der Kraft zu ihrem Vermögen,

gehabt.[218] Diese Nähe zur Wolff-Schule hat offenbar dazu eingeladen, Reinholds Ansatz als Stütze eines im Kantianismus seinen Ausgangspunkt nehmenden Versuches der Verbindung von Altem und Neuem zu benutzen.

Schleiermachers auf den Triebbegriff folgende Definitionen des Instinktes, der Willkür und des Willens, von denen die beiden letzten das menschliche Begehrungsvermögen als ein reflektiertes und als ein vernünftig begründendes auszeichnen, sind jedoch unabhängig von Reinhold. Die Willensdefinition lehnt sich wohl an Kants Definition an, ohne jedoch spezifisch Kantischen Theoremen vorzugreifen.[219] In der Fortsetzung sind einzelne von Schleiermachers Bestimmungen wohl durch Reinholds Darstellung angeregt, aber nicht einfach daraus übernommen.[220] Am wichtigsten ist der Begriff von einem sich auf das Sittengesetz richtenden Trieb[221] und der Gedanke, daß die Vernunft und das Gesetz überhaupt erst durch diesen praktisch werden.[222] Schleiermachers Einführung des Begriffs des Triebes muß im Vergleich mit seinen älteren Arbeiten als eine Präzisierung betrachtet werden, die einer ästhetisierenden Fehlinterpretation des emotionellen Moments im Praktischen vorzubeugen vermag. Obwohl Trieb jetzt als der grundlegende Begriff erscheint, hat Schleiermacher den Begriff des Gefühls nicht aufgegeben: Zur Realisierung des Vernunftgesetzes „gehört ein Gefühl und vermittelst desselben ein Trieb, der sich unmittelbar und allein auf die praktische Vernunft bezieht und sie gleichsam im Begehrungsvermögen repräsentirt, und dieser Trieb muß

---

des Grundes der Wirklichkeit zum Grunde der Möglichkeit der Vorstellung, oder zur Vorstellbarkeit, nenne ich den *Trieb* des vorstellenden Subjektes, der aus der Verknüpfung der Kraft mit dem Vermögen besteht". „Durch den Trieb zur Erzeugung einer Vorstellung bestimmt werden, heißt *Begehren*, und das Vermögen durch den Trieb bestimmt zu werden, das *Begehrungsvermögen* in weiterer Bedeutung", mit Baumgarten, Metaphysik §§ 489ff.; Wolff, Gedancken [1751] §§ 878ff.

218 Vgl. Reinhold, Versuch 560f., mit Rehberg, Rezension von KpV 352; Rehberg ersetzt hier Kants Definition des Begehrungsvermögens durch folgende Definition: „die Kraft Möglichkeit zur Wirklichkeit zu bestimmen".

219 KGA I/1, 226,21ff.; KpV, 96.

220 Vgl. KGA I/1, 230,31ff., mit Reinhold, Versuch 564f. Ebenso weist der erste Abschnitt von Schleiermachers Abhandlung Ähnlichkeiten mit Reinhold, Versuch 89ff.99ff., auf.

221 KGA I/1, 233,10ff.; Reinhold, Versuch 565ff. Auch die kritische Abgrenzung KGA I/1, 233,29ff., bezieht sich wohl besonders auf Reinhold, nämlich auf Versuch 565f.99ff.

222 Vgl. in dieser Rücksicht KGA I/1, 232,24ff.; 233,10ff., mit Reinhold, Versuch 569ff. Diese Übereinstimmung Reinholds mit einem uns bereits aus „Über das höchste Gut" bekannten Zentralmotiv des jungen Schleiermacher hat wohl eine weitere Erklärung: Wie soeben angedeutet, steht nicht erst der 1792 erschienene zweite Band von Reinhold, Briefe [1923], sondern schon seine „Grundlinien der Theorie des Begehrungsvermögens" unter dem Einfluß der Rezension Rehbergs, die Schleiermachers Gedanken dort wahrscheinlich geprägt hat; siehe Grove, Rehberg 6 Anm. 16.

zum Begehrungsvermögen eben das Verhältniß haben, als jeder andre".[223]
Das Gefühl ist ein Gefühl der Lust, und mit ihm ist der Trieb sinnlich.
Dies verbindet Schleiermacher mit der Tradition und unterscheidet ihn
von Reinhold, der den sittlichen Trieb als Ausdruck einer rein vernünftigen Selbstbestimmung darstellt. Die Wendung, daß der Trieb oder das
Gefühl[224] die Vernunft repräsentiert – indem sie diese und das Begehrungsvermögen vermitteln –, ist noch eine Reminiszenz der Wolff-Schule
bei Schleiermacher: Dieser Gedanke ist ein Echo der traditionellen Lehre
vom Sinnlichen als *analogon rationis*.[225]

Gehen wir zum zweiten Teil der Argumentation im ersten Abschnitt
der Freiheitsabhandlung weiter, der die Frage beantworten soll, „worin
überhaupt in jedem Fall die Entstehung eines Uebergewichts des einen
Theiles der willkührlichen Bestimmungsgründe über die übrigen gegründet seyn müße".[226] Hier scheint Schleiermacher noch weiter von Reinholds
neuer Theorie abzurücken. Es kann festgestellt werden, daß er sich wieder
Begriffe bedient, die ganz traditionell und ohne Reinholdsche Prägung
erscheinen.[227] Davon gibt schon die Fragestellung ein Beispiel. Ein weiteres Beispiel besteht in Schleiermachers Anwendung einer schulphilosophischen Distinktion auf den Begriff des Subjekts: die Distinktion zwischen dem unbekannten, unveränderlichen Wesen eines endlichen
Dinges, den unveränderlichen Eigenschaften und endlich den Veränderungen des Dinges.[228] Als Eigenschaften oder unveränderliche Bestimmungen des Subjekts nimmt er das Vorstellungsvermögen und das
Begehrungsvermögen in Anspruch. Der Tendenz der Schule entsprechend
teilt er dem theoretischen Vermögen – dem Vorstellungsvermögen, wozu
er im Zusammenhang als untergeordnete Vermögen Sinne, Phantasie oder
Einbildungskraft, Verstand und Vernunft rechnet – die leitende Funktion

---

223 KGA I/1, 233,22ff.
224 Ebd. 240,6f.
225 Vgl. besonders Eberhard, Sittenlehre § 52. Zu dieser Lehre siehe Franke, Komplement
     139ff.
226 KGA I/1, 234,24ff. Zum folgenden ebd. 234ff.
227 Nach Bernd Oberdorfer sind sie dagegen ganz offenkundig die Mittel der Reinholdschen
     Vorstellungstheorie (Oberdorfer, Geselligkeit 257). Allerdings fehlen bei Oberdorfer
     entsprechende Belege.
228 Siehe KGA I/1, 236,21ff.: „Wir denken in unserm Subjekt theils das unbekannte unver-
     änderliche, welches die lezten allgemeinen Gründe alles deßen enthält was wir unmit-
     telbar in uns bemerken, theils dieses bemerkbare selbst, die Veränderungen der Seele
     und die Bestimmungen welche dadurch in dem veränderlichen derselben hervorge-
     bracht werden", mit Wolff, Gedancken [1751] §§ 32ff.121ff.; Baumgarten, Metaphysik
     §§ 34ff.135ff.

zu.[229] Schleiermacher erreicht seine Antwort der Ausgangsfrage über eine weitere vorausgesetzte Wolffsche Unterscheidung, nämlich die des Wesens und des Zustandes eines Dinges, wobei letzterer durch die unveränderlichen und die zufälligen und veränderlichen Bestimmungen zusammen ausgemacht wird:

> „So scheint der Saz fest zu stehn: daß das Uebergewicht in welches sich jede Vergleichung der Willkühr endigen muß um in eine vollständige Handlung des Begehrungsvermögens überzugehn jedesmal gegründet seyn muß in dem Totale der gegenwärtigen Vorstellungen, und in dem Zustand und den Verhältnißen aller Seelenvermögen gegen einander, welche durch den Gang der Vorstellungen in unserer Seele hervorgebracht werden".[230]

Auch der Begriff der Totalvorstellung, die nach weiteren Verweisen Schleiermachers auf Assoziation beruht und nach dem Gesetz der Einbildungskraft gebildet wird, ist ihm aus der Wolffschen Schulphilosophie, besonders von Eberhard her, vertraut.[231]

Bei der Beurteilung dieses Befundes muß man sich vor Augen halten, daß die Anwendung solcher Begriffe und Distinktionen im Frühkantianismus,[232] ja auch bei Kant selbst nicht ungewöhnlich war. Es muß auch berücksichtigt werden, daß Schleiermachers durch den Allgemeingeltungsgedanken bestimmte Strategie einen Spielraum zwischen einem um dieser Idee willen vorausgesetzten gemeinschaftlichen Nenner und seinem eigentlichen Standpunkt zuläßt. Trotzdem könnte man bezweifeln, ob sich Schleiermacher überhaupt vom Versuch des „Freiheitsgespräch" entfernt hat. Dieser Zweifel wird indessen durch die Feststellung einer bisher nicht berücksichtigten, entscheidenden Veränderung zerstreut.

Der Grundbegriff der Psychologie der Wolffschen Schulphilosophie ist der Begriff der Vorstellungs*kraft*, welchem gegenüber der Vermögensbegriff als etwas Untergeordnetes betrachtet wird.[233] Von einem Vorstellungs*vermögen* spricht sie, soweit ich sehe, nicht. Bei Schleiermacher ist es

---

229 Siehe zum Beispiel KGA I/1, 237,9ff.: „In dem Vorstellungsvermögen hängt alles zusammen und was man darin bei der Abstraktion von einander trennt, wird in concreto nicht abgesondert gefunden; eben so aber hängt auch das Begehrungsvermögen mit dem Vorstellungsvermögen zusammen".

230 Ebd. 237,34ff. An anderer Stelle habe ich diese Erklärung der Willensbestimmung und Schleiermachers kausale und auch deterministische Interpretation davon, worin er ebenso mit Vertretern der vorkantischen Aufklärung verbunden ist, als eine unvollständige Handlungstheorie gedeutet und kritisiert; siehe Grove, Handling 120ff.

231 Vgl. KGA I/1, 240,33ff.; 242,8ff.; 238,8f., mit den Verweisen auf Eberhard oben Anm. 164ff.

232 Siehe zum Beispiel Schmids Unterscheidung der wesentlichen, unveränderlichen Natur des Subjekts und der zufälligen, veränderlichen Bestimmungen desselben (Schmid, Wörterbuch 271).

233 Vgl. Wolff, Gedancken [1751] § 117.

umgekehrt: Er spricht in „Über die Freiheit" mit Reinhold vom Vorstellungsvermögen und macht einen Vorbehalt dem Kraftbegriff gegenüber:
„HErr Reinhold hat sehr recht, daß man das, was in dem Subjekt Vorstellungsvermögen ist nicht verwechseln müße mit dem, was in ihm *Kraft*
ist".[234] Von daher vermeidet seine Bestimmung des Gattungsbegriffs vom
Trieb anders als die Reinholds den Kraftbegriff: Trieb ist „die in der Natur
des vorstellenden Subjekts gegründete Thätigkeit desselben zur Hervorbringung von Vorstellungen".[235] Dieser Verzicht ist nicht nur hier zu beobachten. *Nach* dem „Freiheitsgespräch" scheint Schleiermacher – darin
kritischer als Reinhold – den Begriff der einen Vorstellungskraft nicht
mehr in Anspruch zu nehmen. Die schulphilosophischen Begriffe, die er
nun verwendet, haben ihre rational-psychologische Grundlage verloren.[236]
Die zitierte Stelle aus dem ersten Abschnitt von „Über die Freiheit"
zeugt auch davon, aus welchen Ressourcen Schleiermacher hier argumentiert und die rationale Psychologie kritisiert. Das ist vorerst die Kantische
Paralogismenkritik. Daß Schleiermacher sich die Metaphysikkritik der
Kritik der reinen Vernunft früh angeeignet hat, wissen wir von noch zu analysierenden Teilen seines Aufsatzes über das höchste Gut her. Hier geht
es um die Kritik der rationalen Psychologie. Daß dies keine Überbewer-
tung des Befundes ist, zeigt eine spätere Aussage der Freiheitsabhandlung, die auch die Einschätzung von Schleiermachers Unterscheidung von
unbekanntem Wesen und erkennbaren Eigenschaften des Subjekts bestimmen muß:

> „Es hat einige Partheien von Philosophen gegeben, welche bei dem allgemei-
> nen Fehler das Subjekt des Selbstbewußtseyns nicht von der Seite allein zu
> betrachten, wie es sich uns als Vorstellungs und Begehrungsvermögen zeigt,
> sondern über die Natur und Art der diesen Vermögen zum Grunde liegenden
> Kraft zu spekuliren auf ganz abweichende Ideen hierüber gekommen sind
> [...] Ideen über die unsern Vermögen zum Grund liegende Substanz".[237]

Das in diesem Zusammenhang Interessante ist nicht nur, daß diese Aussage einen Nachklang der Paralogismenkritik Kants enthält, sondern daß

---

234 KGA I/1, 223,8ff.
235 Ebd. 223,12ff. Dieser Neuansatz im Vergleich mit der Wolff-Schule wird von Herms
   übersehen (Herms, Herkunft 96).
236 Siehe Schleiermachers Vorlesungen „Über den Stil" aus derselben Zeit, KGA I/1, 359-390,
   bes. 373. Sie arbeiten wie die Freiheitsabhandlung im übrigen mit den überlieferten Begriffen der menschlichen Erkenntnisvermögen und ihrer Funktionen. Zu Reinholds weniger radikalen Stellung zur Verwendung des Kraftbegriffs siehe Reinhold, Versuch,
   bes. 203f.; ders., Beyträge 176.192ff.
237 KGA I/1, 320,5ff. Der Substanzbegriff kommt in der Abhandlung nur in einem darin
   eingearbeiteten, älteren Text vor (ebd. 273,21ff.), der mit dem „Freiheitsgespräch" zusammenhängt (vgl. ebd. LVII) und nicht auf der Höhe der Hauptargumentation von
   „Über die Freiheit" ist.

dieser Nachklang, wie aus der Terminologie sowie aus dem Kontext der Aussage hervorgeht,[238] über Reinhold läuft. Schleiermacher stützt sich in der Freiheitsabhandlung auf die Kritik der rationalen Psychologie, wie sie von Reinhold in seine neue Theorie des Vorstellungsvermögens eingearbeitet wurde.

1.3.2.3. Kritik des vorstellungstheoretischen Monismus

Reinholds Frühwerk, hier durch seinen *Versuch einer neuen Theorie des menschlichen Vorstellungsvermögens* repräsentiert, ist mit der Doppeldeutigkeit verbunden, daß es einerseits Auslegung und Vermittlung der Philosophie Kants und andererseits ein selbständiges und eigenartiges Denken ist. Diese beiden Seiten können auch nicht in Schleiermachers Reinhold-Rezeption getrennt werden. Er hat sich für dessen Arbeiten als Deutung Kantischer Philosophie interessiert. Wir werden an mehreren Beispielen sehen, wie er Kantische Gedanken mit Reinholdschen Begriffen artikuliert. Es erscheint jedoch unwahrscheinlich, daß er kein Bewußtsein der Abweichungen Reinholds von Kant gehabt hat. Jedenfalls sind die Unterschiede durch Reinholds dem *Versuch* nachfolgenden Bücher, die in Schleiermachers Besitz waren – dies zeugt ebenso von seinem Interesse an dessen Werk[239] –, bald unübersehbar geworden. Das macht die Frage dringlich, in welchem Umfang er sich Reinholds eigene Philosophie angeeignet hat.

Diese wurde nach ihrem Erscheinen sogleich Gegenstand schonungsloser Kritik, die sowohl von schulphilosophischer als auch von Kantischer Seite erfolgte und sich auf Methode und auf tragende Begriffe bezog. Es ist kaum möglich zu entscheiden, in welchem Umfang Schleiermacher die frühe Kritik rezipiert hat. Er hatte Zugang zu ihr: Sie erschien hauptsächlich in Zeitschriften, die er las: *Philosophisches Magazin* und *Allgemeine*

---

238 Schleiermacher bezieht sich hier auf die Rede von Fatalismus, Materialismus und Pantheismus in Reinhold, Versuch 95f., indem er sich wohl von dessen Fatalismusbegriff absetzen will. Auch im letzten Abschnitt der Freiheitsabhandlung Schleiermachers gibt es vielleicht ein Beispiel einer begrifflichen Anleihe bei Reinhold: vgl. den Hinweis einerseits „auf einen *Zustand* des Subjekts, d. h. auf die äussern Bedingungen der Möglichkeit gewisser Handlungen, auf diejenigen Verhältniße des Subjekts zu andern Dingen [...]", andererseits „auf ein *Vermögen* des Subjekts, auf die innern Bedingungen der Möglichkeit gewisser Handlungen in Absicht auf die Funktionen des Subjekts" (KGA I/1, 339,14ff.), mit Reinholds Unterscheidung äußerer und innerer Bedingungen der Vorstellung und des Bewußtseins (siehe unten Anm. 567).

239 Besonders der erste Band von Reinhold, Briefe [1923]; ders., Beyträge; ders., Fundament, vgl. Meckenstock, Bibliothek 252f.

Literatur-Zeitung.[240] Als weiterer Beleg dafür, wie er sich für das Reinhold-sche Denken interessiert, ist hier zu nennen, daß Schleiermacher eine der wichtigsten Auseinandersetzungen mit diesem aus den folgenden Jahren, nämlich die von Gottlob Ernst Schulze, die freilich in Verbindung mit Schleiermachers Freiheitsabhandlung noch nicht in Betracht kommt, be-saß.[241] Jedenfalls hat die Kritik ihn nicht von der Rezeption gewisser Reinholdscher Theoreme abgehalten.

Im gegenwärtigen Zusammenhang geht es vor allem darum, inwie-weit Schleiermacher den besonderen Monismus, der das Denken dieses selbständigen Kantianers auszeichnet, übernommen hat.[242] In bezug auf diese Frage erscheint es zweckmäßig, zwei Arten des Monismus Rein-holds auseinanderzuhalten, die jedoch bei ihm eng verflochten sind. Es geht erstens um einen *inhaltlichen* Monismus im Sinne eines Einheitsden-kens, das auf dem Begriff der Vorstellung fußt und von diesem her alle anderen Funktionen des Subjekts zu verstehen beansprucht. Ein äußerer Ausdruck dessen ist die Verortung der Theorie des Begehrungsvermögens in einem Exkurs in der Theorie des Erkenntnisvermögens. Dieser vorstel-lungstheoretische Monismus ist ein Nachfolger des Denkens Leibniz' und Wolffs von einer einzigen Vorstellungskraft her[243] und hat sich als solcher für Schleiermachers Vermittlungsprojekt geeignet. Zweitens ist Reinholds Monismus ein *methodischer* Monismus, der einen einzigen Grundsatz der ganzen Philosophie fordert. Als solcher muß er als ein Novum in der Philosophiegeschichte betrachtet werden.[244]

Um auf die Frage nach Schleiermachers Position näher einzugehen, beziehen wir uns auf das Ende des dritten Abschnitts von „Über die Frei-heit". Hier stellt Schleiermacher der vorkantischen aufklärerischen Ethik eine kritische Diagnose, die auch Sophrons Versuch im „Freiheitsge-

---

240 Besonders Rehberg, Rezension von Reinhold, Beyträge; Schmid, Rezension von Rein-hold, Fundament, und unter anderem die unten in Anm. 615 genannten Beiträge aus PhM. Dazu siehe Frank, Annäherung, Vorl. 12f.

241 Schulze, Aenesidemus; siehe auch Maimon, Streifereien 177-244, vgl. Meckenstock, Biblio-thek 269 Nr. 1788; 224 Nr. 1207.

242 Nach Günter Meckenstock schließt sich Schleiermacher im Hinblick auf eine spekulative Überwindung des Kantischen Dualismus von theoretischer und praktischer Vernunft vom Begriff des Vorstellungsvermögens her Reinhold an, ohne jedoch über den bloßen Ansatz hinauszukommen (Meckenstock, Ethik 56f.). Auch Eilert Herms sieht bei Schlei-ermacher einen Monismus, nur daß er ihn nicht nur auf Reinhold, sondern auch auf die Wolffsche Schulphilosophie zurückführt (Herms, Herkunft 96).

243 Vgl. Henrich, Einheit 31.37. Die Forschung scheint Reinholds Werk nicht gründlich nach der Seite hin untersucht zu haben, wie er Begriffe und Denkfiguren der vorkantischen deutschen Aufklärung und besonders der Wolffschen Schulphilosophie fruchtbar macht. Vgl. Henrich, Konstellationen 240; Bondeli, Anfangsproblem 53.

244 Vgl. Mensen, Frage 109ff.

spräch" trifft.[245] Der Text handelt nicht von Reinhold, erlaubt aber durchaus gewisse Rückschlüsse auf den Umfang von Schleiermachers Reinhold-Rezeption. Ungeachtet, ob der Text in zeitlichem Abstand von der Arbeit am ersten Abschnitt der Abhandlung geschrieben ist oder nicht, zeugt er von einem angemesseneren Verständnis Kants, als es uns früher bei Schleiermacher begegnet ist. Dieser geht, um sich mit der philosophischen Vergangenheit auseinanderzusetzen, nicht ein auf Kants Schrift gegen Eberhard, *Über eine Entdeckung, nach der alle neue Kritik der reinen Vernunft durch eine ältere entbehrlich gemacht werden soll,* die Ostern 1790 erschien, sondern stützt sich wie zuvor auf dessen praktische Philosophie.

Der dritte Abschnitt von „Über die Freiheit" hat eine historische Verortung von Schleiermachers Freiheitstheorie zur Aufgabe. Seine Pointe ist, daß die Entwicklung des Determinismus zu einer konsistenten Konzeption ein bestimmtes Reflexionsniveau sowohl innerhalb der theoretischen als auch der praktischen Philosophie voraussetzt. Die richtige Konstellation hat früher nicht vorgelegen.[246] Vor allem hat es Defizite mit Bezug auf die praktisch-philosophische Voraussetzung gegeben, die für uns interessant ist. Sie besteht in einer bestimmten Interpretation dessen, was Schleiermacher „die ersten praktischen Ideen" nennt.[247] Mit diesem Ausdruck wird auf unsere Vorstellungen von dem, was geschehen soll, unter anderem auf den Gedanken moralischer Verbindlichkeit abgezielt. Schleiermachers Behauptung ist, daß das erforderliche praktisch-philosophische Reflexionsniveau erst mit Kants Ethik erreicht ist.[248] Von hier aus macht er typische ethische Konzeptionen der Spätaufklärung zum Gegenstand einer Kritik, die auch auf die Wolffschen Voraussetzungen zielt, die dort noch in weitem Umfang in Geltung bleiben. Eberhard wird davon getroffen.[249] Nun wird die Vollkommenheitsethik als solche kritisiert.

---

245 KGA I/1, 325ff., vgl. Meckenstock, Ethik 113ff. Herms lag dieser Text nicht vor. Von Oberdorfer wird er auf eine problematische Weise ausgewertet. So mißt er ihn an dem Begriff eines orthodoxen Kantianismus, der beim jungen Schleiermacher überhaupt unzutreffend ist. Weiter sieht er in dem Vorliegen von Übereinstimmungen zwischen „Über das höchste Gut" und „Über die Freiheit" ein Argument dagegen, daß Schleiermacher sich in dem jüngeren Text von Sophrons Vermittlungsversuch zwischen Schulphilosophie und Kritizismus in „Freiheitsgespräch" abgekehrt hat (Oberdorfer, Geselligkeit 288ff.). Oberdorfers Interpretation gipfelt in der Behauptung, daß Schleiermachers Anknüpfung an Kants Vernunftbegriff von „Über das höchste Gut" bis „Über die Freiheit" „doch als konsistentere Ausführung des Eberhardschen Programms selber aufzufassen" ist (ebd. 307).

246 KGA I/1, 299ff.

247 Ebd. 300,27f., vgl. ebd. 312,20ff.; 318,7ff.

248 Ebd. 325,19ff.

249 So auch Oberdorfer, Geselligkeit 292.

Der Struktur von Schleiermachers eigener Sittlichkeitstheorie gemäß sammeln sich seine Überlegungen um zwei Punkte, die sittliche Erkenntnis der Vernunft und das antreibende sittliche Gefühl oder den „Trieb zum Gesez", wie er hier genannt wird.[250] Ich beschränke mich auf den ersten Punkt, und zwar auf das Grundlegende darin.

Die betreffenden Denker erkannten, daß „eine Reformation der praktischen Ideen"[251] im Verhältnis zu einer theologischen Begründung des Sittengesetzes erforderlich war. Das Gesetz und seine Verbindlichkeit rühre nicht von einem Wesen außerhalb von uns, sondern von der Vernunft her. Man kann hier auf Wolffs Gedanken der Autonomie des vernünftigen Menschen verweisen.[252] Soweit erkennt Schleiermacher diesen Versuch an, schätzt ihn aber trotzdem als unzureichend ein. Er rügt,

> „daß die Vernunft dadurch nicht zur unumschränkten Herrin alles übrigen erklärt wurde, daß der Grund der Verbindlichkeit nicht in ihr allein, sondern in dem ganzen Subjekt *Mensch* liegen sollte, und da auch unter den übrigen Vermögen desselben keines benannt war, welches vorzüglich begünstigt werden sollte, so hielt sie sich an das, was allein gemein ist, nemlich das Bewustseyn".[253]

Es geht also lediglich um eine anthropologische, nicht um eine rein rationale Bestimmung des Sittengesetzes. Daraus folgt, daß dieses keine Allgemeinheit und Notwendigkeit hat.[254] Neu ist, daß Schleiermacher dies jetzt nicht nur gegen die Glückseligkeitsethik, sondern ebenso gegen das System der Vollkommenheit wendet. Neu ist auch, daß er die theoretische Grundlage dessen und der Wolffschen Schulphilosophie überhaupt angreift: Hinter der Rede vom „ganzen Subjekt Mensch" und vom Bewußtsein als dem Gemeinsamen der einzelnen Vermögen, die wohl ein spätaufklärerisches Gepräge hat,[255] liegt der Gedanke von einer einzigen Vorstellungskraft der menschlichen Seele. Er, der die Basis von Sophrons Versuch der Vermittlung von Schulphilosophie und Kantianismus ausmachte, wird nun von Schleiermacher mit Kant verworfen.

Dieser traditionelle Ansatz schließt einen bestimmten Begriff der Vernunft in sich. Schleiermacher fährt fort:

---

250 KGA I/1, 328,32.
251 Ebd. 325,28.
252 Wolff, Gedancken [1752] § 24.
253 KGA I/1, 325,34ff.
254 Ebd. 327,17ff.
255 Vgl. zum Beispiel Wundt, Schulphilosophie 265ff. Nach Eberhard, Sittenlehre § 37, ist die Natur des Menschen und der übrigen Dinge die Quelle der Verbindlichkeit, weshalb das „Studium des Menschen" – wie er mit einem typisch spätaufklärerischen Ausdruck sagt – von großem moralischen Nutzen ist.

„Da konnte sie also nicht frei aus sich selbst handeln, sondern mußte sich als praktische Vernunft irgend einem einzelnen Resultat das die theoretische jenem bestrittnen Grundsaz der Causalität der Handlungen gemäß erlangt hatte. Statt also wenigstens zu ihrem praktischen Geschäft sich als Vermögen der Geseze zu beweisen und ein Gesez zu geben, dessen Verbindlichkeit bloß in dem Daseyn einer solchen Vernunft gegründet wäre, war sie auch hier nur Vermögen den Zusammenhang der Dinge nach Principien einzusehn, und gab nur ein Gesez dessen Verbindlichkeit auf dem Interesse des Bewustseyns beruhte, und dessen systematische Richtigkeit aus jenem erkannten Zusammenhang der Dinge und aus den bestimmten *Folgen* einer jeden Handlung des Gemüths erweislich seyn sollte".[256]

Dieser Passus gibt vom Vernunftbegriff her eine präzise Beschreibung des moralphilosophischen Ansatzes Wolffs und vieler seiner Nachfolger.[257] Schleiermacher gibt dessen Definition der Vernunft beinahe wörtlich wieder: Sie ist das Vermögen, den Zusammenhang der Dinge vom Satz des Grundes oder der Kausalität her einzusehen. Der Vorstellung vom Zusammenhang der Dinge, aus welchem sich das Gesetz ergibt, liegt der Vollkommenheitsgedanke zugrunde. Mit dem Begriff der Richtigkeit wird wohl auf die zufällige Vollkommenheit Bezug genommen.[258] Sie beruht auf freien menschlichen Handlungen und ist Moralität im Sinne ihrer Übereinstimmung mit der wesentlichen und natürlichen Vollkommenheit, die in der Zusammenstimmung der Kräfte der Seele besteht. Daß die Verbindlichkeit darüber hinaus mit der Einsicht in die Folgen der Handlungen verbunden wird, ist ebenso Wolffsche Lehre. Das moralische Gesetz wird als die Regel gefaßt, daß ich das tun soll, was die zufällige Vollkommenheit, die Vollkommenheit des Zustandes meiner selbst oder eines anderen, fördert, und das, was seine Unvollkommenheit fördert, unterlassen soll. Das Gesetz ist also nach dieser Konzeption ein Naturgesetz und mit der moralischen Verbindlichkeit zusammen in der Natur der Seele und dem Zusammenhang der Dinge begründet.

Das Entscheidende ist, daß auch dieser Teil der Kritik der vorkantischen Aufklärung zugleich eine Auseinandersetzung ist, wenn nicht mit Schleiermacher selbst, so doch mit Sophron, der Hauptperson seines „Freiheitsgespräch": Dieser hat im praktischen Zusammenhang mit genau demselben Begriff der Vernunft argumentiert.[259] Schleiermacher erklärt jetzt direkt, daß dieser Vernunftbegriff, der keine genuin praktische Ein-

---

256 KGA I/1, 326,2ff.; der Herausgeber schlägt vor, nach dem ersten Satz „fügen" zu ergänzen.
257 Vgl. Wolff, Gedancken [1752] §§ 2ff.; Eberhard, Sittenlehre §§ 20ff.57ff. Dazu Joesten, Grundlegung.
258 Joesten, Grundlegung 18ff.
259 KGA I/1, 149,32ff.; 151,30ff.

sicht ermöglicht, der Ethik hinderlich ist.[260] Worauf es ihm also ankommt, ist vorerst, die praktische Vernunft von der Unterordnung unter die theoretische zu befreien und sie auf eigene Füße zu stellen. Er schließt sich der Unterscheidung Kants an. Worauf es in unserem Zusammenhang weiter ankommt, ist, daß er damit bewußt – und sachlich völlig im Einklang mit der Kantischen Philosophie – dem verworfenen Vernunftbegriff den theoretischen Boden entzieht: Der schulphilosophische vorstellungstheoretische Monismus wird hier von Schleiermacher verabschiedet.

Dies ist das erste Beispiel, daß Schleiermacher Kants grundlegende Distinktionen, die ihrerseits aus wissentlicher Verweigerung eines Monismus formuliert sind,[261] übernommen hat. In der Folge wird es weitere schwerwiegende, in der Literatur zu wenig beachtete Belege geben, die sich nicht nur auf die Unterscheidung von theoretischer und praktischer Vernunft beziehen. Das geläufige Bild von Schleiermacher als Überwinder Kantischer Dualismen muß also durch ein differenzierteres Bild ersetzt werden. Dieses Thema ist jedoch nicht neu bei Schleiermacher, sondern in allen bisher untersuchten Argumentationen des Frühwerks gegenwärtig, mindestens in Form von Spannungen. Sie zeigen sich klar an den verschiedenen Vernunftbegriffen dieser Argumentationen, die auch die Geschichte einer sich allmählich vollziehenden Annäherung an Kant erzählen.

Es geht Schleiermacher hier überall um eine angemessene Theorie vernünftiger menschlicher Praxis. In „Über das höchste Gut" schließt er sich an Kants Begriff der gesetzgebenden praktischen Vernunft an, indem er nur in bezug auf die Ausübung ihm gegenüber einen Vorbehalt geltend macht. Er versieht diesen Vernunftbegriff jedoch mit einem theoretischen Akzent. Dieser kantianisierende Ansatz wird in „Freiheitsgespräch" weitergeführt,[262] nun aber wiederum in deutlicher Spannung zu Sophron, in dessen schulphilosophischem Denken die Vernunft ganz wie bei Wolff als das Vermögen, den Zusammenhang der Dinge einzusehen, begriffen ist. Der theoretische Akzent des Begriffs der praktischen Vernunft ist noch im ersten Abschnitt von „Über die Freiheit" erkennbar.[263] Auf der anderen Seite gibt es hier auch Hinweise, die in die entgegengesetzte Richtung gehen. Ein wichtiges Beispiel ist die Einführung des Begriffs des Triebes. Wie wir sahen, wird ein Rekurs auf die Vorstellungskraft konsequent

260 Vgl. auch ebd. 326,22ff.
261 Siehe Henrich, Einheit. Henrich hat Kants prinzipielle Zurückhaltung in bezug auf weitgehende Ableitungen hervorgehoben; siehe zum Beispiel Henrich, Anfänge 134ff.
262 KGA I/1, 161ff.
263 Ebd. 227,32ff.

unterbunden.[264] Ungeachtet der Hervorhebung des Vorstellungsvermögens ist wohl auch eine von den schulphilosophischen Voraussetzungen des „Freiheitsgespräch" wegführende Tendenz zu beobachten, dem
Begehrungsvermögen in Beziehung auf das Vorstellungsvermögen eine
gewisse Eigenständigkeit zuzuschreiben.[265] Selbst hier erschöpft sich
Schleiermachers Denken also kaum in einem vorstellungstheoretischen
Monismus. Diese Spannungen sind es wohl insbesondere, die ihn von
dem einen Vermittlungsversuch zum anderen und zur Aufgabe dieses
Projektes getrieben hat.

Kehren wir mit diesem Ergebnis zu unserer Ausgangsfrage zurück.
Schleiermachers Anknüpfung an den ersten, inhaltlichen Monismus
Reinholds ist bereits festgestellt worden. Die behandelte Argumentation
aus dem dritten Abschnitt von „Über die Freiheit" richtet ihre Kritik auch
nicht gegen diesen, und Schleiermacher bezieht sich weiterhin affirmativ
auf die neue Theorie des Vorstellungsvermögens. Es scheint indessen, daß
die Argumentation das Potential einer Problematisierung auch der Reinholdschen Variante eines vorstellungstheoretischen Monismus enthält.
Schleiermachers Notizen zur Vertragstheorie von 1796/97 setzen – sachlich auf der Linie seiner Aneignung der praktischen Philosophie Kants –
einen Bruch mit jedem monistischen vorstellungstheoretischen Ansatz
voraus. Er stützt sich hier auf seine in der Freiheitsabhandlung entwickelten Begriffe der praktischen Subjektivität,[266] begründet jedoch den
Begriff der Personalität exklusiv auf dem Willen, dem das Vorstellungsvermögen untergeordnet wird.[267]

Wir wissen nicht, wie sich Schleiermacher anfangs zu Reinholds me-
thodischem Monismus, dem Grundsatzmonismus, gestellt hat.[268] Während
das spätere Werk explizite Kritik eines solchen Ansatzes enthält – die
jedoch einem anderen philosophischen Kontext zugehört, der die fortgesetzte kritische Diskussion der frühen Philosophie Reinholds und die
Weiterbildung des Grundsatzmonismus durch Fichte voraussetzt –,
formuliert Schleiermacher zur Zeit der Freiheitsabhandlung keine derartige Kritik. *Wenn* er zunächst auch Reinholds methodischen Monismus

---

264 Daß Reinhold, wenn auch nicht unvorbereitet durch seine Theorie des Vorstellungsver-
     mögens (siehe oben Anm. 236), in seinen „Grundlinien der Theorie des Begehrungsver-
     mögens" (Reinhold, Versuch, 560-575) den Begriff der Vorstellungskraft aufnimmt, muß
     als Ausdruck der Schwierigkeit verstanden werden, von seinem vorstellungstheoreti-
     schen Ansatz her das Praktische zu begreifen.
265 KGA I/1, 240f.; vgl. ebd., bes. 241,12ff., mit ebd. 156,13ff.
266 KGA I/2, 58,10ff.
267 Ebd. 57,5ff.; 65,2ff.
268 KGA I/1, 308,33ff.; 309,21ff., handeln von der Ableitung aus einem Grundsatz, beziehen
     sich aber nicht auf einen einzigen Grundsatz für die ganze Philosophie.

übernommen hat, so hat dies jedenfalls in Spannung zu anderen Motiven dieser Abhandlung, die wiederum am Schluß des dritten Abschnitts zum Ausdruck kommen, gestanden. Dieser scheint eine Aneignung des *ganzen* Reinholdschen Programms im Wege zu stehen. Überhaupt scheint Schleiermacher durch seine Beschäftigung mit Kants Philosophie einen Schutz gegen übertriebene theoretische Einheits- und Deduktionsbestrebungen in sein Denken aufgenommen zu haben. Die Selbstbewußtseinsthematik wird Gelegenheit bieten, darauf zurückzukommen.

1.4. Selbstbewußtsein

Bei dieser Thematik und auch bei den Themen des folgenden Abschnittes wird es mehr Bezüge zur theoretischen Philosophie geben. So werden wir nähere Bekanntschaft mit Schleiermachers Rezeption dieses Teils des Kantischen Systems machen, im übrigen mit Argumentationen Schleiermachers, die etwas jünger als die bisher betrachteten sind. Wir verlassen aber nicht die praktische Philosophie. Es geht auch um das Selbstbewußtsein der praktischen Vernunft. Dies ist nach Schleiermacher in der Autonomie des Willens impliziert. Das praktische Selbstbewußtsein, wovon die Rede ist, ist nicht mit dem Bewußtsein des Willens als dem Bewußtsein eines Könnens identisch, d.h. das Bewußtsein, nach Regeln handeln zu können. Nur am Rand bezieht Schleiermacher den Selbstbewußtseinsbegriff auf diese Seite der Subjektivität. Auch im praktisch-philosophischen Zusammenhang verwendet er ihn sonst für epistemische Aspekte der Subjektivität. Einige seiner Argumentationen bedienen sich zentraler Gedanken Kants aus der Theorie des Erkennens in bezug auf die praktische Subjektivität. Dies scheint gegen die obige Behauptung von Schleiermachers Aneignung monismuskritischer Motive Kants zu sprechen. Daß das jedoch nicht der Fall ist, geht hervor aus seinem bedeutendsten frühen Text über Selbstbewußtsein im theoretischen und im praktischen Zusammenhang, nämlich einer großen Anmerkung im Manuskript „Spinozismus".[269] Obwohl Schleiermachers Begriff des Selbstbewußtseins noch nicht seine endgültige Form hat, sind viele der Bestimmungen, die wir in diesem Abschnitt kennen lernen werden, grundlegend für seine späteren diesbezüglichen Theoriebildungen und müssen deshalb genauer analysiert werden.

---

269 Manfred Frank bemerkt zu Unrecht, daß sich unter den Texten, die unter anderem in KGA I/1 gedruckt sind, „noch keine spezifisch philosophischen Texte befinden – vor allem nicht solche, die unser Thema berührten" (Frank, Fragmente 493f.), d.h. das Thema des Selbstbewußtseins.

1.4.1. Zur Rezeption der theoretischen Philosophie Kants

Schleiermachers Frühwerk gibt kaum eine hinreichende Grundlage für
eine tiefschürfende Darstellung seiner Aneignung des Kantischen Denkens nach dieser Richtung hin, geschweige denn für die Rekonstruktion
einer erkenntnistheoretischen Konzeption. Das begrenzte und ziemlich
fragmentarische Material erlaubt jedoch herauszufinden, wie Schleiermacher einzelne rezipierte Kantische Theoreme gebraucht. Dies wird im
folgenden in bezug auf selbstbewußtseinstheoretische und metaphysisch-
religionsphilosophische Fragestellungen geschehen. Hier soll vorerst
rück- und vorwärtsblickend, aber ohne der detaillierten Interpretation
vorzugreifen, eine kurze Bestandsaufnahme erfolgen.

Wie bereits anhand des Briefwechsels gezeigt, war Schleiermacher
Kants theoretische Philosophie von seinen philosophischen Anfängen an
gegenwärtig.[270] Dies kommt auch in seinen oben behandelten Entwürfen
zum Ausdruck. Insofern könnte er die Wendung, mit der er sein Verhältnis zu Kants zweiter Kritik kennzeichnet, nämlich daß er einige ihrer ersten Grundsätze annimmt, ebenso mit Bezug auf die erste Kritik, und
zwar uneingeschränkt, verwendet haben. Die Frage ist indessen, ob er
auch hier einen einschränkenden Vorbehalt im Blick auf die Folgen der
Grundsätze geltend machen würde.[271] Jedenfalls kann Schleiermacher ein
wenig später, als er sich dem Kantianismus noch mehr angenähert hat,
einen anderen Akzent setzen: Er erklärt nun in Beziehung auf die theoretische Philosophie eindeutig, Kants „erste Säze", „die Grundsäze des kritischen Idealismus" anzunehmen, findet aber bei ihm „einen inkonsequenten Rest des alten Dogmatismus".[272]

Das einleitend genannte Geltendmachen von Theoriestücken der *Kritik der reinen Vernunft* in Hinblick auf praktisch-philosophische Fragen
kommt von Anfang an vor, und zwar nicht nur in bezug auf das Subjektivitätsthema. Erfolgt es dort vorwiegend in konstruktiver Absicht, ist die
Absicht an den anderen Stellen meist eine kritische. So argumentiert
Schleiermacher mit Kant gegen Kant, mit seiner spekulativen Philosophie
gegen seine praktische Philosophie. Eine solche, sonst implizite Inanspruchnahme wird mehrmals durch ein „auch hier" o.ä. angegeben.[273] So
beruft sich Schleiermacher in der Abhandlung „Über das höchste Gut"
gegen Argumente der zweiten Kritik auf die transzendentale Ästhetik und

---

270 Siehe oben 1.1.2.
271 Siehe oben Anm. 185.
272 KGA V/1, Nr. 326,67f.; I/1, 541,13f.; 570,38.
273 KGA I/1, 99,30; 326,8.5; 350,4.

Dialektik[274] und argumentiert überhaupt in zunehmendem Maße wie selbstverständlich von den zentralen Teilen der ersten Kritik her. Die Texte von 1793/94 – „Wissen, Glauben und Meinen" und die Spinoza- und Jacobi-Studien – beziehen sich auf diese Weise besonders auf die transzendentale Ästhetik, die transzendentale Deduktion der Kategorien, den Abschnitt über die Unterscheidung der Gegenstände in Phaenomena und Noumena, auf alle Teile der Dialektik und auf Kants Abschnitt „Vom Meinen, Wissen und Glauben".

Es ist also begründet, von einer weitgehenden Affirmation der theoretischen Philosophie Kants beim frühen Schleiermacher zu reden. Sie muß – auch im Hinblick auf das Subjektivitätsthema – im Gegenzug zu einigen Mißverständnissen in der Literatur hervorgehoben werden, zu denen offenbar Schleiermachers Auseinandersetzung mit der Kantischen Freiheitstheorie Anlaß gegeben hat. Es wird mit Bezug auf seine frühesten Entwürfe gelegentlich behauptet, daß er die Kantische Unterscheidung von Phaenomena und Noumena kritisiert.[275] Wenn das stimmt, muß Schleiermacher – was natürlich möglich wäre – später seinen Standpunkt geändert haben. In „Spinozismus" und „Kurze Darstellung des Spinozistischen Systems" bildet diese Unterscheidung einen Teil der begrifflichen Grundlage seiner Argumentation. Eine andere Interpretation bietet sich meines Erachtens als die richtige an. Wie Schleiermacher sich in den Spinoza-Studien auf die Phaenomena-Noumena-Distinktion bezieht, um illegitime Grenzüberschreitungen zu diagnostizieren, so auch hier. Dies geht aus der wichtigsten auf der Distinktion beruhenden Aussage in den ersten Arbeiten hervor, die uns zugleich zum Begriff des Subjekts weiterführt.

Die Aussage ist ein Kommentar zu Kants Zusammenfassung dessen, was dieser selbst als die bedeutendsten Einwände, die gegen die kritische Philosophie erhoben worden sind, bezeichnet. Sie betreffen die Unterscheidung des menschlichen Subjekts als Noumenon und als Phaenomenon und sodann die Gültigkeit der Applikation der Kategorien auf das Noumenale im praktischen Zusammenhang im Gegensatz zum theoretischen. Schleiermacher kommentiert:

> „*einerseits.* Indem Kant hier diesen Einwurf nicht als einen Mißverstand angibt so beweist er mir daß ich ihn verstanden, aber bleibt es nicht immer unrichtig daß wenn ich auch die Kategorie der Freiheit auf mich als Noumen anwenden kann (welches weder geläugnet noch behauptet werden mag) ich

---

274 Ebd. 99ff.

275 Moxter, Güterbegriff 42, vgl. ebd. 34.53. Er bezieht sich auf „Freiheitsgespräch", KGA I/1, 141f., wo die Differenz in einer nicht eindeutigen Weise gestreift wird. Ebd. 163,12ff., wird der Gedanke vom intelligiblen Charakter kritisiert.

sie deswegen auf meine Handlungen anwenden dürfe? *Andrerseits*. Dies ist nicht mein Einwurf sondern ich gebe es gern zu, möchte aber wol wissen, was für einen bestimteren Begrif von Freiheit Kant vorgebracht hat um das einleuchtender zu machen".[276]

Die Pointe ist, daß, auch wenn man die Verwendung der Kausalitätskategorie oder des Freiheitsbegriffes auf das menschliche Subjekt als Noumenon zugibt – vielleicht kein echtes Eingeständnis von Schleiermachers Seite –, seine Anwendung auf Handlungen als Handlungen in der Sinnenwelt – darunter eingeschlossen die Akte des Willens – illegitim ist. Nur von dieser willens- und freiheitstheoretischen Problematik handelt die Kritik Schleiermachers. Die Phaenomena-Noumena-Distinktion als solche wird dadurch nicht angetastet.

Die Aussage hat zu einem noch schwerwiegenderen Mißverständnis beigetragen. Offenbar mit Bezug auf diese Stelle schreibt Bernd Oberdorfer: „Schleiermacher kennt kein der Sinnlichkeit enthobenes, sich selbst ungehindert und unversucht vernünftig bestimmendes und insofern absolut freies intelligibles Subjekt gleichsam ‚hinter' dem konkreten Individuum", er kennt „nur *empirische* Subjekte" und macht „keinen Sprung" von einem „empirischen zu einem ‚transzendentalen' Subjekt".[277] Wahr ist, daß die Willensbestimmung nach Schleiermacher nie als von der Sinnlichkeit frei und als rein vernünftig verstanden werden kann, und daß er auf intelligible Determinanten verzichtet. Insofern könnte man sagen, daß er menschliche Handlungen nicht von einem „transzendentalen Subjekt" her begreift, wenn nicht Oberdorfers Sprachgebrauch die schon unter Kantischen Bedingungen problematische Voraussetzung hätte, daß dies überhaupt eine selbständige, reale Entität sein könnte. Er scheint jedoch weiter zu gehen und Eilert Herms nahe zu kommen, der von den oben behandelten frühen Texten aus und auf der Linie seiner These von der empirischen Psychologie als Fundamentaldisziplin bei Schleiermacher behauptet: „Die transzendentale Frage als Frage nach der *reinen* Subjektivität blieb ihm fremd".[278] *Dies* läßt sich mit Verweis weder auf eine Aussage wie die zitierte noch auf andere Stellen im Frühwerk begründen. Wie besonders anhand der oben genannten Anmerkung in „Spinozismus" klar wird, eignet sich Schleiermacher durchaus diese Seite der Vernunftkritik an. Er versucht auch einige dieser Gedanken auf die praktische Subjektivität

---

276 KGA I/1, 129,6ff., in bezug auf KpV, 10: „[...] *einerseits* im theoretischen Erkenntniß geleugnete und im praktischen behauptete objective Realität der auf Noumenen angewandten Kategorien, *andererseits* die paradoxe Forderung, sich als Subject der Freiheit zum Noumen, zugleich aber auch in Absicht auf die Natur zum Phänomen in seinem eigenen empirischen Bewußtsein zu machen".

277 Oberdorfer, Geselligkeit 208.234.191.

278 Herms, Herkunft 97f.

anzuwenden, allerdings indem er sehr behutsam – und noch in Übereinstimmung mit Einsichten Kants – einschärft, daß transzendentale Elemente der Subjektivität nicht dem Verständnis der eigentlichen Praxis
dienstbar gemacht werden dürfen. Ansatzweise scheint er schon früher
einen Kants theoretischer Philosophie nachgebildeten Begriff eines transzendentalen Selbstbewußtseins im Zusammenhang erkenntnismäßiger
Momente der praktischen Subjektivität geltend zu machen.

Dies alles erweckt den Eindruck, daß der junge Schleiermacher Kants
Erkenntnistheorie näher steht als seiner Moralphilosophie. Er kann durch
Verweis auf Schleiermachers spätes Werk gestützt werden. Wie wir sehen
werden, stellt er dort durchgehend die Erkenntnis auf eine kantianisierende Weise dar. Es ist naheliegend anzunehmen, daß es um Argumenta-
tionen geht, die er sich hauptsächlich in den frühen Jahren angeeignet hat.
Trotzdem ist das in Teilen der Literatur geläufige Bild, daß Schleiermacher in der theoretischen Philosophie einfach Kant folgt, nicht berechtigt.
Dieses Bild geht besonders auf Dilthey zurück, der behauptet, daß Schleiermacher Kants Erkenntnistheorie einigermaßen unkritisch übernimmt.[279]
Das ist zwar nicht grundsätzlich falsch, aber zumindest vereinfachend.
Dies wird im Zusammenhang des Frühwerkes klar, wenn man Schleiermachers Selbstdarstellung überschreitet und den Inhalt und die Voraussetzungen seiner tatsächlichen Argumentation beachtet. Es sollen hier ein
paar Hinweise gegeben werden.

Ein sehr frühes Beispiel dafür, daß nicht alles, was sich in Schleiermachers Texten auf theoretisch-philosophische Fragen bezieht und auf Kantische Gedanken anspielt, genuin Kantische Lehre ist, gibt „Über das höchste Gut". Es wird hier mit Verweis auf Aussagen Kants geschlossen, daß
„wir uns also auch hier" – d.h. beim praktischen wie beim erkennenden
Bewußtsein – „als abhängig von den einschränkenden Bedingungen der
Sinnlichkeit ansehn müßen".[280] Es wurde schon gezeigt, daß Schleiermacher hier zwar Kants transzendentale Ästhetik für die praktische Philosophie fruchtbar zu machen versucht, daß er darin aber faktisch das schulphilosophische Verständnis der Erkenntnis weiterführt. Deren Einfluß
nimmt jedoch nach und nach ab, während Schleiermachers Kant-Verständnis zunimmt. Zur Zeit der Spinoza-Studien distanziert er sich vom
traditionellen Verständnis der Erkenntnis als Verdeutlichung von sinnlichen, d.h. undeutlichen Vorstellungen und verweist statt dessen auf die
Kantische Synthesislehre.[281] Diese Studien dokumentieren die Entwicklung
eines jedenfalls an einigen Punkten in neuer Weise von Kant abweichen-

---

279 Dilthey, Leben, Bd. 1.1, 92.
280 KGA I/1, 99,28ff.
281 Ebd. 541,37ff.; 548ff.

den Kantianismus. Hier kann Schleiermacher Kantische Gedanken mit Begriffen, die aus Reinholds Theorie des menschlichen Vorstellungsvermögens herrühren, darstellen. Dies führt vielleicht nicht weit von Kant weg, ist aber – wie sich ergeben wird – trotzdem bedeutsam.

1.4.2. Bestimmungen des Selbstbewußtseins

Der Selbstbewußtseinsbegriff kommt in Schleiermachers Werk bis 1794 nicht auf jeder Seite vor, wird aber doch an Schlüsselstellen in einer Reihe von Argumentationen oder Argumentationsfragmenten verwendet, die auch Spuren in den subjektivitätstheoretischen Reflexionen des reifen Schleiermacher hinterlassen haben. Es soll gezeigt werden, wie, wozu und in welchen Zusammenhängen von Selbstbewußtsein die Rede ist und was der junge Denker zum Verständnis des Phänomens leistet.

An den meisten Stellen tritt der Selbstbewußtseinsgedanke in Verbindung mit mehr oder weniger entfalteten transzendentalphilosophischen Argumentationen auf. Dies ist jedoch nicht ohne weiteres bei der ersten zu nennenden Verwendungsweise im zweiten Abschnitt von „Über die Freiheit" der Fall.[282] Der Begriff des Selbstbewußtseins steht hier neben dem eines *Selbstgefühls*.[283] Schleiermacher zeigt in diesem Gedankengang überhaupt die Neigung, wechselweise von Bewußtsein und von Gefühl zu sprechen. Der Selbstgefühlsbegriff ist im übrigen ein – in Anbetracht von Schleiermachers Gebrauch des Begriffs des Gefühls zur Bezeichnung der Subjektivität – in seinem Werk erstaunlich selten vorkommender Begriff;[284] diese Tatsache läßt sich teilweise mit dem Status, den Schleiermacher ihm in der Freiheitsabhandlung zuschreibt, verständlich machen. Von Selbstbewußtsein und Selbstgefühl wird hier synonym mit einem *Freiheitsgefühl* geredet. Dieser Begriff, der im Kontext der Hauptbegriff ist, wird in Form einer Frage eingeführt: „Dieses Gefühl erwacht unausbleiblich in uns, so oft wir uns unsrer selbst als moralischer Wesen ausdrüklich bewust werden, sollte es also wol etwas andres seyn, als der Erfolg eines verstärkten Bewustseyns derjenigen Eigenthümlichkeit unseres Begehrungsvermögens, die uns der Moralität fähig macht?"[285]

---

282 Ebd. 282-298.
283 Ebd. 287,27.36; 314,3; 317,23f. bzw. 282,32; 314,7.
284 Außer an den genannten Stellen findet er sich in expliziter Form in den frühen Arbeiten, soweit ich sehe, nur einmal (ebd. 425,29). Unter den späten Hauptdisziplinen habe ich den Begriff weder in der philosophischen Ethik noch in der Dialektik registriert und in der Glaubenslehre nur an einer Stelle in der Erstauflage, wo die Zweitauflage ihn wieder fallenläßt. Dazu siehe unten Kap. 8 Anm. 178.
285 KGA I/1, 282,17ff.

Schleiermachers Explikation des Begriffs des Freiheitsgefühls liegt auf der Linie dieser Frage: Dieses Gefühl ist das Gefühl oder Bewußtsein unserer Willkür und unseres Willens. Die Inanspruchnahme des Selbstbewußtseinsbegriffs rechtfertigt sich daraus, daß es also um das Bewußtsein eigentümlicher Funktionen des Subjekts geht. Von der freiheitstheoretischen Diskussion über dieses Gefühl muß hier abgesehen werden. Schleiermachers Behandlung des Begriffes ist aufschlußreich in mehreren anderen, für uns relevanten Hinsichten. Es sollen besonders ihre Bezüge auf sein späteres Werk, die Rolle, die sie in der Forschungsliteratur gespielt hat, und das Licht, das sie auf methodische Aspekte seines Gefühlsbegriffes wirft, hervorgehoben werden.

Der Text ist interessant wegen der terminologischen Übereinstimmung mit der späten Religionstheorie Schleiermachers, deren zentrale Bestimmung oben in der Einleitung zitiert wurde; insofern hat sie an dieser Stelle einen Vorläufer. Er stellt diesem Gefühl das Gefühl der Notwendigkeit gegenüber. Dagegen kommt der Terminus Abhängigkeitsgefühl noch nicht vor.[286] Daß die betreffenden Begriffe jedoch nicht denselben Stellenwert haben wie später, geht schon daraus hervor, daß Schleiermacher den Begriff des Freiheitsgefühls nicht in konstruktiver Absicht aufnimmt. Es ist zu dieser Zeit eigentlich nicht sein eigener Begriff, was auch darin zum Ausdruck kommt, daß er in den frühen Entwürfen nicht außerhalb dieser Auseinandersetzung auftritt. Zwischen dieser und dem späten Denken liegt übrigens die Verwendung eines Begriffs vom Freiheitsgefühl in einem anderen theoretischen Zusammenhang: in Schleiermachers *Monologen* von 1800.

Schleiermachers Erörterung dieses Begriffes ist in der Forschung ganz verschiedenartig interpretiert worden: Sie ist einerseits von Günter Meckenstock als ein – zwar nicht durchgeführter – Versuch des Begreifens der menschlichen Freiheit und des praktischen Bewußtseins in Analogie zur Funktion des Bewußtseins „Ich denke" in Kants transzendentaler Deduktion der Kategorien interpretiert worden.[287] Von hier aus erscheint der Schritt zur Funktion des Selbstbewußtseins in Schleiermachers Dia-

---

286 Zur Verwendung des Begriffs der Abhängigkeit im Frühwerk siehe unten S. 132.

287 Meckenstock, Ethik 91f., mit Bezug besonders auf diese prägnante Bestimmung des Freiheitsgefühls: „es ist die einzige Voraussezung unter der wir sittlich zu handeln beschließen oder uns als sittlich handelnd zu irgend einer Zeit denken können ja es ist das, worauf alle die Gefühle, die das moralische Bewustseyn ausmachen, und die uns zu allen Zeiten bei unsern Handlungen leiten, sich beziehn können" (KGA I/1, 283,16ff.). Meckenstocks Deutung des Freiheitsgefühls muß mit seiner ganzen Interpretation der Jugendentwürfe im Zusammenhang gesehen werden, die darunter leidet, Schleiermachers Bruch mit Kant in der Freiheitstheorie nicht ausreichend Rechnung tragen zu können.

lektik nicht weit.[288] Andererseits hat Eilert Herms die Erörterung als Beleg dafür ausgelegt, daß Schleiermacher in selbstbewußtseinstheoretischer Hinsicht Kant fern steht.[289] Beides ist problematisch. Die Mißverständnisse rühren daher, daß der Problemzusammenhang nicht genügend berücksichtigt wird: Es geht weder um transzendentale Freiheit noch um implizite Kritik des Begriffs des transzendentalen Selbstbewußtseins bei Kant, sondern um eine sich auf einen ganz anderen theoretischen Kontext beziehende Verteidigung des Determinismus.

Schleiermachers Absicht bei der Aufnahme des Freiheitsgefühls ist zunächst eine kritische. Am Anfang der Abhandlung stellt er mit Bezug auf die mögliche Relevanz dieses Gefühls für die Untersuchung zwei Punkte auf: 1. Das Ziel ist eine allgemeingeltende Lösung der Freiheitsfrage, und als Grundlage dafür sind „die Aeußerungen eines äußerst unbestimmten und verworrenen Gefühls von Freiheit" ebenso untauglich wie die Urteile des gemeinen Menschenverstandes.[290] 2. Nachdem die Frage auf einem anderen Weg beantwortet ist, würde eine „Kritik" dieser Empfindungen, „die ohnerachtet ihrer oft so scheinbar kontradiktorischen Zeugniße dennoch in der Natur der menschlichen Seele gegründet sind, eine sehr nüzliche Beschäftigung seyn".[291] Mit beiden Punkten verweist Schleiermacher implizit auf Diskussionslagen der deutschen Spätaufklärung.[292] Er grenzt sich von einer in verschiedenen Versionen verbreiteten populärphilosophischen freiheitstheoretischen Argumentationsweise ab, die den Freiheitsgedanken durch Berufung auf ein solches Gefühl verteidigt und oft jede Art des Determinismus abweist. Die genannte Kritik des Freiheitsgefühls erfolgt im zweiten Abschnitt. Dieses Gefühl kommt nicht als eine privilegierte Instanz in Frage, sondern zuerst als Ausdruck einer Täuschung, der Täuschung der Abwesenheit aller Bestimmungsgründe. Sodann wird es auf die von Schleiermacher aufgewiesenen Tätigkeiten des Begehrungsvermögens zurückgeführt und die Übereinstimmung des Determinismus mit dem auf diese Weise interpretierten Freiheitsgefühl gezeigt. Indirekt grenzt Schleiermacher sich damit von harten Deterministen ab, die mit diesem Gefühl auch Freiheit überhaupt leugnen.

Das unbestimmte Freiheitsgefühl ist eine Art des Gefühls, die Schleiermacher mit der betreffenden Literatur der Spätaufklärung unter an-

---

288 Vgl. Arndt, Gefühl 119f., der meint, daß das Freiheitsgefühl in der frühen Freiheitsabhandlung die „Begründung objektiv gültigen Wissens und Handelns" leistet. Siehe auch ders., Kommentar 1054.

289 Herms, Herkunft 107f.

290 KGA I/1, 228,15ff.

291 Ebd. 228,26ff.

292 Siehe die Übersicht bei Kurt Schröder, Freiheitsproblem; vgl. auch Reinhold, Versuch 91ff.

derem das innere und natürliche Gefühl nennt.[293] Insofern wird das Freiheitsgefühl – ohne Gebrauch dieses Wortes – als ein unmittelbares ausgezeichnet. Dies geschieht nicht in konstruktiver Absicht. Deshalb kann von diesem Punkt her keine direkte Linie zum Begriff des Freiheitsgefühls als unmittelbaren Selbstbewußtseins im Spätwerk Schleiermachers gezogen werden.[294] Das Freiheitsgefühl in „Über die Freiheit" ist unmittelbar im Sinn des noch nicht bestimmten Freiheitsgefühls. In Übereinstimmung mit den Hinweisen, die hier zur allgemeinen Methode der Philosophie gegeben werden,[295] muß auch die Rede vom Gefühl der Freiheit vernünftig begründet werden. Weit entfernt, begriffliche Bestimmung nicht vertragen zu können, müssen alle Gefühle deduziert werden, indem sie zu bestimmten Begriffen in Beziehung gesetzt werden.[296]

Schleiermachers an die Kritik des Freiheitsgefühls anschließende Erörterung vom „Gefühl von Personalität und Selbstthätigkeit",[297] die ebenso diese Untersuchung überschreitet, soll kurz angesprochen werden.[298] Es geht dabei um die Frage der praktischen Subjektivität, die Frage, in welcher Bedeutung die Handlungen, die ich ausübe, *mein* sind. Schleiermacher argumentiert, eine Handlung ist „desto mehr unser, je mehr wir wißen, daß und wie sie in uns geschehn ist".[299] Diese These ist im Sinne einer kausalen Interpretation der Handlung zu verstehen.

Die große Freiheitsabhandlung enthält auch eine Verwendung des Selbstbewußtseinsbegriffs, die eher kritizistische Konnotationen hat. In der betreffenden, schon kommentierten Überlegung schränkt Schleiermacher erkenntniskritisch den berechtigten Gedanken vom „Subjekt des Selbstbewußtseins" durch Abgrenzung vom Gedanken der einen Kraft oder Substanz auf das Subjekt, wie es sich als Vorstellungs- und Begehrungsvermögen äußert, ein.[300] Diese Überlegung, die auf Kants oder eher *Reinholds* Kritik der rationalen Psychologie zurückgreift, ist nicht ergiebig mit Hinblick auf Schleiermachers Begriff vom Selbstbewußtsein. Sie ist aber ein Beleg für Reinholds Einfluß auch an diesem Punkt.

Schon zuvor hat Schleiermacher in Kantisch geprägten Argumentationszusammenhängen den Begriff in Anspruch genommen, und zwar in

---

293 KGA I/1, 229,6; 258,9; 286,8 etc. Als eine andere Art des natürlichen Gefühls behandelt Schleiermacher die zurechnenden Empfindungen (ebd. 255ff.).
294 Wie Andreas Arndt tut (Arndt, Gefühl 120).
295 KGA I/1, z.B. 220,9; 228,31f.
296 Ebd. 246,20ff.; 256,32ff.; 291,8f.; 300,38ff.
297 Ebd. 296,11f.
298 Ebd. 296ff.
299 Ebd. 297,16f.
300 Siehe oben Anm. 237.

Reflexionen, die mit Bezug auf die Erklärung der Stellung des Selbstbewußtseins ergiebig sind. Wohl im Herbst 1789 hat er einen Aufsatz mit dem Titel „Ueber den gemeinen Menschenverstand" geschrieben.[301] Der Aufsatz selbst ist nicht überliefert, indessen wird ein Entwurf dazu, der Wilhelm Dilthey noch vorlag, aber seitdem verschwunden ist, von diesem wiedergegeben:

> „Das Amt des gemeinen Menschenverstandes ist die Beziehung weitläufiger Resultate auf die ersten Urtheile – das Orientiren. Diese ersten Urtheile sind solche die nicht bewiesen zu werden brauchen. Nach Aristoteles beruhen sie auf Analogie und Induktion – Widerlegung dieser empiristischen Meinung. Sie beruhn auf dem Selbstbewußtsein. Der gesunde Menschenverstand ist im Praktischen brauchbarer als im Theoretischen".[302]

Diese Aussage ist ein Hauptbeleg Eilert Herms' für seine These von Schleiermachers Aneignung der Wolffschen oder Eberhardschen empirischen Psychologie als philosophischer Fundamentaldisziplin.[303] Diese Aneignung bildet im Rahmen von Herms' ganzer Interpretation zugleich die erste Stufe in der Entwicklung einer Theorie des Selbstbewußtseins.

Herms zufolge verweist die Hervorhebung des allgemeinen Menschenverstandes auf einen Standpunkt, den er als empiristischen bezeichnet. Schleiermacher vertrete die These, daß es das empirische Selbstbewußtsein sei, an welchem sich der „gesunde" Verstand orientiere. Obwohl der Entwurf, wie er uns vorliegt, nicht in allen Hinsichten klar ist, läßt sich diese Interpretation eindeutig abweisen.

Herms hat die verschiedenen Begriffe des Entwurfes nicht näher untersucht. Schon seine Bestimmung des engeren Kontextes ist nicht zutreffend. Dieser ist zwar aufklärungsphilosophisch, aber nicht einfach mit jener empirischen Psychologie zu identifizieren, und dazu kommt, daß die Rezeption zugleich mit Kant korrigiert wird. Der Orientierungsbegriff wird von Schleiermacher wahrscheinlich im Anschluß an den späten Moses Mendelssohn gebraucht. Dieser führt den Begriff als Reaktion auf die Krise der rationalen Metaphysik in seinen Schriften zum Spinoza-Streit ein: Bei entscheidenden Divergenzen zwischen der Vernunft und dem gemeinen Menschenverstand muß man still stehen und sich orientieren. Nach Mendelssohn muß man dies meist in der Richtung des Letzte-

---

301 Vgl. Brief an Brinkman vom 18.11.1789, KGA V/1, Nr. 126,89.
302 Schleiermacher, Denkmale 5, zitiert KGA I/1, XX. Von Diltheys Publikationspraxis her kann man nicht sicher sein, ob das Zitierte, das bei ihm in Anführungszeichen steht, eine genaue Wiedergabe von Schleiermacher darstellt oder Diltheys eigene Paraphrase ist; vgl. Meckenstock, Edition.
303 Herms, Herkunft 42.

ren tun.[304] Kant hat in seinem wohl ebenfalls von Schleiermacher gekann-
ten Beitrag zum Streit um Spinoza Mendelssohns Orientierungsbegriff
rezipiert und dessen Verweis auf den gesunden Menschenverstand durch
den auf das subjektive Bedürfnis der Vernunft ersetzt. Vor allem ist es der
Vernunftglaube der Moraltheologie, durch welchen man sich orientieren
muß.[305] Der Ausdruck „weitläufige Resultate" würde bei beiden auf die
spekulativen Ausschweifungen der Vernunft zielen. Für Mendelssohn
wären diese besonders durch den Spinozismus repräsentiert, für Kant
durch die rationale Metaphysik überhaupt. Von dem Ansatz her, den wir
nachfolgend in Schleiermachers „Über das höchste Gut" und anderen
Texten artikuliert finden werden, müßte er sowohl den Theismus des
gemeinen Verstandes des ersten als auch den der subjektiv-praktischen
Vernunft des letzteren kritisieren und umformulieren. Ob diese Thematik
im Aufsatz „Über den gemeinen Menschenverstand" erörtert wurde, ist
vom Entwurf her nicht ersichtlich.

Wichtiger in diesem Zusammenhang ist das, was sich aus den übrigen
fragmentarischen Sätzen des Entwurfes entnehmen läßt. Entscheidend ist,
wie „die ersten Urteile" zu verstehen sind. Herms ist bei seinem problematischen Schluß vom gemeinen Verstand auf die empirische Subjektivität darüber hinweggegangen. Für das Verstehen des vielleicht zuerst
rätselhaft erscheinenden Ausdrucks sind die Bezüge auf Mendelssohn
und Kant kaum, dagegen aber Schleiermachers Hinweis auf Aristoteles
äußerst hilfreich. Wie aus der Bestimmung des Gewißheitsstatus der
ersten Urteile und der Weise, wie sie angeblich nach Aristoteles erworben
werden, hervorgeht, denkt Schleiermacher an dessen erste Prinzipien
(ἀρχαί).[306] Der letztgenannte Punkt erschöpft zwar nicht Aristoteles'
Erklärung, entspricht aber Schleiermachers damaliger Auffassung von
Aristoteles als einem konsequenten Empiristen.[307] Erste Prinzipien können
nach Aristoteles sowohl allgemeine Axiome als auch erste Sätze einer
spezifischen Wissenschaft sein. Ein Beispiel der formalen Axiome ist der
Satz des Widerspruchs. Es erscheint unwahrscheinlich, daß Schleiermacher hier Aristoteles die Erklärung einer induktiven Erwerbung dieses
Satzes zuschreiben will.[308] Es bleibt also die andere Möglichkeit, wofür

---

304 Mendelssohn, Schriften, Bd. III.2, 79ff.198f.211, vgl. Strauss, Einleitung, ebd. XI-XCV,
 dort XXXVIf.LIXff. Zu Schleiermachers früher Lektüre dieser Schriften siehe KGA V/1,
 Nr. 80,50ff.
305 Kant, Was heißt: Sich im Denken orientiren?, AA VIII, 131-147. Zu Schleiermachers
 Kenntnis davon siehe oben Anm. 41.
306 Vgl. Anal. post., 76 a 31ff.; 99 b 15ff. Dazu Johansen, Antikken 355.387ff.
307 Vgl. KGA I/1, 110ff.
308 Vgl. oben Anm. 88.

Aristoteles' Bestimmung des menschlichen Gutes in der Ethik ein Beispiel gibt.[309] Wie aus Schleiermachers letztem Satz hervorgeht, kommt es ihm vor allem auf das Praktische an. Unter den ersten Urteilen ist also besonders der erste Grundsatz der Ethik zu verstehen. Insofern fügt sich diese Argumentationsskizze in die uns aus den vollständigeren Abhandlungen bekannten Gedankengänge des jungen Schleiermacher ein. Wie wir soeben anhand der großen Freiheitsabhandlung sahen, und wie auch die Abhandlung über das höchste Gut zeigt,[310] betrachtet er den gesunden Menschenverstand als zweideutig. An dieser Stelle schätzt er ihn in seiner praktischen Variante positiver ein. Dies geschieht jedoch ohne Mendelssohns empiristische Tendenz an diesem Punkt,[311] also ohne Preisgabe des Ansatzes bei der reinen Vernunft in der Ethik. In dieser Hervorhebung des gemeinen praktischen Menschenverstands folgt Schleiermacher in der Sache Kant.[312]

Von daher ist auch der Verweis auf das Selbstbewußtsein verständlich. Schleiermacher bezieht sich gegen einen Empirismus, vertreten von Aristoteles, auf das Selbstbewußtsein als ein *nicht-empirisches*. Daß der oberste sittliche Grundsatz auf dem vernünftigen Selbstbewußtsein beruht, stimmt mit seiner anderweitigen Darstellung des Erkenntnisprinzips der Sittlichkeit überein. Man könnte sachlich gleichbedeutend von der Autonomie der reinen praktischen Vernunft sprechen. Von daraus kann rekonstruiert werden, mit welchem Recht hier von Selbstbewußtsein die Rede ist: Das vernünftige Subjekt gibt das Gesetz und hat zugleich ein Bewußtsein, daß es sein *eigenes* Gesetz ist.[313] Es ergibt sich, daß wir mit einem Bruchstück einer transzendentalphilosophischen Argumentation zu tun haben.[314] Herms hat den Gedankengang ganz gegen den Strich gelesen. Es wäre zu fragen, ob Schleiermacher die Beziehung zwischen den ersten praktischen Urteilen und dem reinen Selbstbewußtsein – und zwar das Selbstbewußtsein im Sinne der Autonomie der reinen praktischen Vernunft – in struktureller Gleichheit mit Gedanken der transzen-

---

309 EN, 1098 a 31ff.

310 KGA I/1, 111,9ff.

311 Vgl. Strauss, Einleitung, in: Mendelssohn, Schriften, Bd. III.2, LIXf.

312 Vgl. Kant, Grundlegung zur Metaphysik der Sitten, AA IV, 404,10ff.; 391,20ff., ferner KpV, 163f.

313 Siehe Stolzenberg, Selbstbewußtsein [1988] 184. Vgl. zum Beispiel Kants ethische Grundlegungsschrift, AA IV, 440,16ff.: „Autonomie des Willens ist die Beschaffenheit des Willens, dadurch derselbe ihm selbst, (unabhängig von aller Beschaffenheit der Gegenstände des Wollens) ein Gesetz ist". Hier wird jedoch mehr behauptet, als Schleiermacher bei seiner Abweichung von Kant in der Interpretation des sittlichen Bewußtseins behaupten könnte; siehe unten Anm. 317.

314 Vgl. Dilthey, Leben, Bd. 1.1, 90f.

dentalen Deduktion der Kategorien in Kants *Kritik der reinen Vernunft*
denkt. Auf dieser Linie parallelisiert er am Ende von „Über die Freiheit"
in einer Überlegung, die wohl der erste unzweideutige Ausdruck transzendentalphilosophischer Erkenntnistheorie bei ihm ist, theoretische und
praktische Regeln.[315] In der nur wenig jüngeren Anmerkung aus „Spinozismus" zeigt sich der Versuch, die transzendentale Deduktion der Kategorien für die Interpretation der praktischen Subjektivität fruchtbar zu
machen.

Ein weiteres frühes Fragment, wo der oberste sittliche Grundsatz mit
dem Selbstbewußtsein verbunden wird, ist eine von Schleiermachers
„Notizen" zur *Kritik der praktischen Vernunft*. Hier heißt es mit Bezug auf
das Kantisch verstandene Erkenntnisprinzip der Sittlichkeit:

> „Die Form desselben oder seine Sanktion durch die Idee der Verbindlichkeit
> wird nicht aufgehoben sondern erleichtert indem nun nichts weiter dazu ge-
> hört als die Voraussezung daß es ein Gefühl der Lust gebe, welches sich un-
> eingeschränkt auf das Gesez und die Funktion desselben beziehe und diese
> Voraussezung ist uns im reinen Selbstbewußtseyn gegeben".[316]

---

315 KGA I/1, 350,11ff.: der Verstand, „der auch hier sowie überall von der Natur die
     Realisirung seiner Idee fodert und eine jede Verbindung von Erscheinungen nur nach
     solchen Regeln einsieht, welche er sich dazu gedacht hat. Diese Regel soll hier nicht aus
     dem Begrif der allgemeinen Natur und den Gesezen, die sich darauf beziehn genommen
     seyn, nach denen immer das was ihnen gemäß ist, in der Sinnenwelt von selbst erfolgt,
     also muß sie aus einer Regel des Willens für die Natur seines eignen Subjekts genom-
     men seyn und zwar sofern es von der allgemeinen Natur verschieden und andern Gese-
     zen unterworfen ist". Innerhalb des Werkes Kants erinnert diese Unterscheidung am
     ehesten an die Unterscheidung von Naturbegriffen und Freiheitsbegriffen in der dritten
     Kritik (KU, Einleitung), mit welcher die letzten Abschnitte von Schleiermachers Frei-
     heitsabhandlung mehrere Ähnlichkeiten aufweisen. Zugleich ist seine Distanz zu den
     Überlegungen Kants deutlich, insofern er mit Rücksicht auf die Ausübung der prakti-
     schen Regeln eine Unterscheidung wie die Kantische relativiert. Schleiermacher hat im
     Vorhergehenden von einem „Übergang" zwischen zwei Gesetzen als notwendig für „die
     theoretische Einheit unserer Erkenntniß" gesprochen (KGA I/1, 346,28ff., vgl. KU B, XVI-
     IIff.LIIIff. 1803 nimmt er diesen Begriff des Übergangs oder der Brücke mit explizitem
     Verweis auf Kant auf; siehe unten Kap. 4 Anm. 115). Anders als Kant hat Schleiermacher
     jedoch nicht die Zweckmäßigkeit der Natur zur Vermittlung der Gesetze und der Gebie-
     te der Philosophie nötig; es geht im betreffenden Zusammenhang der Freiheitsabhand-
     lung um das Gesetz der Bewegung und das psychologische Gesetz der Ideenfolge. Wei-
     ter hat Kants Sonderung einer realen und einer idealen Kausalverknüpfung eine
     Entsprechung in Schleiermachers Einteilung der Begriffe der Freiheit (vgl. KGA I/1,
     340,23ff.; 345,16ff.; 349,37ff., mit KU B, 289f.). Endlich erscheint auch seine Darstellung
     des Verhältnisses von Kausalität und Teleologie in der griechischen Philosophie im 3.
     Abschnitt der Abhandlung durch die Kritik der teleologischen Urteilskraft geprägt. Dies
     betrifft besonders Kants Behandlung der beiden epikureischen und spinozistischen Ver-
     sionen eines „Idealism der Zweckmäßigkeit", der die Zweckmäßigkeit der Natur aner-
     kennt, aber nur als unabsichtlich (vgl. ebd. 322ff., mit KGA I/1, 304,2ff.15ff.).

316 KGA I/1, 131,12ff.; zum folgenden siehe oben S. 45ff.

Worauf es uns hier ankommt, ist das Verhältnis zwischen sich auf das Gesetz beziehendem Lustgefühl und reinem Selbstbewußtsein. Dieses Verhältnis wird in der Notiz nicht expliziert.[317] Es läßt sich indessen von einem mit ihr eng zusammengehörenden Passus im „Freiheitsgespräch"[318] her plausibel interpretieren. Dort wird das sittliche Gefühl als aus zwei Elementen zusammengesetzt dargestellt, nämlich dem reinen Gefühl und dem mit unserem Zustand verbundenen, konkreten Gefühl. In ähnlicher Weise scheint an dieser Stelle unterschieden zu werden. Nimmt man beide Aussagen zusammen, zeichnet sich eine Unterscheidung zweier aufeinander bezogener Momente in der Subjektivität ab: Unterschieden werden ein *sinnlich-konkretes* Element, oft *Gefühl* genannt, und ein *intellektuelles* Element, häufig unter der Bezeichnung *Selbstbewußtsein*. Eine solche Unterscheidung ist in Schleiermachers später Theorie der Subjektivität zentral.

Eine Variante der Unterscheidung können wir auch der Argumentation eines kleinen Aufsatzes entnehmen, der unter dem nicht von Schleiermacher herrührenden Titel „Wissen, Glauben und Meinen" bekannt ist.[319] Es geht wohl um eine Beilage eines vermutlich an Wilhelm von Dohna gerichteten Briefes. Ich halte 1793 für eine plausible Datierung, wofür die im folgenden aufgezeigten Übereinstimmungen mit Fichtes *Versuch einer Kritik aller Offenbarung* und besonders mit Schleiermachers eigenem Manuskript „Über den Wert des Lebens" von Belang sind.[320] „Wissen, Glauben und Meinen" ist abgesehen von der für den folgenden

---

317 Die Stelle ist Teil eines Gedankengangs, der Kant gegenüber zu zeigen versucht, daß die Annahme eines positiven moralischen Gefühls nicht mit der Schleiermacher und Kant gemeinsamen Lehre vom moralischen Erkenntnisprinzip kollidiert. Soll sie also – wie bei diesem Argumentationsziel naheliegend wäre – bestimmte Aussagen von Kant in Anspruch nehmen, wäre besonders auf KpV, 52f., hinzuweisen. An dieser bekannten Stelle überlegt Kant bloß in der Form einer problematischen Aussage, ob „das unbedingte Gesetz blos das Selbstbewußtsein einer reinen praktischen Vernunft" sei. Schleiermachers Gesichtspunkt ist jedoch ein anderer. Er könnte von seinen Voraussetzungen her die zitierte Frage im Sinne der bloßen Gesetzgebung bejahen. Nicht nur darum geht es aber bei Kant. Sein in KpV nur problematisch verwendeter Begriff vom Selbstbewußtsein einer reinen praktischen Vernunft enthält die sachliche Identität von unbedingtem Gesetz und transzendentaler Freiheit (vgl. Stolzenberg, Selbstbewußtsein [1988] 181ff.), nimmt also auf seine von Schleiermacher verworfene These über die Ausübung der Sittlichkeit Bezug. Vgl. übrigens Schleiermachers Notiz über sittliches Gefühl und reines Selbstbewußtsein mit Rehbergs Rezension, die sich in Verbindung mit dem Problem des Zusammenhangs der Vernunft mit der Sinnlichkeit kritisch auf diese Stelle bei Kant bezieht, dem Rehberg eine bestätigende Antwort der betreffenden Frage zuschreibt (Rehberg, Rezension von KpV 352ff.358).
318 KGA I/1, 162,4ff.
319 KGA V/1, Nr. 326, vgl. ebd. XLII.
320 Siehe auch unten 1.5.3. Vgl. Grove, Postulatenlehre 48ff.

Abschnitt aufgesparten Anmerkung aus „Spinozismus" der umfassendste und wichtigste Gedankengang zum Thema des Selbstbewußtseins in Schleiermachers Frühwerk und besonders interessant, weil hier der aus seiner späten Religionstheorie bekannte Terminus *unmittelbares Selbstbewußtsein* verwendet wird. Anders als in den bisher herangezogenen Texten nimmt Schleiermacher nicht nur punktuell auf das Selbstbewußtseinsthema Bezug, sondern gibt gewisse Hinweise zur Bestimmung des Begriffs. Er behandelt diesen Begriff noch in einem moralphilosophischen Kontext, allerdings geleitet von einem religionsphilosophischen Interesse. Von der religionsphilosophischen Seite der Argumentation sehen wir vorläufig ab.

Selbständige interpretatorische Hinweise auf diesen Selbstbewußtseinsbegriff hat eigentlich nur Eilert Herms gegeben.[321] Bei ihm bildet der Text den wichtigsten Beleg für den zweiten und entscheidenden Teil seiner These: Auf der Grundlage der Aneignung der empirischen Psychologie der Halleschen Philosophie und der nachfolgenden, dadurch bestimmten psychologisch orientierten Rezeption des Denkens von Kant und Reinhold, in welcher die Frage der reinen Subjektivität verschwindet, übernimmt Schleiermacher kritisch korrigierend von Jacobi eine Theorie des unmittelbaren Selbstbewußtseins. Diese sei Teil eines umfassenderen Gedankenganges, den Herms bei Jacobi rekonstruiert und als Theorie vom unmittelbaren Realitätsbewußtsein bezeichnet. Der Kern dieser zweiten Theorie ist der Gedanke von einem unmittelbaren Bewußtsein der Realität des Selbst und der äußeren Welt in ihrer Korrelation. Das unmittelbare Bewußtsein der Realität ist als Glaube oder Gefühl Voraussetzung der vermittelten Erkenntnis.[322] „Wissen, Glauben und Meinen" unterstützt diese Interpretation nicht.

Obwohl es zunächst um das Subjektivitätsthema geht, ist es schon hier wichtig zu beachten, daß die übergeordnete systematische Problemstellung im Text von religionsphilosophischer Art ist. Der Gedankengang ist als ganzer eine Präzisierung des Verhältnisses von Wissen, Glauben und Meinen, die in Anknüpfung an Kant und auf Veranlassung eines Entwurfs des Briefadressaten geschieht.[323] Alle seine Überlegungen zielen so auf eine Entscheidung über den kognitiven Status von religiösen Aussagen ab und bieten gleichzeitig eine Bestimmung der Grundlage von Religion überhaupt. Herms berücksichtigt diesen spezifischen Zusammenhang für den Gebrauch des Selbstbewußtseinsbegriffs nicht hinreichend und ver-

---

321 Herms, Herkunft 136ff.; vgl. Arndt, Gefühl 119, wo jedoch vorsichtiger verfahren wird.
322 Herms, Herkunft 122ff.
323 Vgl. KGA V/1, Nr. 326,37. Herms läßt den Kantischen Ursprung der Unterscheidungen, von denen Schleiermacher ausgeht, außer acht.

steht den Artikel als Artikulation einer besonderen, Kant überschreitenden erkenntnistheoretischen Konzeption.

Schleiermacher wendet sich an den Adressaten als einen Kantianer, indem er auch sich selbst zu Kants „ersten Säzen" bekennt.[324] Seine allgemeinen Abgrenzungen des Wissens, Glaubens und Meinens folgen denen Kants, von denen aus er einige wichtige, neue Distinktionen einführt. Während Wissen ein Fürwahrhalten aus objektiven Gründen ist, derer man sich als hinreichend und allgemeingültig bewußt ist, und Meinen ein Fürwahrhalten aus Gründen, derer man sich sowohl objektiv als auch subjektiv unzureichend bewußt ist, ist Glauben ein Fürwahrhalten aus subjektiv zureichenden Gründen:

> „*Glauben* ist ein Fürwahrhalten aus *subjektiven* Gründen, da ich Existenz oder Eigenschaften eines Gegenstandes außer mir annehme nicht weil ich sie durch sich selbst oder mittelbar durch andere Objekte *erkenne*, sondern weil etwas in mir selbst *ist* oder seyn *soll* welches mit jenem in einem nothwendigen Verhältniß steht. Der Gegenstand oder die Idee dieses subjektiven Grundes ist nun das Interesse auf welchem der Glaube beruht".[325]

Mit dem Gegenstand außer mir, den ich annehme und zu dem etwas in mir in einem notwendigen Verhältnis steht, ist im Kontext der Gegenstand des moralisch-religiösen Glaubens gemeint. Das damit notwendig korrespondierende subjektive Moment – das, was in mir ist oder sein soll – muß gleichbedeutend mit der moralischen Gesinnung sein. Herms dagegen interpretiert die Stelle in erkenntnistheoretischer Richtung: Teils werde auf Objekte in der äußeren Welt, teils auf das Subjekt abgezielt, das das Bewußtsein von diesen Objekten konstituiere, nämlich auf dessen Sinnlichkeit im Sinne von Empfänglichkeit für Sinnesvorstellungen. Schleiermachers Kantische Unterscheidungen schließen jedoch aus, daß es sich um eine Erklärung der Erkenntnis handelt.

Bis dahin hat Schleiermacher sich an die Kantischen Bestimmungen gehalten. Nun differenziert er weiter, indem er einen Begriff von Selbstbewußtsein einbezieht: „Es giebt ein noch höheres Fürwahrhalten aus subjektiven Gründen, welches sich aber deswegen nicht auf ein äußeres Objekt, sondern auf das fürwahrhaltende Subjekt selbst bezieht. Dies ist das *unmittelbare Selbstbewußtseyn*. Auf diesem muß immer das Interesse, welches den Grund des Glaubens enthält beruhn".[326] Die entscheidende Frage ist, was der von Schleiermacher hervorgehobene Begriff bedeutet. Herms faßt die Unmittelbarkeit des Selbstbewußtseins als eine Bestim

---

324 Ebd. Nr. 326,67f. Zum folgenden ebd. Nr. 326,1-34, vgl. KrV B, 848-859; Kant, Was heißt: Sich im Denken orientiren?, AA VIII, 141; KU B, 454ff.
325 KGA V/1, Nr. 326,8ff.
326 Ebd. Nr. 326,14ff.

mung von dessen besonderer *Erkenntnisart* auf: Daß das Selbstbewußtsein unmittelbar ist, heißt, daß das Bewußtsein des Selbst unmittelbar erschlossen und also vorreflexiv und selbst Bedingung der Reflexion ist.[327] Er sieht diese Theorie des unmittelbaren Selbstbewußtseins mit Schleiermachers Denken nach 1796 und mit seiner noch späteren Position im Zusammenhang.[328] Von dieser Deutung her ist es nicht weit, an dieser Stelle zugleich eine Vorwegnahme und eine Überschreitung des Beitrags zur Theorie der Subjektivität in Fichtes Wissenschaftslehre zu sehen. Eine besondere Pointe Herms' ist denn auch, daß Schleiermacher die betreffende Theorie unabhängig von Fichte entwickelt.[329] Demgegenüber soll gezeigt werden, daß das Unmittelbarkeitsprädikat in diesem Zusammenhang etwas über *das epistemische Korrelat* dieses Selbstbewußtseins aussagt.

Von Selbstbewußtsein ist nunmehr die Rede, indem es um ein Fürwahrhalten, das sich „nicht auf ein äußeres Objekt, sondern auf das fürwahrhaltende Subjekt selbst bezieht", also um eine bewußte Selbstbeziehung geht. Und da dieses Fürwahrhalten ein Fürwahrhalten aus subjektiven Gründen ist, kann die Selbstbeziehung nicht ein objektivierendes Wissensverhältnis sein. Soweit haben wir es mit dem originären Versuch zu tun, den Selbstbewußtseinsbegriff mit Hilfe von Kants Glaubensbegriff zu formulieren.[330]

Nimmt man an, daß Schleiermacher sich mit Fichtes Offenbarungskritik beschäftigt hat, könnte überlegt werden, ob seine Rede vom unmittelbaren Selbstbewußtsein durch Aussagen dieser Art veranlaßt sein könnte: „Seiner Persönlichkeit ist jeder unmittelbar durch das Selbstbewußtseyn sicher; das: Ich bin, bin selbstständiges Wesen, läßt sich durch keine Vernünfteleyen rauben".[331] Fichte gebraucht hier und andernorts in der Schrift den Unmittelbarkeitsbegriff, um eine cartesianische Evidenz des Selbstbewußtseins zu artikulieren. Dieser Hinweis führt jedoch kaum weiter. Bei Fichte erscheint die Evidenz als ein unmittelbarer Ausdruck für das „natürliche Gefühl" des Menschen von seiner Freiheit – es ist das Gegenstück zu den spitzfindigen Gedanken im Zitat.[332] Wie wir von Schleiermachers großer Freiheitsabhandlung her wissen, ist er gegenüber einem solchen Ansatz skeptisch. Sodann hält Fichte die im Selbstbewußtsein erfahrene Gewißheit und das Fürwahrhalten eines Glaubens ausein-

---

327 Herms, Herkunft 126 Anm. 35; 157; vgl. Arndt, Gefühl 118ff.
328 Herms, Herkunft 160ff.266ff.
329 Ebd. 252.256.269, vgl. Arndt, Gefühl 117f.120.
330 Hier korrigiere ich Grove, Postulatenlehre 52f.
331 Fichte, Versuch einer Kritik aller Offenbarung, FGA I/1, 1-162, dort 94,5ff.
332 Ebd. 90,27ff.

ander,[333] während Schleiermacher das von ihm in Anspruch genommene unmittelbare Selbstbewußtsein durch den Glaubensbegriff erläutert.

Wenn trotzdem ein Grund besteht, auf Fichte zu verweisen, dann deshalb, weil er im Anschluß an die Aussagen über das Selbstbewußtsein zwischen reinen und empirischen, wesentlichen und zufälligen Bestimmungen des Ich[334] und zwischen reinem und empirischem Selbstbewußtsein unterscheidet.[335] Schleiermachers Fortsetzung operiert mit einer entsprechenden Differenzierung. Wie aus dem folgenden hervorgehen wird, entspricht die Unmittelbarkeit des betreffenden Selbstbewußtseins in seinem Aufsatz sachlich der Reinheit des Selbstbewußtseins nach Fichtes Offenbarungskritik. Die Unterscheidung zwischen allgemeinen und besonderen Eigenschaften der menschlichen Natur als Bedingungen für Religion[336] ist eine wesentliche Übereinstimmung zwischen den beiden religionstheoretischen Texten und das wichtigste innere Indiz für Schleiermachers Beschäftigung mit Fichtes Offenbarungskritik.

Wessen und wie sich das Subjekt im unmittelbaren Selbstbewußtsein bewußt ist, zeigt die folgende Textpassage, die auch eine Erläuterung der Bedeutung des Unmittelbarkeitsbegriffs enthält. Schleiermacher präzisiert, daß „dieses Selbstbewußtseyn doppelter Art ist":

> „Ich bin mir entweder selbstbewußt meiner *menschlichen Natur* und dessen, was unmittelbar dazu gehört, und ein Glaube dessen Interesse hierin gegründet ist, ist ein *nothwendiger* Glaube, den ich von jedem Menschen fodern kann; oder ich bin mir bewußt gewisser *Modifikationen* und eines gewissen *Zustandes* der menschlichen Natur in meinem *Individuo*, und ein Glaube dessen Interesse sich bloß hierauf bezieht ist auch nur ein *subjektiver* Glaube im engern Sinn des Wortes".[337]

Schleiermacher bezieht sich im folgenden auf diese Doppelheit als allgemeines und individuelles Selbstbewußtsein.[338] Die Unterscheidung liegt auf der Linie dessen, was uns früher begegnet ist. Erstens ist die Aufnahme der Wolffschen Distinktionen zwischen wesentlichen und zufälligen Bestimmungen und zwischen Wesen und Zustand einer Substanz in Schleiermachers „Über die Freiheit" zu nennen.[339] Zweitens – was wichtiger ist – erscheinen hier die soeben berührten Unterscheidungen des sittlichen Gefühls in seiner Reinheit und verbunden mit unserem Zustand

---

333 Ebd. 108 Anm.
334 Ebd. 94,8ff., wo diese Unterscheidung vom Gedanken der unmittelbaren Gewißheit durch das Selbstbewußtsein abgehoben wird.
335 Ebd. 91.
336 Ebd. 32,14ff.; 51ff.
337 KGA V/1, Nr. 326,18ff.
338 Ebd. Nr. 326,101ff.
339 Siehe oben S. 69f.

und weiter des reinen praktischen Selbstbewußtseins und des sittlichen Lustgefühls, die enger an Kants Moralphilosophie anknüpfen und der jetzigen Unterscheidung völlig parallel sind. Es ergibt sich, daß *unmittelbar* und *allgemein* wechselweise verwendet werden und daß sie mit *wesensmäßig*, *a priori* oder *rein* gleichbedeutend sind. In diesem Sinn tritt das Unmittelbarkeitsprädikat tatsächlich in anderen frühen Texten auf.[340] Es indiziert offensichtlich keine selbständige Erkenntnisart in der von Herms angegebenen Bedeutung.

Unmittelbar im genannten Sinn ist nicht das individuelle Selbstbewußtsein, das durch die Bestimmtheit des Subjektes vom faktischen Zustand definiert wird, sondern nur das allgemeine Selbstbewußtsein. Hier scheint sich indes eine Schwierigkeit für diese Deutung zu ergeben, insofern die Unterscheidung zwischen allgemeinem und individuellem Selbstbewußtsein im Zitat offenbar als eine Untereinteilung des unmittelbaren Selbstbewußtseins eingeführt wird. Dafür, daß unmittelbares Selbstbewußtsein in dem angegebenen Sinn verstanden wird, spricht aber die einzige andere Stelle im Text, wo der Terminus vorkommt.[341] Dort wird er eben auf das Bewußtsein von unserer menschlichen Natur angewandt. Das individuelle Selbstbewußtsein kann vielleicht in abgeleiteter Bedeutung als unmittelbares Selbstbewußtsein bezeichnet werden. Eine entsprechende Doppelheit in der Verwendung des Begriffs der Subjektivität als Selbstbewußtsein und Gefühl werden wir beim späten Schleiermacher antreffen.

Außerhalb unseres Textes wird die Interpretation durch parallele Aussagen in „Über den Wert des Lebens" gestützt. Dieser Text, der einen populären Charakter hat und hier deshalb nur mit Vorsicht als Quelle zur Bestimmung der systematischen Konzeption Schleiermachers benutzt wird, verwendet zahlreiche traditionelle Begriffe. Daß dieser Umstand jedoch nicht überbewertet werden darf, zeigt sich darin, daß die überlieferten Vorstellungen häufig durch Gedanken der neuen Philosophie gebrochen werden. Das ist an dieser Stelle der Fall. Es dreht sich dabei um Schleiermachers prinzipielle Überlegungen über die Idee vom Wert des Lebens oder von der Bestimmung des Menschen.[342] Sie beinhalten methodische Anweisungen zur Formulierung dieser Idee, die im Verhältnis zum Gedankengang in „Wissen, Glauben und Meinen" durchaus relevant sind. Die Anweisungen laufen darauf hinaus, daß die Bestimmung des Gedankens vom Wert des Lebens sowohl durch Beobachtung des Menschen als auch durch Abstraktion zu geschehen hat. Abstraktion allein kann dazu

---

340 KGA I/1, 256,28f.; 409,13ff.
341 KGA V/1, Nr. 326,75ff.
342 KGA I/1, 406-413.

führen, was man mit einem Ausdruck, den Schleiermacher hier nicht gebraucht, Heteronomie nennen kann: Er verweist auf solche Menschen, die zwar abstrahierend aus sich herausgehen, aber nur, um ihre Bestimmung in den Gesetzen einer höheren Intelligenz – ausgehend entweder von einem Begriff von dessen Wesen oder von einer Betrachtung des zweckbestimmten Aufbaus der Welt[343] – oder in Vorstellungen über die Dauer des menschlichen Daseins zu suchen. Beobachtung ohne Abstraktion ist gleichfalls unzureichend. Eine sichere Bestimmung des Gedankens über den Wert des Lebens erfordert, daß man vom Zustand des Subjektes und von den davon abhängigen Modifikationen seiner Fähigkeiten, von ihrer Mischung – wie Schleiermacher die Individualität umschreibt – abstrahiert und sich einzig an dessen Wesen, an seine Fähigkeit, zu denken, zu empfinden und durch Gedanke und Empfindung zu handeln, hält. „Was das Bewußtseyn Deines Wesens Dir zu seyn und zu werden gebietet, das bleibt Dir geboten".[344] Auf der abstrakten und deshalb unzulänglichen Ebene wird der Ausdruck „ein unmittelbares ursprüngliches Bewußtseyn" gebraucht.[345] So ist Schleiermacher dem umstrittenen Begriff in „Wissen, Glauben und Meinen" auch terminologisch sehr nahe.

Die Überlegungen in „Über den Wert des Lebens" untermauern nicht nur die Identifizierung von Schleiermachers Begriff des unmittelbaren Selbstbewußtseins mit dem reinen, allgemeinen Selbstbewußtsein. Sie tragen auch dazu bei, die Ebenen in der Argumentation über den Subjektivitätsbegriff in dem anderen Text zu präzisieren: Der Begriff des unmittelbaren Selbstbewußtseins beruht als Begriff des Bewußtseins vom Wesen des Subjektes auf einer *Abstraktion*, die im Begriff des individuellen Selbstbewußtseins nicht erfolgt. Hingegen setzen beide Begriffe die Beobachtung als eine elementare Form von *Reflexion* voraus. Es läßt sich hier kein Grund finden, der die These eines irreflexiven Selbstbewußtseins beim jungen Schleiermacher stützt.

---

343 Schleiermachers Rede von „einer Betrachtung der Zwekmässigkeit der Welt durch die Lage des Menschen darin" (ebd. 407,8f.) zielt auf den Wolffschen Begriff von der geistigen Substanz als *vis repraesentativa universi pro positu corporis in eodem*, von welchem er sich wie in „Über die Freiheit" distanziert. Er grenzt sich auch explizit von der damit verbundenen aristotelisierenden teleologischen Metaphysik der Leibniz-Wolffschen Schule ab. Eine solche Abgrenzung war implizit in der Freiheitsabhandlung enthalten, wo im freiheitstheoretischen Kontext der Satz vom zureichenden Grund mit dem Kausalitätsprinzip identifiziert wurde (ebd. 300,27.33; 304,12f.28; 306,3ff. etc.). An der Stelle in der Abhandlung über den Wert des Lebens erscheint der Gedanke der Autonomie – ein modernes Gegenstück zum traditionellen theoretischen Telosgedanken – in der Rede von der dem Begriff des göttlichen Wesens vorgängigen und allein aus dem Wesen des Menschen zu bestimmenden „Idee von dem, was der Mensch seyn soll" (ebd. 407,5f.).
344 Ebd. 407,32f.
345 Ebd. 409,16, vgl. Arndt, Kommentar 1055.

Das im unmittelbaren Selbstbewußtsein Bewußte ist also die menschliche Natur, das menschliche Wesen im Gegensatz zum konkreten Zustand. Dies bestimmt Schleiermacher in „Wissen, Glauben und Meinen" mit Hilfe praktisch-philosophischer Grundbegriffe näher: „Das Bewußtseyn des Sittengesezes es mag nun unentwickelt als *Gefühl* oder entwickelt als Vernunfteinsicht in uns gefunden werden gehört zu dem unmittelbaren Selbstbewußtseyn der menschlichen Natur in uns; eben dazu gehört auch das Bewußtseyn des Strebens nach Glükseligkeit".[346] Ähnlich spricht Fichte von der „Ankündigung des Moralgesetzes in uns durch das Selbstbewußtseyn".[347] Das individuelle Selbstbewußtsein wird von Schleiermacher mit der konkreten Verwirklichung des Sittengesetzes und mit den Widersprüchen zwischen der Sinnlichkeit und dem Gesetz verbunden.[348] Dementsprechend erfolgt im Aufsatz „Über den Wert des Lebens" die Näherbestimmung der Idee von der Bestimmung des Menschen als seinem Streben nach Glückseligkeit und nach Tugend, wobei erstes dem letzteren untergeordnet ist.[349] Damit fallen die Begriffe des Bewußtseins vom Wesen des Subjekts und des unmittelbaren Selbstbewußtseins von der menschlichen Natur als Bewußtsein vom Moralgesetz und von der Tendenz zur Glückseligkeit in den beiden Gedankengängen inhaltlich zusammen. Diese Konzeption des Selbstbewußtseins weist eine Strukturähnlichkeit mit derjenigen bei Reinhold auf.[350]

---

346 KGA V/1, Nr. 326,75ff.
347 FGA I/1, 38,22f. In den Diskussionen der nachkantischen Philosophie tritt der Begriff der Unmittelbarkeit in Anknüpfung an Kants Lehre vom Bewußtsein des Sittengesetzes als einem Faktum der Vernunft (KpV, 56) auf. Außer Reinhold (siehe unten S. 145) siehe Leonhard Creuzers in seinem Zusammenhang vorläufige Aussage von der Idee der Freiheit: „Sie ist ein Produkt der Vernunft, [...] ein Faktum derselben, das uns unmittelbar mit dem Selbstbewußtseyn unserer vernünftigen und sinnlichen Natur gegeben ist" (Creuzer, Betrachtungen 12; Schleiermachers Beschäftigung mit diesem Buch in Verbindung mit seinen frühen freiheitstheoretischen Untersuchungen wird durch seinen Brief vom 28.3.1801, KGA V/5, Nr. 1033,203ff., bezeugt). Ungeachtet der Ähnlichkeit mit „Wissen, Glauben und Meinen" drückt Schleiermachers Begriff der Unmittelbarkeit des Selbstbewußtseins, wie er hier verwendet wird, jedoch keine solche Faktizität oder Evidenz aus.
348 KGA V/1, Nr. 326,101ff.
349 KGA I/1, 413. Auch die Rede vom Bewußtsein von der Bestimmung des Menschen und vom Sittengesetz einerseits als – unzuverlässigem – *Gefühl* und andererseits als *deutlicher Idee* ist den beiden Texten Schleiermachers gemeinsam (ebd. 406,30; KGA V/1, Nr. 326,75f.119ff.).
350 Reinhold, der in seinen 1790 und 1792 erschienenen *Briefe über die Kantische Philosophie* die Sittlichkeit und die Glückseligkeit als die „notwendigen Triebe der menschlichen Natur" und als „die Form unseres Begehrungsvermögens" thematisiert (Reinhold, Briefe [1923] 174, vgl. ebd. z.B. 436f.), begreift im *Versuch einer neuen Theorie des menschlichen Vorstellungsvermögens* das Selbstbewußtsein als das Bewußtsein der apriorischen Formen der Rezeptivität und der Spontaneität des Subjekts (siehe unten. S. 148f.).

Wie gezeigt, wird in „Wissen, Glauben und Meinen" Selbstbewußtsein als ein Fürwahrhalten thematisiert, das sich auf das fürwahrhaltende
Subjekt selbst bezieht. Besonders die moralphilosophische oder praktisch-
philosophische Interpretation des Selbstbewußtseins ist imstande, diese
Verwendung des Begriffs zu begründen und also zu zeigen, inwiefern sich
im so thematisierten Selbstbewußtsein das Subjekt *seiner selbst* bewußt ist:
Diesem Sachverhalt trägt der *Autonomie*gedanke Rechnung.[351] Er wird in
diesem Zusammenhang, wo es nicht um die Grundlegung der Ethik geht,
in einer über das Moralische hinausgehenden Bedeutung gefaßt.

Endlich vermag die Analyse den Kontext von Schleiermachers frühem
Begriff des unmittelbaren Selbstbewußtseins einzugrenzen. Der Text, der
wohl vor Schleiermachers intensiver Beschäftigung mit Spinoza und
Jacobi im Winter 1793/94 entstanden ist, weist kaum spezifische Bezüge
zum Denken Jacobis auf, von welchem her er übrigens auch nicht den
Terminus hat übernehmen können. Der Terminus „unmittelbares Selbstbewußtsein" muß innerhalb des damaligen intellektuellen Kontexts
Schleiermachers überhaupt als ungewöhnlich bezeichnet werden. Kant
verwendet ihn nicht. Ebensowenig läßt er sich, soweit ich sehe, bei
Reinhold – naheliegend erschien besonders die Buchausgabe seiner *Briefe
über die Kantische Philosophie* – nachweisen. Auch wenn es denkbar wäre,
daß Fichtes *Versuch einer Kritik aller Offenbarung* den Terminus mitveranlaßt hat, ist die terminologische Übereinstimmung über den bloßen
Ausdruck *unmittelbar* hinaus hier nicht einschlägig. Dagegen ist klar, daß
Schleiermachers Begriff des unmittelbaren Selbstbewußtseins wie die Argumentation des Textes im ganzen nach seinem Inhalt einem Kantischen
Denkzusammenhang angehört. Insofern das unmittelbare Selbstbewußtsein in Schleiermachers religionstheoretischer Skizze mit dem allgemeinen
Selbstbewußtsein gleichbedeutend ist und moralphilosophisch ausgelegt
wird, können das „Selbstbewußtsein einer reinen praktischen Vernunft"
bei Kant[352] und noch mehr das reine Selbstbewußtsein in der Kritik
Fichtes, der ja überhaupt diesen Begriff im praktisch-philosophischen
Kontext unbefangener verwendet als Kant, als nahe sachliche Parallelen
gelten. Weiter weist Schleiermachers Begriff in der Sache entferntere
Bezüge zur Schulphilosophie auf, wie die Unterscheidung von Natur oder
Wesen und Zustand des Subjekts zeigt. Diese wird kritizistisch korrigiert,
geht aber als ein traditionelles Merkmal neben Kantischen Merkmalen in
Schleiermachers Selbstbewußtseinsbegriff ein.

---

351 Siehe oben Anm. 313.
352 Siehe ebd. Anm. 317.

Es hat sich gezeigt, daß der Selbstbewußtseinsbegriff eine zentrale
Stelle in Schleiermachers moral- und auch religionsphilosophischen Ar-
gumentationen inne hat und daß er ihn innerhalb eines modifizierten
Kantischen Horizontes verwendet. Seine Hinweise zur Funktion und zum
Inhalt des Begriffs geben nicht einfach Wendungen Kants oder anderer
wieder. Andererseits sind sie – Herms' Behauptung entgegen – am Stand
der damaligen Diskussion gemessen auch nicht wirklich erneuernd.
Mehreren Reflexionen gemeinsam ist die Unterscheidung von zweierlei
Elementen des Subjektivitätsbegriffs, eines sinnlichen, zustandsbestimm-
ten, individuellen Elements und eines rein intellektuellen Elements. Beide
können sowohl Gefühl als auch Selbstbewußtsein heißen, aber auch
jeweils durch diese Bezeichnungen unterschieden werden.

1.4.3. Selbstbewußtsein der theoretischen und
der praktischen Vernunft

Die transzendentalphilosophische Orientierung des Selbstbewußtseinsbegriffs des jungen Schleiermacher wird durch eine lange Anmerkung in
seinem Manuskript „Spinozismus" bestätigt.[353] Anders als die meisten der
Argumentationen, die bisher im Hinblick auf diesen Begriff herangezogen
wurden, nimmt sie in der theoretischen Philosophie ihren Ausgangspunkt, allerdings um von dort her zur praktischen Subjektivität weiterzu-
gehen. Schleiermacher stützt seinen Gedankengang besonders auf das
Zentralstück der Argumentation der *Kritik der reinen Vernunft*, die transzendentale Deduktion der Kategorien, und auf den zweiten subjektivitätstheoretisch besonders relevanten Abschnitt dieses Buches, die Kritik
der Paralogismen der Vernunft.
Die Forschung ist dieser deutlichen Anknüpfung an Kant bislang
nicht näher nachgegangen und hat ihre systematische Bedeutung für
Schleiermachers Subjektivitätsbegriff noch nicht erschlossen. Die Anmerkung, die fundamental für alle seine späteren Darstellungen des Selbstbewußtseinsbegriffs ist, ist überhaupt nur unzureichend berücksichtigt worden. Dies betrifft schon die Ermittlung der Kontextbezüge. Während
Günter Meckenstock auf Kant[354] und Bernd Oberdorfer auf unbefriedi-
gende Weise auf die transzendentale Deduktion der Kategorien hinweist,[355] sieht Andreas Arndt in den grundlegenden Aussagen der An-

---

353 KGA I/1, 538-545.
354 Meckenstock, Ethik 189ff.
355 Oberdorfer, Geselligkeit 445ff., bes. 446

merkung vor allem eine Kant-Kritik.[356] Von einer Kritik an Kant kann hier allerdings erst im Zusammenhang der praktischen Subjektivität die Rede sein, und Schleiermachers positiver Begriff davon bedient sich der Denkmittel, die er sich aus der ersten Kantischen Kritik angeeignet hat. Die meisten Interpreten, in erster Linie Eilert Herms, unterstreichen an dieser Stelle dagegen seine modifizierende Anknüpfung an Jacobi.[357]

Solche Interpretationen berücksichtigen nur ungenügend die spezifische Komplexität des Textes, die sich als ein durch mehrere Stufen vermitteltes Beziehungsgeflecht zu Kant erweist. Schleiermacher bezieht sich auf Jacobi, und zwar auf einige Bestimmungen in der vierten, gegen Herder gerichteten Beilage zur zweiten Ausgabe von Jacobis Spinoza-Buch.[358] Schleiermacher sieht ihn zwischen „der alten Schule" und dem „kritischen Idealism" und will seiner Lehre diesen „einpfropfen".[359] Jene Bestimmungen sind jedoch schon durch Kantische Gedanken geprägt. Es wird freilich nicht deutlich, ob sich Schleiermacher, der durch Jacobi zu einem Vergleich zwischen dessen und Kants Begriff der Person angeregt wird, selbst darüber im klaren ist. Zweitens bezieht er sich, ebenso wie bereits Jacobi, auf die Artikel über Person und Personalität in Carl Christian Erhard Schmids Wörterbuch;[360] dies ist eines der Beispiele, wie sich Schleiermacher auf anerkannte Kant-Ausleger stützt. Endlich bezieht er sich explizit auf Kant selbst, auf das „Selbstbewußtseyn, so wie es Kant selbst deducirt hat",[361] und zwar in der Zweitauflage der ersten Kritik. Dieses mehrstufige Beziehungsgeflecht spiegelt sich im Aufbau von Schleiermachers Anmerkung: Er stellt einige Distinktionen bei Jacobi dar, kritisiert und verbessert sie im Rückgriff auf Kant, um bei seiner eigenen kantianisierenden Version zu endigen.[362] Diese Diskussion hat die theoretische Bedeutung des Personenbegriffes zum Gegenstand. Von ihr her bemüht Schleiermacher sich sodann, die praktische Bedeutung des Begriffs zu erklären.[363] Mit dieser Einteilung folgt Schleiermacher Schmid,

---

356 Arndt, Gefühl 118. Auch Meckenstock hebt an dieser Stelle die Kritik an Kant hervor. Nach Meier-Dörken, Theologie 106, bezeugt die Anmerkung Schleiermachers Ablehnung von „Kants Theorie des transzendentalen Subjekts".
357 Herms, Herkunft 140ff., vgl. Arndt, Kommentar 1063; Oberdorfer, Geselligkeit 446. Herms hat erst nach Fertigstellung seines Manuskripts die Anmerkung als ganze zur Kenntnis nehmen können, sie aber dann als eine Bestätigung seiner oben dargestellten Interpretation aufgefaßt (Herms, Herkunft 18 Anm. 20).
358 Jacobi, Lehre 337f.
359 KGA I/1, 540,18ff.; 541,6ff.; 542,4ff.
360 Schmid, Wörterbuch 276f.
361 KGA I/1, 544,15.
362 Siehe ebd., bes. 539,10ff.; 541,18ff.; 543,1ff.
363 Ebd. 543ff.

von dem er wie Jacobi auch die Vorstellung übernimmt, daß das Bewußtsein *fließend* sein kann.[364] Die Frage, in welchem Sinn dies möglich ist,
dient ihm dazu, seinen Vergleich von Kant und Jacobi zu strukturieren.
Es kann hier nicht darum gehen, alle diese Verzweigungen von Schleiermachers Darstellung aufzuklären. Ich konzentriere mich auf die Auskünfte, die der Text über Schleiermachers eigenen Begriff des Selbstbewußtseins liefert.

Thema der Anmerkung ist der Begriff der Person. Schleiermacher
stellt anfangs fest, daß der „Grundbegrif" in der Diskussion über Personalität „Identität mit Bewußtseyn" ist, und führt an, daß diese Identität
sowohl subjektiv als auch objektiv[365] oder – mit einer nachher aufgegriffenen Kantischen Distinktion – daß die Person als Phaenomenon oder als
Noumenon interpretiert werden kann. Während er selbst die erste Interpretation als die einzig legitime ansieht, sieht er Jacobi als nicht frei von
der zweiten. Vor allem will Schleiermacher zeigen, daß die Einheit des
Selbstbewußtseins notwendige Bedingung des Personseins ist. Dabei stellt
er sein Ergebnis als eine Explikation dessen, was bei Kant „implicite in
seinen Lehren liegt", dar.[366] Schleiermachers Berufung auf die transzendentale Deduktion und die Paralogismenkritik geschieht nicht zu Unrecht.
Da die Anmerkung die Gedanken der Deduktion zu ihrem eigenen Zweck
aufgreift und sich nicht auf deren spezifische Fragestellung – die Recht-
fertigung der objektiven Gültigkeit der Kategorien und die gleichzeitige
Einschränkung ihres Gebrauchs – einläßt, sehe ich von den schwierigen
Problemen der Interpretation ab, die besonders mit diesem Abschnitt der
Kritik verbunden sind.

Schleiermacher entnimmt der Beilage Jacobis eine Definition der Personalität als „Einheit des Selbstbewußtseyns" und eine Definition einer
Person als eines Wesens, das „das Bewußtseyn seiner Identität hat". Insofern Personalität die ein Ding als Person konstituierende Eigenschaft sein
soll, „so muß das Bewußtseyn der Identität auf die Einheit des Selbstbewußtseyns beruhn".[367] Dieser Gedanke wird von Schleiermacher unabhängig von Jacobi, aber abhängig vom zentralen § 16 der ersten Kritik
Kants in der folgenden Weise entfaltet:

> „Ueber die lezte ist kein Zweifel, sie ist deswegen empirisch gewiß weil ich
> ein Bewußtseyn immer auf ein voriges beziehe, und mehrere zusammen als

---

364 Schmid, Wörterbuch 277. Schmid hat sie der ersten Ausgabe des Paralogismenkapitels
   entnommen (KrV A, 364). Der Gedanke geht auf Locke zurück; vgl. Klemme, Philosophie 338.
365 KGA I/1, 539,5ff.
366 Ebd. 543,17f.
367 Ebd. 540,4ff.

eine verbundene Reihe ansehe, indem die darin vorkomenden Vorstellungen zwar verschieden und außereinander sind, die verschiednen Actus des Bewußtseyns aber durch die Identität des Subjekts worauf die verschiednen Vorstellungen bezogen werden mit einander verknüpft sind. So ist also auch gegen den ersten Ausdruk (Bewußtseyn der Identität) kein Zweifel und es findet kein scheinbares desselben statt insofern darunter bloß die Identität des Selbstbewußtseyns[,] der transcendentalen Einheit, des Ichs verstanden werden soll".[368]

Es ist klar, daß Schleiermacher das Hauptglied der Argumentation in der transzendentalen Deduktion Kants aufnimmt, die mit dem Gedanken der *Einheit des Selbstbewußtseins als Identität* operiert.[369] Er behauptet mit Kant, daß sich das Subjekt seiner Identität bewußt ist, indem es sich seiner Verbindung verschiedener Vorstellungen bewußt ist.[370] Schwieriger ist zu entscheiden, worin das, was hier Bewußtsein der Identität genannt wird, von dieser synthetischen Einheit des Selbstbewußtseins unterschieden sein soll. In der Kant-Darstellung von Schmid, der Jacobi folgt, sind beide identisch. In dieselbe Richtung weist Schleiermachers Rede von der „Identität des Selbstbewußtseins, der transzendentalen Einheit, des Ichs", die auf weitere Kantische Bestimmungen des Bewußtseins „Ich denke" aus § 16, und zwar wiederum auf Bestimmungen der synthetischen Einheit des Bewußtseins Bezug zu nehmen scheint.[371] Insofern ist die Interpretation naheliegend, daß Schleiermacher den Begriff des Bewußtseins der Identität durch den Gedanken der Einheit des Selbstbewußtseins als Identität auslegt.

Jedenfalls begreift Schleiermacher mit Kant die Identität des Subjekts in bezug auf eine Mannigfaltigkeit von Zuständen desselben. Dies hat weitgehende Implikationen im Blick auf grundlegende erkenntnistheoretische Annahmen Kants. Die Zustände, um die es im Zusammenhang geht, sind nach Kant Vorstellungen im Sinne von Anschauungen.[372] Daß

---

368 Ebd. 540,8ff.

369 Vgl. Henrich, Identität [1976], Kap. III.

370 Schleiermacher bezieht sich insbesondere auf den folgenden entscheidenden Passus: „das empirische Bewußtsein, welches verschiedene Vorstellungen begleitet, ist an sich zerstreut und ohne Beziehung auf die Identität des Subjects. Diese Beziehung geschieht also dadurch noch nicht, daß ich jede Vorstellung mit Bewußtsein begleite, sondern daß ich eine zu der andern *hinzusetze* und mir der Synthesis derselben bewußt bin. Also nur dadurch, daß ich ein Mannigfaltiges gegebener Vorstellungen *in einem Bewußtsein* verbinden kann, ist es möglich, daß ich mir die *Identität des Bewußtseins in diesen Vorstellungen* selbst vorstelle" (KrV B, 133). Es ist ungenügend, wenn Oberdorfer im Zusammenhang der transzendentalen Deduktion der Kategorien Schleiermachers Anmerkung vor allem mit dem Gedanken vom begleitenden Bewußtsein verbindet (Oberdorfer, Geselligkeit 446).

371 KrV B, 132f.135, nämlich besonders AA III, 109,3f.13; 110,22f.

372 Vgl. KrV B, 132.

das Subjekt wechselnde Vorstellungen dieser Art hat, beruht unter Kantischen, auch von Schleiermacher bejahten Bedingungen auf seiner *Rezeptivität*. Das Identitätsbewußtsein kann dagegen nur durch die *Spontaneität* des Subjekts gestiftet werden. Ebenso bedeutsam ist die andere Seite: Das Subjekt kann sich seiner Einheit nur in bezug auf etwas anderes, dessen Wirkung es erfährt, denken. Versuchen wir diese Anknüpfung Schleiermachers an Kant ein wenig näher zu beleuchten.

Die betreffende Konzeption enthält keine Berufung auf eine cartesianische Gewißheit des Selbstbewußtseins.[373] Schleiermacher sagt nicht, daß die Einheit des Selbstbewußtseins empirisch ist,[374] sondern daß sie empirisch gewiß ist. Das ist wahrscheinlich auch vom Anschluß an Kant her zu verstehen: Das Selbstbewußtsein hat diese Gewißheit, insofern es an die Synthesis von empirischen Vorstellungen geknüpft ist. Es ist möglich, daß ein Zusammenhang besteht mit der Darstellung des „Ich denke" als eines empirischen Satzes besonders im Paralogismenkapitel der *Kritik der reinen Vernunft*. Schleiermacher scheint wie Kant zu behaupten, daß das Bewußtsein „Ich denke" nur vollzogen werden kann in bezug auf „etwas Reales, das gegeben worden" ist, und daß es insofern auch selbst etwas Reales ist und das Bewußtsein der Existenz des Ich einschließt.[375]

Aufgrund der Orientierung an der Frage nach der Bedeutung des Personbegriffs scheint Schleiermacher bei aller Übereinstimmung enger als Kant die Identität des Subjekts mit der personalen Identität im Lockeschen Sinn einer *Kontinuität* des Bewußtseins zu verknüpfen.[376] So spricht Schleiermacher von der Kontinuität des Bewußtseins als Erkenntnisgrund des Selbst,[377] was als ein Rückverweis auf die These vom Zusammenhang von Identitätsbewußtsein und Synthesis zu verstehen ist. In demselben Sachzusammenhang ist auch die Verwendung des Erinnerungsbegriffs bei Schleiermacher zu sehen.[378]

---

373 Vgl. Carl, Deduktion [1992] 69f.
374 Dieses Mißverständnis legt Oberdorfer nahe, wenn er es als „das empirische *Bewusstsein* dieser Identität" erwähnt (Oberdorfer, Umrisse 17).
375 KrV B, 419, und ebd. 422f. Anm., wo unter anderem gesagt wird, „daß, wenn ich den Satz: Ich denke, einen empirischen Satz genannt habe, ich dadurch nicht sagen will, das Ich in diesem Satze sei empirische Vorstellung; vielmehr ist sie rein intellectuell, weil sie zum Denken überhaupt gehört. Allein ohne irgend eine empirische Vorstellung, die den Stoff zum Denken abgiebt, würde der Actus: Ich denke, doch nicht stattfinden, und das Empirische ist nur die Bedingung der Anwendung oder des Gebrauchs des reinen intellectuellen Vermögens". Zur Interpretation siehe Klemme, Philosophie 384ff. Klemme zieht eine Linie zu Kants Widerlegung des Idealismus.
376 Vgl. Henrich, Identität [1988] 54ff.
377 KGA I/1, 540,27f.; 543,8ff.
378 Ebd. 542,3f.

Schleiermacher reduziert jedoch den Subjektivitätsbegriff nicht auf Personalität in diesem Sinn. Er weist nur einen noumenalen, die Identität als Substanz fassenden Begriff der Personalität ab.[379] Ein solcher Begriff ist leer, objektive Gültigkeit hat allein ein phänomenaler Begriff. Das Phänomen, an das hier gedacht wird, ist das Bewußtsein, das der Erkenntnisgrund des Selbstbewußtseins ist. Das macht dieses jedoch nicht zu einem empirischen: „dem wahrgenomenen Bewußtsein [...] als Phänomen" legen wir „ein ich zum Grunde".[380] Es kann festgehalten werden, daß Schleiermacher mit Kant das Selbstbewußtsein in seiner Beziehung zu einem empirischen Element der Erkenntnis faßt, es aber selbst als ein nichtempirisches begreift. Insofern macht er ein *transzendentales Element* der Subjektivität geltend: „die Vorstellung des Ichs und seiner numerischen Identität" konstituiert die menschliche Person.[381] Er spricht zwar nur sehr zurückhaltend von einem transzendentalen Ich oder Subjekt. Dies ist jedoch prinzipiell auf der Linie Kants.[382] Es ist dabei nicht von einem selbständigen Subjekt, sondern nur von einem von der wirklichen Subjektivität abstrahierten Element die Rede.[383] Ebenso wird, wenn es bei Schleiermacher heißt, daß ich von der Fortdauer des Bewußtseins „hypothetisch" auf die substantielle Einheit schließe, „indem ich dem Bewußtseyn ein transcendentales Ich zum Grunde lege",[384] auf Kants Gedanken vom regulativen Gebrauch einer psychologischen Idee Bezug genommen.[385]

In Schleiermachers Anknüpfung an den Selbstbewußtseinsbegriff Kants ist endlich enthalten, daß er dessen Bestimmung dieses Begriffs im Hinblick auf die *Funktion* des Selbstbewußtseins in der Erkenntnis übernimmt.[386] Wie weit beleuchtet die Anmerkung die epistemische Struktur

---

379 Ebd. 542,4ff.
380 Ebd. 542,17ff.
381 Ebd. 543,15ff. Irreführend ist Oberdorfers Behauptung, daß in der Anmerkung Schleiermachers Identität des Selbstbewußtseins mit individueller Personalität, die formale Struktur der allen Vorstellungen des Ichs vorausliegenden Selbstreferentialität oder Kantisch: die transzendentale Subjektivität, mit den Prozessen der Bildung individueller Selbstverhältnisse zusammenfällt (Oberdorfer, Geselligkeit 448f.).
382 Vgl. Klemme, Philosophie 361f.
383 Vgl. besonders KrV B, 426f.
384 KGA I/1, 540,35ff.
385 Vgl. KrV B, 674ff.700.710ff. Andreas Arndt sieht in dieser Wendung Schleiermachers dagegen eine Unterbestimmung des Status des transzendentalen Ich gegenüber dem empirischen Ich. Weiter meint er, daß diese als Ausdruck eines Übersteigens des Bewußtseins auf eine Einheit hin verstanden werden muß, die Grund des Bewußtseins ist, aber nicht bewußtseinstheoretisch gefaßt werden kann (Arndt, Gefühl 118 Anm. 35). Diese Interpretation geht weit über Schleiermachers Argumentation in der Anmerkung hinaus, die konsequent bewußtseinstheoretisch verfährt.
386 Zu Kants mehr funktionalen als epistemisch-strukturalen Ansatz in der Behandlung des Selbstbewußtseinsthemas siehe Henrich, Einsicht [1966] 191f. Später hat Dieter Henrich

und Verfassung des Selbstbewußtseins? Schleiermacher gelangt nur zu
Wendungen wie der, daß es sich um „das Ding subjektive" handelt,
„wenn es nicht aus sich herausgeht und sich als ein Objekt behandelt sondern so wie es sich im Selbstbewußtseyn betrachtet".[387] Das ist jedoch
nicht mehr als eine bloße Umschreibung des Problems.[388]

Gehen wir vom theoretischen Personenbegriff zum *praktischen*.[389] Hier
argumentiert Schleiermacher von dem der Erkenntnistheorie entlehnten
Subjektivitätsbegriff aus, der nach ihm „die ursprüngliche Bedeutung"
von Personalität ausdrückt.[390] Erstens kritisiert er Kants und Jacobis Begriffe der moralischen Person, die definiert wird als Unabhängigkeit vom
Naturmechanismus und Selbstbestimmung allein kraft der Vernunft. Dies
ist nach Schleiermacher weder mit der ursprünglichen Bedeutung von
Personalität identisch noch damit notwendig verbunden. Denn diese „hat
es nur mit einer gewißen Beschaffenheit des Bewußtseyns zu thun und
involvirt gar nicht das geringste für das Betreffende".[391] Zur weiteren
Begründung wird darauf hingewiesen, daß unverständlich ist, „warum
nicht ein identisches Bewußtseyn, ein Wesen welches eine Einheit des
Selbstbewußtseyns besizt dennoch in seinen Handlungen völlig paßiv und
vom Naturmechanismus abhängig sollte seyn können, denn unstreitig
beruht das Selbstbewußtseyn, so wie es Kant selbst deducirt hat nicht auf
der Selbstbestimmung".[392] Außerdem bezieht Schleiermacher in kritischer

---

diese Zurückhaltung Kants auf eine bewußte Strategie der „Theorievermeidung in Sachen Selbstbewußtsein" zurückgeführt (siehe Henrich, Anfänge 134f.).

387 KGA I/1, 540,24ff.
388 Auf der Linie von Manfred Franks Kant-Darstellung und -Kritik bezieht Arndt Fichtes
Kritik des sogenannten Reflexionsmodells vom Selbstbewußtsein (siehe dazu unten Kap. 2
Anm. 147) auf die oben in Anm. 375 genannte Anmerkung Kants: Indem dieser das
Selbstbewußtsein mit einer empirischen Anschauung verbinde, „stelle er es als Objekt-
Bewußtsein vor, d.h. begreife es als Reflexion, Sich-selbst-objektiv-werden des Selbstbewußtseins". Insofern Arndt eine entsprechende Kritik an Schleiermacher in Verbindung mit dessen Aussage über die empirische Gewißheit des Selbstbewußtseins übt,
scheint auch er diese mit Kants Rede vom „Ich denke" als einem empirischen Satz in
Zusammenhang zu bringen (Arndt, Gefühl 111f.118). Die Kritik trifft aber weder Kant
noch Schleiermacher, der – wie wir auch von seinem „Wissen, Glauben und Meinen" her
wissen – einen Begriff vom Selbstbewußtsein als einer Art des Objektbewußtseins abweist, hier aber kaum zu eigentlichen Bestimmungen des kognitiven Struktur des
Selbstbewußtseins gelangt. Zu Kant siehe Klemme, Philosophie 399ff. Arndt begründet
seine Kritik an Schleiermacher durch Hinweis auf die Fortsetzung des Zitats, die jedoch
nur eine Ablehnung einer Interpretation der Identität als Substanz und keine Aussage
über die Struktur des Selbstbewußtseins enthält.
389 KGA I/1, 544f.
390 Ebd. 544,5.
391 Ebd. 544,5ff.
392 Ebd. 544,11ff.

Absicht Kants Begriff des moralischen Subjekts als Mitglied der intelligiblen Welt auf den Begriff einer noumenalen Person.

Die ganze Erörterung des Begriffs der praktischen Subjektivität kann mit Günter Meckenstock als mit der Einheit von Theoretischem und Praktischem befaßt gekennzeichnet werden,[393] insofern es um eine Bestimmung des Begriffs vom theoretischen Pendant her geht. In erster Linie ist Schleiermacher aber um die Unterscheidung bemüht; beide Bedeutungen fallen nicht zusammen.[394] So artikuliert Schleiermacher in pointierter Weise seine Zustimmung zu Kants Sonderung von theoretischer und praktischer Vernunft, theoretischer und praktischer Philosophie. Es besteht kein Grund anzunehmen, daß Schleiermacher einen bereits aufgegebenen theoretischen Monismus der Schulphilosophie durch einen praktisch konzipierten Monismus ersetzt habe.[395] Wie aus dem zitierten Passus hervorgeht, hält Schleiermacher in prinzipieller Übereinstimmung mit dem späteren Kant – d.h. in dieser Frage dem Kant nach 1788[396] – die Spontaneität des theoretischen Erkennens und die Spontaneität, die den Willen auszeichnet, sorgfältig auseinander. Die Spontaneität, auf welcher die Einheit des Selbstbewußtseins beruht, ist rein epistemisch und greift als solche nicht verändernd in die Wirklichkeit ein. Darüber hinaus kommt an dieser Stelle ein zusätzliches Motiv bei Schleiermacher zum Ausdruck: Er will sich die Kompatibilität des Kantischen Selbstbewußtseinsbegriffs mit seiner eigenen Willenstheorie sichern. Es kann hinzugefügt werden, daß Kant in seiner *theoretischen* Philosophie tatsächlich den Determinismus als Hypothese offen läßt.[397]

Zweitens legt Schleiermacher einen konstruktiven Vorschlag zur Bestimmung des Begriffs der praktischen Subjektivität vor. Er nennt ihn vorsichtig eine Übertragung[398] des theoretischen Personenbegriffs auf die praktische Thematik. Sie wird damit begründet, daß der Gedanke eines moralischen Subjekts als eines nach der Vorstellung von Gesetzen Han-

---

393 Meckenstock, Ethik 191ff.

394 KGA I/1, 545,6f.

395 Es erscheint schwer verständlich, wie Meckenstock die Anmerkung zum Teil in gerade entgegengesetzter Richtung lesen kann. So meint er, daß Schleiermacher im letzten Zitat Kant rügt, daß er den Selbstbewußtseinsbegriff nicht auf den Begriff der Selbstbestimmung begründet, und sieht hier einen Ansatz zur Überwindung des Kantischen Systemdualismus, der insofern dem Ansatz von Fichtes Wissenschaftslehre entspricht (Meckenstock, Ethik 191ff.).

396 Dazu Henrich, Deduktion.

397 Vgl. ebd. 65ff.

398 KGA I/1, 545,9f.

delnden[399] weitere Annahmen notwendig macht: „das Handeln nach der
Vorstellung von Gesezen sezt nemlich die Fähigkeit einer Synthesis unserer Akte des Bewußtseyns in Eins und das Vermögen der Begriffe
voraus und das war es eben, was die Einheit des Selbstbewußtseyns
eint".[400] Die Übertragung wird auf folgende Weise skizziert: „Nemlich zu
einem moralischen Subjekt wird Selbstbewußtseyn bei der Produktion
einer Vorstellung, Einheit des Selbstbewußtseyns bei der Produktion einer
Reihe von Vorstellungen, und [...] Identität der Regeln des Begehrens
erfodert".[401]

Schleiermacher appliziert hier die oben analysierten Bestandteile des
Begriffs des erkennden Subjekts, wie er sie der transzendentalen Deduktion der Kategorien entnommen hat, nur daß er sie im Vergleich mit
der Kantischen Vorlage umfassender als in der ersten Abteilung der
Anmerkung wiedergibt. Der Passus enthält also die in prägnanter Weise
zusammengefaßte subjektivitätstheoretische Summe der Anmerkung.

Die Vorstellungen, von denen die Rede ist, sind nicht wie beim erkennenden Subjekt Anschauungen, sondern Intentionen. Als Hervorbringung
von Vorstellungen in dieser Bedeutung hat die Abhandlung „Über die
Freiheit" die Funktion des Triebes definiert und in bezug auf den Menschen in Gestalt der Willkür als einen reflektierenden weiterbestimmt. Es
geht in beiden Fällen um in einem weiten Sinn objektive Vorstellungen,
nur daß Intentionen nach Kant und Schleiermacher nicht Vorstellungen
gegebener Gegenstände sind.[402] Die erste Behauptung von der Notwendigkeit des Selbstbewußtseins bei der Produktion einer solchen Vorstellung erklärt Schleiermacher nicht. Da er sich nach der bisherigen Analyse
ziemlich genau an Gedanken Kants im 16. Paragraphen der transzendentalen Deduktion der Kategorien gehalten hat, ist naheliegend, auf
andere Bestimmungen des Paragraphen, nämlich vom Bewußtsein „Ich
denke", wie es jede meiner Vorstellungen muß begleiten können und „in
allem Bewußtsein ein und dasselbe ist",[403] hinzuweisen; dies bezieht sich
bei Kant auf den Gedanken von einer Einheit, aufgrund derer sich das
Subjekt *invariant* auf alle seine Vorstellungen beziehen kann, und die zu
unterscheiden ist von der bisher in Schleiermachers Anmerkung hervor-

---

399 Dieser Gedanke von Handeln nach der Vorstellung von Gesetzen wird in Jacobi, Lehre
    336 Anm., mit einem Zitat aus KpV eingeführt, er wird aber auch in Schleiermachers
    frühen praktisch-philosophischen Arbeiten in Anspruch genommen (siehe zum Beispiel
    KGA I/1, 160,14) und darf hier von dorther interpretiert werden.
400 KGA I/1, 544,30ff.
401 Ebd. 545,10ff.
402 Siehe oben S. 67f.
403 KrV B, 131f.; dazu siehe Konrad Cramer, Satz.

gehobenen Einheit als Identität.[404] Jedenfalls unterscheidet er hier ein Selbstbewußtsein, das auf einzelne Vorstellungen bezogen ist, von der auf Synthesis beruhenden, auf eine Reihe von Vorstellungen bezogenen Einheit des Selbstbewußtseins. Ist dieser Hinweis zutreffend, behauptet Schleiermacher in seinem ersten Satz, daß, wie das Subjekt im Zusammenhang der theoretischen Erkenntnis sich Anschauungen als seine eigenen muß zuschreiben können, so auch im praktischen Kontext die Begierden. Die Pointe dieser Behauptung kann so verdeutlicht werden, daß sich das Subjekt nur dann in der praktischen Reflexion auf seine eigenen Begierden beziehen kann, wenn es sich diese zuschreiben kann. Unter der Bedingung ist – um auf Kantische Wendungen anzuspielen[405] – eine Begierde nicht nur etwas *im* Subjekt, sondern zugleich *für* das Subjekt, indem es sich dieser als *seiner eigenen* Begierde bewußt ist. Die erste Behauptung Schleiermachers ist also, daß das praktische Selbstverhältnis Selbstbewußtsein voraussetzt.[406]

Die zweite Behauptung enthält das moralphilosophische Seitenstück zum Hauptgedanken der ersten Abteilung: Die moralische Selbstbestimmung ist wie die objektive Erkenntnis bedingt durch die Einheit des Selbstbewußtseins als *Identität* und durch eine entsprechende *Regelidentität*. Der letzte Punkt fügt zur Kantischen These über die Wechselbeziehung von Identitätsbewußtsein und Synthesis die in Schleiermachers Bestimmung des Begriffs vom theoretischen Subjekt übergangene weitere Pointe von Kants Deduktion hinzu, daß es um eine Synthesis nach Regeln *a priori* gehen muß. Daß die betreffenden Regeln so zu verstehen sind, ist aus Schleiermachers früher Aneignung des ethischen Apriorismus Kants zu schließen. Diese Bedingungen werden erfüllt, wenn das Subjekt sich seiner Identität in den wechselnden Begehrungsakten bewußt ist und sich nach dem reinen Vernunftgesetz bestimmt. Darauf, daß Schleiermacher zu dieser Zeit mit Kant auch einen erkenntnistheoretischen Apriorismus annimmt, deutet eine Stelle wie diese hin.[407]

Diese Konzeption des Selbstbewußtseins der theoretischen und der praktischen Vernunft läßt sich mit den übrigen Reflexionen über das Thema in Beziehung setzen. Mit den Gedanken über die praktische Personalität am Ende des zweiten Abschnitts der großen Freiheitsabhandlung teilt sie die Hervorhebung einer Kontinuität mentaler Zustände. Die Frage ist, inwiefern die jüngere Argumentation die deterministische Interpreta-

---

404 Zu dieser Unterscheidung siehe Henrich, Identität [1976] 55ff.
405 Vgl. KrV B, 132.
406 Vgl. die Kantisch orientierte Kritik von Harry G. Frankfurt und Ernst Tugendhat in Carl, Ich 117f.
407 Vgl. KGA I/1, 552,27f., und oben Anm. 315.

tion der Kontinuität überschreitet. Sie tut dies nicht im Sinne einer kritischen Korrektur. Nichts deutet darauf hin, daß Schleiermacher zu dieser Zeit seinen Determinismus aufgegeben hat.[408] Er fügt mit den Selbstbewußtseins- und Synthesisgedanken zwar Bedingungen des Personseins hinzu, die in „Über die Freiheit" nicht erklärt wurden, wo die Aufmerksamkeit allein den Zuständen, wie sie *im* Subjekt vorkommen, galt. Es geht jetzt aber um solche epistemischen Bedingungen, die nicht als reale Determinanten auftreten: Dies „involvirt gar nicht das geringste für das Betreffende". Die Anmerkung handelt also allein von der epistemischen Seite unter anderem der praktischen Subjektivität. Wichtiger in unserem Zusammenhang ist, ihre Hauptgedanken mit den anderen Bestimmungen des Selbstbewußtseinsbegriffs zu verbinden. In dieser Hinsicht läßt sich eine bedeutsame Korrespondenz feststellen: Der Begriff des Selbstbewußtseins als Einheits- und Identitätsbewußtseins entspricht dem vorher ausgearbeiteten reinen, intellektuellen Element der Subjektivität als Gefühl und besonders als Selbstbewußtsein; Schleiermacher verwendet dafür an dieser Stelle nicht seinen Begriff eines unmittelbaren Selbstbewußtseins aus „Wissen, Glauben und Meinen".[409] Andererseits findet das bereits identifizierte konkrete, zustandsgebundene Moment sein strukturelles Pendant in den wechselnden Bewußtseinszuständen, auf welche das Selbstbewußtsein nach dem jüngeren Text bezogen ist.

Noch weniger als bei diesen Gedanken kann bei der Anmerkung über Selbstbewußtsein von einem originären, innovativen Ansatz bei Schleiermacher gesprochen werden. Er verwertet im großen und ganzen bekannte Kantische Gedanken. Das ist an sich nichts Geringes. Schleiermacher hat sich die zentralsten Bestimmungen des Subjektgedankens aus Kants theoretischer Philosophie zu eigen gemacht und überträgt sie selbständig auf das praktische Subjekt. Mit dieser Kantischen Konzeption übernimmt Schleiermacher auch die Situierung des Subjekts innerhalb eines Kontexts, in dem es durch anderes affiziert wird. Ebensowenig wie Kant begreift er das Selbstbewußtsein als ein starkes Deduktionsprinzip. Diese Konzeption bildet die Grundlage auch von Schleiermachers später Theorie der Subjektivität.

---

408 Vgl. unter anderem KGA I/1, 525.
409 Dagegen wird in der Wiedergabe von Jacobi, und zwar in der verbesserten Fassung seiner Lehre und wohl durch dessen Beilage veranlaßt, davon gesprochen, sich oder anderen unmittelbar oder nach Analogie die Einheit des Selbstbewußtseins oder die Identität der Substanz zuzuschreiben (KGA I/1, 541,29ff., vgl. Jacobi, Lehre 339).

1.4.4. Das *Gefühl des Seins*

Bisher ist Schleiermachers Jacobi-Rezeption nur nebenbei gestreift worden, und es fällt auch aus dem Rahmen dieser Untersuchung, ihr gründlich nachzugehen. Es soll jedoch auf eine Notiz verwiesen werden, die indirekt sein Interesse für Jacobis Denken bezeugt, und zwar mit Bezug auf die subjektivitätstheoretische Fragestellung. Die Notiz ist ein weiterer zentraler Beleg Eilert Herms' für seine These von Schleiermachers Aneignung und Weiterführung einer von Jacobi entworfenen Theorie des unmittelbaren Selbst- und Realitätsbewußtseins.[410] Diese These schießt zwar auch in bezug auf diesen Text übers Ziel hinaus, enthält aber ein begrenztes Wahrheitsmoment.

Es geht um eine von Schleiermachers Spinozismusnotizen:

> „Das eigentliche wahre und reelle in der Seele ist das Gefühl des Seyns, der unmittelbare Begrif wie es Spinoza nennt; dieser läßt sich aber niemals wahrnehmen, sondern es werden nur einzelne Begriffe und Willensäußerungen wahrgenomen, und außer diesen existirt auch nichts in der Seele, in keinem Moment der Zeit; kann man aber deswegen sagen die einzelnen Begriffe hätten ihr abgesondertes, individuelles Daseyn? Nein, eigentlich existirt nichts, als das Gefühl des Seyenden: der unmittelbare Begrif. Die einzelnen Begriffe sind nur seine Offenbarungen. – Kann man sagen jener unmittelbare Begrif existire nur in einem andern Denkenden? Mitnichten, er ist ja der eigentliche wesentliche Grund der Seele, dasjenige, an dessen modis (Verstand und Willen) alle jene einzelnen Begriffe inhäriren. Aber freilich muß man nicht davon ausgehn zu sagen der unmittelbare Begrif sei das *Zusamen* der einzelnen Begriffe".[411]

Der Interpretation und Einschätzung der Bedeutung dieses Passus sei eine Reihe von Hinweisen vorangestellt: Schleiermachers Studien um 1793/94 galten sowohl Jacobi als auch Spinoza; er versucht diese auseinander zu halten – so verteilt er seine beiden betreffenden Exzerpte und Notizen auf zwei verschiedene Manuskripte – und bekundet gegenüber Spinoza das größere Interesse. In der zitierten Notiz bezieht er sich auf Passagen bei Jacobi, die Spinoza darstellen, und faßt auch „das Gefühl des Seyns" und „der unmittelbare Begrif" als Gedankenfiguren Spinozas auf.[412] Sie sind aber Bildungen Jacobis, die mit dessen eigenem Entwurf zusammenhängen. Dies zeigt an Schleiermachers Rezeption exemplarisch, wie schwierig es ist, Spinozistische und Jacobische Motive bei Jacobi zu unterscheiden.[413]

---

410 Herms, Herkunft 140.151ff., vgl. Oberdorfer, Geselligkeit 422ff.; Arndt, Kommentar 1063f.
411 KGA I/1, 535,22ff.
412 Vgl. auch ebd. 534,27ff.
413 Vgl. Henrich, Grund 71 u.a.

Weiter soll bemerkt werden, daß Schleiermacher hier nicht einfach
Spinoza oder Jacobi wiedergibt, sondern mit dessen Begriffen selbständig
arbeitet. Er präsentiert den Passus als eine „Versinnlichung" eines Sach-
verhaltes bei Spinoza.[414] Diesen Ausdruck verwendet er auch sonst, wo er
Spinoza Kantisch reformuliert.[415] Was versinnlicht wird, ist das Verhältnis
des Unendlichen zum Endlichen bei Spinoza, und worin die Versinnlichung besteht, ist eine Auslegung des Bewußtseins durch Begriffe – die
Begriffe des dem Unendlichen beigelegten Seins oder der eigentlichen
Existenz und der derivierten Existenz der einzelnen Dinge –, die Schleiermacher aus Spinozas Metaphysik in Jacobis Darstellung rezipiert.
Endlich ist zu beachten, daß die Reformulierung als eine Versinnlichung
bezeichnet wird, indem sie sich auf die Zeit als sinnliches Element der
Erkenntnis bezieht.

Halten wir fest, was die Hauptaussage Schleiermachers ist: „das eigentliche wahre und reelle in der Seele" – unter anderem „das Gefühl des
Seyns" genannt – verhält sich zu den „einzelne[n] Begriffe[n] und Wil-
lensäußerungen", wie sich das Unendliche zu den endlichen Dingen
verhält. Es wird also nicht gesagt, daß das betreffende Gefühl „our
awareness of, and point of connection with, the infinite" ist.[416]

Man muß berücksichtigen, worauf Schleiermacher sich in Jacobis Spinoza-Buch bezieht. Es ist ein Gedankengang, der zu der von ihm exzerpierten Schlußfolgerung führt, in der Jacobi in jedem Denken zwei
Elemente unterscheidet: „Etwas Absolutes und Ursprüngliches, welches
das Denken, unabhängig von seinem Gegenstande, ausmacht", und „Etwas Hinzukommendes oder Vorübergehendes, welches eine Beziehung
offenbaret, und von dieser Beziehung das Resultat ist".[417] Das erste
Element, von welchem Jacobis Spinoza auch den Begriff des Unmittelbaren gebraucht,[418] wird durch alle gebrauchten Bezeichnungen und durch
die Erklärung als ein Bestandteil *a priori* ausgezeichnet. Dies ist auch der
Sinn vom unmittelbaren Begriff und vom unerkennbaren, wesentlichen
Grund der Seele in Schleiermachers Aussage. Demgegenüber werden an
dieser Stelle die einzelnen, den Grund offenbarenden Denk- und Willens-
äußerungen als auf Zeitmomente bezogen dargestellt. Mit dieser Unterscheidung sind wir wieder bei der Doppelstruktur der Subjektivität
angekommen, die wir vorher etwa in der Gestalt der Unterscheidung vom
reinen, unmittelbaren, allgemeinen Selbstbewußtsein und vom zustands-

---

414 KGA I/1, 535,13.20.
415 Ebd. 526,14ff.
416 Lamm, God 52.
417 Jacobi, Lehre 108.
418 Ebd. 106.

bezogenen, individuellen Selbstbewußtsein oder Gefühl angetroffen haben. Das Seinsgefühl entspricht darin dem reinen Selbstbewußtsein, nicht dem Gefühl in der dargelegten Form: Letzteres ist zum Beispiel als moralisches Gefühl im Unterschied zum Gefühl des Seins wesentlich auf Vorstellungen von Gegenständen bezogen.[419] Von daher ist es plausibel, die betreffende Notiz mit Schleiermachers eigenen subjektivitätstheoretischen Reflexionen zu verbinden.

Diese Reflexionen fanden bisher in einem Kantisch bestimmten Denkzusammenhang statt. Es ist schwer vorstellbar, daß Schleiermacher sich die exzerpierten Abschnitte bei Jacobi ganz unabhängig von Kantischer Erkenntnis- und Subjektivitätstheorie hätte aneignen können oder wollen. Die Verbindung wurde schon von Jacobi in einem anderen Zusammenhang, auf den Schleiermacher hier auch anspielt, etabliert: Jener „erläutert" sein Gefühl des Seins durch Verweis auf Kants transzendentale Apperzeption, und zwar auf diese als „diejenige Einheit des Bewußtseyns, welche vor allen Datis der Anschauungen vorhergeht" und „allen Begriffen [...] zum Grunde liegt", als das „reine ursprüngliche, unwandelbare Bewußtseyn".[420]

Das *Gefühl des Seins* greift Schleiermacher aus Überlegungen bei Jacobi auf, die auf das von ihm Exzerpierte erst folgen,[421] während er den *unmittelbaren Begriff* dem Kontext des soeben berührten Textes entnimmt.[422] Die Unmittelbarkeit dieses Gefühls und dieses Begriffs wird bei Jacobi nun nicht durch die Unmittelbarkeit im bisher analysierten Sinn erschöpft. Sie bezeichnet die Art des Gewahrens des Selbst als eine *vorreflexive*.[423] Jacobi entfaltet dies jedoch nicht innerhalb seiner Darstellung von Spinoza, sondern in Gedankenreihen, die als Gegenzug zu Spinoza präsentiert werden. Die damit in Anspruch genommene Unterscheidung von Vermittlung und Unmittelbarkeit ist ein Hauptthema in Jacobis Philosophie und grundlegend sowohl für seine Aussagen über Subjektivität als auch für seine philosophische Theologie. Allerdings kommt er auch hier kaum über Ansätze hinaus.[424]

Offensichtlich werden in Schleiermachers Notiz – oder in anderen seiner Texte aus dieser Zeit – keine Momente dieses Unmittelbarkeitsgedankens ausdrücklich behandelt. Trotzdem erscheint es plausibel, sie als implizit mitgedacht anzunehmen, eventuell nur als ein Potential, das in

---

419 Vgl. oben 1.3.1.
420 Jacobi, Lehre 194 Anm. 16, vgl. KrV A, 107.
421 Jacobi, Lehre 116f.
422 Ebd. 193ff.
423 Ebd. 194 Anm. 16.
424 Vgl. besonders ebd. XXIff.414ff.; dazu Henrich, Anfänge 159ff.

einer anderen Situation entfaltet werden könnte. Schleiermacher hat wohl nicht von ungefähr den Begriff des Seinsgefühl aus anderen Textzusammenhängen Jacobis hergeholt. Es ist jedoch Vorsicht geboten. Besonders fällt auf, daß die umfassendste Thematisierung der epistemischen Selbstbeziehung in seinem Frühwerk, die kurz nach dieser Notiz folgende Anmerkung über Selbstbewußtsein, keine Spuren einer Weiterführung des betreffenden Ansatzes Jacobis aufweist.

1.5. Religion und Metaphysik zwischen Kantianismus und Spinozismus

Kants Kritik und Neukonstruktion der Metaphysik war die entscheidende Voraussetzung jeder zeitgemäßen philosophischen Thematisierung von Religion und Metaphysik um 1790. Auch Schleiermachers theoretische Beschäftigung mit der Frage der Religion und ebenso seine Gedanken zur Möglichkeit einer philosophischen Theologie oder einer Metaphysik sind eng mit ihr verflochten. Sein Verhältnis zu dieser Seite der Kantischen Philosophie wurde bisher nur gestreift und soll nun nachgeholt werden. Kants Denken ist jedoch nicht der einzige hier zu berücksichtigende Faktor der damaligen religionsphilosophischen Diskussion. An zweiter Stelle muß die Spinoza-Renaissance genannt werden, die vor allem durch den Bericht über Lessings Bekenntnis zum Spinozismus in der Erstauflage von Jacobis *Ueber die Lehre des Spinoza in Briefen an den Herrn Moses Mendelssohn* von 1785 in Gang gesetzt wurde. Die Spinoza-Renaissance hat auch Schleiermachers Überlegungen über Religion, Theologie und Metaphysik maßgeblich beeinflußt.

Im folgenden soll die älteste überlieferte selbständige Arbeit Schleiermachers, die Abhandlung „Über das höchste Gut", im Hinblick auf die darin enthaltene Kritik der Kantischen Postulatenlehre analysiert werden. Die Kritik betrifft nicht die Freiheitsidee, die ja auch in *Kritik der praktischen Vernunft* eine besondere Stellung hat; Schleiermacher setzt sich bekanntlich in anderen Arbeiten mit Kants Freiheitslehre auseinander. Zu berücksichtigen ist insbesondere das Postulat des Daseins Gottes. Sodann wird der Aufsatz „Wissen, Glauben und Meinen" um seiner religionsphilosophischen Reflexionen willen hinzugezogen, die Schleiermachers eigene Postulatenlehre genannt werden können. Endlich werden Schleiermachers Spinoza-Studien im Hinblick auf das Thema dieses Abschnitts untersucht. Durchgängige Voraussetzung dieser drei Argumentationen, die alle auf verschiedene Weise über Kant hinausgehen, ist die Affirmation von dessen theoretischer Philosophie.

1.5.1. Zu Schleiermachers Spinoza-Rezeption

Was das Denken Kants betrifft, so ist Schleiermacher – wie besonders ein Brief von 1787 zeigt – frühzeitig gerade durch die darin enthaltene Metaphysikkritik angezogen worden.[425] Man kann sich kaum vorstellen, daß er zu irgendeiner Zeit Wohlwollen gegen die rationale Metaphysik der Schulphilosophie gehegt hat. Er hat an diesem Punkt vermutlich Anregungen von metaphysikskeptischen Tendenzen der oft vorwiegend praktisch-philosophisch orientierten Spätaufklärung erhalten, die auch zu den Voraussetzungen Kants gehören. Wie besonders aus der Abhandlung über das höchste Gut von 1789 hervorgeht, hat Schleiermacher sich hier bald dem – mit Mendelssohns Ausdruck – alles Zermalmenden explizit angeschlossen. Dies bildet auch die Voraussetzung seiner Spinoza-Rezeption.

Es ist bereits deutlich geworden, daß schon Schleiermachers Kantianismus nicht allein von Kant her verstanden werden kann. Dies gilt ebensosehr in bezug auf die metaphysische und religionsphilosophische Fragestellung. Während er bei der Ausarbeitung von „Wissen, Glauben und Meinen" Kants *Die Religion innerhalb der Grenzen der bloßen Vernunft* vermutlich nicht gekannt hat,[426] ist dagegen Fichtes *Versuch einer Kritik aller Offenbarung* als bekannt vorauszusetzen, der 1792 anonym erschien und im folgenden Jahr erweitert herausgegeben wurde. Aus Briefen geht hervor, daß Schleiermacher ihn offenbar 1793 gelesen hat, nachdem sein Vater ihn darauf hingewiesen und sich nach seinen Gedanken darüber erkundigt hat.[427] Als Kant-Kenner und -Kritiker muß er bei genauer Lektüre der anfangs von vielen Kant zugeschriebenen Schrift auch die Abweichungen von diesem bemerkt und interessant gefunden haben. Zum Beispiel hat er die unkantische Rede von den Triebfedern der Sittlichkeit, die in der zweiten Ausgabe besonders deutlich ist, nicht übersehen können und muß Fichte zugestimmt haben, wenn dieser die Achtung als „gleichsam der Punct, in welchem die vernünftige und die sinnliche Natur endlicher Wesen innig zusammenfließen", darstellt.[428]

Was die philosophische Theologie und die Religionsphilosophie betrifft, war der frühe Fichte ein relativ orthodoxer Kantianer – ganz anders

---

425 Brief von 14.8.1787, KGA V/1, Nr. 80,35ff., der oben S. 31f. zitiert wurde.

426 Grove, Postulatenlehre 48f.

427 Vgl. Briefe vom 3.12.1792, 18.4. und 5.5.1793, KGA V/1, Nr. 202,79ff.; 215,62ff.; 216,25ff., und dazu Meckenstock, Auseinandersetzung 29f. Schleiermachers hinterlassene Bibliothek enthielt die wohl April 1793 erschienene Zweitauflage (vgl. FGA I/1, 133,36; Meckenstock, Bibliothek 183 Nr. 675).

428 FGA I/1, 142,23ff.

Rehberg. Es wurde oben bei der ethischen und praktisch-philosophischen Thematik auf Zusammenhänge Schleiermachers mit ihm aufmerksam gemacht. Die einbezogenen Arbeiten von Rehberg enthalten auch die nächste Parallele zu Schleiermachers frühem religionsphilosophischem Ansatz. Vorerst kann darauf verwiesen werden, daß Rehberg für Schleiermacher als ein Kantisch orientiertes Bindeglied zum Spinoza-Streit hat fungieren können.

Rehbergs *Ueber das Verhältniß der Metaphysik zu der Religion* von 1787 ist nicht zuletzt ein Beitrag zu diesem Streit.[429] Seine Auseinandersetzung mit der Kantischen Moraltheologie ist auch in diesem Zusammenhang zu betrachten, wie auch die Rezension der zweiten Kritik zeigt. Das Hauptanliegen Rehbergs im betreffenden Buch muß nicht nur dem jungen Schleiermacher von höchstem Interesse gewesen sein. Vor dem Hintergrund des relevanten Denkens der Epoche überhaupt ist es auch in bezug auf *Schleiermachers* Hauptanliegen in seinem *ganzen* Werk durchaus bemerkenswert. Es geht Rehberg nämlich um die Unterscheidung der beiden im Titel genannten Größen. Sie wird auf folgenden Linien entfaltet: Keine Metaphysik gelangt weiter als bis zum Gedanken von einem Wesen als absoluter Bedingung alles anderen, zu einer unbestimmten Idee vom letzten Grund der Erscheinungen, aber nicht zum Begriff eines persönlichen Gottes. In diesem Sinn ist die Metaphysik atheistisch. Als solche ist sie vereinbar mit der von ihr im wesentlichen unabhängigen Religion, aber nicht hinlänglich im Blick auf deren Rede von Gott. Die Religion schließt den Gedanken von Gott als einem Wesen mit Verstand und Willen ein, der umgekehrt der Metaphysik zuviel ist und eine schwächere Begründung erhalten muß.[430] Die nähere Bestimmung Gottes in der religiösen Rede schreibt Rehberg nicht der Vernunft, sondern der Einbildungskraft zu.[431] Sein Gewährsmann ist vor allen Spinoza, auf dessen System jede Metaphysik hinführt, wie Rehberg mit Jacobi behauptet. Innerhalb des angegebenen Rahmens verteidigt Rehberg einerseits Spinoza, andererseits modifiziert er ihn von Kantischer Philosophie her.[432] Diese

---

429 Rehberg führt hier zugleich seine *Abhandlung über das Wesen und die Einschränkungen der Kräfte* von 1779 weiter, wo er sich schon positiv mit Spinoza auseinandergesetzt hat. Die wichtigsten Gedanken von Rehberg, Verhältnis, werden nochmals in ders., Erläuterungen, dargestellt. Zu dieser Seite seines Denkens siehe auch Rüdiger Otto, Studien, Kap. II.5.

430 Rehberg, Verhältnis, bes. 14ff.104ff.

431 Ebd. 173: „Diesen Gott unter mannigfaltigen Bestimmungen zu lehren, wie es der Denkungsart und den Kenntnissen des Zeitalters angemessen seyn mag, das ist, so lange diese Bestimmungen den Gesetzen der Vernunft und der Sittlichkeit nicht widersprechen, zwar ein Werk der Einbildungskraft, aber nicht Betrug [...]".

432 Ebd., bes. 16-64.

Konzeption ist wohl das früheste Beispiel eines kritizistisch korrigierten Spinozismus.

Sehr früh ist Schleiermacher mit den Hauptschriften des Streites um Spinoza bekannt geworden. Sein Vater hat ihm 1787 zur Befestigung seines Glaubens die Lektüre von Thomas Wizenmanns *Die Resultate der Jacobischen und Mendelssohnschen Philosophie*, die 1786 anonym erschienen, empfohlen.[433] Dieser hat auch die – neben Rehberg – einzige mir bekannte grundsätzliche Kritik der Postulatenlehre vor Schleiermacher verfaßt.[434] Vielleicht hat Schleiermacher, wie er selbst später erklärt, Wizenmann nicht gelesen.[435] Dessen Auseinandersetzung mit der Kantischen Moraltheologie zielt jedenfalls in eine ganz andere Richtung als die Kant-Kritik der beiden Kantianer, indem er nach objektiven historischen Gründen für die Gotteserkenntnis fragt. Schleiermacher scheint Wizenmann als eine Art Orthodoxen aufzufassen.[436] Aus seiner Antwort an den Vater geht hervor, daß er vor August 1787 Jacobis und Mendelssohns Beiträge zu jenem Streit gelesen hat.[437] Außer mit dem genannten Buch Jacobis über Spinoza und mit Mendelssohns *Morgenstunden oder Vorlesungen über das Daseyn Gottes* von 1785 dürfte er also mit dessen *An die Freunde Lessings* und mit Jacobis *Wider Mendelssohns Beschuldigungen betreffend die Briefe über die Lehre des Spinoza*, beide von 1786, bekannt gewesen sein.

Gibt es also frühe Bezüge zum Spinozismus bei Schleiermacher, kann jedoch erst im Winter 1793/94 von einem eingehenden und umfassenden Studium Spinozas sowie von einer Aneignung von dessen Gedanken durch Schleiermacher und erst von dieser Zeit ab von explizit Spinozistischen Motiven in seinem Denken die Rede sein. Das unmittelbare literarische Ergebnis dieses Studiums sind seine Manuskripte „Spinozismus" und „Kurze Darstellung des Spinozistischen Systems".

Schleiermacher hat sich Spinozas Philosophie nicht durch eigene Originallektüre angeeignet. Spinozas Schriften standen ihm zu dieser Zeit nicht zur Verfügung, so daß er wie viele andere seiner Generation auf Jacobis Spinoza-Buch, und zwar auf die zweite, vermehrte Auflage von 1789, zurückgreifen mußte. Er hat sich das Buch – und auch Jacobis *David Hume über den Glauben, oder Idealismus und Realismus. Ein Gespräch* von 1787 – von Brinkman geliehen und erklärt bei der Rückgabe als Grund dafür, daß er es so lange behalten hat, „daß ich dabei förmlich den Spino-

---

433 KGA V/1, Nr. 69,16ff.
434 Wizenmann, Herrn.
435 Brief an Brinkman vom Oktober 1789, KGA V/1, Nr. 124,77.
436 Vgl. ebd. Nr. 124,73ff.
437 Ebd. Nr. 80,48ff.

za studirt habe".[438] Schleiermacher benutzt Jacobi als Quelle und versucht, mit Hilfe der Zitate und Referate bei Jacobi die Philosophie Spinozas zu rekonstruieren, allerdings nicht, ohne die Adäquatheit von Jacobis Darstellung zu bezweifeln. Freilich können in dem Buch der authentische Spinoza und Jacobis Spinoza und weiter dessen Spinoza-Darstellung und Jacobis eigene Philosophie letztlich nicht getrennt werden. Es hat sich ja bereits in bezug auf den Begriff vom Gefühl des Seins gezeigt, daß Schleiermacher bei seiner ersten Beschäftigung mit Spinoza Anregungen von Jacobi empfing.

Man kann fragen, ob Schleiermacher zu dieser Zeit anderswoher wichtige Auskünfte über das Denken Spinozas erhalten hat. Zu untersuchen wäre insbesondere, ob die Auseinandersetzung mit Spinoza in Christian Wolffs *Theologia Naturalis* eine Rolle gespielt hat. Hauptquelle von Schleiermachers Kenntnis von Spinoza ist unzweifelhaft Jacobi. Dagegen verraten Schleiermachers frühe Spinoza-Studien kaum Spuren einer Beschäftigung mit Johann Gottfried Herders Beitrag zum Spinoza-Streit, *Gott. Einige Gespräche*, von 1787. Jedenfalls hat Schleiermachers Spinoza-Darstellung und -Rekonstruktion ein theoretisches Profil, das dem von Herders Spinoza-Rekonstruktion entgegengesetzt ist.[439] Karl Heinrich Heydenreichs *Natur und Gott nach Spinoza* von 1789, ein weiteres Beispiel früher kantianisierender Spinoza-Deutung, hat Schleiermacher offenbar bei seinen Spinoza-Studien nicht gelesen.[440]

1.5.2. Kritik der philosophischen Theologie

Schleiermachers Aufsatz „Über das höchste Gut", der bereits als Grundlage der Untersuchung der affirmativen Seite seiner Rezeption der Sittlichkeitstheorie Kants herangezogen wurde, setzt sich auch mit dem zweiten Teil von Kants Moralphilosophie, besonders wie sie in *Kritik der praktischen Vernunft* vorgelegt wird, auseinander, und zwar in Form einer radikalen Kritik der Kantischen Postulatenlehre.[441]

Die Postulate der praktischen Vernunft definiert Kant als theoretische Sätze, die nicht als solche erweislich sind, sondern vom Bewußtsein des

---

438 Ohne Datum, ebd. Nr. 256,4, vgl. KGA I/1, LXXVIIIff.

439 Julia Lamm scheint Schleiermachers Aneignung von Herders Spinoza-Darstellung vorauszusetzen, weist sie aber nicht nach (vgl. Lamm, God 14.26).

440 Vgl. KGA I/1, 546,19ff. Heydenreich hat seine Auseinandersetzung mit Spinoza fortgeführt in *Betrachtungen über die Philosophie der natürlichen Religion*, Bd. 1, 1790; zu beiden Werken siehe Gawoll, Heydenreich 13ff.52ff.; ferner Rüdiger Otto, Studien 215ff.

441 KGA I/1, 95-101, vgl. Grove, Rehberg 21ff.

unbedingten praktischen Gesetzes her legitimiert werden.[442] Die Postulate korrespondieren mit den Ideen der spekulativen Vernunft als mit Begriffen, die dem theoretischen Gebrauch der Vernunft unaufgebbar sind, aber kein sinnlich gegebenes Korrelat haben und deshalb als problematisch bezeichnet werden.[443] Die Postulate sind Annahmen von Bedingungen, die für die Realisierung des höchsten Gutes notwendig sind. Zur Angabe ihres spezifischen epistemischen Status prägt Kant den Begriff des reinen Vernunftglaubens und den der Voraussetzung in einem pointierten Sinn.[444] Die Funktion der Postulate besteht nicht nur darin, daß sie nachweisen, daß die Ideen von Gott und der Unsterblichkeit der Seele auf Gegenstände bezogen sind. Darüber hinaus leitet das Gottespostulat zu einem *bestimmten* Begriff von Gott: Das sittliche Bewußtsein verschafft „dem, was speculative Vernunft zwar denken, aber als bloßes transscendentales *Ideal* unbestimmt lassen mußte, dem *theologischen* Begriffe des Urwesens, Bedeutung (in praktischer Absicht, d. i. als einer Bedingung der Möglichkeit des Objects eines durch jenes Gesetz bestimmten Willens)".[445] Die Postulatenlehre nimmt also zwei Aufgaben wahr, die in der Religionsphilosophie nach Kant zentral sind, nämlich über die Formulierung eines bestimmten Gottesbegriffs sowie über die Begründung der Rede von Gott Rechenschaft abzulegen.[446]

Schleiermacher formuliert von seiner bereits analysierten praktisch-philosophischen Position aus zwei Argumente gegen Kant. Das erste Argument greift Kants Festhalten am Glückseligkeitsgedanken als Element im höchsten Gut an.[447] Dieses Element bildet insbesondere die Grundlage des Postulats vom Dasein Gottes: Da ein vernünftiges Wesen in der Natur von dieser abhängig ist, kann es eine seiner Sittlichkeit proportionale Glückseligkeit nicht garantieren. Also muß die Existenz eines von der Natur unterschiedenen Wesens vorausgesetzt werden, das durch Verstand und Willen Ursache der Natur und des Zusammenhanges zwischen Tugend und Glückseligkeit ist, nämlich Gott.[448] Dagegen wird von Schleiermacher eingewendet, daß dies mit dem reinen Vernunftansatz der Ethik unvereinbar ist. Kant sei inkonsequent im Verhältnis zu seinem eigenen

---

442 KpV, 220.
443 KrV B, 383f.396f.
444 Zum Beispiel KpV, 259ff.
445 Ebd. 240.
446 Vgl. zum Beispiel Dalferth, Rede 543ff., der die Problematik der Identifizierbarkeit, der Prädizierbarkeit und der Verifizierbarkeit unterscheidet. Die beiden ersten entsprechen unter anderen philosophischen Bedingungen der erstgenannten Aufgabe, die letzte der zweiten Aufgabe.
447 KGA I/1, 95ff.
448 KpV, 224ff.

Ausgangspunkt. Schleiermacher beruft sich also gegen Kant auf dessen eigenen Gedanken von der Autonomie der Vernunft.[449] Im Unterschied zu Kant schreibt Schleiermacher der Glückseligkeitslehre eine legitime, aber indirekte Funktion im Verhältnis zur Sittenlehre zu, nämlich zur Kultivierung der Leidenschaften beizutragen und dadurch das moralische Gefühl zu fördern.[450]

Obwohl dieses Argument für sich genommen hinreichend ist, um die Postulatenlehre zu problematisieren, fügt Schleiermacher einen weiteren und komplizierteren Gedankengang hinzu, der vom Glückseligkeitsgedanken absieht.[451] Es fließen zwei Teilargumente ein, die beide vor dem Hintergrund seines Verständnisses der sittlichen Praxis gesehen werden können, nämlich der These von der Notwendigkeit eines besonderen sinnlichen Gefühls.

Ist ein solches Gefühl erforderlich, sind wir „auch hier", d.h. auf der praktischen wie auch auf der theoretischen Ebene, „abhängig von den einschränkenden Bedingungen der Sinnlichkeit".[452] Schleiermacher nimmt hier ein Glied in Kants Argumentation im Zusammenhang des ersten Postulats auf,[453] um es gegen die Postulatenlehre auszuspielen, und stellt gleichzeitig das sittliche Bewußtsein augenscheinlich in eine Analogie zum erkennenden Bewußtsein, wie Kant selbst es in der transzendentalen Analytik herausgearbeitet hat. Schleiermacher fragt von daher, ob die Postulate über „die natürliche Illusion der spekulativen Vernunft"[454] hinausführen, also über den Trug hinaus, der der transzendentalen Dialektik zufolge darin besteht, kraft der theoretischen Vernunft die Ideen als objektiv zu betrachten.[455] Seine Antwort fällt negativ aus:

> „Mit welchem Recht können wir daher glauben, daß die Supposition dieser Begriffe im praktischen Gebrauch nothwendiger einleuchtender oder erwiesener sei als im theoretischen, da sie doch in beiden aus dem nemlichen Grund entsteht, nemlich aus der Kollision der überschwenglichen Ideen unsrer Vernunft mit den einschränkenden Bedingungen der Sinnlichkeit, und da die praktische Vernunft nicht mit mehrerem Recht die Darstellung ihrer Ideen in unserm Gemüth, so fern es zur Sinnenwelt gehört, verlangen kann, als die

---

449 Außerdem stellt Schleiermacher die Möglichkeit in Frage, die Verbindung von Tugend und Glückseligkeit in der kommenden Welt konsistent zu denken (KGA I/1, 102,7ff.); vgl. Rehberg, Verhältnis 157f.
450 KGA I/1, 124f.
451 Ebd. 98ff.
452 Ebd. 99,30f.
453 Vgl. ebd. 99,28, mit KpV, 220.
454 KGA I/1, 99,25f.
455 KrV B, 353f.610.

Spekulation die Realisirung der ihrigen an den äußern Erscheinungen, über welche sie eben so wenig Gewalt hat".[456]

Das andere Teilargument problematisiert die moralphilosophische Prämisse für die Postulate, die Forderung nach einer Verwirklichung des höchsten Gutes, welches Schleiermacher ja ohne das Fremdelement Glückseligkeit faßt. Dessen Realisirung sei weder notwendig noch möglich für den menschlichen Willen, der nur durch subjektive Beweggründe, deren Macht nicht nur vom vernünftigen Subjekt abhänge, vom Sittengesetz bestimmt werden könne.[457] Auch hier beruft sich Schleiermacher gegen Kant auf die transzendentale Dialektik: Mit dieser Forderung habe er das höchste Gut zu einem konstitutiven Prinzip gemacht, obwohl es doch nur ein regulatives Prinzip für unsere Willensbestimmung sein könne.[458]

Die Stichhaltigkeit beider Teile dieses zweiten Arguments – ein weiteres Beispiel für Schleiermachers Auffassung, daß das sittliche Bewußtsein ungeachtet seiner im Vergleich mit dem erkennenden Bewußtsein andersartigen Struktur nicht zu stärkeren Aussagen fähig ist als dieses – kann hier nicht weiter thematisiert werden. Statt dessen soll die Aufmerksamkeit auf Schleiermachers Konklusion des Gedankenganges im ganzen gerichtet werden. Diese besteht darin, daß das Resultat von Kants Erörterung der Gottes- und Unsterblichkeitsideen in der transzendentalen Dialektik auch im Verhältnis zur praktischen Vernunft Gültigkeit habe. Schleiermacher fügt einen Kommentar und eine neue Bestimmung des philosophischen Status der Ideen hinzu:

> „Es mag also unsrenthalben mit den Begriffen von Gott und Unsterblichkeit lieber auf dem Fuß bleiben, wie es vor diesem neuerlichen Versuch nach allem was in der Dialektik der reinen spekulativen Vernunft darüber gesagt war, sein Bewenden hatte. Und warum sollten wir uns dabei nicht beruhigen? Diese Ideen mögen reale oder hypothetische Gewißheit haben, ja sie mögen sogar Wahrheit oder Täuschung seyn, so bleiben sie immer für uns Menschen in unserm dermaligen Zustand – in irgend einer von den unzähligen Gestalten die sie zu verschiednen Zeiten schon angenommen haben und will's Gott noch annehmen werden – unvermeidlich und als solche Data werden sie ihre Stellen in der Glükseligkeitslehre, um derentwillen sich eigentlich alle Menschen so gewaltig für sie interessiren, immerdar behalten, und die Vernunft wird sich des Geschäfts nicht erwehren können, sie in diejenige Form zu bringen welche der wahren Sittlichkeit am wenigsten nachtheilig und am meisten beförderlich ist".[459]

---

456 KGA I/1, 99,32ff.
457 Ebd. 100,3ff.
458 Ebd. 100,32ff., vgl. Rehberg, Rezension von KpV 357, wo der Gesichtspunkt jedoch nicht ganz derselbe ist.
459 KGA I/1, 101,10ff.

Es ist nicht ohne weiteres klar, worin der Inhalt dieser Schlußfolgerung besteht. Die Frage ist insbesondere, was sich Schleiermacher in der transzendentalen Dialektik zu eigen macht und wie er dies auffaßt.

Halten wir uns weiterhin an die Gottesidee, geht es natürlich um das Stück über das Ideal der reinen Vernunft. Schleiermacher zielt wohl nicht nur auf die Kritik der Gottesbeweise ab,[460] die auch in der Postulatenlehre vorausgesetzt wird.[461] Die Aussage ist auch nicht eine Zustimmung zur Beschränkung dieser und der anderen Ideen auf einen regulativen Gebrauch im Anhang der transzendentalen Dialektik.[462] Übrig bleibt der Abschnitt über das transzendentale Ideal, auf den im obigen Kant-Zitat über die Leistung des Gottespostulats hingewiesen wurde, und der eine Schlüsselfunktion innerhalb der Argumentationen Kants in bezug auf das theologische Thema innehat.[463] Daß nicht zuletzt an diesen Abschnitt gedacht werden muß, wird dadurch unterstützt, daß Schleiermacher tatsächlich darauf verweist: Er referiert Kant so, daß das *ens realissimum* für die theoretische Vernunft die Totalität ihres Gegenstandes sei und daß der Begriff davon einen Grund in der Vernunft habe.[464] Meines Erachtens kann mit Bezug darauf der Sinn von Schleiermachers Schlußfolgerung am besten rekonstruiert werden.

Der Abschnitt über das transzendentale Ideal ist eine Kritik des metaphysischen Gottesgedankens: Dieser entspringt der Idee von der *omnitudo realitatis*, indem diese auf illegitime Weise als *ens realissimum* im Sinne eines einzelnen Wesens „realisirt", d.h. als objektiv gegeben gefaßt, dann als Grund aller Dinge „hypostasirt" und endlich „personificirt" wird.[465] Eine theoretische philosophische Theologie, die dem Gottesbegriff mehr als eine regulative Funktion der Erkenntnis zuteilt, ist also ausgeschlossen für Kant und ebenso für Schleiermacher. Jener hat jedoch die Postulatenlehre als alternative Begründung und Bestimmung des Gottesgedankens in Reserve: Nicht die theoretische, wohl aber die praktische Vernunft gelangt Kant zufolge zu einem bestimmten Gottesbegriff. Schleiermacher dagegen weist mit der praktischen Begründung der Metaphysik zusammen diesen

---

460 So wird die Stelle interpretiert von Arndt, Kommentar 1058ff.; siehe dazu unten Anm. 470.
461 Vgl. KGA I/1, 97,33ff.
462 Wehrung, Werdens 50. Wehrung begründet diese Auslegung nicht, verbindet wohl aber die Schlußfolgerung mit der vorausgehenden Aussage, daß das höchste Gut als ein regulatives Prinzip zu begreifen sei. Zur übrigen Literatur siehe Grove, Rehberg 23f.
463 KrV B, 599ff.; zur Interpretation siehe Ulrich Barth, Religion [1993].
464 KGA I/1, 106,8ff., vgl. KrV B, 604.
465 KrV B, 608.611. Kant gebraucht dafür auch Ausdrücke wie „eine bloße Erdichtung" (ebd. 608), „das Idealische und bloß Gedichtete einer solchen Voraussetzung", „ein bloßes Selbstgeschöpf ihres Denkens" (ebd. 611f.).

positiven Teil von Kants Theorie der Bestimmung des Gottesbegriffs zurück und kommt also zu einer radikalen Kritik der philosophischen Theologie. Daß er die Kantische Vernunftkritik als eine radikale Problematisierung der philosophischen Theologie aufnimmt, geht aus der Bemerkung hervor, daß es nicht unsere Ruhe stören solle, wenn die Ideen nur hypothetische Gewißheit haben sollten – so nach Kant im Zusammenhang der theoretischen Erkenntnis[466] – oder sogar eine Täuschung wären.

Schleiermachers Auseinandersetzung mit der Postulatenlehre stützt sich auf mehrere Gedankengänge in Kants theoretischer und praktischer Philosophie. Er argumentiert mit der Analytik der zweiten Kritik gegen ihre Dialektik, mit der ersten Kritik gegen die praktisch-philosophische Transformation der Metaphysik in der zweiten Kritik. Diese wird durch dieselben Einwürfe getroffen wie ihre Vorgänger in der Aufklärung.[467] Schleiermachers Resultat geht dahin, daß die Gottesidee nicht als reiner Vernunftbegriff bestimmt denkbar ist und nicht in die Metaphysik gehört.[468] Seine Schlußfolgerung kommt in Ausdruck und Sache der diesbezüglichen Konklusion von Rehbergs Rezension der zweiten Kritik Kants sehr nahe. Dieser zieht eine Linie zum Spinozismus hin.[469] Schleiermachers positive Überlegungen zur Verortung und Rekonstruktion des Gottesgedankens[470] sind Thema des folgenden Abschnitts.

---

466 Zum Beispiel KpV, 227.255f.

467 In der unabgeschlossenen Briefabhandlung „An Cecilie" stellt Schleiermacher die Ideen von Gott und der Unsterblichkeit innerhalb eines moralphilosophischen Zusammenhanges dar, der sowohl auf Kants Moraltheologie als auch auf verwandte Gedankengänge der Spätaufklärung bezogen werden kann (KGA I/1, 211,4ff.). Der Briefschreiber verweist auf die Notwendigkeit einer Auswanderung aus „dieser schöneren Gegend der Philosophie" in „unfruchtbare und trostlose Provinzen derselben" (ebd. 212,15ff.). Hier bricht das Manuskript ab.

468 Vgl. den Schluß, den er in bezug auf die Ideen aus seinem ersten Argument zieht: „warum sollen wir also so hartnäckig darauf bestehn den Antheil derselben an dem System reiner philosophischer Kenntniße zu vertheidigen?" (ebd. 98,5ff.).

469 Rehberg, Rezension von KpV 359: „Es bestätigen sich also auch hier die Grundsätze der Dialektik der reinen speculativen Vernunft. Und da die Vernunft, vermöge ihrer Natur auf eine höchste Einheit in ihren Principien arbeitet, so schlagen alle ihre vergeblichen Bemühungen, ihre Ideen realisirt zu denken, nur zu einem Spinozismus aus, der nicht allein, wie Kant (S. 182) sehr richtig sagt, die einzige Art ist, wie die wirkliche Welt gedacht werden kann, wenn Raum und Zeit für ihr selbst anhängende Bestimmungen gelten sollten: sondern der auch, von diesen falschen Vorstellungen von Raum und Zeit gereinigt, die einzige Art ist, wie überall die theologischen Ideen gedacht werden können, wenn ihnen eine objective Realität angedichtet werden soll, dergleichen sie *für unsern jetzigen* Verstand gar nicht haben können".

470 Vgl. in dieser Hinsicht die Konklusion der Abhandlung über das höchste Gut mit Rehbergs Position, wie sie oben Anm. 431 zum Ausdruck kommt. – Andreas Arndt gibt eine Darstellung der Entwicklung Schleiermachers bis 1793 (Arndt, Kommentar 1034-1125). Diese Darstellung, die aus der Abhandlung vom höchsten Gut weitgehende

Das Ergebnis könnte in Anknüpfung an Rehberg sachlich genau als *kritischer oder undogmatischer metaphysischer Atheismus* bezeichnet werden.[471] Schleiermacher vermeidet jedoch – auch hier vorsichtiger als Rehberg – den Ausdruck Atheismus. Das ist kaum nur in der – in Anbetracht der Radikalität seiner Position im Fall der Veröffentlichung der Abhandlung – realistischen Befürchtung einer Anklage infolge des Wöllnerschen Religionsedikts vom 9.6.1788 begründet. Er war sich aber über diese Radikalität völlig im klaren. Er erkennt die Notwendigkeit der Postulatenlehre für Kant an, „um dem ganzen System einen gewißen verhaßten Anstrich zu benehmen". Er selbst erklärt sich jedoch bereit, im Interesse der Wahrheit das Risiko einzugestehen, „einen gewißen üblen philosophischen Ruf zu ertragen", der „in unsern zur Consequenzmacherei so geneigten Zeiten" den bedrohe, der diese Lehre in Frage stelle.[472] Diese Aussage spielt zweifellos auf den Spinoza-Streit an und auf Jacobis These, daß jede konsequent rationale Philosophie auf Spinozismus und also auf Atheismus und Fatalismus hinauslaufe.[473] Geht man – wofür vieles spricht – davon aus, daß Schleiermacher sich zustimmend mit Rehberg beschäftigt hat, handelt es sich kaum nur um eine oberflächliche Anspielung, obwohl diese auch nicht überbewertet werden darf. Was die Kritik des Theismus betrifft, kann so schon seine Abhandlung über das höchste Gut nicht nur mit dem Kantianismus, sondern auch mit der Spinoza-Renaissance als dem anderen Hauptfaktor der damaligen religionsphilosophischen Debatte in Verbindung gebracht werden.

Schlüsse zieht, sich aber auf der anderen Seite teilweise auf späte Aussagen von ihm stützt, versucht vor allem zu zeigen, daß der junge Schleiermacher nicht auf der Kantischen Höhe seiner Zeit ist. Es wird hier zu Unrecht und ohne ausführliche Erörterung von Schleiermachers Kritik der Postulatenlehre behauptet, daß er sich eher an deren Fassung in Kants erster Kritik als an die verbesserte Fassung in der zweiten Kritik hält (ebd. 1042ff.). Die Darstellung folgert, daß bei Schleiermacher im Grunde eine „Entschärfung", eine nur „scheinbare Radikalisierung der Kantischen Kritik der Gottesbeweise" vorliegt (ebd. 1058ff.). Arndt, der Kants Beitrag in diesem Zusammenhang nur als eine Kritik und Rekonstruktion der Gottesbeweise aufzufassen scheint, bestimmt bereits das Thema falsch, das Kant und Schleiermacher sowohl vereint als auch trennt. Dieses liegt nicht in den Gottesbeweisen, sondern in den Bedingungen für eine Bestimmung des Gottesgedankens. Wie der Vergleich mit Rehberg zeigt, repräsentiert Arndts Darstellung auch keine treffende Interpretation von Schleiermachers Stellung im Kontext der sonstigen zeitgenössischen philosophischen Theologie. Insoweit man die Sache von seinen frühen Arbeiten her betrachtet, muß damit auch Arndts Beurteilung seines religionstheoretischen und theologischen Ansatzes, der zu einer Immunisierung im Verhältnis zu Philosophie und Vernunft führe (ebd.), als unberechtigt abgewiesen werden.

471 Siehe die Bemerkungen zum Atheismusbegriff bei Rehberg, Verhältnis 18.

472 KGA I/1, 97,26ff.

473 Vgl. Jacobi, Lehre 24.223ff.

1.5.3. Schleiermachers Postulatenlehre

Es konnte der Eindruck entstehen, als ob sich Schleiermacher lediglich destruktiv auf die Kantische Postulatenlehre und ihre Gedankenformen bezogen hätte. Daß dieser Eindruck verfehlt wäre, zeigt im Frühwerk besonders „Wissen, Glauben und Meinen". In diesem Text baut Schleiermacher seine eigene Position mit Hilfe dieses, freilich modifizierten Kantischen Theoriestücks auf. Besonders hier ist seine Theorie der Bestimmung und Begründung des Gottesgedankens deutlich erkennbar. Er präzisiert und korrigiert implizit auch die Ausführungen von „Über das höchste Gut". Darin spielt wohl eine Entwicklung des Kontextes mit hinein: Schleiermacher bezieht sich jetzt wahrscheinlich nicht nur auf Kant, sondern auch auf die Weiterbildung der Postulatenlehre in Fichtes Offenbarungskritik.

Bleiben wir einen Augenblick noch bei den positiven Hinweisen zu den Ideen von Gott und der Unsterblichkeit in dem Aufsatz über das höchste Gut. Der eine Punkt ist ihre Verortung in der Glückseligkeitslehre. Geht es um eine Lösung *ad hoc*, die bei aller Kritik an Kants Postulatenlehre in diesem Punkt doch von dieser abhängig bleibt? Jedenfalls scheint sie an keiner Stelle in Schleiermachers Werk eine genaue Entsprechung zu haben, auch nicht in seinen *Grundlinien einer Kritik der bisherigen Sittenlehre* von 1803, die sonst die Gedanken des Aufsatzes aufgreifen.[474] Man findet in solchen Zusammenhängen eine Zurückführung der Ideen auf die Phantasie.[475] Dagegen ist der zweite hervorzuhebende Punkt, die Verbindung der Rede von Gott mit dem konkreten *Zustand* des Menschen – ein uns von Schleiermachers Überlegungen zur Selbstbewußtseinsthematik bekannter Begriff –, durchaus thematisch relevant in bezug auf den Ansatz in „Wissen, Glauben und Meinen".

Der noch nicht analysierte Teil von Schleiermachers Argumentation in diesem Text ist eine Beantwortung „der großen Frage", „was ist in der Religion *Wissen*? was ist in ihr *Glauben*? was ist in ihr bloßes *Meinen*?"[476].

Die Vorgehensweise ist dieselbe wie beim Selbstbewußtseinsthema, insofern Schleiermacher sich Kant anschließt, um dann selbständig zu präzisieren und zu korrigieren. Zunächst macht er die Kantische Kritik der traditionellen, theoretischen Metaphysik gegen den Versuch geltend, die Religion aus der Idee der Welt zu deduzieren.[477] Indem er sich auf die

---

474 KGA I/4, 50ff.
475 Ebd. 53,3ff.
476 KGA V/1, Nr. 326,35f. Zum folgenden vgl. Grove, Postulatenlehre 57ff.
477 KGA V/1, Nr. 326,37ff. Die diesbezüglichen Bemerkungen können wohl von KrV her
    verstanden werden, naheliegender erscheint jedoch, bei KGA V/1, Nr. 326,50ff., auf KU,

„ersten Säze" Kants beruft, folgert er, daß wir die Religion über die bloße Meinung nur hinausheben können, „wenn wir zugleich dem *Wissen* völlig entsagen und uns auf das bloße *Glauben* einschränken: zu dem Ende aber müssen wir nicht von etwas außer uns, sondern von etwas in uns, vom praktischen ausgehn".[478] Soweit weiß Schleiermacher sich in Übereinstimmung mit Kant. Der erste Teil des Zitats paraphrasiert dessen bekannten Satz: „Ich mußte also das *Wissen* aufheben, um zum *Glauben* Platz zu bekommen".[479] Die letzten Formulierungen weisen auf die einleitenden Bestimmungen des Glaubensbegriffs zurück. Es bestätigt sich hier, daß die dort besprochene Annahme von Gegenständen aufgrund ihres notwendigen Verhältnisses zu einem subjektiven Moment als ein praktisch begründeter Glaube im Sinne der Kantischen Postulatenlehre zu verstehen ist.

Bei der Näherbestimmung dieses letzten Punktes unterscheidet sich indessen Schleiermacher von Kant. Er expliziert aufgrund seiner Unterscheidung zweier Arten des menschlichen bewußten Selbstverhältnisses Kants These selbständig dahingehend, daß sie den religiösen Glauben an das unmittelbare Selbstbewußtsein des Menschen als Autonomie und Streben nach Glückseligkeit binde.[480] Gegen diese – wie Schleiermacher formuliert – Deduktion der Religion aus den beiden Elementen des reinen, allgemeinen Selbstbewußtseins und aus ihrer Verbindung, also gegen die Argumentation der Postulatenlehre über das proportionale Verhältnis zwischen Tugend und Glückseligkeit, wendet er ein, daß Kant dadurch zu Unrecht den Glauben zu einem *notwendigen* Glauben mache. Diese Kritik, die er nicht an dieser Stelle begründet, nimmt seine Abhandlung „Über das höchste Gut" auf,[481] auf die er indirekt hinweist. Die kritische These beider Texte ist dieselbe.

In Schleiermachers Theorie, wie sie in „Wissen, Glauben und Meinen" – im Unterschied nicht nur zu Kant, sondern auch zu Schleiermachers eigener Abhandlung von 1789 – ohne Verweis auf den Glückseligkeitsgedanken entwickelt wird, wird die Religion als subjektiver Glaube im engeren Sinn, d.h. als individueller Glaube und als auf das Selbstbewußtsein des konkreten Zustandes des Subjektes bezogen definiert: „Mir scheint aller Grund zum Glauben an die Religion in dem Bedürfniß zu

---

§§ 65ff.85, zu verweisen. So entspricht Schleiermachers Wiedergabe der „Einwendung der Atheisten" Kants Darstellung des Spinozismus als der These einer „unabsichtlichen Zweckmäßigkeit" der Natur (KU B, 322ff. u.a.). Im übrigen legen auch Passagen in Schleiermachers „Über den Wert des Lebens" seine Beschäftigung mit KU nahe (vgl. KGA I/1, 416,13ff.; 424,37ff.).

478 KGA V/1, Nr. 326,67ff.
479 KrV B, XXX.
480 KGA V/1, Nr. 326,75ff.
481 Vgl. KGA I/1, 97,24f.; 99,33; 101,14f.

liegen dem bei uns von innen so sehr angefochtnen Sittengesez eine
äußere Stüze zu verschaffen".[482] „Dies beruht nicht auf dem allgemeinen,
sondern auf dem individuellen Selbstbewußtseyn, weil es sich nur auf die
Art bezieht wie wir eine allgemein als nothwendig erkannte Idee gegen
die (durch den individuellen Zustand eines jeden gegebenen und nicht in
der Natur als nothwendig erkannten) Widersprüche der Sinnlichkeit
autorisiren".[483]

Dieser Begriff von Religion scheint dicht bei demjenigen Kants und
mehr noch bei der Auffassung von der Religion in Fichtes *Versuch einer
Kritik aller Offenbarung* zu liegen. Um den Unterschied zu präzisieren, ist
es zweckmäßig, Schleiermachers Gedankengang gerade mit diesem Werk
zu vergleichen. Wie bereits gezeigt, stimmen Fichte und Schleiermacher
in der Religionstheorie darin überein, daß sie mit einer Unterscheidung
von individuellen und allgemeinen, zufälligen und wesentlichen subjektiven Bestimmungen operieren.[484] Gerade hier kann man jedoch auch einen
wesentlichen Unterschied zwischen beiden konstatieren. Für Fichte sind
die empirischen Bestimmungen der menschlichen Natur Voraussetzung
für den Offenbarungsglauben, diese Natur an sich aber, abgesehen von
ihren besonderen Modifikationen, Grundlage für den Vernunft- oder
Postulatenglauben. Der Gottesbegriff entspringt der reinen Vernunft
a priori, und im Gegensatz zum Offenbarungsglauben ist der Vernunftglaube für die Menschen allgemeingültig und kann von jedermann
gefordert werden.[485] Für Schleiermacher hingegen beruht auch der Vernunftglaube auf besonderen Bestimmungen der menschlichen Natur. Die
Annahme Gottes und der Unsterblichkeit gilt nicht allgemein und notwendig – insofern haben die Ideen ihren Platz nicht in der Metaphysik in
der Bedeutung dieses Begriffs, die von uns zugrundegelegt wird –,
sondern nur empirisch und *individuell*. Schleiermachers positive These in
bezug auf die Begründung der Theologie ist also, daß die Ideen auf
kontingenter sittlich-religiöser Erfahrung beruhen und nur als ihre
Interpretamente legitim sind. *Metaphysik und Religion werden unterschieden,
und die Religion übernimmt die theologiebegründende Funktion der Metaphysik,*
die Kant in rekonstruierter Form beibehalten hatte.

Diese Position ergibt sich folgerichtig aus der Auflösung der Kantischen Lehre vom höchsten Gut, regt aber zu kritischen Fragen an. Auch

---

482 KGA V/1, Nr. 326,89ff.
483 Ebd. Nr. 326,101ff.
484 Siehe oben S. 96.
485 FGA I/1, bes. 103-112. Die letztgenannte Wendung, die nicht in den relevanten Texten
     von Kant vorzukommen scheint, wird von Schleiermacher KGA V/1, Nr. 326,23f.140,
     gebraucht.

wenn es zutreffend ist, daß Religion nicht von jedermann *gefordert* werden kann – daß sie nicht Pflicht sei, hat schon Kant gelehrt[486] –, bleibt zu fragen, ob sie nicht beanspruchen muß, für jedermann zu gelten und also irgendeine Art von Allgemeingültigkeit zu haben. Man könnte die Religion mit dem ästhetischen Wohlgefallen, wie Kant es erklärt, vergleichen: Dies ist ebenso subjektiv, fordert jedoch eine nicht auf Begriffen beruhende Allgemeinheit und Notwendigkeit.[487] Schleiermachers Position in „Wissen, Glauben und Meinen" scheint diesem Anspruch der Religion nicht Rechnung tragen zu können, sondern eine radikale Subjektivierung des religiösen Glaubens zu beinhalten.

Nach dem Gesagten ist die Kontinuität und Übereinstimmung mit der Kantischen Postulatenlehre zu unterstreichen. Sie kommt zum Ausdruck im Gebrauch der Begriffe Interesse und Bedürfnis, im Hinweis auf „anderweitige Gründe" für die Annahme der Existenz Gottes[488] und in der pointierten Rede von dieser Annahme selbst, insofern sie von der menschlichen Subjektivität ausgeht. Ähnlich wie Kant behauptet Schleiermacher, daß ich „in meiner praktischen Vernunft Data genug finde jene Ideen auszuführen".[489] Die ganze Argumentationsstruktur ist dieselbe wie bei Kant, jedoch im Verhältnis zu ihm verschoben. Schleiermachers „Wissen, Glauben und Meinen" ist auch eine Postulatenlehre.

Die Stützfunktion der Religion in bezug auf das sittliche Bewußtsein wird durch den Gottesglauben als die Annahme eines Wesens, das ausschließlich durch die Vernunft bestimmt wird, wahrgenommen; dieses persönliche Wesen, das Schleiermacher als ein praktisches Ideal bezeichnet, veranschaulicht die Möglichkeit einer solchen Bestimmung.[490] Was dem Sittengesetz beim einzelnen widerspricht, ist seine Bestimmtheit durch die Sinnlichkeit; es wird nicht wie in Kants Religionsschrift auf die Bestimmtheit durch das Böse verwiesen.[491] Außerdem wird die Funktion durch den Unsterblichkeitsglauben wahrgenommen, der im Verhältnis zum bedrückenden Bewußtsein unserer begrenzten Erfüllung des Sittengesetzes unseren Handlungsspielraum vergrößert und den Gegensatz zwischen dem Gesetz und seiner Anwendung auf unsere endliche Existenz aufhebt.[492] Demgegenüber lehnt Schleiermacher eine Begründung

---

486 KpV, 226f.260.
487 KU, §§ 6ff.18ff.
488 KGA V/1, Nr. 326,59.
489 Vgl. ebd. Nr. 326,124f., mit besonders KrV B, XXIf.
490 KGA V/1, Nr. 326,94ff.
491 Vgl. Kant, Die Religion innerhalb der Grenzen der bloßen Vernunft, AA VI, 1-202, dort z.B. 57ff. Siehe jedoch in Schleiermachers Predigten zum Beispiel SW II/7, 94ff.147f.
492 KGA V/I, Nr. 326,107ff.

der Religion ab, die darauf verweist, daß das Sittengesetz einen Gesetzgeber außerhalb von uns voraussetze und seine Verbindlichkeit auf Lohn und Strafe beruhe. Solche Annahmen sind nur mit gefühlten, unentwickelten Ideen vereinbar, „nicht mit dem Licht worin sie durch die systematische Ausführung der Vernunft gesezt werden".[493]

Die so begründete Religion bezeichnet Schleiermacher als die Religion der reinen Vernunft, von welcher er die geoffenbarte Religion sondert.[494] Fichte verwendet eine entsprechende Unterscheidung.[495] Anders als bei Fichte und Kant kann das Prädikat *rein* bei Schleiermacher nicht äquivalent mit *a priori* in einem strengen Sinne sein, insofern er ja den Religionsbegriff nicht vom unmittelbaren Selbstbewußtsein her formuliert. Der Ausdruck soll nicht einen starken religionsphilosophischen Apriorismus markieren, sondern betont den Gegensatz zu etwas Übernatürlichem. Soweit, sagt Schleiermacher, „bleibe ich bei der Religion der reinen Vernunft stehn. Dabei findet ein sehr ehrerbietiges Urtheil über solche positive Religionen statt, welche der Moralität gemäß sind; ja auch eine gewiße Bestimmung, die ihnen gegeben wird; aber das geht verloren, daß ich eine derselben als unmittelbare übernatürliche Offenbarung annehme".[496]

Die Offenbarungsreligion erkennt Schleiermacher in einer bestimmten Interpretation an. Er nennt zwei subjektive Gründe, die recht besehen auf einen reduziert werden können. Ich müsse in meinem Bewußtsein darüber belehrt werden, daß ich einerseits das Sittengesetz nicht richtig erkennen und andererseits die fortgesetzte Existenz, die Voraussetzung für das Wachstum der Sittlichkeit sei, nicht erreichen könne. Schleiermacher akzeptiert den Erkenntnismangel als Grund. Werde mehr hineingelegt, was wiederum die Grundlage beispielsweise für den Gedanken von Opfer und stellvertretender Versöhnung bilde, beruhe dies auf einem Irrtum oder mache eine bloße Meinung aus; die Ablehnung oder der Vorbehalt gegenüber der Satisfaktionslehre ist typisch für die Theologie der Spätaufklärung. Die legitime Offenbarungsreligion ist also vor allem übernatürliche moralische Belehrung. Wie die Vernunftreligion ist sie auf die Sittlichkeit hin orientiert und konzentriert sich auf den Gottesgedanken und den Gedanken von der Unsterblichkeit der Seele und hat noch mehr als sie nur individuelle Gültigkeit. Eine breite, konkrete Entfaltung dieses

---

493 Ebd. Nr. 326,122f.
494 Ebd. Nr. 326,126.141.
495 FGA I/1, 39f.51ff.
496 KGA V/1, Nr. 326,126ff.

Religionsverständnisses ist in Schleiermachers gleichzeitigen Predigten zu finden.[497] „Wissen, Glauben und Meinen" ist nicht so sehr eine Theorie von Religion im engeren Sinn als eine Theorie religiösen Denkens von Gott und der Unsterblichkeit. Man kann ihr jedoch Hinweise zum Verständnis der Religion als solcher entnehmen, von denen folgende hervorgehoben werden sollen: 1. Schleiermacher interpretiert das Religionsthema streng vom praktisch-sittlichen Bewußtsein her: Was „nicht vom praktischen ausgeht", kann „nicht eigentlich Religion" sein.[498] Insofern besteht bei Schleiermacher eine Übereinstimmung mit Kant und Fichte und mit der Religionsphilosophie der Spätaufklärung. 2. Er interpretiert Religion *vom Selbstbewußtsein des Subjekts her*. Obwohl diese Interpretation an Gedanken Kants anknüpft, vollzieht dieser keine derartige explizite theoretische Verbindung von Selbstbewußtseins- und Religionsbegriff. Fichte kommt ihr wenigstens nahe.[499] 3. Schleiermacher begreift die Religion allein vom *individuellen Selbstverhältnis* des Menschen her und weicht darin von den beiden Vorgängern ab. Dies gilt es insofern betont herauszustellen, als man bislang in bezug auf „Wissen, Glauben und Meinen" weitgehend der Ansicht war: „Schleiermacher verankert die Religion im *unmittelbaren Selbstbewußtsein*".[500] Dies ist keine präzise Wiedergabe seines Ansatzes; denn hier beim frühen Schleiermacher wird Religion im individuellen und nur indirekt im unmittelbaren Selbstbewußtsein verankert.

Es geht bei Schleiermacher zu dieser Zeit zwar um eine einseitig moralphilosophische Interpretation der Religion. Daß diese aber nicht bloß auf Tugend reduziert wird, geht aus seinen Predigten hervor. Sie versuchen im allgemeinen, am sittlichen Bewußtsein eine genuin religiöse Dimension hervortreten zu lassen, die die Sittlichkeit zugleich transzendiert. Man kann hier auf eine schöne Stelle in Schleiermachers Briefen „An

---

497 Dazu Grove, Frihed 156-177. Zu den ersten Predigten vgl. Meckenstock, Ethik 168-180. Meckenstock weist darauf hin, daß Schleiermacher hier „viel und selbstverständlich" von Gott redet und die überlieferten, metaphysischen und moralischen Gottesprädikate „durchaus affirmativ" aufnimmt. Er kommentiert: „Die Kantische Vernunftkritik mit ihren Eingrenzungen zur Gottesidee hat in Schleiermachers Jugendpredigten noch keine Spuren hinterlassen" (ebd. 175). Statt auf diese Weise das Vorliegen einer Diskrepanz zwischen einerseits Predigten und andererseits philosophischen Entwürfen Schleiermachers zu behaupten, kann die betreffende Rede von Gott sehr wohl als mit der Hauptthese von „Wissen, Glauben und Meinen" übereinstimmend verstanden werden: Sie hat – wie die in den frühen Predigten ebenso häufig vorkommenden teleologischen Vorstellungen von Ordnung und Gang der Welt – ihren metaphysischen Status verloren und ist Ausdruck der Auslegung des sittlich-religiösen Bewußtseins.

498 KGA V/1, Nr. 326,46f.

499 Vgl. FGA I/1, 38f.

500 Meckenstock, Ethik 157.

Cecilie" hinweisen, die dasselbe mit Hilfe des Begriffs der Abhängigkeit ausdrückt, wie er im übrigen vereinzelt in den Predigten auftritt.[501] In „An Cecilie" spricht Schleiermacher von einer Abhängigkeit und Notwendigkeit, die auf Bestimmung durch fremde Bestimmungsgründe ohne eigene Stellungnahme, also auf Heteronomie beruht.[502] Ihr wird teils die Freiheit, teils die umfassendere Abhängigkeit der Religion gegenübergestellt: „Die himmlische Blume der Tugend wächst nur in den ofnen Gärten der Freiheit nicht in den Treibhäusern des Gehorsams. Allein die Religion welche ihm" – dem jungen Menschen, von dessen exemplarischer Bildung die Briefe handeln – „eine noch größere Abhängigkeit predigt und ihn gleichsam über die kleinere trösten kann welche ein Bild von jener ist, diese wächst mit einer mildthätigen Willigkeit überall wo der Mensch sie ausstreut".[503]

1.5.4. Kritizistisch reflektierter Spinozismus

Für die theologisch-metaphysische Thematik ist unter Schleiermachers Spinoza-Studien besonders die „Kurze Darstellung des Spinozistischen Systems" zuständig. Es soll hier nicht darum gehen, diese Darstellung als Beitrag zur Spinoza-Interpretation zu beurteilen. Sie soll dagegen in ihrem unmittelbaren systematischen Kontext betrachtet werden.[504]

Dieser besteht erstens in der frühen Theoriebildungen Schleiermachers. Er deutet Spinoza in willenstheoretischer und überhaupt in psychologischer Hinsicht von seinem aus der deutschen Aufklärung gespeisten Ansatz her, der Spinoza ziemlich fern steht.[505] In theologisch-metaphysischer Hinsicht, die uns hier allein interessiert, kommt Schleiermacher ihm wohl in gewissen Punkten näher. Er tut dies unter erst seit Kant möglichen Verstehensvoraussetzungen, wie sie in Schleiermachers „Über das höchste Gut" und in „Wissen, Glauben und Meinen" erkennbar sind. Ich werde bei der Analyse von „Kurze Darstellung" also Schleiermachers Unterscheidung von Metaphysik und Religion und seine Theorie der Genese des Gottesgedankens aus dem subjektiven Leben, die beide späterhin von ihm weitergeführt werden, voraussetzen.

---

501 SW II/7, 39.372.

502 KGA I/1, 196,4ff.

503 Ebd. 196,12ff.

504 Es besteht noch das Forschungsdefizit, Schleiermachers Spinoza-Rezeption auf befriedigende Weise historisch-genetisch und systematisch aufzuklären. Diese Aufgabe kann innerhalb des Rahmens meiner Untersuchung nicht durchgeführt werden.

505 Vgl. KGA I/1, bes. 528ff.

Damit ist schon die andere, äußere Seite des zu berücksichtigenden Kontextes berührt. Zum Kantianismus kommt noch die Spinoza-Renaissance und diese besonders in Gestalt von Jacobis Spinoza-Briefen. Schleiermacher ist von dessen Darstellung nicht unabhängig. Obwohl er von Jacobis Rekonstruktion dessen, was Lessing im Gespräch mit ihm den *Geist* des Spinozismus nennt – d.h. seinen leitenden systematischen Gesichtspunkt, das Prinzip, von welchem her alle seine Aussagen verstanden werden können[506] –, abweicht, scheint er von Jacobis Darstellung Akzente zu übernehmen, die zu den besonderen Konturen seiner eigenen Rekonstruktion und Rezeption beitragen. Was Jacobis eigene Philosophie betrifft, soll nur bemerkt werden, daß es – Herms' Behauptung entgegen[507] – keine Anzeichen dafür gibt, daß Schleiermacher die in dieser als Glaubens- oder Gefühlsphilosophie enthaltene erkenntnistheoretische These übernimmt. Im Gegenteil beurteilt er – der sich ja zu dieser Zeit ausdrücklich zum transzendentalen Idealismus bekennt – Jacobi und auch Hemsterhuis nach ihrer Übereinstimmung mit diesem Idealismus.[508]

In unserem Zusammenhang ist es wichtig, daß sich Schleiermacher desselben Verfahrens in bezug auf Spinoza bedient. Häufig stellt er fest, daß Spinoza dem kritischen Idealismus sehr nahe ist.[509] Wenn er wie Jacobi fordert, „Spinozas dunkle Terminologie" in „unsere Sprache" zu übertragen, ist diese nur in Schleiermachers Fall die Terminologie des transzendentalen Idealismus;[510] freilich gibt es Ansätze dazu bei Jacobi. Überhaupt argumentiert Schleiermacher nirgends im Frühwerk vorbehaltloser von Kantischer Erkenntnistheorie her. Schleiermachers Spinoza-Rezeption bedeutet also keinen Rückfall hinter Kant zurück. Sie ist das erste, aber nicht das letzte Beispiel, wie er sich vom Kritizismus her vorkritische Gedankengänge aneignet und in jenen einbaut.

Auf der anderen Seite behauptet Schleiermacher, daß Spinoza in einigen Hinsichten Kant überlegen ist. Diese doppelte Anknüpfung an Spinozismus und Kantianismus verleiht seinen Spinoza-Studien eine implizite Spannung, die – wie es scheint – über Kants Art des Kritizismus hinausführen muß. Mit dieser komplexen Konstellation von Aneignung Spinozas durch und gegen Jacobi und Kant sind Schleierma-

---

506 Jacobi, Lehre 24.104.
507 Vgl. oben S. 93.
508 KGA I/1, 575,16ff.; 596f.
509 Zum Beispiel ebd. 574,31f.; 576,4f.
510 Ebd. 575,34ff.; vgl. Jacobi, Lehre 182f.

chers Spinozana typisch für die philosophische Spinoza-Rezeption seiner Generation.[511]

1.5.4.1. Schleiermacher über die philosophische Theologie Spinozas

Bei Schleiermachers „Kurze Darstellung" gehe ich vorläufig von der Frage aus, wie er Spinozas Metaphysik rekonstruiert. Ich frage aber zugleich schon, inwiefern dies sich mit seinen eigenen früher erreichten Ergebnissen in Verbindung bringen läßt. Die Metaphysik von Spinoza faßt Schleiermacher in dem Satz zusammen: „*Es muß ein Unendliches geben, innerhalb dessen alles endliche ist*".[512] Er versucht, mit Bezug darauf den argumentativen Zusammenhang des Systems immanent nachzubilden.

Schleiermacher untersucht, worauf dieser Satz beruht, wie Spinoza darauf kommt. Er beachtet dabei die Vorgehensweise, mit der Jacobi seine verschiedenen Darstellungen des Spinozismus durchführt, und bevorzugt dabei Jacobis 44 Paragraphen. Er schreibt diese beinahe vollständig ab[513] und stützt sich hauptsächlich auf sie. Die 44 Paragraphen sind in der Tat die umfassendste und bündigste von Jacobis Präsentationen der Philosophie Spinozas und zeichnen sich außerdem durch ausführliche Spinoza-Zitate aus. Von dort her kritisiert Schleiermacher andere seiner Darstellungen, wo Spinozas Gedanke von der einen Substanz seines Erachtens nur vorausgesetzt, aber nicht begründet wird.[514] Er findet jedoch auch die Paragraphen ungenügend. Jacobi begreift hier wie andernorts die Spinozistische Philosophie als die konsequente Durchführung des Prinzips

---

511 Zum Beispiel sind sie vergleichbar mit privaten Notizen Hölderlins von 1790/91; siehe dazu Henrich, Konstellationen 155ff.; ders., Grund 164ff. Gelegentlich sind sie mit Herder verbunden worden. So stellt Klaus Hammacher Schleiermacher neben diesen in eine Interpretationsrichtung, die, von Leibniz bestimmt, den Gott Spinozas als *Kraft* umdeutet (Hammacher, Philosophie 57ff.). Der Verweis auf einen Leibnizschen Kraftbegriff in Verbindung mit dem Gottesgedanken ist jedoch, was Schleiermacher betrifft, irreführend. Hammachers Hauptbeleg aus „Spinozismus" (KGA I/1, 536f.) handelt nicht von Gott, sondern von den Begriffen von Vorstellungsvermögen, Begehrungsvermögen, Trieb und Begierde. Indirekt weisen Schleiermachers Überlegungen auf seine Bestimmungen dieser Begriffe teilweise in Anknüpfung an Reinhold in „Über die Freiheit" zurück. Auf ähnliche Weise behauptet Julia Lamm, die ebenso an dieser Stelle (ebd.) und anderswo (KGA I/1, 554ff.) eine besondere Hervorhebung des Begriffes der Kraft sieht (Lamm, God 42f.35f.), sehr zu Unrecht, daß Schleiermacher Spinozas Metaphysik mit Herder übersetzt: „we cannot speak of substance, only of substantial force" (ebd. 29, vgl. auch ebd. 26).
512 KGA I/1, 564,21f.
513 Ebd. 513-523; Jacobi, Lehre 168-210.
514 KGA I/1, 534,17ff.; 556,16ff.

a nihilo nihil fit.[515] Schleiermacher schließt aus, daß Spinozas Metaphysik von diesem Prinzip allein ausreichend verstanden werden kann.[516]

Der erste Punkt in Schleiermachers Untersuchung gibt schon Anlaß, auf seine Motive zur Rezeption Spinozas einzugehen. Er fragt, ob dessen System auf seine Polemik gegen den Theismus zurückgeführt werden kann. Bei Schleiermachers früherer Kritik des philosophischen Gottesgedankens legt sich seine Anknüpfung an diese Polemik nahe. Meines Erachtens schließt er nicht die Legitimität des Gedankens eines persönlichen Gottes außerhalb der Metaphysik aus. „Kurze Darstellung", die sich auf diese beschränkt, sagt darüber nichts. Es ist nicht nötig, Schleiermachers Hinweise zu Spinozas Kritik der Lehre von Gott als einem Wesen mit Verstand und Willen und als Schöpfer näher zu behandeln; er fügt den Gedanken von Gott als einem ausgedehnten Wesen hinzu und grenzt sich also indirekt von der Behauptung ab, daß Spinozismus auf Materialismus hinauslaufe.[517] Entscheidend ist, daß dieser Punkt nach Schleiermacher nicht der Hauptansatz Spinozas sein kann und daß er auch nicht sein Interesse an der Spinozistischen Philosophie erschöpft.

Dieses läßt sich von den beiden Auseinandersetzungen mit der Kantischen Postulatenlehre her rekonstruktiv weiter verfolgen. Auch wenn diese Glauben und Religion in indirektem Anschluß an etwas Unbedingtes, nämlich das reine Vernunftgesetz, begreifen, ergibt sich aus ihnen eine radikale Subjektivierung der Religion und der Gotteslehre. Ist diese dann nicht eine bloße Projektion? Anders als Kant kann Schleiermacher diesen Einwand nicht durch Hinweis auf den vernünftigen Charakter des Glaubens hinreichend entkräften. Seine Kritik der philosophischen Theologie hat also das Entstehen eines metaphysischen Vakuums zur Folge. Schleiermachers „Kurze Darstellung" ist indes ein Zeugnis, daß er nicht bereit ist, das metaphysische Thema zugunsten einer radikal subjektivierten Religion fallen zu lassen. Bisher hat er kaum Mittel gehabt, dem Abbau der überlieferten Metaphysik einen entsprechenden Aufbau folgen zu lassen. Gerade hier wird Spinozas Gedanke des Unendlichen von höchstem Interesse für ihn. Es kann hinzugefügt werden, daß die Aneignung Spinozas Schleiermacher in einer weiteren, nicht in den frühen Spinozana, sondern erst in den *Reden* eingeholten Perspektive neue Möglichkeiten nicht nur der Begründung oder jedenfalls der Unterstützung, sondern auch der Interpretation der Religion im Sinne einer Korrektur des einseitig moralphilosophischen Religionsverständnisses erschließen wird.

---

515 Jacobi, Lehre 24ff.104ff.168ff.
516 KGA I/1, 563,33ff.
517 Ebd. 563,22f.

Schleiermachers Interesse an Spinoza in „Kurze Darstellung" bezieht sich also vor allem auf die positive Seite seiner Metaphysik, wie sie in dem obigen Satz von der Inhärenz des Endlichen im Unendlichen zum Ausdruck kommt. In Anknüpfung an die von Jacobi zur Rekonstruktion Spinozas eingeführte Unterscheidung von Werden und Sein[518] führt er diesen Satz auf „die Idee von dem Fluß der endlichen Dinge, deren jedem für sich betrachtet keine Existenz zukomt", zurück[519] und beansprucht, aus dieser Begründung der Hauptthese im Gedanken von der Unselbständigkeit des Endlichen alle untergeordneten Sätze der Konzeption Spinozas ableiten zu können.

Uns kommt es auf einige Punkte an, die die auch in Schleiermachers früheren Entwürfen aufgenommene Frage der Bestimmung des Gedankens Gottes oder des Unendlichen berühren. Die erste polemische These über die inneren göttlichen Eigenschaften – daß Gott nicht Verstand und Willen hat – läßt sich ohne weiteres aus dem Zusammenhang zwischen dem Substanzgedanken und der Vorstellung vom Fließen der endlichen Dinge deduzieren. Ausgehend von Jacobi, präzisiert Schleiermacher sie zu einer allgemeinen, prinzipiellen Klausel der Spekulation: „Das unendliche Wesen kann seinem Wesen nach nicht durch diejenigen Prädikate bestimt werden, welche das Wesen der einzelnen Dinge ausmachen, sonst käme ihm seinem Wesen nach kein eigentliches Seyn zu, sondern eine beständige Succession des Werdens".[520] Der Theismus verfügt also nicht über einen konsistenten Gottesbegriff und stellt als metaphysische Position eine Verendlichung des Unendlichen dar.

Schleiermacher verweist hier auf Jacobis Wendung, daß das Unendliche abgesondert von den endlichen Dingen „das ihnen gemeinschaftliche Seyn, das völlig unbestimte, die reine Materie" sei. Er findet jedoch diesen Ausdruck unzureichend und erläutert in epistemischer Hinsicht: Der präzise Ausdruck ist „die unvorstellbare Materie";[521] im übrigen ist der Seinsbegriff, der in Jacobis Reformulierung und Rezeption des Spinozismus völlig zentral ist,[522] untergeordnet in Schleiermachers „Kurze Darstellung" und spielt in seiner Rezeption keine Rolle. Die genannte Erläuterung stützt er auf eine von Jacobi abweichende Deutung der von ihm angeführten Belege aus Spinoza. Seine Pointe ist nach Schleiermacher nicht nur, daß das Unendliche das bloß Unbestimmte ist, sondern die

---

518 Jacobi, Lehre 168.
519 KGA I/1, 564,21ff.
520 Ebd. 566,34ff. Schleiermacher bezieht sich hier und bei den im folgenden behandelten Bestimmungen auf Jacobi, Lehre 179ff., und auf die dort gegebenen Spinoza-Zitate.
521 KGA I/1, 567,6ff.
522 Vgl. Henrich, Grund 48ff.

erkenntniskritische These, daß davon kein allgemeiner Begriff gebildet werden kann. Seinerseits fügt er hinzu, daß es auch nicht angeschaut werden kann.[523] Daß man keinen allgemeinen Begriff vom Göttlichen formen kann, sieht Schleiermacher enthalten in Spinozas Begründung der Behauptung, daß die Prädikate *unum* und *unicum* nur uneigentlich darauf bezogen werden können: Subsumtion der Dinge unter Zahlen impliziert Subsumtion unter einen gemeinsamen Gattungsbegriff, die beim Unendlichen nicht stattfindet.[524] Gott kann also nicht Individuum genannt werden. Das hätte zu dem Versuch geführt, „ihn von den endlichen Dingen zu unterscheiden und außerhalb derselben zu denken".[525]

Die in dieser letzten Aussage enthaltene Klausel hat Schleiermacher vorher in Verbindung mit der zweiten von ihm genannten polemischen These Spinozas formuliert: daß Gott nicht die endlichen Dinge außer sich geschaffen hat. Dieser These vermag Schleiermachers Auffassung des Begründungsgangs bei Spinoza leicht Rechnung zu tragen. In dieser Rücksicht soll das Unendliche „das unbedingte, welches nicht außerhalb der Reihe sondern nur in dem ganzen Inbegrif derselben zu finden ist", sein.[526]

Der letzte zu nennende Punkt ist Schleiermachers Feststellung einer „doppelte[n] Betrachtung des unendlichen" bei Spinoza: als abgesondert vom Endlichen und als untrennbar damit verbunden.[527] Schleiermacher erklärt sie aus der von ihm hervorgehobenen leitenden Idee: Die Unselbständigkeit der endlichen Dinge für sich veranlaßt den Versuch einer letzten Begründung und bedingt zugleich eine nähere Bestimmung dieser Begründung.

> „Nemlich von dem Bedürfniß getrieben den lezten Grund der endlichen Dinge zu finden, findet Spinoza ein Unendliches dessen Essenz die bloße Existenz ist; von dem Saz gestossen daß der lezte Grund der endlichen Dinge nicht außerhalb derselben seyn darf, entdekt er nun daß jenes Unendliche nicht das ganze, vollkommene unendliche ist, sondern daß zu jener Essenz die endlichen Dinge in dem Verhältniß der Inhärenz wenigstens mittelbar stehen müssen".[528]

---

523 KGA I/1, 567,10f.
524 Ebd. 568,10ff.
525 Ebd. 569,7ff.
526 Ebd. 567,12f. Wenn dies als eine Betrachtung des Unendlichen nach der Form und die Bestimmung des Unendlichen als der unvorstellbaren Materie als eine Betrachtung nach dem Gehalt bezeichnet wird (ebd. 567,11f.), ist dies wohl nach Spinozas cartesianischer Unterscheidung von *objektiv* und *formal* zu verstehen; Schleiermacher bemerkt später, daß diese seiner Kantischen Terminologie ganz entgegengesetzt ist (ebd. 579,1ff.).
527 Ebd. 567,14ff.
528 Ebd. 567,20ff.

Dieser Passus kann als Zusammenfassung seines Verständnisses der Spinozistischen philosophischen Theologie aufgefaßt werden: Als *letzter* Grund ist das Unendliche transzendent in bezug auf das Endliche – das Verhältnis zwischen Grund und Begründetem, Ursache und Wirkung ist einseitig und irreversibel. Als letzter *Grund* oder Ursache hat das Unendliche das Endliche inhärent in sich und kann also nur in seiner Beziehung auf das Begründete verstanden werden.

Dies läßt sich wirklich auf Spinozas Hauptansatz[529] beziehen. Es scheint jedoch, daß Schleiermachers Darstellung weiter geht. Nimmt man die in seinen frühen Spinoza-Studien aus Jacobis Briefen nicht zitierte Formel für den Spinozismus: ἕν καὶ πᾶν auf, kann Spinozas These so formuliert werden, daß Alles in Einem ist, sie kann aber nicht sachgemäß umgekehrt ausgedrückt werden: daß das Eine in Allem ist. In dieser Richtung scheint Schleiermachers Spinoza aber zu tendieren, wenn es, wie oben zitiert, heißt, daß das Unendliche im Inbegriff des Endlichen zu finden oder anzuschauen sei,[530] oder wenn es in der Fortsetzung von „Kurze Darstellung" mit diesem Inbegriff gleichgestellt wird.[531] Ist das Unendliche nach der ersten Betrachtung *das Unbedingte*, ist es also nach der zweiten *die Totalität*. Schleiermacher ist hier von Jacobi abhängig, der von der Inhärenz des Endlichen im Unendlichen auf die Identität des Inbegriffs alles Endlichen mit dem Unendlichen schließt.[532] Bei diesem muß eine solche Bestimmung jedoch im Zusammenhang mit der Atheismusanklage gesehen werden.

Hinzugefügt werden kann, daß wohl mehrere der genannten Bestimmungen bei Schleiermacher auf Kantische Gedanken aus der Dialektik der ersten Kritik anspielen. Der Gedanke vom Unendlichen als Inbegriff der endlichen Dinge erinnert an Kants Definition einer kosmologischen Idee[533] oder an die Idee vom Inbegriff aller Realität, wie sie im Abschnitt über das transzendentale Ideal thematisiert wird. Mit diesem Abschnitt hat die Spinoza-Darstellung Schleiermachers weitere Berührungspunkte: die Unterscheidung der höchsten Realität als Inbegriff und als Grund, als Totalität oder als Unbedingtes und die Kritik des Gedankens vom Unendlichen als Individuum.[534] So eignet sich die Darstellung dazu, Hauptgedanken Spinozas und Kants Kritik und Umformung der Metaphysik aufeinander zu beziehen.

---

529 Ich stütze mich auf Konrad Cramer, Gedanken, bes. 176ff.
530 Siehe auch KGA I/1, 569,14f.
531 Ebd. 570,23f.
532 Jacobi, Lehre 171f.
533 Zum Beispiel KrV B, 447.
534 Ebd. 603ff.

1.5.4.2. Spinozismus *mutatis mutandis*

In den bisher behandelten Teilen der „Kurze Darstellung" hat Schleiermacher die Spinozistische Theologie eher neutral rekonstruiert. Nun benutzt
er aber die Rekonstruktion als Grundlage eines Vergleichs mit Leibniz
und Kant. Erst hier bringt er seinen eigenen Standpunkt explizit zum
Ausdruck und kann also nicht auf den von ihm rekonstruierten Spinozismus festgelegt werden. Der Vergleich mit Leibniz, der darauf abzielt,
Spinozas Überlegenheit aufzuweisen, kann hier außer acht bleiben, der
mit Kant, der eine entsprechende Tendenz hat, gibt Hinweise auf eine
Transformation der Metaphysik Spinozas mit Kantischen Mitteln. Ungeachtet, ob man – in Anschluß an Wendungen Schleiermachers – sein Ziel
als einen Spinozismus *mutatis mutandis* oder als einen sich selbst verstehenden Kantianismus beschreibt,[535] geht es um einen Beitrag zur Transformation der Metaphysik nach Kant.

Im Zusammenhang des ersten Vergleichpunkts, der die Frage einer
extramundanen Ursache betrifft, geht Schleiermacher auf Unterschiede
ein, aber auch auf eine Reihe von Gemeinsamkeiten. Beiden Denkern
gemeinsam sei der Ausgang vom Problem, „das Unbedingte zu dem
Bedingten zu finden". Kant erlaube zwar, daß „ein unbedingtes außer der
Reihe" gedacht wird, während es nach Spinoza „kein anderes Unbedingtes möglich als der ganze Inbegrif des Bedingten" sei.[536] Schleiermacher
entschärft jedoch den Gegensatz soweit wie möglich. Er verweist auf die
regulative Funktion der Ideen nach Kant: Dessen Unbedingtes soll „den
ewigen Regressus nicht aufhalten und also den Anfang der endlichen
Dinge nicht erklären".[537] Ebenso soll es nicht die Ursache der Sinnenwelt
sein. Schleiermacher parallelisiert Kant und Spinoza mit Hilfe der Kantischen Unterscheidung der Phaenomena und der Noumena: „die Sinnenwelt ist bloß ein Erzeugniß der Verstandeswelt und des Menschen, und
die Welt der noumena ist grade auf eben die Art die Ursach der Sinnenwelt, wie Spinozas unendliches Ding die Ursach der endlichen Dinge
ist".[538]

Insofern Kant aber nicht bei dieser Verhältnisbestimmung stehen
bleibt, wird er Ziel der Kritik Schleiermachers:

> „Wodurch wird nun Kant genöthigt oder auch nur veranlaßt, ein außer-
> weltliches Ding als Ursach der Verstandeswelt anzunehmen? weiß er denn
> ob überhaupt die Kategorie der Causalität auf die Noumena anwendbar ist?

---

535 Vgl. KGA I/1, 570,39ff.25f.
536 Ebd. 570,20ff.
537 Ebd. 570,26ff
538 Ebd. 570,30ff.

weiß er ob jene Welt ein Bedingtes ist, wozu er ein Unbedingtes zu suchen braucht? Offenbar wird er durch nichts veranlaßt als durch einen inkonsequenten Rest des alten Dogmatismus, und Kant ist eigentlich in diesem Stük ein Spinozist, versteht sich mutatis mutandis".[539]

Analysieren wir zuerst die konstruktive Seite dieser Argumentation. Die Kant-Spinoza-Parallele, die anhand der Phaenomenon-Noumenon-Unterscheidung formuliert wird, deutet nicht nur Spinoza transzendentalphilosophisch – darauf ist zurückzukommen –, sondern sie interpretiert darüber hinaus Kant Spinozistisch: Die Welt der Noumena ist nicht real außerhalb der Sinnenwelt. Sie bringt wie das Unendliche nach Spinoza nicht die endlichen Dinge außer sich hervor, sondern sie ist ihre immanente Ursache. Was die Inanspruchnahme der Unterscheidung von Phaenomena und Noumena betrifft, soll vorerst nur bemerkt werden, daß im Vergleich mit früheren Überlegungen im Kontext der Freiheitstheorie bei Schleiermacher vielleicht eine Akzentverschiebung in der Richtung des transzendentalen Idealismus stattgefunden hat.[540] Jedenfalls wendet er sich hier nicht gegen die Anwendung der Kausalitätskategorie auf das Verhältnis zwischen Noumena und Phaenomena; im Gegenteil, er setzt sie wie den Gedanken von einer intelligiblen Welt in seiner Synthese von Spinoza und Kant voraus. Gegen Kant wendet er kritisch ein, daß dessen Theorie von der Beziehung zwischen dem Unbedingten und der Welt der Noumena die Grenzen der Erkenntnis dogmatistisch überschreitet. Auf welches Kantische Theoriestück bezieht sich diese Kritik? Soweit ich sehe, kann nicht an die transzendentale Dialektik gedacht werden. Es muß um die in Kants praktischer Philosophie verortete Lehre von der göttlichen Schöpfung als Schöpfung der intelligiblen Welt gehen.[541] Insofern kann eine Linie zu Schleiermachers Abhandlung über das höchste Gut gezogen werden: Wie dort pflichtet er der Erkenntnistheorie und der Metaphysikkritik der spekulativen Philosophie Kants bei – jetzt von einem angemesseneren Verständnis her –, lehnt aber dessen praktisch-philosophisch fundierte Rekonstruktion der Metaphysik als in sich inkonsequent ab.

Schleiermachers Ergebnis, daß Kant in diesem Punkt eigentlich ein Spinozist ist, kann ebenso als Weiterführung des Resultats von „Über das höchste Gut" verstanden werden. Spinozismus steht hier besonders für die Hervorhebung des Totalitätsgedankens. Die von Schleiermacher akzeptierte These vom Unbedingten als dem ganzen Inbegriff des Bedingten hat faktisch eine sachliche Affinität zur theologiekritischen These

---

539 Ebd. 570,33ff.
540 Vgl. oben S. 81.
541 KpV, 180ff. Dies ist auch deshalb naheliegend, weil dieses Theoriestück eine der Stellen enthält, wo Kant den Spinozismus kommentiert.

über die *omnitudo realitatis* im Abschnitt vom transzendentalen Ideal in *Kritik der reinen Vernunft*. Es soll auch festgehalten werden, daß Schleiermacher unter diesem Punkt den Weltbegriff einführt.

Das, was nach Schleiermacher am Spinozismus verändert werden muß, bezieht sich nicht auf die These von der Weltimmanenz des Unbedingten,[542] sondern unter anderem auf den folgenden Vergleichspunkt, wo die ersten Hinweise zu einer kritizistisch reflektierten Spinozistischen Metaphysik gegeben werden.[543] Es geht um die weitere Bestimmung „des der Sinnenwelt zum Grunde liegenden";[544] Schleiermacher bedient sich also auch hier der Kantischen Unterscheidung. Seine These ist, daß beide Denker ein größeres Wissen vom Noumenalen beanspruchen, als begründbar ist. Er liest Kant in dem Sinn, daß jeder Erscheinung ein Ding zugrunde liegt, macht jedoch dagegen geltend, daß die Mehrheit der Individuen nur die Phänomene betrifft und keine Aussagen über die Struktur der Verstandeswelt zuläßt.[545] Mit Kant „eine Mehrheit der Noumenen" oder mit Spinoza „eine positive Einheit und Unendlichkeit" des Noumenalen zu behaupten,[546] sei gleichermaßen unhaltbar. Welche Fassung der Idee vom Unbedingten und vom Noumenalen Schleiermachers Nadelöhr passiert, geht aus seiner Schlußfolgerung hervor: „Wenn [...] wir nichts von ihnen sagen sollen als was sich nothwendig auf die Erscheinung bezieht, so ist es schon eine Anmaßung, wenn wir uns anders ausdrüken, als *das noumenon, die Welt als noumenon".*[547]

Diese Feststellung ist bemerkenswert. Schleiermacher gelangt zu ihr, indem er den Spinozistischen Begriff des Unendlichen als Totalität mit der restriktiven Fassung von Kants Gedanken der intelligiblen Welt verbindet. Dabei ergibt sich eine Zurücksetzung des Gottesbegriffs zugunsten des Weltbegriffs, die vorwärts auf die *Reden* Schleiermachers weist.[548] Ein Begriff des Universums kommt auch schon hier vor. Es kann ebenso

---

542 KGA I/1, 570,39ff.

543 Ebd. 573f.

544 Ebd. 571,1f.

545 Schleiermacher bezichtigt Kant, dem Fehlschluß der rationalen Psychologie selbst nicht zu entgehen: „Ist es denn gewiß, daß jedem Bewußtseyn ein eignes noumenon zum Grunde liegt? gehört nicht diese Behauptung ebenfalls zum Paralogism der Vernunft? Mir wenigstens scheint es mit den denkenden Dingen grade das Bewandniß zu haben, als mit den ausgedehnten: das individualisirende Bewußtseyn beruht auf der Receptivität und bezieht sich nur auf die Erscheinung; grade das was gewiß am nächsten mit demjenigen zusammenhängt, was in uns wirklich existirt, nemlich die Vernunft individualisirt uns am wenigsten, und ihre Betrachtung führt uns fast eher vom Wahn der Individualität zurük" (ebd. 574,12ff.).

546 Ebd. 574,20f.25.

547 Ebd. 574,20ff.

548 Vgl. Meckenstock, Ethik 215.

darauf hingewiesen werden, daß er an der Lessingschen Verwendung von Vorstellungen des Organischen zum Denken der Gottheit interessiert ist und innerhalb seiner Spinoza-Darstellung solche Vorstellungen aufnimmt.[549] Die Pointe von Schleiermachers eigener Position ist nicht, daß das Unendliche mit der Welt, wie sie vorliegt, zusammenfällt. Die Idee, die er von Spinoza übernimmt, die Idee von der Inhärenz des Endlichen im Unendlichen, ist zudem undenkbar ohne eine Unterscheidung, die jedoch auf der Ebene der Spinoza-Interpretation durch seine von Jacobi geprägte Deutung des Gedankens vom Unbedingten bedroht wurde. Ist dieses nach Schleiermacher mit der Welt identisch, dann nur mit der Welt als Noumenon. Nach der Aufgabe des Substanzbegriffs und der Zurückstellung des Gottesgedankens verfügt Schleiermacher aber bloß über die Distinktion des Phänomenalen und des Noumenalen als Mittel, der Transzendenz des Unendlichen begrifflich Rechnung zu tragen.

Daß das Unendliche am angemessensten als Welt gedacht wird, ist eine These, die nicht nur Kant, sondern auch Spinoza korrigieren soll. Dessen Position grenzt Schleiermacher vom „reinen Atheismus"[550] ab, den er als die Leugnung des Unendlichen erklärt.[551] Er setzt also voraus, daß sie eine Art des Atheismus genannt werden kann. Noch mehr rechtfertigt sein eigener Gedankengang in „Kurze Darstellung", wozu man auch den Ansatz von „Über das höchste Gut" hinzunehmen kann, die Rede von einem undogmatischen, metaphysischen Atheismus.

1.5.5. Welcher Kantianismus?

Die Analyse von Schleiermachers Spinozana hat im Hinblick auf einen „Kantianismus", der „sich selbst versteht",[552] bisher meist auf Kant abge-

---

549 Er exzerpiert Jacobis Auskunft, daß Lessing, wenn er eine persönliche Gottheit denken sollte, sie als die Seele des Alls, das All in Analogie mit einem organischen Körper und die organische Polarität als Tod und Auferstehung dachte (KGA I/1, 532,17ff.; Jacobi, Lehre 46ff.). Schleiermacher fügt hinzu: „Diese persönliche Gottheit ist nun freilich keine Ursach der Welt". „Das Zurükziehn dieser Weltseele in sich selbst, das Vereinigen des Todes mit der Auferstehung kann ich mir nicht anders denken als ein wechselndes Hervorbringen und Zerstören der organischen Theile des Umfangs d. h. der endlichen, nicht absoluten Individuen, also abermal Spinozismus" (KGA I/1, 532,27f.31ff.). Im Vergleich von Spinoza mit Leibniz sagt Schleiermacher von der Gottheit: „die ganze Welt ist ihr Körper und sie macht also mit derselben nur ein Ding aus" (ebd. 570,13f.). Siehe auch seine Rede von einem Baum als Bild des Universums Spinozas im Sinn eines polar strukturierten Organismus (ebd. 576f.).
550 KGA I/1, 563,29.
551 Ebd. 563,24ff.; 564,9f.
552 Ebd. 570,25f.

hoben, auf den sich Schleiermacher auch direkt bezieht. Andererseits ist längst klar geworden, daß sein Kantianismus nicht allein aus dem Rückgriff auf ihn, sondern auch aus Bezügen zu anderen, kantianisierenden Denkern heraus zu verstehen ist. Das ist auch hier zu sehen: So gibt es deutliche und bedeutsame Einflüsse durch die Philosophie Reinholds. Oben wurde gezeigt, wie dieser um 1790 für Schleiermacher als Ausleger und Verbesserer Kants wichtig wurde, und zwar als ein solcher Anhänger, der schulphilosophische Denkmittel durch der Tradition nicht allzu fern stehende theoretische Mittel zu ersetzen vermochte. Seitdem hat Schleiermacher sich im Zuge seiner fortgesetzten Annäherung an die neue Philosophie weiter von der alten distanziert. Daß Reinholds Denken in dieser Entwicklung seine Bedeutung für Schleiermachers Philosophieren behalten hat, geht aus seinen Spinoza-Studien hervor. Darüber hinaus gibt es keine Indizien dafür, einen Einfluß von Salomon Maimons skeptizistischer Kant-Rezeption festzustellen.[553] Schleiermacher steht Kant und seiner Schule sachlich näher.

1.5.5.1. Reinholds Theorie des Vorstellungsvermögens

Es erscheint an dieser Stelle geboten, eine kurze Präsentation der relevanten Theoriestücke Reinholds, eines heute wenig bekannten Denkers, einzuschieben. Sie soll lediglich notwendige Voraussetzungen für die Interpretation von Schleiermachers Denken ermitteln. Auf der anderen Seite nimmt sie nicht nur auf gegenwärtige Interpretationsbedürfnisse Bezug, sondern auch auf solche, die erst im Zusammenhang späterer Argumentationen Schleiermachers entstehen werden.

Welche Teile der Theorien Reinholds sind also für unsere Untersuchung relevant? Es geht nicht so sehr um sein Programm einer Philosophie aus einem einzigen Grundsatz, das er erst in seinen auf *Versuch einer neuen Theorie des menschlichen Vorstellungsvermögens* von 1789 folgenden Schriften entfaltet hat, vor allem in *Beyträge zur Berichtigung bisheriger Mißverständnisse der Philosophen*, erstem Band, und in *Ueber das Fundament des philosophischen Wissens* von 1790 und 1791. Schleiermacher besaß auch diese beiden Bücher. Es ist ungewiß, ob er sich ursprünglich dieser Seite der Philosophie Reinholds angeschlossen hat; er steht wohl an diesem

---

553 Daß Schleiermacher 1793/94 mit Maimon, Streifereien, bekannt ist, zeigt KGA I/1, 554,26ff. Siehe auch seinen Brief von 17.8.1793, KGA V/1, Nr. 225,5f., wo „Maimon" sich auf eine selbständige Veröffentlichung dieses Autors beziehen muß, die auch Maimon, Versuch, sein könnte.

Punkt echt Kantischen Motiven näher.[554] Jedenfalls ist es nicht eine
Rezeption der grundsatzphilosophischen Ansätze Reinholds, die eine
bleibende Bedeutung in Schleiermachers Theoriebildungen hat.
Relevant sind eher materiale Teile des Reinholdschen Denkens. Vorerst fallen in Schleiermachers Spinozana Bezüge zu Reinholds Unterscheidung von Stoff und Form und zu seiner Lehre vom Ding an sich auf –
Theoriestücke, mit denen er schon bei seiner Lektüre und Abschrift von
Reinholds Rezension des Eberhardschen Magazins vorläufig bekannt
wurde.[555] Hinzu kommt – auch mit Rücksicht auf den Religionsbegriff der
Reden – der Begriff der Anschauung. Dies weist auf Reinholds Vorstel-
lungs-, Bewußtseins- und Erkenntnistheorie hin,[556] die er am ausführlichsten in dem Werk von 1789 entwickelt hat: in dessen zweitem Buch,
der „Theorie des Vorstellungsvermögens überhaupt"[557] und im dritten
Buch, in der „Theorie des Erkenntnisvermögens überhaupt".[558] Vor allem
darauf beziehen sich die folgenden Ausführungen, die jedoch auch die in
Reinholds folgenden Arbeiten gegebenen metaphilosophischen Erklärungen zu seiner neuen Theorie des Vorstellungsvermögens oder zur Elementarphilosophie, wie er diese als *prima philosophia* nun auch bezeichnet,
heranziehen. Die meisten der aus seinem frühen Hauptwerk herangezogenen Gedanken haben spätere Parallelen, insbesondere in der im ersten
Band der *Beyträge* gedruckten „Neue Darstellung der Hauptmomente der
Elementarphilosophie".[559] Es ist deshalb schwierig, aber auch von unter-
geordneter Bedeutung, zu entscheiden, auf genau welchen Text sich
Schleiermacher gegebenenfalls bezieht. Seine Aneignung des frühen
Hauptwerks ist sicher bezeugt. Die betreffenden philosophischen Gehalte
scheinen im Unterschied von den damit verbundenen Systemkonzeptio-
nen innerhalb Reinholds Werks überhaupt relativ konstant zu sein.[560]
Reinholds Diagnose der damaligen philosophischen Situation läuft
darauf hinaus, daß man – auch Kant – bisher versäumt hat, den Begriff der
Vorstellung genau zu bestimmen. Dies ist der wesentliche Grund des

---

554 Siehe oben 1.4.3.

555 Siehe oben S. 64.

556 Schleiermachers „Spinozismus" enthält ein Zeugnis seiner Vertrautheit auch mit anderen Teilen von Reinholds Philosophie. Am Ende des Manuskripts hat er eine Notiz gemacht, in der er auf den ersten, Anfang 1794 vorläufig anonym erschienenen Teil von
Reinhold, Darstellung, verweist und von seiner Kenntnis von Reinhold her diesen als
Verfasser vermutet (KGA I/1, 558).

557 Reinhold, Versuch 193-318.

558 Ebd. 319-579.

559 Reinhold, Beyträge 165-254. Siehe auch die Zusammenfassung der Elementarphilosophie
in ders., Auswahl 257ff.

560 Vgl. Reinhold, Auswahl, 275f.

Streits in der Philosophie und der Mißverständnisse des Kantischen Denkens.[561] Es scheint die von Reinhold veranstaltete, dieser Diagnose entsprechende Therapie zu sein, welche ursprünglich Schleiermachers Aufmerksamkeit auf sich gezogen hat. Wie uns schon bekannt ist, enthält das Reinholdsche Programm des weiteren, daß die Vorstellungstheorie, um den Streit schlichten zu können, nur allgemeingeltende Prämissen zulassen darf.[562] Reinhold entnimmt den Begriff der Vorstellung einer „Tatsache", nämlich der „Tatsache des Bewußtseins". Damit zielt er auf die Struktur ab, die gegeben ist, wenn wir uns etwas bewußt sind.[563] Sie wird in dem seit 1790 von Reinhold sogenannten „Satz des Bewußtseins" wie folgt formuliert: „Im Bewußtseyn wird die Vorstellung durch das Subjekt vom Subjekt und Objekt unterschieden und auf beide bezogen".[564] Dieser Satz soll als Ausdruck einer Tatsache evident sein: Er setzt keine Philosophie voraus, sondern leuchtet jedermann ohne Abstraktion durch Reflexion unmittelbar ein und kann also als allgemeingeltend in Anspruch genommen werden. Er soll sich auch dadurch auszeichnen, nicht durch etwas Höheres bestimmt zu werden, wogegen andere Sätze aus ihm entwickelt werden können. Als selbstverständlich und einer Begründung weder fähig noch bedürftig, sondern anderes begründend eignet sich nach Reinhold der Satz des Bewußtseins als erster Grundsatz der Elementarphilosophie.

In diesen Bestimmungen sind es wiederum nicht die problematischen Grundsatz- und Methodengedanken, sondern die Begriffe der Vorstellung und des Bewußtseins, die uns hier vor allem interessieren. Die einzelnen Gedanken, die wir kennen müssen, können jedoch vom Satz des Bewußtseins her dargestellt werden. Die nächste Entsprechung des Satzes ist im *Versuch* in § 7 zu finden: „Man ist, durch das *Bewustseyn* genöthiget, darüber einig, daß zu jeder Vorstellung ein vorstellendes Subjekt, und ein vorgestelltes Objekt gehöre, welche *Beyde* von der *Vorstellung*, zu der sie gehören, *unterschieden* werden müssen".[565]

Um den von allen vorausgesetzten Begriff des Vorstellungsvermögens zu bestimmen, geht Reinhold von einem entsprechenden Begriff in einer weiteren Bedeutung aus, die eine vorstellende Kraft, die Organisation u.ä. umfaßt, über deren Zugehörigkeit zum Vorstellungsvermögen indessen

---

561 Reinhold, Versuch 62ff.
562 Vgl. auch ebd. 66.198; zum folgenden Reinhold, Beyträge 142ff.167ff.; ders., Fundamente 77ff.
563 Bondeli, Anfangsproblem 55f. Bondeli sieht darin einen Vorgriff des Begriffs der Intentionalität des Bewußtseins bei Brentano und Husserl. Zum folgenden ebd., bes. 98ff.
564 Reinhold, Beyträge 167.
565 Reinhold, Versuch 200.

nicht Einigkeit besteht.[566] Zum Begriff des Vorstellungsvermögens im engeren Sinn kommt Reinhold über § 7, indem er eine Distinktion zwischen äußeren und inneren Bedingungen der Vorstellung einführt: Aus dem engeren Begriff werden das von der Vorstellung im Bewußtsein unterschiedene vorstellende Subjekt und auf dieselbe Weise das vorgestellte Objekt als äußere Bedingungen ausgeschlossen.[567] Sie werden in der Theorie des Erkenntnisvermögens wieder aufgenommen.[568]

Die Bestimmung der inneren Bedingungen der Vorstellung ist das erste Glied der Vorstellungstheorie, mit welchem wir bekannt werden müssen, weil es nicht nur darin, sondern auch in Schleiermachers Rezeption zentral ist. Die inneren Bedingungen oder wesentlichen Bestandteile der Vorstellung sind ihr Stoff und ihre Form. Obwohl das Subjekt und das Objekt des Bewußtseins nicht hierher gehören, werden Stoff und Form der Vorstellung im Blick auf sie gedacht: Stoff und Form müssen nach Reinhold in der Vorstellung als das angenommen werden, wodurch diese sich auf das Objekt bzw. auf das Subjekt des Bewußtseins bezieht.[569] Die Pointe, daß jede Vorstellung sowohl einen Stoff als auch eine Form haben muß, leitet zu Reinholds damals vielkritisierter Version der Lehre vom Ding an sich über, die in dieser Theorie verortet ist: Das Ding an sich ist das Objekt, insofern sich der bloße Stoff der Vorstellung – d.h. ohne Form – darauf bezieht. Ist es nach Kant nicht erkennbar, aber doch denkbar, ist es also nach Reinhold nicht einmal vorstellbar.[570] Weitere Thesen Reinholds besagen, daß der Stoff dem Subjekt des Bewußtseins gegeben, die Form aber von diesem hervorgebracht werden muß, und daß dies durch die Rezeptivität und die Spontaneität als die Bestandteile des Vorstellungsvermögens ermöglicht wird.[571]

Dies gilt wohlgemerkt für jede Vorstellung, also sowohl für die sinnlichen als auch für die verstandesmäßigen oder vernünftigen Vorstellungen. Aus Reinholds diesbezüglichen Theorien ist in unserem Zusammenhang besonders seine Einteilung der sinnlichen Vorstellungen relevant. Eine sinnliche Vorstellung definiert er als eine unmittelbar durch Affektion der Empfänglichkeit entstandene Vorstellung.[572] Das Vorstellungsvermögen ist darin also überwiegend rezeptiv, aus der Lehre vom Stoff und von der Form der Vorstellung ergibt sich aber, daß es auch spontan ist.

---

566 Ebd. 195ff.205f.
567 Ebd. 199ff.
568 Ebd. 321f.
569 Ebd. 230ff.235ff.
570 Ebd. 244ff.
571 Ebd. 255ff.264ff.
572 Ebd. 356ff.

Reinhold spricht von einem „*ersten Grad* der Spontaneität", die hier „im blossen Zusammenfassen", in der Apprehension besteht.[573] Vom Begriff des Bewußtseins her werden zwei Arten der sinnlichen Vorstellung festgestellt: „Die sinnliche Vorstellung heißt *Empfindung* im engeren Sinne, in wieferne sie auf das Subjekt; *Anschauung*, in wieferne sie auf das Objekt bezogen wird".[574] Die Empfindung wird näher so bestimmt: „In wieferne die sinnliche Vorstellung aufs Subjekt bezogen wird, ist sie nichts als eine durchs Afficiertwerden der Receptivität und die Gegenwirkung der Spontaneität bewirkte Veränderung im Zustande des Subjekts, bey der sich dasselbe mehr leidend als wirkend verhält".[575] Diese Erklärung ist von den bisher wiedergebenen Bestimmungen verständlich.

Die Bewußtseins- und Erkenntnistheorie setzt bei Reinhold mit dem Begriff des „Bewußtseins überhaupt" ein, das im Bezogenwerden der Vorstellung auf das Objekt und auf das Subjekt besteht.[576] Dies ist der Gattungsbegriff des Bewußtseins, er trifft also auf jedes Bewußtsein ohne Ausnahme zu. Vom Gattungsbegriff aus bestimmt Reinhold wieder verschiedene Arten des Bewußtseins: Indem wiederum eine neue Vorstellung als auf die drei Elemente des Bewußtseins – Vorstellung, Subjekt und Objekt – bezogen verstanden wird, werden das Bewußtsein der Vorstellung, das Bewußtsein des Vorstellenden oder das Selbstbewußtsein und das Bewußtsein des Vorgestellten unterschieden. Diese Bewußtseinsarten werden auch als klares Bewußtsein, deutliches Bewußtsein und Erkenntnis getrennt; die traditionellen Begriffe der Klarheit und der Deutlichkeit haben damit einen neuen Sinn erhalten. Reinhold führt diese Unterscheidungen durch Differenzierung von Unterarten weiter, wovon wir jedoch absehen können. Wichtig ist etwas anderes: Es wird leicht übersehen und von Reinhold nicht hervorgehoben, daß bei jener Reflexivität der Vorstellung Arten des Bewußtseins vorausgesetzt werden, die nicht auf diese Weise selbstbezogen sind, aber doch unter den Begriff des Bewußtseins überhaupt fallen.[577] Reinhold verbindet mit diesem Gedankengang eine genetische Perspektive; es geht auch um Stufen einer Entwicklung, um einen Prozeß des Bewußtwerdens.[578]

---

573 Ebd. 357; der Unterschied von Kant an diesem Punkt wird von Manfred Frank angemerkt (Frank, Annäherung 246).
574 Reinhold, Versuch 359 § 48.
575 Ebd. 359.
576 Ebd. 321; zum folgenden ebd. 325ff.331ff.
577 Siehe ebd. 338f., ferner Reinhold, Beyträge 221.
578 Vgl. Reinhold, Versuch 336; ders., Beyträge 221f.; Selling, Studien 107f.; Bondeli, Anfangsproblem 136ff.

Wir wollen insbesondere die zwei letzten Arten des Bewußtseins beachten. Wie Dieter Henrich gezeigt hat, ist Reinholds Theorie des Selbstbewußtseins innovativ in der Theorie der Subjektivität, und zwar eher wegen ihrer Problemformulierung als wegen ihres Lösungsvorschlags.[579] Nach Kants vorwiegend funktionaler Thematisierung des Selbstbewußtseins wird die Diskussion über seine epistemische Struktur erst hier wirklich eingeleitet.

Der oben erwähnte Selbstbewußtseinsbegriff wird von Reinhold auf folgende Weise eingeführt:

> „Das *Bewußtseyn des Vorstellenden* als eines solchen, das *Selbstbewußtseyn*, hat das Vorstellende selbst zum Gegenstande, das also dabey vorgestellt, das heißt Objekt einer von ihm als Subjekt und als Objekt verschiedenen blossen Vorstellung werden muß, die durch ihr Bezogenwerden das Selbstbewußtseyn, dessen Gegenstand, durch das Wort *Ich* bezeichnet wird, ausmacht".[580]

Hier wird klar, daß Selbstbewußtsein nach Reinhold – wie sich ohne weiteres aus seinem Bewußtseinsbegriff ergibt – eine, wenn auch spezifische Subjekt-Objekt-Struktur hat, aber auch, daß er es darüber hinaus als eine explizite Subjekt-Objekt-Beziehung versteht. Für uns ist besonders *ein* Punkt in Reinholds Entfaltung dieses Begriffs des Selbstbewußtseins[581] wichtig: Daß es „Bewußtseyn des vorstellenden Subjektes, als des *vorstellenden*" ist,[582] besagt zuerst, daß es nicht Bewußtsein des Subjekts an sich ist. Daß Selbstbewußtsein Bewußtsein des vorstellenden Subjekts *als* des Vorstellenden ist, hat indessen auch eine andere, selbstbewußtseinstheoretisch wichtigere Bedeutung: „Allein das Selbstbewußtseyn enthält nicht blos die Vorstellung des *Vorstellenden*, sondern des Vorstellenden, *welches* in demselben vorstellt, d. h. beym Selbstbewußtseyn wird das Objekt des Bewußtseyns als Identisch mit dem Subjekte vorgestellt".[583] Dies präzisiert die ausdrückliche Subjekt-Objekt-Beziehung der wissenden Selbstbeziehung, die in dem „als" kenntlich gemacht wird, als eine Selbstidentifikation. Reinhold hebt weiter auf das Problem ab, das sich aus der Definition des Bewußtseins in bezug auf die Selbstbeziehung ergibt: „Wie ist diese *Identität* bey dem Unterschiede zwischen Objekt und Subjekt, der dem Bewußtseyn wesentlich ist, in einem und ebendemselben Bewußtseyn, möglich?"[584] Sein problematischer Lösungsversuch, der auf die Interpre-

---

579 Henrich, Anfänge 147ff. Zum folgenden auch Stolzenberg, Selbstbewußtsein [1996] 463ff.
580 Reinhold, Versuch 326.
581 Ebd. 333ff.
582 Ebd. 333 § 40; Hervorhebung von mir.
583 Ebd. 335.
584 Ebd.

tation der apriorischen Formen der Rezeptivität und Spontaneität als des Objekts des Selbstbewußtseins hinausläuft und nicht einmal die Schwierigkeit überwindet, die durch die Weise, wie er hier den Bewußtseinsbegriff verwendet, gegeben ist,[585] soll in unserem Zusammenhang nicht erörtert werden. Dagegen soll erwähnt werden, daß einzelne Aussagen Reinholds die Möglichkeit eines undeutlichen, also impliziten Selbstbewußtseins zulassen.[586]

Reinholds Begriff der Erkenntnis ist uns auch aus dem Grund relevant, daß er den systematischen Rahmen des Begriffs der Anschauung darstellt. Erkenntnis wird wie Selbstbewußtsein als ein höherstufiges Bewußtsein bestimmt. Sie besteht in einem Bewußtsein, bei dem der Gegenstand nicht nur von der Vorstellung unterschieden, sondern auch durch eine zweite Vorstellung als von der ersten Vorstellung unterschieden vorgestellt wird. Nur unter dieser Voraussetzung kann von einem im strengen Sinn bestimmten Gegenstand die Rede sein.[587] Diese Bestimmung wird bekannter und verständlicher, wenn die betreffende zweite Vorstellung Begriff genannt wird. Neben dem Begriff ist Anschauung nach Reinhold wie nach Kant Bedingung sachhaltiger Erkenntnis. Sie wird hier als eine Vorstellung, die sich unmittelbar auf den Gegenstand bezieht, definiert. Der Begriff ist nur mittelbar, nämlich durch eine andere Vorstellung, auf den Gegenstand bezogen; diese andere Vorstellung ist eben die Anschauung, die also mit der ersten Vorstellung innerhalb der Erkenntnisdefinition identisch ist.

Interessant ist, wie die Anschauung von Reinhold in die genetische Perspektive näher eingeschrieben wird. Dies geschieht so, daß sie vom selbstbezogenen Bewußtsein abgegrenzt wird: „Bey der Anschauung wird der Gegenstand nicht von der Vorstellung unterschieden vorgestellt (nicht gedacht) daher auch jedes Bewußtseyn überhaupt in wieferne bey demselben keine andere Vorstellung vorkömmt mit Recht *dunkel* heissen kann".[588] Dies ist nicht so zu verstehen, daß bei der Vorstellung, die Anschauung ist, die dreigliedrige Struktur nicht vorliegt. Dann wäre nach Reinhold nicht mehr von Bewußtsein und auch nicht von Vorstellung die Rede. Auch bei der Anschauung sind wir uns eines Gegenstandes bewußt. Die Anschauung ist dadurch gekennzeichnet, daß sie sich auf den Gegenstand bezieht, ohne daß man sich dessen als etwas von ihr unterschie-

---

585 Stolzenberg, Selbstbewußtsein [1996] 470f.
586 Reinhold, Beyträge 229.391.
587 Reinhold, Versuch 326f.340f.; zum folgenden ebd. 342ff.
588 Ebd. 346. Zum Unterschied von Kants Begriff der Anschauung siehe Selling, Studien 118f.

denen bewußt wird.[589] Insofern werden hier Vorstellung und Vorgestelltes nicht unterschieden. In der Anschauung als solcher wird also keine Erkenntnis vollzogen, es findet nur dunkles Bewußtsein statt. Anschauung repräsentiert die erste Stufe des Bewußtseins.

1.5.5.2. Reinhold in Schleiermachers Spinoza-Studien

Die Reflexionen in Schleiermachers Spinoza-Studien, die insbesondere die Reinholdsche Prägung seiner Gedanken zu erkennen geben, machen den letzten Punkt seiner Kantischen Übersetzung des Spinozismus, den wir untersuchen wollen, aus. Die „Kurze Darstellung des Spinozistischen Systems" wird hier durch Notizen in „Spinozismus" ergänzt.

Um sich der Erkenntnis dieses Einflusses Reinholds anzunähern, kann man zunächst auf den *terminologischen* Befund hinweisen, der an sich nicht sehr bedeutsam ist, aber doch mit entscheidenderen Zeugnissen zusammen zur Zeichnung des Bildes beiträgt. Es ist in beiden Texten auffallend häufig von Vorstellung und Vorstellungsvermögen die Rede.[590] Daß Reinhold dahinter steht, geht aus einer Stelle mit Sicherheit hervor. Schleiermacher greift dort nämlich, um diese „unsre jezigen Termini" zu erklären, auf seine in „Über die Freiheit" von dessen *Versuch einer neuen Theorie des menschlichen Vorstellungsvermögens* angeeignete Distinktion von Vermögen und Kraft zurück.[591] Ein anderes Beispiel, das in dem mit den Spinozana zusammengehörenden Manuskript „Ueber dasjenige in Jakobis Briefen und Realismus was den Spinoza nicht betrifft, und besonders über seine eigene Philosophie" zu finden ist, hat eine Bedeutung, die auch schon über die terminologische hinausgeht: Schleiermacher fragt, ob Hemsterhuis „unter dem Ich das äußere Organ, oder das Subjekt des Bewußtseyns im engern Sinn versteht",[592] und bedient sich also einer Abgrenzung und Begrifflichkeit, die eine Reinholdsche Prägung hat. Es wird sich im folgenden zeigen, daß „unsere Sprache" oder „unsere Terminologie" in Schlei-

---

589 Diese Distinktion wird von Schulze übersehen, der auf die Anschauung verweist, um zu zeigen, daß Reinholds Bewußtseinsbegriff nicht alle Äußerungen des Bewußtseins umfaßt (Schulze, Aenesidemus 70ff., bes. 72f.84f.). Seine Hauptbegriffe sind also tatsächlich weiter, als Schulze annimmt. Der Einwand steht mit dessen sonst nicht unberechtigter These im Zusammenhang, daß Reinholds Theorie des Bewußtseins eigentlich eine Theorie des Objektbewußtseins ist. Schulze erklärt dies von daher, daß Reinhold „ein Bewußtseyn haben" und „sich etwas Vorstellen" verwechselt (ebd. 349ff., dort 352 Anm.).

590 Zum Beispiel KGA I/1, 526f.

591 Ebd. 536,22ff., vgl. oben S. 70f.

592 KGA I/1, 597,2ff.

ermachers Mund überhaupt sich ebenso sehr auf Reinholds als auf Kants Begrifflichkeit bezieht.

Vorerst muß jedoch ein scheinbares Hindernis einer in diese Richtung zielenden Interpretation aus dem Wege geräumt werden. Sie betrifft gerade den Passus, wo von einer Übertragung von „Spinozas dunkler Terminologie" „in unsere Sprache" die Rede ist.[593] Worauf es in unserem Zusammenhang allein ankommt, ist, daß sich Schleiermacher hier auf die Lehre von *Raum* und *Zeit* bezieht. Von Eilert Herms ist dies so verstanden worden, daß er sich mit Spinoza von einer Lehre von beiden als subjektiven Formen distanzierte[594] und also weit von einer Kantischen und auch von einer Reinholdschen Theorie von Raum und Zeit entfernt sei. Lesen wir aber, was Schleiermacher schreibt:

> „Spinoza ist also allerdings Kant auch hierin weit näher als jeder andere. Raum und Zeit ist auch bei ihm nicht nur die Form, sondern der Ursprung alles wandelbaren und aller Veränderung; was also dadurch bestimt ist, ist auch bei ihm nicht im Ding selbst, sondern nur Modifikation eines Dinges, Raum und Zeit ist das modificirende Medium, nur daß er dieses nicht in uns, sondern in einen unbekanten unendlichen Stoff hinein verlegte".[595]

In diesem Passus scheint die Aussage, daß Raum und Zeit nicht nur *Form* sind, Herms' Auslegung zu bestätigen. Diese würde jedoch Spinozas angebliche Nähe zu Kant unverständlich machen und Schleiermachers als Zustimmung zu lesenden Hinweis auf dessen Auffassung von Zeit und Raum als Medium in uns statt im Spinozistischen Unendlichen nicht Rechnung tragen. Völlig eindeutig wird der Passus dagegen, wenn man den Begriff der Form hier nicht Kantisch im Sinne von Anschauungsform, sondern nach Spinozas Terminologie versteht. Diese, die Schleiermacher wohl auch andernorts in „Kurze Darstellung" voraussetzt, erklärt er ein paar Seiten später als „unserer Terminologie" ganz widerstrebend.[596] Es ergibt sich, daß die Stelle – Herms' Behauptung diametral entgegen – ein unzweideutiges Zeugnis von Schleiermachers Übernahme der Kantischen transzendentalen Ästhetik ist.

Diese Erkenntnis stimmt mit dem Punkt überein, auf den es uns vor allem ankommt, und wo Schleiermacher ebenso von Kants Theorie von Raum und Zeit her argumentiert. Es kommt nun auf den Nachweis an, daß er sich nicht nur auf Kant, sondern noch mehr auf Reinhold bezieht. Es ist hier übrigens klar, daß er dies nicht als eine Alternative auffaßt. Daß er *Kant* sagt, aber sich der Begriffe *Reinholds* bedient, zeigt wohl, daß er

---

593 Ebd. 575,34ff.
594 Herms, Herkunft 148.161.
595 KGA I/1, 576,4ff.
596 Ebd. 579,1ff., vgl. oben Anm. 526.

sich in den betreffenden Hinsichten diesen als Ausleger von jenem angeeignet hat. Schon diese Weise, sich mit Reinhold einzulassen, hat interessante, über Kant hinausführende Implikationen.

Am betreffenden Punkt geht es um Spinozas Lehre von der absoluten Ausdehnung und dem absoluten Denken als den Attributen des Unendlichen.[597] Auch hier beansprucht Spinoza Schleiermacher zufolge ein größeres Wissen vom Unendlichen, als begründet ist: Die einzig mögliche Wesensbestimmung des Unendlichen besteht darin, daß es „der absolute Stoff" ist.[598] Schleiermacher geht jedoch über diese Kritik hinaus. Er fragt, woher Spinoza sein Wissen von den Eigenschaften des Unendlichen hat. Mit Jacobi[599] antwortet er, daß „wir von keinen andern Eigenschaften Vorstellungen haben können".[600] Diese Beobachtung macht Schleiermacher zum Ausgangspunkt einer weitergehenden und Spinoza reformulierenden Überlegung. Zuerst verbindet er die Attributenlehre mit der transzendentalen Ästhetik, indem die auch in diesem Zusammenhang geäußerte These von Spinozas Nähe zum kritischen Idealismus eingelöst wird: „Will das nicht eben so viel sagen, als: es ist alles für uns verloren was nicht im Raum angeschaut und in der Zeit empfunden werden kann"? Schleiermacher bekennt sich dabei zur von Spinoza indes nicht erreichten „Einsicht daß Raum und Zeit das eigenthümliche unserer Vorstellungsart ausmache".[601]

Diese Weise, Spinoza und Kant zu verbinden, ist nicht ohne Voraussetzungen in der Auseinandersetzung um Spinoza vor Schleiermacher. Erstens wurde sie schon von Jacobi nahegelegt, der Kants Lehre von Raum und Zeit mit den Ideen von Quantität und Dauer bei Spinoza zusammenstellt. Er wurde dafür von Kantischer Seite in der *Allgemeinen Literatur-Zeitung* scharf angegriffen.[602] Seitdem gibt es – zweitens – eine Tradition unter den Kantianern, die Spinozistische Attributenlehre als eine Hypostasierung der subjektiven Formen des Anschauens zu kritisieren. Sie ist bei Rehberg, Kant und Reinhold belegbar.[603] Schleiermacher fügt sich in diese Tradition ein, anders als die genannten Vorgänger bleibt er aber

---

597 KGA I/1, 574f.

598 Ebd. 574,33f.

599 Jacobi, Lehre 191 Anm. 15. Auch im folgenden bezieht sich Schleiermacher auf diese Anmerkung, wo Jacobi ein Bruchstück von Spinozas Briefwechsel referiert.

600 KGA I/1, 574,36f.

601 Ebd. 575,1ff.

602 Jacobi, Lehre 173ff. Anm. 3. Sie korrigiert die Erstauflage, die hier weiter geht (Jacobi, Werke, Bd. 1.1, 96). Auf diese bezieht sich die ALZ; dazu Schröpfer, Gelehrsamkeit 91f.

603 Rehberg, Verhältnis 54ff.; KpV, 182; Reinhold, Briefe [1923] 167f. Dagegen sieht Reinhold, Versuch 254, die betreffende Lehre als durch Übertragung der beiden Stämme der Erkenntnis auf das Ding an sich entstanden.

nicht bei der Kritik stehen, sondern nützt sie für seinen kritizistisch-spinozistischen Neuansatz aus. Dieser Schritt, der die göttlichen Attribute Spinozas subjektiviert, wird wie folgt beschrieben: „Sezt man nun statt Eigenschaften der Gottheit – Eigenthümlichkeiten des anschauenden, so heißt das: der absolute Stoff ist fähig die Form eines jeden Vorstellungs-vermögens anzunehmen, er besizt bei der vollkomnen unmittelbaren Nichtvorstellbarkeit eine unendliche (mittelbare) Vorstellbarkeit".[604]

Bleiben wir zur Interpretation dieser entscheidenden Aussage zuerst bei den mit Spinoza zusammengehörenden Motiven des Ansatzes. Schlei-ermacher verweist auf die oben bereits behandelte Präzisierung des Gedankens der Unbestimmtheit der reinen Materie bei Spinoza: Diese ist weder begreifbar noch anschaubar und also überhaupt unvorstellbar. Vor dem Hintergrund der Subjektivierung der Lehre von den Attributen des Unendlichen fügt er nun die Erklärung des entsprechenden positiven epistemischen Zugangs hinzu. Die Begriffe des Unmittelbaren und Ver-mittelten sind von einem Spinozistischen Gedanken aus zu verstehen, nämlich dem Gedanken, daß sich das Endliche nicht direkt, sondern nur durch die Reihe der endlichen Dinge auf das unendliche Ding bezieht und von diesem hervorgebracht werden. Das Unendliche unmittelbar oder mittelbar vorzustellen, heißt, es, wie es in sich selbst ist oder wie es im Endlichen – durch dieses vermittelt – präsent ist, vorzustellen.[605] Die Rede von der Unendlichkeit der Vorstellbarkeit reflektiert die im Kontext gegenwärtige Frage der Unendlichkeit der Eigenschaften Gottes auch in quantitativem Sinn.[606] Schleiermachers Pointe wird klarer, wenn man den Fortgang des angeführten Zitats beachtet: „Eben dahin gehört das was Hemsterhuis und mit ihm Jakobi über die verschiedenen Ansichten der Welt nach der Receptivität der Organe philosophiren".[607] Seine These ist also, daß nicht verschiedene Eigenschaften im Unendlichen gedacht werden können, daß aber *eine Mannigfaltigkeit von Anschauungen des Unendlichen aufgrund seiner vermittelten Gegenwart im Endlichen* möglich ist.[608]

---

604 KGA I/1, 575,12ff.

605 Vgl. zum Beispiel ebd. 529,12ff.

606 Vgl. oben Anm. 599.

607 KGA I/1, 575,16ff., vgl. Jacobi, Lehre 327.

608 Schleiermachers Transformation von Spinoza kann durch Vergleich mit Herder pointier-ter herausgestellt werden, der ebenso bei dessen Attributenlehre einsetzt: „Wenn seine Gottheit unendliche Eigenschaften in sich faßt, deren jede ein ewiges und unendliches Wesen ausdruckt: so haben wir nicht mehr zwo Eigenschaften des Denkens und der Ausdehnung zu setzen, die nichts mit einander gemein hätten: wir lassen das anstößige, unpassende Wort Eigenschaft (Attribut) überhaupt weg und setzen dafür, *daß sich die Gottheit in unendlichen Kräften auf unendliche Weisen offenbare*" (Herder, Gott 451; vgl. ebd.

Sodann sollen die kritizistischen und zwar besonders die mit Reinholds Theorie des Vorstellungsvermögens verbundenen Elemente hervorgehoben werden. Beim Begriff der *Anschauung* ist die Kantische Provenienz deutlich geworden. Die Vermittlung durch Reinhold kommt wohl dadurch zum Ausdruck, daß Schleiermacher abwechselnd von Anschauen und Vorstellen spricht,[609] und vermutlich auch durch seine Rede vom Eigentümlichen unserer Vorstellungsart.[610]

Zweitens geht es um die *Stoff-Form-Unterscheidung*. Schleiermachers Begrifflichkeit hat hier zwar Bezüge zu Jacobi, der vom Unendlichen als bloßem Urstoff spricht,[611] und auch zu Kants Erkenntnistheorie. Die Unterscheidung spielt aber, wie wir wissen, eine besondere Rolle bei Reinhold, wo sie ja nicht nur wie bei Kant auf die Elemente der *Erkenntnis* bezogen wird, sondern schon auf die *Vorstellung* überhaupt appliziert wird. Darin folgt ihm Schleiermacher. Es geht diesem um den rezeptiv empfangenen Stoff als Element der sinnlichen Vorstellung, der empirischen Anschauung. Schleiermachers Aussage verrät an diesem Punkt auch sonst Reinholds Prägung.[612] Wenn er, wie mehrmals berührt, Spinozas Distinktion von formell und objektiv von „unserer Terminologie" abgrenzt, muß also vorerst an diese Unterscheidung Reinholds gedacht werden.

Die systematische Bedeutung der Übernahme von Gedanken Reinholds ist im Kontext der Spinoza-Studien insbesondere am dritten Berührungspunkt mit jenem erkennbar. Es geht um die Lehre vom *Ding an sich*. Schleiermachers Jacobi korrigierende These, die an dieser Stelle aufge-

---

446ff.). Der Unterschied beider Übersetzungen besteht darin, daß sich Herder am Gedanken von substantiellen, organischen Kräften orientiert und Gott als die höchste Kraft begreift, während Schleiermacher teils Spinozas Kritik der teleologischen Metaphysik näher steht, teils von einem kritizistischen Ansatz her denkt und auf dieser Grundlage auch Herders Version des Theismus aus der Metaphysik ausschließen würde.

609 KGA I/1, 526,26; 533,26f.; 575,4.13ff.; vgl. mit Reinholds Ausdrucksweise, zum Beispiel wenn er den angeschauten Gegenstand als einen vorgestellten vom darüber hinaus auch gedachten Gegenstand als einem erkannten unterscheidet (Reinhold, Beyträge 233ff.). Wenn Schleiermacher im erstgenannten, vermutlich durch Reinhold beeinflußten Zusammenhang bei der Darstellung der Diskursivität unserer Erkenntnis eine Entgegensetzung in Beziehung auf einen Begriff hervorhebt (KGA I/1, 527,2ff.), könnte dies dessen Auffassung der Erkenntnis reflektieren.

610 Vgl. KGA I/1, 575,4.13ff., mit Reinholds Rede von den Formen der Rezeptivität und der Spontaneität als der dem vorstellenden Subjekt eigentümlichen Natur (Reinhold, Versuch 264ff., und besonders ebd. 292).

611 Jacobi, Lehre 182.

612 Daß der Stoff die Form der Vorstellung annimmt, ist eine feste Wendung bei Reinhold, zum Beispiel ders., Versuch 240.246ff., die auch in ders., Rezension von PhM, 593ff., hervorgehoben wird.

nommen wird, daß das Unendliche „die unvorstellbare Materie" ist,[613] knüpft modifizierend an Reinholds These über das Ding an sich an und ist erst von daher recht verständlich.[614] Von hierher muß auch „der absolute Stoff" als einzig mögliche Wesensbezeichnung des Unendlichen in Schleiermachers Spinoza-Übersetzung verstanden werden: Absoluter oder – wie Reinhold sagt – bloßer Stoff ist der dem Ding an sich entsprechende Stoff ohne jede Form der Vorstellung. Eine andere hier auch zu nennende Abweichung von Kant, die gewissermaßen in Reinholds Richtung geht, besteht in Schleiermachers sehr restriktiver Verwendung des Noumenonbegriffs.

Reinhold will mit seiner Unvorstellbarkeitsthese Kants Lehre präzisieren und untermauern, um sie zu verteidigen und zwar besonders gegen Eberhard. Hätte Schleiermacher nicht schon früher seinen Bruch mit der von Leibniz herrührenden Philosophie und seine grundsätzliche Zustimmung zum mit Kant anfangenden Denken zu erkennen gegeben, wäre sein Anschluß an Reinhold an diesem Punkt als der endgültige Abschied vom Alten zu verstehen.[615] Interessanter ist der Punkt aber in einer anderen Hinsicht. Reinhold legt zwar den Vorstellungen Dinge an sich zugrunde,[616] und seine Absicht ist eine neue Begründung von Kants Begriff von diesen. Indessen ergibt sich aus seiner Unvorstellbarkeitsthese, die dem Begriff einen anderen Sinn gibt, daß der Begriff inkonsistent wird, und des weiteren die Tendenz, die Voraussetzung von Dingen an sich zu eliminieren.

Von hierher fällt Licht auf eine Frage, die in der Schleiermacher-Literatur gelegentlich aufgenommen, aber bislang kaum zutreffend bewältigt worden ist. Schleiermachers Spinoza-Studien sind durchgehend

---

613 Siehe oben Anm. 521.

614 Siehe auch, was Schleiermacher aus „Kants" Gesichtspunkt über die einzelnen Dinge sagt: „Die Dinge sind an sich anders als sie werden wenn sie durch unser Vorstellungs-Vermögen und durch unsere Organisation gegangen sind". Der „Grund der Individualität liegt also bloß im vorstellbaren und kann sich auch bloß auf das vorstellbare beziehn" (KGA I/1, 573,33ff.). Der Begriff der Materie, der in „Kurze Darstellung" in Anknüpfung an Jacobi gebraucht wird, wird gelegentlich auch von Reinhold statt des Stoffbegriffs verwendet (vgl. Reinhold, Versuch 253). Zum folgenden Bondeli, Anfangsproblem 79ff.

615 Vgl. die Reaktionen auf Reinholds Versuch in PhM: Eberhard, Ueber den Begriff des Vorstellungsvermögens, PhM 3, 111-124; Schwab, Ueber den Reinholdischen Versuch einer neuen Theorie des menschlichen Vorstellungsvermögens, ebd. 125-147; Eberhard, Rezension von Reinhold, Versuch, ebd. 358-376. Neben Ausdrücken einer dogmatischen Position werden hier berechtigte Hinweise auf Widersprüche in Reinholds Lehre von Dingen an sich gegeben. Siehe Bondeli, Anfangsproblem 80f.; Frank, Annäherung 317f.330.

616 Vgl. auch Reinhold, Beyträge 184ff.

orientiert an Kants Distinktionen von *Phaenomena* und *Noumena* und von
Erscheinungen und *Dinge an sich*.[617] Die Frage ist nun, inwiefern Schleiermachers Gebrauch dieser Distinktionen Kant entspricht. Günter Meckenstock meint, daß Schleiermacher den „Kantischen Dualismus" „im Sinne
des Spinozaschen Inhärenzgedanken auflösen" will, daß er „hier eine
gefährliche Klippe der Kantischen Philosophie" erkennt und zugleich
„den Weg zu ihrer Überwindung" angibt.[618] Entsprechend sieht Julia
Lamm bei Schleiermacher im Verhältnis der betreffenden Relate nicht ein
Mittel, sondern ein Problem, das er mit Spinozas Monismus löst.[619]

Um Wahres und Falsches in dieser Art der Deutung zu trennen, muß
man Schleiermachers *Intention* und die *Implikationen seiner tatsächlichen
Argumentation* unterscheiden. Es ist sicher falsch, daß er die Kantischen
Distinktionen überwinden *will*. Sie sind sein bewußt gehandhabtes begriffliches Mittel, Spinoza zu reformulieren, und damit bekennt er sich
zum Lehrbegriff des transzendentalen Idealismus. Gegen diesen Teil der
Deutung spricht auch, daß sich Schleiermacher in seinen Notizen zur
Vertragslehre von 1796/97 im Anschluß an Kants *Metaphysik der Sitten*
noch der Unterscheidung des Phaenomenalen und des Noumenalen
bedienen kann.[620] Das Wahre in den betreffenden Deutungen dürfte darin
bestehen, daß die Distinktionen, wie sie in den Spinoza-Studien in Anspruch genommen werden, kaum von der Begegnung mit der Spinozistischen Metaphysik unberührt bleiben können: Sie scheinen in der Folge
entfallen zu müssen.[621] Worauf es in diesem Zusammenhang ankommt,
ist, daß sich diese Implikation von Schleiermachers Aneignung des Spinozistischen Inhärenzgedankens mit der eliminativen Tendenz von Reinholds Theorie vom Ding an sich trifft und von seiner Aufnahme dieser
Theorie her begreiflicher wird.

Auf diese Weise scheint also Schleiermachers Kantianismus, indem er
Gedanken von Spinoza und Reinhold – eine von dem letzten durchaus
nicht intendierte Konstellation – aufnimmt, über Kants Lehre des transzendentalen Idealismus, obgleich er sie immer noch ausdrücklich bejaht,
hinausführen zu müssen.

---

617 Vgl. auch KGA I/1, 526f.
618 Meckenstock, Ethik 214.
619 Lamm, God 15.26.
620 Siehe KGA I/2, bes. 68, wo Schleiermacher in Spannung zu seinen frühen willens- und
     freiheitstheoretischen Überlegungen noumenale Willensakte voraussetzt.
621 Vgl. Arndt, Gefühl 117, der an diesem Punkt jedoch Schleiermachers frühe Spinozana
     zum Teil von seiner späten Dialektik her auslegt.

2. Im frühromantischen Kontext

Im Frühwerk Schleiermachers bezeichnen die Jahre *1796 bis 1803* eine eigene Periode. Erst nach 1803 fängt Schleiermacher an, eine zusammenhängende und ganzheitliche theoretische Konzeption vorzulegen. Allerdings ist die Schaffensperiode nicht isoliert zu betrachten. Die Arbeiten dieser Zeit führen die früheren transzendentalphilosophisch orientierten Theoriebildungen Schleiermachers weiter und enthalten andererseits entscheidende Voraussetzungen seines späteren Denkens.

Diese Periodisierung berührt sich mit derjenigen von Wilhelm Dilthey[1] und Eilert Herms.[2] Meines Erachtens hat Dilthey richtig gesehen, daß von etwa 1796 ab etwas Neues bei Schleiermacher hinzukommt, so daß es erforderlich ist, hier einen Einschnitt zu machen und ein neues Kapitel anzufangen. Dies kommt bei Herms zu kurz, der die Kontinuität mit der vorhergehenden Periode Schleiermachers einseitig hervorhebt.[3] Andererseits hat er mit Recht gegen Dilthey geltend gemacht, daß Schleiermachers *Grundlinien einer Kritik der bisherigen Sittenlehre* von 1803 als Ergebnis dieser Arbeitsperiode und nicht als Beginn einer damit einsetzenden neuen Periode, die anders als die vorhergehende durch systematisches Denken gekennzeichnet ist, verstanden werden müssen.[4]

Die modifizierende Weiterführung von alten Motiven ist nur im Zusammenhang mit weiterreichenden Änderungen zu verstehen, die zugleich innerhalb der damaligen Situation der deutschen Philosophie überhaupt anzusiedeln sind: Früher war für Schleiermacher Kant der wichtigste Gesprächspartner. Diese Rolle gehört nun *Fichte*, der – wie in der jüngeren Idealismus- und Romantikforschung auf neue Weise deutlich geworden ist – einen Angelpunkt der nachkantischen Philosophie bildet. Die Bedeutung Fichtes für das Schleiermachersche Denken ist größer, als meist angenommen wird, auch wenn sie nicht so tief und umfassend ist wie die der Kantischen Philosophie. Dabei erfolgt der Rückgriff auf Fichte durchaus kritisch und – so meine These – nicht unwesentlich vermittelt durch *Friedrich Schlegel*. Die Bekanntschaft mit

---

1   Dilthey, Leben, Bd. 1.1, 2. Buch.
2   Herms, Herkunft, 4. Teil, siehe besonders 167f.
3   Siehe zum Beispiel ebd. 265ff.
4   Ebd. 167ff.

Schlegel ist das für Schleiermachers theoretische Entwicklung wichtigste
Datum dieser Periode.

Das Quellenmaterial ist im Vergleich mit der vorhergehenden Periode
Schleiermachers fragmentarischer; zwischen 1794 und 1799 liegen keine
größeren, mehr oder weniger fertiggestellten Arbeiten vor. Und die Haupttexte von 1799 und 1800, *Über die Religion. Reden an die Gebildeten unter
ihren Verächtern* und *Monologen. Eine Neujahrsgabe*, bereiten aufgrund ihres
scheinbar unsystematischen Charakters der Interpretation besondere
Schwierigkeiten; auch diese Texte enthalten jedoch theoretische Elemente.
Endlich ist ein Umstand anderer Art von großer Bedeutung: War Schleiermachers gedanklicher Austausch mit zeitgenössischem Denken vorher
vorwiegend literarisch vermittelt, spielen jetzt persönliche Kontakte eine
weit entscheidendere Rolle, besonders seine Verbindung mit Schlegel. Sie
ist weniger durch damals veröffentlichte Schriften dokumentiert als durch
private Notizen und Briefwechsel. Im Falle Schlegels sind am wichtigsten
die Notizen von 1796 an, die insbesondere in seinen von ihm sogenannten
Philosophische Lehrjahre enthalten sind.[5] Es geht um eine übergroße, schwer
überschaubare Menge von meist sehr knappen und interpretationsbedürf-
tigen Einfällen und Gedanken.

Die Untersuchung des Denkens Schleiermachers in dieser Periode
kann nicht auf thematische Vollständigkeit angelegt sein, sondern muß
sich auf seine subjektivitäts- und religionstheoretischen Überlegungen im
Rahmen seiner philosophischen Entwicklung überhaupt konzentrieren.
So werden auch hier weder das Freiheitsthema noch der Gedanke der
menschlichen Individualität, der in Schleiermachers Denken dieser Zeit
zentral ist, als solche analysiert. Auch in diesem Abschnitt seines Werkes
mangelt es an Texten, die in erkenntnistheoretischer Hinsicht ergiebig
sind, und es sind nur einzelne Ansätze zu expliziter metaphysischer Theoriebildung nachweisbar. Dies schränkt die mögliche Einsicht in Schleiermachers Beschäftigung mit der Fichteschen Wissenschaftslehre deutlich
ein. Überhaupt erlaubt das Fragmentarische und Disparate des Textmaterials in einem noch geringeren Maße, ein vollständiges Bild von seiner
Auseinandersetzung mit Fichte als von seiner frühen Kant-Rezeption zu
zeichnen. Ein Schwerpunkt in Schleiermachers Denken in dieser Periode
und ein vorläufiger Zielpunkt meiner Untersuchung als ganzer bildet die
Religionstheorie. Sie wird in der Gestalt, wie sie in den *Reden* dargelegt
wird, erst in Teil II.A analysiert. Das vorliegende Kapitel bereitet auch
Teil II.C vor, in dem die Dialektikvorlesungen des späten Schleiermacher
interpretiert werden. Diese liefern umgekehrt eine dem Frühwerk

---

5   KFSA XVIII.

gegenüber neue Dokumentation vor allem von seiner Abhängigkeit von Schlegel.

Außer Zeitschriften und philosophischen Arbeiten und Notizen anderer Autoren – vor allen Schlegels und Fichtes – werden aus Schleiermachers Hand besonders folgende Texte einbezogen: Erstens ist eine Reihe von Notizheften zu nennen: „Vermischte Gedanken und Einfälle" (1796-1799), „Leibniz. 1" (1797/98) und die vom Herausgeber so genannten „Gedanken II" und „Gedanken III" (1798 und 1798-1801).[6] Mit den Gedankenheften gehören Schleiermachers „Fragmente" zusammen, die 1798 im *Athenaeum*, der Zeitschrift Friedrich und August Wilhelm Schlegels, gedruckt wurden.[7] Die übrigen hier zu berücksichtigenden Arbeiten wurden alle von Schleiermacher selbst veröffentlicht: sein unvollendeter „Versuch einer Theorie des geselligen Betragens" (1799)[8] und die schon erwähnten *Reden*,[9] *Monologen*[10] und *Grundlinien*.[11] Hinzu kommen, wie erwähnt, Briefe. Am wichtigsten ist Schleiermachers Briefwechsel mit Karl Gustav von Brinkman und Friedrich Schlegel – Briefe Schleiermachers an diesen sind erst von 1800 an überliefert –, aber auch dessen Briefe an andere sind oft aufschlußreich.

2.1. Schleiermacher in der philosophischen Situation nach 1796

Die Frage nach *Schleiermachers Verhältnis zur Philosophie Fichtes* ist in der Forschung immer sehr umstritten gewesen. Einerseits ist behauptet worden, daß er auf etwas ganz anderes aus ist als dieser, und daß Fichte ohne wesentliche Bedeutung für Schleiermachers Philosophieren geblieben ist. In der Forschung seit der dialektischen Theologie ist diese These favorisiert worden. Sie erscheint in sehr verschiedenen Ausprägungen und mit unterschiedlichen Graden der Radikalität: von im engeren Sinne theologisch orientierten Deutungen, die ausschließen, daß die Philosophie mehr als eine exoterische Bedeutung für eine Schrift wie die Reden über die Religion haben kann,[12] bis hin zu einer breit angelegten historisch-genetischen und systematischen Untersuchung wie der Arbeit von Herms.

6　KGA I/2, 1-49.75-97.105-115.117-139. Datierungen nach KGA I/2.
7　Ebd. 141-156.
8　Ebd. 163-184.
9　Ebd. 185-326.
10　KGA I/3, 1-61.
11　KGA I/4, 27-357.
12　Ein Beispiel gibt Seifert, Theologie.

So behauptet Herms, daß Schleiermachers philosophische Position und wichtigste Begriffe hauptsächlich in der Diskussion mit der Schulphilosophie vor allem Eberhards und mit Jacobi gebildet wurden, *ehe* Fichte auf die philosophische Bühne tritt.[13] Um die These von der Unabhängigkeit Schleiermachers von Fichte plausibel zu machen, weisen Herms und andere darauf hin, daß Schleiermacher kein „Fichte-Erlebnis" gehabt habe.[14] Dagegen haben andere dafür plädiert, daß Schleiermacher stark von Fichte abhängig sei und im wesentlichen auf einer Linie mit der Wissenschaftslehre stehe. Diese These findet man besonders in der älteren Forschung, die nicht dazu neigte, Schleiermacher aus dem idealistisch-romantischen Kontext herauszulösen. Während unter anderen Dilthey, ohne einer einseitigen Betrachtung zuzuneigen, einen bedeutenden Einfluß durch Fichte erkannte,[15] hat vor allen Emanuel Hirsch eine sehr weitgehende Abhängigkeitsthese befürwortet.[16] In der neueren Forschung hat Falk Wagner aufgrund seiner streng systematischen Auslegung besonders der Dialektikvorlesungen eine weitgehende sachliche Übereinstimmung des späten Schleiermacher mit dem frühen Fichte behauptet.[17]

Im Grunde genommen handelt es sich um eine falsche Alternative. Der erstgenannte Deutungstyp geht zurecht davon aus, daß Schleiermachers philosophische Position ihrer Intention und Argumentation nach eine andere ist als die des frühen Fichte. Die anderen Deutungen wiederum weisen berechtigterweise darauf hin, daß Schleiermacher nichtsdestoweniger einige wichtige Gedanken von Fichte übernimmt und nicht ohne Bezug auf ihn verstanden werden kann. Darüber hinaus liegt eine dritte Deutung vor, die auf beide Seiten der Sache besser Rücksicht zu nehmen vermag. Sie rührt von Günter Meckenstock her.[18] Seine These kann so dargestellt werden, daß Fichte für Schleiermacher eine *vorübergehende* Bedeutung hat.[19] Meckenstock informiert kenntnisreich über Schleiermachers persönliche und besonders über seine sachliche Stellung zu Fichte, indem er in der Hauptsache seine mehr oder weniger direkte Auseinandersetzung mit diesem darstellt. Allerdings ist eine solche Verfahrensweise sowohl historisch als auch systematisch unzureichend und verhindert es, die zugänglichen Quellen auszuschöpfen.

---

13   Siehe oben Kap. 1 Anm. 329.
14   Herms, Herkunft 252; Arndt, Gefühl 117f.; ders., Kommentar 1067; vgl. auch Meckenstock, Auseinandersetzung 27.
15   Dilthey, Leben, Bd. 1.1, 184.249.355ff.; vgl. zum Beispiel Wehrung, Werdens, bes. 90ff.
16   Unter anderem Hirsch, Geschichte, Bd. IV, 504ff.562ff.
17   Wagner, Dialektik.
18   Meckenstock, Auseinandersetzung.
19   Vgl. ebd. 32.

Mängel aller drei Interpretationen sind zum Teil darin begründet, daß sie nicht hinreichend Schleiermachers Austausch mit Friedrich Schlegel in Betracht ziehen. Die Perspektive muß also in diese Richtung erweitert werden. Mit anderen Worten, Schleiermacher muß im Zusammenhang mit und selbst als Vertreter einer *frühromantischen* Philosophie verstanden werden – eine Hauptthese unserer Untersuchung als ganzer.

2.1.1. Schleiermacher und die frühromantische Philosophie – *Symphilosophieren* mit Friedrich Schlegel

Die geänderte Situation der Philosophie nach Mitte der neunziger Jahre wird nur unvollständig durch einen Hinweis auf Fichte erhellt. Dieser hat zwar mit seiner frühen Wissenschaftslehre die herrschende Rolle in der Diskussion von Kant übernommen, aber nur, um sogleich selbst Gegenstand einer weitgehenden Kritik zu werden. Aus dieser Kritik erwachsen eine Reihe von philosophischen Konzeptionen. Das Bild verkompliziert sich zusätzlich dadurch, daß Fichte, auch durch die Kritik veranlaßt, seine Konzeption mehrmals modifiziert. Für uns sind jedoch nur die ersten Modifikationen wichtig.

Viele neue Einsichten in diesen ganzen Prozeß und in die Konstitution einiger der daraus sich ergebenden Theorien verdanken wir Dieter Henrichs auf Friedrich Hölderlin und seinen Kreis konzentrierten Untersuchungen.[20] Im Anschluß an Manfred Frank, der Henrichs Studien zu Denkern, die noch relevanter für die Interpretation von Schleiermacher sind, weitergeführt hat, wende ich den Begriff der *Frühromantik* als Bezeichnung dieser Ansätze an.[21] Es geht allein darum, einen Begriff einzuführen, der operativ für eine Erörterung der einschlägigen philosophischen Debatte verwendbar ist, also nicht um einen Begriff, der die Frage zu beantworten beansprucht, was überhaupt als romantisch gelten kann. Es sollte auch bemerkt werden, daß *romantisch* nicht eine Selbstbezeichnung der Philosophie der betreffenden Denker ist. Schlegel kann sein Denken unter anderem *Transzendentalphilosophie* nennen; zum Beispiel trägt er es 1800 in Jena unter diesem Titel vor.[22] Er bezieht sich darauf ebenso wie auf *Idealismus*.[23] Diese Bezeichnung kann auch Schleiermacher zu dieser Zeit von seiner eigenen Philosophie verwenden.[24]

---

20 Henrich, Kontext; ders., Konstellationen; ders., Grund.
21 Vgl. Frank, Annäherung 27f.859f.
22 KFSA XII, 1-105.
23 Zum Beispiel KFSA XVIII, 363.400.
24 KGA V/3, Nr. 758,96ff.; V/5, Nr. 1033,48ff.

Ich gebe vorläufig einige allgemeine Züge der frühromantischen Philosophie an. Ein gemeinschaftlicher Nenner der betreffenden Konzeptionen besteht darin, daß sie wie die Wissenschaftslehre monistisch sind, die absolute Einheit, die Fichte als Ich begreift, aber als eine *übersubjektive Einheit* und also nicht-egologisch denken. Auf der anderen Seite folgen sie Fichte darin, daß das Absolute *nicht unabhängig von der menschlichen Subjektivität, sondern nur als deren Voraussetzung adäquat gedacht* werden kann. In diesem Sinn ist noch von *transzendentalen* Begründungsformen die Rede. Diese Verschiebung im Vergleich mit Fichte korrespondiert mit Änderungen der Form der Philosophie. Bei ihm tritt das Ich als Inhalt eines obersten Grundsatzes der Philosophie auf. Die Nachfolger schließen aus, daß das Ich auf diese Weise als Prinzip fungieren kann, und geben das Projekt einer monistischen Grundsatzphilosophie auf. Die absolute Einheit sei überhaupt dem Wissen unerreichbar. Sie sei theoretisch und auch praktisch nur das Ziel einer unendlichen Annäherung, dagegen aber dem ästhetischen und dem religiösen Bewußtsein zugänglich.

Ein in diesem Sinn romantischer Ansatz wurde schon 1795 von Friedrich Hölderlin und Friedrich von Hardenberg alias Novalis erreicht. Es ist oft auf Übereinstimmungen unter ihnen und ihren jeweiligen Kreisen ebenso wie auf den Mangel des bedeutsamen Kontakts zwischen beiden hingewiesen worden.[25] Obwohl es belegt ist, daß Hölderlin und Novalis sich persönlich getroffen haben, nämlich bei einer Zusammenkunft bei Friedrich Immanuel Niethammer, wo auch Fichte anwesend und die Religion das Hauptthema des Gesprächs war, scheinen sie im Entscheidenden unabhängig voneinander zu sein. Erst nach der eigentlich innovativen Phase erhält Schelling, der Beziehung zum Hölderlin-Kreis hat, aber nicht auf eine romantische Position festgelegt werden kann, auch Verbindung mit dem Novalis- und Schlegel-Kreis, ebenso wie jeder Kreis gewisse literarische Produkte des anderen registriert – so soll Hölderlin Schleiermachers *Reden* gelesen haben.[26] Die Ähnlichkeiten müssen deshalb von gemeinsamen Voraussetzungen her erklärt werden.[27] Es geht dabei um literarisch überlieferte Anregungen unter anderem von verschiedenen Gestaltungen des Kritizismus, der Philosophie Jacobis und seiner Darstellung des Spinozismus. Und es geht um persönliche Kontakte. Aufgrund eines von Henrich geleiteten Forschungsprogramms, das extensive Untersuchungen des philosophischen Milieus in Jena 1789-1795 umfaßte, wissen wir jetzt, daß Hölderlin bei seiner Auseinandersetzung mit Fichte kritische Diskussionen der Reinholdschen Grundsatzphilosophie unter

---

25 Vgl. Roth, Frühromantik; Gerhard Schultz, Zeitgenossenschaft.
26 Gaier/Lawitschka/Rapp/Waibel, Projekt 154ff.244ff.; Frank, Annäherung 41f.570f.
27 Vgl. Henrich, Grund 127.432.750f.; Frank, Annäherung 781-786.

Schülern von Reinhold – unter anderen Niethammer – zur Voraussetzung hatte. Spuren dieser Diskussionen finden sich 1794 im Druck bei Reinhold[28] und von 1795 an besonders in Niethammers *Philosophischem Journal*.[29] Sodann konnte Frank nachweisen, daß auch Novalis enge Verbindungen mit diesem Kreis gehabt hat.[30] Was Friedrich Schlegel betrifft, rechnet er mit Novalis' Vermittlung und mit einem Austausch mit Niethammer und anderen in Jena.[31]

Es liegen keine großen historisch-genetisch angelegten Untersuchungen des Werkes Schleiermachers vor, die den Studien Henrichs zu Hölderlin und Franks zu Hardenberg und Schlegel entsprechen; Frank hat Schleiermacher nicht auf entsprechende Weise untersucht, obwohl er ihn oft mit den genannten Denkern in Beziehung setzt. Am nächsten kommt Diltheys 130 Jahre altes Werk.[32] Dilthey, der die entscheidenden Faktoren in Schleiermachers Entwicklung auch in dieser Periode treffsicher erkennt, gibt wichtige Hinweise zu Friedrich Schlegels Bedeutung für ihn und formuliert Interpretationsthesen darüber mit Bezug auf Schleiermachers Hermeneutik, Ästhetik und Dialektik,[33] die durch die Forschung der nächsten hundert Jahre zwar gelegentlich bestätigt, aber nicht im Zusammenhang ebenso umfassender Untersuchungen weitergeführt worden sind.[34] Diltheys Arbeit ist an vielen Punkten veraltet aufgrund des damaligen Editionsstands der Frühromantik und weist weitere Mängel auf. Vor allem ist das Verständnis der frühromantischen Philosophie bei Dilthey

---

28 Reinhold, Unterschied.

29 Vgl. Henrich, Konstellationen 215-263.

30 Frank, Annäherung; er stützt sich auf historische Untersuchungen Wilhelm Baums.

31 Frank, Annäherung 39.578.589.858. In der Friedrich-Schlegel-Forschung hat es eine problematische Tendenz gegeben, Schlegel als *den* Philosophen unter den Frühromantikern zu stilisieren. So beginnt Ernst Behler 1962 seine „Einleitung" zur Ausgabe der *Philosophische Lehrjahre*: „Im Unterschied zu den anderen Repräsentanten der romantischen Schule ist Friedrich Schlegel der Philosoph dieser Bewegung gewesen. Während August Wilhelm Schlegel vornehmlich der Philologie, Novalis und Tieck besonders der Dichtung, Schleiermacher hauptsächlich der Theologie zugewandt waren [...]" (KFSA XVIII, IX-LXX, dort IX). Von der Frage nach der Stellung und dem Wirkungsgebiet Schleiermachers ganz abgesehen, wird diese Rollenverteilung dem Denken Novalis' nicht gerecht.

32 Dilthey, Leben, Bd. 1.1, 2. Buch, bes. Kap. 4-7.

33 Ebd., bes. 251.

34 Vgl. Körner, Einleitung, in: Schlegel, Philosophie 1-16; Körner, Lehrjahre, in: Schlegel, Schriften 1-114, dort 51 Anm. 2; Körner, Friedrich Schlegels Entwurf einer Ästhetik, ebd. 333-362, dort 357f.; Patsch, Philosophie. Dagegen ist die Untersuchung des Verhältnisses zwischen Schleiermacher und Schlegel in Stock, Schlegel, unergiebig. Harald Schnur hat neuerdings für die Hermeneutik aufgrund einer Reihe von problematischen methodischen und sachlichen Vorentscheidungen die Annahme von Schlegels Einfluß auf Schleiermacher im großen und ganzen zu entkräften versucht (Schnur, Hermeneutik, Kap. 5-6).

– wie in der gesamten älteren Forschung – unzureichend, wie es etwa
beispielhaft an der abschließenden Bemerkung in einer kurzen Besprechung von Schlegels Notizheften zutage tritt: „Seine Philosophie war
Dilettantismus".[35] Auch die Untersuchung von Herms ist in dieser Richtung nicht sehr ergiebig. Er kann zwar den Stellenwert der Beziehung
Schleiermachers zu Schlegel in der Periode betonen,[36] doch kommt dies
aufgrund seiner Behauptung der grundlegenden, bleibenden Bedeutung
von Schleiermachers Eberhard- und Jacobi-Rezeption in der vorhergehenden Periode nicht recht zum Tragen.[37] So geht Herms nur wenig auf das
Verbindende zwischen Schleiermachers philosophischer Konzeption und
der übrigen frühromantischen Philosophie ein. Dagegen betont er aufgrund einer problematischen Auffassung der Frühromantik, daß Schlegels
Einfluß Schleiermachers vorher ausgearbeiteten Ansatz gefährde, ohne
aber letztlich ihm schaden zu können.[38] In der neueren Schleiermacher-
Literatur hat im Grunde nur Andreas Arndt die genannten neuen Ergebnisse der Erforschung der Philosophie des Frühidealismus und der Frühromantik mit Bezug auf Schleiermacher zur Kenntnis genommen und in
verschiedenen Aufsätzen den Versuch gemacht, von dort her Schleiermacher in den frühromantischen theoretischen Kontext einzugliedern. Meine
Überlegungen knüpfen zum Teil an Arndts Ansatz an.[39] Sofern also auf
keine umfassenderen Analysen darüber zurückgegriffen werden kann,
wie Schleiermacher mit dem Denken der Jena-Romantik verbunden ist,
muß auch unsere Untersuchung an diesem Punkt unvollständig bleiben.

Schleiermachers Verhältnis zu den Konstellationen in Jena kann an
teils literarischen, teils persönlichen Verbindungslinien nachgezeichnet
werden. Was die literarischen Verbindungslinien betrifft, kann vorläufig
an die Ergebnisse der bisherigen Untersuchung erinnert werden. Einige
der Voraussetzungen der anderen Frühromantiker sind auch Voraussetzungen Schleiermachers: Rezeption von Kant, Beschäftigung mit Reinholds früher Philosophie, intensive Aneignung von Spinoza von Jacobi

---

35 Dilthey, Leben, Bd. 1.1, 249.
36 Herms, Herkunft, bes. 261.
37 Ähnlich wie Herms auch Oberdorfer, Geselligkeit, 5.-6. Teil. Dieses Ergebnis ist bei ihm
    in Zusammenhang mit einem problematischen methodischen Ansatz zu sehen: Oberdor-
    fer untersucht zwar – wie sein Untertitel zeigt – die „Theorieentwicklung Friedrich
    Schleiermachers bis 1799", schränkt aber seine historisch-genetische Frage hauptsächlich
    auf deren Anfänge und besonders auf den Einfluß Eberhards ein (ebd. 13f.).
38 Herms, Herkunft 235f.263f.
39 Arndt, bes. Gefühl, vgl. unter anderem auch ders., Vorgeschichte; Stolzenberg, Welt-
    interpretationen. Ferner ist auf Timm, Revolution, hinzuweisen, der jedoch trotz einiger
    überzeugender übergeordneter Gesichtspunkte sowohl historisch als auch systematisch
    unbefriedigend ist. Nowak, Frühromantik, gibt wertvolle Auskünfte besonders in litera-
    turgeschichtlicher Richtung, während philosophische Aspekte bei ihm zu kurz kommen.

her. Hinzu kommen weitere gemeinsame Faktoren. Ein wichtiger Faktor ist wie vorher auch die Lektüre von Zeitschriften. Sie umfaßt zu dieser Zeit für Schleiermacher auch das *Philosophische Journal*. Das früheste Zeugnis dafür ist vom Winter 1796/97 und bezieht sich auf die 3.-4. Hefte des ersten Bandes von 1795.[40] Nachdem Friedrich Schlegel Schleiermacher August 1797 in Berlin kennengelernt hat, erwähnt er ihn erstmals in einem Brief vom 26. desselben Monats an Niethammer, den Herausgeber des Journals. Schleiermacher wird hier als ein Lichtpunkt in einem im Vergleich mit Jena dunklen und unfruchtbaren philosophischen Milieu präsentiert: „Die Philosophie liegt freylich hier im Argen. Doch habe ich einen Prediger *Schleyermacher* gefunden, der Fichtes Schriften studirt und das Journal mit einem andren Interesse als dem der Neugier und Persönlichkeit liest".[41] Schleiermachers Lektüre des Niethammerschen Journals geht also ihrer Begegnung voraus.

Schlegel stellt den neuen Freund hier wie auch gegenüber anderen Bekannten[42] als *Philosophen* vor. Schleiermachers Name taucht auch in Schlegels ersten philosophischen Notizen aus Berlin auf, in denen er als Philosoph näher gekennzeichnet wird. Sofern Schlegel dabei Schleiermacher als Spinozist charakterisiert,[43] bestätigt er die entscheidende Bedeutung von Schleiermachers Spinoza-Studien von 1793/94 und die Kontinuität seines Denkens an diesem Punkt, die übrigens auch im nicht durchgeführten Plan eines Aufsatzes „über Spinosa" zum Ausdruck kommt.[44] In einer anderen Notiz kennzeichnet er im Unterschied zu Novalis' Denken als „kritisirende[n] Mystizismus" Schleiermachers

---

40 KGA I/2, 69,5 einschl. App. Schleiermachers nachgelassene Bibliothek enthielt PhJ 5-10, 1797-1800; siehe Meckenstock, Bibliothek 244 Nr. 1465.

41 KFSA XXIV, 12.

42 Am 26.9.1797 an Novalis, ebd. 22: „Es giebt auch *einen* Philosophen in Berlin; er heißt Schleyermacher, ist reformirter Geistlicher, und trägt viel zu meiner Zufriedenheit hier bey". Am 3.6.1798 an Goethe, ebd. 136: „Ich habe auch das hier gefunden, was ich grade am wenigsten hoffte, einen philosophischen Freund". Vgl. auch ebd. 45.

43 KFSA XVIII, 38 Nr. 211.

44 KGA V/3, Nr. 710,75, vgl. ebd. Nr. 754,82f. Es ist hier nicht möglich, Schleiermachers Spinozismus, wie er besonders in den *Reden* hervortritt, historisch-genetisch und im Blick auf seit 1793/94 eventuell neu hinzugekommene Anregungen zu untersuchen. Es liegen dazu keine befriedigenden Untersuchungen vor. Lamm, God, gibt Hinweise, erfüllt aber auch hier nicht die notwendigen methodischen Erfordernisse. Aus Konrad Cramers systematisch angelegtem Beitrag geht hervor, daß der Spinozismus jener Schrift nur teilweise vom authentischen Spinoza her verstanden werden kann (Cramer, Anschauung). Daß die neuspinozistischen Züge jetzt, wo Schleiermacher diesen aus erster Hand lesen kann (vgl. KGA V/4, Nr. 953,2ff.), vielleicht stärker hervortreten als früher, kann für den grundlegenden Charakter seiner ersten, besonders durch Jacobi vermittelten Spinoza-Rezeption sprechen und läßt die Annahme als nicht notwendig erscheinen, daß ihm andere Quellen des Spinozismus inzwischen wichtig geworden sind.

Philosophie als „mystisirende[n] Kritizismus".[45] Diese Aussage muß von
Schlegels damaliger Unterscheidung dreier „Abarten" der Philosophie –
Eklektizismus oder Empirismus, Skeptizismus und Mystizismus – verstanden werden, die alle einseitig und dogmatisch seien und im Kritizismus vereinigt werden müssen.[46] Unter jenen mißt Schlegel jedoch
dem Mystizismus, der in der neueren Philosophie Fichte und Spinoza als
seine vorzüglichsten Vertreter hat, eine besondere Berechtigung bei und
zwar, wie es scheint, in zunehmendem Maße.[47]

Schlegel ist Schleiermachers in philosophischer Hinsicht wichtigster
Gesprächspartner zu dieser Zeit und zugleich ein Verbindungsglied zu
den Diskussionslagen in Jena. Wie Schlegel hat Schleiermacher die Bedeutung ihrer Bekanntschaft stark hervorgehoben. Er datiert von daher sogar
den Anfang einer neuen Periode seiner philosophischen Existenz. Am
12.11.1797 schreibt er über den neuen Freund:

> „er ist mir von sehr großem wesentlichen Nuzen. Ich bin zwar hier nie ohne
> gelehrten Umgang gewesen, und für jede einzelne Wissenschaft die mich in-
> teressirt hatte ich einen Mann mit dem ich darüber reden konnte; aber doch
> fehlte es mir gänzlich an einem, dem ich meine philosophischen Ideen so
> recht mittheilen konnte und der in die tiefsten Abstraktionen mit mir hinein-
> ging. Diese große Lüke füllt er nun aufs herrlichste aus; ich kann ihm nicht
> nur was schon in mir ist ausschütten sondern durch den unversiegbaren
> Strom neuer Ansichten und Ideen der ihm unaufhörlich zufließt wird auch
> in mir manches in Bewegung gesezt was geschlummert hatte. Kurz für mein
> Daseyn in der philosophischen und litterarischen Welt geht seit meiner nä-
> hern Bekanntschaft mit ihm eine neue Periode an".[48]

Nach Schleiermacher bilden die Gespräche mit Schlegel also eine Art von
Zusammenspiel zwischen älteren, schon entwickelten Gedanken, Schlegels neuen Ideen und den durch diesen geweckten, aber von Schleiermachers Voraussetzungen her nicht fremden Überlegungen; dabei wird von
ihm offensichtlich Schlegels philosophische Kreativität als die dominierende verstanden. Das ist wahrscheinlich ein zutreffendes Bild. Der Brief-

---

45 KFSA XVIII, 34 Nr. 160.
46 Siehe ebd. 1ff. Vgl. auch die Fortsetzung der Präsentation von Schleiermacher in dem
   oben in Anm. 42 zitierten Brief an Novalis: „Er hat Sinn und Tiefe, und das Höchste den
   kritischen Geist: dabey so viel Sinn für Mystik, daß es beynah hinreicht". Zu Schlegels
   Unterscheidung von Typen der Philosophie siehe Naschert, Wechselerweis 71ff.
47 Vgl. KFSA II, 240 Nr. 398; XVIII, 249 Nr. 673; 284 Nr. 1056; 407 Nr. 1045.
48 KGA V/2, Nr. 402,296ff., vgl. die Charakteristik von Schlegel, die Schleiermacher ebd.
   Nr. 424,211ff., gibt. Später, als er den Freund besser kennengelernt hat, unterscheidet
   er von den persönlichen „Verschiedenheiten unserer Denkungsart, die tief in unserm
   Innern liegen", „unsere eben so große und merkwürdige Uebereinstimmung in manchen
   andern Punkten" (KGA V/3, Nr. 757,121ff.). „Große Gleichheit in den Resultaten unseres
   Denkens, in wissenschaftlichen und historischen Ansichten" (KGA V/5, Nr. 1067,43ff.).

notiz läßt sich auch entnehmen, daß die spekulative Philosophie einen zentralen Ort in den Gesprächen hatte.

Hinzu kommt, daß sich schon bald ein in besonderer Weise enger persönlicher Kontakt zwischen beiden entwickelt: Im Dezember 1797 zieht Schlegel in die Wohnung des Freundes ein, wo er bis September 1799 bleibt.[49] Im Winter 1801/02 hält sich Schlegel wieder eineinhalb Monate bei Schleiermacher auf.[50] Dies hat selbstverständlich die Möglichkeit eines sehr intensiven Austauschs geboten. Schlegel charakterisiert diesen mit einem Ausdruck, den er auch auf seine und Novalis' gemeinsame philosophische Praxis bezieht: *Symphilosophieren*.[51] Er parallelisiert also sein Verhältnis zu Schleiermacher mit dem zu Novalis.

Aus Schleiermachers und Schlegels Briefe über eine Auswahl von Fragmenten für das *Athenaeum* ist zu erfahren, daß sie sich die philosophischen Notizhefte gegenseitig überließen und gegenlasen. Was Schlegels Hefte betrifft, dreht es sich wahrscheinlich um sehr wichtige Notizen seiner *Philosophische Lehrjahre*, die die ersten überlieferten Zeugnisse seiner frühromantischen Philosophie sind.[52] Es kann hinzugefügt werden, daß auch die folgenden zahlreichen Notizen Schlegels relevant sind, indem sie zum Teil während des intensiven Kontakts mit Schleiermacher gemacht wurden.[53] Außerdem liest dieser wohl einige der philologischen Hefte des Freundes, aus welchen auch Fragmente zur Veröffentlichung in der Zeitschrift verwendet wurden.[54] Schleiermacher scheint aber auch unabhängig

---

49 Vgl. Schleiermachers Beschreibung des Alltags in ihrer Wohngemeinschaft KGA V/2, Nr. 424,174ff.

50 KGA V/5, Nr. 1148,5f.

51 Siehe zum Beispiel Schlegels Rückblick im Brief an Schleiermacher vom 20.3.1804, Br 3, 384.

52 Siehe Schleiermachers Brief an August Wilhelm Schlegel vom 15.1.1798, KGA V/2, Nr. 437,21ff.; Friedrich Schlegels Brief an denselben vom 17.2.1798, KFSA XXIV, 88; Schleiermachers Brief an Henriette Herz von 3.9.1798, KGA V/2, Nr. 516,41f. Hans Eichner hat die betreffenden Hefte von Schlegel mit dem ersten Teil von denen, deren spätere Abschrift in KFSA XVIII zugänglich sind, identifiziert (Eichner, Einleitung, in: KFSA II, IX-CXX, dort XLIV Anm. 4). Das kann durch einen Vergleich der gedruckten Fragmente mit den erhaltenen philosophischen Heften untermauert und präzisiert werden. Der Vergleich macht wahrscheinlich, daß die Lektüre Schleiermachers bei dieser Gelegenheit die ersten Notizen umfaßt hat, die im ersten Heft mit Beilagen vorliegen (KFSA XVIII, 1-16.505-516.517-521), ferner vom zweiten Heft (ebd. 17-119) abgesehen von den jüngsten Teilen desselben. Sechs andere Hefte von 1796 und 1797, die sehr wohl auch zu Schleiermachers Lektüre gehört haben können, scheinen verloren gegangen zu sein (vgl. ebd. XLIIIff.). Eine Übersicht über Schlegels Schriften und Studien der Jahre 1796/97 gibt Naschert, Wechselweis 35f.

53 Außer den jüngsten Teilen des 2. Heftes die folgenden Hefte und Beilagen, KFSA XVIII, etwa 121-422.522ff.

54 Vgl. KFSA XVI, 33-56.57-81.

von dieser Redaktionsaufgabe Notizhefte gelesen zu haben, die Schlegel ihm zur Verfügung stellte.[55]

Das Symphilosophieren beider drückt sich im gemeinsamen Lesen und Übersetzen und in Projekten und Entwürfen aus. Exemplarisch ist ihre Leibniz-Lektüre, die wahrscheinlich im Winter 1797/98 stattfand und auf eine gemeinsame, selbständige Schrift hinauslaufen sollte, die allerdings ungeschrieben blieb.[56] Der Tendenz nach sind die diesbezüglichen Notizen sowohl Schleiermachers[57] als auch Schlegels[58] sehr kritisch gegen Leibniz gerichtet; trotzdem kann dieses Studium als der Beginn einer auch affirmative Elemente einschließenden Rezeption der Leibnizschen Philosophie bei Schleiermacher betrachtet werden, der diese wohl vorher nicht direkt aus den Quellen studiert hat,[59] sich aber nun vor dem Hintergrund seiner kritizistischen Philosophie auf sie bezieht. Weitere Beispiele sind die von Schlegel geplante, letzten Endes von Schleiermacher allein unternommene Platon-Übersetzung, die schon erwähnte Zeitschrift der Schlegel-Brüder, *Athenaeum*, wo Schleiermacher publizierte und in deren Schriftleitung er einbezogen wurde, und die Überlegungen über einen Nachfolger dieser Zeitschrift, bei denen auch Fichte und Schelling eine Rolle spielten; diese Überlegungen blieben erfolglos.[60]

Neben den Notizheften sind für unsere Fragestellung natürlich auch Schlegels Veröffentlichungen aus dieser Zeit relevant. Aus der Periode vor der Bekanntschaft mit Schleiermacher sind neben der Rezension vom Herbst 1796 von Jacobis *Woldemar*, in welcher Schlegel erstmals im Druck seine neue philosophische Einsicht andeutet,[61] besonders die Besprechung der ersten Bände von Niethammers Journal in der *Allgemeinen Literatur-Zeitung* März 1797[62] und die „Kritische Fragmente" im *Lyceum der schönen Künste* 1797[63] zu nennen, aus der folgenden Periode die *Athenaeum*-Fragmente (1798) und die „Ideen" (1800).[64] Sehr wichtig sind auch „Über die Philosophie. An Dorothea", „Gespräch über die Poesie" und die

---

55 Vgl. seinen Brief an Friedrich Heinrich Christian Schwarz vom 22.2.1802, KGA V/5, Nr. 1162,50f.: „[...] Friedrich Schlegel, der für seinen und seiner nächsten Freunde Gebrauch alles in fast algebraischen Formeln aufzeichnet".
56 Vgl. KGA V/3, 808,43ff.; I/2, XXVIf.
57 Schleiermacher, Leibniz. 1, KGA I/2, 75-97; ders., Leibniz II, ebd. 99-103.
58 KFSA XVIII, 42-52.
59 Siehe oben Kap. 1 Anm. 19.
60 Vgl. KGA V/4, XXIXff.
61 KFSA II, 57-77, dort 72.
62 KFSA VIII, 12-32.
63 KFSA II, 147-163.
64 Ebd. 165-255.256-272.

Rezension von Schleiermachers *Reden*, die alle 1799-1800 im *Athenaeum* erschienen.[65]

Durch Friedrich Schlegel erhält Schleiermacher Kontakt zu anderen im Kreis der Romantiker. Es geht vorrangig um August Wilhelm Schlegel. Aber wichtiger in philosophischer Hinsicht ist der heute ziemlich unbeachtete, aber in der Umgebung Fichtes hochgeschätzte Denker August Ludwig Hülsen. Schleiermacher liest dessen Aufsätze im *Philosophischen Journal* und im *Athenaeum*;[66] ob er auch seine in diesem Kreis gelobte Preisfrageabhandlung[67] liest, bleibt unsicher.[68] Novalis dagegen lernt er nur mit Friedrich Schlegel als Mittelsmann und durch Lektüre von seinen Beiträgen unter anderem zum *Athenaeum* kennen. Später begeistert er sich für Novalis' hinterlassenen *Heinrich von Ofterdingen*[69] und liest die 1802 veröffentlichte Auswahl seiner philosophischen Fragmente,[70] die ihm jedoch mit Bezug auf die hier besonders interessierenden Fragen kaum wirklich entscheidende neue Anregungen gegeben haben.

So schwierig und an einigen Punkten vielleicht unmöglich es ist, die Abhängigkeiten unter den Jenaer Romantikern unzweideutig zu bestimmen, so auch Schleiermachers Beziehungen zu ihnen. Sein Verhältnis zu Friedrich Schlegel läßt sich aus mehreren Gründen nur noch bedingt aufhellen: die teilweise entsprechenden Voraussetzungen, die einige Übereinstimmungen zu erklären vermögen; die Begrenztheit des Textmaterials aus Schleiermachers Hand, besonders was die erste Zeit des Kontakts betrifft; die Idee der Symphilosophie selbst, wo vom Ursprung der Gedanken im Prinzip abgesehen wird. Schlegel ist in mancher Beziehung ohne Zweifel der leitende gewesen, aber ein Thema, bei welchem Schleiermacher ihn erkennbar beeinflußt hat, ist die Religion.[71] Die dabei bestehenden Differenzen können darauf zurückgeführt werden, daß Schleiermacher Schlegels Programm einer universalen Poetisierung nicht mitmacht, liegen aber innerhalb des Rahmens gemeinsamer frühromantischer Annahmen. Mit Bezug auf das Religionsthema stehen Novalis und Schleiermacher einander – relativ – näher.[72] Es darf auch behauptet

---

65 KFSA VIII, 41-62; II, 284-351.275-281.
66 Vgl. KGA V/3, 545.
67 Hülsen, Prüfung.
68 KGA V/3, Nr. 798,128f.
69 Vgl. zum Beispiel KGA V/5, Nr. 1045,48f.; Br 1, 309.
70 Novalis, Werke, Bd. 5, 203-277.
71 Vgl. Eichner, KFSA II, LXXIXff.
72 Zu den beiden Relationen Schleiermacher-Schlegel und Schleiermacher-Novalis siehe Dierkes, Poesie, bzw. ders., Art.

werden, daß dieser – wie er selbst mehrmals erklärt[73] – entscheidende Anregungen von Schlegel empfangen hat und zwar nicht nur solche, die später in seiner Hermeneutik und Ästhetik greifbar werden, sondern Anregungen, die sich auf die Philosophie überhaupt beziehen. Dies läßt sich außer durch die besonderen Talente Schlegels von den Ressourcen her, die er aufgrund seiner Vertrautheit mit den neuesten philosophischen Debatten besaß, verständlich machen.

Auf der anderen Seite ist Schleiermacher zu dieser Zeit nicht ohne philosophisches Selbstbewußtsein gewesen. Dies kommt besonders in der zweiten Hälfte der Periode zum Ausdruck, unter anderem in den Diskussionen unter den Frühromantikern und Frühidealisten über die Herausgabe einer neuen Zeitschrift nach dem *Athenaeum*. In Briefen vom September/Oktober 1800 machte Schleiermacher in diesen Diskussionen mit Nachdruck Anspruch darauf, neben Fichte und Schelling ein Recht am „Fach der TranscendentalPhilosophie" oder „der speculativen Philosophie"[74] zu haben.[75] Inwieweit dieser Anspruch berechtigt war, soll der II. Teil meiner Untersuchung thematisieren.

2.1.2. Zu Schleiermachers Fichte-Rezeption

Daß Schleiermacher sich kritisch über Kant äußert, ist nichts Neues.[76] Allerdings erhält die Kant-Kritik einen neuen Ton. Dies ist nicht als Ausdruck einer Distanzierung von der mit Kant eingeleiteten philosophischen Bewegung zu verstehen. Im Gegenteil, es läßt sich die von 1789 bis 1794 zu beobachtende Tendenz einer immer größeren Annäherung dazu über Schleiermachers Notizen zur Vertragslehre[77] etwa bis zu den *Monologen* hin weiter verfolgen. Es gibt auch Beispiele, daß er sich jetzt gegenüber einer neuen Allianz von spätaufklärerischen und glaubensphilosophischen Kritikern der neuen Philosophie eindeutig auf ihre Seite stellt.[78] Überhaupt läßt sich nun eine gewachsene Distanz zum Aufklärungsdenken im engeren Sinn bei Schleiermacher feststellen; man kann vor allem

---

73 Er schreibt mit Bezug auf Schlegel vom „großen Einfluß, den er auf mich gehabt hat", und zwar „nach allen Seiten" (KGA V/3, Nr. 757,126f.; V/5, 1021,177ff.). Siehe auch ebd. Nr. 1148,92f.

74 KGA V/4, Nr. 954,10; 962,51.

75 Ebd. Nr. 953,16ff.; 954,5ff.; 962,49ff. Siehe auch unten S. 240f.

76 Vgl. auch seinen Bericht über die Lektüre von Werken Kants im Brief vom 8.8.1794, KGA V/1, Nr. 271,62ff.

77 Siehe oben Kap. 1 Anm. 620.

78 Vgl. Brief an Brinkman vom 6.7.1799, KGA V/3, Nr. 673,61f., oder Schleiermachers Bemerkungen zu Publikationen von Friedrich Nikolai, zum Beispiel ebd. Nr. 645,1ff.

auf die dritte der *Reden* verweisen, die gegen „die Verständigen und praktischen Menschen",[79] deren ganzes Bestreben auf das Endliche und das Nützliche beschränkt ist, als das derzeit größte Hindernis der Religion polemisiert.[80] Was den Kantianismus im engeren Sinn betrifft, kann auch nicht davon die Rede sein, daß Schleiermacher dieser seiner Herkunft wirklich untreu geworden wäre. Von Kant und Reinhold angeeignete Theoreme liegen noch seinen wichtigsten Argumentationen in den *Reden* und in den späteren, systematisch entfalteten Disziplinen zugrunde. Obwohl ein solcher Befund im Zusammenhang der Frühromantik nicht ungewöhnlich ist, unterscheidet sich Schleiermacher darin von Schlegel, bei welchem eine bleibende Bedeutung des Kantianismus in diesem Ausmaß nicht festzustellen ist.

Was nun das Verhältnis zu Fichte angeht, fehlt es bei Schleiermacher nicht an kritischen Abgrenzungen. So schreibt er am 23.1.1799 an von Brinkman über seine Beziehung zu Fichte, als dieser nach seiner Entlassung in Jena wegen des sogenannten Atheismusstreites nach Berlin übergesiedelt war:

> „Fichte [...] habe ich freilich kennen gelernt – er hat mich aber nicht sehr affi-
> cirt. Philosophie und Leben sind bei ihm – wie er es auch als Theorie aufstellt
> – ganz getrennt, seine *natürliche Denkart* hat nichts Außerordentliches, und so
> fehlt ihm so lange er sich auf dem *gemeinen Standpunkt* befindet Alles was ihn
> für mich zu einem interessanten Gegenstand machen könnte. Ehe er kam
> hatte ich die Idee über seine Philosophie mit ihm zu reden und ihm meine
> Meinung zu eröfnen, daß es mir mit seiner Art den gemeinen Standpunkt
> vom philosophischen zu sondern nicht recht zu gehen scheine. Diese Segel
> habe ich aber bald eingezogen da ich sah wie eingefleischt er in der natürli-
> chen Denkart ist, und da ich innerhalb seiner Philosophie nichts an derselben
> auszusezen habe, das Bewundern aber für mich kein Gegenstand des Ge-
> sprächs ist, und außerhalb derselben keine andern als die ganz gewöhnlichen
> Berührungspunkte gab, so sind wir einander eben nicht sehr nahe gekom-
> men".[81]

Das sachliche Problem, das nach dieser Aussage zwischen Fichte und Schleiermacher strittig ist, soll nicht hier erörtert werden. Es seien nur einige Punkte genannt, die Schleiermachers Darstellung dieser Beziehung betreffen. Erstens muß bemerkt werden, daß Aussagen wie die zitierte erst gegen Ende der Periode auftauchen und schon deshalb weniger die ganze Geschichte als vielmehr Ergebnisse von Schleiermachers Fichte-Rezeption wiedergeben. Zweitens muß in dem Gesagten das *Persönliche* vom *Sachlichen* unterschieden werden, auch wenn Schleiermacher von diesem her

---

79   KGA I/2, 252,23f. = R, 144.
80   KGA I/2, 252,15ff. = R, 144f.
81   KGA V/3, Nr. 758,24ff.

jenes diagnostiziert. Was das Persönliche betrifft, ist klar, daß Fichte ihm
nicht gefällt. Wie Schleiermacher zuvor den Parteigeist an den Frühkantianern getadelt hat, so an Fichte, daß er „gar gern Parteien macht, unter-
stüzt und regiert".[82] Andererseits geht aus der Briefstelle hervor, daß er
ihn als Denker bewundert, daß Fichte nach ihm „eine ganz herrliche Gabe
hat sich klar zu machen, und der größte Dialektiker ist den ich kenne".[83]
Endlich ist hervorzuheben, daß die Weise, wie Schleiermacher sich hier
auf der sachlichen Ebene von Fichte distanziert, nicht jeden Anschluß an
sein Denken negiert. Er erklärt ja, „innerhalb seiner Philosophie nichts an
derselben auszusezen" zu haben.

Es läßt sich mühelos zeigen, daß Schleiermacher weitreichende Kenntnisse der Fichteschen Philosophie besaß. Sie gehen im wesentlichen nicht
auf seinen erst 1799 anhebenden direkten persönlichen Kontakt mit Fichte
zurück, und ungeachtet Schlegels Frage vom 25.2.1802 aus Dresden: „Wie
viel Zuhörer hat Fichte?",[84] hat Schleiermacher wohl nicht selbst die
Berliner Vorlesungen Fichtes gehört, wohl aber einige seiner Freunde.[85]
Hat er also vielleicht aus zweiter Hand etwas darüber erfahren,[86] so
beruhten seine Fichte-Kenntnisse vorerst auf dessen Publikationen.

Ich teile die relevantesten Texte in vier Hauptgruppen ein: 1. Frühe,
meist populäre praktisch-philosophische Schriften, vor allem *Beitrag zur
Berichtigung der Urtheile des Publikums über die französische Revolution* (1793)
und *Einige Vorlesungen über die Bestimmung des Gelehrten* (1794).[87] 2. Die
frühen Schriften zur Wissenschaftslehre: *Ueber den Begriff der Wissenschaftslehre oder der sogenannten Philosophie* (1794); *Grundlage der gesammten
Wissenschaftslehre, als Handschrift für seine Zuhörer* (1794/95); *Grundriß des
Eigenthümlichen der Wissenschaftslehre in Rüksicht auf das theoretische Vermö-*

---

82 Ebd. Nr. 758,49. Schleiermachers allgemeines Bestreben, „gegen alle Parteien" anzuge-
    hen, findet sich auch im Zusammenhang mit der Ankündigung der *Monologen*, KGA
    V/3, Nr. 762, dort Nr. 762,5.

83 Ebd. Nr. 758,43ff. Vgl. mit dem Brief an Brinkman vom 19.7.1800, KGA V/4, Nr. 916,89ff.:
    „Fichte muß ich zwar achten, aber liebenswürdig ist er mir nie erschienen. Dazu gehört,
    wie Du weißt für uns etwas mehr, als daß man, wenn auch der größte spekulative Philo-
    soph sei".

84 KGA V/5, Nr. 1170,86.

85 Siehe Lauth, Lehrtätigkeit. Emanuel Hirsch hat auf zweifelhafter Grundlage behauptet,
    daß Schleiermacher Fichtes Vorlesung über Wissenschaftslehre Februar/März 1802 ge-
    hört hat, und daß dies eine Voraussetzung seiner Korrektur des Religionsbegriffs der
    Erstauflage der *Reden* bis zum späten Begriff von Religion als absolutem Abhängigkeits-
    gefühl war (Hirsch, Geschichte, Bd. IV, 563ff.).

86 Vgl. Schleiermachers 1804 erschienene Rezension von Schellings *Vorlesungen über die
    Methode des akademischen Studiums*, KGA I/4, 461-484, dort 464,7f.

87 FW VI, 37-288.289-346.

gen (1795).[88] 3. Veröffentlichung zur neuen Darstellung der Wissenschaftslehre, also zunächst Texte, die im *Philosophischen Journal* erschienen, wie „Erste" und „Zweite Einleitung in die Wissenschaftslehre" und „Versuch einer neuen Darstellung der Wissenschaftslehre" (1797/98).[89] Darüber hinaus kann *Das System der Sittenlehre nach den Principien der Wissenschaftslehre* (1798)[90] dazu gerechnet werden und zum Teil auch die *Grundlage des Naturrechts nach Principien der Wissenschaftslehre* (1796/97),[91] die sich allerdings an die frühe Wissenschaftslehre anschließt, jedoch an ihre materialen Teile, die schon auf die neue Darstellung vorausweisen.[92] 4. Fichtes Schriften aus dem Atheismusstreit. Abgesehen von der erstgenannten Schrift waren alle diese Arbeiten – wie nahezu auch alle übrigen Veröffentlichungen Fichtes – in Schleiermachers Besitz.[93]

Schleiermacher wurde auf Fichte durch dessen *Versuch einer Kritik aller Offenbarung* aufmerksam. Es ist anzunehmen, daß Schleiermacher diesen früh gelesen hat, und daß dies Spuren in seinem Aufsatz „Wissen, Glauben und Meinen" von 1793 hinterlassen hat.[94] Schleiermachers vertragstheoretische Notizen von 1796/97 enthalten weitere Spuren einer Beschäftigung mit Fichte. Diese Notizen bezeugen seine Kenntnis von dessen Artikel „Von der Sprachfähigkeit und dem Ursprunge der Sprache" vom ersten Band des *Philosophischen Journals*.[95] Darüber hinaus beziehen sich die vertragstheoretischen Reflexionen aus zweiter Hand kritisch auf einen Gedanken aus Fichtes Revolutionsschrift.[96] Schleiermacher verpflichtet sich zwar, diese Schrift zu lesen.[97] Aber es ist nicht überliefert, ob er dieses Vorhaben auch realisiert hat; die Kenntnisnahme vom Erscheinen des Fichteschen Naturrechts kann es weniger aktuell gemacht haben. Des weiteren ist nur zu vermuten, daß Schleiermacher die Vorlesungen über die Bestimmung des Gelehrten gelesen hat.

---

88 FW I, 27-81.83-328.329-411.
89 Ebd. 417-449.451-518.519-534. Von 1796 ferner Fichte, Vergleichung des vom Herrn Prof. Schmid aufgestellten Systems mit der Wissenschaftslehre, FW II, 421-458.
90 FW IV, 1-365.
91 FW III, 1-385.
92 Vgl. zum Beispiel Waibel, Hölderlin 71f.249.
93 Siehe Meckenstock, Bibliothek 182f. Nr. 660-676; 244 Nr. 1465.
94 Siehe oben 1.4.2; 1.5.3.
95 KGA I/2, 69,1ff.; FW VIII, 301-341. Vielleicht bestimmt diese Kenntnis den Gedankengang der Notizen mit: Die darin angenommene „ursprüngliche allen übrigen zum Grunde liegende Gesellschaft, nemlich die Gemeinschaft der Zeichen" und die „nothwendige a priori sich ergebende Hermeneutik" (KGA I/2, 57f.69,1ff.) kann durch Fichtes Gedanken von einem Trieb des Menschen nach Wechselwirkung mit anderen vernünftigen Wesen als Grundlage der Sprachtheorie geprägt sein (vgl. FW VIII, 306ff.).
96 KGA I/2, 58,17ff.; 73,24ff.
97 Ebd. 59,6f.

Schleiermachers frühe Fichte-Rezeption hatte nicht solche Gedanken, die Fichtes innovative Impulse in der Philosophie repräsentieren, zum Gegenstand. Im Vergleich damit bieten die literarischen Belege ab 1797 ein ganz anderes Bild: Die Texte zur Wissenschaftslehre *nova methodo* treten nun zentral in Schleiermachers Beschäftigung mit Fichte zutage. Dies erscheint naheliegend in Anbetracht des Zeitpunktes seiner Fichte-Rezeption. Es können deutliche Bezüge auf die Texte im *Philosophischen Journal* und auch Zeichen seiner Aneignung des Naturrechts festgestellt werden. Daß Schleiermacher Fichtes Sittenlehre gelesen hat, attestiert Schlegel 1799.[98] Sowohl das Naturrecht als auch die Sittenlehre enthalten, wie Schleiermacher selbst in seinen *Grundlinien einer Kritik der bisherigen Sittenlehre* bemerkt, „Theile der Wissenschaftslehre",[99] und das Studium jener Schriften hat wohl zu seiner Vertrautheit mit dieser beigetragen. Es ist deshalb kein glücklicher Griff, wenn die die Bedeutung von Schleiermachers Fichte-Rezeption als gering einschätzende Forschung unterstellt, daß sein Interesse nicht über die Sittenlehre hinausgegangen sei.[100] Obwohl Schleiermacher sich eventuell weniger gründlich mit Fichtes erster Wissenschaftslehre beschäftigt hat, erscheint es eher zufällig, daß es vor den *Grundlinien*[101] bei ihm kaum explizite Aussagen über die *Grundlage der gesammten Wissenschaftlehre* und die damit unmittelbar zusammenhängenden Schriften Fichtes gibt. Denn schon früher bezog er sich in mehreren Zusammenhängen auf Theoriestücke aus diesem frühen Hauptwerk Fichtes.[102] Auch Fichtes Beiträge im sogenannten Atheismusstreit hat der Religionsphilosoph natürlich gelesen.[103] Außerdem bespricht er Fichtes *Die Bestimmung des Menschen* im *Athenaeum*.[104] Es ist dokumentiert, daß er auch später Fichtes Entwicklung verfolgt hat.[105]

Schleiermachers Verhältnis zu Fichte hat, wie die frühen Texte zeigen, eine Entwicklung durchgemacht. Während Schleiermachers früheste sich

---

98   KGA V/3, Nr. 745,25ff.; 749,8ff.

99   KGA I/4, 55,16ff., vgl. auch die Schelling-Rezension ebd. 463,4ff.

100 Hertel, Denken 185f.; Herms, Herkunft 253.

101 KGA I/4, 48.54ff.

102 Daß man bei Günter Meckenstock den – von ihm kaum beabsichtigten (vgl. unten S. 233f.) – Eindruck erhalten kann, daß sich Schleiermacher nicht mit der Wissenschaftslehre beschäftigt hat (Meckenstock, Auseinandersetzung, bes. 33), rührt wohl von seiner Fokussierung auf Schleiermachers explizite Auseinandersetzung mit Fichte her. Man wundert sich freilich, daß er auf keinen der wichtigen Belege für die Rezeption der neuen Darstellung der Wissenschaftslehre aus dem *Philosophischen Journal* hinweist.

103 Vgl. zum Beispiel KGA V/3, Nr. 666b.

104 KGA I/3, 235-248. 1807 rezensiert er auch Fichtes *Die Grundzüge der gegenwärtigen Zeitalter* (KGA I/5, 119-152); dazu siehe Patsch, Werk.

105 Siehe zum Beispiel Briefe vom 11.6.1801, 9.3.1803 und vom Juni 1803, KGA V/5, Nr. 1069,36ff.; Br 3, 337.349f., und oben Anm. 93.

auf die Wissenschaftslehre beziehende Ausführungen in gewisser Weise noch unbeholfen erscheinen,[106] verfügt er zur Zeit der Abfassung der *Grundlinien* über genauere Kenntnisse der Fichteschen Philosophie.[107] Auch scheint sich seine Meinung geändert zu haben, sofern er von weitgehender Affirmation gewisser Ansätze bei Fichte zu respektvoller Kritik übergeht.

Angesichts dieses Befundes dürfte die Meinung, daß Schleiermacher, statt ein mühsames Fichte-Studium durchzuführen, sich mit Formeln aus zweiter Hand begnügt,[108] kaum zutreffen. Dies schließt allerdings nicht das Vorkommen von Vermittlungen aus. Hier ist vor allem an Friedrich Schlegel zu denken.[109] Es ist hier an dessen Präsentation seines neugefundenen Freundes gegenüber Niethammer zu erinnern, wo von einem Fichte-Studium Schleiermachers die Rede war. Schlegel würde dies kaum vor Niethammer erwähnt haben, wenn es sich nur um eine oberflächliche Bekanntschaft Schleiermachers mit der Fichteschen Philosophie gehandelt hätte, sind sie doch beide kompetente Fichte-Leser und -Kritiker. Man kann sich in diesem Zusammenhang auch Schleiermachers früherer gründlicher Beschäftigung besonders mit Kant und Reinhold erinnern, durch die er zum Studium von Fichte wohl vorbereitet war. Reinhold, der sich Anfang des Jahres zur Wissenschaftslehre bekannt hat,[110] könnte eventuell auch dazu beigetragen haben, daß Schleiermacher zum Fichte-Studium gekommen ist; er hat diesen Wechsel Reinholds zur Kenntnis genommen.[111] Auf der anderen Seite mahnt der soeben genannte erste Versuch Schleiermachers, mit Fichte zu argumentieren, seine Kompetenz an diesem Punkt nicht zu überschätzen. In Anbetracht dessen, daß das Diktum Schlegels so kurz nach seinem und Schleiermachers Begegnung fällt, läßt sich vermuten, daß er hier noch nicht die gemeinsame Fichte-Lektüre beider voraussetzt.

Ende September 1797 schreibt Schlegel an von Brinkman: „Ich erwarte Schleyermacher, um mit ihm zu *Fichtisiren*".[112] Obwohl Schleiermacher

---

106 Siehe unten 2.3.1.

107 Vgl. KGA I/4, 48.54ff.

108 Timm, Revolution 64.

109 Eilert Herms, der dies übrigens anerkennt (Herms, Herkunft 252), neigt dazu, gewisse zentrale Gedanken bei Schleiermacher, die auf Fichte hinzuweisen scheinen, eher als von Schelling herrührend zu erklären (ebd. 256f.). Unabhängig von der zweifelhaften Tragfähigkeit von Herms' Dokumentation, würde dies Fichtes Bedeutung nicht verringern, insofern es vor allem um Gedanken geht, die *letztlich* von ihm herrühren.

110 Reinhold, Auswahl, u.a. VIff. Zu dieser Phase in Reinholds Denken siehe Bondeli, Anfangsproblem, Teil 2.

111 KGA V/3, Nr. 707,34.

112 KFSA XXIV, 23.

schon vor seiner Freundschaft mit Schlegel eine Kenntnis der Fichteschen
Philosophie erworben hatte, ist er in dieser Situation ohne Zweifel nicht
mit ihm ebenbürtig gewesen. Schlegel muß als überlegener Kenner von
Fichte aufgetreten sein, der auch von Vorlesungen und persönlichem
Umgang her mit seinem Denken vertraut war und Kontakt mit Novalis –
einem der artikuliertesten frühen Fichte-Rezipienten und Fichte-Kritiker
– und mit der philosophischen Vorhut in Jena hatte. Diese Eigenschaften
Schlegels sind Schleiermacher offenbar zugute gekommen. Es darf ange-
nommen werden, daß der „unversiegbare Strom neuer Ansichten und
Ideen" Schlegels, von welchem Schleiermacher schrieb, unter anderem die
Fichtesche Philosophie betrifft.

Der von Schlegel hervorgehobene Ausdruck „Fichtisiren" hat eine
Vorgeschichte: Schlegel hat ihn auch Novalis gegenüber mit Bezug auf
ihre Diskussionen gebraucht, die dazu beitrugen, daß sie sich in der
Philosophie zurechtfanden.[113] Obwohl die Gespräche mit Schleiermacher
natürlich nicht eine vergleichbare Bedeutung für Schlegel gehabt haben
können, verrät die Wiederaufnahme der Wendung jedoch ihre hohe
Einschätzung auf seiner Seite. Wenn Schleiermacher seinerseits die Bekanntschaft mit Schlegel als den Anfang einer neuen philosophischen
Existenz interpretiert, darf dies wohl mindestens teilweise auf ihr Fichtisieren bezogen werden. Dies setzt voraus, daß es sich dabei nicht bloß um
Fichte-Lektüre gehandelt hat. Dies stimmt mit Schlegels Verwendung
jenes Ausdrucks überein, denn er hat ja damit ursprünglich auf die Auseinandersetzung mit Fichte, in der er und Novalis diesen auf einen neuen
philosophischen Ansatz hin überschritten, Bezug genommen.

Hat Schleiermacher sich eingehend mit Fichtes Philosophie beschäftigt, so liegt darin nicht, daß er mit ihr einverstanden war. Seine Fichte-
Rezeption erscheint in vielen Einzelheiten und in ihrem Hauptresultat in
Übereinstimmung mit der Rezeption bei den anderen Frühromantikern,
die oben umrissen wurde.[114] Wie bei ihnen geht es um eine Verbindung
von Kritik und Affirmation. Diese doppelte Stellung zu Fichte ermöglicht
hier wie dort, daß man in großem Ausmaß Begriffe und Gedankengänge
von seiner Philosophie her in die eigene, anders angelegte Konzeption
aufnehmen kann, ohne sich auf dessen Ansatz zu verpflichten – das
Vorzeichen ist ein anderes. Schleiermachers Argumentationen sind durch

---

113 KFSA XXIII, 363.370f.
114 Außer den dort genannten Arbeiten von Dieter Henrich und Manfred Frank siehe
     Summerer, Sittlichkeit; Naschert, Wechselerweis; Waibel, Hölderlin.

Fichtesche Motive und Gedankenstrukturen geprägt,[115] und doch hat er einen entscheidenden Schritt über Fichte hinaus getan, der die Bedeutung des von ihm Übernommenen verschiebt.[116]

Und die Rede von einem entscheidenden „Fichte-Erlebnis", das Schleiermacher im Unterschied zu den anderen Frühromantikern nicht vorzuweisen habe? Sie ist nichts anderes als ein Klischee und nicht auf der Höhe der neueren Romantikforschung.

2.2. Fichtes Philosophie des Ich

Die besondere Schwierigkeit von Fichtes Denken macht dessen Präsentation im Rahmen der Untersuchung notwendiger als die anderer Autoren, die wir einbeziehen. Hinzu kommt der Umstand, daß verbreitete, aber durch die neuere Forschung veraltete Bilder von Fichtes Ansatz einen großen Teil der wichtigsten Schleiermacher-Interpretationen bestimmen. Dies macht auch einen Einblick in die neuere Fichte-Forschung erforderlich. Die folgende Darstellung wird vorerst auf die Analyse der frühen Fichte-Rezeption Schleiermachers abzielen. Die Behandlung Fichtes soll darüber hinaus die Diskussion des Subjektivitätsbegriffs des späten Schleiermacher vorbereiten. In beiden Hinsichten bleibt die Darstellung immer an der Untersuchung von Schleiermachers Denken orientiert.

Es geht hier um zwei Themenkreise: zum einen um Fichtes Systemkonzeption mit seiner Theorie des erkennenden und handelnden Weltverhältnisses des Menschen, zum anderen um Fichtes Behandlung des Problems der Subjektivität. Dies ist nicht zweierlei, da Fichte bekanntlich die ganze Philosophie als Theorie der Subjektivität konzipiert. Gleichwohl möchte ich die grundsatzphilosophische Anlage besonders der Wissenschaftslehre von 1794/95 und Fichtes subjektivitätstheoretische Reflexionen auseinanderhalten. Ist erstere zurecht bereits von den Frühromantikern – Schleiermacher eingeschlossen – problematisiert worden, die dagegen zum Teil Kantische Ansätze wieder geltend machen, so müssen Fichtes Leistungen in der Erklärung der internen Verfassung des Selbstbewußtseins als den Beiträgen sowohl Kants als auch Reinholds überlegen gekennzeichnet werden. Es sei ergänzend bemerkt, daß Schleiermacher an diesem Punkt von Schlegel, nach dessen überlieferten frühen Notizen und Schriften zu urteilen, wohl keine wichtigen Impulse hat erhalten können.

---

115 Die meisten von diesen werden von Hirsch, Geschichte, Bd. IV, bes. 504-508, behandelt. Ich weise in den einzelnen Fällen – unter anderem bei den Begriffen der Anschauung und des Gefühls – nicht wieder auf ihn hin.

116 Vgl. die Hinweise mit Bezug auf die *Reden* in Meckenstock, Auseinandersetzung 33.

Des näheren geht es im folgenden zunächst um die bewußtseins- und subjektivitätstheoretischen Hauptgedanken in Fichtes erster Darstellung der Wissenschaftslehre, sodann um den Subjektivitätsbegriff der neuen Darstellung der Wissenschaftslehre und endlich um die Theorie der konkreten und durch Intersubjektivität bedingten Subjektivität in Fichtes Naturrecht. Als Textgrundlage dienen dazu nicht Manuskripte Fichtes oder Nachschriften von seinen Vorlesungen,[117] sondern lediglich die bereits Schleiermacher damals zugänglichen Publikationen.

2.2.1. Absolutes Ich und Selbstbewußtsein

Die Wissenschaftslehre ist dem Ansatz nach eine Theorie des gesamten menschlichen Wissens. Daß sie unter der Überschrift *Philosophie des Ich* gebracht werden kann, ist zunächst darin begründet, daß sie dem Gedanken von einem Ich eine entscheidende, ja eine nahezu alles entscheidende Funktion in der Erkenntnis des Menschen zuschreibt.

Dieser Gedanke wird im ersten Paragraphen von *Grundlage der gesammten Wissenschaftslehre* eingeführt,[118] der gegenüber den vor allem durch Schulze und Maimon vertretenen skeptizistischen Positionen einen obersten Grundsatz alles Wissens aufstellt, der „unmittelbar und durch sich selbst gewiss" ist.[119] Ein solcher Satz muß nach Fichte eine differenzlose Einheit enthalten, die er mit dem Ich identifiziert. Es ist hier nicht eine Person oder ein Individuum gemeint. Das betreffende Ich ist nicht Gegenstand des natürlichen, empirischen Bewußtseins, sondern wird durch „abstrahirende Reflexion"[120] – ein Verfahren, das die Wissenschaftslehre von der Elementarphilosophie Reinholds unterscheidet – als Bedingung dieses Bewußtseins gedacht. Auf der anderen Seite ist es kein selbständiger Sachverhalt neben dem Bewußtsein, sondern darauf bezogen. Die Wissenschaftslehre entwickelt den Ichgedanken vom gegenstandsbezogenen Bewußtsein her, indem er als dessen Voraussetzung erschlossen wird. Die Argumentation, in welcher dies durchgeführt wird,

---

117 Ich sehe von dem Umstand ab, daß Schlegel Schleiermacher eventuell Kenntnisse von der Wissenschaftslehre *nova methodo* hat vermitteln können, *wenn* er – wie wahrscheinlich ist – die erste Vorlesung vom Wintersemester 1796/97 gehört hat. Vgl. Naschert, Wechselerweis 53f.85; Frank, Annäherung 893.865f. Anm. 5.

118 FW I, 92-98; dazu besonders Stolzenberg, Satz. Henrich, Grund, gibt viele aufschlußreiche Hinweise zur Interpretation der frühen Wissenschaftslehre; siehe in diesem Zusammenhang besonders ebd. 485ff. Im folgenden wird in Zitaten die Hervorhebung in Fichtes Original oft aufgehoben.

119 FW I, 49.

120 Ebd. 91

ist an der Urteilsfunktion der Erkenntnis orientiert und knüpft an die synthetische Einheit der Apperzeption bei Kant an. Auf diese Weise bestimmt Fichte das Ich durch seine *Identität, unbedingte Gewißheit* und *reine Tätigkeit* und als solches als *absolutes Subjekt,* wodurch es als selbstbegründend und selbstgenügsam gefaßt wird. Diese Argumentation führt über den Kantischen Ansatz hinaus, insofern sie das Ich letztlich unabhängig vom Bezug auf Gegenstände konzipiert.[121] Dieses Ich ist der Inhalt des obersten Grundsatzes. Dieser besteht nicht – wie oft behauptet wird – in dem Satz: „Das Ich setzt ursprünglich schlechthin sein eigenes Seyn", den Fichte als eine erzählende Wiedergabe des Grundsatzes bezeichnet, sondern in dem Satz: „Ich bin", verstanden als Ausdruck einer „Tathandlung".[122] Auf diesen Begriff, womit sich Schleiermacher von Reinholds Ansatz in einer „Tatsache" abgrenzt, ist später zurückzukommen.

Die ersten Voraussetzungen des Bewußtseins werden durch den Gedanken der absoluten Einheit nicht erschöpft. Eine weitere Bedingung ist Thema des zweiten Grundsatzes in § 2:[123] „dem Ich" wird „schlechthin entgegengesetzt ein Nicht-Ich".[124] Insofern das, mit Bezug auf welches die Entgegensetzung erfolgt, nämlich das Ich, im ersten Grundsatz enthalten ist, geht es hier um etwas Bedingtes. Als Handlung ist die Entgegensetzung aber unbedingt. Diese beiden Bedingungen – die *Identität* und der *Gegensatz* – scheinen indessen einander zu widersprechen: Sie schließen einerseits ein, daß das Ich gesetzt ist, und andererseits daß es nicht gesetzt ist, indem es durch das Nicht-Ich aufgehoben wird. Deshalb wird im dritten Paragraphen ein dritter und letzter Grundsatz hinzugefügt, der nach seiner Form durch die zwei vorhergehenden Sätze bedingt und nach seinem Gehalt unbedingt sein soll.[125] Fichte geht von der Voraussetzung aus, daß die Entgegensetzung von Ich und Nicht-Ich im Ich stattfindet. Der Widerspruch tendiert dahin, dessen Identität aufzuheben. Um dies zu vermeiden, behauptet Fichte eine Einschränkung der Glieder des Gegensatzes, die wieder die *Teilbarkeit* des Nicht-Ich und des Ich – d.h. nicht des absoluten Ich, sondern des Ich, das dem Nicht-Ich entgegengesetzt ist – impliziert. Der diesem entsprechende Satz ist: „Ich setze im Ich dem theilbaren Ich ein theilbares Nicht-Ich entgegen".[126] Der Gegensatz und die Teilbarkeit machen die formalen Bedingungen der Bestimmung von etwas als etwas im Unterschied zu etwas anderem aus. Alle folgenden

---

121 Vgl. Klotz, Selbstbewußtsein [1995] 28.35.
122 FW I, 98, vgl. Henrich, Grund 43 Anm. 44; 94 Anm. 79.
123 FW I, 101-105.
124 Ebd. 104.
125 Ebd. 105-110.
126 Ebd. 110.

Argumentationen der Wissenschaftslehre, die auf eine detailliertere Darstellung der Bedingungen unseres erkennenden und praktischen Weltverhältnisses abzielen, sind durch den Widerspruch zwischen der Einheit und dem Gegensatz, zwischen dem Ich als absolutem und als auf das Nicht-Ich bezogenem, als reiner und als begrenzter Tätigkeit bestimmt.

Der vierte Paragraph, der mit der daran sich anschließenden „Deduktion der Vorstellung" den theoretischen Teil der Wissenschaftslehre ausmacht,[127] kann als Rekonstruktion der Struktur des Bewußtseins verstanden werden, wie diese in Reinholds „Satz des Bewußtseins" ausgedrückt wird.[128] Allerdings ist zu beachten, daß dieser Satz nicht den Status des obersten Grundsatzes hat und daß Fichte anders als Reinhold nicht vom Sachverhalt der Vorstellung her denkt. Dieser Begründungsgang, in welchem die Einbildungskraft eine Schlüsselfunktion hat, gipfelt in der Erklärung der Anschauung. Der Paragraph hat jedoch zugleich andere Ziele: die Erklärung der möglichen philosophischen Systeme – verschiedener Varianten des Realismus und des Idealismus –, die zur Position eines kritischen Idealismus hinführt; die Ableitung der Kategorien und die Ableitung der Zeit. Dies trägt dazu bei, den Gang des theoretischen Teils der Wissenschaftslehre sehr verwickelt erscheinen zu lassen.

Der Grundsatz der theoretischen Wissenschaftslehre ist dieser: „das Ich setzt sich selbst, als beschränkt durch das Nicht-Ich".[129] Fichte verfährt so, daß er einen darin liegenden Gegensatz aufsucht und das Entgegengesetzte vereinigt, um in der Einheit einen weiteren Gegensatz aufzuweisen etc. Dadurch werden in den Abschnitten B, C und D die Kategorien der Wechselbestimmung, der Kausalität und der Substantialität abgeleitet. Aus diesen soll der Begriff der *Wechselbestimmung* hervorgehoben werden, den Fichte in enger Verbindung mit dem Wechselwirkungsbegriff anwendet, und der das übergeordnete Mittel des Paragraphen ist, den Synthesen des Bewußtseins zwischen Ich und Nicht-Ich Rechnung zu tragen.[130] Der Begriff der Wechselbestimmung zielt als Begriff einer besonderen Art der Bestimmung durch Entgegensetzung und Begrenzung auf ein Verhältnis zwischen Ich und Nicht-Ich, Realität und Negation, Tun und Leiden ab, das in *gegenseitiger* Beschränkung besteht. In dem großen Abschnitt E stellt

---

127 Ebd. 123-227.227-246. Die materialen Teile der Wissenschaftslehre sind in der Forschung weniger bearbeitet worden als der Anfang. Zur theoretischen Wissenschaftslehre siehe aus der neueren Literatur besonders Waibel, Hölderlin 301ff; Hanewald, Apperzeption, Kap. I.2-4.

128 Siehe oben Kap. 1 Anm. 564.

129 FW I, 126.

130 Vgl. ebd. 130f.

Fichte durch Wechselbestimmung eine Reihe von immer komplexeren Synthesen auf. Dieses ganze synthetisierende Verfahren zielt auf den Nachweis, daß die Erkenntnis nur unter der Voraussetzung des Gedankens der unendlichen Tätigkeit des Ich verständlich gemacht werden kann, nämlich als Ergebnis einer Beschränkung dieser Tätigkeit.[131] Dazu muß jedoch ein *Anstoß* angenommen werden, der nicht allein aus dem Ich erklärt werden kann und als von außen kommend erscheint. Dieser Punkt repräsentiert einen Restbestand des Realismus im kritischen Idealismus der Wissenschaftslehre.[132] Von hier kann Fichte in einer Metaphorik, die erst recht in § 5 zur Anwendung kommt, von verschiedenen Richtungen der Tätigkeit des Ich sprechen: eine Richtung nach dem Unendlichen aufgrund des unbedingten Sich-Setzens des Ich und eine entgegengesetzte Richtung aufgrund seiner anstoßbedingten Selbstbegrenzung, ferner eine in sich zurückgehende und andererseits eine objektive Tätigkeit des Ich.[133] Die Synthese der unendlichen und der endlichen Tätigkeit schreibt Fichte der produktiven Einbildungskraft als der Funktion, unvereinbare Gegensätzen zu vereinigen, zu:

> „Dieser Wechsel des Ich in und mit sich selbst, da es sich endlich und unendlich zugleich setzt – ein Wechsel, der gleichsam in einem Widerstreite mit sich selbst besteht, und dadurch sich selbst reproducirt, indem das Ich unvereinbares vereinigen will, jetzt das unendliche in die Form des endlichen aufzunehmen versucht, jetzt, zurückgetrieben, es wieder ausser derselben setzt, und in dem nemlichen Momente abermals es in die Form der Endlichkeit aufzunehmen versucht – ist das Vermögen der *Einbildungskraft*".[134]

Da es um Unvereinbares geht, ist die durch die Einbildungskraft hervorgebrachte Einheit keine Einheit, die festgelegt und selbst der Bestimmung unterworfen ist – das erfolgt erst in einer Reflexion. Fichte drückt diesen Sachverhalt so aus, daß die Einbildungskraft, indem sie das Unvereinbare zusammenhält, zwischen den Extremen *schwebt*. Als dieses Schweben begreift er das Anschauen.[135]

Erst in der in § 5 unternommenen Grundlegung einer allgemeinen praktischen Philosophie[136] geht es um Bedingungen des Erkennens in Beziehung auf eine unabhängige Wirklichkeit. Beim obersten Satz der praktischen Wissenschaftslehre, „das Ich setzt sich als bestimmt durch das

---

131 Ebd. 210ff.
132 Vgl. Hanewald, Apperzeption, bes. 201ff.
133 Vgl. FW I, 227ff.272ff.
134 Ebd. 215.
135 Ebd. 225.232.
136 Ebd. 246-285. Zum praktischen Teil der Wissenschaftslehre siehe Siep, Naturrecht 24ff., und besonders Waibel, Hölderlin 53ff.

Nicht-Ich",[137] bedient sich Fichte statt der vollständigen analytisch-syn-
thetischen Methode eines verkürzten Verfahrens. Er bezieht sich nur auf
eine Hauptantithese, die vom intelligenten und vom absoluten Ich. Die
Synthese erfolgt erstens in einem apagogischen Beweis, der an der Annahme eines *Strebens* des Ich orientiert ist: Als Streben ist die Tätigkeit des
Ich endlich, indem sie auf ein mögliches Objekt bezogen ist, und zugleich
unendlich als bezogen auf ein Ideal.[138] Die mit dem Objektsetzen verbundene Hemmung der Tätigkeit faßt Fichte als *Gefühl*. Genauer ist das
Gefühl der subjektive Zustand, der im Innewerden der gehemmten,
begrenzten Kraft besteht.[139] Streben und Gefühl sind nach Fichte die
entscheidenden Bedingungen des Bezugs auf die Außenwelt. Zweitens
wird die Synthese durch einen genetischen Beweis geleistet, der die Möglichkeit des Bewußtseins aus dem absoluten Ich selbst begründet. In
Spannung zu § 1 wird hier im absoluten Ich eine Differenz behauptet, die
Voraussetzung der Einwirkung des Nicht-Ich ist.[140] In Anknüpfung an den
Begriff des Strebens werden in den folgenden Paragraphen auch Handlungsweisen wie Trieb und Sehnen bestimmt.[141] Die Thematisierung von
Anschauung, Streben, Gefühl und Trieb in den materialen Teilen der
Wissenschaftslehre ist ein Versuch, abweichend von Kant diese in eine
transzendentale Untersuchung einzubeziehen, die auf den Nachweis
abzielt, daß das Ich schon in ihnen in verschiedenen Graden wirksam ist,
und die auf diese Weise „den ganzen Menschen erschöpfen" soll.[142] Der
Versuch impliziert die Auffassung, daß das Praktische die tiefste Schicht
des bewußten Lebens ist, daß dieses letztlich Trieben und Gefühlen
entspringt.[143]

Bisher haben wir Fichtes Ich hauptsächlich in seiner Funktion in Erkenntnis und Praxis betrachtet. Dies ist indessen nicht der einzige sachgemäße Gesichtspunkt. Die Wissenschaftslehre analysiert vom Anfang an
das Ich auch in einer *subjektivitätstheoretischen* Perspektive. Wir müssen
deshalb fragen, wie das Selbstverhältnis des Subjekts in diesen Gedanken-

---

137 FW I, 246.
138 Ebd. 254ff.
139 Ebd. 266f.289.
140 Ebd. 270ff.
141 Ebd. bes. 287ff.301ff.
142 Ebd. 284 Anm.
143 Vgl. Kroner, Kant, Bd. 1, 515ff. Ludwig Siep weist darauf hin, daß es um „eine transzen-
     dentale Neuinterpretation der Wolffschen Psychologie, die dessen Lehre vom Primat der
     vis repraesentativa umkehrt in einen Primat des appetitus als auf sich reflektierendes
     Streben", geht (Siep, Naturrecht 25f.).

gängen thematisiert wird. Das ist eine äußerst komplexe Fragestellung.[144] Wir können dabei von der engeren Frage ausgehen, wie Fichte den Begriff des *Selbstbewußtseins* explizit gebraucht. Vorläufig muß beachtet werden, daß dieser Begriff – dem durch viele Fichte-Darstellungen vermittelten Eindruck entgegen – vom Ich als erstem Prinzip im Haupttext des ersten Paragraphen der *Grundlage* nicht verwendet wird. Das ist nicht zufällig. Es liegt daran, daß der Selbstbewußtseinsbegriff nach diesem Werk in einem anderen systematischen Zusammenhang seinen Platz hat.

Wie angeführt, ist der oberste Grundsatz der Wissenschaftslehre der Satz „Ich bin" als Ausdruck einer „Tathandlung". *Tathandlung* ist Fichtes Begriff von der reinen Tätigkeit als einer Tätigkeit, die sich dadurch auszeichnet, daß das Handelnde und das Produkt der Handlung zusammenfallen, daß Sein und Tätigkeit eins sind. Daß von einer reinen Tätigkeit die Rede ist, heißt, daß die Tätigkeit leer, ohne gegebene, inhaltliche Bestimmungen ist und nur auf sich selbst geht. Insofern das Ich in der Tathandlung den Gedanken seiner eigenen Wirklichkeit hervorbringt, bezeichnet Fichte sie als „das Setzen des Ich durch sich selbst".[145] Auf dieser Linie ist auch das von ihm behauptete *Fürsichsein* des absoluten Ich zu verstehen.[146] Damit kann kein eigentliches Selbstbewußtsein gemeint sein, aber doch eine Art von epistemischer Selbstbeziehung. Die Intention von Fichtes Begriff vom absoluten Subjekt ist die *Unmittelbarkeit* und *Nichtreflektiertheit* des primären Selbstverhältnisses.[147] Will man mit einem anderen Wort als denen, die Fichte zu dieser Zeit gebraucht, dies als Selbstbewußtsein bezeichnen, so handelt es sich um eine Art des Bewußtseins, in welcher die Subjekt-Objekt-Differenz nicht auftritt, die normalerweise, so wie Fichte mit Reinhold diesen Begriff faßt, für das Bewußt-

---

144 Siehe zum folgenden Stolzenberg, Satz, ferner ders., Begriff [1986], bes. 45.148ff.164ff.; ders., Begriff [1995], bes. 76f.83f. Anm. 26.

145 FW I, 96, vgl. die Rekonstruktion der Argumentation bei Stolzenberg, Satz 28ff.; Henrich, Grund 41ff.

146 FW I, 97.

147 Vgl. schon die Fichte-Studie von Henrich, Einsicht [1966] 199. Henrich interpretiert in diesem Aufsatz allerdings § 1 der *Grundlage der gesammten Wissenschaftslehre* als *Selbstbewußtseins*theorie und versteht bereits den Begriff des absoluten Ich in der ersten Wissenschaftslehre als gegen die von ihm sogenannte *Reflexionstheorie vom Selbstbewußtsein* gerichtet. Dieses aporetische Modell läuft darauf hinaus, den Ursprung und das Wesen des Selbstbewußtseins als Reflexion zu erklären: Selbstbewußtsein entsteht und besteht darin, daß das erkennende Subjekt sich von den äußeren Objekten wegwendet, sich selbst zum Objekt macht und sich also damit identifiziert (ebd. 191ff.). Henrich meint jedoch, daß Fichte hier trotzdem von der Reflexionstheorie abhängig bleibt (ebd. 201). Siehe dazu den Vorbehalt bei Stolzenberg, Begriff [1986] 151f. Anm. 142. In neueren Arbeiten sieht Henrich im Ichbegriff des ersten Paragraphen der *Grundlage* eher einen konsistenten Beitrag zur Theorie der Subjektivität (vgl. Henrich, Konstellationen 250ff.; ders., Grund 41f.).

sein gilt. Das absolute Ich wird als reine Indifferenz gefaßt. Es ist Fichtes These, daß man nur auf der Basis von diesem Ich das reflexive Selbstbewußtsein verstehen kann.[148]

Auf der anderen Seite enthält die erste Wissenschaftslehre Argumentationen, die die Subjektivität unter Voraussetzung des Gedankens von Gegensatz und Abgrenzung explizieren. Die wichtigsten Bestimmungen werden erreicht vor dem Hintergrund der Theorie des Bewußtseins und der Beziehung des Ich auf Objekte, die im theoretischen Teil in der Lehre von der Einbildungskraft gipfelt und im praktischen Teil mit dem Begriff des Strebens und vor allem im genetischen Beweisgang weiterentwickelt und weiterbegründet wird. Es kommt besonders auf das sogenannte Reflexionspostulat an, das von einem im Verhältnis zum bisher erörterten bloßen Setzen höherstufigen Setzen des Ich, einem Setzen *als* setzend, handelt.

Hier müssen – auch im Hinblick auf Schleiermachers frühe Fichte-Rezeption – einige Bemerkungen über den Begriff der *Reflexion* der Wissenschaftslehre eingeschoben werden. Vor den genannten Argumentationen wurde dieser Begriff nur in methodischer Bedeutung, nicht auf der Gegenstandsebene der Wissenschaftslehre verwendet. Deren allgemeiner Begriff von philosophischer Reflexion erscheint in § 7 der Begriffsschrift,[149] der das Verhältnis zwischen der Wissenschaftslehre und seinem Gegenstand thematisiert: Dieser besteht in den Handlungen oder Handlungsweisen des menschlichen Geistes, die unabhängig von der Wissenschaftslehre sind und als notwendig beschrieben werden. Demgegenüber ist das, was der Wissenschaftslehrer tut, wenn er diese notwendigen Handlungen zum Bewußtsein bringt, eine freie Handlung, eine freie Reflexion. Daß die erstgenannten Handlungen notwendig sind, heißt also, daß sie im Gegensatz zum philosophischen Akt unwillkürlich sind: Sie erfolgen, ob wir es wollen oder nicht. Fichte fügt hinzu, daß die philosophische Reflexion mit einer ebenso freien Abstraktion verbunden ist, die von der notwendigen Handlungsweise die mit dieser vorkommenden zufälligen Bedingungen sondert. Die Handlungen des Ich, die durch die Wissenschaftslehre thematisiert werden, sind also notwendig in einer transzendentalphilosophischen Bedeutung: Sie sind allgemeine und notwendige Voraussetzungen menschlicher Erkenntnis und Praxis.

Von dieser philosophischen Reflexion wird nun am Schluß der theoretischen Wissenschaftslehre eine Reflexion unterschieden, die als *notwendig* bezeichnet und mit Ausdrücken wie *ursprünglich*, *natürlich* und *gemein*

---

148 Henrich, Grund, z.B. 448.489.
149 FW I, 70ff.

als eine nicht-philosophische Reflexion beschrieben wird.[150] Ist die philosophische Reflexion diejenige Betrachtung des Ich, welcher der Philosoph von außen an das Ich heranträgt, ist diese zweite Reflexion die eigene Reflexion des Ich. Insbesondere ist das Gegenstück der notwendigen Reflexion jedoch eine spezifische Variante der philosophischen Reflexion, nämlich die *künstliche* philosophische Reflexion, d.h. eine Reflexion, die sich nicht zu etwas Vorgegebenem verhält, sondern selbst seinen Gegenstand hervorbringt. Diese Bestimmung bezieht sich auf eine Bestandsaufnahme des bisherigen Ganges der Wissenschaftslehre: Der oberste Satz dieses Teils war ein Postulat; die philosophische Reflexion hatte nur mit Denkmöglichkeiten zu tun gehabt, indem sie den Satz gegensatzfrei zu denken versuchte. Indem dies in dem Umfang, der theoretisch möglich ist, mit der Deduktion der Einbildungskraft gelingt, erweist sich der Satz als wahr in dem Sinn, daß er mit einem Faktum als mit etwas ursprünglich, unabhängig von der philosophischen Reflexion Vorliegendem korrespondiert. Diese muß dann geändert werden, so daß sie nicht produktiv ist und selbst eine Reflexion – die Selbstreflexion des menschlichen Geistes – zum Gegenstand hat.

Es ist dieser Begriff einer notwendigen Reflexion, auf den es im Hinblick auf die weitere Explikation des Subjektivitätsbegriffs ankommt. In § 4 gilt der Gesichtspunkt, daß das Ich erst als etwas bestimmt werden kann, indem es von etwas anderem gesondert wird: „Ein Ich, das sich setzt, *als* sich selbst setzend, oder ein *Subject* ist nicht möglich ohne ein auf die beschriebene Art hervorgebrachtes Object (die Bestimmung des Ich, seine Reflexion über sich selbst, als ein bestimmtes, ist nur unter der Bedingung möglich, dass es sich selbst durch ein entgegengesetztes begrenze)".[151] Hier geht es um das begrenzte, endliche, intelligente Ich. Der Begriff der notwendigen Reflexion erscheint ebenso in Gestalt des Reflexionspostulats im genetischen Beweis in der praktischen Wissenschaftslehre,[152] also mit Bezug auf das absolute Ich:

> „Das Ich soll sich nicht nur setzen für irgend eine Intelligenz ausser ihm, sondern es soll sich *für sich selbst* setzen; es soll sich setzen, *als* durch sich selbst gesetzt. Es soll demnach, so gewiss es ein Ich ist, das Princip des Lebens und des Bewußtseyns lediglich in sich selbst haben. Demnach muss das Ich, so gewiss es ein Ich ist, unbedingt und ohne allen Grund das Princip in sich haben, über sich selbst zu reflectiren".[153]

---

150 Ebd. 222f.230.

151 Ebd. 218.

152 Ebd. 276.

153 Ebd. 274. Zum Unterschied der Inanspruchnahme des Reflexionspostulats in §§ 4 und 5 siehe Waibel, Hölderlin 67f.

Dieses *als* hat einen prädikativen Charakter. Insofern verändert sich mit Bezug auf § 1 die Bedeutung des *Fürsichseins* des Ich. Erst hier ist von einer ausdrücklich wissenden Selbstbeziehung die Rede. Dementsprechend führt Fichte in diese theoretischen Zusammenhänge mit dem Reflexionsbegriff auch den Begriff des *Selbstbewußtseins* ein, wobei dieses – isoliert betrachtet unter Reinholdschen Prämissen – als ein Subjekt-Objekt-Verhältnis gefaßt wird.[154]

Hier stellt sich die Frage, ob nicht diese explizite Reflexivität des Ich Ausdruck einer Befangenheit in der sogenannten Reflexionstheorie des Selbstbewußtseins ist.[155] Das ist jedoch nicht der Fall. Man könnte freilich durchaus mit Bezug auf diesen Ansatz von einer Reflexionstheorie des Selbstbewußtseins reden. Fichte macht aber in diesem Kontext keinen Versuch, das ursprüngliche Selbstverhältnis zu erklären, worauf die sonst unter dem Titel einer Reflexionstheorie gemeinten Ansätze ja abzielen. Insofern geht es an dieser Stelle um ein sekundäres Phänomen, das die nichtreflektierte Selbstbeziehung zur Voraussetzung hat. Fichtes Vorhaben ist dagegen – so Jürgen Stolzenberg – eine „Theorie der Selbstobjektivierung des Ich". Sie nimmt Bezug auf Bedingungen, die konstitutiv für dessen Relation zu Objekten und zugleich Bedingungen des Selbstbewußtseins sind.[156] Indem die Wissenschaftslehre auf diese Weise die Rekonstruktion der Selbstreflexion und des Selbstbewußtseins des Ich zur Aufgabe bekommt, soll sie „eine pragmatische Geschichte des menschlichen Geistes"[157] sein.

2.2.2. Selbstanschauung oder unmittelbares Selbstbewußtsein

Wenn wir uns nun der Wissenschaftslehre *nova methodo*, wie sie in den 1797/98 von Fichte selbst veröffentlichten Arbeiten zugänglich ist, zuwenden, so kommt es uns vor allem auf den Subjektivitätsbegriff an. Wir beziehen uns dabei auf die im *Philosophischen Journal* erschienenen Fragmente einer neuen Darstellung der Wissenschaftslehre. Eine Version von dieser war Schleiermacher ansatzweise auch in der Einleitung zu Fichtes Sittenlehre zugänglich. Während wir uns in diesem Abschnitt vorwiegend mit dem Gedanken von der ursprünglichen, unmittelbaren Selbstbeziehung beschäftigen werden, werden wir im folgenden Abschnitt anhand

---

154 FW I, 244f.275.277f.
155 Vgl. Henrich, Selbstverhältnisse 73.
156 Stolzenberg, Begriff [1995] 84 Anm. 26.
157 FW I, 222.

des Naturrechts Fichtes die explizite reflektierte Selbstbeziehung des Subjekts weiter verfolgen.

Zwischen der Darstellung von 1794/95 und der jüngeren Darstellung lassen sich in der Thematisierung des ursprünglichen Selbstverhältnisses des Ich Verschiebungen und neu hinzugekommene Bestimmungen feststellen. So wird dieser Ichbegriff nun orientiert am reflektierten Selbstbewußtsein eingeführt. Neuartig ist auch die Erklärung der Bewußtheit der primären Selbstbeziehung. In beiden Hinsichten kommt dem Begriff der *Anschauung* eine entscheidende Funktion zu.

Fichte beginnt die Darstellung der Wissenschaftslehre nach neuer Methode mit der „Grundbehauptung", daß Bewußtsein durch Selbstbewußtsein bedingt ist,[158] und zwar durch ein Selbstbewußtsein, das er als ein unmittelbares bezeichnet.[159] Er unterscheidet in „Zweite Einleitung" im Hinblick auf die Begründung dieser Behauptung zwei Aufgaben: der Nachweis „zuvörderst: wie das Ich für sich sey und werde; dann, dass dieses Seyn seiner selbst für sich selbst nicht möglich sey, ohne dass ihm auch zugleich ein Seyn ausser ihm entstehe".[160] An der Weise, wie Fichte die erste der beiden Aufgaben angeht, ist schon der neue Ansatz erkennbar.

Wie in der *Grundlage der gesammten Wissenschaftslehre* wird das Ichbewußtsein, das Fichte auch jetzt mit dem Begriff des Setzens formulieren kann, als Prinzip gefaßt. Ebenso wird das Prinzip der Wissenschaftslehre noch als Grundsatz formuliert. Neu ist aber, daß dieser in die Gestalt eines *Postulats* gebracht wird, das auf eine Reflexion zielt: „denke dich, construire den Begriff deiner selbst, und bemerke, wie du dies machst",[161] das heißt, den Standpunkt des Selbstbewußtseins in der Tat einzunehmen. Auf dieses reflektierte Selbstbewußtsein bezieht Fichte den Begriff der Anschauung in einem methodologischen Sinn:[162] Anschauung ist das durch keine Art des Denkens zu ersetzende eigene Gewahren des Vollzugs dieses Aktes.

In Fichtes Argumentation sind im Blick auf den Gedanken einer unmittelbaren Selbstbeziehung als Bedingung der Beziehung auf Gegenstände zwei Glieder hervorzuheben, die Bestimmungen der Selbstbeziehung enthalten, die nicht zu Beginn der *Grundlage* auftreten. Im einen Argumentationsteil wird das unmittelbare Ichbewußtsein als *in sich zurückge-*

---

158 Ebd. 457f.
159 Ebd. 521.
160 Ebd. 458.
161 Ebd.
162 Vgl. Klotz, Selbstbewußtsein [2002] 44ff.

hende Tätigkeit gedacht.[163] Wie Christian Klotz gezeigt hat, ist dies unangemessen, insofern es dadurch in der Sprache der Reflexivität beschrieben wird.[164] Dem entspricht, daß diese Beschreibung aus §§ 4-5 der ersten Darstellung der Wissenschaftslehre eine Metapher aufnimmt, die dort auf das Thema der Reflexion bezogen wird.

Dieser Argumentationsteil beleuchtet auch die Frage, inwiefern es dabei um Bewußtsein geht. Das Zurückgehen des Ich in sich selbst wird als ein Anschauen verstanden. Dies wird dadurch begründet, daß es keinen Begriff einschließt. In dieser Nichtbegrifflichkeit besteht gerade seine Unmittelbarkeit.[165] Deshalb kann Fichte behaupten, daß es kein Selbstbewußtsein ist. Dies muß aber nicht so verstanden werden, daß es keinen Bewußtseinscharakter hat. Die Anschauung des Ich wird hier als eine Möglichkeitsbedingung des Selbstbewußtseins und des Bewußtseins überhaupt dargestellt. Als solche ist sie kein selbständiges Bewußtsein, aber dennoch ein Bestandteil des wirklichen Bewußtseins. Fichte führt diese Bestimmungen besonders durch Vergleich mit der sinnlichen Anschauung weiter aus.[166] Die betreffende Anschauung wird, insofern sie nicht rezeptiv ist, als eine *intellektuelle Anschauung* gefaßt: Intellektuelle Anschauung ist das ursprüngliche Ichbewußtsein insbesondere als ein spontanes, selbsthervorgebrachtes. Davon abgesehen ist es nicht selbstgenügsam. Die intellektuelle Anschauung ist ja ein unselbständiges Element des eigentlichen Bewußtseins.

Das zweite hervorzuhebende Glied der Argumentation ist im ersten Kapitel von „Versuch einer neuen Darstellung" enthalten.[167] Er macht das sachlich wichtigste Glied von Fichtes Argumentation aus und besteht in einem indirekten Argument für das unmittelbare Selbstbewußtsein, dem sogenannten Regreßargument. Dieses in der Diskussion über Subjektivität in der zweiten Hälfte des zwanzigsten Jahrhunderts besonders durch Dieter Henrich berühmt gewordene Argument müssen wir auch wegen des später zu erörternden Einflusses dieser Diskussion auf die Schleiermacher-Interpretation kennen.[168]

Fichte nimmt eine Weise, das bewußte Selbstverhältnis zu verstehen, auf, die nach den von ihm bisher verwendeten begrifflichen Mitteln

---

163 FW I, 458f.528.
164 Klotz, Selbstbewußtsein [2002] 84.112ff.
165 Vgl. auch FW I, 472.
166 Ebd. 463ff., vgl. Klotz, Selbstbewußtsein [2002] 103ff.
167 FW I, 521-534, dort 525ff.
168 Ich stütze mich auf Klotz, Selbstbewußtsein [2002] 86ff.; siehe ebd. 94ff., gegen Henrichs Auffassung, daß Fichte hier noch in den Aporien der Reflexionstheorie von Selbstbewußtsein verstrickt bleibt (Henrich, Einsicht [1966] 202ff.).

naheliegend zu sein scheint, aber faktisch in eine Aporie führt. Sie legt dem Selbstbewußtsein die Subjekt-Objekt-Differenz zugrunde: „*Du* bist – *deiner* dir bewusst, sagst du; du unterscheidest sonach nothwendig dein *denkendes* Ich von dem im Denken desselben *gedachten* Ich". Dies impliziert indessen, daß das Denkende *als solches* nicht Gegenstand desselben Denkens sein kann. Es kann nur Gegenstand „eines höheren Denkens" werden.[169] Für dessen Subjekt gilt wiederum dasselbe. Dies muß immer weitergehen. Es ergibt sich – schließt Fichte – eine unendliche Iteration, die die Erklärung des Selbstbewußtseins als unmöglich erscheinen läßt.[170]

Um zu verstehen, daß dieser Regreß tatsächlich eine theoretische Aporie bedeutet, müssen einige Prämissen verdeutlicht werden. Zunächst führt die Ausgangsaufforderung, sich zu denken, zu einem Begriff vom Ich als Einheit oder Identität des Denkenden und des Gedachten.[171] Entscheidend ist nun, daß die Identität – wenn es um Selbstbewußtsein gehen soll – aus der Perspektive des Selbstbewußtseins erfolgen muß, und zwar so, daß dieses das Bewußtsein ist, *selbst* der Denkende zu sein: „Du bist dir deiner, als des Bewussten, bewusst, lediglich inwiefern du dir deiner als des Bewusstseyenden bewusst bist".[172] Es sei hier bemerkt, daß dies eine erstmals von Reinhold geltend gemachte – und also von Fichte bejahte – Pointe ist.[173] Dessen Argument kann jedoch als eine in der Sache gegen jenen gerichtetes rekonstruiert werden. Es ist nämlich vor dem Hintergrund von Fichtes Nachweis des Regresses klar, daß diese Identität und also das Selbstbewußtsein nicht durch den Begriff des Denkens oder des Bewußtseins selbst erklärt werden kann.

Aus dieser Lage folgert Fichte, daß ein Selbstbewußtsein angenommen werden muß, das eine andere Verfassung als das Objektbewußtsein hat: „es giebt ein Bewusstseyn, in welchem das Subjective und das Objective gar nicht zu trennen, sondern absolut Eins und ebendasselbe sind".[174] Dieses Selbstbewußtsein wird in diesem Sinn des Fehlens der Subjekt-Objekt-Differenz als *unmittelbar* bezeichnet. Es ist als Bedingung jedes

---

169 FW I, 526.
170 Nach einer der Nachschriften der Vorlesung von 1798/99 fügt Fichte hinzu: „Diese SOPHISTEREI lag bisher allen Systemen – selbst dem Kantischen – zum Grunde" (FGA IV/2, 30,21ff.). Diese Bemerkung, die in Henrichs Auseinandersetzung mit der vorfichteschen Selbstbewußtseinstheorie hervorgehoben wird (Henrich, Einsicht [1966] 195f.), fehlt in Fichtes Drucktext.
171 FW I, 522.
172 Ebd. 526.
173 Siehe oben Kap. 1 Anm. 582f.
174 FW I, 527.

objektivierenden Selbstbewußtseins vorauszusetzen.[175] Dieses unmittelbare Bewußtsein des Subjekts identifiziert Fichte mit der intellektuellen Anschauung, für welche er hier auch den Begriff der *Selbstanschauung* prägt.[176]

In der bisher behandelten Argumentation unter dem Gesichtspunkt der Frage, wie das Ich für sich selbst ist, hat die Aufmerksamkeit der reinen Subjektivität gegolten, obwohl diese Selbstbeziehung schon im Hinblick darauf, wie sie die Bezugnahme auf Gegenstände bedingt, erörtert wurde. Die zweite der beiden einleitend erwähnten Aufgaben zielt in die Richtung der von Stolzenberg sogenannten Selbstobjektivierung des Ich. Diese Aufgabe bewältigt Fichte durch Nachweis von Leistungen des Ich, die Voraussetzungen von dessen Bezugnahme auf äußere Objekte und zugleich Bedingungen inhaltlichen Selbstbewußtseins sind, und zwar von solchen Leistungen, die dem Ergebnis des praktischen Teils der ersten Wissenschaftslehre gemäß in zweckbestimmten Handlungsweisen bestehen. Die Theorie der in diesem Sinn reflektierten Subjektivität wird in den fragmentarischen Veröffentlichungen der neuen Darstellung der Wissenschaftslehre im *Philosophischen Journal* nicht entwickelt. Wir greifen sie, wie sie in Fichtes Naturrecht entfaltet wird, auf.

2.2.3. Konkrete Subjektivität

In Fichtes *Grundlage des Naturrechts nach Principien der Wissenschaftslehre*, bei welchem wir uns auf die Einleitung und das erste Hauptstück[177] beschränken, interessiert uns nicht die Rechtsphilosophie als solche, sondern der in ihr entfaltete Begriff des Selbstbewußtseins. Darauf, daß auch dieser Begriff eine partielle Entsprechung in der Sittenlehre findet, soll nur hingewiesen werden. Besonders aus rezeptionsgeschichtlichen Gründen kommt Fichtes erstem größeren systematischen praktisch-philosophischen Werk für uns der Vorrang zu.

Um den Beitrag des *Naturrechts* zur Theorie der Subjektivität verstehen zu können, muß man beachten, wie es *nach Principien der Wissenschaftslehre* grundgelegt wird. Von der komplexen Fragestellung, wie es

---

175 Vgl. ebd. 528: „Die Anschauung, von welcher hier die Rede ist, ist ein *sich Setzen als setzend* (irgend eines Objectives, welches auch ich selbst, als blosses Object, seyn kann)". Dieses „als" kann nicht als ein reflexives verstanden werden. Der Ausdruck muß sich hier auf das unmittelbare Selbstbewußtsein als Bewußtsein seiner selbst als des darin bewußt Seienden beziehen.

176 Ebd. 529f.

177 FW III, 1-16.17-56.

sich einerseits zur Wissenschaftslehre von 1794/95 und andererseits zur Wissenschaftslehre *nova methodo* von 1796 an verhält, können wir absehen. Vorerst ist von Bedeutung, *daß* das Fichtesche Naturrecht überhaupt den Prinzipien der Wissenschaftslehre folgt, sofern es das absolute Ich bzw. die Selbstanschauung oder das unmittelbare Selbstbewußtsein, das am Anfang dieser Disziplin steht, als Voraussetzung der im Naturrecht thematisierten Gestalt der Subjektivität begreift.[178] Was das *wie* betrifft, knüpft das Naturrecht in der ersten Wissenschaftslehre besonders an § 5 und dort vor allem an das Reflexionspostulat an.[179] Es geht also insbesondere um Subjektivität als Reflexion, als explizites Selbstbewußtsein.

Diese Anknüpfung kommt in dem Begriff der Deduktion, mit welchem die *Grundlage des Naturrechts* ebenso wie die neue Darstellung der Wissenschaftslehre und die Sittenlehre Fichtes operiert, zum Ausdruck. Die betreffende Deduktion besteht in einer Argumentation nicht unmittelbar vom reinen Ich, sondern vom Selbstbewußtsein her: Ein Begriff – in unserem Text letztlich der Begriff des Rechts als Vernunftbegriff – wird deduziert, indem er als *notwendige Bedingung des Selbstbewußtseins* aufgewiesen wird.[180] In der Durchführung der Aufgabe kann Fichte dieses Verfahren – dessen nähere Beziehung zu Kants transzendentaler Deduktion der Kategorien meines Wissens noch nicht untersucht worden ist[181] – so anwenden, daß er von der Gewißheit des Vorkommens von Selbstbewußtsein her argumentiert: Insofern Selbstbewußtsein vorkommt, müssen verschiedene Bedingungen dafür angenommen werden.[182] Insofern hat das Naturrecht wie die Wissenschaftslehre notwendige Handlungsweisen des vernünftigen Wesens zum Gegenstand und ist ebenso transzendentalphilosophisch konzipiert. Auf der anderen Seite haben die hier bestimmten Voraussetzungen nicht ohne weiteres denselben Status wie die notwendigen Handlungen in der Wissenschaftslehre. Die Reihe der Bedingungen von Selbstbewußtsein besteht noch aus allgemeinen Strukturen und verweist nicht auf bestimmte empirische Ereignisse, sie greift aber in die Raum-Zeit-Dimension über.[183] Die Verschiebung zeigt sich noch auf eine andere Weise: Wie in der Wissenschaftslehre operiert Fichte hier mit

---

178 Vgl. Stolzenberg, Begriff [1995], bes. 72; ferner mit Bezug auf vergleichbare Teile der Vorlesungen über Wissenschaftslehre nach neuer Methode Klotz, Selbstbewußtsein [2002] 94.142f. Axel Honneth dagegen ist geneigt, den Ansatz des Naturrechts als der Konzeption der Wissenschaftslehre widersprechend aufzufassen (Honneth, Notwendigkeit, z.B. 64.69.76), und vernachlässigt den expliziten Anschluß jenes an diese.

179 Vgl. Siep, Naturrecht 24ff.; Stolzenberg, Begriff [1995] 77 Anm. 16.

180 FW III, 8 etc.

181 Vgl. die Bemerkungen bei Klotz, Selbstbewußtsein [1995] 47f.

182 Vgl. FW III, 18.32.35.

183 Vgl. Siep, Einheit 42ff.

einer Unterscheidung der Reflexion der Philosophie und der Reflexion des Ich. Der Fokus liegt im Naturrecht jedoch auf letztgenannter.[184] In dieser Verbindung werden die betreffenden Bedingungen zu Bedingungen dafür, daß der einzelne sich selbst findet und zu dem Selbstbewußtsein gelangt. Es geht um gedankliche Glieder in einer im Kontext der Transzendentalphilosophie neuartigen Theorie der *konkreten* Subjektivität. Indem das Naturrecht darüber hinaus Intersubjektivität als Bedingung des praktischen Selbstbewußtseins behauptet, stellt es auch als Beitrag zu einer Theorie von Intersubjektivität ein Novum in der Philosophie dar.[185]

Um welche Bedingungen des Selbstbewußtseins geht es also? Ich werde die in unserem Zusammenhang wichtigsten durchgehen.[186] Fichtes erster Argumentationsschritt, der im ersten Lehrsatz in § 1[187] enthalten ist und sachlich im praktischen Teil der ersten *Grundlage* ansetzt, ist an der freien Wirksamkeit des endlichen Ich orientiert. Dieses wird also als auf Gegenstände, als auf die Welt bezogen, betrachtet, aber nicht in der theoretischen Einstellung – in der Weltanschauung, wie Fichte sagt[188] –, sondern in seiner praktischen Tätigkeit der Zwecksetzung. Die Pointe ist, daß das Selbstbewußtsein auf der freien Selbstbestimmung beruht: Das Subjekt wird sich seiner selbst bewußt, indem es sich als Grund seiner Handlungen versteht.[189] Schon aufgrund der Bestimmtheit dieser Bedingung des Gegenstands- und des Selbstbewußtseins kommt es über die Leerheit der Selbstbezüglichkeit des absoluten Ich hinaus. Wenn hinzugesetzt wird: „Es wird behauptet, dass das praktische Ich das Ich des ursprünglichen Selbstbewusstseyns sey; dass ein vernünftiges Wesen nur im Wollen unmittelbar sich wahrnimmt, und sich nicht, und dem zufolge auch die Welt nicht wahrnehmen würde, mithin auch nicht einmal Intelligenz seyn würde, wenn es nicht ein praktisches Wesen wäre",[190] zielen die Begriffe vom ursprünglichen Selbstbewußtsein und von unmittelbarer Selbstwahrnehmung nicht auf eine nichtreflexive Gestalt der Subjektivität,[191] sondern auf den Primat des praktischen Selbstbewußtseins im Verhältnis zu dem auf das theoretische Anschauen bezogenen Selbstbewußtsein. Das praktische Selbstbewußtsein konkurriert nicht mit

---

184 Vgl. FW III, 18.20f.33.
185 Stolzenberg, Begriff [1995] 78.72f.; siehe auch Edith Düsing, Intersubjektivität 240ff.
186 Vgl. Stolzenberg, Begriff [1995] 77ff.; Siep, Einheit 46ff., ferner Neuhouser, Efficacy; Honneth, Notwendigkeit; Renaut, Deduktion.
187 FW III, 17-23.
188 Ebd. 18f.
189 Ebd. 19f.
190 Ebd. 20.
191 Vgl. zum Beispiel ebd.: „das praktische Ich wäre das Ich für die Reflexion, das durch sich selbst gesetzte und in der Reflexion durch sich zu setzende Ich".

der unmittelbaren Selbstbeziehung des absoluten Ich.[192] Es geht ja gerade um Selbstbewußtsein und nicht um das nicht eigentlich bewußte absolute Ich. Vielleicht verweist die Rede von der Unmittelbarkeit der Selbstwahrnehmung des wollenden Subjekts weiter auf die eigene Reflexion im Gegensatz zur Reflexion des Philosophen.[193] Fichte resümiert in § 3[194] seine Ausgangsfrage und seine erste Antwort auf diese Weise: „wie vermag das Subject sich selbst zu finden als ein Object? Es konnte, um *sich* zu finden," – oder wie er auch sagt: „um sich als *Object* (seiner Reflexion) zu finden" – „sich nur als selbstthätig finden".[195]

Der nächste Schritt, der ein Schritt zum Begriff der Intersubjektivität hin ist, wird in eben diesem Paragraphen getan. Dessen Lehrsatz besagt, daß das endliche Vernunftwesen sich nicht eine freie Wirksamkeit zuschreiben kann, ohne andere endliche Wesen außer sich anzunehmen und diesen ebenso Freiheit und Vernunft zuzuschreiben.[196] Fichte begründet diese These, indem er eine Aporie in der bisherigen Argumentation aufzeigt: Dieser zufolge kann das Subjekt sich nur auf ein Objekt beziehen, indem es sich freie Wirksamkeit zuschreibt. Es kann sich aber diese Tätigkeit nicht zuschreiben, ohne in demselben Moment ein Objekt gesetzt zu haben. Es besteht in diesem Verhältnis von Freiheitsbewußtsein und Objektbezug ein Zirkel, den Fichte als einen unendlichen Regreß auf der Objektseite beschreibt: Der Moment muß aus einem vorhergehenden Moment erklärt werden, in welchem ein anderes Objekt gesetzt worden ist etc.[197] Die Möglichkeit des Selbstbewußtseins ist also nicht erklärt.

---

192 Vgl. Stolzenberg, Begriff [1995] 72.

193 Vgl. FW III, 21.18; Neuhouser, Efficacy 45.

194 FW III, 30-40.

195 Ebd. 33.

196 Ebd. 30.

197 Ebd. 30f., vgl. Honneth, Notwendigkeit 69f. Er formuliert den Zirkel als einen Zirkel auf der Seite des Subjekts und identifiziert die in § 3 festgestellte Aporie mit einer Aporie, die aus jeder Erklärung des Selbstbewußtseins nach dem Modell der selbstbezüglichen Reflexion folgen müsse. Er sieht diese Schwierigkeit insbesondere in einer Vergegenständlichung des Subjekts, die dessen Freiheit zerstört (ebd. 70, ferner 69.73). Gegen diesen Vorschlag Honneths muß erstens eingewendet werden, daß er Fichtes These von einer ursprünglichen, unmittelbaren Selbstbeziehung übersieht, die zwar hier nicht erörtert wird, aber durch den Verweis des Naturrechts auf die Prinzipien der Wissenschaftslehre dem Begriff der Selbstreflexion des praktischen Ich zugrunde gelegt wird. Zweitens, daß es in diesem Zusammenhang um eine legitime Vergegenständlichung des Ich geht. Der Zirkel, den Fichte intersubjektivitätstheoretisch auflöst, ist nicht der Zirkel des Reflexionsmodells zur Erklärung des Selbstbewußtseins. Deshalb muß auch Honneths Alternative von einerseits präreflexiver subjektiver und andererseits intersubjektiver Vergewisserung der Subjektivität (ebd. 71) entfallen, was um so mehr plausibel erscheint, als er am Ende selbst einen von Fichte angeblich vernachlässigten Gedanken eines dem eigentlichen Selbstbewußtsein vorgängigen, präreflexiven Bewußtseins des

Fichtes Lösung, die zugleich das Verspielen des bisher Gewonnenen
vermeiden soll, besteht in einer neuen Interpretation der Bestimmtheit des
Subjekts vom Objekt: diese wird als „ein *Bestimmtseyn des Subjects zur
Selbstbestimmung*"[198] begriffen. Dadurch wird die Freiheit des Subjekts
respektiert, aber als abhängig von einer von außen kommenden freien
Wirksamkeit gesehen. Indem es sich als bestimmt, sich selbst zu bestimmen, versteht, hat es „den Begriff von seiner eigenen Freiheit und Selbstthätigkeit, und zwar als einer von aussen gegebenen".[199] Um diese nicht
nötigende Art der Bestimmung auszudrücken, spricht Fichte von einer
Aufforderung zum Handeln und spielt in diesem Zusammenhang auch mit
dem Begriff vom *Anstoß* auf bekannte Gedanken der ersten Wissenschaftslehre an.[200] Diese *Aufforderung* ist also Möglichkeitsbedingung
wirklichen Selbstbewußtseins. Die im Lehrsatz weiter enthaltene Beschreibung des Ursprungs der Aufforderung wird durch die Überlegung
erreicht, daß dieser, indem er Freiheit und Vernunft beim Aufgeforderten
in Anspruch nimmt, selbst ein freies und vernünftiges Wesen sein muß.[201]
    Noch steht etwas Wichtiges aus, bevor das erste Hauptstück in der
Deduktion des Rechtsverhältnisses zum Ziel kommt. § 4[202] umfaßt zwei
Teilschritte. 1. Vor dem Hintergrund der Einsicht im 3. Paragraphen ist
jetzt klar, daß das, wozu das Subjekt im Gegensatz steht, ein anderes
Vernunftwesen ist. Es hat sich auch ergeben, daß das Subjekt nicht allein
aufgrund seiner eigenen freien Tätigkeit vom anderen unterschieden ist.
Der andere bedingt durch seine Aufforderung sowohl das Handeln des
Subjekts als auch die materiale Sphäre, innerhalb welcher es zu handeln
hat, mit. Innerhalb dieser Sphäre ist das Subjekt aber absolut frei und
letzter Grund seiner Wirksamkeit und also vom anderen getrennt. Durch
diese beiden Hinweise definiert Fichte es als ein menschliches Individuum: „Das Subject bestimmt sich als Individuum, und als freies Individuum, durch die Sphäre, in welcher es unter den in ihr gegebenen möglichen Handlungen eine gewählt hat; und setzt ein anderes Individuum
ausser sich, sich entgegen".[203] Durch diesen Teilschritt ist Individualitätsbewußtsein als Bedingung des Selbstbewußtseins erwiesen: „es ist kein

---

eigenen Selbst als Voraussetzung des Verstehens der Anrede wieder einführt (ebd. 78).
    Zu Honneths Interpretationsansatz vgl. Jürgen Stolzenbergs Kritik an Jürgen Habermas'
    kritischer Fichte-Rezeption (Stolzenberg, Begriff [1995] 81ff.).
198 FW III, 33.
199 Ebd.
200 Ebd.
201 FW III, 37ff.
202 Ebd. 41-56.
203 Ebd. 42.

Selbstbewusstseyn möglich ohne Bewusstseyn der Individualität".[204]
2. Der letzte und entscheidende Schritt besteht in der Ausarbeitung der
Gegenseitigkeit des bisher nur einseitig betrachteten Verhältnisses zwischen
dem Subjekt und dem anderen.[205] In § 3 war enthalten, daß das Verstehen
des Subjekts vom anderen als einem freien Wesen durch dessen entsprechendes Verstehen des Subjektes und dadurch bestimmtes Handeln ihm
gegenüber bedingt ist. Das Umgekehrte wird der Fall, indem eingesehen
wird, daß das Verstehen des anderen vom Subjekt unter diesen Prämissen
nur problematisch sein kann und erst unter der Bedingung von *dessen*
Verstehen und Handeln dem anderen gegenüber erfüllt wird. Erst dann
geht es um gegenseitige Anerkennung, oder wie Fichte auch sagt, um ein
Wechselwirkungsverhältnis. Dieses Verhältnis ist das Rechtsverhältnis.
Der Begriff des Rechts ist also deduziert und zwar als Bedingung des
Selbstbewußtseins.[206]

2.3. Schleiermachers Idealismus

Anknüpfend an Schleiermachers eigene, bereits berührte Bezeichnung
seiner Philosophie als *Idealismus* soll die Frage, in welchem Sinn sie als ein
solcher verstanden werden kann, zum Ausgangspunkt der Untersuchung
seiner Fichte-Rezeption gemacht werden. In diesem Begriff, wie er durch
eine Reihe von Schleiermachers Texten beleuchtet wird, verschränken sich
mehrere Motive, die ihn auf unterschiedliche Weise sowohl mit Fichte
verbinden als auch von ihm trennen: der Begriff der Subjektivität, die
Auffassung des Verhältnisses von Philosophie und Leben und die Realis-
mus-Idealismus-Frage. Besonders im Hinblick auf das letztgenannte Motiv wird diese Thematik in der Frage in *Über die Religion. Reden an die
Gebildeten unter ihren Verächtern* prägnant artikuliert: „Und wie wird es
dem Triumph der Spekulation ergehen, dem vollendeten und gerundeten
Idealismus, wenn Religion ihm nicht das Gegengewicht hält, und ihn
einen höhern Realismus ahnden läßt als den, welchen er so kühn und mit
so vollem Recht sich unterordnet?"[207] Dieses Kapitel und die beiden
folgenden können zusammen letztlich als eine Interpretation dieser Stelle,
die zugleich in der spezifischen Denkform dieser Schrift Schleiermachers
romantische Position pointiert zum Ausdruck bringt, verstanden werden.

---

204 Ebd. 46.
205 Ebd. 43f.
206 Ebd. 52f.
207 KGA I/2, 213,20ff. = R, 54.

2.3.1. Ein Schritt von Kant zu Fichte

Es bietet sich an, mit der Untersuchung bei dem 15. „Gedanken" in Schleiermachers erstem Gedankenheft einzusetzen, der einen Versuch in Kurzform darstellt, vom *Ich* – oder von der *Menschheit* im Sinne des den Menschen Auszeichnenden – her zu denken.[208] Diese Notiz wirft ein Schlaglicht auf Schleiermachers Stellung im neuen philosophischen Kontext im ersten Teil der Periode, indem sie auf eine augenfällige Änderung im Verhältnis zu seinen früheren philosophischen Überlegungen hinweist: Zum ersten Mal äußert sich Schleiermacher nicht nur kritisch, sondern geringschätzig über Kant. Damit geht noch etwa anderes Neues einher: Der Text ist der erste unzweideutige Hinweis auf genuin Fichtesche Gedanken bei ihm. Die Notiz, die in der Literatur nur beiläufig und dann sehr kurz behandelt worden ist,[209] verdient eine größere Aufmerksamkeit, da Schleiermachers frühe Fichte-Rezeption, über die wir hier eine Reihe von Auskünften erhalten, ansonsten nicht breit dokumentiert ist und deshalb leicht vernachlässigt werden könnte. Außerdem ist dieser kleine Text uns auch insofern von Bedeutung, als er einen originären Ansatz einschließt, Religion in diesem theoretischen Kontext neu zu bestimmen.

Der „Gedanke" läßt sich präzise datieren: Er ist zwischen dem 10. und dem 29. September 1797 geschrieben.[210] Da er auf eine gewisse Vertrautheit mit Fichteschen Argumentationen hindeutet, läßt er sich auf Schlegels bereits zitierte Bemerkung vom Ende August über Schleiermachers Beschäftigung mit Fichte vor ihrer Bekanntschaft beziehen. Auf der anderen Seite kann der Text mit ihren Ende September dokumentierten gemeinsamen Fichte-Studien in Verbindung gebracht werden. Schlegels gleichzeitige, viel reifere Notizen zu Fichte stehen insbesondere in dem Abschnitt seines zweiten Heftes, dem er die Überschrift „Geist der Fichtischen Wissenschaftslehre" gegeben hat,[211] und auf welchen wir uns auch schon bezogen und mehrmals in den folgenden Abschnitten zurückkommen werden.

2.3.1.1. Neue Auseinandersetzung mit Kant

Der Text hat als Thema die Tugend und steht im Zusammenhang mit Notizen, die Schleiermachers Enttäuschung über den damals druckfri-

---

208 KGA I/2, 9f.
209 Vgl. Dilthey, Leben, Bd. 1.1, 360f. Anm. 141; Süskind, Einfluss 44ff.; Wehrung, Werdens 94f.; Oberdorfer, Geselligkeit 484ff.
210 Vgl. KGA I/2, 8,18; 11,27f.
211 KFSA XVIII, 31-39.

schen zweiten Teil von Kants *Metaphysik der Sitten*, „Metaphysische An-
fangsgründe der Tugendlehre",[212] Ausdruck geben.[213] Der Herausgeber
faßt ihn als Vorüberlegung zu einer erstmals am 28.11.1797 erwähnten,[214]
nicht vollführten Rezension dieses Werkes für das *Athenaeum* auf.[215] In Anbetracht des Zeitabstandes und des Umstandes, daß die Notiz weit über
eine Beurteilung Kants hinausgeht, ist diese Interpretation nicht notwendig.

Schleiermacher skizziert eine Einteilung der Tugenden, die auf zwei
einander kreuzenden Distinktionen beruht:

> „Es giebt nur zwei Tugenden 1.) Die philosophische Tugend oder die reine
> Menschheitsliebe. D.i. das Bestreben das Ich absolut zu sezen, die Menschheit
> zu machen und zu erhöhen. 2.) Die heroische Tugend oder die reine Frei-
> heitsliebe. D.i. das Bestreben dem Ich überall die Herrschaft über die verbun-
> dene Natur zu sichern. In diesen beiden Tugenden giebt es nun zwei Sinnes-
> arten 1.) Die genialische. Diese will überall + sezen, und sezt also nicht nur –
> sondern auch 0 entgegen 2.) Die korrekte; diese will nur – nicht sezen und ist
> also auch schon mit 0 zufrieden. Jene gebrauchen die Tugend als constitutive
> Idee, diese nur als regulative. Jene stehen auf dem transcendentalen prakti-
> schen Standpunkt, sie wollen ihr Ich machen und sie sind immer Freiheits-
> gläubige; diese stehen auf dem empirischen Standpunkt, sie wollen ihr Ich
> nur darstellen nach Maaßgabe der empirischen Verhältniße, und weil sie
> weiter nichts zu können glauben so sind sie entweder Fatalisten oder die
> Freiheit ist ihnen ein Mysterium".[216]

Von hier aus kommt die zweite Hälfte des Textes zu weiteren Abgrenzungen der Tugend.

So artikuliert Schleiermacher zunächst eine deutliche Kritik an Kant.
Wenn auch mit einer gewissen Vorsicht ordnet er dessen Ethik der Gattung der Korrektheit zu: Kant „scheint beinahe" darunter zu gehören oder
„sinkt wenigstens bisweilen so tief, wenigstens hat er nur ein Gesez für
die Korrektheit gegeben".[217] Worauf diese Kritik abzielt, läßt sich vorerst
vom Inhalt der Bestimmung der „genialischen" und der „korrekten Sinnesart" vermuten. Spricht Schleiermacher vom „+", „–" und „0" Setzen und
Entgegensetzen, setzt Kant in seiner Einleitung zur Tugendlehre der
„Tugend = + a" das Laster „= – a" und die Untugend „= 0" entgegen.[218]

---

212 AA VI, 373-493.
213 Vgl. vor allem KGA I/2, 20 Nr. 62: „Man hat sich so oft an das Diktum gehalten daß die
     Kritik der reinen Vernunft kein System seyn sollte, und dann vergeßen daß die Meta-
     physik der Natur das System war. Könnte man doch auch vergeßen daß die Metaphysik
     der Sitten das System zur Kritik der praktischen Vernunft ist".
214 KFSA XXIV, 45.
215 KGA I/2, XIII.
216 Ebd. 9,9ff.
217 Ebd. 9,22ff.
218 AA VI, 384,5ff.; 390,18ff.

Klagt Schleiermacher also Kant an, sich in seiner Ethik mit „0" zufriedenzustellen, nimmt er wohl auf Kants Bezeichnung gewisser Unterlassungen und unabsichtlicher Übertretungen als nicht Laster, sondern bloß „Untugend" im Sinn von moralischer Schwäche[219] Bezug. Der Einwand geht dann dahin, daß Kants Tugendlehre mit diesem Begriff Kraftlosigkeit statt Stärke und Tätigkeit Platz gibt. Eine solche Kritik ist nicht zutreffend.[220]

Weiter begründet Schleiermacher einschränkend die Einordnung von Kant dadurch, daß dieser jedenfalls nur ein Korrektheitsgesetz, ein „negatives Gesez"[221] der Sittlichkeit formuliert hat. Das Problem eines solchen lediglich korrigierenden, einschränkenden Gesetzes ist nach Schleiermacher, daß es nicht selbst neue sittliche Maximen zu bilden vermag, sondern sich nur beurteilend auf vorgegebene praktische Grundsätze bezieht.[222] Er fügt die Frage hinzu, woher Theoretiker wie Kant die Maximen, die der Korrektur unterworfen werden, erhalten haben. Sie rühren bei ihnen weder vom „VernunftInteresse" noch vom „FreiheitsInteresse" her, die dem transzendentalen Standpunkt bzw. der philosophischen und der heroischen Tugend entsprechen. Dagegen beruhen nach Schleiermacher die Maximen unter Kantischen Prämissen auf dem „praktisch-empirische[n]" Interesse, das auf die Erhaltung des Lebens aus ist und – wie Schleiermacher behauptet – nicht zur Tugend gehört.[223]

Diese Auffassung des Kantischen moralphilosophischen Ansatzes entspricht in der Hauptsache der Auffassung, die in Schleiermachers ersten, affirmativen Rezeption desselben vorausgesetzt war,[224] jedoch mit dem Unterschied, daß der Ansatz in der Notiz nunmehr der Kritik unterzogen wird. Wie gezeigt, enthält Schleiermachers Verständnis des Kantischen Gedankens eine Verkürzung des kategorischen Imperativs. Dementsprechend wird auch Schleiermachers Kritik, diesem nicht gerecht. Schleier-

---

219 Ebd. 390,23ff.; 464,22ff.
220 Vgl. Kant, Versuch den Begriff der negativen Größen in die Weltweisheit einzuführen, AA II, 165-204, dort 182-184, wo der betreffende Begriff formuliert und entfaltet wird. Die Pointe ist, daß bei der Untugend von einem realen Gegensatz und nicht nur von einem Mangel die Rede ist.
221 KGA I/2, 9,26.
222 Vgl. auch ebd. 8 Nr. 9, und besonders ebd. 13 Nr. 27: „Nach Kant besteht die ganze Tugendprocedur darin daß man sich in eine permanente Jury constituirt und immerfort über die Maximen die sich präsentiren Gericht hält oder noch besser wie ein Tourniegericht wo die Ritter ihre Waffenprobe ablegen müßen. Kommt ein Turnierfähiger so wird er in die Schranken gelaßen und in die Trompete gestoßen gar weidlich. Komt aber keiner – ja die Turnierrichter können keinen machen".
223 Ebd. 9,25ff.
224 Siehe oben 1.2.1.

macher behält sie freilich später in den *Grundlinien einer Kritik der bisherigen Sittenlehre* bei.[225]

Die Behauptung, daß Kant sich in der angegebenen Weise einem empirischen Standpunkt nähert, ist Äußerung eines neuen Überlegenheitsbewußtseins im Verhältnis zu Kant. Öffentlich äußert Schleiermacher es 1799 in einer Besprechung von dessen *Anthropologie in pragmatischer Hinsicht* im *Athenaeum*,[226] wo er den Ansatz der Tugendnotiz zu einer „Kantologie"[227] weiter ausbaut und sich von „den blinden Verehrern des großen Mannes"[228] distanziert. Worauf beruht dieses Überlegenheitsbewußtsein? Bleiben wir bei der Notiz über die Tugenden, ist wenigstens ein Teil der Antwort dadurch gegeben, daß es Fichte ist, mit dem er Kant kritisiert.

2.3.1.2. Anknüpfung an Fichtes transzendentalen Idealismus

Schleiermachers Vorhaben im Entwurf zur Tugendlehre ist nicht, Fichtes Denken zu erörtern. Dagegen versucht er auf eigene Faust, Anregungen von ihm für die Bestimmung der Tugenden zu gewinnen. Man spürt in diesem Text etwas von der Begeisterung des Entdeckers – er erscheint wie ein Niederschlag einer ersten Beschäftigung mit Gedanken der Fichteschen Philosophie. Es geht also um ein Zeugnis eines frühen Stadiums von Schleiermachers Rezeption. Dem entspricht auch, daß er sich hier affirmativer darauf bezieht als ein paar Jahre später.

Dieses positive Sicheinlassen auf Fichte unterscheidet Schleiermacher von den Reinhold-Schülern um Niethammer, die sich von Anfang an meist kritisch – oft mit Berufung auf Motive Kants – auf jenen bezogen. Als Beispiel kann Friedrich Carl Forberg genannt werden, der eine solche Position zum Beispiel in seinen „Briefe über die neueste Philosophie" artikulierte, die nach der Abfassung von Schleiermachers Notiz im *Philosophischen Journal* von 1797/98 veröffentlicht wurden.[229] Ihre Hauptthese ist: „Was Ich ist, ist nie absolut, und was absolut ist, ist nie Ich".[230] Der Vergleich mit diesem Typus einer Fichte-Kritik läßt ein Kennzeichen von

---

225 KGA I/4, 85ff.126ff.328ff.

226 KGA I/2, 363-369.

227 Ebd. 369,20.

228 Ebd. 369,22.

229 PhJ 6, 44-88; 7, 259-272.

230 PhJ 6, 55. Forbergs unmittelbare Begründung der gegen Fichte gerichteten These ist problematisch, weshalb dieser die Kritik leicht zurückweisen konnte; siehe Fichte, Nacherinnerung zu dem vorstehenden, und Vorerinnerung zu dem folgenden Aufsatze, ebd. 273-281 = FGA I/4, 463-469. Zu Forberg siehe Frank, Annäherung, Vorl. 23f., zu den „Briefen" dort 634ff.648ff.

Schleiermachers Auseinandersetzung mit Fichte hervortreten, das noch in den folgenden Jahren zu beobachten ist. Auch wenn er sich bald einer Kritik an ihm nähert, die in vielem derjenigen des Niethammer-Kreises gleicht, geht seine Kritik anders als bei diesen mit einer Aneignung von Fichteschen Gedanken einher. Diese trotz allem größere Nähe zu Fichte hat Schleiermacher besonders mit Novalis und mit Friedrich Schlegel gemeinsam, von welchem er darin wohl geprägt ist. In unserem Zusammenhang ist vor allem wichtig, daß sich Schleiermacher im Unterschied unter anderen zu Forberg durch seine Kritik nicht von einer Rezeption der subjektivitätstheoretischen Fortschritte Fichtes abbringen läßt.

Die herabsetzende Behandlung Kants im Entwurf ist allerdings nicht unmittelbar von Fichte her zu verstehen. Fichte selber äußert sich auf diese Weise explizit nur über die Kantianer, nicht über Kant selbst.[231] Ähnlich verfährt Schelling in seinen zum Teil an Fichte anschließenden Veröffentlichungen aus dieser Zeit.[232] Dagegen sind genaue Parallelen unter Schlegels gleichzeitigen Notizen zu finden.[233] Schleiermacher ist also offenbar bereits von diesem beeinflußt.

Die Präsenz Fichtescher Theoreme macht sich bei Schleiermacher im „Gedanken" Nr. 15 sogleich durch eine neue Terminologie und Betonung im Vergleich mit dem uns bisher Bekannten bemerkbar. Der hinzugekommene Ausdruck *Setzen des Ich* ist unverwechselbar Fichtescher Provenienz, und auch die hervorgehobene Rede von der Freiheit – in Gestalt der reinen Freiheitsliebe und des Freiheitsglaubens –, die von Schleiermachers früherer Fassung dieses Themas abweicht, korrespondiert mit einem Grundzug der Philosophie Fichtes. Dies könnte an sich auf Aneignung aus zweiter Hand beruhen. Daß Schleiermachers Arbeiten mit Fichteschen Gedanken nicht so allein erklärt werden kann, läßt sich indessen von der Notiz her klar nachweisen.

So erweist sich eine Reihe von Begriffen und Distinktionen innerhalb der Notiz Schleiermachers als signifikant. Rezeptionsgeschichtlich relativ eindeutig bestimmbar ist die Unterscheidung des transzendentalen praktischen und des empirischen Standpunktes, die von Schleiermacher unter anderem als die Unterscheidung zwischen denen eingeführt wird, die „ihr Ich machen" wollen, und denen, die „ihr Ich nur darstellen nach Maaßgabe der empirischen Verhältniße" wollen. Diese Unterscheidung ist streng genommen nicht unter Kantischen Bedingungen möglich, da Kant die

---

231 Vgl. besonders FW I, 468ff.
232 Schelling, Allgemeine Uebersicht der neuesten philosophischen Literatur, die 1796/97 in PhJ erschien und verkürzt nachgedruckt ist in Schelling, Schriften [1980] 223-332.
233 KFSA XVIII, 19ff.59ff., bes. 64 Nr. 443.

praktische Philosophie aus der Transzendentalphilosophie ausschließt.[234]
Dagegen stimmt sie prinzipiell mit Fichtes Konzeption überein.
Die Übereinstimmung betrifft auch die Terminologie. In den Schriften,
die für Schleiermacher im September 1797 zugänglich waren, operiert
Fichte mit einer entsprechenden Distinktion in Arbeiten von 1796 und
1797. Besonders die zu dieser Zeit veröffentlicht vorliegenden Texte zur
neuen Darstellung der Wissenschaftslehre[235] sind Schleiermachers Diktion
so nahe, daß eine literarische Abhängigkeit sehr wahrscheinlich ist. Die
Lektüre dieser Schriften gerade damals ist auch aufgrund der zeitlichen
Nähe von Schleiermachers Notiz und der Veröffentlichung jener Texte
naheliegend: Diese erschienen im März/April und August 1797.[236] Fichte
sondert in der zweiten Einleitung den spekulativen oder transzendentalen
Stand- oder Gesichtspunkt und den Standpunkt des Lebens und der Wissenschaft, der sich auf das empirische Ich bezieht.[237] Der Standpunktsgedanke
hängt mit dem Postulat des Sichdenkens zusammen, von welchem diese
Darstellung der Wissenschaftslehre ausgeht. Hinzu kommt eine weitere
Ähnlichkeit mit Schleiermachers Beschreibung der entgegengesetzten
Standpunkte und seiner Verbindung dieser mit verschiedenen Interessen.
Fichte stellt in der ersten Einleitung zwei philosophische Systeme einander gegenüber, die die einzig möglichen sein sollen: den Dogmatismus
und den Idealismus, die jeweils von den Dingen und vom Ich her denken.
Wenn er dabei die Position eines *transzendentalen Idealismus* behauptet, der
den Begriff eines *Dings an sich* verabschiedet, haben beide Begriffe einen
von den gleichlautenden Kantischen Begriffen abweichenden Inhalt: Die
Idealität der Dinge meint ihre Bedingtheit nicht nur durch die Sinnlichkeit
des Subjekts, sondern durch das Subjekt überhaupt.[238] Eine wichtige
Pointe in der ersten Einleitung ist nun, daß der Streit zwischen diesen
Systemen nicht theoretisch entschieden werden kann. Fichte führt sie auf
divergierende Interessen zurück. Das letzte Interesse, das Voraussetzung
aller anderen ist, sei das Interesse für uns selbst. Hier teilen sich die Menschen in zwei Hauptgattungen. „Einige, die sich noch nicht zum vollen
Gefühl ihrer Freiheit und absoluten Selbständigkeit erhoben haben, finden

234 KrV B, 28f.829.
235 Es geht um „Einleitung" und „Zweite Einleitung", §§ 1-6, FW I, 417-449.451-491.
236 Vgl. FGA I/4, 169f.
237 FW I, 455 Anm.; 482f. Anm.; 490f. In der Einleitung und im ersten Hauptstück des Naturrechts werden Ausdrücke wie „sich von dem Gesichtspuncte der gemeinen Erfahrung auf den Gesichtspunct der Philosophie zu erheben" oder „sich des Gesichtspunctes
der transcendentalen Philosophie zu bemächtigen" (FW III, bes. 1f.23) verwendet. Ein
solcher Akt sei damit gleichbedeutend, das Ich zu begreifen oder zu finden (ebd. 5.33).
238 Siehe Klotz, Selbstbewußtsein [2002] 124ff. Zum folgenden FW I, 425ff.

sich selbst nur im Vorstellen der Dinge".[239] Auf dem Interesse für ein
solches durch die Gegenstände vermitteltes Selbst beruht der Dogmatismus. Fichte behauptet auch, daß der konsequente Dogmatiker Fatalist sein
muß – ein Ausdruck, der ebenso in Schleiermachers Darstellung des
empirischen Standpunktes vorkommt. Auf der anderen Seite stehen die,
die an ihre Selbständigkeit und Freiheit glauben, deren Interesse also
einem Selbst unabhängig von den Dingen gilt.

Es soll festgehalten werden, daß Schleiermacher sich in seinem „Gedanken" an Fichtes Orientierung der Philosophie am transzendentalen
Gesichtspunkt anschließt, und daß er hier auch die Weise, wie Fichte
diesen vom Gesichtspunkt des Lebens sondert, ganz akzeptiert.

Schleiermachers Bejahung der Fichteschen Distinktion von Philosophie und Leben wird durch seine Kennzeichnung der Interessen, die von
der Tugend abgegrenzt werden, weiter artikuliert: Das praktisch-empirische Interesse, von welchem die Maximen auch der Sittlichkeit unter
Kantischen Bedingungen nach Schleiermacher herrühren, zielt darauf ab,
„die Verbindung der Natur mit der reinen Menschheit zu unterhalten.
Dieses Lebensinteresse gehört aber gar nicht zur Tugend". „Eben so wenig
gehört zur Tugend das intellektuelle Interesse, welches darauf gerichtet ist
die Existenz des Ich in seiner mittelbaren Verbindung mit der äußern Natur
zu erhalten durch Reflexion, nemlich durch die nothwendige Reflexion".[240]

Dies läßt sich wieder vom Begriff des Standpunkts des Lebens und
der Wissenschaft im Unterschied zu dem der Spekulation oder der Wissenschaftslehre in der zweiten Einleitung in die Darstellung der Wissenschaftslehre *nova methodo* verstehen. Das gilt allerdings weniger für den
von Schleiermacher hier in Anspruch genommenen Begriff der Reflexion.
Der erklärende Zusatz scheint auf einen bestimmten und terminologisch
mehr oder weniger festgelegten Begriff der Reflexion zu verweisen, der
nicht in den Fichteschen Texten von 1797 enthalten ist. Es scheint aber,
daß sich Schleiermacher immer noch auf die Wissenschaftslehre bezieht,
nämlich auf die Version von 1794/95. Wie wir sahen, führt Fichte dort eine
Distinktion verschiedener Begriffe von Reflexion ein. In Zusammenhang
damit verwendet er explizit den Ausdruck „die notwendige Reflexion"
und zwar an Schlüsselstellen des 4. und 5. Paragraphen der *Grundlage der
gesammten Wissenschaftslehre*. Notwendig ist eine von Fichtes Bezeichnungen für die Reflexion des Ich im Unterschied zur Reflexion des Wissenschaftslehrers als einer freien und künstlichen.

---

239 FW I, 433.
240 KGA I/2, 10,2ff.5ff.

Die in der Notiz mehrmals genannte Verbindung des Ich mit der äußeren Natur wird von Schleiermacher als eine *mittelbare* bezeichnet. Vielleicht kann dies von der Identifikation des Reflexionsbegriffs her als Ausdruck der Entgegensetzung und der Beziehung von Ich und Nicht-Ich im Bewußtsein gedeutet werden, wie es der frühe Fichte expliziert. Darauf bezieht sich über die Anspielung auf Kantische Wendungen hinaus ohne Zweifel Schleiermachers Bestimmung der genialischen und der korrekten Sinnesart, insofern sie korrelativ die Begriffe Setzen und Gegensetzen verwendet.[241] Eine solche Deutung kann noch mit Verweis auf die frühe Wissenschaftslehre untermauert werden. Fichte verbindet dort den Begriff der Mittelbarkeit im Sinne des gegenseitigen Bindungs- und Einschränkungsverhältnisses zwischen den Gliedern im Bewußtsein mit dem Begriff der Reflexion.[242] In wichtigen Texten von 1798/99 stützt Schleiermacher seine Begrifflichkeit auf damit zusammenhängende Gedanken der beiden genannten Paragraphen der *Grundlage*.

Vorerst kommt es hier auf folgendes an. Die zitierte Textstelle macht deutlich, daß Schleiermacher Fichtes Ansatz einseitig rezipiert. Ungeachtet, ob er sich an dieser Stelle auf die *Grundlage* und ihre Begriffe der Reflexion oder auf die späteren Einleitungen bezieht, nimmt er auch Fichtes Unterscheidung des Philosophen vom Ich auf, die der Distinktion der beiden Standpunkte zugrunde liegt,[243] aber entgegen der Intention Fichtes scheint er sie als ein einfacheres Gegensatzverhältnis zu interpretieren.

Während die die Notiz durchziehende Rede vom absoluten Ich bzw. von der absoluten Setzung des Ich eher eine Affinität zur *Grundlage der gesammten Wissenschaftslehre* hat, weisen andere Wendungen in andere Richtungen. In Schleiermachers Kennzeichnung des transzendentalen Standpunktes ist die Wendung: *sein Ich machen* zu wollen, zu beachten. Mit dem Ausdruck *machen*, den Fichte nicht verwendet, aber hier offenbar als ein Äquivalent von Fichtes *setzen* steht, nimmt Schleiermacher in der Sache die handlungstheoretische Interpretation des Ich besonders in der

---

241 Dies könnte durch Schlegel vermittelt sein; siehe KFSA XVIII, 38 Nr. 210. Die Unterscheidung des Genialischen und des Korrekten bei Schleiermacher geht wohl auf Schlegel zurück, bei welchem sie als ein fester Topos in verschiedenen Zusammenhängen auftritt. Siehe zum Beispiel das 1797 herausgegebene Buch von Schlegel, Die Griechen und Römer. Historische und kritische Versuche über das klassische Alterthum, KFSA I, 203-368.45-115, dort 220f.252 Anm., oder seine *Lyceum*-Aufsätze desselben Jahres, KFSA II, 103.92ff. (vgl. dazu KGA I/3, 405). Die Distinktion kehrt in Schleiermachers späterer Ethik und Tugendlehre wieder (WA 2, 183f.227ff. u.a.).

242 Siehe Fichtes „Gesetz der Mittelbarkeit des Setzens" (FW I, 209.181ff.), das er mit dem Gesetz des Bewußtseins, der Bestimmung oder der Reflexion identifiziert und auf diese Weise darstellt: *„kein Subject, kein Object, kein Object, kein Subject"* (ebd. 183, siehe auch ebd. 218.275.286f.).

243 Siehe ebd. 455 Anm.

frühen Wissenschaftslehre auf. Das erste hervorgehobene Wort geht dagegen über diese hinaus, insofern es auf ein *individuelles* Ich Bezug zu nehmen scheint. Wie wir sahen, faßt die Wissenschaftslehre zwar das absolute Ich nicht als eine selbständige Entität, sondern nur als ein Moment des wirklichen Bewußtseins. Individualität kommt dort aber nur als Gegenstand der philosophischen Abstraktion in Betracht.[244] Andererseits soll festgehalten werden, daß Schleiermacher ungeachtet der Bezugnahme auf die Individualität des Subjekts doch zugleich auf das *absolute* Ich des Individuums verweist und also ein *überindividuelles* Moment der Subjektivität in Anspruch nimmt.

Daß die angegebene Wendung Schleiermachers vom Ich des Individuums handelt, legt sein In-Beziehung-Setzen des Begriffs der *Bildung* zum Tugendbegriff nahe: Die wissenschaftliche Bildung gehöre nicht zur Tugend, „wol aber die geschichtliche, denn diese führt zur Bildung des absoluten", d.h. im Zusammenhang der Notiz: des absoluten Ich.[245] Es geht auch aus einer weiteren, wichtigen Aussage hervor, die davon handelt, daß Individuen ihr absolutes Ich setzen, und zugleich Gedanken Fichtes *religionstheoretisch* fruchtbar zu machen versucht: „In so fern die philosophische Tugend gesellig ist heißt sie die religiöse – das Bestreben auch andren Individuen zur Sezung ihres absoluten Ichs behilflich zu seyn".[246] Es wird hinzugefügt, daß es eigentlich „eine falsche Abstraktion" sei, gesellige Tugenden gesondert zu nehmen; jede Tugend ist gesellig, „da ein Mensch nicht möglich ist ohne andere".[247]

Fragt man hier nach möglichen Fichte-Bezügen, so ist insbesondere auf dessen praktisch-philosophischen Schriften hinzuweisen. In Betracht kommen besonders die zweite Vorlesung über die Bestimmung des Gelehrten, die von Geselligkeit in der hier relevanten Bedeutung der grundsätzlichen Intersubjektivität des menschlichen Subjekts handelt, und vor allem das damals vielbeachtete Naturrecht. In diese Richtung weist zuerst die letztzitierte Behauptung, daß „ein Mensch nicht möglich ist ohne andere", die – auch wenn sie vielleicht an sich nicht bemerkenswert erscheint, es jedoch im Zusammenhang der frühen Transzendentalphilosophie durchaus ist – Parallelen besonders im Naturrecht Fichtes hat.[248] Einschlägiger ist das vorhergehende Zitat. Bei dieser weniger trivial erscheinenden

---

244 Vgl. ebd., bes. 244f.
245 KGA I/2, 10,8ff.
246 Ebd. 10,13ff.
247 Ebd. 10,17ff.
248 FW III, z.B. 39, vgl. auch FW VI, 306. Hermann Süskind scheint vorauszusetzen, daß Schleiermacher hier an das Naturrecht anschließt (Süskind, Einfluss 45). Siehe ferner oben Anm. 95.

Aussage Schleiermachers bietet sich ein noch bemerkenswerterer Gedanke
Fichtes als mögliche Vorlage an. Es geht wieder um das Naturrecht, und
zwar um die These von der Aufforderung in § 3.[249] So ist es wahrscheinlich, daß Schleiermacher sich durchaus von einer Kenntnis der Fichteschen Intersubjektivitätstheorie leiten läßt.

Von daher ist es möglich, den Gehalt der Bestimmung der philoso-
phisch-geselligen Tugend als einer religiösen zu erschließen. Diese
Bestimmung enthält erstens, daß Religion eine Qualifikation der menschlichen Subjektivität ist. Das war Schleiermachers These schon in „Wissen,
Glauben und Meinen".[250] Sie wird jetzt nicht mit Kant, sondern mit Fichte
entlehnten theoretischen Mitteln artikuliert. Zweitens gibt sie der religiösen Mitteilung eine Struktur, die mit der Struktur der Aufforderung als
Bestimmung zur Selbstbestimmung nach dem Fichteschen Naturrecht
übereinstimmt. Es geht auch hier um eine Bestimmung, die von außerhalb
des Individuums kommt, aber durch dessen Freiheit begrenzt ist. Das eine
Individuum kann nicht das Ichsetzen des anderen übernehmen, sondern
die Hilfe, von der bei der religiösen Tugend die Rede ist, ist Hilfe zur
Selbsthilfe. Schleiermachers Bestimmung der religiösen Tugend entspricht
also Fichtes Verständnis der Intersubjektivität, und zwar als Glied der
Konstitution der Subjektivität.

Alles in allem weist Schleiermachers Tugendnotiz auf eine ziemlich
breite, wenn auch nicht tiefe Kenntnis der Philosophie Fichtes hin. Es ist
festzuhalten, daß er die erste Einleitung und die erste Lieferung der
zweiten Einleitung in die neue Darstellung der Wissenschaftslehre gelesen
hat. Es gibt Indizien, daß Schleiermachers Text auch die Kenntnis von
Grundlage der gesammten Wissenschaftslehre voraussetzt. Darüber hinaus ist
es meines Erachtens wahrscheinlich, daß er mit Teilen der Fichteschen
Theorie der Intersubjektivität vertraut war, die mit *Grundlage des Naturrechts* und mit *Einige Vorlesungen über die Bestimmung des Gelehrten* vorlag.
Schleiermachers Beschäftigung mit den beiden *Grundlagen* wird durch
Arbeiten, die ein Jahr jünger sind, dokumentiert.

Wie aus der Notiz hervorgeht, eignet Schleiermacher sich aus diesen
zentralen Werken Fichtes vor allem dessen Begriff des Ich an, den er selbständig auf moralphilosophische und religionstheoretische Fragen appliziert. Insofern er Fichtes Orientierung der Philosophie am transzendentalen Standpunkt übernimmt, schließt er sich dessen kritischem Idealismus
an. Kann dieser „Gedanke" durchaus als ein Schritt von Kant zu Fichte
interpretiert werden, so bleibt Schleiermacher allerdings hier nicht stehen.

---

249 Vgl. auch FW VI, 309f.
250 Siehe oben 1.5.3.

2.3.2. Philosophie und Leben

In einigen Notizen, die erstmals um die Jahreswende 1799/1800 zu finden sind, kommentiert Schleiermacher sein sachliches Verhältnis zu Fichte, indem er den „Hauptpunkt unserer Verschiedenheit"[251] bestimmt. In einem Brief schreibt er, „daß es mir mit seiner Art den gemeinen Standpunkt vom philosophischen zu sondern nicht recht zu gehen scheine", aber auch, daß Philosophie und Leben von Fichte „ganz getrennt" werden.[252] Als Schleiermacher den Kritikpunkt in seiner Besprechung von Fichtes *Die Bestimmung des Menschen* öffentlich angibt, wählt er wieder eine vorsichtigere Formulierung,[253] während er in einem Brief von 1801 schärfer erklärt, daß er „die von Fichte so oft festgestellte und so dringend postulierte gänzliche Trennung des Lebens vom Philosophieren nicht anerkenne".[254]

Zur Beurteilung des Stellenwerts dieser Selbstinterpretation, die in der Literatur häufig verwendet wird, um Schleiermachers Denken von dem Fichteschen zu distanzieren, soll an dieser Stelle nur bemerkt werden, daß der „Hauptpunkt" in Schleiermachers eigener Abgrenzung von Fichte zunächst nicht dessen idealistische Philosophie als solche angeht. Was *Schleiermachers* Unterscheidung von Philosophie und Leben als solche betrifft, kann von vornherein festgestellt werden, daß sie von Fichte nicht unabhängig ist, auch wenn sie von Schleiermacher anders gehandhabt wird. Dies dokumentiert die im vorhergehenden behandelte Tugendnotiz. Weiter kann darauf hingewiesen werden, daß seine jetzige Kritik an der Fichteschen Trennung offenbar eine Änderung seiner Position voraussetzt, sofern in jener Notiz Schleiermacher eine solche Trennung noch vorbehaltlos rezipiert zu haben scheint. Ließ er sich anfangs auf den Ansatz Fichtes bejahend ein, hat er also seither kritisch differenziert und aus einem Anknüpfungspunkt in der Wissenschaftslehre einen Kritikpunkt gemacht.

Sodann möchte ich in dem zur Debatte stehenden Verhältnis – obwohl sachlich vordergründig – zwei Probleme unterscheiden. Es geht bei der Beziehung zwischen den beiden Größen erstens um die Frage, wie man vom Leben zur Philosophie kommt, durch einen Sprung – wie Fichte meint – oder durch kontinuierliche Entwicklung. Diese Frage ist Teil des Anfangsproblems der Philosophie. Zweitens geht es um die Frage, inwiefern die Philosophie auf das Leben einwirkt. Das erste Problem ist meines Erachtens der entscheidende und bedeutendste strittige Punkt,

---

251 KGA V/5, Nr. 1033,66.
252 KGA V/3, Nr. 758,32f.26f.
253 KGA I/3, 237,5f.
254 KGA V/5, Nr. 1033,67f.

weshalb es auch diese Form ist, in welcher der Zusammenhang von Leben und Philosophieren in den späteren Vorlesungen Schleiermachers besonders gegen Fichte ausgespielt wird. In den Texten, auf welche hingewiesen wurde, bezieht sich Schleiermacher dagegen hauptsächlich auf die zweite Version der Relation. Obwohl sie erst vor dem Hintergrund der ersten Frage interessant und überhaupt erst beantwortbar wird – wenn man annimmt, daß Philosophie mit einem Denken des Lebens im allgemeinen in Kontinuität steht, scheint auch das Gehen des entgegengesetzten Weges sich einfacher ergeben zu müssen –, soll im folgenden dennoch die erste Frage zurückgestellt[255] und zunächst die zweite Frage erörtert werden.

Es ist nicht schwierig, Sätze von Fichte anzuführen, die die Weise, wie Schleiermacher dessen Ansatz darstellt, belegen, und solche, die Schleiermachers Frage nach Auswirkungen der idealistischen Philosophie im Leben zu widersprechen scheinen.[256] Man kann auch auf tatsächliche Unterschiede unter ihnen hinweisen, die mit diesem Kontroverspunkt zu tun haben. In Schleiermachers diesbezüglichen Briefen wird zum Beispiel das Phänomen der Freundschaft als ein konkretes Thema erwähnt, das außerhalb des Gesichtsfeldes Fichtes fällt.[257] Trotzdem ist dadurch nicht entschieden, ob der von Schleiermacher hervorgehobene Unterschied zu Fichte in dieser zweiten Frage ein prinzipieller ist.

Die betreffenden Abgrenzungen Schleiermachers von Fichte stehen mit der Konzeption der *Monologen* in Verbindung. Zum Beispiel wird in der ersten Erwähnung des Buches dieses als „ein Beitrag" präsentiert, „die Denkungsart darzustellen die durch die Spekulation entsteht, wobei also diese nicht sowol selbst vorkommt als vielmehr vorausgesezt wird".[258] In einem der oben zitierten Briefe spricht Schleiermacher weniger präzis von einem „Versuch den philosophischen Standpunkt, wie es die Idealisten nennen, ins Leben überzutragen und den Charakter darzustellen, der nach meiner Idee dieser Philosophie entspricht".[259] Liest man diese kritischen Aussagen von solchen Sätzen her, die erkennen lassen worauf Schleierma-

---

255 Siehe unten 2.4.1.1.

256 Außer den in Anm. 237 genannten Stellen siehe – auch zum folgenden – zum Beispiel Fichtes Brief an Friedrich Schlegel vom 16.8.1800, FGA III/4, 283,9ff.; die hier gemachten Bemerkungen zu Schlegels Position nehmen vielleicht auch auf Schleiermachers Rezension von Fichtes *Die Bestimmung des Menschen* Bezug, die er in der Fortsetzung explizit kommentiert (ebd. 283,17ff.).

257 KGA V/5, Nr. 1033,61ff.

258 KGA V/3, Nr. 717,5ff. Siehe auch die vermutlich von Schleiermacher verfaßte Anzeige des Buches: „Dieses Büchlein enthält die Aeußerungen eines Idealisten über die wichtigsten Verhältnisse des Menschen, und macht mit der eigenthümlichen Denkungsart bekannt, welche diese Philosophie, in dem Verfasser wenigstens, begründet hat" (ebd. Nr. 765 App.).

259 Ebd. Nr. 758,96ff.

cher Fichte gegenüber hinauswill, so ergibt sich, daß es nicht Schleiermachers Auffassung ist, daß man sich über den gemeinen Standpunkt nicht erheben soll oder daß keine Unterscheidung von Philosophie und Leben bestände. Insofern bleibt er durchaus den Fichteschen Theorieanleihen von 1797 treu. Es ist auch klar, daß er Philosophie und philosophische, idealistische Denkungsart unterscheidet.[260] Schleiermachers Forderung ist allein, daß das Leben, die natürliche Denkungsart durch die Philosophie gebildet werden soll.[261]

Widerspricht diese Forderung also grundsätzlich dem Fichteschen Denken? Meinem Urteil nach ist das nicht der Fall. Sie hat durchaus sachliche Affinität zu Argumentationen Fichtes.[262] Man kann auf die Bildungstheorie in den gedruckten Vorlesungen über die Bestimmung des Gelehrten verweisen. In der Wissenschaftslehre und den davon abhängigen philosophischen Disziplinen ist besonders die Unterscheidung des Wissenschaftslehrers und des Ich selbst zu nennen. Ihre Relevanz kommt besonders am Ende von „Zweite Einleitung" von 1797 zum Ausdruck. Fichte unterscheidet hier das Ich als intellektuelle Anschauung, das nur für den Philosophen ist, und das Ich als Idee. Dieses „ist *für das Ich* selbst, welches der Philosoph betrachtet, vorhanden; und er stellt es nicht auf als seine eigene, sondern als Idee des natürlichen, jedoch vollkommen ausgebildeten Menschen".[263]

2.3.3. „Gedanken" über das Ich

Die Untersuchung der frühen Fichte-Rezeption Schleiermachers wäre unvollständig, wenn nicht auf eine Reihe von seinen „Gedanken" hingewiesen würde, die wie die 15. Notiz des ersten Heftes, die eine im Vergleich mit Schleiermachers frühen Kantiana neuartige Konzentration auf den Ichgedanken aufweist, seine Orientierung an Fichtes Philosophie dokumentieren. Es geht um Notizen, von denen einige als Fragmente im *Athenaeum* erschienen, und die Mittelglieder zwischen der Tugendnotiz und dem Subjektivitätsbegriff der *Monologen* darstellen.

Einzelne „Gedanken" haben einen dezidiert aphoristischen Charakter und laden als solche eher zur Zitation als zur Interpretation ein. Ein Bei-

---

260 Vgl. auch KGA V/5, Nr. 1033,38ff.
261 Vgl. KGA V/3, 758,26ff.
262 Vgl. Edith Düsing, Intersubjektivität, 3. Teil; siehe auch Christian Klotz' Kritik von Fichtes einseitiger Hervorhebung der Differenz vor der von ihm tatsächlich angenommenen Kontinuität von Theorie und Leben (Klotz, Selbstbewußtsein [2002] 43f.).
263 FW I, 515.

spiel ist Nr. 18 im ersten Heft: „In der Fichteschen Philosophie ist das Ich stolz, in der Kantischen ist es eitel, in einer echt skeptischen würde es ironisch seyn, in der spinozistischen ist es liberal, wenn man sie verachten wollte könnte man sagen höflich. Zu einem anmaßenden Ich, worüber so viel Geschrei ist hat man es noch gar nicht gebracht".[264] Diese Notiz, die noch in September 1797 und nach der Bekanntschaft mit Schlegel geschrieben ist, äußert sich in einem ähnlichen Ton wie die Tugendnotiz über Kant und Fichte.

Schleiermachers Notizen und Fragmente bedienen sich in verschiedenen Zusammenhängen wie selbstverständlich mehr oder weniger pointiert Fichtescher Begriffe vom Subjekt. Er spricht vom Gegensatz zwischen Ich und Nicht-Ich und hat sich – wie schon die Tugendnotiz zeigte – zu dieser Zeit die Wendung *sich selbst zu setzen* angeeignet, die auch in seinem späten Werk häufig ist. Einige von diesen Notizen tragen vermutlich zudem Friedrich Schlegels Fingerabdruck, und zwar besonders solche Aufzeichnungen, die von ihren gemeinsamen Leibniz-Studien herrühren.[265] Im ersten Leibniz-Heft gibt es auch eine Notiz, die vom Interesse des Menschen an sich selbst handelt und durch den entsprechenden Gedanken in Fichtes „Erste Einleitung" angeregt sein kann.[266] Hervorgehoben werden sollte außerdem der 75. „Gedanke" des ersten Gedankenheftes, der wohl 1798 geschrieben wurde: „Subiect, Obiect und Subiect-Obiect als Betrachtungsarten des Ich sind nur Anwendungen der Kategorien von Eins Vieles und Alles".[267] Diese These wird von Schleiermacher nicht entfaltet, und es sollen hier keine Mutmaßungen über ihren Gehalt gemacht werden. Sie ist aber schon allein wegen ihrer textmäßigen Basis bei Fichte interessant, die vom Herausgeber überzeugend mit dem ersten Kapitel vom „Versuch einer neuen Darstellung der Wissenschaftslehre" identifiziert wird.[268] Die Notiz bezieht sich also auf denjenigen Abschnitt, in dem Fichte den Gedanken eines unmittelbar genannten Selbstbewußtseins – eines Bewußtseins, in dem Subjekt und Objekt eins ist, also des Bewußtseins des Ich als Subjekt-Objekts – einführt.[269] Schleiermachers indirekter Verweis auf dieses Theorem ist erst recht im Hinblick auf den Ansatz der *Monologen* von Bedeutung.

---

264 KGA I/2, 10f.
265 Vgl. ebd. 85 Nr. 36; 87 Nr. 42; 94 Nr. 63; 131 Nr. 55. Auf Schlegel gehen an diesen Stellen wohl die Begriffe der Annihilation, des Moderantismus und der Ironie zurück (siehe das Sachregister zu seinen philosophischen Heften, KFSA XIX).
266 KGA I/2, 95 Nr. 67.
267 Ebd. 23.
268 Ebd. XX.
269 Vgl. FW I, bes. 529.

Schleiermacher betont weiter einen auf Fichte zurückzuführenden Begriff der Tätigkeit: „Das Universum gleicht darin dem Menschen daß die Thätigkeit die Hauptsache ist, die Begebenheit nur das vergängliche Resultat".[270] Diese Aussage steht im Zusammenhang mit einigen älteren Notizen, die alle ihren Weg in die Fragmentensammlung des *Athenaeum* gefunden haben. Sie datieren von 1798, formulieren aber bereits einen im Vergleich mit der Tugendnotiz in die Richtung der *Monologen* verschobenen Ansatz und dokumentieren also eine gewisse Entwicklung über Schleiermachers erste Anknüpfung an Fichte hinaus.

Vorerst wird hier die Weltenthobenheit des Ich und seiner Tätigkeit sehr stark hervorgehoben: „Nur die äußerlich bildende und schaffende Kraft des Menschen ist veränderlich und hat ihre Jahreszeiten. Veränderung ist nur ein Wort für die physische Welt. Das Ich verliert nichts und in ihm geht nichts unter, es wohnt mit allem was ihm zugehört, seinen Gedanken und Gefühlen seiner Willkühr und seiner Seele in der Burgfreiheit der Unvergänglichkeit".[271] Diese Beschreibung des Subjekts hat Affinität zu Schleiermachers älterer Unterscheidung des Veränderlichen vom Unveränderlichen am Subjekt.[272] Sie gibt aber seinem Begriff des Subjekts einen neuen Akzent, der unter anderem von dem seiner früheren Überlegungen im Anschluß an Kants transzendentale Deduktion der Kategorien abweicht[273] und mit seiner Fichte-Rezeption zu tun hat. Ob Schleiermacher dabei von ähnlichen Ansätzen in dessen frühen praktisch-philosophischen Arbeiten[274] angeregt worden ist oder ob er den Gedanken von der Identität und Absolutheit des Ich, wie er in den Schriften zur Wissenschaftslehre dargestellt wird, selbständig weiterführt, soll hier offen bleiben. Die Behauptung der Weltenthobenheit des Ich ist jedoch nur die eine Seite der Sache, um die es in diesen Notizen geht.

Übereinstimmend mit der 15. Notiz des ersten Heftes, unterscheidet Schleiermacher die Gesichtspunkte: „Wer einen höheren Gesichtspunkt für sich selbst gefunden hat als sein äußeres Daseyn kann auf einzelne Momente die Welt aus sich entfernen. So werden diejenigen, die sich selbst noch nicht gefunden haben, nur auf einzelne Momente wie durch einen Zauber in die Welt hineingerükt, ob sie sich etwa finden möchten".[275] Diese Notiz spricht vom Ich oder Selbst in einer konkreteren Weise als der Tugendentwurf und ist als Hinweis auf die für die *Monologen*

---

270 KGA I/2, 126,6f.
271 Ebd. 108 Nr. 7.
272 Siehe oben S. 69f.96f.
273 Siehe oben besonders 1.4.3.
274 Vgl. FW VI, bes. 86ff.117.170ff.294ff.
275 KGA I/2, 108 Nr. 6.

programmatische Vermittlung von Idealismus und Leben oder wirklicher Welt zu verstehen.[276] Zugleich ist hier zu sehen, daß Schleiermacher mit diesem Programm Fichte näher kommt, als er selbst meint. Mit dem Begriff des Sichfindens des Ich nimmt er einen Gedanken auf, den dieser – wie Schleiermacher übrigens später selbst betont[277] – im Naturrecht und auch in der Sittenlehre formuliert, und zwar um der Selbstvorgegebenheit der konkreten Subjektivität Ausdruck zu geben.[278] An diesem Punkt besteht auch ein Fichte-Bezug allgemeinerer Art, insofern Fichte in diesen Disziplinen konkrete Bedingungen des Selbstbewußtseins namhaft macht. Zweitens besteht eine Übereinstimmung mit Fichte, insofern Schleiermacher in der zweiten Hälfte des Zitats eine Beziehung auf die Welt als Voraussetzung für das Selbstfinden behauptet. Der § 1 des Naturrechts enthält die entsprechende These, und in den Folgeparagraphen gibt Fichte eine nähere Bestimmung der Welt, mit Bezug auf welche das Ich sich selbst findet und die durch andere vernünftige Wesen gebildet wird. Dem entspricht eine Briefaussage Schleiermachers vom 10.8.1803, die auch auf die Bestimmung der religiösen Tugend in Notiz Nr. 15 des ersten Gedankenheftes bezogen werden kann: „jeder Mensch findet sich selbst durch sich selbst, alles andre ist nur Anstoß, und dem glücklichen Moment hätte auch irgend ein andrer gedient".[279]

2.3.4. Selbstanschauung

In Schleiermachers Arbeiten aus dieser Periode sind keine zusammenhängenden subjektivitätstheoretischen Argumentationen festzustellen. Außer einzelnen Bezugnahmen wie die genannten „Gedanken" gibt es jedoch in den *Monologen. Eine Neujahrsgabe* eine umfassendere Thematisierung der Subjektivität, die auch die Untersuchung von Schleiermachers Anknüpfung an Fichte in diesem sachlichen Kontext mit einer breiteren Grundlage versieht. Dieses Büchlein soll besonders im Hinblick auf den Begriff der Subjektivität im Zusammenhang mit der Fichte-Rezeption Schleiermachers einbezogen werden.[280]

Diese systematische Fragestellung entspricht nicht unmittelbar den *Monologen*, die „autobiographische Selbstgespräche im poetisch-rheto-

---

276 Vgl. auch ebd. 109 Nr. 10.
277 KGA I/4, 55ff.
278 Vgl. Neuhouser, Efficacy 43.
279 Br 1, 377f.
280 Zu den *Monologen* siehe die vorzügliche Interpretation in Ulrich Barth, Individualitätsgedanke, die auch im Blick auf das hier Interessierende hilfreich ist.

rischen Stil"[281] sind. Als solche scheinen sie kein theoretisches Gepräge zu
haben, sie haben aber einen implizit systematischen Charakter. Schleiermacher unterstreicht in einer Reihe von Briefen, daß der Gehalt des Buches kein bloß subjektiver ist, sondern daß durchaus von etwas „objective[m]", von philosophischen „Voraussezungen" oder „Prämissen" her
gedacht wird.[282] Unsere Aufmerksamkeit wird also vorerst einigen dieser
systematischen Voraussetzungen gelten.

Ich zitiere *in extenso* den Anfang des vierten, „Aussicht" übergeschrie-
benen Monologs, weil dieser geeignet erscheint, ein vorläufiges Bild von
der Weise, wie Schleiermacher in diesem Buch den Subjektgedanken entwickelt, zu geben:

> „Ist es wahr, daß wir alle auf Erden abhängig wandeln, und ungewiß der Zu-
> kunft? daß ein dichter Schleier dem Menschen was er sein wird verbirgt, und
> daß des Schicksals blinde Macht, seis auch der höhern Vorsicht fremde Will-
> kühr – beides gälte für mich hier gleich – mit unsern Entschlüßen wie mit un-
> sern Wünschen spielt? O freilich, wenn Entschlüße nur Wünsche sind, so ist
> der Mensch des Zufalls Spiel! Wenn er nur im Wechsel flüchtiger Empfin-
> dungen und einzelner Gedanken, die die Wirklichkeit erzeugt, sich selbst zu
> finden weiß; wenn er im ungewißen Haben äußrer Gegenstände, im schwin-
> delnden Betrachten des ewgen Wirbels in dem er mit diesem Sein und Haben
> sich auch bewegt, sein ganzes Leben hindurch begriffen ist, und niemals tie-
> fer in sein eignes Wesen dringt; wenn er von diesem oder jenem einzelnen
> Gefühl geleitet immer nur auf etwas Einzelnes und Aeußeres sieht, und das
> betreiben und besizen will, wie die Empfindung des Augenbliks gebietet:
> dann kann ihm das Schiksal feindselig rauben was er will und spielt mit sei-
> nen Entschlüßen, die ein Spiel zu sein verdienen; dann mag er klagen über
> Ungewißheit, denn nichts steht fest für ihn; dann erscheint ihm als ein dichter
> Schleier die eigene Blindheit, und dunkel muß es freilich sein, wo nicht das
> Licht der Freiheit scheint; dann muß es freilich für ihn das Höchste sein zu
> wißen, ob jener Wechsel der ihn beherrscht von Einem Willen über alle Willen
> abhängt, oder vom Zusammentreffen vieler Kräfte, die neigungslose Wirkung
> ist. Denn schreklich muß es den Menschen ergreifen, wenn er nimmer dazu
> gelangt sich selbst zu faßen; wenn jeder Lichtstral, der in die unendliche
> Verwirrung fällt, ihm klarer zeigt, er sei kein freies Wesen, sei eben nur ein
> Zahn in jenem großen Rade, das ewig kreisend sich, ihn und alles bewegt".[283]

Hier werden die aus Schleiermachers Notizen über das Ich bekannten
Töne angeschlagen, die auch typisch für die *Monologen* sind. Die ausge-
malte Schreckensvision erscheint in der Sache als eine anschauliche Insze-
nierung des fatalistischen Dogmatismus, wie er von Fichte in der ersten
Einleitung in die Wissenschaftslehre dem Idealismus gegenübergestellt

281 Ulrich Barth, Individualitätsgedanke 312.
282 Br 1, 338; KGA V/3, Nr. 817,18ff.; V/4, Nr. 964,69ff. u.a.
283 KGA I/3, 41,3ff. = M, 100ff.

wird; Schleiermacher stützte sich in der Notiz über Tugend auf diese Argumentation Fichtes. Der Gedanke der Subjektivität kommt in der Schreckensvision letztlich in privativen Modi zum Ausdruck, unter anderem in solchen des Freiheitsbewußtseins und des Sichselbstfassens oder Sichselbstfindens des Menschen. Wie wir soeben in Verbindung mit Schleiermachers Notizen sahen, ist der letztgenannte ein wahrscheinlich von Fichte herrührender Terminus; wir treffen ihn auch anderswo in den *Monologen*.[284]

Wie in der Tugendnotiz wird das Freiheitsbewußtsein in den Selbstgesprächen stark hervorgehoben. Die im Vergleich mit Schleiermachers früher Freiheitstheorie neue Betonung zeigt sich hier in einer begrifflichen Verschiebung: Während er in „Über die Freiheit" dafür meist in kritischer Absicht den Begriff des Freiheitsgefühls aufnahm,[285] kann er diesen Begriff nun häufig und zwar affirmativ und im eigenen Namen verwenden.[286] Daß die neue Betonung des Freiheitsgedankens bei Schleiermacher in dieser Periode vor allem vom Einfluß Fichtes her zu verstehen ist, der ebenfalls einen Begriff des Freiheitsgefühls in Anspruch nimmt, geht meines Erachtens aus dem Subjektivitätsbegriff der *Monologen* deutlich hervor.

Nun gilt unser Interesse insbesondere der *erkennenden* Seite der Subjektivität. Sie läßt sich aber in diesem Zusammenhang anders als früher, wo sich Schleiermacher mehr an Kant orientierte, nur schwierig von ihrer praktischen Seite unterscheiden. Sie sind jetzt auf eine Weise verschränkt, die an sich den Einfluß des Fichteschen philosophischen Neuansatzes bezeugt.

Schleiermacher bezieht zu dieser Zeit auf die erkennende Selbstbeziehung nicht nur den Begriff des Gefühls, der besonders in den *Reden* auf diese Weise verwendet wird. Ein anderer Hauptbegriff ist *Selbstanschauung*, der in seinen beiden ersten Büchern hervorgehoben wird. Wahrscheinlich hat er ursprünglich *Selbstanschauungen* als Titel des dann *Monologen* genannten Werkes erwogen.[287] *Selbstbewußtsein*, der Zentralbegriff des Jugendwerkes an diesem Punkt, hat nicht dieselbe Stellung in den Texten dieser Periode; dies stimmt gewissermaßen mit der Wissenschaftslehre überein. Der Begriff kommt jedoch an einigen Stellen in den *Monologen* vor, die der einzige Text, der ihn explizit verwendet, zu sein scheinen.

Abstrakte Erläuterungen zur Struktur von Subjektivität sind in dieser Schrift nicht zu erwarten. Die systematisch relevanten Abschnitte sind allerdings Applikationen von anderwärts entwickelten – oder zu entwickelnden – Gedanken, die sich im Zusammenhang mit Schleiermachers Fichte-

---

284 Vgl. KGA I/3, 12,1f.4.17f. = M, 22f.
285 Siehe oben S. 84ff.
286 Zum Beispiel KGA I/3, 12,7f.; 25,29ff. = M, 22.61.
287 Vgl. KGA V/2, Nr. 498,39.

Rezeption durchaus ermitteln lassen. Es geht um eine vereinfachende Aufnahme von Gedankenfiguren insbesondere der neuen Darstellung der Wissenschaftslehre.[288]

Wie wir wissen, sind die *Monologen* zum Teil als implizite Fichte-Kritik konzipiert.[289] Die Kritik, die sich auf das Verhältnis von Philosophie und Leben bezieht, betrifft schon den Gedanken der Selbstanschauung im allgemeinen. Mit Bezug auf Fichte schreibt Schleiermacher im ersten Monolog: „Es sagen zwar die Weisen selbst, mäßig solltest du dich mit Einem begnügen; Leben sei Eins, und im ursprünglichen und höchsten Denken sich verlieren ein Anderes; indem du getragen werdest von der Zeit geschäftig in der Welt, könnest du nicht zugleich ruhig dich anschauen in deiner innersten Tiefe".[290] Auf diesen Einwand, der parallel auch für die Beziehung von Dichtung und Leben formuliert wird, erwidert er:

> „Kann das heiligste innerste Denken des Weisen zugleich ein äußeres Handeln sein, hinaus in die Welt zur Mittheilung und Belehrung: warum soll denn nicht äußeres Handeln in der Welt, was es auch sei, zugleich sein können ein inneres Denken des Handelns? Ist das Schauen des Geistes in sich selbst die göttliche Quelle alles Bildens und Dichtens, und findet er nur in sich, was er darstellt im unsterblichen Werk: warum soll nicht bei allem Bilden und Dichten, das immer nur ihn darstellt, er auch zurükschauen in sich selbst? Theile nicht was ewig vereint ist, dein Wesen, das weder das Thun noch das Wißen um sein Thun entbehren mag, ohne sich zu zerstören!"[291]

Es kommt uns hier nicht auf die Beziehung von Leben und Philosophieren an. Was diese betrifft, soll nur bemerkt werden, daß Schleiermachers Konzeption dieser Relation es ausschließt, daß die Selbstanschauung des Ich einen unbedingten und einzigen Anfang der ganzen Philosophie bilden kann. So soll sie noch in Fichtes neuer Darstellung der Wissenschaftslehre fungieren, ungeachtet der sich dort anbahnenden Entlastung des Ich. Dagegen wird sie im Sinne eines privilegierten Ausgangspunktes in Schlegels Grundlegung der Philosophie verabschiedet.[292]

Worauf es zuerst ankommt, ist, wie Schleiermacher die epistemische Selbstbeziehung ansetzt und sie im Verhältnis zu anderen Leistungen des Subjekts situiert. Es ergibt sich wiederum, daß er auch hier Fichte näher steht, als er selbst glaubt. Schleiermachers These ist, daß du beim äußeren Handeln, „geschäftig in der Welt" „zugleich ruhig dich anschauen in deiner innersten Tiefe" sollst. Diese Situierung der Subjektivität zeigt, daß

---

288 Zum folgenden vgl. Ulrich Barth, Individualitätsgedanke 313ff.
289 Siehe oben S. 207.
290 KGA I/3, 13,15ff. = M, 26.
291 KGA I/3, 13,24ff. = M, 26f.
292 Naschert, Wechselerweis 67; Frank, Annäherung, bes. 877ff.

auf das Subjekt als auf ein endliches verwiesen wird, auch wenn die reine Subjektivität als ein göttliches Element in ihm dargestellt wird.[293] Sie entspricht sachlich dem Fichteschen Ansatz, den wir von der Darstellung der Wissenschaftslehre nach neuer Methode und auch vom Naturrecht Fichtes her kennen.

In dieselbe Richtung weist ein anderer Umstand, der zugleich zeigt, daß die Übereinstimmung nicht von ungefähr erfolgt, sondern auf Schleiermachers Aneignung der Texte zur neuen Darstellung der Wissenschaftslehre beruht. Wir begegnen in diesem Zusammenhang dem Fichteschen Anschauungsbegriff zuerst in seiner methodologischen Bedeutung: Im Zitat vorbereitet durch die zumutende Form der zweiten Person nimmt Schleiermacher modifizierend auf Fichtes Aufforderung zu reflexiver Selbstbetrachtung Bezug: „schaue in dich selbst, wiße was du thust".[294] Oder mit den *Reden* in klarerer Anspielung auf das an den Anfang der Wissenschaftslehre 1797/98 gestellte Postulat: „Schaut Euch selbst an mit unverwandter Anstrengung, sondert alles ab, was nicht Euer Ich ist".[295] Der Selbstanschauung, wird in den *Monologen* betont, eignet eine unmittelbare Gewißheit, die einer Kenntnis in der dritten Person abgeht.[296]

Damit rezipiert Schleiermacher ebenso den inhaltlichen Sinn von Fichtes Begriff des Sichanschauens, den er selbst im Fichteschen Einwand im Zitat aus den *Monologen* indirekt in Verbindung mit Fichte bringt. Dieser Begriff ergänzt den Begriff des Sichsetzens als Bezeichnung der Selbstbeziehung des Subjekts, der als solcher im Blick auf dessen Bewußtseinscharakter weniger ergiebig ist. Mit Fichte faßt Schleiermacher die Selbstanschauung als in sich zurückgehende Tätigkeit auf. Diese Gedankenfigur liegt seiner Rede vom *Zurück*schauen des Subjekts in sich selbst und ähnlichen, Fichtes Terminologie zum Teil näherkommenden Wendungen an anderen Stellen des Buches zugrunde.[297] Wie wir in Fichtes Zusammenhang sahen, ist dies die Sprache der Reflexivität. Meint also Schleiermachers – anders als Fichtes – Begriff des Sichanschauens Reflexion? Dieser Begriff hat etwas Schillerndes bei Schleiermacher, wozu Fichtes Darstellung sehr wohl Anlaß gegeben haben kann: Einerseits scheint er auf Reflexion zu zielen – so ist die Überschrift des ersten Monologs „Die

---

293 Vgl. zum Beispiel auch KGA I/3, 7,17ff.; 11,2ff. = M, 8.19.

294 KGA I/3, 13,39 = M, 28.

295 KGA I/2, 261,32f. = R, 166.

296 Besonders KGA I/3, 15,15ff. = M, 32f.

297 Vgl. besonders KGA I/3, 7,4ff. = M, 7: „So nehmen sie den zurükgeworfenen Strahl ihrer Thätigkeit für ihr ganzes Thun, die äußeren Berührungspunkte ihrer Kraft mit dem was nicht sie ist für ihr innerstes Wesen"; KGA I/3, 11,1f. = M, 19: „So bist du Freiheit mir in allem das ursprüngliche, das erste und innerste. Wenn ich in mich zurükgeh, um dich anzuschaun [...]".

Reflexion".[298] Andererseits ist das kaum Schleiermachers eigentliche Intention. Bei ihm muß die Selbstanschauung letztlich unmittelbar sein in derselben Bedeutung wie bei Fichte: in der Bedeutung von etwas dem Begriff oder – was sachlich auf dasselbe hinausläuft – der Subjekt-Objekt-Differenz Vorhergehendem. Dies darf vom Begriff der Anschauung in den *Reden* behauptet werden, die die Selbstanschauung als eine besondere Art der Anschauung im allgemeinen behandeln.[299]

Endlich soll bemerkt werden, daß es vorerst um den Begriff von einer Selbstbezüglichkeit geht, der auf eine allgemeine, invariante Struktur zielt und darin Fichtes Gedanken der transzendentalen Subjektivität entspricht. Obwohl auf Abgrenzungen der Anschauung von empirischer Selbstbetrachtung hingewiesen werden kann,[300] scheinen gewisse Aussagen dieser Behauptung entgegenzustehen. Sie wird jedoch durch Schleiermachers Gedankengang gedeckt, was besonders dort, wo er über den allgemeinen Charakter der Subjektivität – die bisher allein behandelte „Gleichheit des Einen Daseins"[301] – hinausgeht, deutlich wird.

Wir hätten ein schiefes Bild der Thematisierung der menschlichen Subjektivität in den *Monologen*, wenn nicht auf ihre Konzeption als Individualitätsbewußtsein wenigstens verwiesen würde. Dies ist nicht in unserem Zusammenhang, aber im Zusammenhang dieses Buches Schleiermachers das Wichtigere.[302]

Der Individualitätsgedanke wird von Schleiermacher kritisch gegen die Philosophie Fichtes gewendet, aber nicht nur gegen sie, sondern auch gegen die frühere Transzendentalphilosophie sowie Schleiermachers eigenes Frühwerk.[303] Schleiermacher konzipiert das Individualitätsbewußtsein insbesondere mit Hilfe des Gedankens der Bildung.[304] Es wird als konkreter und als praktischer Modus der Subjektivität begriffen. Individuelle Bildung wird mit anderen Worten als eine spezifische Art der *Selbstbestimmung* gefaßt.[305] Dies führt zu wesentlichen Unterschieden gegenüber Fichte, die mit einer Distanzierung Schleiermachers von einer rein sollensethischen Konzeption einhergehen.[306] Es gibt hier allerdings auch positive Berührungspunkte mit jenem, dessen Leistung besonders im

---

298 KGA I/3, 6,2 = M, 5.
299 KGA I/2, 258,26ff.; 261f. = R, 159.166ff.
300 KGA I/3, 8,36ff. = M, 12f.
301 KGA I/3, 17,31f. = M, 38.
302 Dazu Ulrich Barth, Individualitätsgedanke 315ff.
303 KGA I/3, 17,30ff. = M, 38.
304 Dazu besonders Riemer, Bildung.
305 KGA I/3, 20,4ff.39; 21,6f.; 57,41ff. = M, 44.47.144ff.
306 Vgl. ebenso KGA I/2, 107 Nr. 2.

Naturrecht Schleiermachers Kritik nicht gerecht wird.[307] Inwieweit solche Berührungspunkte – zum Beispiel hat Schleiermachers Maxime der Individualität: „Immer mehr zu werden was ich bin", strukturelle Entsprechung zu Fichtes Gedanken vom praktischen Sichselbstfinden[308] – von dessen Einfluß herrühren, kann an dieser Stelle nicht untersucht werden.[309]

Wie verhält sich auf der anderen Seite der Begriff des Selbstbewußtseins in den *Monologen* zum Begriff des Sichanschauens? Zunächst bezieht er sich auf die überindividuelle Subjektivität. Das Selbstbewußtsein unterscheidet sich offenbar als das Fixierte, nicht auf Akte Bezogene, von der Selbstanschauung als Vollzugsbewußtsein, sofern der Begriff des Selbstbewußtseins im Zusammenhang mit dem Gedanken des Gewissens, also eines reflektierten Bewußtseins, verwendet wird. Schleiermacher faßt dabei Gewissen in einem weiten Sinn als ein Modus von spezifisch menschlichem Bewußtsein überhaupt auf: „Den Faden des Selbstbewußtseins hat er einmal zerrißen, hat sich einmal nur der Vorstellung und dem Gefühl ergeben, das er mit dem Thiere theilt".[310] Ebenso wird der Selbstbewußtseinsbegriff mit besonderem Bezug auf die Selbigkeit und die Stetigkeit des Subjekts in Anspruch genommen.[311]

Der Fichtesche Begriff eines Selbstbewußtseins, das als eine absolute Subjekt-Objekt-Einheit unmittelbar ist, wird in einem „Gedanken" des ersten Heftes Schleiermachers lediglich angedeutet, tritt aber nicht ausdrücklich auf. Sachlich ist er bei Fichte jedoch mit dem von Schleiermacher übernommenen Begriff der Selbstanschauung identisch. Innerhalb von Schleiermachers Beschäftigung mit Fichtes Texten von 1797/98 sind diese direkten und indirekten Bezüge zu Fichtes zentralen Begriffen der Subjektivität nicht zuletzt im Hinblick zu dem Selbstbewußtseinsbegriff beim späten Schleiermacher von großer Relevanz.

---

307 Vgl. auch Ulrich Barth, Individualitätsgedanke 317f.
308 KGA I/3, 42,27f. = M, 104, vgl. besonders FW IV, 212ff.
309 Eine solche Untersuchung hätte auch dem hier nicht behandelten Thema der Intersubjektivität in den *Monologen* nachzugehen; vgl. unten S. 234f.
310 KGA I/3, 16,10ff. = M, 34. Vgl. KGA I/3, 16,1f. = M, 33; in einer Vorarbeit wird dafür der Begriff der Reflexion verwendet (KGA I/2, 126 Nr. 32).
311 KGA I/3, 18,11; 19,18ff.; 43,37f. = M, 39.43.107f. Eilert Herms faßt dagegen den Gebrauch des Selbstbewußtseinsbegriffs als Beleg seiner These von einem unmittelbaren Realitätsbewußtsein (siehe oben S. 93) auf. Darauf bezieht er ebenso die Begriffe von Geist und von Vernunft, den Gedanken von der Einheit von Anschauung und Gefühl in den *Reden*, den Begriff des Gefühls und endlich auch den der Selbstanschauung (Herms, Herkunft 180ff.200). Diese Gedankenfiguren weisen aber in sehr verschiedene Richtungen. Einige von ihnen drücken – jedoch in einem durch Fichte bestimmten Problemzusammenhang – eine Unmittelbarkeit der Subjektivität aus, die eine gewisse Affinität zu der Unmittelbarkeit hat, die in dem von Herms behaupteten Selbstbewußtseinsbegriff impliziert ist.

2.3.5. Idealismus

Schleiermachers philosophisches Denken in dieser Periode ist oben
wiederholt als idealistisch charakterisiert worden. Das Schlüsseldiktum
der *Reden* über den „vollendeten und gerundeten Idealismus" und den
„höhern Realismus" der Religion mag diese Kennzeichnung als unberechtigt erscheinen lassen: Ohne das Gegengewicht der Religion, sagt der
Redner, wird der Idealismus „das Universum vernichten, indem er es zu
bilden scheint, er wird es herabwürdigen zu einer bloßen Allegorie, zu
einem nichtigen Schattenbilde unserer eignen Beschränktheit".[312] Im
folgenden soll versucht werden, diesem Zweifel entgegenzutreten, auch
wenn es nicht leicht ist, einen konsistenten Zusammenhang in Schleiermachers verschiedenartigen auf das Idealismus-Realismus-Thema sich beziehenden Äußerungen zu sehen. Es soll noch nicht auf den „höhern Realismus" Bezug genommen werden.

Bezieht man sich auf Schleiermachers *Selbstdarstellung* besonders in
den Briefen, die oben kommentiert wurden,[313] kann man zunächst seine
Intention deutlich feststellen. Wenn Schleiermacher erklärt, daß er zwar an
Fichtes Auffassung der Beziehung von Philosophie und Leben etwas, aber
„innerhalb seiner Philosophie nichts an derselben auszusetzen" hat,[314] kann
dies mit anderen Bemerkungen des Briefes zusammen als Zustimmung
mindestens zu einer Art des Idealismus verstanden werden.[315] In dem
zweiten der hier aufschlußreichsten Briefen heißt es, daß „die Philosophie
für sich allein durchaus idealistisch ist".[316] Mit Verweis auf Fichte sagt
Schleiermacher weiter: „Man kann innerhalb des Idealismus – denn von
dem, was außerhalb desselben liegt, will ich gar nicht reden – nicht stärker
entgegengesetzt sein als er und ich".[317] Diesen Stellen läßt sich also nicht
nur sein Bekenntnis zu einem Idealismus, sondern auch ein Vorbehalt
gegenüber dem Idealismus Fichtes entnehmen. Mit *Idealismus* meint
Schleiermacher nicht nur eine von ihm selbst entwickelte oder zu entwickelnde Position, sondern die breitere philosophische Bewegung, die sich in
den neunziger Jahren im Ausgang von Kant entwickelt hat.[318] Es ist jedoch
klar, daß er Fichte als Hauptvertreter dieser Bewegung versteht und mit
dem Idealismusbegriff besonders auf seine Philosophie Bezug nimmt.

---

312 KGA I/2, 213,23ff. = R, 54, vgl. oben Anm. 207.
313 Vgl. 2.3.2.
314 KGA V/3, Nr. 758,35f.
315 Vgl. ebd. Nr. 758,101ff.
316 KGA V/5, Nr. 1033,14f.
317 Ebd. Nr. 1033,48ff.
318 Vgl. ebd. Nr. 1033,42ff.

Dies zeigt sich, wenn er „das, was Fichte eigentümlich ist, von dem Wesen seiner Philosophie" unterscheidet; das Eigentümliche, aber nicht Wesentliche des Idealismus von Fichte, woran gedacht wird, ist vor allem seine Trennung von Philosophie und Leben.[319] Dies ist so zu verstehen, daß Schleiermacher zwar nicht mit dem Fichteschen Idealismus einverstanden ist, daß er aber – wie das vorletzte Zitat von dem, was „außerhalb" des Idealismus liegt, zeigt – das Schwergewicht statt auf immanente Korrekturen eher darauf legt, den Idealismus, und zwar nicht nur den Fichteschen, sondern den Idealismus überhaupt, sozusagen von außen zu korrigieren oder besser: zu ergänzen.

Daß Schleiermacher sich auf diese Weise an Fichte orientiert, bestätigen seine *expliziten Aussagen* über Idealismus und Realismus in veröffentlichten Schriften, an erster Stelle jenes Schlüsseldiktum aus der zweiten Rede über die Religion. Dieses Diktum spielt nicht einfach einen Realismus gegen den Idealismus aus. Es weist den „vollendeten und gerundeten Idealismus", der deutlich Fichtesche Züge trägt – im „Beschluß" der *Grundlinien einer Kritik der bisherigen Sittenlehre* kann Schleiermacher unter einem ähnlich beschriebenen Idealismus auch Schelling einschließen[320] –, nicht einfach ab. Der Idealismus ist nach dem Redner nicht verfehlt, sondern unzureichend; er soll nicht ersetzt, sondern ergänzt werden. Von ihm unterscheidet Schleiermacher auch nicht nur „einen höhern Realismus" der Religion, sondern ebenso den Realismus, „welchen er" – der Idealismus – „so kühn und mit so vollem Recht sich unterordnet". Es ist gar nicht davon die Rede – wie Interpreten gelegentlich gemeint haben[321] –, daß Schleiermacher hier irgendeinem erkenntnistheoretischen Realismus das Wort redet. In dieser Hinsicht gibt er im Gegenteil dem Idealismus Recht. Diesen Standpunkt hat Schleiermacher auch besonders in seinen Rezensionen im *Athenaeum* ausdrücklich gemacht. Er schreibt natürlich nicht Fichte, sondern Kant das Verdienst zu, den gewöhnlichen Realismus widerlegt zu haben. Bei ihm sieht er jedoch, wie die Besprechung seiner *Anthropologie* erklärt, einen „verborgenen Realismus", „dem Kant, nachdem er ihn selbst umgestürzt und zertrümmert hat, noch immer einen geheimen Baalsdienst erweiset".[322]

Schleiermachers Hauptschriften und auch andere Texte der Periode enthalten einige verstreute, wenn auch nicht breit entfaltete Gedanken, deren Verhältnis zu einem idealistischen theoretischen Ansatz geklärt werden muß. Daß eine solche Verhältnisbestimmung nicht ganz unkom-

---

319 Ebd. Nr. 1033,60ff.
320 KGA I/4, 356,1ff.
321 Ein neueres Beispiel ist Korsch, Realismus.
322 KGA I/2, 367,12ff., vgl. KGA I/3, 68f.242f.

pliziert ist, hängt damit zusammen, daß diese Schriften ihre theoretische Voraussetzungen nicht vortragen. Dementsprechend ist die Bedeutung der betreffenden Gedanken in der Literatur sehr umstritten. Ich möchte dafür argumentieren, sie als Belege für eine Art des Idealismus zu interpretieren.

Wo wir Schleiermacher am Ende des ersten Kapitels im Zusammenhang metaphysischer und erkenntnistheoretischer Reflexionen verließen, sahen wir ihn mit Reinhold über Kants Konzeption eines transzendentalen Idealismus mit seiner Lehre vom *Ding an sich* hinausgehen, wobei Reinhold jedoch dazu tendierte, dieses als ein Ding zu verstehen, das ohne Bezug nicht nur auf die subjektiven Formen der Anschauung, sondern auch auf das Subjekt und seine Vorstellung überhaupt ist. Ohne daß explizite Reflexionen dieser Art in Schleiermachers Texten dieser Periode vorliegen, scheint er mit Fichte, der die Reinholdsche Tendenz weiterführt, diesen Weg weitergegangen zu sein. Es soll im folgenden auf einige Gedanken der *Monologen* hingewiesen werden, die, auch wenn sie ebensowenig wie entsprechende Gedanken der *Reden* auf die Darlegung eines erkenntnistheoretischen Ansatzes abzielen, als Ausdruck eines nachkantischen Idealismus zu verstehen sind.

Schon der Eingang des ersten Monologs fällt auf: „Auch die äußere Welt, mit ihren ewigsten Gesezen wie mit ihren flüchtigsten Erscheinungen, strahlt in tausend zarten und erhabenen Allegorien, wie ein magischer Spiegel, das Höchste und Innerste unsers Wesens auf uns zurük".[323] Man kann allerdings bezweifeln, daß eine solche Behauptung ernstzunehmen ist, daß wir nicht nur in dem inneren, sondern ebenso in der äußeren Welt, und zwar in dem ganzen Reichtum der Außenwelt *uns selbst* sehen. Es kommen jedoch Erklärungen hinzu, die über die Unsicherheit hinausführen: „Mir ist der Geist das erste und das einzige: denn was ich als Welt erkenne, ist sein schönstes Werk, sein selbstgeschaffener Spiegel".[324] Diese vielsagende Figur der Spiegelung, der Reflexion, des Widerscheins verwendet Schleiermacher auch anderswo. Ein weiterer Ausdruck eines zugespitzten Idealismus: „Mein freies Thun ist jegliches Gefühl, das aus der Körperwelt hervorzudringen scheint, nichts ist Wirkung von ihr auf mich, das Wirken geht immer von mir auf sie, sie ist nicht etwas von mir verschiedenes, mir entgegengeseztes".[325] Was die

---

323 KGA I/3, 6,3ff. = M, 5.
324 KGA I/3, 9,37ff. = M, 15f.
325 KGA I/3, 10,10ff. = M, 16f. Vgl. KGA I/3, 300 Nr. 72: „Der Mensch *weiß* von der Thätigkeit des Ich und von seiner scheinbaren Receptivität als Produkt dieser Thätigkeit. Er *glaubt* daß diese in Harmonie steht mit dem Undurchdringlichen oder der Außenwelt; und dieses *Wissen* und *Glauben* durchdringt sich im Diviniren der Welt welches die höchste

Herkunft dieses Idealismus betrifft, weisen die *Monologen* an einigen
Stellen Fichtes Philosophie als wichtigste Voraussetzung auf. Man kann
Schleiermachers Lob der Phantasie nennen.[326] Dies kann teilweise auf der
Linie seiner frühen Hochschätzung dieses Vermögens gefaßt werden,[327]
aber Schleiermachers jetzige Auffassung der Phantasie oder Einbildungskraft und ihrer erkenntnismäßigen Funktion verrät unzweideutig Spuren
seiner Rezeption der ersten Wissenschaftslehre, mit einer Notiz aus der
Zeit der Vorbereitung des Buches: „trotz aller Sinne ohne Fantasie keine
Außenwelt".[328] Weitere damit zusammenhängende Theoreme Fichtes wie
die vom Anstoß, von der Aufforderung und von der Selbstbeschränkung
finden in den *Monologen* wie in anderen Zusammenhängen des Frühwerkes eine freie Verwendung.[329]

Vordergründig kann dieser Idealismus sehr weit von den *Reden* entfernt erscheinen. So hat die Forschung in den verschiedenen Bezugnahmen dieser Schrift auf die zeitgenössische Philosophie, wobei wieder
insbesondere an Fichte zu denken ist, oft eine bloße Abgrenzung sehen
wollen. Ein Beispiel ist der Verweis auf „Eure Transcendentalphilosophie" am Beginn der zweiten Rede.[330] In der Tat kann Schleiermachers
eigene Philosophie kaum mit ihr, wie sie hier beschrieben wird, gleichgesetzt werden. Daß jedoch eine Affinität mit der betreffenden Transzendentalphilosophie besteht, darf aus der schon erörterten Schlüsselstelle
der Rede gefolgert werden, wo die relative Berechtigung des transzendentalen Idealismus Fichtes behauptet wird. Es gibt auch am Ende der
dritten Rede ein Beispiel, daß Schleiermacher sich positiv auf den Idealismus beruft:

> „Die Philosophie den Menschen erhebend zum Begrif seiner Wechselwirkung
> mit der Welt, ihn sich kennen lehrend nicht nur als Geschöpf, sondern als
> Schöpfer zugleich, wird nicht länger leiden, daß unter ihren Augen der seines
> Zweks verfehlend arm und dürftig verschmachte, welcher das Auge seines
> Geistes standhaft in sich gekehrt hält dort das Universum zu suchen. Eingeri-
> ßen ist die ängstliche Scheidewand, alles außer ihm ist nur ein andres in ihm,
> alles ist Widerschein seines Geistes, so wie sein Geist der Abdruk von Allem
> ist; er darf sich suchen in diesem Widerschein ohne sich zu verlieren oder aus

---

Philosophie ist". Diese Notiz, die aus den ersten Monaten von 1802 datiert (vgl. ebd. 299
Nr. 69), drückt sachlich Fichtesche Lehre aus, im Kontext bezieht sich Schleiermacher
jedoch auf Schelling.

326 Besonders KGA I/3, 48,23ff. = M, 119f.
327 KGA I/1, 154ff.; 240,30ff., vgl. oben S. 58f.
328 KGA I/2, 109 Nr. 8.
329 Vgl. besonders KGA I/3, 48,23ff. = M, 119f.
330 KGA I/2, 208,16ff. = R, 42f.

sich heraus zu gehn, er kann sich nie erschöpfen im Anschauen seiner selbst, denn Alles liegt in ihm".[331]

Diese Äußerung hat dieselbe Tendenz wie die obengenannten Stellen aus den *Monologen* und dient in der Religionsschrift der Erklärung, wie unter anderem die neue Philosophie eine Erneuerung der Religion befördert.[332]

Daß Schleiermacher den zeitgenössischen Idealismus, an Fichte gemessen, zugleich umdeutet, ist in den *Reden* greifbar, wo es über die Transzendentalphilosophie oder Metaphysik heißt: Sie „geht aus von der endlichen Natur des Menschen, und will aus ihrem einfachsten Begriff, und aus dem Umfang ihrer Kräfte und ihrer Empfänglichkeit mit Bewußtsein bestimmen, was das Universum für ihn sein kann, und wie er es nothwendig erbliken muß".[333] Wiederum ist klar, daß besonders auf die Wissenschaftslehre angespielt wird. Der „einfachste Begriff" der menschlichen Natur und ihre „Kräfte" und „Empfänglichkeit" können teils auf den Gedanken von der reinen Identität des Ich im ersten Grundsatz der frühen Wissenschaftslehre und teils auf Gedanken der materialen Wissenschaftslehre bezogen werden. Daß der Ausgangspunkt die *endliche* Natur des Menschen sei, widerspricht dem Selbstverständnis der ersten Wissenschaftslehre, entspricht aber in der Sache der Fichte-Rezeption bei den anderen Frühromantikern, zum Beispiel Hölderlin, der argumentiert, daß ein Ich sinnvoll nur als selbstbewußt und deshalb endlich und das Unendliche also nicht als Ich gedacht werden kann. Eine vom Gedanken des endlichen Ich her konzipierte Metaphysik wäre an sich nicht nur unzureichend für Fichte, sondern auch für Schleiermacher. Bei ihm wird sie jedoch in eine umfassendere Konzeption eingefügt. Daß Schleiermacher die Wissenschaftslehre auf die angegebene Weise versteht, zeigen seine *Grundlinien einer Kritik der bisherigen Sittenlehre*. Nach der ausführlichen Diskussion des Ansatzes Fichtes stellen sie „denen die vom Endlichen anfangen", die, „welche objectiv philosophirt haben, das heißt von dem Unendlichen als dem einzigen nothwendigen Gegenstande ausgegangen sind", gegenüber.[334] Zu den ersten muß in diesem Zusammenhang nicht nur Kant, sondern ebenso Fichte gerechnet werden, während unter den mit dem Gedanken des Unendlichen Beginnenden an Spinoza und Platon gedacht wird. Damit sind zugleich die wichtigsten prägenden Figuren für die philosophischen Theoriebildungen Schleiermachers genannt.

Abschließend kann darauf aufmerksam gemacht werden, daß Schleiermacher über diese Periode hinaus an einem Idealismus in dem hier

---

331 KGA I/2, 264,3ff. = R, 171f.
332 Vgl. KGA I/2, 263ff. = R, 170ff.
333 KGA I/2, 212,2ff. = R, 51.
334 KGA I/4, 63ff., dort 63,16; 66,11ff.

erörterten Sinn nicht festhält. Ein späteres Zeugnis dafür und zugleich eine indirekte, nachträgliche Bestätigung der hier gegebenen Darstellung vom Ansatz Schleiermachers in dieser Periode geben die Korrekturen, die er später an den *Monologen* vornimmt. In der zweiten Auflage dieses Büchleins von 1810 werden die meisten an Schleiermachers Idealismus von 1800 und eventuell an Fichte erinnernden Aussagen in eine Richtung, die ohne Rückfall in einen naiven Realismus von diesem Theorieansatz wegführt, abgeändert.[335] Die durch solche Korrekturen erreichte erkenntnistheoretische Position, die ein Stück weit als eine Wiederannäherung an den Kantianismus verstanden werden kann,[336] wird in Schleiermachers philosophischer Ethik und Dialektik manifest.

2.4. Metaphilosophie

Bisher wurde das Gewicht vorwiegend auf Schleiermachers Aneignung von Fichteschen Theorien gelegt, obwohl auch Abweichungen hervortraten. In diesem Abschnitt werden wir neue Beispiele der Aneignung sehen. Es sollen Argumentationen untersucht werden, die noch klarer machen, daß die Übernahme unter veränderten, von Fichte wegführenden Voraussetzungen erfolgt.

Es geht um metaphilosophische Argumentationen, die sich in verschiedenen Weisen besonders auf das Problem des Anfangs des Philosophierens beziehen. Sie werden durch zwei Texte dokumentiert. Der erste Text erörtert den Gedanken der philosophischen Theorie besonders im Verhältnis zum vortheoretischen Denken, der zweite Text die Grenzen des Konzepts von der Philosophie eines einzigen Grundsatzes. Dies korrespondiert mit den beiden Hauptanliegen von Niethammers *Philosophischem*

---

335 So werden die oben zitierten Sätzen vom Geist und von den körperlichen Gefühlen folgendermaßen neu formuliert: „Mir stellt der Geist, die Innenwelt, sich kühn der Außenwelt, dem Reich des Stoffs, der Dinge, gegenüber. Deutet nicht des Geistes Vermählung mit dem Leibe auf seine große Vermählung mit allem was leibähnlich ist? Erfaß' ich nicht mit meiner Sinne Kraft die Außenwelt? trag' ich nicht die ewigen Formen der Dinge ewig in mir? und erkenn' ich sie nicht so nur als den hellen Spiegel meines Innern?" „So ist mir die Erde der Schauplaz meines freien Thuns; und auch in jeglichem Gefühl, in denen auch worin ich ihre und des großen Ganzen Gemeinschaft empfinde, die ganz die Außenwelt mir zuzumessen scheint, ist freies Thun. Nichts ist nur Wirkung von ihr auf mich, nein immer geht auch Wirkung von mir aus auf sie" (KGA I/12, 333,26ff.; 334,7ff. einschl. App.). Vgl. Meckenstock, Wandlungen 410ff.

336 Der späte Schleiermacher führt jedoch Kants Lehre vom Ding an sich nicht wieder ein; vgl. Scholtz, Philosophie 52f.

Journal.[337] Schleiermacher kann davon Anregungen erhalten haben. In beiden Fällen bestehen auch deutliche Bezüge auf Friedrich Schlegels Neuansatz in der Philosophie.

2.4.1. Philosophische Theorie

Der erste Text ist der unvollendete „Versuch einer Theorie des geselligen Betragens", der durch Notizen im ersten Gedankenheft ergänzt wird.[338] Das Thema der Geselligkeit oder der guten Lebensart ist an sich nicht relevant für uns. Der Aufsatz ist aber insofern bedeutsam, als er im Unterschied zu den in thematischer Hinsicht wichtigeren gleichzeitigen Arbeiten Schleiermachers ein explizit *theoretischer* Entwurf ist. Der darin enthaltene Begriff von Theorie und das Konzept ihrer Methode, die beide in der bisherigen Literatur zum „Versuch" nahezu ausgeblendet sind,[339] werden im folgenden untersucht.

2.4.1.1. Leben und Philosophie

Schleiermacher begründet von einigen vorläufigen Bestimmungen der Funktion der Geselligkeit her die Notwendigkeit einer Geselligkeitstheorie:[340] Geselligkeit wird teils vom häuslichen und teils vom bürgerlichen Leben abgegrenzt. Nicht daß sie davon geschieden wird, sie soll dagegen diese ergänzen, eine dauernde Veranstaltung sein, die auf den Zustand des häuslichen und des bürgerlichen Lebens abzielt.[341] Sie ist von jedem äußeren Zweck frei, sofern sie „dem höheren Ziele des menschlichen Daseins" dient.[342] Wo Arbeit und Haus die Sphäre des einzelnen einengen, überschneidet diese sich mit der Sphäre anderer Individuen in der Gesellschaft, die der Gegenstand des Aufsatzes ist. Potentiell wird dadurch dem

---

337 Vgl. besonders Niethammer, Vorbericht über Zweck und Einrichtung dieses Journals, PhJ 1, 1795, [I-XII]. Niethammer drückt sich hier allerdings sehr vorsichtig aus. Wie wir wissen, hat Schleiermacher aus diesem Band jedenfalls das 3. und 4. Heft gelesen (siehe oben Anm. 40).

338 KGA I/2, 23-44. Vgl. ebd. LIII; der dort gegebenen Liste der Notizen entgegen geht es bei ebd. 31 Nr. 120, die sich gerade auf den Theoriebegriff bezieht, um eine Vorüberlegung nicht zum „Versuch", sondern zu den *Reden.* Siehe unten S. 256f.

339 Neuere Beispiele sind Riemer, Bildung 30-42; Nowak, Frühromantik 264-277; Seibert, Salon 310-323; Oberdorfer, Geselligkeit 492-510; Arndt, Geselligkeit.

340 KGA I/2, 165f.

341 Vgl. ebd. 36 Nr. 156.

342 Ebd. 165,7.

einzelnen eine Kenntnis des Humanen in seiner ganzen Mannigfaltigkeit eröffnet. Geselligkeit ist damit Voraussetzung der Bildung des Individuums, Voraussetzung der allseitigen und harmonischen Entwicklung seiner Kräfte. Dies ist der sittliche Zweck der guten Lebensart.

Entscheidend für den Versuch einer Theorie der Geselligkeit ist die Feststellung, daß der Zustand des geselligen Lebens weit von dieser Idee entfernt ist. Wegen der Autonomie des Individuums muß jede Verbesserung von dessen sittlicher Praxis ausgehen.[343] Dagegen kann sie nicht durch Theorie zustande gebracht werden. Eine solche ist indessen auch nicht überflüssig: „so giebt es auch keine Verbesserung ohne Theorie".[344] Die Vorarbeiten im ersten Gedankenheft betonen noch stärker die Notwendigkeit einer Theorie vom geselligen Betragen, indem dieses – wohl in Anspielung auf das auf August Wilhelm Schlegel zurückgehende 9. Fragment im *Athenaeum* – mit anderen Gebieten der praktischen Philosophie verglichen wird.[345] Der Aufsatz begründet die Notwendigkeit vorläufig mit Verweis darauf, „daß man sich dem Ziele nicht auf eine stetige Weise nähern kann, wenn man es nicht begriffen hat, und die Annäherungspunkte kennt, welche durchlaufen werden müssen".[346]

Es ergibt sich, daß der Begriff von Theorie, um den es geht, kein einfaches Anwendungsverhältnis zwischen Theorie und Praxis impliziert. Die Theorie korrespondiert auf elementare Weise mit der Praxis.

Weitere Bestimmungen der Theorie und ihrer Funktion gibt Schleiermacher in der Diskussion mit zwei theoriekritischen Grundtypen: den Virtuosen und den Dilettanten.[347] Er erkennt die Praxis der Virtuosen an und für sich an. Ohne Theorie würde jede Praxis allerdings „eine blinde unzusammenhängende Empirie" sein.[348] Schleiermacher beschreibt die erforderliche Theorie als den Entwurf eines Ganzen oder eines Systems, das jedem einzelnen eine bestimmten Stelle in sich anzuweisen vermag. Dementsprechend stellt er sie als „eine Theorie aus Begriffen" dar, die allgemeine Begriffe mit verbundenen und teilbaren Merkmalen bilden soll, die die Ableitung von Regeln und Gesetzen zulassen.[349] Besteht hier ein Zusammenhang mit der Auffassung der Philosophie und ihrer Me-

343 Ebd. 165,31f.; 166,5ff.
344 Ebd. 166,13f.
345 Vgl. ebd. 28 Nr. 104.106: „In der Poesie und Moral hat man Ursach sich zu freuen daß die Praxis nicht auf die Theorie zu warten braucht in der Gesellschaft darüber daß die Theorie nicht auf die Praxis zu warten braucht". „Es giebt in der guten Lebensart nur so viel Praxis als es Theorie giebt", mit KFSA II, 166.
346 KGA I/2, 166,11ff.
347 Ebd. 166ff.
348 Ebd. 167,29f.
349 Ebd. 166,17ff., vgl. auch ebd. 168,8ff.34f.; 169,3f.; 170,33ff.

thode in der frühen großen Freiheitsabhandlung Schleiermachers,[350] ist eine bestimmte Wendung des Textes zu beachten: Es ist nicht nur von allgemeinen, d.h. allgemeingültigen Begriffen oder Regeln die Rede, sondern von „allgemein-geltenden" Regeln.[351] Darin kann eine Spur von Schleiermachers Aneignung eines Gedankens von Reinhold in demselben Kontext der Freiheitsabhandlung[352] identifiziert werden. Sachlich darf man in der Wendung eine Hervorhebung der Korrespondenz der Theorie mit den gewöhnlichen sittlichen Überzeugungen sehen.

Weiterführend ist der fiktive Einwand des Virtuosen, daß man sich nicht auf allgemeine Regeln, sondern nur auf Nachahmung bewährter Vorbilder und auf das eigene Gefühl verlassen dürfe. Was die Nachahmung betrifft, antwortet Schleiermacher, bedeutet die Mannigfaltigkeit innerer Merkmale und äußerer Umstände einer jeden Handlung, daß diese „so zu sagen ein Unendliches ausmacht", weshalb die der Nachahmung vorgängige Reflexion von Abstraktion begleitet werden muß; dazu werden Regeln zur Entscheidung, „wovon ich abstrahiren und worauf ich reflektiren soll", gefordert.[353] Schleiermachers Antwort auf die Berufung auf das Gefühl zur Beurteilung von Einzelfällen oder Regeln besteht darin, daß man dieses dabei als „ein allgemeines, in dem Wesen der menschlichen Natur gegründetes Gefühl", als „einen gemeinschaftlichen in der Natur liegenden Grundbegriff" betrachtet. Er spricht hier auch von einer „natürlichen Regel".[354] Er schlußfolgert, daß die Aufgabe der Theorie in beiden Fällen noch besteht.

Daß Schleiermacher in diesem Kontext auf ein Gefühl zu sprechen kommt, dem anders als unter anderem dem lediglich antreibenden moralischen Gefühl der Frühschriften eine gewisse kognitive Funktion zukommt, sollte nicht überbewertet werden. Die Lage entspricht auch an diesem Punkt der der Freiheitsschrift, wo ebenso die Berufung eines Gegners auf ein solches Gefühl die Veranlassung bildete.[355] Dies ist

---

350 Vgl. KGA I/1, bes. 220ff.
351 KGA I/2, 167,1, vgl. ebd. 167,21ff., wo die Gesetze und Regeln als allgemein anerkannt und allgemein angenommen bezeichnet werden.
352 Siehe oben S. 59.65f.
353 KGA I/2, 167,6ff. Daß zur Bestimmung des Allgemeingeltenden Abstraktion beansprucht wird, weicht formell von der Elementarphilosophie ab. Worauf wohl auch die Anwendung des Unendlichkeitsbegriffs auf die Handlung hindeutet, besteht dagegen eine Ähnlichkeit mit der abstrahierenden, regelgeleiteten Reflexion der Wissenschaftslehre (siehe FW I, 72f.91f.), die in Anbetracht der Anknüpfung des Aufsatzes an diese in der Methode (siehe unten 2.4.1.2) vielleicht nicht zufällig ist. Den unterschiedlichen theoretischen Kontexten gemäß haben die jeweiligen Reflexionsbegriffe aber einen verschiedenen Status.
354 KGA I/2, 167,19ff.
355 Siehe oben S. 84ff.

jedenfalls auch zu dieser Zeit nicht die Hauptbedeutung des Schleiermacherschen Begriffs des Gefühls. Schleiermachers Argument läuft dagegen
darauf hinaus, daß selbst *die Praxis* des Virtuosen *eine epistemische Funktion
impliziert,* daß diese im Sinne des in der menschlichen Natur Begründeten
natürlich ist, und daß sie *der expliziten Theorie vorhergeht* und von dieser
aufgenommen wird. Es kann hinzugefügt werden, daß dieser Theoriebegriff nicht auf die Geselligkeitsthematik beschränkt wird. Das zeigt sich
in Schleiermachers Gedankengang darin, daß er diese mit der Moral und
dem Recht vergleicht.[356]

Daß es um einen solchen Gedanken der Theorie geht, bestätigen deutlich die abschließenden allgemeinen Überlegungen. Hier heißt es, daß die
freie Geselligkeit in Schleiermachers weiterer Erörterung als „eine nicht
zu umgehende natürliche Tendenz" behandelt wird.[357] Dort ist ebenso
vom natürlichen Trieb zur Geselligkeit und von der geselligen Neigung
die Rede.[358] Das für unsere Fragestellung Entscheidende im Blick auf das
Phänomen, worauf die Begriffe von *Tendenz* und *Trieb* abzielen, ist dessen
epistemische Seite: das damit verbundene in einem weiten Sinn begriffliche Moment als Ansatz einer Theorie, der Theorie der Geselligkeit: „es
wird nur von dem ersten in jedem Menschen von selbst vorhandenen Begriff derselben ausgegangen", von der „ursprüngliche[n] Idee der Gesellschaft".[359] Dieser Begriff stellt ein Denken dar, das *elementar* ist, das nicht
nur im Philosophen, sondern *in jedem Menschen da ist* und in ihm *der
expliziten Theorie voraus spontan entsteht.* Die spezifische Verschränktheit
von Theorie und Praxis kommt auch in Schleiermachers generellen Hinweisen zum theoretischen Verfahren zum Ausdruck, das „einen doppelten Gang" aufweist: „zuerst werden aus dem Begriff der Gesellschaft die
gesuchten Vorschriften abgeleitet, und dann aus diesen, indem man sie in
Gedanken in Thätigkeit setzt, die Gesellschaft selbst construirt".[360]

Diese Konzeption des Verhältnisses von Leben und Denken und von
Leben und Philosophie repräsentiert ungeachtet der Berührungspunkte
mit Entwürfen des frühen Schleiermacher einen Neuansatz in seinem
Werk, der ebenso über das Potential bei den Philosophen, von welchen er
ursprünglich angeregt wurde, hinausführt. Schleiermacher hat zwar bei
Eberhard eine scheinbar ähnliche Hervorhebung von Zusammenhängen

---

356 Siehe ferner Schleiermacher, Vertraute Briefe über Friedrich Schlegels Lucinde, KGA I/3,
     139-216, dort 188,25f.: „Diese Theorie entstand in Julius, wie es mit allen ächten Theorien
     geht, mit der Praxis zugleich".
357 KGA I/2, 168,8.
358 Ebd. 182,36; 184,5
359 Ebd. 168,8ff.28.
360 Ebd. 168,33ff.

zwischen Leben und Wissenschaft treffen können, die den Ansatzpunkt für dessen Konzipierung einer Theorie der Empfindungen bildet.[361] Die theoretischen Mittel, die Eberhards Art des Rationalismus bereitstellt, erlauben indessen nur die Entwicklung des Ansatzes in eine Richtung, die der Richtung bei Schleiermacher eher entgegengesetzt wäre.[362] Anders stellt sich die Kantische Philosophie mit ihrer Neuaufwertung des Sinnlichen und ihrer Konzeption der Ethik in prinzipieller Korrespondenz mit den gemeinen sittlichen Überzeugungen dar. Sie kann als eine Voraussetzung Schleiermachers an diesem Punkt bezeichnet werden.[363] Auch in ihr gibt es jedoch keine enge Entsprechung. Schleiermachers „Versuch einer Theorie des geselligen Betragens" steht zudem in Spannung zu seiner eigenen, ein Jahr älteren, eng an Fichte orientierten Notiz über die Tugenden, die dessen Konzeption des Verhältnisses von Leben und Philosophie als eines diskontinuierlichen zu übernehmen scheint. In einer weiteren Perspektive können zwar mögliche Zusammenhänge selbst seines Ansatzes zur Zeit des „Versuch" mit der Wissenschaftslehre namhaft gemacht werden.[364] Zum Beispiel scheint die Idee, daß das gemeine Leben sich durch ein ursprüngliches, spontan generiertes Denken auszeichnet, zu

---

361 Siehe Eberhard, Theorie 3ff.

362 Wie erscheint dieser Punkt bei Schleiermacher in Eilert Herms' Perspektive, die ja die bleibende Bedeutung des von Eberhard Angeeigneten stark hervorhebt? Er sieht hier eine Affinität nicht nur Schleiermachers, sondern auch Schlegels zu einer Unterscheidung von gemeinem und wissenschaftlichem Erkennen in der Halleschen Schulphilosophie (Herms, Herkunft 170). Anders als meine Interpretation schränkt Herms die Bedeutung des Vorwissenschaftlichen bei Schleiermacher vorwiegend auf die Darstellungsform ein und findet seine Bevorzugung der Wissenschaft nicht bloß durch die *Grundlinien einer Kritik der bisherigen Sittenlehre*, sondern ebenso durch die Gesellligkeitstheorie erwiesen (ebd. 169ff.).

363 In diesem Zusammenhang muß verwiesen werden auf Kant, Über den Gemeinspruch: Das mag in der Theorie richtig sein, taugt aber nicht für die Praxis, AA VIII, 273-313. Zu Schleiermachers Rezeption dieses Aufsatzes von 1793, zu welchem sein „Versuch einer Theorie des geselligen Betragens" eine gewisse Affinität hat, siehe KGA I/14, 18-24; I/1, 502,22ff.; Oberdorfer, Gesellligkeit 407ff.

364 Schleiermacher tut dies gewissermaßen selbst, wenn er sich über den Haupteinwand gegen Fichte hinaus auf dessen bekannte Äußerung über die Wahl einer Philosophie (FW I, 434) bezieht: „Fichte zuerst hat es recht mit klaren Worten gesagt, was für einen Einfluß der Charakter auf das Ergreifen eines philosophischen Systems hat; er erstreckt sich auch auf die Art, wie man es ausbildet, und in diesem Sinne muß der Satz auf Fichte selbst vor allen anderen angewendet werden" (KGA V/5, Nr. 1033,44ff.). Wie Schleiermacher in einem früheren Brief die Idee von der Trennung von Philosophie und Leben auf Fichte selbst angewendet hat (siehe oben S. 171f.), begreift er ihn hier mittels eines Gedankens von einer Verbindung zwischen Philosophie und Leben, und zwar um das Fichte Eigentümliche in seiner Philosophie von dieser selbst zu trennen (vgl. KGA V/5, Nr. 1033,60f.). Siehe auch Schleiermachers produktive Berufung auf diese Stelle in Fichtes „Erste Einleitung" KGA I/3, 471,25ff. Zur Interpretation von Fichte siehe besonders Breazeale, Idealist.

Fichtes Interpretation von Anschauung, Gefühl und Trieb von Graden der
Tätigkeit des Ich her sachliche Entsprechungen zu haben. Ungeachtet
solcher Berührungspunkte bleibt der Unterschied bestehen, daß Fichte
zum Beispiel das in der Anschauung wirksame Denken nicht direkt auf
das Denken *der Philosophie* bezieht, sondern – wie Schleiermacher rügt –
das Denken des Lebens und die Philosophie trennt. Dieser Unterschied ist
grundlegend für die jeweiligen Begriffe der Philosophie. In einer Notiz
aus dem Kontext der *Monologen* expliziert Schleiermacher seine Auffassung der Beziehung von Leben und Denken, Leben und Philosophie teilweise mit Fichteschen Begriffen, aber zugleich gegen Fichte gewendet: „Es
ist die Beschränktheit der Philosophie beides zu trennen ihr Leben ist todt
ohne Reflexion und ihre Philosophie ist ein lebloses Gemälde wenn sie
erst das Licht des Lebens verlöschen müßen um durch den engen Raum
der Abstraktion ihr inneres abzubilden".[365]

Daß Fichtes Philosophie in der Tat zu den Voraussetzungen von
Schleiermachers Artikel zu rechnen ist, so daß sich auch hier Kritik und
– eventuell nur vermittelt – Aneignung von Fichte miteinander einhergehen, läßt sich auf einem Umweg sehr wahrscheinlich machen. Der Begriff
eines elementaren Denkens ist kein Schleiermachersches Spezifikum. Er
hat Parallelen andernorts in der nachfichteschen, frühromantischen Philosophie. Dieter Henrich hat einen verwandten Ansatz bei Friedrich
Hölderlin herausgearbeitet.[366] Zentrale Überlegungen Friedrich Schlegels,
die einem *natürlichen* Denken Berechtigung neben dem *künstlichen* Denken
der abstrakten Philosophie beimessen, kommen Schleiermacher sachlich
und historisch näher. Sie wurden in einem perspektivenreichen Aufsatz
von Hermann Beisler aufgewiesen.[367] Es gibt Anzeichen, die sich in
Schleiermachers späteren Dialektikvorlesungen vermehren werden, daß
er auch an diesem Punkt von Schlegels Konzeption beeinflußt ist.

Beisler gibt allgemeine Hinweise auf Kant und Herder und zieht auch
Fichte als prägende Gestalt für Schlegel in Betracht.[368] Er sieht die Möglichkeit eines begrenzten Einflusses, indem er besonders Fichtes Unterscheidung des natürlichen und des spekulativen Standpunktes erwähnt.
Er führt aber umgekehrt *Fichtes* Entgegensetzung von *künstlich* und *natürlich* auf eine 1798 stattfindende Beeinflussung durch *Schlegel* zurück. Dabei
wird jedoch übersehen, daß dieser Gegensatz schon in der ersten Wissenschaftslehre vorliegt, die also eine sehr naheliegende Inspiration für
Schlegel sein könnte. Im Philosophiebegriff dagegen – und das ist hier das

---

365 KGA I/2, 127 Nr. 35.
366 Besonders Henrich, Grund.
367 Beisler, Begriff.
368 Ebd. 79ff.

Entscheidende – besteht bei diesem dieselbe Distanz zu Fichte wie bei Schleiermacher. Beisler kennt offenbar nicht die ganz ähnlichen Ergebnisse der besonders auf Hölderlin konzentrierten Studien Henrichs, in denen als dessen entscheidende philosophiehistorische Voraussetzung an diesem Punkt und in Verbindung mit der Kritik der Grundsatzphilosophie die Diskussion um Reinhold und Niethammer aufgewiesen wird.[369] Es wäre zu untersuchen, ob nicht in ganz ähnlicher Weise auch Schlegel durch den zuerst von Reinhold formulierten Ansatz beeinflußt ist, in welchem „der *gemeine* Verstand" als „dem Philosophen und Unphilosophen gemeinschaftlich" hervorgehoben wird,[370] obwohl Schlegel diesen Ansatz kritisiert.[371] Manfred Frank hat in seiner Weiterführung der Henrichschen Studien mit Bezug unter anderen auf Schlegel diese Frage nicht aufgegriffen, sondern allein auf die frühromantische Auseinandersetzung mit dem Grundsatzmonismus abgehoben.[372]

Beisler orientiert sich besonders an Schlegels Essay „Über die Philosophie. An Dorothea", der am 24.8.1798 an Schleiermacher gesandt wurde[373] und ihm also bei der Abfassung seines Aufsatzes über Geselligkeit bekannt war. Der Plan, der in Schlegels Essay seinen Abschluß fand, reicht jedoch weiter in die Zeit ihrer Freundschaft und Wohngemeinschaft zurück, sofern er Ende 1797 einen „Brief über die Naturphilosophie an Wolf"[374] schreiben wollte. Schleiermacher ist zweifellos mit dem Begriff der Naturphilosophie des Freundes vertraut gewesen. Diese Kategorie Schlegels zur Bestimmung der Philosophie ist in dessen Notizheften von

---

369 Vgl. Henrich, Konstellationen 234f.245ff.

370 Reinhold, Unterschied 5. Dazu Henrich, Konstellationen 243f.

371 Zu Schlegels Stellungnahme zu Niethammers Aufnahme des Ansatzes im Einleitungs-
     aufsatz im Journal (Niethammer, Von den Ansprüchen des gemeinen Verstandes an die
     Philosophie, PhJ 1, 1795, 1-45) siehe KFSA VIII, 13f. Dafür, daß bei Schlegel in der Tat
     Bezüge auf die betreffende Diskussion bestehen, sprechen Notizen, die er selbst auf 1798
     datiert, und die das natürliche Denken dem gemeinen Verstand zuschreiben (KFSA
     XVIII, 265f. Nr. 848.866). Bereits Reinholds Aufsatz verwendet eine Unterscheidung von
     „natürlich" und „künstlich", die er jeweils auf den gemeinen Verstand und auf die phi-
     losophierende Vernunft bezieht (Reinhold, Unterschied 18). Sie bleibt auch in der Folge
     grundlegend bei ihm (vgl. Reinhold, Ueber den Gegenwärtigen Zustand der Metaphysik
     und der transcendentalen Philosophie überhaupt, in: ders., Auswahl 1-363, dort 16ff.).
     Bei Schleiermachers Vertrautheit mit dem Werk Reinholds kann sein Ansatz bei einem
     „natürlichen" Begriff auch abgesehen von Schlegel von ihm geprägt sein; vgl. auch mit
     Reinhold, Einfluß 39f. Nach seinem Anschluß an die Wissenschaftslehre kritisiert Rein-
     hold übrigens den im folgenden berührten Aufsatz Schlegels: Bei diesem sei eine Ver-
     wechslung von Spekulation und natürlicher Denkart „habituell" (Reinhold, Sendschrei-
     ben 115f.).

372 Vgl. jedoch Frank, Annäherung 576.

373 KGA V/2, Nr. 513,16ff. App.

374 KFSA XXIV, 52.

der zweiten Hälfte von 1797 an häufig, wo sie im Abschnitt über den „Geist der Fichtischen Wissenschaftslehre" und an vielen anderen Stellen auftritt.[375] Der Begriff wird auch in Notizen verwendet, die in die veröffentlichten Fragmentensammlungen aufgenommen wurden.[376]

Der Begriff hat als solcher nichts mit Naturphilosophie im Sinne von philosophischer Physik zu tun. *Natur* ist hier – wie bei parallelen Ausdrücken Schlegels wie zum Beispiel Naturpoesie – vom Gegensatz zur *Kunst* her zu verstehen. Die natürliche Philosophie ist, wie Beisler zeigt,[377] das vorwissenschaftliche Denken des Menschen, die ursprüngliche Selbst- und Weltdeutung, die sowohl die „Ansicht eines einfachen Menschen [...], der nur so denkt, wie er lebt und ist",[378] als auch die fundiertere Weltansicht umfaßt. Diese Denkart ist von der künstlichen „bloß dem Grade nach verschieden".[379] Als „Kennzeichen der strengen eigentlichen Philosophie" hebt Schlegel die Abstraktion hervor.[380] Das Denken der Naturphilosophie ist *natürlich* in genau derselben Bedeutung wie das vortheoretische Denken bei Schleiermacher. Weiter weist Beisler Verbindungen mit Schlegels Projekt einer Philosophie der Philologie – das ja auch von Bedeutung für Schleiermacher gewesen ist – nach, auf welche die Nennung von Friedrich August Wolf als Adressaten im ursprünglichen Titel des Essays hindeutet. Dieses Projekt entwickelt die Philologie von einem ursprünglichen philologischen Trieb her und konzipiert sie als dessen kunstmäßige Ausbildung. Beisler rekonstruiert die natürliche Philosophie als Ergebnis dieses ursprünglichen Interpretierens.[381]

Kommen Schleiermacher und Schlegel mit Bezug auf das natürliche Denken oder die Naturphilosophie in der Sache überein, findet dieser mehr als jener anerkennendere Worte für Fichte.[382] Schlegel hat darin Recht, insofern seine und Schleiermachers diesbezügliche Position, selbst

---

375 KFSA XVIII, 31 Nr. 136; 34 Nr.161, vgl. zum Beispiel ebd. 79ff.

376 KFSA II, z.B. 160 Nr. 108; 238 Nr. 389.

377 Beisler, Begriff 77ff.

378 KFSA VIII, 57.

379 Ebd. 59.

380 Ebd. 57: „Die Abstraktion ist ein künstlicher Zustand. Dies ist kein Grund gegen sie, denn es ist dem Menschen gewiß natürlich, sich dann und wann auch in künstliche Zustände zu versetzen".

381 Beisler, Begriff 83ff. Der Aufsatz als ganzer hebt auf überzeugende Weise Motive bei Schlegel hervor, die der Hermeneutik des zwanzigsten Jahrhunderts und auch der Lebensphilosophie vorgreifen. Ebenso wichtig ist meines Erachtens jedoch die in seiner Idee der Naturphilosophie enthaltene These, die sein Vorzug gegenüber den meisten Vertretern dieser späteren Strömungen ist: daß das menschliche bewußte Leben aufgrund des natürlichen Denkens durch eine elementare Gestalt der Vernunft bestimmt ist.

382 KFSA VIII, 57f.

wo sie Fichte kritisieren, ohne dessen Neuansatz in der Philosophie undenkbar wäre.[383]

Schlegels Einfluß auf Schleiermacher in diesem Sachzusammenhang wird dadurch bezeugt, daß sein Begriff der Naturphilosophie mit verschiedener Betonung in zwei Schleiermacherschen Schriften der Periode auftaucht. Erstens an zwei Stellen in den *Reden*, wo der Redner auf uneigentliche Gestalten der Religion zu sprechen kommt; daß Schlegel dabei Pate gestanden hat, wird dadurch nahe gelegt, daß der Begriff der Naturphilosophie neben anderen, ebenso von Schlegel her bekannten Wortbildungen mit demselben Präfix auftritt. So sagt Schleiermacher von der betreffenden Form der Religion: „Höchstens ist sie Naturreligion in dem Sinne wie man auch sonst, wenn man von Naturphilosophie und Naturpoesie redet, den Äußerungen des rohen Instinkts diesen Namen vorsezt, um sie von der Kunst und Bildung zu unterscheiden".[384] Zweitens an einer Stelle in Schleiermachers Rezension von Fichtes *Die Bestimmung des Menschen*.[385] Daß der Begriff gerade hier bei Schleiermacher vorkommt, ist nicht zufällig. Er verwendet ihn, um sich als „Unphilosoph" oder „Naturphilosoph" ironisch von Fichte zu unterscheiden.

2.4.1.2. Zur Methode der Theorie

Auch in Schleiermachers Entfaltung der Theorie des geselligen Betragens geht es uns nur um einen prinzipiellen Aspekt, nämlich um die Verfahrensweise, die ihr als „künstlichem" Denken zukommt.

Der natürliche Begriff der Geselligkeit enthält nach Schleiermacher, „daß mehrere Menschen auf einander einwirken sollen, und daß diese Einwirkung auf keine Art einseitig seyn darf".[386] Er folgert daraus, daß sie eine *Wechselwirkung* ist, die alle Teilhaber umfaßt. Außerdem ist sie *frei*, sofern sie impliziert, daß sie anders als eine Gemeinschaft ohne einen den Teilnehmern gemeinsamen bestimmten Zweck erfolgt: In einer Gesellschaft ist alles „wechselseitig, das heißt eigentlich entgegengesetzt".[387] Indem dieser Begriff von Geselligkeit weiter in seine Bestandteile als Form

---

383 Vgl. Henrich, Konzepte 61f.

384 KGA I/2, 310,29ff. = R, 276f. KGA I/2, 239,14ff. = R, 114f.: „so erscheint auch die Religion öfter vereinzelt als Naturpoesie, Naturphilosophie oder Naturmoral, als in ihrer ganzen Gestalt vollendet und alles vereinigend".

385 KGA I/3, 243,1. Andreas Arndt versteht mit Hinweis auf Schelling Schleiermachers hier verwendeten Begriff der Naturphilosophie im Sinne von Physik (Arndt, Kommentar 1069f.).

386 KGA I/2, 169,4ff.; zum folgenden ebd. 169ff.

387 Ebd. 169,38f.

und Stoff geteilt wird, wird das formelle Gesetz erreicht: „Alles soll Wechselwirkung seyn", und das materielle Gesetz: „Alle sollen zu einem freien Gedankenspiel angeregt werden durch die Mittheilung des meinigen".[388] Soweit sind nur allgemeine Bestimmungen gegeben worden. Von der unendlichen Mannigfaltigkeit möglicher menschlicher Mitteilungsarten macht eine individuelle Gesellschaft nur ein bestimmtes, endliches Quantum wirklich. Dafür stellt Schleiermacher ein drittes, quantitatives Gesetz auf: „deine gesellige Thätigkeit soll sich immer innerhalb der Schranken halten, in denen allein eine bestimmte Gesellschaft als ein Ganzes bestehen kann".[389] Dieses Gesetz ist Thema des ersten Teils der Abhandlung, der als einziger ausgeführt ist. Die beiden ersten Gesetze werden also nicht analysiert.[390]

Günter Meckenstock ist meines Wissens der einzige, der darauf aufmerksam gemacht hat, daß die hier benutzten theoretischen Mittel auf Fichte zurückgehen: Die Abhandlung verwendet „Fichtische Begriffskonstruktion zur Korrektur Fichtischer Ethik", indem sie die Geselligkeit zu einem wesentlichen Thema der Sittenlehre macht.[391] Von dieser Uneinigkeit über die materiale Ethik können wir hier absehen. Sie ist ein Beispiel dafür, daß für Schleiermacher ebenso wie für die übrigen Frühromantiker die Fichtesche Philosophie als zu eng erscheint.[392] Meckenstock verweist auf Fichtes *Grundlage der gesammten Wissenschaftslehre*, aus welchem Schleiermacher die begrifflichen Mittel für seine Untersuchung holt. Ich hebe hervor, daß wir an dieser Stelle einen deutlichen Beleg dafür haben,

---

388 Ebd. 170,12ff.
389 Ebd. 171,5ff. Hervorhebung im Original.
390 Arndt scheint Schleiermachers Methode als eine pointiert deduktive zu verstehen, die notwendig vom formalen Gesetz ausgehen muß; daß Schleiermacher statt dessen das quantitative Gesetz zum Ausgangspunkt macht, sei dann inkonsequent im Verhältnis dazu und ein Ausdruck dessen, daß seine faktische Verfahrensweise eine empirische ist (Arndt, Geselligkeit 49ff.). Obwohl Arndt einen Blick für die Abzielung des Aufsatzes auf eine Vereinigung von Theorie und Praxis, von Philosophie und Leben hat (ebd. 56f.), übersieht er damit auch Schleiermachers Ansatz bei einer Erkenntnis, die der expliziten Theorie vorhergeht.
391 Meckenstock, Auseinandersetzung 33.
392 Siehe KGA V/3, Nr. 758,39ff., wo die Kritik zwar eher persönlich ausgerichtet ist, dies im Zusammenhang von Schleiermacher jedoch zugleich prinzipiell ausgewertet wird. Vgl. aus Schlegels „Geist der Fichteschen Wissenschaftslehre": „Die Wissenschaftslehre ist zu *eng*; es werden nur die Principien von Fichte darin deducirt d.h. die logischen und nicht einmal alle, und die praktischen und moralischen oder ethischen? – *Gesellschaft, Bildung, Witz, Kunst* usw. hätten gleichfalls Recht hier auch deducirt zu werden. Würde dieß bis zur Vollendung der Stammtafel der Wissenschaften fortgesezt so wäre die Grenzbestimmung Encyclopädie und Philologie" (KFSA XVIII, 32f. Nr. 143; Siglen aufgelöst mit dem Herausgeber). Wie diese Kritik hier formuliert wird, ist sie nicht uneingeschränkt berechtigt.

daß Schleiermacher Fichtes frühes Hauptwerk rezipiert hat, und ein
Beispiel, daß dies die Struktur seines Gedankengangs prägt. Meckenstock
meint nun, daß Schleiermachers Gebrauch der Wissenschaftslehre hier
darin besteht, daß er im Anschluß an die in ihren drei ersten Paragraphen
formulierten drei Grundsätze seine Gesetze des geselligen Betragens – das
formelle, das materielle und das quantitative Gesetz – entwickelt.[393] Im
Sinne einer ganz äußerlichen Anlehnung an Fichte mag dies richtig sein.[394]
Darin ist jedoch nicht eine direkte und weitgehende Aufnahme und Weiterführung der Systematik der Wissenschaftslehre zu sehen. Worauf sich
Schleiermacher vor allem bezieht – daran denkt vielleicht auch Meckenstock –, ist die Methode, die in § 3 aufgestellt und besonders in § 4 der
Wissenschaftslehre praktiziert wird. Anregungen zu seiner Applikation
von Fichtes Methode gehen wohl von dessen Gebrauch derselben in
Naturrecht und Sittenlehre aus, auf welchen Schleiermacher im übrigen
in seinen *Grundlinien einer Kritik der bisherigen Sittenlehre* hinweist.[395]
    Es ist jedoch nicht nur Fichtes Methodengedanke, der Schleiermachers
Geselligkeitstheorie geprägt hat. Es kommen weitere wichtige Fichtesche
Theoriestücke hinzu, nämlich solche, die gerade aus dem Naturrecht und
eventuell auch aus der Sittenlehre herrühren.[396] Jedenfalls an zwei zentra-
len Punkten in dem Aufsatz unternimmt Schleiermacher den Versuch,
Gedanken, die von Fichte in vor allem §§ 3-4 des Naturrechts eingeführt
wurden, für seine Zwecke auszunützen: Erstens liegen Schleiermachers
Begriff der Geselligkeit als eines wechselseitigen Verhältnisses unter
Individuen Fichtes Theoreme von dem Bestimmtsein der Freiheit des
Subjekts in der Aufforderung von außen und von diesem Verhältnis als
gegenseitiger Anerkennung zugrunde.[397] Schleiermachers Überlegungen
ähneln hier ganz den religionstheoretischen Überlegungen in der 15. Notiz
im ersten Gedankenheft. Zweitens geht in seinen Begriff des Individuums
der Begriff der Sphäre ein, den Fichte in der ersten Wissenschaftslehre

---

393 Meckenstock, Einleitung des Bandherausgebers, KGA I/2, IX-XCI, dort LI.
394 Vgl. KGA I/2, 170,33ff., mit FW I, 110.
395 KGA I/4, 58f.
396 In dem, worin sich Schleiermacher in der Tat auf Fichtes Naturrecht stützt, sieht Arndt
     eine Kritik der Wissenschaftslehre (Arndt, Geselligkeit 59). Seine überzeugenden Hin-
     weise auf wenigstens sachliche Beziehungen des „Versuchs" auch auf Schiller sollen hier
     nicht verfolgt werden (ebd. 54ff.)
397 KGA I/2, 169,33ff.: „die Wirkung eines Jeden soll gehen auf die Thätigkeit der übrigen,
     und die Thätigkeit eines Jeden soll seyn seine Einwirkung auf die andern. Nun aber
     kann auf ein freies Wesen nicht anders eingewirkt werden, als dadurch, daß er zur eig-
     nen Thätigkeit aufgeregt, und ihr ein Objekt dargeboten wird; und dieses Objekt kann
     wiederum zufolge des obigen nichts seyn, als die Thätigkeit des Auffodernden". Vgl.
     ebd. 34f. Nr. 146-148.

einführt[398] und im Naturrecht zur Definition des Individuums fruchtbar macht.[399]

Hier kommt es vor allem auf die antithetisch-synthetische Verfahrensweise der Wissenschaftslehre an, die von Fichte oft nur die synthetische Methode genannt wird.[400] Von Schleiermacher wird sie andernorts als „der antithetische Vortrag des Fichte" besprochen.[401] Ihre Voraussetzung ist das Teilbarkeitstheorem, das die Lösung von Widersprüchen im Bewußtsein durch gegenseitige Einschränkung ermöglichen soll, und welches enthält, daß die entgegengesetzten Entitäten einander gleich in einem Merkmal und ungleich in einem anderen sind. Das Verfahren, das das unterscheidende Merkmal angibt, ist die antithetische Methode, und das umgekehrte Verfahren die synthetische Methode.[402] Die Antithese und die Synthese bedingen einander und machen *einen* Akt aus. Der materiale Teil der Wissenschaftslehre und besonders § 4 hat die Gestalt einer ständigen Aufsuchung und Vereinigung von Gegensätzen.

Auf ähnliche Weise besteht Schleiermachers Verfahren im „Versuch einer Theorie des geselligen Betragens" in einer wiederholten Aufstellung von Antithesen – er spricht auch von Widersprüchen und Antinomien – und in Versuchen, sie zu lösen: die Antithesen zwischen dem Natürlichen und dem Positiven, Mittel und Zweck, Buchstabe und Geist, Schein und Wesen. Die Vorarbeiten in den Notizen des Gedankenheftes drehen sich größerenteils um die Formulierung dieser Gegensatzpaare. Nach den Notizen[403] und auch nach Andeutungen im ersten Teil der Abhandlung[404] zu urteilen, sollten sich die übrigen Teile derselben Methode bedienen.

In der Argumentation des vorliegenden ersten Teils der Abhandlung greife ich einige für unsere Problemstellung wichtige Stellen heraus. Schleiermacher geht von dem im quantitativen Gesetz latenten Gegensatz der Sphäre des einzelnen und der Sphäre der Gesellschaft aus.[405] Das Subjekt soll sich innerhalb der gemeinschaftlichen Sphäre halten. Andererseits soll es an der Geselligkeit Anteil haben eben als Individuum, was

---

398 FW I, z.B. 145ff.
399 KGA I/2, 165,18; 171. Vgl. Edith Düsing, Intersubjektivität 234f. Anm. 85, die auch eine Erklärung davon gibt, wie Fichtes Ansatz von Schleiermacher überschritten wird: durch die „Idee, jede Individualität als solche stelle eine eigne unverlierbare und in sich wertvolle Ansicht der Menschheit dar und ergänze deshalb auf eine unersetzliche Weise ihr jeweiliges Gegenüber".
400 Zum folgenden FW I, 106ff.112ff.123ff.
401 KGA I/4, 350,13.
402 Vgl. KGA I/2, 179,8ff.
403 Zum Beispiel ebd. 25f. Nr. 90.92; 28 Nr.103.
404 Ebd. 172,19ff.; 173,19ff.
405 Zum folgenden ebd. 172-176.

es nicht ist aufgrund bestimmter Eigenschaften oder Haltungen, sondern dadurch, daß es alle solchen Faktoren verbindet; es soll mit anderen Worten um „den ganzen Menschen" gehen.[406] Der Gegensatz ist also dieser: „Man muß das Bild der ganzen Gesellschaft seyn und doch auch ein Individuum".[407] Er veranlaßt zwei widerstreitende Maximen, die einseitig entweder die Gesellschaft oder den einzelnen berücksichtigen. Sie lösen den Widerspruch nicht, sondern eliminieren ihn durch Subordination: „es ist natürlich, daß die Forderungen der Geselligkeit, die aus Selbstthätigkeit und Selbstbeschränkung zusammengesetzt sind, in allen einzelnen Punkten so mißverstanden werden, daß man eine der andern, weil man beide nicht zu vereinigen weiß, absolut unterordnet".[408] Schleiermacher erwähnt eine dritte verfehlte Maxime, die den Gegensatz relativiert, indem sie von beiden etwas nimmt, dadurch aber – wie er sagt – die Einseitigkeit „doppelt nimmt".[409] Die Aufgabe der Geselligkeitstheorie muß dagegen darin bestehen, „die beiden Gegensätze schlechthin zu vereinigen".[410] Schleiermacher löst sie vorläufig durch eine Unterscheidung zwischen dem Charakter des einzelnen als *Manier* und dem Charakter der Gesellschaft als *Ton*, wo jener die Weise ist, wie das Individuum einen Stoff behandelt, und dieser durch den Stoff der Gesellschaft bestimmt wird. Die richtige Maxime besagt, daß man den Ton der Gesellschaft halten und zugleich innerhalb dieser Schranke seine besondere Manier frei walten lassen soll.

Vorerst sollte bemerkt werden, daß die Rede von Vereinigung hier auf Gegensätze abzielt, deren Pole *gleich gültig* und also irreduzibel sind. Diese Denkfigur ist Fichtes Leistung. Mit der Wissenschaftslehre stimmt formell auch die Bestimmung der Vereinigung in der Perspektive des Subjekts als einer Verbindung von Selbsttätigkeit und Selbstbeschränkung überein. Übrigens entspricht diese Bestimmung der Struktur des Ironiebegriffes von Friedrich Schlegel, dessen Moderantismusbegriff Schleiermacher zudem auf die dritte fehlerhafte Maxime appliziert.[411]

Schleiermacher geht zu einer anderen Antithese über, die sich an die Bestimmung der gesellschaftlichen Sphäre knüpft.[412] Die Frage ist, ob diese von der einen oder der anderen der im voraus bekannten Größen her erfolgen muß: vom Gegebensein einiger Menschen mit bestimmten

---

406 Ebd. 172,6.
407 Ebd. 29 Nr. 112b.
408 Ebd. 173,22ff.
409 Ebd. 173,32.
410 Ebd. 173,36.
411 Ebd. 173,26, vgl. oben Anm. 265.
412 KGA I/2, 176-180.

bürgerlichen Voraussetzungen oder im Gegenteil von ihrem Wunsch, eine Zeitlang diese außer Kraft zu setzen. Schleiermachers Erörterung gelangt durch Vereinigung der einseitigen Sätze zur Konstruktion nicht einer einzigen, sondern zwei relativ verschiedener Maximen, die beide mit Recht Gültigkeit beanspruchen. Dort kann man nicht stehen bleiben, aber auf der anderen Seite auch nicht eine definitive Lösung etablieren:

> „Der Strenge nach sollten wir beide vereinigen, und wir sehen jetzt, daß wir es auch können: nämlich, von beiden ausgehen, heißt zwischen beiden schweben. An einem Begriff, der nur so bestimmt ist, ist eigentlich nichts bestimmt als seine Gränzen, und er kann also nie genau, sondern immer nur durch Annäherung gefunden werden. Dies ist also das wahre und endliche Resultat unserer Untersuchung: Suche die Sphäre der Gesellschaft zwischen den angegebenen Grenzen immer genauer zu bestimmen".[413]

Der erste Teil der Untersuchung kommt an diesem Ort nicht zu Ende, sondern führt den synthetisierenden Prozeß weiter, den wir jedoch für unseren Zweck nicht länger zu verfolgen brauchen. In der Beschreibung der Vereinigung ist nun hinzugekommen ihre Kennzeichnung als ein *Schweben* zwischen gleich wesentlichen Gegensätzen – oder wie es hier auch heißt: ein „sich zwischen den äußersten Gränzpunkten [...] mit Leichtigkeit" Bewegen.[414] Damit wird noch eine uns bekannte zentrale Denkfigur des 4. Paragraphen der Wissenschaftslehre in Anspruch genommen, die wir mit dem Gedanken der Vereinigung von irreduziblen Gegensätzen zusammen in den *Reden* wiederfinden werden. In der Geselligkeitstheorie dient dieser Begriff der Darstellung der Synthese als eines fortgesetzten Prozesses, als einer Vereinigung, die nicht festgelegt ist und nicht endgültig festgelegt werden kann. Damit hat die Bestimmung den Charakter einer ständigen Annäherung und der Begriff den Status einer regulativen Idee: „Die gänzliche Einheit einer Gesellschaft ist immer nur eine Idee".[415] Schleiermacher versteht dies nicht als eine Eigentümlichkeit der Theorie der Geselligkeit, sondern als Bedingung jeder philosophischen Theorie, jedes Systems als solchen.[416]

Die Aufmerksamkeit wird bei Schleiermacher nicht nur durch diesen theoretischen Versuch auf Fichtes Methode gelenkt. Es gibt eine Reihe von Äußerungen, in welchen Schleiermacher sie stark hervorhebt, ihren

---

413 Ebd. 180,6ff.
414 Ebd. 180,14ff. Arndt deutet diese Vereinigung als eine unmittelbare Einheit im Sinne einer *Indifferenz*, wobei die Differenz *gleichgültig* wird (Arndt, Geselligkeit 59ff.). Dieser Deutung widersetzt sich jedoch Schleiermachers Pointe einer Einheit von Entgegengesetztem von gleicher Legitimität. Zum Fichteschen Hintergrund dieses Motivs siehe Henrich, Grund 222f.227f.
415 KGA I/2, 43 Nr. 190.
416 Vgl. ebd. 184,17ff.

Erfinder als einen „der ersten philosophischen Künstler" rühmt und sich selbst als „nur ein tüchtiger Lehrling dieser Methode" darstellt, zugleich jedoch auf eine gewisse Gefahr ihrer Verwendung hinweist.[417] In diesem Zusammenhang kann man außerdem auf verschiedene Aussagen hinweisen, die von Fichtes *Dialektik* sprechen. Obwohl sie unterstreichen, daß diese allein nicht genügt, sind sie – und besonders nicht die frühesten von ihnen – nicht kritisch gegenüber Dialektik als solcher;[418] was nach Schleiermacher zur Dialektik hinzukommen muß, werden wir im nächsten Abschnitt als „Mystizismus" kennen lernen. Der Terminus Dialektik kann wohl als insbesondere auf die antithetisch-synthetische Verfahrensweise abzielend ausgelegt werden.[419] Der frühe Fichte selbst nimmt den Dialektikbegriff für seine Methode nicht in Anspruch. Das tut dagegen Schlegel, von welchem Schleiermacher hier abhängig sein kann.[420]

Eine Rezeption der Wissenschaftslehre wie die durch den „Versuch einer Theorie des geselligen Betragens" dokumentierte ist in der zweiten Hälfte der neunziger Jahre nicht nur bei Schleiermacher zu finden. Ein besonderes Interesse an der methodischen Seite der Philosophie Fichtes kann ebenso bei anderen Frühromantikern festgestellt werden, sowohl bei Novalis als auch bei Friedrich Schlegel: Fichte ist „Meister" der Form; seine „Form ist unendlich viel mehr werth als seine Materie".[421] Dieses Interesse hat wie das von Schleiermacher ambivalente Züge.[422] Andererseits kann weder bei Schleiermacher noch bei seinen Geistesverwandten von einer Aneignung nur einer Fichteschen Form und Methode ohne weitere inhaltliche philosophische Implikationen die Rede sein. Dies zeigte sich im „Versuch" bei den Begriffen der Geselligkeit und des Indivi-

---

417 KGA I/4, 56,23f.; 59,9f.; 131, vgl. KGA I/3, 239,29ff.

418 Siehe besonders den Brief an von Brinkman vom 4.1.1800, KGA V/3, Nr. 758,43ff., wo Schleiermacher Fichte als den größten ihm bekannten Dialektiker lobt. Vgl. die Briefe an denselben vom 14.12.1803 und an Georg Andreas Reimer vom Juni 1803, Br 4, 94f.; 3, 349f. Dazu Arndt, Vorgeschichte 317ff.

419 Vgl. KGA I/4, 350,11ff., wo der „antithetische Vortrag" Fichtes mit Platons Methode verglichen wird. Schleiermacher kann auch sonst den Dialektikbegriff auf die Methode der Begriffsbestimmung bei Platon anwenden. Siehe Schleiermacher, Philosophie [1996] z.B. 73.

420 Vgl. KFSA XVIII, 354 Nr. 403f.; 251 Nr. 684; II, 214f. Nr. 295. Siehe auch die Charakteristik von Schleiermacher, die Friedrich Schlegel im Brief an seinen Bruder vom 28.11.1797, KFSA XXIV, 45, gibt: „Es ist ihm überall ein gewißer leiser Gang eigen, worin er mit Hülsen große Aehnlichkeit hat, den er aber an dialektischer Kraft weit übertrifft, die recht Fichtisch bey ihm ist". Zu Schlegels eigenem weitergehenden Dialektikbegriff siehe Arndt, Begriff. Darauf und auf Schleiermachers späteres Konzept einer Dialektik kommt es uns noch nicht an.

421 KFSA II, 213 Nr. 281; XVIII, 39 Nr. 226.

422 Vgl. Novalis' Brief an Friedrich Schlegel vom 14.7.1797, KFSA XXIII, 372.

duums. Es wird uns anhand der *Reden* noch deutlicher werden, wo das von Fichte Übernommene mit einer zentralen philosophischen Thematik verbunden wird. Dort werden wir einen anderen Zug, den Schleiermacher mit einem größeren Teil der Fichte-Rezeption von 1795 ab gemeinsam hat, breiter bezeugt finden: die Konzentration auf Gedanken aus dem vierten und aus den folgenden Paragraphen der Wissenschaftslehre, die allerdings oft sehr frei verarbeitet werden. Sie kennzeichnet nicht nur den Kreis, dem Schleiermacher angehört, sondern auch den Kreis um Hölderlin.

2.4.2. Philosophie

2.4.2.1. Zum Begriff der Philosophie

Oben wurde gezeigt, wie Schleiermacher die Philosophie mit Idealismus gleichsetzen kann. Aus den Darlegungen dazu geht jedoch auch hervor, daß auf diese Weise sein Philosophiebegriff zu dieser Zeit nicht vollständig zutage tritt. Es geht um einen *engeren* Begriff, von der die Philosophie in einem weiteren Sinn unterschieden werden muß. Jener engere Philosophiebegriff ist der am häufigsten in den *Reden* auftretende. Er ist im Zusammenhang mit einer dort vorausgesetzten Konzeption einer Bildungstheorie oder Enzyklopädie zu sehen, in welcher Philosophie oder Metaphysik von Moral, Kunst und Religion unterschieden wird.[423]
Eine *weitere* Verwendung des Begriffes fehlt auch nicht in der Religionsschrift. Schleiermacher leitet die Bestimmung des Wesens der Religion in der zweiten Rede mit dem Hinweis ein, daß Metaphysik, Moral und Religion denselben Gegenstand haben, das Universum oder das Unendliche und die Beziehung des Menschen auf es.[424] Er entfaltet in den *Reden* die in diesem Hinweis enthaltene These nicht auf befriedigende Weise. Wenn er, statt nur etwas unbestimmt auf die Metaphysik besonders seit Kant zu verweisen,[425] eine *eigene* Erklärung davon gegeben hätte, wäre das Ergebnis ein Begriff der Philosophie oder Metaphysik gewesen, der umfassender ist als der, mit dem das Buch explizit operiert.[426] Hinweise in Richtung auf einen solchen Begriff geben die Bemerkung im dritten Gedankenheft, daß das Philosophieren „auf die Synthese des Einzelnen mit dem Ganzen" gerichtet ist,[427] und die früher berührte Forderung eines

423 Siehe unten 3.1.2.
424 KGA I/2, 207,36ff. = R, 41.
425 Vgl. KGA I/2, 208,5f. = R, 42, mit KrV B, VIIff.; FW I, 86 u.a.
426 Siehe unten 4.2.
427 KGA I/2, 132,17f.

objektiven Philosophierens in den *Grundlinien*;[428] dort wird auf der Linie
von Schleiermachers frühen Spinoza-Studien und in Übereinstimmung
mit der Religionsschrift auf die Konzeption eines transzendentalphilosophisch angelegten Spinozismus – oder umgekehrt – hingedeutet.

An einer anderen Stelle der *Reden* wird eine bestimmte Ausprägung
eines weiten Begriffes der Philosophie ausdrücklich aufgenommen, wenn
auch nur beiläufig: In einem Passus, der vor allem die These ausschließen
soll, daß die Religion „das verbindende Princip"[429] zwischen dem Metaphysischen und dem Moralischen sein kann, kommt der Redner auf einen
solchen Philosophiebegriff in Gestalt von Programmen der Philosophie
im nachkantischen Denken zu sprechen: „Ihr sucht von diesem Bedürfni-
ße getrieben schon seit einiger Zeit nach einer höchsten Philosophie, in
der sich diese beiden Gattungen vereinigen, und seid immer auf dem
Sprunge sie zu finden".[430] Seine Pointe ist insbesondere, daß diese höchste
Philosophie nicht bei der Religion zu finden sei.[431] Es gehört nicht zur
Aufgabe der *Reden*, sie näher zu erörtern, und der Leser kann nur vermuten, daß der Verfasser sie als Aufgabe anerkennt.

Endlich ist ein Punkt von Wichtigkeit, wo es nicht um die Bestimmung des kleineren oder größeren Umfangs des Begriffs der Philosophie
geht, sondern um das Geltendmachen einer *Grenze* der Philosophie.
Schleiermacher kommt in einem Brief an Ehrenfried von Willich von 1801
auf „das neueste Wesen in der Philosophie" zu sprechen, wobei er sich auf
Schellings „Darstellung meines Systems der Philosophie" und den aktuellen Streit zwischen ihm und Fichte bezieht.[432] Schleiermacher erklärt:
„Ich hoffe allerlei gutes davon", und fügt – sich von Fichte distanzierend
– hinzu: „Ich denke es wird nun einmal über die Grenze der Philosophie
gesprochen werden müssen, und wenn die Natur außerhalb derselben
gesezt wird, so wird auch Raum gewonnen werden auf der anderen Seite

---

428 Siehe oben Anm. 334.
429 KGA I/2, 209,20 = R, 45.
430 KGA I/2, 210,2ff. = R, 46f.
431 Dies betrifft die wohl Jacobische Lösung, daß die Philosophie – wie Schleiermacher sich
     ausdrückt – zur Religion „flüchten" (KGA I/2, 210,6 = R, 46, vgl. Jacobi, Lehre 27f.) müß-
     te, was abgewiesen wird: „ich will keinen Platz besezen, den ich nicht behaupten könn-
     te" (KGA I/2, 210,12 = R, 46). Friedrich Wilhelm Graf, der in der ersten Auflage wie in
     den folgenden einen auf die Religion gebauten Begründungsmonismus findet, zieht
     dagegen den Redner in die Richtung Jacobis (Graf, Gefühl 166).
432 KGA V/5, Nr. 1073,53ff. Willich hat von Friedrich Muhrbeck erzählt und wird hier nun
     von Schleiermacher nach dessen Meinung über diese philosophische Entwicklung ge-
     fragt. Muhrbeck, der in Jena bei Fichte studiert hatte und später Professor in Greifswald
     wurde, hatte Beziehungen zu Hölderlin und seinem Kreis und war auch mit Hülsen
     bekannt; siehe Frank, Annäherung 756.758.770; Flittner, Bund 50.

jenseits der Philosophie für die Mystik".[433] Der Brief läßt Schleiermachers philosophische Ambitionen erkennen.[434] Ein weiterer Beleg ist ein Brief Schlegels von 1799, in welchem er Schleiermacher darüber berichtet, wie sein erstes Buch, die *Reden*, im Umkreis von Jena von Goethe, Novalis, Fichte und Schelling aufgenommen wird. Schlegel schlußfolgert, daß der Freund „mit den eigentlichen Philosophen durch die Reden nicht en rapport kommen" kann; „da Du es aber doch wohl überhaupt wollen wirst, so wäre es ein Motiv, das über Spinosa oder auch das über die Gränzen der Philosophie recht bald zu schreiben".[435] Dies hat Schleiermacher jedoch gewissermaßen erst mit seiner seit 1811 wenn auch nur mündlich vorgetragenen Dialektik eingelöst, nur daß er zu dieser Zeit darauf nicht so sehr den betreffenden speziellen Mystikbegriff bezieht, sondern oft kritischer von Mystizismus spricht.[436]

Es ist kaum zufällig, daß dieser Plan, den er vorher mit Schlegel besprochen hat, in *ihrem* gemeinsamen Briefwechsel erwähnt wird. Während der Mystik- oder Mystizismusbegriff, nach den frühen Quellen zu urteilen, bei Schleiermacher nicht schon früher auf eine solche Weise zentral war, ist er eine Hauptkategorie der Philosophie bei Schlegel.[437] Mystizismus definiert sich für Schlegel ursprünglich vor allem durch den Anfang des Philosophierens beim willkürlichen Setzen des Unbedingten, womit eine Vergleichgültigung der Mitteilung einhergeht.[438] Ein weiteres Merkmal ist das Streben nach Einheit und Vereinigung.[439] Im übrigen kennzeichnet Schlegel zu Beginn ihrer Bekanntschaft mit dieser Kategorie Schleiermachers Philosophie: Sie ist „mystisirender Kritizismus".[440] Darin kann man vielleicht einen Hinweis auf die beiden Komponenten seines unter anderen gegenüber Willich skizzierten Plans sehen: die begrenzte und begrenzende Philosophie und die Mystik als ihre Grenze. Abgesehen von Schleiermachers Abhängigkeit von Schlegel an diesem Punkt, ist das betreffende Konzept ein ihm eigentümliches und auch zum Teil von seinen älteren Ansätzen her verständliches.

---

433 KGA V/5, Nr. 1073,59.63ff.
434 Ebd. Nr. 1073,80ff.: „Dabei geht mir aus Gelegenheit dieser Perturbationen in der Bahn der Philosophie tausenderlei durch den Kopf, und ich fühle wohl daß ich auf diese und jene Art darin eingreifen sollte; aber dann denke ich wieder, ich will mir Zeit lassen, ich habe noch viel zu Gute bei der Welt und bei den Philosophen namentlich, was ich ihnen gegeben habe ohne daß sie es genommen haben".
435 KGA V/3, Nr. 710,72ff., vgl. auch Schlegels Briefe, ebd. Nr. 694.696.
436 Vgl. zum Beispiel KGA II/10.1, 76 § 10; SW III/4.2, 79; III/4.1, 231.
437 Siehe oben Anm. 46.
438 Besonders KFSA XVIII, 1ff.
439 Ebd. 6 Nr. 22ff.; 13 Nr. 104; 84 Nr. 656; 86 Nr. 681.
440 Ebd. 34 Nr. 160.

Der Zusammenhang des Schleiermacherschen Mystizismusbegriffs
mit Schlegel scheint durch eine Notiz aus den frühen gemeinsamen Leibniz-Studien belegt zu werden: „Ohne Mysticismus ist es nicht möglich
consequent zu seyn, weil man seine Gedanken nicht zum Unbedingten
verfolgt und also die Inconsequenzen nicht sehen kann".[441] Hier ist auch
ein Brief Schleiermachers an Brinkman von 1800 zu erwähnen, der von
Unklarheiten in Jacobis Auffassung der Philosophie spricht.[442] Er bezieht
sich auf Schlegels Rezension von Jacobis *Woldemar* und auf Schlegels Idee
von Jacobis Vernunfthaß oder – wie Schleiermacher Schlegel wiedergibt
– von Jacobis Haß gegen die Philosophie; signifikanterweise verwendet
Schlegel für Jacobis Position den Begriff der Mystik oder Mystizismus.[443]
Schleiermacher hebt besonders auf Jacobis Erläuterungen zum Verhältnis
der Philosophie zu dem über diese Hinausgehenden ab oder mit dem
Ausdruck der *Reden*: zu dem, wohin Jacobi aus der Philosophie „flüchtet".
Der Brief nennt dies dessen „subjectiven Mysticismus".[444] Schleiermacher
kritisiert Jacobis Vorstellung, daß nur ein Konflikt zwischen Philosophie
und Mystik herrschen könne, „da doch im Gegentheil jede Philosophie
denjenigen der soweit sehen kann und soweit gehn will auf eine Mystik
führt".[445] Diese These entspricht seinem Gedanken von der Mystik als
Grenze der Philosophie und darf wohl so verstanden werden, daß es nach
Schleiermacher die Philosophie selbst ist, die zur Grenze führt, daß sie
sich also selbst begrenzt. Der Mystikbegriff ist insofern selbst philosophischen Ursprungs. Was Mystik in diesem sachlichen Kontext heißt, erhellt
endlich aus einem „Gedanken" in Schleiermachers fünftem Heft von 1800-
1803, der den Begriff in Verbindung mit dem Philosophiebegriff erläutert:
„Das höhere Leben ist ununterbrochen fortgehende Beziehung des

---

441 KGA I/2, 83 Nr. 25. Eine positive Verwendung eines wohl durch Schlegel geprägten
   Mystizismusbegriffs fehlt auch nicht beim späten Schleiermacher; siehe KGA II/10.1, 86
   § 67; SW III/4.1, 19. – Im Zuge seines Plädoyers für Schleiermachers philosophische Un-
   zeitgemäßheit behauptet Andreas Arndt, daß dieser im Gegensatz zu Schlegels These
   von der Legitimität eines kritischen Skeptizismus den Skeptizismus marginalisiert: Er
   wird als ein bloß persönliches Problem ohne Bezug auf die damals virulente Skeptizis-
   musdebatte behandelt (Arndt, Kommentar 1075f.). Soweit ich sehe, erlaubt das Material
   kein Urteil über diesen Punkt bei Schleiermacher in dieser Periode. Die von Arndt angeführten Briefstellen sind nicht relevant. Darauf, daß Schleiermacher auch Schlegels Begriff vom Skeptizismus zur Kenntnis genommen hat und verwenden kann, deutet eine
   frühe Notiz (KGA I/2, 10 Nr. 18; siehe oben Anm. 264). Seine späten Dialektikvorlesungen operieren im Zusammenhang von Überlegungen, die an anderen Punkten Affinität
   zur Schlegelschen Kategorisierung der Philosophie aufweisen, mit einer Art kritischen
   Skeptizismus (vgl. zum Beispiel KGA II/10.1, 87 § 72).
442 KGA V/4, Nr. 916,27ff.
443 KFSA II, 71ff.; KGA V/4, Nr. 916,46f.
444 KGA V/4, Nr. 916, 32f.
445 Ebd. Nr. 916,36f.

Endlichen aufs Unendliche. Dieses in Verbindung gesezt mit dem Beziehen des Endlichen auf einander ist das wahre Philosophiren. Diese lezten Beziehungen um jener willen aufheben, das ist was man im schlechten Sinne Mystik nennen kann".[446] Als Mystik in diesem „schlechten" Sinn kann man das Ergebnis von Jacobis berühmt-berüchtigtem *salto mortale*[447] verstehen. Von ihr wird implizit eine Mystik im positiven Sinn unterschieden, die die Verbindung mit der Philosophie nicht aufhebt. Mystik als solche sei das nicht durch alles andere Endliche vermittelte Beziehen eines Endlichen aufs Unendliche.

2.4.2.2. Schleiermachers Auseinandersetzung mit der Grundsatzphilosophie und die *Grundlehre* Schlegels

Daß Schleiermacher der Forderung einer höchsten Philosophie beipflichtet, geht aus seinem einzigen umfassenden explizit systematischen Werk dieser frühen Periode, den *Grundlinien einer Kritik der bisherigen Sittenlehre*, hervor, das über die Enzyklopädiekonzeption der *Reden* hinausgeht. Es erschien 1803, und der Abschnitt, der kurze Hinweise zur Diskussionslage und Struktur der höchsten Philosophie gibt,[448] ist nach Januar 1802 geschrieben.[449] Die *Grundlinien* sind innerhalb unserer Untersuchung insbesondere deshalb von Bedeutung, weil sie über Schleiermachers frühe Aneignung der ursprünglich im Kreis um Niethammer entwickelten Kritik der Konzeption einer solchen Philosophie von einem obersten Prinzip her orientieren. Eine entsprechende Kritik wird in Schleiermachers späteren Dialektikvorlesungen ausgeführt und zugleich ihre Beziehung zum Anfang der Philosophie im vorwissenschaftlichen Denken klar erläutert.

Voraussetzung des Gedankens von einer höchsten Philosophie ist die Idee eines Systems: daß alle menschliche Erkenntnis ein Ganzes ausmacht, so daß jede einzelne Erkenntnis nur aufgrund ihres systematischen Ortes besteht. Diese Idee wird durch Schleiermachers Auseinandersetzung mit der Grundsatzphilosophie nicht in Frage gestellt, sondern ausdrücklich bestätigt.[450] Dagegen hat die Kritik Folgen für die Handhabung des

---

446 KGA I/3, 322 Nr. 154.
447 Siehe oben Anm. 431.
448 KGA I/4, 47-66.
449 Siehe KGA I/3, 306 Nr. 87. Zur Datierung vgl. ebd. 299, Nr. 69; 311 Nr. 113. Das, was nach Schleiermachers Brief an August Wilhelm Schlegel vom 23.12.1800 bereits zu dieser Zeit über Kant und Fichte geschrieben vorgelegen haben soll (KGA V/4, Nr. 1001,23ff.), bezieht sich also auf ihre Sittenlehren.
450 Vgl. KGA I/4, z.B. 50,9ff.; 55,8f.

Systemgedankens. Schleiermacher hält auch den mit der Idee einer ersten Philosophie verbundenen Gedanken fest, daß die einzelnen philosophischen Disziplinen – in den *Grundlinien* geht es um die Ethik – von dieser abgeleitet werden müssen. Er drückt dies in der Forderung einer obersten Erkenntnis als einer „Wissenschaft von den Gründen und dem Zusammenhang aller Wissenschaften"[451] aus.

Diese höchste philosophische Disziplin hat Schleiermacher in seinem fünften Gedankenheft in Vorüberlegungen zu den *Grundlinien* mit Reinholds Begriff als *Elementarphilosophie* bezeichnet.[452] In dem Buch selbst knüpft er allerdings meist an Fichte an und wählt die von diesem bevorzugte Bezeichnung *Wissenschaftslehre*. Schleiermacher versäumt allerdings nicht die Gelegenheit einer neckenden Abgrenzung: „Eine solche höchste und allgemeinste Erkenntniß würde mit Recht Wissenschaftslehre genannt, ein Name, welcher dem der Philosophie unstreitig weit vorzuziehen ist, und dessen Erfindung vielleicht für ein größeres Verdienst zu halten ist, als das unter diesem Namen zuerst aufgestellte System".[453] Schleiermacher bezieht sich in diesem Kontext besonders auf Fichtes Begriffsschrift.[454]

Darüberhinaus zieht er eine kritische Bilanz mit Bezug auf die diese Thematik betreffende metaphilosophische Diskussion im nachkantischen Denken. Er weist auf den „immer noch obwaltenden Streit über die ersten Principien" der Philosophie hin und stellt fest, daß keine Konzeption der höchsten Erkenntnis „auf eine unbestrittene Art mit dem unmittelbaren Bewußtsein allgemeiner Uebereinstimmung gefunden" ist, „sondern nur einige Versuche gemacht, deren keiner recht genügen will".[455] Diese Weise, das erforderliche Einverständnis zu beschreiben, ist möglicherweise ein Nachklang entsprechender Gedanken Reinholds. Ihm ist – vielleicht gegen Schleiermachers ursprüngliche Erwartungen in dessen Vermittlungsprojekt[456] – die Lösung dieser Aufgabe nicht gelungen. Ebensowenig befriedigend sind die Nachfolger. Schleiermachers Kritik an Fichte bezieht sich einerseits auf die Durchführung des Programms, die ihm fehlerhaft[457] und unvollständig erscheint, sofern er vor allem das Fehlen einer Physik bemängelt. Hier nimmt Schleiermacher auch auf Schelling Bezug, demge-

---

451 Ebd. 48,2f.
452 KGA I/3, 310 Nr. 107, vgl. ebd. XCIV.
453 KGA I/4, 48,8ff.
454 Vor allem auf § 2, FW I, 45ff.
455 KGA I/4, 30,6f.; 48,22ff.; 49,1f.
456 Siehe oben 1.3.2.
457 KGA I/4, 54ff.

genüber er die umgekehrte Einseitigkeit anlastet.[458] Andererseits geht seine Kritik auf die Konzeption der höchsten Philosophie als Grundsatzphilosophie, und das ist es, worauf es uns ankommt.

Über die von Schleiermacher Wissenschaftslehre bezeichnete, aber nicht mit dem unter diesem Namen bekannten Entwurf Fichtes identische oberste Philosophie wird gesagt:

> „Diese nun darf selbst nicht wiederum, wie jene einzelnen Wissenschaften, auf einem obersten Grundsaz beruhen; sondern nur als ein Ganzes, in welchem jedes der Anfang sein kann, und alles einzelne gegenseitig einander bestimmend nur auf dem Ganzen beruht, ist sie zu denken, und so daß sie nur angenommen oder verworfen, nicht aber begründet und bewiesen werden kann".[459]

Die implizite Fichte-Kritik in diesem Textpassus betrifft nicht die Annahme von ersten oder obersten Grundsätzen *einzelner* philosophischer Disziplinen. Diese wird von Schleiermacher durchaus anerkannt, wie aus den *Grundlinien* ersichtlich ist, deren erstes Buch – letztlich in konstruktiver Absicht – vom höchsten Grundsatz der Ethik handelt.[460] Die Kritik betrifft auch nicht den Gedanken, daß die Philosophie eine unbeweisbare Grundlage hat. Darin kommen er und Fichte überein.[461] Die Kritik zielt dagegen auf Fichtes These, die dieser mit dem frühen Reinhold und mit einigen von Schellings Entwürfen teilt, daß diese Grundlage die Gestalt eines *Grundsatzes* und zwar *nur eines* obersten Grundsatzes haben muß.

Schleiermachers Abweisung des Grundsatzmonismus[462] ist gelegentlich in der Literatur registriert, aber nach ihrem Gehalt und ihrer Bedeutsamkeit bei Schleiermacher nicht angemessen eingeschätzt worden.[463] Vor allem scheint niemand ihre Bedeutung für das späte Denken Schleierma-

---

458 Vgl. KGA I/3, 320 Nr. 149; I/4, 356,1ff.

459 KGA I/4, 48,3ff.

460 Vgl. auch die Kritik des Kantianismus: „Gute Behandlungen einzelner Gegenstände aus dem Gebiet einer Wißenschaft sind nur dann möglich wenn ein System über die ersten Principien derselben herrschend und allgemein klar ist, weil man sonst immer auf die ersten Principien zurükgehn muß. Darum hat uns die Kantische Schule noch keine geliefert" (KGA I/2, 130 Nr. 49).

461 Vgl. FW I, 47ff.91.

462 Vgl. ferner seine allgemeiner formulierte Kritik an Fichte und Schelling im Brief an Brinkman vom 14.12.1803, Br 4, 94f.

463 Günter Meckenstock sieht an diesem Punkt im Gegenteil einen Anschluß an Fichte (Meckenstock, Auseinandersetzung 38). Eilert Herms, der die oberste Wissenschaft mit Schleiermachers angeblicher Theorie des unmittelbaren Wirklichkeits- und Selbstbewußtseins oder mit der Anthropologie identifiziert (Herms, Herkunft 193.195.229ff.), zitiert lediglich die Verabschiedung des Grundsatzmonismus (ebd. 195). Auch Falk Wagner bemerkt sie, unterstellt aber trotzdem Schleiermachers Ansatz irreführende Letztbegründungsvorstellungen (Wagner, Dialektik 17f.). Zu Andreas Arndt siehe unten Anm. 466.

chers erkannt zu haben. Zu der kritischen Absage, die ja Gemeingut der frühromantischen Philosophie ist, könnte Schleiermacher – über die frühe Kant-Rezeption hinaus[464] – durch Lektüre gelangt sein: Besonders wäre an das *Philosophische Journal* zu denken, wo verschiedene Autoren Skepsis gegen die Grundsatzphilosophie artikuliert hatten, zumal Schleiermacher nach Schlegels Zeugnis vom 26.8.1797 diese Zeitschrift „mit einem andren Interesse als dem der Neugier und Persönlichkeit liest".[465] Unser Text erlaubt kaum ein Urteil darüber, inwieweit jenes der Fall war. Es ist indessen feststellbar, daß es jedenfalls nicht die ganze Erklärung ist.

Das ist der von Schleiermacher skizzierten alternativen Grundlegung der Philosophie anzusehen. Man muß besonders auf die Erklärung achtgeben, warum für ihn die erste oder höchste Philosophie weder eines Beweises noch einer Begründung fähig sind. Das ist nicht so – wie bei Fichte – wegen der Absolutheit, Voraussetzungslosigkeit und in diesem Sinn unmittelbaren Gewißheit eines eben deshalb monistisch verfaßten Grundes. Die Unbegründbarkeit wird im Gegenteil auf *ein gegenseitiges Begründen* von einzelnen Gliedern innerhalb eines *Ganzen*, wo also *jedes der Anfang sein kann*, zurückgeführt. Das entspricht Schlegels Ersetzung des Ausgangs von einem einzigen Grundsatz durch das, was er einen *Wechselerweis* nennt.[466] Mit einem Zitat aus dessen Rezension von Jacobis *Woldemar*, in der er seinen beim Erscheinen der Rezension 1796 völlig neu formulierten Gedanken andeutet: „Was Jacobi dafür anführt: ,daß jeder Erweis schon etwas Erwiesenes voraussetze' (Spin. S. 225); gilt nur wider diejenigen Denker, welche von einem einzigen Erweis ausgehn. Wie wenn nun aber ein von außen unbedingter, gegenseitig aber bedingter und sich bedingender *Wechselerweis* der Grund der Philosophie wäre?"[467] Schleiermacher war mit diesem Schlegel-Text vertraut[468] und hat auch Notizhefte

---

464 Siehe oben 1.3.2.3.

465 KFSA XXIV, 12. Einen Überblick über die betreffende Debatte gibt Frank, Annäherung, Vorl. 14ff.

466 Vgl. Arndt, Kommentar 1070f.1083ff. Er sieht mit Schleiermachers Absage einer Philosophie *aus einem Prinzip* „massive systematische Schwierigkeiten" verbunden, weil die Physik – wie Schleiermacher selbst Fichte rügt – bei ihm ein Desiderat bleibt und der Wechselerweis also „in eine Schieflage" gerät (ebd. 1070f.). Diese Kritik beruht auf dem Mißverständnis, daß die *Einzelwissenschaften* Teile der plural verfaßten Grundlage der *höchsten* Philosophie sind, statt durch diese in einem sekundären Begründungsgang abgeleitet zu werden.

467 KFSA II, 72.

468 Vgl. KGA V/4, Nr. 916, die im vorhergehenden Abschnitt einbezogen wurde. Als Schleiermacher 1801 Friedrich und August Wilhelm Schlegels *Charakteristiken und Kritiken* besprach (KGA I/3, 399-411), hat er Gelegenheit gehabt, die Rezension wieder zu lesen.

Schlegels gekannt, die die Entfaltung seiner neuen *Grundwissenschaft* oder *Grundlehre*[469] enthielten.

Die *Grundlehre*, auf welche Schlegel genau wie sein Freund noch den Begriff der Wissenschaftslehre beziehen kann, obwohl Schlegel anders als jener die Wissenschaftslehre von der Philosophie als der die Grundlehre enthaltenden unterscheidet, ist besonders durch Guido Nascherts Interpretation in ein neues Licht gerückt worden.[470] Die Interpretation von Schleiermachers acht Jahre nach der Veröffentlichung der *Grundlinien* erstmals gehaltenen Dialektikvorlesungen wird Gelegenheit bieten, auf mehrere ihrer Bestimmungen zurückzukommen.

Im Ausgang von der zitierten Stelle in der Jacobi-Rezension macht Naschert deutlich, daß Schlegel auf eine Begründungsform abzielt, die sowohl einen unendlichen Regreß der Gründe als auch eine unmittelbare Prinzipiengewißheit, sowohl die Begründungsskepsis als auch die Berufung auf Unbedingtes vermeidet, indem sie Linearität in der Begründung durch Zirkularität ersetzt.[471] Die Grundlehre kann von der Frage her, welche Gründe als Momente im Wechselerweis in Betracht kommen, näher erläutert werden. Ein Moment, das nach Schlegel den Ausgangspunkt des Philosophierens ausmacht, wird als „logischer Enthusiasmus", „unendlicher Wissenstrieb", „alles wissen zu wollen" bezeichnet. Wie Naschert zeigt, geht es dabei um eine Transformation der Fichteschen Tathandlung.[472] Vor dieser zeichnet sich der Schlegelsche Willensakt dadurch aus, daß er von jedermann einschließlich des Skeptikers vollzogen wird. Er ist also natürlich im Sinne von Schlegels Begriff der Naturphilosophie. Dieser Punkt kommt auch in der Rede vom „Anfang in der Mitte" zum Ausdruck. „Logisch" ist der Enthusiasmus, indem er schon bestimmte Regeln (zum Beispiel den Widerspruchssatz) voraussetzt.[473] Als zweites Moment des Wechselerweises stellt Schlegel diesem Wollen ein Sollen gegenüber, den Satz: „Das Ich soll sein". Er stellt den begrifflichen Ausdruck jener Handlung dar, ist die Explikation des darin implizit

---

469 KFSA XVIII, 517f. Nr. 2.16; XLIV.
470 Naschert, Wechselerweis.
471 Ebd. 60ff. Vgl. zum Beispiel KFSA XVIII, 518 Nr. 16: „Es muß der Philosophie nicht bloß ein Wechselbeweis, sondern auch ein *Wechselbegriff* zum Grunde liegen. Man kann bei jedem Begriff wie bei jedem Erweis wieder nach einem Begriff und Erweis desselben fragen. Daher muß die Philosophie wie das epische Gedicht in der Mitte anfangen, und es ist unmöglich dieselbe so vorzutragen und Stück für Stück hinzuzuzählen, daß gleich das Erste für sich vollkommen begründet und erklärt wäre. Es ist ein Ganzes, und der Weg es zu erkennen ist also keine grade Linie, sondern ein Kreis. Das Ganze der Grundwissenschaft muß aus zwei Ideen, Sätzen, Begriffen, Anschauung ohne allen weiteren Stoff abgeleitet seyn".
472 Naschert, Wechselerweis 63ff.
473 Vgl. ebd. 72f.18.

Angenommenen.[474] Endlich soll die dabei in Anspruch genommene Methode genannt werden: Sie ist das analytische Verfahren im Sinne eines Rückgangs vom Begründeten zum Grund.[475]

Schleiermacher äußert sich in dieser Periode anders als in seiner späten Dialektik nicht weiter über den in den *Grundlinien* berührten Neuansatz in der Wissenschaftslehre und über dessen Implikationen. Nach Schlegel und seinen Vorgängern folgt aus der Kritik des Prinzipienmonismus, daß das System lediglich als das Ziel einer unendlichen Annäherung aufgefaßt wird, und daß der im Systemgedanken enthaltene Totalitätsgedanke den Status einer regulativen Idee erhält.[476] Entsprechende Denkstrukturen fanden wir im Zusammenhang von Schleiermachers Geselligkeitstheorie ausgedrückt.[477]

Vielleicht darf man dieses Motiv ebenso in einer Notiz aus der Zeit der Vorbereitung der *Monologen* sehen.[478] Auch sie enthält diejenige Gedankenfigur eines „Wechselbegriffes", die strukturell dem Gedanken der gegenseitigen Begründung in den *Grundlinien* entspricht und eine nähere Parallele bei Schlegel hat, der in seiner Grundlehre denselben Begriff verwendet.[479] Die Notiz bewegt sich nicht auf der Ebene der wissenschaftlichen Philosophie, aber sie verbindet diese Motive mit den Hauptmotiven der *Monologen* und der *Reden* und faßt auf diese Weise Schleiermachers romantisches Denken um 1800 sehr prägnant zusammen: „Selbstanschauung und Anschauung des Universums sind Wechselbegriffe; darum ist jede Reflexion unendlich".

---

474 Ebd. 82f.88.15.
475 Frank, Annäherung 878ff.883f.
476 Vgl. Frank, Annäherung, zu Schlegel dort besonders Vorl. 34.
477 Sie sind auch Fichtes Wissenschaftslehre nicht fremd, stehen dort aber – jedenfalls was die Version von 1794/95 betrifft – in Spannung zu deren Anfang. Siehe oben 2.2.1.
478 KGA I/2, 127 Nr. 34.
479 Siehe oben Anm. 471.

II. Theoriebildungen

II.A. Religion und Metaphysik in den *Reden*

3. Religion nach den *Reden*

Im zweiten Teil der Untersuchung wird die thematische Perspektive eingeengt. War bisher Schleiermachers praktische und theoretische Philosophie im allgemeinen im Blick, konzentrieren wir uns jetzt auf seine *religionsphilosophischen* Theoriebildungen. Der Hauptzweck dieses Teils wird sein, eine *systematische* Analyse der Religionsphilosophie des reifen Schleiermacher zu geben; die Textgrundlage sind seine Hauptschriften und Hauptvorlesungen. Eine gewisse entwicklungsgeschichtliche Perspektive wird festgehalten. Sie soll der systematischen Interpretation dienen und zielt nicht darauf, Schleiermachers Entwicklung lückenlos zu erfassen. Die kontextuell orientierte historisch-genetische Betrachtung wird ebenso nicht gänzlich wegfallen; in dieser Hinsicht werden gelegentlich Ergänzungen zu Teil I gegeben. Mit den in der Einleitung gegebenen Vorbehalten wird jedoch beansprucht, nun die für unsere Fragestellung entscheidenden Anregungen, die Schleiermacher aus dem gedanklichen Kontext erhalten hat, behandelt zu haben. Soweit im Rahmen der Untersuchung möglich, ist die grundlegende historisch-genetische Arbeit durchgeführt. Teil II soll ihre Ergebnisse für die Erschließung der betreffenden Theoriebildungen des reifen Werks fruchtbar machen.

Zunächst soll dies im Blick auf Schleiermachers erstes Hauptwerk, *Über die Religion. Reden an die Gebildeten unter ihren Verächtern* von 1799, erfolgen. Teil II.A analysiert die *allgemeine* Religionsphilosophie, wie sie insbesondere in den beiden ersten Reden dargestellt wird, nicht aber die Lehre von den besonderen Religionen und die Theorie der christlichen Religion in der fünften Rede. Wir kommen damit zu einem vielbetretenen Feld der Schleiermacher-Forschung und zu klassischen Themen der Diskussion.

3.1. Die Reden *Über die Religion*

Wir setzen bei dem strittigen Punkt an, ob es in den *Reden* überhaupt um *Theorie* geht. Der poetisch-rhetorische Stil, den sie mit den *Monologen* gemeinsam haben, scheint dies wenig naheliegend zu machen. So besteht in der Forschung weitgehend die Auffassung, daß eine pointiert theoriebezogene Interpretation der *Reden* inkonsistent oder unmöglich ist. Vorerst soll auf Wilhelm Diltheys Deutung hingewiesen werden, die eine große Wirkung ausgeübt hat und erst von Eilert Herms grundsätzlich widerlegt wurde.

Dilthey bezeichnet Schleiermachers Periode 1796-1802 als die „Epoche der anschaulichen Darstellung seiner Weltanschauung",[1] von welcher er die folgende Epoche als die systematische unterscheidet. Was er hier als Weltanschauung bezeichnet, soll Dilthey zufolge ohne die Anstrengung des Begriffs entstanden sein.[2] Diese These ist nicht plausibel. Erstens steht sie in Spannung auch zu Diltheys eigener Erschließung des meist argumentativ verfahrenden Jugendwerkes; zwischen diesem und dieser späteren Periode besteht eine relative Kontinuität. Zweitens trägt sie dem Vorkommen von systematisch orientierten Entwürfen in dieser Periode selbst nicht Rechnung. Noch wichtiger ist ein dritter Punkt: Diltheys These verkennt den Sachverhalt, daß die angeblich anschaulichen Schriften Schleiermachers selbst mehr oder weniger unentfaltete theoretische Ansätze enthalten oder solche Ansätze voraussetzen. Dies wird für die *Monologen* von Schleiermacher selbst hervorgehoben.[3] Schon von daher darf vermutet werden, daß es auch bei den *Reden* der Fall ist, auch wenn zu diesen keine entsprechenden Bemerkungen aus Briefen Schleiermachers vorliegen. Der Versuch ist also durchaus begründet, die Darstellung der Religion in dieser Schrift auf eine systematische philosophische Konzeption hin zu interpretieren.

3.1.1. Der theoretische Ansatz

Zu diesem Zweck ist zunächst an den Theoriebegriff, der dem „Versuch einer Theorie des geselligen Betragens" entnommen wurde, zu erinnern.[4] Dort wurde der Gedanke einer „Theorie aus Begriffen", d.h. aus „allgemeinen Begriffen", aufgestellt, die ein Ganzes, ein System umreißt, innerhalb dessen jedes einzelne seine Stelle erhält.[5] Von einer *Theorie* der

---

1   Dilthey, Leben, Bd. 1.1, 181.
2   Vgl. ebd. 265: „wie ohne sein Zutun, als das Ergebnis unablässigen Anschauens und sittlicher Selbstbildung", „unmittelbare Ergüsse seines innersten sittlichen Lebens"; ebd. 314, wo die betreffende Weltansicht als „eine neue Form des mystischen Pantheismus" gekennzeichnet wird, wird sie als „der Ausdruck neuer religiös-sittlicher Erlebnisse in einem Genie, das diese auszusprechen geboren war", dargestellt.
3   Siehe oben Kap. 2 Anm. 258.282.
4   Siehe oben 2.4.1.
5   KGA I/2, 166,18.31ff. Wie an dieser Stelle grenzt sich Schleiermacher in den *Reden* von den „Virtuosen" ab. Es könnte freilich scheinen, daß der anonyme Redner sich gerade

Religion in den *Reden* kann meines Erachtens in einem entsprechenden Sinn gesprochen werden. Die Darstellung der Religion in den *Reden* mit einem solchen begrifflich-systematischen Theoriebegriff zu verbinden, ist, wie schon bemerkt, in der Literatur oft problematisiert worden. Man hat sich auf Aussagen berufen, die zeigen, daß der Ausgangspunkt der *Reden* nicht theoretischen, rationalen Charakters ist, weil er in einer Bestimmtheit durch eine übermächtige, göttliche Notwendigkeit besteht:[6] „Daß ich rede rührt nicht her aus einem vernünftigen Entschluße, [...] es ist die innere unwiderstehliche Nothwendigkeit meiner Natur, es ist ein göttlicher Beruf".[7] Von da her ist neuerdings jede begrifflich orientierte Interpretation konsequent kritisiert und die Gegenthese aufgestellt worden, daß Schleiermacher „einen dezidiert phänomenologischen, deskriptiv ambitionierten Weg" geht.[8]

Von anderer Seite wird erkannt, daß Schleiermacher begrifflich-theoretisch verfährt, und zugleich behauptet, daß ein Gegensatz zwischen diesem Verfahren und dem Status und dem Gehalt, den er der Religion zuschreibt, besteht: Diese ist vorreflexiv und unbegrifflich nur für die reflexiv-begriffliche Theorie.[9] Wenn die Unmittelbarkeit der Religion nicht

---

auf deren Ebene stellt: „ich, der ich im Namen der religiösen Virtuosen, und für sie rede" (ebd. 279,9 = R, 205). Dies wird aber durch die Bemerkung der ersten Rede korrigiert, daß er nicht wie die geistlichen Virtuosen der Religion redet: „Als Mensch rede ich zu Euch" (KGA I/2, 190 = R, 3-5, dort KGA I/2, 190,36 = R, 5).

6   KGA I/2, 190,6ff. = R, 3.
7   KGA I/2, 191,2ff. = R, 5.
8   Albrecht, Theorie 118f. Christian Albrecht führt andere Belege gegen einen begrifflich orientierten Interpretationsansatz an, von denen einige in den folgenden Anmerkungen kommentiert werden. Grundsätzlich macht er „umwegslose Terminologisierbarkeit" und „objektive Wißbarkeit" des Gegenstandes als Bedingungen eines solchen Ansatzes namhaft (ebd. 117f., vgl. ebd. 123f.). Dies erscheint jedoch in einem philosophischen Zusammenhang überzogen. Schleiermachers Verfahren soll nach Albrecht darin bestehen, daß er eine konstitutive religiöse „Uraffektion" beschreibt (gemeint ist besonders KGA I/2, 221,20ff. = R, 73ff., vgl. Albrecht, Theorie 126ff.). Die Darstellung des Wesens der Religion ergebe sich durch eine Abstraktion aus dieser grundlegenden Beschreibung (ebd. 125, vgl. ebd. 148ff.). Später hat Albrecht – was mir richtig erscheint – die religionstheoretische Methodik der *Reden* in der Richtung von Schleiermachers späterem, kritischem Verfahren als einer transzendentalphilosophisch-spekulative und historisch-empirische Betrachtung wechselweise verbindenden Methode ausgelegt (Albrecht, Spekulation). Soweit ich sehe, ist dieser Interpretationsansatz mit dem früheren Ansatz Albrechts unvereinbar.
9   Dierken, Religion 670f. Jörg Dierkens Behauptung beruht auf folgendem zugespitzten Verständnis der betreffenden Bestimmung der Religion: „Religion ist gerade in der *indifferenten Unmittelbarkeit ihres Vollzugs* als *momentan aktualisierte Einheit von Anschauung und Gefühl des Universums* nicht auf etwas anderes reduzierbar" (ebd. 671). – Wolfhart Pannenberg sieht dagegen eine Inkonsequenz bereits darin, daß die *Reden* die Selbständigkeit der Religion unter Aufstellung eines allgemeinen Religionsbegriffs festzustellen

von der Reflexion vermittelt sein soll, muß erwiesen werden, daß diese in der Religion begründet ist.[10] Wie noch zu zeigen ist, ist die Unmittelbarkeit, die Schleiermacher in den *Reden* dem religiösen Bewußtsein zuschreibt, nicht eine solche, die seinem theoretischen Ansatz widerstreitet. Hinzu kommt, daß, jedenfalls seinem „Versuch" zufolge, Theorie nur die Explikation eines vortheoretischen, allgemein menschlichen Denkens ist. Der genannte Einwand setzt also viel stärkere Begründungsansprüche voraus, als Schleiermacher anzuerkennen bereit ist. Oder anders gewendet: Die reflexiv-begriffliche Theorie ist unter Schleiermachers Voraussetzungen tatsächlich begründet, nämlich in diesem vortheoretischen Denken.

Um zu erweisen, daß zentrale Teile des Buches Gedankengänge theoretischer und begrifflicher Art enthalten, die zwar nicht streng entfaltet werden, aber am allgemein menschlichen Leben orientiert und an es rückgebunden sind, kann weiter auf das, was Schleiermacher in der zweiten Rede zur Begründung seines Vorhabens sagt, hingewiesen werden: Die Religion „muß doch etwas eigenes sein, was in der Menschen Herz hat kommen können, etwas denkbares, wovon sich ein Begriff aufstellen läßt, über den man reden und streiten kann".[11] Im Hinblick auf den prinzipiellen Ansatz seiner Religionstheorie sind einige Überlegungen aus der ersten Rede jedoch besonders aufschlußreich.

Die dabei wichtigste Aussage wird in einer kürzeren Fassung durch eine Notiz in Schleiermachers erstem Gedankenheft vorweggenommen: „Eine Theorie kann auf doppelte Art zu Stande kommen aus dem Mittelpunkt heraus oder von den Grenzen herein bei empirischen Dingen die zweite Art".[12] Die Übereinstimmung mit der ersten Rede nach Wortlaut und Gehalt erweist, daß es hier um eine Vorüberlegung dazu geht, oder daß die Notiz jedenfalls in diese Rede eingefügt wurde. Mit ihrer Verwendung des Theoriebegriffs ist die Notiz ein Beleg für den Theorieanspruch der *Reden*. Trotz der auffallenden Ähnlichkeiten ist der Zusam-

---

suchen: „War dieser aber nicht eher philosophischer als religiöser Natur?" (Pannenberg, Theologie 144).

10 Diese Forderung Dierkens setzt seine These voraus, daß die Religion nach Schleiermacher die Begründungsleistungen der traditionellen Theologie und Metaphysik übernehmen muß (Dierken, Religion 668ff.). Diese These ist nicht nur zu undifferenziert, sondern auch überzogen. Schleiermacher nimmt im Zusammenhang seines Begriffs der Religion eine davon unabhängige vortheoretische, implizite Metaphysik in Anspruch und versteht den Gottesgedanken als eine abgeleitete Bestimmung von dieser (siehe unten Kap. 4). Dierken kann aber in den Begriffen von Gott und Welt nur weitere Problematisierungen der Unmittelbarkeit der Religion finden (Dierken, Religion 678ff.).

11 KGA I/2, 210,18ff. = R, 47.

12 KGA I/2, 31 Nr. 120.

menhang zwischen der Notiz und der für das Verstehen der Religionsschrift wichtigen Aussage den Herausgebern und Interpreten entgangen.
Statt dessen wurde die Notiz auf den „Versuch einer Theorie des geselligen Betragens" bezogen.[13] Das ist sachlich durchaus möglich, sofern es
Entsprechungen im Theoriekonzept der beiden Arbeiten gibt, die hier also
einander wechselseitig beleuchten.[14]

Die betreffende Aussage steht innerhalb der *Reden* im Zusammenhang
einer Erklärung über ihre besondere Adresse, in der Schleiermacher einige
einleitende und allerdings fragmentarische, aber doch grundsätzliche
Erläuterungen zu seinem Verfahren und zur Anlage seiner Theorie gibt.
Er wendet sich an seine gedachten Zuhörer in ihrer doppelten Eigenschaft
als *Gebildete* und als *Verächter der Religion*. Die Hinweise für die Grundlegung der Religionstheorie unter dem ersten Punkt sind generelleren Charakters.[15] Schleiermacher kennzeichnet die Gebildeten auf negative Weise,
indem er sie von den Rohen und Ungebildeten unterscheidet. Diese sind
die, die sich immer mit dem Irdischen abquälen, um den nächsten Augenblick besorgt und an die nächsten Gegenstände gekettet, und die „in dem
einförmigen Wechsel einer todten Geschäftigkeit sich selbst noch nicht
gefunden" haben.[16] Die Unterscheidung der Gebildeten und der Ungebildeten benützt Schleiermacher, um Richtlinien der Thematisierung der
Religion zu erhalten. Er weist darauf hin, wie die Gebildeten selbst „von
andern höheren Gegenständen" als der Religion – wie Sittlichkeit, Recht
und Freiheit – reden,[17] ohne zu versuchen, sich darüber mit den Ungebildeten zu verständigen: „wendet Ihr Euch dann zu ihnen, wenn Ihr den
innersten Zusammenhang und den höchsten Grund jener Heiligthümer
der Menschheit aufdeken wollt? wenn der Begriff und das Gefühl, das
Gesez und die That, bis zu ihrer gemeinschaftlichen Quelle sollen verfolgt,
und das Wirkliche als ewig und im Wesen der Menschheit nothwendig
gegründet soll dargestellt werden?"[18] Dem entspricht Schleiermachers
Absicht mit Bezug auf die Religion: „in die innersten Tiefen möchte ich
Euch geleiten, aus denen sie zuerst das Gemüth anspricht; zeigen möchte
ich Euch aus welchen Anlagen der Menschheit sie hervorgeht, und wie sie
zu dem gehört was Euch das Höchste und Theuerste ist".[19]

---

13 Ebd. LIII.
14 Vgl. Wehrung, Werdens 114f.
15 KGA I/2, 196f. = R, 18-20.
16 KGA I/2, 197,24ff. = R, 20.
17 KGA I/2, 196,36f. = R, 18.
18 KGA I/2, 197,4ff. = R, 19.
19 KGA I/2, 197,14ff. = R, 19f. Diese und die in der folgenden Anmerkung zitierte Aussage
    werden von Christian Albrecht hervorgehoben, um Schleiermachers angeblich durch-
    gängig deskriptiven Ansatz zu belegen (Albrecht, Theorie 119 Anm. 73).

Ich entnehme diesem vier Auskünfte. Erstens wird von Schleiermacher die Religion der Sittlichkeit und dem Recht gleichgestellt. Sie ist ein
Ausdruck des Humanen, der als solcher mit diesen vergleichbar ist.
Zweitens erklärt er, die Religion in der gleichen Weise behandeln zu
wollen, wie der Adressat die Sittlichkeit etc. behandelt. Dies wird hier so
dargestellt, daß sie als in dem Wesen des Menschen notwendig gegründet,
als menschlichen Anlagen entspringend begriffen werden soll. Unter dem
die Zuhörer als Verächter der Religion betreffenden Punkt wird Schleiermacher Näheres dazu sagen. Drittens ergibt sich, daß eine solche Behandlungsweise nicht mit neutraler, distanzierter Theorie gleichbedeutend ist. Das wird durch die Bindung der Religion an den Bildungsgedanken ausgeschlossen. Diese Stelle zeigt zudem, wie die Religion also
an die durch diesen Gedanken konzipierte konkrete Subjektivität geknüpft wird. Indem Schleiermacher für diese den Begriff vom Sichselbstfinden des Subjekts und den uns ebenso von seinen gleichzeitigen
Arbeiten vertrauten Standpunktgedanken[20] gebraucht, der uns mehrmals
in den Reden begegnen wird, wird viertens ein Hinweis gegeben, wie seine
unter anderem in modifizierender Anknüpfung an Fichte gebildete
Denkweise in dieses religionsphilosophische Theoriekonzept eingeht.

Der zweite Teil der Begründung der Adresse der Reden gerade über
die Religion ist scheinbar paradox: Sie bezieht sich ausschließlich darauf,
daß die Zuhörer Verächter der Religion sind. Schleiermacher fordert sie
ironisch auf, darin „recht gebildet und vollkommen" zu sein.[21] Diese Be-
gründung ist so zu verstehen, daß die betreffende Verachtung einem
Phänomen gilt, das die Gegner für Religion halten, gegen welches auch
Schleiermacher kritische Vorbehalte macht, das er aber auf der anderen
Seite auch gar nicht mit Religion identifiziert. Dieses Phänomen ist die
„Furcht vor einem ewigen Wesen und das Rechnen auf eine andere
Welt".[22] Der Hinweis auf die Religionsauffassung der Zuhörer gibt dem
Redner Gelegenheit, die prinzipielle und auch für sein eigenes Vorhaben

---

20 Siehe die abschließende Erklärung, die den Zusammenhang zwischen Adresse der Reden
    und Thematisierung der Religion variiert: „Nur Euch also kann ich zu mir rufen, die Ihr
    fähig seid Euch über den gemeinen Standpunkt der Menschen zu erheben, die Ihr den
    beschwerlichen Weg in das Innere des menschlichen Wesens nicht scheuet, um den
    Grund seines Thuns und Denkens zu finden" (KGA I/2, 197,26ff. = R, 20). Friedrich Wil-
    helm Graf deutet diese Aussage so, daß die Religion der Einheitsgrund des Denkens und
    Tuns des Menschen sein soll (Graf, Gefühl 160). Soweit ich sehe, ist dies nicht der Fall.
    Die Aussage entspricht den Aussagen, auf welche in der vorigen Anmerkung hingewie-
    sen wird.
21 KGA I/2, 198,4f. = R, 21. Zum folgenden KGA I/2, 197-199 = R, 21-24. Albrecht weist auf
    KGA I/2, 199,11ff. = R, 24, zur Unterstützung seiner These hin, indem er die Stelle aus
    ihrem unten analysierten Zusammenhang reißt (Albrecht, Theorie 119 Anm. 72).
22 KGA I/2, 198,12ff. = R, 22.

entscheidende Frage zu stellen, ob es um das Einzelne oder das Ganze, um die verschiedenen *Arten* der Religion oder um den *Gattungsbegriff* geht. Es ist ersichtlich, daß er auf den Allgemeinbegriff der Religion als den mit Bezug auf die Diskussion dieses Themas zunächst wichtigsten hinlenken will.[23]

Diese Unterscheidung der Art- und Gattungsbegriffe wird durch Wiederaufnahme der Notiz aus dem Gedankenheft, die von Arten des Zustandekommens von Theorien sprach, mit einer Unterscheidung *zweier Weisen, Begriffe der Religion zu bilden,*[24] verbunden. Sie wird auf diese Weise erklärt:

> „Jede Äußerung, jedes Werk des menschlichen Geistes kann aus einem doppelten Standpunkte angesehen und erkannt werden. Betrachtet man es von seinem Mittelpunkte aus nach seinem innern Wesen, so ist es ein Produkt der menschlichen Natur, gegründet in einer von ihren nothwendigen Handlungsweisen oder Trieben, oder wie Ihr es nennen wollt, denn ich will jezt nicht über Euere Kunstsprache richten; betrachtet man es von seinen Gränzen aus, nach der bestimmten Haltung und Gestalt, die es hie und dort angenommen hat, so ist es ein Erzeugniß der Zeit und der Geschichte".[25]

Dieser Passus ist in mehrfacher Hinsicht aufschlußreich für Schleiermachers Vorhaben in den ersten Reden. Es wird wiederum vorausgesetzt, daß Religion eine Äußerung des menschlichen Bewußtseins neben anderen Äußerungen ist. Als eine solche Äußerung kann sie zwei Reflexionsweisen unterzogen werden. Die erste zielt auf das Wesen der Religion ab, die zweite auf ihre konkreten, zeit- und ortsbestimmten Gestalten, auf ihre geschichtliche Erscheinung.[26] Diese Fragerichtungen sind nicht alternativ zu verstehen, sondern beide sind legitim.[27] In einer weiteren Perspektive kann hinzugefügt werden, daß es die *Reden* generell kennzeichnet, daß die religionstheoretischen Bestrebungen durch zeitdiagnostische Reflexionen begleitet werden.[28] Schleiermachers Interesse an dieser Stelle gilt aber der Bestimmung des *Wesens* der Religion. So wie dieser Terminus im Zusammenhang besonders der beiden ersten Reden verwendet wird, liegt darin auch eine Unterscheidung des Wesens als des Eigentlichen von der verfälschenden Hülle: Die Religion erscheint nie in ihrer Reinheit, sondern nur mit fremden Zusätzen, von denen die Bestimmung der Religion

---

23 KGA I/2, 198,6ff. = R, 21.
24 Vgl. KGA I/2, 198,15.24ff.; 199,11; 202,5f. = R, 22.24.31.
25 KGA I/2, 198,16ff. = R, 22; vgl. KGA I/2, 267,12ff. = R, 176, wo es um den Begriff des Geselligen in der Religion geht.
26 Vgl. KGA I/2, 199,9f. = R, 24.
27 Vgl. KGA I/2, 296,13ff. = R, 242.
28 Vgl. Ulrich Barth, Reden.

deshalb diese befreien muß.[29] Die „Über das Wesen der Religion" über-
schriebene zweite Rede unternimmt eine Betrachtung der Religion in dem
ersten Sinn der Aussage, indem zuerst eine schon hier in der ersten Rede
vorbereitete, überwiegend negative, reinigende Bestimmung[30] und später
eine überwiegend positive Definition des Wesens der Religion[31] gegeben
wird. Schleiermacher nimmt darauf als auf den *allgemeinen* Begriff der
Religion Bezug,[32] und die einzelnen Glieder der Definition werden als
Teile der „allgemeinste[n] und höchste[n] Formel" oder des „allgemeine[n] Bild[es]" der Religion eingeführt,[33] woraus – wie die zweite Rede in
struktureller Übereinstimmung mit der Geselligkeitstheorie sagt – man
„jeden Ort in derselben finden" kann.[34]

In das Zitierte gehen verschiedene Gedankenfiguren ein, die uns bereits mehr oder weniger bekannt sind. Aus dem vorhergehenden wird der
Gedanke, die Religion ebenso wie Sittlichkeit und Recht auf das Wesen
des Menschen zurückzuführen, aufgenommen und präzisiert. Er hat Affinität zu einer damals verbreiteten Denkweise – man kann zum Beispiel
auf Spaldings Thematisierung der Religion hinweisen[35] –, der Kontext läßt
sich aber genauer eingrenzen. Der Gedanke wird mit Hilfe einer spezifisch
philosophischen Terminologie formuliert, die durch den Verweis auf die
Kunstsprache der Empfänger der Religionsschrift ausdrücklich hervorgehoben wird. Ein solcher Verweis war in Schleiermachers „Kurze Darstellung des Spinozistischen Systems" mehrmals festzustellen, wo er sich
besonders auf Reinholds Begrifflichkeit bezog.[36] Der Begriff des *Triebes*
begegnet erstmals bei Schleiermacher in seiner großen Freiheitsabhandlung, wo er im Anschluß an Reinhold als ein Grundbegriff in der Deutung
des Subjekts als eines praktischen eingeführt wurde.[37] Nachdem wir mit
Fichtes Weiterführung dieses Reinholdschen Begriffes bekannt geworden
waren,[38] fanden wir ihn in der Geselligkeitstheorie Schleiermachers neben

---

29 Vgl. KGA I/2, 210,30ff.; 207,7ff. = R, 48.39f.
30 KGA I/2, 207-211 = R, 41-50.
31 KGA I/2, 213-223 = R, 55-78.
32 KGA I/2, 296,13ff. = R, 242. Aus dieser Stelle, in der es um den Schritt der fünften Rede
    vom Wesen zur Wirklichkeit und Erscheinung der Religion geht, macht Albrecht einen
    Beleg gegen das Vorliegen eines begrifflichen Ansatzes bei Schleiermacher (Albrecht,
    Theorie 119 Anm. 72).
33 KGA I/2, 213,34ff.; 218,20f. = R, 55.66.
34 KGA I/2, 213,36 = R, 55, vgl. KGA I/2, 166,31f.
35 Spalding, Religion [1797], bes. 4ff.34f.124f., vgl. Virmond, Bemerkungen 259ff.
36 Siehe oben S. 150f.
37 Siehe 1.3.2.2.
38 Oben S. 182.

dem Begriff der Tendenz wieder.[39] Die *Reden* werden uns weitere Beispiele der Verknüpfung des Religionsthemas mit solchen Weisen der
Tätigkeit zeigen. Der Begriff von *notwendigen Handlungen* oder *Handlungsweisen*, der hier parallel zum Begriff des Triebes verwendet wird,
haben wir aber früher bei Schleiermacher nicht gesehen. Dagegen ist er
uns von Fichte her vertraut, der ihn in diversen Theorien verwendet.
Schleiermachers Gebrauch dieses Begriffes und Aspekte seiner Verwendung des Triebbegriffs können letztlich auf ihn zurückgeführt werden.
Die philosophische Sprache, die hier gesprochen wird, ist also eine
besonders durch Fichte geprägte. Die Bezeichnung solcher subjektiven
Tätigkeiten als *notwendig* haben wir in Verbindung mit Argumentationen
Schleiermachers zwar bisher nicht explizit thematisiert. Doch haben wir
sie in der Tat dort angetroffen, nämlich in Gestalt einer unumgänglichen,
natürlichen Tendenz zu Geselligkeit.[40] Dementsprechend wird in der ersten Rede die Religion als Ausdruck „eines nothwendigen Strebens der
Menschheit"[41] gefaßt.

Dadurch wird der Religionsbegriff ansatzweise *theoretisch* mit dem
Begriff des Strebens und des Triebes verknüpft. Dabei läßt sich der Theoriebegriff in folgender Weise näher bestimmen: Das religiöse Bewußtsein
wird zum Gegenstand einer Untersuchung, die es im Blick auf seine Gründe befragt, und dies zwar – wie das Prädikat der Notwendigkeit zeigt –
im Sinne *nicht-empirischer Voraussetzungen*. Darüber hinaus werden diese
Voraussetzungen auf die menschliche Natur oder, wie der Redner auch
sagt, auf das menschliche Wesen bezogen. Ziel der Untersuchung ist es
also, zu erweisen, daß die Religion ein Gebilde ist, das nicht – wie es mit
Anspielung auf das Zitat heißt – „hohl ist, sondern einen Mittelpunkt
hat", nicht „ein leerer und falscher Schein", sondern „wahr und ewig"
ist.[42] Weiterhin werden die notwendigen und wesentlichen Bedingungen
mit Strukturen des *Subjekts* identifiziert. Schon im vorhergehenden wurde
die Religion auf den Subjektgedanken bezogen, aber mehr auf der lebenspraktischen Ebene und zwar durch den Gedanken der Bildung als Selbstbildung. In diesem Zusammenhang ist auch auf Schleiermachers Formulierungen hinzuweisen, daß die Religion aus dem Innern des Gemüts oder
der Seele entspringt.[43]

Der Ansatz einer in einem weiten Sinn transzendentalen Theorie
zeichnet sich hier deutlich ab. Er ist ebenso bei der Thematisierung der

---

39 Oben S. 227.
40 KGA I/2, 168,7f.
41 Ebd. 198,32 = R, 23.
42 KGA I/2, 199,13f.4f.; 198,33f. = R, 23f.
43 KGA I/2, 199,36f.; 203,24f.; 204,34f. = R, 26.34.37.

Geselligkeit als einer notwendigen Tendenz und also bei dem allgemeinen Theoriebegriff in Schleiermachers „Versuch" einschlägig. In der Sache läßt sich der „doppelte Standpunkt" auf die Unterscheidung des transzendentalen praktischen und des empirischen Standpunktes der Notiz Nr. 15 des ersten Gedankenheftes[44] beziehen und als Anwendung dieser Unterscheidung auf die Methode verstehen. Schleiermacher erläutert diesen Ansatz nicht genauer. Jedenfalls kann dieser weder in den *Reden* noch in der Gesellligkeitsabhandlung im Kantischen Sinne gemeint sein. Die Terminologie deutet auf Fichte hin. Dementsprechend werden Bedingungen nicht nur der Erkenntnis, sondern auch der Praxis – wie dies jedenfalls bei der Geselligkeit der Fall ist – genannt und in einem weiten Sinn praktische Bedingungen, Triebe etc., hervorgehoben. Die Bedingungen, um deren Thematisierung es Schleiermacher hier geht, sind weniger mit denen in der Wissenschaftslehre als mit denen in Fichtes Naturrecht und Sittenlehre zu vergleichen.

Trotzdem ist der unmittelbare Kontext des Theoriebegriffs Schleiermachers nicht die Fichtesche Philosophie. Dies kann von der Untersuchung seiner seit der 15. Notiz veränderten Fichte-Rezeption und insbesondere seines „Versuch einer Theorie des geselligen Betragens" her behauptet werden. Der nächste philosophische Kontext ist das Denken Friedrich Schlegels. Es soll hier nur darauf hingewiesen werden, wie dieser – wie Schleiermacher die Religion – verschiedene Funktionen auf Anlagen, Triebe u.ä. zurückführt. So ist nach Schlegels 256. Fragment im *Athenaeum* die Schönheit „eine der ursprünglichen Handlungsweisen des menschlichen Geistes; nicht bloß eine notwendige Fiktion, sondern auch ein Faktum, nämlich ein ewiges transzendentales".[45]

Schleiermacher begreift also die Religion vom Gedanken des endlichen Subjekts her und als eine Form menschlicher Tätigkeit. Dies erschöpft aber nicht seinen Begriff der Religion. Daß diese mehr als ein in diesem Sinn subjektives Phänomen ist, geht schon aus der eingangs berührten Vorstellung von der göttlichen Notwendigkeit hervor, auf die sich der Redner beruft. Dasselbe ergibt sich aus einem weiteren Abschnitt der ersten Rede, der außerdem das Systematische in Beziehung auf die Religion stark abwertet.[46] Die „Systemsucht" oder das „Princip des Systemwesens" ist des öfteren Gegenstand der Polemik der *Reden*.[47] Dies ist ein gängiger Topos der Frühromantik, der jedoch auch bei allen

---

44 Siehe oben 2.3.1.
45 KFSA II, 209. Vgl. die Bestimmung der Philologie ebd. 241f. Nr. 404, und in Schlegels Heften „Zur Philologie", KFSA XVI, z.B. 64 Nr. 51.
46 KGA I/2, 199-202 = R, 24-31.
47 Vgl. KGA I/2, 217,20; 301,1f. = R, 64.253.

anderen Vertretern im Verhältnis zu streng systematischen Motiven gesehen werden muß. Man kann zum Beispiel die Beziehung von System und Fragment bei Friedrich Schlegel vergleichend heranziehen.[48]

Schleiermacher weist darauf hin, wie die gebildeten Religionsverächter die verschiedenen Systeme und Theorien der Theologie verachten, „wo alles auf ein kaltes Argumentiren hinausläuft, und nichts anders als im Ton eines gemeinen Schulstreites behandelt werden kann".[49] Er denkt nicht zuletzt an rationalistische Theologien des achtzehnten Jahrhunderts.[50] Wiederum ist nach Schleiermacher diese Verachtung berechtigt, nur trifft sie nicht die Religion selbst, die aus dem Gemüt spontan hervorgeht, alle seine anderen Funktionen bewegt und so die allseitige Bildung des Menschen fördert.[51] Es kann hinzugefügt werden, daß die Verachtung auch nicht Schleiermachers eigene Theorie treffen kann, die ja – wie der Zusammenhang mit dem in seinem „Versuch einer Theorie des geselligen Betragens" entworfenen Theoriebegriff deutlich macht – einen elementaren Ausgangs- und Referenzpunkt hat und so bleibend auf das Leben bezogen ist. Weiterhin weist Schleiermacher auf das philosophische Interesse und Wissen der Zuhörer hin, indem er sich – ohne Platon explizit zu nennen – auf die nur sekundäre Bedeutung des Systembaus in der Philosophie beruft, aber eben auch in der Religion, „da sie sich ihrem ganzen Wesen nach von allem Systematischen eben so weit entfernt, als die Philosophie sich von Natur dazu hinneigt".[52] Das, was dem System voraus liegt und sich ihm entzieht, faßt Schleiermacher unter dem Stichwort *Offenbarung* zusammen, das er mit Hilfe verschiedener astronomischer Bilder umschreibt. Er schlußfolgert mit Rücksicht auf das Verstehen von Religion: „Diese himmlischen Funken müßt Ihr aufsuchen, welche entstehen, wenn eine heilige Seele vom Universum berührt wird, Ihr müßt sie belauschen in dem unbegreiflichen Augenblick in welchen sie sich bildeten".[53]

Worauf es uns bei diesem Passus, der eine Pointe der zweiten Rede vorwegnimmt, ankommt, ist, daß der Begriff der Religion in den *Reden* doppelseitig ist: Religion wird nicht nur als *Haltung des menschlichen Subjekts*, sondern auch als dessen *Bestimmtheit durch eine übersubjektive*

---

48 Siehe unter anderem KFSA XVIII, 100 Nr. 857, und KFSA II, 173 Nr. 53: „Es ist gleich
    tödlich für den Geist, ein System zu haben, und keins zu haben. Er wird sich also entschließen müssen, beides zu verbinden".
49 KGA I/2, 200,7ff. = R, 26.
50 Siehe KGA I/2, 199,32ff.22ff. = R, 25.
51 KGA I/2, 199,36ff. = R, 26.
52 KGA I/2, 201,6ff. = R, 28.
53 KGA I/2, 201,32ff. = R, 30.

Wirklichkeit gefaßt. Dadurch erweist sich Schleiermachers Religionsphilosophie als genuin frühromantisch.

3.1.2. Der enzyklopädische Ort der Religion

Der Theorieansatz der Religionsschrift soll nunmehr im Blick nicht so sehr
auf die interne Anlage der Theorie der Religion als auf die Stellung der
Religion im Verhältnis zu anderen Funktionen des menschlichen Geistes
analysiert werden. In der ersten Rede behandelt Schleiermacher die Religion in Parallelität zu Funktionen wie Sittlichkeit und Recht. In der
Entfaltung des Ansatzes in der zweiten Rede bezieht er sie überwiegend
auf *Metaphysik* und *Moral*. Sein Hauptziel ist, insbesondere ihnen gegenüber die Selbständigkeit der Religion darzutun. Er bezieht diese auch auf
die *Kunst*, die jedoch nach den *Reden* enger mit der Religion verbunden
ist. Ich versuche diese Begriffe und Relationen zu erklären, indem ich sie
auf verwandte Ideen Friedrich Schlegels beziehe.

Vorläufig sei darauf hingewiesen, inwiefern es sich bei den Verhältnisbestimmungen um Bekanntes oder Neues bei Schleiermacher innerhalb
seines philosophischen Kontexts handelt. Eine Unterscheidung von Religion und Metaphysik hat er früh eingeführt.[54] Sie setzt die Kantische
Metaphysikkritik voraus, die Schleiermacher – vermutlich unter Rehbergs
Einfluß – verschärfte. Diese gehört noch zu den philosophischen Prämissen der *Reden* und ihrer Bestimmung des Verhältnisses zwischen Religion
und Metaphysik. Die relevanten frühen Dokumente Schleiermachers sind
„Über das höchste Gut" und „Wissen, Glauben und Meinen". Besonders
der letztgenannte Text zeigt, daß er damals noch keine entsprechende
Unterscheidung von Moral und Religion vornahm, sondern gewissermaßen auf der Linie des Kantianismus und der deutschen Spätaufklärung
überhaupt die Religion von der Moralphilosophie her auslegte. Jedoch
weist Schleiermachers Unterscheidung von Moralität und Glückseligkeit
bereits auf seine spätere Unterscheidung der Religion von der Moral
voraus. Eine einseitig moralphilosophische Interpretation des Religionsthemas war noch in der religionsphilosophischen Literatur zur Zeit der
Veröffentlichung der *Reden* dominierend. Zum Beispiel kann auf entsprechende Artikel in der leitenden philosophischen Zeitschrift *Philosophisches
Journal* in der zweiten Hälfte der neunziger Jahre hingewiesen werden.[55]

---

54   Siehe oben 1.5.2-3.
55   Siehe unter anderem Niethammer, Philosophische Briefe über den Religions-
     Indifferentismus und einige damit verwandte Begriffe, PhJ 4, 1796, 1-80.93-184; Salat,
     Geht die Moral aus der Religion, oder diese aus jener hervor? PhJ 5, 1797, 197-240; ders.,

Trotzdem stand Schleiermacher mit seiner Unterscheidung von Religion und Moral, die in einem neuen Religionsbegriff begründet ist, nicht allein. So hat sie eine genaue Parallele in Hölderlins Religionsfragment[56] und ist mit der philosophischen Aufwertung der Kunst in der übrigen Frühromantik in Verbindung zu sehen, die auch – unter anderem in der Gestalt der Forderung einer neuen Mythologie – die Religion einbezieht. Ist Schleiermachers neue Unterscheidung im Zusammenhang mit seiner romantischen Konzeption zu verstehen, verschlingen sich in seinen Hauptdistinktionen also Kantische und spezifisch frühromantische Gedankenlinien.

Neu bei Schleiermacher ist auch die Drei- oder Vierteilung, mit welcher er wie mit einer festen Größe operiert. Sie ist spätestens von 1798 an auch bei Schlegel festzustellen,[57] weshalb Schleiermachers Verwendung derselben von seinem und Schlegels Symphilosophieren herrühren dürfte. Meines Erachtens muß sie weitgehend auf einen Einfluß Schlegels auf Schleiermacher zurückgeführt werden.[58] Nicht nur wird die Vierteilung von ihm zum Gegenstand einer Menge von Notizen gemacht, die wohl als solche für seine Urheberschaft spricht. Sie hängt auch mit Projekten zusammen, die in Schlegels Werk weiter zurückreichen, und überhaupt mit dem, wovon Schleiermacher in einem Brief mit Bezug auf ihn als von „seinem großen System", „seiner allgemeinen Ansicht des menschlichen Geistes, seiner Funktionen und Produkte und ihrer Verhältniße" schreibt.[59] Mit anderen Worten, es ist dabei an seine umfassende Bildungs- und Kulturtheorie zu denken. Auf deren Bedeutung für Schleiermacher hat schon Dilthey hingewiesen, der von ihr aus Linien besonders zur Kulturtheorie der späteren philosophischen Ethik Schleiermachers zog, sie aber auch mit der Verhältnisbestimmung der Religion zu den anderen Funktionen des menschlichen Geistes in den *Reden* verband.[60] Die betref-

---

Noch ein Beitrag über die moralische Begründung der Religion, PhJ 8, 1798, 191-279; Fichte, Ueber den Grund unsers Glaubens an eine göttliche Weltregierung, ebd. 1-20 = FW V, 175-189; Forberg, Entwickelung des Begriffs der Religion, PhJ 8, 1798, 21-46, auch zugänglich in Röhr, Appellation 23-38.

56 Hölderlin, Werke 858-64, dort 863f.

57 Siehe KFSA XVIII, 70ff.

58 Ernst Behler rechnet hier dagegen mit einem Einfluß Schleiermachers auf Schlegel (Behler, Kommentar, KFSA XIX, 361-566, dort 398).

59 KGA V/3, Nr. 758,78ff.

60 Dilthey, Leben, Bd. 1.1, 251.254.381, vgl. Behler, Einleitung, KFSA XVIII, IX-LXX, dort XXV. Dilthey hebt zu Recht hervor, daß Schlegels Theorie sich modifizierend an die Wissenschaftslehre anschließt.

fende Theorie Schlegels hat dieser selbst unter dem Titel der *Enzyklopädie*
erörtert.[61]

Schlegels Enzyklopädieprojekt, das durch die Jahre erhebliche Veränderungen erleidet und uns hier nur, wie es zur Zeit der Zusammenar-
beit Schleiermachers und Schlegels formuliert wird, interessiert, kommt
nie über eine experimentierende Form hinaus. Es schließt eine Mannigfaltigkeit von Motiven ein. Von Enzyklopädie handelt Schlegel, der auch
hier von Fichte ausgeht und über ihn hinausstrebt, in einem sehr weiten
Sinn.[62] Es ist nicht nur von Enzyklopädie im Sinne der Systematik der
Wissenschaften die Rede, wie zum Beispiel bei Schleiermachers späterer
theologischer Enzyklopädie – *Kurze Darstellung des theologischen Studiums*
von 1811 und 1830 – und allgemeiner Wissenschaftssystematik. Auch auf
die Systematik und auf die Institutionen der Wissenschaften beziehen sich
Schlegels Ideen, aber die Enzyklopädie soll nicht allein diese, sondern
ebenso die Künste umfassen. Das Projekt steht nicht zuletzt für das In-
Beziehung-Setzen von Wissenschaft und Kunst, Philosophie und Poesie,
Idealismus und Realismus, die er in den Fragmenten Nr. 115 im *Lyceum
der schönen Künste* und Nr. 116 im *Athenaeum*[63] und im „Gespräch über die
Poesie" fordert. Wichtiger an dieser Stelle ist eine damit verbundene
andere Erweiterung der Perspektive über die Wissenschaften hinaus: Die
Enzyklopädie wird von Schlegel wesentlich als *Bildung* gefaßt. Ernst
Behler hebt hervor, daß sie in diesem Schlegelschen Zentralbegriff „gip-
felt, der sich, grob gesagt, in die unter sich zusammenhängenden Bereiche
der Philosophie, Poesie, Moral und Religion gliedert".[64]

Versucht man, von da her Schleiermachers religionstheoretischen Ansatz aufzuklären, so ist zuerst auf die Bedeutung dieser – wie Behler ziemlich unbestimmt sagt – Bereiche, wie sie in den *Reden* dargestellt werden,
einzugehen. Was ist ihnen gemeinsam, um welche Art der Einstellung
oder Tätigkeit geht es in ihnen? Günter Meckenstock hat darauf aufmerksam gemacht, daß Schleiermacher sie nicht oder jedenfalls nicht in erster
Linie als wissenschaftliche Disziplinen, sondern als „primäre Lebensakte",
„Lebenseinstellungen und Leistungszusammenhänge" aufgreift.[65] Diese
zutreffende Beobachtung kann im Zusammenhang mit der Schlegelschen
Konzeption sinnvoll erklärt werden. Schleiermacher bezieht sich vorerst

---

61   Zum folgenden Behler, Studien [1988] 236-263, bes. 255-258. Worauf auch Behler hin-
     weist, hat sich Schleiermacher intensiv für dieses Projekt des Freundes interessiert; vgl.
     KGA V/3, Nr. 791,31ff.; V/4, Nr. 953,4ff.; Br 3, 330.
62   Vgl. oben Kap. 2 Anm. 392.
63   KFSA II, 161.182f.
64   Behler, Studien [1988] 255.
65   Meckenstock, Ethik 224.

auf Metaphysik, Moral und Religion als primäre Lebensakte, weil es ihm wie Schlegel um Bildung in einer lebenspraktischen Bedeutung geht.[66] Die drei Funktionen werden also als Faktoren der Bildung in diesem Sinn gefaßt. Als solche primäre Tätigkeiten werden Metaphysik und Moral auch als Spekulation und Praxis von der Religion unterschieden,[67] ebenso wie Schleiermacher hier statt von Moral auch von Sittlichkeit reden kann. Wie auch Meckenstock andeutet, erschöpft dies jedoch nicht ihre Bedeutung in der Religionsschrift. Die Interpretation der Funktionen ist nicht gleichermaßen zutreffend. Besonders der Metaphysikbegriff hat Konnotationen, die in eine andere Richtung weisen. So behandelt Schleiermacher Metaphysik und Moral als Disziplinen mit bestimmten Aufgaben und Verfahrensweisen und verweist auf die Diskussion um die Fachphilosophie von Kant an.[68] Metaphysik und Moral erscheinen als theoretische und praktische Philosophie.[69] Dieses Schillern zwischen einer lebenspraktischen und einer wissenschaftlichen Ebene hat Schleiermacher mit Schlegels bildungstheoretischem Enzyklopädieprojekt gemeinsam. Von dort her konnte das Schillern plausibel erscheinen, insofern die Wissenschaften nach Bestimmungen Schlegels, die auch bei Schleiermacher Spuren hinterlassen haben,[70] als kunstmäßige Weiterführungen von natürlichen oder angeborenen im Sinne von vorwissenschaftlichen Tätigkeiten aufgefaßt werden.

Um sich Schleiermachers Auffassung des gegenseitigen Verhältnisses der Funktionen untereinander anzunähern, ist ferner auf eine Aussage zu achten, die die Einführung der Unterscheidung der Religion von Metaphysik und Moral vorbereitet und auf pointierte Weise von Bildung spricht:

> „Es ist Euch ja bekannt, wie jezt alles voll ist von harmonischer Ausbildung, und eben diese hat eine so vollendete und ausgebreitete Geselligkeit und Freundschaft innerhalb der menschlichen Seele gestiftet, daß jezt unter uns keine von ihren Kräften, so gern wir sie auch abgesondert denken, in der That abgesondert handelt, [...] so daß man sich in dieser gebildeten Welt vergeblich nach einer Handlung umsieht, die von irgend einem Vermögen des Geistes,

---

66 Dieser elementare Charakter der Funktionen kommt wohl auch zum Ausdruck, wenn Behler sie „Geistesstile" nennt (KFSA XIX, bes. 398). Trotzdem scheint dieser Begriff nicht angemessen zu sein. Schlegel spricht anspruchsvoller von Arten der Bildung, Anlagen der Menschheit u.a.

67 KGA I/2, 212,17ff. = R, 52f.

68 KGA I/2, 207,36ff.; 212,2ff. = R, 41ff.51.

69 KGA I/2, 209f. = R, 45ff.

70 Siehe oben 2.4.1.1.

es sei Sinnlichkeit oder Verstand, Sittlichkeit oder Religion, einen treuen Ausdruk abgeben könnte".[71]

Dieser Bildungsgedanke, dem Schleiermacher ausdrücklich beipflichtet,[72] unterscheidet sich deutlich von dem in seinem Jugendwerk artikulierten, wie der Vergleich mit dem noch durch Gedankenformen der Schulphilosophie geprägten Humanitätsideal in „Über den Wert des Lebens" von 1792/93[73] zeigt. Inzwischen ist eine neue Rezeption von neuhumanistischem Gedankengut zu beobachten, darunter offenbar Schlegels frühe Graeca, besonders *Die Griechen und Römer. Historische und kritische Versuche über das klassische Alterthum*, die 1797 erschienen. Im Zusammenhang der zweiten Rede dient die zitierte Aussage erstens zur Begründung der Notwendigkeit des Gebrauchs eines Analyseverfahrens, aufgrund dessen die Faktoren der Bildung getrennt und die Religion rein betrachtet werden können. Zweitens hebt sie darauf ab, daß die Isolation von dieser jedoch nicht ein letztes Ziel ist: Die Religion wird abgesondert gedacht, ist aber nicht als solche, sondern nur innerhalb eines Zusammenhangs von einander ergänzenden Funktionen wirksam.

Weiter eignet sich die Aussage zur Verdeutlichung einer damit zusammenhängenden Intention von Schleiermachers Bestimmung der Religion in Beziehung auf die anderen Tätigkeiten des Geistes. Sie besteht in der Forderung der Allseitigkeit der Bildung, die er als Argument für die Legitimität der Religion auswertet.[74] Schleiermachers Gedankengang geht jedoch weiter: Er behauptet polemisch, daß nur sie diese Allseitigkeit sichert. Die Begründung, die er hier für diese These gibt, läuft vor allem darauf hinaus, daß jede andere Tätigkeit des Menschen per Definition vereinseitigend und beschränkend ist.[75] Schleiermachers Verhältnisbestimmungen sind also nicht darauf eingeschränkt, den „schneidenden Gegensaz"[76] der Religion zur Metaphysik und Moral hervorzuheben. Er weist auch auf Beziehungen zwischen ihnen hin, und zwar auf solche, die

---

71 KGA I/2, 207,17ff. = R, 40f.
72 KGA I/2, 207,28f. = R, 41.
73 Siehe oben Kap. 1 Anm. 132.
74 KGA I/2, 199,37f. = R, 26, und KGA I/2, 212,15ff. = R, 52, wo Selbständigkeit und Unentbehrlichkeit der Religion verbunden werden: „So behauptet sie ihr eigenes Gebiet und ihren eigenen Charakter nur dadurch, daß sie aus dem der Spekulazion sowohl als aus dem der Praxis gänzlich herausgeht, und indem sie sich neben beide hinstellt, wird erst das gemeinschaftliche Feld vollkommen ausgefüllt, und die menschliche Natur von dieser Seite vollendet. Sie zeigt sich Euch als das nothwendige und unentbehrliche Dritte zu jenen beiden, als ihr natürliches Gegenstük, nicht geringer an Würde und Herrlichkeit, als welches von ihnen Ihr wollt".
75 KGA I/2, 238f. = R, 112ff., vgl. KGA I/2, 200,1ff; 212f. = R, 26.52ff.
76 KGA I/2, 211,23f. = R, 50.

in Einflüssen der Religion auf Philosophie und Moral bestehen. Dagegen werden Wirkungen im umgekehrter Richtung in den *Reden* nicht expliziert.

Um die exponierte Stellung der Religion unter den Faktoren der Bildung verstehen zu können, müssen wir einen Blick auf den Gedankengang werfen, in welchem Religion, Metaphysik und Moral voneinander unterschieden werden. Diese werden hier vorerst als wissenschaftliche Disziplinen erörtert, sind aber zugleich als elementare Tätigkeiten des menschlichen Subjekts gemeint.[77] Es wird behauptet, daß die drei Funktionen denselben Gegenstand haben, das Universum und das Verhältnis des Menschen zu ihm. Vorläufig interessiert uns im Hinblick auf diese sehr wichtige These das Trennende: Metaphysik und Moral einerseits und Religion andererseits behandeln den Gegenstand unterschiedlich, sie haben jeweils „eine andere Verfahrensart oder ein anderes Ziel".[78] In Schleiermachers Beschreibung dessen, was die Metaphysik und die Moral tun, ist die häufige Verwendung von Begriffen wie „klassifizieren", „abteilen" und „deduzieren" auffällig. Darin kommt zum Ausdruck, worum es letztlich geht: Sie artikulieren alle Operationen des Bestimmens von etwas als etwas.[79] Als solche verendlichen sie unvermeidlich das Unendliche. Demgegenüber soll sich die Religion dadurch auszeichnen, sich auf eine nicht reduzierende Weise auf das Unendliche zu beziehen. Dies darzutun, ist Aufgabe von Schleiermachers konstruktiver Bestimmung des religiösen Bewußtseins.

Die Schleiermacher mit Schlegel parallelisierende Interpretation scheint nun durch Unterschiede zwischen beiden problematisiert zu werden, die unter anderem in Schlegels Besprechung der *Reden* zum Ausdruck kommen. Seine Einwände laufen vorwiegend darauf hinaus, daß der Redner das Programm nicht vollständig durchführt. Dies soll erstens für die geforderte Bestimmung, „daß die Religion ursprünglich und ewig eine eigentümliche Anlage der Menschheit und ein selbständiger Teil der Bildung sei", zweitens für die Behandlung der anderen Elemente der Bildung und endlich auch für die ihrer wechselseitigen, harmonischen Beziehungen gelten.[80] Um diese Einwände Schlegels im Verhältnis zu unserer Fragestellung angemessen beurteilen zu können, muß man drei Punkte beachten.

Erstens bestätigt Schlegels Besprechung, daß beide Denker im wesentlichen von demselben Enzyklopädie- und Bildungsgedanken her

---

77 KGA I/2, 207ff. = R, 41ff.
78 KGA I/2, 208,9ff. = R, 42.
79 Lönker, Erleben 54f., vgl. Albrecht, Theorie 151ff.
80 KFSA II, 276.278.280.

operieren. Dieser ist überdies vor dem Hintergrund ihrer weitgehend gemeinsamen frühromantischen Grundansätze und Gedankenformen konzipiert. An diesem Punkt kann auch auf Schlegels Fragment Nr. 252 in *Athenaeum* hingewiesen werden, das eine „Philosophie der Poesie" projektiert, die dem Ansatz der Religionsschrift Schleiermachers zu einer Philosophie der Religion entspricht: Sie soll „mit der Selbständigkeit des Schönen beginnen, mit dem Satz, daß es vom Wahren und Sittlichen getrennt sei und getrennt sein solle, und daß es mit diesem gleiche Rechte habe".[81]

Zweitens: Ein prinzipieller Unterschied zwischen Schleiermacher und Schlegel ist nicht so sehr im Bildungsbegriff als im Begriff der Religion und im Verständnis ihrer Relation zur Kunst zu erkennen. Es besteht jedoch auch hier kein einfacher Gegensatz zwischen beiden, so eng sie durch die frühromantische Annahme verbunden sind, daß das Unendliche nicht durch philosophisches Wissen, sondern nur durch Kunst oder Religion vergegenwärtigt werden kann. Schlegels Interesse gilt aber vorrangig der Kunst, und sein Begriff der Religion hat ein gewisses artifizielles Gepräge. Schleiermacher steht seinerseits der romantischen Aufwertung der Kunst näher, als es vielleicht zunächst scheint.[82] Er stellt das Universum als ein Kunstwerk dar,[83] und sein Religionsbegriff hat ästhetische Konnotationen. Bei Schleiermacher behält die Religion jedoch den Primat. Obwohl er selbst von der Hervorbringung einer neuen Bibel und einer neuen Religion sprechen kann,[84] hat er kein Verständnis für Schlegels Idee eines Entwurfs einer neuen Mythologie.[85] Dies macht deutlich, warum er die Kunst mit den anderen Tätigkeiten der Gebildeten letztlich von der Religion unterscheiden muß:[86] Bei aller Affinität der Religion zur Kunst soll gesichert werden, daß sie nicht als *Fiktion* gefaßt werden kann.

Dies ist drittens damit in Verbindung zu sehen, daß Schleiermacher Schlegels – wie Novalis' – romantischem Projekt der Synthetisierung aller Disziplinen und Tätigkeiten des Geistes gegenüber überhaupt reserviert bleibt. So ist zweifelhaft, ob Schlegels weitere These im 252. Fragment, daß die Philosophie der Poesie mit der völligen Vereinigung von Poesie, Philosophie und Praxis schließen soll, eine Entsprechung bei ihm finden

---

81 Ebd. 207.
82 Siehe besonders KGA I/2, 262ff. = R, 168ff.; Lehnerer, Kunst; Müller, Religion; Scholtz, Kunstreligion.
83 Besonders KGA I/2, 225,34ff.; 229,10ff.; 231,34ff. = R, 83f.91.97.
84 KGA I/2, 242,15ff.; 304,21ff. = R, 122.261f.
85 Vgl. KGA V/3, Nr. 817,84ff.
86 Vgl. besonders KGA I/2, 238f. = R, 112-115.

könnte. Schleiermacher kommt es bei allen Beziehungen zugleich auf das Festhalten grundlegender Unterschiede an. Dies repräsentiert ein aufklärerisches Erbe bei ihm, das ihn mit Kant verbindet. Er muß es durch diese Seite des Projekts Schlegels bedroht gesehen haben.[87]

Zuletzt soll zu der gravierenden Kritik, die der skizzierte Befund in der Schleiermacher-Diskussion immer veranlaßt hat, Stellung genommen werden. Ich beziehe mich auf neuere Beispiele. Günter Meckenstock sieht bei Schleiermacher große Probleme, die zunächst die Frage nach dem Zusammenhang der Funktionen überhaupt betreffen: Meckenstock stellt das Vorliegen einer „ziemlich vermittlungslosen Nebenordnung der Religion neben Metaphysik und Moral" fest; die Eigenständigkeit der Religion wird durch „Provinzialisierung der Subjektivität" erreicht;[88] das sagt er unter Anspielung auf Schleiermachers doch lediglich die Selbständigkeitsthese ausdrückende Wendung, daß der Religion „eine eigne Provinz im Gemüthe angehört".[89] Die Subjektivität wird „nicht als vermittelte Einheit begriffen, die Religion nicht als Einheitsmoment in dieser Vermittlung", was auf Kosten der Deutung der Religion als „Letztbegründung" geschieht.[90]

Diese Kritik ist meines Erachtens nicht zutreffend. Daß die Beziehungen zwischen den Elementen der Bildung in den *Reden* nicht vollständig dargestellt werden, läßt sich zunächst durch den eigentümlichen Charakter, durch die rhetorische Form und die polemisch-apologetische Anlage dieser Schrift erklären. Systematisch entscheidender ist, daß die Kritik der bildungstheoretischen Konzeption und dem spezifischen Theoriebegriff Schleiermachers nicht Rechnung trägt. Es ist hier auch an Schleiermachers früh entwickelte Skepsis gegen psychologischen Monismus zu erinnern.[91] Was den Kritikern einer angemessenen Beurteilung besonders im Wege steht, ist der von ihnen für die Religion in Anspruch genommene Letztbegründungsgedanke.

Zweitens bezieht sich die Kritik auf das Verhältnis der Religion zur Philosophie. Nach Meckenstock widerspricht Schleiermachers Hervorhebung der positiven Wirkung der Religion ihrer Entgegensetzung zu den

---

87   Vgl. Dierkes, Art 550f.558. Dierkes weist – mit Bezug auf Novalis, aber nicht ohne Relevanz für die Beziehung zwischen Schlegel und Schleiermacher – auf Konsequenzen im Politikverständnis und in der Stellung zum Katholizismus hin.
88   Meckenstock, Auseinandersetzung 35.
89   KGA I/2, 204,35 = R, 37.
90   Meckenstock, Auseinandersetzung 35. Im Blick auf eine solche Einheitsfrage hat auch Friedrich Wilhelm Graf in seinem einflußreichen Aufsatz die *Reden* gemustert (Graf, Gefühl). Vgl. auch Jörg Dierkens Forderung einer Begründung der Reflexion durch die Religion (oben Anm. 10).
91   Siehe oben besonders 1.3.2.3.

anderen Funktionen. Noch schlimmer sei das Fehlen von Hinweisen auf deren Einflüsse auf die Religion: „Hier hat Schleiermacher methodisch und sachlich einen blinden Fleck". Daraus folge, daß sich die Philosophie, ohne daß sich Schleiermacher dessen bewußt ist, in den Aussagen über die Religion geltend macht.[92] Andreas Arndt geht auf dieser Linie weiter. Er meint, Schleiermacher „habe die Trennung und zugleich Entsprechung von Philosophie und Religion bzw. Theologie durch die massive Ausbeutung einer begrifflichen Unklarheit zustandegebracht, die – jedenfalls philosophisch – darin begründet ist, daß er sich des Begriffs enthält". Arndt behauptet, daß Schleiermacher hier wie in seinem Werk überhaupt das Verhältnis von Philosophie und Theologie oder diese und die Religion im Verhältnis zur Philosophie marginalisiert, was „nur den blinden Fleck in seiner systematischen Konstruktion" bezeugt.[93] Nach Arndt unterscheidet sich Schleiermacher darin zu seinem eigenen Nachteil von Schlegel.[94]

Diese Kritik ist insofern berechtigt, als an diesem Punkt beim Redner in der Tat ein Defizit besteht, das nicht allein mit Verweis auf die Form der Schrift gerechtfertigt werden kann. Es erschwert die Interpretation, meines Erachtens geht es aber nicht um ein *prinzipielles* Problem. Ansatzweise macht sich philosophische Reflexion in den *Reden* geltend. Es erscheint nicht plausibel, daß dies nur unbewußt erfolgen sollte. Wie im vorhergehenden Abschnitt gezeigt, haben wir es durchaus mit einer philosophischen Theorie der Religion zu tun. Schleiermachers Darstellung der Metaphysik, deren Beziehung zur Religion in der Schrift komplexer ist, ist freilich unbefriedigender. Es soll später versucht werden, eine *implizite* Metaphysik bei Schleiermacher zu identifizieren.[95] Endlich berücksichtigt die Kritik nicht hinreichend Schleiermachers Interesse an der Verteidigung von seiner Auffassung nach fundamentalen Distinktionen.

---

92 Meckenstock, Ethik 226.
93 Arndt, Kommentar 1073f. Arndts Beurteilung des Ansatzes kommt in weiteren drastischen Ausdrücken zum Wort: Er spricht von „dieser 1799/1800 erstmals massiv sichtbar werdenden Schwierigkeit" und nennt sie sogar einen „Defekt" (ebd. 1074). Diese Interpretation und Kritik Schleiermachers führt die Linie von Arndts Behandlung seiner ersten Entwürfe weiter (siehe besonders ebd. 1059f.) und beherrscht auch Arndts Behandlung der Dialektik und der Glaubenslehre (unter anderem ebd. 1207.1223f.). Wie beim Frühwerk (siehe oben Kap. 1 Anm. 470) ist sie meines Erachtens beim Spätwerk weit davon entfernt, Schleiermachers Intention und seiner Argumentation gerecht zu werden (siehe unten besonders Kap. 10).
94 Arndt, Kommentar 1066f.
95 Als Beispiel, wie die Philosophie unter der Hand tätig ist, nennt Meckenstock Schleiermachers Stufung von Arten der Anschauung des Universums im Anhang zur zweiten Rede (siehe unten Kap. 4 Anm. 20). Meines Erachtens geht es dort jedoch nicht um unbewußte, sondern gerade um nicht explizit gemachte Metaphysik.

3.2. Der Begriff der Religion

Es soll nun die Durchführung des religionstheoretisches Ansatzes näher untersucht werden: Welcher Begriff oder welche Begriffe von Religion sollen den theoretischen Umriß ausfüllen? Worin besteht das angekündigte neue Verständnis dieses Themas?

Schleiermacher gibt nicht nur *eine* Definition, sondern mehrere Bestimmungen, die sich von dem, was er früher über die Religion gesagt hat, unterscheiden. Ein Beispiel ist die polemische Bezeichnung der Religion als eines zwar nicht blinden oder dunklen Instinkts, aber doch als eines Instinkts: Die Religion ist ein „heilige[r] Instinkt", „Instinkt fürs Universum".[96] Eine wichtigere und pointiertere Bestimmung lautet, daß Religion „Sinn und Geschmak fürs Unendliche" ist.[97] Grenzt die erste Formulierung von willensbestimmter Praxis ab, ist diese Definition des religiösen Bewußtseins mit einem ästhetischen Akzent versehen und tendiert dahin, Religion in Zusammenhang mit Kunst zu bringen. Beide Momente können auf die bekannte Religionsdefinition der *Reden* bezogen werden: „Ihr Wesen ist weder Denken noch Handeln, sondern Anschauung und Gefühl. Anschauen will sie das Universum, in seinen eigenen Darstellungen und Handlungen will sie es andächtig belauschen, von seinen unmittelbaren Einflüßen will sie sich in kindlicher Paßivität ergreifen und erfüllen laßen".[98] Die Bestimmung der Religion als Anschauung und Gefühl ist die einzige, die von Schleiermacher zum Gegenstand einer näheren Darstellung gemacht wird. Auf diese Darstellung wird sich die folgende Analyse konzentrieren. Zuvor ist allerdings auf eine Gedankenlinie bei Schleiermacher einzugehen, die sachlich eng mit der Bestimmung der Religion als Anschauung und Gefühl verknüpft ist und die Tendenz und Problematik mit ihr teilt, auf der anderen Seite aber eigenständig ist und eine andere Provenienz hat: auf die platonischer Tradition entsprungene und abseits von der akademischen Philosophie entwickelte Vereinigungsphilosophie.

3.2.1. Vereinigung

Die Vereinigungsphilosophie wurde besonders durch den niederländischen Literaten und Denker Frans Hemsterhuis in die deutsche Diskussi-

---

96 Vgl. KGA I/2, 196,41; 239,13 = R, 19.114, mit KGA I/2, 234,27f.; 244,20; 310,31 = R, 103.126.277.

97 KGA I/2, 212,31f. = R, 53.

98 KGA I/2, 211,32ff. = R, 50.

on eingeführt. Mit ihm hat sich Schleiermacher früher beschäftigt, spätestens in Verbindung mit seinen Studien zu den philosophischen Hauptwerken Jacobis 1793/94. Kennzeichnend für Schleiermachers damaligen Zugang zu Hemsterhuis war, daß er diesen wie auch Jacobi in Übereinstimmung mit dem Kritizismus brachte oder von ihm her kritisierte.[99] Diese Rezeptionsweise wird in den *Reden* weitergeführt. Es mag also sein, daß das uns jetzt Interessierende nicht eigentlich neu bei Schleiermacher ist. Es tritt aber erst in seinem romantischen Werk ausdrücklich hervor. Eine erneute Beschäftigung mit Hemsterhuis hat sich hier insofern nahe gelegt, als die anderen Frühromantiker diesen sehr hoch schätzten.

Die historisch-genetischen Aspekte der Beziehungen Schleiermachers zur älteren Vereinigungsphilosophie, zu welcher außer Hemsterhuis auch Herder zu rechnen ist, sind bereits an anderer Stelle behandelt worden.[100] Wir können uns deshalb auf das Sachliche konzentrieren. Es kommt uns darauf an, wie Schleiermacher die vereinigungsphilosophische Begrifflichkeit rezipiert und von seinen Voraussetzungen her transformiert und religionsphilosophisch anwendet. Vor allem dient sie ihm dazu, das Verhältnis zwischen dem Endlichen und dem Unendlichen im religiösen Bewußtsein darzustellen.

Zuerst sollen die Positionen, die Hemsterhuis und Herder in den einschlägigen Aufsätzen „Ueber das Verlangen"[101] und „Liebe und Selbstheit"[102] entwickeln, kurz dargestellt werden. Hemsterhuis untersucht die Begierde des Menschen, die er analog der Anziehungskraft in der Materie begreift.[103] Er stellt fest, daß der Mensch oder die Seele auf Genuß, auf ein völliges Einswerden, eine vollkommene, trennungslose Wesensvereinigung mit dem Begehrten hin angelegt ist. Der Gegenstand dieses Verlangens und mithin auch der Grad der möglichen Vereinigung wechseln – je größer die Gleichartigkeit zwischen Seele und begehrtem Gegenstand, desto inniger das Einswerden. Hemsterhuis stellt über die sinnliche Begierde die Freundschaft und über diese die Liebe; eine vollkommenere Vereinigung als die Liebe zwischen Menschen ist die Liebe zu Gott, d.h. nach Hemsterhuis die Anschauung Gottes. Übrigens hebt er die Individualität des religiösen Verhältnisses des Menschen zum höchsten Wesen

---

99 Vgl. oben S. 133.150.
100 Siehe Grove, Vereinigungsphilosophie, wo auch die relevante Literatur berührt wird. Es ist besonders Dieter Henrichs Verdienst, auch die Bedeutung der Vereinigungsphilosophie im nachfichteschen Denken herausgearbeitet zu haben, wobei er sich an Hölderlin orientierte. Zum folgenden besonders Henrich, Kontext 9-40; ders., Grund, bes. Kap. 12.
101 Hemsterhuis, Schriften, Bd. 1, 75-108.
102 Herder, Liebe.
103 Hemsterhuis, Schriften, Bd. 1, 75ff.

stark hervor.[104] Die Anziehungskraft der Seele ist allgemein, d.h. die Seele strebt nach Vereinigung mit allem außer ihr.[105] Die Vereinigung wird aber durch die Vereinzelung des Endlichen eingeschränkt. Hemsterhuis gelangt zu dem Schluß, daß sich das sichtbare Universum in einem von Gott als einer fremden, transzendenten Kraft bewirkten ewigen Widerspruch mit sich selbst, in einem erzwungenen Zustand befindet.[106]

Herder nimmt diesen Entwurf auf, indem er einige Korrekturen vornimmt, die anscheinend geringfügig, tatsächlich aber grundsätzlich sind. Er modifiziert den Vereinigungsgedanken und favorisiert einen Ansatz beim einzelnen Dasein. Herder begreift nicht die Liebe, sondern die Freundschaft als die wahrste Vereinigung. Problematisch erscheint ihm an der Liebe zwischen Mann und Frau die Sinnlichkeit, auf die Hemsterhuis die Aufmerksamkeit hinlenkte, indem er die sexuelle Vereinigung als die am tiefgehendste physische Vereinigung hervorhob.[107] Zweitens ist nach Herder das uneingeschränkte Streben nach Vereinigung destruktiv. Das menschliche Streben hat prinzipielle Grenzen, die durch das eigene Dasein bedingt sind. Unsere Selbstheit und unser individuelles Bewußtsein sind Voraussetzung jeder Vereinigungserfahrung. Was Hemsterhuis als einen nötigenden Widerspruch begreift, versteht Herder als eine vom Schöpfer mit Weisheit geordnete Polarität: Der Mensch „muß geben und nehmen, leiden und thun, an sich ziehn und sanft aus sich mittheilen. Dies macht zwar allen Genuß unvollständig, es ist aber der wahre Takt und Pulsschlag des Lebens".[108] Schließlich verdeutlicht Herder gegenüber Hemsterhuis diese Umstände auch mit Rücksicht auf die religiöse Vereinigung: „Selbst wenn ich mich, wie es der Mysticismus will, in Gott verlöre, und ich verlöre mich in ihm, ohne weiteres Gefühl und Bewußtseyn *meiner*: so genöße Ich nicht mehr; die Gottheit hätte mich verschlungen, und genöße statt meiner".[109]

Der erste Abschnitt in Schleiermachers Religionsschrift, der nun mit Bezug auf diese Kontroverse zu analysieren ist, steht nahe am Beginn der ersten Rede und hat die Aufgabe, die Notwendigkeit einer Vermittlung von Gegensätzen zu begründen.[110] Der Abschnitt beruft sich in einer für

---

104 Ebd. 80.94.
105 Ebd. 82f.
106 Ebd. 100ff.
107 Herder, Liebe 310ff.; Hemsterhuis, Schriften, Bd. 1, 87ff. Doch ist beiden gemeinsam, daß es ihnen besonders um geistige Vereinigung geht, obwohl Herder dabei nicht – wie Hemsterhuis – einen cartesischen Dualismus voraussetzt. Vgl. Kluckhohn, Auffassung 229ff.239ff. Zum folgenden Herder, Liebe 320ff.
108 Herder, Liebe 322.
109 Ebd. 321, vgl. ebd. 326, wo dies mit Bezug auf die Seligkeit wiederholt wird.
110 KGA I/2, 191-194 = R, 5-12.

die *Reden* typischen Weise – „Ihr wißt [...]" – auf bekannte Annahmen,
nämlich auf die Annahme der Entzweiung der Welt und der Zusammen-
setzung jedes bestimmten Daseins „aus zwei entgegengesezten Kräften",
aus „zwei einander feindseligen und doch nur durch einander bestehenden und unzertrennlichen Zwillingsgestalten".[111] Diese Äußerung geht
zwar auf alles endliche Dasein einschließlich der äußeren Natur, also der
Sphäre des natürlichen Geschehens, mit welchem das menschliche Leben
vertraut, von welchem es jedoch zugleich geschieden ist.[112] Die Bedeutung
der äußeren Natur für die Religion wird aber von Schleiermacher – in ihm
bewußtem Unterschied zu seinen romantischen Genossen[113] – relativiert.[114]
Er beruft sich später darauf, daß die Richtungen, die für die Erörterung
der Religion relevant sind, jedem aus seinem eigenen Bewußtsein bekannt
sind.[115]

Schleiermacher geht es demnach in erster Linie um eine besondere
Fassung der Polarität, nämlich um Vorstellungen von gegensätzlichen
Weisen menschlichen Strebens, und zwar um solche, die aus der Vereini-
gungsphilosophie gespeist sind:

> „Jede menschliche Seele – ihre vorübergehende Handlungen sowohl als die
> innern Eigenthümlichkeiten ihres Daseins führen uns darauf – ist nur ein
> Produkt zweier entgegengesezter Triebe. Der eine ist das Bestreben alles was
> sie umgiebt an sich zu ziehen, in ihr eignes Leben zu verstriken, und wo
> möglich in ihr innerstes Wesen ganz einzusaugen. Der andere ist die Sehn-
> sucht ihr eigenes inneres Selbst von innen heraus immer weiter auszudehnen,
> alles damit zu durchdringen, allen davon mitzutheilen, und selbst nie er-
> schöpft zu werden".[116]

Der erste Trieb wird als auf einzelne Dinge und auf Genuß zielend, der
zweite Trieb dagegen als auf Tätigkeit, auf Vernunft und Freiheit, auf das
Unendliche gerichtet dargestellt.[117]

Formulierungen wie diese kommen denen von Herder und Hemsterhuis nahe. Schleiermachers Beschreibung des ersten Triebes erinnert
an das Streben, sein Wesen mit dem Begehrten völlig und innig zu verei-
nen, und an die Allgemeinheit dieses Strebens bei Hemsterhuis. Größere
Ähnlichkeit haben die weiteren Merkmale dieses Triebes mit Herders
Wiedergabe des Hemsterhuischen Vereinigungsstrebens, insbesondere
des sinnlichen Genusses. Herders Darstellung von dessen vorübergehen-

---

111 KGA I/2, 191,10ff. = R, 5f.
112 Vgl. Henrich, Grund 216.
113 Vgl. KGA V/3, Nr. 668,33ff.
114 KGA I/2, 223,20ff. = R, 78.
115 KGA I/2, 261,22ff. = R, 165.
116 KGA I/2, 191,24ff. = R, 6f.
117 KGA I/2, 191,32ff. = R, 7.

den und seinen Gegenstand zerstörenden Charakter hat eine genaue Entsprechung in den *Reden*.[118] Schleiermachers Kennzeichnung des zweiten Triebes stimmt wohl bereits in höherem Maße mit späteren vereinigungsphilosophischen Positionen überein, doch läßt sie sich zu Herders Auseinandersetzung mit Hemsterhuis in Beziehung setzen. Auch Schleiermacher hebt das individuelle Selbst und seine Tätigkeit hervor, und wie Herder stellt er die Tätigkeit dem Genuß, die Mitteilung der Anziehung gegenüber. Auch diese Figur der Polarität selbst hat Parallelen bei Herder.

Die Modifikationen sind allerdings ebenso auffällig. Keiner der beiden Vorgänger nimmt *zwei* Weisen menschlichen Strebens an: Hemsterhuis geht von dem einen Verlangen nach völliger Vereinigung aus, das von Herder modifiziert, aber eben nicht um ein zweites, entgegengesetztes Streben ergänzt wird.[119] Es erscheint beinahe, als ob die Duplizität bei Schleiermacher dadurch gebildet sei, daß er die jeweiligen Hauptmotive der Vorgänger, die Vereinigung und die Selbstheit, auf der Ebene des Strebens des Menschen unverkürzt miteinander verbindet. Ein weiterer Unterschied besteht darin, daß die beiden Triebe, wie sie hier und später in den *Reden* beschrieben werden, von Schleiermacher mit der Sinnlichkeit und der Vernunft und mit einer Richtung auf das Endliche und einer auf das Unendliche assoziiert werden. Sie werden in dieser Weise als grundsätzliche Orientierungsweisen des bewußten Lebens gefaßt. Das zeigt auch Schleiermachers in *Athenaeum* veröffentlichtes Fragment Nr. 428, das dieselbe Sprache wie Hemsterhuis, Herder und der Passus aus den *Reden* spricht. Es macht sie für eine Skizze von drei sittlichen Charakteren fruchtbar, die danach organisiert werden, wie sich die Beziehung von Endlichem und Unendlichem jeweils ausformt.[120] Als solche Orientierungsweisen gefaßt, sind die Triebe darauf ausgerichtet, einander aufzuheben und möglicherweise in Konflikt zu treten.

Aus Schleiermachers Thematisierung des Widerspruchsmotivs sind zwei Sachverhalte hervorzuheben, die beide Aspekte des Vereinigungsgedankens sind. Erstens: Die Art und Weise, wie die zwei entgegenstrebenden Tendenzen bestimmt werden, macht ihre Synthese erforderlich und zu einer Aufgabe des Menschen, der dafür zu sorgen hat, daß die Triebe nicht „ewig geschieden" bleiben, sondern zur einer „Verbindung"

---

118 Vgl. KGA I/2, 191,32ff.; 192,15ff.; 193,9f. = R, 7.8.10, mit Herder, Liebe 307: „Der grobe sinnliche Genuß *verwandelt in sich* und zerstört den Gegenstand, nach dem wir begehrten. Er ist also *lebhaft*: denn hier findet völlige Vereinigung statt; allein er ist auch *grob* und *vorübergehend*. [...] nun ist der Gegenstand verschlungen, zerstöret".

119 Vgl. Henrich, Grund 200.

120 KGA I/2, 154-156.

gelangen.[121] Hier findet sich auch beiläufig der Begriff der „Vereinigung",
der in dieser Bedeutung auch sonst beim frühen Schleiermacher belegt
ist.[122] Zweitens: Da die Erfüllung der genannten Aufgabe aber faktisch
nicht allen gelingt, sind „Mittler" notwendig.[123] Das Tun der Mittler wird
so beschrieben, daß sie Menschen dazu verhelfen, das Ewige zu genießen,
zu lieben und sich damit zu vereinigen.[124] Wir haben gesehen, daß Schleiermacher dazu tendiert, das den Gedanken Hemsterhuis' am meisten
Entsprechende nur auf einen sinnlichen Trieb zu beziehen. Jetzt begegnen
Begriffe wie Genuß, Liebe – nach Schleiermachers *Monologen* die „anzie-
hende Kraft der Welt"[125] – und Vereinigung, die mit denen bei Hemsterhuis weitgehend synonym sind und zur Explikation von Religion als
Richtung auf das Unendliche verwendet werden. Der Vereinigungsbegriff
wird also erstens auf etwas *Innersubjektives*, das beiden Trieben übergeordnet ist, bezogen, zweitens auf einen der Triebe, der auf das *Außer- und
Übersubjektive* gerichtet ist.[126]

Besonders im zweiten Sinn spielt der Vereinigungsgedanke eine große
Rolle in der Behandlung des Religionsthemas in den *Reden*. Es soll eine
pointierte Stelle am Ende der zweiten Rede – also nach der Bestimmung
der Religion als Anschauen des Universums, mit welcher das Vereinigungsmotiv hier auch verbunden wird – zitiert werden. Schleiermacher
weist darauf hin, daß alles in der Religion „darauf hinstrebt, daß die
scharf abgeschnittnen Umriße unsrer Persönlichkeit sich erweitern und
sich allmählich verlieren sollen ins Unendliche, daß wir durch das Anschauen des Universums so viel wie möglich eins werden sollen mit ihm".
„Versucht doch aus Liebe zum Universum Euer Leben aufzugeben. Strebt
darnach schon hier Eure Individualität zu vernichten, und im Einen und
Allen zu leben", „mit dem Universum [...] zusammengefloßen".[127] Auch

---

121 Ebd. 193,4; 192,35 = R, 9f.
122 KGA I/2, 192,29 = R, 9, vgl. KGA I/2, 17 Nr. 48; 155,41f.; 261,27 = R, 165; siehe ferner KGA
     I/3, 23,32ff.; 26,35ff.; 58,30ff. = M, 56.65.147.
123 KGA I/2, 192,40ff. = R, 9ff. Vgl. KGA I/2, 193,27ff. = R, 11f., mit Novalis' Blüthenstaub-
     fragmenten Nr. 71.76 (Novalis, Schriften, Bd. 2, 441.447), und mit KFSA XVIII, 30 Nr.
     121. Das Mittlermotiv, das in den *Reden* weiter ausgebaut wird, nimmt Schleiermacher
     produktiv von Novalis auf; dazu Dierkes, Art 543ff.
124 KGA I/2, 194,1ff. = R, 12.
125 KGA I/3, 22,14.
126 Vgl. die Hölderlin-Deutung in Henrich, Kontext 16f.
127 KGA I/2, 246,13ff.34ff.38f. = R, 131f. Es geht im Zusammenhang um die Frage der
     Unsterblichkeit; die erste Aussage nimmt jedoch die allgemeiner gefaßte Äußerung
     KGA I/2, 231,26ff. = R, 96f., wieder auf.

an anderen Stellen spricht Schleiermacher von Streben und Sehnsucht nach Vereinigung mit dem Ganzen oder dem Universum.[128] An solchen Aussagen wird deutlich, wie die *Reden* an Hemsterhuis anknüpfen. Dieser versteht das Streben als auf alles außerhalb der Seele gerichtet. Schleiermacher interpretiert dies mit Hilfe *neuspinozistischer* Begriffe vom Ganzen und von der Beziehung des Menschen zum Ganzen. Dies ist zwar gegen die Intention von Hemsterhuis selbst, stimmt aber mit Tendenzen der deutschen Hemsterhuis-Rezeption überein.[129] Diese Fassung des Vereinigungsgedankens läßt allerdings Schleiermacher nicht näher an Herder heranrücken. Es ist auf einen anderen, prinzipiellen Unterschied gegenüber Hemsterhuis und Herder aufmerksam zu machen: Schleiermacher interpretiert die vereinigungsphilosophischen Gedanken auch mit Hilfe einer *kritizistischen* Begrifflichkeit. Dies zeigt sich in seiner Bezeichnung der Kräfte des Menschen als *Triebe*. Dieser Begriff wurde in der Transzendentalphilosophie von Reinhold eingeführt, von welchem Schleiermacher ihn ursprünglich übernommen hat. Reinhold operiert ebenfalls mit zwei Trieben. In der Folgezeit hat Schleiermacher beobachten können, wie Friedrich Schiller[130] und Fichte den Triebbegriff von Reinhold übernehmen und weiterentwickeln. Daß Schleiermachers terminologische Übereinstimmung mit Fichte nicht zufällig und nicht ohne inhaltliche Bedeutung ist, sondern auf das Konzept einer transzendentalphilosophischen Religionstheorie weist, wurde schon gezeigt.[131]

Die weitere Bestimmung der Triebe bei Schleiermacher ist insbesondere an *Fichtes* Philosophie orientiert. Dies geht zum Beispiel aus einem Passus der zweiten Rede hervor, der auf eine Ergänzung des von dem Redner früher über den Beitrag der Religion zur Bildung Gesagten abzielt.[132] Dies ist die Stelle, wo die Religion nicht nur von der Philosophie

---

128 Vgl. KGA I/2, 237,7f.; 242,26ff.; 261,21f. = R, 109.122.165.

129 Vgl. Lessings entsprechenden, von Jacobi referierten Kommentar zu einer anderen Schrift von Hemsterhuis in Jacobi, Lehre 55; ferner Hammacher, Unmittelbarkeit 12f.114.

130 Es ist schwer vorstellbar, daß Schleiermacher Schillers *Über die ästhetische Erziehung des Menschen in einer Reihe von Briefen*, die 1795 in dessen Zeitschrift *Die Horen* veröffentlicht wurden, nicht gelesen hat. Vor der Bekanntschaft mit Friedrich Schlegel hat er Schiller jedenfalls wegen seiner Dichtung hochgeschätzt und auf eine Linie mit Goethe gesetzt: „Göthe treibt jezt die deutsche Prosa zu einem Grade der Vollkommenheit, auf dem sie besonders in der erzählenden Gattung noch nie gestanden hat [...]. So thut Schiller der Poesie; Sie lesen doch die Horen?" (an Alexander von Dohna am 24.11.1795, KGA V/1, Nr. 303,63ff.). Später hat Schleiermacher sich sehr polemisch über dessen Dichtung und Denken geäußert. Auf unselbständige Weise übernahm er die gegen Schiller kritisch gerichtete Haltung der Schlegel-Brüder, die indessen zum Teil in deren persönlichen Kontroversen mit diesem begründet war; siehe Patsch, Menschen 26ff.

131 Siehe oben S. 261f.

132 KGA I/2, 238f. = R, 112-115.

und der Moral, sondern auch von der Kunst unterschieden wird. Die Richtung der diesen entsprechenden erkennenden oder praktischen Tätigkeiten geht auf etwas Endliches, wobei die „ganze unendliche Kraft" des Menschen nicht aufgebraucht wird.[133] Diesen „Überflus an Kraft und Trieb"[134] darf er nicht einseitig auf einen der Gegenstände seines Strebens verwenden, sondern nur „dazu, daß er sich ohne bestimmte Thätigkeit vom Unendlichen afficiren laße".[135]

> „So sezt der Mensch dem Endlichen, wozu seine Willkühr ihn hintreibt ein Unendliches, dem zusammenziehenden Streben nach etwas Bestimmtem und Vollendetem das erweiternde Schweben im Unbestimmten und Unerschöpflichen an die Seite; so schaft er seiner überflüßigen Kraft einen unendlichen Ausweg, und stellt das Gleichgewicht und die Harmonie seines Wesens wieder her, welche unwiderbringlich verloren geht, wenn er sich, ohne zugleich Religion zu haben, einer einzelnen Direktion überläßt".[136]

Diese Aussage weist auf Schleiermachers einleitende Exposition der menschlichen Triebe in der ersten Rede zurück. Deutlicher als dort erweist sich der Triebbegriff als abhängig – wohl zum Teil vermittelt durch Friedrich Schlegel – von Fichtes erster Wissenschaftslehre,[137] genauer von dem 4. und dem 5. Paragraphen der *Grundlage der gesammten Wissenschaftslehre*.[138] Die dort entfaltete Lehre von dem Gegensatz und der Vereinigung von Ich und Nicht-Ich, von Tun und Leiden und zuletzt von der endlichen und der unendlichen Tätigkeit des Ich kehrt bei Schleiermacher in dem Gedanken von den entgegengesetzten subjektiven Bewegungen des Menschen und in ähnlichen Gedanken von seiner Tätigkeit und Selbstbeschränkung,[139] von einer Richtung nach innen und einer nach außen, wieder:

> „Drei verschiedne Richtungen des Sinnes kennt jeder aus seinem eignen Bewußtsein, die eine nach innen zu auf das Ich selbst, die andre nach außen auf das Unbestimmte der Weltanschauung, und eine dritte die beides verbindet, indem der Sinn in ein stetes hin und her Schweben zwischen beiden versezt nur in der unbedingten Annahme ihrer innigsten Vereinigung Ruhe findet; dies ist die Richtung auf das in sich Vollendete, auf die Kunst und ihre Wer-

---

133 KGA I/2, 238,22 = R, 113.
134 KGA I/2, 238,25f. = R, 113.
135 KGA I/2, 239,3f. = R, 114.
136 KGA I/2, 239,16ff. = R, 114f.
137 Vgl. neben Hirsch (siehe oben Kap. 2 Anm. 115) Timm, Revolution 44f. Dafür, daß auch Schlegel in dieser Verbindung Schleiermachers Gedanken geprägt hat, sprechen strukturelle Ähnlichkeiten unter anderem mit seiner Ironiekonzeption; vgl. zum Beispiel KFSA II, 149 Nr. 28; 151 Nr. 37; 172f. Nr. 51; 211 Nr. 269.
138 Siehe oben S. 180ff.
139 KGA I/2, 260,33ff. = R, 164f.

ke. Nur Eine unter ihnen kann die herrschende Tendenz eines Menschen sein, aber von Jeder aus giebt es einen Weg zur Religion".[140] Die betreffende Lehre Fichtes wird hier also nicht wie in Schleiermachers „Versuch einer Theorie des geselligen Betragens" primär in methodischer Hinsicht rezipiert,[141] sondern zur Explikation des konkreten subjektiven Lebens und seines religiösen Verhältnisses zum Unendlichen verwendet.

Sonst kommt es Schleiermacher auf dieselben zwei Punkte wie im „Versuch" an. Fichtes Modell schließt Vereinigung durch einseitige Unterordnung aus und ist stattdessen an wechselseitiger Einschränkung orientiert. Dies kommt Schleiermachers Motiven entgegen, insofern es ein Verständnis beider Triebe als *gleich legitim* ermöglicht. Zweitens ist Schleiermacher an dem Begriff des *Schwebens* interessiert, der mehrmals in seiner Erörterung der Religion vorkommt und unzweideutig die Anknüpfung an die Wissenschaftslehre bezeugt. Wir erinnern uns, daß Schweben bei Fichte die Vollzugsweise der Einbildungskraft ist, der die entscheidende Aufgabe zukommt, das Endliche und das Unendliche zu synthetisieren. Darauf beruht auch Schleiermachers Interesse an dem Begriff. Fichtes Begriff des Schwebens weist darauf hin, daß die durch die Einbildungskraft geschaffene Vereinigung eine solche ist, die sich dem reflexiven Festhalten entzieht. Dies dürfte ebenso die Pointe bei Schleiermacher sein, wenn er den Begriff im Zusammenhang der Einheit des persönlichen Lebens und der diese Einheit bedingenden Religion verwendet.[142] An der letztzitierten Stelle führt er eine dritte Lebenstendenz ein, die über das Schweben zwischen den zwei entgegengesetzten Tendenzen hinaus auf ihre innigste Vereinigung und auf die Kunst abzielt.[143]

Noch ein Kennzeichen des teilweise näher an Hemsterhuis als an Herder anschließenden Vereinigungsgedankens in Schleiermachers Religionsphilosophie soll hervorgehoben werden. Von ihm gehen Linien nicht so sehr zu dem explizit in den *Reden* verwendeten Begriff der Mystik oder des Mystizismus in der Bedeutung von Selbstversenkung, wobei Schleiermacher von Anschauung des Selbst und Abstraktion von allem anderen spricht und also auf Gedanken Fichtes anspielt,[144] als zu dem nicht religionsgeschichtlichen, sondern philosophischen Begriff der

---

140 KGA I/2, 261,22ff. = R, 165f.

141 Siehe oben 2.4.1.2.

142 Vgl. auch KGA I/2, 237,27ff. = R, 111.

143 Vgl. diese Dreiheit mit dem „Gedanken" Nr. 48 aus Schleiermachers erstem Gedankenheft, der die erste Fassung einer der Grundideen der *Reden* ist und auch dem oben genannten 428. Fragment aus *Athenaeum* zugrunde liegt: „Liebenswürdig ist wer das Unendliche im Endlichen findet, groß wer das endliche um des unendlichen willen wegwirft. Vollendet wer beides vereinigt" (KGA I/2, 17).

144 Ebd. 257,31ff.; 261,32ff. = R, 157ff.166ff.

Mystik in Briefen und Notizen dieser Zeit. Dieser kommt mit Schleiermachers Begriff der religiösen Vereinigung in dem Bedeutungselement der Sehnsucht nach Vernichtung der Persönlichkeit durch Zusammenschmelzen mit etwas anderem überein.[145] Diese Konnotation des Vereinigungsbegriffs veranlaßt eine erste Anfrage an die Religionstheorie der *Reden*. Es ist die Frage, die man als die Frage Herders an die *Reden* rekonstruieren kann: Wahrt der Begriff der Religion als Vereinigung mit dem Universum auf befriedigende Weise die „Selbstheit" des religiösen Subjekts? Schleiermachers dialektische Verbindung der religiösen Vereinigung mit dem Unendlichen mit einer gegensätzlichen Bewegung und auch seine Hervorhebung des Gedankens der Selbstanschauung zeigt zwar, daß dies seine Intention ist. Die Frage ist aber, ob seine Begrifflichkeit in der Religionstheorie der Subjektivität angemessen Rechnung zu tragen vermag. Sie soll im Zusammenhang des Hauptbegriffs der Religion in dieser Schrift weiter verfolgt werden.

3.2.2. Anschauung

Die Bestimmung der Religion als Anschauung und Gefühl ist in der zweiten Rede zu finden.[146] Sie ist es vor allem, die in diesem Abschnitt und in den folgenden der These von einer *Theorie* der Religion in den *Reden* eine Grundlage geben soll. Wie sich ergeben wird, läßt sich in der Tat hier eher als andernorts eine begriffliche philosophische Argumentation oder mindestens Ansätze dazu im Text identifizieren, ohne daß sie als solche überall klar hervortritt. Zuerst geht es um den Begriff der religiösen Anschauung.

Wie Schleiermacher zu dieser Zeit die Religion versteht, liegt das Schwergewicht auf dem Anschauen oder der Anschauung des Universums. Dieser Begriff ist „die allgemeinste und höchste Formel der Religion", „der Angel meiner ganzen Rede".[147] Dies wird durch die Analyse der zweiten Rede bestätigt, insofern sie zu der Erkenntnis führt, daß Schleiermachers Gedankengang beim Begriff des religiösen Anschauens[148] faktisch grundlegend ist für den zweiten und den dritten Abschnitt der

---

145 Besonders KGA I/3, 283f. Nr. 3f. Auch Friedrich Schlegel nennt dieses Element im Begriff des Mystizismus, indem er zugleich Hemsterhuis unter diese Kategorie stellt (KFSA XVIII, 8 Nr. 47). Bei der Interpretation der *Reden* an diesem Punkt muß beachtet werden, daß diese nicht – wie die *Monologen* (KGA I/3, 18f. = M, 38ff.) – Personalität und Individualität begrifflich unterscheiden (vgl. oben Anm. 127).

146 KGA I/2, 213-223 = R, 55-78.

147 KGA I/2, 213,35f. = R, 55.

148 KGA I/2, 213-218 = R, 55-66.

Religionstheorie, die vom Begriff des religiösen Gefühls und von der Einheit von Anschauen und Gefühl handeln.

Schleiermachers Definition des religiösen Bewußtseins als primär einer Art von Anschauung ist an einem Begriff orientiert, der besonders in die theoretische Philosophie zurückweist. Anschauung ist von Hause aus etwas *Theoretisches*; dies gilt unabhängig davon, ob die klassische *theoria* oder ein moderner Begriff des Theoretischen in ihrem Gegensatz zum Praktischen vorausgesetzt wird. Man findet an dieser Stelle allerdings keine eigene erkenntnistheoretische Darstellung, und es kann nicht Schleiermachers Intention sein, hier, wo es um die Bestimmung des Wesens der Religion geht, eine solche zu geben. Schleiermachers Rede vom „höhern Realismus" der Religion[149] sollte ja auch nicht als Bezeichnung einer Erkenntnistheorie genommen werden. Auf der anderen Seite interpretiert Schleiermacher die Religion nicht allein mit Hilfe theoretisch-philosophischer Begriffe. Dies zeigen schon die vereinigungsphilosophischen Bestimmungen der Religion.

Der Begriff der Anschauung in den *Reden* hat Anhaltspunkte im zeitgenössischen Denkhorizont; allerdings sollte nicht übersehen werden, daß Affinitäten und Anspielungen eine Sache sind, eine andere indessen tatsächliche Voraussetzungen und Argumente. Schleiermachers Terminus läßt sich auf die traditionelle religiöse Sprache beziehen. Das Wort kommt besonders in der Literatur der Mystik im Sinne von Kontemplation und Versenkung in Gott vor.[150] Diese Konnotation hat der Begriff vom Anschauen auch in den *Reden*. Sodann kann auf Leibniz hingewiesen werden, mit dessen Philosophie Schleiermacher jetzt vertrauter geworden ist. Wendungen wie die vom Vorstellen und Anschauen des einzelnen als Spiegel oder Bild des Universums könnten es nahelegen, daß er wenigstens eine gewisse Formulierungshilfe bei Leibniz – eher als im Wolff-schen Gedanken vom Bewußtsein als *vis repraesentiva universi* – gefunden hat. Auf der anderen Seite ist es durchaus relevant, Eberhard hier zu nennen. Bei ihm hat Schleiermacher erstmals gelernt, daß das anschauende Erkennen mit einem Gefühl verbunden ist.[151] Obwohl die Aufklärungsphilosophie für Schleiermacher und die Gebildeten seiner Zeit überhaupt als grundsätzlich überwunden galt, ist mit einem gewissen fortbestehenden Einfluß von dieser Seite zu rechnen,[152] was bei Schleiermachers Bildungsgang besonders naheliegend ist. Eine philosophische Strömung, die auch hier in Erinnerung gebracht werden muß, ist die

---

149 KGA I/2, 213,22 = R, 54.
150 Vgl. Grimm, Anschauung, Deutsches Wörterbuch, Bd. 2 [1998] 1275f.
151 Siehe oben S. 57ff.
152 Vgl. Arndt, Gefühl 105.

Vereinigungsphilosophie. Hemsterhuis nannte ja die religiöse Vereinigung durch die Liebe zu Gott die Anschauung Gottes, und auch Schleiermacher verbindet Anschauung und Vereinigung miteinander.[153] Es kann
hinzugefügt werden, daß es auch bei seinem Begriff des Universums
Bezüge auf Gedanken Hemsterhuis' gibt.[154] Zwei andere Richtungen sind
indessen wichtiger: der *Spinozismus* und der *Kritizismus*. Um es schematisch auszudrücken: Eine Synthetisierung beider Richtungen, wie wir sie
aus Schleiermachers frühen Spinozana kennen, und die ebenso für die
Religionsschrift überhaupt von größter Bedeutung ist, ist auch an diesem
Punkt erkennbar. Was Spinoza selbst betrifft, auf den die *Reden* gerade vor
dem Anfang des Abschnitts über das religiöse Anschauen anerkennend
verweisen,[155] so sind seine höchste Erkenntnisart, die *scientia intuitiva*, und
der damit verbundene Gedanke vom *Amor Dei intellectualis* thematisch
einschlägig.[156] Es ist jedoch festzuhalten, daß die kritische Philosophie die
entscheidende Voraussetzung des Anschauungsbegriffs darstellt. Am
wichtigsten ist selbstverständlich ihre Lehre von der sinnlichen Anschauung. Darüber hinaus kann auf Theorien der ästhetischen Erfahrung bei
Kant und seinen Nachfolgern verwiesen werden. So unterscheidet Schleiermacher das Schöne und das Erhabene und bezieht – gewissermaßen auf
der Linie Kants – die religiöse Anschauung eher auf dieses als auf jenes.[157]
Außerdem besitzt Schleiermachers Begriff der Anschauung des Universums Ähnlichkeiten mit Konzeptionen der intellektuellen Anschauung im
nachfichteschen Denken.[158]

Dies besagt freilich nicht ohne weiteres, daß Schleiermacher sich hier
zur kritischen Philosophie bekennt, obwohl das seine eigene Position
tatsächlich ausdrücken würde. Es wäre möglich, daß er – der ja von Anfang an philosophische Parteibildungen gescheut hat –, anstatt die Religionstheorie an eine bestimmte Philosophie zu binden, sich auf den Anschauungsbegriff als Artikulation von landläufigen philosophischen
Annahmen bezieht, die teilweise ansonsten verschiedene philosophische

---

153 KGA I/2, 246,15f. = R, 131.
154 Vgl. Nowak, Frühromantik 167.
155 KGA I/2, 213,26ff. = R, 54f.
156 Ethica, II, prop. XL, schol. II; V, prop. XXVff. – Emanuel Hirschs Überschätzung des
     Einflusses Fichtes und Schleiermachers Nähe zu diesem hängt damit zusammen, daß
     er – der Selbstdarstellung des späten Schleiermacher folgend – die Bedeutung der Philo-
     sophie Spinozas für Schleiermacher unterschätzt. Im übrigen datiert er dessen Einfluß
     irrtümlich von 1798 an, indem er die frühen, auf Jacobi fußenden Spinozana Schleierma-
     chers nicht berücksichtigt (Hirsch, Geschichte, Bd. IV, 491.495.503).
157 Vgl. KGA I/2, 223,20ff.; 225,34ff. = R, 78.83f.; KGA V/3, Nr. 665, mit KU B, bes.
     92ff.107ff.115f.
158 Vgl. Neubauer, Anschauung.

Richtungen und Lager verbinden. Dies würde auf die Strategie seiner frühen Freiheitstheorie zurückverweisen.[159] Es verhält sich auch nicht so, daß Schleiermachers Begriff der religiösen Anschauung sich mit bestimmten Gedanken aus der bisherigen kritischen Philosophie identifizieren ließe. Die Religionstheorie der *Reden* benutzt geläufige Begriffe in einer neuen, freien Weise. Dies scheint sachlich begründet zu sein; es ist durchaus plausibel, daß die Religion, die sich von unserem gewöhnlichen Weltverhältnis unterscheidet, nicht ohne weiteres mit denselben Begriffen beschrieben werden kann, innerhalb deren wir dieses verstehen. Schleiermachers Argumentation mit Bezug auf das Anschauen der Religion läßt sich aber immer noch am ehesten im Horizont des Kritizismus und besonders von dessen Theorie der sinnlichen Anschauung her rekonstruieren.

3.2.2.1. Reinhold und die Religionstheorie der *Reden*

Aus einem Brief Schleiermachers geht hervor, daß er Vorarbeiten zur Religionsschrift gehabt hat, die er nach dem Abschluß des Manuskripts verbrennen wollte.[160] Über diese Vorarbeiten, denen dieses Schicksal sicher zuteil geworden ist, haben wir sonst keine Auskünfte. So wissen wir nicht, auf welche Teile des fertigen Buches sie sich bezogen haben und wann sie entstanden sind. Da die Briefe darüber schweigen, kann nur vermutet werden, daß sie aus den unmittelbar vorhergehenden Jahren herrühren und also nicht die Lücke zwischen Schleiermachers Jugendwerk und dem romantischem Werk[161] ausgefüllt haben.[162]

Es gibt allerdings einen älteren Text – Schleiermachers „Kurze Darstellung des Spinozistischen Systems" –, der eine bereits analysierte Argumentation[163] enthält, die sich jetzt als Vorarbeit zu den *Reden* entpuppt. Sie gehört zu den Inhalten, die Schleiermacher nicht nur als den authentischen Gehalt von Spinozas Philosophie rekonstruiert, sondern auch reformulierend sich aneignet. Hier findet sich nicht nur sein Begriff vom Anschauen des Unendlichen als Synthese von Spinozistischen und

---

159 Vgl. oben S. 65ff.
160 KGA V/3, Nr. 610,47f.
161 Siehe oben S. 158.
162 Wir wissen auch nicht, wann er mit der Niederschrift des Buches begann. Es wird in seinen überlieferten Briefen erstmals am 15.2.1799 erwähnt (KGA V/3, Nr. 559). Friedrich Schlegel erzählt am 2.12.1798 Novalis von Schleiermachers Arbeit daran (KFSA XXIV, 206).
163 Siehe oben S. 152ff.

kritizistischen Gedanken vorgebildet, sondern die Argumentation zeigt auch, wie Schleiermacher beim Anschauungsbegriff als solchem den Schwerpunkt auf die von der Kantischen Philosophie herkommende Komponente der Synthese legt – wie er also hier von kritizistischen Prämissen her denkt.

Das relevante Argumentationsstück aus „Kurze Darstellung" hat zwei Teile. Der erste ist die These, daß das Unendliche in sich selbst unvorstellbar ist: Es kann weder angeschaut noch begriffen werden und ist also – setzt man vorläufig eine Kantische Theorie voraus – für Erkenntnis unerreichbar. Der zweite Teil des Arguments versucht zu zeigen, wie das Unendliche zugänglich ist: „Sezt man nun statt Eigenschaften der Gottheit – Eigenthümlichkeiten des anschauenden, so heißt das: Der absolute Stoff ist fähig die Form eines jeden Vorstellungsvermögens anzunehmen, er besizt bei der vollkomnen unmittelbaren Nichtvorstellbarkeit eine unendliche (mittelbare) Vorstellbarkeit".[164] Der sachliche Kontext ist Schleiermachers Rezeption von Spinozas Lehre von den göttlichen Attributen, die diese als eine Hypostasierung von Raum und Zeit problematisiert und mit Hilfe der kritischen Lehre von den Anschauungsformen korrigiert. Dementsprechend erfolgt in der zitierten Aussage eine Subjektivierung der Attribute. Die Mittelbarkeit ist im Sinne einer Vermittlung durch die endlichen Dinge zu verstehen. Schleiermachers zweite These behauptet also eine indirekte Vorstellbarkeit des Unendlichen in dem Sinne, daß es im Endlichen angeschaut werden kann. Daß sie unendlich ist, heißt, daß eine unendliche Zahl verschiedener Vorstellungen oder Anschauungen des Unendlichen möglich ist.

Die Affinität der neuen Religionstheorie zu dieser These ist deutlich und bemerkenswert.[165] Der frühere Ansatz eignet sich dazu, schon wie er bisher expliziert wurde, Licht auf verschiedene Gedanken der Reden zu werfen, wobei noch einige Aussagen aus Schleiermachers Spinoza-Studien von 1793/94 einbezogen werden können. Dadurch ist die Bedeutung des betreffenden Argumentationsstücks aus „Kurze Darstellung" für die Erschließung der Religionstheorie jedoch noch nicht erschöpft. Eine weitere Auskunft, die es über diese gibt, ist zu nennen.

Im vorhergehenden wurde die zweite Hauptvoraussetzung Schleiermachers neben dem Spinozismus in der kritischen Philosophie gesehen. Diese wird man natürlich zuerst und zu Recht mit Kant verbinden. Vielleicht ist dies aber nicht der primäre Anknüpfungspunkt, soweit es den Begriff der religiösen Anschauung betrifft. Zumindest ist Kant nicht

---

164 KGA I/1, 575,12ff.
165 Bereits Rudolf Haym hat sie bemerkt, ohne sich dadurch zu weitergehenden Untersuchungen anregen zu lassen (Haym, Schule 425).

der einzige Anhaltpunkt. Denn bei Schleiermachers kritizistischer Reformulierung der Attributenlehre Spinozas spielte nicht nur Kant eine Rolle.
Wie gezeigt, bediente sich Schleiermacher begrifflicher Mittel aus *Reinholds* Philosophie. Er stützte sich auf dessen Theorien des Vorstellungs-
und Erkenntnisvermögens, was besonders durch Bezüge auf Reinholds
Stoff-Form-Unterscheidung und Lehre vom Ding an sich deutlich wurde,
und nahm so eine Position ein, die die Verabschiedung eines Kantischen
Gedankens vom Ding an sich zur Folge haben zu müssen scheint. Worauf
es hier ankommt, ist, daß die Anknüpfung an den Vorstellungstheoretiker
den Begriff berührte, der der zentrale in der neuen Religionsphilosophie
Schleiermachers ist, den Begriff der Anschauung.

Eine Argumentationsschicht der Religionstheorie der *Reden* ist also
durch Schleiermachers Reinhold-Rezeption bestimmt. Dies scheint bislang
in der Literatur zu den *Reden* nicht beachtet worden zu sein. Der historische Zusammenhang mit der Philosophie Reinholds ist durch Schleiermachers Jugendwerk zuverlässig belegt. Im folgenden hebe ich in der Hauptsache auf systematische Entsprechungen ab. Es soll gezeigt werden, daß
es auf diesem Weg möglich ist, zu einem Verständnis dessen zu gelangen,
warum Schleiermacher den Begriff der Anschauung bei der Darstellung
der Religion favorisiert.

Hier sind vorläufig folgende Beobachtungen zu nennen: Wie in Kapitel 1 erwiesen, läßt sich eine wachsende Bedeutung Reinholds für Schleiermachers philosophische Entwicklung von den Zeitschriftdiskussionen
zwischen Schulphilosophen und Frühkantianern, zwischen Eberhard und
Reinhold über Schleiermachers Rezeption von dessen Hauptwerk von
1789, *Versuch einer neuen Theorie des menschlichen Vorstellungsvermögens*, im
Zusammenhang der Ausarbeitung des Manuskripts „Über die Freiheit",
bis zu „Kurze Darstellung des Spinozistischen Systems" verfolgen. Es
wurde darauf hingewiesen, daß die relative Nähe der theoretischen Mittel
Reinholds zum vorkantischen Denken bei Schleiermachers Rezeption eine
Rolle gespielt hat. Nun gibt es Indizien, daß sein Interesse für Reinhold
nicht auf diese Periode begrenzt war. So galt es nicht nur dessen Hauptwerk und den folgenden frühen Schriften, sondern erstreckte sich auch
auf die späteren Publikationen: Der Auktionskatalog enthält beinahe alle
Titel Reinholds – einschließlich der spätesten Werke[166] – und dokumentiert, daß Schleiermacher sich offenbar weiterhin mit Reinhold befaßt hat.

Ebenso interessant sind Äußerungen Schleiermachers über Reinhold,
die mit Zeugnissen von Friedrich Schlegels Stellung zu diesem zusammengestellt werden können. Unter den Frühromantikern, zu denen übri-

---

166 Vgl. Meckenstock, Bibliothek 252f. Nr. 1578-1586.

gens direkte Reinhold-Schüler zählten, nämlich Novalis und Hülsen,
urteilt besonders Schlegel äußerst kritisch über Reinhold, ohne daß damit
die ganze Wahrheit über sein Verhältnis zu diesem zum Vorschein
käme.[167] Obwohl Schleiermacher zu dieser Zeit Reinholds Philosophie
auch kritisch kommentiert, war er nicht einer Meinung mit dem Freund.
Das kommt in Briefen von 1799 zum Ausdruck, die bezeugen, wie sie
beide über Reinhold im *Athenaeum* zu schreiben beabsichtigten;[168] die
Pläne wurden nicht realisiert. Schleiermacher erwähnt Reinhold gelegentlich respektvoll. Er tut dies auch im Zusammenhang der *Reden*. So äußert
er am 22.3.1800 in einem Brief an von Brinkman, der versprochen hatte,
die *Reden* an Jacobi weiterzugeben, seinen Wunsch, diese nicht nur von
diesem, sondern ebenso von Reinhold wohl aufgenommen zu wissen:
„Reinhold wird sie dann zugleich auch kennen lernen was mir ebenfalls
lieb ist – und durch wen könnte ich lieber wollen, daß sie diesen beiden
Männern applicirt würde, als durch Dich? Auch verlaße ich mich drauf
daß Du mir, so offen als es unserer Unpartheilichkeit geziemt, sagen wirst,
wie ich von ihnen aufgenommen worden bin".[169] Schleiermacher übrigens
trat, wie mit Jacobi, so auch mit Reinhold erst spät in persönlichen Kontakt.[170] Endlich kann daran erinnert werden, daß der mit den *Reden*
gleichzeitige Entwurf „Versuch einer Theorie des geselligen Betragens"
die bleibende Präsenz Reinholds dokumentiert, indem Schleiermacher
dort dessen Begriff der Allgemeingeltung verwendet.[171] Dies sollte nicht
überbewertet werden, ist jedoch ein weiteres Zeugnis, daß es nicht abwegig ist, die *Reden* mit Schleiermachers Reinhold-Rezeption in Verbindung zu bringen.

Die Affinität dieser Schrift zu Reinhold läßt sich in mehrfacher Hinsicht verständlich machen. Es geht wohl nicht um eine Zustimmung zu
dessen grundlegenden Ansätzen. Ein Bekenntnis zum monistischen
grundsatzphilosophischen Programm des frühen Reinhold, das wir nicht
einmal anhand der Entwürfe Schleiermachers vom Anfang der neunziger
Jahre voraussetzen dürften, ist zu dieser Zeit schlechterdings auszuschließen: Er ist mit Schlegels Kritik solcher Programme bekannt und formuliert

---

167 Siehe zum Beispiel die Hinweise KFSA XIX, 604. Die Bedeutung Reinholds für die Früh-
     romantik im allgemeinen wird von Manfred Frank hervorgehoben (Frank, Annäherung).
168 KGA V/3, Nr. 694,4ff.; 698,12ff.; 707,33ff.
169 Ebd. Nr. 817,70ff., vgl. ebd. Nr. 847,66. Es liegen keine Briefe von Brinkmans vor, die
     über Reinholds Aufnahme des Buches berichten (vgl. KGA V/4, Nr. 905,52ff.). Was
     Schleiermachers Stellung zu diesen angeht, siehe aber auch den Brief an Brinkman vom
     19.7.1800: „Reinhold ist mir höchst gleichgültig" (ebd. Nr. 916,89).
170 Siehe Schleiermachers Bericht im Brief an Jacobi vom 30.3.1818, Schleiermacher, Jacobi
     397f.
171 Siehe oben Kap. 2 Anm. 351.

1803 in den *Grundlinien einer Kritik der bisherigen Sittenlehre* eine eigene
Kritik. Hier ist auch der Umstand zu berücksichtigen, daß Reinhold selbst
nicht bei seiner ursprünglichen Position stehen geblieben ist, sondern sie
seitdem mehrmals geändert hat. Nachdem er 1792 die Konzeption der Elementarphilosophie modifiziert hatte, orientierte er sich in Veröffentlichungen aus der Zeit vor den *Reden* nach der Fichteschen Wissenschaftslehre hin; Schleiermacher war dieser letzte gedankliche Umschwung bei
Reinhold durchaus bekannt.[172] Die uns besonders interessierenden Teile
der Reinholdschen Philosophie, die Bewußtseins- und die Erkenntnistheorie, können als von diesen Wechseln relativ unberührt betrachtet
werden.[173] Möglicherweise sind Schleiermachers jetzige Reinhold-Bezüge
noch seiner frühen Aneignung verpflichtet; man braucht also keine neue,
umfassende Reinhold-Rezeption anzunehmen. Es wäre auch möglich, daß
Schleiermacher sich auf jene Theoreme als auf übliche Annahmen bezieht,
die auch andernorts unter veränderten prinzipiellen Bedingungen zu
finden sind. Wir haben dies in Fichtes Wissenschaftslehre gesehen,[174]
könnten aber auf andere Beispiele verweisen.[175] Reinholds Gegenwart in
den *Reden* ließe sich dann mit der nachgewiesenen Fichte-Rezeption
Schleiermachers, die – wie sich schon bei der vereinigungsphilosophischen Begrifflichkeit der Schrift ergab – auch die Religionstheorie betrifft,
zwanglos vereinbaren. Der bewußtseinstheoretische Konsens hat nach
Schleiermachers Auffassung eventuell auch noch Gedanken der spätaufklärerischen Schulphilosophie eingeschlossen, obwohl für ihn das
Projekt einer Vermittlung von alter und neuer Philosophie längst erledigt
war.

   Die Übereinstimmungen der *Reden* mit Reinhold sollten nicht überbewertet werden. So soll nicht behauptet werden, daß die Religionstheorie
restlos von ihnen her verstanden werden kann. Die These ist nur, daß *Teile*
ihrer Argumentation mit Reinholdschen Theoriestücken übereinstimmen
und von dort her interpretiert werden können. Wie wir sehen werden,
weisen andere Teile, die ebenso bedeutsam sind, in eine andere Richtung.
Hier ist nicht so sehr an Nachwirkungen der Spätaufklärung als an neuere
Philosophie zu denken. Wie am klarsten aus dem zweiten und besonders
dem dritten Abschnitt der Religionstheorie hervorgeht, ist sie letztlich
einer durch Fichtes Denken bestimmten Problemlage verpflichtet.

---

172 Siehe KGA V/3, Nr. 707,34.
173 Siehe oben S. 144.
174 Oben 2.2.1-2.
175 Wie Hegels *Phänomenologie des Geistes*; siehe Konrad Cramer, Bemerkungen 386.

3.2.2.2. Religiöse Anschauung

In Schleiermachers Wesensbestimmung der Religion in der zweiten Rede[176] muß man zuerst auf die übergeordnete Struktur des Gedankengangs achten. Schleiermacher verfährt überall so, daß ein allgemeingültiger erkenntnis- oder bewußtseinstheoretischer Sachverhalt skizziert wird, der dann auf den Begriff von Religion bezogen wird. Der Aufbau ist also jedesmal: jede Anschauung etc. – so auch die Religion.[177]

Der Begriff der Anschauung wird von Schleiermacher in *vier Argumentationsschritten* entwickelt.[178] Der *erste* Schritt besteht aus einer *Bestimmung des Anschauens im allgemeinen*, die sich wieder in vier Aussagen gliedert. Die beiden ersten sind die folgenden: „Alles Anschauen gehet aus von einem Einfluß des Angeschaueten auf den Anschauenden, von einem ursprünglichen und unabhängigen Handeln des ersteren, welches dann von dem lezteren seiner Natur gemäß aufgenommen, zusammengefaßt und begriffen wird".[179] Die erste Teilaussage erläutert den Beitrag des angeschauten Gegenstands zum Anschauen, die zweite Aussage den des anschauenden Subjekts. Außerdem enthält die allgemeine Erörterung des Anschauens drittens eine Exemplifizierung anhand bestimmter Sinne und viertens eine Abgrenzung des Geltungsgebiets des Anschauens, die Schleiermacher folgendermaßen beschreibt: „was Ihr also anschaut und wahrnehmt, ist nicht die Natur der Dinge, sondern ihr Handeln auf Euch. Was Ihr über jene wißt oder glaubt, liegt weit jenseits des Gebiets der Anschauung".[180]

Es ist nicht schwierig, hier wie in anderen zu analysierenden Aussagen in den *Reden* Momente einer kantianisierenden Auffassung der Erkenntnis wiederzuerkennen.[181] Die drei prinzipiellen Teile der Erörterung des Anschauens enthalten wohl nichts, das an sich nicht allein von Kant

---

176 Anders als bei der Religionstheorie des späteren Schleiermacher gibt es meines Wissens keine neuere Literatur, die Begriffe und Argumentation des Vorgängers in den *Reden* zusammenhängend analysiert. Eine Ausnahme ist Fred Lönkers vorzüglicher Aufsatz (Lönker, Erlebnis). Aus der älteren Literatur verdient Otto Pipers Untersuchung hervorgehoben zu werden. Bei methodischen und sachlichen Ansätzen, die den meinigen weitgehend entgegengesetzt sind und meines Erachtens auch Fehlurteile bedingen, macht sie wichtige Beobachtungen (Piper, Erlebnis 20-62).

177 Siehe unter anderem KGA I/2, 213,38 – 214,9; 215,3f. – 215,7; 218,21f. – 218,35 = R, 55f.58. 66f. Vgl. Christian Albrechts Gliederung (Albrecht, Theorie 338f.); er übersieht charakteristischerweise diesen Aufbau beim dritten Abschnitt.

178 KGA I/2, 213-218 = R, 55-66.

179 KGA I/2, 213,38ff. = R, 55.

180 KGA I/2, 214,6ff. = R, 56.

181 Vgl. auch KGA I/2, 267,30ff. = R, 177f., wo auf Begriffe als der Spontaneität des Subjekts entspringend Bezug genommen wird.

aus formuliert werden könnte. Trotzdem weisen sie verschiedene Merkmale auf, die sie von der Kantischen Lehre der Erkenntnis unterscheiden und sie in größerer Nähe zu Reinhold erscheinen lassen.

Kants Interesse ist bekanntlich auf die Frage nach der Geltung der Erkenntnis gerichtet, ohne allerdings psychologische Annahmen aus seiner Antwort ganz auszuschließen. Sie werden – besonders in der zweiten Auflage der *Kritik der reinen Vernunft* – auf ein Minimum beschränkt. Reinhold akzentuiert anders. Sein Ansatz schließt eine von Kant abweichende Aufmerksamkeit auf den Erkenntnisvorgang als solchen ein, unter anderem sofern er hervorhebt, wie die Anschauung entsteht.[182] Auch Schleiermachers religionstheoretische Darstellung zielt stärker auf eine Beschreibung der Erkenntnis als eines faktischen Prozesses: Das Anschauen fängt bei einem Eindruck des Gegenstandes auf das Subjekt an, der dann in verschiedenen Stufen von diesem geformt wird. Diese Zugangsweise ist für Schleiermachers ganze Argumentation hinsichtlich der Religion, der Anschauung und des Gefühls kennzeichnend, die insofern in erkenntnistheoretischer Hinsicht eher mit Reinhold als mit Kant korrespondiert.

Reinhold hat darauf aufmerksam gemacht, daß das Wort Anschauung wie das Wort Vorstellung zweideutig ist: Es bezeichnet zum einen das Anschauen als Handlung, zum anderen die dadurch bewirkte Vorstellung. Er schärft diesen Unterschied im Zusammenhang der Einführung einiger der für seine Theorie grundlegenden Unterscheidungen ein.[183] Die meisten Interpretationen gehen über den Sachverhalt hinweg, daß Schleiermacher im Kontext seines Religionsbegriffs nicht einfach nur von Anschauung spricht, sondern zwischen *Anschauung* und *Anschauen* unterscheidet.[184] Eine solche Unterscheidung ist meines Wissens nicht bei Kant zu finden. In seinem ersten Argumentationsschritt behandelt Schleiermacher das Anschauen als Akt. Des weiteren geht er von einer dreigliedrigen Struktur aus: Er unterscheidet das Anschauen oder die Anschauung, das Angeschaute und den Anschauenden. Sofern Reinholds Bedeutung für die Verwendung des Anschauungsbegriffs bei Schleiermachers früherer Neuformulierung von Spinoza einflußreich gewesen ist, sei darauf hingewiesen, daß sich die *Reden* hier mit der sicherlich differenzierteren Struktur von Reinholds Begriff des Bewußtseins durchaus berühren.[185]

---

182 Reinhold, Versuch 346.362.
183 Ebd. 209f.212.
184 Siehe jedoch Hertel, Denken 63f. Die terminologische Unterscheidung wird von Piper nicht notiert, der ihm aber sachlich nahe kommt, indem er den Akt der Anschauung und die selbständigen Anschauungen unterscheidet (Piper, Erlebnis, 20ff.32ff.).
185 Siehe oben 1.5.5.1.

Schleiermachers Ausführungen zu dem Anschauungsakt zielen auf eine stärkere Eigenleistung des Angeschauten. Dies zeigt sich besonders in der wiederholten Redeweise vom *Handeln* des Angeschauten, die freilich unter Schleiermachers handlungstheoretischen Voraussetzungen[186] als uneigentlich verstanden werden muß. Diesen Sprachgebrauch hat er mit Reinhold gemeinsam.[187] Ebenso übereinstimmend erscheint die These von der Abhängigkeit des Handelns von der *Natur* des Anschauenden, was in Schleiermachers „Kurze Darstellung des Spinozistischen Systems" dem Gedanken entspricht, daß der Stoff die Form des Vorstellungsvermögens annimmt. Reinhold stellt es so dar, daß das Vorstellungsvermögen aus der Rezeptivität und der Spontaneität besteht, und daß die Formen der Rezeptivität und der Spontaneität die Natur des vorstellenden Subjekts ausmachen.[188] Mit den Akten der Rezeptivität und der Spontaneität korrespondieren bei Schleiermacher die Begriffe Aufnehmen, Zusammenfassen und Begreifen. Mit dem Begreifen ist das Denken des Verstandes gemeint. Es ist nicht klar, mit welcher Erkenntnisfunktion Schleiermacher das Zusammenfassen verbindet. Bei Reinhold zielt dieser Terminus auf eine Handlung, die Ausdruck einer Spontaneität ist, die er der sinnlichen Vorstellung zuschreibt.[189] Dabei zeigt sich eine Modifizierung gegenüber Kant, der dazu tendiert, der Sinnlichkeit die Rezeptivität und dem Verstand die Spontaneität beizulegen.[190] Jedenfalls ist bei Schleiermacher klar, daß die Vorstellung von einem *Aufnehmen* des Gegenstands durch das anschauende Subjekt ein Moment in der Definition des *Anschauens* ist, und daß also auch er schon diesem *ein synthetisch-spontanes Moment* zuschreibt.[191] An diesem Punkt stimmt Schleiermacher mit Reinhold überein, aber auch, wie noch zu zeigen ist, tendenziell mit Fichte

Schleiermachers *nächster* Argumentationsschritt ist die Applikation des allgemeinen Begriffs vom Anschauen auf das religiöse Bewußtsein. Hier kommen metaphysische Gedanken ins Spiel, die die erkenntnistheoretischen Grundannahmen transzendieren.[192] Darin zeigt sich, daß es in Schleiermachers Darstellung der Religion als einer besonderen Art des Anschauens um eine ungewöhnliche Verwendung eines bekannten Begriffs geht. Dieser zweite Schritt ist formal ganz ähnlich wie der vorherge-

---

186 Vgl. oben 1.3.2.2.
187 Vgl. Reinhold, Versuch 343.301.
188 Siehe oben Kap. 1 Anm. 571.
189 Siehe ebd. Anm. 573.
190 Vgl. zum Beispiel KrV B, 75.151f.; Kant, Anthropologie in pragmatischer Hinsicht, AA VII, 117-334, dort § 7.
191 Vgl. Dierken, Religion 674.
192 Vgl. Lönker, Erlebnis 55f.

hende Schritt, nur daß das dritte Glied des ersten Schrittes hier ohne Entsprechung ist. Übereinstimmend mit der Zweiteilung der grundlegenden Erklärung des Anschauens im allgemeinen, hat die Applikation zwei Pointen. Die erste Pointe ist bekannt. Sie besteht in einer *Betonung der Tätigkeit des Universums*, die durch den Gedanken vom Handeln des Gegenstands der sinnlichen Anschauung vorbereitet, wenn auch nicht begründet ist – sie schließt weitergehende Annahmen ein: „So die Religion; das Universum ist in einer ununterbrochenen Thätigkeit und offenbart sich uns jeden Augenblik. Jede Form die es hervorbringt, jedes Wesen dem es nach der Fülle des Lebens ein abgesondertes Dasein giebt, jede Begebenheit die es aus seinem reichen immer fruchtbaren Schooße herausschüttet, ist ein Handeln deßelben auf Uns".[193] Die Wendung, daß das Handeln des Universums in epistemischer Hinsicht so zu verstehen ist, daß das Universum sich oder sein Dasein *offenbart*, kehrt mehrere Male wieder.[194] Sie nimmt eine Formulierung aus „Kurze Darstellung des Spinozistischen Systems" auf, mit der Schleiermacher Jacobis Darstellung von Spinozas Attributenlehre selbständig wiedergibt.[195] Mit der Tätigkeit des Universums korrespondiert seitens des religiös anschauenden Subjektes eine Passivität.[196] Dieser Pointe wird zu Recht von nahezu allen Interpreten eine entscheidende Bedeutung zuerkannt. Das entspricht zweifellos Schleiermachers Intention. Zudem ist es sachlich adäquat, daß etwas, „was ganz ohne Euere Veranstaltung geschieht",[197] eine unabhängige Tätigkeit des Korrelats des religiösen Bewußtseins, für Religion konstitutiv ist, und kommt mit dem überein, was üblicherweise in theologischen und philosophischen Zusammenhängen unter Religion verstanden wird.[198]

Dabei wird aber in der Forschung eine zweite relativ selbständige Pointe oft übersehen. Dies hat zur Folge, daß die zweite Teilaussage dieses zweiten Argumentationsschrittes der ersten Teilaussage angeglichen wird, indem das religiöse Anschauen schlicht mit Passivität identifiziert wird. Dadurch geht aber ein wichtiges Bedeutungselement verloren, oder wird zumindest unverständlich, weil es nicht auf Passivität reduzierbar ist. Schleiermacher fährt fort: „und so alles Einzelne als einen Theil des Gan-

---

193 KGA I/2, 214,9ff. = R, 56.
194 KGA I/2, 218,24.36f. = R, 66f.
195 KGA I/1, 575,11f.
196 KGA I/2, 211,33ff. = R, 50.
197 KGA I/2, 214,2 = R, 55.
198 Vgl. zum Beispiel Pannenberg, Theologie, Kap. 3. Er behauptet zwar, daß die neuzeitlichen Religionstheorien diesem nicht Rechnung tragen können (ebd., bes. 141 Anm. 30; 169). Meiner Analyse nach ist Schleiermachers Theorie ein Beispiel dafür, daß dies nicht zutrifft.

zen, alles Beschränkte als eine Darstellung des Unendlichen hinnehmen, das ist Religion".[199] Hier bezieht er sich auf den *zweiten* Teil der allgemeinen Erörterung, nämlich auf den Gedanken, daß das Angeschaute vom Anschauenden aufgenommen wird. Der Begriff vom religiösen Anschauen als einer *Hinnahme* des Endlichen als Darstellung des Unendlichen wird variiert, indem davon gesprochen wird, jenes als Handlung von diesem anzusehen oder vorzustellen;[200] dieser letzte Ausdruck erinnert vielleicht an die terminologisch an Reinhold angelehnte Urfassung dieses Begriffs des Anschauens in Schleiermachers „Kurze Darstellung". Weiter ist vom Anschauen oder Sehen des Unendlichen im Endlichen die Rede.[201] Die zweite Aussage des zweiten Schritts und diese Varianten der Formulierung des Begriffs des religiösen Anschauens beinhalten erstens, daß dieses *nicht reine Passivität* ist, sondern Spontaneität einschließt. Die gewöhnliche Deutung dieses Begriffs stimmt also nicht mit Schleiermachers Religionsbegriff überein; er entspricht dem üblichen Verständnis der Religion, insofern sie diesem zufolge auch eine Haltung des Menschen ist. Der Religionsbegriff der *Reden* ist also von Schleiermacher doppelseitig konzipiert.

An dieser Stelle soll auf die strukturelle Ähnlichkeit und die gleichzeitige teilweise entgegengesetzte Orientierung des Kantischen und des Schleiermacherschen Religionsbegriffs aufmerksam gemacht werden. Es ist denkbar, daß Schleiermacher auf Kants Definition in *Die Religion innerhalb der Grenzen der bloßen Vernunft* anspielt. Jedenfalls läßt sich eine systematische Beziehung herstellen. Kants Bestimmung der Religion lautet bekanntlich: „*Religion* ist [...] das Erkenntniß aller unserer Pflichten als göttlicher Gebote". Statt von Erkenntnis spricht er auch davon, alle Pflichten als göttliche Gebote zu beobachten und zu erfüllen bzw. Gott für alle Pflichten als den Gesetzgeber anzusehen.[202] Schleiermacher schreibt: „Alle Begebenheiten in der Welt als Handlungen eines Gottes vorstellen, das ist Religion".[203] Diese Definition unterscheidet sich von der Kantischen erstens, indem sie das Gebiet der Religion über die Sittlichkeit hinaus erweitert; zweitens, indem sie das Göttliche und nicht das menschliche Subjekt als das in der Religion primär Handelnde begreift. Auf der anderen Seite hält Schleiermachers Begriff der religiösen Anschauung ein Moment der Spontaneität fest.

---

199 KGA I/2, 214,14f. = R, 56.
200 KGA I/2, 214,18ff.36ff. = R, 56f.
201 KGA I/2, 211,34f.40f.; 313,30f. = R, 50f.283f.
202 AA VI, 153,28f., vgl. zum Beispiel ebd. 103,36f.; 105,11ff.; 110,8ff.
203 KGA I/2, 214,36ff. = R, 57.

Obwohl Schleiermachers Pointe sich auf die These vom spontanen Moment des sinnlichen Anschauens bezieht, geht sie über das hinaus, was er über dieses sagt. Das ist der zweite Punkt: Das religiöse Anschauen hat eine *komplexere Struktur* als jenes, jedenfalls so, wie Schleiermacher das Anschauen im allgemeinen explizit darstellt. In der Religion ist die Anschauung nicht einfach Anschauung von etwas, sondern *Anschauung von etwas als etwas*, nämlich Anschauung von einzelnem als Darstellung des Universums. Daß die religiöse Anschauung diese Als-Struktur haben muß, ist darin begründet, daß es in ihr um das Unendliche geht. Die Struktur schließt ein, daß die Spontaneität des Anschauens hier den Charakter der *Deutung* hat. Während das Begreifen des Verhältnisses zwischen dem Unendlichen und dem Endlichen als eines Darstellungsverhältnisses in Schleiermachers Spinoza-Studien antizipiert wird,[204] ist die Als-Struktur in den älteren Texten noch nicht thematisiert. Sie ist neu hinzugekommen und repräsentiert eine neuere Argumentationsschicht, die auf einen veränderten philosophischen Kontext verweist.

Innerhalb der Forschung ist das Deutungsmoment weitaus mehr als das Spontaneitätsmoment vernachlässigt worden. Dies zeigt sich in einigen Interpretationen in einer gewissen Unentschlossenheit mit Bezug darauf, was es bedeutet, etwas als Darstellung des Universums anzuschauen.[205] Erst die neueste Forschung ist auf das Deutungsmoment aufmerksam geworden.[206] Dieses Moment, von dem eine gedankliche Linie zur Idee der Geselligkeitsabhandlung vom natürlichen Denken gezogen werden kann, kommt auch darin zum Ausdruck, daß das religiöse Anschauen als ein Sehen von einem bestimmten Gesichtspunkt aus aufgefaßt wird.[207] Beachtenswert ist ebenso Schleiermachers Erläuterung

---

204 KGA I/1, 551,1ff. Er hat also an diesem Punkt keine Anregung von Schelling nötig gehabt, der inzwischen viel dazu beigetragen hat, Spinozistische Motive philosophisch anerkannt zu machen, und dabei auf ähnliche Weise von einem solchen Darstellungsverhältnis sprechen kann. Siehe Schelling, Vom Ich als Princip der Philosophie oder über das Unbedingte im menschlichen Wissen, in: ders., Schriften [1980] 29-124, dort z.B. 119 Anm. Das Schwergewicht liegt hier jedoch anders als in Schleiermachers *Reden* darauf, daß das Endliche das Unendliche tätig darstellt.

205 Während Fred Lönker nur zu einer negativen und also zu keiner Erklärung kommt (Lönker, Erlebnis 61), bieten Konrad Cramer und Wilhelm Gräb Formulierungen, die diese Wendung Schleiermachers unerklärt, nur variierend wiederholen (Cramer, Anschauung 130f.; Gräb, Umbruch 174).

206 Neben Ulrich Barth muß hier Jürgen Stolzenberg genannt werden (Stolzenberg, Weltinterpretationen 69ff.). In der älteren Forschung hat Rudolf Otto im religiösen Anschauen eine Deutung identifiziert, ohne jedoch auf die Als-Struktur abzuheben (Otto, Rückblick, in: Schleiermacher, Religion [1926] XVII-XLIV, dort XXIIf.XXXII). Siehe auch Richard Brandts unbefriedigenden Hinweis in diese Richtung (Brandt, Philosophy, bes. 98).

207 KGA I/2, 212,14f. = R, 52.

zur Behandlung der religiösen Anschauung der Natur, die in der organischen Beziehung von „Neigung und Widerstreben"[208] gipfelt:

> „Diese Begriffe, wodurch Euch die Natur erst im eigentlichen Sinne Anschauung der Welt wird, habt Ihr sie aus der Natur? Stammen sie nicht ursprünglich aus dem Innern des Gemüths her, und sind erst von da auf jenes gedeutet? Darum ist es auch das Gemüth eigentlich worauf die Religion hinsieht, und woher sie Anschauungen der Welt nimmt; im innern Leben bildet sich das Universum ab, und nur durch das innere wird erst das äußere verständlich".[209]

Dies bestätigt auf pointierte Weise den komplexen Charakter des religiösen Anschauens als einer Deutung des Subjekts.

Schleiermachers Hinweis auf die vermittelnde Funktion der *Sinnesorgane* in der dritten Aussage über das Anschauen im allgemeinen hat kein Gegenstück in der Darstellung des religiösen Anschauens, dagegen aber in der des religiösen Gefühls.[210] Die entscheidende Pointe der religionsphilosophischen Applikation des Organbegriffs ist folgende: Zeigt die Exemplifizierung durch einzelne Sinne im ersten, allgemeinen Schritt beim Anschauen, daß bei diesem nicht der Gesichtssinn entscheidend ist, so ergibt sich hier, daß es beim religiösen Bewußtsein gar nicht auf Sinne, sondern auf „die Organe unseres Geistes" ankommt.[211] Beziehen wir dies auf den Begriff des Anschauens, zeigt sich ein weiterer Ausdruck der Besonderheit der religiösen Variante. Das religiöse Anschauen ist geistiger Art und wird als solche indirekt vom sinnlichen Anschauen abgegrenzt.[212]

Ein Hinweis auf die Organe liegt außerhalb der erkenntnistheoretischen Perspektive nicht nur Kants, sondern auch des frühen Reinholds,[213] berührt sich aber mit Hemsterhuis und Jacobi. Dies ist wohl nicht zufällig: In einem weiteren, dem Begriff der Anschauung des Universums vorgreifenden Satz, der unmittelbar nach dem oben aus „Kurze Darstellung" zitierten Satz steht, bezieht sich Schleiermacher auf „das was Hemsterhuis und mit ihm Jacobi über die verschiedenen Ansichten der Welt nach der Receptivität der Organe philosophiren".[214] Ansichten sind auch in den *Reden* ein Äquivalent zu den Anschauungen als Wirkungen des Anschauens. Diese Übereinstimmung zwischen den beiden Schleiermacher-Texten spricht dafür, daß er in der Tat versucht hat, den Organbegriff von Hem-

---

208 KGA I/2, 227,6 = R, 86.
209 KGA I/2, 227,26ff. = R, 87f.
210 KGA I/2, 214,1ff.; 218,22ff. = R, 55f.66.
211 KGA I/2, 219,2f. = R, 67, vgl. KGA I/3, 56,1ff. = M, 138f.
212 KGA I/2, 215,28f.; 256,20f. = R, 59.154.
213 Siehe oben S. 145f. Anders akzentuiert jedoch Reinhold, Auswahl 262ff.
214 KGA I/1, 575,17f.

sterhuis und Jacobi in sein eigenes Denken einzubauen, und daß diese
Denker die Konzeption seines Begriffs von Religion als Anschauen auch
tatsächlich beeinflußt haben. Auf der anderen Seite hat Schleiermacher
schon 1793/1794 in charakteristischer Weise Hemsterhuis' und Jacobis
Ansatz entweder in kritizistischer Richtung gedeutet oder vom Kritizismus her problematisiert. Daß er ihnen 1799 erkenntnistheoretisch nicht
näher steht, ist klar. So hebt er in der vierten allgemeinen Teilaussage
hervor, daß wir das Handeln, nicht die Natur der Dinge wahrnehmen,
und entfernt sich damit von Jacobis realistischer Kritik an Kants Gedanken
vom Ding an sich.[215] Bei der religionstheoretischen Fruchtbarmachung
dieses Punktes verwendet Schleiermacher abgrenzend den Substanzbegriff. Das Ergebnis der Überschreitung dieser Grenze in der Religion
nennt er leere Mythologie.[216] Anders als bei vielen anderen Vertretern der
Frühromantik und des Frühidealismus hat der Mythologiebegriff beim
Schleiermacher der *Reden* einen überwiegend negativen Klang.

Mit seinem zweiten Schritt hat Schleiermacher noch nicht seine Darstellung der religiösen Anschauung zu Ende geführt. Bei dem *dritten*
Schritt spricht er nicht mehr von Anschauen, sondern von Anschauung.
Er legt also nun den Schwerpunkt auf diese in der zweiten Bedeutung des
Wortes, auf Anschauung als Produkt des Anschauens. Schleiermacher
fängt noch einmal bei Eigentümlichkeiten der nicht nur religiösen Anschauung an: „Anschauung ist und bleibt immer etwas einzelnes, abgesondertes, die unmittelbare Wahrnehmung, weiter nichts; sie zu verbin-
den und in ein Ganzes zusammenzustellen, ist schon wieder nicht das
Geschäft des Sinnes, sondern des abstrakten Denkens".[217] Die Anschauung
wird hier durch Abgrenzung von der Funktion des Denkens bestimmt.
Diese letztgenannte Funktion wird als Verbindung oder Synthesis und
Zusammenstellung und weiter als Subsumption des einzelnen unter allgemeine Begriffe verstanden.[218] Dies ist wie Schleiermachers allererster
Schritt auf verbreitete transzendentalphilosophische Theoreme gestützt.
So auch die Bestimmung der Anschauung. Der an diesem Punkt ziemlich
disparate Sprachgebrauch der *Reden* läßt die Verwendung des Begriffs der
Wahrnehmung nicht durchsichtig werden. Schleiermacher scheint ihn an
einigen Stellen dem Begriff der Anschauung nebenzuordnen,[219] aber kann

---

215 Vgl. Jacobi, Glauben 209ff.
216 KGA I/2, 214f. = R, 56-58.
217 KGA I/2, 215,3ff. = R, 58.
218 Siehe KGA I/2, 216,5f. = R, 60.
219 Zum Beispiel KGA I/2, 214,6 = R, 56.

ihn auch in einer elementareren Bedeutung verwenden.[220] Vielleicht soll
der Begriff die Unmittelbarkeit der Anschauung betonen.[221] Jedenfalls
wird Anschauung als einzelne und unmittelbare dargestellt, ganz ähnlich
wie bei Kant[222] und auch bei Reinhold, der aber besonders das Moment
der Unmittelbarkeit hervorhebt.[223] Die beiden Momente sind zusammen-
gehörig: Anschauung ist per Definition eine einzelne, sofern sie auf einen
einzigen, individuellen Gegenstand bezogen ist, und zwar, sofern sie sich
unmittelbar auf den Gegenstand bezieht, d.h. *unvermittelt durch Begriffe* des
Verstandes, die ja dadurch definiert sind, auf mehrere Gegenstände
beziehbar zu sein. Mit andern Worten, Anschauung ist *vorprädikativ*.[224] Der
Gedankengang ist einmal mehr dem von Reinhold ähnlich: Schleiermacher setzt bei dem religionstheoretischen Teil seines Arguments voraus,
daß die Anschauung eine gewisse Eigenständigkeit besitzt. Das entspricht
nicht dem Kantischen Gesichtspunkt. Kant thematisiert die Anschauung
für sich als Abstraktion vom Begriff, ohne sie als eine selbständige Größe
aufzufassen. Reinhold dagegen kennt eine Anschauung, die relativ selbständig ist.

Schleiermacher nimmt in einem *vierten* Schritt erneut eine *religionstheoretische Übertragung* vor, die eine Reihe untereinander verbunder Aussagen enthält.[225] Selbstverständlich wird die *Unmittelbarkeit* der religiösen
Anschauungen unterstrichen: Es geht um die „unmittelbaren Erfahrungen
vom Dasein und Handeln des Universums".[226] Daraus daß diese Formulierung mit einem: „So die Religion" eingeleitet wird, kann geschlossen
werden, daß die Unmittelbarkeit dieselbe Bedeutung hat wie im dritten
Schritt. Schleiermacher grenzt wiederum die Anschauung vom Denken
ab: Die Prädizierung von allgemeinen Begriffen, die mehr als „ein Werk
der spielenden Fantasie und der freiesten Willkür" – also eines individuellen Denkens – ist, liegt „in einem fremden Gebiet";[227] dieses Gebiet ist
nach den *Reden* die Metaphysik, von der die Religion durch ihre Bestim-

---

220 KGA I/2, 221,20ff. = R, 73. Die Bedeutung des Wahrnehmungsbegriffs scheint hier zu-
     dem eine weitere zu sein, indem er sowohl das der Anschauung als auch das dem Ge-
     fühl Entsprechende umfaßt.
221 Vgl. KGA I/2, 275,23f. = R, 196.
222 Zum Beispiel KrV B, 377.
223 Reinhold, Versuch 344ff.
224 Vgl. Ulrich Barth, Reden 459.
225 KGA I/2, 215,7ff. = R, 58. Die Übertragung erhält in KGA I/2, 215-218 = R, 58-66, eine
     breitere Entfaltung, von der ich nur einzelne Punkte heranziehe.
226 KGA I/2, 215,7f. = R, 58. Außerhalb der drei grundlegenden Abschnitte der Religions-
     theorie wird auch von Wahrnehmung des Unendlichen gesprochen (zum Beispiel KGA
     I/2, 232,35f.; 236,9f.; 249,31f. = R, 99.107.138).
227 KGA I/2, 216,5ff. = R, 60f.

mung als Anschauung abgegrenzt wird. Die in der religiösen Anschauung enthaltene *Deutung* ist also *keine begriffliche* im Sinne des Verstandes. Damit geht die wesentliche *Individualität* dieser Anschauung und ihrer Gegensatz zum Systemgedanken einher; der letzte Punkt nimmt ein Motiv der ersten Rede wieder auf. Schleiermacher hebt die Standpunktbedingtheit jeder Anschauung hervor.[228] Die Religion ist unerschöpfbar, sofern eine unendliche Pluralität von Anschauungen des Universums möglich sind – wieder eine Pointe, die eine Vorlage im zitierten Passus aus „Kurze Darstellung des Spinozistischen Systems" hat.[229]

Letztlich behauptet Schleiermacher, daß alles der Religion Zugehörige als individuell und auf Anschauung beruhend *wahr* ist. Diese Behauptung kann teilweise auf der Grundlage der Kantischen Auffassung verstanden werden, daß die Sinne nicht irren. Dies heißt aber nach Kant nicht, daß sie Wahrheit enthalten. Wahr oder falsch sein zu können, kommt gar nicht der Anschauung zu, sondern ist dem Urteil vorbehalten.[230] Schleiermachers Gedanke kann sich aber auch auf Spinozas *scientia intuitiva* beziehen, die als solche wahr ist.[231] Tatsächlich hat Schleiermachers Argumentation jedoch mit Spinoza nicht viel gemein, so sehr dessen intuitive Erkenntnis begriffliches Wissen ist,[232] und so sehr Schleiermacher immer von der sinnlichen – und nach Spinoza als solcher täuschenden – Anschauung her zur religiösen Anschauung kommt. Jedenfalls wird hier ein Wahrheitsgedanke sichtbar, der auf die Inhärenz des Endlichen im Unendlichen abzielt und also die Ontologie der Einzeldinge[233] transzendiert: „im Unendlichen aber steht alles Endliche ungestört neben einander, alles ist Eins und alles ist wahr".[234]

An dieser Stelle soll eine Frage berührt werden, die sich besonders vor dem Hintergrund meiner Interpretation aufdrängt; Schleiermacher hat, soweit ich sehe, darauf keine direkte Antwort gegeben. Wie wir sahen, wird die religiöse Anschauung mit Bezug auf die sinnliche Anschauung

---

228 KGA I/2, 215,18ff.; 216 = R, 59.61f. Hier kommt auch ein Gedanke von individuellen Horizonten vor.

229 Schleiermacher gibt an dieser Stelle der *Reden* Fichte noch eine Bemerkung mit auf den Weg, die übrigens ein zentrales Motiv des vierten Paragraphen der ersten Darstellung der Wissenschaftslehre von 1794/1795 zusammenfaßt: Die Religion „ist nicht nur deswegen unendlich, weil Handeln und Leiden auch zwischen demselben beschränkten Stoff und dem Gemüth ohne Ende wechselt – Ihr wißt daß dies die einzige Unendlichkeit ist" (KGA I/2, 216,31ff. = R, 62).

230 KrV B, 350.

231 Ethica, pars II, prop. XLI.

232 Konrad Cramer, Anschauung 136ff.

233 Vgl. ebd. 131. Dazu siehe Henrich, Dunkelheit.

234 KGA I/2, 217,25ff. = R, 64.

definiert, aber in ihrem Gehalt und ihrer Verfassung von dieser geschieden. Wie stellt sich aber ihre Beziehung auf die sinnliche Anschauung im konkreten Bewußtsein dar? Die Religionstheorie der *Reden* behauptet schwerlich, daß das religiöse Bewußtsein die sinnliche Wahrnehmung als seinen Ursprung hat.[235] Allerdings ist zu fragen, ob die Anschauung von einzelnem als Darstellung des Universums an sie gebunden ist.[236] Meines Erachtens muß behauptet werden, daß sie *von sinnlicher Anschauung nicht unabhängig* sein kann, sondern *darauf bezogen* ist.[237] Dies ist in Schleiermachers erkenntnistheoretischen Annahmen begründet, nach denen empirische Vorstellungen notwendige Bedingung dafür sind, daß einzelnes für ein Subjekt präsent ist. Es ist jedoch in der Religionsphilosophie der *Reden* ein äußerst weites Bedeutungsspektrum auffällig: So werden zum Beispiel Gesetze der Natur als mögliche Korrelate des Anschauens des Unendlichen dargestellt.[238] Diese Weite und Flexibilität muß vor dem Hintergrund des in der religiösen Anschauung enthaltenen Elements einer produktiven Deutung verstanden werden.

Im vierten und letzten Schritt in der Darstellung des Wesens der Religion als Anschauung des Universums wird zum ersten Mal in den *Reden* von Anschauung im Plural gesprochen. In der Folge treten religiöse Anschauungen oft in einer mehr oder weniger fixierten Form auf, die wohl nicht bei der sinnlichen Anschauung denkbar ist. So handelt Schleiermacher besondere Anschauungen des Universums ab, die sich an bestimmten Gegenständen in verschiedenen Gebieten entzünden.[239] Ein weiteres Beispiel ist die Darstellung individueller Religionen – Religionen einzelner Menschen oder positiver Religionen; sie erfolgt so, daß diese darauf zurückgeführt werden, daß eine einzelne Anschauung des Universums ursprünglich und bleibend zum Zentralpunkt der betreffenden Religion gemacht worden ist.[240] Der vierte Schritt des ersten Abschnitts der Religionstheorie berührt diesen Akt, der eine Religion konstituiert: „eine einzelne Thatsache oder Handlung, die man ihre ursprüngliche und erste nennen könnte".[241] Die Korrektur des Begriffs der *Tatsache* durch

---

235 Wie Fred Lönker meint (Lönker, Erlebnis 60). Er übersieht hier die zweistufige Argumentation, die auch an der von ihm herangezogenen Stelle (KGA I/2, 221,20ff. = R, 73f.) festgehalten wird. Diese handelt überdies nicht vom Ursprung der religiösen Anschauungen, sondern von der Einheit von Anschauung und Gefühl.

236 Vgl. Gräb, Umbruch 174.

237 Vgl. auch Seysen, Rezeption 182f., ferner Hirsch, Geschichte, Bd. IV, 520.

238 KGA I/2, 225ff. = R, 82ff., vgl. Otto Ritschl, Stellung 53.59f.; Fuchs, Religionsbegriff 42ff.; Piper, Erlebnis 38ff.

239 KGA I/2, 223-236 = R, 78-108.

240 KGA I/2, 303ff. = R, 259ff.

241 KGA I/2, 215,12f. = R, 58.

Hinzufügung desjenigen der *Handlung* erinnert an das Verhältnis zwischen Tatsache und Tathandlung bei Fichte; der dritte Abschnitt wird dies bestätigen. Die Hervorhebung der Handlung stimmt mit der Spontaneität der Anschauung überein. Überdies hat die betreffende Fixierung der religiösen Anschauung mit dem darin enthaltenen Auslegungsmoment zu tun: Schleiermacher beschreibt eine solche Fundamentalanschauung so, daß sie – die ja selbst Ausdruck einer Deutung ist – als Perspektive einer Deutung von allem fungiert.[242]

3.2.2.3. Das Problem der religiösen Anschauung

Bisher wurden einige Pointen des ersten Abschnitts von Schleiermachers Religionstheorie expliziert. Noch ist aber nicht vollständig deutlich geworden, warum er letztlich Religion als *Anschauung* des Universums faßt. Die Interpretation des ersten Abschnitts der Religionstheorie führt zu einer auch den Gehalt der beiden folgenden Abschnitte aufschließenden Antwort auf diese Frage, andererseits aber zum Nachweis einer immanenten Schwäche der religionsphilosophischen Applikation des Anschauungsbegriffs.

Einige der wenigen neueren an Schleiermachers Argumentation orientierten Beiträge zur Religionstheorie der *Reden* haben eine bestimmte Problematik der Verwendung des Anschauungsbegriffs in den Blickpunkt gerückt. Nicht zu Unrecht wird dieser Begriff Schleiermachers mit Kants Theorie der Erkenntnis in Verbindung gebracht. So behauptet etwa Eilert Herms, daß die Religionsschrift unter Anschauung schlechthin „das empirische, vermittelte Gegenstandsbewußtsein" verstehe.[243] Indem dies für

---

242 KGA I/2, 305,28ff. = R, 264f., vgl. KGA I/2, 303,23ff.; 304,39ff. = R, 259f.262f.

243 Herms, Herkunft 181ff., dort 181. Ähnlich Christian Albrecht in seinem sich von begriffsanalytischen Interpretationen scharf absetzenden Beitrag (Albrecht, Theorie 186). Er fährt zwar damit fort, daß es bei der Anschauung in den *Reden* um einen Gegensatz von Subjekt und Objekt geht, der „nachgerade als aufgehoben gelten muß. Denn zum Inhalt der objektiven, gegenständlichen Wahrnehmung avanciert ein struktureller Sachverhalt, als dessen Wesen gerade dessen Nichtgegenständlichkeit festgehalten wurde: das Universum nämlich. Die Pointe des zur ‚allgemeinste[n] und höchste[n] Formel der Religion' nobilitierten Ausdruckes ‚Anschauen des Universums' besteht also gerade in seinem Paradoxalcharakter: Die innersubjektiv zu lokalisierende Bindung des Unendlichen und des Endlichen beansprucht die Evidenz des objektiven Gegenstandes" (ebd. 187). Diese Deutung scheint jedoch Albrechts erstgenannte Deutung der Anschauung als objektivierender festzuschreiben, wenn auch durch die Behauptung des Paradoxcharakters der religiösen Anschauung. Soweit ich sehe, gibt Schleiermachers doppelstufige Argumentation dieser Behauptung keinen Anhalt. – Herms' Deutung des Anschauungsbegriffs ist Teil seines Versuchs, die von ihm behauptete Schleiermachersche Theorie vom unmittelbaren Realitätsbewußtsein innerhalb der *Reden* zu verifizieren. Dieses wird von

die Formel vom *Anschauen des Universums* fruchtbar gemacht wird, drohe
eine Verwischung – also eine unberechtigte Überschreitung – der Grenze,
die das Unendliche vom Endlichen unterscheidet.[244] Die Schwierigkeit der
Formel wird von Günter Meckenstock auf ähnliche Weise diagnostiziert,
indem auf die Implikation der Formel für den Gedanken des Universums
hingewiesen wird: „das Universum [bekommt] durch den Anschauungsbegriff Gegenstandscharakter, der die Verendlichung des Universums
herbeiführt und damit alle Verwicklungen, denen Schleiermacher im
Gefolge der Vernunftkritik entrinnen will".[245] Oder es wird differenzierter, aber wieder mit ungefähr demselben Ergebnis behauptet, daß der
Begriff der Religion als Anschauung des Universums in der Erstauflage
der *Reden* deshalb aporetisch ist, weil der Begriff der Anschauung die
Religion – nach dieser Interpretation die Repräsentation der Einheit von
Selbst und Ganzem – an „die Differenzen des Bewußtseins" binde.[246]
Friedrich Wilhelm Graf begründet dies damit, daß Anschauung sich „auf
Einzelnes und sinnliche Data" bezieht. Er bestimmt die in der Anschau-
ung implizierten Differenzen näher als die Differenzen „von Anschauen
und Angeschautem, Sinn und Gegenstand".[247]

Diese Kritik ist meines Erachtens gegenstandslos. Schleiermacher
stimmt von seinen Voraussetzungen her mit Schlegel überein, sofern dieser gegen Jacobi erklärt, daß „eine Anschauung des Unendlichen, und
eine Anschauung, welche das Zeichen ihrer Objektivität mit sich führt",
eine „Widersinnigkeit" wäre.[248]

Wie gezeigt, besteht das Verfahren der Darstellung des allgemeinen
Wesens der Religion in den *Reden* darin, das religiöse Bewußtsein *in Analogie* mit der sinnlichen Anschauung zu begreifen. Schleiermachers These
ist nicht, daß Religion sinnliche, empirische Anschauung ist. Die religiösen Anschauungen werden im Gegenteil deutlich von dieser Art der

---

Herms nun mit dem Gefühl identifiziert, das also Bedingung der Anschauung sein soll,
für die nur die Stelle der vermittelten Erkenntnis übrig bleibt.

244 Herms, Herkunft 213. Dieselbe Gefahr sieht Herms in den *Grundlinien einer Kritik der
bisherigen Sittenlehre*, wenn Schleiermacher die dort geforderte höchste Erkenntnis mit
Bezug auf Platon und Spinoza als eine Erkenntnis des höchsten Wesens bespricht
(Herms, Herkunft 194.211). Siehe jedoch oben 2.4.2.2.

245 Meckenstock, Auseinandersetzung 34f. Vgl. Elsässer, Kritik 19f, der hier einen Gegensatz
zu Schlegel sieht. Dagegen betont Konrad Cramer auch mit Bezug auf den Begriff der
Anschauung zu Recht, daß Schleiermachers Rede von einem „Gegenstand" der Religion
nicht im Sinne einer eigentlich objektivierenden Auffassung verstanden werden kann
(Cramer, Anschauung 127).

246 Graf, Gefühl 179. Graf grenzt sich von Herms' Interpretation des Begriffs der Anschauung ab (ebd. 157).

247 Ebd. 179.

248 KFSA II, 71f.

Anschauung unterschieden. Trotzdem soll eine religiöse Anschauung doch Anschauung, nämlich Anschauung des Universums, sein und eine Struktur haben, die an den verschiedenen oben genannten Punkten der Struktur der sinnlichen Anschauung entspricht. Im Kontext der religiösen Anschauung kommt auch der Begriff der Wahrnehmung und sogar der der Erfahrung des Unendlichen vor. Dies scheint einzuschließen, daß es in der Religion immer noch um eine wirkliche Erkenntnis des Unendlichen geht. Wäre die Formel vom Anschauen des Universums in dieser Weise zu verstehen, wäre der Religionsbegriff der Erstauflage der *Reden* allerdings offenkundig aporetisch angesichts der kritizistischen Voraussetzungen, von denen Schleiermacher selbst ausgeht. Dann bestände die Kritik zu Recht, daß das religiöse Subjekt sich im Anschauen des Universums über die Endlichkeit der menschlichen Erkenntnis hinwegsetzt oder das Universum verendlicht.

Diesen Fehler hat Schleiermacher in seiner Religionstheorie aber nicht begangen. In der Religionsschrift äußert er sich nicht explizit zum prinzipiellen Problem der Erkennbarkeit des Unendlichen, es ist aber klar, daß er keiner eigentlichen Erkennbarkeit das Wort redet. Die in den *Reden* nicht enthaltene Erörterung des betreffenden Problems läßt sich ansatzweise in „Kurze Darstellung des Spinozistischen Systems" finden. Das Ergebnis ist dort die oben genannte erste These, daß das Unendliche zwar als solches nicht erkannt, ja nicht einmal angeschaut, aber – so die zweite These – indirekt, aufgrund seiner Präsenz im Endlichen, vorgestellt werden kann. Dieser zweiten These entspricht der Begriff von Religion als Anschauen des Universums, und es darf angenommen werden, daß dieser Begriff auch die komplementäre These, die kritizistische Verneinung einer Erkenntnis des Unendlichen, voraussetzt. Die religiöse Anschauung ist also nicht einfach Erkenntnis des Universums. Im Gegenteil, sie ist in ihrer vollständigen Struktur – Anschauung des Endlichen *als* Darstellung des Unendlichen – eben Ausdruck dessen, daß wir keinen direkten erkenntnismäßigen Zugang zum Unendlichen haben.[249]

Daß es beim Begriff der Religion als Anschauen des Universums nicht um eigentliche Erkenntnis geht, läßt sich auch auf andere Weise dartun. Man muß nur auf der Linie der obigen Analyse berücksichtigen, daß nicht nur Kants Theorie der Erkenntnis, sondern ebenso Reinholds weiterführende Lehre des Bewußtseins und der Erkenntnis zum systematischen Kontext dieses Begriffs gehört. Der thematisch einschlägige Passus aus

---

[249] In Übereinstimmung mit der ersten Auflage sagt Schleiermacher in einer „Erläuterung" zur dritten Auflage von 1821: „Des Unendlichen [...] können wir nicht unmittelbar und durch sich selbst inne werden, sondern immer nur vermittelst des Endlichen" (KGA I/12, 130,26ff.).

Reinholds „Neue Darstellung der Hauptmomente der Elementarphilosophie" sei hier zitiert:

> „Durch die Anschauung allein, auch in wieferne sie wirklich aufs Objekt be-
> zogene Vorstellung ist, kann durchaus nichts erkannt werden. Denn durch
> die Anschauung wird der Gegenstand nur vorgestellt; nicht, *als ein Vorgestell-*
> *tes* vorgestellt. Durch das unmittelbare Bezogenwerden der Vorstellung auf
> den Gegenstand, ist (während desselben) alle Unterscheidung des Gegen-
> standes von der bloßen Vorstellung unmöglich; Vorstellung und Objekt, ma-
> chen in soferne im Bewußtseyn nur *Eines* aus".[250]

Reinhold fügt hinzu: „so findet in diesem Gemüthszustande ein bloßes
dunkles Bewußtseyn, ohne alle Erkenntniß statt".[251]

Auf ganz ähnliche Weise deutet Schleiermacher in seinem kleinen
Buch *Vertraute Briefe über Friedrich Schlegels Lucinde* von 1800 einen Begriff
der Anschauung im Unterschied zu dem der Erkenntnis an, indem er
einen bewußtseinstheoretischen Ansatz voraussetzt, der die größte Ähnlichkeit mit dem Reinholds hat. Die betreffende Aussage eignet sich
außerdem dazu, auf eine strukturelle Analogie aufmerksam zu machen,
die zwischen der religiösen und der ästhetischen Anschauung besteht, so
wie Schleiermacher die beiden faßt. Er schreibt von der Erkenntnis als von
einer „Beziehung" von mehreren möglichen, die jede „Vorstellung"
zuläßt, „wenn sie vor das Bewußtsein gebracht wird: sie kann zur Erkenntniß eines Gegenstandes verarbeitet werden".[252] Schleiermacher
unterscheidet demnach die bloße Vorstellung und die explizit bewußte
Vorstellung, die die Erkenntnis eines Gegenstandes darstellt. Die letztgenannte Vorstellung wird des weiteren mit dem Begriff identifiziert und
von der Anschauung – im Kontext der Briefe: der Anschauung des
Schönen – unterschieden.[253]

Von Schleiermachers sachlicher Übereinstimmung mit Reinhold her
läßt sich verstehen, warum er Religion in erster Linie als eine Art von
Anschauung auffaßt. Weit davon entfernt, das Universum zu vergegen-
ständlichen, wird dies im Gegenteil eben vermieden. Schleiermacher
appliziert den Begriff der Anschauung auf das religiöse Bewußtsein,
indem er die Anschauung als *eine nichtvergegenständlichende epistemische*
Beziehung auf einen Gegenstand aufgreift. Wie wir gesehen haben, und wie
es in der betreffenden Forschung besonders von Friedrich Wilhelm Graf
hervorgehoben wurde, nimmt sein Gedankengang hinsichtlich des
Begriffs der Anschauung zwar die Differenzen des Bewußtseins, nämlich

---

250 Reinhold, Beyträge 236.
251 Ebd.
252 KGA I/3, 174,3ff.
253 Ebd. 174,19ff.

in Gestalt der Differenzen zwischen Anschauen oder Anschauung, Anschauendem und Angeschautem, in Anspruch. Das heißt aber nicht, daß das Anschauen im eigentlichen Sinne objektivierend ist. Denn in ihm ist man sich des Objekts nicht als eines von der Anschauung unterschiedenen bewußt. Hier machen – mit Reinhold zu reden – Vorstellung und Objekt im Bewußtsein eine undifferenzierte Einheit aus. Außerdem ist von Reinhold her verständlich zu machen, wie Schleiermacher die Anschauung statt als ein bloßes Abstraktum als etwas relativ Selbständiges behandeln kann. Bei Reinhold hat sie einen solchen Status als die erste Stufe einer Entwicklung des Bewußtseins. Ein entsprechendes Motiv wird von Schleiermacher in seinem dritten Abschnitt ausdrücklich genannt.

Schleiermacher versteht also in seiner Religionstheorie Anschauung als eine Vorstellung, die nur in einem schwachen Sinn gegenständlich ist.[254] Er tut dies, um aufgrund der Vernunftkritik den erkenntnistheoretischen Aporien des Dogmatismus zu entrinnen. Doch führt Schleiermachers Vorschlag andere Schwierigkeiten mit sich. Nach Kant wären seine religiösen Anschauungen *blind*.[255] Das kann wohl kaum Schleiermachers Intention sein. Er zeigt zwar nicht, wie er diese Konsequenz vermeiden möchte. Es ließe sich aber von den im Vergleich mit Kant neuen Momenten der Anschauung in den *Reden* her dartun, besonders vom Moment der Deutung als eines individuellen, nicht abstrakten Denkens aus. Schwerwiegender ist eine weitere Implikation der Verwendung des Begriffs der Anschauung, mit der die Frage der Subjektivität überhaupt erst thematisch relevant wird. Sie kann anhand des Zusammenhangs mit Reinhold verdeutlicht werden. Nach ihm ist die Bewußtseinsart, zu welcher die Anschauung gehört, das *dunkle* Bewußtsein. Dies muß analog auch für die Anschauung des Universums gelten und kommt in der Religionstheorie der *Reden* zum Ausdruck, wo Schleiermacher diese ihm ja von der vorkritischen Erkenntnistheorie her bekannte Terminologie[256] in einem nachkantischen Problemzusammenhang verwendet: Der Begriff des dunklen Bewußtseins kommt hier zwar nicht explizit vor,[257] Schleiermacher

---

254 Dies kommt mit dem Ergebnis überein, zu dem Fred Lönker gelangt, ohne denselben Weg gegangen zu sein (Lönker, Erlebnis 58f.; dazu auch im folgenden).
255 Vgl. KrV B, 75, worauf sich Schleiermacher vermutlich später bezieht; siehe unten 3.2.4.2.
256 Siehe oben 1.3.1.
257 Wenn man ihn denn nicht in folgender Aussage finden will: „es ist damit wie mit dem ersten Bewußtsein des Menschen, welches sich in das Dunkel einer ursprünglichen und ewigen Schöpfung zurükzieht, und ihm nur das hinterläßt was es erzeugt hat" (KGA I/2, 222,9ff. = R, 75). Schleiermacher spricht hier eine Sprache, die in eine durch Fichte bestimmte Richtung weist. Dies schließt aber nicht einen Zusammenhang auch mit Reinholds Bewußtseinstheorie aus.

unterscheidet aber das religiöse Bewußtsein vom deutlichen Bewußtsein und auch vom „klarsten Bewußtsein", das er sarkastisch seinen Zuhörern zuschreibt.[258] Nun umfaßt die Einheit der Anschauung als eines Ausdrucks des dunklen Bewußtseins nicht nur Vorstellung und Objekt. Nicht nur Anschauung und angeschauter Gegenstand werden nicht unterschieden, das anschauende Subjekt wird auch nicht von ihnen gesondert.

Ist der Preis der Inanspruchnahme des Begriffs der Anschauung für die Interpretation der Religion folglich, daß *mit dem Gegenstandsbewußtsein zugleich das Selbstbewußtsein ausgeschlossen* wird? Oder beinhaltet Schleiermachers Theorie weitere Mittel, die etwa ermöglichen, daß die religiösen Anschauungen als zu einem Bewußtsein anderer Art gehörend verstanden werden, durch welches sie dem Subjekt zugeschrieben werden? Wir wissen, daß er über relevante Theoriestücke verfügt. Er hat ja solche sowohl von Kant als auch von Fichte übernommen.[259]

Es läßt sich als Ergebnis der Untersuchung festhalten, daß die Möglichkeit der Selbstzuschreibung nicht durch die Definition der Religion als Anschauen erklärt wird, daß also das Subjekt *als anschauendes* sich der religiösen Anschauungen nicht in diesem Sinn bewußt ist. Vom bisher Analysierten her ist also unverständlich, wie sich das religiöse Subjekt überhaupt religiöse Anschauungen zuzuschreiben vermag.[260] Die Frage ist, ob Schleiermacher weitergehende Bestimmungen gibt, die dieses Problem lösen und der Möglichkeit des Selbstbewußtseins von religiösen Anschauungen Rechnung tragen.

3.2.3. Gefühl

Das Gefühl ist der zweite wesentliche Bestandteil des religiösen Bewußtseins, wie es zu diesem Zeitpunkt von Schleiermacher bestimmt wird. Der Gefühlsbegriff repräsentiert innerhalb des religiösen Bewußtseins ein Moment der *Selbstbezogenheit*. Die Frage ist, um welche Art der Selbstbezogenheit es dabei geht.

Der Begriff des Gefühls ist in der ersten Ausgabe der *Reden* nicht der Zentralbegriff der Religionstheorie. Es gibt zwar schon in dieser Ausgabe

---

258 KGA I/2, 221,1f.; 222,13ff. = R, 72.75.

259 Siehe oben besonders 1.4.3; 2.3.4.

260 Lönkers scharfsinnige Einwendung verdient hervorgehoben zu werden: „Hinzu kommt, daß sich das anschauende Subjekt dabei seiner selbst nicht bewußt wäre, denn notwendige Bedingung eines solchen Bewußtseins ist, daß das Subjekt das Angeschaute als ein anderes von sich unterscheidet. Schließlich bleibt auch zu fragen, wie sich ein ‚Subjekt', das ohne Beziehung auf sich ist, ein religiöses Bewußtsein zuschreiben kann" (Lönker, Erlebnis 58f.).

einzelne Aussagen, die das ganze Wesen der Religion als Gefühl darstellen, als „das Gefühl des Unendlichen", das „Grundgefühl der unendlichen
und lebendigen Natur".[261] Sie sind jedoch als Ausnahmen zu betrachten
und stehen außerhalb der von Schleiermacher im Hinblick auf die Definition der Religion hervorgehobenen Abschnitte, nach welchen dem Begriff
der Anschauung die zentrale Stelle zukommt. Allerdings ist das Gefühl
unentbehrliches Moment der Religion; es wird als *notwendiges Begleitphä-
nomen der Anschauung* eingeführt und definiert.[262]

Wie oben bemerkt, ist Schleiermachers Verfahren auch hier ein doppeltes, indem der Gefühlsbegriff *zuerst allgemein* und *sodann religionsphilosophisch* dargestellt wird. Dieses Verfahren wird an dieser Stelle nur einmal durchlaufen, der Gedankengang umfaßt also nur *zwei Schritte*. In
jedem Schritt unterscheide ich *drei Aussagen*; beide Aussagereihen entsprechen einander. Ich ziehe es vor, im folgenden nicht die beiden Argumentationsschritte nacheinander zu analysieren, sondern bei der Interpretation des ersten Schritts die parallelen Aussagen des zweiten Schritts
heranzuziehen und so beide im Zusammenhang zu behandeln.

Der erste Schritt, in welchem es um den Begriff des Gefühls im allgemeinen geht, nimmt wieder auf übliche philosophische Annahmen Bezug.
Dies wird diesmal – mit einer Formulierung, die mehrere Entsprechungen
andernorts in den *Reden* hat – ausdrücklich betont: *„erinnert Euch, daß jede
Anschauung ihrer Natur nach mit einem Gefühl verbunden ist".*[263] Die
Interpretation des Gedankengangs ist nicht unwesentlich davon abhängig,
wie dieser Hinweis zu verstehen ist. Auch wenn er nicht auf ein einzelnes
bestimmtes Theorem abzielte, was nicht notwendigerweise der Fall zu
sein braucht, muß er sich auf zeitgenössische oder jedenfalls auf damals
gegenwärtige Gedanken beziehen lassen. Die kontextuelle Identifikation
der betreffenden Annahmen war beim Begriff des Anschauens ziemlich
einfach und hatte zudem Anhalt in der Vorarbeit aus „Kurze Darstellung
des Spinozistischen Systems". Hier ist die Situation eine andere. Zwar ist
uns schon eine Variante der These der Verbindung der Anschauung mit
einem Gefühl bekannt, nämlich die schulphilosophische Variante, mit
welcher Schleiermacher selbst im frühen „Freiheitsgespräch" in Eberhardscher Manier operierte.[264] Dieser Hinweis hat indessen etwas Unbefriedi-
gendes. Obwohl Schleiermacher inzwischen diese Art der Aufklärung
sonst längst aufgegeben hat, bleibt seine *eigene* Theorie des Gefühls freilich
diesem Erbe verpflichtet. Aber der Redner kann wohl kaum seinen nicht

261 KGA I/2, 213,12f.3f. = R, 53f.
262 KGA I/2, 218-220 = R, 66-71.
263 KGA I/2, 218,21f. = R, 66; meine Hervorhebung.
264 Siehe oben 1.3.1.

nur aufgeklärten, sondern gebildeten Adressaten allein daran erinnern wollen. Zudem läßt sich offenbar für die betreffende Annahme in der kritischen Philosophie auch kein wörtliches Äquivalent finden, und es ist nahezu auszuschließen, daß Schleiermacher bloß auf eine Parallele in Kants dritter Kritik rekurriert.[265] Wir sind aber nicht ganz ohne Anhaltspunkte. Im folgenden soll zunächst untersucht werden, ob bzw. inwieweit hier ein bezug zu Reinhold bei der Analyse des zweiten Abschnittes erkennbar ist

Die erste Aussage des ersten Schrittes *introduziert und definiert* das mit der Anschauung verbundene Gefühl: „Euere Organe vermitteln den Zusammenhang zwischen dem Gegenstande und Euch, derselbe Einfluß des leztern, der Euch sein Dasein offenbaret, muß sie auf mancherlei Weise erregen, und in Eurem innern Bewußtsein eine Veränderung hervorbringen".[266] In diesem Zusammenhang kehrt die dreigliedrige Struktur, die dem Begriff der Anschauung zugrunde liegt und die sich, wie gezeigt, auf Reinholds Bewußtseinsbegriff beziehen läßt, wieder. Aber hier gilt das Interesse anders als dort nicht dem Eindruck eines äußeren Gegenstands, sondern dessen Wirkung auf das Subjekt.[267] *Die Wirkung des Eindrucks vom Objekt auf das Subjekt* wird in der ersten Aussage dieses ersten Argumentationsschrittes als *eine Veränderung in unserem inneren Bewußtsein* – oder wie im zweiten Schritt gesagt wird: in unserem Gemüt und Zustand – näher bestimmt. Eine solche Veränderung nennt Schleiermacher ein Gefühl. Der zweite Schritt enthält die Anwendung auf das Verständnis der Religion: „So die Religion; dieselben Handlungen des Universums, durch welche es sich Euch im Endlichen offenbart, bringen es auch in ein neues Verhältniß zu Eurem Gemüth und Eurem Zustand; indem Ihr es anschauet müßt Ihr nothwendig von mancherlei Gefühlen ergriffen werden".[268]

Dieser Gefühlsbegriff hat ein Seitenstück bei Reinhold, und zwar die Art der sinnlichen Vorstellung, die wir von ihm als „eine durchs Afficiertwerden der Receptivität und die Gegenwirkung der Spontaneität bewirkte Veränderung im Zustande des Subjekts, bey der sich dasselbe mehr leidend als wirkend verhält",[269] definiert kennengelernt haben. Man muß von der Terminologie absehen, insofern Reinhold dies nicht wie Schleiermacher Gefühl, sondern Empfindung nennt. Diese Bezeichnung kann dieser jedoch auch gleichbedeutend mit dem Ausdruck Gefühl

---

265 Vgl. KU B, bes. XLIIff.77f.147.
266 KGA I/2, 218,22ff. = R, 66.
267 Von Eindruck und Wirkung wird KGA I/2, 218,30ff. = R, 67, gesprochen.
268 KGA I/2, 218,35ff. = R, 67.
269 Reinhold, Versuch 359.

verwenden.[270] Die nachgewiesene Entsprechung ist an sich nicht entscheidend: Ein ähnlicher Empfindungsbegriff ist andernorts im Kontext zu
finden, zum Beispiel bei Kant.[271] Die Übereinstimmung der *Reden* mit
Reinhold scheint aber weiter zu gehen. Schleiermacher stellt ein Gefühl
nicht als das *Bewußtsein* einer Veränderung im Gemüt dar. Insofern bleibt
er sachlich bei einem Begriff des Gefühls oder der Empfindung, wie er
von Reinhold definiert wird: „Die Empfindung ist die Veränderung des
Zustandes selbst, nicht das Bewußtseyn derselben";[272] Bewußtsein meint
hier explizites Bewußtsein. Die Übereinstimmung betrifft auch das Verhältnis zwischen Gefühl bzw. Empfindung und Anschauung. Die Theorie
des menschlichen Vorstellungsvermögens geht von einem wesentlichen
Zusammenhang aus: „In wieferne nun das Bezogenwerden einer blossen
Vorstellung aufs Subjekt, ohne Bezogenwerden derselben aufs Objekt
unmöglich ist, und in wieferne das Bezogenwerden der sinnlichen Vorstellung aufs Objekt, *Anschauung* heißt; in so ferne ist keine Empfindung
ohne Anschauung, und keine Anschauung ohne Empfindung möglich".[273]
Es ist also festzustellen, daß in der Sache der Gefühlsbegriff Schleiermachers eine bedeutende Übereinstimmung mit Reinhold aufweist.[274]

Diese Erklärung ist aber nicht ganz befriedigend. Es muß gefragt werden, wie Schleiermacher von Gefühl sprechen kann, wo einige seiner
Vorgänger den Begriff der Empfindung verwenden; so auch Eberhard in
Allgemeine Theorie des Denkens und Empfindens. Die Lage der Interpretation
ähnelt derjenigen, in der wir uns beim ersten Abschnitt der Religionstheorie befanden, insofern wir auch dort Reinhold nur mit *einer* Gedanken-
schicht der *Reden* verbinden konnten. Wenn eine weitere, auch den
Terminus *Gefühl* einschließende Lokalisierung der Annahmen gesucht
wird, die Schleiermacher und dem Adressaten der *Reden* gemeinsam sein
sollen, muß auf *Fichte* hingewiesen werden. Ihm vor allen anderen kommt
ja das Verdienst zu, in damals vielbeachteten Gedanken das Gefühl mit
dem Streben und den Trieben in die Darstellung des erkennenden und
praktischen Bewußtseins einbezogen und es überhaupt innerhalb der
nachkantischen akademischen Philosophie rehabilitiert zu haben.[275] Wir
haben bereits erkannt, daß eine freie Rezeption der ersten Wissenschaftslehre Schleiermacher bei der Artikulation des inneren, subjektiven Lebens

---

270 Zum Beispiel KGA I/2, 238,2 = R, 111.
271 Vgl. KrV B, 376.
272 Reinhold, Versuch 359.
273 Ebd. 360.
274 Siehe auch unten Anm. 283, über Reinholds sporadische Verwendung des Gefühlsbe-
       griffs.
275 Siehe oben S. 182.

hilfreich war.[276] In Anbetracht dessen ist wahrscheinlich, daß er sich auch an diesem Punkt auf Fichte bezieht.

Die nachgewiesene Bezugnahme Schleiermachers auf Fichte betraf dessen Lehre von der doppelten Richtung der Tätigkeit des Ich. Diese Lehre ist in der Wissenschaftslehre Grundlage der Theorie von der Anschauung und vom Gefühl und ebenso der Konzeption des Zusammenhangs zwischen beiden: Bei der unerklärlichen Hemmung der Tätigkeit des Ich entsteht im Ich zweierlei – erstens aufgrund der Einbildungskraft eine Anschauung des dem Ich Entgegenstehenden, zweitens ein Gefühl. Dabei sei bemerkt, daß Fichte das Gefühl und nicht nur die Empfindung[277] mit der Anschauung zusammenstellt. Ein Gefühl wird in der Wissenschaftslehre als das Innewerden der durch den Anstoß vom Nicht-Ich bedingten Begrenzung der Tätigkeit des Ich gefaßt. Zwischen dem Gehalt dieses Gefühlsbegriffs und dem des Schleiermacherschen Begriffs vom Gefühl besteht eine gewisse Ähnlichkeit. Das zeigt sich klar, wenn Fichte an anderen Stellen seinen Begriff des Gefühls mit mehr gewöhnlichen Wendungen umschreibt.[278] Diese Übereinstimmungen zwischen der Wissenschaftslehre und der Religionsschrift Schleiermachers sind Indizien, daß diese auch hier durch die Sprache der Wissenschaftslehre geprägt ist – wie in der ersten Rede bezieht sich sein Verweis auf „Eure Sprache" eindeutig auf sie[279] –, daß sich also die philosophische Formulierungshilfe, die Schleiermacher von Fichte erhalten hat, auf den Kern seiner Religionstheorie erstreckt.

Nach Schleiermachers erster, allgemein definierender Aussage ist das betreffende Gefühl also – wie im Anschluß an Reinhold formuliert werden kann – die sinnliche Vorstellung in ihrer Beziehung auf das Subjekt als durch die Affektion bewirkte Veränderung in dessen Zustand. Näheres über die Beziehung auf das Subjekt im Gefühl erfährt man aus der zweiten Aussage des ersten Argumentationsschrittes. In ihr geht es um Umstände des Zurück- und Hervortretens des Gefühls: „Dieses Gefühl, das Ihr freilich oft kaum gewahr werdet, kann in andern Fällen zu einer solchen Heftigkeit heranwachsen, daß Ihr des Gegenstandes und Euerer selbst darüber vergeßt".[280] Das, wovor das Gefühl zurücktreten kann, ist die auf

---

276 Siehe ebd., bes. S. 279ff.
277 Zu Fichtes Unterscheidung von Gefühl und Empfindung siehe FW I, 323.490.
278 Vgl. Fichtes Aufsatz von der Sprachfähigkeit und dem Ursprung der Sprache: „da jede äussere Vorstellung nur durch ein Afficiertwerden entsteht, welches nur dadurch möglich ist, dass ein Eindruck auf unser Gefühl geschieht, folglich eine Veränderung in uns veranlasst wird: so ist klar, dass jeder Gegenstand, dessen wir uns bewusst werden sollen, sich uns durch und in einer Veränderung ankündigen müsse" (FW VIII, 320).
279 KGA I/2, 215,24ff. = R, 59, vgl. KGA I/2, 216,33 = R, 62.
280 KGA I/2, 218,26ff. = R, 66.

den angeschauten Gegenstand bezogene Anschauung. Das Gefühl bezieht sich dagegen auf das anschauende und fühlende Subjekt und ist insofern selbstbezogen. Diese Selbstbeziehung wird also vernachlässigt, wenn die Anschauung im Bewußtsein dominiert. Der zweite, religionstheoretische Schritt unterstreicht, daß dies bei der Religion nur eingeschränkt stattfinden kann, und daß das Gefühl neben der Anschauung ein irreduzibles Moment des religiösen Bewußtseins ist: „Nur daß in der Religion ein anderes und festeres Verhältniß zwischen der Anschauung und dem Gefühl statt findet, und nie jene so sehr überwiegt daß dieses beinahe verlöscht wird".[281] Der Gefühlsbegriff ist also wichtiger beim Verstehen der Religion als bei der Erklärung unseres gewöhnlichen Weltverhältnisses.

Das Entscheidende ist nun, wie Schleiermacher die Selbstbeziehung des sich an die Anschauung notwendig anschließenden Gefühls faßt, und zu welcher Art des Bewußtseins dieses gehört.

Eine Antwort läßt sich der *zweiten* Hälfte der allgemeingültigen Aussage entnehmen, die nicht auf der religionstheoretischen Ebene modifiziert wird. Sie besagt, daß je mehr das Gefühl hervortritt, desto mehr werden das Objekt und das Subjekt „vergessen". Der erstgenannte Fall ist aufgrund der Definition des Gefühls leicht zu begreifen. Wie ist aber zu verstehen, daß beim Gefühl nicht nur das Angeschaute, sondern auch das Anschauende und Fühlende vergessen wird? Es kann nicht gemeint sein, daß das Subjekt nicht dabei ist. Schleiermacher nimmt es in dem, was er über die Gefühle sagt, ständig in Anspruch. Eine mögliche Interpretation wäre dagegen, daß wir abhängig von der Stärke des Gefühls uns selbst nicht vom Gegenstand unterscheiden, sondern uns damit vermischen oder verwechseln, wie Eberhard sagt,[282] oder mit Reinhold formuliert, daß, wie man bei der Anschauung sich des Objektes nicht als eines solchen bewußt wird, man sich hier des Subjektes nicht als eines solchen bewußt ist, oder genauer: Im Gefühl ist das Subjekt seiner selbst nicht bewußt.[283] Das heißt,

---

281 KGA I/2, 218,39ff. = R, 67.
282 Eberhard, Theorie, bes. 46ff. Vgl. auch den Abschnitt über das Gefühl in den *Reden* mit ebd. 116f.
283 Diese Interpretation entspricht auch Reinholds gelegentlicher Bestimmung und Einstufung des Gefühls. Während dieser Begriff wie der Wahrnehmungsbegriff keinen Platz in den Hauptdarstellungen seiner Theorie (Reinhold, Versuch; ders., Beyträge 167-254) hat, nimmt Reinhold ihn in einem Kommentar dazu auf, um zu erklären, daß auch Gefühl Bewußtsein und Vorstellung ist und folglich dieselbe Struktur aufweist wie andere Arten des Bewußtseins und der Vorstellung. Sein Gefühlsbegriff läßt sich mit dem von Schleiermacher vergleichen: „Auch *Gefühl* ist mir Vorstellung, etwas das sich auf S. und O. bezieht ohne eines von beiden zu seyn. Das Objekt des Gefühls ist freilich nur eine Veränderung in uns, aber darum nicht weniger Objekt, nicht weniger etwas als das Gefühlte vom Gefühl, als vom Fühlenden unterschieden" (Brief an Maimon vom 22.8.1791,

daß das Gefühl – wie die Anschauung – Teil eines *dunklen* Bewußtseins ist.
Fichte, bei dem wiederum Äußerungen zu finden sind, die Schleiermachers Aussage ähneln, würde von seinen Voraussetzungen her ein solches
Gefühl auf einer niedrigen Stufe der Reflexion einordnen. Die Selbstbeziehung des Gefühls ist nach Fichte eine *implizite* und kein eigentliches
Selbstbewußtsein.[284]

Gehen wir davon aus, daß diese Auslegung zutreffend ist, kann gesagt
werden, inwiefern nach Schleiermacher ein Gefühl einen Gegenstand hat.
Einige Stellen der *Reden* scheinen darauf hinzudeuten, daß das Gefühl ein
äußeres Objekt hat. Neben Ausdrücken wie *Gefühl fürs* Universum und *mit
dem* Universum[285] stehen Formulierungen wie *Gefühl des* Universums oder
vom Universum.[286] Von Schleiermachers Begriff des Gefühls her ist aber
klar, daß dies uneigentlich gemeint sein muß. Hat ein Gefühl ein Objekt,
kann es nur um ein *inneres* Objekt gehen. Sein Gegenstand ist subjektiv,
eine Veränderung im Zustand des Subjekts.[287] Ein solches Objekt muß es
haben, wenn Schleiermachers Verwendung des Bewußtseinsbegriffs in
dem im Kontext üblichen Sinn hier adäquat sein soll. Wie *hat* das Gefühl
denn sein Objekt? Es hat es, ohne sich dessen als eines Objekts und als
eines von sich selbst unterschiedenen bewußt zu sein. Es ergibt sich also,
daß es sich beim Gefühl in den *Reden* um eine Selbstbeziehung des religiösen Subjekts handelt, aber um eine unausdrücklich bewußte.

---

in: Maimon, Streifereien 211f.; zu Schleiermachers Kenntnis dieses Buches siehe oben
Kap. 1 Anm. 241.553). Reinhold stellt das Gefühl neben die Wahrnehmung, aber ohne
sie – wie die Empfindung und die Anschauung – explizit zu verbinden. Das tut aber
Maimon in seiner Anmerkung dazu: „Mir hingegen ist Gefühl bloß Beziehung einer
Wahrnehmung aufs Subjekt" (Maimon, Streifereien 212). Reinhold fügt hinzu, daß die
Unterscheidung und Beziehung zwischen Vorstellung, Objekt und Subjekt in jedem Bewußtsein vorgeht, daß man sich ihr aber nicht immer klar bewußt ist. Dies bezieht sich
auf Wahrnehmung und Gefühl, denen er Bewußtsein der Vorstellung, Bewußtsein des
Objekts als eines solchen und Selbstbewußtsein gegenüberstellt (ebd.).

284 Schleiermacher akzentuiert anders als Fichte, der vom Sichvergessen und Sichverlieren
des Ich im Angeschauten spricht. Vgl. FW I, 349.354.364f., und ebd. 367: „Dem Ich hat
bis jetzt noch nichts zugeschrieben werden können, als das Gefühl; es ist ein fühlendes
und nichts weiter. Das reflectirte Ich ist begrenzt, heisst demnach: es fühlt sich begrenzt,
oder es ist in ihm ein Gefühl der Begrenztheit, des Nichtkönnens oder des Zwanges vorhanden". „Es ist mit jenem Gefühl des Zwanges vereinigt eine Anschauung des Nicht-
Ich, aber eine blosse Anschauung, in welcher das Ich sich selbst in dem Angeschauten
vergisst".

285 KGA I/2, 189,22; 197,39 = R, 2.21.

286 KGA I/2, 300,19; 319,36 = R, 252.298 u.a.

287 Es ist unzutreffend, wenn Fred Lönker das Gefühl als unreflektiertes, unbegriffliches
Bewußtsein des Angeschauten oder der Anschauung interpretiert (Lönker, Erlebnis
63f.).

Vermag die Einbeziehung des Begriffs des Gefühls in die Religionstheorie also die beim Begriff der Anschauung festgestellte Schwierigkeit
zu lösen? Dem Gefühl wird Bewußtseinscharakter beigemessen, und zwar
ein impliziter. Vorläufig soll die Möglichkeit offen gelassen werden, daß
es subjektivitätstheoretische Gründe geben könnte, hier nicht ein explizites Bewußtsein zu bevorzugen, und daß dies der Selbstzuschreibung von
Anschauungen nicht im Wege stehen würde. Doch auch in diesem Fall
kann die diesbezügliche Leistungsfähigkeit des Gefühlsbegriffs, wie er in
der Religionsschrift verwendet wird, bezweifelt werden. Schleiermacher
spricht nämlich auch hier sowohl auf der allgemeinen bewußtseinstheoretischen Ebene als auch auf der religionstheoretischen Ebene im Plural.
Es geht in der Religion um eine Mannigfaltigkeit bestimmter Gefühle,
deren Gehalt spezifiziert werden kann und im Anschluß an die grundlegenden Abschnitte der Religionstheorie auch von Schleiermacher spezifiziert wird.[288] Der Gedanke der Einheit und Identität des Subjekts, der bei
der Selbstzuschreibung von religiösen Anschauungen vorausgesetzt
werden muß, wird also durch den Gefühlsbegriff gerade nicht artikuliert.
Mit Bezug darauf im Singular zu sprechen und ‚das Gefühl' als Grundbegriff einer subjektivitätstheoretisch konzipierten Religionstheorie bei
Schleiermacher aufzufassen, wäre mißverständlich.[289] Zielt der Gefühlsbegriff der *Reden* nicht auf einen einheitlichen subjektiven Bezugspunkt,
finden sich dafür jedoch andere, aber oft ziemlich unbestimmte Begriffe.
So finden sich mit Bezug auf den Begriff des Gefühls in den obigen
Zitaten Ausdrücke wie die von unserem „inneren Bewußtsein" und
„Gemüt" oder auch nur von „uns". Der dritte Abschnitt der Religionstheorie spricht vom „Mittelpunkt unsers Wesens".[290] An anderen Stellen
werden den Gefühlen „unser Ich", unser „innerstes und höchstes Leben"
oder bloß das „Innerste" eines Menschen gegenüberstellt.[291] Die Religion

---

288 KGA I/2, 236ff. = R, 108ff.
289 So wäre es problematisch, mit dem Gefühlsbegriff der *Reden* Schleiermachers späteren
     Begriff des unmittelbaren Selbstbewußtseins gleichzustellen, der sich an diesem Punkt
     von jenem unterscheidet. Vgl. Ulrich Barth, Reden 459: „Das religiöse Bewußtsein – sieht
     man zunächst von dem [...] Anschauungsmoment ab – ist seiner Grundstruktur nach
     Gefühl oder, wie die spätere Formulierung lautet, unmittelbares Selbstbewußtsein. Das
     Gefühl ist der zugleich anthropologische und subjektivitätstheoretische Ort der Religi-
     on". Siehe auch Arndt, Gefühl 124f., wo weiter behauptet wird, daß das Gefühl als
     nichtreflexives mit Bezug auf das Absolute vermittelt und deshalb im religiösen Be-
     wußtsein den systematischen Vorrang vor der Anschauung hat.
290 KGA I/2, 221,8f. = R, 72.
291 KGA I/2, 236,31; 237,27ff.; 238,1ff.; 241,26ff. = R, 108.111.111f.120. Wenn der Redner sich
     an der zweitletzten Stelle auch auf das „innerste Gefühl" seiner Zuhörer beruft, geht es
     nicht um ein solches Gefühl, das Inhalt des Religionsbegriffs ist. Zum Ichbewußtsein in
     den *Reden* siehe Piper, Erlebnis 125ff.

wird also, wie wir es auch anfangs beim theoretischen Ansatz der *Reden* sahen, auf das Subjekt hin zentriert. Es kommt hier jedoch darauf an zu sehen, daß die Religionstheorie dies kaum einzulösen vermag und insofern mit Hilfe des Gefühlsbegriffs in der Tat nicht über die Schwierigkeit der religiösen Anschauung hinausgelangt.

Aus dem zweiten Abschnitt bleiben für die Interpretation noch die dritten Aussagen der beiden Schritte übrig. Die zwei ersten Aussagen bestimmten den Begriff des Gefühls in Relation zu einem der theoretischen Philosophie zugeordneten Begriff. Auf dieser Relation liegt das sachliche Gewicht der Definition. Die dritte Aussage bestimmt den Begriff in *praktisch-philosophischer* Richtung, in Beziehung auf das eigentliche Handeln. Die Bestimmung ist indessen vorerst abgrenzend: Die mit den Anschauungen verbundenen Gefühle werden von Antrieben zu Handlungen unterschieden.[292]

Während der behauptete Zusammenhang zwischen Anschauung und Gefühl nur gewisse Äquivalente im philosophischen Kontext Schleiermachers hat, geht es bei der Relation von Gefühl und Handeln um etwas Altbekanntes sowohl überhaupt in der Handlungstheorie mindestens seit Aristoteles als auch bei Schleiermacher selbst. Gefühle waren für ihn von Anfang an ein wichtiges philosophisches Thema, besonders in Gestalt eines moralischen, zum Handeln antreibenden Gefühls, das er als Bedingung der Ausübung der sittlichen Autonomie begriff. Wenn Schleiermacher dieses Thema hier in einem neuen Zusammenhang aufnimmt, um die religiösen Gefühle von solchen Gefühlen zu unterscheiden, muß es dadurch motiviert sein, daß ein Gefühl gewöhnlich als ein praktisches Phänomen betrachtet wird. Dies zeigt noch einmal, daß religiöse Gefühle eine besondere Art der Gefühle ausmachen. Auf der anderen Seite geht aus dieser Stelle hervor, daß auch sie einen in einem weiten Sinne praktischen Charakter haben. Dies wird durch Schleiermachers Ausdrucksweise von *eigentlichen* Handlungen, zu welchen die religiösen Gefühle nicht antreiben sollen, angedeutet: Sie spielt nicht auf das Moment der epistemischen Tätigkeit der religiösen Anschauungen als auf uneigentliches Handeln an, sondern auf den realen Vollzug von Handlungen.[293] Das setzt voraus, daß alle Gefühle zur Praxis in einem weiten Sinn gehören. Darauf verweist auch Schleiermachers Liste der zur Religion gehörenden Gefühle, die Ehrfurcht, Demut, Liebe, Dankbarkeit und Mitleid u.ä. umfaßt.[294] Des weiteren ergibt sich, daß, wenn das religiöse Anschauen auch nicht ohne Selbstwirksamkeit ist, „das Selbstthätige" in der Religion in beson-

---

292 KGA I/2, 218,31ff.; 219f. = R, 67.68ff.
293 Siehe unten Anm. 297.
294 KGA I/2, 236ff. = R, 108ff.

derem Maß den Gefühlen zukommt, und zwar indem sie für die „Gegenwirkung" gegen die „Einwirkung" des Unendlichen im Anschauen zuständig sind.[295]
    Die Abgrenzung der religiösen Gefühle von dem Handlungsgebiet
wird von Schleiermacher mit Verweis auf die Autonomie des sittlichen
Subjekts begründet. Sie macht neben der Selbständigkeit des religiösen
Bewußtseins die andere Voraussetzung der Unterscheidung der Religion
von der Moral aus, um deren Begründung es ja hier geht. Es wird hinzugefügt, daß die Autonomie auch religiöse Bedeutung hat, nämlich als
Ausdruck der Anschauung des menschlichen Individuums als eines Teils
des Ganzen.[296] Schleiermacher legt also die praktische Subjektivität
innerhalb des Darstellungsverhältnisses zwischen dem Endlichen und
dem Unendlichen aus.
    In Schleiermachers Argumentation hat die Aussage einen Stellenwert,
der dem der beiden letzten Schritte der Darstellung des Begriffs der
Anschauung entspricht, ohne daß sie in der Sache so bedeutsam wie diese
ist. Die Entsprechung wird durch Wiederholung von dort benutzten
Wendungen angezeigt.[297] Ebenso wie die religiöse Anschauung vom
Begriff unterschieden wurde, wird das mit dieser verbundene Gefühl von
den Handlungstriebfedern abgegrenzt: Religion ist als solche *weder
eigentliches Erkennen noch eigentliches Handeln.*[298] Schleiermacher hat also
jetzt die bereits eingangs zitierte These begrifflich eingeholt: Religion ist
ihrem Wesen nach „weder Denken noch Handeln, sondern Anschauung
und Gefühl".

3.2.4. Einheit und Trennung

Das übergeordnete Thema des dritten Abschnitts der Religionstheorie[299]
ist das Problem einer sachgemäßen Darstellung der Religion. Wir müssen
genau beachten, worin dieses Problem besteht und wie es das von mir
Schleiermacher zugeschriebene Projekt als solches, nämlich den Entwurf

---

295 KGA I/2, 238,15; 239,3ff. = R, 112.114.

296 Siehe besonders KGA I/2, 220,10ff. = R, 70f.

297 Vgl. KGA I/2, 219,15ff. = R, 68: „So weit geht an dieser Seite das Gebieth der Religion,
     ihre Gefühle sollen uns besizen, wir sollen sie aussprechen, festhalten, darstellen; wollt
     Ihr aber darüber hinaus mit ihnen, sollen sie eigentliche Handlungen veranlaßen, und
     zu Thaten antreiben, so befindet Ihr Euch auf einem fremden Gebiet", mit KGA I/2,
     216,5ff. = R, 60f.

298 Vgl. Riemer, Bildung 96: „So wenig aber die Anschauung eine bestimmte Erkenntnis ist,
     so wenig kann das Gefühl in der Religion zur Willensbestimmung werden".

299 KGA I/2, 220-223 = R, 71-78.

einer *Theorie* der Religion, und sodann die entworfene Theorie von *Religion als Anschauung und Gefühl* berührt.

Schleiermacher führt das Problem darauf zurück, daß „ich von beiden" – den religiösen Anschauungen und Gefühlen – „nicht anders als getrennt reden kann".[300] Dies ist ein sachliches Problem, das von allgemeinen Bedingungen der Erkenntnis bestimmt ist. Es besagt allerdings, daß die Theorie unzulänglich bleiben muß. Dies muß nicht nur von den beiden ersten Abschnitten, sondern auch von dem gelten, was eventuell in diesem Abschnitt hinzukommt. Bestimmt Schleiermacher also das Wesen der Religion mit theoretischen, begrifflich-reflexiven Mitteln, so weist er doch zugleich die Grenze der Theorie und der Reflexion auf. Diese Beziehung von Theorie oder Philosophie und Religion entspricht gewissermaßen dem in gleichzeitigen Briefen Schleiermachers bezeugten In-Beziehung-Setzen von Philosophie und „Mystik".[301] Was nun die bisher vorgelegte Definition betrifft, besteht das Problem, nicht insofern von *Anschauung und Gefühl,* sondern insofern von Anschauung und Gefühl *getrennt* geredet wird und insofern von ihnen nur so geredet werden kann. Die Bestimmung der Religion als mit Gefühl verbundener Anschauung des Universums wird dadurch also nicht als solche für aporetisch erklärt. Die im vorhergehenden interpretierten Abschnitte sind immer noch die grundlegenden, und das Wesen der Religion ist nicht erst dem im dritten Abschnitt Entfalteten zu entnehmen.[302] Es werden hier auch keine neuen Bestandteile zur Definition hinzugefügt, weshalb ebensowenig eine Lösung der festgestellten Schwierigkeit zu erwarten ist. Auf der anderen Seite gibt dieser letzte Abschnitt der Religionstheorie eine wichtige Verdeutlichung ihrer Intention und ihres Gehalts. Schleiermacher bezieht nun in die Erörterung der Religion als mit Gefühl verbundener Anschauung erstens einen Gedanken von Reflexion, zweitens seinen Spinozistisch geprägten Vereinigungsgedanken ein.

---

300 KGA I/2, 220,32f. = R, 72.

301 Siehe oben S. 240ff.

302 Christian Albrecht versteht die erste Hälfte des Abschnitts so, daß die Religionsdefinition in den ersten beiden Abschnitten nach Schleiermacher notwendigerweise unzutreffend sein muß (Albrecht, Theorie 126f.130). Dies hängt damit zusammen, daß Albrecht Anschauung und Gefühl *an sich* als Ausdruck des Subjekt-Objekt-Gegensatzes begreift (siehe unten Anm. 326). Die zweite Hälfte des Abschnitts faßt er als Schlüssel zum Verständnis des Wesens der Religion in den *Reden* auf: Sie soll die Beschreibung einer religiösen „Uraffektion" enthalten (siehe oben Anm. 8, und gegen diese These Ulrich Barth, Schleiermacher-Literatur 420f.). Von Schleiermachers Voraussetzungen her würde jedoch auch eine solche deskriptive Betrachtung den Bedingungen der Reflexion unterliegen.

Der dritte Abschnitt ist wie die vorhergehenden Abschnitte strukturiert: Es wird auf zwei Stufen, auf einer sich auf die betreffenden allgemeinen Erkenntnisbedingungen beziehenden Stufe und auf einer religionstheoretischen Stufe argumentiert. Mindestens zwei vollständig durchgeführte Runden dieses zweistufigen Verfahrens lassen sich identifizieren.
Doch ist der Aufbau hier laxer, und die Gedanken selbst sind an gewissen
Punkten weniger klar. Es geht aber immer noch um begriffliches Denken,
jedenfalls bis zum vierten Schritt, wo Schleiermacher in eine Darstellung
übergeht, die eine anschaulichere Form hat.

3.2.4.1. Reflexion

Die beiden ersten zusammengehörenden Gedankenschritte Schleiermachers lassen sich aufgrund des doppelten Aufbaus abgrenzen. Der erste
Schritt bezweckt, die genannten Umstände der Darstellung der Religion
als Anschauung und Gefühl zu erklären. Innerhalb dieses Schrittes werde
ich drei Aussagen unterscheiden, die im Text jeweils durch Doppelpunkt
getrennt werden:

> „eine nothwendige Reflexion trennt beide, und wer kann über irgend etwas,
> das zum Bewußtsein gehört, reden, ohne erst durch dieses Medium hindurch
> zu gehen. Nicht nur wenn wir eine innere Handlung des Gemüths mittheilen,
> auch wenn wir sie nur in uns zum Stoff der Betrachtung machen, und zum
> deutlichen Bewußtsein erhöhen wollen, geht gleich diese unvermeidliche
> Scheidung vor sich: das Faktum vermischt sich mit dem ursprünglichen Be-
> wußtsein unserer doppelten Thätigkeit, der herrschenden und nach außen
> wirkenden, und der bloß zeichnenden und nachbildenden, welche den Din-
> gen vielmehr zu dienen scheint, und sogleich bei dieser Berührung zerlegt
> sich der einfachste Stoff in zwei entgegengesezte Elemente: die einen treten
> zusammen zum Bilde eines Objekts, die andern dringen durch zum Mittel-
> punkt unsers Wesens, brausen dort auf mit unsern ursprünglichen Trieben
> und entwikeln ein flüchtiges Gefühl".[303]

Es geht hier um einen komplexen und zunächst zum Teil undeutlich
erscheinenden Gedankengang. Bei einer sorgfältigen Analyse lassen sich
jedoch die meisten ihrer Bestimmungen aufklären. Dies erfordert freilich,
daß einige Voraussetzungen Schleiermachers nachgeholt werden, wofür
die beiden ersten Kapitel der Untersuchung eine gute Grundlage abgeben.

In der einleitenden Aussage geht es um das Motiv der *Trennung* oder
– wie Schleiermacher auch sagt – der *Scheidung*. Das ist ein Motiv, das bei
anderen philosophischen Autoren der Zeit vorkommt. Es soll plausibel

---

303 KGA I/2, 220,35ff. = R, 72.

gemacht werden, daß eine solche Übereinstimmung nicht von ungefähr kommt. Ich hebe zwei Vorgänger Schleiermachers an diesem Punkt hervor, die ihn beide angeregt haben könnten. Es ist noch einmal auf Reinhold zu verweisen. Nach seiner Theorie des Bewußtseins macht neben Beziehung Unterscheidung – nämlich der Vorstellung vom Subjekt und vom Objekt – die Form des Bewußtseins aus. Ergänzend zu den bisherigen Ausführungen soll hier nur eine terminologische Erläuterung gemacht werden: Reinhold verwendet dafür gelegentlich auch das Wort *Trennen*.[304] Der zweite hervorzuhebende Vorgänger ist Fichte. Ich habe schon bei der Exposition des Verhältnisses der Religionstheorie der *Reden* zum Denken Reinholds behauptet, daß insbesondere dieser Abschnitt davon zeugt, daß sie letztlich einer nachfichteschen Problemsituation zugehört. Das kommt im Zusammenhang dieses Punktes zum Ausdruck. Der relevanteste Text Fichtes ist die wichtige Einleitung in sein *System der Sittenlehre nach den Principien der Wissenschaftslehre* von 1798,[305] mit welchem Schleiermacher, wie wir wissen, vertraut war. Der Text ist auch in anderer Weise geeignet, seinen Ansatz hervortreten zu lassen. Es sollen einige Hinweise darauf als Ergänzung zur obigen Darstellung der Fichteschen Philosophie gegeben werden.

Bekanntlich folgt Fichtes Sittenlehre den Prinzipien der Wissenschaftslehre, wie sie in der neuen Darstellung derselben expliziert werden. Seine Absicht in der Einleitung der Sittenlehre ist, das praktische Bewußtsein und die Aufgabe der praktischen Philosophie vom Ich abzuleiten. Wir müssen besonders die beiden Annahmen beachten, die die Voraussetzungen der Argumentation ausmachen. Sie sind uns schon in der Gestalt eines reflektierten und eines nicht reflektierten Bewußtseins bekannt. Die erste Annahme wird am Anfang der Sittenlehre so formuliert, daß Trennung – und relative Vereinigung – von Subjekt und Objekt Bedingung des Bewußtseins ist. Es wird sodann behauptet, daß jede solche Vereinigung von Subjekt und Objekt ohne den Aufweis eines Punktes, „in welchem das objective und das subjective überhaupt nicht geschieden, sondern ganz Eins sind", unverständlich ist.[306] Diese absolute Einheit, die Fichte als die des Ich begreift, ist nicht selbst Gegenstand des Bewußtseins. Sie wird durch die Wissenschaftslehre als dessen Grund erschlossen: „Das Eine, welches getrennt wird, das sonach allem Bewusstseyn zum Grunde liegt,

---

304 Siehe unter anderem Reinhold, Versuch 321ff. Zum Thema der *Trennung* bei Reinhold und in der nachfolgenden Philosophie siehe Stolzenberg, Selbstbewußtsein [1996].

305 FW IV, 1-12. Dazu Stolzenberg, Selbstbewußtsein [1996] 478ff. Er liest den Text als eine indirekte Antwort auf Reinhold und auf Hölderlins Kritik der ersten Wissenschaftslehre, wie dieser sie insbesondere im Fragment „Urteil und Sein" formuliert.

306 FW IV, 1.

und zufolge dessen das subjective und objective im Bewusstseyn unmittelbar als Eins gesetzt wird, ist absolut = X, kann, als einfaches, auf keine Weise zum Bewusstseyn kommen".[307] Dieses nicht-objektivierende Ichbewußtsein wird in den Texten zur neuen Darstellung der Wissenschaftslehre ein unmittelbares Selbstbewußtsein genannt.

Aufgrund der ersten Voraussetzung, der notwendigen[308] Trennung des Subjektiven und des Objektiven, sind die verschiedenen Modifikationen des Bewußtseins zu bestimmen. Fichte erwähnt als Beispiel das Selbstbewußtsein; ebenso wie in der ersten Wissenschaftslehre wird Selbstbewußtsein im strengen Sinn hier als ein Subjekt-Objekt-Verhältnis verstanden:

> „Wie ein wirkliches Bewusstseyn entsteht, sey es auch nur das Bewusstseyn unserer selbst, erfolgt die Trennung. Nur inwiefern ich mich, das bewusstseyende von mir, dem Gegenstande dieses Bewusstseyns, unterscheide, bin ich mir meiner bewusst. *Auf den mancherlei Ansichten dieser Trennung des subjectiven und objectiven, und hinwiederum der Vereinigung beider, beruht der ganze Mechanismus des Bewusstseyns".*[309]

Fichtes nächster Schritt ist eine Unterscheidung von Erkennen und Praxis: Das erkennende Bewußtsein ist eine Vereinigung des Subjektiven und des Objektiven, wobei „das subjective aus dem objectiven erfolgen, das erstere sich nach dem letzteren richten soll". Beim praktischen Bewußtsein wird die Übereinstimmung dagegen so betrachtet, „dass das objective aus dem subjectiven, ein Seyn aus meinem Begriffe (dem Zweckbegriffe) folgen soll: *ich wirke*".[310]

Bleiben wir bei dem Motiv der Trennung, aber nun so, wie es bei Schleiermacher behandelt wird. Woran vollzieht sich die Trennung? Eine erste Antwort des Zitats aus der zweiten Rede besagt: an „etwas, das zum Bewußtsein gehört". Dies wird als ungetrennt in Anspruch genommen. Der Bewußtseinsbegriff kommt außerdem auf einer zweiten, höheren Ebene vor: „zum deutlichen Bewußtsein erhöhen". In diesem Bewußtsein findet Trennung statt. Beziehen wir dies auf die vorhergehenden Teile der Religionstheorie: Dort wurde Religion als eine Art des Bewußtseins, also als „etwas, das zum Bewußtsein gehört", thematisiert. Inwiefern kommt auf dieser primären Ebene, bei der Religion als mit Gefühl verbundenem Anschauen des Unendlichen, keine Trennung vor? Wie wir gesehen haben, fußt Schleiermachers ganze Argumentation bei den Begriffen der Anschauung und des Gefühls – sowohl im allgemeinen als auch im

---

307 Ebd. 5.
308 So ebd. 7.
309 Ebd. 1.
310 Ebd. 2.

Hinblick auf die Religion – auf einer Beziehung und Unterscheidung zwischen diesen und dem Objekt und dem Subjekt, dem Angeschauten und dem Anschauenden. Insofern schließt das religiöse Bewußtsein Trennung ein, und deshalb kann es – nach dem im philosophischen Kontext landläufigen Verständnis des Wortes – zu Recht beanspruchen, Bewußtsein zu sein. Nach meiner bisherigen Interpretation des Religionsbegriffs Schleiermachers ist bei der Religion als Anschauung und Gefühl die Trennung aber gerade nicht intendiert: Sie kommt hier nicht zum expliziten Bewußtsein, indem man sich im religiösen Verhältnis weder des Subjekts noch des Objekts als unterschiedenen bewußt wird. Schleiermachers Begriff der Trennung bezieht sich also auf die *ausdrückliche* Unterscheidung. In diesem Sinn tritt in Beziehung auf das religiöse Bewußtsein die Trennung und Scheidung erst auf der sekundären Bewußtseinsebene ein. Schleiermachers Differenzierung zwischen dem nur zum Bewußtsein Gehörenden und dem zum deutlichen Bewußtsein Erhöhten entspricht in der Sache Reinholds Unterscheidung zwischen dem bloß im Bewußtsein Vorkommenden oder vor sich Gehenden und demselben als Gegenstand des klaren und des deutlichen Bewußtseins.[311]

Als Gegenstand der Trennung wird sodann „eine innere Handlung des Gemüths" genannt; darauf ist noch zurückzukommen. Die Trennung wird nicht nur als aus dem Bewußtwerden als einer Erhebung zu einem Bewußtsein zweiter Stufe, sondern auch als aus einer *Reflexion* erfolgend dargestellt. Daß Reflexion Trennung vollzieht, könnte von dem in ihr eingeschlossenen Subjekt-Objekt-Gegensatz her verstanden werden. Dieser Gegensatz wird von Schleiermacher erst in der dritten Aussage erörtert. In dieser Bedeutung spielt der Terminus Reflexion in Reinholds früher Philosophie keine entscheidende Rolle. Schleiermachers systematischer Kontext ist hier dagegen vor allem durch das Denken Fichtes bestimmt.

Daß Fichte beim Begriff der Reflexion in den *Reden* Pate gestanden hat, geht aus mehreren Stellen hauptsächlich in der zweiten Rede hervor.[312] Ihnen allen gemeinsam ist, daß die Reflexion als sekundär im Vergleich mit dem, worauf sie sich bezieht, herabgesetzt wird. Dies kommt zum Beispiel in einem Passus zum Ausdruck, in dem Schleiermacher sich auf eine bestimmte Auffassung der Einbildungskraft beruft. Die Berufung ist affirmativ: Sie liegt seiner Bestimmung der Stellung der Gottesidee zugrunde, um die es im Zusammenhang geht. Der betreffende Begriff der Einbildungskraft ist ein solcher, der den Zuhörern angeblich

---

311 Vgl. Reinhold, Versuch 200f.209.338f., und oben Anm. 283.

312 Ich sehe hier von der „vervielfältigte[n] Reflexion" (KGA I/2, 268,21 = R, 179) ab, die auf Friedrich Schlegels Fragment Nr. 116 aus *Athenaeum* über die progressive Universalpoesie anspielt; vgl. KGA I/2, 264,33ff. = R, 173; Nowak, Frühromantik 149.

bekannt sein soll, und der eindeutig auf Fichtes erste Wissenschaftslehre zurückweist: „Ihr werdet wißen daß Fantasie das höchste und ursprünglichste ist im Menschen, und außer ihr alles nur Reflexion über sie; Ihr werdet es wißen daß Eure Fantasie es ist, welche für Euch die Welt erschaft".[313] Daß Erkenntnis auf der produktiven Phantasie oder Einbildungskraft beruht, war eine Hauptpointe des 4. Paragraphen der Wissenschaftslehre, die ich auch anderswo bei Schleiermacher festgestellt habe. Daß dieses Vermögen überhaupt die letzte Grundlage alles menschlichen Lebens und Bewußtseins ist, wird in §§ 4 und 5 wiederholt hervorgehoben.[314] Fichte nennt die Weise, in der die Einbildungskraft in der Anschauung wirksam ist, ein *Schweben* zwischen dem Endlichen und dem Unendlichen. Wir haben diesen Terminus in Schleiermachers Darstellung der religiösen Vereinigung des Endlichen und des Unendlichen wiedergefunden. Die Anschauung ist nach Fichte als ein solches Schweben der Einbildungskraft vorreflexiv. Das Schweben wird fixiert, indem es Gegenstand der Reflexion des Ich wird.[315] Damit haben wir neben dem Begriff der Phantasie auch das zweite Glied des Zitats und das hier insbesondere Interessierende – den Begriff der Reflexion – in der Wissenschaftslehre identifiziert.

Daß sich die Reflexion auf eine vorreflexive Tätigkeit bezieht, der Schleiermachers erstes Interesse gilt, geht auch daraus hervor, daß er einige Dogmen und Lehrsätze als „freie Reflexion über die ursprüngliche Verrichtungen des religiösen Sinnes" bezeichnet.[316] Schleiermachers Absicht ist hier, vor einer Verwechslung solcher sekundären Ausdrücke der Religion mit dieser selbst zu warnen: „Den Inhalt einer Reflexion für das Wesen der Handlung zu nehmen, über welche reflektirt wird, das ist ein so gewöhnlicher Fehler, daß es Euch wohl nicht Wunder nehmen darf ihn auch hier anzutreffen".[317] Dieser Gedanke der zweiten Rede kann auf dieselben Zusammenhänge der Wissenschaftslehre zurückgeführt werden. Obwohl die zweitrangige Stellung der Reflexion auch hier von Schleiermacher zu erkennen gegeben wird, ist zudem ein anderer Akzent zu finden. Die Reflexion kommt zugleich als eine berechtigte Aktivität in Betracht, indem sie als der Aufgabe der Lehrbildung dienend gefaßt wird; Schleiermacher gibt also in Anknüpfung an die Religionstheorie dafür einen Ansatz an. Es muß in dieser Verbindung bemerkt werden, daß hier

---

313 KGA I/2, 245,27ff. = R, 129.
314 FW I, 204f.227.284.
315 Ebd. 227ff.
316 KGA I/2, 239,34f. = R, 116.
317 KGA I/2, 239,36ff. = R, 116, vgl. KGA I/2, 276,29ff. = R, 199, ferner KGA I/2, 306,29ff. = R, 267.

von einer *freien* Reflexion die Rede ist. Daß diese Reflexion frei ist, heißt, daß sie nicht notwendigerweise erfolgt, sondern ins Werk gesetzt werden kann, wenn man will. Dies findet in Gestalt eines theoretischen Bestrebens statt. An diesem Punkt gibt es wenigstens eine sachliche, strukturelle Übereinstimmung mit der philosophischen Reflexion in ihrer Beziehung auf die Handlungen des Ich in der Wissenschaftslehre.

Ein letztes Beispiel der Verwendung des Begriffs der Reflexion ist innerhalb des letzten Teils des dritten Abschnittes der Religionstheorie zu finden.[318] Eine Hauptpointe dieses Teils ist, daß man Religion nicht aus zweiter Hand haben kann: „von innen muß sie hervorgehen",[319] man muß sie selbst erzeugen. Der Begriff – wie vorher im Abschnitt im Sinne der trennenden, auflösenden Reflexion – charakterisiert in diesem Zusammenhang das Verhalten derjenigen, die aufgrund von Anschauungen und Gefühlen, die andere erzeugt haben, Formeln und Empfindungen haben und versuchen, daraus Religion zusammenzustücken. Das sind „alles nur Zersetzungen des religiösen Sinnes [...], die Eure eigne Reflexion hätte machen müßen".[320] Das Interessante an dieser Wendung ist, daß nicht nur die Religion, sondern auch die Reflexion der Religion aus erster Hand vollzogen werden soll.[321] Es geht hier nicht bloß um eine Reflexion, die sich auf einer theoretischen, theologischen oder philosophischen Ebene bewegt.

Der Reflexionsbegriff der ersten Aussage im hier zu interpretierenden Zitat aus dem Anfang des dritten Abschnitts der Religionstheorie fügt sich in das Bild der Reflexion ein, das durch diese durch die Wissenschaftslehre angeregten Stellen gezeichnet wird. Zwei Punkte sollen hervorgehoben werden: Erstens läßt sich der Begriff auf die Unterscheidung einer theoretischen und einer vortheoretischen Reflexion beziehen, die durch jene Aussagen zusammenfassend formuliert wurde. Es handelt sich nicht nur um eine theoretische Reflexion, sondern auch um eine Reflexion elementarer Art. Das geht aus der Generalität hervor, in der die Reflexionstrennung gelten soll, und kommt in der Bezeichnung der Reflexion als *notwendig* zum Ausdruck. Dadurch wird sie wohl von der genannten freien, theoretischen Reflexion gesondert. Daß sie notwendig ist, heißt einfach, daß sie – mit einem anderen Wort des Textes – unvermeidlich ist. Den Begriff einer notwendigen Reflexion haben wir schon im 15. „Gedanken" des ersten Gedankenhefts gefunden, der die ersten Spuren einer Rezepti-

---

318 KGA I/2, 222f. = R, 75-78.
319 KGA I/2, 223,8 = R, 77.
320 KGA I/2, 222,30f. = R, 76f.
321 Vgl. KGA I/2, 306,27ff. = R, 267, ferner die Rede von falschen Reflexionen KGA I/2, 300,39 = R, 253.

on der Wissenschaftslehre bei Schleiermacher enthielt.[322] Es ist denkbar, daß der Begriff von dort her in die Religionstheorie gekommen ist; es gibt ja viele Beispiele dafür, daß Schleiermachers Gedankenhefte für spätere Publikationen fruchtbar gemacht wurden. Jedenfalls scheint der Begriff der notwendigen Reflexion der *Reden* mit dem älteren Begriff übereinzustimmen. Ich habe die erste Verwendung des Begriffs auf eine Aneignung von Fichtes Unterscheidung einer notwendigen und einer freien Reflexion zurückzuführen versucht und den Begriff bei Schleiermacher in dieser Linie der Wissenschaftslehre als auf die Reflexion des Ich statt auf die freie Reflexion des Philosophen abzielend gedeutet, ohne aber weitere Bedeutungsmomente des Fichteschen Begriffs der Reflexion, wie dieser mit der Konzeption einer Geschichte des menschlichen Geistes oder des Selbstbewußtseins zusammenhängt, darin wiederzufinden. Das jetzige Vorkommen des Begriffs in etwa derselben Bedeutung wie in der betreffenden Notiz, wenn auch in größerer Distanz zum Text Fichtes, spricht wohl für diese Deutung und bestätigt übrigens die Annahme des grundlegenden Charakters der durch die Notiz bezeugten ersten Fichte-Rezeption Schleiermachers.

Zweitens kehrt die Unterscheidung der inneren, ursprünglichen Handlung und der nachträglichen Reflexion hier wieder. Das Gewicht liegt wie in den oben herangezogenen Aussagen darauf, daß die Reflexion eine Thematisierung der Handlung in ihrer authentischen Gestalt verhindert. Auch der Begriff einer inneren Handlung, mit welchem Schleiermacher in der Religionstheorie operiert, darf also als von Fichte geprägt betrachtet werden. Der Gedanke von einer Begrenzung und Verendlichung einer unendlichen Tätigkeit durch Entgegensetzung ist ja überhaupt ein Zentralmotiv der Wissenschaftslehre. Ebenso ist wohl die implizierte und in den späteren Schritten erörterte Vorstellung einer Einheit vor der Trennung in der Pointierung, die sie hier erhält, nur in einer nachfichteschen Problemlage denkbar.

In der ersten Aussage setzt Schleiermacher also zu einer Erklärung der unsachgemäßen Trennung der religiösen Anschauung und des religiösen Gefühls an, indem er sie auf eine allgemeingültige Bedingung der Thematisierung des Mentalen zurückführt. Er stellt diese Bedingung als darin bestehend dar, daß das Bewußtsein durch die Thematisierung *unumgänglich reflektiert* wird. Die zweite Aussage weist auf eine weitere Bedingung hin. Sie und die folgende Aussage verwenden unbestimmtere Begriffe (wie „vermischt", „Berührung", „treten zusammen"), die die Interpretation erschweren. Ungeachtet der präzisen Bedeutung, in der die zweite

---

322 Siehe oben Kap. 2 Anm. 216, vgl. oben S. 202.

Aussage sich der ersten anschließt,[323] wird neben den Reflexionsgegensatz
eine andere Entgegensetzung gestellt: „das ursprüngliche Bewußtsein
unserer doppelten Thätigkeit, der herrschenden und nach außen wirkenden, und der bloß zeichnenden und nachbildenden, welche den Dingen
vielmehr zu dienen scheint".

Diese neue Entgegensetzung nimmt wohl auf mehrere bereits berührte Bestimmungen Bezug: Es liegt nahe, darin – und in der folgenden
dritten Aussage – einen Zusammenhang mit „den beiden ursprünglichen
Functionen der geistigen Natur"[324] zu sehen, die Schleiermacher im
vereinigungsphilosophischen Gedankenzusammenhang der ersten Rede
unterscheidet und als einen anziehenden und einen ausdehnenden Trieb,
die jeweils auf Sinnlichkeit und auf Vernunft und auf das Endliche und
auf das Unendliche sich richten, darstellt.[325] Diese Unterscheidung zweier
Triebe wird, woran hier auch zu erinnern ist, in den folgenden Reden
unter Zuhilfenahme von Fichtes Konzeption der doppelten Richtung der
Tätigkeit des Ich weiter bestimmt. Dies dient der Darstellung der Religion
als eines adäquaten In-Beziehung-Setzens des Endlichen und des Unendlichen. Die jetzige Doppelheit hat nicht genau denselben systematischen
Stellenwert: Es geht um die Distinktion von *theoretisch* und *praktisch*. Der
Gedanke der nicht herrschenden und nach außen wirkenden, sondern
bloß nachbildenden und den Dingen dienenden Funktion stellt klar, daß
Erkenntnis – ungeachtet dessen, daß sie gemäß Schleiermachers Prämissen
den Charakter spontaner Tätigkeit hat – die Gegenstände nicht verändert.
Die Stelle ist der erste Beleg seiner Unterscheidung von theoretisch und
praktisch, wie sie in seiner philosophischen Ethik und Dialektik verwendet wird. In der Sache berührt sich die Aussage mit Fichtes oben zitierter
Sonderung von Erkennen und Praxis in der Einleitung in die Sittenlehre,
mit der sie an diesem Punkt auch große Ähnlichkeit in der Wortwahl hat.

Warum aber diese Unterscheidung in den Zusammenhang der Religionstheorie der *Reden* einbezogen wird, warum diese sie mit der auf der
Reflexion oder dem deutlichen Bewußtsein beruhenden Trennung zu synthetisieren versucht, und was sie dieser hinzufügt, macht Schleiermacher
nicht deutlich. Die Theorie-Praxis-Disjunktion, wie sie hier beschrieben
wird, schließt als solche nicht die Reflexionstrennung als Gegensatz von
Subjekt und Objekt ein. Sie enthält aber eine doppelseitige Unterscheidung von Innen und Außen mit Bezug auf uns und die Dinge, die sich

---

323 Es ist unklar, worauf „das Faktum" sich bezieht – auf den Gegenstand der Trennung
     oder auf die unmittelbar vorhergehende „unvermeidliche Scheidung" und damit auf
     den Akt der Trennung.
324 KGA I/2, 192,4 = R, 7.
325 Siehe oben 3.2.1.

zwar auf einer vorreflexiven Ebene vollziehen kann, sich auf der anderen
Seite auch mit dem Subjekt-Objekt-Gegensatz verbinden läßt. Der Grund,
daß sie von Schleiermacher einbezogen wird, ist wohl im Zusammenhang
mit dem Verhältnis zwischen Anschauung und Gefühl als etwas ursprünglich Theoretischem bzw. Praktischem zu suchen. Weiterhin lassen
sich also – wenn auch untergründige – Zusammenhänge zwischen der
vereinigungsphilosophischen, anthropologischen Doppelheit bei Schleiermacher, seiner Rezeption von Fichtes Gedanken der gegensätzlich
gerichteten Tätigkeiten des Ich, der Bestimmung der Religion als Anschauung und Gefühl und ebenso der reflexiven Trennung von diesen
vermuten.

Bisher hat Schleiermacher die *Trennung als Akt* abgehandelt. Jetzt
kommt er zum Ergebnis der Trennung oder zur Trennung *als Ergebnis*:
Durch die Teilung werden aus dem zum Bewußtsein Gehörenden, das
hier explizit als einfaches („der einfachste Stoff") qualifiziert wird, „zwei
entgegengesezte Elemente". Das ist das Thema der dritten Aussage, die
jedoch unscharf ist. Es ist möglich und vielleicht wahrscheinlich, daß
bereits hier von der Trennung der Anschauung und des Gefühls die Rede
ist, die ja das zu Erklärende ist, und um die es jedenfalls im nächsten, die
Religion betreffenden Gedankenschritt geht. Dann wäre der sich ergebende Gegensatz also der Gegensatz von Anschauung und Gefühl.[326] Die
andere Möglichkeit wäre, daß der betreffende Gegensatz mit dem Gegensatz des Subjekts und des Objekts identifiziert wurde, der also teilweise
indirekt formuliert wird („zum Bilde eines Objekts", „zum Mittelpunkt
unsers Wesens"). Diese Pointe ließe sich konsistent mit Hilfe des Begriffs
der Reflexion rekonstruieren, worauf schon mehrmals vorgreifend
verwiesen wurde. Sie stimmt zudem mit den vorhergehenden Teilen der
Religionstheorie, wie sie bisher als auf den Subjekt-Objekt-Gegensatz
nicht explizit Bezug nehmende interpretiert wurden, überein. Am Ende
laufen beide Lesarten aber auf eins hinaus, weil der Gegensatz von
Anschauung und Gefühl den Subjekt-Objekt-Gegensatz voraussetzt.[327]

---

326 Christian Albrecht entnimmt dieser Stelle eine *Beschreibung* der Anschauung und des
      Gefühls nach ihrem genuinen Gehalt. Sie hilft ihm, das allgemeine erkenntnistheoreti-
      sche Korrelationsverhältnis zwischen Subjektivität und Objektivität als Teil des Wesens
      der Religion zu verstehen (Albrecht, Theorie 186f.; vgl. unten Anm. 341). Die *Trennung*
      von Anschauung und Gefühl, um die es in diesem Zusammenhang stattdessen faktisch
      geht, und der Begriff der Reflexion spielen aber keine wesentliche Rolle in Albrechts
      Darstellung.

327 Besonders die Pluralform ist undeutlich in der dritten Aussage des ersten Schritts. Ist
      sie von der Synthese der Subjekt-Objekt-Disjunktion mit der Theorie-Praxis-Disjunktion
      her zu verstehen? Ist also „die einen treten zusammen" auf die theoretische Tätigkeit
      und auf den objektiven Pol der ursprünglichen, nun reflexiv gespaltenen Einheit zu be-

Was heißt es nämlich, daß Anschauung und Gefühl reflektiert werden? Es heißt, daß das Subjekt, das in der Anschauung unmittelbar auf ein Objekt bezogen ist, dieses als anderes und äußeres von sich unterscheidet, daß der Anschauende und das Angeschaute auseinandertreten.[328]

Das ist also eine Pointe auch des zweiten Schritts, der feststellt, daß die Darstellung des religiösen Bewußtseins denselben Bedingungen unterworfen ist wie die Darstellung des Bewußtseins überhaupt:

> „Auch mit dem innersten Schaffen des religiösen Sinnes können wir diesem Schiksal nicht entgehen; nicht anders als in dieser getrennten Gestalt können wir seine Produkte wieder zur Oberfläche herauffördern und mittheilen. Nur denkt nicht – dies ist eben einer von den gefährlichsten Irrthümern – daß religiöse Anschauungen und Gefühle auch ursprünglich in der ersten Handlung des Gemüths so abgesondert sein dürfen, wie wir sie leider hier betrachten müßen".[329]

Hier wird der Begriff der *inneren Handlung,* die der Spaltung unterworfen ist, vom ersten Schritt her auf der religionstheoretischen Argumentationsstufe aufgenommen. Der Handlungsbegriff wird nicht erst an dieser Stelle in die Religionstheorie eingeführt, sondern ist in Schleiermachers uns schon bekannter Bestimmung der Religion impliziert. Dies kommt sowohl im spontanen und deutenden Moment des Begriffs der Anschauung als auch im Gefühlsbegriff zum Ausdruck. Das Motiv der Tätigkeit des religiösen Subjekts wird aber stärker im dritten Abschnitt der Theorie betont,[330] aus welchem überdies deutlich hervorgeht, daß Schleiermachers Religionsbegriff an diesem Punkt mit Fichtes Denken verbunden und dadurch geprägt ist.[331] Der Handlungscharakter der Religion wird nicht

---

ziehen? Und „die andern dringen durch" etc. auf die praktische Tätigkeit und auf den subjektiven Pol der Einheit?

328 Vgl. auch Lönker, Erlebnis 60f.

329 KGA I/2, 221,10ff. = R, 72f.

330 Außer dem Zitierten siehe KGA I/2, 221,25f.; 222,8-223,17 = R, 73.75-78. Albrecht schreibt diese Tätigkeit, die seiner Uraffektionsthese widersprechen muß, dagegen Gott zu (Albrecht, Theorie 128.132)! Das Motiv des Schöpferischen im Menschen wird an vielen Stellen der Religionsschrift stark hervorgehoben, zum Beispiel KGA I/2, 210,36ff. = R, 48: „in geistigen Dingen ist Euch das Ursprüngliche nicht anders zu schaffen, als wenn Ihr es durch eine ursprüngliche Schöpfung in Euch erzeugt, und auch dann nur auf den Moment wo Ihr es erzeugt".

331 In Anbetracht der nachgewiesenen Beeinflussung kann hier möglicherweise noch eine Erinnerung an die Wissenschaftslehre gefunden werden: Fichte drückt sich so aus: Bei der reflexiven Fixierung des Schwebens der Einbildungskraft in der Anschauung bleiben nur das Produkt dieser Tätigkeit oder die Spuren ihrer entgegengesetzten Richtungen zurück (FW I, 232f.236.240.243f.335f.). Außer Schleiermachers Rede von den Produkten des Schaffens des religiösen Sinnes in getrennter Gestalt vgl. die spätere Formulierung desselben Abschnitts: „es ist damit wie mit dem ersten Bewußtsein des Menschen, welches sich in das Dunkel einer ursprünglichen und ewigen Schöpfung zurükzieht, und

zuletzt auf die Vorstellung eines *ersten, ursprünglichen religiösen Aktes* bezogen. Auch sie wurde im Abschnitt über die Anschauung berührt. Sodann wird die Aufmerksamkeit von der Trennung auf die vorausgesetzte *Einheit* hingelenkt. Wurde das Einheitliche zuerst als Handlung beschrieben, erörtert Schleiermacher in einer abschließenden, nun zu untersuchenden Aussage die betreffende innersubjektive Einheit als Einheit von Anschauung und Gefühl.

3.2.4.2. Die Einheit des religiösen Bewußtseins

Die folgende Aussage macht einen Teil des zweiten sich auf die Religion beziehenden Argumentationsschrittes aus. Sie trägt also dazu bei, die innere Struktur des religiösen Bewußtseins zu verdeutlichen: „Anschauung ohne Gefühl ist nichts und kann weder den rechten Ursprung noch die rechte Kraft haben, Gefühl ohne Anschauung ist auch nichts: beide sind nur dann und deswegen etwas, wenn und weil sie ursprünglich Eins und ungetrennt sind".[332] Gleichzeitig spielt diese Aussage vermutlich auf Äußerungen philosophischer Vorläufer in der allgemeinen Lehre der Anschauung und des Gefühls an, jedenfalls kann sie in sinnvolle Verbindung damit gebracht werden.[333]

Mit einer vielzitierten Wendung sagt *Kant* im Blick auf das Verhältnis zwischen Sinnlichkeit und Verstand: „Gedanken ohne Inhalt sind leer, Anschauungen ohne Begriffe sind blind".[334] Die Ähnlichkeit der Schleiermacherschen Formulierung über Anschauung und Gefühl mit diesem Diktum fällt in die Augen und ist in der Literatur oft beachtet worden. Schleiermacher – wie wir aufgrund seiner frühen Entwürfe wissen, mit den Kantischen Schriften sehr vertraut – hat es natürlich gekannt, und es ist durchaus denkbar, daß er bewußt darauf Bezug nimmt. In diesem Fall ginge es um einen Hinweis, der abgrenzenden Charakter hat: Was uns im Hinblick des Verstehens der Religion interessiert, ist eben nicht ein Zusammenhang zwischen der Anschauung und dem im strengen Sinn

---

ihm nur das hinterläßt was es erzeugt hat" (KGA I/2, 222,9ff. = R, 75). An den entsprechenden Stellen der zweiten Auflage der *Reden* von 1806 kommt der Ausdruck *Spur* vor (KGA I/12, 59,12f.31f.).

332 KGA I/2, 221,16ff. = R, 73.

333 Es könnte überlegt werden, ob die Aussage, die ja nicht ausdrücklich von der religiösen Anschauung und dem religiösen Gefühl spricht, dem dritten Schritt, der auf die Erkenntnis im allgemeinen geht, zugeordnet werden muß. Ich finde dies weniger plausibel und verstehe sie als Explikation des religiösen Bewußtseins. Auf der anderen Seite leitet sie zum folgenden Schritt über.

334 KrV B, 75.

gegenstandsbestimmenden Begriff. Das ist ausgeschlossen, weil das Korrelat der Religion als menschlicher Tätigkeit das Unendliche ist, das weder objektiviert werden darf noch kann und also nicht distanziert gewußt werden kann. Im Vergleich mit der Kantischen Wendung ersetzt das Schleiermachersche Gegenstück deshalb den Gedanken und den Begriff durch das Gefühl, das die Einbezogenheit des Subjekts in den religiös anschauenden Vollzug zum Ausdruck bringt. Auf die Frage der eventuell folgenden Blindheit einer solchen religiösen Anschauung ist nicht noch einmal einzugehen.

Nun steht Kants Diktum in der damaligen philosophischen Literatur nicht einzig da. Es hat schon zur Zeit der *Reden* im Kleinen eine Geschichte gehabt, in die Schleiermachers Pendant eingeordnet werden kann. Ich denke nicht so sehr an Reinholds uns bereits bekannte Formulierung, daß „keine Empfindung ohne Anschauung, und keine Anschauung ohne Empfindung möglich" ist.[335] Sie ist ja mit Rücksicht auf Schleiermachers Aussage höchst relevant und darf in deren Ahnenreihe nicht ausgelassen werden. Sie braucht aber nicht notwendigerweise Kants Diktum nachgebildet zu sein und beabsichtigt jedenfalls nicht, sich von ihm abzusetzen. Beides ist dagegen bei einem im Schleiermacherschen Zusammenhang noch wichtigeren Satz *Fichtes* der Fall.

Mit deutlicher Kantischer Adresse schreibt dieser im dritten Teil der ersten Wissenschaftslehre: „Die Anschauung *sieht*, aber sie ist *leer*; das Gefühl *bezieht sich auf Realität*, aber es ist *blind*".[336] Wieder können augenfällige Übereinstimmungen Schleiermachers mit diesem festgestellt werden; sie bestärken die Vermutung, daß seine Behauptung einer allgemein bekannten Verbindung jeder Anschauung mit einem Gefühl nicht zuletzt auf die Wissenschaftslehre anspielt. Es geht um dieselben Begriffe, die der Anschauung und des Gefühls, und um deren Verbindung, und die Reihenfolge dieser Begriffe ist in beiden Fällen dieselbe. Wie bei Schleiermacher verschiebt sich bei Fichte die Perspektive auf charakteristische Weise im Vergleich mit der Kantischen Vorlage. Die Verschiebung kommt darin zum Ausdruck, daß die Anschauung – so auch im Satz aus den *Reden* – die Stelle des Gedankens bei Kant und das Gefühl die Stelle der Kantischen Anschauung einnimmt. Dies muß vor dem Hintergrund von Fichtes veränderter Theorie der Anschauung als Produkt der Spontaneität der Einbildungskraft des Ich verstanden werden: Als solche ist sie weder passiv noch blind, sondern tätig sehend. Als produktiv kann die Anschauung indes den Realitätsbezug nicht mehr wahrnehmen, der stattdes-

---

335 Reinhold, Versuch 360.
336 FW I, 319.

sen vom Gefühl übernommen wird.[337] Wie wir gesehen haben, kommt Schleiermachers Begriff der Anschauung dieser Anschauungstheorie ein Stück entgegen – auch nach ihm ist die Anschauung tätig und sehend, indem sie deutend ist. Der Vergleich der beiden Sätze Fichtes und Schleiermachers veranschaulicht also den sachlichen und genetischen Zusammenhang der Religionstheorie der *Reden* mit der Fichteschen Philosophie.

Dies ist uns vor dem Hintergrund der bisherigen Untersuchung alles schon mehr oder weniger bekannt. Was wird aber durch Schleiermachers Aussage Neues gesagt? Wiederum eigentlich nichts, das nicht in dem in den beiden ersten Abschnitten der Religionstheorie Gesagten impliziert ist. Doch wirft die Aussage klareres Licht auf die Frage der Struktur des religiösen Bewußtseins.

Das Gefühl wird noch einmal, aber stärker als bisher neben der Anschauung als irreduzibles Moment des religiösen Bewußtseins hervorgehoben. Es wird jedoch nicht gesagt, daß es der Ursprung und das Kraftgebende der religiösen Anschauung ist. Bei der Konstitution des religiösen Bewußtseins behält die Anschauung den Primat.[338] Die erste Behauptung ist schwächer: Wenn das Gefühl nicht da ist, ist dies ein Zeichen, daß die Anschauung nicht recht begründet ist. Es wird also vom Gefühl als subjektiver Wirkung der Eindruck des Universums her auf die Anschauung geschlossen. Ebensosehr gilt aber das entgegengesetzte Gefälle: Die Anschauung ist auch Kriterium des religiösen Gefühls.

Weiterhin wird behauptet, daß Anschauung und Gefühl „ursprünglich Eins und ungetrennt" sind. Das scheint eine starke und über das früher Gesagte hinausgehende These zu sein: die Behauptung einer absoluten Indifferenz. Diese Lesart wird scheinbar durch die Vorstellung vom „einfachsten Stoff" des ersten Schritts dieses Abschnitts gestützt. Sie trifft aber nicht zu. Es handelt sich in der Tat um die im zweiten Abschnitt dargestellte wesentliche und feste Verbindung der Anschauung und des Gefühls, nur pointierter und mit anderen, durch die Reflexionsthematik bestimmten Worten formuliert. Daß Religion als Haltung des Menschen in dem Sinn dieser Aussage einen einheitlichen Vorgang ausmacht, ist also in der Definition der Religion als mit Gefühl verbundener Anschauung enthalten.

---

337 In „Zweite Einleitung in die Wissenschaftslehre" hat Fichte Kants Diktum in anderer – und in der Wortwahl wiederum an Schleiermachers Wendung erinnernder – Weise auf seinen eigenen Ansatz beim Ich bezogen, indem er es so paraphrasiert, daß „nach Kant auch die Anschauung nur dadurch möglich ist, dass sie gedacht und begriffen werde, indem nach ihm die Anschauung ohne Begriff blind, d. h. gar *nichts ist*" (ebd. 475; meine Hervorhebung).

338 Vgl. KGA I/2, 236,24ff. = R, 108.

Die Einheit des religiösen Bewußtseins schließt seine interne Strukturiertheit so wenig wie jede Differenz aus. Die betreffende Struktur kommt eben in der Unterscheidung von Anschauung und Gefühl zum Ausdruck. Die Einheit besagt, daß diese nicht selbständig und aus sich selbst zu verstehen sind. Das eine Moment kann aber auch nicht auf das andere reduziert werden. Sofern Anschauung als objekt- und das Gefühl als subjektbezogen gilt, bilden sie eine polar strukturierte Einheit. Die Einheit des religiösen Bewußtseins ist also mit der wechselweisen Bedingtheit der Anschauung und des Gefühls identisch: „Anschauung ohne Gefühl ist nichts". „Gefühl ohne Anschauung ist auch nichts: beide sind nur dann und deswegen etwas, wenn und weil sie ursprünglich Eins und ungetrennt sind". In diesem Sinn sind sie gleichursprüngliche Momente im Bewußtsein, wenn dieses als eine Einheit von Momenten gefaßt wird.

Schleiermacher führt nach einem in den *Reden* bevorzugten Sprachgebrauch, der auch dem Universum und der Menschheit appliziert wird, hier die Rede von Anschauung und Gefühl als den *Elementen* der Religion ein.[339] Es kommt auch der Begriff der *Bestandteile* vor; Schleiermacher macht deutlich, daß Anschauung und Gefühl dabei als Teile des religiösen Bewußtseins als eines organischen Ganzen verstanden werden: „Die Erzeugniße der lebenden Natur aus ihren getrennten Bestandtheilen zu restituiren, daran scheitert jede menschliche Kunst, und so wird es Euch mit der Religion nicht gelingen".[340]

3.2.4.3. Religiöse Vereinigung

Durch die ersten beiden Argumentationsschritte des dritten Abschnitts wurde unterstrichen, daß Religion als Einheit von Anschauung und Gefühl eine vorreflexive Tätigkeit ist. Es wurde auch klar, worin das Problem der reflexiven Scheidung der Anschauung und des Gefühls besteht, nämlich darin daß Subjekt und Objekt in der Religion geschieden werden. Der folgende Doppelschritt hebt noch auf die Einheit des religiösen Bewußtseins und ihre Auflösung ab, zugleich aber darauf, daß diese innersubjektive Einheit eine umfassendere Einheit, die *Einheit von Mensch und Universum*, einschließt, die mit der unumgänglichen Trennung der Anschauung und des Gefühls ebenso verloren geht. Da die Einheit letztlich begrifflich undarstellbar ist, nimmt der Redner hier auch Bilder

---

339 KGA I/2, 221,7; 223,7 = R, 72.77. Diese Stellen handeln zwar nur von Anschauung und Gefühl als getrennte Größen. Das ist aber andernorts nicht der Fall; siehe KGA I/2, 276,14f.; 300,3; 302,33f. = R, 198.251.258f.
340 KGA I/2, 223,4ff. = R, 77; siehe auch KGA I/2, 298,20ff. = R, 247.

zu Hilfe, und zwar solche, die zum Motivkreis der Vereinigungsphilosophie gehören.

Dies ist noch nicht der Fall beim dritten Schritt, der noch einmal auf
eine philosophische Betrachtung der Erkenntnis rekurriert: „Jener erste
geheimnißvolle Augenblick, der bei jeder sinnlichen Wahrnehmung vorkommt, ehe noch Anschauung und Gefühl sich trennen, wo der Sinn und
sein Gegenstand gleichsam in einander gefloßen und Eins geworden sind,
ehe noch beide an ihren ursprünglichen Plaz zurükkehren – ich weiß wie
unbeschreiblich er ist, und wie schnell er vorüber geht [...]".[341] Diese
Darstellung der sinnlichen Wahrnehmung expliziert wiederum etwas von
dem, was in dem von Anfang an in Anspruch genommenen Begriff der
sinnlichen Vorstellung enthalten ist: daß Vorstellung und Gegenstand,
Vorstellender und Vorgestelltes dabei eine Einheit, nicht aber eine eben
diese immanente Struktur der Vorstellung aufhebende Indifferenz ausmachen.[342] Es wird hervorgehoben, daß die Einheit eine sich entziehende ist,
die nur in einem Augenblick erlebt wird.

Der Gedanke vom „erste[n] geheimnißvolle[n] Augenblick", der in einer auf Platon zurückgehenden Tradition steht, nimmt die Vorstellung
von der ersten, ursprünglichen Handlung des Menschen vom vorhergehenden Schritt her auf und leitet zum vierten, dem Wesen der Religion
gewidmeten Schritt über: Der Redner möchte, daß die Zuhörer „auch in
der höheren und göttlichen religiösen Thätigkeit des Gemüths ihn wieder
erkennen".[343] Obwohl Schleiermacher also hier in der in der Religionstheorie der *Reden* üblichen Weise allgemeine und religionsphilosophische
Bestimmung des Anschauens und Wahrnehmens verbindet, geht er sofort

---

341 KGA I/2, 221,20ff. = R, 73. Christian Albrecht zitiert diese Aussage und ihre Fortsetzung
als Beleg seiner Deutung, „daß in dem Korrelatsverhältnis von Anschauung und Gefühl
das wechselseitige Qualifikationsverhältnis von Subjektivität und Objektivität als das
Wesen der Religion behauptet wird. Dieses Wesen besteht darin, daß die für alles Wissen und alles Wollen fundamentalen Kategorien der Objektivität und der Subjektivität
im religiösen Akt erschlossen und im religiösen Leben beansprucht werden" (Albrecht,
Theorie 189). Die hier vorgelegte Interpretation spricht gegen die im ersten Satz Albrechts ausgedrückte These als Deutung des Religionsbegriffs der *Reden*. Der zweite
Satz, der den Inhalt der These näher erklärt, erscheint ebenso problematisch: Daß
Grundbegriffe des Wissens und des Wollens aus der Religion herrühren und Wissen
und Wollen in dieser Weise in ihr begründet werden, läßt sich meines Erachtens durch
keine Aussage der *Reden* belegen und schon gar nicht durch diese, die die umgekehrte
Richtung hat – vom gewöhnlichen Bewußtsein zum religiösen Bewußtsein.

342 Vgl. noch einmal Reinholds Darstellung der sinnlichen Anschauung: „Durch das unmittelbare Bezogenwerden der Vorstellung auf den Gegenstand, ist (während derselben)
alle Unterscheidung des Gegenstandes von der bloßen Vorstellung unmöglich; Vorstellung und Objekt, machen in soferne im Bewußtseyn nur *Eines* aus" (Reinhold, Beyträge
236).

343 KGA I/2, 221,24ff. = R, 73.

aus diesem Diskurs in eine andere Sprache über, die Bilder aus dem Erotischen einbezieht. Diese Bilder, die sich auf die geschlechtliche Vereinigung beziehen, sollen gleichzeitig mehr als Bilder des ersten Augenblicks der Religion sein: „nicht *wie* dies, sondern er *ist* alles dieses *selbst*".[344] Das heißt, daß der Augenblick nicht nur mit der Liebe verglichen wird, sondern eine Liebeserfahrung ist.[345] Der in unserem Zusammenhang wichtigste Passus ist der folgende:

> „Ich liege am Busen der unendlichen Welt: ich bin in diesem Augenblik ihre Seele, denn ich fühle alle ihre Kräfte und ihr unendliches Leben, wie mein eigenes, sie ist in diesem Augenblike mein Leib, denn ich durchdringe ihre Muskeln und ihre Glieder wie meine eigenen, und ihre innersten Nerven bewegen sich nach meinem Sinn und meiner Ahndung wie die meinigen. Die geringste Erschütterung, und es verweht die heilige Umarmung, und nun erst steht die Anschauung vor mir als eine abgesonderte Gestalt, ich meße sie, und sie spiegelt sich in der offnen Seele wie das Bild der sich entwindenden Geliebten in dem aufgeschlagenen Auge des Jünglings, und nun erst arbeitet sich das Gefühl aus dem Innern empor, und verbreitet sich wie die Röthe der Schaam und der Lust auf seiner Wange".[346]

Diese Aussage enthält eine sehr pointierte Artikulation von Gedanken, die schon im vorhergehenden berührt wurden – so verbindet sie vereinigungsphilosophische, neuspinozistische und im bereits behandelten Sinn mystizistische Motive Schleiermachers. Sie gibt jedoch keinen Anlaß zu einer neuen Diskussion der früher aufgewiesenen Schwierigkeit des Religionsbegriffs, was den Gedanken der Subjektivität angeht. Der hervorgehobene Einheitsgedanke ist ja kein anderer als der, dem vor allem der Begriff der Religion als mit Gefühl verbundener Anschauung des Universums Ausdruck geben soll. Selbst wenn der Eindruck auch hier täuscht,

---

344 KGA I/2, 221,30f. = R, 74.

345 Lönker, Erlebnis 62.

346 KGA I/2, 221,35ff. = R, 74f. Diese Stelle hat in Schleiermachers „An Cecilie" von 1790 einen Vorgänger, der freilich anders ausgerichtet ist: „Mit was für einem Entzüken flog" das Herz „nicht sonst bei jeder unangenehmen Begebenheit in die Arme des Freundes – wird es auch jezt dieses Hülfsmittel so glüklich anwenden? Wird es auch jezt bei seinem Anblik dieses aus so unendlich vielen ineinanderfließenden Empfindungen zusammengesezte Wonnengefühl genießen? Auf einen Augenblik vielleicht meine Theure wenn es sich durch eine willkomne Täuschung noch in den vorigen Zeiten versezt, verschwindet aber diese so daß er sich seiner wieder bewußt wird, so wird plözlich der Kuß welcher noch auf seinen Lippen brannte in einen wemüthigen aber kalten Seufzer verhauchen und das Auge welches wonnig an dem Anliz des Freundes hing wird von diesem Bewustseyn mit irrendem Blik verscheucht und sieht nichts in ihm als einen Gegenstand welcher eben so fremd ist, als alles übrige um ihn her" (KGA I/1, 207,11ff.). Das Selbstbewußtwerden, von dem hier die Rede ist, bezieht sich auf die Aufklärung eines schwärmerischen jungen Menschen, auf den „Uebertritt des Herzens auf die Seite der Vernunft" (ebd. 206,22f.).

daß es um eine differenzlose Einheit geht – dies wird wohl durch den Liebesgedanken ausgeschlossen[347] –, ist die betreffende Metaphorik kaum geeignet, die Bedenken zu zerstreuen.

Von einer *Trennung* der Momente ist in der zweiten Hälfte des Zitats die Rede. Die Trennung von Mensch und all-einer Welt, von Subjekt und Objekt in der Religion wird noch einmal – nur anschaulicher ausgedrückt – auf die Reflexion zurückgeführt, die die Trennung von Anschauung und Gefühl bewirkt.[348]

Wir schließen damit die Analyse der allgemeinen Religionstheorie der *Reden* ab und blicken vom dritten Abschnitt her auf sie zurück.

Schleiermachers Bestimmung der Religion ist *durchgängig am Bewußtsein orientiert*. An keiner Stelle läßt sie diese aus dem bewußten Leben herausfallen. So nimmt sie auf die für das Bewußtsein konstitutive Unterscheidung von Subjekt und Objekt Bezug. Sie begreift aber das religiöse Bewußtsein als eine Art des Bewußtseins, in der die Unterscheidung nur implizit ist. Dies wird durchgeführt, indem Religion als Einheit von Anschauung und Gefühl, als mit Gefühl verbundene Anschauung des Universums definiert wird. Der Begriff der Anschauung wird eben deshalb gewählt, weil eine Anschauung sich auf ihr Objekt bezieht, ohne dies als solches und als von sich unterschieden vorzustellen, ohne also objektivierend zu sein. In diesem Sinn ist Anschauung unmittelbar. Auf entsprechende Weise tritt das Gefühl in der Religionsdefinition als eine Beziehung auf das Subjekt auf, in der dieses sich selbst nicht vorstellt. In der im vorhergehenden verwendeten Terminologie begreift Schleiermacher Anschauung und Gefühl in ihrer Einheit nicht als unbewußt, sondern als vorreflexiv. Seine Pointe kann folglich so rekonstruiert werden: Als *vorreflexiv* ist die mit Gefühl verbundene Anschauung *fähig, das unerkennbare Universum zu repräsentieren*. Dies ist auch der letzte Grund von Schleiermachers These von dem Beitrag der Religion zur Humanität.

Jetzt erst und anders als bei der Niederschrift von „Wissen, Glauben und Meinen" von 1793 verfügt Schleiermacher über die Voraussetzungen einer pointierten Verwendung eines Begriffs des *Unmittelbaren*, nämlich in der Bedeutung des *vom Reflexionsgegensatz Unvermittelten*. Dies muß besonders vor dem Hintergrund von Schleiermachers Rezeption der Wissenschaftslehre verstanden werden. Es soll bemerkt werden, daß die

---

347 Vgl. Lönker, Erlebnis 61f.; Riemer, Bildung 97.

348 Daß dies das Thema der Aussage ist, geht besonders aus der Rede von der Anschauung als vor dem Subjekt stehender, abgesonderter Gestalt und von ihrer Spiegelung in ihm (d.h. Reflexion) hervor. Albrecht bezieht dagegen auch diese Aussage auf die Anschauung und das Gefühl als solche, und zwar auf den Ursprung der *Bezeichnungen* Anschauung und Gefühl (Albrecht, Theorie 130).

Erstauflage der *Reden* keinen Begriff eines unmittelbaren Selbstbewußtseins und auch keinen diesem sachlich entsprechenden Begriff gebraucht.
Wie wir gesehen haben, schließt diese Fassung der Religionstheorie
Schleiermachers eben hinsichtlich der Selbstbeziehung des religiösen
Subjekts ein Problem in sich. Andererseits umfaßt sie einen als sehr
fruchtbar einzuschätzenden Ansatz: das diesseits der Reflexion im religiösen Anschauen enthaltene Deutungsmoment.

Schleiermachers Betonung der Unmittelbarkeit im Religionsbegriff
der *Reden* ist nicht auf Mangel an Reflexion oder etwa auf einen Ausfall
der Vernunft zurückzuführen. Er ist sich darüber im klaren, daß kein Weg
an der Reflexion vorbeiführt. Dies gilt im Leben; auch nicht auf der
konkreten Ebene der religiösen Anschauung kommt sein Ansatz einer
naiven Verehrung des von der Reflexion Unberührten gleich.[349] Und es ist
selbstverständlich Bedingung der Philosophie und der Theologie. Schleiermachers Hervorhebung des Vorreflexiven bei der Frage der Religion ist
nicht ein Ausdruck dessen, daß er religiöse Regungen nur durch Beschreibung aus dem unmittelbaren Leben in die Theorie überträgt. Die Hervorhebung des Vorreflexiven ist Teil eines wohlüberlegten Gedankengangs
und also selbst durchaus ein Ergebnis der Reflexion.

---

349 Dies zeigt zum Beispiel in Schleiermachers Abgrenzung der Möglichkeiten des Anschauens des Universums auf dem Gebiet der Natur seine Einschätzung der religiösen
Relevanz von „allem was zur ursprünglichen Einfalt der Natur gehört" (KGA I/2, 223,36
= R, 79): „Nur so lange diese noch da ist, hat es die Kraft das Gemüth so zu bewegen";
„auf dem Wege der Bildung aber geht es unvermeidlich und glüklicherweise verloren,
denn es würde ihren Gang nur hemmen. Auf diesem Wege befinden wir uns, und Uns
kann also durch diese Bewegungen des Gemüths keine Religion kommen" (KGA I/2,
223,37.40ff. = R, 79).

4. Metaphysik und Theologie nach den *Reden*

In *Über die Religion. Reden an die Gebildeten unter ihren Verächtern*, die auch diesem Kapitel zugrunde gelegt werden, werden Religion und Metaphysik streng unterschieden und zugleich wird letztere auf erstere hingewiesen. Eine für unsere Fragestellung noch wichtigere Bestimmung einer Beziehung zwischen ihnen wurde bisher nur erwähnt. Sie richtet sich darauf, daß die beiden Funktionen wie auch die Moral den *gleichen* Gegenstand haben, nämlich *das Universum* und das Verhältnis des Menschen zu ihm.[1] Das Korrelat des religiösen Bewußtseins ist also nicht einfach *Gott*. Andere wichtige Bezeichnungen dessen sind das Unendliche, das Ganze, der Weltgeist. Zwar spricht Schleiermacher häufig auch vom Göttlichen, von Gott etc. An vielen Stellen tut er dies in einer Bedeutung, die mit der des Universumsbegriffs äquivalent ist. Weitere mehr oder weniger synonym verwendete Begriffe sind das Heilige, die Ewigkeit oder das Himmlische. Darüber hinaus kommt auch der Gedanke eines persönlichen Gottes vor.

Hier stellen sich eine Reihe von Fragen: Wie ist das Verhältnis der Metaphysik und der Religion nach Schleiermachers Religionsschrift letztlich zu begreifen? Wie schon angedeutet, ist es nicht so einfach, wie er es darstellt. Was bedeutet der Begriff des Universums? Wie verhält sich die persönliche Gottesidee dazu? Beide Gedanken sind Begriffe eines Ganzen oder einer Einheit. Wie lassen sich solche Gedanken als Begriffe auf die Religion als mit Gefühl verbundene Anschauung beziehen, wenn man deren Unvermitteltheit durch Begriffe berücksichtigt? Welchen epistemischen Status haben solche Begriffe als Ganzheits- und Einheitsbegriffe?

Schleiermacher gibt auf solche Fragen keine ausreichende Antwort, wenn er sie überhaupt aufwirft. Dies ist nicht nur in der Form der Schrift begründet und auch nicht daraus voll verständlich, daß alles in ihr nur im Hinblick auf das Religionsthema betrachtet wird. Es fällt auf, daß Schleiermacher seine Hauptidee, die Idee des Universums, am Anfang der ersten Rede ohne nähere Bestimmungen einführt und sie im nachhinein nicht erläutert. Es fehlt hier eine entfaltete Theorie, wie Schleiermacher sie für den Religionsbegriff vorlegt. Auf der anderen Seite verfährt er so, daß er gerade diesen Begriff als Anknüpfungspunkt der sich auf das Univer-

---

1   KGA I/2, 207,36ff. = R, 41.

sum beziehenden Gedanken verwendet, die sich insofern dann auch zumindest ansatzweise argumentativ nachvollziehen lassen. Der Gottesgedanke und sein Verhältnis zur Universumsidee erhalten von Schleiermacher eine ausführlichere Darstellung. Es ist aber bezeichnend, daß diese erst in der fünften Rede eine relative Klarheit gewinnt, die also nicht am Anfang des Buches und auch nicht in der einschlägigen Hauptargumentation am Ende der zweiten Rede vorausgesetzt werden kann.

Dies bedeutet nicht, daß seine Erörterungen in metaphysisch-theologischer Hinsicht unbestimmt oder verwirrt wären. Dies wäre auch überraschend in Anbetracht des hohen Problembewußtseins, das wir gerade in diesem Sachzusammenhang in seinem Jugendwerk feststellen konnten. In der Tat verfügt Schleiermacher über eine in der Hauptsache durchdachte und von seinen Voraussetzungen her konsistente Theorie des Gottesgedankens. Eine Linie ist ebenso in Schleiermachers Metaphysik sichtbar. Wir sind aber in höherem Maß als bislang auf Rekonstruktion angewiesen. Die entsprechenden Theorieansätze sind meines Erachtens nicht aporetisch. Im folgenden soll versucht werden, einige in der Forschung und Diskussion bisher nicht beachtete fruchtbare Gedanken herauszuarbeiten. Es geht besonders um verschiedene Implikationen des im Begriff der religiösen Anschauung aufgewiesenen Moments der Deutung.

4.1. Höherer Realismus

Wir gehen die Thematik von der Gedankenfigur des „höhern Realismus" der Religion her an. Wir haben diese bereits mehrmals gestreift, haben aber erst jetzt Bedingungen eingeholt, die es ermöglichen, sie mit den verschiedenen sich daran anschließenden Motiven zu interpretieren. Zuerst soll der betreffende Text vergegenwärtigt und der Diskussionskontext, auf den der Begriff des höheren Realismus sich bezieht, identifiziert werden.

Der Begriff wird nur an *einer* Stelle der *Reden* verwendet, die jedoch zentral ist: Sie bildet in der zweiten Rede den Übergang von der abgrenzenden zur konstruktiven Bestimmung der Religion:

> „Und wie wird es dem Triumph der Spekulation ergehen, dem vollendeten und gerundeten Idealismus, wenn Religion ihm nicht das Gegengewicht hält, und ihn einen höhern Realismus ahnden läßt als den, welchen er so kühn und mit so vollem Recht sich unterordnet? Er wird das Universum vernichten, indem er es zu bilden scheint, er wird es herabwürdigen zu einer bloßen Allegorie, zu einem nichtigen Schattenbilde unserer eignen Beschränktheit. Opfert mit mir ehrerbietig eine Loke den Manen des heiligen verstoßenen Spinosa! Ihn durchdrang der hohe Weltgeist, das Unendliche war sein Anfang und Ende, das Universum seine einzige und ewige Liebe, in heiliger Unschuld

und tiefer Demuth spiegelte er sich in der ewigen Welt, und sah zu wie auch Er ihr liebenswürdigster Spiegel war; voller Religion war Er und voll heiligen Geistes".[2]

Dieser prägnant formulierte Passus kann teilweise vom vorhergehenden Textstück und vom dort behandelten Enzyklopädiegedanken Schleiermachers her verstanden werden. Es wurde gezeigt, wie er zu dieser Zeit Philosophie mit Idealismus identifizieren kann.[3] Philosophie in diesem Sinn ist die Philosophie, wie sie in der enzyklopädischen Konzeption neben der Religion auftritt. Der Passus handelt insofern von der Ergänzung, die die Philosophie seitens der Religion erfährt, und so erreicht die Darstellung der Funktion der Religion mit Bezug auf die Philosophie hier ihren Gipfel. Zugleich bestätigt er gewissermaßen die weite Verwendung des Philosophiebegriffs.[4] Sie kommt zum Beispiel zum Ausdruck, wenn Schleiermacher mit Verweis unter anderem auf die *Reden* erklärt: „Die Vereinigung des Idealismus und des Realismus ist das, worauf mein ganzes Streben gerichtet ist".[5] Der umfassendere Philosophiebegriff wird jedoch in diesem Buch nicht als solcher eingeholt.

Weiter ist schon deutlich geworden, daß Schleiermacher mit dem Idealismusbegriff auf die Diskussion um Fichte Bezug nimmt und sich in diese einordnet. Dazu dient ebenfalls der Begriff des höheren Realismus der Religion. Der Realismusbegriff wird von Schleiermacher auch nicht willkürlich gewählt, sondern aus der philosophischen Debatte der neunziger Jahre aufgenommen. So hat Fichte ihn in „Zweite Einleitung in die Wissenschaftslehre" mit indirektem Verweis auf Schellings im *Philosophischen Journal* erschienene „Philosophische Briefe über Dogmatismus und Kriticismus" verwendet, und zwar, indem er nicht ohne Ähnlichkeit mit der Stelle in der zweiten Rede auf eine Koordination von Idealismus und Realismus abhob. Fichtes Absicht ist aber freilich eine rein kritische,[6] und es muß auch eingeschoben werden, daß Schleiermacher bei seiner Zurückhaltung in metaphysischer Hinsicht nicht deutlich macht, wie seine doppelte Berufung auf Idealismus und höheren Realismus in einer einheitlichen systematischen Konzeption der Philosophie entfaltet wird. Schleiermacher, dem ja dieser Fichte-Text vertraut war, scheint sich diesen Gebrauch des Begriffs bei Fichte notiert zu haben. Das geht aus dem Brief

---

2   KGA I/2, 213,20ff. = R, 54f.
3   Siehe oben 2.3.5, und wiederum besonders KGA V/5, Nr. 1033,14f.
4   Vgl. oben 2.4.2.1.
5   KGA V/5, Nr. 1033,6ff.
6   FW I, 455 Anm.: „Auf dieselbe Verwechselung der beiden Reihen des Denkens im transcendentalen Idealismus würde es sich gründen, wenn jemand *neben* und *ausser* diesem Systeme noch ein *realistisches*, gleichfalls gründliches und consequentes System möglich finden sollte".

von Juni 1801 hervor, wo er sein Projekt auf die fortgesetzten Auseinandersetzungen zwischen Fichte und Schelling bezieht und auf das Verhältnis von Philosophie und „Mystik" zu sprechen kommt. Vermutlich mit
Verweis auf Schellings „Darstellung meines Systems der Philosophie" von
1801 nimmt er hier auch auf das, was Fichte bei diesem Realismus nennt,
als auf dessen Spinozismus Bezug;[7] dies liegt auf der gleichen Linie, so
wie Schleiermacher selbst in den *Reden* den dem Idealismus gegenübergestellten Realismus mit Spinozismus gleichstellt.

Die Position, die Schleiermacher in diesem Zusammenhang einnimmt
und in dem zitierten Abschnitt formuliert, ist keine eigentliche Neubil-
dung. Jedenfalls hat sie Entsprechungen bei Friedrich Schlegel, worauf
Schleiermacher selbst hinweist.[8] In Frage kommen aus Veröffentlichungen
Schlegels hier seine „Ideen" und besonders seine als Teil vom „Gespräch
über die Poesie" gedruckte „Rede über die Mythologie" – ein Haupttext
im Denken der Frühromantik;[9] das Thema reicht jedoch weiter in sein
Werk zurück. Beiden Denkern gemeinsam ist die Relativierung des
Idealismus durch einen neuen, sich an ihn anschließenden Realismus.
Dessen „Organ"[10] ist nach Schlegel nicht ohne weiteres die Religion,
sondern die Poesie, und zwar in Gestalt einer modernen Mythologie, die
als eine besonders auf einem symbolischen Verständnis der Natur beruhende, ganzheitliche Deutung des Zusammenhangs des Wirklichen gefaßt
wird. Die tragende Funktion kommt dabei der Phantasie zu, die auch bei
Schleiermacher den Deutungen und Symbolbildungen des religiösen Bewußtseins zugrunde liegt. Endlich hebt Schlegel wie Schleiermacher selbst
Spinoza als Modell des neuen Realismus hervor.

Es soll nun versucht werden, von der Interpretation von Schleiermachers Begriff der Religion als Anschauen des Universums her, der im Text
der Reden dem Lob Spinozas nicht zufällig unmittelbar nachfolgt, seinen
Begriff des neuen Realismus zu beleuchten. Daß von Realismus gesprochen wird, kann vom Ausgang der Religionstheorie beim Begriff des
gewöhnlichen Anschauens und bei der damit verbundenen Annahme
eines realen Einflusses des Angeschauten verständlich gemacht werden.
Daß von höherem Realismus gesprochen wird, läßt sich dann von dem
her, worin sich das religiöse Anschauen auszeichnet und insofern ein
höheres ist, begreifen. Wie wir wissen, besteht dies darin, daß das religiöse Anschauen nicht einfach etwas anschaut, sondern etwas als etwas,

---

7   Siehe oben S. 240f.; KGA V/5, Nr. 1073,53ff.
8   KGA V/5, Nr. 1033,10f.
9   Zum folgenden KFSA II, 311-322. Zu den für uns relevanten Aspekten des Textes siehe
     Stolzenberg, Weltinterpretationen 73ff.
10   KFSA II, 315.

nämlich einzelnes als Darstellung des Universums anschaut. Worauf es uns in diesem Kapitel besonders ankommt, ist *der Bezug, auf den hin im religiösen Anschauen gedeutet wird.* Zuerst sollen einige Hinweise zur Interpretation des Begriffs des Universums – des Hauptbegriffs von der übersubjektiven Einheit, die in Schleiermachers Frühromantik der Einheit des absoluten Ich des Fichteschen Idealismus entgegengehalten wird – gegeben werden. Sodann wird nachgewiesen, daß die Erklärung der Struktur der religiösen Anschauung näher als Ausdruck einer spezifisch frühromantischen Theorie betrachtet werden kann, die von unserer epistemischen Beziehung zum Unendlichen Rechenschaft ablegt.

Wie einleitend bemerkt, sucht man eine Erklärung der Idee des *Universums* vergebens in den *Reden.* Eine erste Begründung ihrer Bevorzugung gegenüber dem Gedanken Gottes als Gegenstands der Religion läßt sich indessen vom Text her unschwer finden: Es soll die gewöhnliche Vorstellung von Gott als einem jenseitigen, extramundanen Wesen vermieden werden.[11] Dies stimmt mit Schleiermachers Intention in „Kurze Darstellung des Spinozistischen Systems" überein, die überdies den Ursprung von Schleiermachers Idee des Universums in seiner sich auf Jacobis Darstellung stützenden und sich kritizistischer Denkmittel bedienenden Spinoza-Rezeption dokumentiert.[12] Im Zusammenhang damit stellten wir auch fest, daß Schleiermacher eine Transzendenz des Unendlichen im Verhältnis zum Endlichen festhalten wollte und sie mittels des Lehrbegriffs des Kantischen transzendentalen Idealismus – der Distinktion von Erscheinung und Ding an sich, Sinnenwelt und intelligibler Welt, von Phänomen und Noumenon – auszudrücken versuchte. Entsprechend muß nun nach der diesbezüglichen Leistungsfähigkeit der Universumsidee im Kontext der *Reden* gefragt werden. Im voraus darf als ausgemacht gelten, daß Schleiermacher sich hier nicht derselben Mittel bedienen kann. Nicht nur gibt es andernorts Anzeichen seiner jetzigen Verabschiedung jener Denkformen.[13] Ungeachtet der Verzichtleistung der Religionsschrift auf eigentliche erkenntnistheoretische Erklärungen muß der Gedanke vom Darstellungsverhältnis zwischen Unendlichem und Endlichem als solcher als mit dem Dualismus von Ding an sich und Erscheinung unvereinbar verstanden werden.[14]

Werfen wir einen Blick auf einige Begriffe, die neben dem Universumsbegriff auftreten und mit diesem mehr oder weniger gleichbedeutend sind. Relevant ist in Schleiermachers Erörterung der Religion erstens

---

11 Vgl. KGA I/2, 189,20ff.; 214,36ff. = R, 2.57f. etc.
12 Siehe oben 1.5.4.
13 Siehe oben S. 220ff.
14 Vgl. Arndt, Gefühl 117; ders., Vorgeschichte 332.

der Begriff der *Natur*. Natur wird als auf Mannigfaltigkeit und Individualität zielend gefaßt.[15] Gemeint ist nicht die äußere Natur. Sie ist selbstverständlich nicht als Referenzgebiet der Religion ausgeschlossen, was mit ihrer Totalitätsperspektive unvereinbar wäre. Die äußere Natur ist eine Modifikation des Universums und eine solche, die von Schleiermacher nicht bei der Interpretation der Religion hervorgehoben wird.[16] Wie früher bemerkt, unterscheidet er sich an diesem Punkt von Schlegels naturphilosophischen und mythologischen Ideen. Daß es nicht in erster Linie diese Natur ist, die die genannten Aussagen betreffen, geht aus der Präzisierung hervor, daß die Religion „in der Natur" lebt, „aber in der unendlichen Natur des Ganzen, des Einen und Allen".[17] Aber auch nicht mit der Menschheit, auf welche sich die religiösen Anschauungen nach Schleiermacher eher beziehen als auf die äußere Natur,[18] wird das Universum gleichgesetzt. Das Universum übersteigt auch diese.[19]

Gerade der im letzten Zitat enthaltene Begriff der *All-Einheit* ist ein weiterer Zentralbegriff der *Reden*, der als synonym mit dem des Universums gelten darf und für den Ansatz dieser Schrift überhaupt aufschlußreich ist. Dieser Begriff, der Schleiermacher aus Jacobis Bericht über Lessings Spinozismus vertraut ist, wird zum Beispiel in einem wichtigen Passus gegen Ende der zweiten Rede verwendet, wo Spinoza zum zweiten Mal im Buch namentlich erwähnt wird.[20] Die All-Einheitslehre hat als ihren Kern die ontologische und hier nicht weiter zu verfolgende These, daß das einzelne nicht hinreichend als ein einzelnes unter anderen einzelnen verstanden werden kann, daß es in einer anderen, durch eine letzte Einheit bestimmten Ordnung gesehen werden muß.[21] Dabei wird von

---

15 KGA I/2, 192,33ff.; 213,3ff. = R, 9.53.
16 Siehe KGA I/2, 223ff. = R, 78ff.
17 KGA I/2, 212,5ff. = R, 51.
18 Siehe KGA I/2, 227ff. = R, 87ff.
19 KGA I/2, 234,33ff. = R, 104f.
20 KGA I/2, 244,18-245,13 = R, 126-128. Schleiermacher skizziert hier Ideen vom Ganzen, die von der Religion unabhängig und nach meinem Begriff metaphysisch sind; dieser Punkt wird in den folgenden Abschnitten näher erörtert. Sie werden als durch verschiedene Stufen der Bildung – man könnte an dieser Stelle auch sagen: der Aufklärung – bestimmt erklärt. Die erste Stufe hat „eine verwirrte Idee vom Ganzen und Unendlichen", nach welcher dieses „eine Einheit" ist, „in der nichts mannigfaltiges zu unterscheiden ist", „ein Chaos gleichförmig in der Verwirrung". Auf der zweiten Stufe wird es „als eine Vielheit ohne Einheit, als ein unbestimmtes Mannigfaltiges heterogener Elemente" gefaßt. Die dritte und höchste Stufe zeichnet sich dadurch aus, daß „das Universum sich als Totalität, als Einheit in der Vielheit, als System darstellt, und so erst seinen Namen verdient", und daß es so „als Eins und Alles" angeschaut wird. Schleiermacher formuliert diese Ideen nach den Kategorien der Qualität (vgl. KrV B, bes. 111.113ff.).
21 Dazu Henrich, Dunkelheit.

Schleiermacher besonders auf die Irreduzibilität des Individuellen abgehoben: Es wird nicht nur alles einzelne in dem Einem, sondern das Eine
in jedem einzelnen angeschaut. Zu seiner Verwendung des All-Einheits-
begriffs sollen zwei Bemerkungen gemacht werden: Erstens ist es letztlich
diese Deutung des Endlichen auf das all-eine Universum als Gesamtzu-
sammenhang des Wirklichen hin, worauf Schleiermachers Idee eines
höheren Realismus der Religion abzielt.[22] Zweitens: Unabhängig davon,
ob Alles in Einem oder Eines in Allem gedacht wird, ist der Unterschied
zwischen Einem und Allem eine notwendige Voraussetzung. So ist er im
Gedanken vom Darstellungsverhältnis zwischen dem einzelnen und dem
Universum impliziert.

Schleiermachers Gedankengang ist an diesem Punkt klar und unan-
greifbar: Die *Reden* wahren durchaus die Transzendenz des Korrelats der
Religion. Es muß jedoch hinzugefügt werden, daß seine Vorliebe für
Totalitätsbegriffe bei der Angabe des Gegenstands des religiösen Bewußtseins geeignet ist, Zweifel darüber entstehen zu lassen. Dies wird am
deutlichsten bei dem letzten der zu nennenden Äquivalente des Begriffs
des Ganzen, der All-Einheit oder des Universums, nämlich dem Begriff
der *Welt*. Dieser Begriff wird in der Religionsschrift in zwei Bedeutungen
verwendet: Am häufigsten tritt er mit dem Begriff des Universums
gleichbedeutend auf.[23] An einigen Stellen scheint er sich aber eher lediglich auf die endliche Wirklichkeit zu erstrecken.[24] Auf sie beziehen wir uns
jedoch schon in der bloßen sinnlichen Anschauung. Daß die Welt in
diesem Sinn nicht der eigentliche Gegenstand der Religion sein kann,
könnte durch die Begrifflichkeit der *Reden* verschleiert werden.

Gehen wir zum zweiten Punkt weiter, zum frühromantischen Charakter des Gedankens von der Deutungsstruktur der religiösen Anschauung. Die Behauptung, daß das Unbedingte nicht erkannt und gewußt
werden kann, die uns bei Schleiermacher vertraut ist, ist Gemeingut der
Frühromantik. Mit einer oft zitierten, frühen Aufzeichnung Friedrich
Schlegels: „*Erkennen* bezeichnet schon ein *bedingtes* Wissen. Die Nichter-
kennbarkeit des Absoluten ist also eine identische Trivialität".[25] Die
komplementäre These lautet zum Beispiel mit Schlegels Idee Nr. 48: „Wo
die Philosophie aufhört, muß die Poesie anfangen".[26] Die Version der
Reden Schleiermachers ist, daß das Unendliche religiös angeschaut werden
kann. Es ist entscheidend, zu einer Präzisierung dieser These zu gelangen

---

22 Vgl. Stolzenberg, Weltinterpretationen.
23 KGA I/2, 222,23; 223,25; 224,34; 255,29 = R, 76.78.81.152 etc.
24 Zum Beispiel KGA I/2, 189,21; 209,5; 214,39 = R, 2.44.57f.
25 KFSA XVIII, 511 Nr. 64.
26 KFSA II, 261.

und zu verstehen, was es eigentlich heißt, daß das, was dem Erkennen und Wissen unzugänglich ist, der Kunst und der Religion erreichbar ist. Eine solche Präzisierung wäre gleichbedeutend mit einer Erklärung dessen, worin die frühromantische Einsicht[27] letztlich besteht.

Es wird nicht behauptet, daß Kunst und Religion einen privilegierten Zugang zum Absoluten haben. Jede Art, in der das Universum dem Menschen adäquat präsent sein könnte, wird ausgeschlossen. Dagegen heben die Frühromantiker auf künstlerische und rhetorische Denk- und Ausdrucksformen als Darstellungsweisen des Unendlichen im Endlichen ab, die uneigentlich und als solche noch inadäquat sind. Die Allegorie ist eine der wichtigsten. Entsprechend führt der Schlegelsche Redner über die Mythologie aus: „alle Schönheit ist Allegorie. Das Höchste kann man eben weil es unaussprechlich ist, nur allegorisch sagen".[28] Die Allegorie stellt das Undarstellbare dar, indem sie das Relative das Absolute andeuten läßt.[29] Sie – und ebenso Witz und Ironie – ist also ein indirektes Zeugnis des Unendlichen. Uns kommt es hier darauf an, daß ähnliche Figuren ihren Platz in Schleiermachers Religionsphilosophie haben. Neben dem Gedanken vom Einzelnen als *Darstellung* des Universums treten entsprechend Begriffe wie *Bild*[30] und *Spiegel*,[31] vereinzelt auch *Symbol* und *Analogie* und – freilich nur am Rande – der Begriff der *Allegorie* auf.[32] Diese prinzipielle Übereinstimmung zwischen Schleiermacher und Schlegel wird durch dessen Vorlesungen in Jena 1800/01 bestätigt, wo der Begriff Allegorie auf eine mit dem Ansatz der *Reden* korrespondierende Weise in dem Entwurf einer Metaphysik appliziert wird. Schlegel behauptet hier, daß wir zur Erklärung der Beziehung des Individuums und des Unendlichen einen Begriff einführen müssen, „nämlich den Begriff *des Bildes* oder *Darstellung, Allegorie* (εἰκών). Das Individuum ist also *ein Bild* der *einen unendlichen Substanz*".[33]

Die betreffende Grundfigur der *Reden* – Anschauen des Endlichen als Bild des Unendlichen oder Anschauen des Unendlichen im Endlichen – wird im folgenden in ihrer Beziehung zu Gedanken Schlegels weiter analysiert. Vorläufig darf festgestellt werden, daß sie eine eigene Variante der genuin frühromantischen Einsicht darstellt.

---

27   Siehe oben S. 162.
28   KFSA II, 324.
29   Frank, Annäherung 929ff.; Behler, Studien [1993] 249-263.
30   KGA I/2, 218,12; 227,31; 289,32 = R, 65.87.229f.
31   KGA I/2, 213,29f.; 228,19f. = R, 55.89.
32   KGA I/2, 213,4; 258,29f.; 213,24f. = R, 53.159.54.
33   KFSA XII, 39.

4.2. Implizite Metaphysik

Die Metaphysik, die hier erörtert werden soll, ist nicht mit dem identisch, was Schleiermacher in den *Reden* unter diesen Titel stellt, und von welchem er die Religion scharf abgrenzt. Ich verwende den Metaphysikbegriff in einem Sinn, der über den in der Religionsschrift in Anspruch genommenen hinausgeht. Auf der anderen Seite hat die jetzt zu erörternde Metaphysik etwas mit dem – rein terminologisch betrachtet – expliziten Metaphysikbegriff der *Reden* zu tun. Insofern liegt in der Aufnahme des Themas auch eine Kritik an Schleiermacher. Die betreffende Metaphysik ist implizit in dem Sinn, der uns in der Sache vom „Versuch einer Theorie des geselligen Betragens" her bekannt ist: sie ist ein Denken, das der eigentlichen Theorie vorausgeht, von dieser aber aufgenommen und entfaltet werden kann. Dies ist nicht ohne Affinität zum Begriff von Metaphysik als Faktor der Bildung, wie er sich in den *Reden* findet. Insofern dieser Begriff zugleich auf Metaphysik als philosophische Disziplin zielt, könnten Schleiermachers diesbezügliche Andeutungen auch Hinweise auf eine mögliche Explikation der impliziten Metaphysik enthalten, obwohl sie nicht nur seine eigene Auffassung zum Ausdruck bringen.

Vielleicht muß ein solches Denken im Zusammenhang einer Theorie, die die Religion zum Gegenstand hat und zudem in der Form der Rede dargelegt wird, nicht eigens erklärt werden. Da Schleiermacher an diesem Punkt nicht einmal eine minimale Klarheit geschaffen hat, mag gefragt werden, wie groß seine eigene Klarheit mit Bezug auf seine implizite Metaphysik war. Die Religionstheorie der *Reden* ist aber unabhängig davon trotzdem nicht verständlich.[34]

Diese Metaphysik läßt sich mit fragmentarischen, aber weitaus klareren Ideen Friedrich Schlegels aus der Zeit ihrer Gemeinschaft verbinden. Im Zusammenhang mit seinen Überlegungen zur „Naturphilosophie" des Menschen, die ja von Schleiermacher rezipiert wurden, spricht Schlegel in Notizen vom Sommer 1798 von einer „natürlichen Metaphysik", wobei Metaphysik im Sinne einer Gesamtdeutung der Welt aufzufassen ist.[35] Es kann auch daran erinnert werden, daß er mit der Darstellung der Beziehungen zwischen Religion und Metaphysik in den *Reden* nicht zufrieden

---

34 In der neueren Forschung hat besonders Fred Lönker auf die metaphysischen Implikationen des Religionsbegriffs hingewiesen (Lönker, Erlebnis 55f.). Auch Wilhelm Dilthey hatte solche wahrgenommen (siehe Dilthey, Leben, Bd. 1.1, z.B. 322f.). Daß sie von Schleiermacher nicht ausdrücklich gemacht werden, erklärt er von seiner These aus, daß dieser zu dieser Zeit seine Weltanschauung nur anschaulich darstellt (ebd. 319f.).

35 KFSA XVIII, 265 Nr. 848, vgl. ebenso ebd. 265f. Nr. 856, und Beisler, Begriff 93f., der auch auf die Beziehung zu und den Unterschied von Aussagen bei Kant aufmerksam macht.

war.[36] Das bei Schleiermacher von mir hier im Metaphysikbegriff Zusammengefaßte kann des weiteren auf Schlegelsche Überlegungen bezogen werden.

Obwohl ein Wahrheitsmoment der verbreiteten kritischen Würdigung von Schleiermachers Darstellung des Verhältnisses der Religion und der Metaphysik nicht abzusprechen ist, läßt sich die Kritik meines Erachtens durchaus abschwächen. Es zeigt sich an dieser Stelle sicher ein Reflexionsdefizit bei Schleiermacher, es kann aber auf Entwicklungsmöglichkeiten in Anknüpfung an bei ihm tatsächlich vorkommende Motive aufmerksam gemacht werden. Die Kritik kann also innen ansetzen und zwar an einem ganz zentralen Punkt: Die implizite und von Schleiermacher nicht klar zugegebene Metaphysik taucht im Zentrum der Religionstheorie auf – im Begriff der Religion als Anschauung des Universums. Zudem zeichnet sich diese Metaphysik dadurch aus, daß sie dem natürlichen bewußten Leben nicht enthoben ist, sondern diesem entspringt.

„Anschauen des Universums" führte Schleiermacher als seine „Formel der Religion" ein. Diese Formel hat auch den Charakter einer Abkürzung. Voll ausgeschrieben ist eine religiöse Anschauung Anschauung von einem Endlichen als Darstellung des Unendlichen oder des Universums, oder vom Einzelnen als Teil des Ganzen. Die religiöse Anschauung hat also eine apophantische, deutende Struktur: *Etwas* wird *als etwas* gesehen. Außerdem ist diese Anschauung als religiöse dadurch charakterisiert, daß das, als was etwas angeschaut wird, einen Bezug auf *etwas Umfassendes, Ganzheitliches* einschließt. Es ist besonders dieses zweites Kennzeichen, das hier relevant ist.

Schleiermacher entfaltet diese Struktur der Anschauung nicht. Im Versuch, sie zu explizieren, ziehe ich die Analyse der verstehenden Auslegung in Martin Heideggers Hermeneutik des Daseins[37] hinzu. Dieser Rekurs auf den Hauptbegründer der nicht nur als geisteswissenschaftliche Methodenlehre gefaßten philosophischen Hermeneutik des zwanzigsten Jahrhunderts ist nicht willkürlich, da es einen gewissen historischen Zusammenhang mit Schleiermacher und auch mit Schlegel gibt, der hier ebenso um seiner Philosophie der Philologie willen hervorzuheben ist.[38] Daß es sachgemäß ist, bei Schleiermachers Begriff der religiösen Anschauung auf Heidegger Bezug zu nehmen, liegt noch mehr daran, daß dessen Analyse des Verstehens und der Auslegung im Zusammenhang eines Versuches steht, die sinnliche Anschauung und die Wahrnehmung neu

---

36   KFSA II, 278.280.
37   Heidegger, Sein, bes. § 32.
38   Vgl. Beisler, Begriff.

philosophisch zu interpretieren.[39] Auf der anderen Seite ist klar, daß Heidegger als – jedenfalls in der in unserer Untersuchung vorausgesetzten Bedeutung von Metaphysik – nichtmetaphysischer Denker uns nur ein Stück weit helfen kann. Enthält Schleiermachers Religionsbegriff ein Moment, das im Prinzip ein hermeneutisches genannt werden kann, geht es also letztlich um eine andere Art der Hermeneutik als bei jenem.

Die Anschauung, die Schleiermacher bei der Bestimmung des religiösen Bewußtseins hervorhebt, ist kein bloßes Sehen eines Dinges. Dies kennzeichnet nach Heidegger jedes normale Sehen: Es ist immer verstehend und versteht *etwas als etwas*; die Auslegung ist nur eine Artikulation dieses Verstehens, das also als solches auslegend ist und eine Als-Struktur aufweist. Etwas(1) ist das, was verstanden und ausgelegt wird. Es wird gedeutet und zwar von etwas(2) her.[40] Auf Schleiermacher appliziert: Das Endliche wird vom Unendlichen aus gedeutet. Das epistemisch Interessante und Produktive ist also etwas(2) oder das apophantische „als etwas".

Dies läßt sich durch das nächste heranzuziehende Moment der Hermeneutik Heideggers näher explizieren: Etwas wird immer von einer Bedeutungsganzheit her verstanden, die nach ihm letztlich die Struktur der Welt des Daseins ist.[41] Diese Ganzheit kann ausdrücklich ergriffen werden, bleibt aber meistens implizit; sie ist Voraussetzung der besonderen Zirkularität des Verstehens und Auslegens: Um etwas zu verstehen, muß man es schon verstanden haben. Ich hebe dies nicht hervor, um damit Schleiermachers Begriff des Universums inhaltlich zu erklären und zu aktualisieren. Das wäre nur durch Verkürzung dieses Begriffs möglich.[42] Der Verweis auf Heidegger kann aber dazu beitragen, etwas bei Schleiermacher Vorausgesetztes zu verdeutlichen: Um das Endliche als Darstellung des Unendlichen anschauen und also jenes von diesem her auslegen zu können, muß das religiöse Subjekt irgendein *Verständnis des Unendlichen* und Ganzen haben. Daß sich die deutende Anschauung vollziehen kann, ohne daß dieses Verständnis beachtet wird, ist darauf zurückzuführen, daß es ursprünglich *unthematisch* bleibt. Im Gegensatz zu Heidegger geht es aber bei Schleiermacher um einen metaphysischen Ansatz und

---

39 Vgl. Heidegger, Sein 33
40 Vgl. ebd. 32.
41 Vgl. ebd. § 18.
42 Wolfhart Pannenberg erklärt – nicht von Heidegger, sondern von Dilthey aus – das Universum der *Reden* als Sinn- oder Bedeutungstotalität (Pannenberg, Wissenschaftstheorie 314f. Anm. 616). Vgl. auch ders., Theologie 154ff., wo er es statt als den Gegenstand der Religion als „allgemeine *Sphäre* religiöser Gegenständlichkeit" (ebd. 154) versteht und kritisiert. Auf der anderen Seite scheint Pannenberg der impliziten Metaphysik Schleiermachers auf der Spur zu sein (siehe Pannenberg, Metaphysik 21f.).

nicht nur um eine Struktur der Seinsweise des Daseins. Dies ist, was ich seine implizite Metaphysik nenne, von der die wichtigste Bestimmung der Religion bei Schleiermacher abhängig ist.

Diese Interpretation des Begriffs der religiösen Anschauung und ihres Implikats in den *Reden* kann weiter entfaltet und untermauert werden: Schleiermacher drückt auch sein Religionsverständnis in den Begriffen *Teil* und *Ganzes* aus. Der Teil wird vom Ganzen her gedeutet. Dies stimmt mit der altbekannten hermeneutischen Regel überein, daß das einzelne aus dem Ganzen verstanden werden muß. Auf sie nimmt auch Heideggers Aufgreifen des Begriffs des Zirkels des Verstehens Bezug. Schlegel verwendet anders als seine Nachfolger einschließlich Schleiermachers diesen Terminus nicht. Er spricht in seinen Heften zur Philologie statt dessen von deren „cyklischen Methode".[43] Gemeint ist, daß man ein Vorverständnis des Ganzen haben muß, aufgrund dessen man das einzelne versteht, mit diesem Verstehen zum Ganzen zurückkehrt und dies besser versteht etc. Schlegel hat nach Hermann Beisler insbesondere die Einsicht in die Beweglichkeit dieses Vorgangs vertieft und die Regel in verschiedenen Hinsichten der Hermeneutik erweitert. Für uns ist interessant, daß er sie auch in einem metaphysischen Denkzusammenhang formuliert, der den Schleiermacherschen *Reden* nahe kommt, nämlich in den Vorlesungen über Transzendentalphilosophie in Jena 1800/1801: „Man kann alles nur durch das Ganze und im Ganzen verstehen".[44]

Das religiöse Anschauen setzt also ein gewisses Verständnis des Unendlichen beim Subjekt voraus. Nun war eingangs und im ersten Abschnitt von Ganzheits- und Einheitsbegriffen die Rede. Wie verhalten sie sich zu diesem im religiösen Anschauen in Anspruch genommenen Verständnis des Ganzen? Ebensowenig wie die dem religiösen Bewußtsein immanente Deutungsstruktur werden deren Implikationen in den *Reden* ausdrücklich erklärt. Es soll jedoch auf ein Textstück hingewiesen werden, das sich darauf beziehen läßt.

Der Begriff des Deutens selbst wird in der Religionsschrift wie in Schleiermachers anderen Arbeiten selten explizit verwendet. Die Stellen, wo dies erfolgt, werfen aber Licht vor allem auf die Begriffe, die beim religiösen Bewußtsein als einem deutenden verwendet werden. Schleiermacher führt aus, daß die Begriffe, durch welche die Anschauung der Natur zu religiöser Anschauung wird, nicht aus der Natur stammen, sondern „ursprünglich aus dem Innern des Gemüths her, und sind erst von da auf jenes gedeutet".[45] Bei den hier berücksichtigten Begriffen, die

---

43 Vgl. Beisler, Begriff 73ff.
44 KFSA XII, 94.
45 KGA I/2, 227,25ff. = R, 87.

also in der deutenden Tätigkeit des Subjekts ihren Ursprung haben, ist noch nicht von metaphysischen Ganzheitsbegriffen die Rede. Das ist eher der Fall in einer anderen Aussage, die mit Bezug auf diese Fragestellung in der Forschung meines Wissens bisher übersehen wurde. Die Aussage handelt zwar eigentlich nicht von der Idee des Universums, läßt sich aber darauf applizieren. Explizit bezieht sie sich auf die Idee Gottes. Davon wie von dem ebenso zur Debatte stehenden Unsterblichkeitsgedanken sehen wir vorläufig möglichst ab. Das kann um so mehr getan werden, als Schleiermacher hier nichts Positives über die Gottesidee als Idee von *Gott* sagt, sondern eher nur über die *Ideen* als solche.

Die betreffende Aussage ist in der ersten Rede zu finden. Das Textstück, in welchem sie steht, wurde früher zur Erklärung des theoretischen Ansatzes der *Reden* analysiert.[46] Es wurde gezeigt, wie Schleiermacher hier ein Verstehen der Religion problematisiert, das diese und den Glauben an Gott und Unsterblichkeit gleichsetzt, und wie er ein theoretisches Verfahren skizziert, das so dargestellt wird, daß Religion als in der menschlichen Natur und in einem ihrer Triebe begründet zu begreifen ist. Es soll dazu nun hinzugefügt werden, daß Schleiermacher trotzdem die theologische und die psychologische Idee auf die in dieser Weise gefaßte Religion bezieht und einen konstruktiven Hinweis zu ihrer Interpretation gibt. Zwar werden sie noch kritisiert, die Kritik gilt aber nur verfremdenden Zusätzen. Entscheidend ist das darin vorausgesetzte wahre Element: Auch die Ideen sind unter gewissen Bedingungen legitime Äußerungen der menschlichen Vernunft. Schleiermacher mutet den Zuhörern zu, anzuerkennen,

> „daß etwas in diesen Ideen wenigstens der menschlichen Natur angehöre und wenn Ihr auch sagen wolltet, daß sie so wie man sie jetzt antrifft, nur aus Misdeutungen oder falschen Beziehungen eines nothwendigen Strebens der Menschheit entstanden seien, so würde es Euch doch ziemen Euch mit uns zu vereinigen, um das was davon wahr und ewig ist, herauszusuchen, und die menschliche Natur von dem Unrecht zu befreien, welches sie allemal erleidet, wenn etwas in ihr miskannt oder misleitet wird".[47]

Die dieser Aussage über die Ideen entsprechende Beschreibung der Religion bedient sich nicht des Begriffs der Anschauung. Wir befinden uns dagegen im Zusammenhang der transzendentalphilosophisch modifizierten vereinigungsphilosophischen Trieb- und Strebenslehre. Das notwendige menschliche Streben ist uns von dort her als das Streben nach Vereinigung bekannt, das als religiöses Streben auf das Unendliche, auf das Universum gerichtet ist. Desungeachtet läßt sich die Stelle mit Bezug

---

46   KGA I/2, 197ff. = R, 21ff.; oben 3.1.1.
47   KGA I/2, 198,29ff. = R, 23.

auf die Idee des Unendlichen auf der oben vom Begriff des Anschauens gezogenen Linie interpretieren, nämlich als die Andeutung einer Auffassung der *Genese* dieser Idee.

Eine solche Interpretation kann sich insbesondere auf die Rede von Miß*deutungen* und falschen *Beziehungen* jenes Strebens beziehen. Es geht um eine Art von Deutung, die der Anschauung des Universums strukturell ähnelt. Das darin enthaltene Relationsmoment kommt in dem dem Deutungsbegriff gleichgestellten Beziehungsbegriff zum Ausdruck. Für diese Interpretation spricht eine Stelle in Schleiermachers *Vertraute Briefe über Friedrich Schlegels Lucinde*, die in einer Erörterung der Liebe das aus unserem Text hervorgehobene Begriffspaar ebenso verwendet und davon spricht, daß jemand *etwas auf etwas deutet und bezieht*. Analog spricht Schleiermacher hier davon, in etwas etwas zu sehen.[48] Dies bestätigt wiederum den sachlichen Zusammenhang auch unserer Stelle der ersten Rede mit dem in der religiösen Anschauung enthaltenen Deutungsmoment.

Worauf es uns ankommt, ist dies: Die Idee des Unendlichen wird wie die Religion als „ein Produkt der menschlichen Natur, gegründet in einer von ihren nothwendigen Handlungsweisen oder Trieben"[49] verstanden. Ohne das vorhergehende Zitat überzuinterpretieren, darf behauptet werden, daß sie als aus Deutungen entstehend begriffen wird. Es ist nicht klar, ob es bei der Rede von den „Misdeutungen oder falschen Beziehungen eines nothwendigen Strebens der Menschheit" um einen objektiven oder einen subjektiven Genitiv geht. Unmittelbar erscheint die erstgenannte Möglichkeit vielleicht als die naheliegendste, das letzte Zitat spricht jedoch für das Vorliegen eines subjektiven Genitivs. In diesem Fall wird gesagt, daß das notwendige Streben des Menschen einen deutenden Charakter hat, daß es Deutungen und damit Ideen erzeugt, und diese werden explizit als Ausdruck der Selbstdeutung des Subjekts verstanden. Insofern entspräche dieser Ansatz dem in Schleiermachers „Versuch einer Theorie des geselligen Betragens", wo eine Tendenz oder ein Trieb ebenso mit einem Denken oder Deuten verbunden wird. Es ist nicht klar, ob sich die Deutungen auf der Primärebene der Religion vollziehen, die wir vom Begriff der religiösen Anschauung kennen, oder ob sie erst auf einer höheren Stufe erfolgen. Unabhängig davon darf wohl behauptet werden, daß die Ideen – noch diesseits einer systematisch durchgeführten meta-

---

48   KGA I/3, 175,37ff. Übrigens kommt der Ausdruck „Beziehung" oder „beziehen" in Schleiermachers Darstellung der Grundanschauung einer positiven Religion als Instanz einer weiteren Deutung häufig vor: Alles wird dort in Beziehung auf eine solche Anschauung gesehen, auf sie bezogen (unter anderem KGA I/2, 303,27f.; 304,1f.; 305,32 = R, 259.260.265).

49   KGA I/2, 198,19f. = R, 22.

physischen Theorie – dem im Deuten des religiösen Anschauens vorausgesetzten Verständnis des Ganzen als dessen Thematisierungen entspringen und also tatsächlich höherstufige Deutungen darstellen.

Die Rekonstruktion der Voraussetzung einer impliziten Metaphysik
in den *Reden* vermag eine mögliche Komplikation zu vermeiden: Die Behauptung, daß die Religion von Metaphysik abhängig ist, und daß die
religiöse Anschauung mit Ideen als Begriffen des Unendlichen verbunden
ist, verstößt scheinbar gegen Schleiermachers These von der wesentlichen
Unvermitteltheit der Anschauung durch allgemeine Begriffe und Reflexi-
onsstrukturen.[50] Dies kann aufgrund des Begriffs der Deutung, wie er
bisher entfaltet wurde, zurückgewiesen werden: Die in der religiösen Anschauung enthaltene Deutung und das vorausgesetzte Verständnis des
Unendlichen sind *vorprädikativ*. Das läßt sich von Heidegger her erhärten,
der dies im Bezug auf die von ihm behandelten Verstehensstrukturen
geltend macht.[51] Und es folgt aus Schleiermachers eigenen Prämissen,
nach welchen jene *der Phantasie* zugeschrieben werden müssen.[52] Bei Ideen
vom Einen und Ganzen als Deutungen höherer Stufe ist jedoch zu erwarten, daß die Lage komplizierter ist.[53] Im folgenden soll untersucht werden,
ob die *Reden* an dem Punkt aufschlußreich sind. Es darf aber schon behauptet werden, daß die Ideen nicht objektive, gegenstandsbestimmende
Begriffe sein können. Schleiermachers Metaphysik ist nicht realistisch im
Sinne der vorkantischen Metaphysik und kann sachgemäß als *Deutungs-
metaphysik* gekennzeichnet werden.

4.3. Der Gottesgedanke

Der Universumsbegriff und seine Äquivalente sind die primären Bezeichnungen des Gegenstands der Religion in den *Reden*. Dies gilt nicht nur für
die ersten Reden, die sich mit dem allgemeinen Religionsbegriff beschäftigen und also prinzipiell alle möglichen, auch die den Gottesgedanken
nicht in Anspruch nehmenden Religionen berücksichtigen, sondern auch

---

50   Vgl. Dierken, Religion 679. Jörg Dierken bestimmt die von mir als metaphysisch be-
zeichneten Begriffe als *„gedankliche Konstrukte"*, die die Funktion haben, *„den Rahmen*
für die *Deutung* des durch Anschauung und Gefühl ausgefüllten religiösen Erlebens
abzugeben". Er übersieht jedoch das Auslegungselement im religiösen Anschauen
selbst.

51   Vgl. Heidegger, Sein 149. Später führt Heidegger eine terminologische Unterscheidung
zwischen dem hermeneutischen *als* der Auslegung und dem abgeleiteten apophanti-
schen *als* der Aussage ein (ebd. 158).

52   Vgl. KGA I/2, 216,5ff. = R, 60f.

53   Vgl. oben Anm. 20.

für die fünfte Rede, die unter anderem die christliche Religion zum Thema hat. Von daher stellt sich die Frage, welche Bedeutung der Idee des *persönlichen* Gottes zukommt.

Schleiermacher geht auf diese Frage in einem Anhang zur zweiten Rede ein.[54] Die Idee des persönlichen Gottes an dieser Stelle abzuhandeln, läßt auf ihre nur sekundäre Bedeutung für seine Religionsphilosophie zu dieser Zeit schließen. Die Thematik wird eingeführt, indem Schleiermacher auf den möglichen Einwand eingeht, daß das Wesen der Religion nicht durch eine Definition erschöpft wird, die an der Unsterblichkeit vorbeigegangen ist und „von der Gottheit so gut als nichts gesagt"[55] hat: „Erinnert Euch doch, ich bitte Euch, wie ich mich von Anfang an dagegen erklärt habe, daß dies nicht die Angel und Hauptstüke der Religion seien; erinnert Euch, daß als ich die Umriße derselben zeichnete, ich auch den Weg angedeutet habe, auf welchem die Gottheit zu finden ist".[56] Auf den Unsterblichkeitsgedanken gehen wir in der Hauptsache nicht ein, sondern auf die zwei den Gottesgedanken betreffenden Punkte: Der erste setzt diesen herab, der zweite weist im Blick auf ihn jedoch auf einen bereits angedeuteten positiven Ansatz hin. Während der erste Punkt in den *Reden* überall sehr augenfällig ist, erscheint der zweite nach dem bisher behandelten Argumentationsgang weniger selbstverständlich.

Worauf wird zurückverwiesen? Beim ersten Punkt ist, wenn überhaupt, an eine Stelle in der ersten Rede zu denken. Nicht gemeint ist wohl Schleiermachers autobiographischer Rückblick auf seine frühe theologische Skepsis, die einen theoretischen Ausdruck in seiner Abhandlung „Über das höchste Gut" findet:[57] Die Religion „blieb mir, als Gott und Unsterblichkeit dem zweifelnden Auge verschwanden".[58] Es muß dagegen um den Zusammenhang gehen, der für Diskussionen prinzipieller Aspekte sowohl der Religionstheorie als auch der Metaphysik der *Reden* fruchtbar gemacht wurde.[59] Der zweite Bezugspunkt ist weniger eindeutig identifizierbar. Eine Möglichkeit – und wohl die wahrscheinlichste – wäre, hier an die zentrale religionstheoretische Argumentation der zweiten

---

54 KGA I/2, 242-247 = R, 123-133. Nicht dieser Text, sondern KGA I/2, 242,23ff. = R, 122f., ist der eigentliche Schluß der Rede. Vgl. Rudolf Ottos Anmerkung in: Schleiermacher, Religion [1926] 72; Albrecht, Theorie 341.
55 KGA I/2, 243,1f. = R, 123.
56 KGA I/2, 243,2ff. = R, 123.
57 Siehe oben 1.5.2.
58 KGA I/2, 195,5ff. = R, 14f., worauf Franz Christ zur Erklärung des ersten Punktes verweist (Christ, Gott 95).
59 KGA I/2, 197-199 = R, 21-24, vgl. oben S. 256ff.346ff. Siehe daraus: „Die Furcht vor einem ewigen Wesen und das Rechnen auf eine andere Welt, das, meint Ihr, seien die Angel aller Religion" (KGA I/2, 198,12ff. = R, 22).

Rede und also auf die Bestimmung des Begriffs von Religion als Anschauung des Universums zu denken. Dieser Begriff soll ja die „Angel"
der Rede, die höchste Formel der Religion, „woraus Ihr jeden Ort in
derselben finden könnt", ausmachen.[60] Die betreffende Argumentation
bezieht sich zwar nicht auf den Gedanken des persönlichen Gottes, führt
aber Beispiele an, die ihn enthalten.[61] Anderenfalls wäre auf dieselbe Stelle
wie oben beim ersten Punkt zu verweisen. Dort ging es ja auch um einen
Ansatz zum Begreifen der Rede von Gott.[62] Wir brauchen keine Entscheidung zwischen diesen Auslegungsmöglichkeiten zu treffen, sondern
können auf beide Rücksicht nehmen, wenn wir unseren Haupttext, den
die zwei Punkte entfaltenden Anhang analysieren. Zuerst soll indessen
ein Blick auf den weiteren Kontext des Haupttextes geworfen werden.

4.3.1. Die *Reden* und der Atheismusstreit

Die Herabsetzung des Gottesgedankens in Schleiermachers Religionsschrift führt die Linie seiner Jugendentwürfe fort. Sein Aufsatz „Über das
höchste Gut" und seine Spinoza-Studien kritisierten den Gottesbegriff auf
der metaphysischen Ebene, indem sie mit Hilfe Kantischer und Spinozisti-
scher Argumente sowohl den theologischen Teil der herkömmlichen theoretischen *metaphysica specialis* als auch deren praktisch-philosophische
Rekonstruktion in Gestalt der Postulatenlehre der *Kritik der praktischen
Vernunft* problematisierten. Die Kontinuität dokumentieren auch Schleiermachers *Grundlinien einer Kritik der bisherigen Sittenlehre* von 1803, deren
Argumentation an diesem Punkt dem Gedankengang der Abhandlung
über das höchste Gut genau entspricht und sich zudem mit dem Gedankengang der *Reden* berührt.[63] In diesen geht es Schleiermachers Selbstverständnis nach aber nicht um Metaphysik, sondern um Religion. Wenn
auch sich dies nicht uneingeschränkt aufrechterhalten läßt, so sind die
Reden hier zudem mit dem Fragment „Wissen, Glauben und Meinen" zu
vergleichen. Dort hat er durch Kritik und Umformung der Postulatenlehre
von Kant und vermutlich auch von Fichtes *Versuch einer Kritik aller Offenbarung* der Gottesidee als einer Weise der Selbstauslegung des sittlich-
religiösen Subjekts individuelle Geltung zugesprochen.

---

60   KGA I/2, 213,34ff. = R, 55, vgl. Christ, Gott 95.
61   KGA I/2, 214,18ff. = R, 56f.
62   Dieser Ansatz unterscheidet diesen Text von KGA I/2, 208,32ff. = R, 43ff. Diese Seiten,
     die die theologiekritische Seite der früheren Überlegungen aufnehmen und weiterfüh-
     ren, kommen deshalb im Hinblick auf den zweiten Punkt nicht in Frage.
63   KGA I/4, 50ff.

Der philosophische Kontext der Erörterung des Gottesgedankens bei Schleiermacher kann also noch 1799 durch Verweis auf Vernunftkritik und Pantheismusstreit umrissen werden. So wird Spinoza von ihm als ein Beispiel hervorgehoben, das die Möglichkeit einer Religion ohne Gott belegt.[64] Die Situation um 1799 ist jedoch durch eine weitere Erscheinung, durch den um Niethammers und Fichtes *Philosophisches Journal* entfachten sogenannten Atheismusstreit bestimmt. Eine auf Schleiermachers Religionsphilosophie konzentrierte Untersuchung, die versucht, seine Fichte-Rezeption aufzuklären, kann an diesem Streit nicht vorbeigehen.

Aus chronologischen Gründen muß es hier insbesondere um die frühen in den Atheismusstreit verwickelten Publikationen gehen. Der Streit wurde bekanntlich durch zwei Aufsätze veranlaßt, die im Herbst 1798 im Journal erschienen, nämlich Fichtes „Ueber den Grund unseres Glaubens an eine göttliche Weltregierung"[65] und Friedrich Carl Forbergs „Entwickelung des Begriffs der Religion".[66] Mitte Januar 1799 publizierte Fichte seine *Appellation an das Publicum über die durch ein Churf. Sächs. Confiscationsrescript ihm beigemessenen atheistischen Aeusserungen*.[67] Sie ist besonders wichtig in unserem Zusammenhang wegen der zeitlichen Nähe zu Schleiermachers Arbeit an dem Anhang: Die zweite Rede wurde etwa am 20. Februar abgeschlossen.[68]

Fichtes Religionsphilosophie zu dieser Zeit kann als die konsequente Entfaltung der These von der *Identität der Moralität und der Religion* dargestellt werden: „Moralität und Religion sind absolut Eins; beides ein Ergreifen des Uebersinnlichen, das erste durch Thun, das zweite durch Glauben".[69] Als solche gehört sie selbstverständlich zu den Religionsphilosophien, von denen sich Schleiermacher in seiner Religionsschrift mit seiner Unterscheidung von Religion und Moral distanziert. Nach ihm kann das Unendliche durch Tun nicht angemessen gefaßt werden. Ebenso macht die durch die genannte These artikulierte moralphilosophische Interpretation der Religion eine Kontinuität mit Fichtes Offenbarungskritik von

---

64   KGA I/2, 245,5ff. = R, 128.
65   FW V, 175-189.
66   PhJ 8, 1798, 21-46.
67   FW V, 191-238. Zur Datierung siehe FGA I/5, 384ff.; III/3, 174ff. – Folkhart Wittekind gibt eine ausführliche Interpretation von Fichtes „Ueber den Grund", die diesen Aufsatz im Zusammenhang mit Fichtes Vorlesungen über Ernst Platners *Philosophische Aphorismen* erklärt (Wittekind, Religiosität). Dagegen sieht Wittekind weitgehend von Fichtes nachfolgenden religionsphilosophischen Schriften und vom Atheismusstreit ab (vgl. ebd. 14f. Anm. 15). Außerdem hat Wittekind Forbergs Religionsphilosophie neu erschlossen (ebd. 64-76). Zum folgenden ebd., bes. 202ff.231ff.
68   Vgl. KGA I/2, LVI.
69   FW V, 209.

1792 deutlich. Fichte ist jedoch nicht bei seiner frühen, mit Kant eng verbundenen religionsphilosophischen Konzeption stehen geblieben. Von dieser unterscheidet sich die These an jedenfalls zwei wichtigen Punkten. Erstens durch die in ihr enthaltene *Absage an den Glückseligkeitsgedanken*. Fichte grenzt sich nun mit Bezug auf diesen in der Sache auch von Kant ab.[70] Er hält zwar die Gedankenstruktur der Postulatenlehre fest. Es geht um Annahmen der Bedingungen des Zusammenhangs nicht der Tugend und der Glückseligkeit, sondern des moralischen Endzwecks und dessen Realisierbarkeit. Dieser Zusammenhang ist die moralische Weltordnung.[71] Der zweite Unterschied von Fichtes erster Religionsphilosophie betrifft das Verstehen des *Göttlichen*, das er *mit dieser Weltordnung identifiziert*: „Jene lebendige und wirkende moralische Ordnung ist selbst Gott; wir bedürfen keines anderen Gottes, und können keinen anderen fassen".[72] Der Begriff von Gott als einem besonderen außerweltlichen, personhaften, existierenden Wesen wird als unangemessen, weil verendlichend, beurteilt,[73] ja noch stärker: „der Begriff ist unmöglich, und voller Widersprüche".[74] Obwohl Schleiermacher das Universum der Religion von der moralischen Welt abgrenzt,[75] hat Fichtes Gedanke der „lebendigen und wirkenden moralischen Ordnung" eine gewisse Affinität zu jenem wie auch zum neuspinozistischen All-Einheits- und Vereinigungsdenken überhaupt.[76] Daß Schleiermacher ein Jahr später dies auch bei Fichtes Weiterführung des Gedankens in *Die Bestimmung des Menschen* gespürt hat, geht aus seiner Rezension dieser Schrift hervor.[77] Ein dritter Punkt ist in Fichtes These von der Einheit der Moralität und der Religion enthalten:

---

70 Vgl. ebd. 219.

71 Ebd., bes. 183ff.203ff. Nach Ulrich Barth geht es in „Über den Grund" noch um die Zusammenstimmung von sinnlicher und übersinnlicher Sphäre, in *Appellation* dagegen um die Zusammenstimmung der Zwecke (Barth, Pantheismusstreit 115f.).

72 FW V, 186.

73 Ebd. 186ff. Die Abweisung der Existenz und des An-sich-Seins Gottes wird unter Fichtes frühen Schriften zum Atheismusstreit nur in der *Appellation* ausdrücklich hervorgehoben (ebd. 208.214.220).

74 Ebd. 187. Nach Wittekind, der das Problem der Substantialität und Persönlichkeit Gottes als ein untergeordnetes Thema der Religionsphilosophie Fichtes darstellt (Wittekind, Religiosität 14f. Anm. 15; 234f.), ist seine These die doppelte, daß die Personifizierung der moralischen Weltordnung auf der gemeinen, lebensweltlichen Ebene notwendig erfolgt und dort legitim ist, daß sie aber auf dem transzendentalen Standpunkt sinnlos ist. Fichtes Kritik gilt nur einem abstrakten philosophischen Gottesbegriff (ebd. 222ff. 231ff.). Aus der Lektüre nur seiner Schriften zum Atheismusstreit erhält man wohl den Eindruck einer kritischeren Auffassung des Gedankens der Persönlichkeit Gottes.

75 KGA I/2, 236,5ff. = R, 107.

76 Siehe besonders das bekannte Zitat aus Goethes *Faust* FW V, 188f. Vgl. Siep, Autonomie; Stolzenberg, Weltinterpretationen 65ff.

77 KGA I/3, 246ff.

Indem er ein Motiv der Postulatenlehre mit einem Hauptmotiv der Philosophie Jacobis verbindet, unterstreicht er, daß der Glaube an die moralische Weltordnung ebenso wie das Bewußtsein unserer sittlichen Bestimmung eine *unmittelbare Gewißheit* ist.[78] Im Anschluß hieran gibt Fichte eine genauere Bestimmung der Genese des Gottesgedankens: Dieser entsteht als eine nachträgliche begriffliche Fixierung der Beziehung der Weltordnung auf uns. Jeder Gottesbegriff ist von der Religion abhängig, nicht aber umgekehrt diese von einer vorgegebenen Gotteserkenntnis.[79]

Die Bedeutung des Atheismusstreits für Schleiermachers *Reden* sollte nicht überschätzt werden. Sie sind nicht von diesem Streit veranlaßt worden oder von dort her weitgehend erklärbar.[80] Hier sei nicht bestritten, daß es wichtige sachliche Beziehungen zwischen ihnen und besonders Fichtes Beiträgen gibt, oder daß Schleiermacher diese während der Entstehungszeit seiner Religionsschrift gelesen hat.[81] Folgendes kann festgestellt werden: Schleiermacher bringt selbst sein Vorhaben mit Fichte in Verbindung. Nicht nur vermutet er aus naheliegenden Gründen, daß das Ende der zweiten Rede dem Zensor ebenso atheistisch wie Fichtes *Appellation* vorkommen wird.[82] Er spielt mehrmals im Anhang deutlich auf den Atheismusstreit an. Die Weise, in der er dies tut, rechtfertigt, den Anhang als einen Beitrag zu der von diesem Streit angeregten Diskussion zu verstehen.[83] Es darf auch gesagt werden, daß Schleiermacher sich durch

---

78 FW V, 181ff.206ff.

79 Ebd. 208.214.

80 Wie Emanuel Hirsch behauptet (Hirsch, Geschichte, Bd. IV, 360f.514f.). Eine Variante dieser These, die anders als Hirsch auch diesbezügliche Punkte der Kritik Schleiermachers an Fichte betont, hat Wittekind vorgelegt (Wittekind, Vision, bes. 399). Die Belege, die Wittekind dafür gibt, sind jedoch in den meisten Fällen nicht eindeutig auf Fichte zu beziehen (siehe ebd. 400ff.). Eine besondere Schwierigkeit betrifft die Verweise auf die erste Rede. Wittekind setzt voraus, daß Schleiermacher schon hier auf die Fichtesche *Appellation* zielt. Kann dies von dem her, was wir über die Chronologie der Texte wissen, auch nicht völlig ausgeschlossen werden, scheint es doch dadurch unwahrscheinlich gemacht zu werden (vgl. oben Anm. 67; Kap. 3 Anm. 162).

81 Dies behauptet Friedrich Hertel aufgrund einer sehr mangelhaften Untersuchung von Schleiermachers Fichte-Rezeption im ganzen (Hertel, Denken 185f.188.195).

82 KGA V/3, Nr. 566,8ff.

83 Schleiermacher sagt am Beginn des Anhangs: „Damit Ihr aber nicht denket ich fürchte mich ein ordentliches Wort über die Gottheit zu sagen, weil es gefährlich werden will davon zu reden, bevor eine zu Recht und Gericht beständige Definition von *Gott* und *Dasein* ans Licht gebracht und im deutschen Reich sankzionirt worden ist; [...] so will ich Euch noch einen Augenblick Rede stehen [...]" (KGA I/2, 243,7ff. = R, 124). Vgl. auch KGA I/2, 245,33ff. = R, 130, und Schleiermachers Brief an Friedrich Samuel Gottfried Sack, KGA V/5, Nr. 1065,107ff. Eine ausgewogene Darstellung von Schleiermachers Stellung zum Atheismusstreit gibt Ulrich Barth, Reden 456ff.

diesen Beitrag *prinzipiell* neben Fichte stellt.[84] Es gibt zwischen den beiden
Denkern entscheidende Übereinstimmungen mit Bezug auf das umstritte-
ne Thema. Sie sind zwar nicht ohne weiteres durch den Einfluß der neuen
Religionsphilosophie Fichtes auf Schleiermacher zu erklären. Dieser hat
ja schon zehn Jahre vor dem Atheismusstreit – als jener an diesem Punkt
noch ein mehr oder weniger rechtgläubiger Kantianer war – eine radikale,
den *Reden* vorarbeitende Position der philosophischen Theologie bezogen.
Insofern hat Schleiermacher das, was Fichte 1798/1799 zum Beispiel über
die Glückseligkeit oder die Gottheit in Beziehung auf die Religion schreibt,
teilweise als eine Bestätigung seiner eigenen, längst erworbenen Resultate
lesen müssen. Fichtes religionsphilosophische Schriften haben aber dazu
beigetragen, seine jetzige Darstellung zu verdeutlichen.

4.3.2. Ebenen des Deutens

Schleiermachers Anhang zur zweiten Rede ist ein nach dem Standard der
Reden ungewöhnlich ungleichmäßiger Text. Die Zweideutigkeiten hängen
mit einer systematischen Ungeklärtheit zusammen, die uns nicht neu ist,
deren verschiedene Dimensionen aber erst hier überschaubar werden. Es
wurde deutlich, daß die religiöse Anschauung ohne eine implizite Idee
vom Ganzen und also ohne eine – von Schleiermacher nicht zu erkennen
gegebene – wenigstens elementare Art der Metaphysik nicht verständlich
ist. Die Problematik des Gottesgedankens ist mit dieser Schwierigkeit
verbunden. Auf der anderen Seite zeigt sich hier auch, daß Schleiermacher
nicht ohne Problembewußtsein ist; denn zweifellos versucht er, zu weiteren Präzisierungen zu gelangen.

Es können in diesem Sachzusammenhang der *Reden* zwei Arbeitsstufen des Autors unterschieden werden. Der Haupttext des Anhangs der
zweiten Rede ist als erste Stufe aufzufassen, darauf rückverweisende Gedanken der fünften Rede als zweite Stufe. Die beiden Stufen können
jedoch schon innerhalb des Haupttextes unterschieden werden, oder
genauer: Man kann eine ursprüngliche und eine korrigierte Fassung
dieses Textes trennen: Wir wissen, daß sich Schleiermacher bei seiner
Arbeit am Problem der individuellen Religionen im Zusammenhang der
fünften Rede Ungenauigkeiten seiner ersten Darstellung am Schluß der
zweiten Rede bewußt wurde. Zu dieser Zeit lag diese Rede schon gedruckt vor, und er sah nur die Möglichkeit, durch das Druckfehlerver-

---

84 Mit Hirsch, Geschichte, Bd. IV, 515. Siehe übrigens Schleiermachers Kommentare zu
Fichtes Entlassung im Brief vom 2.5.1799, KGA V/3, Nr. 643.

zeichnis in den Text einzugreifen.[85] Die früher vorrangig rezipierten Ausgaben bringen kommentarlos den korrigierten Text,[86] auf welchen sich also der Großteil der Forschungsliteratur beschränkt. Es lohnt sich aber, die ursprüngliche Fassung gesondert zu betrachten.

Der nachträglich unternommene Eingriff in die ursprüngliche Darstellung mußte notwendigerweise geringfügig sein: Zweimal wird „Anschauung" in „Anschauungsart" geändert.[87] Die Korrektur kann nicht als gelungen beurteilt werden: Erstens macht sie den Haupttext nicht eindeutig, sondern legt sogar neue Mißverständnisse nahe. Zweitens stimmt sie doch nicht mit den in der fünften Rede unternommenen Präzisierungen überein.

Im Haupttext *vor* der Korrektur lassen sich im Hinblick auf teils die Gottheit oder den personhaften Gott, teils das Universum folgende Formulierungen feststellen, die die Darstellung strukturieren: 1. Eingangs ist von der Gottheit als einer einzelnen religiösen Anschauung die Rede.[88] 2. Dies wird durch drei gängige Gottesvorstellungen belegt,[89] die also ebenfalls als einzelne Anschauungen charakterisiert werden.[90] 3. Es werden drei verschiedene Arten des Anschauens des Universums[91] oder drei Anschauungen des Universums[92] unterschieden, die auch Ideen genannt werden,[93] und von denen die Idee von Gott getrennt wird.[94] 4. Die Gottesidee wird als eine von der Richtung der Phantasie abhängige Weise, das Universum zu denken, dargestellt.[95]

In dieser Übersicht fällt die schillernde Begrifflichkeit ins Auge. Alle Varianten werden als religiöse Anschauung bezeichnet. Auf der anderen Seite ist ersichtlich, daß mehrere Ebenen des Vorstellens mit Bezug auf die Anschauung gesondert werden sollen. So wird von der einzelnen religiösen Anschauung – das heißt ja die Anschauung eines einzelnen Endlichen als Darstellung des Unendlichen – als dem Primären die Art des Anschau-

---

85 Christ, Gott 95.98 einschl. Anm. 6.
86 Vgl. die Ausgaben von G. Ch. Bernhard Pünjer, Rudolf Otto, Hans-Joachim Rothert und Carl Heinz Ratschow (Schleiermacher, Reden [1879]; ders., Religion [1926], [1958] und [1969]).
87 KGA I/2, 243,7.17 = R, 123f. An der erstgenannten Stelle wurde zudem aus „Eurer" „einer". Es hieß also in der ersten Fassung: „Eurer religiösen Anschauung". Die Korrektur entspricht der Verneinung der fünften Rede, daß die Idee einer persönlichen Gottheit eine einzelne religiöse Anschauung ist (KGA I/2, 302,22ff. = R, 257).
88 KGA I/2, 242,36ff. = R, 123f.
89 KGA I/2, 243,22ff. = R, 124ff.
90 KGA I/2, 244,7f. = R, 126; hier kommt auch der Terminus „Begriffe von Gott" vor.
91 KGA I/2, 244,11ff. = R, 126.
92 KGA I/2, 244,39f.; 245,8.14 = R, 128.
93 KGA I/2, 244,19 = R, 126.
94 Unter anderem KGA I/2, 244,14f. = R, 126.
95 KGA I/2, 245,16ff. = R, 128f.

ens oder der Anschauung unterschieden. Die größte Inkonsequenz der Darstellung betrifft die Gottesvorstellung. Sie wird unter den beiden ersten Punkten als eine einzelne religiöse Anschauung – oder eher als eine Vielheit von solchen – neben anderen Anschauungen, also auf der Primärebene der Religion eingestuft. Dies läßt sich zwar mit der Interpretation der Gottheit als eines der „Örter" der Religion und ebenso mit den in der Religionstheorie gegebenen Beispielen religiöser Anschauungen, die Gottesvorstellungen enthalten, in Einklang bringen.[96] Dieser Vorschlag zur Bestimmung der Stellung der Gottesidee ist aber kaum sachlich sinnvoll, wenn man ihn wörtlich nimmt. Daß Gott ein religiöser Gegenstand neben anderen ist, stimmt mit der Bedeutung dieses Wortes in der üblichen Verwendung – darauf beruft Schleiermacher sich unter dem zweiten Punkt, obzwar in einer kritisch abgrenzenden Absicht – nicht überein. Es erschöpft auch nicht seine eigene Auffassung, wie die zwei letzten Punkte zeigen, die der Bedeutung des Gottesgedankens besser Rechnung tragen. Sie stellen die Idee Gottes als eine besondere Ausformung des Gedankens des Universums dar, die hinzu kommen, aber auch fehlen kann.

Im Druckfehlerverzeichnis wird diese Schwierigkeit zwar korrigiert, allerdings um den Preis einer neuen. Daß die Gottheit nicht eine einzelne Anschauung, sondern eine einzelne Anschauungsart ist, muß an sich als eine sachgemäße Präzisierung gewürdigt werden. Eine Anschauungsart ist etwas Allgemeines und höherstufiger als eine bestimmte, individuelle Anschauung.[97] Das Problem ist nur, daß der Leser verleitet wird, die neu eingeführte Anschauungsart im Sinne der Gottesidee mit der Art, wie man das Universum anschaut, von der unter dem dritten Punkt die Rede ist, zu verwechseln.[98] Dieses Problem ist aber ein terminologisches, kein sachliches.

Ein terminologisches Problem ist natürlich kein echtes Problem und läßt sich leicht eliminieren. Dies hat Schleiermacher in der fünften Rede auch getan.[99] Er unterscheidet hier – mehr oder weniger folgerichtig – *erstens* die unendlich vielen, individuellen religiösen *Anschauungen des Universums* und die drei *Arten, das Universum anzuschauen* – als Chaos, als Vielheit und als System. Hier bleiben sachliche Probleme, die aber das Verhältnis zwischen Religion und Metaphysik betreffen, das in diesem

---

96   Siehe oben Anm. 60f.

97   Vgl. KGA I/2, 301,36ff. = R, 255f.

98   Daß einige Interpreten diesem Mißverständnis zum Opfer gefallen sind, geht aus ihren Versuchen hervor, eine enge Beziehung zwischen den drei bestimmten Gottesvorstellungen des zweiten Punktes und den drei Arten des Anschauens des Universums unter dem dritten Punkt herzustellen (zum Beispiel Christ, Gott 96ff.).

99   KGA I/2, 301-303 = R, 255-259.

Zusammenhang nicht wieder erörtert werden soll. Es soll nur daran erinnert werden, daß es um zwei Ebenen des Deutens geht: Beim Begriff der Anschauung eines Endlichen als Darstellung des Unendlichen geht es um die erste Ebene des Deutens, beim Begriff der Art des Anschauens des Universums um eine andere Ebene des Auslegens in Gestalt einer Idee vom Unendlichen. *Zweitens* sondert Schleiermacher die drei Arten des Anschauens und zwei *Vorstellungsarten*[100] oder Arten, das Universum zu denken, nämlich mit Hilfe der Gottesidee oder ohne sie. Die Vorstellungsarten stellen eine weitere Deutungsebene dar. Ob diese Systematisierung der dritten Ebene der Deutung den Ausführungen im Anhang tatsächlich Rechnung trägt, ist eine andere, die Terminologie überschreitende Frage, die noch untersucht werden muß.

4.3.3. Der Gottesgedanke als Deutung des Universums

Vor der Analyse der Überlegungen zur Theologie im Anhang zur zweiten Rede ist an das Fragment einer Theorie der Genese der metaphysischen Idee des Unendlichen in der ersten Rede zu erinnern.[101] Sie hat ja eigentlich die theologische Idee zum Thema und bezieht sich auf „den Weg [...], auf welchem die Gottheit zu finden ist".[102] Auf der anderen Seite gelangt sie nicht zur Bestimmung der Gottesidee. Immerhin wirft die Aussage Licht auf Schleiermachers Theorie des Gottesgedankens. Sie rechtfertigt die Formulierung, daß die Gottesidee wie die in seinem Religionsbegriff implizierte Metaphysik die Selbstauslegung des religiösen Subjekts artikuliert. Dies bestätigt die sich wiederum dem Religionsbegriff anschließende ausführliche Erklärung der Rede von Gott im Haupttext, wo die Gottesidee als eine nähere Bestimmung der metaphysischen Idee des Universums dargestellt wird.

Das Anliegen der Argumentation im Anhang ist, wie wir wissen, ein doppeltes. Es soll erwiesen werden, daß die Rede von Gott in der Religion entbehrlich ist, und zugleich soll die – wenngleich nicht gerade notwendige – gegebenenfalls festgehaltene Gottesidee erklärt werden: „Wenn Ihr nun nicht läugnen könnt, daß sich die Idee von Gott zu jeder Anschauung des Universums bequemt, so müßt Ihr auch zugeben, daß eine Religion ohne Gott besser sein kann, als eine andre mit Gott".[103] Obwohl die erste

---

100 In der vierten Rede sagt Schleiermacher stattdessen und immer noch mißverständlich *Sinnesart* (KGA I/2, 270,30; 271,14 = R, 185f.).
101 Siehe oben S. 346ff.
102 KGA I/2, 243,5f. = R, 123.
103 KGA I/2, 244,14ff. = R, 126.

Hälfte dieses Zitats unmittelbar als eine Konklusion des vorhergehenden erscheint, stimmt sie doch kaum mit dem dort Gesagten überein. Das Zitierte erscheint eher als eine Überschrift der folgenden Ausführungen, in denen die Arten des Anschauens des Universums und die Gottesidee dargestellt und also die Hauptargumentation des Anhangs entwickelt wird.[104] Unser Interesse gilt besonders dem erstgenannten Punkt, der die konstruktive Erörterung der Gottesidee betrifft.

Schleiermachers Hauptthese ist, daß der Wert einer Religion unabhängig davon ist, ob der Gedanke des persönlichen Gottes in Anspruch genommen wird oder nicht. Der Wert und die Stufe der Religion hängt dagegen von der Art der Anschauung des Universums ab, das heißt von der die Anschauung begleitenden Idee des Universums, nämlich als Chaos, als Vielheit ohne Einheit oder als System. Die Gottesidee wird als etwas dazu eventuell noch Hinzugefügtes beschrieben.[105] Die Nebenthese Schleiermachers ist, daß es *nicht willkürlich* ist, ob sie hinzugefügt wird.

Dies geht schon aus dem ersten Teil des Zitats hervor. Daß die Gottesidee sich zu jeder Anschauung des Universums „bequemt", bedeutet, daß sie zu jeder Anschauung oder – in diesem Zusammenhang eher – zu jeder Art der Anschauung paßt, daß die Gottesidee im Bezug auf diese *sachgemäß* ist.[106] Insofern besteht kein arbiträres Verhältnis zwischen der Gottesidee und der Idee des Universums.

Die Aussage könnte voraussetzen, daß jemand im damaligen Kontext diese Gemäßheit offenbar geleugnet hat oder leugnen würde. Es könnte an Fichte gedacht werden, was allerdings nur bei einer undifferenzierten Lektüre seiner Religionsphilosophie zutreffend erscheinen würde. Mit größerem Recht könnte auf Forberg verwiesen werden. Dessen Aufsatz und der Anhang zu Schleiermachers zweiter Rede weisen in der Tat Ähnlichkeiten auf, die Folgen ihrer jeweiligen Unterscheidungen von Religion und Spekulation darstellen.[107] Forbergs Begründung und Aus-

---

104 KGA I/2, 244-246 = R, 126-130.

105 Vgl. auch KGA I/2, 244,34f.; 245,16; 302,32ff. = R, 127f.257f.

106 Vgl. Adelung, Wörterbuch, 854: „sich einer Sache gemäß bezeigen".

107 Vgl. Forberg, Entwickelung des Begriffs der Religion, PhJ 8, 1798, 21-46, dort 22.38.43: „Der erhabene Geist, der die Welt nach moralischen Gesetzen regiert, ist die *Gottheit*; und dies ist der einzige Begriff von Gott, dessen die Religion bedarf, oder durch den vielmehr die Religion selbst erst möglich wird. Die speculativen Begriffe von Gott, als dem allerrealsten, unendlichen, absolutnothwendigen Wesen, sind der Religion fremd, wenigstens gleichgültig. Sie kann, wenn sie sie findet, etwas Praktisches damit machen, sie kann sie aber auch ohne Schaden entbehren, wenn sie sie nicht findet. Die Religion kann eben so gut mit dem Polytheismus, als mit dem Monotheismus, eben so gut mit dem Anthropomorphismus als mit dem Spiritualismus zusammenbestehen". „In den Augenblicken des Nachdenkens oder des Disputirens kann man es halten, wie man will, man kann sich für den Theismus oder für den Atheismus erklären, je nachdem man es

führung derselben weichen aber von der Schleiermachers ab. Es ist erhellend zu sehen, wie dies der Fall ist.

Die Grundlage der Religionsphilosophie Forbergs ist eine sehr zugespitzte Radikalisierung der Kantischen Unterscheidung von Theorie und Praxis.[108] Sie diktiert eine Beseitigung aller theoretischen Momente aus der Moral, zu der die Religion diesem Ansatz zufolge gehört. Diese *Enttheoretisierung* der Religion und nicht – wie Forberg damals angeklagt und später oft dargestellt wurde – Atheismus ist die Pointe, wenn Forberg die Religion jedes Glaubens an Gott und ebenso an eine moralische Weltordnung entleert, und die Pointe auch seiner berühmt-berüchtigten Formel, daß es bloß darum geht, *„zu handeln, als ob"* man daran glaubte.[109] Nicht Gott und moralische Weltregierung, sondern Glaube, Begriffe und Ideen sind der Religion irrelevant. Beim Vergleich mit Forberg tritt die Orientierung von Schleiermachers Religionsphilosophie deutlich hervor. Was sie von seinem Entwurf trennt, ist nicht nur die Abweisung einer einseitig moralphilosophischen Interpretation der Religion. Es betrifft dagegen die Hauptthese Forbergs: Schleiermacher setzt durchaus voraus, daß Religion *epistemische* Momente einschließt, und hält fest, daß sie Bezüge zu *metaphysischen* Fragen hat.

Weiterhin spricht Schleiermacher im Hinblick auf Gott von „der fast unabänderlichen Nothwendigkeit ihn anzunehmen".[110] Dieser Sprachgebrauch verrät einen Zusammenhang mit der Kantischen Postulatenlehre, der uns früher in Schleiermachers „Wissen, Glauben und Meinen" begegnet ist und somit in der Religionsschrift noch fortbesteht. Gleichzeitig grenzt Schleiermacher sich jetzt noch schärfer von der Kantischen Postulatenlehre wie von üblicher Moraltheologie der Spätaufklärung ab: „auch könnt Ihr ihm nicht glauben willkührlich, oder weil Ihr ihn brauchen wollt zu Trost und Hülfe, sondern weil Ihr müßt".[111] Wie aus dieser Aussage hervorgeht, betrifft die Abgrenzung nicht nur den Glückseligkeitsgedanken der Moraltheologie,[112] sondern überhaupt ihre zweckrationale Inanspruchnahme des Gottesgedankens. Jenes „müßt" darf also nicht mit der Bedürfnisstruktur der Moraltheologie gleichgesetzt und der Gottesglaube als von daher instrumentalisiert gesehen werden. Wie ist aber

---

vor dem Forum der speculativen Vernunft verantworten zu können meint, denn hier ist nicht die Rede von Religion, sondern von Speculation". *„Kann ein Atheist Religion haben?* Antwort: Allerdings".

108 Wittekind, Religiosität 72.
109 Forberg, Entwickelung des Begriffs der Religion, PhJ 8, 1798, 38, vgl. ebd. 41ff.
110 KGA I/2, 245,31f. = R, 129.
111 KGA I/2, 247,6ff. = R, 133.
112 Dazu KGA I/2, 246,3ff. = R, 130.

dann die fast unabänderliche Notwendigkeit, Gott anzunehmen oder –
wie sich die *Reden* auch ausdrücken – zum Universum einen Gott zu
haben, zu verstehen?

Wie die letztgenannte Ausdrucksweise zeigt, legt Schleiermacher das
Gewicht auf die *Bestimmung* des Gedankens des Unendlichen. Seine Antwort rekurriert wie die Kantische Postulatenlehre auf subjektive Bedingungen, aber auf solche, die nach ihm grundsätzlicherer Art sind. Er
verweist auf des einzelnen *Richtung* der *Phantasie*, die „das höchste und
ursprünglichste ist im Menschen".[113]

Die gebrochene Kontinuität zur Postulatenlehre auch in diesem Zusammenhang kommt durch eine sehr ironische Bemerkung zu Kant in
Schleiermachers *Grundlinien einer Kritik der bisherigen Sittenlehre* zum
Ausdruck: Er behauptet, daß die Einsicht in diese Bedeutung der Phantasie sich „merkwürdig", „ganz unerwartet" und „sehr wunderlich" bei Kant
zeigt.[114] Schleiermacher setzt dabei ein ziemlich kompliziertes und kaum
weniger wunderliches Räsonnement voraus: Nach Kant ist die Glückseligkeit ein Ideal der Phantasie;[115] seine praktische, auf diesem Ideal ruhende
Begründung der Ideen von Gott und Unsterblichkeit weist Schleiermacher
mit Kant selbst ab, nämlich durch „eine gleiche Kritik, wie sie Kant an der
theoretischen Philosophie geübt hat"; „und da sie nun im theoretischen
auch nicht vernunftmäßig entstanden sind: so bleibt nur übrig, daß sie
überall einem Handeln der Fantasie ihr Dasein verdanken".[116]

In den *Grundlinien* entwickelt Schleiermacher diese These über die
Entstehung des Gottesgedankens nicht. Was er dort schreibt, erscheint als
ein indirekter Rückverweis auf die zweite Rede. Ihre Hervorhebung der
Richtung der Phantasie des Menschen kann Schleiermacher an anderen
Stellen mit dem Hinweis auf die besondere Natur des Menschen oder auf
die Richtung des Gemüts variieren.[117] Auf ähnliche Weise macht Fichtes
Appellation an das Publicum in kritischer Absicht die Rede von Gott als
einem besonderen Wesen vom Herzen des einzelnen abhängig.[118] Nur in
unserem Haupttext stellt Schleiermacher seine Behauptung näher dar.

---

113 KGA I/2, 245,16ff. = R, 128f., dort KGA I/2, 245,27f. = R, 129.

114 KGA I/4, 52,24ff.

115 Vgl. AA IV, 418,36f.; KU B, 388f. Im Zusammenhang spielt Schleiermacher auf andere
     Gedanken der dritten Kritik an (vgl. zum Beispiel KGA I/4, 51,13ff., mit KU B, XX.XXV.
     LIVff.).

116 KGA I/4, 51ff., dort 52,4f.; 53,6ff.

117 KGA I/2, 271,15f. = R, 186; KGA V/5, Nr. 1065,82ff.

118 FW V, 217: Fichtes Gegner „bleiben mit ihrem Verstande bei dem sinnlichen Seyn
     stehen, weil ihr Herz durch dasselbe befriedigt wird". Dies steht mit dem Hauptgedan-
     ke dieser Schrift im Zusammenhang, daß der Streit auf entgegengesetzte Denkweisen
     – Dogmatismus und Idealismus – zurückgeführt werden muß, zu denen man nicht

Dieser Darstellung haften jedoch Unklarheiten an. Es sollen zwei solche Richtungen der Phantasie möglich sein, die in dieser Weise dargestellt werden:

> „Hängt nun Eure Fantasie an dem Bewußtsein Eurer Freiheit so daß sie es nicht überwinden kann dasjenige was sie als ursprünglich wirkend denken soll anders als in der Form eines freien Wesens zu denken; wohl, so wird sie den Geist des Universums personifiziren und Ihr werdet einen Gott haben; hängt sie am Verstande, so daß es Euch immer klar vor Augen steht, Freiheit habe nur Sinn im Einzelnen und fürs Einzelne; wohl so werdet Ihr eine Welt haben und keinen Gott". [119]

Der Form nach besteht diese Aussage aus zwei parallelen Schlüssen, die in der gleichen Weise strukturiert sind: „hängt die Phantasie an ..., so daß ..., so wird ...", und diese beiden Schlüsse sollen die Explikation der zwei Richtungen der Phantasie ausmachen. Es ist indessen schwierig, den Parallelismus als nicht nur die Form, sondern auch den Gehalt des Gesagten bestimmend zu verstehen. Dieses Problem betrifft besonders die zweite Möglichkeit. Vom Aufbau der Aussage – und noch mehr von der Systematik der Deutungen in der fünften Rede her – erwartet man, daß hier wie bei der ersten Möglichkeit eine besondere Tätigkeit der Phantasie ausgesagt wird. Daß die Phantasie als das deutende Vermögen auch bei der Idee des Universums tätig ist, stimmt zwar auch mit einem früher erreichten Ergebnis überein. [120] Es erscheint aber schwierig, eine solche Tätigkeit auf dieser Deutungsebene in Schleiermachers Erklärung des den Gottesgedanken vermeidenden Ansatzes zu identifizieren.

Bei dieser zweiten Möglichkeit der Näherbestimmung der Idee des Unendlichen ergibt sich die Frage, ob die daraus resultierende „Welt" wie die Gottesidee eine nähere Bestimmung des Universums ist. Oder ist dieser Weltbegriff einfach mit dem Begriff des Universums identisch, besteht also diese Möglichkeit lediglich darin, auf die theologische Deutung zu verzichten? Die ersten Teile des Anhangs sowie der eben zitierte Abschnitt sprechen für den zweiten Vorschlag. Schleiermacher sagt hier nichts darüber, worin die im ersten Vorschlag angenommene Weiterbestimmung des Universums durch den Weltbegriff bestehen sollte. Auch die Fortsetzung unterstützt diesen Vorschlag nicht. Schleiermacher hebt hier die Würde der Phantasie hervor und spricht – mit Fichte – von der

---

durch Denken gelangt, sondern durch etwas, „das ich hier füglich das *Herz* nennen kann" (ebd. 228). In einer bekannteren Aussage hat Fichte die Systeme als davon abhängig dargestellt, „was man für ein Mensch ist" (FW I, 434, vgl. oben Kap. 2 Anm. 364). Die betreffende Zurückführung der Gottesvorstellung auf das Herz ist also eine Variante dieser Darstellung.

119 KGA I/2, 245,18ff. = R, 129.
120 Siehe oben Anm. 52.

Welt als ihrem Werk: „Ihr werdet wissen daß Eure Fantasie es ist, welche
für Euch die Welt erschaft, und daß Ihr keinen Gott haben könnt ohne
Welt".[121] Ist diese Welt, die von der Phantasie produziert wird, wie an
anderen Stellen bei Schleiermacher die äußere, empirische Welt: „ohne
Fantasie keine Außenwelt"?[122] Dann würde es bei dieser zweiten Verwendung des Begriffs der Welt um Welt im Sinne des endlichen Seins gehen.
Dieser Weltbegriff ist aber keine nähere Bestimmung des Begriffs des
Universums und die so gedachte Welt nicht der genuine Gegenstand der
Religion. Oder geht es um den anderen der festgestellten Weltbegriffe der
Reden, der mit dem Universumsbegriff identisch ist, und also um die
früher berührte Tätigkeit der Phantasie bei der Bildung der Universums-
idee? Dies würde sinnvoll sein, aber wieder nicht den ersten, sondern den
zweiten Interpretationsvorschlag bestätigen.[123]

Es darf also gefolgert werden, daß Schleiermachers faktische Argumentation an dieser Stelle nur den Gottesgedanken – und dessen Vermeidung – erklärt. Es soll sofort hinzugefügt werden, daß Schleiermacher in
den folgenden Reden mit dem Gedanken, der in dem hier problematisierten ersten Vorschlag enthalten ist, als mit einer eigenen positiven Deutung
operiert. Beide Möglichkeiten der Bestimmung des Korrelats des religiösen Bewußtseins werden als besondere Vorstellungsarten bezeichnet, und
auf beide wird rückverwiesen als auf „verschiedene Richtungen nach
denen die Fantasie sich den höchsten Gegenstand der Religion individualisirt".[124] Bei dieser späteren Systematisierung fällt aber auf, daß Schleiermacher auch hier nicht aufweist, was bei der zweiten, sich ja auf der
dritten Deutungsstufe vollziehenden Vorstellungsart zur Idee des Universums der zweiten Deutungsstufe hinzukommt. Indem dies im Unklaren
bleibt und er jetzt diese Vorstellungsart als Pantheismus dem „Persona-
lismus" oder dem „Theismus" gegenüberstellt,[125] legt er es zudem nahe,
seine eigene, den Universumsbegriff im allgemeinen hervorhebende Konzeption als pantheistisch mißzuverstehen. Die ganze Erörterung der zweiten Möglichkeit der Bestimmung des Gedankens des Unendlichen legt die
Mißverständlichkeit des Universumsbegriffs der Religionsschrift offen.

---

121 KGA I/2, 245,28ff. = R, 129.
122 KGA I/2, 109 Nr. 8; siehe oben 2.3.5.
123 Franz Christ redet dem ersten Interpretationsvorschlag das Wort, indem er den Begriff
der Welt, die Schöpfung der Einbildungskraft ist, mit dem Begriff des Universums identifiziert, bei welchem der Gottesbegriff nicht zur Anwendung kommt (Christ, Gott 101).
Er schwächt dabei das über die produktive Phantasie Gesagte und den Zusammenhang
mit Fichte an diesem Punkt ab (vgl. ebd. 106). Wie das Universum also näher bestimmt
wird, erklärt Christ nicht.
124 KGA I/2, 270,30ff. = R, 185, vgl. KGA I/2, 302,32ff. = R, 257f.
125 KGA I/2, 271,30; 302,14f.; 303,15f. = R, 187.256.259.

In Schleiermachers Darstellung der ersten Möglichkeit des Zitats aus dem Anhang zur zweiten Rede ist zu beachten, daß von etwas, das man nicht überwinden kann, also von einer Nötigung gesprochen wird. Dies ist das zu erklärende Moment des Müssens und der Notwendigkeit, aber nicht der Notwendigkeit, Gott anzunehmen, sondern das Universum als Gott zu denken. Diese Möglichkeit besteht darin, daß das Universum durch die Einbildungskraft vom Freiheitsbewußtsein des Menschen aus interpretiert wird. Die Interpretation hat also die Struktur einer Deutung des Unendlichen vom Endlichen her. Mittels des Begriffs der Freiheit, die hier als die entscheidende Bedingung des Personseins gefaßt wird, wird das Universum als Person gedacht. Die aus dieser Deutung entstehende Idee des Gegenstandes der Religion schließt insofern keine inhaltliche Änderung im Hinblick auf die Idee des Universums ein, als der Gegenstand grundsätzlich als wirkend gedacht wird: „Auch Gott kann in der Religion nicht anders vorkommen als handelnd".[126] Als das in Schleiermachers Zusammenhang naheliegendste Beispiel einer Verfechtung dieser Möglichkeit ist Jacobis philosophische Theologie[127] zu nennen. Es kommt dabei nicht auf das Motiv an, das wir bei Fichte von dieser her aufgenommen sahen, die unmittelbare Gewißheit, durch die Jacobi jeden Gottesbeweis ersetzt, sondern auf seinen damit eng verflochtenen Ansatz, Gott inhaltlich zu denken. Hier fungiert unser Freiheitsbewußtsein als Analogon Gottes als eines freien, außerweltlichen, persönlichen Wesens.[128] Wie bei Schleiermacher ist Kausalität dabei der Leitbegriff beim Verstehen des Korrelats der Religion.

Gegen eine Position wie Jacobis schärft Schleiermacher ein, daß Gott nur in Beziehung auf die Welt gedacht werden kann, und „daß Ihr keinen Gott haben könnt ohne Welt".[129] Dieser Vorbehalt gegen die Vorstellung eines extramundanen Gottes entspricht Schleiermachers Angabe des Gegenstandes der Religion – und der Metaphysik – als des Verhältnisses

---

126 KGA I/2, 245,38f. = R, 130.

127 Jacobi beansprucht, nicht nur etwa einen orthodoxen theologischen Standpunkt bloß zu behaupten, sondern „allen vernünftigen, aus der Natur allein geschöpften Glauben an Gott" „gegründet" zu haben und zwar auf den „Gedanken von der Freyheit des Menschen" (Jacobi, Lehre XXIII).

128 Ebd. 428f. Vgl. ebd. 430: „da wir nun von Causalität nicht die geringste Ahndung haben, ausgenommen *unmittelbar* durch das Bewußtseyn unserer eigenen Causalität, das ist, unseres Lebensprinzips, welches sich zugleich als das Prinzip aller Vernunft offenbar darstellt: so sehe ich nicht, wie es umgangen werden kann, überhaupt Intelligenz, und zwar eine allerhöchste reale, die nicht wieder unter dem Bilde des Mechanismus [...]; sondern als ein durchaus *unabhängiges*, supramundanes und persönliches Wesen gedacht werden muß, als das erste und einzige Prinzip, als das wahre Urwesen anzunehmen".

129 KGA I/2, 245,29f. = R, 129.

von Mensch und Universum, als der Beziehung des Endlichen und des Unendlichen.[130] Es liegt auch auf der Linie seiner Einschränkung des Geltungsgebietes der Anschauung einschließlich der religiösen Anschauung auf das Handeln, mithin nicht auf die Natur oder Substanz des einzelnen oder des Ganzen, und seiner Abgrenzung von dem, was er leere Mythologie nennt.[131] An diesem Punkt konvergieren Schleiermachers Gedanken – aufgrund schon 1793/1794 im Zusammenhang seiner Spinoza-Studien erworbener Einsichten – auf entscheidende Weise mit denen Fichtes. Hier ist zudem ein Beleg, daß dessen Schriften aus dem Atheismusstreit seine Darstellung beeinflußt haben: Daß auch Gott in der Religion nur als handelnd erscheinen kann, und daß sie mit „dem seienden und gebietenden Gott" nichts zu tun hat,[132] wiederholt Aussagen der Fichteschen *Appellation*.[133] Die letzte Abgrenzung, die keine Entsprechung bei Fichte findet, artikuliert im Kontext der *Reden* die Unterscheidung der Religion auch von der Moral.

Wir haben gesehen, daß Schleiermacher die Phantasie oder die produktive Einbildungskraft in Anknüpfung an die Wissenschaftslehre versteht und daß er auch deren damit verbundene Figur des Schwebens rezipiert.[134] Dies scheint es nahe zu legen, daß zudem seine Rede von den Richtungen der Phantasie Fichtes Lehre der Einbildungskraft nachgebildet ist.[135] Die Fortsetzung des Zitats aus dem Anhang verwendet eine Unterscheidung, die – wie wir wissen – ebenso ihre Entsprechung in der Wissenschaftslehre hat, nämlich die Unterscheidung von Phantasie und Reflexion: „Ihr werdet wißen daß Fantasie das höchste und ursprünglichste ist im Menschen, und außer ihr alles nur Reflexion über sie".[136]

Es ist nun entscheidend zu beachten, *wie* der Gottesbegriff von Schleiermacher auf die Phantasie bezogen wird. Seine Pointe wird klar, wenn man bedenkt, was er kurz vorher am Schluß der zweiten Rede über Lehrsätze gesagt hat: Diese sind entweder abstrakte Ausdrücke religiöser Anschauungen oder freie Reflexion über die ursprüngliche Handlung des religiösen Sinnes.[137] Sie sind also als etwas Reflexives etwas Nachträgliches und Zweitrangiges. Der Gottesbegriff dagegen gehört zwar auch

---

130 KGA I/2, 207,36ff.; 214,38 = R, 41.57.
131 KGA I/2, 214,39ff. = R, 57f.
132 KGA I/2, 245,40f. = R, 130.
133 Siehe oben Anm. 73.
134 Vgl. oben S. 280.321.
135 Vgl. zum Beispiel FW I, 232: „das Anschauen als solches ist nichts fixirtes, sondern es ist ein Schweben der Einbildungskraft zwischen widerstreitenden Richtungen".
136 KGA I/2, 245,27f. = R, 129.
137 KGA I/2, 239,30ff. = R, 115f.

nicht der primären Ebene der Religion zu, wird aber *nicht an die Reflexion gebunden.* Der Gottesbegriff steht also dem religiösen Bewußtsein näher als die Lehrsätze. Dies zeigt, daß Schleiermacher in den *Reden* dem Gedanken des persönlichen Gottes eine hervorgehobenere Stelle zuteilt, als man unmittelbar annimmt. Statt an die Reflexion knüpft er diesen eng an die Phantasie als ein Produkt ihres Handelns.[138]

Endlich soll auf die Frage nach dem epistemischen Status der Ideen Gottes, des Universums etc. in der Religionsschrift eingegangen werden. Bei der zweiten Möglichkeit unseres Hauptzitats ist der Verzicht auf die Inanspruchnahme des Gottesbegriffs in einer kritischen Reflexion über die Geltung der Kategorien der Freiheit und der Kausalität und in ihrer Einschränkung auf das einzelne begründet. Zu diesem erkenntniskritischen Grund kommt ein eher metaphysisches Motiv: Auch die All-Einheitslehre verbietet eine Übertragung der Kategorien des Vielen auf das Eine.[139] Im Zusammenhang der Erkenntnis würde der Gebrauch des Prädikats der Freiheit in Beziehung auf das unendliche Universum also auf dessen Verendlichung hinauslaufen.

Mit der Bestimmung des Gottesgedankens wird nach dem Ansatz der *Reden* indessen noch weniger als bei der Idee des Universums der Anspruch auf eigentliche Erkenntnis des Unendlichen verbunden. Die Diskussionslage mit Bezug auf Gott und das Unendliche ist ja hier wie früher bei Schleiermacher eine zuallererst durch *Kants* Beitrag bestimmte. Schleiermachers Begriff der *Idee* hat meistens ein gewisses Kantisches Gepräge.[140] Die Gottesidee ist auch bei ihm kein objektiver Begriff. Als Bezeichnung bloßer Gedanken kann vielleicht auch sein Begriff der *Vorstellungsarten* erklärt werden.[141] Schleiermachers Theorie des Gottesgedankens kann auch noch sinnvoll auf Theoreme der philosophischen Theologie Kants bezogen werden. So kann auf seine Darstellung des Gottesbegriffs in der theoretischen Philosophie als Ergebnis unter anderem einer illegitimen Personifizierung der Idee der *omnitudo realitatis* verwiesen werden;[142] Schleiermachers Idee des Universums hat ja sachliche Affinität zu dieser Idee. Schleiermachers Darstellung trägt aber einen sie von der Kantischen philosophischen Theologie unterscheidenden Akzent. Dieser rührt besonders von seinem nicht nur durch Fichte geprägten, sondern

---

138 Franz Christ behauptet dagegen, daß der Gottesbegriff nach den *Reden* eine Reflexion über die Phantasie ist (Christ, Gott 107).
139 Vgl. KGA I/2, 212,10ff. = R, 51f.
140 Vgl. KGA I/2, 43 Nr. 190; 127 Nr. 33; 129 Nr. 46.
141 Vgl. ebd. 302,32ff. = R, 257f.
142 Siehe oben Kap. 1 Anm. 465.

typisch frühromantischen Rekurs auf die Phantasie her.[143] Kommt der Schleiermachersche Gottesgedanke einer Kantischen Idee nahe, entspricht er bei Kant nicht so sehr einer Vernunftidee als einer ästhetischen Idee.[144] Gerade dies dürfte in Schleiermachers Zurückführung der Idee Gottes auf die Phantasie impliziert sein:[145] Es bleibt nach der Beseitigung der spekulativen und der moralphilosophischen Bestimmung der Gottesidee nur die Möglichkeit einer *ästhetischen* Bestimmung übrig.

4.3.4. Religion und Theologie

Gott ist nur ein sekundärer „Ort" der Religion. Diese in den *Reden* des öfteren formulierte These drückt Schleiermacher im Anhang zur zweiten Rede pointiert durch Verneinung der Devise „kein Gott, keine Religion" aus.[146] Der Gottesidee wird ihre traditionelle religionsbegründende Stellung genommen. Die Religion ist nicht von einem anderswoher geschöpften Gottesbegriff abhängig. Trotzdem sind Schleiermachers *Reden* auch eine religionsphilosophische Grundlegung der Theologie. In der Tat schätzen sie den Gottesbegriff auch positiver ein, als man oft gemeint hat. Ihr Beitrag an diesem Punkt soll abschließend in verschiedenen Hinsichten verdeutlicht werden.

Die Abweichung der *Reden* von der normalen, den Gedanken eines persönlichen Gottes an die erste Stelle setzenden Sprache jedenfalls der größeren westlichen Religionen sollte nicht als Ausdruck einer revisionären Tendenz interpretiert werden. Daß Schleiermacher nicht auf eine radikale Abänderung der religiösen Sprache abzielt, geht aus seinen Über-

---

143 Die Zurückführung des Gottesgedankens auf die Einbildungskraft bei Schleiermacher wurde schon innerhalb des Frühkantianismus antizipiert: Rehberg hat sie in Veröffentlichungen, die Schleiermacher wohl kannte, auf ähnliche Weise hervorgehoben. Siehe Rehberg, Verhältnis 173; ders., Rezension von KpV 360: „Die Religion [...] ist das erhabenste Product des menschlichen Geistes, und die Einkleidung ihrer Principien in Gesetze der Erscheinungen, die schönste Dichtung des Verstandes, und in wirkliche Wesen, die schönste Blüte der Einbildungskraft". Dies war jedoch nicht dem Kantianismus vorbehalten. Vgl. Hemsterhuis, Schriften, Bd. 1, 81.

144 KU B, § 49, bes. 192f.: „unter einer ästhetischen Idee aber verstehe ich diejenige Vorstellung der Einbildungskraft, die viel zu denken veranlaßt, ohne daß ihr doch irgend ein bestimmter Gedanke, d. i. *Begriff*, adäquat sein kann, die folglich keine Sprache völlig erreicht und verständlich machen kann. – Man sieht leicht, daß sie das Gegenstück (Pendant) von einer *Vernunftidee* sei, welche umgekehrt ein Begriff ist, dem keine *Anschauung* (Vorstellung der Einbildungskraft) adäquat sein kann". Darauf hat Franz Christ hingewiesen (Christ, Gott 104f.).

145 Vgl. wiederum KGA I/4, 53.

146 KGA I/2, 243,19f. = R, 124.

legungen zum Anthropomorphismusproblem im Brief an Friedrich Samuel Gottfried Sack hervor, der, vermutlich Mai/Juni 1801 geschrieben, der ausführlichste frühe Kommentar zu den *Reden* aus Schleiermachers Hand ist und sich besonders auf den Anhang bezieht.[147] In den *Reden* selbst zeigt es sich darin, daß er versucht, zugleich der gängigen Rede von Gott und seinem eigenen religionstheoretischen und metaphysischen Hauptgesichtspunkt Rechnung zu tragen.[148]

In unserer Untersuchung wurde bereits an früherer Stelle die Distinktion von zwei Aufgaben der Religionsphilosophie eingeführt: Diese soll die *Formulierung eines bestimmten Gottesbegriffs* sowie die *Begründung der Rede von Gott* erklären.[149] Im Kantischen Denken kommen beide Aufgaben der Postulatenlehre zu: Sie hat nicht nur die Begründung darzustellen, indem sie die Notwendigkeit der Annahme der Existenz Gottes vom Verhältnis der Tugend und der Glückseligkeit her erklärt. Allein von hier aus ist nach Kant noch ein bestimmter Begriff von Gott zu erreichen. Schleiermachers Anhang scheint ebenso diese zwei Aufgaben zu lösen zu versuchen, indem hier die Nötigung zur Annahme Gottes thematisiert und die Bestimmung der Gottesidee erklärt wird. Insofern steht dieser Text in Kantischer Tradition und kann mit Rücksicht auf Schleiermachers eigenes früheres Werk auf der Linie seines Entwurfs in „Wissen, Glauben und Meinen" gesehen werden.

Nun haben wir auch festgestellt, daß Schleiermacher hier allerdings von der Notwendigkeit, Gott anzunehmen, und von Glauben spricht, daß seine These über Gott aber eher die Bestimmungsaufgabe als die Begründungsaufgabe betrifft. Folgt daraus die Aufhebung der Begründungsfrage? Dies ist nicht der Fall. Die Begründungsaufgabe ist untergeordnet im Anhang zur zweiten Rede, und zwar weil sie eine andere systematische Stelle hat. Entsprechend der Unterordnung des Gottesgedankens unter den Gedanken des Universums wird sie in Beziehung auf diesen und also durch das alle Reden hindurchgehende Plädoyer für den Unendlichkeitsbezug des Endlichen wahrgenommen. Das Motiv der Annahme kann man übrigens als im Begriff der Anschauung des einzelnen als Darstellung des Universums enthalten verstehen, nämlich in dem durch die Termini der Aufnahme und der Hinnahme ausgedrückten Moment der Spontaneität

---

147 KGA V/5, Nr. 1065,82ff.
148 Vgl. Schleiermachers Antwort an Sack, der ihn anklagt, „die, religiöse Gegenstände bezeichnenden Worte zu gebrauchen, obgleich Sie den Sinn, der nach den allgemeinen Sprachgebrauch damit verbunden wird, für Unsinn halten" (ebd. Nr. 1005,73ff.): „ich lege den Worten gerade die Bedeutung bei, die ihnen der Mensch, indem er in der religiösen Betrachtung begriffen ist, beilegt" (ebd. Nr. 1065,117f.).
149 Siehe oben Kap. 1 Anm. 446.

der Anschauung. Entscheidend ist jedoch die Rezeptivität der Anschauung; denn durch sie wird die Realität des Universums durch die religiöse Anschauung verbürgt. Hier tritt also eine in einem höheren Sinn *realistische* Intention des *als* des religiösen Anschauens in den *Reden* hervor.

Liegt der Schwerpunkt im Anhang zur zweiten Rede nun auf der Formulierung eines bestimmten Gottesbegriffes, ist es entscheidend, zu verdeutlichen, wie Schleiermacher sie aufgreift und darstellt. Um die Pointe seines Gedankengangs zu profilieren, möchte ich zu ein paar wichtigen Hinweisen von *Wolfhart Pannenberg* Stellung nehmen.

Vorläufig darf gesagt werden, daß der Gottesbegriff nach Schleiermacher im Anschluß an das religiöse Bewußtsein bestimmt wird. Pannenberg nimmt diesen Ansatz auf, nur um zu bezweifeln, daß der Ansatz Schleiermachers tatsächlicher Argumentation entspricht. Pannenberg konstruiert mit Bezug unter anderem auf Schleiermacher eine Alternative: „Eröffnet die so beschriebene religiöse Erfahrung nun einen Zugang zu einer deutlicheren Bestimmung des Gottesgedankens? Bei [...] Schleiermacher [...] verhält es sich eher umgekehrt: Der Gottesgedanke fungiert als *Interpretament* solcher Erfahrung".[150] Nach der in diesem Kapitel vorgelegten Interpretation ist dieser Einwand nicht zutreffend, obwohl er einen Sachverhalt betrifft, der von Schleiermacher nicht in befriedigender Weise dargestellt wird. So wie er faktisch verfährt, liegt kein solcher Gegensatz vor. Die zwei Möglichkeiten werden beide aufgegriffen. Sie sind gar nicht alternativ, es geht dagegen um einen sachgemäßen Zirkel. Pannenberg hat darin Recht, daß der Gottesgedanke – oder mit Schleiermacher vorerst der Gedanke des Universums – als Mittel der Deutung des einzelnen fungiert.[151] Der Gottesgedanke wird aber selbst von der religiösen Erfahrung her näher bestimmt.

Hinter diesem Einwand Pannenbergs steht ein anderer, gravierenderer Vorbehalt.[152] Sein primäres Interesse gilt nicht einer Bestimmung des Gottesbegriffs vom religiösen Bewußtsein her; sie ist nach Pannenberg erst auf einer logisch nachgeordneten Stufe relevant. Worum es ihm geht, ist die Vorgängigkeit und die Unabhängigkeit des Gottesgedankens als des Fundaments der Religion. Schleiermacher hat die Bindung der Religion an den Gottesgedanken gelöst; dieser „erscheint nun als ein Produkt der

---

150 Pannenberg, Theologie 76.
151 Ebd. 76ff. Hier wird gegen Schleiermacher eingewendet, daß religiöse Erfahrung die Interpretation des Wahrgenommenen „als etwas" und also allgemeine Kennzeichnungen und einen prädikativen Gebrauch des Wortes „Gott" einbezieht. Pannenberg übersieht damit das Deutungsmoment der religiösen Anschauung bei Schleiermacher. Andererseits bleibt in den *Reden* die Bedeutung der ausdrücklichen Thematisierung des im religiösen Anschauen vorausgesetzten Verständnisses des Ganzen, der Explikation der Metaphysik völlig offen. Hier könnte Pannenbergs Einwand Recht behalten.
152 Ebd. 133ff.151ff.

Religion, und zwar als eine Anschauung, die nicht notwendigerweise zur Religion gehört",[153] als eine religiöse Anschauung unter anderen. Dies legt einen rein anthropologischen Religionsbegriff nahe, ja leistet in der Folge der destruktiven Religionskritik Vorschub.[154] Um die Gerechtigkeit oder Ungerechtigkeit dieser Anklage beurteilen zu können, muß man Schleiermachers ganze Konzeption des Verhältnisses zwischen Religion, Metaphysik und Theologie in Betracht ziehen. Ich sehe von der Ungenauigkeit in Pannenbergs Darstellung ab, die durch die die verschiedenen Arbeitsstufen reflektierenden Inkonsequenzen Schleiermachers veranlaßt wird. Die entscheidende Frage ist, ob der Gottesgedanke aufgrund der Prämissen der *Reden* allein als Produkt der Religion bezeichnet werden kann.

Dies scheint vielleicht mit Schleiermachers expliziter Darstellung übereinzustimmen, entspricht aber nicht einer näheren Analyse seiner Argumentation. Pannenberg berücksichtigt nicht deren komplexe Struktur. Die Theologie der Religionsschrift hat zwar die Form einer Erklärung der Genese des Gottesgedankens[155] und erklärt diese auch in Anknüpfung an das religiöse Bewußtsein. Der Gottesgedanke wird aber von Schleiermacher nicht einseitig von der Religion abhängig gemacht.[156] Seine These ist ja, daß dieser Gedanke einer näheren Bestimmung der Idee des Universums oder des Verständnisses des Universums entspringt, das bei der religiösen Anschauung als Anschauung des einzelnen als Darstellung des Universums in Anspruch genommen wird und Voraussetzung der Anschauung ist. Diese implizite Metaphysik ist unabhängig vom religiösen Bewußtsein, dieses ist umgekehrt von ihr abhängig. Von diesem Zusammenhang her ist Schleiermachers These über Gott in den *Reden* zu verstehen: Als eine Weiterbestimmung einer metaphysischen Idee ist die theologische Idee *relativ unabhängig von der Religion* und nicht einfach deren Produkt. An diesem grundsätzlichen Verhältnis wird dadurch nichts geändert, daß die konkretere Gestaltung der Gottesidee als durch das religiöse Bewußtsein bestimmt gedacht wird. Wie der Gottesgedanke im Anhang zur zweiten Rede bestimmt wird, gehört er strenggenommen nicht der Religion, sondern der Metaphysik zu.[157] Aufgrund dieser Konzeption des Verhältnisses zwischen Religion, Metaphysik und Theologie weicht die Erstauflage der *Reden* letztlich von „Wissen, Glauben und Meinen" ab. Die Konzeption ist aber auch eine andere als die, die sich in Schleiermachers späteren Arbeiten findet.

---

153 Ebd. 140.
154 Ebd. 170 Anm. 113.
155 Vgl. KGA I/2, 198,32 = R, 23; KGA I/4, 53,7.
156 Vgl. auch oben Kap. 3 Anm. 10.
157 Vgl. auch KGA V/5, Nr. 1065,77ff.90ff.

II.B. Entfaltung des Subjektivitätsbegriffs

5. Erkennen als Anschauung und Gefühl nach der philosophischen Ethik

Die weitere Untersuchung befaßt sich mit dem *Spätwerk* Schleiermachers. Darunter verstehe ich seine Arbeiten *von 1804 an*, ohne daß diese in Gegensatz zu seinem bisherigen Denken gebracht werden sollen. Im Gegenteil kann seine zu dieser Zeit einsetzende große Produktivität innerhalb einer wachsenden Anzahl Disziplinen[1] am besten als Fruchtbarmachung des in den vorhergehenden Jahren Erworbenen verstanden werden. Auch darin sollte kein eigentlicher Neuanfang gesehen werden, daß das Spätwerk großenteils eine dezidiert systematische Form hat. Insofern sind wir nicht darauf angewiesen, die zweite und die dritte Auflage der *Reden* von 1806 und 1821, die mehr oder weniger die Form der Erstauflage haben und auch aus anderen Gründen sich für eine systematische Interpretation als kompliziert darstellen, der Untersuchung zugrunde zu legen. Die systematische Form des Spätwerks korrespondiert damit, daß Schleiermacher nunmehr als Universitätslehrer tätig ist; wir werden uns beinahe ausschließlich auf Vorlesungen und Lehrbücher beziehen. Es wird uns nicht um seine seither entwickelte verzweigte Wissenschaftssystematik als solche gehen. Dieser zweite Teil der Untersuchung behandelt sachliche Fragen im Kontext der Religionsthematik, und zwar gewissermaßen quer zu Schleiermachers Wissenschaftssystematik. Dies setzt allerdings voraus, diese Wissenschaftssystematik, und sei es auch nur skizzenhaft, darzustellen.

Die Fragestellung von Teil II.C wird der von Teil II.A entsprechen, nur daß sie auf den religionsphilosophischen Ansatz insbesondere *der Glaubenslehre* zielt. Es soll hier nur daran erinnert werden, daß mit Schleiermachers später Religionsphilosophie der in der Einleitung zitierte Begriff der Religion als einer Bestimmtheit des Gefühls oder des unmittelbaren Selbstbewußtseins und als Abhängigkeitsgefühls zentral sein wird. Dieser Begriff läßt eine Lösung der Schwierigkeit, die die Definition von 1799 in sich birgt, erwarten. Ob diese Erwartung zurecht besteht, wird zu untersuchen sein. In Teil II.B wird in der Hauptsache noch vom Religionsbegriff abgesehen und stattdessen zunächst die religionstheoretisch einschlägigen Begriffe der *Subjektivität* analysiert. Ein Nebenzweck wird sein,

---

1   Vgl. Arndt/Virmond, Briefwechsel 300ff.

die *erkenntnistheoretische* Position des reifen Schleiermacher vorläufig zu bestimmen.

Erkenntnis- und subjektivitätstheoretische Überlegungen sind in mehreren philosophischen Disziplinen Schleiermachers enthalten. Besonders von einem anthropologischen Blickwinkel her werden sowohl Erkennen als auch Subjektivität in den Vorlesungen über Psychologie beleuchtet.[2] An beiden Punkten philosophisch grundlegender sind die *Ethik* und die *Dialektik*, auf welche wir uns deshalb konzentrieren. Auch sie können jedoch hier nicht vollständig, sondern lediglich orientiert an der religionsphilosophischen Thematik des Spätwerks interpretiert werden.

Was das Verhältnis von Ethik und Dialektik betrifft, weist die Untersuchung die in der Literatur gelegentlich vorausgesetzte Konkurrenz beider[3] ab. Die Literatur hat sich bei der Diskussion des Subjektivitätsgedankens bei Schleiermacher oft auf die Dialektik konzentriert. Diese behandelt in der Tat das Gefühl und das Selbstbewußtsein an entscheidenden Punkten ihres metaphysischen Gedankengangs. Bei der inhaltlichen Bestimmung des Gefühls- und des Selbstbewußtseinsbegriffs stützt sich die Dialektik ebenso wie die Glaubenslehre aber auf Gedanken, die Schleiermacher erstmals in der philosophischen Ethik entfaltet hat. Dies ist so, weil beide Begriffe nach Schleiermachers Systematik dorthin gehören und die Ethik also „der eigentliche Ort für die Theorie des unmittelbaren Selbstbewußtseins ist".[4] Es soll hier nur erwähnt werden, daß sie auch der systematische Ort der Religionstheorie ist. Die philosophische Ethik ist auch deshalb relevant, weil die Nachfolgetheorie der in der Erstauflage der *Reden* vorausgesetzten Bewußtseinstheorie in ihr mehr als andernorts greifbar wird. Wir werden also in der Ethik unseren Ausgangspunkt nehmen.

5.1. Schleiermachers reife philosophische Ethik

Unter Schleiermachers reifer Ethik soll hier diejenige moralphilosophische Konzeption verstanden werden, die – nach den vorwiegend kritischen *Grundlinien einer Kritik der bisherigen Sittenlehre* von 1803 – in Manuskrip-

---

2   Die Psychologie ist nach Schleiermacher – relativ von der Physiologie unterschieden – „die ganze Anthropologie aus dem Gesichtspunkt des Geistes betrachtet" (SW III/6, 33, vgl. ebd. 494ff.21ff.). Zur schwierigen Bestimmung des systematischen Orts der Psychologie bei ihm siehe Arndt, Blicke.

3   So verfährt Eilert Herms zugunsten der Ethik; Herms, Ethik, vgl. Reble, Kulturphilosophie 102f.; Hirsch, Geschichte, Bd. IV, 555f.

4   Herms, Ethik 495. Was Herms zu deren Verständnis beisteuert, liegt in Verlängerung seiner früher kritisierten These von einer Theorie des unmittelbaren Realitäts- und Selbstbewußtseins bei Schleiermacher (ebd., bes. 514ff.).

ten Schleiermachers zugänglich ist, die von 1804 an in Verbindung mit Vorlesungen entstanden,[5] und in Abhandlungen, die etwas später in der Königlich-Preußischen Akademie der Wissenschaften zu Berlin vorgetragen wurden.[6] Sowohl eine nähere Abgrenzung der Textgrundlage als auch einige einführende Bemerkungen sind erforderlich, die allerdings auf die Erklärung der erkenntnis- und subjektivitätstheoretischen Themen und in erster Linie der Anschauung und des Gefühls abzielen.

5.1.1. Zum *Brouillon zur Ethik*

Wir werden uns zunächst auf Schleiermachers Manuskript mit Bezug auf die zweite Vorlesung, auf den *Brouillon zur Ethik* von 1805/06 konzentrieren.[7] Dieser Text, der vor Schleiermachers Konzeption der Dialektik als oberster philosophischer Disziplin und übrigens auch vor seinem Entwurf der Psychologie zustande gekommen ist, ist die umfassendste überlieferte Darstellung seiner philosophischen Ethik. Ihr Begriff der Ethik, ihre interne Systematik und ihr Hauptgehalt haben sich – bei Wandlungen in Einzelheiten und in der externen Begründung der Ethik – in allen folgenden Entwürfen durchgehalten.[8] Der *Brouillon* kann also durchaus als eine repräsentative Darstellung der reifen Sittenlehre Schleiermachers betrachtet werden. Er hat sich auch später auf den Text gestützt, wie jüngere Randbemerkungen zeigen.[9] Im Vergleich mit den nachfolgenden Texten, von denen sich dieser Text in der Form als Vorlesungsmanuskript – nicht Kompendium – unterscheidet,[10] ist der *Brouillon* im allgemeinen weniger durchgearbeitet und nicht so streng und klar entfaltet. In einigen Hinsichten zeichnet er sich aber durch größere Übersichtlichkeit und Konkretheit aus. Dies ist auch bei der Erläuterung des Erkenntnisbegriffs der Fall, die zudem breiter und gründlicher ist als die in den späteren Entwür-

---

5 WA 2, 33-672.

6 Besonders Schleiermacher, Ueber die wissenschaftliche Behandlung des Tugendbegriffes (1819), KGA I/11, 313-335; ders., Versuch über die wissenschaftliche Behandlung des Pflichtbegriffes (1824), ebd. 415-428; ders., Über den Unterschied zwischen Naturgesetz und Sittengesetz (1825), ebd. 429-451; ders., Über den Begriff des Erlaubten (1826), ebd. 491-513; ders., Über den Begriff des höchsten Gutes. Erste Abhandlung (1827), ebd. 535-553; ders., Über den Begriff des höchsten Gutes. Zweite Abhandlung (1830), ebd. 657-677.

7 WA 2, 75-239. Aus der ersten Vorlesung ist nur ein kleiner Teil von Schleiermachers Notizen überliefert, nämlich die die Tugendlehre betreffenden (ebd. 33-74).

8 Vgl. Reble, Kulturphilosophie 171. Der *Brouillon* wird analysiert ebd. 101-170. Weniger ergiebig sind die Behandlungen bei Wallhausser, Development 306-384; Herms, Beseelung.

9 Sie werden vom Herausgeber Otto Braun auf 1816 datiert (WA 2, 104.XVIII).

10 Birkner, Einleitung [1981a] XXVf.

fen enthaltenen erkenntnistheoretischen Erörterungen. Daß diese Entwürfe an diesem Punkt knapper sind, ist wohl besonders daher zu erklären,
daß die Ethik zu dieser Zeit von der inzwischen von Schleiermacher auf-
genommenen Dialektik ergänzt wird. Insofern kann der *Brouillon* als
Vorgänger der Dialektikvorlesungen betrachtet werden.

Dies führt uns auf einen zweiten Punkt: Das Verhältnis zwischen Anschauung und Gefühl wird an vielen Stellen im Spätwerk Schleiermachers
berührt oder behandelt, zum Beispiel in der Psychologie. Die Erörterung
des Verhältnisses hat jedoch vom Anfang seiner Vorlesungen über philosophische Ethik an eine feste Stelle in dieser. Dem hervorgehobenen Text
kommt hier ein Vorzug zu: Die betreffende Argumentation der Vorlesung
von 1805/06 macht insgesamt die ausführlichste zusammenhängende
Erörterung der Anschauung und des Gefühls bei Schleiermacher nach der
ersten Ausgabe der Reden über die Religion aus. Wenn dieses Theoriestück später auch Veränderungen erfahren hat, die uns in der Folge beschäftigen sollen, hat es jedoch im Sachlichen und Wesentlichen ungefähre
Parallelen in den jüngeren Entwürfen.

Die Hervorhebung des betreffenden Textes hat noch einen Grund.
Aus den späteren Texten wie der Glaubenslehre ergibt sich, daß eine
erkenntnistheoretische Kontinuität zwischen dem frühen und dem späten
Schleiermacher besteht. Der *Brouillon* erlaubt es, diese Kontinuität näher
zu dokumentieren und zu analysieren. So vermag dieser Teil der Untersuchung der Auslegung der Religionstheorie von 1799 eine sekundäre, aber
willkommene Bestätigung und weitere Untermauerung zu geben. Insofern
der reife Schleiermacher die betreffende Erkenntnis- und Bewußtseinstheorie eher systematisch entfaltet, bestätigt die jetzige Untersuchung nachträglich auch die Berechtigung, Elemente einer solchen Theorie schon in
der frühen, anscheinend unsystematischen Religionsschrift zu finden. Auf
der anderen Seite erfolgt dies nicht mit Hilfe von Gedanken, die allein die
Ethikvorlesung von 1805/06 kennzeichnen. Im Gegenteil, sie können in
späteren Texten wiedergefunden werden.

Der *Brouillon* zeichnet sich überdies in einer weiteren Hinsicht aus: Er
ist der erste überlieferte Text, in welchem Schleiermacher das religiöse
Bewußtsein unzweideutig dem Gefühl zuordnet.[11] Darin unterscheidet
sich der Text von der zweiten Auflage der *Reden*, die zwar auch Religion
pointiert als Gefühl begreifen kann, daneben aber in anderen Aussagen
die ältere Definition der Religion als Anschauung und Gefühl festhält
oder – häufiger – in die Formel „Wahrnehmung und Gefühl" umformt.[12]

---

11   WA 2, 99ff.176ff.
12   Vgl. die Verweise bei Graf, Gefühl 160ff.168ff. Daß die Religionsschrift von 1806 nicht
     auf der Höhe des Religionsbegriffs in *Brouillon zur Ethik* zu sein scheint, ist von daher

5.1.2. Zur Einführung in die Ethik

Daß es in dieser Disziplin Schleiermachers nicht einfach um Ethik im landläufigen Sinne der systematischen Reflexion auf unsere moralischen Vorstellungen und Handlungsweisen geht, zeigt schon die Tatsache, die zunächst ihre Einbeziehung in die gegenwärtige Untersuchung begründet, daß das Erkennen als solches eine Stelle in ihr hat. Schleiermacher weitet den Bereich der Ethik über die praktische Vernunft auf die *theoretische* Vernunft aus. Thema seiner Ethik ist nicht nur das menschliche „Handeln im engern Sinne", sondern auch das „*Wissen als Handeln*".[13] Sie soll überhaupt alles menschliche Handeln umfassen.[14] Damit hängen andere Erweiterungen zusammen, die dazu berechtigen, Schleiermachers späte Ethik auch als eine Philosophie der Kultur oder als eine Theorie der Geschichte oder des Sozialen zu verstehen.[15] Die erste Erweiterung bleibt aber die für unsere Fragestellung eigentlich relevante.

Eine solche Ethik unterscheidet sich erheblich von der philosophisch-ethischen Konzeption, die wir in Schleiermachers frühesten Entwürfen ausgedrückt fanden. Bei aller – zudem auf die Zukunft vorausweisenden – Kritik an Kant waren diese im grundsätzlichen dessen Moralphilosophie verpflichtet: Mit ihr machten sie das von empirischen Vorstellungen gereinigte Sittengesetz zur Grundlage der Bestimmung des Begriffs des höchsten Gutes und eigneten sich, wenn auch verkürzend, den formalen Kantischen kategorischen Imperativ an.[16] In Weiterführung des schon 1797 feststellbaren geänderten Ansatzes[17] redet Schleiermacher nicht mehr einer Verfahrensethik das Wort. Er kritisiert bei Kant und nun zum Teil

---

zu erklären, daß sie die Gestalt einer Bearbeitung der Urausgabe hat, wobei Schleiermacher an der Wiedererkennbarkeit der Religionsdefinition gelegen war; vgl. Süskind, Einfluss 102: „die Bestimmung des Religionsbegriffs in der 2. Aufl. ist ein notgedrungener bewusster Kompromiss zwischen dem Standpunkt von 1799 und der neuen Gefühlstheorie". Andreas Arndt meint, daß beide Texte den zweigliedrigen Religionsbegriff von 1799 weiterführen. Zu dieser Interpretation von *Brouillon* scheint er zu kommen, indem er die sittliche Anschauung, von der dieser ausgeht, und das Gefühl, das die Religion definiert, verbindet. Die betreffende Duplizität soll noch in der Konzeption vom Innewerden des Absoluten in der ersten Dialektikvorlesung von 1811 seine metaphysische Entsprechung finden (Arndt, Einleitung, in: Schleiermacher, Dialektik [1986] IX-LXXVI, dort XXIII.XXXII). Arndt beachtet dabei den Charakter der *Reden* von 1806 als Revision eines älteren Textes nicht genug.

13   WA 2, 251 § 51; meine Hervorhebung. Vgl. ebd. 79.

14   Vgl. ebd. 86.247 § 17.

15   Vgl. Scholtz, Ethik 35-64; zur Ethik des späteren Schleiermacher siehe auch Moxter, Güterbegriff; Berben, Vernunft.

16   Siehe oben 1.2.1.

17   Siehe oben 2.3.1.1.

auch bei Fichte den Formalismus und den Präskriptivismus in der Moralphilosophie. Die Ethik muß deskriptiv vorgehen.[18] Dadurch handelt sich
Schleiermacher seinerseits das Problem einer unabhängigen Begründung
der materialen sittlichen Gesichtspunkte ein. Dies soll aber hier nicht
verfolgt werden.[19]

Wie Schleiermacher die Ethik als Theorie des menschlichen Handelns
als ganzen begründet und entfaltet, kann anhand einiger der *Distinktionen*
erklärt werden, mit welchen er die Struktur der sittlichen Tätigkeit begreift. Charakteristisch besonders für sein spätes Denken ist, daß die auf
diese Tätigkeit bezogenen Distinktionen von ihm immer als *relativ* gedacht
werden: Der eine Pol ist jeweils nur überwiegend, indem der andere als
Minimum mitgesetzt ist.

Die erste Distinktion ist die von *Vernunft* und *Natur*. Von ihr her werden Thema, Ausgangspunkt und Zielpunkt der Ethik bestimmt. Die Unterscheidung von Vernunft und Natur – und nach 1812 die Unterscheidung von Seele und Leib – liegt auch Schleiermachers Erklärung der
Erkenntnis, wie er sie als Produkt der Sinnlichkeit und der Vernunft des
Menschen faßt, zugrunde.[20]

Es geht nicht um einen Dualismus. Die Natur steht dem sittlichen
Handeln nicht fremd gegenüber, sondern dieses beruht auf der lebendigen, organischen Natur. Schleiermacher, der die Naturwissenschaft nicht
selbst systematisch bearbeitet hat, stützt sich hier auf die Naturphilosophie Schellingscher Provenienz, teilweise vermittelt durch Henrik Steffens.[21] Er sondert – im *Brouillon zur Ethik* nur noch implizit – Ethik und
Physik als reale spekulative Disziplinen von den korrespondierenden
empirischen Wissenschaften, Geschichtskunde und Naturkunde. Insbesondere muß die Ethik nach Schleiermacher aus der Naturphilosophie die
Anschauung des Menschen als geistbegabtes Naturwesen übernehmen:
„Die sittliche Anschauung sezt nun den Menschen, soweit ihn die theoretische Philosophie als Natur gibt, mit seinem geistigen Vermögen als
Leib und sezt diesem als Seele entgegen die Freiheit des Vermögens der

---

18 WA 2, 80f., vgl. auch Schleiermachers Abhandlung von 1825, Über den Unterschied zwi-
    schen Naturgesetz und Sittengesetz, KGA I/11, 429-451.
19 Siehe Berben, Vernunft, bes. 177; Berben weist auch positive Bezüge zu Kant auf. Zum
    Problem vgl. Konrad Cramer, Metaphysik 41f.
20 Die späteren Entwürfe beziehen sich auf die Dialektik zurück, indem sie den Gegensatz
    von Natur und Vernunft (und der von Leib und Seele) von dem dort aufgestellten
    höchsten Gegensatz, dem zwischen dem Idealen und dem Realen, ableiten (vgl. WA 2,
    248.495.531ff., mit unten 7.2.3). In der Ethik von 1805/06 und von 1812/13 scheinen diese
    zwei Gegensätze nicht unterschieden zu werden (siehe WA 2, 151.248).
21 Vgl. Süskind, Einfluss, Kap. 4.II, bes. 204f.; Arndt, Einleitung, in: Schleiermacher,
    Dialektik [1986] XXIVff.

Ideen, d. h. als regierenden Trieb, welcher zu allen Thätigkeiten jener
andern die hervorbringende und ordnende Ursache ist".[22]
Das zur Betrachtung des Menschen als Natur Hinzukommende und
den Inhalt der sittlichen Anschauung[23] erläutert der *Brouillon* als „Beseelung der menschlichen Natur durch die Vernunft".[24] Das Handeln der
Vernunft auf die Natur, die fortschreitende Einigung von Vernunft und
Natur ist überhaupt der Gegenstand der Ethik. Das Ende dieses Prozesses
fällt außerhalb dieser und ebenso sein Anfang. Die Vernunft wird gefunden als schon in der Natur tätig und in der Ethik nur in ihrer Vereinigung
mit der menschlichen Natur als dieser einwohnend[25] und also als verkörperte Vernunft[26] thematisiert; als solche erscheint sie nach Schleiermachers
Begriffen als *Bewußtsein*, von welchem der sittliche Prozeß ausgeht.[27] In
dieser Hinsicht grenzt sich Schleiermacher von Platon ab, der sonst ein
Vorbild dieser Ethik abgegeben hat: Anders als bei diesem wird hier „das
absolute Erkennen nur als Seele des Einzelnen behandelt".[28]
Beim Handlungsbegriff zieht Schleiermacher nicht bloß *die Handlung*
und *den Handelnden* in Betracht, sondern auch *das dadurch Hervorgebrachte*,
und zwar sowohl Funktionen als auch Institutionen. Die diesen drei Elementen des Handlungsbegriffs entsprechenden Dimensionen des sittlichen Lebens werden von Schleiermacher innerhalb der Pflichtenlehre, der
Tugendlehre und der Güterlehre oder der Lehre vom höchsten Gut entfaltet; ein Gut ist hier jede aus der Vernunfttätigkeit des Menschen hervorgehende Vernunft-Natur-Einheit und das höchste Gut die Totalität von
diesen.[29] Gut, Tugend und Pflicht sind alle notwendige Aspekte des
sittlichen Handelns. Schleiermacher ordnet aber die Pflichtenlehre ebenso
wie die Tugendlehre der Güterlehre unter. Sie tragen innerhalb seiner
ethischen Konzeption dazu bei, die Unaufgebbarkeit des einzelnen zu
unterstreichen. Sie sind jedoch im Unterschied zur Güterlehre einseitig,
da diese sowohl das ethisch Erzeugende als auch das Erzeugte umfaßt

---

22 WA 2, 82, vgl. ebd. 199f.
23 Zur sittlichen Anschauung als Grundlage der Ethik siehe Reble, Kulturphilosophie 106ff.
24 WA 2, 87.
25 Ebd. 85.
26 Vgl. Niebuhr, Religion 99.112.
27 Vgl. WA 2, 199.258 § 1; 495. Siehe auch schon den Bewußtseinsbegriff der *Reden*, KGA
    I/2, 222,9ff.; 306,12ff. = R, 75.266f. Die Ethik von 1816/17 definiert bestimmter: „das Werk
    des Dinglichen in der Vernunft ist überall das Bewußtsein" (WA 2, 533 § 50). Unter dem
    Dinglichen wird hier „das Sein als das Gewußte" (ebd. 531 § 46), also das Objektive verstanden. Entsprechend führt die Ethik 1832, diese Definition kommentierend, wirkliches
    Bewußtsein auf Affektion zurück (ebd. 631).
28 WA 2, 84.
29 Vgl. ebd. 84ff. und z.B. 255ff.

und der irreduziblen Polarität von Individuum und Gemeinschaft Rechnung trägt.

Unser Interesse gilt primär nur einem Ausschnitt der Ethik, und zwar innerhalb der *Güterlehre*. Sie teilt die sittliche Tätigkeit durch zwei einander sich kreuzende Gegensätze, deren Pole im Verhältnis des relativen Überwiegens stehen. Die Vernunft ist aufgrund ihrer Vereinigung mit der menschlichen Natur durch diese Gegensätze bestimmt.[30] Schleiermacher argumentiert vom Begriff des *Lebens* aus, indem er das höchste Gut als „das ganze organisirte Leben"[31] versteht; „organisirt" meint hier nicht nur die natürliche Organisation, sondern eine Ordnung durch Vernunft. Er weist auf die „Anschauung des Lebens" hin, die als ein Ergebnis der Naturphilosophie und als Voraussetzung der von dieser übernommenen Anschauung des Menschen als Natur verstanden werden muß.[32]

Der erste Gegensatz, der mit der Oszillation des Lebens im allgemeinen gegeben ist, ist uns bereits von den *Reden* her bekannt.[33] Er wird in der Ethik auf naturphilosophischer Grundlage aufgestellt. Es geht um die Unterscheidung von Aneignen und Abstoßen, in sich Aufnehmen und aus sich Hervorbringen, Rezeptivität und Spontaneität und – mit Bezug auf das bewußte menschliche Leben – Erkennen und Darstellen. Schleiermacher modifiziert sie innerhalb der Ethik als Unterscheidung von *organbildender oder organisierender* Tätigkeit und von *erkennender Tätigkeit*. Diese Unterscheidung ist mit der Unterscheidung von *praktischer und theoretischer* Vernunfttätigkeit identisch, die der späte Schleiermacher gern etwa als den Gegensatz von Einbilden des Bewußtseins ins Sein und Aufnehmen des Seins ins Bewußtsein erklärt.[34] Eine frühe Fassung kennen wir aus der zweiten Rede über die Religion.[35] Die Sache verkompliziert sich, indem der *Brouillon* den Gegensatz von Erkennen und Darstellen wiederum auf die theoretische Funktion appliziert und *in ihr* Erkennen und Darstellen oder *Symbolisieren* als Erkennbarmachen für andere unterscheidet. Die Entwürfe von 1814 an ändern diese Terminologie wieder, indem sie den letztgenannten Ausdruck für die theoretische Funktion als ganze verwenden.

---

30 Ebd. 87ff.
31 Ebd. 87.
32 Vgl. ebd. 88, mit ebd. 90.
33 Siehe oben Kap. 3 Anm. 116.
34 Vgl. Schleiermachers zwei Abhandlungen über das höchste Gut, KGA I/11, 551,35ff.; 664,1ff.; 666,29ff.
35 Siehe oben S. 324f.; sie wird in der zweiten Auflage (KGA I/12, 56,28ff.) in die Richtung der jüngeren Formulierungen geändert, die wir in Schleiermachers Dialektik kennen lernen werden.

Die zweite Distinktion ist die von Allgemeinem und Besonderem, von *Identität* und *Individualität*. Sie wird hier mit Hilfe des Begriffs der Person eingeführt: Indem die Vernunft mit der Natur verbunden wird, erscheint sie nur als Vernunft in Personen, ist aber qua Vernunft gleichzeitig dieselbe in allen. Das in Anspruch genommene Individuelle meint aber nicht nur die Personalität als Raum- und Zeitbestimmtheit des einzelnen Menschen, sondern darüber hinaus seine Eigentümlichkeit in nicht nur natürlichem, sondern selbsttätig vernunftgebildetem Sinn.[36]

Wenn beide Unterscheidungen verbunden werden, wird die Vernunft als sich in vier Funktionen ausdifferenzierend erkannt, die verschiedene Güter als Vernunft-Natur-Einheiten hervorbringen. Die Funktionen werden wiederum auf ebenso viele Gemeinschaftsformen bezogen.[37] Schleiermachers Ethik trägt dadurch dem Sachverhalt der Ausdifferenzierung der Gesellschaft philosophisch Rechnung. Als durch die identisch organisierende, praktische Funktion produziertes Gut wird im *Brouillon* das *Recht* und als durch die individuell organisierende Funktion die *freie Geselligkeit* hervorgehoben. Die theoretische Funktion, die ja die für uns eigentlich relevante ist, tritt in ihrer doppelten Gestalt als Erkennen und Darstellen auf: mit identischem Charakter teils als *Denken*, teils als *Sprechen*, und mit individuellem Charakter teils als *Gefühl*, teils als *Kunst*. Religion wird als „die Vollendung" und die „eigentliche Sphäre des Gefühls im sittlichen Sein" bestimmt.[38] Die den vier Tätigkeiten entsprechenden Institutionen bestimmt Schleiermacher als *Staat, Haus, Akademie* und *Kirche*.

Diese Einteilung der Güterlehre stimmt partiell mit Schleiermachers zum Teil von Friedrich Schlegel angeregten enzyklopädischen Überlegungen im Zusammenhang der *Reden* überein und kann als eine Systematisierung und Weiterentwicklung von diesen betrachtet werden. Es fällt außerhalb dieser einführenden Bemerkungen, Schleiermachers nicht unangreifbares Verfahren, quadruplizitäre Begriffsschemata zu konstruieren,

---

36   Siehe auch WA 2, 260f.
37   Ebd. 93ff.
38   Ebd. 101.99. Es ist nicht zutreffend, wenn Theodor Jørgensen behauptet, daß sich das Gefühl nach Schleiermacher nur „schwer begrifflich bestimmen" läßt. „Was Gefühl ist, kann letztlich nur umschrieben, aber nicht definiert werden". „Nur in dialektischen Wendungen mit anscheinend polaren Bestimmungen kann Schleiermacher zum Ausdruck bringen, was er unter Gefühl versteht" (Jørgensen, Offenbarungsverständnis 77). Der Begriff des Gefühls ist für Schleiermacher nicht schwieriger zu bestimmen als die genannten nebengeordneten Begriffe. Erstens wird, was Gefühl ist, im Netz der Distinktionen der Ethik konstruiert, zweitens wird dieses Phänomen als solches bestimmt. Schleiermacher bleibt also grundsätzlich in Übereinstimmung mit dem dazu in „Über die Freiheit" Gesagten (siehe oben S. 86f.).

näher zu diskutieren.[39] Dagegen soll abschließend hervorgehoben werden, daß die Verbindungen und Verschränkungen des Entgegengesetzten ebenso wichtig sind wie die Gegensätze selbst. Es geht um *Funktionen desselben Subjekts*, das nicht nur in einer von ihnen tätig sein kann, sondern immer von einer Funktion zu der anderen übergehen muß.[40] Besonders aus dem *Brouillon* geht hervor, daß Schleiermachers auf den Lebensbegriff hin orientierte Güterlehre in der Tat facettenreicher ist, als die Schemata erscheinen lassen. Er unterstreicht, daß sie einzeln nur Abstraktionen darstellen: „Weil das Allgemeine und das Besondere eins ist, sind Gemeinschaft und Eigenthum, Philosophie und Religion wechselseitig durch einander hervorgebracht, Kunst, Sprache in beständigem Uebergehn ineinander begriffen".[41] Der begründende Vordersatz weist darauf hin, daß die Vernunft nur individualisiert, das Allgemeine immer nur in besonderer Bestimmtheit erscheint – und umgekehrt: „Es läuft alles hinaus auf die Identität des Allgemeinen und des Besonderen".[42] Diese These liegt auch den erkenntnistheoretischen Überlegungen der Vorlesung zugrunde.

5.2. Die ethische Theorie des Erkennens

Es ist deutlich geworden, wie das Erkennen von Schleiermacher in seine verschiedenen Distinktionen eingeordnet wird. Dieses Thema wird besonders in der Güterlehre abgehandelt.[43] Auch andere Teile der Ethik enthalten erkenntnistheoretische Bemerkungen, besonders die Tugendlehre. Das Erkennen wird als die von der organisierenden Funktion gesonderte theoretische, erkennende und später symbolisierend genannte Funktion gefaßt. Festzuhalten bleibt auch, daß es innerhalb der Schemata der philosophischen Ethik in zwei unterschiedlichen Gestalten vorkommt, in einer identischen Gestalt als Denken und in einer individuellen Gestalt als Gefühl. Schleiermacher thematisiert sie in den frühen Texten auch als das *objektive* und das *subjektive* Erkennen; dieses wird in den auf den *Brouillon zur Ethik* folgenden Vorlesungen auch als Selbstbewußtsein bestimmt.[44] Durch die Wiedergabe dieser Einordnungen ist unsere diesbe-

---

39   Vgl. zum Beispiel Reble, Kulturphilosophie 115.
40   Vgl. Niebuhr, Religion 111.
41   WA 2, 103.
42   Ebd. 102.
43   Ebd. bes. 150-199, v.a. 150ff.176ff.
44   Vgl. die ähnliche Unterscheidung in Reinhold, Beyträge 163.161, ferner ders., Auswahl 346.

zügliche Aufgabe natürlich noch nicht erfüllt. Es muß nunmehr gezeigt werden, wie die Erkenntnis in ihren beiden Gestalten erklärt wird.

Obwohl Schleiermacher im Spätwerk das Erkennen systematisch und relativ ausführlich behandelt, beanspruchen die Ausführungen in der Ethik über das objektive Erkennen nicht vollständig zu sein.[45] Schleiermachers Erkenntnistheorie kann als ganze auch kaum als selbständig und innovativ gewürdigt werden. Ein weites Stück operiert er mit theoretischen Mitteln seiner Vorgänger in der *Kantischen* Tradition. Zu dieser Zeit, wo er sich zunehmend von Fichtes Idealismus distanziert,[46] treten diese, wie Schleiermacher sie sich besonders von Kant selbst und von Reinhold angeeignet hat, wieder stärker hervor; die platonischen Motive, die er damit auch verbindet, sollen hier nicht eigens analysiert werden. In diesem Zusammenhang kehrt also das Verhältnis wieder, das Schleiermachers frühe Kant-Rezeption kennzeichnete, jetzt nur in die Ethik verlegt: Kritik der praktischen Philosophie Kants und weitgehende Affirmation seiner theoretischen Philosophie. Das von dieser Übernommene verbindet Schleiermacher jedoch mit neuen Gedanken. Ein Beispiel ist seine schon gestreifte Behauptung eines Zusammenhangs von Denken und Sprache; Schleiermachers sprachtheoretische Hinweise können wir nicht verfolgen. Weitere Beispiele sind die Betonung der nie völlig aufhebbaren *individuellen* Bestimmtheit des Denkens und Schleiermachers Versuch einer Theorie des subjektiven Erkennens, der für uns besonders bedeutsam ist. Vorläufig bleiben wir bei allgemeinen Zügen seiner ethischen Theorie der Erkenntnis als ganzer und gehen von hier aus zu seinen Begriffen des objektiven Erkennens und der Anschauung weiter.

5.2.1. Erkennen im allgemeinen

Schleiermacher begreift Erkennen als ein gemeinsames Produkt des vernünftigen Denkens und des sinnlichen Wahrnehmens, der intellektuellen und, wie er gern – an der Kantischen Tradition gemessen ziemlich nachlässig – sagt, der organischen Funktion oder der Organisation; er versteht diese beiden mit Kant als die *Elemente* der Erkenntnis.[47] Bloße

---

45 Vgl. WA 2, 160. Zu Schleiermachers ethischer Theorie des Erkennens im *Brouillon* oder in anderen Texten liegt keine wichtige Literatur vor. Einzelne Hinweise gibt Süskind, Einfluss 176ff. Weniger aufschlußreich ist Herms, Ethik. Christel Keller-Wentorfs Studie berührt sich zwar thematisch eng mit meiner Untersuchung der Ethik, enthält aber nur eine referierende Wiedergabe der Gedanken Schleiermachers, die zudem alle Entwürfe harmonisiert (Keller-Wentorf, Denken).

46 Vgl. oben Kap. 2 Anm. 335.

47 Zum Beispiel WA 2, 161.171, vgl. KrV B, z.B. 74.

Wahrnehmung führt zu keiner Erkenntnis, Erkennen läßt sich durch Empirie allein nicht begreifen. Auf der anderen Seite: „Es giebt für uns kein Erkennen als in der Identität mit dem sinnlichen Wahrnehmen".[48] Hat man das „Bewußtsein der Differenz zwischen dem Begriff und dem Anschauen selbst" nicht, erfolgt die „Anmaßung" des Begriffs, „selbst für Erkennen zu gelten".[49] Schleiermacher hält also die von ihm bei seiner Auseinandersetzung mit der schulphilosophischen Tradition angeeignete Kantische Lehre von den zwei Stämmen der Erkenntnis fest und ist insofern durchaus in Übereinstimmung mit elementaren Intentionen Kants. Ein Punkt, wo Schleiermacher auch eine kritizistische Position bezieht, ist die Frage der Erklärung des Irrtums: Weder die Sinne noch die Vernunft irren; Irrtum rührt – wie er in prinzipieller Übereinstimmung mit Kant[50] lehrt – von einer fehlenden Unterscheidung des Objektiven und des Subjektiven im Erkennen her.[51] Dies unterstützt nachträglich meine entsprechende Interpretation dieses Punktes in der ersten Auflage der Religionsschrift.[52]

Gleichzeitig setzt Schleiermacher eigene Akzente. Sie markieren Divergenzen auch zum Kantianismus, sind aber in der Sache eher als Abgrenzungen vom zeitgenössischen Idealismus zu verstehen. Die Aussage: „Was man von einem reinen Erkennen a priori redet, ist immer Irrthum, wenn damit etwas anderes gemeint ist, als daß ein Vermögen des Höhern und des Niedern soll abgesondert gedacht werden können",[53] ist noch auf der Linie des Kantischen Begriffs der Erkenntnis.[54] Über Kant hinausgehend, bestimmt Schleiermacher das Verhältnis der beiden Elemente des Erkennens näher als das jeweilige relative Überwiegen des einen Elements über das andere.[55] Das schließt einen strikten Apriorismus aus. Diese Bestimmung hängt mit seiner Behauptung der wesentlichen Individualität des Denkens, also mit der Hauptthese im *Brouillon zur Ethik* von der Identität des Allgemeinen und des Besonderen zusammen. Zu einer der Artikulationen dieser These fügt Schleiermacher hinzu: „Hievon weichen gänzlich ab die gewöhnlichen Formeln der Transscendental-Philosophie, die ein allgemeines objectives Wissen abstrahirt von aller Individualität sezen will, auf diese Art aber nur eine gehaltlose und unbestimmte Form

---

48   WA 2, 155.
49   Ebd. 154.
50   KrV B, 350f.
51   WA 2, 154f.
52   Siehe oben S. 299.
53   WA 2, 155.
54   Vgl. zum Beispiel KrV B, § 22.
55   WA 2, 161.

erhalten kann".[56] Ungeachtet der präzisen Adresse dieser Bemerkung muß unterstrichen werden, daß Schleiermacher sich dadurch nur von bestimmten Ausformungen, nicht von jeder Art der Transzendentalphilosophie oder des Kritizismus abgrenzt. Er darf dies, so wie er selbst verfährt, auch nicht tun. Er nimmt ja nicht-empirische Voraussetzungen des Erkennens in Anspruch. Daß diese dessen unselbständige Elemente darstellen und also nur durch Abstraktion isoliert werden können, widerstreitet nicht den Intentionen der Philosophie von Kant bis Fichte.[57] Dies ist nicht zuletzt im Blick auf den Subjektivitätsbegriff Schleiermachers wichtig.

Entsprechend den beiden Elementen des Erkennens wird die diesbezügliche ethische Aufgabe von zwei Seiten her beschrieben: als sowohl darin bestehend, daß das sinnliche Wahrnehmen zum Erkennen oder zur Vernunft erhoben werden soll, als auch darin, daß das Erkennen in das Wahrnehmen eingehen soll.[58] Auf diese Weise sollen Wahrnehmung und Empfindung beide „ethisirt" werden.[59] Die ethische Theorie des Erkennens besteht in der Erklärung dieses Vorgangs in der Richtung teils der Wahrnehmung und der Anschauung, teils der Empfindung und des Gefühls.

Schleiermacher expliziert die so im ethischen Verständnis des Erkennens enthaltene genetische Perspektive erstens mit Hilfe einer Vorstellung von *Stufen*: Vor dem Hintergrund des naturphilosophischen Unterbaus der Ethik weist er Analogie[60] und Unterschied des Bewußtseins des Tieres und des Menschen auf, um dann den natürlichen und den sittlichen Menschen zu sondern.[61] Die philosophische Ethik operiert nicht ausdrücklich mit einer dritten Bewußtseinsstufe. Schleiermachers späte Glaubenslehre tut dies beim religiösen Bewußtsein. Mit Bezug auf die Religion spricht der *Brouillon* nur von der Vollendung des Gefühls,[62] während die Ethik von 1812/13 sagt, daß „die höchste Stufe des Gefühls das religiöse ist".[63] Zweitens verbindet Schleiermacher sie mit seiner These vom *Zusammenhang zwischen Leben und Wissenschaft*, gemeinem und spekulativem Bewußtsein, Praxis und Theorie. Wir fanden sie bereits in der Abhandlung über Geselligkeit angelegt; konnte man dort an der theoretischen Valenz der These eventuell noch zweifeln, so nicht im *Brouillon*, dessen Bestim-

---

56 Ebd. 175.
57 Siehe oben S. 178.
58 WA 2, 151.155.
59 Ebd. 152.
60 Ebd. 90.150.
61 Ebd. 90ff.103.150f.
62 Ebd. 101.
63 Ebd. 273 § 69.

mungen prinzipieller angelegt sind. Die These wird hier übrigens nicht nur gegen einen radikal idealistischen Ansatz, wofür als Beispiel Fichte genannt wird, sondern ebenso gegen „die Empiriker" gerichtet.[64]

Was die Charakterisierung des tierischen und des natürlich-menschlichen Bewußtseins betrifft, so ist dieses nicht mit jenem gleich, ähnelt ihm aber mehr als dem sittlichen, durch Vernunft bestimmten Bewußtsein.[65] Als dem menschlichen Erkennen analoges ist das In-sich-Aufnehmen des Tieres zwar nicht ohne jede Duplizität. In ihm treten jedoch „die entgegengesezten Factoren" nicht „recht aus einander in Empfindung und Wahrnehmung", Anschauung und Gefühl.[66] Schleiermacher drückt dasselbe auch auf andere Weise aus: „Beim Thier ist das in sich Aufnehmen mehr Gefühl als Wahrnehmung oder Anschauung".[67] Das heißt, daß das In-sich-Aufnehmen des Tieres wegen der fehlenden oder wenigstens bloß keimhaften Unterscheidung rein subjektiv bleibt. Etwas ähnliches ist beim natürlichen Menschen der Fall.[68] Mit Verwendung von Begriffen, die indirekt schon das eigentlich menschliche Erkennen kennzeichnen, wird die Sache etwas näher entfaltet:

> „Wir schreiben den Thieren weder eine objective Wahrnehmung zu wie uns, daß sie wirklich Gegenstände oder auch nur Facta wahrnehmen, noch in demselben Sinne Schmerz und Lust, daß sie Zustände in sich unterschieden und entgegensezten. Wir sehen sie nur an als den Ort, durch welchen eine Reihe vorübergehender Bilder hindurchgeht, deren Einheit wir aber nur in uns sezen. Animalisches Leben = Traum".[69]

Schleiermacher fügt hinzu, daß „das menschliche Vorstellen abstrahirt von der Idee ganz dasselbe" ist. Es ist „nur ein ewiges Werden ohne Sein und nur Besonderes ohne Allgemeines".[70]

---

64 Ebd. 151f., vgl. ebd. 296 § 129; siehe auch ebd. 170f.: „[...] die Aufhebung des Gegensazes zwischen Speculation und empirischem Wissen. Denn es giebt keine Anschauung der Ideen als im realen Wissen. Dieses muß also zugleich mit jenem producirt werden, sonst ist jenes nur leere Träumerei und innerliches Grübeln". „Also die Speculirenden sollen selbst auch die Empiriker sein, und die Empiriker sollen selbst speculiren. Nur daß hier allerdings Relativität stattfindet. Die Virtuosen der Empirie haben oft eine bestimmte Idee unbewußt in sich". Diese Aussage greift andererseits dem Ansatz der Dialektik Schleiermachers vor.

65 Ebd. 90.103.150.

66 Ebd. 150, vgl. ebd. 99.103.

67 Ebd. 90.

68 Ebd.; vgl. WA 2, 103, wo es vom Bewußtsein des natürlichen Menschen heißt: „Der Gegenstand wird gedacht durch Prädikate, die sich auf das Gefühl zurückbeziehen. (Daher das Bestreben der falschen Empiriker die höhern Begriffe als abstrahirt von den Gefühlen zu betrachten.)".

69 Ebd. 150.

70 Ebd. 150f.

Schleiermachers Theorien sowohl des objektiven als auch des subjektiven Erkennens haben viele Voraussetzungen in der kritischen Philosophie. Eine Stelle wie die zitierte eignet sich zur Begründung der Behauptung, daß sie trotzdem eine Affinität zu gewissen Gedanken der Schulphilosophie und der vorkantischen Spätaufklärung haben. Man kann die Aussage mit einer solchen vergleichen, die Schleiermacher im Juli 1789, als er in der Sache noch Eberhard nahe stand, an von Brinkman, der ebenso bei diesem studiert hatte, schrieb.[71] Sie operiert mit einer traditionell geprägten Unterscheidung von einerseits dunklen und andererseits klaren und deutlichen Vorstellungen. Es heißt von den ersten, daß sie den kindischen Zustand kennzeichnen, „wo wir weder eine Vorstellung von der andern noch uns selbst von denselben unterscheiden, wo wir weder Vergnügen noch Schmerz sondern nur einen gewißen unzertheilten total Eindruk des körperlichen Behagens oder Mißbehagens empfinden".[72] Die Übereinstimmung mit dem Zitat aus dem *Brouillon* ist auffallend. Schleiermacher hat freilich inzwischen längst den im Brief vorausgesetzten Begriff des Erkennens als Verdeutlichung von Vorstellungen und damit verbundene Annahmen aufgegeben, obwohl seine Gedanken von Stufen des Bewußtseins, von der Kontinuität zwischen Leben und Wissenschaft und vielleicht auch vom nur relativen Apriorismus unter neuen philosophischen Voraussetzungen eine Affinität dazu behalten. Was bei ihm vom alten vorstellungstheoretischen Ansatz übrig geblieben ist, hat sich wohl besonders mit einem durch Reinhold geprägten Kantianismus vereinigen lassen. Der Eberhardsche Hintergrund ist vor allem für die Gefühlstheorie Schleiermachers von Bedeutung.

Die Darstellung des Erkennens im *Brouillon* stimmt in vielen Einzelheiten mit der in den *Reden* von 1799 vorausgesetzten überein. Die dort nur angedeutete Verbindung der beiden entgegengesetzten Bewegungen des Lebens als Aneignen und Abstoßen etc. auf der einen Seite und die Doppelheit der Anschauung und des Gefühls auf der anderen Seite wird hier explizit vollzogen.[73] Wie nach der früheren Arbeit soll „die im Wahrnehmen gegebene Action der Welt"[74] den Ausgangspunkt des Erkennens bilden, ebenso wie das Wahrnehmen durch „die Vorstellung des der Organisation Entgegenstehenden als des Agirenden und die Vorstellung der

---

71 KGA V/1, Nr. 119,31ff.

72 Ebd. 119,46ff.

73 Vgl. WA 2, 150, mit oben S. 324f. Der Lebensbegriff wird, wenn auch mit anderer Akzentuierung, mit Verweis auf die philosophische Disziplin der Psychologie wiederaufgenommen in der Bestimmung des Gefühlsbegriffs in der Zweitfassung der Glaubenslehre (KGA I/13.1, 24,19ff. = Gl2.1, 18).

74 WA 2, 162.

Organisation selbst als des Reagirenden" gekennzeichnet wird.[75] Auch die pointierte formelhafte Aussage der Religionsschrift über den wesentlichen Zusammenhang von Anschauung und Gefühl hat ein Pendant in der Ethik: „keine Anschauung ist ohne Gefühl, kein Gefühl ohne Anschauung".[76] Daß die „Wurzel" des Erkennens der „ungetheilte Act des Objectiven und des Subjectiven in der Anschauung" ist,[77] ist auch die Lehre der frühen Religionsschrift. In Analogie eben dazu hat sie versucht, die Religion einzuordnen. Die Aufmerksamkeit der um das „eigentliche Erkennen"[78] – ein Ausdruck, der an dieser Stelle das subjektive Erkennen einschließt – bemühten Ethik richtet sich jedoch auf die Entgegensetzung beider. So geht Schleiermacher von der zitierten Hervorhebung des wesentlichen Zusammenhangs von Anschauung und Gefühl zur Aufgabe ihrer freilich nie ganz gelingenden Absonderung weiter, und wenn er auf eine vorgängige Einheit hinweist, dann schon in der Perspektive ihrer Teilung: „Basis" des Erkennens ist das Wahrnehmen, „wie es sich der Trennung des Wahrnehmens und Empfindens nähert".[79] Wenn dies auch nicht die Dimension der Erkenntnis ist, die die *Reden* für das Verstehen des religiösen Bewußtseins fruchtbar machen wollten, widerspricht es noch kaum ihren erkenntnistheoretischen Voraussetzungen.[80]

5.2.2. Objektives Erkennen

Außerhalb des Blickwinkels der frühen und ebenso der späten Religionstheorie Schleiermachers fällt indessen das Bewußtsein eines Objektes. Die Theorie von der objektiven Erkenntnis, die Schleiermacher auch als Wissen bezeichnet,[81] gehört aber zum sachlichen Kontext seiner Begriffe sowohl des subjektiven als auch des religiösen Bewußtseins und soll deshalb vom *Brouillon zur Ethik* her einbezogen werden.

Wiederum geht es in der Hauptsache nicht um eine originäre Errungenschaft Schleiermachers, sondern um eine Argumentation, die vor allem kritizistische Gedanken aufnimmt, dabei aber auch einen eigenen Akzent setzt. Schleiermachers Auffassung des Gegenstandsbewußtseins geht von der Lehre von den zwei Elementen des Erkennens aus. Das sinn-

---

75   Ebd. 159.
76   Ebd.
77   WA 2, 187.
78   Ebd. 150.
79   Ebd. 176.
80   Vgl. wiederum KGA I/2, 220,35ff.; 222,1ff. = R, 72.74f.
81   WA 2, 159ff.

liche Wahrnehmen ist unentbehrlich, aber unzureichend zur objektiven Erkenntnis. Isoliert von deren anderem Element ist es, wie oben zitiert wurde, „eine Reihe vorübergehender Bilder", die keine Einheit haben;[82] „Bild" hat hier einen sehr elementaren Sinn. Schleiermachers bevorzugte Wendung ist, daß es *fließt*: „im organischen Wahrnehmen ist alles Fluxion ohne fixirbare Einheit und Mannigfaltigkeit, rein elementarisch".[83] Was es herbeischafft, ist Chaos, Masse, Unbestimmtes und Unbestimmbares.[84] Schleiermacher versteht insofern Wahrnehmung als einfache und wechselnde sinnliche Präsentation. Dies entspricht eher Kants Begriff der Empfindung, indem dieser, wenn auch nicht konsequent, Wahrnehmung als komplex begreift.[85] Das Wahrnehmen hat also keine eigene epistemische Qualität. Durch dieses allein wird kein Gegenstand, kein Ereignis, es wird überhaupt nicht erkannt. Dazu muß die Vernunft hinzukommen, von der jede Einheitsbildung ausgeht.[86] Diese betrifft nicht allein das Objekt als einzelnes. Im *Brouillon* verbindet Schleiermacher den Objektgedanken oft mit dem Begriff der Welt. Er beruft sich auf die „moderne" Idee, „daß nemlich die Welt erst wird dadurch, daß wir sie sezen, was freilich die möglichst subjectivirte Ansicht ist".[87] Der Begriff der Welt artikuliert letztlich die Idee der Totalität: „Im Erkennen wird jeder einzelne Gegenstand auf das Ganze bezogen".[88]

Schleiermacher sagt nicht viel darüber, wie die Objektkonstitution näher zu verstehen ist. Das Meiste des bisher zum Thema des Erkennens Mitgeteilten könnte jeder Denker im Kielwasser Kants geschrieben haben, oder Schleiermacher könnte dabei von jedem solchen Denker angeregt worden sein. Er gibt jedoch einen Hinweis, der im Blick auf seine Auffassung des Gegenstandsbewußtseins sehr aufschlußreich ist und seine direkte Abhängigkeit von Kant an diesem Punkt dokumentiert.

Daß dies mit so großer Sicherheit behauptet werden kann, hängt damit zusammen, daß Schleiermacher hier offenkundig Gedanken der Anmerkung über Personalität und Selbstbewußtsein in seinem frühen Manuskript „Spinozismus" von 1793/94 wieder aufnimmt, und zwar Gedanken, die in expliziter Verbindung mit Hauptmotiven der transzendentalen

---

82 Ebd. 150.
83 Ebd. 162.
84 Ebd. 104.160.
85 Vgl. Henrich, Identität [1976] 17ff.95f. In „Spinozismus" unterschied Schleiermacher noch Wahrnehmung und Empfindung auf Kantische Weise (KGA I/1, 549,9ff.).
86 Vgl. WA 2, 103f.150f.155.160.
87 Ebd. 104.
88 Ebd. 103.

Deduktion der Kategorien in *Kritik der reinen Vernunft* stehen.[89] Wir haben es also mit noch einem wichtigen Beispiel der relativen erkenntnis- und subjektivitätstheoretischen Kontinuität in seinem Denken zu tun. Auf der anderen Seite gehen von diesem Argumentationszusammenhang der philosophischen Ethik Schleiermachers Linien zu zentralen Gedankengängen seiner Dialektik und seiner Glaubenslehre. Trotzdem scheinen die betreffenden Gedanken der Ethik in der Literatur weder analysiert noch überhaupt zur Kenntnis genommen worden zu sein. Im folgenden soll zuerst versucht werden, in Beziehung auf die Stelle im *Brouillon* die objektive Seite der Sache möglichst isoliert zu behandeln, um dann in Kapitel 6 die subjektivitätstheoretischen Implikationen unter Einbeziehung auch der Fassungen, die dieses Argumentationsstück in den folgenden Manuskripten erhält, zu erörtern.

Es geht Schleiermacher nicht um das Unternehmen der transzendentalen Deduktion als solcher oder um deren ganze Argumentation; das wird durch die allgemeinen Züge seiner Auffassung der Erkenntnis ausgeschlossen. Es geht ihm vielmehr – wie in „Spinozismus" und auf der Linie dieses Textes – um Rezeption von zentralen Motiven der Deduktion, mit denen er von seinen Voraussetzungen her auf eigene Faust weiterarbeitet. Worauf in der ersten Kantischen Kritik sich Schleiermacher an dieser Stelle bezieht und was er auf eigene Weise – leider sehr knapp – formuliert, ist *der Synthesisgedanke*, der ja bei Kant Angelpunkt sowohl der Theorie der Erkenntnis von Objekten als auch der Theorie des Selbstbewußtseins ist. In der Terminologie weicht Schleiermacher zwar von Kant ab. Er verwendet hier nicht den Ausdruck *Synthesis*, sondern spricht von *Kombination*. Daß es sich, ungeachtet dieses ungewöhnlichen Sprachgebrauchs, um jenen Gedanken handelt, geht terminologisch daraus hervor, daß der Synthesisbegriff an der entsprechenden Stelle in der philosophischen Ethik von 1812/13 hinzugefügt wird.[90] Der im Blick auf die gegenständliche Erkenntnis entscheidende Passus in Schleiermachers *Brouillon* ist der folgende: „Zuerst ist jeder einzelne Actus, auch ohne seinen Zusammenhang mit dem vorigen und folgenden, Combination, indem aus dem mannigfaltig Fluctuirenden eine objective Einheit der Anschauung gebildet wird [...]. Dann ist der Uebergang Combination, indem [...] eine Stetigkeit der Anschauung durch die Einheit der Vernunftbeziehung auf die Totalität" gebildet wird.[91]

---

89   KGA I/1, 538-545, vgl. oben 1.4.3.
90   WA 2, 302.310ff.
91   Ebd. 156f.

In großer Nähe zu Kant und in Übereinstimmung mit seiner eigenen Verortung der Erklärung des Erkennens in der Ethik als einer Theorie des menschlichen Handelns überhaupt begreift Schleiermacher vom Synthesisgedanken her das Erkennen als eine Art des *Handelns*. Es geht ihm um „das Erkennen als Product des Einzelnen".[92] Die Kombination oder Synthese kann ihrem Wesen nach nicht als gegeben, sondern nur als spontaner Akt des Erkennenden verstanden werden.[93] Die epistemische Tätigkeit wird in zweierlei Hinsichten als Kombination spezifiziert. Erstens wird jeder *Einzelakt* des Erkennens als synthetische Verknüpfung begriffen; was synthetisiert wird, ist das gegebene Mannigfaltige, das Disparate und Elementare der sinnlichen Wahrnehmung, das ja als solches zu keiner Erkenntnis führt.[94] Zweitens wird der *Übergang* von Einzelakt zu Einzelakt, worin das Erkennen normalerweise besteht, als Kombination gedacht: als die Aneinanderreihung der verschiedenen Akte durch das erkennende Subjekt.[95] Besonders dieser Punkt repräsentiert einen spezifisch Kantischen Gedanken, der tragend ist für die transzendentale Deduktion der Kategorien und auch für Schleiermachers eigene Argumentation in der Anmerkung in „Spinozismus".

Was den sehr wichtigen Übergangsbegriff betrifft, der das Glied des Gedankengangs ist, das insbesondere Bezüge auf den Subjektivitätsbegriff der Dialektik und der Glaubenslehre hat, soll hier nur ein bemerkenswerter Unterschied zu Kant hervorgehoben werden; Kant verwendet im übrigen meines Wissens den Begriff in diesem sachlichen Kontext nicht pointiert:[96] In der Ethik Schleiermachers fehlt der Gedanke einer Synthese

---

92   Ebd. 163.

93   Eilert Herms meint dagegen: „anders als Kant, Fichte und Schelling versteht Schleiermacher diese Synthese nicht als *Produkt* des transzendentalen Subjektes, sondern das Einssein von Sinnlichkeit und dem Vermögen der Ideen im Erkennen ist für ihn seinerseits nur Implikat derjenigen *ursprünglichen Synthese*, die nicht vom erkennenden Subjekt hervorgebracht, sondern kraft deren es – das Erkennen des Individuums – seinerseits erst zur Existenz gebracht ist" (Herms, Beseelung 95). Die Frage des transzendentalen Subjekts beim späten Schleiermacher wird später zu diskutieren sein.

94   Vgl. WA 2, 163: „Wie aber auch in dem simpelsten Act des Erkennens schon Combination ist [...]".

95   Vgl. ebd.: „wie sich das Erkennen als Product des Einzelnen erst recht in der Aneinanderreihung der Momente offenbart [...]".

96   Nur KrV A, 121. Vgl. Knittermeyer, Übergang 267ff. Knittermeyer bezieht auch Schleiermacher in seine Untersuchung ein, weist aber meist auf Aussagen der Dialektik über den Zusammenhang zwischen gemeinem und spekulativem Bewußtsein hin (ebd. 532f.). Der Übergangsbegriff ist in der Schleiermacher-Literatur des letzten Drittels des zwanzigsten Jahrhunderts oft diskutiert worden, aber meines Wissens immer nur mit Bezug auf das Vorkommen des Begriffs im Zusammenhang mit dem Gefühls- und Selbstbewußtseinsbegriff der Dialektik. Zum Beispiel hat Marlin E. Miller, der besonders die Aufmerksamkeit auf den Begriff hinlenkte und ihn als eine Zentralfigur des Schleierma-

oder eines Übergangs *nach Regeln* oder gar nach Regeln *a priori*, der in der Argumentation der *Kritik der reinen Vernunft* ganz entscheidend ist und auch in Schleiermachers früher Rezeption festgehalten wurde. Dieser Unterschied ist kaum als unbedeutend oder zufällig, sondern als Ausdruck einer wirklichen Änderung im Verhältnis zur Kantischen Theorielage zu beurteilen, nämlich als Ergebnis von Schleiermachers Anerkennung des Individuellen als Elements des Erkennens: „Das Was und Wie in allem diesem bildet sich nun durch die Individualität. Denn aus denselben Mannigfaltigkeiten können ganz verschiedene Einheiten der Anschauung entstehen [...]. Eben so kann auch zu ganz Verschiedenem übergegangen werden von demselben".[97] Dem entspricht Schleiermachers Bestimmung des bei der Synthese tätigen Vermögens: Das kombinatorische Vermögen ist die Phantasie als Vernunft „im Individuo", die individuelle Vernunft.[98] Auch bei dieser Bestimmung könnte er sich auf einen Kantischen Gedanken – den von der transzendentalen Synthesis der Einbildungskraft[99] – stützen, der also ebenso eine Individualisierung erfährt.[100]

Was bei der Kombination herauskommt, sind zwei Arten der Einheit. Aus dem einzelnen Akt der Synthese des Mannigfaltigen der sinnlichen Wahrnehmung ergibt sich, wie Schleiermacher sagte, „eine objective Einheit der Anschauung". Eine solche Einheit ist in Übereinstimmung mit Kants Definition eines Objekts die Einheit, die Vorstellungen haben als Vorstellungen eines Objektes: „*Object* aber ist das, in dessen Begriff das Mannigfaltige einer gegebenen Anschauung *vereinigt* ist".[101] Die zweite Art der Einheit als Ergebnis der Kombination als eines Übergangs wird als „eine Stetigkeit der Anschauung" bezeichnet. Zehn Jahre vorher hat Schleiermacher auf ähnliche Weise die Kontinuität des Bewußtseins hervorgehoben.[102]

Die Begründung, die Schleiermacher im *Brouillon* durch den Hinweis auf die durch die Vernunft repräsentierte Totalität dieser Stetigkeit oder Kontinuität gibt, verbindet die Synthese des Übergangs mit einer umfassenderen Perspektive: Das Erkennen eines Gegenstandes muß, um be-

---

cherschen Denkens im Ganzen rekonstruierte, in seiner Untersuchung der philosophischen Ethik die Verwendung des Übergangsbegriffs nicht bemerkt (Miller, Übergang).

97   WA 2, 157.

98   Ebd. 156, vgl. ebd. 157f.

99   Vgl. KrV B, 150ff.

100 Um Schleiermachers Ansatz umfassender mit Kant zu vergleichen, muß jedoch Schleiermachers Dialektik berücksichtigt werden, die erst das Bild seiner Erkenntnistheorie vervollständigt. Unter anderem wird Erkenntnis dort als durch überindividuelle Bedingungen anderer Art als bei Kant bestimmt gefaßt.

101 KrV B, 137.

102 KGA I/1, 543,8ff.

gründete Erkenntnis hervorzubringen, den Gegenstand nicht nur als einzelnen, sondern im Verhältnis zum Ganzen betrachten.[103] Die Einheit, die in das äußere Fließen gesetzt werden muß, ist insofern die Einheit der Totalität, die nach der hier verwendeten Begrifflichkeit eine Einheit bedeutet, die alle relativen Gegensätze einschließt. Dadurch wird die Wahrnehmung *Weltvorstellung*: „Indem nun in jede Wahrnehmung die Totalität versezt wird, also auch alle relativen Gegensäze, so wird sie in Weltvorstellung verwandelt".[104] Man kann bei diesem Begriff an die *Reden* und den Gedanken des Universums erinnern,[105] der auch öfters im *Brouillon* auftritt. Hier wird jedoch auf die organische Ganzheit und den systematischen Charakter der gegenständlichen Erkenntnis abgehoben.[106]

5.2.3. Anschauung

Im folgenden soll nun untersucht werden, inwiefern *Anschauung* hier und im übrigen Spätwerk Schleiermachers denselben Sinn hat wie in den *Reden*. Das Ergebnis wird auch für die Beurteilung des Stellenwerts seiner Korrektur des Religionsbegriffs von Bedeutung sein.

Es soll von einer Bemerkung zum Sprachgebrauch im *Brouillon zur Ethik* ausgegangen werden, die auch im Hinblick auf andere Argumentationen Schleiermachers relevant ist: Er verwendet keine völlig feste Terminologie, sei dies zufällig oder absichtlich, indem es den Zuhörer oder Leser zum Selbstdenken anregen soll; die „wahren producirenden Philosophen" sind sich nach Schleiermacher immer der Gefahr einer bestimmten Terminologie bewußt gewesen.[107] So kommt der Begriff der Wahrnehmung bei Schleiermacher sowohl in einem engen als auch in einem weiten, auch die Empfindung als subjektiv umfassenden Sinn vor. Der umfassende Sinn entspricht dem genetischen Primat der Einheit des Subjektiven und des Objektiven im Erkennen, der enge Sinn ist ein Glied ihrer Unterscheidung. Die Dialektikvorlesungen führen – jedoch auf der

---

103 Vgl. WA 2, 151.159f.
104 Ebd. 160.
105 Vgl. oben Kap. 4 Anm. 20.
106 Die Fortsetzung des Zitats lautet: „Die objective Erkenntniß macht unter sich ein System, ein organisches Ganze aus. Denn einmal ist sie Totalität der Verhältnisse der Welt zum Menschen, welcher ja selbst ein organisches Ganze ist. Dann ist sie das Ganze der Darstellung der Welteinheit in der Unendlichkeit des Einzelnen, also als ein unendlich Gegliedertes, dem Eine Seele einwohnt, auch ein organisches Ganze" (WA 2, 160).
107 Ebd. 165, vgl. ebd. 82.

Linie des *Brouillon* – eine klarere Abgrenzung ein.[108] Ebenso wird der Begriff der Anschauung mehrdeutig verwendet. Er hat beim späten Schleiermacher keinen völlig einheitlichen Sinn und muß immer in Beziehung auf den Kontext verstanden werden.

Es wurden oben Zusammenhänge zwischen dem in den *Reden* und dem im *Brouillon* implizierten Verständnis des Erkennens aufgewiesen. Sie betreffen auch den Begriff der Anschauung. Die Religionsschrift bezog sich zur Bestimmung der Religion auf diese im Kantisch geprägten Sinn einer vorprädikativen, nichtvergegenständlichenden Relation zu einem Gegenstand. Obwohl diese Bedeutung von Anschauung in der philosophischen Ethik wegen der unterschiedlichen Aufgabenstellungen nicht auf dieselbe Weise pointiert wird, läuft ihre Verwendung des Begriffs der Anschauung an vielen Stellen in der Sache auf etwas Entsprechendes hinaus.[109] Hier wird *Anschauung* neben *Wahrnehmung* im engeren Sinn als Ausdruck des sinnlichen Elements des objektiven Erkennens verstanden. Diese Auslegung ist noch bei zentralen erkenntnistheoretischen Aussagen der Vorlesung möglich. So läßt sich die Rede von der objektiven Einheit der Anschauung in Schleiermachers schon erörterter Synthesislehre als völlig Kantisch verstehen,[110] wohl auch sein Gedanke der Stetigkeit der Anschauung, obwohl hier kaum nahe Parallelen aufzuweisen sind.[111] Dasselbe gilt eventuell auch von einer anderen wichtigen Stelle, wo behauptet wird, daß die objektive Seite der Wahrnehmung durch die Vernunft zur bestimmten, geordneten Anschauung oder zur Welt wird.[112]

---

108 Vgl. ebd. 176, mit KGA II/10.1, 127 § 190.1: „Das organische Vermögen in seiner Thätigkeit oder die organische Affection hat zwei Seiten eine nach innen gewandte in Bezug auf welche sie *Empfindung* heißt und eine nach außen gewendete, nemlich nach dem afficirenden außer uns gesetzten Sein, in Bezug auf welche sie *Wahrnehmung* heißt". Diese Definition ähnelt Reinholds Bestimmung von Empfindung und Anschauung (siehe oben Kap. 1 Anm. 574). Zu diesem Punkt in Schleiermachers Dialektik siehe aber auch KGA II/10.1, 325,15ff.

109 Die Schematik der Tugendlehre unterscheidet überwiegende Rezeptivität und Spontaneität sowohl der Anschauung als auch des Gefühls (WA 2, 209ff.). Im Vergleich mit der obigen Interpretation des Begriffs der Anschauung in der Religionsschrift ist besonders die Näherbestimmung der Unterscheidung interessant: „Anschauung mit hervortretender Receptivität = Erfahrung, der Zustand ist Intuition. Anschauung mit hervortretender Spontaneität, inneres Bilden, der Zustand ist Imagination" (ebd. 210). Die letztgenannte Art der Anschauung wird als eine produktive bezeichnet. Vgl. die Tugendlehre von 1804/05, ebd. 46ff.

110 Vgl. den für Kants transzendentale Deduktion wichtigen Begriff der Einheit der Anschauung (KrV B, §§ 20f., die auf § 17 zurückweisen). Zur Interpretation siehe Carl, Deduktion [1998] 201.208ff. Es soll nicht behauptet werden, daß Schleiermachers Begriff durch solche Stellen bei Kant bestimmt sein muß.

111 Vgl. KrV B, 211f.245.256.281f.

112 WA 2, 176.

Insofern bleibt der entscheidende Unterschied zu den *Reden*, daß das Augenmerk der Ethik auf die *Trennung* der Anschauung vom Gefühl gerichtet wird. Bei explizit vollzogener Trennung repräsentiert die Anschauung als eine bestimmte das Bewußtsein eines Objektes als eines solchen. Wie schon bemerkt, ist dies nicht der Aspekt der Erkenntnis, für den die frühe Religionstheorie sich interessierte, es liegt jedoch auf der Linie ihrer allgemeinen philosophischen Implikationen.

Es gibt beim späten Schleiermacher eine Tendenz, Wahrnehmung und Anschauung zu sondern und den Begriff der Wahrnehmung dem sinnlichen Element vorzubehalten. Sie ist nicht ausgeprägt im *Brouillon*, wird aber deutlicher in den folgenden Vorlesungen und Arbeiten. Zum Beispiel ist es vielleicht nicht zufällig, daß der Begriff der Anschauung in der zuletzt herangezogenen Aussage aus dem *Brouillon* im Gegensatz zum Begriff der Wahrnehmung auf die eigentliche objektive Erkenntnis bezogen wird. In den der erkenntnistheoretischen Darstellung dieser Vorlesung entsprechenden Abschnitten der späteren ethischen und psychologischen Vorlesungen dominiert der Begriff der Wahrnehmung, wo jene Vorlesung Wahrnehmung oder Anschauung nebeneinander sagt.[113]

Andernorts im Spätwerk können neue, nicht nur terminologische Aspekte des Anschauungsbegriffs festgestellt werden. In der Dialektik wird Anschauen als Gleichgewicht von Wahrnehmen und Denken im engeren Sinn bestimmt und von diesen gesondert.[114] Anders als in der Kantischen Anschauungstheorie, von der her Schleiermacher sonst gedacht hat, wird die Anschauung so mit der höchsten objektiven Erkenntnis oder Wissen gleichgestellt. Schleiermacher nähert sich dadurch einem Spinozistischen Begriff der Anschauung, dem er sich in den *Reden* vielleicht näher glaubte, als er tatsächlich war. Nach Hermann Süskind ist diese Bedeutung des Begriffs der Anschauung auch die, in der schon der *Brouillon* den Begriff verwendet.[115] Auf diese Weise könnte vielleicht eine Aussage gelesen werden, die Denken als „das Erkennen unter der Voraussezung der Gültigkeit und des gleichen Gehaltes für alle" definiert – die Dialektik würde dafür den Begriff des Wissens gebrauchen, der entsprechend auch in der frühen Ethikvorlesung auftritt – und den Kommentar hinzufügt: „Das Denken soll hier nicht etwa der Anschauung entgegen gesezt werden, sondern die Anschauung selbst sein".[116] Der Befund ist jedoch nicht eindeutig. Mehrere der von Süskind angeführten Belege sind als

---

113 Ebd. 264.432.624; SW III/6, z.B. 421ff.
114 KGA II/10.1, 96 §§ 115ff.; II/10.2, 471ff.
115 Süskind, Einfluss 177ff.
116 WA 2, 97.

solche problematisch,[117] und jedenfalls kommt im *Brouillon zur Ethik* oft eine kantianisierende Verwendungsweise des Begriffs vor, was Süskind nicht berücksichtigt.

Andere Beispiele einer verschobenen Bedeutung des Begriffs der Anschauung beim späteren Schleiermacher sind die wissenschaftlichen Anschauungen, zum Beispiel die sittliche Anschauung, die die Form der Ethik bestimmt. In der Vorlesung über christliche Sittenlehre von 1809 kommt diese Änderung des Begriffs in der Bestimmung der Ethik nach ihrer „Erkenntnisart", die unter den beiden Möglichkeiten nicht Gefühl, sondern Anschauung ist, zum Ausdruck: „Die philosophische Sittenlehre ist eine sich selbst analysirende Anschauung".[118] Sie kommt ebenso zu Wort, wenn der betreffende Begriff der Anschauung, die objektivierende Betrachtung und Reflexion ist, als auf das religiöse Gefühl gerichtet dargestellt wird.[119] Hier kann auch die zweite Auflage der *Reden* genannt werden, die an sehr pointierter Stelle und in auffallendem Gegensatz zur Erstauflage die Anschauung als Medium der Wissenschaft kennzeichnet.[120] Diese Verschiebung erklärt die verbreitete Ersetzung der „Anschauung" durch „Wahrnehmung" in diesem Text.

Es ergibt sich also, daß die Verwendung des Begriffs der Anschauung beim späten Schleiermacher kein eindeutiges Bild zeichnet. Einerseits lebt der Begriff an vielen Stellen in seiner alten, Kantisch orientierten Bedeutung weiter. Andererseits lassen sich Tendenzen feststellen, nicht nur die Anschauung als ein höherstufiges epistemisches Element von der Wahrnehmung zu trennen, was noch sachlich mit der alten Bedeutung vereinbar ist, sondern sie als eine Art des Wissens zu verstehen. Solche Verschiebungen sollten nicht überschätzt werden. Jedenfalls müssen sie im Zusammenhang mit der festgestellten, im ganzen ungebrochenen erkenntnistheoretischen Kontinuität zwischen dem frühen und dem späteren Schleiermacher gesehen werden.

---

117 Unter anderem ebd. 155.
118 SW I/12, Beilagen 4 §§ 5-7.
119 Ebd. 4f. §§ 9f.; von daher gibt Schleiermacher der Formel von der gegenseitigen Beziehung der Anschauung und des Gefühls aufeinander einen neuen Sinn (ebd. 4f. § 9). Vgl. auch Schleiermacher, Einleitung [1998] 86.94.
120 KGA I/12, 56,17; 63,5ff.

6. Gefühl und Selbstbewußtsein in der philosophischen Ethik

Im Kapitel 5 wurde der Begriff des Gefühls oft gestreift, aber nicht eigens analysiert. Der theoretische Kontext der Anschauung und der objektiven Erkenntnis ist indessen auch der Gedankenzusammenhang, innerhalb dessen Schleiermacher den Begriff des Gefühls formuliert und begründet: Das Gefühl wird neben dem objektiven Erkennen als subjektives Erkennen bestimmt. Es sind unter anderem die Beziehungen zwischen diesen beiden Erkenntnisarten, die eine Untersuchung von Schleiermachers ethischer Konzeption der gegenständlichen Erkenntnis notwendig gemacht haben. Sie sollen hier zunächst in ihrer Bedeutung für den Begriff des Gefühls und auf der Grundlage späterer Texte auch für den Begriff des Selbstbewußtseins dargestellt werden.

Im Blick auf die ethische Theorie des subjektiven Erkennens stützen wir uns zuerst auf Schleiermachers erste überlieferte, umfassende Darstellung der philosophischen Ethik. Die einschlägigen Abschnitte vom *Brouillon zur Ethik* sind grundlegend auch in dieser Sache. Über den Gefühlsbegriff als solchen werden hier außerdem Gedankenfiguren geformt, die im Zusammenhang von Schleiermachers späterer Verwendung dieses Begriffes zentral sind – man kann hier zum Beispiel *Übergang* und *Veränderlichkeit* nennen. Die Darstellung des Subjektivitätsthemas in dieser Vorlesung ist mit Zweideutigkeiten behaftet, die allerdings in den späteren Manuskripten, wo der Begriff des Selbstbewußtseins hinzukommt, weitgehend aufgelöst werden. Die Subjektivität wird in den Schemata der Ethik als individuelle Subjektivität behandelt, aber auch als solche wird sie nicht nur als eine einzelne Funktion neben anderen bestimmt, sondern steigt – besonders als Selbstbewußtsein – zu einem allgemeinen Prinzip des Erkennens und Handelns auf.

6.1. Der theoretische Kontext des Begriffs des Gefühls

Wenn vom theoretischen Kontext der Begriffe des Gefühls und des Selbstbewußtseins gesprochen wird, wird nicht allein darauf abgehoben, daß wir es dabei mit einer *Ethik* zu tun haben. Es ist letztlich nicht entscheidend, daß sie hier verortet werden. Obwohl beide Begriffe in Schleiermachers philosophischer Ethik entwickelt werden, sind sie ja auch in anderen Disziplinen bei ihm beheimatet. Entscheidend ist etwas anderes: Ungeachtet der Disziplin, in der sie jeweils behandelt werden, ist der theoretische Kontext der Schleiermacherschen Begriffe des Gefühls und des Selbstbewußtseins primär ein in einem umfassenden Sinn *erkenntnistheoretischer*. Bleiben wir vorläufig beim Gefühlsbegriff, bedeutet dies eine Abweichung von der in der Geschichte und noch heute üblichen Weise, diesen philosophisch zu bestimmen: Das dominierende Verfahren ordnet das Gefühl einem praktisch-philosophischen Kontext zu.[1] Ein Beispiel ist Schleiermachers eigener Begriff eines moralischen oder praktischen Gefühls in seiner frühen Handlungstheorie und Moralphilosophie. Bezüge auf diesen Kontext fehlen auch nicht in den Aussagen über die Gefühle in seinem reifen Werk. Hier hat der Begriff des Gefühls auch praktische Konnotationen, sie sind jedoch konzeptionell sekundär. Schleiermacher geht bei der Formulierung dieses Begriffs – ob in der Ethik, in der Psychologie oder in der Dialektik – vom Theoretischen aus.

Dieses Verfahren hat Vorgänger, und zwar besonders in der Philosophie seit dem Rationalismus. Auch wo die Selbständigkeit des Gefühls neben Wissen und Handeln – wie bei Schleiermacher – anerkannt wird, bleibt oft eine Tendenz, das Gefühl besonders auf das Erkennen zu beziehen. Dies ist in großen Teilen der Spätaufklärung der Fall.[2] Die Affinität der Gefühlstheorie des späten Schleiermacher zu dieser Tradition kommt nicht von ungefähr. Seine Behandlung der Gefühle von einem erkenntnistheoretischen Kontext her ist ein Nachhall seines frühen einseitig theoretisch akzentuierten Gefühlsbegriffs, der nachweislich durch die Wolffsche Schulphilosophie und besonders durch Johann August Eberhards konzeptionelle Bindung des Gefühls an das anschauende Erkennen der Vollkommenheit geprägt war.[3] Tatsächlich führt der Begriff des Gefühls in der Theorie der Subjektivität des späten Schleiermacher Anregungen, die er von Eberhard erhalten hat, weiter. Die Übereinstimmungen mit diesem umfassen jedoch nicht alle Einzelheiten von Schleiermachers Gefühlstheorie. So scheinen einige von dessen für den Gefühls-

---

1   Vgl. Gardimer/Metcalf/Beebe-Center, Feeling, und Hartmann, Repsychologisierung, wo deutlich wird, daß dies ungeachtet dessen gilt, ob das Gefühl – anders als bei Schleiermacher – kognitivistisch, wie die neuere Diskussion diesen Begriff versteht, interpretiert wird.

2   Vgl. Dessoir, Geschichte, bes. 432ff.; ferner Gardimer/Metcalf/Beebe-Center, Feeling 255ff.

3   Siehe oben 1.2.2; 1.3.1.

begriff grundlegenden Unterscheidungen bei Eberhard zu fehlen.[4] Außerdem ist der spezifische erkenntnistheoretische Kontext bei Schleiermacher nicht mehr schulphilosophisch orientiert.

Innerhalb des Zusammenhangs des Erkennens wird der Gefühlsbegriff von Schleiermacher in großer Breite verwendet. Auf einer sinnenphysiologischen Ebene benennt der Begriff in seinen Vorlesungen über Psychologie den Tastsinn und kommt hier auch als Bezeichnung der Sinne überhaupt vor.[5] Von dieser Bedeutung her, die aus unserer Untersuchung ausgeklammert werden soll, erstreckt sich der Gefühlsbegriff über eine Reihe von Begriffen der Subjektivität: von einem *leiblichen*, aber doch subjektzentrierten Gefühl über eine vernünftigere, noch *konkrete* subjektive Erkenntnisfunktion, die die Hauptbedeutung des Gefühlsbegriffs Schleiermachers ist und auf Grundlage der philosophischen Ethik analysiert werden soll, bis zu einem *reinen Selbstverhältnis*, das mit Selbstbewußtsein identifiziert und besonders durch die Religionstheorie der Glaubenslehre und der Dialektik dokumentiert wird.

Vor allem wird der Begriff des Gefühls mit dem der Anschauung verbunden. Dies ist vorerst bei der zweiten der erwähnten Bedeutungen des Gefühlsbegriffs der Fall, dadurch vermittelt aber auch bei der dritten. Der grundsätzliche Zusammenhang des Gefühls und der Anschauung, des subjektiven und des objektiven Erkennens kommt im *Brouillon zur Ethik* häufig zum Ausdruck. Hier kann die schon herangezogene, ein zentrales Diktum der Erstauflage der *Reden* variierende Formel wieder aufgenommen werden: „keine Anschauung ist ohne Gefühl, kein Gefühl ohne Anschauung".[6] In ihrem Textzusammenhang[7] betrachtet, ist sie von mehr als nur erkenntnistheoretischem Belang und hat prinzipielle gefühls- und subjektivitätstheoretische Implikationen.

In den *Reden* drückt die entsprechende Formel in Verbindung mit dem Religionsbegriff dieser Schrift die ursprüngliche Einheit von Anschauung und Gefühl aus. Der Satz der Ethik, die ja an der Trennung von Anschauung und Gefühl interessiert ist, zielt auf eine andere Pointe ab. Er steht unter der Überschrift der Verschränkung der identisch und individuell

---

4   Vgl. besonders Eberhard, Theorie, 2. Abschnitt. Seine Unterscheidung von äußeren und inneren Empfindungen (ebd. 12.38ff.167ff.) berührt sich in der Sache mit Schleiermachers Unterscheidung von Wahrnehmung in engeren und weiteren Sinn oder von Wahrnehmung und Empfindung. Eberhard bindet sie aber nicht konzeptionell aneinander, was bei Schleiermacher grundlegend ist. Eberhard bedient sich auch nicht wie dieser einer Sonderung von Empfindung und Gefühl, welche jedoch eine Affinität zur überlieferten Unterscheidung von Dunkelheit und Klarheit hat.

5   Jørgensen, Offenbarungsverständnis 50.

6   WA 2, 159.

7   Ebd. 159f.

erkennenden sittlichen Funktionen, die nur durch die Abstraktion der Ethik geschieden werden: „Beide Charaktere kommen in facto nicht abgesondert vor", es ist „immer nur von einem relativen Hervortreten die Rede".[8] So sagt der Satz, daß Subjektives und Objektives, ungeachtet der – nur ein Stück weit zu erreichenden – Trennung, nicht allein am Ursprung der Erkenntnis, sondern dauernd und wesentlich *einen einheitlichen Zusammenhang von korrelativen Elementen* ausmachen.

Für das subjektive Erkennen besagt dies, daß es konzeptionell und sachlich an das objektive Erkennen geknüpft ist.[9] Dem entsprechen Anlage und Verfahren der ethischen Gefühlstheorie Schleiermachers. An der betreffenden Stelle am Anfang der Erklärung der objektiven Erkenntnis wird die Sache mehr von der anderen Seite des Bedingungsverhältnisses gesehen. Zur Formel vom gegenseitigen Begleiten der Anschauung und des Gefühls wird die Begründung oder Explikation hinzugefügt: „die Vernunft kann immer nur als Seele des Einzelnen in wirkliche Thätigkeit ausbrechen".[10] Daß Anschauung mit Gefühl verbunden ist, wird also darauf zurückgeführt, daß die Vernunft nur individualisiert im einzelnen Menschen erscheint. Dies ist wiederum nicht nur für den Begriff der gegenständlichen Erkenntnis bedeutsam, sondern ebenso für den Begriff der Subjektivität. Schleiermacher schließt nämlich weiter, daß das objektive Erkennen deshalb von der Entwicklung des Erkennens abhängt, das sich auf das erkennende Subjekt bezieht: „In die Wahrnehmung kann nur dadurch Objectivität kommen, was wir das Wissen nennen, wenn sowol in die äußere Fluxion als in das Subject Einheit kommt".[11] Auf diese Bedingtheit des Wissens durch das Subjekt und auf die Bedingtheit der subjektiven Erkenntnis durch die objektive, also auf die *wechselweise Abhängigkeit* der Identität und der Individualität im Erkennen, appliziert Schleiermacher die antike Formel: „Das Gleiche wird nur durch das Gleiche erkannt", und die moderne: „In der Vernunft ist überall die Identität des Allgemeinen und des Besonderen, der Totalität und der Einzelheit".[12] Er drückt die gegenseitige Bedingtheit der Subjektivität und der Objektivität auch durch eine Formel aus, die die Sprache eines großen Vermittlers

---

8   Ebd. 159.
9   Vgl. ebd. 187: „Sieht man nun darauf, daß das subjective Erkennen immer in derselben Thätigkeit entsteht mit dem objectiven und überall in die Formation ausbricht, so sind dadurch beide Functionen des sittlichen Lebens durchaus in dem Verhältniß von Action und Reaction gegeben".
10 Ebd. 159.
11 Ebd.
12 WA 2, 160.

des Antiken und des Modernen spricht: „wo das Vermögen der Ideen einwohnt", ist „eine Monade, welche Weltvorstellungen hat".[13]

Kommt diese theoretische Verortung des Gefühlsbegriffs ungewohnt vor – weshalb ihr auch in der Forschung nicht genug Aufmerksamkeit beigemessen worden ist –, dürfte die Lage eine andere sein, wenn mit Schleiermachers späteren Texten der dort mit diesem Begriff gleichgesetzte Selbstbewußtseinsbegriff hinzugenommen wird. Hier, wo üblicherweise von einem primär erkenntnistheoretischen Begründungszusammenhang her gedacht wird, berührt sich Schleiermacher mit verbreiteten Gedankengängen der theoretischen Philosophie von Kant an. Sie gehören zum philosophischen Kontext ebenso des Schleiermacherschen Begriffs des Gefühls, auch wenn dieser Bestandteile hat, die ursprünglich der vorkantischen Aufklärung entstammen.

6.2. Das Gefühl und die *Einheit des Bewußtseins*

Im vorhergehenden Kapitel wurde meist nur die eine Hälfte der erkenntnistheoretischen Reflexionen von Schleiermachers *Brouillon zur Ethik* behandelt. Es wurden allein die das gegenständliche Erkennen betreffenden Aspekte erörtert und vom subjektiven Erkennen, soweit möglich, abstrahiert. Der theoretische Rahmen ist freilich in beiden Fällen derselbe, und beide Gedankenreihen sind ganz ähnlich strukturiert.

Es soll ein Beispiel dieser Strukturähnlichkeit hervorgehoben werden, das gleichzeitig weitaus mehr als nur ein Beispiel ist. Der *ganze*, Schleiermachers Synthesislehre formulierende Passus lautet:

> „Zuerst ist jeder einzelne Actus, auch ohne seinen Zusammenhang mit dem vorigen und folgenden, Combination, indem aus dem mannigfaltig Fluctuirenden eine objective Einheit der Anschauung gebildet wird und eine subjective des Bewußtseins. Dann ist der Uebergang Combination, indem eine Stetigkeit der Zeit gebildet wird durch die Einheit des Gedächtnisses und eine Stetigkeit der Anschauung durch die Einheit der Vernunftbeziehung auf die Totalität".[14]

Wie die Erklärung des objektiven Erkennens einen ersten Gipfel im Begriff der „objective[n] Einheit der Anschauung" erreicht, gipfelt die jetzt

---

13 Ebd. 151, vgl. ebd. 167. Zu diesen und ähnlichen Wendungen von Weltvorstellungen, Individualität, Universum und Organismus, die an die Religionsschrift erinnern und gleichzeitig durch Leibniz geprägt sind, soll noch die Bemerkung gemacht werden, daß sie darauf hindeuten, daß eine solche Prägung tatsächlich schon für die Hauptbegriffe der *Reden* angenommen werden muß.

14 Ebd. 156f.

zu analysierende Erklärung im Begriff einer Einheit „des Bewußtseins".
Diese wird als „ewig" eingeführt und kann auch als „Einheit des Gefühls"
bezeichnet werden.[15]

Wenn man sich die Beziehungen der Argumentation Schleiermachers
auf die Kantische Theorie der gegenständlichen Erkenntnis vergegenwärtigt – Beziehungen, die in diesem Zusammenhang zudem weiter verfolgt
werden können –, scheint es naheliegend, auch die Verwendung des Begriffs der Einheit des Bewußtseins darauf zurückzuführen. Dieser Begriff,
der wie der Begriff der Einheit der Anschauung wörtlich im Kantischen
Text auftritt,[16] hat dort eine nicht weniger zentrale Stelle als bei Schleiermacher: Das Bewußtsein der Einheit und die Einheit des Bewußtseins, das
Bewußtsein der Synthesis des Mannigfaltigen der Anschauung und die
Identität des Selbstbewußtseins werden wechselweise aufeinander bezogen.[17] Wie gezeigt wurde, hat Schleiermacher selbst den Gedankengang
über Selbstbewußtsein in „Spinozismus" auf gerade dieses Argument ge-
baut,[18] ebenso wie er in seiner Darstellung des objektiven Erkennens im
Brouillon die darin enthaltene Formulierung des Synthesisgedankens
voraussetzt. An diesem Punkt trügt indessen der Schein einer sachlichen
Entsprechung. Die Übereinstimmung mit Kant in Beziehung auf den
betreffenden Begriff ist jedenfalls vorerst eher eine oberflächliche. Die
Einheit des Bewußtseins bei Schleiermacher beruht zwar auf einer Synthese, hat aber einen anderen Status als die Identität des Selbstbewußtseins
bei jenem. Wenn man eine Korrespondenz des Schleiermacherschen Begriffs der Einheit des Bewußtseins mit einem Kantischen Theorem behaupten will, muß dieses an anderer Stelle in der Argumentation der
ersten Kritik lokalisiert werden.

Anders als die synthetische Einheit des Selbstbewußtseins in Kants
Theorie der Erkenntnis von Objekten ist die Einheit des Bewußtseins, wie
sie in unserem einleitenden Zitat aus Schleiermachers *Brouillon* artikuliert
wird, nicht Grund einer Synthese des sinnlich Mannigfaltigen, sondern
selbst Ergebnis einer solchen Synthese. Sie ist das Ergebnis einer Kombination des Mannigfaltigen der Empfindung. Diese Einheit ist eine *„subjective* [Einheit] des Bewußtseins". Als solche entspricht sie bei Kant nicht
der transzendentalen, objektiven Einheit des Selbstbewußtseins oder der
Apperzeption, sondern eher dem, was er eben „die subjective Einheit des
Bewußtseins" nennt.[19] Sie stimmt mit dieser überein, insofern es in beiden

---

15   Ebd. 151.157.
16   KrV B, bes. 137ff.
17   Ebd., bes. 133.
18   Siehe oben 1.4.3.
19   KrV B, 139f.; Hervorhebung im Original.

Fällen um eine *empirische* Einheit geht, die unter Kantischen Voraussetzungen eine Bestimmung des inneren Sinnes ist. Von Kants gleichlautendem Begriff unterscheidet sich die subjektive Einheit des Bewußtseins bei Schleiermacher dadurch, daß sie nur auf eine Einheit abzielt, die subjektiv ist, indem sie eine Einheit des Mannigfaltigen der Empfindung in einer von Kant abweichenden Bedeutung ist. Dies schließt jedoch nicht notwendigerweise aus, daß trotzdem etwas der objektiven Einheit der Subjektivität bei Kant mehr oder weniger Entsprechendes in der Argumentation Schleiermachers impliziert sein kann. Ob das der Fall ist, wird im folgenden zu untersuchen sein.

6.2.1. Gefühl

Das subjektive Erkennen – von Schleiermacher zumeist Gefühl genannt – wird in seiner philosophischen Ethik nach seiner Genese dargestellt. Dies besagt unter den Voraussetzungen dieser Disziplin letztlich, daß es als ein *Produkt der Vernunft* erklärt wird. Insofern soll das Gefühl „Vernunftgefühl" sein,[20] und zwar auf eine ganz entsprechende Weise, wie das Gegenstandsbewußtsein durch Vernunft hervorgebracht wird.

Betrachten wir zuerst noch einmal das Gefühl in seinem Verhältnis zur Anschauung. Nach den bekannten Annahmen Schleiermachers sind beide notwendig aufeinander bezogen. Sie entstehen „immer in einem und demselben Act".[21] Genetisch, aber nicht sachlich behält die Anschauung dabei den Primat, weil jede Erkenntnis durch die Affektion des anschauenden Subjekts veranlaßt wird. Schleiermacher beschreibt des näheren das Verhältnis zwischen Anschauung und Gefühl als ein „Verhältniß von Action und Reaction".[22] Die „Action" zielt nicht auf eine Handlung des Subjekts, das ja jedenfalls am Ursprung der Anschauung rezeptiv ist, sondern auf die Einwirkung der Welt.[23] Die Ethik von 1812/13 spricht präziser von einem Verhältnis von „Passion und Reaction" des Subjekts.[24] Das Gefühl wird also durch eine Spontaneität gekennzeichnet, die in Beziehung auf die Rezeptivität des anschauenden Subjekts und auf

---

20   WA 2, 98.
21   Ebd. 178, vgl. ebd. 187.
22   Ebd. 187, vgl. ebd. 159.
23   Vgl. ebd. 162.
24   Ebd. 310 § 208; hier hat jedoch zugleich eine Verschiebung stattgefunden, auf die zurückzukommen ist.

die – wie Schleiermacher sagt – „Spontaneität" von außen sekundär ist.[25] Diese den Erkenntnisvorgang als ganzen und also auch die Gefühle initiierende „Spontaneität" der Welt ist gemeint, wenn weniger mißverständlich davon die Rede ist, daß ein Gefühl aus einer Einwirkung entsteht,[26] und es also als rezeptiv beschrieben wird. Soweit entspricht dieser Gefühlsbegriff dem der *Reden* und drückt noch deutlicher als dieser die Übereinstimmung mit Reinhold aus, sofern er ganz ähnlich Empfindung als „eine durchs Afficiertwerden der Receptivität und die Gegenwirkung der Spontaneität bewirkte Veränderung im Zustande des Subjekts, bey der sich dasselbe mehr leidend als wirkend verhält", bestimmt.[27]

Schleiermacher unterscheidet von der Einwirkung nach innen diejenige nach außen, ebenso wie er eine objektive und eine subjektive Seite der Wahrnehmung sondert. Die sinnliche Affektion nach außen ist die Wahrnehmung, d.h. diese im engeren Sinn und gleichbedeutend mit der objektiven Seite der Wahrnehmung im weiteren Sinn. Die entgegengesetzte innere, subjektive Seite ist die *Empfindung*.[28] Diese Definition der Empfindung läßt sich zwar auf deren Definition in Kants sogenannten „Stufenleiter der Vorstellungsarten"[29] beziehen. Schleiermachers Weise, Empfindung und Wahrnehmung zu unterscheiden, stimmt aber nicht mit Kants Unterscheidung dieser Vorstellungen überein. Sie werden bei Kant nicht nach ihrer subjektiven oder objektiven Richtung unterschieden. In einem unbetonten Sinn können hier auch Empfindungen als objektiv betrachtet werden. Kants Unterscheidungsgrund ist, wie schon bemerkt, der Begriff der Komplexität: Beide sind sinnliche Präsentationen, aber Empfindungen sind einfache, Wahrnehmungen komplexe sinnliche Präsentationen.[30] Schleiermachers Bestimmung der Empfindung entspricht dagegen eher Reinholds Definition.[31] Anders als bei Kant sind Empfindung und Wahrnehmung also bei Schleiermacher nicht bloß Elemente nur eines Zusammenhangs, der unter gewissen weiteren Bedingungen zu objektiver Erkenntnis leiten kann. Sie gehören als in einem Akt entstanden *einem* Zusammenhang an, ergeben aber *zwei* verschiedene Arten der Erkenntnis. Die Unterscheidung bereitet folglich die Unterscheidung der objektiven

---

25   Vgl. ebd. 182. Zu den weiteren Differenzierungen von Anschauung und Gefühl mit jeweils überwiegender Rezeptivität und überwiegender Spontaneität siehe oben Kap. 5 Anm. 109.

26   WA 2, 98.

27   Reinhold, Versuch 359.

28   WA 2, bes. 155f.176.

29   KrV B, 376f.

30   Siehe oben Kap. 5 Anm. 85.

31   Siehe ebd. Anm. 108. Reinhold orientiert sich kritisch an Kants Stufenleiter; siehe Bondeli, Anfangsproblem 42ff.

und der subjektiven Erkenntnis vor.[32] Dies ist jedoch noch nicht mit der Kantischen Theorie prinzipiell unvereinbar. Sachlich neu ist aber das besondere theoretische Interesse am subjektiven Erkennen.

Schleiermacher setzt in epistemischer Hinsicht Wahrnehmung und Empfindung gleich, insofern das Empfinden wie das Wahrnehmen nur isolierte, einfache sinnliche Qualitäten, die vorübergehend und ohne Konstanz sind, ermittelt.[33] Isoliert betrachtet, ist die Empfindung also ebenso ein rein „Fluctuirendes". Hier bestehen Bezüge zu der Problematik in der Anmerkung aus Schleiermachers Manuskript „Spinozismus" von 1793/94, ob das Bewußtsein fließend sein kann, und welche Beharrlichkeit, Einheit oder Identität es aufweist. Rein fließend kann nach dem *Brouillon* nur das tierische Bewußtsein sein, dem sich jedoch das Bewußtsein des natürlichen Menschen annähert. Beim vernunftbestimmten menschlichen Bewußtsein ist das nicht so: Es ist eben durch Einheit gekennzeichnet.

Welche Bedeutung hat nun die aus den Empfindungen durch Vernunft gebildete Einheit des Bewußtseins, wie sie im einleitend zitierten Passus artikuliert wird? Der Einheitsbegriff bezieht sich hier auf einen *zeitlichen Moment* und auf den *momentanen Zustand* des Subjekts. Dies geht aus dem Kontext hervor[34] und stimmt mit dem Sachverhalt überein, daß die Einheit das Ergebnis eines *einzelnen* vereinigenden Aktes darstellt. In einem weiteren zentralen Passus, der das subjektive Erkennen näher bestimmen soll, lautet der relevante Abschnitt wie folgt: „Wie die objective Seite [des menschlichen Wahrnehmens], in der Gemeinschaft zwischen dem abgeschlossenen Dasein und der Welt, die Welt in der Beziehung darstellt als bestimmte Anschauung, so stellt die subjective das abgeschlossene Dasein dar in der bestimmten Beziehung d. h. als fixirten Moment, als veränderlichen Zustand im bestimmten Gefühle".[35]

Diese Aussage nimmt den schon zitierten Abschnitt über die Synthesis des Erkennens wieder auf und bezieht sich auf den Einzelakt. Die „bestimmte Anschauung" variiert also die „objective Einheit der Anschauung", weshalb das „bestimmte Gefühl" mit der „subjective[n Einheit] des Bewußtseins" gleichgesetzt werden darf. Diese wird ja auch eine Einheit des Gefühls genannt. Was es heißt, daß diese Einheit eine Einheit des Moments oder des Zustands ist, läßt sich von dem her, was wir jetzt über

---

32   Siehe auch KGA II/10.1, 60,13ff.: „Im Denken außer der Vernunft noch die organische [Function]. Diese hat zwei Seiten: objective zur Bestimung des Gegenstandes subjective zur Bestimung des Zustandes. Auch Zustände können zusammengestellt und unter Einen Begriff gebracht werden"; vgl. KGA II/10.2, 75f.

33   WA 2, 150f. u.a.

34   Ebd. 157,11f.; 155f.

35   Ebd. 176.

Schleiermachers ethische Erkenntnistheorie wissen, rekonstruieren: An sich ist das Empfinden ein bloßes Fließen. Nur durch seine Bestimmung durch die einheitsstiftende Vernunft *ist* überhaupt ein subjektiver Moment und ein subjektiver Zustand. Nur dadurch können wir also, wie Schleiermacher an anderer Stelle sagt, Zustände – nämlich Zustände der Lust oder der Unlust – in uns unterscheiden und entgegensetzen.[36] Der zuletzt zitierte Passus schreibt dem Gefühl ein weiteres Merkmal zu: die *Veränderlichkeit* des Zustands. Dies erscheint vielleicht auf den ersten Blick als durch die bisherige Analyse nicht vorbereitet. Jedoch kann auch dieses Element im theoretischen Zusammenhang sinnvoll begriffen werden: Fixiert war der Zustand als durch das vernünftige Subjekt spontan bestimmt, als veränderlich wird er als durch etwas anderes bestimmt oder bestimmbar betrachtet. Das zweite Element ist also ein Ausdruck der Rezeptivität des Gefühls als Wirkung des Gegenstands auf das Subjekt. Auch terminologisch berührt es sich mit einem uns bereits bekannten Gedanken, wurde doch ein Gefühl in den *Reden* als eine durch eine solche Wirkung von außen hervorgebrachte Veränderung in unserem Zustand behandelt. Ferner läßt sich Schleiermachers pointierte Rede von der Veränderlichkeit des Subjekts auf die früh bei ihm belegte Anwendung der traditionellen Unterscheidung von wesentlichen unveränderlichen und zufälligen veränderlichen Bestimmungen des Subjekts beziehen.[37]

Im Kontext des ersten Hauptzitats bringt Schleiermacher den Gehalt des Gefühlsbegriffs, wie er bisher entfaltet worden ist, sehr pointiert zum Ausdruck: „Was wir als Gefühl sezen, das sezen wir [...] als persönliche, individuelle, lokale, temporelle Subjectivität",[38] wobei der Terminus Subjektivität wohl das Subjektiv-Begrenzte meint und also nicht den spezifischen Sinn eines Selbstverhältnisses hat. Durch die bisherige Analyse wird der Begriff der Einheit des Bewußtseins im *Brouillon* indessen noch nicht erschöpft.

6.2.2. Der Begriff des Übergangs

Wie bislang gezeigt, appliziert Schleiermacher den Begriff des Übergangs auf das objektive Erkennen als eine Reihe von Akten des Vorstellens. Diesen Begriff bezieht er nunmehr auf das subjektive Erkennen.[39] Dies ist sowohl in historisch-genetischer als auch in systematischer Hinsicht aufschlußreich.

---

36   Ebd. 150.
37   Siehe oben S. 69f.
38   WA 2, 156.
39   Ebd. 156f.

Die Verwendung des Übergangsbegriffs wirft Licht auf die Herkunft dieses wichtigen Begriffes bei Schleiermacher, indem sie einen Punkt in dem älteren Text aus „Spinozismus" weiterführt, der den Subjektivitätsgedanken in Beziehung auf Kants transzendentale Deduktion und Paralogismenkritik und auf Jacobis schon von Kant geprägte Kritik an Herder diskutierte.[40] Wie schon bemerkt, hat Schleiermacher sich zu seiner spezifischen Verwendung des Terminus Übergang kaum von Kant selbst anregen lassen können, obwohl er ihn mit dem genuin Kantischen Synthesisgedanken verbindet. Die Selbstbewußtseinsanmerkung in „Spinozismus" ist auch deshalb interessant, weil sie deutlich zu machen scheint, woher Schleiermacher den Terminus geholt hat: zwar nicht direkt von Kant, aber doch vom frühen Kantianismus her. Schleiermacher stützt sich auf den Artikel über den Personenbegriff in Carl Christian Erhard Schmids *Wörterbuch zum leichtern Gebrauch der Kantischen Schriften*. Dort gebraucht Schmid bei seiner Zusammenfassung der Gedanken Kants den Ausdruck, daß „mein Bewußtseyn fließen, in ein andres Subject übergehen könnte".[41] Schleiermacher scheint den Ausdruck als eine authentische Kant-Wendung aufzufassen.

Schleiermacher nimmt dies innerhalb der Anmerkung in die folgende Erwägung auf: Er hat aufgrund der Kantischen Erkenntnistheorie dafür argumentiert, daß nur ein Begriff der Person und des Bewußtseins als eines Phänomens legitim ist, dem eine transzendentale Einheit des Selbstbewußtseins zugrunde gelegt wird, und das deshalb nicht fließend oder zweifelhaft ist. Von Jacobi veranlaßt, erwägt er dann, wie das Bewußtsein als Noumenon – wobei es nach Schleiermacher um einen leeren Begriff des Subjekts geht[42] – vorgestellt werden kann. In diesem Fall wäre die – nun substantiell gedachte – Identität des Bewußtseins ungewiß, sofern nicht ausgeschlossen werden kann, daß ihm mehrere Subjekte zugrunde liegen und es also fließend ist. Es könnte also „von einem transcendentalen Substrat zum andern übergehn".[43] Neben dieser Kantisch orientierten Interpretation der gedachten Möglichkeit stellt Schleiermacher noch als Gedankenexperiment eine eher Spinozistische Interpretation, nach welcher das „Ich nur eine fließende, allein auf der Zeit beruhende Beschaffenheit eines andern Dinges ist".[44]

Es muß jedoch eingeschoben werden, daß Schmids Artikel nicht als die einzig mögliche Vorlage Schleiermachers bei der Verwendung des

---

40   KGA I/1, 542ff.
41   Schmid, Wörterbuch 277.
42   Siehe KGA I/1, 542,28.
43   Ebd. 545,2f.
44   Ebd. 542,25f.

Übergangsbegriffs gelten kann. Es mag sein, daß er überdies von Eberhard angeregt ist, der ihn in seiner *Allgemeine Theorie des Denkens und Empfindens* pointiert gebraucht. Ungeachtet dessen, daß Schleiermachers Beziehung auf Schmid an dieser Stelle direkt belegt ist, darf dies für wahrscheinlich gehalten werden. Besonders wie Schleiermacher den Übergangsbegriff später in Anspruch nimmt, fällt die strukturelle Ähnlichkeit mit diesem Punkt bei dem früheren Lehrer auf.[45] Wir haben also wieder ein Beispiel der Bedeutung der spätaufklärerischen Schulphilosophie und besonders Eberhards für Schleiermachers Theorie der Subjektivität. Trotzdem ist der Bezug auf den Kantianismus hier der systematisch wichtigste. Eberhards Gebrauch des Begriffes ist eng an seinen Gedanken von der Identität des Subjekts als Substanz und also an einen von Schleiermacher kritisierten philosophischen Ansatz gebunden.[46]

Der Vergleich der Argumentation in „Spinozismus" mit der im *Brouillon zur Ethik* macht nun klar, daß der Begriff des Übergehens an der letztgenannten Stelle eine andere Bedeutung hat als bei Schmid und auch bei Schleiermachers erster, durch diesen angeregten Applikation dieses Begriffs. Dort war der Übergangsbegriff mit dem Begriff des Fließens gleichbedeutend, hier im *Brouillon* ist er davon deutlich unterschieden. Der Übergang ist nun ein Modus des das Fließen gerade ausschließenden objektiven oder subjektiven Erkennens, das kombinatorischen, synthetischen Charakter hat, und zwar des komplexeren, einzelne Momente oder Erkenntnisakte verbindenden – eben übergehenden – Erkennens.

Parallel mit der „Stetigkeit der Anschauung" folgt aus dieser Synthese auf der subjektiven Seite „eine Stetigkeit der Zeit", also, mit Kant zu reden, des inneren Sinnes.[47] Sie kann wiederum auf eine Linie mit dem Gedanken der Kontinuität des Bewußtseins von 1793/94 gestellt werden. Diese Stetigkeit korrespondiert mit der Zeitlichkeit der einzelnen Gefühlsmomente, die oben erklärt wurde. Sind die einfachen Akte des subjektiven Erkennens Bedingung der Unterscheidung von Momenten und Zuständen, vollzieht das komplexe, übergehende Erkennen ihre Verknüpfung.[48] Die Stetigkeit wird „durch die Einheit des Gedächtnisses"

---

45   Siehe unten S. 501f.
46   Eberhard, Theorie 17ff., bes. 25ff.
47   Es soll nicht behauptet werden, daß Schleiermacher noch wie in den frühen Spinoza-Studien eine kantianisierende Theorie der Zeit vertritt. Das ist jedenfalls zur Zeit der Dialektik 1811 nicht der Fall: „Raum und Zeit sind die Art und Weise zu sein der Dinge selbst, nicht nur unserer Vorstellungen [...]. Beide Formen sind also in der Vorstellung sowol als in den Dingen und die Frage welches von beiden sie seien ist leer" (KGA II/10.1, 49,29ff.). Diese neue Zeittheorie liegt wohl auch dem Begriff des Gefühls als Veränderlichkeitsbewußtsein zugrunde.
48   Vgl. oben Kap. 5 Anm. 95.

gebildet, was auch dem Gedankengang von 1793/94 entspricht.[49] Die Ethik von 1812/13 stellt im Kontext dieser Stelle fest, daß das Gedächtnis „die Einheit des empirischen Subjects constituirt".[50]

Im Zusammenhang des Übergangsgedankens nimmt der Begriff der Einheit des Bewußtseins eine Bedeutung an, die dem Begriff, wie er früher verwendet wurde, nicht zukommt. Dies zeigt sich in der zweiten Hälfte der zweiten der beiden wichtigen Passagen, die die Bestimmung des subjektiven Erkennens vertiefen: „Wie aber ohne Einfluß des höheren Vermögens die Wahrnehmung ein bloß Fluctuirendes ist und erst durch diesen Einfluß zur geordneten Anschauung, Welt, wird, so auch die Empfindung ohne diesen Einfluß ein Fluctuirendes, in dem keine Einheit des Bewußtseins in der Succession zu fixiren ist".[51]

Der Schlüssel zum Verständnis ist nicht nur wie sonst bei der Erklärung des individuell-subjektiven Erkenntnis die Parallelität dieser und der objektiven Erkenntnis, die ja in beiden Hälften des Gedankengangs in die Augen fällt, sondern auch die Unterscheidung eines einfachen und eines komplexen Modus des Erkennens. In der ersten, früher erörterten Hälfte des Arguments geht es um den erstgenannten Modus, die hier zu erörternde zweite Hälfte betrifft dagegen das komplexe Erkennen und impliziert also den Gedanken des Übergangs. Mit Bezug auf das objektive Erkennen wird die komplexe, zusammenhängende Erkenntnis wiederum durch den Weltbegriff ausgedrückt. Beim subjektiven Erkennen kommt etwas Neues hinzu: Der objektiven „Weltvorstellung" korrespondiert auf der subjektiven Seite eine „Einheit des Bewußtseins *in der Succession*".

Die Einheit des Bewußtseins, die mit dem Übergang verbunden ist, ist nicht nur eine Einheit des Moments und des veränderlichen Zustands, sondern bezieht sich auf mehrere solche Momente und Zustände. Sie ist *eine sich durch die Sukzession der Momente hindurchhaltende Einheit*. Als eine solche Identität kann Schleiermacher die Einheit des Bewußtseins als „ewig" bezeichnen.[52] Wie die erste Art dieser Einheit ist diese auch ein Resultat der Synthesis des Erkennens, aber das Resultat einer höherstufigen, übergehenden Synthesis. Deshalb muß diese Art der Bewußtseinseinheit einen anderen Status als die momentane Einheit haben. Sie ist auf die Zustände bezogen, kann aber nicht wie diese teilweise durch Fremdbestimmung, sondern nur von der Spontaneität des Subjekts her erklärt werden. Weiter könnte gefragt werden, ob die Einheit als Identität nicht auch selbst als Bedingung des Übergangs zwischen Zuständen begriffen

---

49 Vgl. KGA I/1, 542,3f.
50 WA 2, 307 § 188.
51 Ebd. 176, vgl. oben Anm. 35.
52 WA 2, 151.

werden muß. Im *Brouillon* wird darüber nichts gesagt. Schleiermacher deutet die besondere Stellung der betreffenden Einheit an, indem er – wiederum ohne Explikation – den *Ichbegriff* darauf bezieht: „das Ich", das „in allem menschlichen Bewußtsein" ist. Er nimmt an diesem Punkt den Faden seines Vergleichs mit dem Tier auf: Ein Ich liegt dem tierischen Wahrnehmen nicht zugrunde, dessen Einheit wir „nicht in ihnen, sondern nur in uns" setzen.[53] Darauf ist unten zurückzukommen.

6.2.3. Gefühl als Selbstbeziehung

Schon aus der Interpretation des Begriffs des Gefühls in der Erstauflage der *Reden* ergab sich, daß dieser nach Schleiermacher eine Selbstbeziehung meint. Wir haben aber eine gewisse Spannung in seinem Gedankengang festgestellt: Auf der einen Seite wird die Religion an das Selbstverhältnis des religiösen Subjekts gebunden. Auf der anderen Seite ist nicht ausgemacht, ob die verwendeten theoretischen Mittel – die Bestimmung des religiösen Bewußtseins als Einheit von Anschauung und Gefühl – für diesen Zweck ausreichend sind. Wie der Gefühlsbegriff in den *Reden* gefaßt wird, vermag er nicht dem erforderlichen Gedanken der Identität des Subjekts Rechnung zu tragen. Ebensowenig wird der Bewußtseinscharakter des religiösen Selbstverhältnisses hinlänglich erklärt. Mit anderen Worten, es bleibt offen, inwiefern es beim religiösen Bewußtsein um *Selbst*bewußtsein und inwiefern es um Selbst*bewußtsein* geht. Die Frage ist nun, ob diese Theorielage sich im *Brouillon zur Ethik* geändert hat. Dafür könnte zunächst der Umstand sprechen, daß die Aufmerksamkeit hier vorwiegend der Trennung der Anschauung und des Gefühls gilt und die Anschauung eher der eigentlich objektiven Erkenntnis zugeordnet wird.

Die Erörterung des Gefühlsbegriffs der Religionsschrift bezog Aussagen ein, die von einem Vergessen des Gegenstands und auch des Selbst im Gefühl und von einem Überwiegen der Anschauung über das Gefühl sprechen. Diese Aussagen haben Pendants sowohl in der uns jetzt beschäftigenden Vorlesung als auch im späteren Werk. Es soll aus der frühen Ethikvorlesung eine Stelle zitiert werden, wo die den Formulierungen der *Reden* teilweise entsprechenden Wendungen auf die Bestimmung der objektiven und der subjektiven Seite des Wahrnehmens durch die Vernunft bezogen werden:

---

53 Ebd. 176, vgl. ebd. 150. Mit der Einheit des Bewußtseins in diesem zweiten Sinn verbindet Schleiermacher die Religion: Die Icheinheit des menschlichen Bewußtseins ist unter den Voraussetzungen seiner Ethik eine Bildung der Vernunft in der Organisation. Das Erkennen dessen ist Religion (ebd. 176ff.). Insofern schreibt Schleiermacher dieser eine Bedeutung bei der Konstitution der Einheit der Subjektivität zu.

„Das Wahrnehmen, wodurch das organische Wesen vermittelst eines bestimmten Einwirkenden mehr mit dem Ganzen als wie in sich coalirt, wird
nun Repräsentation des Gegenstandes und in dieser wird das organische Wesen gleichsam mit dem Gegenstande eins. Das Wahrnehmen, wodurch es sich
mehr findet als verliert, d. h. sich noch bestimmter aussondert, und ganz mit
seinem momentanen Zustande eins wird, dieses wird Gefühl".[54]

Stellt die jüngere Gefühlstheorie, wie sie in dieser Aussage zum Ausdruck
kommt, der älteren gegenüber einen Neuansatz dar? Es ist klar, daß Schleiermacher auch hier bemüht ist, dem Selbstverhältnis des Erkennenden
durch den Gefühlsbegriff Rechnung zu tragen. Dies kommt in der Rede
vom Sichfinden und vom Sichaussondern des Erkennenden und von
seinem Einswerden mit seinem Zustand im Gefühl zum Ausdruck. Was
nun die Frage des möglichen ‚objektiven' Korrelats des Gefühls betrifft,
ist nach Schleiermachers Bestimmungen im *Brouillon* ein Gefühl zwar
durch die Einwirkung eines äußeren Objekts bedingt. Dies kann aber nicht
sein intentionaler Gegenstand sein. Eine Aussage wie die zitierte muß so
verstanden werden, daß ein Gefühl in der Tat ein Objekt hat – wenn man
es so nennen will –, nämlich ein inneres, das nicht distanziert erkannt
werden kann, wie ja durch den Zustandsbegriff angezeigt wird: ‚Objekt'
eines Gefühls ist *der momentane Zustand des Subjekts.* Insofern sich das
Gefühl also auf den Zustand des fühlenden Subjekts selbst richtet, ist es
eine Selbstbeziehung, aber eine punktuelle. Dem korrespondiert die
unbestimmte und plurale Rede von einer oder mehreren Einheiten des
Bewußtseins oder des Gefühls. Dies bleibt auf der Linie der Gefühlstheorie der frühen Religionsschrift.

Der Begriff einer Einheit des Bewußtseins wird indessen auch auf eine
Weise verwendet, die nicht auf einen Einzelzustand zielt, sondern auf *das
Subjekt mehrerer solcher Zustände.* Dafür gebraucht Schleiermacher den
Ichbegriff. Auf diese Bewußtseinseinheit scheint er den Begriff des Ge-
fühls nicht zu beziehen.[55] Dies liegt, was den Gefühlsbegriff betrifft, noch
auf der Linie der *Reden.* Andererseits geht der Begriff der Einheit des
Bewußtseins in dieser zweiten Bedeutung über das in der frühen Religi-
onstheorie Implizierte hinaus: Er enthält einen Gedanken der Identität,

---

54 Ebd. 155f., vgl. ebd. 150.209; SW III/6, 421.
55 Vgl. zum Beispiel WA 2, 176.97f. Die Unübertragbarkeit des Gefühls wird im *Brouillon*
    auf eine Weise betont, die in einem Spannungsverhältnis zum Übergangsgedanken und
    zum Subjektbegriff zu stehen scheint. Schleiermacher versucht dies durch die gleichzei-
    tige Hervorhebung des Darstellungselements zu vermeiden: „Diese Unübertragbarkeit
    gilt aber nicht nur zwischen mehreren Personen, sondern auch zwischen mehreren Mo-
    menten desselben Lebens. Die Einheit des Lebens und die Identität der in die Einzelnen
    vertheilten Vernunft würde also ganz aufgehoben, wenn das Unübertragbare nicht wie-
    der ein Gemeinschaftliches und Mittheilbares werden könnte" (ebd. 98).

der dort vergebens gesucht wurde.[56] Darauf beziehen die folgenden
Entwürfe zur Ethik den Selbstbewußtseinsbegriff.

Weiter soll gefragt werden, in welchem Sinn hier von Bewußtsein die
Rede ist. Die Erwartung eines Fortschritts an diesem Punkt im Vergleich
mit den *Reden* richtet sich besonders an den Begriff einer Einheit des *Bewußtseins*. Als solcher drückt dieser jedoch nicht aus, daß es sich um das Bewußtsein einer solchen Einheit handelt. Dies darf wohl auch aus der Parallele
auf der objektiven Seite geschlossen werden. Der betreffende Begriff zielt
auf eine Einheit *im* Bewußtsein oder auf dem Gebiet des subjektiven Bewußtseins – auf eine Synthese des Mannigfaltigen der Empfindung, eben
so, wie die objektive Parallele auf eine Synthese des Mannigfaltigen der
Wahrnehmung geht. Auf der anderen Seite schließt dies sachlich nicht
notwendig solche weitergehenden Implikationen aus. Vielleicht ist es
Schleiermachers Intention, mit dem Begriff der Einheit des Bewußtseins den
Gedanken des Selbstbewußtseins in Anspruch zu nehmen. Dafür spricht
die Zweitauflage der *Reden*: „wodurch seid Ihr für Euch? Durch die Einheit Eures Bewußtseins, die Ihr zunächst in der Empfindung habt, in dem
vergleichbaren Wechsel ihres Mehr oder Weniger"; die dritte Auflage
ändert „Bewußtsein" in „Selbstbewußtsein".[57] Der Selbstbewußtseinsbegriff wird in der Tat gerade an der entsprechenden Stelle in späteren Versionen der Ethik verwendet. Schleiermachers Rede vom Setzen der Einheit
„in uns" im *Brouillon* bleibt jedoch zweideutig.[58] Die ausdrücklichen
Bestimmungen der Vorlesung gehen nicht wirklich über die *Reden* hinaus.

Die bisherige Analyse bezog sich auf die bloße Inanspruchnahme des
Selbstbewußtseinsbegriffs. Noch weniger gibt der *Brouillon* eine Bestimmung der *Erkenntnisstruktur* des Selbstbewußtseins. Aus einzelnen Aussagen Schleiermachers kann vermutet werden, daß er das eigentliche
subjektive Bewußtsein anders als das eigentliche Objektbewußtsein nicht
als ein explizites Bewußtsein fassen möchte. Man kann auf den Bewußtseinsbegriff hinweisen, von welchem her er auch hier denkt, und für

---

56   Daß Schleiermacher in der Tat zur Zeit der *Reden* über den Gedanken einer das Mo-
     mentane überschreitenden Bewußtseinseinheit verfügt hat, ohne ihm einen Platz in der
     Religionstheorie zu geben, zeigen nicht nur die Jugendentwürfe. Siehe KGA I/2, 306,15ff.
     = R, 266, und KGA I/3, 18,11 = M, 39: „die Einheit des fließenden vergänglichen Bewußt-
     seins in mir". Die Einheit, wie sie hier formuliert wird, hat die Bedeutung der „Gleich-
     heit" (KGA I/3, 17,31f. = M, 38) und muß insofern strenggenommen von einer Identität
     im geforderten Sinn unterschieden werden. Sie wird anders als die Bewußtseinseinheit
     im *Brouillon* in den *Monologen* auch vom individuellen Bewußtsein unterschieden.
57   KGA I/12, 60,17ff.
58   Vgl. dagegen KGA I/7.3, 34 Nr. 132.

welchen die Unterscheidung von Subjekt und Objekt konstitutiv ist,[59] und ihn mit Äußerungen zusammenhalten, die das Gefühl als ein einheitsbezogenes Erkennen im Gegensatz zur Reflexion hervorheben.[60] Dies bleibt aber immer noch innerhalb des von den Voraussetzungen der *Reden* her Möglichen. Weiterführend ist erst der spätere Begriff des unmittelbaren Selbstbewußtseins.

6.3. Gefühl und Selbstbewußtsein nach der Ethik

6.3.1. Zur Textgrundlage

Der Selbstbewußtseinsbegriff kommt in keinem der grundlegenden Gedankengänge im *Brouillon zur Ethik* vor und wird überhaupt nur an einer Stelle am Ende der Vorlesung ausdrücklich verwendet.[61] Vom terminologischen Befund her ist dieser Text also nicht einschlägig. Wie gezeigt, ist er hier auch sachlich unausgereift. Wir wenden uns deshalb den folgenden Texten zur philosophischen Ethik zu, die durchgängig wie selbstverständlich *Selbstbewußtsein* neben *Gefühl* in Anspruch nehmen.

Wie oben dargelegt, ist die frühe Vorlesung über Ethik grundlegend für Schleiermachers fortgesetzte Arbeit an dieser Disziplin und muß es auch für die Interpretation seiner Ethik sein. Sie bleibt mit Bezug auf Konzeption, Aufbau und Hauptinhalt für die späteren Manuskripte bestimmend. Dies gilt auch für deren erkenntnistheoretischen Abschnitte einschließlich der Darstellung des subjektiven Erkennens. Auf der anderen Seite erfährt die Ethik in diesen Texten auch Veränderungen. Sehen wir von ihrer neu hinzukommenden Ableitung aus der Dialektik ab, ist an Verschiebungen, Präzisierungen und weiteren Wandlungen einzelner Punkte zu denken. Exemplarisch ist die Einführung des Begriffs des Selbstbewußtseins.

---

59   Vgl. den Begriff des *bewußten* Erkennens in der Tugendlehre, wo der zweistufige Bewußtseinsbegriff auf der Linie der Frühschriften verwendet wird: „Jedes wirkliche Erkennen mit Bewußtsein ist ja ein Einbilden der Vernunft in die Natur"; „es giebt kein bewußtes Erkennen als im Gegensaz, im persönlichen Auseinandergehaltensein des Universellen und Individuellen; in dem rein innerlichen Leben würde es keins geben. (Unsere Individualität ist ein unbewußtes Erkennen; wir werden uns ihrer nur bewußt in der Reflexion, indem wir, der Zeit wegen, in Gemeinschaft mit uns selbst treten" (WA 2, 215).

60   Ebd. 181.195.

61   Ebd. 228.

Von Schleiermachers späteren Texten zur Ethik, bei denen es sich anders als beim *Brouillon* nicht nur um Vorlesungsmanuskripte und Notizen,
sondern auch um für den Druck vorgesehene Ausarbeitungen, gestaltet
in Leitsätzen und allmählich auch in Erklärungen, handelt,[62] kommt dem
mit der Vorlesung von *1812/13* zusammenhängenden Text eine besondere
Bedeutung zu.[63] Er ist der einzige Entwurf, der beinahe das ganze Gebiet
der Ethik abdeckt und folglich einen Umfang hat, der sich mit dem der
früheren Vorlesung vergleichen läßt. So wie Schleiermacher die Ethik aufbaut, ist mit Bezug auf unsere Fragestellung natürlich die Durchführung
der Güterlehre entscheidend. Die Manuskripte von 1814/15 und 1816/17[64]
geben „Grundzüge" dieses Teils der Ethik, die – wie der entsprechende
Abschnitt von 1812 – allgemeine Bestimmungen des Erkennens einschließen und zur Erhellung der Verwendung des Begriffs des Selbstbewußtseins zu berücksichtigen sind. Im Vergleich mit den Bestimmungen im
Brouillon sind sie alle kürzer gefaßt und haben einen weniger neu entfaltenden als zusammenfassenden und verdeutlichenden Charakter.

Kürzer als zuvor ist auch die einzige vorliegende durchgeführte Darlegung der Theorie des individuellen Erkennens. Sie nimmt unter anderem die Gedanken der Synthesis und des Übergangs wieder auf und
entwickelt sie weiter. Dieses kleine, aber sehr wichtige Argumentationsstück der Ethik von 1812/13 hat keine Entsprechungen in den folgenden
Manuskripten. Es wird jedoch durch Randbemerkungen ergänzt, von
denen die bedeutendsten vom Herausgeber Otto Braun auf 1816 datiert
werden.[65] Darüber hinaus enthält der Entwurf der „Grundzüge" der
Güterlehre von 1816/17 wichtige Sätze, die sich mit dieser Argumentation
in Beziehung setzen lassen. In ihnen wird, nach dem jetzigen Editions-
stand zu urteilen, zum ersten Mal im Werk des späten Schleiermacher der
Begriff eines unmittelbaren Selbstbewußtseins gebraucht. Übrigens
werden die primäre Argumentation von 1812/13 und die Randbemerkungen von 1816 in den Vorlesungsnotizen von 1832 noch einmal kommentiert.[66] Diese Kommentare hängen mit dem Religionsbegriff in dessen
späteren Fassung bei Schleiermacher zusammen und werden in Verbindung damit einbezogen.

---

62 Birkner, Einleitung [1981b] XVIff.
63 WA 2, 241-420.
64 Ebd. 421ff.513ff. Datierungen nach Birkner, Einleitung [1981b] XIVff.
65 Brauns Datierungen der Randbemerkungen werden von Hans-Joachim Birkner als gro-
     ßenteils zutreffend beurteilt (Birkner, Einleitung [1981b] XXVI).
66 WA 2, 646ff.

6.3.2. Einführung des Selbstbewußtseinsbegriffs

Der Begriff des Selbstbewußtseins findet sich in der Ethik von 1812 erstmals am Anfang der Lehre vom höchsten Gut in der „Allgemeine Übersicht"[67] über die sittlichen Funktionen bei der Skizzierung der erkennenden Tätigkeit. Schleiermacher schreibt in § 8 dieses Abschnitts: „Unser Sein ist nur als Bewußtsein gegeben und also eine erkennende Thätigkeit ursprünglich gesezt", und führt diese Tätigkeit auf Vernunft zurück,[68] um sie in § 9 näher zu erklären:

> „Die ursprüngliche menschliche Form des Erkennens im weitern Sinne ist das bestimmte Auseinandertreten von Subject und Object, also von Gefühl und Wahrnehmung, in welchem der Mensch sich ein Ich wird und das Außerihm eine Mannigfaltigkeit von Gegenständen, indem wir dem Thier weder ein wahres Selbstbewußtsein noch ein wahres Wissen von Gegenständen zuschreiben".[69]

Diese Erklärung wiederholt Bestimmungen, die in der Ethik von 1805/06 nicht so sehr in den einleitenden Teilen als im materialen Teil der Güterlehre zu finden sind. So faßt sie zusammen, was in diesem und im vorhergehenden Kapitel unter dem Titel des Erkennens als Anschauung und Gefühl interpretiert wurde. Insofern ist eine erneute ausführliche Behandlung nicht notwendig. Neu in der Erklärung ist allein die Verwendung des Selbstbewußtseinsbegriffs. Konnte früher eventuell noch bezweifelt werden, inwiefern beim Auseinandertreten von Subjekt und Objekt, Gefühl und Anschauung ein bewußtes Selbstverhältnis intendiert war, ist Zweifel hier nicht möglich. Er wird durch die unzweideutige Rede vom wahren, d.h. *eigentlichen Selbstbewußtsein* und vom *Fürsichwerden* des Menschen als *Ich*, das also als ein sich seiner selbst bewußtes verstanden wird, ausgeschlossen. Im *Brouillon* wurden Ich und Einheit des Bewußtseins in der Sukzession gleichgesetzt, ohne daß ihre Bewußtheit erklärt wurde. So schließt sich nun eine Lücke im Gedankengang Schleiermachers, wie er ihn bisher entfaltet hat.

Nach dieser Aussage korrespondiert also dem durch die Unterscheidung von Subjekt und Objekt bedingten objektiven Wissen auf der Seite des Subjekts dessen Bewußtsein von sich selbst. Der folgende Entwurf der Ethik von 1814/15 unterscheidet an derselben Stelle der Darstellung „zwei Reihen des Selbstbewußtseins und des Bewußtseins der Dinge".[70] Auf gleiche Weise kann Schleiermacher in 1816/17, wo in diesem Zusammen-

---

67 Ebd. 263-275.
68 Ebd. 264.
69 Ebd.
70 WA 2, 432 § 10.

hang übrigens die Unterscheidung von Ich und Nicht-Ich auftritt,[71] in einer auch sonst im Spätwerk gängigen Terminologie vom „Gegensaz zwischen Selbstbewußtsein und gegenständlichem Bewußtsein" sprechen.[72] In diesem Gegensatz bedingen beide einander: „nur in ihm wird uns ein bestimmtes Sein bewußt". Im Tier nehmen wir den Gegensatz nicht an, sondern nur „ein verworren zwischen beiden Schwebendes". Das ist darin begründet, daß wir im Tier zwar „etwas dem Bewußtsein Aehnliches, aber gar keinen Vernunftausdruck, also nur das, was bei uns die organische Seite bildet", setzen.[73]

Es bestätigt sich also hier die These, daß Schleiermacher die Subjektivität als Gefühl und als Selbstbewußtsein in erster Linie in einem bewußtseins- und erkenntnistheoretischen Kontext thematisiert, des weiteren, daß er in diesem Kontext Selbstbewußtsein korrelativ zum Gegenstandsbewußtsein bestimmt. Die Korrelation wird an dieser Stelle in der Ethik von 1814/15 weiter ausgearbeitet: „Das thierische Leben ist auch eine Einheit des Daseins in einem bestimmten Kreise wechselnder Zustände; aber beide treten nicht aus einander zum Bewußtsein dieser Identität und Differenz".[74] Schleiermachers Modell enthält einige Gedanken, die letztlich auf Kant zurückgeführt werden können.

Es wird erstens behauptet, daß das bewußte Leben des Menschen sich dadurch auszeichnet, daß er sich seiner selbst, und zwar seiner selbst als *desselben,* in wechselnden Zuständen bewußt ist; Einheit hat hier den Sinn von *Identität,* worauf Schleiermacher auch hinweist. Zweitens wird behauptet, daß der Mensch sich seiner selbst als desselben nicht *allein* bewußt ist, sondern eben mit Bezug auf wechselnde, differente Zustände.[75] Unter diesen Zuständen sind im erkenntnistheoretischen Kontext Wahrnehmungszustände zu verstehen, die ja unter Schleiermachers epistemischen Voraussetzungen durch Einwirkung von etwas außerhalb des wahrnehmenden Subjekts bedingt sind und andererseits Gefühlszustände bestimmen. Weiterhin wird behauptet, daß es eine Art des Bewußtseins gibt oder – wie im Leben des Tieres angenommen werden muß – etwas dem Bewußtsein ähnliches, in dem auch Einheit und Mannigfaltigkeit, Subjekt und Objekt sind, aber nicht als unterschiedene bewußt werden. Ein solches Bewußtsein oder Analogon des Bewußtseins muß vom

---

71   Ebd. 572 § 26.
72   Ebd. 624.
73   Ebd.
74   WA 2, 432 § 10.
75   Vgl. Konrad Cramer, Prämissen 139; Cramer bezieht sich auf § 4.1 der Zweitauflage der Glaubenslehre.

eigentlich menschlichen Bewußtsein gesondert werden, in welchem das Subjekt sich und die Objekte bewußt voneinander unterscheidet.

Schleiermacher arbeitet besonders 1814/15 und 1816/17 an dieser Stelle auch eine Unterscheidung aus, die schon in der Gefühlstheorie von 1805/06 impliziert war und die sachlich eng mit der Unterscheidung von Selbstbewußtsein und gegenständlichem Bewußtsein zusammenhängt: die Unterscheidung von *Rezeptivität* und *Spontaneität*. 1812 stellt er hier einen Gegensatz von Freiheit und Hingebung auf.[76] Eine Randbemerkung zum 5. Paragraphen der zweiten Auflage der Glaubenslehre, die ihre religionstheoretische Argumentation streng auf dem Freiheits- und Abhängigkeitsgedanken aufbaut, entspricht dieser Ausarbeitung: „Indem Object und Subject nicht recht auseinandertreten, kann auch Freiheit und Abhängigkeit nicht auseinandertreten".[77]

In den hervorgehobenen Ethiktexten wird die betreffende Unterscheidung als die von Reiz und Willkür thematisiert. Reiz oder „Afficirtsein von außen" ist die organische Tätigkeit, die der Mensch mit dem Tier gemeinsam hat. Dem Tier wird zudem ein „Erregtsein von innen", wenn auch nicht eine Willkür zugeschrieben.[78] Das Eigentümliche des tierischen Lebens ist auch in dieser Hinsicht die fehlende ausdrückliche Unterscheidung: „Wo der Gegensaz beider, zu befassen unter den der Selbstthätigkeit und Empfänglichkeit, nicht bestimmt heraustritt, da ist die thierische Verworrenheit des Bewußtseins, nicht die menschliche Klarheit".[79] Beruhen die wechselnden Zustände des Subjekts auf dessen Empfänglichkeit, wird sein Bewußtsein von seiner Identität hier von seiner Selbsttätigkeit her erklärt: Der Mensch kann „jede vorübergehende Gemüthsbewegung zum ganzen Bewußtsein seines beharrlichen Daseins erhöhen".[80] Das spontan hergestellte Identitätsbewußtsein setzt aber rezeptiv bedingte Gemütsbewegungen voraus.

6.3.3. Gefühl als Selbstbewußtsein

Die Ausführung der Erkenntnistheorie der Güterlehre, die allein im Manuskript von 1812/13 vorliegt, aber von späteren Texten kommentiert

---

76 WA 2, 264 § 10: „Das Aufgehen des Gegenstandes im Selbstbewußtsein ist der ursprüngliche, sich immer erneuernde Act der Freiheit, das Aufgehen des Selbstbewußtseins im Gegenstande der der Hingebung".

77 KGA I/13.1, 41 Anm. a = Gl2.1, 31 Anm. c.

78 WA 2, 432 § 10.

79 Ebd. 573 § 30.

80 Ebd. 433 § 10.

und ergänzt wird, vertieft das gezeichnete Bild der Verwendung des Selbstbewußtseinsbegriffs in der philosophischen Ethik, indem verschiedene neue Facetten hinzugefügt werden. Unter anderem wird in das noch ungeklärte Verhältnis zwischen diesem Begriff und dem Begriff des Gefühls Licht gebracht.

Wir haben gesehen, wie Schleiermacher im *Brouillon zur Ethik* in deutlicher, aber umbildender Anknüpfung an Kant eine Erklärung der Erkenntnis entwickelt, die auf einem Gedanken von Synthesis aufbaut. Dieser wird nicht nur für das objektive, sondern auch für das subjektive, individuelle Erkennen fruchtbar gemacht. Eine weitere Verästelung besteht darin, daß der Synthesisgedanke mit Bezug auf diese beiden Erkenntnisarten jeweils auf zwei Ebenen appliziert wird, auf der Ebene des einfachen Erkenntnisaktes und auf der mehrere Akte verbindenden Ebene. Für die zweite, komplexe Verknüpfung gebraucht Schleiermacher den Begriff des Übergangs. Beide Begriffe erscheinen in der Ethik von 1812/13 wieder, aber mit verschiedenen Verschiebungen, die dem Gedanken des Subjekts eine pointiertere Stellung in der Argumentation beimessen und also mit der Einführung des Selbstbewußtseinsbegriffs Ausdruck einer *subjektivitätstheoretischen Straffung des Gedankengangs* sind.

Hier wird der Synthesisgedanke seitens des eigentümlichen Erkennens aufgenommen.[81] Es ist jedoch nicht so, daß jetzt nur die subjektive Erkenntnis als auf Synthese beruhend gedacht wird. Jede Erkenntnis, unabhängig von der Art ihres Gegenstandes, hat in diesem Sinn einen synthetischen Charakter. Gemeint ist dagegen, daß „das Princip des synthetischen Verfahrens"[82] individuell ist. Dies war auch im *Brouillon* enthalten, was besonders in seiner Bestimmung der Phantasie als des kombinatorischen Vermögens artikuliert wurde. Dieses Prinzip wird nun als Gefühl und Selbstbewußtsein erklärt. Dies ist noch ein Beispiel der relativen strukturellen Nähe der Schleiermacherschen Gedanken zu Kants Erklärung der Erkenntnis und zu seiner funktionalen Bestimmung des Selbstbewußtseins. Vom Kantischen Modell trennt sich Schleiermachers Ansatz immer noch durch die Hervorhebung der individuellen Bestimmtheit der Erkenntnis.

Daß Schleiermacher nicht einfach Selbstbewußtsein und Gefühl identifiziert, macht seine Definition in § 207 des zweiten Teils der Güterlehre deutlich: „das bestimmte Selbstbewußtsein = Gefühl". Das Gefühl verhält sich zum Selbstbewußtsein wie eine Bestimmtheit desselben. Vom Gefühl unterscheidet er des weiteren „die echt synthetische Combination".[83]

---

81   Ebd. 301f.310ff.
82   Ebd. 302 § 165.
83   Ebd. 310.

Beide werden in § 208 auf folgende Weise erklärt: „Dies sind nicht zwei in der Realität getrennte Elemente. Denn jedes Gefühl ist das Resultat aus den äußeren Einwirkungen auf die Einheit des innern Princips, und jede Verknüpfung das Resultat aus dem innern Princip in das unbestimmt mannigfaltig Objective. Also verhält sich beides wie Passion und Reaction, welche beide immer zusammen sind".[84]

Die hier vorausgesetzte Beschreibung des Erkennens als Verbindung von Rezeptivität und Spontaneität des Subjekts, von Einwirkungen des im unbestimmten Sinn Objektiven und der bestimmenden, synthetisierenden Rückwirkung des Subjekts ist uns längst geläufig, ebenso die Beschreibung eines Gefühls als Wirkung der äußeren Affektion auf das Subjekt. Diese Beschreibung hat jedoch einen neuen Akzent erhalten: Bisher hat Schleiermacher dazu tendiert, die Rezeptivität des Vorgangs der Anschauung zuzuschreiben, dem Gefühl aber als Reaktion außerdem auch eine Spontaneität; von jetzt an tendiert er dazu, das Gefühl, wenn nicht wie hier als passiv, doch als *rezeptiv* zu kennzeichnen. Die auf diese Weise neu akzentuierte Beschreibung des Gefühls als Wirkung auf das Selbst muß als Entfaltung der im vorhergehenden Paragraphen geltend gemachten Definition eines Gefühls als einer *Bestimmtheit* des Selbstbewußtseins verstanden werden. Diese hat einen *emotionalen* Charakter: Statt vom bestimmten Selbstbewußtsein spricht Schleiermacher vom bewegten Selbstbewußtsein,[85] ebenso wie er auch von der Bestimmtheit des Gefühls durch Lust oder Unlust redet.[86] Die vorher dem Gefühl beigemessene Selbsttätigkeit wird nun als eine des Selbstbewußtseins begriffen.

Von da her wäre zu erwarten, daß das Selbstbewußtsein als das innere Prinzip der rückwirkenden Verknüpfung oder als das Bewußtsein davon expliziert wird. Diese Erwartung wird nicht im Haupttext dieses Manuskripts, dagegen in der Randbemerkung von 1816 erfüllt. Übrigens erkennt man in der Einheit des inneren Prinzips die oben erörterte Einheit oder Identität des Daseins als Subjekts wechselnder Zustände aus der Ethik von 1814/15 wieder, in deren Zusammenhang die Empfänglichkeit

---

84   Ebd.

85   WA 2, 267 §§ 28f.: „Jeder auch objective Act des Erkennens ist in der Realität verbunden mit einem bewegten Selbstbewußtsein, so daß wir ihn ohne dieses nicht für ursprünglich erzeugt, sondern für mechanisch nachgebildet halten" (dieser Satz ist eine Neuformulierung der einen Hälfte der Formeln des *Brouillon* und der *Reden* über die gegenseitige Verbundenheit der Anschauung und des Gefühls). „Das bewegte Selbstbewußtsein ist überall der Ausdruck der eigenthümlichen Art, wie alle Functionen der Vernunft und Natur Eins sind in dem besondern Dasein, und ist also ein jedem eignes und unübertragbares Erkennen, von welchen auch jeder alle Andern ausschließt". Vgl. auch ebd. 302 § 165.

86   Ebd. 318 §§ 249f.

und die Selbsttätigkeit des Subjekts ja auch unterschieden wurden und sein Identitätsbewußtsein von dieser her gedeutet wurde. Entsprechend sollte man hier die früher mit dem Gefühl verbundene Spontaneität dem Selbstbewußtsein zuschreiben.

Unter Synthesis kann der einzelne Verknüpfungsakt des Erkennens verstanden werden. Daß dieses dadurch jedoch nur unvollständig gefaßt wird, kommt in der Rede von der Synthese als Fortschreiten und Prozeß zum Ausdruck. Schleiermacher unterstreicht in § 215: „wirklich ist nur das beides, was auf einander folgt".[87] Er hat ja dafür einen besonderen Begriff, den Begriff des Übergangs, den er hier in der gleichen Bedeutung wie im *Brouillon* verwendet. Neu ist aber, daß das Gefühl und 1816 das Selbstbewußtsein als synthetisches Prinzip eben als Prinzip des Übergangs bestimmt wird.

Mit dem Gedanken von Subjektivität als einheitlichem Prinzip des Übergangs geht eine Erweiterung des Gebiets des Übergangs über das Theoretische hinaus einher und also ein entsprechender Aufstieg des im ursprünglichen Kantischen Begründungszusammenhang auf das erkennende Bewußtsein beschränkten Subjektivitätsbegriffs. Es kann hier an den Versuch der Fruchtbarmachung der Synthesislehre für die praktische Subjektivität im Selbstbewußtseinstext von 1793/94 erinnert werden. In § 209 des Textes zur Ethik von 1812/13 heißt es: „Zum synthetischen Prozeß gehört nicht nur der Uebergang von einem Act des Erkennens zum anderen, sondern auch von und zu bildenden Acten, indem diesen immer ein Erkennen als Prototyp vorangeht, so daß hier beide Functionen in einander und die bildende unter der erkennenden begriffen ist".[88] Schleiermachers allgemeine Hervorhebung des Zusammenhangs der sittlichen Funktionen wird hier von der Seite der theoretischen Funktion genauer bestimmt und konkretisiert. Der Zusammenhang wird dadurch begründet, daß der praktische, bildende Prozeß Erkenntnismomente umfaßt; „ein Erkennen als Prototyp" eines bildenden Aktes ist von Schleiermachers handlungstheoretischen Voraussetzungen her als ein Zweckbegriff zu verstehen.[89] Insofern ist dieser Prozeß denselben Bedingungen unterworfen wie der theoretische Prozeß.

Der Kommentar zu dieser Stelle, der 1816 am Rand des Manuskripts von 1812/13 nachgetragen wurde, ist seiner Kürze wegen schwer ver-

---

87   Ebd. 312.
88   Ebd. 311.
89   Vgl. ebd. 395.397. Die Pointe an der letztgenannten Stelle der Tugendlehre ist, daß das Erkennen als Resultat eines synthetischen Prozesses und d.h. als Resultat einer Handlung etwas Praktisches ist, das auf einem Zweckbegriff beruht: „auch dem eigentlichen Erkennen, inwiefern es successives Product ist, liegt ein solcher zum Grunde" (§ 39). Seine handlungstheoretischen Annahmen hat Schleiermacher erstmals in seinem Jugendentwurf „Über die Freiheit" entfaltet (vgl. oben 1.3.2.2).

ständlich, läßt sich jedoch in der Hauptsache verständlich machen. Er präzisiert das Kommentierte besonders an einem Punkt, nämlich dem Verhältnis zwischen Gefühl und Selbstbewußtsein. Der Kommentar besteht aus drei Sätzen: „Gefühl und combinatorisches Princip ist Eins. Denn zwischen jeden Moment tritt Selbstbewusstsein, weil sonst die Acte nicht zu unterscheiden wären. Beides unterscheidet sich nur wie das sich selbst gleiche und das durch den Gegenstand bestimmte Selbstbewusstsein".[90]

Die Einheit des Gefühls und des Prinzips im ersten Satz meint nicht ihre Identität, sondern allein ihre – auch in § 208 der älteren Fassung des Textes hervorgehobene – nur durch Abstraktion zu trennende Zusammengehörigkeit. Beide werden im dritten Satz durch Unterscheidung definiert. Die Verständnisschwierigkeiten knüpfen sich vorwiegend an den die Einheit der zwei Elemente begründenden oder explizierenden zweiten Satz. Jedenfalls scheint der einzelne Moment in Übereinstimmung mit der Theorie vom *Brouillon* dem Begriff des Gefühls und die Rede vom Zwischentreten des Selbstbewußtseins den Begriffen der Synthesis und des Übergangs zu entsprechen.[91]

Der dritte Satz ist klar und der entscheidende in unserem Zusammenhang. Daß das Gefühl das durch den Gegenstand bestimmte Selbstbewußtsein ist, stimmt mit der Begriffsbestimmung von 1812/13 überein. Über diese hinausgehend, wird das synthetische Prinzip nun direkt als *Selbstbewußtsein*, und zwar im Unterschied zu den durch anderes bestimmten wechselnden Gefühlsmomenten als *das sich selbst gleiche* Selbstbewußtsein namhaft gemacht. Dies ist das Selbstbewußtsein, das durch die verschiedenen Momente hindurch identisch bleibt, das Bewußtsein der Identität des Subjekts in den wechselnden Bestimmtheiten. Die Synthese, von der die Rede ist und die durch die Identität bedingt ist, ist im Kontext die Synthese besonders des Übergangs zwischen erkennenden Akten und auch bildenden Akten. Die These, daß das sich selbst gleiche Selbstbewußtsein das synthetische Prinzip des Erkennens ist, stellt eine Weiterführung der Formel im *Brouillon* von der Einheit des Bewußtseins als Einheit in der Sukzession dar. Damit sind wir wiederum in die Nähe der Kantischen erkenntnis- und subjektivitätstheoretischen Hauptthese und zu einer Art Konklusion der bisherigen Analyse gelangt.

---

90 WA 2, 311 Anm. 2.
91 In der ersten Auflage der Glaubenslehre wird dieselbe Wendung synonym mit dem Ausdruck Übergang verwendet (KGA I/7.2, 121f.). Siehe auch KGA II/10.2, 564,22; I/11, 671,34; vgl. Eberhard, Theorie 28, wo die ähnliche Ausdrucksweise jedoch auf eine Unterbrechung des Zusammenhangs der Vorstellungen bezogen wird.

6.3.4. Die *Einheit des Lebens*

Das Manuskript von 1816/17 behandelt andere aus der philosophischen Ethik vom *Brouillon zur Ethik* an bekannte Aspekte des Subjektivitätsgedankens Schleiermachers. Eine zentrale Aufgabe der relevanten Teile ist es, *Einheit des Bewußtseins* im zweiten Sinne im *Brouillon, Gefühl* und *Selbstbewußtsein* in ihren Beziehungen aufeinander zu bestimmen. Schleiermachers Darstellung erreicht darin nur eine relative Klarheit. Gleichzeitig entwickelt er besonders die Begriffe der Bewußtseinseinheit und des Selbstbewußtseins weiter. So wird in diesem Zusammenhang zum ersten Mal im Spätwerk der Gedanke von einem *unmittelbaren* Selbstbewußtsein formuliert.[92]

Indem wir zu dieser letzten eigenen Bearbeitung der Güterlehre Schleiermachers weitergehen, müssen wir uns erinnern, daß er die erkennende sittliche Funktion inzwischen als *symbolisierend* umbenannt hat, was in den ersten Manuskripten nur der Name für die Darstellung der Erkenntnis in Sprache oder Gebärde war. Die ganze erkennende Tätigkeit der Vernunft im Ineinander von Vernunft und Natur wird in dem Sinne so genannt, daß die Vernunft als von diesem Ineinander verschieden darin erkannt wird.[93] Gleichbedeutend spricht Schleiermacher jetzt auch von der *bezeichnenden* Tätigkeit.[94]

Nun ist es eigentlich nicht zulässig, vom Begriff der Einheit des Bewußtseins in dieser Version der Ethik zu sprechen. Er kommt hier nicht wörtlich vor. Was ist indessen aus diesem Zentralbegriff der Theorie des subjektiven Erkennens im *Brouillon* in den späteren Entwürfen der Ethik geworden? 1812/13 tritt er nur nebenbei auf,[95] die Begriffe von der Einheit des inneren Prinzips, von der Einheit des Daseins und von der Sichselbstgleichheit des Selbstbewußtseins hier und in den folgenden Jahren können aber in Affinität zu ihm gesehen werden. In der Ethik von 1816/17 kommt noch ein ähnlicher Begriff hinzu, der Begriff *der Einheit des Lebens*, der in diesem Entwurf der Ethik ebenso wichtig ist wie jener Begriff in der frühen Vorlesung. Dieser Begriff, der sporadisch in der frühen Vorlesung vorkommt,[96] entspricht, wie er 1816 verwendet wird, teilweise dem Begriff der durchgängigen Einheit des Bewußtseins. Es darf also behauptet

---

92 Die spätere philosophische Ethik Schleiermachers ist in der Literatur öfter behandelt worden, die jedoch in subjektivitätstheoretischer Hinsicht nicht zu befriedigenden Interpretationsergebnissen gekommen ist; vgl. zu diesem und folgendem Abschnitt Niebuhr, Religion 121ff.; Stalder, Grundlinien 227ff.; Jørgensen, Offenbarungsverständnis, bes. 72ff.

93 WA 2, 563 § 4: „eines ist des andern Symbol, insofern beides verschieden in dem einen das andere erkannt wird".

94 Vgl. ebd. 570 § 23.

95 Ebd. 303 § 167.

96 Siehe oben Anm. 55.

werden, daß der Begriff der Einheit des Lebens ein Nachfolger des Begriffs der Einheit des Bewußtseins und insofern nicht eigentlich neu ist. Über die *bestimmte* Form der Einheit – die Einheit des Lebens –, die von der Weiterführung der *zweiten* Version des älteren Begriffes her leicht verständlich ist, hinaus unterscheidet sich der neue Begriff vom älteren außerdem durch die Verwendung des Begriffs des *Lebens* anstelle desjenigen des *Bewußtseins*.

Die partielle Kontinuität kann vorläufig durch § 52 der Güterlehre veranschaulicht werden, der vom Setzen einer Einheit des Lebens eines einzelnen als individueller Verfassung seines Bewußtseins auf das entsprechende Gebiet des Erkennens als Gefühl schließt: „Sofern daher in jedem Einzelwesen eine ursprünglich verschiedene Einrichtung des Bewußtseins gesetzt ist, welche die Einheit seines Lebens bildet, ist auch in jedem ein eignes und abgeschlossenes Bezeichnungsgebiet der Erregung und des *Gefühls* gesetzt".[97] § 53 fügt dem Begriff des Gefühls den des Selbstbewußtseins hinzu.

Um den Gedanken der Einheit des Lebens zu verstehen, setzen wir mit ein paar Bemerkungen zu Schleiermachers Individualitätsbegriff ein, wie er im Manuskript von 1816/17 bestimmt wird. Schleiermachers Begriff der Lebenseinheit ergibt sich von seiner Bestimmung dieser Einheit her als eine besondere Art der Individualität. Es ist jedoch nicht der Individualitätsbegriff als solcher, der uns interessiert, sondern es sind die anderen Begriffe – wie Einheit und Selbstbewußtsein –, die dadurch in der Ethik artikuliert werden, aber nicht an diesen Begriff gebunden sind; so werden wir andernorts entsprechende Bestimmungen mit Bezug auf die allgemeine Subjektivität appliziert finden.

Schleiermacher nimmt kritisch modifizierend die Leibnizsche Monadenlehre auf.[98] Individualität definiert er als *begriffsmäßige* Verschiedenheit.[99] Die Dialektik von 1814/15 beruft sich dafür explizit auf Leibniz' *principium identitatis indiscernibilium*.[100] Schleiermachers Definition muß von Leibniz' Aufhebung sowohl der logischen als auch der metaphysischen Inkommensurabilität von Begriff und Individuum her verstanden werden. Sie kommt in dessen Gedanken von der *notion individuelle* zum Ausdruck.[101] Ein individueller Begriff ist ein vollständig determinierter Begriff, der alle Prädikate des Subjekts, alle eine individuelle Substanz definierenden Eigenschaften enthält. Ein solcher ist nur der Erkenntnis

---

97 WA 2, 589.
98 Zu dieser siehe Borsche, Individuum, Individualität. III, HWPh 4 [1976] 310-323, dort 310f.
99 WA 2, bes. 541 § 77; 565 § 8.
100 KGA II/10.1, 123 § 186.1. Dazu Reuter, Einheit 146ff.
101 Leibniz, Discours § 8.

Gottes, nicht der des Menschen möglich, dem das Individuelle also letztlich undefinierbar bleibt. Wenn Schleiermacher vom Menschen sagt, „daß der Begriff eines jeden, sofern ein solcher vom Einzelnen vollendet werden kann, ein anderer ist",[102] und die begriffsmäßige Verschiedenheit als „Einheit des Allgemeinen und Besondern" erklärt,[103] geht es wohl um Nachklänge dieser Gedanken Leibniz'.

Mit dem Gedanken von dem Begriff, der auf diese Weise die Eigenschaften der einzelnen Substanz erschöpft, verbindet Leibniz den Satz von der Identität des Ununterscheidbaren: Es gibt nicht zwei Substanzen, die völlig gleich und nur numerisch verschieden sind.[104] Damit geht der Charakter der Monade, rein *innerlich* zu sein, einher: Sie ist keinen Einflüssen anderer Substanzen ausgesetzt; die einzigen Veränderungen, denen sie unterworfen ist, sind Perzeptionen, die sie nach einem inneren Prinzip macht. Schleiermachers Gedanke der begriffsmäßigen Verschiedenheit läßt sich damit vergleichen: „Begriffsmäßig, d. h. nicht nur, weil sie in Raum und Zeit andere sind, sondern so, daß die Einheit, aus welcher das im Raum und Zeit Gesetzte sich entwickelt, verschieden ist".[105] Die Bestimmtheit in Raum und Zeit beruht auf äußerlichen Verhältnissen. Von ihr als einer quantitativen Verschiedenheit unterscheidet Schleiermacher Eigentümlichkeit oder Individualität als eine qualitative. Die begrifflich bestimmte Verschiedenheit beruht auf Eigenschaften, die rein innerlich sind. Zur zitierten Erklärung der Individualität wird hinzugefügt, daß sie „nicht etwa nur geworden ist durch das Zusammensein mit Verschiedenem, sondern innerlich gesetzt".[106] So ist die menschliche Individualität weniger „das Resultat äußerer Verhältnisse [...] als eines innern Princips".[107] Ungeachtet dieser Ähnlichkeit mit einer Leibnizschen Monade, sind jedoch nach Schleiermacher Äußeres und Inneres ontologisch gleichwertig.[108] In Übereinstimmung damit betont er, daß die individuelle und die raum- und zeitbedingte Verschiedenheit in der menschlichen Person genau zusammenhängen.[109]

Indem dieser Begriff der Individualität auf das Lebendige bezogen wird, wird der Begriff der *Einheit des Lebens* gebildet. Dieser kann folglich

---

102 WA 2, 565 § 8.
103 Ebd. 578 § 36.
104 Leibniz, Discours § 9, vgl. ders., Monadologie § 9. Zum folgenden ebd. §§ 1ff.
105 WA 2, 565 § 8.
106 Ebd.
107 WA 2, 604 § 71.
108 Der spätere Schleiermacher distanziert sich von Leibniz, insofern dieser Spiritualist ist; siehe KGA II/10.1, 46,7ff.
109 WA 2, 604 § 71.

als der Begriff der Individualität eines Lebendigen oder der innerlichen Einheit eines solchen definiert werden. Ebenso wie Individualität dem Menschen schon als Naturwesen und folglich nicht ihm allein zukommt, kann der Begriff der Lebenseinheit für anderes Lebendiges als nur für menschliche Wesen verwendet werden.[110] Interessant sowohl für eine Ethik als auch für eine Theorie des subjektiven Erkennens ist indessen die nicht nur natürliche Eigenschaften einschließende, vernunftbedingte und spezifisch menschliche Individualität, und besonders auf diese bezieht Schleiermacher den Gedanken der Lebenseinheit, und zwar sowohl auf den einzelnen als auch auf die Menschheit.[111]

Inwiefern ist hier von *Einheit* die Rede? Die Einheit meint eine Ganzheit und Einfachheit, die dem Individuum als einem inneren zukommt. Das menschliche Individuum hat als solches – wie eine Monade – keine Teile.[112] Mit anderen Worten: Einheit hat den Sinn von Einmaligkeit und drückt die Unhintergehbarkeit und Irreduzibilität der Individualität aus – würde das Eine geteilt, würde es nicht mehr um dasselbe Individuum gehen. Das heißt auf der anderen Seite, daß die Einheit des Lebens nicht die interne Strukturiertheit des Individuellen ausschließt. Für die einzelnen Teile, die der Einheit des Lebens insofern zugeschrieben werden können, gebraucht Schleiermacher den Begriff der Funktion.[113] Insofern ist die Einheit des Lebens *eine Einheit von Funktionen*.[114]

Wir sind nun im Stande, das Verhältnis zwischen individueller Verfassung des Bewußtseins und Einheit des Lebens des einzelnen im schon zitierten Paragraphen 52 zu verstehen. Jene Struktur des Bewußtseins wird als nicht auf den Funktionen des Bewußtseins, wie sie in allen Individuen gleich sind, beruhend erklärt, sondern als in der unterschiedlichen Art liegend, „wie die mannigfaltigen Functionen desselben zu einem Ganzen verbunden sind, d. h. in der Verschiedenheit ihres Verhältnisses unter sich in der Einheit des Lebens".[115] § 52 ist also so zu verstehen, daß die Einrichtung des Bewußtseins mit der Lebenseinheit identisch ist.[116] Insofern kann man die Einheit des Lebens die Einheit des Bewußtseins nennen und sie zu Recht als Nachfolger des in diesem Begriff im *Brouillon zur Ethik* Gedachten betrachten. Warum wird der *Bewußtseins*begriff aber

---

110 In der Ethik von 1814/15, wo der Begriff der Einheit des Lebens nicht vorkommt, ist mit Bezug auf das tierische Leben von einer Einheit des Daseins die Rede (ebd. 432 § 10).

111 Ebd. 576 § 33; 590 § 54.

112 Ebd. 576 § 33, vgl. ebd. 589 § 52; Leibniz, Monadologie § 1: Die Monade ist „*simple,* c'est à dire, sans parties".

113 WA 2, 576 § 33.

114 Ebd. 583 § 43.

115 Ebd. 587 § 50.

116 Vgl. ebd. 583 § 43.

durch den *Lebens*begriff ersetzt? Eine mögliche Antwort ist die, daß die Einheit des Lebens nicht nur die Einheit des Bewußtseins ist, nicht einmal wenn es um die menschliche Einheit des Lebens geht. Schleiermacher bezieht den Begriff der Lebenseinheit auch auf die *praktische* Vernunfttätigkeit, von deren Einheit er die Einheit der theoretischen Tätigkeit als eine des Bewußtseins unterscheidet.[117] Dies muß jedoch nicht der Kontinuität Abbruch tun. Das Einheitsprinzip ist ja inzwischen als Prinzip des Übergangs vom theoretischen auf den praktischen Zusammenhang übertragen worden.

Noch eine Bestimmung Schleiermachers ist hier anzuführen, die sowohl Kontinuität als auch Weiterentwicklung einschließt: seine Bestimmung des Verhältnisses zwischen der *Einheit* und dem *Ich* in § 53. Wurden im *Brouillon* Bewußtseinseinheit in ihrer zweiten Bedeutung und Ich identifiziert, werden Lebenseinheit und Ich nun unterschieden: Das Ich ist zwar die Einheit des Lebens, aber nicht auf ursprüngliche Weise als „der identische Grund" der subjektiven Momente, sondern als „das Gemeinschaftliche von diesen".[118] Das heißt, daß das Ich auf Vergleichung beruht und in Beziehung auf die Lebenseinheit als solche einen nachträglichen Charakter hat. Mit dem Begriff des Ich verbindet Schleiermacher also die Selbigkeit im Sinne der bloßen Einerleiheit des Selbst. Diese Definition des Ichbegriffs ist neu in seiner Ethik.[119] Sie bleibt auch nicht alleinbestimmend in seinem späteren Werk.

6.3.5. Gefühl als unmittelbares Selbstbewußtsein

Obwohl eine exklusive Beziehung zwischen der Lebenseinheit und der individuellen theoretischen Funktion nicht vorliegt, besteht eine besondere Relation zwischen ihnen. Das Verhältnis des Gefühls und des Selbstbewußtseins zur Einheit des Lebens ist ein Hauptthema von § 52 und von § 53. Diese wichtigen Paragraphen werden vorbereitet durch § 33, auf den sich der unter anderem das Verhältnis von Gefühl oder Selbstbewußtsein und Ich betreffende § 54 deutlich zurückbezieht, der so das Vorliegen des durch § 33 einerseits und durch §§ 52-53 und also auch § 54 andererseits gebildeten Argumentationszusammenhangs bestätigt.

In § 33, der von der inneren Begrenzung der bezeichnenden Funktion handelt, ist eine in der Erklärung dazu zu findende Bemerkung zur Frage des epistemischen Status der Einheit des Lebens wichtig:

---

117 Vgl. ebd. 587ff. §§ 50-52, mit ebd. 581ff. §§ 42f.
118 Ebd. 590.
119 Vgl. ebd. 176.264.

„Das schlechthin Innere des Menschen auch als Ineinander von Vernunft und
Natur (nicht etwa nur die abstrahirte bloße Vernunft) ist, eben weil es auf
keine Weise ein Aeußerliches ist, sondern nur ein solches hat, auch nie selbst
Symbol, sondern kann nur Symbole suchen oder hervorbringen. Nur inwiefern es getheilt ist, kann der Theil Symbol des Ganzen sein. Die innerste Einheit des Lebens als solche ist nicht Gegenstand für das Bewußtsein weder im
Ganzen als Menschheit noch im Einzelnen als Ich. Beides kann an sich nur
vorausgesezt, und alles andere darauf bezogen werden".[120]

Die erste Hälfte dieser Erklärung verweist im Blick auf jene Frage auf die
monadologische Stellung und Verfassung der individuellen Einheit des
Lebens des Menschen: Wegen ihrer Innerlichkeit und Einfachheit kann sie
nicht Symbol sein.[121] Sodann werden von hier aus Hinweise zur epistemi-
schen Zugänglichkeit der Einheit gegeben: Sie kann Symbole bilden; d.h.
solche, die sie symbolisieren. „Als solche" kann die Einheit aber „nicht
Gegenstand für das Bewußtsein" sein; an dieser Stelle unterscheidet
Schleiermacher nicht wie in § 53 Lebenseinheit und Ich. Der Begriff der
Voraussetzung könnte ohne Betonung oder, wie an anderen Stellen im
Spätwerk Schleiermachers, mit einer pointierten Bedeutung auftreten.[122]

Kehren wir zu § 52 zurück. Dieser Paragraph macht die *Einführung des
Begriffs des Gefühls* als der individuellen Art des Bezeichnens oder Erkennens in dieser Version der Ethik aus. Die Einführung verläuft also nicht
mehr einfach über die Unterscheidung von der Wahrnehmung. Diese
neue Verwendung des Begriffs ist pointierter als die frühere und spiegelt
wieder, daß das Gefühl – ohne daß sein Begriff mit einem veränderten
Gehalt versehen wird – mit dem Selbstbewußtsein zusammen eine *hervorgehobenere subjektivitätstheoretische Stellung* erhält. Diese Stellung beruht
nach dem mit § 33 gebildeten Zusammenhang auf der Funktion, die es mit
Bezug auf die Einheit des Lebens hat.

Die in der Erklärung zum Paragraphen 52 gegebene Bestimmung des
Gefühlsbegriffs resümiert einige bekannte Gedanken: Gefühl ist „wie der
Gedanke Ausdruck der Vernunft in der Natur", „eine in der Natur gewordene Lebensthätigkeit, aber nur durch die Vernunft geworden". Schleiermacher schließt darin selbst ein leibliches Gefühl ein, „wenn es nur als ein
menschliches und als ein ganzer Moment des Gefühls gesezt wird".[123] Wie
solche Beschreibungen zu verstehen sind, kann von der entfalteteren
Darstellung im *Brouillon zur Ethik* her ermittelt werden: Ein Gefühl ist eine
Bestimmtheit der subjektiven Seite des sinnlichen Elements der Erkennt-

---

120 Ebd. 576.
121 An demselben Ort der vorhergehenden Version der Güterlehre ist entsprechend vom
     schlechthin Inneren des Menschen als Vernunft die Rede (ebd. 433 §§ 12f.).
122 Siehe unten besonders 10.3.3.
123 WA 2, 589.

nis, das an sich keine epistemische Qualität besitzt, durch die Vernunft. Insofern ist Gefühl Erkenntnis, subjektive Erkenntnis. In der Fortsetzung der Erklärung des Paragraphen wird diese Art der Erkenntnis weiter ausgeführt. Erstens wird das Gefühl im Gegensatz zum gegenstandsbezogenen Gedanken als *reines Insichzurückgehen* und also als reine Subjektivität beschrieben. Zweitens wird im Rückgriff auf den vorhergehenden Paragraphen die Individualität des Gefühls stark hervorgehoben, indem behauptet wird, daß bei der Vollkommenheit des Gefühls – wiederum im Gegensatz zum Gedanken – „auch an derselben Stelle und unter denselben Umständen kein anderer eben so fühlen würde".[124] In diesem Sinn drückt das Gefühl mit Schleiermachers Begriff das *Fürsichgesetztsein* des einzelnen aus. Diese Art des Erkennens kann nicht „im Bewußtsein der Anderen nachgebildet werden" und ist also eine unübertragbare.[125]

Aus diesen beiden Punkten ist für uns der erste der wichtigste, weil er unmittelbar die erhöhte Bedeutung des Gefühlsbegriffs als Subjektivitätsbegriffs betrifft. Das reine Insichzurückgehen des Gefühls wird durch die folgende Bestimmung näher erklärt: „jedes Gefühl geht immer auf die Einheit des Lebens, nicht auf etwas Einzelnes. Alles Mannigfaltige und auf einzelnes Bezogene, was darin herausgehoben wird, ist nicht mehr das unmittelbare Gefühl selbst".[126] Der abgrenzende Verweis auf eine nachträgliche vereinzelnde Betrachtung nimmt § 33 auf. Die Frage ist, wie die Korrespondenz der beiden Paragraphen oder mit anderen Worten die Richtung jedes Gefühls auf die Einheit des Lebens zu verstehen ist. Die naheliegendste Interpretation scheint zu sein, daß das Gefühl, das als Erkenntnisfunktion in Betracht gezogen wird, als das Innewerden der Einheit gefaßt wird. Diese Interpretation wird vom Paragraphen 54 untermauert, wo vom „Gefühl des Menschseins als einer bestimmten Einheit des Lebens" gesprochen wird.[127] Die Lebenseinheit wäre also dem Gefühl zugänglich.

Wie § 52 den Begriff des Gefühls, führt § 53 den Begriff des Selbstbewußtseins ein, der in der Ethik von 1816/17 nicht vorher vorkommt. Und zwar greift der Paragraph das Selbstbewußtsein als das individuellste und unübertragbarste Erkennen auf, nämlich als „das in dem Leibe jedes einzelnen Menschen eingeschlossene und durch ihn vermittelte Bewußtsein",[128] d.h. als körperlich situiertes Selbstbewußtsein.

Die Erklärung begründet die Hinzufügung dieses Begriffs zum Begriff des Gefühls vorerst durch die Bestimmung des *Gefühls als Selbstbewußt-*

---

124 Ebd.
125 WA 2, 588.
126 Ebd. 589.
127 Ebd. 590.
128 Ebd. 589.

seins. Schleiermacher geht also davon aus, daß ein Gefühl eine bewußte Selbstbeziehung ist. Dies scheint die Auslegung der Richtung eines Gefühls auf die Lebenseinheit in der Erklärung zum vorhergehenden Paragraphen zu bestätigen. Weiter werden Gefühl und Selbstbewußtsein vom objektivierenden Bewußtsein unterschieden: „Selbstbewußtsein nemlich ist jedes Gefühl. Denn jedes Bewußtsein eines anderen wird Gedanke".[129] Daß die Umkehrung: jedes Selbstbewußtsein ist Gefühl, nicht zutrifft, geht aus der Fortsetzung hervor: „Aber auch nur unmittelbares; denn das mittelbare, in dem wir uns selbst wieder Gegenstand geworden sind, wird Gedanke, und ist nicht übertragbar".[130] Mit Bezug auf diese wichtige Aussage soll vorläufig nur das Verhältnis zwischen unmittelbarem Selbstbewußtsein und Selbstbewußtsein als solchem deutlich gemacht werden. Daß sie von unmittelbarem Selbstbewußtsein spricht, wo vergleichbare Stellen der früheren Texte zur Ethik und auch der gegenwärtige Paragraph selbst den Begriff des Selbstbewußtseins überhaupt verwenden, scheint den synonymen Gebrauch der beiden Begriffe nahe zu legen. Dies wird durch den Inhalt der Aussage bestätigt und präzisiert: Das Selbstbewußtsein, das ein Gefühl und als solches unmittelbar ist, ist das ursprüngliche Selbstbewußtsein. Das geht aus dem Hinweis auf ein anderes Selbstbewußtsein hervor, der dieses als mittelbar in dem Sinne, daß wir uns darin *wieder* Gegenstand geworden sind, kennzeichnet. *Unmittelbar* wird also das Selbstbewußtsein in seiner *primären Selbstbezogenheit* bezeichnet.

Die Fortsetzung der Erklärung des Paragraphen nimmt einen möglichen Einwand auf. Die Bestimmung des Gefühls als unmittelbares Selbstbewußtsein stellt die Begründung der Einordnung des Selbstbewußtseins als des unübertragbarsten Erkennens dar. Der Einwand lautet, daß nicht „das ganze Selbstbewußtsein des Menschen als Eines", sondern „sein eignes Gefühl", „der einzelne auf bestimmte Weise bewegte Moment" das Unübertragbarste sei.[131] Schleiermachers Erwiderung weist darauf hin, daß die einzelnen, momentanen Gefühle in der Einheit des Lebens jedes Menschen begründet und losgerissen von ihr weniger unübertragbar sind: „so gewiß der Mensch Einer ist, gehen alle Momente des Gefühls in ihm hervor aus derselben besonderen Einheit des Lebens"; sie „ist der identische Grund alles Eigenthümlichen in allen auf einander folgenden Gefühlsmomenten".[132]

Im Verhältnis zum bisherigen Gedankengang stellt dies eine Präzisierung dar. Wurden zuerst Gefühl und unmittelbares Selbstbewußtsein eng aufeinander bezogen, werden sie nun unterschieden. Die Unterscheidung

---

129 Ebd.
130 WA 2, 589f.
131 Ebd. 590.
132 Ebd.

betrifft das Verhältnis zur Einheit des Lebens: Es ist nicht so sehr das Gefühl als das Selbstbewußtsein, worin wir uns auf diese beziehen. Ist also sichtbar, daß das unmittelbare Selbstbewußtsein eine besondere Affinität zur Einheit hat, bleibt jedoch unklar, wie die Beziehung zu verstehen ist. Es scheint, daß sie auf der besonderen Einheit des Selbstbewußtseins beruht. Im übrigen erkennen wir in der Distinktion zwischen den Gefühlen als bestimmt, bewegt und momentan und dem Selbstbewußtsein als ganz- und einheitlich frühere Unterscheidungen Schleiermachers wieder.

In Übereinstimmung mit Schleiermachers Differenzierung von Lebenseinheit und Ich unterscheidet er in § 53 auf der epistemischen Ebene: Wie die Einheit des Lebens dem Subjekt im Gefühl oder im unmittelbaren Selbstbewußtsein inne wird, so ist die dem *Ich* entsprechende Erkenntnisart der *Gedanke*. Ichbewußtsein ist also vermitteltes, gegenständliches Selbstbewußtsein. § 54, der an die in § 33 vorgenommenen Unterscheidung zwischen der Lebenseinheit als Ich des einzelnen und als Menschheit anknüpft, formuliert die These, daß das Gefühl immer vom Ichgedanken begleitet wird: „Kein einzelnes Gefühl ist eben wegen seiner Unübertragbarkeit ohne den zusammenhaltenden Gedanken des Ich, der in allen völlig derselbe ist und auf dieselbe Weise vollzogen, denn die persönliche Verschiedenheit ist darin ihrem Inhalte nach nicht gesezt".[133] Dies wird nach der Devise der Ethik von der Relativität der Gegensätze bloß dadurch begründet, daß das Unübertragbare nur durch den Ichgedanken als gemeinschaftlich sittlich ist.

Die analysierten Bestimmungen der Ethik von 1816/17 sind uns noch auf andere Weise bedeutsam. Diese Fassung der Güterlehre zeichnet sich dadurch aus, daß der Gedanke der Selbstbeziehung als Gefühl und auch als Selbstbewußtsein nicht allein durch Unterscheidung von der Anschauung und dem gegenständlichen Bewußtsein, sondern im Zusammenhang weiterer Bestimmungen introduziert wird. Schleiermachers oft wiederholte Rede vom Auseinandertreten von Anschauung und Gefühl, von Subjekt und Objekt ist als solche in subjektivitätstheoretischer Hinsicht ungenügend. So mußten wir bisher offen lassen, um welche Art des Bewußtseins es nach Schleiermacher auf der subjektiven Seite geht, und von welcher Erkenntnisstruktur das vom eigentlichen Objektbewußtsein als einem höherstufigen Bewußtsein unterschiedene eigentliche subjektive Bewußtsein ist. Schleiermachers neuer, im folgenden zu analysierender Begriff eines unmittelbaren Selbstbewußtseins versucht, diesem Mangel abzuhelfen.

---

133 Ebd.

II.C. Religion und Metaphysik nach dem Spätwerk

7. Metaphysik

Wie in Teil II.A begeben wir uns in Teil II.C auf ein intensiv bearbeitetes Gebiet der Forschung, in dem die Untersuchung wiederum ihre Leistungsfähigkeit zu bewähren hat. Sie wird versuchen, dies zu tun, indem sie einer manifesten Tendenz, die sich hier in der Schleiermacher-Diskussion und -Interpretation ausgeprägt hat, entgegentritt. Von Hegels Kritik und Feuerbachs Usurpation Schleiermachers über die dialektische Theologie bis zu Wolfhart Pannenberg ist die Tendenz zu beobachten, das Spätwerk Schleiermacher dahingehend kritisch zu würdigen, daß es auf *Subjektivismus*, auf *Reduzierung der Theologie auf Religion*, auf die *Preisgabe der Religion an die Beschränktheit und Zwiespältigkeit des subjektiven Bewußtseins* hinauslaufe. Diese Tendenz ist freilich nicht unwidersprochen geblieben; exemplarisch sei auf Emanuel Hirschs Beitrag hingewiesen.[1]

Ich werde mich vorrangig mit der einflußreichen Schleiermacher-Interpretation von *Falk Wagner* auseinandersetzen.[2] Wagners Interpretation stellt eine raffinierte Variante dar, die in der Form einer die angeblichen Aporien Schleiermachers mit anderen theoretischen Mitteln lösenden Rekonstruktion, an dessen eigenen Thesen gemessen, destruktive Konsequenzen zieht. Zunächst soll als Gegenthese zu Wagner[3] nachgewiesen werden, daß der späte Schleiermacher über eine Metaphysik im Sinne einer Philosophie des Absoluten verfügt.

Die vom späten Schleiermacher in systematischer Form konzipierte Metaphysik kann *cum grano salis* als Explikation der in den *Reden* vorausgesetzten impliziten Metaphysik, d.h. als Entfaltung des Gedankens vom Unendlichen als Bedingung des Verstehens des Endlichen und als Bedingung des Endlichen selbst, und auch als Weiterführung von noch früheren metaphysischen Ansätzen Schleiermachers angesehen werden. Die be-

---

1 Hirsch, Geschichte, Bd. V, Kap. 51. Daß gerade Pannenberg der genannten Tendenz folgt und hier die kritische Seite seiner Rezeption der *Reden* (siehe oben 4.3.4) verschärft weiterführt, ist um so bemerkenswerter, als der späte Schleiermacher mit Bezug auf Religion, Theologie und Metaphysik ihm teilweise näher kommt; vgl. Grove, Kritik.

2 Wagner, Dialektik. Zur Dialektik Schleiermachers liegt eine umfassendere Literatur hohen Niveaus vor als zur Ethik. Neben Wagner, der die systematische Interpretation der Dialektik erst richtig eingeleitet hat und neben allem Kritikbedürftigen wichtige Einsichten eröffnet, verdienen in unserem Zusammenhang besonders Reuter, Einheit, und Arbeiten von Andreas Arndt Hervorhebung.

3 Siehe Wagner, Dialektik, 274 u.a.

treffende Metaphysik stellt seine eigene Transzendentalphilosophie dar
und bildet mit anderen späteren Theorien – nicht zuletzt der Religionstheorie – zusammen gewissermaßen das Hauptergebnis seines Philosophierens seit dem Anfang seiner Kant-Rezeption. Sie ist Bestandteil der
Disziplin, die er *Dialektik* nennt und die aufgrund ihrer Form und Thematik zu den am schwierigsten interpretierbaren Stücken in seinem Werk
gehört. Die Dialektik kann vorläufig als Schleiermachers Theorie des Denkens, das Wissen ist oder werden soll, gekennzeichnet werden.[4] Als solche
hat sie als Thema das objektive Erkennen. Darin berührt sie sich mit der
in Schleiermachers philosophischer Ethik enthaltenen Theorie der identischen Erkenntnis. Wenn man von Hinweisen besonders im *Brouillon zur
Ethik*, der vor dem Entwurf der Dialektik geschrieben wurde, absieht, so
kann man die beiden Disziplinen so auseinander halten, daß die Ethik das
objektive Bewußtsein ohne Berücksichtigung der Geltungsfrage behandelt, dagegen die Dialektik die Geltungsfrage explizit aufgreift und sich
folglich mit der metaphysischen Frage befaßt.

Die Dialektik ist allerdings nicht nur als Metaphysik, sofern sie nach
einer absoluten Einheit und Ganzheit fragt und eine philosophische Theologie entwirft, für unsere Untersuchung bedeutsam. Die metaphysische
Darstellung entfaltet erkenntnis- und bewußtseinstheoretische Annahmen,
die systematische Voraussetzungen von Schleiermachers Begriff des
Selbstbewußtseins darstellen, und enthält auch aufschlußreiche und die
philosophische Ethik ergänzende Aussagen über die Subjektivität. Die
metaphysische Problematik macht die Dialektik zugleich religionstheoretisch interessant, und zwar nicht allein durch explizite Erläuterungen zum
Religionsthema, sondern auch indirekt, indem sie durch den dialektischen
Nachweis der Grenzen des metaphysischen Denkens der Religion Platz
schafft – ein gewissermaßen Kantisches Vorhaben.[5]

Die philosophische Konzeption, in der dies alles durchgeführt wird,
kann als eine frühromantische in dem früher bestimmten Sinn,[6] als *frühromantische Transzendentalphilosophie* aufgefaßt werden. Nirgendwo anders
im Werk Schleiermachers als in der Dialektik wird ebenso deutlich, daß
er einen romantischen Standpunkt vertritt.

---

4   Vgl. SW III/4.2, 8 Anm. **, mit KGA II/10.1, 76 § 13; 90 § 86.
5   Vgl. KrV B, XXX.
6   Siehe oben S. 161ff.

7.1. Schleiermachers Dialektik

7.1.1. Zur Textgrundlage

Obwohl die Dialektik als philosophische Disziplin erst 1811 und zwar plötzlich im Korpus der Vorlesungen Schleiermachers auftritt,[7] war sie nicht unvorbereitet; so erklärt Schleiermacher, daß sie „mir lange im Kopfe spukt".[8] Dies kann nicht nur durch die *Reden* belegt werden. Auch als Disziplin wird sie nicht unvermittelt eingeführt. Hier sind Schleiermachers *Grundlinien einer Kritik der bisherigen Sittenlehre* von 1803 zu nennen, wo Überlegungen auftreten, die in der Dialektik Entsprechungen haben.

Über Dialektik hat Schleiermacher 1811, 1814/15, 1818/19, 1822, 1828 und 1831 gelesen. Es sind mit Bezug auf alle Vorlesungen Manuskripte überliefert, zu denen eine unvollständige Einleitung von 1832/33 hinzukommt.[9] Außerdem liegen Notizhefte[10] und in den Ethikeinleitungen mitgeteilte Lehnsätze aus der Dialektik vor.[11] Schleiermachers Texte werden ergänzt durch Zuhörernachschriften, besonders durch solche der Vorlesung von 1811[12] und der von 1818/19, deren große Zuverlässigkeit durch den Vergleich von verschiedenen Nachschriften[13] erwiesen ist, sowie eine Nachschrift der Vorlesung von 1822.[14]

Im folgenden wird das genannte Textmaterial berücksichtigt, aber vorrangig Schleiermachers Heft von 1814/15 zugrunde gelegt.[15] Ihm kommt ein besonderer Rang zu: Es enthält die am vollständigsten vorliegende Fassung der Dialektik. Schleiermacher hat sie für den Druck ausgearbeitet, und die folgenden Vorlesungen knüpfen in Gestalt von Notizen dazu direkt oder wenigstens indirekt an diesen Text an. Er besteht aber aus sehr kurzgefaßten Paragraphen. Deshalb sind die ausführlicheren Nachschriften der Vorlesung von 1818/19 hinzuzunehmen. Diese Vorle-

---

7 Arndt, Einleitung des Bandherausgebers, KGA II/10.1, VII-LXXXVIII, dort VIIIf. Zur Vorgeschichte der Dialektik siehe ebd. VIIIff.

8 Brief an Joachim Christian Gaß vom 29.12.1810, zitiert nach KGA II/10.1, VIII.

9 Über Texte und Ausgaben informiert Arndt KGA II/10.1, XXVf.LIIff.LVIIff. Es wird besonders nach KGA II/10 zitiert, siehe aber oben Einleitung Anm. 36.

10 Besonders KGA II/10.1, 3-30.

11 WA 2, 247f.491ff.524ff.

12 KGA II/10.2, 3-97, vgl. ebd. 709-718.

13 Ebd. 99-394; SW III/4.2, 1-312 Anmerkungen, wobei es um Auszüge einer Nachschrift geht, die vom Herausgeber Ludwig Jonas unter Schleiermachers Text von 1814/15 mitgeteilt werden.

14 KGA II/10.2, 395-705.

15 KGA II/10.1, 73-197.

sung, bei welcher Schleiermacher selbst nur wenige, kurze Notizen gemacht hat, folgt weitgehend dem Grundheft vom 1814/15 und eignet sich also durch die Nachschriften vorzüglich als Supplement dazu.[16]

Schleiermachers Dialektik gliedert sich in eine Einleitung, die das Konzept der Disziplin erklärt, und in zwei Hauptteile, die eng verschränkt sind: Der erste, transzendentale Teil bezieht sich vorwiegend auf das Wissen an sich oder auf die Struktur des Wissens, der zweite, technische Teil hat vorwiegend das Wissen in seiner Verknüpfung oder das Werden des Wissens zum Thema.[17] Während der zweite Teil insbesondere formale Voraussetzungen des Wissens aufweist, untersucht der erste Teil seine metaphysischen Bedingungen. Von unserer Fragestellung her sind bestimmte Argumentationen im ersten, auch metaphysisch genannten Teil der Dialektik in besonderem Maße relevant.

7.1.2. Zur Einführung in die Dialektik

Wir wenden uns zuerst der Einleitung zu. Sie enthält eine Reihe von *metaphilosophischen* Reflexionen, die für Inhalt und Gang der Hauptteile – und also auch für den Stellenwert der uns interessierenden Argumentationen über Subjektivität, religiöses Bewußtsein und Gottesgedanken – bestimmend sind. Trotzdem sind sie in den vorliegenden umfassenderen Werkinterpretationen entweder gar nicht[18] oder – wie bei Falk Wagner – nur von zum Teil unsachgemäßen interpretatorischen Voraussetzungen her[19] zur Kenntnis genommen worden. Darin ist ein Grund dafür zu sehen, daß die Bedeutung und die systematische Einordnung der Dialektik Schleiermachers in den philosophischen Kontext des klassischen deutschen Denkens so strittig geblieben ist.

Daß Schleiermacher in den Kapiteln 5 und 6 weitgehend als Kantianer erscheint, liegt an der Beschränkung auf erkenntnistheoretische Fragen. In dieser Hinsicht vertritt Schleiermacher eine Art Kantianismus, jedenfalls soweit es die objektive Erkenntnis betrifft. Das Bild wird facettenreicher, wenn man umfassendere, zum Beispiel metaphysische Problemstellungen in Betracht zieht. Wie einleitend bemerkt, sind hier und in den

---

16 Siehe auch Jonas, Vorwort des Herausgebers, SW III/4.2, VII-XIV, dort X.

17 Unter anderem KGA II/10.1, 102 § 138.2; 154 § 1; SW III/4.2, 486f. Anm. **.

18 Hans-Richard Reuter behauptet, daß sich bei einer systematischen Interpretation der Dialektik eine eigene Beschäftigung mit ihrer Einleitung erübrigt. Diese Auffassung ist wohl für einige von Reuters – wie er selbst sagt – gewagten Interpretationshypothesen mitverantwortlich (Reuter, Einheit 19).

19 Wagner, Dialektik 27ff.

folgenden Kapiteln Motive zu behandeln, die seine Konzeption als ganze als romantisch kennzeichnen. Die bleibende Verpflichtung auf Kant ist übrigens nicht unromantisch, sondern in verschiedenen Maßen typisch für die frühromantischen Denker.[20] Insbesondere ist Schleiermachers Dialektik zu Friedrich Schlegels frühem Denken und zwar zu seiner Neubegründung der Philosophie von 1796 an in Beziehung zu setzen.

Es könnte gewagt erscheinen, Schleiermachers Dialektik als Artikulation eines etwa 15 Jahren früher entwickelten und bisher nicht in derselben Form bei ihm dokumentierten Ansatzes zu verstehen. Der Zeitabstand als solcher stellt jedoch kein ernstes Problem dar: Es hat sich aus der Untersuchung ergeben, daß Theorien des späten Schleiermacher oft auf sehr früh von ihm angeeignete oder ausgebildete Argumente – eventuell mit Veränderungen – zurückgehen. Die späte Wirkung längst rezipierter Gedanken in der Dialektik wäre also nicht ungewöhnlich. Weiter ist damit zu rechnen, daß solche Gedanken wesentlich früher gedacht sein können, als sie in den Texten hervortreten.[21] Mit Bezug auf die Dialektik, die Schleiermacher lange vorher „im Kopf spukte", gibt es zudem, wie schon bemerkt, vor allem in Gestalt der *Grundlinien einer Kritik der bisherigen Sittenlehre* Mittelglieder innerhalb des Werkes Schleiermachers.

Es soll kurz vergegenwärtigt werden, wie Schleiermacher eine ausgezeichnete Gelegenheit vorfand, sich Schlegels in Auseinandersetzung besonders mit Fichte entwickelte Konzeption der Philosophie und der Metaphysik anzueignen.[22] Als er im August 1797 Schlegel kennen lernte und mit ihm bald einen außerordentlich engen Kontakt aufnahm, verfügte dieser über eine Philosophie auf der Höhe der Zeit, über eine sehr avancierte, die Wissenschaftslehre mit nicht unbegründetem Selbstbewußtsein korrigierende und überbietende theoretische Konzeption. Schlegels Konzeption zu dieser Zeit war neu: Er hat sie in der zweiten Hälfte von 1796 entwickelt und in seinen ersten philosophischen Gedankenheften aufgezeichnet. Der mit ihm in der Philosophie ebenbürtige und am nächsten stehende Novalis hat diese gelesen, und sie haben Schlegels Entwurf miteinander diskutiert. Selbst Novalis scheint aber erst im Sommer 1797 den Gedankengang des Freundes wirklich verstanden und sich ihn angeeignet zu haben.[23] Ihre Diskussion war also noch lebendig, als sich Schleiermacher und Schlegel begegneten, und mit dem neuen Freund hat Schlegel gewissermaßen die Diskussion fortgesetzt. Dies drückt sich pointiert in seiner Beschreibung des philosophischen Austauschs mit

---

20   Vgl. Frank, Annäherung.
21   Vgl. Reble, Kulturphilosophie 212f. Anm. 1.
22   Vgl. oben 2.1.1.
23   Vgl. Frank, Annäherung 888ff.

Schleiermacher aus: Er beschreibt ihn auf dieselbe Weise wie seine Diskussion mit Novalis: In beiden Fallen geht es um *Fichtisieren* und *Symphilosophieren*. Wie wir auch wissen, hat Schleiermacher die betreffenden
Hefte Schlegels gelesen. Es kann in diesem Zusammenhang hinzufügt
werden, daß so große Übereinstimmungen zwischen Schlegels frühen
Aufzeichnungen und Schleiermachers relativ später Dialektik festgestellt
werden können, daß man fragen muß, ob sich dieser beim Lesen der Hefte
des Freundes Notizen gemacht und seitdem aufbewahrt hat. Dies kann
vielleicht nicht entschieden werden, ist aber von den frühen Quellen her
durchaus nicht abwegig.[24]

Daß Schleiermachers Dialektik mit Schlegels frühem Entwurf einer
philosophischen Konzeption in Verbindung gebracht werden kann, ist in
der Romantikforschung gelegentlich behauptet,[25] aber nicht zum Gegenstand einer breiten Untersuchung gemacht worden.[26] Es hat auch in den
großangelegten neueren Dialektikinterpretationen keine Rolle gespielt. So
zeigt sich darin, daß Falk Wagner, der die Dialektik Schleiermachers im
Kontext der zeitgenössischen Philosophie zu rekonstruieren beansprucht,
Schlegel oder andere Frühromantiker nicht einbezieht, die Einseitigkeit
seines Beitrags. Dagegen hat *Andreas Arndt* nicht nur versucht, Schleiermachers Werk mit Einschluß der Dialektik in den frühromantischen
theoretischen Kontext im allgemeinen einzuzeichnen.[27] Er hat in Untersuchungen besonders zum Begriff der Dialektik die These exponiert und
plausibel gemacht, daß die Dialektik Schleiermachers die „systematisierbaren Gehalte" jenes Schlegelschen Entwurfs „in eine systematische Form
bringt und insofern als Vollendung eines frühromantischen, wesentlich
von Friedrich Schlegel beeinflußten Konzepts angesehen werden kann",[28]
daß sie sich „als Übernahme (und Modifikation)" von dessen Konzeption
verstehen läßt.[29] Diese These ist überzeugend; es soll versucht werden, sie
durch weitere Beobachtungen zu unterstützen.[30]

---

24 Siehe oben Kap. 2 Anm. 55.
25 Außer ebd. Anm. 34 siehe Frank, Problem 411.430; ders., Allgemeine 87ff., wo wesentliche Einsichten erreicht werden.
26 Manfred Frank geht auch nicht in seinen neueren Beiträgen weiter (vgl. Frank, Einleitung).
27 Arndt, Gefühl.
28 Arndt, Vorgeschichte 333, vgl. ebd. 328ff.; ders., Begriff 258f.272f.; ders., Kommentar
    1100f.
29 Arndt, Gefühl 106 Anm. 3.
30 Wie schon aus verschiedenen kritischen Bezugnahmen auf Andreas Arndts Schleiermacher-Studien in den vorhergehenden Kapiteln klar geworden ist, bestehen Divergenzen
    zwischen meiner Untersuchung und seinen Ergebnissen. Dies ist auch bei der Dialektik
    der Fall. Arndts Interpretation der Dialektik wird nicht durch die These von ihr als Weiterführung von Ansätzen Schlegels erschöpft. Vor allem hebt er einen Gedanken von

Angesichts der schwierigen Quellenlage kann es hier nicht darum gehen, das Verhältnis historisch-genetisch durchsichtig zu machen. Ich weise Übereinstimmungen und nicht so sehr Abhängigkeiten zwischen Schleiermacher und Schlegel auf. Viele Umstände – wie Schlegels zweifellos universellere Belesenheit, seine Verbindungen zu relevanten Konstellationen in Jena und zu anderen leitenden Mitgliedern des Frühromantikerkreises, vor allen anderen zu Novalis, der zeitliche Primat der Argumentationen Schlegels im Vergleich mit denen Schleiermachers – sprechen dafür, daß es um Einsichten geht, die durch Schlegel vermittelt sind. Auf der anderen Seite soll nicht behauptet werden, daß die Argumentation der Dialektik Schleiermachers als ganze von diesem übernommen wurde, und zwar nicht nur deshalb, weil Schlegel kaum einen entsprechend entfalteten philosophischen Gedankenbau, vielmehr eher Ideen dazu Schleiermacher zugänglich gemacht hat, sondern vor allem deshalb, weil die beiden Denker sowohl von gemeinsamen, vor ihrer Begegnung ausgearbeiteten

---

Unmittelbarkeit sehr stark hervor (besonders Arndt, Unmittelbarkeit), der in Spannung zu diesen zu stehen scheint. Nach Arndt besteht hier ein entscheidender Unterschied zwischen den beiden Denkern. Schleiermacher macht letztlich nicht Schlegels Betonung der Unendlichkeit der Reflexion und der Vermittlung mit, sondern rekurriert auf das unmittelbare Selbstbewußtsein (vgl. Arndt, Kommentar 1065, mit ebd. 1076; ders., Dialektik [1997] 59ff.). Mit andern Worten: Schleiermacher gibt die Reflexion der Unmittelbarkeit preis. Nach den in den folgenden Abschnitten und Kapiteln vorgelegten Auffassung geht es eher darum, daß Arndt die erstgenannte, hier übernommene These nicht angemessen durchführt. Was die andere Seite von Arndts Interpretation der Dialektik betrifft, die auf seine älteren Arbeiten zurückgeht (zum folgenden besonders Arndt, Unmittelbarkeit), ist es schon bedenklich, daß mehrere ihrer Schlüsselstellen nicht aus der Dialektik, sondern aus der Ethik herrühren, auch wenn es sich dabei um den der Dialektik zum Teil vorgreifenden *Brouillon zur Ethik* handelt. Sie sind uns bereits bekannt. Erstens wird die Dialektik als eine Theorie der Individualität verstanden, die diese als allgemein faßt. Dieser Gedanke des „individuellen Allgemeinen" wird mit einer Aussage aus der Erklärung des objektiven Erkennens belegt, die jedoch nicht ohne weiteres Schleiermachers prinzipiellen philosophischen Ansatz überhaupt artikuliert, sondern die individuelle Bestimmtheit auch des identischen Erkennens betont (WA 2, 175). Noch wichtiger ist, daß Individualität in der Dialektik als einer Theorie des objektiven Erkennens vor allem als etwas zu Überwindendes in Betracht kommt (KGA II/10.1, 91 §§ 90f.). Überhaupt scheint Arndts Interpretation der Dialektik darauf zu beruhen, daß er ihren Subjektivitätsbegriff unmittelbar von der Theorie des individuellen Erkennens besonders im *Brouillon* her versteht. Zweitens weist er auf die den Ausgangspunkt dieser Version der Ethik bildende sittliche Anschauung und auf die Anschauung des Lebens hin, „die sich der wissenschaftlichen Reflexion entzieht und insoweit nicht *begrifflich* gewußt werden kann" und eine „radikale, nicht vermittelbare Unmittelbarkeit" sein (Arndt, Vorgeschichte 319; ders., Kommentar 1092) und dem Gefühl oder dem unmittelbaren Selbstbewußtsein in der Dialektik entsprechen soll. Diese Auslegung widerspricht jedoch dem Status dieser Anschauung, die ein Modus der objektiven Erkenntnis ist und in der Ethik begrifflich entfaltet wird (siehe oben Kap. 5 Anm. 22f.118), und ist auch nicht auf der Höhe von Schleiermachers mit Schlegel weitgehend korrespondierender Grundlegung der Philosophie in den Texten zur Dialektik.

Voraussetzungen als auch von verschiedenen Voraussetzungen und
Zielen her philosophieren. Wie schon im Zusammenhang der *Reden*
bemerkt, ist das Letztgenannte in der Theorie der Religion der Fall, wo
mehr als andernorts die Originalität und ebenso die Stärke des späten
Schleiermacher sichtbar werden.

7.1.2.1. Dialektik

Schleiermachers Begriff der Dialektik soll kurz entwickelt werden. Von
ihm her scheint es möglich, die Orientierung an der Dialektik von 1814/15
und 1818/19 in Frage zu stellen: Die frühen Entwürfe, die die Disziplin als
„Principien der Kunst zu philosophieren" bestimmen,[31] scheinen noch
hinter der Definition der Dialektik als „Kunst des Gesprächführens"
zurückzubleiben, die Schleiermacher erst von 1822 ab unternimmt.[32]

Mit Verweis auf die letztgenannte Definition haben sich viele Interpreten bemüht, Schleiermachers Dialektik eng mit seiner Hermeneutik zu
verbinden und sie in Affinität zu Theorien aus dem metaphysikkritischen
Kontext der philosophischen Hermeneutik des zwanzigsten Jahrhunderts
als eine Art hermeneutischer Dialogtheorie zu verstehen.[33] Demgegenüber
ist zu Recht geltend gemacht worden, daß der Begriff der Dialektik in
allen Texten von 1811 bis 1833 grundsätzlich derselbe bleibt.[34] Auch der
seit 1822 betonte Ansatz bei der Differenz im Denken oder Vorstellen – als
Streit und Zweifel – und die korrespondierende Konzeption der Dialektik
als die Kunst, zur Übereinstimmung zu kommen, sind schon früher
erkennbar.[35] Zwar werden allmählich sprachtheoretische Motive stärker
hervorgehoben, aber teils sind sie nichts grundsätzlich Neues, teils führen
auch sie kaum in die Richtung der genannten Auffassung. Diese ist in
einem irreführenden Verständnis des Motivs des Gesprächs begründet,
das besonders die metaphysischen Argumentationen der Dialektik Schleiermachers verkürzen muß.

Auf letzteres ist auf besonders aufschlußreiche Weise von Andreas
Arndt in seiner Untersuchung zur Vorgeschichte des Schleiermacherschen

---

31 KGA II/10.1, 77 § 17.
32 Ebd. 219,21; vgl. zum Beispiel ebd. 393ff.
33 Zum Beispiel Odebrecht, Einleitung des Herausgebers, in: Schleiermacher [1942] V-
    XXXIII; Odebrecht setzt gleichzeitig das Kompendium von 1814/15 herab.
34 Wagner, Dialektik 29ff.; Reuter, Einheit 22f.; Arndt, Dialektik [1997] 39ff., die weitere
    Literaturhinweise zu jener Deutungsweise geben.
35 Vgl. KGA II/10.1, 81 § 45.

Dialektikbegriffs[36] hingewiesen worden. Er hat gezeigt, daß dieser Begriff mit Theoriebildungen in der nachfichteschen Philosophie konvergiert – außer Friedrich Schlegel ist von Schelling die Rede –, die in einem erkenntnistheoretisch-metaphysischen Problemzusammenhang und mit kritischem Bezug auf Kant eine Platonische Dialektikkonzeption wieder aufzunehmen versuchen.[37] In der Vorstellung von Dialektik als Kunst des Gesprächs oder der Mitteilung bei diesen Denkern bedeuten diese Begriffe nicht bloß zwischenmenschliche Kommunikation, sondern sie zielen auf die Vermittlung des Unendlichen im Endlichen: Das Unendliche ist nicht direkt erkennbar – soweit stimmen die Frühromantiker Kant zu; es stellt sich aber – mit der Wendung aus Schleiermachers *Reden* – im Endlichen dar und ist insofern mitteilbar. Dementsprechend wird Wissen als Nachkonstruktion des Unendlichen im Endlichen verstanden.[38] Von Kunst ist nach Arndt dabei die Rede im Sinne eines ästhetischen Elements dieses Zusammenhangs von Mitteilung und Nachbildung, insbesondere jedoch insofern, als die Dialektik als ein Verfahren zur Hervorbringung von Wissen im angegebenen Sinn konzipiert wird.

Schleiermachers Definition der Dialektik als „Prinzipien der Kunst zu philosophieren" ist in ihren einzelnen Gliedern und ihrer Beziehung aufeinander nicht unmittelbar verständlich. Die Definition impliziert eine Unterscheidung von Philosophie und Dialektik, die schwierig in den Griff zu bekommen ist; an vielen Stellen der Einleitungstexte scheinen beide zudem ineinander zu laufen.[39] Um Schleiermachers Dialektikdefinition zu

---

36 Arndt, Vorgeschichte, bes. 328ff.

37 Schlegels erste und wichtigste Notiz zum Begriff der Dialektik ist KFSA XVIII, 509 Nr. 50: „Sehr bedeutend ist der Griechische Nahme *Dialektik*. Die *ächte* Kunst, (nicht der Schein wie bey Kant), sondern die Wahrheit mitzutheilen, zu reden, gemeinschaftlich die Wahrheit zu suchen, zu *widerlegen* und zu *erreichen* (So bey Plato Georgias – cfr. Aristoteles); ist ein Theil der Philosophie oder Logik und nothwendiges Organ der Philosophen" (Siglen aufgelöst mit dem Herausgeber). Vgl. mit Schleiermachers *Brouillon zur Ethik*, WA 2, 164: „Im Griechischen in der schönsten Zeit διαλέγεσθαι: Gespräch führen und Philosophieren, Dialektik Organ der Philosophie. Fortgesetztes Vergleichen einzelner Acte des Erkennens durch die Rede, bis ein identisches Wissen herauskommt".

38 Vgl. Frank, Allgemeine 91ff. Siehe auch Jörg Dierkens Interpretation der Dialektik als indirekte Explikation des Absoluten mittels Reflexion (Dierken, Glaube 326ff.). Er vernachlässigt jedoch den frühromantischen Kontext des Dialektikbegriffs (vgl. ebd., bes. 317.329 Anm. 34). Dierken versieht den Reflexionsbegriff und den Unmittelbarkeitsbegriff mit einem problematischen Akzent, indem er Schleiermacher konsequent von einer zugespitzten Unterscheidung von aktualem Vollzug und reflexiver Bestimmtheit rekonstruiert (vgl. auch oben Kap. 3 Anm. 9). Siehe dazu Ulrich Barth, Schleiermacher-Literatur 448ff.

39 Vgl. Wagner, Dialektik 53 Anm. 67.

erklären, versuche ich zuerst den vorausgesetzten Begriff der *Philosophie* einzukreisen.[40]

Ein Merkmal der Dialektikkonzeption Schleiermachers, der diese wie ein roter Faden durchzieht, besteht darin, daß Dialektik in wesentlicher Relation zum realen Wissen und zur übrigen menschlichen Erkenntnis als einer endlichen begriffen wird. Dies kommt vom Anfang an im Begriff der Philosophie oder – wie Schleiermacher unter Hervorhebung ihres aktiven Sinns häufiger sagt – des Philosophierens zum Ausdruck. Schleiermacher kann in den Texten zur Dialektik diesen Begriff sowohl in einem engeren als auch in einem weiteren Sinn verwenden. In dem ersten Sinn bezieht sich der Begriff auf die Prinzipien des Wissens, in dem zweiten Sinn auch auf das Erkennen von einzelnen Dingen.[41] Oft spricht Schleiermacher ohne nähere Angaben von Philosophie im ersten, engen Sinn, und dieser ist auch der, auf den es uns besonders ankommt. Diese Art der Philosophie hat anders als die realen Wissenschaften – nach Schleiermachers Wissenschaftssystematik: Physik/Naturkunde und Ethik/Geschichtskunde – kein eigentliches Gegenstandsgebiet, sondern in ihr verhält sich das Erkennen reflexiv zu sich selbst und macht sich selbst zum Gegenstand.[42] Diesen Begriff der Philosophie – und mit ihm das Projekt der Dialektik überhaupt – führt Schleiermacher ein, indem er die Abhängigkeit alles Wissens von der Philosophie behauptet: Jede einzelne Erkenntnis, ob selbstentdeckt oder traditionell erworben, ist als solche oberflächlich und zusammenhangslos: „Alles was ohne Philosophie von einem Gegenstande gewußt wird, ist auf eine äußerliche Weise entstanden; das ist das Verworrene,

---

40 Zur leichteren Orientierung ein paar Bemerkungen zum Aufbau der Einleitung der Dialektik nach dem Grundheft von 1814/15 (KGA II/10.1, 75-89). Dieser Text hat keine strenge Gliederung. Er kann jedoch in mindestens drei Abschnitte eingeteilt werden (vgl. Ludwig Jonas' Gliederung, SW III/4.2, XV). Die beiden ersten Abschnitte sind so strukturiert, daß jeweils von allgemeineren Überlegungen – im ersten Abschnitt besonders zum Begriff der Philosophie, im zweiten Abschnitt zum Verhältnis von Wissenschaft und Kunst (§§ 1ff.18ff.) – auf die Inanspruchnahme des Dialektikbegriffs geschlossen wird (§§ 17.45ff.). Der Gang des dritten Abschnitts – wenn man ihn als *einen* Zusammenhang betrachten will – ist lockerer: Von Auseinandersetzungen mit der Behauptung einer absoluten Differenz zwischen gemeinem und höherem Wissen und mit Arten des Skeptizismus (§§ 55ff.) geht die Einleitung zu einer Erörterung des Aufbaus der Dialektik über, die sachlich mit der ersten der vorausgehenden Auseinandersetzungen verbunden ist (§§ 75ff.); die „bekannte Größe" in § 75 ist das vorher verteidigte vordialektische Wissen (gegen die Auslegung von Jonas, SW III/4.2, 33 Anm.), wie aus den Nachschriften der Vorlesung von 1818/19 hervorgeht (siehe ebd. 34 Anm.; KGA II/10.2, 137,13f.).

41 KGA II/10.1, 75 §§ 4f., vgl. KGA II/10.2, 6f.

42 Daß dies der Sinn ist von KGA II/10.1, 75 § 2, demzufolge der Gegenstand „gar nicht außerhalb der Untersuchung vorhanden ist also beide Eins und dasselbe sind", zeigt KGA II/10.2, 101ff.

was bleiben muß da, wohin die Philosophie nicht kommt, daß das Wesen eines Gegenstandes und seine Relation zu andern nicht Eins und dasselbe ist".[43] In der Vorlesung von 1818 kann Schleiermacher dementsprechend das Philosophieren als Suchen nach einem allgemeinen Zusammenhang bestimmen.[44] Diese Bestimmung, die in weiteren Gedanken der Einleitung aufgenommen wird, ist in mehreren Hinsichten bedeutsam.

Auf diese Leistung der Philosophie zielt die Hervorhebung der *Prinzipien* des Wissens in der Dialektikdefinition. Die philosophischen Prinzipien werden von Schleiermacher als *Gründe des Zusammenhangs zwischen Denken und Sein* und als *Regeln der Verknüpfung des Denkens* spezifiziert.[45] Beide Arten der Bedingungen des Wissens sind untrennbar. Schleiermacher begründet dies durch zwei Thesen: „Sein und Wissen kommen nur vor in einer Reihe von verknüpften Erscheinungen"; „um richtig zu verknüpfen kann man nicht anders verknüpfen als die Dinge verknüpft sind, wofür wir keine andre Bürgschaft haben als den Zusammenhang unsers Wissens mit den Dingen".[46] Im Zusammenhang der Einleitung fungieren diese Thesen als Prämissen eines Schlusses erstens auf die *Untrennbarkeit der Metaphysik und der Logik* als der Disziplinen, die den beiden Prinzipien jeweils korrespondieren, und zweitens auf den Begriff der *Dialektik* als diejenige Bezeichnung, die dieser Form der Philosophie entspricht.[47]

Noch hat die Frage nach dem Verhältnis zwischen Dialektik und Philosophie keine ausdrückliche Antwort gefunden. Sie ist einfach: Die Dialektik ist nichts anderes als die Philosophie, eben diese selbst. Diese Aussage läßt sich aber nicht umkehren, denn die Philosophie *muß* nicht Dialektik sein. Dialektik ist nur *eine* und nicht die einzig mögliche Form des Philosophierens. Die Einheit von Logik und Metaphysik in der Dialektik wird auch durch das letzte zu erklärende Glied der Definition angezeigt: daß Dialektik Philosophie als Kunst oder *Kunstlehre* sei. In der Konzeption der Philosophie als Kunstlehre, die – wie in Anknüpfung an Arndts Untersuchung gesagt werden kann – Schleiermachers Dialektik als ein frühromantisches Projekt kennzeichnet, bündeln sich mehrere Motive, die alle bei Friedrich Schlegel Entsprechungen haben. Einige dieser Motive sollen kurz berührt werden.

Schleiermacher begründet den Gedanken der Philosophie als Dialektik im Sinne von Kunstlehre von der These eines Zusammenhangs zwi-

---

43 KGA II/10.2, 103,41ff., vgl. KGA II/10.1, 75f. §§ 3ff.
44 Unter anderem KGA II/10.2, 107,7f.
45 KGA II/10.1, 76 § 13.
46 Ebd. 76f. §§ 14f.
47 Ebd. 77 §§ 16f.

schen Wissenschaft und Kunst her.[48] Diese These ist in ähnlicher Form bei
Schlegel feststellbar.[49] Es ist erstens von Kunst als Poesie in einem ästhetischen Sinn die Rede. Daß Philosophie und Kunst in diesem Sinn miteinander verbunden werden, ist typisch romantisch und letztlich vor dem
Hintergrund einer Problematisierung der Wißbarkeit des Absoluten zu
verstehen. Zweitens geht es um Kunst als Poiesis im Sinne von Hervorbringung des Wissens. Philosophie ist Kunst als Produktion, indem sie
dem realen Wissen Zusammenhang mit dem Sein und mit früherem
Wissen gibt. Daß die Philosophie als Dialektik Kunstlehre ist, heißt, daß
sie selbst kein eigentliches Wissen – nämlich der Prinzipien – ermittelt,
sondern nur Anweisungen zur gemeinsamen Hervorbringung von realem
Wissen. Insofern ist die Dialektik Kunst des Gesprächs im Sinne von
Kunst der wissenschaftlichen Konstruktion.[50]

Die andere mögliche Form der Philosophie, die Schleiermacher in Betracht zieht, ist die Philosophie als *Wissenschaft*, als *Wissen des Wissens*. Daß
seine Dialektik nicht beansprucht, Wissen des Wissens zu sein, ist nur so
zu verstehen, daß er bei diesem Ausdruck auf Wissen in dem strengen
Sinn, der in der Dialektik festgelegt wird, abzielt; Schleiermacher bezieht
sich auf die Wissensdefinition, die erst am Anfang des transzendentalen
Teils der Dialektik gegeben wird, der jedoch in der Einleitung bei der
Erklärung der Prinzipien des Wissens indirekt vorgegriffen wurde.[51]
Durch die Konzeption der Philosophie als Dialektik weicht Schleierma-
cher also dem Versuch aus, die Philosophie „allgemein geltend" zu
machen;[52] ungeachtet, ob er mit diesem Ausdruck auf Reinholds entspre-
chende, von ihm selbst früh angeeignete, aber nur im Blick auf Einzeltheo-
rien praktizierte Idee Bezug nimmt, distanziert er sich dadurch in der
Sache von dessen Ambition einer allen Streit beendenden Philosophie.[53]
Schleiermacher beruft sich darauf, daß der Vortrag der Philosophie als
Kunstlehre anders als ihre Konzeption als Wissenschaft dem Faktum der
Mannigfaltigkeit von Systemen Rechnung zu tragen vermag.[54] Dieser
Vortrag enthält die ausdrückliche Anerkennung der *Individualität* jedes

---

48   Ebd. 77f. §§ 18ff.24ff.
49   Vgl. ebd. 77 § 18, mit zum Beispiel KFSA XVIII, 82 Nr. 632; II, 161 Nr. 115. Das Motiv
     findet sich auch früher bei Schleiermacher, zum Beispiel in den *Grundlinien* (KGA I/4,
     65).
50   KGA II/10.2, 120,22ff., vgl. auch KGA II/10.1, 219.
51   KGA II/10.1, 77 § 21, vgl. KGA II/10.2, 111ff.
52   KGA II/10.1, 401 § 2.
53   Ebd. 400f.417; siehe auch WA 2, 488f.521ff.
54   KGA II/10.1, 77ff. §§ 21ff.28ff.; 82f. § 54.

philosophischen Systems.[55] Weiter schließt die Konzeption der Philosophie als Dialektik den Gedanken einer *unendlichen Annäherung* an die Philosophie als Wissenschaft ein.[56] Das hängt sachlich mit dem Motiv des Philosophierens als eines Suchens zusammen. Auf diese Weise wird die Beziehung zwischen Kunst und Wissenschaft nicht als ein ausschließender Gegensatz verstanden.[57]

Schleiermachers Abgrenzung von der Konzeption der Philosophie als Wissenschaft zielt besonders auf den auf Reinhold folgenden Idealismus ab. Ausdrücklich distanziert er sich an diesem Punkt von Fichte. Dies betrifft nur die Form der Wissenschaftslehre, nicht deren Idee. Schleiermachers Dialektik will *auch* Wissenschaftslehre sein und hat als eine ihrer Aufgaben, den Organismus der Wissenschaften zu konstruieren. Fichtes Wissenschaftslehre spricht Schleiermacher aber die sachgemäße Durchführung der Idee ab.[58]

Schleiermachers Wiederaufnahme des antiken Begriffs der Dialektik und seine Betonung, daß Metaphysik und Logik nicht geschieden werden dürfen, bedeutet nicht, daß er die moderne Metaphysik abweisen würde. *Moderne* Metaphysik heißt in Entsprechung zum Sprachgebrauch von Schleiermachers Kreis, zum Beispiel bei Schlegel, die durch die christlich-theologische Tradition bestimmte Metaphysik. Wovon Schleiermacher sich distanziert, ist nur die unmittelbare Konzeption der Metaphysik als Wissenschaft: „Ein positives Einlenken muß sich an das alte anschließen mit beständigem Festhalten des unterscheidenden modernen Factum. Also das einwohnende Sein Gottes als das Princip alles Wissens; aber

---

55 Auch im *Brouillon zur Ethik* von 1805/06 hat Schleiermacher die Individualität der Philosophie behauptet und der Prätention eines einzigen, allgemeingültigen Systems widersprochen (WA 2, 101.167).

56 Vgl. auch ebd. 490 § 19; 523 § 17.

57 Mit Bezug auf die Frage der Philosophie als Wissenschaft besteht Übereinstimmung mit Schlegel, der die Unendlichkeit des Philosophierens prinzipiell betont. Vgl. Frank, Annäherung, z.B. 859. Dies kann durch frühe Notizen von Schlegel, am deutlichsten jedoch durch seine Vorlesungen von 1804/05 belegt werden: „Ist die Erkenntnis des Unendlichen selbst *unendlich*, also immer nur unvollendet, unvollkommen, so kann auch die Philosophie als Wissenschaft nie geendigt, geschlossen und vollkommen sein, sie kann immer nur nach diesem hohen Ziele streben, und alle mögliche Wege versuchen, sich ihm mehr und mehr zu nähern. Sie ist überhaupt mehr ein *Suchen, Streben* nach Wissenschaft, als selbst eine Wissenschaft" (Schlegel, Die Entwicklung der Philosophie in zwölf Büchern, KFSA XII, 107–480; XIII, 1–175, dort XII, 166).

58 KGA II/10.1, 81 § 47. Die Ersetzung der in den *Grundlinien einer Kritik der bisherigen Sittenlehre* noch verwendeten Bezeichnung *Wissenschaftslehre* für die höchste philosophische Disziplin (siehe oben Kap. 2 Anm. 453) durch *Dialektik* wird in der Vorlesung von 1811 reflektiert (KGA II/10.2, 5,26ff.). Daß diese erste Dialektikvorlesung Schleiermachers ein bewußtes Konkurrenzunternehmen zu Fichte war (vgl. Arndt, KGA II/10.1, VIIIff.), ist also nicht irrelevant für die systematische Interpretation der Dialektik.

dieses Wissen nicht anders haben wollen als in der Construction des realen Wissens".[59] Bei der untergeordneten Unterscheidung des Metaphysischen und des Formalen, die also übrig bleibt, kann nach Schleiermacher prinzipiell mit jedem von diesen begonnen werden. Mit der Begründung, daß das eigentliche Ziel der Dialektik die unter das Formale gehörende Konstruktion ist, trifft er die Wahl, das Metaphysische zuerst zu suchen.[60] Die Vorstellung, daß beide Vorgehensweisen möglich sind, stimmt mit seinem nun zu erörternden Plädoyer für ein nicht-lineares philosophisches Begründungskonzept und mit seiner Auseinandersetzung mit der monistischen Grundsatzphilosophie überein, die beim Transzendentalen einsetzen und von daher das Formale finden *muß*.

7.1.2.2. Anfang der Dialektik

Sachlich mit der Diskussion der Philosophie als Kunst oder als Wissenschaft zusammenhängend ist eine Reihe von Reflexionen innerhalb der Einleitung in die Dialektik, die sich auf verschiedene Aspekte des Anfangsproblems der Philosophie beziehen. Diese Reflexionen artikulieren ein im Denken von Kant und Jacobi an aufgebautes, hochentwickeltes philosophisches Problembewußtsein und eine hohe Sensibilität mit Bezug auf philosophische Begründungsformen, und alle repräsentieren sie *antifundamentalistische* Motive. Nähere Entsprechungen haben diese Motive in der nachfichteschen frühromantischen Philosophie der zweiten Hälfte der neunziger Jahre sowohl im Hölderlin- als auch im Schlegel-Kreis, wobei Friedrich Schlegel in Schleiermachers Zusammenhang natürlich der wichtigste ist.

Der Hauptgesichtspunkt, der von Schleiermacher von verschiedenen Seiten aus beleuchtet wird, besteht in Übereinstimmung mit seinem Ansatz in den *Grundlinien einer Kritik der bisherigen Sittenlehre*[61] darin, daß es *keinen unvermittelten Anfang* des dialektischen Denkens gibt.[62] Dieses

---

59 KGA II/10.1, 81 § 44.
60 Ebd. 89 §§ 83ff.
61 Siehe oben 2.4.2.2
62 Vgl. Wagner, Dialektik 45. Er ist jedoch der Auffassung, daß die Dialektik trotzdem „einen unvermittelt-unmittelbaren Anfang" haben muß (ebd.), der durch ein von Schleiermacher nicht zugegebenes Wissen des Absoluten repräsentiert wird (ebd. 40ff.). Dies ist ein Ausdruck der Hauptthese Wagners, die er mit Bezug auf alle Ebenen der Argumentation der Dialektik geltend macht: Diese setzt immer ein solches Wissen voraus, das erschlichen bleibt, indem sie ihm mit ihren theoretischen Mitteln nicht Rechnung zu tragen vermag. Ähnlich Dierken, Glaube, u.a. 338f.

muß – mit einer bekannten Wendung Schlegels[63] – immer *in der Mitte* anfangen.[64]

Die Vorlesung von 1818 stellt einleitend das Anfangsproblem als das Problem einer Erklärung der Dialektik in einem unvermeidlichen *Kreis* dar. Sie tut dies im Zusammenhang allgemeiner Behauptungen über das Erkennen. Der Kreis wird in den Nachschriften als darin bestehend beschrieben, daß eine Erklärung eines Gegenstands erst am Ende gegeben werden kann, daß man aber immerhin mit einer Erklärung beginnen muß. Soll es dabei wirklich um einen Kreis gehen, muß auch die schlußendliche Erklärung von der anfänglichen und vorläufigen Erklärung abhängen. Gerade dies wird behauptet: „daß es kein Erwerben eines Wissens zu dem andern gebe, so daß das eine abgeschnitten wäre von dem andern, sondern daß es nur eine allmählige Verklärung des Wissens gebe, daß nur deutlicher, sicherer, bestimmter wird, was man auf einer niedern Stufe des Bewußtseins schon hatte".[65]

Die bekannte Schleiermachersche Annahme von Stufen des Bewußtseins erscheint hier in Verbindung mit der These, daß Wissen nicht durch Addition von isolierten einzelnen entsteht, sondern den Charakter einer Vertiefung schon erworbenen Wissens hat, so daß es durch dieses bedingt ist, dieses aber seinerseits weiter bestimmt wird, und der Wissenserwerb also eine kreisförmige Bewegung darstellt. Schleiermacher nennt dies „die cyclische Natur des Erkennens".[66] Er versteht den betreffenden Kreis nicht als einen *circulus vitiosus*, sondern als eine Bedingung der Möglichkeit des Wissens. Die pointierte Redeweise von der zyklischen oder zirkulären Verfassung des Wissens stimmt strukturell mit Schleiermachers Auffassung des Verfahrens des Verstehens als einer zirkulären Bewegung zwischen dem einzelnen und dem Ganzen überein.[67] Schlegel hat dies die „cyklische Methode" der Philologie bezeichnet und in der Sache die Zirkularität als allgemeines Merkmal menschlichen Erkennens und Denkens erklärt.[68]

---

63 Siehe oben Kap. 2 Anm. 471; KFSA II, 178 Nr. 84.
64 Der Gesichtspunkt bestimmt auch den formalen Teil der Dialektik; vgl. Frank, Einleitung 113f., wo auch auf die Übereinstimmung mit Schlegel hingewiesen wird.
65 KGA II/10.2, 101,26ff.
66 Ebd. 101,25f., vgl. KGA II/10.1, 210,7.
67 Vgl. Schleiermacher, Hermeneutik [1985] 1275f.; ders., Hermeneutik [1974] 84ff. Eine weitere Korrespondenz zwischen Schleiermachers Behandlung des Anfangsproblems und auch des Mitteilungsproblems der Dialektik und seiner Thematisierung des hermeneutischen Problems besteht in der Verwendung des Begriffs *Anknüpfungspunkt*; siehe zum Beispiel KGA II/10.1, 75 § 1; 219,6; 426,23; Schleiermacher, Hermeneutik [1974] 128.
68 Siehe oben S. 346.

Da sich die Dialektik dadurch auszeichnet, keinen äußeren, aufzeig-
baren Gegenstand zu haben, ist Schleiermachers Pointe um so bedeutsamer, als gerade diese philosophische Disziplin – nicht ungleich Schlegels
Grundwissenschaft[69] – in einem Kreis oder Zirkel ansetzt, der nicht nur
nicht vermieden werden darf, sondern nicht vermieden werden kann.
Schleiermacher hat dies am deutlichsten hervorgehoben in seinem Notizheft zur Dialektik von 1811, wo er mit Bezug auf deren Anfang vom
„ursprünglichen Zirkel daß man über das Wissen wissen muß vor dem
Wissen", spricht.[70]

Die These Schleiermachers ist also, daß auch die Dialektik und das
philosophische Wissen nicht schlechthin aus dem Nichts entstehen, sondern dadurch bedingt sind, daß immer schon gedacht und gewußt wird.
Mit der Einleitung von 1832/33: „Das reine Denken hat in keinem denkenden Einzelwesen einen besonderen Anfang für sich, sondern es ist, ehe
es zu einem gesonderten Dasein gelangt, in jedem Einzelnen schon in und
an dem andern Denken vorhanden".[71] Mit dieser These hängen die meisten Gedanken der Einleitung, die uns in dieser Verbindung beschäftigen
sollen, zusammen.

Ein wichtiges Beispiel ist Schleiermachers Auseinandersetzung mit
dem, was er in der Vorlesung von 1818 *Idealismus* nennt.[72] Dieser besteht
in der Annahme nicht nur eines relativen Unterschieds, der auch von
Schleiermacher anerkannt wird,[73] sondern einer absoluten Trennung des

---

69 Siehe wiederum oben Kap. 2 Anm. 471.
70 KGA II/10.1, 10 Nr. 40, vgl. ebd. 9 Nr. 29; 14 Nr. 63.
71 Ebd. 412 § 4. Dies wird dort im folgenden sprachtheoretisch entfaltet. In den späten
    Dialektiktexten unterscheidet Schleiermacher nach antikem Vorbild das reine Denken,
    dem die Dialektik zugeordnet wird, von dem geschäftlichen und dem künstlerischen
    Denken. Das reine Denken ist im Unterschied zum geschäftlichen Denken, das Mittel
    eines anderen ist, das Denken um seiner selbst willen. Anders als das künstlerische
    Denken, das sich nur auf den momentanen Akt des Subjekts bezieht, kommt es beim
    reinen Denken auf dessen Fortbestehen im Subjekt und auf das Zusammenbestehen des
    Denkens des Subjekts mit dem Denken aller anderen an (ebd. 393ff.). Die letztgenannte
    Unterscheidung macht deutlich, daß Schleiermacher ungeachtet der ästhetischen Mo-
    mente im Begriff der Dialektik nicht auf eine Aufhebung ihrer Differenz von der Kunst
    im ästhetischen Sinne abzielt.
72 KGA II/10.2, 128,37; siehe übrigens KGA II/10.1, 83ff. §§ 57ff. 1828 hat Schleiermacher
    deren Vertreter als Dogmatiker bezeichnet (ebd. 282,11ff.). Er grenzt in diesem Abschnitt
    der Einleitung die dialektische Philosophie von drei anderen Denkarten ab: vom Idea-
    lismus oder Dogmatismus, weniger hervorgehoben vom Empirismus (ebd. 86f. §§ 69f.;
    213) und von verschiedenen Varianten des Skeptizismus. Diese Einteilung hat Vorgän-
    ger in der Philosophie von Kant bis Schelling, ist aber allem Anschein nach eine Weiter-
    führung von Schlegels Unterscheidung von drei „Abarten" der Philosophie (siehe oben
    Kap. 2 Anm. 46). Was Schleiermacher hier Idealismus nennt, hat eine gewisse Affinität
    zu dem, was jener anfänglich als Mystizismus bezeichnete.
73 KGA II/10.1, 416,25ff.

niederen und des höheren Wissens, Empirie und Spekulation, gemeinen und transzendentalen Bewußtseins.[74] Diese Annahme hebt nach Schleiermacher „die Einheit des Bewußtseins" oder „des Lebens" auf[75] und schließt die Mitteilung der Philosophie aus.[76] Wichtig in seiner Kritik an diesem Idealismus ist der Gedanke, „daß in jedem Menschen die Entwickelung des Bewußtseins bis zur Wissenschaft, und also auch bis zur Philosophie angelegt ist, daß also gar keine aristocratische Ansicht von der Entwickelung der Intelligenz statt finden darf".[77] Es geht um Schleiermachers Variante des von Dieter Henrich diagnostizierten sogenannten Rousseauismus der klassischen deutschen Philosophie.[78]

Die betreffende Annahme bildet gleichsam das Gegenstück zur Konzeption der Philosophie als Kunstlehre. Diese Idealismuskritik Schleiermachers führt also die Erörterung der Ausformung der Philosophie als Kunst oder als Wissenschaft weiter. Es geht ihm um eine andere Unterscheidung in Beziehung auf den Kunstbegriff: Die kunstmäßige Hervorbringung von Wissen setzt *kunstlos* entstandenes Wissen voraus. Die Kollegnachschriften von 1818 drücken diesen Gedanken so aus, „daß dasjenige, was wir als Gesez zum Wissen zu gelangen suchen wollen eigentlich nichts ist als das, wonach alle Menschen von selbst verfahren, nur daß die Abnormitäten im natürlichen Prozeß durch klares Bewußtsein über denselben weggeschafft werden. Was wir also als Kunstregel suchen muß auch Naturgesez sein".[79] Die Philosophie fragt also bloß nach dem, was jedermann tut, wenn er etwas weiß. Kunstregel und Naturgesetz fallen ihrem Gehalt nach letztlich zusammen. Sie unterscheiden sich dadurch, daß die natürlichen Regeln durch die Dialektik „aus einem dunkeln in ein helles Bewußtsein" gebracht werden.[80] In dieser Unter-

---

74 Ebd. 226,8ff. Der Idealismus in diesem Sinn darf nicht verwechselt werden mit dem erkenntnistheoretischen Idealismus, der im transzendentalen Teil der Dialektik behandelt wird (ebd. 109ff. §§ 168ff.).

75 Ebd. 85 § 62; KGA II/10.2, 9,24ff. Dies zeigt im Vergleich mit dem Befund der philosophischen Ethik eine weitere Verwendungsweise dieses Begriffs.

76 Unter anderem KGA II/10.2, 131,1ff. Schleiermacher argumentiert auch Kantisch, insofern er seine Variante der Lehre von den zwei Stämmen der Erkenntnis gegen die betreffende Trennung wendet (KGA II/10.1, 226,16ff.).

77 KGA II/10.2, 133,43ff. Zu Schleiermachers Abgrenzung auch von der antiken Philosophie an diesem Punkt siehe zudem Jonas' Wiedergabe einer Nachschrift der Vorlesung 1831 (SW III/4.2, 481).

78 Vgl. zum Beispiel Henrich, Grund 357f.

79 SW III/4.2, 24 Anm.

80 KGA II/10.2, 128,1ff. Die „Abnormitäten im natürlichen Prozeß", die dabei entfernt werden, versteht Schleiermacher wohl als von den vielerlei Anregungen herrührend, denen das gemeine Leben anders als das isolierte Philosophieren ausgesetzt ist (vgl. ebd., 130,1ff.).

scheidung von *Kunst* und *Natur* ist diese streng als der Gegensatz von
jener zu verstehen: Das Natürliche ist das Kunstlose, das Vortheoretische,
das Vorwissenschaftliche. Die Philosophie setzt ein in diesem Sinn
natürliches Wissen voraus und ist – selbst wenn sie Wissenschaft wäre –
nur eine Weiterentwicklung desselben.[81] Es kann hier an Schlegels bei
Schleiermacher um 1800 nachgewiesenen Begriff der *Naturphilosophie*
erinnert werden, der dem Begriff der Kunstphilosophie korrespondiert,
wobei diese wohlgemerkt nicht philosophische Physik und Ästhetik
meinen. Die Dialektik verwendet den Schlegelschen Begriff der Naturphilosophie nicht, dagegen aber ein früher bei Schleiermacher nachgewie-
senes Pendant: den Begriff der *Unphilosophie*.[82] Schleiermachers Unterscheidung von Natur und Kunst ist vermutlich von Schlegel entlehnt. Sie
ist in dessen frühem Denken zentral, wie sowohl die Notizhefte als auch
die veröffentlichten Schriften zeigen.

Von hierher kann ein anderer Punkt sinnvoll verstanden werden, dessen Begrifflichkeit den Interpreten Schwierigkeiten bereitet hat, oder
worin sie geradezu eine Aporie in dieser Begrifflichkeit gefunden haben:
Aus der Zurückweisung der idealistischen Trennung von gemeinem und
spekulativem Wissen folgt, daß das höchste Prinzip des Wissens in beiden
wirksam ist, nach Schleiermacher nämlich so, daß es teils „ein bewußtloses agens", teils „ein sich selbst durch seine Handlungen zum Bewußtsein
kommendes" ist.[83] Wenn der Dialektiker hier von Handlungen und Bewußtsein seitens des Prinzips spricht, ist dies uneigentlich zu verstehen
– es dreht sich um das Bewußtsein und das Wissen des Menschen:

> „es muß zwey Arten geben, wie man das höchste Wissen besitzen kann. [...]
> Denn wollen wir durch Aufsuchen der höchsten Principien uns erst in den
> Besitz von etwas setzen? wir setzen es vielmehr schon als seyend voraus, und
> wollen nur zum Bewußtseyn desselben gelangen; es *ist* in allem unsrem Wis-
> sen, aber vorher auf unbewußte Art und nur unter der Form der Thätigkeit;
> es ist zwar das eigentliche Agens, aber wird nicht mit ins Bewußtseyn aufge-
> nommen. [...] in allen ist es als eine Kraft, die zum Bewußtseyn erhoben wer-
> den kann".[84]

Dies ist August Twestens Nachschrift der Vorlesung von 1811 entnommen, die an dieser Stelle die ausführlichste und deutlichste ist.

---

81 KGA II/10,1, 86 § 68: „Auch die Philosophie als Wissenschaft wäre nur die höchste
    Entfaltung des Einen und selbigen Wissens welches auch im dunkelsten wahrhaft
    menschlichen ist".
82 Ebd. 211,10, vgl. oben Kap. 2 Anm. 385.
83 KGA II/10.1, 86 §§ 63ff., dort § 64.
84 KGA II/10.2, 10,1ff.19f

Falk Wagner hat dieses Argument als Ausdruck eines Naturalismus verstanden und kritisiert.[85] Eine solche Betrachtungsweise wäre im Zusammenhang der Dialektik durchaus aporetisch und würde Wagners These von einem Reflexions- oder Wissensdefizit der Dialektik bestätigen. Schleiermacher wird indessen von dieser Kritik nicht getroffen. Der von Wagner bei der Auslegung gebrauchte *Naturbegriff* ist nicht sachgemäß. Schleiermachers Gedanke muß von seiner Unterscheidung von Natur und Kunst her interpretiert werden. Der Begriff einer *Kraft* oder eines *Agens* ohne Bewußtsein zielt nicht auf Natur in dem von Wagner gemeinten reduktiven Sinn „eines reinen ziellosen Geschehensablaufs".[86] Von einem objektiven Geschehen kann hier nicht die Rede sein und auch nicht von Ziellosigkeit. Das betreffende Phänomen ist nicht ohne epistemische Momente. Dies wird klar, wenn man Schleiermachers allgemeine bewußtseinstheoretische Annahmen berücksichtigt. Sie liegen zugrunde, wenn es heißt, daß es sich bei den betreffenden zwei Arten des Wissens bloß um einen Unterschied des Grades handelt, um „ein Steigern des Sichseinerbewußtwerdens"; das Bewußtlose ist das nur „relativ Bewußtlose".[87] Es geht nicht um etwas schlechthin Bewußtloses, sondern um etwas, das nicht als solches bewußt ist, das aber ins Bewußtsein gehoben werden kann.[88] Daß der Besitz des höchsten Wissens auf dem Gebiet des gemeinen Wissens bewußtlos oder unbewußt ist und nur als Tat erscheint,[89] hat also den Sinn, daß der Wissende es nicht reflektiert hat, daß es jedoch durch philosophische Reflexion zum Bewußtsein gebracht werden kann.[90]

---

85 Wagner, Dialektik 44. Andreas Arndt hat es in „den Umkreis vorkritischen, substanzmetaphysischen Denkens" eingeordnet (Arndt, Kommentar 1216f.). Er präzisiert jedoch nicht, wo dort entsprechende Ansätze vorliegen.

86 Wagner, Dialektik 44.

87 SW III/4.2, 28 Anm. *; KGA II/10.2, 131,22.

88 Wiederum gegen Wagner, Dialektik 44

89 Vielleicht kann angesichts der übrigen Übereinstimmungen mit dem Philosophiebegriff Schlegels auch hier eine Affinität zu seinen Überlegungen über die Grundlegung der Philosophie gesehen werden. Vgl. KFSA XVIII, 514 Nr. 90: „Man muß auch den *Sachkundigen* analytisch beweisen können: daß sie, vielleicht ohne Wissen und Willen *philosophiren* d. h. durch die That nach Allheit des Wissens streben".

90 Dieser Ansatz der Dialektik hat eine interessante Entsprechung bei Reinhold nach seiner Selbstrevision 1792, also in dem Denken, das zu den Voraussetzungen der frühromantischen Fichte-Kritik gehört. Reinhold operiert hier mit einer Unterscheidung von zweierlei Arten von letzten Gründen der Erfahrung: transzendente Gründe, die überschwenglich und unbegreiflich sind, und transzendentale Gründe (Reinhold, Unterschied 6ff.). Von diesen heißt es: „Die absolut letzten begreiflichen Gründe müssen im Gemüthe *gegeben*, können aber ohne alles klare Bewußtseyn vorhanden und wirksam seyn. Die philosophierende Vernunft setzt auch diese Gründe als wirklich gegeben voraus; und strebt nach dem Bewußtseyn derselben, um durch sie die gemeine Erkenntniß zur wissenschaftlichen zu erheben" (ebd. 56f.).

Diese Argumentation ist sehr wichtig: Sie zeigt von der Einleitung her, daß die Dialektik – wie Wagner als Einwand gegen sie behauptet – faktisch ein vorausgesetztes Wissen von ihrem Thema in Anspruch nimmt. Wagners Auffassung entgegen ist es jedoch nicht ein nur erschlichenes Wissen, sondern eine Voraussetzung, die als solche von Schleiermacher deutlich gemacht wird. Es hat einen vorläufigen Charakter und macht also auch nicht – wie Wagner fordert – einen sicheren, unmittelbaren Anfang aus. Unter Schleiermachers Prämissen wäre angemessener, statt von Wissen von Denken zu sprechen.[91] Als solches ist es als Ausgangspunkt der Philosophie geeignet. Man könnte hier den Begriff des Vorverständnisses anwenden. Bezogen auf die uns besonders angehende Fragestellung der Dialektik könnte Schlegels Begriff einer *natürlichen Metaphysik* sachgemäß gebraucht werden. Es ist die Aufgabe der Dialektik, diese, soweit möglich, zu entfalten.

Diese Schlußfolgerung wird durch Schleiermachers Verwendung weiterer, mit den Begriffen von Agens, Kraft und Tätigkeit verwandten Begriffe wie *Trieb, Tendenz* oder *Richtung* bestätigt. Diese sind uns mehrmals im Frühwerk Schleiermachers begegnet. Dort wurden sie in verschiedenen theoretischen Zusammenhängen appliziert – von der frühen Freiheitstheorie über die Geselligkeitstheorie bis zur Religionstheorie der *Reden*. In diesen Fällen ging es um Phänomene wie einen geselligen Trieb und ein Streben nach dem Unendlichen. Entsprechende Phänomene werden in die Dialektik einbezogen. Im gegenwärtigen Argumentationszusammenhang greift Schleiermacher zur Bestätigung der Wirksamkeit des Prinzips des Wissens im gemeinen Bewußtsein die „Neigung zum Raisonniren" als „allgemein menschliche Tendenz", als Anlage zur Philosophie auf.[92] Ähnliche Tendenzen oder Triebe erhalten andernorts in der Einleitung eine grundlegendere Bedeutung. Dies ist der Fall bei der uns oben begegneten Erklärung der Philosophie als eines Suchens nach einem allgemeinen Zusammenhang. Ein weiteres Beispiel oder eine Variante desselben ist der „Trieb zu wissen" oder „der philosophische Trieb" als der Trieb, „ein System des höhern Wissens hervorzubringen".[93] Wahrscheinlich spielt Schleiermacher an solchen Stellen wie Schlegel in gleichlautenden Erklärungen auf den angeblich auf ein affektives Moment

---

91 Daß der Wissensstatus des höchsten Wissens an dieser Stelle der Dialektik nicht hinreichend bestimmt wird, ist von daher zu verstehen, daß es noch um einen Gedanken der Einleitung geht, die jenen nicht zu erklären beansprucht und sich also darüber nur vorläufig äußert.

92 KGA II/10.1, 86 § 67; II/10.2, 133,37ff.

93 SW III/4.2, 12 Anm. *; KGA II/10.2, 113,5ff.

verweisenden ersten Teil des Wortes *Philosophie* als Liebe zur Weisheit an.[94]

Zu diesen Begriffen kommt noch ein Begriff, der ebenso den Zusammenhang zwischen allgemeinmenschlichem und philosophischem Denken erhellt: der Begriff des *Wissenwollens*. Er kommt in den Dialektikeinleitungen von 1811 bis 1818 noch nicht vor und tritt erstmals im transzendentalen Teil der Dialektik von 1818/19 auf,[95] avanciert aber besonders von 1828 an zu einer Grundfigur der Einleitung. Das Wissenwollen wird als „Richtung auf das Wissen" eingeführt und ist also mit dem aus den früheren Dialektikvorlesungen bekannten Suchen nach dem allgemeinen Zusammenhang oder mit dem philosophischen Trieb identisch.[96] Weit entfernt, daß es der Dialektik entspringt, ist das Wissenwollen ihre Voraussetzung als Ausdruck dessen, „daß schon immer in der Richtung auf das Wissen ist gedacht worden".[97] Es wird angenommen, daß es „schon in den ersten Lebensthätigkeiten des Menschen immer mitgesezt ist, wenngleich nur als ein kleinstes, und daß es sich stetig fortentwikkelt".[98] Als solches ist das Wissenwollen der sachgemäße Anfang der Dialektik.[99]

Falk Wagner hat diese Behauptung als inkonsistent abgewiesen: „Die Bestimmung des Wissenwollens setzt nämlich, sofern nicht nur ein blindes und völlig leeres Wissen angestrebt werden soll, ein *Wissen des gewollten Wissens* schon voraus".[100] Dem kann insofern recht gegeben werden, als das Wissenwollen als Wollen – wie der genannte Trieb etc. – etwas primär Praktisches ist und mit einem Wissen des Gewollten verbunden sein oder ein solches voraussetzen muß. Dies widerspricht aber nicht Schleiermachers Vorstellungen von der Grundlegung der Philosophie, wo wir ein vorausgesetztes Wissen wirklich identifizierten: das vorläufige Wissen vom Wissen. Dieses wird auch in Schleiermachers Konzeption des Wissenwollens als Wollen des Wissens ausdrücklich namhaft gemacht.[101] Wagner rennt also offene Türe ein.

---

94 Vgl. KGA II/10.1, 226,36f.; 373,1ff.; KFSA XVIII, 519 Nr. 18f.

95 SW III/4.2, 54.181.187.189.

96 KGA II/10.1, 395,8f., vgl. SW III/4.2, 481; 483 Anm. *f. Der entsprechende Philosophiebegriff klingt vielleicht schon in den *Reden* an: „Die Philosophie wohl strebt diejenigen, welche wißen wollen, unter ein gemeinschaftliches Wißen zu bringen" (KGA I/2, 217,12ff. = R, 63).

97 KGA II/10.1, 400,8ff.

98 Ebd. 421,28ff.

99 Ebd. 373,8ff.

100 Wagner, Dialektik 38.

101 SW III/4.2, 41 Anm.: „wer nicht weiß, was er will, hat nur einen unvollkommenen Willen. Das Wissenwollen ist also nur auf der Stufe möglich, wo Denken und Wollen

An dieser Stelle besteht eine schlagende und bedeutsame Übereinstimmung mit Schlegels frühen Reflexionen über den Anfang des Philosophierens, die über die bisher angenommene hinausgeht. Vor allem in der wichtigen zweiten Beilage der *Philosophische Lehrjahre* hat Schlegel in einer Transformation der Fichteschen Tathandlung ein praktisches Moment als Anfang der Philosophie angenommen.[102] Neben Ausdrücken wie „unendlicher oder unbestimmter Wissenstrieb" und „logischer Enthusiasmus" gebraucht er dafür die Wendung „wissen wollen", oft „alles wissen wollen".[103] Das kommt auch terminologisch Schleiermacher sehr nahe.[104] Es stimmt weiter mit dem Wissenwollen der Dialektik Schleiermachers darin überein, nicht blind und gedankenlos zu sein. Guido Naschert bezieht das Wissenwollen bei Schlegel auf dessen Idee vom „Anfang in der Mitte": Er interpretiert diesen als „den Anfang der Systemkonstruktion durch den Willensakt des logischen Enthusiasmus, in

---

schon verbunden vorkommt; aber wie wir sagten, daß auch die unterste Stufe des Denkens doch die Richtung auf das Wissen habe: so liegt auch allen Willensthätigkeiten das gedachte Wollen zum Grunde, und es ist ein beständiger Zusammenhang zwischen dem Wollen des Wissens und dem Wissen des Wollens" (Nachschrift 1831); KGA II/10.1, 284,8ff.: „Was ist in allem Denken abgesehen vom künstlerischen und geschäftlichen das Wissenwollen? Die kürzeste Antwort ist die *Idee des Wissens*".

102 Siehe oben S. 247.

103 Vgl. KFSA XVIII, 10 Nr. 65; 34 Nr. 167; 55 Nr. 361; II, 191 Nr. 164, ferner XII, 331. Vgl. auch die Definitionen der Philosophie oder ihres Anfangs als Suchens oder Strebens nach Allheit des Wissens oder Allwissenheit, KFSA XVIII, 5 Nr. 18; 13 Nr. 101; 515 Nr. 97; II, 226 Nr. 344. Ich zitiere aus einem der zentralen Gedanken der zweiten Beilage, der auch in anderen, oben behandelten Aspekten der Darstellung des Anfangs der Philosophie bei Schleiermacher die sachliche Parallelität zwischen den beiden Denkern belegt: „Bei der Untersuchung, was vorausgesetzt werden darf, darf ich gar nichts voraussetzen als das Denken selbst. – ‚Ich will alles wissen wo möglich; wo nicht, so viel ich kann und auch warum ich nicht mehr wissen kann – ;' – das ist der Punkt, von dem jeder ausgeht. Schon daraus läßt sich die Folgerung ziehen, daß ich nicht von einem besondern gegebenen Gegenstande ausgehen darf, wie bei allen besondern Wissenschaften auch den praktischen. Jeder Gegenstand ist ein besonderer. Dieß würde aber nur eine besondere Wissenschaft geben, nicht *Wissenschaftslehre*. Der unbestimmte *Wissenstrieb* – um seiner selbst willen – ist also der Grund und elastische Punkt der Wissenschaftslehre. Nur reden viele mit ohne Geist, ohne jenen göttlichen Trieb. Diesen muß man zeigen, daß sie nicht wissen, was sie wollen, und unternehmen was sie nicht können. Andre brauchen die Wissenschaft nur als Mittel; diesen muß man zeigen, daß sie nicht wollen, was sie (durch die That) vorgeben" (KFSA XVIII, 519 Nr. 19).

104 Schlegel scheint nicht die substantivierte Form *Wissenwollen* zu verwenden. Das tut dagegen Hülsen, *Prüfung*, u.a. 100. Darauf hat Frank, *Annäherung* 922 Anm. 2, aufmerksam gemacht; siehe dazu auch Naschert, *Beitrag* 126ff. Schleiermacher kann die Schrift Hülsens gelesen haben (vgl. oben Kap. 2 Anm. 68). Eventuell entscheiden zu können, ob dies Spuren in seiner Dialektik hinterlassen hat, erforderte eine eigene Untersuchung. Eine weitere Ähnlichkeit Hülsens mit der Schleiermacherschen Dialektik in der Konzeption des Ausgangs der Philosophie ist die Orientierung am Widerstreitsmotiv (siehe Naschert, *Beitrag*).

dem bereits ein Absolutum, eine Allwissenheit nämlich, als Ziel des unbestimmten Willens gesetzt wird".[105]

Wir schließen diesen Abschnitt an einem Punkt ab, der uns schon aus Schleiermachers *Grundlinien einer Kritik der bisherigen Sittenlehre* vertraut ist,[106] und wo die Kontinuität mit Schlegel also noch besser dokumentiert ist: bei Schleiermachers *Kritik der monistischen Grundsatzphilosophie*. Sie wird in der Dialektik wieder aufgenommen, ausführlicher als im Text von 1814/15 in den Texten von 1818/19 und 1832/33. Die Kritik bildet in der Einleitung zur Dialektik den Übergang von der Auseinandersetzung mit der idealistischen Trennung von gemeinem und höherem Wissen zur Bestimmung des Aufbaus der Dialektik.[107] Sie kann also im Zusammenhang mit der Idealismuskritik verstanden werden, und 1832/33 werden diese beiden ausdrücklich gleichgesetzt.[108] Weiter kann die Kritik der Philosophie aus *einem* Grundsatz als Fortsetzung der Kritik der unmittelbaren Darstellung der Philosophie als Wissenschaft betrachtet werden. Die Grundsatzphilosophie geht von einem angeblich ersten Wissen aus[109] und ist eine, wenn auch nicht die einzig mögliche Ausformung der Philosophie als Wissenschaft. Schleiermachers Angaben läßt sich entnehmen, daß er sich bei der „verbreitete[n] Ansicht" der monistischen Grundsatzphilosophie jedenfalls auf Reinhold, Fichte und Schelling bezieht.[110]

Die betreffende Konzeption des Anfangs und der Entfaltung der Philosophie wird von Schleiermacher so gekennzeichnet: „Es ist weit verbreitete Ansicht, die Philosophie müsse Einen Grundsaz aufstellen, der weiterhin wieder in mehrere zerfalle für die verschiedenen Gebiete des realen Wissens, und der ganze Inhalt der realen Wissenschaft müsse dann aus ihrem Grundsaze nach den Ableitungsregeln des zweiten Elements der Philosophie hervorgebracht werden".[111] Es geht um eine bestimmte Fassung beider philosophischen Elemente, d.h. der metaphysischen Gründe und der formalen Regeln. Das erste Element wird als ein Satz begriffen und als alleiniger Grundsatz methodisch als Anfang der Philosophie gesetzt. Das zweite Element wird im Rahmen der monistischen Grundsatzphilosophie als deduktive Regeln zur Entwicklung des einzelnen realen Wissens aus dem obersten Grundsatz konzipiert.

---

105 Naschert, Wechselerweis 67.
106 Siehe wiederum oben 2.4.2.2.
107 KGA II/10.1, 88f. §§ 76ff.; SW III/4.2, 34ff. Anmerkungen; KGA II/10.2, 137ff.
108 KGA II/10.1, 416ff.
109 Ebd. 88 § 77; 283,9ff.
110 Vgl. SW III/4.2, 35 Anm., oder KGA II/10.2, 137,31, mit KGA II/10.1, 416,30ff., wo Schleiermacher vielleicht auch auf Hegel zielt, der zwar nicht von einem einzigen Grundsatz her philosophiert, aber die Philosophie als Wissenschaft konzipiert.
111 SW III/4.2, 35 Anm.

Schleiermacher setzt in seiner Kritik *intern* an. Erstens problematisiert er die Übereinstimmung zwischen dem prinzipiellen Programm und der tatsächlichen philosophischen Praxis der monistischen Grundsatzphilosophen: „Immer ist es nur Schein gewesen mit dem obersten Grundsaz an der Spize; es lagen mehrere Hypothesen zum Grunde und es fehlte viel, daß nur aus Einem Grundsaze wäre abgeleitet worden". Schleiermacher untermauert diese Behauptung durch Verweis auf die Diskrepanz zwischen der Verschiedenheit der Voraussetzungen einzelner philosophischer Systeme und der zunehmenden Ähnlichkeit der Ergebnisse, je weiter die Ableitung fortgeführt wird.[112] Schleiermachers zweites Argument problematisiert die Übereinstimmung des Programms mit der faktischen philosophischen Praxis überhaupt: „das Wissen als organisches Ganze" ist nicht nur deduktiv geordnet, es ist „auch immer Coordinirtes, so daß man von jedem dieser Punkte aus nach dem Mittelpunkt kommen kann".[113]

Hier kommt es jedoch vor allem auf Schleiermachers *externe* Kritik an. Sein Hauptargument wird in den vorliegenden Texten eher indirekt durch Darstellung seines eigenen, schon behandelten Gegenstücks vorgebracht, und nicht eigentlich expliziert. Es ist indessen klar, daß er von seinen Voraussetzungen her – ebenso wie er den Idealismus im übrigen zurückgewiesen hat – die Einführung eines Grundsatzes bestreiten muß, „der selbst schlechthin angenommen werden müsse, ohne schon in früher gedachtem enthalten gewesen zu sein oder daraus entwikkelt werden zu können".[114] Explizit macht Schleiermacher darauf aufmerksam, daß solche von allem anderen Denken isolierten Anfänge sich nicht eigentlich mitteilen lassen und die Aufhebung des Streits nicht fördern. Überhaupt hebt er die dem Anspruch der Grundsatzphilosophie diametral entgegengesetzte Individualität solcher Anfänge stark hervor: Sie sind „wenngleich aus der tiefsten Begeistung hervorgehend" – eine Wendung, in der vielleicht Schlegels Begriff vom logischen Enthusiasmus nachklingt – „um es herauszusagen Einfälle" und schließt sich „ganz dem Gebiet des freien oder künstlerischen Denkens" an, weshalb ihre Entwicklungen „einen hohen Werth haben können als Kunstwerke".[115]

---

112 Ebd. Als Beispiel nennt er jedoch nur bestimmte entgegengesetzte Voraussetzungen der Sittenlehre, d.h. einer realen Wissenschaft. Das entspricht Schleiermachers eigenem Anfang der Ethik in einer Anschauung, nicht in einem Satz (siehe WA 2, bes. 82, vgl. ebd. 517f. § 1; 487 Anm. 1).

113 KGA II/10.2, 138,27ff.

114 KGA II/10.1, 416,30ff., dort 417,4ff.

115 Ebd. 417,34ff.

7.1.2.3. Metaphysisches Denken

Es soll nun versucht werden, genauer zu erklären, in welchem Sinn es in der Dialektik Schleiermachers um Metaphysik geht. Zugleich wird untersucht, wie sie sich zu verschiedenen vorwiegend zeitgenössischen Konzeptionen der Metaphysik in Beziehung setzt. Besonders soll geprüft werden, inwiefern die Dialektik als Metaphysik *transzendentales* und inwiefern sie *spekulatives* Denken ist. Endlich soll Licht in die Verfahrensweise dieser Metaphysik gebracht werden. Wir bleiben hier noch in der Hauptsache innerhalb des Rahmens der Argumentation der Einleitung in die Dialektik.

In dem Paragraphen, in dem erstmals in der Dialektik von 1814/15 von Metaphysik die Rede ist, fügt Schleiermacher einen weiteren Begriff hinzu: „Metaphysik, transcend. Philos.". Die erste Abkürzung könnte an sich als „transcendente" ausgeschrieben werden. Dies ist terminologisch und sachlich nicht abwegig. Trotzdem muß sie – mit den Herausgebern Ludwig Jonas und Andreas Arndt – als „transcendentale" aufgelöst werden.[116] Das geht aus einem Vergleich mit Stellen derselben Fassung der Einleitung, wo das Wort vollständig geschrieben wird, klar hervor.[117] Metaphysik kommt in der Dialektik also als transzendentale Philosophie in Betracht. Die Umkehrung gilt jedoch auch – beide Begriffe erklären einander gegenseitig: *Metaphysik* soll *als Transzendentalphilosophie* und *Transzendentalphilosophie als Metaphysik* verstanden werden.

Dies konnte als in die Richtung der vorkantischen Metaphysik weisend verstanden werden.[118] Man darf in dem Ansatz in der Tat einen Ausdruck der Kontinuität der Dialektik mit der metaphysischen Tradition seit der Antike sehen, an welche Schleiermacher ja bewußt anknüpft. Dem entspricht, daß er in der Vorlesung von 1818/19 in einer Erwähnung der vorkantischen rationalen Metaphysik *en passant* erklärt, daß Kants Kritik an dieser wohl auch die Metaphysik der Dialektik betreffen muß.[119] Dieser Hinweis wird jedoch sogleich präzisiert: „Das letzte Wissen sei nicht hinter dem realen Wissen, sondern im realen Wissen. Kants Polemik ist also nur gegen jene Form als eine Annäherung an unsere".[120] Daß die Rede der Dialektik von transzendentaler Philosophie vor allem auf Kant und

---

116 Ebd. 77 § 16, vgl. SW III/4.2, 7.

117 KGA II/10.1, 78 § 28; 88f. §§ 75f.83.85.

118 So können Wolff und einige seiner Schüler „transzendental" und „metaphysisch" synonym verwenden; siehe Hinske, Transzendental; Transzendentalphilosophie. V, HWPh 10 [1998] 1376-1388, dort 1376ff.

119 KGA II/10.2, 136f., vgl. SW III/4.2, 33f. Anm.

120 KGA II/10.2, 137,6ff.

auf die von ihm ausgehende philosophische Bewegung Bezug nimmt,
wäre auch von Schleiermachers früherer, dort ihren Ausgang nehmender
Philosophie, die mit dem Kritizismus vor allem Spinozistische metaphysische Motive synthetisiert, zu erwarten.[121]

Diese Bedeutung des Begriffs der Transzendentalphilosophie wird
deutlich an der dem zitierten Paragraphen am ehesten entsprechenden
Stelle in August Twestens Nachschrift der Vorlesung von 1811: „Das
Höchste und Allgemeinste des Wissens also und die Principien des
Philosophirens selbst sind dasselbe. Transcendentalphilosophie und Formalphilosophie also sind, wenn sie etwas Reales enthalten sollen, dasselbe. Constitutive und regulative Principe lassen sich also nicht mit Kant
unterscheiden".[122] Daß Schleiermachers Begriff der Transzendentalphilosophie sich im Ausgangspunkt an Kant anlehnt, zeigt sich hier in einer
Verbindung der metaphysischen und der logischen oder technischen Seite
der Dialektik als Transzendental- und als Formalphilosophie bzw. mit
konstitutiven und regulativen Prinzipien.[123]

Aus dieser Verbindung geht zudem hervor, daß die Begriffe im Vergleich mit Kant einen modifizierten Sinn erhalten: Das Thema der Dialektik als Metaphysik ist bisher als Prinzipien des Zusammenhangs von Denken und Sein und der Verknüpfung des Denkens dargestellt worden. Geht
es unter Kantischen Prämissen dabei um Ideen der Vernunft, wird in der
Schleiermacherschen Dialektik von diesen behauptet, daß sie nicht nur als
regulative Ideen sich auf die systematische Einheit und Organisation der
Erkenntnisse beziehen, sondern *auch* konstitutiv sein müssen.[124] Dies ist
Teil der Kant überschreitenden Bestimmung des Transzendentalen als
metaphysisch. Daß die Prinzipien konstitutiv sind, kann nicht heißen, daß
sie objektiv sind in einem Sinn, der irgendeine Entsprechung zum Begriff
eines Gegenstandes hat;[125] hier berührt sich die Dialektik mit der Kantischen Erkenntniskritik. Der Grund des Zusammenhangs des Wissens mit
dem Sein ist aber ein konstitutives Prinzip, indem es als Bedingung der
objektiven Erkenntnis gedacht wird.[126]

---

121 Es kann auch an die Gleichsetzung von Metaphysik und Transzendentalphilosophie in
    den *Reden* erinnert werden, wo besonders auf Kant und Fichte angespielt wird (KGA I/2,
    208,14ff. = R, 42).
122 KGA II/10.2, 7,1ff.
123 Vgl. auch KGA II/10.1, 153 § 229.1, wo eine regulative Idee als Prinzip des Formalen
    erklärt wird. Dies ist auf der Linie Kants, insofern er den regulativen Gebrauch der
    Ideen eben auf die Verknüpfung der Erkenntnisse bezieht. Zu seiner Unterscheidung
    von regulativ und konstitutiv siehe besonders KrV B, 670ff.
124 Vgl. auch KGA II/10.1, 80 § 43, ferner ebd. 152f. §§ 228-229.1.
125 Vgl. KrV B, 537f.672.708.
126 Zum Thema siehe weiter unten 10.3.3.

Ein weiteres Zeugnis sowohl der Anknüpfung als auch der Umformung des Kantischen Denkansatzes ist Schleiermachers Umgang mit dem Begriff *transzendental* als solchem. Was im ersten Teil der Dialektik gesucht wird, wird in dem in Hinblick auf die Veröffentlichung und deshalb wohl besonders sorgfältig geschriebenen Kompendium von 1814/15 meistens „das transcendentale" genannt.[127] Später in diesem Teil kommt als hervortretende Bezeichnung „der transcendentale Grund" hinzu,[128] ein Ausdruck, der noch nicht in der Dialektik 1811 vorkommt. Viel seltener in der Dialektik von 1814/15 kann Schleiermacher für das Thema der Metaphysik der Dialektik den Begriff *transzendent* verwenden; dieser Begriff taucht nicht zufällig als Bezeichnung der Begriffs- und Urteilsgrenzen auf.[129] Daß die Kantische Bedeutung dieses Begriffs präsent bleibt, und daß Schleiermacher nicht auf einen dogmatischen Ansatz abzielt, zeigt sich, wenn er in seinem Notizheft zur Dialektik von 1811 in kritischer Absicht die Wendung „das eigentlich Transcendente" gebraucht.[130] „Transzendental" kann also von den frühen Entwürfen her als der Grundterminus betrachtet werden. Es ist jedoch bezeichnend, daß Schleiermacher beide Begriffe wechselweise gebrauchen kann. So redet er nebeneinander vom transzendentalen und vom transzendenten Grund.[131]

Dem terminologischen Befund entsprechen Schleiermachers eigene Erklärungen des Begriffs des Transzendentalen, die in den späteren Vorlesungen zu finden sind. Einige der wichtigsten seien zitiert: Wir müssen, sagt der Dialektiker, das Transzendentale „immer schon gehabt haben, d. h. es muß allem empirischen Bewußtsein zum Grunde liegen".[132] „Der Ausdruk transcendental rechtfertigt sich dadurch daß dieses jenseit alles im gewöhnlichen Verlauf vorkommenden Denkens liegt".[133] „Das Denken, welches wir hier suchen, geht über jede mögliche bestimmte Erfahrung und jedes mögliche bestimmte Denken hinaus, und darum nennen wir es

---

127 KGA II/10.1, 88f. §§ 75f.83.85; 93 § 105; 99 § 126b; 101 §§ 135f. etc.
128 Ebd. 105 § 154; 141f. §§214f.; 144 § 216.5.
129 Ebd. 108 § 166, vgl. ebd. 246,3ff.; 257,1ff.; zu diesen Grenzen siehe unten S. 478f. Es trifft nicht zu, daß Schleiermacher „transzendental" und „transzendent" als „gleichgültig" behandelt, und daß dies sich darin ausdrückt, daß er „gewöhnlich" (Arndt, 107 Anm. 4) oder „fast ausschließlich" nur „transc." schreibt (Cesa, Transzendental; Transzendentalphilosophie. VI, HWPh 10, [1998] 1388-1396, dort 1394).
130 KGA II/10.1, 18 Nr. 95, vgl. KGA II/10.2, 7,25ff.
131 KGA II/10.1, 144 § 216.5 und 7; von 1822 an ist die letzte von diesen Bezeichnungen dominierend.
132 Ebd. 228,22ff., vgl. ebd. 229,8f.
133 Ebd. 283,33f., vgl. ebd. 293,4ff.

transcendental, und den Theil unsrer Untersuchung, der darauf ausgeht, es als den Anfangspunkt zu finden, den transcendentalen".[134]

Bezieht man dies auf den Ansatz der Dialektik, wie wir ihn von der Einleitung her kennen, darf gesagt werden, daß er in dem weiten Sinn transzendental ist, daß vom schon im Gang befindlichen Denken, vom empirischen Bewußtsein ausgegangen und nach dessen Bedingungen gefragt wird; Kant gebrauchte bekanntlich den Begriff des Transzendentalen in einem engeren und strengeren Sinn.[135] Die transzendentale Untersuchung der Dialektik zielt jedoch zudem auf etwas, das alle Erfahrung übersteigt. Dies kommt einer Aufhebung der Kantischen Unterscheidung zwischen transzendental und transzendent gleich. Das ist Schleiermachers Absicht nach der letztzitierten Aussage, die eine solche Aufhebung begründen soll: „Man hat dabei noch einen Unterschied gemacht zwischen transcendent und transcendental, von dem wir aber ganz abstrahiren".[136]

Die letzten Bedingungen, um die es im ersten Teil der Dialektik Schleiermachers geht, sind anders als in der Transzendentalphilosophie von Kant bis Fichte, aber wie in der Frühromantik überhaupt – zum Beispiel bei Hölderlin[137] und auch in einigen von Schellings Entwürfen[138] – nicht bewußtseinsmäßigen oder subjektiven Charakters, sondern *bewußtseinstranszendent*.[139] Dies läßt sich schon Schleiermachers Einleitung entnehmen, die ja in Anknüpfung an die durch das Christentum bestimmte Metaphysik *Gott* als Voraussetzung des Wissens bestimmen kann. Insofern soll die Transzendentalphilosophie der Dialektik Metaphysik sein. Es ist aus der Einleitung auch hervorgegangen, daß die Dialektik – der Kantischen Kritik verpflichtet – nicht dogmatisch eine eigentliche Erkenntnis dieses Unbedingten als eines Prinzips des Wissens behauptet; daß es unerkennbar ist, wird ebenso in den wiedergegebenen Erklärungen des Begriffs des Transzendentalen gelehrt. Die Dialektik bleibt der frühen Transzendentalphilosophie darin verbunden, daß sie das metaphysische Thema *nur vom endlichen Bewußtsein her* und *als dessen Voraussetzung* denken will. Der transzendente Grund ist also – mit Dieter Henrichs auf Hölderlin bezogenen Worten – der Grund im Bewußtsein. Dies ist auch in der dialektischen Restriktion auf das Prinzip, wie es im realen Wissen

---

134 SW III/4.2, 38 Anm.
135 Vgl. KrV B, 25.
136 SW III/4.2, 38 Anm.; vgl. die ganze Aussage mit Kant, Prolegomena zu einer jeden künftigen Metaphysik, AA IV, 253-384, dort 373f. Anm.
137 Siehe Henrich, Grund.
138 Siehe Sandkaulen-Bock, Ausgang, z.B. 7.
139 Vgl. Arndt, Gefühl 107.

erscheint, enthalten. Insofern ist die Dialektik als Metaphysik Transzendentalphilosophie.

Der Terminus *Spekulation* hat einen festen Platz im Schleiermacherschen Vokabular, besonders als Kennzeichnung der realen Wissenschaften der Ethik und der Physik. Es ist aber bezeichnend, daß er ihn nur zurückhaltend auf die Dialektik bezieht. So taucht der Terminus im besonders behutsam formulierten Dialektikheft von 1814/15, soweit ich sehe, nur in der Auseinandersetzung mit dem Idealismus auf.[140] Die Dialektik und besonders ihr metaphysischer Teil muß indessen als spekulatives Denken in einem Sinn verstanden werden, der sie mit der nachkantischen Philosophie verbindet: Sie übersteigt die normale Erkenntnis in Gedanken, die nicht innerhalb der Differenzen der normalen Erkenntnis erfaßt werden können, von welchen her diese aber in ihren Bedingungen begriffen werden kann.[141] Dies wird erst recht aus der durchgeführten Argumentation Schleiermachers klar. Die Einleitung zeigt jedoch bereits, daß es sich um ein auf bewußte Weise eingeschränktes spekulatives Denken handelt.

Dies läßt sich an das bisher Gesagte anknüpfen, unter anderem an die Darstellung von Schleiermachers Kritik am Vortrag der Metaphysik als Wissenschaft. So kritisiert er „die metaphysische Anmaßung" der neueren Philosophie.[142] Weiter haben wir gesehen, wie er sich von einer stark deduktiv konzipierten Philosophie in Gestalt der neueren monistischen Grundsatzphilosophie distanziert. Es kann in diesem Zusammenhang hinzugefügt werden, daß Schleiermacher zwar einem metaphysischen Monismus, aber keinem methodischen Monismus das Wort redet.[143] Die Nachschriften der Einleitung in die Dialektik 1818/19 ergänzen dieses Bild durch Aussagen, in denen Schleiermacher sich von prätentiösen Programmen eines spekulativen Denkens innerhalb der nachkantischen Philosophie abgrenzt.[144] In diesen Programmen wird die Aufgabe gestellt, „unser Wissen des endlichen Seins [...] von einem Wissen des unendlichen als seines Grundes", „das Reale von dem Transcendenten abzuleiten",

---

140 KGA II/10.1, 84ff. §§ 58ff.

141 Vgl. Henrich, Grund 550ff. Henrich unterscheidet von der Aufhebung der für normale Erkenntnis konstitutiven Differenz zwei weitere Schritte, die ein voll entwickeltes spekulatives Denken gehen muß: 1. Die durch die Aufhebung der Differenz erreichte Einheit muß in Hinblick auf ihre Begründungsfunktion näher bestimmt werden. 2. Aus dieser Einheit müssen die Differenzen des normalen Erkennens abgeleitet werden. Hölderlins Philosophie ist nach Henrich spekulativ in einem limitativen Sinn, indem diese beiden Schritte nicht durchgeführt werden.

142 KGA II/10.1, 224,24, vgl. ebd. 78 § 23.

143 Zu dieser Unterscheidung siehe Henrich, Konstellationen 88ff.

144 KGA II/10.2, 123ff., vgl. SW III/4.2, 19ff. Anmerkungen; KGA II/10.1, 211.

indem beide als Wissen gleichgesetzt werden.[145] Demgegenüber unterscheidet die Schleiermachersche Dialektik „die Art, wie wir das, was jenseits liegt, in uns tragen, von der Art, wie wir das Gegebene in uns tragen", und bestimmt die betreffende, ihr entgegengesetzte Spekulation als „poetisch, als könnte sie etwas machen, was ihr doch erst gegeben sein muß".[146] Weiter beschränkt sie sich darauf, den wissenschaftlichen Wert einer einzelnen Aussage zum Beispiel der Physik durch Nachweis ihrer Stelle im Organismus des Wissens, aber nicht ihre Wahrheit beurteilen zu können, während jene Programme dies beanspruchen müssen, indem in der Konsequenz ihres Ansatzes „von dem Unendlichen aus eine vollständige Physik" gemacht werden muß.[147] Kennzeichnend für diese Selbstabgrenzung der Dialektik vom spekulativen Idealismus, die in Übereinstimmung mit dem ganzen Konzept der Dialektik erfolgt, ist, daß sie letztlich eine Kantische These reformuliert.[148]

Durch Schleiermachers Überlegungen zur *Methode* dieser nicht als Wissenschaft auftretenden Metaphysik werden die nun bekannten Bestimmungen des Projekts der Dialektik nochmals von einer anderen Seite her variiert. Was ist also das Gegenstück der Dialektik zum ableitenden Verfahren der Grundsatzphilosophie und jener im weitgehenden Sinn spekulativen Metaphysik? Schleiermacher äußert sich nur sehr kurz zu dieser Frage. Einschlägig sind hauptsächlich Notizen von 1811 und 1832/33.

In seinem Notizheft zur Dialektik von 1811 zieht Schleiermacher aus der Feststellung der Zirkelhaftigkeit des Anfangs der Dialektik Schlüsse mit Rücksicht auf ihre Methode. Dem pointiert deduktiven Verfahren der Gegner wird die *Analyse* entgegengesetzt:

> „Wegen des ersten Cirkels ist also die Philosophie ein unbeweisbares, eine reine Analyse. Es ist nur das Aufsuchen des absoluten Wissens in allem relativen, der allgemeinen Form des Wissens abgesehen von dem besonderen ethischen oder physischen Inhalt.

---

145 KGA II/10.2, 124,30ff. Im Kontext berührt Schleiermacher damit verbundene Versuche, die ebenso einen sehr weitgehenden Deduktionsanspruch erheben: statt wie die antike Dialektik Logik und Metaphysik zu vereinigen in der Form der Logik, sollen beide in der Form der Metaphysik vereinigt werden, nämlich als ein Wissen, woraus die logischen Regeln deduziert werden (ebd. 122,42ff., vgl. SW III/4.2, 19 Anm.). Auch damit ist Schleiermachers Dialektik unvereinbar, die sich auf die logischen Regeln als vorgegebene bezieht. Sie ist darin prinzipiell in Übereinstimmung mit einem wichtigen Motiv der Kantischen Erkenntniskritik im Unterschied zur Philosophie Reinholds und des spekulativen Idealismus.

146 KGA II/10.2, 125,15ff.; 126,8f.

147 Ebd. 126,11ff., dort 126,30f.

148 Vgl. auch den § 50 beigefügten Hinweis auf Kant (KGA II/10.1, 82,7f.), der vom vorletzten Zitat aus der neu zugänglichen Nachschrift von 1818 verständlich wird.

Eben darum haben aber die Principien auch nur Gültigkeit in Bezug auf das letztere nemlich das reale Wissen; sie sind selbst kein solches, weil sie sonst in die Reihe des bedingten eintreten würden".[149]

Was heißt hier Analyse? Dieser Begriff wird im zeitgenössischen Denken in mehreren Bedeutungen verwendet; er hat jedoch an dieser Stelle einen genau identifizierbaren Sinn.[150] Erstens steht die Analyse im Gegensatz zu einem Beweis, der wegen der Voraussetzungshaftigkeit des Ansatzes der Dialektik ausgeschlossen ist. Es ist von einem Verfahren des Aufsuchens die Rede. Zweitens meint der Begriff der Analyse nicht eine Auflösung in Bestandteile oder eine Entwicklung von Implikationen zum Beispiel eines obersten Grundsatzes, sondern ein Aufsteigen vom Bedingten zu dessen Bedingung, einen Rückgang vom Begründeten zum Grund. Eine solche Bewegung soll der gedankliche Duktus des metaphysischen Teils der Dialektik darstellen.[151] Dieser Analysebegriff wird von Schleiermacher nicht überall von dem in der Dialektik auch vorkommenden Begriff von Analyse als Auflösung in Elemente geschieden.

Der betreffende Begriff der Analyse kann Schleiermacher unter anderen von Baumgarten und muß ihm von Kant her bekannt sein. Auf der Ebene der Methode tritt hier wiederum eine, wenn auch begrenzte Entsprechung zu dessen transzendentalem Denken hervor.[152] Schleiermachers Erklärung der Verfahrensweise seiner Metaphysik in einer späten Notiz stimmt auch terminologisch mit Kants Benennung der analytischen Methode als einer *regressiven* überein. Schleiermacher schreibt über die Dialektik: Sie muß „zuerst zurückgehn auf das, was jeder der das Wissen will in Bezug auf das Denken voraussezen muß, und dies ist ihr regressiver Theil (transcendenter)".[153] Derselbe Analysebegriff wurde im Kreis um Reinhold im Zusammenhang der Kritik der monistischen Grundsatzphilosophie aufgenommen.[154] Das ist ebenso der Fall bei Friedrich Schlegel, der ihn auf eine Schleiermachers Verwendung des Begriffs sehr nahekommende Weise zum Methodenkonzept des der Schleiermacherschen

---

149 Ebd. 9 Nr. 29, vgl. ebd. 10 Nr. 40; KGA II/10.2, 10f., und Ludwig Jonas' Zusammenfassung einer Nachschrift der Vorlesung von 1811, SW III/4.2, 315.

150 Vgl. Frank, Annäherung 441ff.

151 Vgl. Schleiermachers Rückblick auf den transzendentalen Teil und Vorblick auf den zweiten Teil am Übergang zwischen beiden in der Vorlesung von 1811: von der „Anschauung des Wissens" „sind wir bisher aufwärts zum Absoluten gegangen; und nun abwärts zum Einzelnen" (KGA II/10.1, 51,27ff.).

152 Vgl. AA IV, 276; Kant, Logik, AA IX, 1-150, dort 149 § 117.

153 KGA II/10.1, 385,21ff.

154 Vgl. Frank, Annäherung 441ff.457ff.

Metaphysik entsprechenden Teils seiner Philosophie macht.[155] Er ist an diesem Punkt als der wichtigste Vorgänger Schleiermachers anzusehen. Wir haben also hier ein weiteres Beispiel der auffälligen Ähnlichkeit der Schleiermacherschen Dialektik mit der Schlegelschen Grundlehre.

7.2. Wissen und sein transzendenter Grund

Mit Bezug auf Schleiermachers Gedankengang im transzendentalen Teil der Dialektik, der hier nicht zum Gegenstand einer umfassenden Interpretation gemacht werden kann, wird es zuerst darum gehen, einige gedankliche Strukturen darzulegen,[156] die den sachlichen Hintergrund der in den folgenden Kapiteln zu rekonstruierenden Argumentationen der Dialektik bilden. Was erörtert werden soll, sind vor allem zwei zusammenhängende Gedanken oder Gedankenkomplexe: erstens der Begriff des Wissens und die Korrelationen, die dieses bedingen, und zweitens die Einheit, die nach Schleiermacher gedanklich vorausgesetzt werden muß, wenn das Wissen verständlich gemacht werden soll.

Schleiermachers Dialektik ist *eine Theorie des objektiven Bewußtseins*. Objektives Bewußtsein umfaßt hier das in einem weiten Sinn gegenständliche Erkennen, jedes objektivierende Erkennen und Denken ungeachtet der Art des Objektes, das also auch zum Beispiel das Denken und das Bewußtsein selbst oder dessen Subjekt sein kann.[157] Darüber hinaus wird in Parallelität zum objektiven Erkennen auch *das objektive Wollen* erörtert. Dies kommt in allen Fassungen der Dialektik jedenfalls seit 1814/15 zum Ausdruck, wird aber deutlicher in der Dialektik von 1831, wo das Wollen nicht mehr als Supplement zum Denken aufgegriffen,[158] sondern vom Anfang des transzendentalen Teils an neben dieses gestellt wird.[159] Schon wie dieser Teil der Dialektik 1814/15 konzipiert wird, ist der dem Wollen gewidmete Abschnitt auch deshalb wichtig, weil er die folgende, auf den Übergangsgedanken bezogene subjektivitätstheoretische Argumentation vorbereitet. Worauf es im Moment ankommt, ist, daß die Dialektik sich auf *unser ganzes theoretisches und praktisches Weltverhältnis* bezieht, insofern

---

155 KFSA XVIII, bes. 13 Nr. 100; 505 Nr. 4; 512 Nr. 71; 515 Nr. 99; 519f. Nr. 17.22; dazu Frank, Annäherung 878ff.883f.

156 Hilfreich ist dabei Reuter, Einheit, auch wenn seine Analysen nicht in allen Hinsichten zu überzeugen vermögen.

157 Vgl. zum Beispiel KGA II/10.2, 146,11ff.

158 Vgl. ebd. 225,35ff. Auf den Begriff des Supplements oder der Ergänzung, der eine entscheidende Rolle in Schleiermachers philosophischer Theologie spielt, wird besonders in 10.3.3 zurückzukommen sein.

159 KGA II/10.1, 320ff.; SW III/4.2, 484ff. Anmerkungen.

es epistemische Momente einschließt und hinsichtlich der Frage der Objektivität betrachtet werden kann.

Mit der Parallelsetzung des Wissens und des objektiven Wollens will Schleiermacher das Wollen dem Denken weder unterordnen noch angleichen. Er kann zwar den Begriff des Bewußtseins sowohl für theoretische als auch für praktische epistemische Leistungen des Subjekts verwenden.[160] Die Pointe ist indessen nicht, daß dem Theoretischen der Primat gegenüber dem Praktischen gegeben werden soll. Das Wollen wird einbezogen in die dialektische Untersuchung, insofern es Denken ist. Auf der anderen Seite kann die Dialektik das Denken als eine Willenstätigkeit bestimmen.[161] Schleiermacher modelliert auch nicht die Struktur des sittlichen Bewußtseins nach der des erkennenden Bewußtseins: Sie unterscheiden sich darin voneinander, daß der Bezug zwischen uns und dem Außeruns oder zwischen Denken und Gedachtem eine umgekehrte Richtung hat, je nachdem ob er von dem einen oder dem anderen Pol ausgeht und das Bewußtsein also tätig oder leidend ist.[162] Schleiermacher formuliert hier auf der Linie seiner sonstigen Aussagen über Theorie und Praxis[163] und seiner früh ausgearbeiteten Begriffe einer Theorie des Willens und der Handlung.[164] Seine Pointe bei der Parallelisierung des Praktischen und des Theoretischen an dieser Stelle ist, daß das Wollen entscheidende Bedingungen mit dem Denken gemeinsam hat, und daß man deshalb in metaphysischer Rücksicht bei ihm zu entsprechenden Ergebnissen kommen muß.

Wie auch schon oben bei der Einführung in die Dialektik als metaphysisches Denken bemerkt, ist der Gedankengang ihres ersten Teils also am Begriff des *Bewußtseins* orientiert. Die uns vorerst interessierenden Gedanken kennzeichnet Schleiermacher selbst als Glieder einer *Analyse des Bewußtseins*: „nicht eine Analyse des Bewußtseins als Action also auch nur empirisch sondern das Bewußtsein ist hier schematisch betrachtet"; es geht um „die Form der Identität des Bewußtseins im Fluß der Actionen".[165] Anhand dieser Aussage soll hier erstens festgehalten werden, daß diese Untersuchung der Dialektik sich als eine *nichtempirische* versteht und sich auf die *invariante Struktur* des gegenständlichen Bewußtseins bezieht. Zweitens soll bemerkt werden, daß der betreffende Begriff der Analyse

---

160 KGA II/10.1, 139f. § 211.

161 Ebd. 320,31.

162 Ebd. 139f. § 211; SW III/4.2, 485f. Anm.

163 Siehe oben S. 380.

164 Siehe oben 1.3.2.2.

165 KGA II/10.1, 140 § 212.3. Diese Kennzeichnung gilt parallel dem Wollen (ebd. 140ff. §§ 212ff.) und dem Wissen (ebd. 90ff. §§ 86ff.).

ein anderer ist als der oben behandelte. Analyse hat an dieser Stelle die Bedeutung der Auflösung eines Komplexes in seine Bestandteile. Schleiermacher bezeichnet diese, wie wir mehrmals bei ihm gesehen haben, auch in der Dialektik oftmals als *Elemente* des Denkens. Er spricht ebenso von dessen *Funktionen*.[166] Schleiermacher entwickelt diese von einer Definition des Wissens aus, die im folgenden untersucht wird. Endlich kann hinzugefügt werden, daß der transzendentale Teil der Dialektik allerdings am Begriff des Bewußtseins orientiert ist, zuletzt jedoch – und zwar im Zuge der Explikation des Subjektivitätsgedankens – genötigt wird, diese Orientierung gewissermaßen zu überschreiten.

7.2.1. Wissen

Den Reflexionen über den Anfang der Dialektik in der Einleitung gemäß geht der Dialektiker vom vordialektischen Denken und Wissen, mit den Entwürfen von 1822 an: vom streitigen Denken,[167] aus. In der ganzen Erklärung des Wissens stützt er sich auf gängige Annahmen darüber.[168] Besonders in den frühen Entwürfen hebt Schleiermacher hier den Bewußtseinsbegriff hervor, indem er sowohl Denken als auch Wissen als Gegebenheiten oder „Verrichtungen im Bewußtsein" aufgreift.[169] Unter den Tätigkeiten des Bewußtseins oder des Geistes unterscheidet er Denken von Wollen und Empfindung[170] und definiert das Wissen als eine besondere Art des Denkens. Die Definition präzisiert die indirekte und vorläufige Eingrenzung der Merkmale des Wissens in Schleiermachers einleitenden Erklärung der gesuchten Prinzipien als Bedingungen der Verknüpfung der Denkakte und des Zusammenhangs von Denken und Sein. Die Definition lautet mit den Worten der Dialektik von 1814/15: „Dasjenige Denken ist ein Wissen, welches a. vorgestellt wird mit der Nothwendigkeit daß es von allen Denkensfähigen auf dieselbe Weise producirt werde; und welches b. vorgestellt wird als einem Sein, dem darin gedachten, entsprechend".[171] Im folgenden gilt es, besonders das

---

166 Ebd., z.B. 92 §§ 98f.; 98 § 124; 101 § 133.3; 102 § 137; 113 § 175.
167 Zum Beispiel SW III/4.2, 485 Anm.
168 KGA II/10.1, 90 § 86.1; 91 § 92.1; II/10.2, 141,6ff.; 144,36ff. etc.
169 KGA II/10.1, 90 § 86.1, vgl. Twestens Nachschrift und Ausarbeitung der Vorlesung von 1811: „Es gibt nämlich manches in uns, was zwar dem Wissen analog ist [...]"; „etwas, was in uns gegeben ist"; „die innren Erscheinungen des Bewußtseyns"; „in jedem in einem menschlichen Bewußtseyn vorkommenden Wissen" (KGA II/10.2, 11,28f.; 12,18ff.; 714,21f.).
170 Zum Beispiel KGA II/10.1, 230,3ff.
171 Ebd. 90 § 87.

zweite, von Schleiermacher zur Grundannahme oder zum Grundmerkmal ernannte[172] Merkmal des Wissens zu erklären.

Die betreffenden Kriterien werden als das subjektive und das objektive Merkmal des Wissens unterschieden.[173] Die Bezeichnung des zweiten Merkmals ist von Schleiermachers Erklärung her leicht verständlich: Es heißt natürlich so, weil es sich auf die Beziehung des Denkens auf ein Gedachtes als sein Objekt richtet. Die erste Bezeichnung ist entsprechend, als auf die Beziehung des Denkens auf sein Subjekt gerichtet, zu verstehen, wie besonders aus August Twestens Nachschrift und Ausarbeitung der Vorlesung von 1811 hervorgeht. Das Subjekt des Wissens meint nicht das wissende Subjekt in seiner Individualität, sondern solche Subjekte in ihrer Identität.[174] Das Denken und das Wissen haben folglich eine dreigliedrige Struktur. Sie scheint am deutlichsten in der Urfassung der Dialektik, in der Vorlesung von 1811, artikuliert worden zu sein:

> „Jedes Denken, und also auch das Wissen steht in Relation sowohl auf das Denkende als auf ein Gedachtes, Subject und Object. Das Gedachte ist etwas außerhalb des Denkens aber im Denken gegeben. Wie in dem Denken, inwiefern es ein Wissen ist, das Subject gesetzt wird, haben wir gesehn. Wie wird ein Denken, insofern es Wissen ist, in Beziehung aufs Object gedacht?"[175]

Diese Aussage ist der Nachschrift Twestens entnommen.

Wir wissen schon längst, daß Schleiermacher in der Bewußtseins- und Erkenntnistheorie eine Art Kantianer ist. Wir haben auch gesehen, daß er ein Kantianer ist, der durch Reinholds Vermittlung von Kantischer Philosophie geprägt ist. Dies wird noch einmal durch die Texte der Dialektik unterstützt: Der im Zitat entfaltete Begriff des *Denkens* erinnert auf unübersehbare Weise an Bestimmungen Reinholds und besonders an seinen Begriff der *Vorstellung* im Rahmen seines Begriffs des Bewußtseins überhaupt.[176] Sieht man nach dieser Beobachtung auf den ersten Paragraphen dieses Teils der Dialektik zurück, wo Denken und Wissen von anderen „Verrichtungen im Bewußtsein" unterschieden wurden, läßt sich dies

---

172 Ebd. 285,4ff.; SW III/4.2, 44 Anm.
173 KGA II/10.1, 214,3.
174 Vgl. ebd. 91 § 93, mit KGA II/10.2, 12,18ff.; 714,8ff.
175 KGA II/10.2, 12,36ff.
176 Vgl. Reinhold, Versuch 321 § 38: „Das *Bewußtsein überhaupt* besteht aus dem Bezogenwerden der blossen Vorstellung auf das Objekt und Subjekt; und ist von jeder Vorstellung überhaupt unzertrennlich". – August Detlev Christian Twesten hatte in Kiel Anregungen von Reinhold erhalten und ist als solcher vielleicht kein unverdächtiger Zeuge, wenn es um Schleiermachers Verhältnis zu diesem geht. Die Behauptung wird jedoch durch die anderen Texte zur Dialektik bestätigt. Zu Twestens Beziehung zu Reinhold siehe Twesten, Tagebücher 1.24. Twesten hat übrigens direkt auf sachliche Beziehungen zwischen Reinholds Philosophie und Schleiermachers Dialektik hingewiesen (ebd. 177).

weiter untermauern: Dieser Satz findet sich wiederholt und beinahe
wörtlich bei Reinhold, nur daß „Vorstellung" und „Erkenntnis" durch das
Schleiermachersche „Denken" und „Wissen" ersetzt werden müssen.[177]
Schleiermacher kann bei der Bestimmung des Begriffs des Denkens und
im Zusammenhang der Unterscheidung von Subjekt und Objekt auch auf
eine „Thatsache des Bewußtseins" hinweisen.[178] Das obige Zitat unterscheidet sich zwar darin von dem Reinholdschen Ansatz, daß es nur von
einer Beziehung, nicht von einem Bezogenwerden handelt und also nicht
wie Reinholds Definition ausdrücklich den Aktcharakter des Bewußtseins
hervorhebt. Es geht dabei jedoch nicht um einen realen Unterschied
zwischen der Elementarphilosophie und der Dialektik.[179]

Haben Denken und Wissen also dieselbe Struktur, in welcher die Aufmerksamkeit besonders der Beziehung und der Unterscheidung des
Denkens oder Wissens und des Objekts gilt, wird die entscheidende Frage
die zuletzt in Twestens Nachschrift gestellte sein: Wie sondert sich das
Wissen vom Denken ab, und wie wird beim Wissen die Beziehung
zwischen ihm und dem Objekt gedacht?

In seinem Kommentar zum zweiten Teil der Wissensdefinition erläutert Schleiermacher das objektive Merkmal des Wissens wiederum vom
Begriff des Denkens her: „In jedem Denken wird ein gedachtes außer dem
Denken gesezt". Er fügt präzisierend hinzu: „Man denkt *Etwas* heißt nicht
nur das Denken ist bestimmt, sondern auch es bezieht sich auf ein außer
ihm gesezetes".[180] Die Empfindung erfüllt die letztgenannte Bedingung
nicht.[181] Diese Bedingung bedeutet nicht, daß das Gedachte nicht etwas *im*

---

177 Vgl. KGA II/10.1, 90 § 86, mit Reinhold, Versuch 189.340; ders., Beyträge 75. Die
     Dialektikvorlesung von 1822, die erstmals ausdrücklich eine Differenz der Vorstellungen
     als den Ausgangspunkt der Dialektik setzt, weist darauf auf diese Weise zurück: „indem
     noch viele Begriffe von uns ganz ununtersucht geblieben sind, nämlich was Erkennen
     und Wissen ist, und was es ist in Vergleich mit dem eben in Anschlag gebrachten Den-
     ken und Vorstellen" (KGA II/10.2, 402,16ff.).
178 Vgl. KGA II/10.1, 350,20ff., oder ebd. 409,22ff.: „Nun aber kennen wir Alle als eine schon
     von je bei uns vorgekommene Thatsache das mit dem Denken über das Denken hinaus-
     gehen und es auf ein anderes beziehen, welches wir das Sein nennen, und welches sich
     uns von unseren Denkacten unzertrennlich von Anfang an ergiebt als das von außen her
     zu unseren Affectionen mitwirkende, und von unsrem Heraustreten nach außen leiden-
     de"; ebd. 419,26f.: „diese Thatsache des Bewußtseins daß wir Gegenstände sezen".
179 Vgl. ebd. 90 § 86.2.
180 Ebd. 91 § 94.
181 Ebd. 230,8ff.: „das Empfundene ist nichts von dem Empfinden selbst verschiedenes". Es
     ist in der Empfindung zwar „auch eine Beziehung auf ein außer" ihr Gesetztes, aber
     „nur auf die veranlassende Ursache". In Beziehung auf den ersten Teil der Wissensdefi-
     nition unterscheidet Schleiermacher von 1822 an das Denken außerdem vom Empfinden
     und auch vom Wollen als diejenige Geistestätigkeit, die sich durch die Rede vollendet
     (ebd. 230,3ff.).

Subjekt des Denkens sein kann, das dann etwa der Empfindung überlassen bliebe. Das von der Empfindung Unterscheidende jedes Denkens ist die Beziehung auf Äußeres im Sinne des vom *Denken* Verschiedenen. Dies wird weiter als etwas davon Unabhängiges in Anspruch genommen. Das ist gemeint, wenn Schleiermacher Wissen, aber auch das bloße Denken als Beziehung auf ein *Sein* bestimmt.[182] Dementsprechend kann die oben zitierte Definition des Wissens „Sein" durch „Gedachtes" erläutern. Trotzdem meinen diese beiden Ausdrücke nicht dasselbe. Einige Wendungen präzisieren die betreffende Beziehung als eine Beziehung nicht des Denkens, sondern des Gedachten und des Seins.[183] Während die Nachschrift der Vorlesung von 1811 den Gedanken des Seins auf den Dingbegriff beziehen kann,[184] wird er an anderen Stellen durch den Begriff eines Gegenstandes erklärt.[185] Es ergibt sich, daß das Auszeichnende des Wissens nicht darin besteht, daß es sich nicht nur auf ein Gedachtes, sondern auf ein Sein bezieht.[186] Denn bisher ist nichts gesagt worden, das allein für das Wissen und nicht auch für das Denken zuträfe.

Als mögliche Merkmale der Unterscheidung des Wissens vom bloßen Denken bleiben zwei Glieder des objektiven Teils der Definition des Wissens übrig. Erstens, daß es um eine Übereinstimmungs- oder Korrespondenzrelation zwischen Denken und Gedachtem geht. Schleiermacher kann dafür den Wahrheitsbegriff verwenden.[187] Dieses Merkmal, das in der Literatur immer hervorgehoben wird, artikuliert in der Tat eine notwendige Bedingung von Wissen. Es wird aber meistens übersehen, daß es nach der Dialektik keine hinreichende Bedingung darstellt.[188] Aus dem bloßen Vorliegen einer Übereinstimmung ergibt sich noch nicht ein Wissen. Zu dem mit dem Gedachten übereinstimmenden Denken muß hinzukommen, daß es *als mit diesem übereinstimmend gesetzt* wird, daß man *sich des Denkens als mit dem Gedachten übereinstimmend bewußt* ist: „wo diese Übereinstimmung nicht gesetzt wird, da ist auch kein Wissen, und es

---

182 Vgl. KGA II/10.2, 144,39ff.: „Das Gedachte kann in uns und außer uns sein, aber der Zustand und die Handlung in uns ist immer noch vom Denken verschieden, denn der Zustand und die Handlung können sein ohne das Denken derselben. Also ist der Gegenstand, wenn er auch ein innerer ist, doch außer dem Denken, und in uns ist er nur, nicht sofern wir das Denken sind, sondern sofern wir das Sein sind". Siehe auch die Darstellung des Seins als *per definitionem* nicht außer uns bei der praktischen Variante des Denkens (SW III/4.2, 70; KGA II/10.1, 320,28ff.).
183 KGA II/10.1, 93 § 105; 95 § 112.
184 KGA II/10.2, 14,17ff.
185 Vgl. KGA II/10.1, 284,30f.; 285,13ff.; 410,24ff. Nach ebd. 231,28ff. bezeichnet *Sein* den Gegenstand mit Rücksicht seiner Beharrlichkeit und Wiederholbarkeit im Denken.
186 Gegen Reuter, Einheit 35f.
187 KGA II/10.1, 320,22; SW III/4.2, 44 Anm.
188 Eine Ausnahme ist Ulrich Barth, Gott 127.129.

gehört dazu dieses beides: sie muß sein, und gesetzt sein, d. h.: wir gehen
aus von einer Mehrheit der denkenden Subjecte. Wenn in dem einen ein
Gedanke ist, der mit dem Gedachten identisch ist, er selbst ist sich aber
dessen nicht bewußt, so ist dies in ihm kein Wissen".[189] Dieses *reflexive*
Moment des Wissensbegriffs artikuliert sich in einem Gefühl der Über-
zeugung.[190]

Dieses Moment ist auch im zweiten Teil der Definition enthalten:
„Dasjenige Denken ist ein Wissen, welches [...] *vorgestellt* wird *als* einem
Sein, dem darin Gedachten, entsprechend". Wurde oben auf die Überein-
stimmung zwischen Schleiermachers Begriff des Denkens und Reinholds
Begriff des Vorstellens aufmerksam gemacht, kann hier auf einen weiteren
Berührungspunkt hingewiesen werden. Schleiermacher formuliert seinen
Begriff vom Wissen anhand gedanklicher Mittel, die denen der Erkennt-
nistheorie Reinholds gleichkommen. Das Moment der Korrespondenz
setzt Reinhold wie Kant voraus.[191] Das reflexive Moment ist auch hier
interessanter. Mit Bezug darauf entspricht Schleiermachers Begriff des
Wissens Reinholds Begriff der Erkenntnis oder des Bewußtseins des
Gegenstandes genau: Nach diesem wird die Vorstellung nicht nur auf den
Gegenstand bezogen und von diesem unterschieden, sondern zudem *als*
solche *vorgestellt*.[192]

7.2.2. Subjektive Bedingungen des Wissens

Die bisher entfalteten Begriffe des Denkens und des Wissens aus der Dialektik Schleiermachers implizieren, daß das menschliche Weltverhältnis
den Charakter einer Wechselwirkung oder Korrelation von Denken und
Sein, von Subjekt und Objekt hat.[193] Von daher geht Schleiermacher auf
weitere, diese Korrelation bedingende Korrelationen zurück.[194]

Die erste, Denken und Wissen konstituierende Korrelation ist eine
solche von Denkfunktionen des Subjekts. Es geht um Bedingungen, die
auch Bedingungen der Subjektivität als Duplizität von Gefühl und Selbstbewußtsein sind. Die betreffenden Funktionen sind beide – wie in der
Dialektik vielfach hervorgehoben wird – Voraussetzungen alles *wirklichen*

---

189 KGA II/10.2, 145,12ff., vgl. KGA II/10.1, 92 § 96.
190 KGA II/10.1, 91 § 95.
191 Vgl. zum Beispiel Reinhold, Versuch 240.299f.
192 Siehe oben S. 149f.
193 Vgl. KGA II/10.2, 13f.
194 Zum folgenden KGA II/10.1, 94ff. §§ 107ff.

Denkens. Schleiermacher nennt sie meist die intellektuelle und die organische, also die sinnliche Funktion:

> „dieses Merkmal des Wissens, daß wir setzen eine Zusammenstimmung des Denkens mit dem Gedachten beruht darauf, daß das Denken in uns nicht in dem Isolirtsein dieser seiner innersten Wurzel existirt, sondern daß in jedem wirklichen Denken auch das thätig ist in uns, was unmittelbar mit dem außer uns gesetzten Sein in beständiger Wechselwirkung steht, nämlich unsere Organisation, und daß es kein Denken giebt, wo nicht beide Enden zusammen wären, die intellectuelle und organische Seite".[195]

Wie mehrmals bemerkt, geht es in solchen Thesen um Annahmen, mit denen Schleiermacher prinzipiell Kant beipflichtet.[196] Es besteht kein Grund, im Anschluß an die Dialektik aufzuweisen, wie Schleiermacher das Verhältnis der sinnlichen und der intellektuellen Funktion im Vollzug des Denkens näher bestimmt. Sie steht in dieser Rücksicht im Einklang mit der Ethik.[197]

Obwohl Schleiermacher eine Kantische These vertritt, lehrt er auch hier nicht einfach einen treuen Kantianismus. Erstens grenzt er sich indirekt von gewissen weiteren Annahmen Kants ab. Dies wurde bereits durch die Analyse der Ethik deutlich. Schleiermacher versteht die Beziehung der subjektiven Funktionen so, daß sie in dem Sinne relativ selbständig sind, daß von jeder von ihnen aus gedacht und gewußt werden kann. Organisation und Vernunft müssen zwar in jedem Fall beide tätig sein, die eine kann aber die überwiegende sein.[198] Er bezeichnet sie als *Wahrnehmung* und *Denken im engeren Sinn*. Wir erinnern daran, wie die Dialektik die *Anschauung* als Gleichgewicht beider definiert.[199] Eine weitere, damit zusammenhängende Abweichung von der Kantischen Philosophie besteht darin, daß Schleiermacher mit der Lehre von den zwei Elementen des Denkens keinen strikten Apriorismus verbindet. Er beansprucht, den Unterschied von *a priori* und *a posteriori* aufzuheben.[200]

---

195 KGA II/10.2, 147,39ff. Es trifft nicht zu, daß diese Duplizität in der Dialektik von einem dynamischen Lebensbegriff her eingeführt wird, wie Andreas Arndt behauptet (Arndt, Kommentar 1217.1221). Basis der Einführung ist der Begriff des Wissens.
196 Dazu im Zusammenhang der Dialektik Reuter, Einheit, Kap. I.3. Zu Kants erkenntnistheoretischer Frage nach den wesensverschiedenen Vermögen als Quellen der Erkenntnis siehe Carl, Kant 105ff. Carl hat darauf hingewiesen, wie Jakob Friedrich Fries und Johann Friedrich Herbart Kants Theorie der Erkenntnisvermögen in eine deskriptive psychologische Theorie umdeuten (Carl, Deduktion [1992] 89ff.). Im Vergleich damit tritt Schleiermachers Nähe zu Kant hervor. Nach Falk Wagner greift er die Funktionen dagegen empirisch auf (Wagner, Dialektik 67).
197 Siehe oben 5.2.
198 Vgl. KGA II/10.1, 92 § 99, mit ebd. 96 §§ 115ff.
199 Siehe oben Kap. 5 Anm. 114.
200 KGA II/10.1, 12 Nr. 47; 39,13ff. u.a.

Worauf es uns – auch im Hinblick auf den Subjektivitätsbegriff – allein
ankommt, ist, daß ihn dies nicht daran hindert, mit dem vernünftigen
Element von der Sinnlichkeit unabhängige Voraussetzungen des Denkens
und Wissens in Anspruch zu nehmen.[201]

Zweitens formuliert Schleiermacher gelegentlich auch dort, wo er
noch sachlich in der Nähe von Kant bleibt, auf eine von ihm freilich nicht
radikal abweichende Weise. Er tut dies nicht mit völliger Originalität. Die
bisherige Untersuchung erlaubt die Behauptung, daß seine Darstellung
der Korrelation des Organischen und des Intellektuellen in der Erkenntnis
Reinholds Theorie des Vorstellungsvermögens entspricht und wohl dadurch geprägt ist. Einige der betreffenden Eigentümlichkeiten Schleiermachers im Vergleich mit Kant lassen sich von daher erklären. Dies harmo-
niert gut mit der obigen Interpretation anderer Züge der Begriffe des
Denkens und Wissens in der Dialektik.

Der Bezug auf Reinhold ist jedenfalls an einem Punkt deutlich. Schleiermacher bestimmt die Leistung der Organisation und der Vernunft im
Denken durch eine Unterscheidung von *Stoff* und *Form* oder von Materie
und Form: „Durch das Geöfnetsein des geistigen Lebens nach außen =
Organisation komt das Denken zum Gegenstand oder zu seinem Stoff
durch ein ohnerachtet aller Verschiedenheit des Gegenstandes sich immer
gleiche Thätigkeit = Vernunft komt es zu seiner Form vermöge deren es
immer Denken bleibt".[202] Die *Kritik der reinen Vernunft* verwendet die
Begriffe des Stoffs und der Form nicht paarweise zur Darstellung der
Erkenntnis.[203] In Reinholds Theorie des Vorstellungsvermögens ist diese
Unterscheidung dagegen festes begriffliches Inventar. Er und Schleiermacher kommen auch darin überein, daß sie die beiden Begriffe nicht wie
Kant erst auf das Erkennen oder Wissen, sondern bereits auf das Vorstellen bzw. Denken beziehen.[204] Die Vermutung, daß die Dialektik hier von
Reinholds Theorie abhängig ist, ist nicht aus der Luft gegriffen: Wir
wissen aufgrund Schleiermachers „Kurze Darstellung" von 1793/94, daß
er sich die Reinholdsche Unterscheidung zu eigen und zur Reformulierung Spinozas fruchtbar gemacht hat.[205]

Ist der Rückbezug des Theorems von den beiden Elementen des Denkens bei Schleiermacher auf Reinholds Vorstellungstheorie dokumentiert,
darf eine andere Unterscheidung Schleiermachers allem Anschein nach
ebenso vor dem Hintergrund seiner Reinhold-Rezeption verstanden wer-

---

201 Vgl. ebd. 101 §§ 133f.; 114ff §§ 176ff.
202 Ebd. 232,16ff., vgl. SW III/4.2, 315; KGA II/10.2, 14,27ff.
203 Vgl. Martin, Sachindex 254f.
204 Vgl. oben S. 146.
205 Siehe ebd. S. 154.

den. Er erläutert die Leistung der zwei Elemente auf folgende Weise: „In allem Denken ist die Vernunftthätigkeit der Quell der Einheit und Vielheit, die organische Thätigkeit aber der Quell der Mannigfaltigkeit".[206] Eine solche Gegenüberstellung der *Mannigfaltigkeit* und der *Einheit* im Denken ist in der Sache auf der Linie Kants, und wie wir unter anderem von Schleiermachers gut dokumentierter Aneignung der transzendentalen Deduktion der Kategorien und der Synthesislehre Kants her wissen, ist er hier auch direkt von diesem beeinflußt.[207] Bei Reinhold werden die einander gegenübergestellten Begriffe aber zur näheren Bestimmung der Unterscheidung von Stoff und Form in die Vorstellungstheorie als ein terminologisch festes Begriffspaar eingeführt.[208] Schleiermachers Einführung desselben Begriffspaars an dieser Stelle der Dialektik erinnert in auffälliger Weise daran.

An einem weiteren Punkt, der eine kleine Akzentverschiebung im Verhältnis zu Kant verrät, besteht Übereinstimmung mit Reinhold; darauf wurde schon bei ähnlichen Aussagen der *Reden* hingewiesen: Schleiermacher spricht durchgängig nicht nur von der intellektuellen Funktion, sondern auch von der *organischen Funktion* als von einer *Tätigkeit* des Subjekts. Er schreibt dieser Funktion also nicht allein Rezeptivität, sondern auch eine Spontaneität zu. Die Empfänglichkeit muß dabei die überwiegende sein. Die Selbsttätigkeit der Sinnlichkeit äußert sich in einer Zusammenfassung des Mannigfaltigen: „die organische Affection" ist „immer Zusammenfassung" und bringt „in sofern Einheit"[209] hervor. Dies stimmt nicht mit Kant überein,[210] dagegen entspricht es völlig Reinholds Gedankengang.[211]

---

206 KGA II/10.1, 96 § 118; siehe auch SW III/4.2, 316: „Das formelle Element ist in jedem Denken Princip der Einheit, das organische Princip der Mannigfaltigkeit".

207 Die Dialektik formuliert die betreffende Korrelation auf eine Weise, die wie seine früheren Formeln des Verhältnisses von Gefühl und Anschauung an Kants Artikulation der Korrelation von Anschauung und Begriff (KrV B, 75) anklingt: „Ohne Einheit und Vielheit ist die Mannigfaltigkeit unbestimmt; ohne Mannigfaltigkeit ist die bestimmte Einheit und Vielheit leer" (KGA II/10.1, 97 § 119).

208 Reinhold, Versuch 283 § 24: „Wenn das wirkliche Bewußtseyn möglich seyn soll, so muß der Stoff, das Gegebene, in der Vorstellung ein *Mannigfaltiges*, und die Form, das Hervorgebrachte, *Einheit* seyn".

209 KGA II/10.1, 325,32; SW III/4.2, 499 Anm.

210 Vgl. KrV B, 160f.

211 Siehe oben S. 146f., vgl. ebd. S. 292.

7.2.3. Die Korrelationen des Weltverhältnisses und die
Voraussetzung des transzendenten Grundes

Die weitgehende sachliche Übereinstimmung der These Schleiermachers
von der Irreduzibilität der sinnlichen und der intellektuellen Funktion mit
Kants Lehre von den zwei Stämmen der Erkenntnis betrifft nicht nur die
inhaltliche Auffassung des Denkens und des Wissens, sondern betrifft
zudem den begründungsmäßigen Status der Funktionen. Die These artikuliert nach Schleiermacher eine „Grundvoraussezung", die „keines
Beweises fähig" ist.[212] Weiter enthält sie, daß die beiden Denkfunktionen
nicht aus einander und auch nicht aus höheren subjektiven Bedingungen
ableitbar sind – sie sind „gleich ursprünglich".[213] Diese Implikationen
abzusichern, ist im Gedankengang der Dialektik eine der Funktionen von
Schleiermachers Lehre vom *höchsten Gegensatz*.[214]

War ein Bekenntnis zu der Kantischen Zwei-Stämme-Lehre natürlich
für einen jungen Denker auf der Höhe der Philosophie am Anfang der
neunziger Jahren, erscheint sie vielleicht weniger selbstverständlich nach
dem Auftreten Fichtes und Schellings.[215] Dies ist wiederum ein Punkt, der
von Falk Wagner nicht angemessen aufgenommen wird, der letztlich die
Dialektik in der Perspektive jener Idealisten rekonstruiert.[216] Schleiermachers Festhalten an der Zwei-Stämme-Lehre steht im Kontext des frühromantischen Denkens nicht einzigartig da, sondern ist ganz im Einklang
mit dessen Grundsatz- und Deduktionsskepsis. Nimmt Schleiermacher
also noch eine Kantische Intention wahr, tut er es zu dieser Zeit auf eine
Weise, die dem Kantischen Denken fremd ist. Dies zeigt sich zuerst in
seinem Gedanken von einem höchsten Gegensatz.[217]

Schleiermachers diesbezügliche Lehre leitet die Bestimmungen der
Dialektik zu einer Ontologie des Endlichen ein. Diese Bestimmungen, die
in der Folge die Platonische Ideenlehre zu reformulieren versuchen und
auch Leibnizsche Motive aufnehmen,[218] sollen uns nicht eigens beschäftigen. Sie sind modern, insofern sie immer vom Unterschied zwischen dem

---

212 KGA II/10.1, 291,1ff.
213 Ebd. 92 § 99.
214 Ebd. 100f. §§ 132ff.
215 Vgl. Henrich, Einheit.
216 Wagner, Dialektik 265ff.
217 Dafür, daß die beiden subjektiven Funktionen nach Schleiermacher – darin von
     Eberhard abhängig – Unterarten des *einen* Denkens und auf *eine* einfache Grundkraft
     zurückzuführen sind, wie Manfred Frank behauptet (Frank, Einleitung 42f.47.55f.
     66ff.), spricht meines Erachtens nichts. Er hat die Behauptung auch nicht historisch-
     genetisch fundiert.
218 Dazu Scholtz, Ethik 258-285; Reuter, Einheit, Kap. III.

Geist und der Welt, vom Subjekt und seinem Denken aus konzipiert werden.[219] So verfährt Schleiermacher auch bei der Aufstellung des höchsten Gegensatzes vom Idealen und Realen: Er geht von den zwei Funktionen des Denkens, der organischen und der intellektuellen Funktion, auf das Reale und das Ideale als die diesen zugrundeliegenden Arten des Seins zurück – auf das Sein außer dem Denken und das Sein als Denken; er kann dafür auch das Objektive und das Subjektive sagen.[220] Dies zielt nicht auf eine Ableitung der beiden Funktionen von etwas Höherem; so kann im Zusammenhang der der Dialektik entlehnten Sätze der Einleitung in die Ethik parallel dem höchsten Gegensatz im Sein von Denken und sinnlichen Vorstellen als vom höchsten Gegensatz im Wissen gesprochen werden.[221] Schleiermachers Pointe in dieser Hinsicht ist dagegen, daß die gegenseitige Unableitbarkeit der beiden Glieder dieses Gegensatzes erfordert, daß sie jeweils in einem von ihnen als subjektiven Denkfunktionen unabhängigen Sein begründet sind.

Diese Abzweckung geht aus § 134 klar hervor: „Die Annahme dieses höchsten Gegensazes beruht uns und hier lediglich darauf daß beide Elemente im Denken als unabhängig gesezt werden und dies ist weil es nur auf der Ansicht des Bewußtseins beruht zulezt Sache der Gesinnung".[222] Soll die Annahme des höchsten Gegensatzes im Gedankengang der Dialektik allein auf dem Nachweis der organischen und der vernünftigen Funktion als der beiden Elemente des Denkens und auf die Behauptung ihrer gegenseitigen Unabhängigkeit beruhen, hat sie mit diesen Elementen nur die Analyse des Bewußtseins als Grundlage in der Untersuchung der Dialektik; diese Stelle bestätigt die oben gegebenen Hinweise

---

219 Vgl. Taylor, Sources 257. Einen schönen Beleg gibt ein am Ende des transzendentalen Teils stehender kritischer Kommentar Schleiermachers zur Metaphysik der Wolff-Schule, der gleichzeitig – jedoch in einer erst vor dem Hintergrund seiner Thematisierung der Subjektivität und der Religion voll verständlichen Weise – seine eigene neue Metaphysik profiliert: „In der rationalen Psychologie kann nichts anderes enthalten sein wenn sie nicht fantastisch werden oder ins empirische streifen soll als die Entwiklung der Idee des Wissens und der Idee des Handelns wie beide auf die Idee Gottes und der Welt als constitutive Principien des menschlichen Daseins hinführen. In der Ontologie kann wenn sie nicht empirisch sein soll oder auf der empirischen Psychologie beruhen nichts enthalten sein als a. das jene beide Ideen constituirende Entsprechen des Seins zur Form des Wissens und somit auch [b.] die Entwicklung der Relativität aller Gegensäze. Also diese beiden Disciplinen sind correlata die nicht zu trennen sind, die letzere aber wesentlich *unter* die erstere subsumirt weil uns nur in der Grundbedingung unseres Seins diese Construction des endlichen Seins überhaupt gegeben ist" (KGA II/10.1, 152f. § 228).
220 Vgl. KGA II/10.1, 326,1; II/10.2, 311ff.
221 WA 2, 496 § 43.
222 KGA II/10.1, 101.

zum Verfahren der bisherigen Untersuchung Schleiermachers.[223] Letztlich beruht die Annahme des Gegensatzes des Idealen und des Realen als des höchsten Gegensatzes auf der Gesinnung des einzelnen.

Trotzdem ist die Annahme nicht willkürlich. Schleiermacher entfaltet in der Erklärung des Paragraphen die Bedingtheit durch die Gesinnung durch Angabe einer Reihe von guten Gründen: „1. Wer ein Wissen will d. h. das Gefühl der Ueberzeugung anerkennt muß diese Duplicität wollen denn es läßt sich sonst kein Unterschied zwischen Wissen und anderm Denken nachweisen". Es ist nicht klar, ob der Dialektiker nur auf den Gegensatz als Voraussetzung der Übereinstimmungsrelation im Wissen abhebt, oder darauf, daß die Unabhängigkeit des intellektuellen Elements Bedingung der zum Wissen und seinem Überzeugungsgefühl erforderlichen Reflexion ist.

„2. Wer sich selbst finden und festhalten will muß diese Duplicität annehmen. Denn wenn die Vernunftthätigkeit von der organischen abstammt so sind wir nur Durchgangspunkte für das Spiel des gespaltenen Seins.

3. Wer die Welt im Gegensaz mit dem Ich halten will muß sie wollen denn wenn die organische Thätigkeit von der Vernunftthätigkeit abstammt so machen wir die organischen Eindrüke selbst und haben keine Ursach ein Sein außer uns anzunehmen welches sie machen helfe.

4. Also wer überhaupt die Anschauung des Lebens will muß diese Duplicität wollen".[224]

Diese Gründe machen deutlich, wieviel von der Annahme des höchsten Gegensatzes abhängt: die Vermeidung eines Materialismus und eines Idealismus im sowohl erkenntnistheoretischen als auch ontologischen Sinn. Die Punkte tun dies, indem sie Linien vom Wissen zum menschlichen Selbst- und Weltverhältnis überhaupt ziehen. Diese Reihenfolge wird nicht durch den konkludierenden Verweis auf „die Anschauung des Lebens" als eines Zusammenhangs von Polaritäten dementiert. Dieser Punkt, der übrigens die Kontinuität mit Schleiermachers *Brouillon zur Ethik* ausweist,[225] stellt nicht die unmittelbare Begründung der Annahme des höchsten Gegensatzes dar, sondern hat einen zusammenfassenden Charakter.

Es wurde von der Einleitung Schleiermachers her erklärt, daß er ein bewußt restringiertes spekulatives Denken verteidigt. Dies bestätigt sich an dem Ort des ersten Teils, an den wir nun gelangt sind. Wir haben gesehen, wie Schleiermacher unser erkennendes und auch unser praktisches

---

223 Siehe oben S. 465f.

224 KGA II/10.1, 101.

225 Siehe oben Kap. 5 Anm. 32. Auch dem zweiten Punkt wird teilweise in dieser Ethikvorlesung vorgegriffen; siehe oben Kap. 5 Anm. 69f.

Selbst- und Weltverhältnis als durch eine Reihe von Unterscheidungen bestimmt versteht.[226] In diesen, die er aus der Idee des Wissens entwickelt, sind die Pole gegenseitig aufeinander verwiesen. Nicht aus sich selbst erklärlich werden die Korrelationen durch weitere Annahmen erklärt. So werden sie auf einen höchsten Gegensatz zurückgeführt. Dies stellt jedoch keine positive Ableitung dar: „der Gegensaz selbst bleibt dabei immer hinter dem Vorhang",[227] und er ist auch nicht in sich selbst begründet: „so kann er nur, weil er ein leeres Mysterium wäre wenn man bei ihm stehn bliebe von dem Einen Sein befaßt werden und auf dieses zurükführen welches ihn und mit ihm alle zusammengesezten Gegensäze aus sich entwikelt".[228]

Diese Einheit oder dieses Sein ist „das transcendentale"[229] oder der transzendentale Grund des Wissens. Der Gedanke vom „Sein mit aufgehobener Entgegensezung", wie es in der Folge ausgedrückt wird,[230] ist ein *spekulativer* Gedanke im oben angegebenen Sinn.[231] Spekulativ ist er zuerst, insofern die Einheit im Blick auf die Begründung der durch Differenzen bestimmten normalen Erkenntnis gedacht wird. Der Gedanke ist freilich spekulativ in einer eingeschränkten Bedeutung: Er enthält, daß die Einheit die Differenzen generiert, Schleiermacher verzichtet aber auf eine Ableitung von diesen[232] und bleibt also seiner Absage an einen methodischen Monismus treu.

An dieser Stelle endet der erste Abschnitt des transzendentalen Teils der Dialektik. Bis hierher ist zum Ausdruck gebracht worden, daß das menschliche Denken und Wissen – ungeachtet der Unableitbarkeit und der innersubjektiven Irreduzibilität seiner duplizitären Verfaßtheit – nicht selbstexplikativ ist, und daß das endliche und einzelne Sein nicht aus sich selbst, sondern nur aus einem absolut einheitlichen Grund verständlich ist. Die Argumente, die die Dialektik hier und in der Folge dafür gibt, konzentrieren sich auf die Gegensatzstruktur endlichen Wissens und Seins, die nicht im Stande zu sein scheint, den partiellen Einheiten und dem behaupteten Zusammenhang des Wissens Rechnung zu tragen. Ich

---

226 Vgl. auch die grundlegenden Distinktionen seiner philosophischen Ethik (5.1.2). Zum folgenden vgl. Henrich, Grund 561ff.

227 KGA II/10.1, 101 § 133.1.

228 Ebd. § 135.

229 Ebd. § 136.

230 Ebd. 245,30.

231 Er hat eine gewisse Affinität zu Schellings Identitätsphilosophie, welcher sich Schleiermacher Hermann Süskinds Untersuchung zufolge 1804 angenähert hat (Süskind, Einfluss 97f.226ff.). Er unterscheidet sich, wie dieser auch bemerkt (ebd. 274f.), davon durch seine Einschränkungen des spekulativen Denkens.

232 Vgl. KGA II/10.2, 164,39ff.

werde nur beim Selbstbewußtseins- und Religionsbegriff näher auf diese
Argumentation eingehen.

Der Gedankengang ist sodann spekulativ, insofern der Einheitsgedanke als nicht selbst in der Gegensatzstruktur begreifbar betrachtet wird.
Besonders dieser Punkt innerhalb des transzendentalen Teils wird in dem
nächsten Abschnitt, aus welchem ich lediglich einige Resultate feststelle,
ausführlicher untersucht.[233] Auch in dieser Rücksicht hat die Spekulation
der Dialektik einen bewußt limitativen Sinn: Sie kennt keine Weise, wie
der Grund gewußt werden kann. Er ist kein Gegenstand eigentlichen
Wissens, sondern bleibt, wie in einer pointierten Bedeutung gesagt wird,
Voraussetzung desselben.[234] Man kann den zweiten Abschnitt des metaphysischen Teils als den Versuch einer Erhärtung dieser Einsicht durch eine
Kritik der bisherigen Metaphysik verstehen. Er diagnostiziert diverse
metaphysische Entwürfe der Tradition als Versuche, den transzendenten
oder transzendentalen Grund mit den Mitteln der normalen, gegensätzlich verfaßten Erkenntnis zu erfassen.[235] Als solche müssen sie notwendig
scheitern. Schleiermacher führt im dritten Abschnitt eine entsprechende
Untersuchung mit Bezug auf das praktische Bewußtsein durch, das als
derselben Gegensätzlichkeit unterworfen begriffen wird.[236]

Andererseits ist das Ergebnis des zweiten und des dritten Abschnitts
nicht nur negativ. Das kommt darin zum Ausdruck, daß der Dialektiker
Grenzen des Denkens konstruiert. So verfährt er schon im ersten Abschnitt,
in dem er durch Abstraktion von jeweils einem der Elemente des Denkens
die Gedanken der Gottheit und des Chaos bildete.[237] Im zweiten Abschnitt
orientiert er sich an den elementaren logischen Formen des Denkens
(Begriff und Urteil) und verfährt so, daß er ihre Gebiete zuerst abmißt und
sodann übersteigt. Durch diesen zweiten Schritt werden die Grenzen des
Begriffs und des Urteils – wie der Gedanke der absoluten Einheit des
Seins oder des absoluten Subjekts – erreicht.[238] Die Begriffs- und Urteilsgrenzen sind selbst keine Begriffe oder Urteile und also kein wirkliches
Wissen; Schleiermacher kann vom transzendenten Begriff und Urteil sprechen.[239] Sie werden mit dem transzendenten Grund des Wissens identifiziert. Entsprechend verwirft Schleiermacher nicht schlechthin die traditi-

---

233 KGA II/10.1, 102-139 §§ 138-210; dazu Wagner, Dialektik, Kap. III.5; Reuter, Einheit, Kap.
      II-III.
234 KGA II/10.2, 164,12ff. u.a.
235 KGA II/10.1, 119ff. §§ 183ff.; 136ff. §§ 200ff.
236 Ebd. 139ff. §§ 211ff.
237 Ebd. 95f. § 114; 99 § 126.
238 Ebd. 104ff. §§ 145ff.155ff.
239 Ebd. 108 § 166.

onellen Entwürfe der Metaphysik; ihr Ertrag besteht in verschiedenen Formeln für den Grund, die jedoch unvollständig und inadäquat sind und kein wirkliches Bewußtsein darstellen.[240]

Die Dialektik *denkt* also tatsächlich den transzendenten Grund.[241] Besonders am Ende des ersten Teils der Dialektik wird dieser Gedanke als *Idee* im Kantischen Sinne eines problematischen Begriffs bestimmt.[242] Wie wir von der Einsicht in Schleiermachers Werdegang wissen können, ist diese Anknüpfung an Kant nicht zufällig. Obwohl dieser auch Gegenstand der Metaphysikkritik der Schleiermacherschen Dialektik ist, hat er deutlicherweise für sie eine besondere, sie vorbereitende Stellung in der Geschichte der Metaphysik. Sachlich kommt Schleiermacher hier sogar Kant näher als früher.[243]

In diesem Zusammenhang der Dialektik wird eine weitere wichtige Errungenschaft dargelegt. Sie kann durch Vergleich mit den *Reden* hervorgehoben werden. Vom Anfang der Präsentation der Dialektik wurden Linien zum früheren Werk Schleiermachers gezogen. Solche lassen sich auch hier herstellen. Die Behauptung der Dialektik, „daß im Wissen eines jeden einzelnen Dinges [...] ein Wissen um die Totalität ist", „daß jedes Wissen um ein Einzelnes, nur in sofern vollkommen ist, als die Idee der Welt darin ist",[244] entspricht weitgehend der impliziten Metaphysik der *Reden*. In der Dialektik ist aber unmißverständlich klar, daß der Totalitätsbegriff die metaphysische Frage nicht erschöpft. Die Totalität oder die Welt wird „als abhängig gedacht", ist also „eines transcendenten Grundes [...] bedürftig".[245] So führt die Dialektik die begriffliche Unterscheidung von *Welt* und *Gott* ein, deren Fehlen für den Begriff des Universums in der Religionsschrift konstitutiv war. Den inhaltlichen Unterschied beider bringt Schleiermacher 1822 auf die Formel: „Gott = Einheit mit Ausschluß aller Gegensäze; Welt = Einheit mit Einschluß aller Gegensäze".[246] Diesem Unterschied entsprechen ihre verschiedenen transzendentalen Funktionen:[247] Nur der Weltbegriff ist Prinzip des Wissens als eines fortschreiten-

---

240 Ebd. 261.
241 Falk Wagner schätzt das Ergebnis der Dialektik anders ein (Wagner, Dialektik, z.B. 122). Dementsprechend sieht er sie in einer größeren Distanz zu Kant, allerdings von einer anderen Auffassung von dessen Position in der philosophischen Theologie her, die meines Erachtens der Kantischen Metaphysikkritik nicht gerecht wird (vgl. ebd. 122f.132).
242 Siehe KGA II/10.1, 147 § 218.
243 Siehe unten 10.3.3.
244 KGA II/10.2, 244,27f.36f.
245 KGA II/10.1, 144f. § 216.7.
246 Ebd. 269,22ff.
247 Ebd. 148ff. §§ 220-222.

den Prozesses. Die Idee von Gott als transzendentem Grund bedingt ohne Veränderung alles einzelne Wissen, die Weltidee liegt dem Wissen in seiner Verknüpfung und als in einem weiteren Sinn synthetischem zugrunde.

8. Unmittelbares Selbstbewußtsein

Der Begriff des unmittelbaren Selbstbewußtseins nimmt eine Schlüsselstelle sowohl in der metaphysischen Theorie der Dialektik als auch in der
späten Religionstheorie Schleiermachers ein. Dennoch kann bislang weder
sein Inhalt noch seine Funktion als durchgeklärt gelten. Im Gegenteil, die
Interpretation des Begriffs ist in beiderlei Hinsicht ebenso wie die Beurteilung des Rangs von Schleiermachers Leistung an diesem Punkt sehr
umstritten. Im folgenden soll eine neue Interpretation vorgelegt werden,
die sich einerseits gegenüber Interpretationen abgrenzt, die Schleiermachers Beitrag als durchaus aporetisch beurteilen, und andererseits gegenüber solchen, die seine Leistung überschätzen.

8.1. Vorüberlegungen

8.1.1. Zur Vorgeschichte

Der Sinn des Begriffs vom unmittelbaren Selbstbewußtsein beim späten
Schleiermacher kann primär allein textimmanent analysiert und weder
aus Texten des frühen Schleiermacher noch auf dem Weg über andere Autoren, wie zum Beispiel Fichte oder Hegel, ermittelt werden. Der Begriff
hat aber eine Vorgeschichte. Zumindest der *Ausdruck* unmittelbares
Selbstbewußtsein kommt nicht erst im Spätwerk vor, und der Begriff des
Selbstbewußtseins gehört geradezu unmittelbar in die Vorgeschichte des
jetzt zu untersuchenden Begriffs. Zu beachten sind auch zeitgenössische
Autoren, denn der Begriff eines unmittelbaren Selbstbewußtseins ist in
der damaligen Philosophie nicht nur bei Schleiermacher zu finden.

Gibt es im philosophischen Kontext sachliche Entsprechungen zu
Schleiermachers Gedanken des unmittelbaren Selbstbewußtseins, so ist
nicht damit zu rechnen, daß er diesen völlig selbständig gebildet hat. Aus
der Forschung sind zwei Thesen zur Herkunft bzw. zum systematischen
Kontext von Schleiermachers Begriff zu nennen, die in der Diskussion
maßgeblich geworden sind. Die erste These setzt diesen Begriff mit der
Philosophie *Jacobis*, die zweite These setzt ihn mit *Fichte* in Verbindung.
Obwohl sie sich aufgrund der zugänglichen Quellen und Texte nicht

eindeutig und völlig sicher begründen lassen, haben beide Thesen hohe Plausibilität und schließen einander nicht notwendigerweise aus.

Besonders Eilert Herms hat versucht, Schleiermachers Begriff als aus einer kritischen Rezeption Jacobis gebildet zu erklären, und darin eine große Wirkung in der Forschung ausgeübt.[1] Herms' Rekonstruktion des Denkens des jungen Schleiermacher enthält, so kritisierbar sie ist,[2] an diesem Punkt durchaus ein Wahrheitsmoment. Im Blick auf die Spätkonzeption – auf die Herms leider nicht analysierend eingeht – wird Jacobis Relevanz von Schleiermacher selbst zum Beispiel durch seine Absicht bezeugt, sein theologisches Hauptwerk, die Glaubenslehre, diesem zu widmen.[3] Mit Bezug auf das Jugendwerk kann an den Gedanken des Gefühls des Seins oder des unmittelbaren Begriffs erinnert werden, den Schleiermacher aus Jacobis *Ueber die Lehre des Spinoza in Briefen an den Herrn Moses Mendelssohn* aufnimmt.[4] Anhand dieser Stelle wird auch deutlich, wie schwierig es wäre, Schleiermachers Rezeption von Jacobis eigener Philosophie – und nicht nur von dessen Spinoza-Darstellung – detailliert und auf begründete Weise nachzuvollziehen und systematisch auf Schleiermachers Hauptargumentationen zu beziehen. Diese Schwierigkeit betrifft ebensosehr seine Spätkonzeption. Sie hängt damit zusammen, daß bei Jacobi keine ausgearbeitete Theorie vorliegt, die Schleiermachers systematischen Ansprüchen hätte genügen können. Sein Einfluß auf diesen muß also wie seine große Wirkung auf Schleiermachers Generation überhaupt eine vermittelte sein. Angesichts dieses Befunds verzichte ich in Übereinstimmung mit der bisher verfolgten Linie auf den Versuch, Jacobis Bedeutung für Schleiermachers späten Begriff des unmittelbaren Selbstbewußtseins weiter zu untersuchen.

Herms' diesbezüglicher Hauptbeleg aus dem Jugendwerk, nämlich der wahrscheinlich 1793 verfaßte kurze Briefaufsatz „Wissen, Glauben und Meinen", bestätigt seine These nicht. Trotzdem soll hier auf diesen Text hingewiesen werden, weil er einen Begriff des unmittelbaren Selbstbewußtseins enthält. Schleiermacher verwendet den Begriff mit Bezug auf das Bewußtsein vom Wesen des menschlichen Subjekts oder das reine, allgemeine Selbstbewußtsein. Inwiefern sich dies mit dem Sinngehalt des späten Begriffs des unmittelbaren Selbstbewußtseins berührt, soll noch nicht entschieden werden. Eine wichtige Differenz kann jedoch schon jetzt festgestellt werden: Es kommt uns nicht nur auf das Vorkommen des

---

1   Herms, Herkunft.
2   Siehe oben besonders 1.4.2
3   Brief vom 28.3.1819 an Barthold Georg Niebuhr, in: Schleiermacher, Mensch 297; vgl. auch seinen bekannten Brief an Jacobi (Schleiermacher, Jacobi).
4   Siehe oben 1.4.4.

Begriffs an, sondern auf die Aufklärung des wissenden Selbstverhältnisses als eines solchen. Der frühe Begriff trägt dazu wenig bei. Er hält sich hauptsächlich diesseits derartiger Bestimmungen und spiegelt insofern eher einen Kantischen Stand der Subjektivitätstheorie wider. In dieser Hinsicht ist der Begriff des unmittelbaren Selbstbewußtseins in den Argumentationen des späten Schleiermacher, wie wir schon von der philosophischen Ethik von 1816/17 her vermuten dürfen, einer nachkantischen Problemsituation zuzuordnen – ungeachtet des eben durch die Ethik dokumentierten teilweise Kantischen Hintergrunds seines Selbstbewußtseinsbegriffs. Es folgt hieraus, daß „Wissen, Glauben und Meinen" nicht geeignet ist, Herms' Behauptung der Unabhängigkeit der Spätfassung des betreffenden Begriffs gegenüber Fichte zu unterstützen. Überhaupt wird der Selbstbewußtseinsbegriff – obwohl zentral im Gedankengang des jungen Schleiermacher, wo es dazu auch sachgemäße, hauptsächlich Kantisch angeregte theoretische Ansätze gibt – dort kaum Gegenstand eines selbständigen, innovativen Theorieentwurfs; dies belegt auch Schleiermachers lange Anmerkung über Selbstbewußtsein in „Spinozismus".[5] Ob dies dagegen im Spätwerk geschieht, bleibt zu untersuchen.

Die zweite These ist vor allen von Falk Wagner vertreten worden. Er hat von der Dialektik her Schleiermachers Selbstbewußtseinsbegriff mit engem Bezug auf Fichtes Wissenschaftslehre der neunziger Jahre interpretiert.[6] Die Stellungnahme zu Wagners Interpretation und Rekonstruktion, die eine umfassende Diskussion veranlaßt hat, muß auch für die gegenwärtige Fragestellung zentral sein. Sie erfolgt am besten im Zusammenhang meiner eigenen Analyse. An dieser Stelle soll vorerst von einem historischen Blickwinkel aus und mit Ausgangspunkt in Kapitel 2 festgehalten werden, daß die These vom Zusammenhang des Schleiermacherschen Begriffs mit Fichte seine Plausibilität behält, ungeachtet der mangelnden Stichhaltigkeit von Wagners spezifischer Durchführung der These. Er vermeidet zwar bewußt alle historisch-genetischen Aussagen und beschränkt sich darauf, die Strukturgleichheit mit Fichte aufzuweisen.[7] Sie wäre jedoch meines Erachtens am einfachsten von Schleiermachers direkter oder indirekter Abhängigkeit von diesem verständlich zu machen.

Wir haben gesehen, daß Schleiermacher jedenfalls von 1797 an und während seines Symphilosophierens mit Schlegel Fichtes Schriften umfassend rezipiert. Ungeachtet der zeitgleichen Korrektur und Kritik der Konzeption Fichtes prägt diese Rezeption die Hauptgedanken von Schleiermachers Schriften aus dieser Zeit. Besonders deutlich ist dies in

---

5   Siehe oben 1.4.3.
6   Wagner, Dialektik 137ff.
7   Vgl. ebd. 148.272.

den *Monologen*. Dieser Text muß ebenso wie „Wissen, Glauben und Meinen" zur Vorgeschichte von Schleiermachers spätem Begriff des unmittelbaren Selbstbewußtseins gerechnet werden und übrigens Herms' Behauptung über dessen Unabhängigkeit von Fichte in die Quere kommen. Der Text verwendet zwar keinen solchen Begriff, spricht aber – wie übrigens auch die *Reden* – von Selbstanschauung.[8] Dieser Begriff war später mitbetroffen von dem Zurücktreten des Anschauungsbegriffs in Zusammenhängen, wo er von Schleiermacher zunächst hervorgehoben wurde; hier ist besonders an die Religionstheorie zu denken. Es soll daran erinnert werden, daß der Selbstanschauungsbegriff der Frühschriften Ergebnis einer Rezeption von Fichtes, seinem Begriff eines unmittelbaren Selbstbewußtseins gleichgesetzten Begriff einer intellektuellen Anschauung ist, wie dieser in den Schriften zur neuen Darstellung der Wissenschaftslehre expliziert wird.

Schleiermacher hat sich seitdem stärker von Fichte distanziert.[9] Das zeigt sich zum Beispiel in der zweiten Ausgabe gerade der *Monologen* von 1810, deren Abänderungen der Erstauflage nicht zuletzt die Fichteschen Einflüsse betreffen, mehr aber den mit dem Subjektgedanken verbundenen Idealismus als den Subjektgedanken selbst.[10] Dies schließt nachhaltige Bezüge auf das Denken Fichtes bei Schleiermacher – zumal in seinen zentralen Begriffen – nicht aus. Sie werden durch den terminologischen Befund dokumentiert. Ein auffälliges und unzweideutiges Beispiel ist die Rede vom *Setzen* des Ich oder des Selbst,[11] auf die sich Falk Wagner vor allem stützt. Die Rede von einem unmittelbaren Selbstbewußtsein könnte ein weiteres Beispiel sein.[12] Diese Vermutung kann durch Verweis auf die Interpretation der Religionstheorie der *Reden* untermauert werden, derzufolge der Nachbarbegriff des Begriffs des Selbstbewußtseins beim späten Schleiermacher – der Begriff des Gefühls – mit Fichtes Gefühlstheorie sachliche Berührung hat. Worauf früher hingewiesen wurde, wäre das späte Auftauchen eines durch frühe Rezeption geprägten Begriffs übrigens nicht ohne Beispiel in Schleiermachers Werk. Man denke nur an das manifeste Vorkommen von Gedankenfiguren, die in der Erkenntnistheorie seiner philosophischen Ethik von dem früh angeeigneten, dann bald kritisierten Kant herrühren.

Es könnten wohl in Schleiermachers Umkreis weitere Quellen seines Begriffs des unmittelbaren Selbstbewußtseins geben. Was den Terminus

---

8   Siehe oben 2.3.4.
9   Vgl. Meckenstock, Auseinandersetzung.
10 Vgl. oben Kap. 2 Anm. 335.
11 Siehe besonders KGA I/13.1, 33,16 = Gl2.1, 24; SW III/6, passim.
12 Vgl. auch Reuter, Einheit 221f.

betrifft, ist es allerdings nicht so, daß dieser in aller Munde war. So ließ er sich bei Friedrich Schlegel nicht finden. Mit Bezug auf die Bestimmung des Wissensmodus des betreffenden Selbstverhältnisses wird ein Verweis auf ihn, dessen Bedeutung für Schleiermachers philosophische Konzeption ja sehr hoch einzuschätzen ist, vermutlich auch nicht weit führen können. Schlegel trägt zwar – soweit ich sehe nicht in den allerdings fragmentarisch überlieferten frühen Notizen und Schriften, sondern nur in späteren Vorlesungen – Überlegungen zur Subjektivität vor, die sich sachlich mit Aspekten von Schleiermachers Reflexionen berühren und deutlich auf einer kritischen Rezeption der Erörterungen Fichtes besonders in der neuen Darstellung der Wissenschaftslehre beruhen,[13] die Schlegel wahrscheinlich auch durch dessen Vorlesung in Jena kennt.[14] Dem Eindruck entgegen, der von Manfred Frank vermittelt wird,[15] scheinen aber bedeutende Erklärungen der epistemischen Verfassung der Selbstbeziehung als solcher bei Schlegel nicht vorzuliegen. Weiter könnte gedacht werden an Schelling in den Phasen seines Denkens, wo er in freier Anknüpfung an Fichtes Veröffentlichungen zur neuen Darstellung der Wissenschaftslehre von 1796-1798 das Absolute als Selbstbewußtsein denkt, d.h. besonders die „Allgemeine Uebersicht der neuesten philosophischen Literatur" von 1796/97[16] und das *System des transzendentalen Idealismus* von 1800, die in Hinsicht auf Schleiermacher durchaus relevant sind. Schelling ist jedoch an einer Aufklärung der kognitiven Struktur des ursprünglichen Selbstverhältnisses nicht eigens interessiert. Also kommt an diesem Punkt Fichtes neuer Darstellung der Wissenschaftslehre eine besondere Bedeutung zu. Dagegen scheinen Fichtes spätere Veröffentlichungen zur Wissenschaftslehre mit Bezug auf die Vorgeschichte von Schleiermachers Begriff des unmittelbaren Selbstbewußtseins nicht relevant zu sein.[17]

8.1.2. Zur Textgrundlage

Während der Gefühlsbegriff eine lange Karriere in Schleiermachers Denken hat, tritt der sich mit jenem teilweise deckende Begriff des in einem

---

13 KFSA XII, bes. 325f.332f.342f.

14 Siehe oben Kap. 2 Anm. 117.

15 Zum Beispiel Frank, Fragmente 501.

16 Leicht verkürzt unter dem Titel „Abhandlungen zur Erläuterung des Idealismus der Wissenschaftslehre" in: Schelling, Schriften [1980] 223-332.

17 Er besaß *Die Wissenschaftslehre in ihrem allgemeinen Umrisse dargestellt* von 1810 und *Die Thatsachen des Bewußtseins* von 1817 (vgl. Meckenstock, Bibliothek 183 Nr. 676.673).

pointierten Sinn unmittelbaren Selbstbewußtseins in dem bislang herausgegebenen Textmaterial erst in der philosophischen Ethik von 1816/17
auf.[18] Ein anderer Nachbarbegriff dieses Begriffs, der Begriff des Selbstbewußtseins, wird jedoch, wie wir ebenso von der Ethik her wissen,
früher in die Vorlesungen des späten Schleiermacher eingeführt. Dies
muß berücksichtigt werden, zumal um das unmittelbare Selbstbewußtsein
in seinem Verhältnis zum Selbstbewußtsein überhaupt zu verstehen.

Nach 1817 ist der *Terminus* unmittelbares Selbstbewußtsein häufig in
verschiedenen philosophischen und theologischen Disziplinen Schleiermachers zu finden. Doch muß man feststellen, daß weder die Vorlesung
über Psychologie von 1818[19] – und auch nicht andere seiner Texte zur
Psychologie[20] – noch die Vorlesung über Ästhetik von 1818/19[21] ihn verwenden. Anders ist die Lage in der Dialektik, die mit Bezug auf selbstbewußtseinstheoretische Fragen überhaupt ein besonderes Interesse hat,
weil sie diese in die Erörterung des metaphysischen Themas und auch der
Religion einbezieht und also in eine weiter gespannte philosophische
Perspektive als die Ethik rückt.

Der Terminus fehlt noch im grundlegenden Dialektikheft von 1814/15.
Diese Version der Dialektik enthält aber pointierte Applikationen des
bloßen Selbstbewußtseinsbegriffs, von denen besonders *ein* Gedankengang wichtig ist.[22] Was das unmittelbare Selbstbewußtsein betrifft, enthält
die Vorlesung von 1818/19 wichtige Hinweise, die zeigen, daß Schleiermacher auf der Linie der Ethik von 1816/17 über den vorhergehenden
Dialektiktext hinausgegangen ist.[23] Sie haben bisher nicht die ihnen
zukommende Aufmerksamkeit gefunden. Die Diskussion der Forschung
hat sich in dieser Rücksicht nicht ohne Grund auf die Dialektik von 1822[24]
konzentriert. Diese Vorlesung, die nicht nur zeitlich der Erstausgabe der
Glaubenslehre von 1821/22 nahe steht, ist in der Tat besonders einschlägig.

Das Auftreten des Terminus unmittelbares Selbstbewußtsein ist zu unterscheiden von der *Bestimmung des Begriffs selbst*. Fragt man danach,
schmälert sich die relevante Textgrundlage erheblich. Ungeachtet seines
häufigen Vorkommens und bedeutsamen Rangs wird der Begriff meist
ohne nähere inhaltliche Angaben verwendet. Die Erstausgabe der Glau-

---

18 Siehe oben 6.3.5
19 SW III/6, 406-488.
20 Jørgensen, Offenbarungsverständnis 61.
21 Schleiermacher, Ästhetik 1-94.
22 KGA II/10.1, 93 §§ 101 ff.
23 KGA II/10.2, 146 ff.; SW III/4.2, 54 ff. Anm.
24 KGA II/10.1, 266.

benslehre ist ein prominentes Beispiel dafür: Erstaunlicherweise gibt gerade sie – bei Schleiermacher der erste literarische Beleg für den Gebrauch des Begriffs in der Definition der Religion oder Frömmigkeit – dafür kaum eine Erklärung. Eher wird umgekehrt der Begriff des Gefühls durch Verweis auf den des unmittelbaren Selbstbewußtseins eingeführt.[25] Diese Vorgehensweise gibt einen guten Sinn, wenn man annimmt, daß Schleiermacher durch diesen Begriff nicht etwas ganz Neues zu sagen beansprucht, sondern ihn als bekannt voraussetzt, auch wenn er ihn eventuell auf seine eigene Weise bestimmt.

Es gibt in Schleiermachers ganzem Werk nur sehr wenige Passagen, die wesentlich dazu beitragen, das unmittelbare Selbstbewußtsein in seiner inneren Erkenntnisstruktur zu erhellen. Besonders drei Argumentationen sollen hervorgehoben und untersucht werden: In erster Linie ist die Bestimmung in der Ethik von 1816/17 zu nennen, die schon behandelt wurde, aber in dieser Rücksicht noch nicht erschöpft ist.[26] Sie hat den Begriff erstmals introduziert und ist als grundlegend zu betrachten. Sodann die Dialektikvorlesung von 1822. Es geht um die Argumentation sozusagen auf dem Gipfel des Gedankengangs des transzendentalen Teils.[27] Sie ist in dieser Hinsicht jedoch nicht so aufschlußreich, wie man meist gemeint hat. Endlich soll die zweite Ausgabe der Glaubenslehre von 1830/31, deren Einleitung der Erstauflage eine explizite Erklärung hinzufügt,[28] berücksichtigt werden.

8.2. Das Selbstbewußtsein in seiner metaphysischen Funktion

Die Dialektik verweist auf das Selbstbewußtsein an einigen Knotenpunkten ihrer Argumentation, die bisher nicht eigens diskutiert wurden. Das Selbstbewußtsein wird dort vor allem als ein spezifisches Einheitsbewußtsein in Anspruch genommen. Es geht besonders um zwei Passagen. Die erste Passage ist im Zusammenhang der Erklärung des objektiven Merkmals des Begriffs des Wissens als Setzung der Übereinstimmung von Denken und Sein zu finden.[29] Sie wurde nicht in die Erörterung des Wis-

---

25   KGA I/7.1, 26,4ff.
26   WA 2, 589f.
27   Siehe oben Anm. 24.
28   KGA I/13.1, 22f. = Gl2.1, 16f.
29   KGA II/10.1, 93 §§ 101ff., mit Parallelen in den folgenden Vorlesungen, nämlich 1818: ebd. 214,29ff.; KGA II/10.2, 146ff.; SW III/4.2, 54ff. Anm.; 1828: KGA II/10.1, 287f.; 1831: ebd. 321,4ff.; SW III/4.2, 488f. Anm. *f.

sensbegriffs einbezogen, weil sie uns im Hinblick auf den Selbstbewußtseinsbegriff wichtiger ist. Der zweite und wichtigste sich auf das Selbstbewußtsein beziehende Gedankengang ist die am anderen Ende des transzendentalen Teils der Dialektik stehende Argumentation, die das Selbstbewußtsein als Bedingung der Beziehung zwischen Denken und Wollen
und als Analogie des transzendentalen Grundes faßt.[30] Beide Stellen, die
an mehr Punkten zusammenhängen, als meist angenommen worden ist,
erhellen auf entscheidende Weise Schleiermachers Verwendung des
Selbstbewußtseinsbegriffs.

8.2.1. Selbstbewußtsein als Beziehung von Denken und Sein

Im Blick auf die erstgenannte Argumentation ist in erster Linie das Kompendium von 1814/15 zu befragen. Die betreffenden, freilich sehr kurzen
Paragraphen machen neben der Vorlesung von 1818/19 die umfassendste
Behandlung ihres Themas in der Dialektik aus. Sie sind für die folgenden
Vorlesungen grundlegend geblieben, die sich alle auf sie zurückbeziehen
oder in der einen oder der anderen Weise ihren Hauptgedanken wiederholen.[31] Ich frage sowohl nach dem Begriff des Selbstbewußtseins als auch
nach seiner Funktion im Duktus der Dialektik – sie erhellen einander
gegenseitig. Insbesondere gilt es zu begreifen, *aufgrund welcher Merkmale*
das Selbstbewußtsein jene Funktion auszuüben vermag.

8.2.1.1. Die Hauptargumentation

Die Argumentation von 1814/15 besteht aus drei Paragraphen. Daß diese
einen zusammenhängenden Gedankengang ausmachen, geht daraus hervor, daß sie denselben Aufbau haben und alle einen Einwand gegen
Implikationen des Wissensbegriffs der Dialektik durch Verweis auf ein
Merkmal des Begriffs des Selbstbewußtseins widerlegen. *Wie* sie indes

---

30   KGA II/10.1, 266, und die Parallelen der späteren Vorlesungen, d.h. 1828: ebd. 305, und
      1831: ebd. 334f.; SW III/4.2, 524f. Anmerkungen. Ältere Versionen von 1811, 1814/15 und
      1818/19 sind KGA II/10.1, 37,27ff.; II/10.2, 27f.; II/10.1, 142ff. §§ 215f; II/10.2, 239ff.; SW
      III/4.2, 152f. Anm.

31   Hans-Richard Reuter meint, daß Schleiermacher diesen Gedanken von 1822 an aufgege-
      ben hat (Reuter, Einheit 46). Er wird indessen sowohl 1828 (KGA II/10.1, 287f.) als auch
      1831 (SW III/4.2, 488 Anm. *) aufgenommen. In Schleiermachers Notizen und in den
      herausgegebenen Nachschriften von 1822 kommt der Gedanke nicht an der gleichen
      Stelle der Dialektik vor. Schleiermacher weist jedoch bei der Einführung des höchsten
      Gegensatzes darauf zurück (KGA II/10.1, 240,12ff.).

genau verbunden sind, ist nicht klar. Es soll versucht werden, die Verbindung so zu begreifen, daß der zweite und der dritte Paragraph jeweils das Argument des vorhergehenden Paragraphen und also die betreffende Eigenschaft des Selbstbewußtseins aufnimmt und zur Grundlage des neuen Einwurfs macht.[32]

Der erste Paragraph, § 101, lautet: „Man könnte sagen Uebereinstimmung des Gedankens mit dem Sein sei ein leerer Gedanke, wegen absoluter Verschiedenartigkeit und Incommensurabilität beider. Allein im Selbstbewußtsein ist uns gegeben daß wir beides Denken sind und Gedachtes und unser Leben haben im Zusammenstimmen beider".[33]

Beachten wir zuerst, was in diesem Paragraphen über das Selbstbewußtsein – explizit oder implizit – ausgesagt wird. Indem sich Schleiermacher zur Verteidigung des Wissens auf das Selbstbewußtsein beruft, geht er davon aus, daß dieses selbst ein *Wissen* und also ein Fall der Übereinstimmung von Denken und Sein ist. Er setzt weiter voraus, daß Selbstbewußtsein ein *ausgezeichnetes* Wissen ist. Die entscheidende Frage ist, welche Art des Wissens es ist. Schleiermacher macht hier keinen Versuch, eine entfaltete Erklärung des Wissenscharakters des Selbstbewußtseins zu geben. Worauf er allein abzielt, ist, zu zeigen, daß Selbstbewußtsein ein Wissen ist, in welchem beide genannten Glieder der Bewußtseinsrelation nur *eine* Instanz haben, die also sowohl Subjekt als auch Objekt dieses Wissens ist. Die späteren Dialektikvorlesungen sprechen an dieser Stelle vom Einssein oder von der Identität des Denkens und des Gedachten im Selbstbewußtsein.[34] Ist Selbstbewußtsein ein Fall von Wissen als Übereinstimmung von Denken und Sein, muß gefragt werden, ob es das Wissen darüber hinaus definierende reflexive Moment einschließt. Das heißt: Wird Selbstbewußtsein von Schleiermacher als ein Denken, dessen sich das Subjekt als mit dem darin Gedachten übereinstimmend und eins bewußt ist, begriffen? Darüber wird hier nichts gesagt, auch nicht durch das in den beiden folgenden Paragraphen wiederholte „uns", das ohne Betonung zwar eine Reflexivität zum Ausdruck bringt, sich aber nicht direkt auf die Relation von Denken und Gedachtem bezieht. Indem aber deutlich wird, daß Selbstbewußtsein eine besondere Art des Wissens ist, die durch eine besondere Einheit im Vergleich mit dem dem sonstigen Denken oder Bewußtsein zugrunde liegenden Unterschied gekennzeich-

---

32 Hans-Richard Reuter hat dies mit Bezug auf den beiden ersten Paragraphen getan (Reuter, Einheit 43f.).

33 KGA II/10.1, 93.

34 Ebd. 240,13f.; 287,26ff., und SW III/4.2, 488 Anm. *: „Wo ist das Sein und Denken dasselbe? [...] in uns selbst".

net ist, wird es vielleicht nicht als ein eigentliches Wissen im Sinne der Definition der Dialektik in Anspruch genommen.

Falk Wagner rekonstruiert den Selbstbewußtseinsbegriff der drei Paragraphen im Sinne eines transzendentalen Selbstbewußtseins, das in mehreren Hinsichten der transzendentalen Apperzeption bei Kant entspricht. Dies betrifft erstens den epistemischen Charakter des Selbstbewußtseins: Wie Kant beschreibe Schleiermacher Selbstbewußtsein hier als Ausdruck einer Reflexion und erkläre es also in einem fehlerhaften Zirkel.[35] Nach § 101 zu urteilen, schießt diese Kritik über das Ziel hinaus. Bis hierher hat Schleiermacher sich die Blöße einer problematischen Reflexionstheorie des Selbstbewußtseins nicht gegeben, nicht weil er eine dieser überlegene Theorie vorgelegt hat, sondern weil er die Fragen, die eventuell durch eine solche Theorie des Selbstbewußtseins als Reflexion zu beantworten wären,[36] gar nicht aufgenommen hat.

Nach Wagner geht es um das „transzendentale Selbstbewußtsein als Bedingung der Beziehung des Denkens und des Gedachten", aber nicht der Übereinstimmung zwischen diesen.[37] Darin soll eine zweite Entsprechung zwischen Kant und Schleiermacher bestehen, die Wagner mit Berufung auf anderweitige Aussagen der Dialektik durch Auslegung des betreffenden Selbstbewußtseins als Bedingung der Beziehung von intellektueller und organischer Funktion und folglich von Denken und Sein erreicht.[38] Wagners Einschränkung, daß das Selbstbewußtsein Bedingung der Beziehung, aber nicht der Übereinstimmung des Denkens und des Gedachten ist, verrät, daß seine Rekonstruktion der Funktion des Selbstbewußtseins an dieser Stelle nicht zutreffend ist. § 101 schreibt ja dem Selbstbewußtsein eine Rolle gerade mit Bezug auf die Übereinstimmung zu. Wagners Einschränkung soll dem Rechnung tragen, daß der übersub-

---

35 Wagner, Dialektik 74. Mit Bezug auf Kant verweist Wagner auf KrV B, 404, und auf Henrich, Einsicht [1966] 191ff. Es ist jedoch längst erkannt worden, daß Kant am angegebenen Ort nicht beansprucht, das Selbstbewußtsein zu erklären; vgl. Konrad Cramer, Satz 201 Anm. 18; Henrich, Anfänge 133f.

36 Vgl. oben Kap. 2 Anm. 147. Einer von Wagners Hauptbelegen des angeblichen Fehlers Schleiermachers ist KGA II/10.1, 287f., der indessen nicht von einem Zustandekommen des Selbstbewußtseins durch Reflexion handelt. Schleiermacher hat die Frage gestellt, wie das Denken zum Sein außer ihm kommt (ebd. 286,29f.). Er antwortet in zwei Schritten: Erstens auf der Linie des 101. Paragraphen von 1814/15 durch Verweis auf das Selbstbewußtsein: „wenn es ein solches ursprüngliches Einsein beider nicht gäbe, würden wir auch nie Rechenschaft darüber geben können, wie eines zum andren komme" (ebd. 287,28ff.). Zweitens durch ein weiteres, erst von 1818 an formuliertes Argument, das die Annahme der Beziehung des Denkens auf ein Sein außer uns begründen soll (siehe unten Anm. 52).

37 Wagner, Dialektik 70.75.

38 Ebd. 70ff.

jektive transzendentale Grund die letzte Bedingung des Wissens als Übereinstimmung von Denken und Sein ist.[39] Davon hier eine bloße Beziehung zu abstrahieren, ist von § 101 her willkürlich. Das Selbstbewußtsein wird also auch nicht als Bedingung der Beziehung von Denken und Sein dargestellt.

Dies schließt nicht aus, daß Schleiermacher im Prinzip das Selbstbewußtsein so darstellen *könnte*, was angesichts seiner Kant-Rezeption durchaus möglich bleibt. Das ist aber nicht seine Pointe in diesem Zusammenhang. Die Pointe drückt Hans-Richard Reuter angemessen aus, wenn er das „Selbstbewußtsein als Erkenntnisgrund für die Relationalität von Wissen" thematisiert behauptet.[40] Schleiermacher beruft sich auf das besondere Wissen des Selbstbewußtseins, um den Übereinstimmungsgedanken seiner Wissensdefinition zu untermauern: Die Identität von Denken und Gedachtem im Selbstbewußtsein erweist die Möglichkeit ihrer Übereinstimmung. Die wissende Selbstbeziehung fungiert in diesem Argument nicht als Bedingung, sondern als *ausgezeichnetes Beispiel* einer Übereinstimmungsrelation, als *Zeugnis* der Korrespondenz von Denken und Sein.

Diese Interpretation kann durch einen Versuch, den nächsten sachlichen Kontext dieses Begriffs des Selbstbewußtseins in der zeitgenössischen Philosophie einzukreisen, weiter profiliert werden. Eine solche Eingrenzung läßt sich vor dem Hintergrund der zum Teil historisch-genetischen Untersuchung zum Werk Schleiermachers mit größerer Sicherheit als in der vorliegenden Forschung durchführen. Von dieser Untersuchung her wissen wir, daß seine Rezeption des Kantischen Argumentationszusammenhangs, auf den sich Wagners Rekonstruktion bezieht, von grundlegender Bedeutung für seine Verwendung des Selbstbewußtseinsbegriffs gewesen ist. Bezüge auf Schleiermachers frühere Applikation des Begriffs besonders in seiner philosophischen Ethik treten auch in der Dialektik auf, zumal im gegenwärtigen Gedankenzusammenhang, wo wir in der Version von 1818/19 Aussagen finden, die teilweise in die Richtung von Wagners Interpretation des Selbstbewußtseins als transzendentaler Bedingung weisen könnten. Die Hauptargumentation unterscheidet sich jedoch nicht nur in funktionaler Hinsicht von der Kantischen Theorie, sondern auch im Blick auf den Begriff des Selbstbewußtseins. Zwar kann gesagt werden, daß Schleiermacher hier auf eine funktionale Behandlung der Subjektivität Gewicht legt. Insofern besteht eine Ähnlichkeit mit Kants bewußter Zurückhaltung mit Bezug auf

---

39   Ebd. 75.
40   Reuter, Einheit 42.

Strukturbestimmungen der wissenden Selbstbeziehung.[41] Indessen geht schon Schleiermachers Bestimmung des Selbstbewußtseins als eines Bewußtseins, in welchem Denken und Gedachtes, Subjekt und Objekt identisch sind, über den Kantischen Beitrag hinaus.

Eine solche Bestimmung berührt sich mit der Problemstellung, die erstmals von Reinhold formuliert wurde, der dadurch neue theoretische Bemühungen in Hinsicht auf das Selbstbewußtsein anregte. Er hat dieses als ein Bewußtsein verstanden, in dem das Objekt – ungeachtet des Bewußtsein definierenden Subjekt-Objekt-Unterschiedes – als mit dem Subjekt identisch vorgestellt wird und zwar so, daß das vorstellende Subjekt sich seiner als des darin Vorstellenden bewußt ist.[42] Wir können das Verhältnis des Selbstbewußtseinsbegriffs der Dialektik zu dem Reinholdschen noch nicht überschauen. Es ist indessen – auch von dem, was wir von Schleiermachers philosophischer Ethik her wissen – zu vermuten, daß sich nähere Parallelen aufweisen lassen. Hier sind zuerst Fichtes Schriften von 1797/98 zu nennen, wo dieser die ursprüngliche Subjektivität des denkenden Subjekts auf ähnliche Weise wie § 101 der Dialektik beschreibt und dafür auch den Begriff Selbstbewußtsein gebraucht.[43] Dieses Selbstbewußtsein denkt Fichte als Bedingung des Objektbewußtseins. Sodann ist auf Aussagen Schellings zu verweisen, die mit Bezug auf die Funktion des Selbstbewußtseinsbegriffs dem Paragraphen genauer entsprechen. Sie finden in freiem Anschluß an Fichtes neuer Darstellung der Wissenschaftslehre die die Möglichkeit der Erkenntnis bedingende Übereinstimmung von Vorstellung und Gegenstand durch die Selbstanschauung oder das Selbstbewußtsein bezeugt.[44] Die Konvergenz mit der Dialektik umfaßt aber nur diesen ersten Schritt bei Schelling. In einem zweiten Schritt überträgt dieser den Selbstbewußtseinsbegriff auf einen Geist, der als absolutes Selbstbewußtsein dem menschlichen Selbstbewußtsein zugrunde liegt.[45] Schleiermacher setzt – wie wir sehen werden – ebenso gegenüber der endlichen Subjektivität ein Absolutes voraus, das er aber nicht wiederum als Selbstbewußtsein zu fassen versucht. Diese vorläufigen Verweise auf Diskussionslagen der nachkantischen Philoso-

---

41 Vgl. oben Kap. 1 Anm. 386.
42 Siehe ebd. Anm. 583.
43 Siehe oben 2.2.2; S. 318f.
44 Schelling, Schriften [1980] 245f.: „Es fragt sich also: ob eine solche Identität des Gegenstandes und der Vorstellung überhaupt möglich sey? Man findet sehr leicht, daß sie nur in *Einem* Falle möglich wäre, wenn es etwa ein Wesen gäbe, das *sich selbst* anschaute, also zugleich das Vorstellende und das Vorgestellte, das Anschauende und das Angeschaute wäre. Das einzige Beispiel einer absoluten Identität der Vorstellung und des Gegenstandes finden wir also *in uns selbst*". Vgl. auch ders., Schriften [1990] 355f.
45 Dazu Sandkaulen-Bock, Ausgang 69ff.

phie als systematischen Kontext des Selbstbewußtseinsbegriffs der Dialektik werden für die weitere Interpretation dieses Begriffs von Bedeutung sein.

In § 102: „Man könnte sagen es sei petitio principii außer dem Wissen ein Sein zu sezen: allein das Wissen selbst ist uns im Selbstbewußtsein nur im Sein gegeben aber als ein von ihm verschiedenes",[46] ist der gedachte mögliche Einwand wohl vom Subjektivitätsbegriff des vorhergehenden Paragraphen her formuliert, der das Selbstbewußtsein als differenzlose Einheit zu fassen scheint. Als Konsequenz des Einwands würde eine radikal idealistische Position folgen, nach der das Selbstbewußtsein und also das menschliche Denken und Wissen überhaupt absolut und selbstgenügsam wäre.

Reuter versteht Schleiermachers Erwiderung durch erneuten Hinweis auf das Selbstbewußtsein so, daß dieses nicht allein eine Art von Wissen, sondern auch eine Art des Seins ist; dies legitimiert erst die Annahme einer Differenz von Wissen und Sein. Die These, daß Selbstbewußtsein Sein ist, meint Reuter, soll der transzendentalphilosophischen These von § 101, daß Selbstbewußtsein Wissen ist, gegenübergestellt werden.[47] Er beabsichtigt dadurch, eine einseitig transzendentalphilosophisch orientierte Auslegung wie die Wagners zu korrigieren. Diese ontologische Interpretation des Selbstbewußtseinsbegriffs läßt sich vom Text her nicht begründen.[48] Die Pointe dieses zweiten Rekurses auf das Selbstbewußtsein besteht allein darin, daß auch dieses als Wissen, ungeachtet seiner eigentümlichen Einheit, eine Verschiedenheit des Denkens und des Gedachten impliziert, wobei Verschiedenheit wie bisher in der Dialektik die Unabhängigkeit dieses als des Seins von jenem einschließt.[49]

Dieses Verständnis des Gedankengangs kann aufgrund der Vorlesungsnachschriften von 1818/19, die hier ausführlicher als der Grundtext sind, erhärtet werden. Diese Vorlesung folgt nicht der Gliederung der Argumentation der drei Paragraphen des Vorgängers. Vorerst sollen nur die ersten der diesen entsprechenden Überlegungen herangezogen werden. Sie machen – immer noch im Zusammenhang der Verteidigung der

---

46   KGA II/10.1, 93.

47   Reuter, Einheit 43ff.

48   Reuter untermauert sie außerdem durch eine sehr problematische Auslegung des *Terminus* Selbstbewußtsein: Er entnimmt die ontologische These dem Umstand, daß von Selbstbewußt*sein* die Rede ist (ebd. 44.42.50).

49   Nach dem ersten Entwurf hat Schleiermacher zum § 102 hinzugefügt: „und diese Annahme ist nur die Basis der Aufgabe selbst das unterscheidende Merkmal des Wissens zu suchen" (KGA II/10.1, 93,9ff.). Das heißt noch nicht, daß Selbstbewußtsein Bedingung objektives Wissen ist, sondern nur, daß es die Bestimmung des objektiven Merkmals des Wissens veranlaßt und untermauert.

Idee des Wissens – Implikationen der bewußtseinstheoretischen Annahmen, die Schleiermachers Begriff der objektiven Erkenntnis zugrunde liegen, in Hinsicht auf das denkende Subjekt und das Selbstbewußtsein deutlich.

Der betreffende Passus begründet die Annahme, daß das, worauf das Denken bezogen wird, zugleich von diesem geschieden wird, vom Selbstbewußtsein her. Zuerst zur These, daß Denken sich auf ein Sein bezieht: Schleiermacher geht auf die bereits bei der Kommentierung der Wissensdefinition gegebene Erklärung zurück, „daß es in uns selbst noch etwas anderes giebt als das bloße Denken".[50] Durch Rekurs auch auf die Einführung des Seinsbegriffs vom Begriff des Gegenstands des Denkens her wird geschlossen, daß wir „ein Sein neben dem Denken" sind.[51] Dies ermöglicht nur die Behauptung, daß das Denken auf etwas, was außer dem *Denken* ist, gerichtet ist, nicht aber, daß es auf ein Sein außer *uns* geht. Diese weitergehende These wird sodann von der im Gedanken der Gesprächsführung implizierten Mehrheit von denkenden Subjekten her begründet.[52] Endlich resümiert Schleiermacher im Hinblick auf die Struktur des Selbstbewußtseins und zieht die Schlußfolgerung für das Denken und Wissen im allgemeinen: „so ist unser Selbstbewußtsein nur in dem relativen Getrenntsein des Denkens und des Seins, denn unser Bewußtsein ist erst das Beziehen des Denkens auf ein gedachtes. Also ist die Scheidung des Seins vom Denken eben so nothwendige Voraussezung des Denkens, als das Zusammenstimmen beider".[53]

Worauf es uns dabei ankommt, ist erstens der *Bewußtseinsbegriff*, den Schleiermacher seinem Begriff des Selbstbewußtseins zugrunde legt. Nach ihm ist Bewußtsein durch Beziehung und Unterscheidung von Denken und Gegenstand definiert. Es dürfte überflüssig sein, darauf aufmerksam zu machen, daß dies Reinholds Begriff des Bewußtseins entspricht. Schleiermachers Aussage über das Bewußtsein erscheint wie ein vereinfachtes, aus dem Gedächtnis hergeholtes Zitat aus dessen Hauptwerken und also

---

50 KGA II/10.2, 146,10f.
51 Ebd. 146,13f.
52 Zum § 101 von 1814/15 hat Schleiermacher am Rand den Zusatz gemacht: „dies ist nothwendig gegeben mit der Voraussezung einer Mehrheit von Individuen" (KGA II/10.1, 93,4f.). Falk Wagner identifiziert von da her eine nach ihm zwar nicht näher thematisierte Unterscheidung von allgemeinem und individuellem Selbstbewußtsein in der Argumentation (Wagner, Dialektik 73). Eine solche Unterscheidung und der Begriff eines individuellen Selbstbewußtseins haben indessen keinen Platz in diesem Gedankenzusammenhang der Dialektik. Der Zusatz gehört sachlich nicht zu jenem Paragraphen. Er bezieht sich auf das in § 102 aufgenommene Thema, steht aber nicht auf einer Linie mit der Argumentation von 1814/15, sondern drückt das neue zweite Argument von 1818/19 aus.
53 SW III/4.2, 55 Anm., vgl. KGA II/10.2, 146,23ff.

wie ein weiteres bedeutsames Beispiel, wie noch der späte Schleiermacher mit früh angeeigneten theoretischen Mitteln arbeitet, die von Reinholds Philosophie herrühren. Zweitens kommt es uns auf die Folgerung an, die Schleiermacher aus dem Bewußtseinsbegriff für den Begriff des *Selbstbewußtseins* zieht: daß selbst dieses *als Bewußtsein durch Differenz bedingt* ist, daß Denken und Sein auch im Selbstbewußtsein geschieden sind.[54] Aus der Bewußtseinsstruktur des Selbstbewußtseins kann außerdem gefolgert werden, daß Reuters Deutung von § 102 unhaltbar ist: Als Bewußtsein ist Selbstbewußtsein Beziehen auf ein Sein. Es ist aber nicht selbst Sein, es sei denn, es wird als solches Gegenstand des Denkens.[55]

Während der sachgemäße Adressat von §§ 101-102 als eine Art des Skeptizismus bzw. des Idealismus rekonstruiert werden konnte, ist der Adressat des folgenden Paragraphen, dessen Einwand anscheinend die Differenzthese von § 102 aufnimmt, schwieriger zu identifizieren: „Man könnte sagen Beziehung des Denkens auf das Sein sei leer, beides könne nur absolut getrennt sein. Allein im Selbstbewußtsein ist uns ein gegenseitiges Werden beider durch einander in der Reflexion und im Wollen gegeben".[56]

Dieser Paragraph belegt nach Falk Wagner[57] und – wenn auch vorsichtiger – Hans-Richard Reuter[58] im Text von 1814/15, daß es in der ersten Argumentation der Dialektik mit Bezug auf das Selbstbewußtsein um ein reflektiertes geht, und „daß die Struktur des Selbstbewußtseins nur als Resultat oder Vollzug einer Reflexion beschrieben" wird.[59] Abgesehen davon, daß diese Interpretation anderen Seiten des Gedankengangs widerstreitet, versucht § 103 ebensowenig wie die vorhergehenden Paragraphen, die wissende Selbstbeziehung grundsätzlich zu erklären. So ist nicht einsichtig, daß die Aussage des Paragraphen die sogenannte Reflexionstheorie als Konsequenz implizieren sollte. Das Selbstbewußtsein wird weder mit Reflexion und Wollen identifiziert noch von diesen her erklärt. Meines Erachtens ist das Naheliegendste, den schwierig zu interpretierenden Satz auf Schleiermachers Theorem vom Selbstbewußtsein als Bedingung des Wechsels oder des Übergangs zwischen Momenten des

---

54   Bis hierher ist der Selbstbewußtseinsbegriff der Dialektik mit Hölderlins „Urteil und Sein" vereinbar, wo dieser Selbstbewußtsein als eine Beziehung von Subjekt und Objekt begreift (Hölderlin, Werke 840f.); siehe dazu Henrich, Grund 115 Anm. 91; 429.469ff.; Stolzenberg, Selbstbewußtsein [1996]. Hölderlins und Schleiermachers Wege scheiden sich aber, wenn dieser es als unmittelbares Selbstbewußtsein näher bestimmt.

55   Vgl. KGA II/10.2, 146,11ff.

56   KGA II/10.1, 93.

57   Wagner, Dialektik 72ff.

58   Reuter, Einheit 45.216f.

59   Wagner, Dialektik 74.

Denkens und des Wollens zu beziehen. Dieses Theoriestück, das die Vorlesung von 1818 schon in der Einleitung berührt,[60] wird von Schleiermacher besonders in der zweiten Selbstbewußtseinsargumentation der Dialektik behandelt.

8.2.1.2. Weitere Motive

Es bleiben noch einige Gedanken der folgenden Vorlesungen zu berücksichtigen, die sich dadurch auszeichnen, weitere Bezüge herzustellen auf die genannte zweite Argumentation, in welcher die wissende Selbstbeziehung eine Schlüsselstelle inne hat.

Das übliche Interpretationsverfahren der Forscher besteht darin, beide Gedankenzusammenhänge möglichst zu trennen. Demnach geht es in diesen um verschiedene Funktionen des Selbstbewußtseins und um unterschiedliche Modifikationen dessen; sie werden etwa als das reflektierte und das unmittelbare Selbstbewußtsein voneinander abgegrenzt.[61] Dieses Verfahren ist mit der Auffassung verbunden, daß die Dialektik erst 1822 mehr als sporadisch einen Begriff eines unmittelbaren Selbstbewußtseins verwendet. Nun wurde die pointierte Verwendung eines solchen Begriffs in Schleiermachers philosophischer Ethik von 1816/17 festgestellt. Es wäre von daher zu erwarten, daß dieses Theorem sich in der folgenden Vorlesung über Dialektik geltend macht, zumal der Selbstbewußtseinsbegriff dieser Disziplin zentral ist und in der Dialektik von 1822 vom unmittelbaren Selbstbewußtsein die Rede ist. Diese Erwartung wird tatsächlich erfüllt.

Der Gebrauch des betreffenden Begriffs wird durch die Nachschriften der Vorlesung von 1818/19 dokumentiert, und zwar schon innerhalb des *ersten* Argumentationszusammenhangs. Der oben herangezogene Text wird durch den Satz eingeleitet: „Wir müssen hier auf das unmittelbare Selbstbewußtsein verweisen, und dies befragen".[62] Obwohl dies nach dem zugänglichen Textmaterial das einzige Vorkommen des Begriffs in diesem Zusammenhang ist, ist es nicht zufällig; dies geht daraus hervor, daß Schleiermacher unter dieser Überschrift im folgenden andere damit zusammenhängende Gedanken der Ethik aufgreift. Daß er diesen Begriff hier nicht erklärt, muß auch nicht heißen, daß er diesen hier nur ganz peripher verwendet; wie bereits bemerkt, ist die Lage in dieser Hinsicht

---

60 KGA II/10.2, 136,25f.
61 Wagner, Dialektik 72f. Anm. 24f., vgl. Reuter, Einheit 47 Anm. 23, und zum Beispiel Eckert, Gott 94ff., der sich auf Ergebnisse Wagners und Reuters stützt.
62 KGA II/10.2, 146,8f., vgl. SW III/4.2, 54 Anm.

ganz ähnlich wie bei den meisten anderen und auch sehr zentralen Stellen, wo von unmittelbarem Selbstbewußtsein gesprochen wird.

Es ist für die Beurteilung des Stellenwerts dieser Aussage wesentlich zu entscheiden, wie sich der hier verwendete Begriff des unmittelbaren Selbstbewußtseins zum Begriff des Selbstbewußtseins überhaupt in der Version der Argumentation von 1814/15 verhält. Zuerst kann festgestellt werden, daß der Befund deutlich gegen die Konstruktion eines Gegensatzes zwischen diesem Begriff und dem besonders in der Dialektikvorlesung von 1822 breiter bezeugten Begriff eines unmittelbaren Selbstbewußtseins spricht. Die Vorlesung von 1818/19 verwendet diesen an derselben Stelle, wo im Text von 1814/15 der Begriff des Selbstbewußtseins auftritt.[63] Es ist naheliegend, beide Begriffe auf denselben Sachverhalt der Subjektivität zu beziehen. Der neue Begriff erscheint als eine Präzisierung des früher verwendeten Begriffs. Weiter darf also behauptet werden, daß das unmittelbare Selbstbewußtsein der Dialektik nicht eine besondere Modifikation des Selbstbewußtseins ist, sondern das Selbstbewußtsein schlechthin. Es ist das ursprüngliche Selbstbewußtsein.[64] Endlich stimmt diese Interpretation völlig mit der Analyse der philosophischen Ethik überein und wird durch diese Untersuchung zudem auf entwicklungsgeschichtlicher Grundlage unterstützt: Der ethische Begriff des unmittelbaren Selbstbewußtseins wird aus dem entwickelt, was vorher allein als Selbstbewußtsein begriffen wurde. In der Reihenfolge der Texte zur Dialektik ist genau dieselbe Entwicklung wahrzunehmen. Von daher erscheint die Identifikation des Selbstbewußtseins mit dem reflektierten Selbstbewußtsein grundsätzlich als problematisch.

Weiter muß gefragt werden, was es besagt, daß der Dialektiker auf das unmittelbare Selbstbewußtsein „verweist". Es dürfte kaum der Fall sein, daß vorwärts auf den zweiten sich auf Selbstbewußtsein mit Betonung beziehenden Gedankengang hingewiesen wird, der den Zuhörern unbekannt war.[65] Es wird dagegen in demselben Sinn wie in §§ 101-103 des Grundhefts auf das Selbstbewußtsein rekurriert. Es geht wiederum um die Funktion des Selbstbewußtseins als eines Zeichens für die Relation von Denken und Sein. Darüber hinaus kann überlegt werden, ob Schleiermacher – wie möglicherweise in der ersten Auflage der Glaubenslehre

---

63 Vgl. auch den Unmittelbarkeitsbegriff an dem entsprechenden Ort in der Nachschrift der Vorlesung 1831, SW III/4.2, 488 Anm. *: „Wo ist das Sein und Denken dasselbe? Unmittelbar in uns selbst".

64 Vgl. KGA II/10.2, 149,37f., ferner II/10.1, 287,25ff.

65 So wird der Verweis anscheinend von Reuter verstanden (Reuter, Einheit 47). Er bemerkt das Vorkommen, bedient sich aber dieser Verlegenheitsmaßnahme, weil er sich auf die wesentliche Differenz des Selbstbewußtseins der ersten Argumentation und des unmittelbaren Selbstbewußtseins festgelegt hat.

– die Bekanntheit auch des *Begriffs* des unmittelbaren Selbstbewußtseins voraussetzt und ihn deshalb ohne Erläuterung verwenden kann. Um eine solche Überlegung zu unterstützen und die Voraussetzung der Bekanntheit zu konkretisieren, kann daran erinnert werden, daß es in den oben hervorgehobenen Gedanken bei Fichte und Schelling, die bei Schleiermacher jedenfalls eine gewisse Parallele haben, eben um das Selbstbewußtsein als ein unmittelbares geht.

Die Unmittelbarkeit des Selbstbewußtseins wird hier nicht explizit erläutert, allerdings sind der Stelle einige Hinweise zu entnehmen: Sie zeigt, daß auch das unmittelbare Selbstbewußtsein als Bewußtsein durch eine innere Strukturiertheit gekennzeichnet ist, die darin besteht, daß es durch Beziehung und Unterscheidung des Denkens und des Gedachten, des Subjekts und des Objekts bestimmt ist. Daß die *Unmittelbarkeit* des Selbstbewußtseins *nicht Differenz ausschließt*, ist eine sehr wichtige Einsicht.

Das nächste uns von der Ethik Schleiermachers her bekannte Theorem der Dialektikvorlesung von 1818/19 ist der modifizierte Kantische Gedanke von der Identität des Subjekts mit Bezug auf eine Mannigfaltigkeit von Vorstellungen.[66] Er nimmt diesen auf, um ein vereinfachendes Modell zu vermeiden, welcher sich die analysierte Argumentation schuldig macht: Wenn sowohl das Denken als auch das Sein einfach wäre, wäre unverständlich, daß die Relation zwischen ihnen überhaupt angezweifelt werden kann. Beide sind aber in der Tat geteilt. Selbst dieser kompliziertere Sachverhalt läßt sich jedoch von der Instanz her theoretisch einholen, auf die sich die Dialektik bisher berufen hat: „auch die Beziehung des getheilten Denkens auf das getheilte Sein hat eine nothwendige Wurzel in unserm Selbstbewußtsein; die Zusammenstimmung hat ihre Gewißheit in der Einheit unseres Wesens".[67] Daß diese Vorstellung von der Einheit unseres Wesens den in der Ethik geformten Begriff der Einheit des Lebens oder des Bewußtseins aufnimmt, zeigt die Entfaltung der These:

> „Unser leibliches Dasein ist auch ein zusammengeseztes und verknüpftes ganze in unserm Selbstbewußtsein und steht mit dem außer uns gesezten Sein in Verbindung, das sich durch seine Einwirkungen auf uns offenbart, und nun beruht unser ganzes Selbstbewußtsein auf der Unterscheidung und Verknüpfung der verschiedenen Momente, die bestimmt sind durch die Art wie einzelnes außer uns auf einzelnes von uns einwirkt".[68]

---

66 SW III/4.2, 55f. Anm.; KGA II/10.2, 147; die Nachschriften korrepondieren an diesem
    Punkt mit KGA II/10.1, 93 § 105.
67 SW III/4.2, 55 Anm.
68 Ebd.

Die beiden Einheitsbegriffe, der Begriff der Einheit des *Lebens* aus der Erklärung der individuell erkennenden Funktion in der Ethik und der Begriff der Einheit unseres *Wesens* in der Dialektik, sind jedoch nicht identisch, wie auch die Terminologie verrät: Anders als jene Einheit ist diese keine individuelle, weil die Dialektik auf Wissen als durch die Identität der denkenden Subjekte bedingt abzielt.[69] Wie verhalten sich nun die betreffende Einheit und das Selbstbewußtsein zueinander? An dieser Stelle wird auf beide parallel hingewiesen, ebenso wie das Selbstbewußtsein ja in der bisherigen Argumentation die Funktion gehabt hat, als eine besondere Einheit und Differenz von Denken und Sein die Relation von diesen im Wissen überhaupt zu legitimieren. Die Einheit unseres Wesens wird also durch das Selbstbewußtsein repräsentiert.[70] Für den Begriff des Selbstbewußtseins macht dies deutlich, daß es in der Dialektik vorwiegend als *allgemeines* in Betracht kommt.

Indessen ist nicht allein von Einheit in der bis jetzt besprochenen Bedeutung die Rede. Ist es bisher um eine innere Einheit der Subjektivität gegangen, geht es nun auch um eine Einheit, die dem Selbstbewußtsein dem äußeren Sein gegenüber zukommt. Der zweite Einheitsbegriff kommt in der Rede vom Beruhen des ganzen Selbstbewußtseins auf der Unterscheidung und Verknüpfung der verschiedenen, durch äußere Einwirkungen bestimmten Momente zum Ausdruck. Dies läßt sich am besten so verstehen, daß die Ganzheit und Einheit des Selbstbewußtseins dadurch bedingt ist, daß das Subjekt sich seiner Synthese der verschiedenen Momente bewußt ist. Wir haben also mit einem Gedanken der Identität und Kontinuität des Subjekts in Beziehung auf eine Mannigfaltigkeit zu tun, der Kantischer Provenienz ist und durch eine manifeste Argumentationslinie bei Schleiermacher nahegelegt wird, die vom ersten breiten Niederschlag seiner Rezeption des Subjektbegriffs der Kantischen transzendentalen Deduktion der Kategorien im Manuskript „Spinozismus" von 1793/94 bis zu seiner Fruchtbarmachung in den verschiedenen ethischen Entwürfen reicht. Daß dieser vorerst vorwiegend funktional konzipierte Identitätsgedanke mit dem Gedanken der inneren Einheit der wissenden Selbstbeziehung verbunden wird, ist sachgemäß und ergibt sich aus jenem Gedanken von selbst: Die Identität, welcher das Subjekt mit Bezug auf von außen bestimmte Momente sich bewußt ist, ist seine Identität mit sich selbst und folglich nichts anderes als das, was die Untersuchung der epistemischen Struktur des Selbstbewußtseins erklären soll. Wir sehen also hier den Zusammenhang der *funktionalen* und der *episte-*

---

69 Vgl. KGA II/10.1, 237,12ff.; SW III/4.2, 56 Anm.
70 Vgl. KGA II/10.1, 265,1ff.; 266; SW III/4.2, 524f. Anm.

misch-strukturellen Erklärung, die ich bisher relativ getrennt gehalten habe. Übrigens soll bemerkt werden, daß die zitierte Überlegung die das Selbstbewußtsein indirekt bedingenden Einwirkungen als leiblich vermittelt und also die Subjektivität als eine *verkörperte* versteht. Das ist wiederum ein mit der Ethik von 1816/17 korrespondierender Gedanke.

Mit diesem Argument vom Selbstbewußtsein hängt ein weiteres Motiv zusammen, das auch im Zusammenhang der Ethik berührt wurde, auf das aber nur hingewiesen werden soll. Die betreffende Vorlesung erreicht erst von hier aus die Unterscheidung der zwei Funktionen des Denkens, die ja als Organisation und Vernunft mit der Unterscheidung der Mannigfaltigkeit der verschiedenen von außen angeregten Momente und der Einheit des Selbst korrespondieren. Da Vernunft und Organisation als subjektive Bedingungen der Korrelation von Denken und Sein bestimmt werden, können einige spätere Aussagen der Dialektik das Selbstbewußtsein als Einheit auch der beiden Funktionen begreifen.[71] Es besteht also eine sachliche Verbindung zwischen dem betreffenden Argumentationsgang und diesen Denkzusammenhängen der Dialektik. Noch bedeutsamer ist, daß Schleiermacher seine Gedanken über das Selbstbewußtsein als Zeugnis der Relation zwischen Denken und Sein mit der im folgenden zu betrachtenden Argumentation verkettet.

8.2.2. Selbstbewußtsein als Analogie mit dem transzendenten Grund

Bei der anderen anfangs hervorgehobenen Argumentation mit Bezug auf den Begriff des Selbstbewußtseins wird die Untersuchung von der bisher beobachteten Regel, bei der Interpretation der Dialektik hauptsächlich die Texte von 1814/15 und von 1818/19 zugrunde zu legen, abgehen. Es wird also auf eine Behandlung dieses Theoriestücks im Grundheft,[72] das eine eigene Analyse verdiente, verzichtet. Statt dessen soll die Aufmerksamkeit besonders der Vorlesung von 1822 gelten.[73] In der Literatur besteht Einigkeit darüber, daß sich diese zur Selbstbewußtseinsthematik – und auch zum Thema der Religion – ausführlicher und präziser äußert nicht nur als die vorhergehenden, sondern auch als die folgenden Texte zur Dialektik.[74]

---

71 Im Zusammenhang des höchsten Gegensatzes (SW III/4.2, 78 Anm.; KGA II/10.2, 163,36ff.) und der identischen Begriffsbildung (KGA II/10.1, 253,31ff.), wo Schleiermacher sich auf § 178 (ebd. 116f.) bezieht, der auf das allgemeine Selbstbewußtsein zur Erklärung jener rekurriert.

72 KGA II/10.1, 142ff. §§ 215f.

73 Ebd. 266.

74 Vgl. Offermann, Einleitung 68; Wagner, Dialektik 152f. Anm. 17, die auch eine Übersicht über das Textmaterial gibt; Reuter, Einheit 211; Lehnerer, Kunsttheorie 63 Anm. 13.

Dieser Befund hängt wohl mit der zeitlichen Nähe der Arbeit Schleiermachers an der ersten Auflage der Glaubenslehre zusammen. Es geht nun ausdrücklich um das Selbstbewußtsein als ein *unmittelbares*. Ich greife dieses von seiner metaphysischen Funktion her auf und stelle also vorerst, soweit möglich, die Frage nach der Wissensform des Selbstbewußtseins zurück.

Dieses Theoriestück kann nur in Verbindung mit der Stelle, die es im Gang der Dialektik einnimmt, verstanden werden. Ausgangspunkt ist das durch die Untersuchung des Denkens und des Wollens erreichte Resultat: Das Transzendente liegt beiden Funktionen zugrunde und läßt sich von ihnen aus in Formeln fassen, die aber einseitig bleiben.[75] Indem auf die im vorhergehenden analysierte Argumentation zurückverwiesen wird,[76] wird gefragt, ob vom Selbstbewußtsein her weiterzukommen ist. Mit diesem Schritt hat es eine besondere Bewandtnis, worauf zunächst nur aufmerksam gemacht werden soll: Der Rekurs auf das subjektive Bewußtsein leitet zugleich die religionstheoretische Argumentation der Dialektik ein.

8.2.2.1. Selbstbewußtsein als Bedingung des Übergangs

Der Versuch, die genannte Frage zu beantworten, erfolgt über den Gedanken von einem Übergang zwischen Denken und Wollen. Der Begriff des Übergangs ist keine Neubildung der Dialektik, sondern früher bei Schleiermacher verwendet worden. Er ist auch nicht seine Erfindung, sondern andernorts in der Philosophiegeschichte feststellbar. Man hat dafür auf Platon oder eher auf Schleiermachers Platon-Übersetzung verweisen können: Schleiermacher verwendet den Begriff in Verbindung mit dem Platonischen ἐξαίφνης-Gedanken im *Parmenides*.[77] Dieser Hinweis kann indessen den betreffenden Gedankengang in seinen subjektivitätstheoretischen Implikationen bei Schleiermacher nicht begreiflich machen. Dafür, daß er Platons Gedanken des Augenblicks für das Verstehen der Wissensform des Selbstbewußtseins fruchtbar macht, gibt es meines Wissens auch keinen Beleg. Der systematische Kontext des Übergangsbegriffs der Dialektik muß eher in der neueren Philosophie gesucht werden.

So können, wie schon früher erwähnt, strukturelle Parallelen bei Johann August Eberhard festgestellt werden. Zuerst kann man darauf hinweisen, wie dieser als eine wichtige Aufgabe der Psychologie hervor-

---

75　Siehe oben 7.2.3.
76　Vgl. KGA II/10.1, 261f., mit ebd. 240.
77　Miller, Übergang 31ff.; zur Kritik dieses Versuches siehe Wagner, Dialektik 139f. Anm. 3; Reuter, Einheit 213f.

hebt, „den Uebergang des Denkens in das Wollen und Handeln zu entdecken", und erklärt: „Die Erfahrung lehrt, daß dieser Uebergang allemal durch das Gebiet des Empfindens geschehen müsse".[78] Dieser Gedanke kann auf Gedanken der zweiten Auflage der Glaubenslehre bezogen werden.[79] Schleiermacher nimmt hier den Begriff vom unmittelbaren Selbstbewußtsein als Vermittler des Übergangs zwischen Momenten des Wissens und solchen des Tuns von der Dialektik her auf, um diese allgemeine Struktur auf das religiöse Bewußtsein zu applizieren und für dessen Bestimmung fruchtbar zu machen. Beim Tun verbindet er das Übergangstheorem mit einem anderen Gedanken, nämlich mit der in seinen Jugendentwürfen entwickelten und von Spätaufklärung und Frühkantianismus gespeisten Idee von einem moralischen Gefühl oder Trieb,[80] und es ist diese, die dem wiedergegebenen Übergangsgedanken Eberhards entspricht. Mit Bezug auf die Dialektik dagegen soll bemerkt werden, daß ihr Übergangstheorem zwar damit eine Strukturähnlichkeit hat, die die Verbindung beider Übergangsgedanken in der Glaubenslehre bedingt, daß sie jedoch von unterschiedlichem Gehalt sind. Von dem andersartigen Denkzusammenhang der Glaubenslehre her erhält der Übergang hier eine modifizierte Funktion im Verhältnis zur Dialektik. Um deren Gedankengang genau verstehen zu können, muß man beide Verwendungen des Begriffs auseinander halten.

Die Dialektik Schleiermachers gebraucht den Übergangsbegriff auf eine grundlegendere Weise. Auch ihr wird von Eberhard vorgegriffen. Er formuliert die These, daß sich nur von „der Voraussetzung der vollständigen Einfachheit der Seele" her erklären läßt, „wie eine Modification der Seele in die andere übergehe, und auf einen Zustand des Empfindens ein Zustand des Erkennens, auf einen Zustand des Betrachtens ein Zustand des Wollens und umgekehrt folgen könne".[81] Dies kommt der These der Dialektik sehr nahe. Könnte diese sich auf ähnliche Weise ausgedrückt haben, trennt sie sich indessen an einem entscheidenden Punkt von Eberhard: Sie erkennt nicht seine substanzontologische Interpretation der Identität des Subjekts an.[82]

---

78 Eberhard, Theorie 61, worauf Rudolf Odebrecht hinweist (Odebrecht, Gefüge 287). Ein entsprechender Gedanke wurde von Moses Mendelssohn formuliert; vgl. Dessoir, Geschichte 269f.

79 KGA I/13.1, 26ff. = Gl2.1, 19ff.

80 Vgl. auch die Stelle mit dem letzten Glied des zweiten, sich auf das Gefühl beziehenden Abschnitts der Religionstheorie der Reden (oben S. 314ff.).

81 Eberhard, Theorie 28.

82 Von seiner Interpretation von Schleiermachers Idee von der Duplizität der intellektuellen und der organischen Funktion her (siehe oben Kap. 7 Anm. 217) schreibt Manfred Frank ihm dagegen auch diese zu (Frank, Einleitung 107f.).

Schleiermacher hat den Begriff des Übergangs ursprünglich nicht in einem praktisch-philosophischen, sondern in einem theoretischen Problemzusammenhang entwickelt und ihn erst von dort her auf eine auch das Praktische umfassende Thematik erweitert. Ich habe den Übergangsbegriff an einigen wichtigen Stellen der Erkenntnistheorie der philosophischen Ethik – mit einer Vorform im frühen Manuskript „Spinozismus" – untersucht, wo dies deutlich wurde.[83] Der Begriff konnte als einem letztlich Kantisch geprägten, transzendentalphilosophischen Denkkontext angehörig erklärt werden. Dies gilt nicht weniger von der Verwendung des Übergangsbegriffs in der Dialektik, wo wir schon in der ersten Selbstbewußtseinsargumentation in der Vorlesung von 1818/19 Bezüge zu Gedanken der Ethik getroffen haben, wofür es in diesem Kontext weitere Zeugnisse gibt.[84] Soweit behält an dieser Stelle Falk Wagners transzendentalphilosophische Interpretation völlig recht: Das unmittelbare Selbstbewußtsein wird in der Dialektik „als Bedingung der Möglichkeit des Übergangs" gedacht.[85]

Die bisherige Argumentation der Dialektik hat sich auf „das Denken an sich" bezogen, was hier von Schleiermacher als „der einzelne Akt" oder „die zeitlose Funktion" des Denkens und Wollens erläutert wird.[86] Die dialektische Aufgabe umfaßt aber noch mehr die Verknüpfung des Denkens. Darauf zielt besonders der formale Teil der Dialektik, sie wird jedoch schon hier aufgegriffen. Es wird hinzugefügt: „die Verknüpfung aber ist nur in der Fortschreitung und diese ist nur in unserm Sein d. h. der Einheit unserer Momente".[87] Im Nachschrifttext tritt an dieser Stelle der Begriff des Übergangs auf.[88] Diesen Sinn des Übergangs als Fortschreitung von einem einzelnen Denkakt zum anderen kennen wir von der Ethik her. Worauf es in der Dialektik ankommt, ist aber ein spezifischer Begriff vom Übergang: Schleiermacher überträgt diesen nicht nur wie in der Ethik von 1812/13 auch auf den praktischen Prozeß, wie dies zudem der dialektischen Parallele des Wissens und des Wollens ent-

---

83 Siehe oben 5.2.2; 6.2.2.

84 Vgl. in der Dialektik von 1814/15 KGA II/10.1, 144 § 216.2, wo die Vernunft und das Gewissen als ein „Sein Gottes in uns" mit besonders aus dem *Brouillon zur Ethik* bekannten Begriffen als „die beharrliche Einheit [...] in dem fluctuirenden des Bewußtseins" bestimmt werden.

85 Wagner, Dialektik 139f.

86 KGA II/10.1, 262,28f.

87 Ebd. 262,29ff.

88 KGA II/10.2, 556,17. In diesem Sinn wird der Begriff auch in den Nachschriften der Einleitung von 1818/19 gebraucht: „das Subject des Wissens" ist „dasjenige worin der Complexus des Denkens und der Übergang von dem einen zum andern als solchem gesetzt ist" (ebd. 136,25f.).

spricht. Er bezieht ihn, was eher implizit in der ethischen Argumentation lag, insbesondere auf das Verhältnis zwischen theoretischen und praktischen Akten.[89] Es darf geschlossen werden, daß der Übergangsbegriff, der wie der Begriff des unmittelbaren Selbstbewußtseins in der Dialektik zum ersten Mal in der Vorlesung von 1818/19 verwendet wird,[90] von der philosophischen Ethik übernommen wird. Das heißt nicht, daß diese Begriffe im neuen Kontext auf dieselbe Weise wie dort verwendet werden.

Schleiermacher geht von einer Beschreibung der gegensätzlich gerichteten Struktur des epistemischen und des praktischen Bewußtseins aus, die er in dieser Weise zusammenfaßt: „Im Denken ist das Sein der Dinge in uns gesezt auf unsere Weise, im Wollen ist unser Sein in die Dinge gesezt auf unsere Weise".[91] Daß „auf unsere Weise" nicht nur beim Wollen, sondern ebenso beim Erkennen betont wird, stimmt mit Schleiermachers durchgängiger Hervorhebung der Selbsttätigkeit des erkennenden Subjekts überein. Die Beschreibung drückt gängige Vorstellungen aus, die Entsprechungen bei Kant[92] und besonders bei Fichte[93] finden, aber auch mehr oder weniger bei Philosophen anderer Schulen. Sie ist auch an anderen Orten beim jungen und späten Schleiermacher anzutreffen. Von diesen ist einer hier von besonderem Interesse: Diese Stelle der Dialektik steht mit einer Aussage der Erstauflage der Reden in Kontinuität,[94] was auch aus der revidierten und sich den späteren Texten annähernden Fassung in den folgenden Auflagen der Religionsschrift hervorgeht.[95] Die betreffende Aussage der Reden steht mit dem Thema der Trennung der ursprünglichen Einheit durch die Reflexion in Zusammenhang und stellt die Theorie-Praxis-Dichotomie als einen Ausdruck dieser Spaltung dar. Dieses Theoriestück der Dialektik hat in seinem Kontext einen ähnlichen systematischen Stellenwert. Der Grund, dies zu nennen, besteht besonders darin, daß der Vergleich einen entscheidenden Unterschied deutlich macht: Die Theorie-Praxis-Relation wird nach der Dialektik anders als unter den Voraussetzungen der Reden explizit mit dem Gedanken des Selbstbewußtseins des Subjekts in Verbindung gebracht und dieser Gedanke an den Gedanken des Übergangs angeknüpft.

---

89   KGA II/10.1, 262,32ff.; 266,1ff.
90   Ebd. 210,15; KGA II/10.2, 136,25f.; 239,26ff. Die Dialektik von 1814/15 spricht statt dessen von Wechsel (KGA II/10.1, 143 § 215.1, vgl. mit KGA II/10.2, 565,5ff.).
91   KGA II/10.1, 266,6f.
92   Zum Beispiel KpV 77.80.
93   Siehe oben Kap. 3 Anm. 310.
94   Siehe oben 3.2.4.
95   Siehe oben Kap. 5 Anm. 35.

Das Argument der Dialektik ist auf den Sachverhalt gerichtet, daß jeder Moment oder jeder Akt des Denkens und des Wollens im Prozeß des Erkennens und des Handelns mit einem Moment der entgegengesetzten Art verknüpft ist, ein epistemisches Moment mit einem praktischen Moment und umgekehrt. Beim Handeln ist dies ein Zweckbegriff, während beim Erkennen an die dieses als synthetisches auszeichnende Tätigkeit gedacht werden kann.[96] Insofern gehen Akte des Denkens und Akte des Wollens ineinander über. Weiter bezieht sich der Gedankengang der Dialektik darauf, daß der Übergang nicht von den differenten Momenten, von den gegensätzlichen Funktionen her verständlich gemacht werden kann: „Der Uebergang ist das aufhörende Denken und das anfangende Wollen".[97] Er muß von einer diesen zugrunde liegenden Identität aus erklärt werden.[98] Als diese „Identität des Denkens und Wollens" begreift Schleiermacher das unmittelbare Selbstbewußtsein oder das Gefühl: „unser Sein ist das sezende und dieses bleibt im Nullpunkt übrig; also unser Sein als sezend in der Indifferenz beider Formen. Dies ist das unmittelbare Selbstbewußtsein = Gefühl".[99]

Es ergibt sich, daß Schleiermacher tatsächlich das unmittelbare Selbstbewußtsein als Möglichkeitsbedingung des Übergangs zwischen Denken und Wollen begreift: Eine *Identität* wird in Beziehung auf die entgegengesetzten und doch aufeinander bezogenen Momente des Erkennens und des Wollens gefordert; sie kann nicht auf diesen Funktionen des Subjekts, sondern nur auf dem Selbstbewußtsein beruhen. Die Frage, wie die Leistung des unmittelbaren Selbstbewußtseins im Verhältnis zum Übergang zwischen Denken und Wollen zu erklären ist, muß vorläufig unbeantwortet bleiben.

Der Begriff des unmittelbaren Selbstbewußtseins in Schleiermachers Dialektik meint nicht die empirische Subjektivität.[100] Das unmittelbare Selbstbewußtsein ist auch nicht mit einer individuellen Selbstbeziehung gleichzusetzen – anders als beim individuellen Symbolisieren in der Ethik wird hier wie auch sonst in der Dialektik auf das allgemeine Selbstbe-

---

96 Vgl. KGA II/10.1, 264,36ff.; 266,6f.
97 Ebd. 266,4f.
98 Vgl. KGA II/10.2, 565 App.: „zwischen 2 verschiednen Thätigkeiten, die wir auf 2 verschiedne Funktionen reduzirten, können wir unmöglich eine Null setzen: es gibt zwischen beiden einen Übergang, und in diesem ist die Identität". Schleiermacher, Dialektik [1942] 286: „Ein Übergang ist nur möglich, wenn zwischen Anfang des einen und Aufhören des andern Identität beider ist".
99 KGA II/10.1, 266,9ff.
100 Andreas Arndt behauptet auf einer Linie mit seiner These von Schleiermachers „Ausweichen vor der Radikalität der Kantischen Vernunftkritik", daß dieser hier die transzendentale Subjektivität durch die empirische ersetzt (Arndt, Kommentar 1218f.).

wußtsein abgehoben.[101] Im Gegenteil, es ergibt sich, daß Schleiermachers Begriff des unmittelbaren Selbstbewußtseins, wie es dem Übergang zwischen Denken und Wollen zugrunde liegt, den in der Mitte der Kantischen und Fichteschen Theorien stehenden Begriffen der transzendentalen Subjektivität entspricht.

8.2.2.2. Selbstbewußtsein und Gefühl nach der Dialektik

Der Begriff des unmittelbaren Selbstbewußtseins läßt sich weiter analysieren in Hinsicht auf den Begriff des Gefühls. Wie wir von der Ethik her wissen, wird der Subjektivitätsbegriff des späten Schleiermacher nicht durch den Selbstbewußtseinsbegriff erschöpft. Dies kommt im letzten Zitat aus der Dialektik von 1822 in einer Gleichsetzung zum Ausdruck, die sich in einer Randbemerkung findet: „Unmittelbares Selbstbewußtsein = Gefühl".[102] Es ist von entscheidender Bedeutung für das Verständnis von Schleiermachers Subjektivitätsbegriff, den Sinn dieser Relation im Kontext der Dialektik zu bestimmen.

Die Gleichsetzung korrespondiert mit einer Abgrenzung des Gefühls gegen die Empfindung. Wir haben schon andernorts Schleiermachers diesbezügliche Unterscheidung berührt, wobei zu beachten bleibt, daß seine Terminologie nicht ganz fest ist. An dieser Stelle wird Empfindung im Unterschied zum Gefühl als unmittelbarem Selbstbewußtsein so definiert, daß sie „das subjectiv persönliche ist im bestimmten Moment also mittelst der Affection gesezt".[103] Diese Definition hebt teils das Subjektiv-Beschränkte der Empfindung hervor,[104] teils enthält sie die Möglichkeit einer Mehrheit der Empfindungen, während Schleiermacher in diesem Zusammenhang nicht auf das Gefühl als etwas, das eine Pluralität repräsentiert, abhebt.[105] Als solche kann die Empfindung nicht die erforderte Identität des Theoretischen und des Praktischen, sondern „nur das keines von beiden"[106] sein.

Trotzdem besagt die Gleichsetzung des unmittelbaren Selbstbewußtseins und des Gefühls auch an dieser Stelle nicht, daß dieses einfach mit jenem identisch ist. Das Gefühl ähnelt der Empfindung darin, daß es eine

---

101 Vgl. KGA II/10.2, 566f. Gegen Arndt (siehe oben Kap. 7 Anm. 30) und Lehnerer, Kunsttheorie 85ff.
102 KGA II/10.1, 266 Anm. 1, mit Bezug auf ebd. 266,1ff.
103 Ebd. 266,16f.
104 Vgl. ebd. 127 § 190.2.
105 Vgl. KGA II/10.2, 566,9ff.
106 KGA II/10.1, 266,19.

Konkretheit besitzt, die dem Selbstbewußtsein, wie es hier gefaßt wird, abgeht.

Dies wird in Beziehung auf den Übergangsbegriff auf eine Weise ausdrücklich gemacht, die nur durch die Kollegnachschriften bezeugt wird. Sie unterscheiden den Übergang und das Selbstbewußtsein als Identität von Denken und Wollen nach ihrer Beziehung auf die Zeit: „Übergang des einen in das andre und Identität des einen und andren ist nur durch die Zeitform geschieden".[107] Wird im unmittelbaren Selbstbewußtsein also von der Zeit abstrahiert, findet diese Abstraktion nicht statt im Gefühl: Das unmittelbare Selbstbewußtsein „wollen wir als eine wirklich erfüllte Zeit durch den Ausdruck *Gefühl* bezeichnen".[108]

Das Verhältnis zwischen unmittelbarem Selbstbewußtsein und Gefühl wird durch eine andere Reflexion in Schleiermachers eigenem Text weiter beleuchtet. In ihr wird behauptet, daß das unmittelbare Selbstbewußtsein oder das Gefühl nicht nur im Übergang zwischen Momenten des Denkens und des Wollens, sondern auch in jedem Moment ist, und daß es „beständig jeden Moment [...] immer begleitend" ist.[109] Daß das unmittelbare Selbstbewußtsein mit Bezug auf alle Momente beständig begleitend ist, ist von seiner Identität her zu begreifen, die im Bedingungsverhältnis zwischen ihm und dem Übergang dargestellt wurde.[110] Daß es in einem Moment ist, ist eher vom Selbstbewußtsein als Gefühl her verständlich. Schleiermacher erläutert diese Stellung des Gefühls, indem er die seit den *Reden* mehrmals bei ihm angetroffenen Aussagen über das Zurück- oder Hervortreten des Gefühls gegenüber der Anschauung oder dem objektiven Bewußtsein[111] und sein Modell des relativen Überwiegens aufgreift: Indem das Gefühl im Moment ist, scheint es „zu verschwinden wenn wir ganz in einer Anschauung oder in einer Handlung aufgehen". Auf der anderen Seite scheint es „bisweilen allein hervorzutreten und darin Gedanke und That unterzugehen". Beides ist aber nur Schein, denn es ist

---

107 KGA II/10.2, 565 App., vgl. KGA II/10.1, 334,28ff., ferner Schleiermacher, Dialektik [1942] 286: „In dem Übergang ist die Zeitform gesetzt, in der Identität ist sie negiert".

108 KGA II/10.2, 565,16f. Ebd. 569,19ff.: „Wir haben also auf eine gewisse Weise im unmittelbaren Selbstbewußtsein das Gefühl auf zeitlose Weise, denn in der Zeit bestimmt ist es nur durch das, was darin mitgesetzt ist".

109 KGA II/10.1, 266,25ff.

110 Insofern kann der häufigen Behauptung in der Literatur, daß das Bild vom Begleiten der verschiedenen Momente durch das Selbstbewußtsein eine Anspielung auf Kants Rede von dem meine Vorstellungen beleitenden „Ich denke" oder mindestens ein Nachklang dessen ist (vgl. Wehrung, Dialektik 201, und viele spätere Autoren), ein präziser sachlicher Sinn gegeben werden. Die Behauptung wird durch den Nachweis der Vorgeschichte des Selbstbewußtseinsbegriffs des späteren Schleiermacher unterstützt.

111 Siehe oben S. 310f.; Kap. 6 Anm. 54.

als unmittelbares Selbstbewußtsein „immer nur begleitend".[112] Von den
früher herangezogenen Aussagen aus den *Reden* und dem *Brouillon zur
Ethik* unterscheidet sich die Version in der Dialektik gerade dadurch, daß
es nun ausdrücklich um das Gefühl als Selbstbewußtsein geht.

Die Schlußfolgerung, die sich ergibt, vertieft die aufgrund der philosophischen Ethik erreichte Einsicht: Schleiermachers „Unmittelbares
Selbstbewußtsein = Gefühl" bezeichnet die ganze Struktur der Subjektivität, innerhalb welcher Selbstbewußtsein und Gefühl als Elemente unterschieden werden können. Das unmittelbare Selbstbewußtsein ist das reine
Identitätsbewußtsein des Subjekts. Der Begriff des Gefühls drückt dagegen die Subjektivität als eine konkrete aus. Beide haben nur in Beziehung
aufeinander ihren Sinn und können nicht verselbständigt werden. Deshalb
werden die Begriffe oft auch nebeneinander gebraucht.

8.2.2.3. Das Selbstbewußtsein in Beziehung auf den
transzendenten Grund

Die Erklärung des Selbstbewußtseins in Beziehung auf Denken und Wollen ist im Zusammenhang der Dialektik nicht Selbstzweck. Sie soll vorerst
der metaphysischen Fragestellung dienen. Dies besagt jedoch nicht, daß
die subjektivitätstheoretischen Reflexionen lediglich eine dem Diskurs der
dialektischen Metaphysik entsprechende abstrakte Bedeutung haben. Das
Gefühl und das Selbstbewußtsein können nur als Bestandteile eines realen
Phänomens ihre metaphysische Funktion ausüben. Außerdem ist die
Schlußfolgerung, die Schleiermacher im Hinblick auf ihren Bezug auf den
transzendenten Grund zieht – ebenso wie der weitere religionstheoretische Ausbau des Arguments – an sich selbst von höchster subjektivitätstheoretischer Relevanz.

Auch der nächste Schritt in Schleiermachers Gedankengang ist auf die
im Selbstbewußtsein im Verhältnis zu den beiden Arten des objektiven
Bewußtseins herausgestellte Einheit orientiert, und zwar so, daß besonders auf diese als die innere Einheit der Subjektivität abgehoben wird: „Im
Gefühl sind wir uns die Einheit des denkend wollenden und wollend
denkenden Seins irgendwie, aber gleichviel Wie, bestimmt. In diesem also
haben wir [...] die aufhebende Verknüpfung der relativen Gegensäze".[113]
Der erste von diesen Sätzen muß besagen, daß die Einheit des denkenden
und wollenden Subjekts im Gefühl *für das Subjekt* ist, daß wir *uns* darin *der*

---

112 KGA II/10.1, 266,27ff.
113 Ebd. 266,19ff.

Einheit bewußt sind. Der zweite Satz nimmt eine Verallgemeinerung in der Richtung der anderen früher in der Dialektik abgehandelten relativen Gegensätze vor. Dem entspricht der von Schleiermacher ausdrücklich gemachte Zusammenhang mit seiner ersten Berufung des Selbstbewußtseins als Einheit von Denken und Sein und die indirekte Verbindung auch mit den übrigen Verweisen auf das Selbstbewußtsein. Das Gefühl oder Selbstbewußtsein stellt also die Aufhebung aller dieser Entgegensetzungen dar – der Entgegensetzungen von Denken und Sein, Idealem und Realem, Subjekt und Objekt, Vernunft und Organisation, theoretischer und praktischer Vernunft. Daß das Subjekt im Gefühl über die Differenzen hinaus ist, kommt auch in der Abgrenzung des unmittelbaren Selbstbewußtseins vom reflektierten Selbstbewußtsein zum Ausdruck. Dieses wird hier als das Bewußtsein einer Identität des Subjekts definiert, die durch eine Zusammenfassung der differenten Momente konstituiert ist.[114] Beim unmittelbaren Selbstbewußtsein geht es um eine vorgängige Einheit.

Der entscheidende Schritt besteht darin, daß *diese Einheit der Subjektivität* als *Analogie des übersubjektiven Grundes* erklärt wird. Der zweite Satz lautet ohne Weglassungen: „In diesem also haben wir die Analogie mit dem transcendenten Grunde, nämlich die aufhebende Verknüpfung der relativen Gegensäze".

Fangen wir bei etwas an, was hier *nicht* gesagt wird. Der Satz ist die verbesserte Version von § 215 der Dialektik von 1814/15: Wir „haben", lautet dieser Paragraph, „den transcendentalen Grund nur in der relativen Identität des Denkens und Wollens nemlich im Gefühl".[115] Andreas Arndt hat – der gut begründeten Tendenz der Forschung entgegen, hier die Vorlesung von 1822 zu bevorzugen – darauf insistiert, diesen Punkt der Argumentation der Dialektik gerade von dieser Version her zu verstehen und zu kritisieren.[116] Nimmt man sie buchstäblich, scheint sie tatsächlich problematisch zu sein. Eine solche Lesart setzt indessen voraus, daß der Text nicht nur von der präziseren Version von 1822 und ebenso von der auch zu berücksichtigenden Version von 1811, sondern von Schleiermachers zentralem Ansatz jedenfalls seit den *Reden* isoliert wird. Arndt interpretiert die Stelle so, daß der transzendente Grund, der nicht Gegenstand des Denkens und des Wollens sein kann, einem anderen Vermögen – dem Gefühl – *gegeben* ist. Es soll dabei nicht um eine *docta ignorantia* gehen, sondern um ein positives Haben des Grundes.[117] Aber obwohl die Dialektik von 1814/15 unvorsichtigerweise vom religiösen Gefühl als vom

114 Ebd. 266,12ff.
115 Ebd. 142.
116 Arndt, Gefühl 108ff.
117 Ebd. 108f.

„Gefühl von Gott" spricht,[118] kann unter Schleiermachers Voraussetzungen der transzendente Grund keine Art des Objekts des Gefühls sein. Was *haben* wir nämlich im Gefühl? Schleiermachers grundsätzliche Lehre, die er nach den *Reden* nicht wieder rückgängig macht, ist, daß wir im Gefühl *uns selbst* fühlen. Worauf auch diese Version der Dialektik abhebt, ist die besondere, hier jedoch nicht explizit erklärte Beziehung zwischen dem absoluten Grund und der Identität der Subjektivität.

Wird statt vom Haben des Grundes präziser vom Haben der *Analogie* des Grundes im Gefühl gesprochen, scheint eine andere Schwierigkeit zu drohen. Falk Wagner macht geltend, daß Schleiermacher in der Einheit von Denken und Sein als Analogon ein univokes Moment, das unmittelbarem Selbstbewußtsein und transzendentem Grund in gleicher Weise zukommt, in Anspruch nehmen muß.[119] Er formuliert dies näher so, daß Schleiermacher, seinem Ansatz untreu, „im identischen Analogon ein bestimmtes *Wissen* um den transzendenten Grund", einen „adäquaten Begriff" voraussetzt.[120] Mehrere Umstände sprechen aber dagegen, Schleiermachers Kritik und Transformation der Metaphysik diesen Analogiebegriff, der schon in der Tradition nicht alleinbestimmend war,[121] und Wagners Ausmünzung desselben aufzubürden.

Blickt man zuerst auf einige der bisherigen Ergebnisse der Dialektik zurück, kann festgestellt werden, daß Wagners Einwand ihnen nicht gerecht wird. Einerseits schließt ihr Wissensbegriff eigentliches Wissen des Grundes aus. Andererseits *hat* Schleiermacher, Wagners Rekonstruktion entgegen, ein Denken und Begriffe des transzendenten Grundes erreicht, aber *unbestimmte* Begriffe, die durch Abstraktion von dem einen Pol der Gegensätze des wirklichen Denkens gebildet sind. Es ist gleichermaßen unangebracht, wenn Wagner der Argumentation der Dialektik ein rein negatives Resultat unterschiebt – er schreibt an dieser Stelle, daß es der Dialektik darum geht, „das Denken zur Darstellung des transzendenten Grundes zu eskamotieren"[122] –, und wenn er sie auf starke metaphysische Erkenntnisprätentionen verpflichtet.

In dieselbe Richtung weist das, was über Schleiermachers Verwendung des Begriffs der Analogie ermittelt werden kann. Eine entfernte strukturelle Parallele hat der Gedanke vom Gefühl als Analogie des transzendenten Grundes in Schleiermachers Jugendentwürfen, nämlich

---

118 KGA II/10.1, 143,9 § 215.2.
119 Wagner, Dialektik 154ff.; er stützt sich auf Wolfhart Pannenbergs an Duns Scotus anschließenden Analogiebegriff.
120 Ebd. 155f.
121 Siehe Track, Analogie, TRE 2 [1978] 625-650.
122 Wagner, Dialektik 156.

in ihrem Begriff eines moralischen Gefühls oder Triebes als Repräsentant der Vernunft. Er war seinerseits ein Erbe der schulphilosophischen Lehre vom Sinnlichen als *analogon rationis*,[123] wo die Analogie eher die Bedeutung von Ähnlichkeit als von Gleichheit hat[124] – im Gegensatz zu dem Analogiebegriff, mit welchem Wagner operiert.

Der Begriff der Analogie kommt in einer Weise, die mit jener Stelle vergleichbar ist, nur vereinzelt in der Dialektik vor.[125] Während die Nachschriften auch von Abspiegelung reden,[126] ist das Äquivalent der ersten Dialektikvorlesung von 1811 der Begriff des *Bildes*; Schleiermacher sagt vom Begriff des Absoluten: „Wir können ihn nur haben, inwiefern wir in der Identität unseres Seins und unseres Begriffs ein Bild der Gottheit sind also nicht adäquat".[127] Der Begriff vom Bild hat von 1812 an einen festen Platz an der entsprechenden Stelle in den der Dialektik entlehnten Sätzen am Anfang der philosophischen Ethik Schleiermachers: „Ein Wissen, welches Gegensäze in sich gebunden enthält, ist insofern das Bild des über alle Gegensäze gestellten höchsten Wissens, und so auch das Sein des Seins".[128] Die Aussage von 1811 ist der früheste Beleg einer Hervorhebung des – hier allerdings impliziten – Gedankens des Selbstbewußtseins in der dialektischen Argumentation.[129] Sie läßt sich im Zusammenhang mit dem Satz aus der Ethik und vor dem Hintergrund des Konzepts der Dialektik überhaupt in ihren Implikationen aufschließen: Das Höchste ist, wie die Dialektik nachgewiesen hat, dem Denken nicht adäquat zugänglich. Es ist, mit den Worten der Nachschrift der Vorlesung von 1818/19, „in der Speculation nur auf indirecte Weise gegeben".[130] Die Aufgabe der Dialektik ist, diese indirekte Erkennbarkeit zu rekonstruieren, und sie erfüllt die Aufgabe eben, indem sie zeigt, daß jedes Wissen als Einheit der Gegensätze die gegensatzlose Einheit voraussetzt und als solche auf diese *hindeutet*. Daß das Selbstbewußtsein auch ein Bild des höchsten Wissens und Seins ist, beruht darauf, daß es ein Wissen ist und also die Differenzen aufhebt. Indessen – hierauf beruhte schon der erste Verweis der Dialektik auf das Selbstbewußtsein als Beziehung von Denken und Sein – ist es ein ausge-

---

123 Siehe oben Kap. 1 Anm. 225.

124 Vgl. Track, Analogie, TRE 2 [1978] 637.

125 Vgl. KGA II/10.1, 252,6ff.

126 KGA II/10.2, 572,2ff.

127 KGA II/10.1, 37,30ff., vgl. KGA II/10.2, 28,13ff. Das Selbstbewußtsein als die Identität unseres Seins und unseres Begriffs wird in der Fortsetzung mit dem Gefühl, d.h. dem religiösen Gefühl, parallelisiert.

128 WA 2, 529 § 36, vgl. ebd. 248 § 24; 493f. §§ 32.35.

129 Sie paßt nicht zu Andreas Arndts Bild von Schleiermachers Entwicklung und wird von ihm nicht beachtet (siehe oben Kap. 5 Anm. 12).

130 KGA II/10.2, 241,17f.

zeichnetes Beispiel des Wissens, weil in diesem einzigen Fall das Subjekt und das Objekt des Wissens dasselbe ist. Auf diese Eigentümlichkeit des Wissens des Selbstbewußtseins zielt noch mehr Schleiermachers Hervorhebung an dieser Stelle des Gedankengangs der Dialektik ab.

Diese Interpretation kann untermauert werden, wenn man diesen Punkt der Dialektik auf weitere Kontexte bezieht. Daß jedes Seiende ein Bild des höchsten Seins und jeder Fall von Wissen ein Bild des höchsten Wissens ist, ist keine Neubildung des späten Schleiermacher. Es entspricht gewissermaßen einem Moment in seinem Begriff der Religion als Anschauung des Endlichen als *Darstellung* des Unendlichen in den *Reden* und ist insofern auf der Linie der Grundfigur seines frühen romantischen Ansatzes. Es soll daran erinnert werden, daß Schleiermacher dort entsprechend auch Begriffe wie Bild, Spiegel und Analogie verwenden kann.[131] Ebenso kann er – wenn auch nicht auf die pointierte Weise der Dialektik – die menschliche Subjektivität als eine solche Darstellung fassen.[132] Wie wir auch von der Interpretation der *Reden* her wissen, ist ihr Gebrauch dieser Begriffe kein Spezifikum Schleiermachers, sondern eine Variante der frühromantischen Einsicht und verbindet ihn besonders mit Friedrich Schlegel. Dieses Resultat der Untersuchung seiner Frühschrift bleibt bei seiner Verwendung der Begriffe der Analogie und des Bildes in der Dialektik in Geltung.[133] Es darf behauptet werden, daß dies spezifisch frühromantische Denkformen sind.

Was Falk Wagner als Ausdruck eines inkonsequenten und mißlungenen Idealismus rekonstruiert, ist demnach ein Beispiel einer *konsequenten Romantik.* Daß diese Argumentation der Dialektik Schleiermachers eine frühromantische philosophische Konzeption artikuliert, zeigt sich überhaupt darin, daß sie das Erkennen des bewußtseinstranszendenten Grundes nicht dogmatisch lehrt, sondern kritisch einschränkt und diesen nur in strenger Beziehung auf das Bewußtsein und insbesondere auf das Selbstbewußtsein thematisiert. Ein romantisches Motiv kann auch darin gesehen werden, daß das Selbstbewußtsein oder die Subjektivität nicht als ein Letztbegründungsprinzip begriffen wird, sondern als etwas, das wie das Wissen überhaupt der Begründung bedarf und nicht selbstexplikativ ist. Ein weiteres Motiv der Frühromantik besteht darin, daß die Dialektik den inadäquaten Formeln des Grundes andere Darstellungsweisen hinzufügt, die vor einem frühromantischen Hintergrund an sich in eine poetische Richtung weisen. Vor allem aber rekurriert die Dialektik in ihren folgenden Bestimmungen auf die Religion.

---

131 Siehe oben S. 342.
132 Siehe oben Kap. 3 Anm. 296.
133 Vgl. Frank, Annäherung 109 Anm. 69.

Der Vergleich mit Schleiermachers Konzeption um 1800 vermag indessen auch einen bedeutsamen Unterschied hervortreten zu lassen, wozu auch Wagner beiträgt. An der umstrittenen Stelle der Dialektik von 1822 sagte Schleiermacher: „Im Gefühl sind wir uns die Einheit des denkend wollenden und wollend denkenden Seins irgendwie, aber gleichviel Wie, bestimmt. In diesem also haben wir die Analogie mit dem transcendenten Grunde". Wagner weist mit Recht darauf hin, daß sich hier eine Zweideutigkeit mit Bezug auf das Subjekt der Dialektik zeigt: Im ersten Satz ist „wir" das selbstbewußte Subjekt selbst, im zweiten ist es dagegen der Dialektiker und sein Hörer. Die Analogie wird nicht durch jenes, sondern allein durch das dialektische Denken festgestellt.[134] Wagners Behauptung entgegen ergibt sich daraus keine ernste Aporie der *Dialektik*. Es läßt sich sinnvoll mit ihrem Ansatz, der durchaus ein Denken des Grundes erlaubt, in Einklang bringen. Ernsthaft zu betrachten ist etwas anderes, nämlich die damit korrespondierende Ausformung des Begriffs der *Religion*. Beziehen wir den Befund nochmals auf den Ansatz der *Reden*: Im Gefühl oder im Selbstbewußtsein, wie es jetzt im Religionsbegriff hervorgehoben wird, bezieht sich das Subjekt allein auf sich selbst; es ist als subjektives Bewußtsein außerstande, Analogien festzustellen oder etwas als Darstellung des Absoluten wahrzunehmen. Diese in einem weiten Sinn objektive Seite des Religionsbegriffs der *Reden* gehört, wie mit Hinweis auf dieses Theoriestück der Dialektik behauptet werden darf, nun zu ihrer Thematik.[135] Die Dialektik, die ja den Status einer Explikation eines vordialektischen metaphysischen Denkens hat, erbt also als Spekulation und Theorie des objektiven Bewußtseins nicht nur die implizite Metaphysik, sondern ebenso das Deutungsmoment der religiösen Anschauung von der Religionsschrift. Ob diese Änderung den Religionsbegriff aporetisch macht, soll im nächsten Kapitel entschieden werden.

---

134 Vgl. Wagner, Dialektik 151ff.

135 Hermann Süskind stellt die Frage, was im Spätwerk Schleiermachers aus dem Gedanken vom individuellen Endlichen als Spiegel des Unendlichen geworden ist. Er antwortet mit Recht, daß dieser hier zur Seite der Anschauung, der objektiven Erkenntnis, gehört. Er hat jedoch für den romantischen Deutungsgedanken keinen Blick und sieht in der Änderung vor allem eine Reduktion des Verständnisses des Individuellen (Süskind, Einfluss 223ff.).

8.3. Die Verfassung des unmittelbaren Selbstbewußtseins

Die metaphysische Funktion des Selbstbewußtseins, auf die wir bisher abgehoben haben, kann nur aufgrund seiner eigentümlichen Struktur ausgeübt werden. Es kommt dabei besonders auf die von Schleiermacher behauptete Unmittelbarkeit des Selbstbewußtseins an. Über sie sind bisher nur verstreute Bemerkungen gemacht worden. Wir erreichen hier einen der umstrittensten Punkte der Schleiermacher-Interpretation und Schleiermacher-Kritik. Dies hängt nicht nur damit zusammen, daß letzte Fragen der Interpretation der Dialektik durch die Erklärung der Unmittelbarkeit des Selbstbewußtseins bedingt sind. Dasselbe gilt auch vom Verständnis des Ansatzes der Glaubenslehre. Die Brisanz dieses Punktes kommt ebenso darin zum Ausdruck, daß die Beurteilung von Schleiermachers Verhältnis zu Fichte – der Schlüsselfigur der ganzen Diskussion über Subjektivität in der nachkantischen Philosophie – davon abhängt, wie das Problem einer Analyse des Begriffs des unmittelbaren Selbstbewußtseins bewältigt wird. Meines Erachtens hat man hier meist versäumt, die Argumentation der einschlägigen Texte in ihrem bewußtseinstheoretischen Zusammenhang bei Schleiermacher genau zu analysieren. Ich werde deshalb so vorgehen, daß ich zuerst den Versuch einer solchen Analyse vorlege, um dann ihre Ergebnisse zur Forschungsdebatte in Beziehung zu setzen.

8.3.1. Die Unmittelbarkeit des Selbstbewußtseins

Schleiermachers Verwendung des Begriffs des unmittelbaren Selbstbewußtseins ist nicht völlig einheitlich. Es läßt sich jedoch aus einigen seiner wichtigsten Erörterungen dieses Begriffs eine Hauptbedeutung herauspräparieren.

Bei der Einführung eines Begriffs, der vorher von einem Denker nicht oder nicht in derselben Weise gebraucht worden ist, verdienen die ersten Fälle der Verwendung eine besondere Aufmerksamkeit, indem sie erwartungsgemäß sorgfältig formuliert und mit sauberen Erklärungen versehen sein werden. Dies ist auch einigermaßen so beim ersten bekannten Vorkommen des Begriffs vom unmittelbaren Selbstbewußtsein beim späteren Schleiermacher in seiner philosophischen Ethik von 1816/17.[136] Daß der Stelle ein besonderer Rang zukommt, geht auch aus der entschei-

---

136 Siehe die vorläufige Analyse oben 6.3.5.

denden Funktion hervor, die im betreffenden Zusammenhang dem Selbstbewußtseinsbegriff in Beziehung auf den dort zentralen Gedanken der
Einheit des Lebens beigemessen wird, des weiteren aus der Tatsache, daß
sie und mit ihr verbundene Bestimmungen – wie für die Dialektikvorlesung von 1818/19 gezeigt wurde[137] – Einfluß auf die Anwendung des
Begriffs der Subjektivität in anderen Disziplinen ausüben.

Die Ethik von 1816/17 gebraucht den Begriff des unmittelbaren Selbstbewußtseins als eine Näherbestimmung des Gedankens des Selbstbewußtseins überhaupt, wie er in den vorhergehenden Versionen der Ethik
formuliert wurde. Diese waren im Blick auf den Wissensmodus des
Selbstbewußtseins nicht aufschlußreich. Dagegen finden wir in Verbindung mit dem neuen Begriff in der Ethik von 1816/17 die innere Struktur
der epistemischen Selbstbeziehung von Schleiermacher eigens erörtert.

Es geht um folgenden Passus aus der Erklärung des 53. Paragraphen
der Güterlehre: „Selbstbewußtsein nemlich ist jedes Gefühl. Denn jedes
Bewußtsein eines anderen wird Gedanke. Aber auch nur unmittelbares;
denn das mittelbare, in dem wir uns selbst wieder Gegenstand geworden
sind, wird Gedanke, und ist nicht übertragbar".[138] Auch mit Bezug auf die
enthaltene Bestimmung des Wissens des Selbstbewußtseins ist diese
Definition dadurch gekennzeichnet, daß sie erstens Bestimmungen des
Gefühls aufnimmt und zweitens durch Abgrenzung gegen das objektive
Bewußtsein und gegen eine objektive, sekundäre Art des Selbstbewußtseins erfolgt.

Davon, daß das Selbstbewußtsein wie das Gefühl unübertragbar und
individuell sein soll, können wir absehen. Das ist aus dem Kontext des
Paragraphen in der Ethik zu verstehen und hat, wie wir wissen, nur eine
untergeordnete Bedeutung im Gedankengang der Dialektik. Wichtig ist
dagegen, daß Schleiermacher das Prädikat der Unmittelbarkeit, das in § 52
vom Gefühl gebraucht wird, von dort her auf das Selbstbewußtsein
überträgt. Dieses ist also in demselben Sinn unmittelbar wie jenes. Die
Unmittelbarkeit wird jedoch erst recht im zitierten Passus aus § 53 definiert und ist nicht in erster Linie vom vorhergehenden Paragraphen zu
verstehen.

Der Schlüssel zum hier formulierten Begriff des unmittelbaren Selbstbewußtseins und zu dem, was wir als seine Hauptbedeutung beim späten
Schleiermacher auffassen dürfen, ist enthalten im Einschub zwischen der
Bezeichnung des primären Selbstbewußtseins als unmittelbaren und als
unübertragbaren: „denn das mittelbare, in dem wir uns selbst wieder

---

137 Siehe oben 8.2.1.2.
138 WA 2, 589f.

Gegenstand geworden sind, wird Gedanke". Wenn dieser Satz mit dem, was wir aufgrund der bisherigen Untersuchung über den Selbstbewußtseinsbegriff in seinem theoretischen Zusammenhang bei Schleiermacher wissen, zusammengehalten wird, treten die dessen Begriff des unmittelbaren Selbstbewußtseins zugrunde liegenden bewußtseinstheoretischen Annahmen hervor. Zuletzt wurden diese, wie sie in den ersten Abschnitten des transzendentalen Teils der Dialektik in Beziehung auf den Wissensbegriff und auch auf den Selbstbewußtseinsbegriff zum Ausdruck kommen, aufgewiesen.[139]

Der Einschub setzt nicht nur voraus, daß *Selbstbewußtsein* darin besteht, daß *das Subjekt* in ihm *für sich selbst Gegenstand* und also sich seiner selbst bewußt ist. Interessanter ist seine Voraussetzung, daß das Subjekt sich *auch* im *unmittelbaren* Selbstbewußtsein Gegenstand ist. Das ist indessen in der Sache nichts eigentlich Neues in Schleiermachers Theorie, sondern in seinem früh gebildeten Begriff des Gefühls enthalten, nach welchem das Subjekt im Gefühl sich selbst oder seinen Zustand gewissermaßen zum Objekt hat. Die Unterscheidung von Subjekt und Objekt ist also in diesem Selbstbewußtsein wie im Gefühl impliziert. Dies stimmt mit der obigen Interpretation des Selbstbewußtseinsbegriffs in der *ersten* diesbezüglichen Argumentation der Dialektik überein.

Eine nähere Bestimmung dessen, was es heißt, daß man sich im unmittelbaren Selbstbewußtsein selbst Gegenstand ist, wird durch die Wendung ermöglicht, daß man sich selbst im *mittelbaren* Selbstbewußtsein *wieder* Gegenstand wird. Es geht um zwei verschiedene Weisen der Gegenständlichkeit des Selbstbewußtseins. Der Sinn der Gegenständlichkeit des mittelbaren Selbstbewußtseins ist vom ethischen Begriff des *Gedankens* her zu verstehen. Im Gegensatz zum Gefühl als subjektivem Erkennen ist der Gedanke das identische Symbolisieren, das eigentlich objektive Erkennen oder das Wissen, wie es in der Dialektik bezeichnet wird. Das mittelbare Selbstbewußtsein ist ein besonderer Fall des in diesem Sinn objektiven Bewußtseins.[140] Wenn gesagt wird, daß das Subjekt sich selbst in diesem Selbstbewußtsein noch einmal Objekt wird, besagt dies, daß es sich selbst nicht einfach Gegenstand ist, sondern sich seiner *als* Gegenstand bewußt wird. Dieses potenzierte Selbstbewußtsein nennt die Ethik andernorts das *reflektierte* Selbstbewußtsein.[141]

---

139 Siehe oben 7.2.1; 8.2.1.1.

140 Vgl. WA 2, 647; es geht um eine Bemerkung von 1832 zum subjektivitätstheoretisch wichtigsten Gedankengang der Ethik von 1812 und zu den Randbemerkungen dazu (ebd. 310ff.).

141 Ebd. 647.

Das unmittelbare Selbstbewußtsein ist folglich das Selbstbewußtsein, in dem wir *uns selbst Gegenstand* sind, aber unserer nicht *als* Gegenstand bewußt sind, d.h. als Gegenstand im strengen Sinn des objektiven Bewußtseins. Das Objekt wird also durch das Subjekt von diesem unterschieden und darauf bezogen, die Unterscheidung beider wird aber nicht ausdrücklich vollzogen. Noch einmal anders gesagt, das unmittelbare Selbstbewußtsein ist ein Selbstbewußtsein, in welchem *das reflexive Moment* des zweiten Merkmals der Wissensdefinition der Dialektik nicht stattfindet. Wenn man es Wissen nennen will – es erfüllt ja die erste, aber nicht hinreichende Bedingung der Definition, das Stattfinden einer Übereinstimmung von Denken und Gedachtem –, kann man es in Schleiermachers Begrifflichkeit nur in einem uneigentlichen Sinn tun. Daß dieses Selbstbewußtsein nach ihm nicht in jeder anderen Hinsicht unmittelbar ist – wie in der Literatur oft vorausgesetzt wird –, kommt darin zum Ausdruck, daß der Paragraph es als verkörpertes, durch den Leib des Menschen vermitteltes Selbstbewußtsein introduziert.[142]

Dasselbe Ergebnis kann auf einem anderen Weg erreicht werden. Es wurde schon auf den Sinn des dem Gefühlsbegriff entgegengesetzten Begriffs des Gedankens in der Ethik hingewiesen. Auf dessen Linie darf gesagt werden, daß das Gedanke gewordene „Bewußtsein eines anderen" durch allgemeine Begriffe vermittelt ist. Das Gefühl und das Selbstbewußtsein sind folglich unmittelbar in dem Sinn, daß sie nicht durch solche Begriffe vermittelt sind. Das heißt, daß sie eine vorprädikative Wissensform darstellen. Dies läuft sachlich nicht nur auf dasselbe wie die erste Erklärung der Unmittelbarkeit hinaus. Es heißt weiter, daß das unmittelbare Selbstbewußtsein auf dieselbe Weise unmittelbar ist wie die Anschauung und das Gefühl nach den *Reden*.

Es soll ein weiterer Aspekt des Unmittelbarkeitsbegriffs im Text der Ethik von 1816/17 herausgehoben werden. Wie schon erwähnt, wird dieser in § 52 auf das Gefühl bezogen, nämlich in der früher analysierten Darstellung des reinen Insichzurückgehens des Gefühls: „jedes Gefühl geht immer auf die Einheit des Lebens, nicht auf etwas Einzelnes. Alles Mannigfaltige und auf einzelnes Bezogene, was darin herausgehoben wird, ist nicht mehr das unmittelbare Gefühl".[143] Hier scheint der Begriff der Unmittelbarkeit auf Einheit im Sinne der ursprünglichen *Ganzheit* der Subjektivität zu zielen, die nicht von ihren einzelnen Momenten her verstanden werden kann, die sich erst der nachträglichen vereinzelnden Analyse erschließen. In diesem Sinn wird in § 53 auf das unmittelbare

---

142 Ebd. 589.
143 Ebd.

Selbstbewußtsein als auf „das ganze Selbstbewußtsein des Menschen als
Eines" verwiesen.[144] Dies kann als eine Nebenbedeutung von Unmittelbarkeit betrachtet werden oder auch als ein Modus der Unmittelbarkeit
des Selbstbewußtseins im Sinne von dessen Fehlen der expliziten Differenz des Bewußtseins.

Mit dieser Einsicht in den Sinn des Gedankens des unmittelbaren
Selbstbewußtseins gehen wir zu den anderen zentralen Texten weiter,
zuerst zu dem der Dialektikvorlesung von 1822. Während dieser Text mit
Bezug auf die Funktion des Selbstbewußtseins in der Dialektik von aus-
gezeichneter Bedeutung ist, kann er nicht Anspruch darauf erheben –
eventuell neben der Einleitung der Glaubenslehre –, maßgebliche Grundlage der Interpretation der Unmittelbarkeit des Wissens des Selbstbewußtseins zu sein. Er enthält zwar wichtige Bestimmungen derselben, die
sich jedoch als an die der Ethik teilweise anknüpfend erweisen, welche
also ihrerseits eher als grundlegend betrachtet werden müssen. Dieselbe
Beziehung haben wir zwischen der Dialektik von 1818/19 und der Ethik
von 1816/17 beobachtet, aber jetzt wird klar, daß sie den Gehalt des
Unmittelbarkeitsgedankens der Dialektik betrifft.

Dieser Zusammenhang zwischen den beiden Texten zeigt sich, wenn
Schleiermacher in der Dialektik „das unmittelbare Selbstbewußtsein =
Gefühl" unterscheidet „von dem reflectirten Selbstbewußtsein = Ich, welches nur die Identität des Subjects in der Differenz der Momente aussagt
und also auf dem Zusammenfassen der Momente beruht, welches allemal
ein vermitteltes ist".[145] Diese Unterscheidung und die beiden Gleichset-
zungen geben die Verhältnisbestimmungen von unmittelbarem Selbstbewußtsein, Gefühl, mittelbarem Selbstbewußtsein und Ich, wie wir sie
anhand des 53. Paragraphen der Ethik von 1816/17 kennen lernten,[146]
präzise wieder. Die Abgrenzung gegen die Identität des reflektierten
Selbstbewußtseins als Ich grenzt nicht das unmittelbare Selbstbewußtsein
gegen jede Art der Identität, sondern gegen eine spezifische Identität ab;
dies zeigt sowohl die Dialektik als auch die Ethik. Die Identität des
Subjekts als lediglich eine Identität in der Differenz der Momente entspricht wiederum dem ethischen Gedanken des Ich als der bloßen Selbigkeit des Subjekts in den mannigfaltigen Momenten. Entscheidend ist,
inwiefern sie, auf Zusammenfassung beruhend, eine vermittelte ist. Sie ist
dies jedenfalls als eine nachträgliche gegenüber der unmittelbaren Identität im – uns auch aus §§ 52-53 der Ethik von 1816/17 bekannten – Sinn
einer Einheit, die nicht von den einzelnen Momenten her erklärt werden

---

144 WA 2, 590.
145 KGA II/10.1, 266,12ff.
146 Siehe oben 6.3.4-5.

kann, sondern als diesen vorgängig betrachtet werden muß. Eine Nachschrift sondert vom unmittelbaren Selbstbewußtsein das reflektierte
Ichbewußtsein als das Selbstbewußtsein, wo „man sich selbst zum Gegenstande geworden" ist.[147] Der Nachschrifttext enthält eine weitere
Bestimmung aus der Ethik, die nicht in Schleiermachers eigenen Notizen
zur Dialektik von 1822 zu finden ist, nämlich eine der Unterscheidung von
Gefühl und Ich entsprechende positive Verhältnisbestimmung beider, die
ihre gegenseitige Notwendigkeit für einander betont.[148]

Bei der früheren Analyse des Textes der Dialektik haben wir als den
Hauptpunkt erkannt, daß das unmittelbare Selbstbewußtsein oder das
Gefühl anders als das Denken und das Wollen als die beiden Arten des
objektiven Bewußtseins die Aufhebung des Gegensatzes von Denken und
Sein, Subjekt und Objekt darstellt. Diese Bestimmung, die eine pointierte
Formulierung der Unmittelbarkeit der Selbstbeziehung ist – wie wir nicht
zuletzt von der Ethik her sehen können –, stimmt mit der in dieser enthaltenen Bestimmung überein. Die Ethik macht aber deutlicher, wie die
Aufhebung des Subjekt-Objekt-Gegensatzes zu verstehen ist, nämlich daß
sie nicht die Abwesenheit jeder Unterscheidung meint und also nicht
innere Strukturiertheit des Selbstbewußtseins ausschließt.

Auch die dritte Definition des unmittelbaren Selbstbewußtseins aus
§ 3 der zweiten Ausgabe der Glaubenslehre bestätigt das aufgrund der
Ethik erreichte Ergebnis. Erfolgt sie ganz auf einer Linie mit der Ethik, so
verdient sie dennoch besondere Aufmerksamkeit, indem sie als nicht nur
von Schleiermacher selbst veröffentlichte, sondern wohl auch letzte Fassung seiner expliziten Bestimmung der Unmittelbarkeit des Selbstbewußtseins gewissermaßen als endgültig zu verstehen ist.

Es ist hier darauf nur hinzuweisen, daß Schleiermacher ausdrücklich
bemerkt, daß er „Gefühl und Selbstbewußtsein als gleichgeltend neben
einander gestellt" hat, daß seine Absicht aber „keinesweges" ist, „einen
beide Ausdrücke schlechthin gleichstellenden Sprachgebrauch allgemein
einzuführen".[149] Was er im folgenden tut, ist statt dessen, beide Phänomene einander wechselseitig interpretieren zu lassen. So ist es wie in der
philosophischen Ethik auffällig, daß Schleiermacher mit Selbstverständ-
lichkeit das Gefühl als eine Art der Selbstbeziehung des Subjekts aufnimmt. Ebenso schließt er vom Selbstbewußtseinsbegriff her bewußtlose
Zustände vom Gefühl aus. Das Selbstbewußtsein erhält seinerseits durch
die Zusammenstellung mit dem Gefühl das Prädikat der Unmittelbar-

---

147 KGA II/10.2, 566 App.
148 Ebd. 568 App.
149 KGA I/13.1, 22,3ff. = Gl2.1, 16.

keit.[150] Die Erklärung stellt nur eine ausführlichere Version der Formulierung der Ethik dar:

> „Wiederum ist dem Ausdrukk *Selbstbewußtsein* die Bestimmung *unmittelbar* hinzugefügt, damit niemand an ein solches Selbstbewußtsein denke, welches kein Gefühl ist, wenn man nämlich Selbstbewußtsein auch das Bewußtsein von sich selbst nennt, welches mehr einem gegenständlichen Bewußtsein gleicht, und eine Vorstellung von sich selbst und als solche durch die Betrachtung seiner selbst vermittelt ist".[151]

Bei der Interpretation dieser Unterscheidung des unmittelbaren und des vermittelten Selbstbewußtseins kommt es vor allem darauf an, den Gebrauch des Begriffs der Vorstellung zu erläutern.

Mit Schleiermachers Begriff der *Vorstellung* verhält es sich, wie wir es bei Begriffen wie denen der Wahrnehmung und der Empfindung gesehen haben, die er bald in einem weiteren, bald in einem engeren Sinn verwendet. So kann er einen weiteren Sinn von Vorstellung namhaft machen, der durch Bewußtsein definiert wird.[152] Dieser ist jedoch an unserer Stelle ausgeschlossen, wo schon das Gefühl als bewußt bestimmt wurde. Der korrespondierende engere Sinn, der also der hier aktuelle ist, schränkt Vorstellung auf Erkenntnis ein. Er kann bei Schleiermacher sowohl auf subjektives als auch auf objektives Erkennen bezogen sein, es gilt aber zumeist für das objektive Erkennen. Dies ist auch beim gegenständlichen Selbstbewußtsein der Fall.[153] Wiederum kann dies einen doppelten Sinn haben. Vom Vorstellen als objektivem Erkennen kann in einem weiteren Sinn gesprochen werden. Am häufigsten meint es bei Schleiermacher das sinnliche Vorstellen.[154] Dies ist indessen nicht der hier relevante Sinn von Vorstellung, die eigentlich objektive Erkenntnis meint.

Das geht erstens aus einer Stelle im folgenden Paragraphen hervor, die die gegenwärtige Stelle aufnimmt, indem sie vom Ich sagt, daß es, statt unmittelbar bewußt zu sein, „gegenständlich vorgestellt" werden kann;[155] anders als die Ethik von 1816/17 und die Dialektik unterscheidet die Glau-

---

150 Vgl. WA 2, 647.
151 KGA I/13.1, 22,12ff. = Gl2.1, 16.
152 Schleiermacher, Ästhetik 32.
153 Vgl. die oft zitierte, aber kaum ausgelegte Bemerkung im ersten Sendschreiben „Dr. Schleiermacher über seine Glaubenslehre, an Dr. Lücke", KGA I/10, 307-335, dort 318,16ff.: „daß, was ich unter dem frommen Gefühl verstehe, gar nicht von der Vorstellung ausgeht, sondern die ursprüngliche Aussage ist über ein unmittelbares Existentialverhältniß". Der Erklärungswert dieser Aussage ist gering, solange der Sinn des letztverwendeten Begriffs nicht geklärt ist, der nicht zu Schleiermachers normaler Begrifflichkeit gehört.
154 Vgl. zum Beispiel WA 2, 150.154.496.440.586.
155 KGA I/13.1, 33,10 = Gl2.1, 24,5f., vgl. KGA I/13.1, 33,22.23f. = Gl2.1, 24,17.19.

benslehre nicht unmittelbares Selbstbewußtsein und Ichbewußtsein. Der Inhalt dieser Aussage ist derselbe wie der der vorhergehenden oben zitierten Aussage und kann also helfen, diesen zu verdeutlichen. Dort wurde vorausgesetzt, daß auch das unmittelbare Selbstbewußtsein ein „Bewußtsein von sich selbst" ist. Das vermittelte Selbstbewußtsein ist darüber hinaus ein gegenständliches Bewußtsein von sich selbst, eine gegenständliche Vorstellung von sich selbst. Genau dasselbe besagt zweitens die Hinzufügung, daß dieses Selbstbewußtsein als eine solche Vorstellung „durch die Betrachtung seiner selbst vermittelt ist". Es ist also von einem Bewußtsein von sich selbst die Rede, das durch die Betrachtung seiner selbst bedingt ist, von einem Selbstbewußtsein, das, vom primären Selbstbewußtsein her betrachtet, in zweiter Potenz ist. Der Sinn der Unmittelbarkeit des Selbstbewußtseins nach dieser Stelle deckt sich folglich völlig mit dem in der Ethik von 1816/17 enthaltenen und stellt eine willkommene Bestätigung der bisherigen Interpretation dar: Im unmittelbaren Selbstbewußtsein ist das Subjekt sich selbst Gegenstand in einem schwachen Sinn. Im vermittelten Selbstbewußtsein wird es sich seiner selbst nochmals, d.h. reflexiv bewußt, erst *als* Gegenstand bewußt.

Daß es beim gegenständlichen Selbstbewußtsein um eine solche Verdoppelung des Bewußtseins geht, bestätigt eine handschriftliche Anmerkung Schleiermachers, die mit den bereits behandelten Begriffen Selbstbewußtsein vom „Wissen um Etwas, wobei wir im Gegenstand aufgehen", unterscheidet und hinzufügt: „etwa so, wie auch im reflectirenden Selbstbewußtsein wir – der gegenwärtige Moment – aufgeht im vergangenen, der nicht mehr wir ist".[156] Dies artikuliert auch eine zeitliche Perspektive. Sie kommt ebenso in einer gedruckten Anmerkung der Glaubenslehre zum Ausdruck, wo Schleiermacher auf Henrik Steffens' Definition des Gefühls hinweist. Sie begreift das Gefühl als „die unmittelbare Gegenwart des ganzen ungetheilten Daseins".[157] Die Unmittelbarkeit bezeichnet dabei wie auch in den Überlegungen der philosophischen Ethik Schleiermachers das Innesein der Einfachheit und Ganzheitlichkeit der Subjektivität.

8.3.2. Unmittelbares Selbstbewußtsein in der Forschung

In der Interpretation und Diskussion der Unmittelbarkeit des Selbstbewußtseins bei Schleiermacher markiert Falk Wagners Beitrag[158] einen

---

156 KGA I/13.1, 22 Anm. = Gl2.1, 16 Anm. a.
157 KGA I/13.1, 23,23f. = Gl2.1, 17.
158 Wagner, Dialektik 137-210.

Einschnitt, hinter den an dieser Stelle nicht zurückgegangen zu werden braucht. Wagner setzt diese Gedanken Schleiermachers erstmals in Beziehung zu seinem idealistischen Kontext, wie dieser in der Forschung um 1965 erschlossen wurde, und versucht, anders als die meist immanent exegetischen Arbeiten der vorhergehenden Literatur, ihn in seiner systematischen Bedeutung zu rekonstruieren. Obwohl dieser Versuch die Problematik eines in einem starken Sinn rekonstruktiven Verfahrens veranschaulicht, das sich gelegentlich über die faktische Argumentation und die Intention des Autors hinwegsetzt, ist Falk Wagners Leistung von höchstem Interesse und seine anspruchsvolle Interpretation, ungeachtet einiger auch berechtigter Kritiken, kaum überholt worden. Wagners Interpretation soll hier nicht in ihrer Ganzheit erörtert werden, und andererseits soll nicht allein auf sie Rücksicht genommen werden. Statt dessen soll auf einige entscheidende Voraussetzungen Wagners eingegangen werden, von denen jedenfalls die beiden ersten von beinahe allen bedeutenden Interpretationen nach Wagner geteilt werden, auch wenn sie seinen Ergebnissen widersprechen.

Es ist vielleicht aufgefallen, daß *ein* durch die Literatur bekannter Begriff Schleiermachers keine Rolle in der obigen Untersuchung des Gedankens der Unmittelbarkeit des Selbstbewußtseins gespielt hat: der Begriff des *Setzens*. Dieser Begriff trägt, wie Wagner ihn in der Argumentation aus der Dialektik von 1822 verwendet findet, dessen ganze Rekonstruktion und ist ebenso zentral in anderen zu berücksichtigenden Interpretationen.[159] Man beruft sich auf einige wenige Wendungen, die sich auf das unmittelbare Selbstbewußtsein oder das Gefühl beziehen: „unser Sein ist das sezende", „unser Sein als sezend".[160] Sie werden von Wagner auf einer Linie mit dem Gedanken des Sich-Setzens des Ichs in Fichtes Wissenschaftslehren begriffen.

Schon hier muß gegen eine solche Deutung Einspruch erhoben werden. Es erscheint zwar wahrscheinlich, daß Schleiermachers Gebrauch des Terminus Setzen an einer Stelle wie dieser mit seiner Fichte-Rezeption zu verbinden ist. Zudem ist bei ihm auch auf eine Weise vom Setzen des Selbst und des Ich die Rede, die auf die mindestens relative und von einigen Interpreten nicht erkannte Nähe seines Begriffs der Subjektivität zu Fichte und zur Transzendentalphilosophie im allgemeinen hinweist.[161]

---

159 Ebd. 142ff.156ff., vgl. besonders Reuter, Einheit 224ff.; Lehnerer, Kunsttheorie 68.71ff.
160 KGA II/10.1, 266,9f.
161 Siehe oben Anm. 11. Hans-Richard Reuter, dessen Interpretation sich wie die Wagners auf den Begriff des Setzens konzentriert, das Setzen aber als subjektlos versteht, bestimmt es zuletzt als „das Ins-Unendliche-Fließen eines Stromes" (Reuter, Einheit 230). Die Behauptung der Subjektlosigkeit des unmittelbaren Selbstbewußtseins ist von der

Um ein solches Setzen geht es aber im betreffenden Text der Dialektik eben nicht. Dessen Begriff von Setzen zielt auf ein nach außen gerichtetes Setzen theoretischer oder praktischer Art. Auch wenn von der Beziehung auf die Objekte abstrahiert und unser Sein allein als setzend gedacht wird, wird aus dem Setzen kein Sich-Setzen.[162] Der Passus läuft nicht darauf hinaus, daß das Setzen, sondern daß unser Sein unmittelbares Selbstbewußtsein ist.[163] Der Begriff des Setzens kennzeichnet hier also nicht die Verfassung der wissenden Selbstbeziehung.

Dadurch ist diesem Interpretationstypus eigentlich der Boden entzogen. Trotzdem soll eine zweite Voraussetzung untersucht werden, die mit der ersten eng verbunden ist und erst ihre Implikationen deutlich macht, aber auch unabhängig von ihr wichtig ist. Falk Wagners These, die auf unterschiedliche Weise von vielen Forschern aufgenommen worden ist, besagt, daß Schleiermacher mit seinem Begriff des unmittelbaren Selbstbewußtseins und dem daran anknüpfenden Religionsbegriff auf das Problem der fehlerhaften *Zirkularität* Bezug nimmt, in die das Selbstbewußtsein unter den Bedingungen der sogenannten Reflexionstheorie gerät.[164] Dieses Problem wurde von Fichte in seinem 1797 veröffentlichten „Versuch einer neuen Darstellung der Wissenschaftslehre" diagnostiziert.[165] Alle betreffenden Forscher sind von Dieter Henrichs auch sonst

---

oben vorgelegten Auslegung her problematisch. Reuters hydrodynamische Metaphorik, die später in die Beschreibung des religiösen Abhängigkeitsgefühls als eines „Gefühls des Ozeanischen" mündet (ebd. 242), hat eine unfreiwillige Ironie, wenn man bedenkt, wie Schleiermacher in der Ethik – worauf sich ja die Dialektik bezieht – das Fließen dem tierischen und dem sich dem Tierischen nähernden menschlichen Bewußtsein vorbehält. Zu Reuters Interpretation siehe Ulrich Barth, Christentum 14ff.

162 Die herausgegriffenen Wendungen müssen in ihrem Kontext verstanden werden: „Im Denken ist das Sein der Dinge in uns gesezt auf unsere Weise, im Wollen ist unser Sein in die Dinge gesezt auf unsere Weise. Also: Sofern nicht mehr das Sein der Dinge in uns gesezt wird wird unser Sein in die Dinge gesezt. Aber unser Sein ist das sezende und dieses bleibt im Nullpunkt übrig; also unser Sein als sezend in der Indifferenz beider Formen. Dies ist das unmittelbare Selbstbewußtsein = Gefühl" (KGA II/10.1, 266,6ff.). Die Rede von unserem Setzen nimmt das wiederholte „gesezt auf unsere Weise" des erkennenden und wollenden Bewußtseins auf. – Auch Trowitzsch, Zeit 177, und andere Interpreten nach ihm haben mit Bezug auf den Begriff des Setzens die Textbasis der Wagnerschen Rekonstruktion bestritten.

163 Wenn dies mit Fichtes *Grundlage der gesammten Wissenschaftslehre* von 1794 verbunden werden sollte, dann nicht so sehr mit dem Satz: „Das Ich sezt ursprünglich schlechthin sein eigenens Seyn", als vielmehr mit Fichtes eigentlichem höchstem Grundsatz: „Ich bin", der dem Begriff des unmittelbaren Selbstbewußtseins bei Schleiermacher näher kommt (siehe oben 2.2.1).

164 Wagner, Dialektik 13.143ff.160ff.; vgl. unter anderem Frank, Allgemeine 93ff.; ders., Fragmente 497ff.; Reuter, Einheit 216ff.221ff.; Lehnerer, Kunsttheorie 71ff.; Arndt, Gefühl; Dierken, Glaube 343f.

165 Siehe oben 2.2.2.

sehr einflußreicher Fichte-Studie von 1966 abhängig, aus welcher sie besonders die kritischen Thesen aufnehmen: daß nicht nur Kant eine Theorie vom Selbstbewußtsein als Reflexion lehrt, sondern daß auch Fichtes Wissenschaftslehren, die Henrich als Selbstbewußtseinstheorie las, in die Schwierigkeiten einer solchen Theorie verstrickt bleiben.[166]

Wagners komplexe Interpretationsthese besteht darin, daß Schleiermacher auf doppelte Weise auf dieses Problem Bezug nimmt: Erstens, indem er einen Begriff des Selbstbewußtseins konstruiert, der einer Schwierigkeit unterliegt, die der Aporie entspricht, welche Wagner zufolge sowohl die erste als auch die neue Darstellung der Wissenschaftslehre letztlich bestimmt: Wird Selbstbewußtsein als Sich-Selbst-Setzen verstanden und wird diese Struktur auch weiter präzisiert, so wird sich der Subjekt-Objekt-Gegensatz als Differenz von Setzen und Gesetztem darin immer reproduzieren. Dies hebt nach Wagner nicht nur die Unmittelbarkeit des Selbstbewußtseins auf, sondern besagt, daß das Selbstbewußtsein dieser Theorie zufolge als Einheit von Setzen und Gesetztem statt erklärt bloß vorausgesetzt wird. Nach Wagner bezieht sich Schleiermacher zweitens auf das Zirkelproblem, indem er es religionstheoretisch zu lösen versucht, was Wagner zufolge allerdings nicht aufgrund des immer noch Unmittelbarkeit einschließenden Religionsbegriffs Schleiermachers, sondern nur aufgrund des von ihm nicht zugegebenen spekulativen Denkens durchführbar ist. Wagner muß also unterstellen, daß Schleiermacher seinen eigenen Selbstbewußtseinsbegriff als im aporetischen Sinn zirkelhaft versteht.[167] Es gibt aber bei Schleiermacher überhaupt kein Anzeichen, daß dies seine Auffassung ist. Während Manfred Frank – meines Erachtens ungedeckt durch Schleiermachers Argumentation – mit Verweis auf die Zirkularität der Reflexionstheorie erklärt: „Die hier waltende Aporie – an der Fichtes Ansatz gescheitert war – hat niemand klarer *entfaltet* als Schleiermacher",[168] gibt Wagner zu, daß bei diesem selbst keine Reflexionen über die von ihm behauptete Aporie des Begriffs des unmittelbaren Selbstbewußtseins festzustellen sind.[169] Das ist nicht schwierig zu erklären: Dieser Begriff ist für Schleiermacher einfach

---

166 Henrich, Einsicht [1966]; vgl. oben Kap. 2 Anm. 147.168.
167 Vgl. Wagner, Dialektik, bes. 13. Er spricht an dieser Stelle nicht nur von einer Theorie, sondern vom *Phänomen* des Selbstbewußtseins als einem aporetischen (vgl. ebd. 168). Obwohl dies sinnlos ist, könnte es vielleicht eine Art Konsistenz in Wagners Rekonstruktion des Gedankengangs bringen, insofern Schleiermacher die Aporie dann natürlich nicht vermeiden konnte.
168 Frank, Fragmente 498; meine Hervorhebung. Frank, der ja Schleiermacher mit Recht als frühromantischen Denker versteht, macht in anderen Hinsichten auch zu seinem Subjektbegriff wichtige Beobachtungen (Frank, Allgemeine 91ff.).
169 Wagner, Dialektik 160.

der sachgemäße und mit seiner übrigen philosophischen Theorie übereinstimmende Begriff des Selbstbewußtseins, und in der Tat muß er als ein
unter seinen bewußtseinstheoretischen Bedingungen konsistenter Begriff
verstanden werden.

Auch über diesen Mangel an Plausibilität der These Wagners hinaus
ist hier aus mehreren Gründen ein vorsichtigeres Vorgehen ratsam. Wie
bereits angedeutet, ist die betreffende Diagnose mit Bezug auf Kant und
Fichte inzwischen problematisiert worden, wobei es nicht nur um Sonder-
standpunkte einzelner Autoren, sondern um eine manifeste Tendenz sowohl der Kant- als auch der Fichte-Forschung geht.[170] Die neue Einschätzung dieser frühen Hauptrepräsentanten der Subjektivitätstheorie hat mit
Bezug auf die Nachfolger einschließlich Schleiermachers zur Folge, daß
man die zirkuläre Erklärung des Selbstbewußtseins nicht mehr als einen
für sie so lockenden Fehler oder als ein so aufdringliches Problem betrachten muß. Dem entspricht, daß dieses Problem in der Diskussion aller
anderen bedeutenden Denker der Generation Schleiermachers keineswegs
präsent und zentral war.[171] Hölderlins frühe Auseinandersetzung mit
Fichte ist nicht darauf bezogen;[172] übrigens begreift er anders als Fichte
und Schleiermacher Selbstbewußtsein als ein eigentliches Subjekt-Objekt-
Verhältnis. In Schellings Fichte-Rezeption scheint das Problem keine Rolle
zu spielen, ebensowenig ist es bei Friedrich Schlegel zentral.[173] Auch von
dieser Seite her stellt sich die betreffende Schleiermacher-Interpretation
als weniger naheliegend dar, als man oft angenommen hat.

Untersucht man die Lage bei Schleiermacher selbst, ergibt sich ein
ähnliches Bild. Es ist klar, daß er das primäre Selbstbewußtsein durch
Abgrenzung gegen Reflexion bestimmt. Das muß aber nicht heißen, daß
ihm auch die betreffenden Probleme der sogenannten Reflexionstheorie
vor Augen gestanden haben. Schleiermachers faktische Argumentation
scheint keine Zeugnisse davon zu enthalten. Wie wir wissen, sind Fichtes
veröffentlichte Texte zur neuen Darstellung der Wissenschaftslehre zen-

---

170 Klaus Düsing, Selbstbewußtseinsmodelle 103ff., schreibt diese Tendenz fest und kann
   insofern als Bestandsaufnahme gelesen werden.
171 Dies ist sonst eine verbreitete Meinung, nicht zuletzt aufgrund der Arbeiten Manfred
   Franks. Siehe zum Beispiel Frank, Fragmente; vgl. auch Arndt, Gefühl 112.
172 Vgl. Waibel, Hölderlin.
173 Siehe oben 8.1.1. Anders bei einem anderen Fichte-Schüler, Johann Friedrich Herbart,
   der den Fichteschen Ansatz vom Zirkelproblem her *ad absurdum* zu führen versucht.
   Dies ist besonders aus seiner *Psychologie als Wissenschaft, neu gegründet auf Erfahrung,
   Metaphysik und Mathematik*, Königsberg 1824, bekannt. Schleiermacher hat auch eine frühe Version in seinem Exemplar von Herbart, Hauptpuncte 72ff., lesen können (vgl. Meckenstock, Bibliothek 199 Nr. 879.881). Schleiermachers Begriff des unmittelbaren Selbstbewußtseins als eines Gefühls weist keine wesentliche Übereinstimmung mit Herbarts
   Lösungsversuch auf. Zu diesem siehe Frank, Fragmente 486ff.

tral in seiner Beschäftigung mit diesem gewesen. So hat er die hier relevanteste Veröffentlichung Fichtes rezipiert, aber die betreffende Aporie
spielt keine Rolle in den *Monologen* und den anderen Texten Schleiermachers, die dies bezeugen. Auch gibt es im Zusammenhang des Selbstbewußtseinsbegriffs gegen Ende des transzendentalen Teils der Dialektik
und in den einschlägigen Abschnitten der philosophischen Ethik und der
Glaubenslehre keine Überlegungen, die sich auf die Problematik der
zirkelhaften Erklärung des Selbstbewußtseins beziehen.[174]

Dieser ganze Befund ist besonders für das Verstehen der metaphysischen und der religionsphilosophischen Argumentation der Dialektik von
Bedeutung. Er nimmt diesen Theorien etwas von der Dramatik, mit der
die Literatur sie versehen hat: Sie stellen nicht eine Lösung der Schwierigkeiten dar, in denen die bedeutendsten Theoretiker des Selbstbewußtseins
angeblich befangen geblieben sind. Solche Deutungen geben übrigens
einem Glied der Argumentation Schleiermachers zu wenig Gewicht: Die
Dialektik weist zuerst auf das unmittelbare Selbstbewußtsein als auf etwas
relativ Verständliches hin, um das Dunklere, den Bezug auf den transzendenten Grund, verständlicher zu machen. Daran wird dadurch nichts
geändert, daß das Selbstbewußtsein nach Schleiermacher durch diesen
bedingt ist.

Sieht man auf das Ergebnis von Schleiermachers Bestimmung des
Selbstbewußtseinsbegriffs im Vergleich mit dem Ergebnis bei Fichte, kann
eine wesentliche Übereinstimmung festgestellt werden. Sein Begriff des
vorreflexiven Selbstbewußtseins kommt in der Sache dessen Subjektivitätsbegriff, so wie er in den Schriften zur Wissenschaftslehre *nova methodo*
Schleiermacher zugänglich war, sehr nahe. Übrigens kann daran erinnert
werden, daß der Reflexionsbegriff des jungen Schleiermacher durch die
Wissenschaftslehre geprägt war,[175] und daß dieser Begriff nicht zuletzt an
der Stelle der *Reden* in Anspruch genommen wurde, die dem die Unterscheidung von unmittelbarem und reflexivem Selbstbewußtsein einführenden Zusammenhang in der Dialektik entspricht. Sowohl Fichtes als
auch Schleiermachers Pointe im Blick auf das Selbstbewußtsein kann so
formuliert werden, daß dieses nicht wie das Bewußtsein eines Objekts und
nicht mit denselben begrifflichen Mitteln wie dieses gefaßt werden kann.
Es kann als Bewußtsein der Identität des Subjektiven und Objektiven nur

---

174 Dagegen kann Schleiermacher in anderen theoretischen Zusammenhängen auf Aporien
    einer entsprechenden Struktur eingehen. So bezieht er sich im technischen Teil der Dia-
    lektik – vielleicht mit Verweis auf Fichtes grundsatzphilosophische Überlegungen in der
    Begriffsschrift – beim Thema „Wissen des Wissens" auf den Einwand der Implikation
    eines unendlichen Regresses (KGA II/10.1, 274, vgl. ebd. App.; FW I, 52).
175 Siehe oben 3.2.4.1.

als eine unmittelbare Selbstbeziehung verstanden werden.[176] Fichte
behauptet, daß dieses primäre Selbstverhältnis unmittelbar ist in demselben Sinn wie eine Anschauung. Dies stimmt mit Schleiermachers Begriff
des Selbstbewußtseins als eines Gefühls überein, nur daß der späte
Schleiermacher den Anschauungsbegriff in diesem Zusammenhang nicht
verwendet. Außerdem wird die Anschauung des Ich in den betreffenden
Texten Fichtes vom Begriff des Ich unterschieden, aber auch darauf bezogen. Ungeachtet der inhaltlichen Differenzen in anderen philosophischen Hinsichten, geht es also bei Schleiermachers Begriff des unmittelbaren Selbstbewußtseins um einen Subjektivitätsbegriff desselben Typus wie
bei Fichte. Wenn man seine Vertrautheit mit Fichtes Werk in Betracht
zieht, muß der betreffende Begriff wohl auch als von diesem geprägt
eingeschätzt werden.

Schleiermachers Übereinstimmung mit Fichte tritt durch einen Vergleich mit Reinhold noch klarer hervor: Was Schleiermacher unmittelbares
Selbstbewußtsein nennt, ist nach dessen Definition noch nicht Selbstbewußtsein. Umgekehrt muß das, was Reinhold unter Selbstbewußtsein
versteht, mit Schleiermachers Begriffen mittelbares, reflektiertes Selbstbewußtsein heißen.[177] Das Ungenügen des Bewußtseinsbegriffs zur Interpretation der Subjektivität wird in der Glaubenslehre pointiert artikuliert,
wo Schleiermacher von der „Unvollkommenheit unseres Selbstbewußtseins" spricht, „welche darin besteht, daß wir ein zwiefaches haben, ein
ursprüngliches und ein reflectirtes, wovon jenes als Bewußtsein dieses als
Selbstbewußtsein unvollständig ist":[178] Das eigentliche Selbstbewußtsein
ist als Bewußtsein unvollständig, weil es nicht dessen Bedingung, die
ausdrückliche Unterscheidung von Subjekt und Objekt, erfüllt; wo diese
aber vollzogen wird, ist nur unvollständig von Selbstbewußtsein die Rede.
Dasselbe kommt auch in der Gleichsetzung des unmittelbaren Selbstbewußtseins mit dem Gefühl zum Ausdruck. Schleiermacher orientiert sich
also zwar am Begriff des Bewußtseins mit seinem Gegensatz von Subjekt
und Objekt, überschreitet aber wie Fichte das Paradigma des Bewußt-

---

176 Vgl. Stolzenberg, Selbstbewußtsein [1996] 476.480f.

177 Seinem Begriff dessen und Reinholds Begriff des Selbstbewußtseins ist die Beschreibung
gemeinsam, daß das Subjekt sich seiner selbst darin *wieder* vorstellt (vgl. WA 2, 590 § 53,
mit Reinhold, Versuch 334). Daß dies nicht zum Selbstbewußtsein erforderlich ist, wurde gegen Reinhold schon von Gottlob Ernst Schulze eingewendet (Schulze, Aenesidemus 88f. Anm.; 350), mit welchem der späte Schleiermacher insofern übereinstimmt.
Von einem unmittelbaren Selbstbewußtsein spricht Schulze nicht (vgl. ebd. 90). Übrigens ist an Reinholds vereinzelte Erwähnung eines undeutlichen Selbstbewußtseins zu
erinnern (siehe oben Kap. 1 Anm. 586).

178 KGA I/7.1, 219,9ff.; für das ursprüngliche Selbstbewußtsein wird hier auch der bei
Schleiermacher viel seltenere Begriff des Selbstgefühls verwendet (ebd. 219,15).

seins,[179] oder vielleicht sollte man eher sagen: das Paradigma des Vorstellens. Problematisch in der Thematisierung der Subjektivität ist die Orientierung am Begriff des Objektbewußtseins eher als die am Begriff des Bewußtseins überhaupt. Dieser erscheint hier unaufgebbar und wird ja auch von Schleiermacher festgehalten. Daß Selbstbewußtsein als die ungewöhnliche Art des Wissens, wie die Dialektik es überall aufnimmt, keinen normalen Wissenssinn hat, ist ein Sachverhalt, mit Bezug auf welchen auch Jacobi für Schleiermacher interessant sein müßte. Dies soll hier nur erwähnt, aber nicht untersucht werden.

Eine dritte Voraussetzung der Rekonstruktion Wagners ist gerade ein bestimmtes Verständnis der zur Debatte stehenden *Unmittelbarkeit* des Selbstbewußtseins. Einleitend wurde besonders im Blick auf diesen Punkt das Defizit einer sorgfältigen begrifflichen Analyse der Schleiermacherschen Haupttexte bei vielen Interpreten festgestellt. Was eine solche Analyse ersetzt, ist bei Wagner und anderen die Eintragung eines offenbar als evident betrachteten Unmittelbarkeitsbegriffs von anderswoher, besonders aus der Philosophie Hegels und in Fortsetzung seiner Schleiermacher-Kritik. Ein besonders eklatantes Beispiel dieses Verfahrens ist Andreas Arndts Schleiermacher-Interpretation.[180] So wird angenommen, daß Unmittelbarkeit bei Schleiermacher das Fehlen der *Differenz* meint, wie Ulrich Barth mit Recht diese Literatur diagnostiziert.[181] Aus der oben gegebenen Interpretation geht hervor, inwiefern dies unzutreffend ist: Schleiermachers Begriff des unmittelbaren Selbstbewußtseins schließt nicht jeden Unterschied von diesem aus. In ihm ist das Subjekt auf sich bezogen und also auch davon unterschieden, beides aber in einem impliziten Sinn.[182] Daß das Selbstbewußtsein nicht als differenzlos begriffen wird, macht außerdem das sachliche Verhältnis zwischen Unmittelbarkeit und Reflexion bei Schleiermacher verständlich. Das unmittelbare Selbstbewußtsein wird nicht vom reflektierten Selbstbewußtsein abgeschirmt, sondern dieses kann aus ihm entwickelt werden. Das reflektierte, gegenständliche Selbstbewußtsein entsteht durch Explikation des im ursprünglichen Selbstbewußtsein latenten Unterschieds.

---

179 Vgl. Stolzenberg, Selbstbewußtsein [1996] 476ff.
180 So vortrefflich auch Arndts Untersuchungen in anderen Hinsichten sind, so muß insbesondere bei seiner durchgängigen, gerade auf diesen Punkt zielenden Kritik Schleiermachers bemerkt werden, daß er sich nicht um eine Analyse der angegebenen Art bemüht hat; vgl. besonders Arndt, Unmittelbarkeit. Siehe übrigens Wagner, Dialektik, z.B. 143ff.; Lehnerer, Kunsttheorie 68ff.; Dierken, Glaube, bes. 344.367.
181 Barth, Gott 128.
182 Vgl. Frank, Allgemeine 103f., der von der Differenz als potentieller und inoperanter spricht.

In dieser Verbindung sollen einige vorzügliche interpretatorische Distinktionen zum Thema bei Ulrich Barth hervorgehoben werden.[183] Barths Interpretation ist meines Wissens die einzige in der neueren Literatur, die den obigen Resultaten sehr nahe kommt. Er scheint zu seiner Deutung auf einem zum Teil anderen Weg gekommen zu sein, nämlich durch eine Analyse von Aussagen besonders der Einleitung zur Zweitauflage der Glaubenslehre im Zusammenhang mit der Wissensdefinition der Dialektik. Meine weiter ausgreifende Untersuchung ist geeignet, Barths Ergebnisse im großen und ganzen zu bestätigen und zu untermauern.

Barth bestimmt in Übereinstimmung mit Schleiermachers eigenem Verfahren das unmittelbare Selbstbewußtsein durch Vergleich mit dem Objektbewußtsein. Dies versteht er in Anschluß an Konrad Cramer, der seinerseits den Bewußtseinsbegriff in der Einleitung zu Hegels *Phänomenologie des Geistes* kommentiert, als durch drei Merkmale definiert:

„I. Ein Vorstellendes stellt ein Vorgestelltes so vor, daß er dieses von sich bzw. sich von ihm unterscheidet.
II. Vorstellen ist das Sich Beziehen eines Vorstellenden auf das von ihm Vorgestellte.
III. Ein Objekt ist ein solches Vorgestelltes, welches vom Vorstellenden vorgestellt wird als unabhängig davon existierend, daß es von ihm vorgestellt wird".[184]

Barth bestimmt von hier unmittelbares Selbstbewußtsein als ein Selbstbewußtsein, bei dem die beiden ersten Bedingungen, aber nicht die dritte Bedingung erfüllt sind. Sieht man von dem terminologischen Umstand ab, daß Schleiermacher in dem Zusammenhang der Zweitauflage der Glaubenslehre, auf den sich Barth bezieht, den Vorstellungsbegriff nicht in einem so weiten Sinn verwendet und ihn nicht auf das Gefühl und das unmittelbare Selbstbewußtsein bezieht,[185] stimmt diese Bestimmung völlig mit meiner Erklärung dessen überein. Dies ist mit Bezug auf die ersten Bedingungen ohne weiteres klar,[186] trifft aber auch bei der dritten Bedingung zu, womit sich Barth auf die objektive Seite des Wissensbegriffs Schleiermachers bezieht. Es ist, wie ich festgestellt habe, das in der

---

183 Barth, Gott 126ff.
184 Ebd. 126f. Durch diese drei Bedingungen entspricht Schleiermachers Bewußtseinsbegriff genau dem der Hegelschen *Phänomenologie*; siehe Cramer, Bemerkungen 361.
185 Siehe oben S. 520f.; vgl. auch Barth, Bewußtsein 43.
186 Nach Barth gibt Schleiermacher „das dem unmittelbaren Selbstbewußtsein eigene Unterscheiden und Beziehen wieder durch die Begriffe ‚Setzen als' oder ‚Mitsetzen als'" (Barth, Gott 128 Anm. 92; KGA I/13.1, 35,27ff. = Gl2.1, 26). Auch diese Verwendung des Begriffs des Setzens bezieht sich aber nicht auf die innere epistemische Struktur des Selbstbewußtseins. Es geht nicht um ein *eigenes* Setzen des Selbstbewußtseins, sondern um ein solches des Glaubenslehrers.

Wissensdefinition entscheidende reflexive Moment, das beim unmittelbaren Selbstbewußtsein verneint wird. Dieses schließt Unterscheidung und Beziehung, aber nicht Vergegenständlichung ein.

Alles in allem ergibt sich, daß Schleiermachers Begriff des unmittelbaren Selbstbewußtseins – besonders wenn man Fichtes Leistung bedenkt – kaum als Ausdruck eines Neuanfangs in der Theorie des Selbstbewußtseins dargestellt werden kann, daß er aber auf der Höhe der zeitgenössischen Diskussion war. Weiter darf behauptet werden, daß dieser Begriff unter Schleiermachers philosophischen Bedingungen dem Thema adäquat ist und mit seinen übrigen subjektivitätstheoretischen Gedanken zusammen eine vorzügliche Konzeption bildet.

9. Religion nach dem Spätwerk

Es soll nicht versucht werden, die religionstheoretische Entwicklung Schleiermachers seit der Erstauflage von *Über die Religion. Reden an die Gebildeten unter ihren Verächtern* nachzuzeichnen. Eine derartige Untersuchung müßte insbesondere der zweiten und der dritten Auflage dieser Schrift eine größere Beachtung zuteil werden lassen, die hier nicht zu leisten ist. Das Religionsthema wird hier im systematischen Kontext des Spätwerks, das heißt im Zusammenhang mit der philosophischen Ethik und der Dialektik, analysiert. Allerdings schließt diese Vorgehensweise nicht aus, sondern macht es geradezu erforderlich, systematische Vergleiche mit den frühen Religionsbegriffen Schleiermachers anzustellen. Der späte Religionsbegriff tritt vor dem Hintergrund der *Reden* überhaupt erst in seiner ganzen Bedeutung deutlich hervor.

9.1. Vorüberlegungen

9.1.1. Zum Religionsthema im Spätwerk

Das vorliegende Kapitel ist besonders an Schleiermachers *Der christliche Glaube nach den Grundsäzen der evangelischen Kirche im Zusammenhange dargestellt* orientiert; einschlägig ist jedoch nicht die Glaubenslehre als ganze, sondern zu beachten sind nur einige wenige Einleitungsparagraphen, die allerdings nicht isoliert von ihrem Kontext angemessen verstanden werden können. Dabei ist ein weiterer Sachverhalt zu berücksichtigen: Die Glaubenslehre liegt in zwei, 1821/22 und 1830/31 erschienenen Auflagen vor, die sich in einigen Hinsichten erheblich unterscheiden. Das relevante Textmaterial zur Glaubenslehre umfaßt auch Randbemerkungen, die Schleiermacher zu beiden Auflagen gemacht hat.[1] Außerdem ist eine Vorarbeit zu einigen für uns wichtigen Paragraphen der ersten Auflage überliefert.[2] Ebenfalls einschlägig sind eine Nachschrift der Dogmatikvorlesung von

---

1 KGA I/7.3, 3-207; I/13.1, Anmerkungen = Gl2.1, Anmerkungen.
2 KGA I/7.3, 657.

1823/24[3] und die zwei Sendschreiben, „Dr. Schleiermacher über seine Glaubenslehre, an Dr. Lücke".[4]

Schleiermachers allgemeiner Begriff der Religion oder der Frömmigkeit wird in den beiden Auflagen der Dogmatik in einer Reihe von Paragraphen der Einleitung – §§ 8-12 bzw. §§ 3-6[5] – bestimmt, die die Frömmigkeit im menschlichen Bewußtsein verorten und zugleich „als Sache der Gemeinschaft"[6] begreifen. Dieses Theoriestück muß im Zusammenhang einer weiterführenden und hier nicht zu analysierenden Argumentation gesehen werden, die darauf abzielt, „das eigenthümlich christliche" oder „das Wesen des Christenthums"[7] zu bestimmen. Diese Wesensdefinition erfolgt anschließend an einen zweiten Teil, der aufgrund des Begriffs der Religion im allgemeinen einzelne vorgegebene Religionen und religiöse Gemeinschaften vergleichend bestimmt, in einem dritten Teil – §§ 18-22 bzw. §§ 11-14.[8]

Was das Verhältnis zwischen den zwei Versionen der Einleitung betrifft, soll zuerst festgehalten werden, daß beide „in den sachlichen Grundentscheidungen" gleich sind.[9] Insofern ist es sinnvoll, beide heranzuziehen, um sie einander gegenseitig beleuchten zu lassen. Sodann soll gegen eine Tendenz der neuesten Interpretationen, die Zweitfassung der Einleitung zu bevorzugen,[10] besonders mit Bezug auf unsere Fragestellung der Erstfassung ein gewisser Vorrang gegeben werden, und zwar aus folgenden Gründen.

Erstens ist die erste Auflage in ihrem Vortrag verständlicher und pointierter als die zweite, weil sie unbefangener formuliert, wo die zweite Auflage durch ein Bestreben geprägt ist, fehlerhafte Rezeption umständlich zu korrigieren. Zweitens ist der Aufbau und der argumentative Duktus in der ersten Version klarer als in der zweiten.[11] Dies betrifft den Stellenwert der Religionstheorie: Gemäß den einschlägigen Analysen in der Literatur[12] erscheint die Bestimmung der Frömmigkeit in der ersten

---

3   Ebd. 3ff. App. Auf eine Behandlung der Nachschrift der Vorlesung von 1811, deren Einleitung veröffentlicht ist (Schleiermacher, Einleitung [1998]), muß verzichtet werden; siehe dazu Wolffes, Gegensatz.

4   KGA I/10, 307-394.

5   KGA I/7.1, 26-43; I/13.1, 19-59 = Gl2.1, 14-47.

6   KGA I/7.3, 23 Nr. 79 App.; dort Hervorhebung.

7   KGA I/7.1, 12,1f.; 19,30.

8   Ebd. 61-89; KGA I/13.1, 93-127 = Gl2.1, 74-105.

9   Ohst, Bekenntnisschriften 196.

10   Junker, Urbild 30ff; Rössler, Programm 155ff.; Albrecht, Theorie 224ff.

11   Zu diesen beiden Punkten vgl. Redeker, Einleitung des Herausgebers, Gl2.1, XII-XLII, dort XIII; Ohst, Bekenntnisschriften 196; Osthövener, Lehre 12.

12   Rössler, Programm 155ff.; Albrecht, Theorie 226ff.

Auflage im Zuge der Erklärung des Begriffs der Dogmatik in §§ 1ff.[13] als inhaltliche Bestimmung ihres Gegenstands, die dann in §§ 23ff. der weiteren Eingrenzung des dogmatischen Stoffs und der Begründung des systematischen Aufbaus der Dogmatik dient.[14] Dieser Gang wird in der folgenden Auflage gestört, indem hier nun die Erklärung der Dogmatik erst *nach* der Theorie des Christentums erfolgt.[15] Außerdem werden mittels eines Systems von Lehnsätzen aus der philosophischen Ethik und daran sich anschließenden Disziplinen wissenschaftstheoretische Erläuterungen eingeführt.[16] Diese stehen jedoch nicht im Zentrum unserer Untersuchung. Endlich soll einer Behauptung widersprochen werden, die den angeblichen Primat der letzten Ausgabe begründen soll, und die sich direkt auf unsere Fragestellung bezieht. Sie besagt, daß die Erstauflage in der Theorie der Religion und der Subjektivität hauptsächlich empirisch-deskriptiv verfährt, während die zweite durch eine transzendentale Analyse des Selbstbewußtseins den Begriff der Religion begründet.[17] Es soll nicht bestritten werden, daß die letzte Auflage oft genauer argumentiert, nichtsdestotrotz ist die These, wie noch zu zeigen ist, nicht stichhaltig.

Die in den Einleitungen zur Glaubenslehre enthaltenen religionstheoretischen Entwürfe sind zwar die ausführlichsten, aber nicht die einzigen derartigen Überlegungen beim späten Schleiermacher. Über Religion wird in verschiedenen anderen Argumentationszusammenhängen seines philosophischen Werkes reflektiert. Dies ist in der Psychologie und in der Ästhetik der Fall, die jedoch für unsere Untersuchung, die das Religionsthema in Verbindung mit Erkenntnistheorie und Metaphysik betrachtet, weniger wichtig sind. Ein anderes wichtiges Beispiel ist Schleiermachers philosophische Ethik. Ihre Aussagen über die Religion, die in der obigen Untersuchung dieser Disziplin nur gestreift wurden, sollen auch im folgenden nur beiläufig herangezogen werden, weil sie kürzer und unergiebiger als andere religionstheoretische Reflexionen Schleiermachers sind. Die religionstheoretische Bedeutung der Ethik beruht nicht

---

13 KGA I/7.1, 9ff.

14 Ebd. 90ff.

15 KGA I/13.1, 127ff. §§ 15ff. = Gl2.1, 105ff.

16 Die Umgestaltung der Einleitung zielt nach dem zweiten Sendschreiben darauf ab, eine Verwechslung der Theorie der christlichen Frömmigkeit und der Dogmatik zu verhindern und den Zusammenhang der Einleitung „mit denjenigen allgemeinen Wissenschaften, an welche sie sich ihrer wissenschaftlichen Form wegen vorzüglich zu halten hat", hervorzuheben (KGA I/10, 377, dort 377,26f.).

17 Junker, Urbild 39ff., der sich Rössler und Albrecht anschließen (Rössler, Programm 166ff.; Albrecht, Theorie 229f.). Junker kommt zu dem Ergebnis: „Somit ist die ‚transzendentale Wende' neuzeitlicher Theologie erst in der zweiten Auflage vollzogen" (Junker, Urbild 58).

so sehr auf den materialen Bestimmungen des Religionsthemas als darauf, daß sie nach Schleiermachers Wissenschaftssystematik den nächsten theoretischen Rahmen des Religionsbegriffs bildet. So gehört der allgemeine Religionsbegriff der Glaubenslehre prinzipiell in die Ethik. Darauf ist unten zurückzukommen.

Dasselbe gilt für die andere religionstheoretische Argumentation, die analysiert werden soll, nämlich die innerhalb der Dialektik, wobei es uns wie in einigen der vorhergehenden Abschnitten hauptsächlich um die Vorlesung von 1822 geht:[18] Diese Argumentation ist eigentlich nicht in dieser, dem objektiven Bewußtsein gewidmeten Disziplin, sondern in der Untersuchung des subjektiven Bewußtseins in der philosophischen Ethik zu Hause. Trotzdem wird sie in die metaphysische Reflexion und durch diese Reflexion motiviert in die Dialektik aufgenommen und ist aufgrund dieses theoretischen Kontexts in unserem Zusammenhang von besonderem Interesse.

9.1.2. Religion und Philosophie

Nach § 8 der Erstauflage der Glaubenslehre ist die Religion „an sich" „weder ein Wissen noch ein Thun, sondern eine Neigung und Bestimmtheit des Gefühls",[19] oder wie der entsprechende § 3 der zweiten Auflage sagt, „eine Bestimmtheit des Gefühls oder des unmittelbaren Selbstbewußtseins".[20] Den abgrenzenden Teil dieser Definition erkennen wir aus den *Reden* wieder. Er erhält in der Dialektik eine ausführliche Begründung, indem die Verstrickheit des erkennenden und des praktischen Bewußtseins in Gegensätze und die daraus folgende Unangemessenheit mit Bezug auf das Göttliche aufgewiesen wird. Die Behauptung der Unabhängigkeit der Religion vom Wissen hat ihre Entsprechung dort, wo die Dialektik die Autonomie der Philosophie in Beziehung auf die Religion betont.[21]

Bei der Interpretation der *Reden* war es notwendig, zu begründen, daß es sich überhaupt um eine *Theorie*, d.h. um eine *philosophische* Theorie, der Religion handelte. Das ist hier nun anders. Die Einleitung in die Glaubenslehre erklärt ausdrücklich, daß sie sich auf eine Betrachtung einläßt, die darin besteht, die Frömmigkeit und die fromme Gemeinschaft vom

---

18   KGA II/10.1, 266f., vgl. von 1828 und 1831 ebd. 305.334f.; SW III/4.2, 524f. Anmerkungen, ferner die Varianten von 1811, 1814/15 und 1818/19 KGA II/10.1, 37,15f.; II/10.2, 28,9ff.; II/10.1, 142ff. §§ 215f; II/10.2, 239ff.; SW III/4.2, 152f. Anm.

19   KGA I/7.1, 26.

20   KGA I/13.1, 20 = Gl2.1, 14.

21   KGA II/10.1, 267,31ff.

Standpunkt des Wissens zu begreifen, „und ihren eigentlichen Ort im Gesammtgebiet des menschlichen Lebens zu bestimmen, in sofern auch Frömmigkeit und Kirche ein Stoff sind für das Wissen";[22] zugleich weist sie auf die zweite Rede hin[23] und bestätigt also jene Interpretation der frühen Religionsschrift. Die betreffende Betrachtung in der Glaubenslehre widerstreitet nicht der These von der Unmittelbarkeit des religiösen Bewußtseins, weil dieses theoretische Wissen auf einer sekundären, reflexiven Ebene liegt. Des weiteren erläutert die Glaubenslehre und besonders die zweite Auflage unter Rückbezug auf Schleiermachers *Kurze Darstellung des theologischen Studiums* den Status und die Struktur der Theorie.[24]

Die allgemeine Religionstheorie der Glaubenslehre ist nach dieser theologischen Enzyklopädie Teil der *philosophischen Theologie. Theologisch* ist diese im *funktionalen* Sinn von Schleiermachers enzyklopädischem Begriff der Theologie als einer positiven Wissenschaft, also aufgrund ihres Ausgerichtetseins auf eine praktische Aufgabe, auf „die Erhaltung des christlichen Glaubens in der Gemeinschaft"[25] oder – wie meist gesagt wird – auf die Leitung der Kirche.[26] *Philosophisch* ist sie nach ihrem *Inhalt* und ihrem *Verfahren* und gehört unter diesen beiden Aspekten bestimmten philosophischen Disziplinen an; bei der allgemeinen Religionstheorie ist dies die Ethik.[27]

Die Aufgabe dieses Teils der philosophischen Theologie ist, „das Wesen der Frömmigkeit und der frommen Gemeinschaften im Zusammenhang mit den übrigen Thätigkeiten des menschlichen Geistes" und „das Bestehen solcher Vereine als ein für die Entwikkelung des menschlichen Geistes nothwendiges Element" aufzuweisen.[28] Dieselbe Aufgabe wurde

---

22 KGA I/13.1, 21,6ff. = Gl2.1, 15.

23 KGA I/13.1, 20,4 = Gl2.1, 14 Anm.

24 Darin erklärt die zweite Fassung der Glaubenslehre nur, was auch die erste Fassung tut. Ich beziehe mich um der Klarheit und der Kürze willen im folgenden besonders auf die *Kurze Darstellung* und zwar auf die zweite Auflage von 1830, KGA I/6, 317-446; vgl. auch David Friedrich Strauß' Nachschrift der Vorlesung von 1831/32 (Schleiermacher, Enzyklopädie).

25 Schleiermacher, Enzyklopädie 1.

26 KGA I/6, 340 § 38, vgl. ebd. 325ff. §§ 1ff.

27 Ebd. 335 § 24: „Die Benennung rechtfertigt sich theils aus dem Zusammenhang der Aufgabe mit der Ethik, theils aus der Beschaffenheit ihres Inhaltes, indem sie es größtentheils mit Begriffsbestimmungen zu thun hat"; vgl. zum Beispiel ebd. 328 § 6: „Dieselben Kenntnisse, wenn sie ohne Beziehung auf das Kirchenregiment erworben und besessen werden, hören auf, theologische zu sein, und fallen jede der Wissenschaft anheim, der sie ihrem Inhalte nach angehören".

28 Ebd. 334 §§ 21f., vgl. § 6 der Zweitauflage der Glaubenslehre, KGA I/13.1, 53ff. = Gl2.1, 41ff. In der ersten Auflage der Glaubenslehre wird die Religion erst in § 37 in der materialen Dogmatik als ein notwendiges Lebenselement namhaft gemacht (KGA I/7.1, 124ff.).

bereits als die der Religionstheorie der *Reden* rekonstruiert.[29] Die Methode der Bestimmung der Religion in der Einleitung in die Glaubenslehre und andernorts im Spätwerk ist eine *spekulative*.[30] Der allgemeine Religionsbegriff ist ein spekulativer Begriff, der auf „das sich überall gleiche" im Unterschied zum „Veränderlichen" geht.[31]

Es wäre jedoch ein Mißverständnis, von da her in der Einleitung den Versuch einer spekulativen Begründung der Dogmatik sehen zu wollen. Eine derartige Begründung ist durch Schleiermachers allgemeine und theologische Wissenschaftssystematik ausgeschlossen.[32] Das Verfahren der Religionstheorie ist in Beziehung auf das Verfahren der Theorie der christlichen Religion als ganzer zu verstehen, in dem es nur die eine Seite ausmacht. Das Eigentümliche des Christentums kann nicht *a priori* oder rein spekulativ definiert werden: Das Individuelle und Geschichtliche wird auf diesem Weg allein nie erreicht. Es ist aber auch nicht rein empirisch zu erfassen. Es muß durch das Verfahren ermittelt werden, das Schleiermacher das *kritische* bezeichnet, und welches das Spekulative und das Empirische aufeinander bezieht, indem es vom spekulativ Konstruierten aus das durch Erfahrung Gegebene begreift und beurteilt.[33] Die Dogmatik selbst gehört nach Schleiermacher in die historische Theologie als Teil der Geschichtskunde und ist also eine empirische Disziplin.[34]

9.2. Neue Verortung des religiösen Bewußtseins

Es ist aufschlußreich, die zitierte Definition der Religion – nicht Wissen oder Tun, sondern Neigung und Bestimmtheit des Gefühls oder des unmittelbaren Selbstbewußtseins – auch nach ihrer positiven Seite mit dem Religionsbegriff der Erstauflage der *Reden* zusammenzustellen. Sie berührt sich über die Abgrenzung gegen das erkennende und das praktische Bewußtsein hinaus in mehreren Hinsichten mit diesem Begriff, unterscheidet sich aber in anderen davon. Die Beschreibung der Religion als einer Neigung hat eine Affinität mit der vereinigungsphilosophischen

---

29   Siehe oben 3.1.
30   Darauf zielt die Rede von *Begriffsbestimmungen* im Zitat oben in Anm. 27.
31   KGA I/13.1, 17,7ff. = Gl2.1, 12,25ff.
32   Siehe auch KGA I/13.1, 15ff. = Gl2.1, 12ff.; KGA I/7.1, 21.24.
33   KGA I/6, 339 § 35. Bei der Ausarbeitung der Untersuchung lag mir Markus Schröders vorzügliche Monographie (Schröder, Identität) leider nicht vor, und die nachträgliche Auseinandersetzung bei der Drucklegung war im Rahmen des Prüfungsverfahrens nicht gestattet (vgl. oben Vorwort).
34   KGA I/6, 353 § 69; 393ff. §§ 195ff.

Begrifflichkeit der Religionsschrift. Die Definition des religiösen Bewußt- seins als einer Bestimmtheit des Gefühls erinnert an eine Argumentation der zweiten Rede. Dagegen ist nicht zu übersehen, daß das religiöse Bewußtsein anders als vorher nicht als eine Art der Anschauung begriffen wird. Auf der anderen Seite ist in der Definition der in den *Reden* fehlende Selbstbewußtseinsbegriff zum Begriff des Gefühls hinzugekommen.

Noch vor einer genaueren Analyse soll im Blick auf die Beurteilung der religionstheoretischen Unterschiede der *Reden* und der Glaubenslehre die Hauptthese formuliert werden, die sich zwar aus der bisherigen Untersuchung nahezu von selbst ergibt, aber hier betont herausgestellt werden soll.

Schleiermachers erkenntnistheoretische Annahmen sind zwischen dem frühen und dem späteren Werk in der Hauptsache dieselben geblie- ben. Dies zeigte vor allem der *Brouillon zur Ethik*, der den Begriff der Anschauung bei der Bestimmung der Religion fallen ließ, und wird auch durch die erkenntnistheoretischen Voraussetzungen der Glaubenslehre bestätigt. Es ist anzunehmen, daß Schleiermachers Modifizierung des Religionsbegriffs nicht in Veränderungen erkenntnistheoretischer Art begründet ist. Wenn man nicht auf zufällige äußere Einwirkungen hin- weisen will,[35] muß man versuchen, eine *immanente* Erklärung der Neu- formulierung zu geben, die sich auf eventuelle innere Schwierigkeiten der frühen Religionstheorie bezieht.

Diese definiert Religion als mit Gefühl verbundene Anschauung des Universums. Wie diese Definition oben interpretiert wurde, ist ihre Hauptpointe die Unterscheidung des religiösen Bewußtseins vom im strengen Sinn gegenständlichen Bewußtsein. Der Begriff der Anschauung wird als der Begriff einer nichtobjektivierenden Erkenntnisrelation zu einem Objekt auf die Religion appliziert. Die religiöse Anschauung hat ein Objekt, hat es aber nicht als solches. Anschauung und angeschautes Objekt werden also nicht unterschieden, und von diesen beiden wird das Subjekt der Anschauung *eo ipso* auch nicht unterschieden. Insofern entspricht nach dieser Theorie das religiöse Bewußtsein strukturell dem, was im nächsten philosophischen Kontext ein dunkles Bewußtsein genannt wird. Dieser Theorie gelingt es nicht, auch nicht durch das mit der Anschauung eine Einheit bildende Gefühl, der Selbstzuschreibung von religiösen Zuständen angemessen Rechnung zu tragen.

Die neue Religionsdefinition, die den Begriff der Anschauung ausläßt und den Selbstbewußtseinsbegriff einschließt, versucht offenbar diese Schwierigkeit des Vorgängers zu lösen: Die Definition teilt mit der

---

35 Vgl. Friedrich Wilhelm Grafs Kritik solcher Interpretationsansätze in der früheren For- schung (Graf, Gefühl 155ff.).

früheren Definition die Abgrenzung des religiösen Bewußtseins vom objektiven Bewußtsein, ohne ihre Schwäche – die Vernachlässigung des Selbstbewußtseinselements – beizubehalten. Im Gegenteil, sie drückt beides, den *nichtobjektivierenden* und den *auf bewußte Weise selbstbezogenen Charakter des religiösen Bewußtseins*, unmißverständlich aus. Die Religionstheorie des späten Schleiermacher – so also die These – ist der früheren Theorie insofern überlegen, als sie ihr Thema ausdrücklich im Zusammenhang einer Theorie des Selbstbewußtseins bestimmt.[36] Diese These ist durch eine Analyse der Begriffe und der Argumentation der einschlägigen Passagen besonders der Glaubenslehre näher zu entfalten und zu begründen.

9.3. Religion und Subjektivität nach der Dialektik

Daß Schleiermacher inzwischen eine zu einer solchen Korrektur des frühen Religionsbegriffs ausreichend entfaltete Theorie der Subjektivität besitzt, dürfen wir von der Untersuchung seiner philosophischen Ethik und Dialektik her voraussetzen. Es geht nun darum, aufzuweisen, wie er diese Theorie für das Begreifen des religiösen Bewußtseins fruchtbar macht. Obwohl der Schwerpunkt unserer Darstellung auf den Prolegomena der Glaubenslehre liegt, soll zuerst auf die Dialektik eingegangen werden. Die Unterschiedlichkeit ihrer Religionstheorien darf nicht übertrieben werden. Sie sind beide philosophische Theorien und Glied einer Theorie des subjektiven Bewußtseins. Sie haben Grundbegriffe gemeinsam und auch einen gemeinsamen Kern. Sie sind also durchaus aufeinander beziehbar. Zugleich sind sie durch kontextbedingte Differenzen bestimmt. Ich hebe nicht auf das mehr oder weniger Gemeinsame ab, sondern auf das, was die Dialektik an diesem Punkt vor der Glaubenslehre auszeichnet.

Ebenso wichtig wie das Verhältnis zur Glaubenslehre ist die Frage, wie die Religionstheorie der Dialektik sich zu den vorhergehenden Abschnitten ihres transzendentalen Teils verhält. Als Glied einer Theorie des subjektiven Bewußtseins gehört sie nicht ursprünglich zur Dialektik als Theorie des objektiven Bewußtseins. Auf der anderen Seite ist ihre Aufnahme mit dem Begriff des unmittelbaren Selbstbewußtseins als Gefühl zusammen, wie deutlich wurde, durch den eigentlich dialektischen Gedankengang und durch seine metaphysische Frage nach dem Absoluten motiviert. Darüber hinaus ist zu fragen, *wo* die religionstheoretische

---

36 Vgl. ebd. 147ff. Ob die *Reden* damit überhaupt überboten sind, wie Graf meint, bleibt noch zu überlegen. Im übrigen findet er – Falk Wagner folgend – wegen Schleiermachers Unmittelbarkeitsthese letztlich auch die neue Theorie aporetisch (ebd. 184ff.).

Argumentation der Dialektik einsetzt. In dem bedeutendsten Text, dem von 1822, wird der Anfang in der Forschung normalerweise *nach* dem bisher analysierten Textstück verortet[37] und an dieser Stelle ein prinzipieller sachlicher Einschnitt gesehen. Dies tun zum Beispiel Doris Offermann und Falk Wagner, indem sie den bisher behandelten Begriff des unmittelbaren Selbstbewußtseins und den nun einzuführenden Begriff des religiösen Gefühls deutlich voneinander abgrenzen. Dies erfolgt von entgegengesetzten Intentionen her, scheint aber in beiden Fällen die richtige Unterscheidung von Metaphysik und Religion zu gefährden.[38]

Rudolf Odebrechts Version von Schleiermachers Text legte die übliche Auffassung nahe: Sie machte an dieser Stelle einen Einschnitt und hob einen in Ludwig Jonas' Ausgabe fehlenden Satz gewissermaßen als Überschrift des folgenden Textstücks hervor: „Das *religiöse Gefühl* als Repräsentation des transcendenten Grundes".[39] Dies ist jedoch irreführend, insofern es nicht um einen Teil des Fließtexts, der dessen innere Gliederung markiert, sondern um eine Randbemerkung Schleiermachers geht. Die durch Jonas' Text nahegelegte Behauptung, daß hier kein neuer Abschnitt beginnt, wird durch die neue kritische Ausgabe untermauert. Auch innere Gründe sprechen dagegen. Ein sachlicher Einschnitt ist nicht in den anderen Dialektiktexten und auch nicht im Nachschrifttext von 1822 erkennbar. Insofern scheint der Anfang der religionstheoretischen Erörterung schon in der vorhergehenden Thematisierung des Gefühls oder des unmittelbaren Selbstbewußtseins in Beziehung auf den transzendentalen Grund zu liegen. Weiter wird für das „Haben" des Grundes in der Identität des Gefühls von 1814/15, das 1822 durch das „Haben" einer Analogie des Grundes ersetzt wird, im Jahr 1818/19 der in der Vorlesung von 1822

---

37 KGA II/10.1, 266,33; siehe oben 8.2.2.

38 Offermann meint, daß das religiöse Abhängigkeitsgefühl ein „Zusatz" zum eigentlichen Gedankengang der Dialektik als ganzem (Offermann, Einleitung 68) und daraus nicht motiviert ist, sondern aus einem Rekurs auf die Glaubenslehre zu erklären ist (ebd. 81f.). Während die letzte Behauptung problematisch ist, läßt sich die erste verteidigen, aber nur so, daß sie ebensosehr das unmittelbare Selbstbewußtsein umfaßt. Worauf rekurriert wird, sind jedoch – sei es die Einleitung in die Glaubenslehre, sei es die philosophische Ethik – philosophische Sätze. Wenn Wagner Selbstbewußtsein und religiöses Gefühl auseinanderhält (Wagner, Dialektik 152f. Anm. 17), hat es ganz andere Implikationen. So führt die Rekonstruktion des Religionsbegriffs vor dem Hintergrund seines Verständnisses des unmittelbaren Selbstbewußtseins als Selbstsetzens im Sinne eines starken Begründungsprinzips zu der Behauptung, daß das Selbstbewußtsein und die freie Selbsttätigkeit die *ratio essendi* des absoluten Abhängigkeitsgefühls sind und dieses nur die *ratio cognoscendi* von jenen (ebd. 202.279f.).

39 KGA II/10.1, 266 Anm. 2; Schleiermacher, Dialektik [1942] 289; der Satz wird als ganzer von Odebrecht hervorgehoben.

auftretende Begriff der Repräsentation verwendet.[40] Ebenso sprechen die Nachschriften von 1822 wechselweise von einer Abspiegelung des Grundes im unmittelbaren Selbstbewußtsein und im religiösen Gefühl.[41] Hieraus folgt, daß der Gedanke vom religiösen Bewußtsein als Repräsentation des transzendenten Grundes in Schleiermachers Text von 1822 kein eigentlich neues Thema in Verhältnis zum vorhergehenden darstellt, und daß der Repräsentationsbegriff ein Äquivalent des Begriffs der Analogie neben denen des Bildes und des Spiegels ist. Auf der anderen Seite erfolgt jetzt ein neuer Argumentationsschritt, der erst die religiöse Seite des Subjektivitätsbegriffs als solche entfaltet.

Diese Interpretation wird durch die Weise, wie Schleiermacher den Gedankengang weiterentwickelt, bestätigt. Hat er vorher erklärt, daß wir im Gefühl „uns die Einheit des denkend wollenden und wollend denkenden Seins irgendwie, aber gleichviel Wie, bestimmt" sind und darin die Analogie mit dem transzendenten Grund, „nämlich die aufhebende Verknüpfung der relativen Gegensäze" haben,[42] führt er hier eine weitere These ein: „Diese Aufhebung der Gegensäze könnte aber nicht *unser* Bewußtsein sein, wenn wir uns selbst darin nicht ein bedingtes und bestimmtes wären oder würden. Aber nicht bedingt und bestimmt durch etwas selbst im Gegensaz begriffenes: denn insofern sind darin die Gegensäze nicht aufgehoben, sondern [...] durch den transcendenten Grund selbst".[43] Die erste Aussage spielt auf die besondere Rezeptivität des Gefühls an; die betreffende Bestimmtheit des Subjekts kann noch als eine sinnliche Bestimmtheit, wo eine Rückwirkung möglich ist, verstanden werden. Die zweite Aussage nimmt die erste auf, indem deutlich gemacht wird, daß es der Dialektik nicht um eine solche Bestimmtheit geht, sondern um eine solche, in welcher das Gebiet des Gegensatzes überstiegen ist. Als eine in diesem Sinn transzendente wird die Bestimmtheit in der Fortsetzung als eine religiöse Bestimmtheit und als eine spezifische Art der Abhängigkeit definiert.

Nun ist das Spezifische dieser Variante der Religionstheorie nicht die Orientierung am Freiheits- und am Abhängigkeitsgedanken allein. Diese gehören in diesen Abschnitt der Dialektik und scheinen besonders in der der Zweitauflage der Glaubenslehre nahestehenden Vorlesung von 1828

---

40 SW III/4.2, 155 Anm.
41 KGA II/10.2, 572,2ff.
42 KGA II/10.1, 266,19ff.
43 Ebd. 266,33ff.

bedeutsam gewesen zu sein.[44] So leitet sich die Überzeugungskraft der religionstheoretischen Argumentation der Dialektik auch von dieser Thematik her. Für die Dialektik spezifisch ist aber die Orientierung am Gedanken der *Einheit*, die auch in den Hinweisen auf die Selbsttätigkeit und Empfänglichkeit hervortritt und die sich letztlich aus der spekulativen Zielsetzung ihres transzendentalen Teils ergibt. Wir haben mehrmals festgestellt, wie die Dialektik auf das Selbstbewußtsein als eine Art der Erkenntnis Bezug nimmt, die durch eine im Vergleich mit normalem Wissen einzigartige Einheit gekennzeichnet ist. So verweist sie auf dieses Bewußtsein als besonderes Zeichen für die Übereinstimmung von Denken und Sein im Wissen und sodann als Zeichen für die absolute Einheit des transzendenten Grundes. Zugleich wurde klar, daß das Selbstbewußtsein auch als ein unmittelbares eine innere Differenziertheit besitzt, indem es eine implizite Differenz von Subjekt und Objekt enthält. Diese beiden Merkmale des Begriffs des unmittelbaren Selbstbewußtseins bilden die Voraussetzung des jetzigen Argumentationsschritts: Aufgrund seines singulären Einheitssinns repräsentiert das Gefühl oder das Selbstbewußtsein die absolute Einheit. Um Wagners Begriffe umzukehren: Es ist der vorzügliche Erkenntnisgrund des transzendenten Grundes.[45] Darauf beruht das Interesse, das die Dialektik an diesem Theoriestück hat. Die erkennende Selbstbeziehung des menschlichen Subjekts ist aber selbst keine absolute Einheit, sondern diese ist als solche durch den transzendenten Grund bedingt, der also als Realgrund der Subjektivität gedacht wird. Darauf zielt das Interesse der Religionstheorie. Mit einer Nachschrift der Vorlesung von 1831: „Das Mitgeseztsein Gottes in unserm Selbstbewußtsein ist der wesentliche Grund der Einheit unseres Seins im Uebergang [...]".[46]

Wurde bereits gezeigt, wie die besondere Einheit des unmittelbaren Selbstbewußtseins zu verstehen ist, so ist jetzt zu fragen, was es bedeuten kann, daß sie einen transzendenten Grund hat. Es kann ausgeschlossen werden, daß dieser als eine äußere, vorübergehende Ursache wirkt. Das Bewußtsein des Selbst kann nicht auf diese Weise objektiv erklärt werden. Der transzendente Grund des Selbstbewußtseins muß als ein immanenter verstanden werden. Warum muß dieses aber überhaupt einen Grund haben? Vielleicht können die Linien der Überlegungen Schleiermachers in der Dialektik mit einem Argument Dieter Henrichs verlängert werden:

---

44 Ebd. 305,20ff.: „das religiöse Element" des Selbstbewußtseins ist die „in der Nichtigkeit des denkend Wollenden gesezte Abhängigkeit vom transcendenten Grunde". „Nichtigkeit", von Jonas als „Selbstthätigkeit" gelesen (SW III/4.2, 475), ist eine unsichere Lesart.

45 Vgl. oben Anm. 38.

46 SW III/4.2, 525 Anm.

Jeder Faktor im Selbstbewußtsein als einem Ganzen ist zwar ein notwendiger Teil von diesem. Kein einzelner Faktor ist aber imstande, das Ganze und die Einheit des Selbstbewußtseins zu erklären. Deshalb muß diesem ein Grund vorausgedacht werden.[47]

Ungeachtet, ob die Einheit des Selbstbewußtseins oder die Freiheit hervorgehoben wird, ist das, woraus die Bestimmung des Religionsbegriffs der Dialektik ihre Rationalität holt und worauf dieser letztlich beruht, der Umstand, daß *die Subjektivität nicht selbstgenügsam ist und insofern über sich selbst hinausweist.* Hingegen wird nicht darauf abgehoben, daß das unmittelbare Selbstbewußtsein – etwa in seinem Bestreben, sich selbst zu begründen – oder die Theorie desselben sich in einer prekären Lage befindet, die das Übersteigen des religiösen Bewußtseins bedingt. Mit anderen Worten, die Argumentation ist nicht auf der Diagnose einer aporetischen Zirkelhaftigkeit des Begriffs des Selbstbewußtseins aufgebaut, die sich aus einer Erklärung desselben als Reflexion ergeben hätte und nun religionstheoretisch gelöst werden soll.[48] Von einem solchen von Falk Wagner in die Diskussion eingeführten Gedankenmodell gibt es auch in den Versionen der Religionstheorie in den beiden Auflagen der Glaubenslehre keine Anzeichen. Schleiermachers Religionstheorie ruht nicht auf einer so abstrakten theoretischen Thematik, die in ihrer Konsequenz ein zwingendes Argument für die Religion – oder bei Wagner selbst eher für die Theorie des Absoluten – bereitstellen müßte. Schleiermachers diesbezügliche Argumentation bezieht sich überall auf elementarere Fragen und bedient sich schwächerer Begründungsformen. Ebensowenig wie Schleiermachers Begriff des unmittelbaren Selbstbewußtseins fungiert sein Religionsbegriff als ein starkes Begründungsprinzip. Auch im Zusammenhang der Thematisierung der Subjektivität und der Religion hält seine Dialektik also ihre Skepsis gegen derartige Prinzipien fest.

9.4. Religion und Subjektivität nach der Glaubenslehre

Die Religionstheorie der beiden Auflagen der Schleiermacherschen Dogmatik ist mehr als nur eine Applikation der in der Ethik und der Dialektik entwickelten Theorie der Subjektivität. Sie enthält die umfassendste und differenzierteste zusammenhängende Darstellung des Begriffs der Sub-

---

47 Henrich, Grund 642. Ungeachtet ihrer abweichenden Interpretationen des Selbstbewußtseins als unmittelbaren bzw. als Subjekt-Objekt-Beziehung weisen Schleiermachers und Hölderlins Ansätze hier wieder im Blick auf ihre Abweichung von Fichtes erster und zweiter Wissenschaftslehre Übereinstimmungen auf; vgl. ebd. 525ff.627ff.

48 Siehe oben 8.3.2.

jektivität im ganzen Werk Schleiermachers und ist also sein bedeutendster Beitrag zur Behandlung dieses Themas. Diese Tatsache bestätigt die enge sachliche Verbindung der Themen der Religion und der Subjektivität in seinem Gedankengang und unterstützt die These über das Verhältnis zwischen der frühen und der späten Religionstheorie, zumal die Theorie der Glaubenslehre mehr als die der anderen Disziplinen als die eigentliche Nachfolgerin der Theorie der *Reden* gelten kann.

In diesem und dem hiermit weitgehend korrespondierenden folgenden Abschnitt ist ein besonders verwickelter Gang der Darstellung unvermeidlich. Dies ist nicht nur durch die gleichzeitige Berücksichtigung der beiden Auflagen der Glaubenslehre, sondern vor allem durch die Komplexität und Gedrängtheit der Argumentation dieser Haupttexte der späten Schleiermacherschen Religionstheorie bedingt. Als Leitfaden können die Unterscheidung von Selbstbewußtsein und Gefühl als reiner und zuständlicher Subjektivität und die damit korrespondierenden Duplizitäten gelten, die in einem Maß, wie es in der Forschung noch nicht gesehen wurde, hier bestimmend sind. Dieser Faden wird dementsprechend sowohl durch die Analyse zunächst besonders der allgemeinen Merkmale des Subjektivitätsbegriffs Schleiermachers als auch durch die der Merkmale seines Religionsbegriffs – eine Einteilung, die mit der Argumentation seiner Religionstheorie sachlich übereinstimmt – laufen. In diesem ersten Abschnitt sollen anhand von §§ 8-10 der ersten Auflage der Glaubenslehre, ergänzt durch Aussagen der zweiten Auflage, verschiedene Dimensionen der Subjektivität als des „Siz[es]"[49] der Religion erklärt werden. Es wird insbesondere darauf abgehoben, zu begreifen, was eine Bestimmtheit des Gefühls oder des Selbstbewußtseins ist.

9.4.1. Die *Einheit* oder das *Wesen des Subjekts*

Daß Religion als solche kein Fall des Wissens oder des Tuns, auf der anderen Seite aber auch nicht „etwas verworrenes und unwirksames"[50] ist, sondern Wissen und Tun anregt, wird in § 8 durch subjektivitätstheoretische Reflexionen begründet.[51] Es kommt uns nicht auf die Einzelheiten des ganzen Gedankengangs an,[52] sondern vorerst darauf, wie Schleiermacher

---

49 KGA I/7.1, 26,12.

50 Ebd. 27,2f.

51 Ebd. 26-30, vgl. KGA I/13.1, 24-32 § 3.3-5 = Gl2.1, 17-23.

52 Dazu die allerdings nicht in jeder Hinsicht überzeugende Interpretation von Junker, Urbild 40ff.; zur Zweitfassung siehe auch – mit einem entsprechenden Vorbehalt – Albrecht, Theorie 232ff.

Gedanken aus der Dialektik übernimmt. Es geht dabei insbesondere um das Übergangstheorem. Der Übergangsbegriff kommt explizit nicht an dieser Stelle der Erstauflage, dagegen aber in den entsprechenden Texten sowohl der Vorarbeit als auch der zweiten Auflage[53] vor. Darauf, daß er bei der Applikation in der Glaubenslehre im Vergleich mit der Dialektik eine kontextbestimmte Bedeutungsverschiebung erfährt, wurde bereits aufmerksam gemacht.[54]

Schleiermacher verfährt in seiner Argumentation hier implizit oder explizit auf dieselbe Weise wie in der frühen Religionstheorie: Er geht zweimal von einer allgemeinen bewußtseinstheoretischen Betrachtung aus und appliziert sie dann auf das religiöses Bewußtsein.[55]

Das erste Mal ist grundlegend der Gedanke vom Gefühl oder unmittelbaren Selbstbewußtsein als der *Einheit*, die nach der Dialektik Bedingung des Übergangs zwischen Wissen und Wollen ist. Sie ist gemeint, wenn im Zuge des Plädoyers für den Primat des Selbstbewußtseins in der Religion gefragt wird, wie sonst „das Wissen und das Thun [...] eins sein sollen, als in einem dritten, und welches denn dieses dritte sei, wenn nicht eben das innerste unmittelbare Selbstbewußtsein des Wissenden und Thuenden".[56] Sie kommt auch zum Ausdruck, wenn Schleiermacher, diese Stelle wieder aufnehmend, vom Gefühl als vom „innern Mittelpunkt und Heerd des Lebens" spricht[57] – eine Redeweise, die auch anderswo im Werk vorkommt, zum Beispiel in der ersten Ausgabe der *Reden*.[58]

Der zweite Punkt, der aus Schleiermachers Erklärung der Beziehung zwischen Gefühl, Wissen und Wollen in der Religion hervorgehoben werden soll, ist die Metapher vom *Begleiten* des Gefühls. Hier bezieht er sich wiederum deutlich auf Gedanken, die uns aus der Dialektik bekannt sind, um von dorther zu zeigen, „wie das fromme Gefühl mit dem Wissen und Thun zusammen sein kann, beide begleitend".[59] Übrigens liegt der Akzent der Glaubenslehre aber nicht auf dem Selbstbewußtsein in seiner begleitenden Funktion, sondern auf Weisen des selbständigeren Hervor-

---

53   KGA I/7.3, 657,4ff.; I/13.1, 26ff. = Gl2.1, 19ff.

54   Siehe oben S. 502.

55   Dies wird 1821 nur beim zweiten Punkt ausdrücklich gemacht; vgl. KGA I/7.1, 29,16, mit ebd. 30,3f. Zum ersten Punkt vgl. KGA I/13.1, 26,20 = Gl2.1, 19,10, mit KGA I/13.1, 27,2f. = Gl2.1, 19,15.

56   KGA I/7.1, 27,14ff.

57   Ebd. 29,11f.

58   Siehe oben Kap. 3 Anm. 290.

59   KGA I/7.1, 30,3f.

tretens des Selbstbewußtseins.[60] Es ist zu vermuten, daß derselbe Subjektivitätsbegriff wie in der Dialektik zugrunde liegt.

Dem ersten Punkt, dem Einheitsmotiv, hat Schleiermacher in dem entsprechenden Paragraphen der Zweitauflage weitere Überlegungen gewidmet.[61] Daß diese bei dem veränderten Aufbau und zum Teil auch anderen Gehalt des Paragraphen auf die entsprechende Stelle der Erstauflage zu beziehen sind, geht aus Marginalien Schleiermachers zur ersten Fassung hervor.[62] Sie zeigen auch, daß die Diskussion über die erste Version des Buches ihm Anlaß gegeben hat, seine Position präziser darzustellen, jedoch so, daß auf schon vor der Erstauflage bei ihm bekannte Gedankenfiguren zurückgegriffen wird.

Die in der ersten Auflage nur berührte Frage, ob es neben Gefühl, Wissen und Wollen ein Viertes und ihre Einheit Begründendes gibt, wird in der neuen Auflage folgendermaßen beantwortet: „diese Einheit ist das Wesen des Subjectes selbst, welches sich in jenen einander gegenübertretenden Formen kund giebt, und also, wie man es auch in dieser besonderen Beziehung nennen möge, der gemeinschaftliche Grund derselben".[63] Man bemerkt, daß die Glaubenslehre auf den Gedanken der allgemeinen Einheit des Wesens des Subjekts aus der Dialektik, nicht auf den der individuellen Einheit des Lebens aus der Ethik rekurriert. Außerdem bietet die Aussage die Bestätigung dafür, daß Schleiermachers Glaubenslehre von 1830/31 keine anspruchsvollere subjektivitätstheoretische Grundlegung aufweist als 1821/22.[64] Im Gegenteil, die zweite Fassung folgt eher einer vorsichtigeren Begründungstrategie: Die letzte Einheit des Subjekts ist dem Bewußtsein nicht direkt zugänglich und kann nur

---

60 Ebd. 26,12f., vgl. KGA I/13.1, 23,6ff. = Gl2.1, 16f.: das unmittelbare Selbstbewußtsein „ist keinesweges immer nur begleitend; vielmehr wird jedem in dieser Hinsicht eine doppelte Erfahrung zugemuthet. Einmal daß es Augenblikke giebt, in denen hinter einem irgendwie bestimmten Selbstbewußtsein alles Denken und Wollen zurüktritt; dann aber auch daß bisweilen dieselbe Bestimmtheit des Selbstbewußtseins während einer Reihe verschiedenartiger Acte des Denkens und Wollens unverändert fortdauert, mithin auf diese sich nicht bezieht und sie also auch nicht im eigentlichen Sinne begleitet". Es ist mir nicht klar, warum Christian Albrecht mit Bezug auf diese Aussage den Begriff des Selbstbewußtseins und zwar in beiden Weisen seiner Inanspruchnahme als auf eine „undeutliche" Selbstbeziehung des Subjekts zielend versteht (Albrecht, Theorie 238).

61 KGA I/13.1, 24ff. = Gl2.1, 17f.

62 KGA I/7.3, 26 Nr. 90, vgl. ebd. 22 Nr. 76; 25 Nr. 84.

63 KGA I/13.1, 26,6ff. = Gl2.1, 18.

64 Wie Maureen Junker behauptet (Junker, Urbild 49); vgl. auch Friedrich Wilhelm Grafs Interpretation der Stelle (Graf, Gefühl 184).

vorausgesetzt werden.[65] Manifest sind nur die drei Funktionen in ihren Beziehungen aufeinander.

Eine Parallele findet sich in der dritten Auflage der *Reden*, in der auf die in der ersten Ausgabe der Dogmatik stärker hervorgehobene, anscheinend privilegierte Stellung des Selbstbewußtseins innerhalb der dreigliedrigen Funktionseinheit hingewiesen wird:

> „so kann freilich die Einheit unsers Wesens, weil sie das schlechthin innerliche ist, nie an und für sich allein hervortreten, am unmittelbarsten aber erscheint sie doch in dem Selbstbewußtsein, sofern in demselben die einzelnen Beziehungen zurüktreten; so wie auf der andern Seite auch das Selbstbewußtsein am meisten dann, wenn die einzelnen Beziehungen in demselben hervortreten, als einzelne Function erscheint".[66]

Schleiermachers Äußerungen über die Einheit des menschlichen Wesens, Bewußtseins oder Lebens in den verschiedenen Disziplinen sind nicht ganz eindeutig und – auch wenn man die unterschiedlichen theoretischen Kontexte berücksichtigt – kaum auf einen Nenner zu bringen. Die zitierte Aussage ist wohl noch eine der vergleichsweise klarsten. Die darin skizzierte doppelte Stellung des Selbstbewußtseins kann zunächst am besten von seiner Unterscheidung von Selbstbewußtsein und Gefühl her verstanden werden.

9.4.2. Selbstbewußtsein und Gefühl nach der Glaubenslehre

Wie bereits bemerkt, kommt *Gefühl* in Schleiermachers Bestimmung der Religion nur als bewußtes und als etwas nicht Verworrenes in Betracht.[67] Solche Merkmale des Begriffs des Gefühls sind darin begründet, daß es auf der Linie der philosophischen Ethik Schleiermachers als eine Gestalt der *Vernunft* begriffen wird: Das Gefühl ist „die Vernunft selbst unter der Form des subjektiven Prozesses".[68] Weiter wird das Gefühl auf dieser

---

65 KGA I/7.3, 22 Nr. 76, vgl. WA 2, 576 § 33. Die Vorarbeit spricht von den „3 Arten durch welche sich das Dasein des Menschlichen Geistes manifestirt" (KGA I/7.3, 657,1f.). Vgl. auch ebd. 25 Nr. 84: „Weder Vernunft noch Geist noch Gemüth kann ich als die Einheit zu diesen dreien ansehn sondern bin eher zufrieden mit dem Ausdruk ‚der tiefste Grund' ohne weiteres. Vernunft ist freilich in allen drei Functionen". Der betreffende Ausdruck wird ebenso wie der Begriff des Voraussetzens durch die Rezension Friedrich Heinrich Christian Schwarz' veranlaßt verwendet (siehe ebd. App.), beide sind jedoch schon früher von Schleiermacher selbst gebraucht worden. Vgl. auch mit der Überlegung in „Über die Freiheit", die Reinholds Ausmünzung der Paralogismenkritik reflektiert (KGA I/1, 320,5ff.; siehe oben S. 71f.).

66 KGA I/12, 145,18ff.

67 KGA I/13.1, 22,9ff. = Gl2.1, 16; KGA I/7.1, 27,2f.

68 KGA I/7.3, 34 Nr. 127.

Linie auch in der Glaubenslehre immer als eine *Selbstbeziehung* des Subjekts, als „ein in sich abgeschlossenens, ein in und für sich selbst Bestimmtsein des Gemüthes",[69] verstanden. Dies kommt selbstverständlich besonders in der Verbindung des Gefühlsbegriffes mit dem Begriff des Selbstbewußtseins zum Ausdruck.

In Übereinstimmung mit der Formel der philosophischen Ethik von 1812/13: „das bestimmte Selbstbewußtsein = Gefühl",[70] kennzeichnet Schleiermacher in § 8 der Erstauflage der Glaubenslehre das Gefühl als „eine Bestimmtheit des Selbstbewußtseins".[71] Diese Bestimmtheit besagt erstens, daß das Selbst im Gefühl *rezeptiv* ist, indem es von etwas anderem bestimmt wird. Diese Betonung, die den späteren vom frühen Schleiermacher unterscheidet,[72] kommt auch in neu hinzukommenden Passagen der Zweitauflage zum Ausdruck.[73] Zweitens ist das Selbstbewußtsein als ein in diesem Sinn bestimmtes ein *konkretes* Selbstbewußtsein. Schleiermacher bringt dies durch ein uns auch aus der Ethik und der Dialektik bekanntes, die Bestimmtheit kennzeichnendes *wie* zum Ausdruck. So spricht er hier vom Gefühl als von „einem irgendwie bestimmten Selbstbewußtsein".[74]

Die wiedergegebene Kennzeichnung des Gefühls weist auf die grundsätzliche Definition in der Erstauflage zurück, die dem die Religion ins Gefühl verortenden 8. Paragraphen selbst von Schleiermacher anmerkungsweise beigefügt wurde: „Unter Gefühl verstehe ich das unmittelbare Selbstbewußtsein, wie es, wenn nicht ausschließend, doch vorzüglich einen Zeittheil erfüllt, und wesentlich unter den bald stärker bald schwächer entgegengesezten Formen des angenehmen und unangenehmen vorkommt".[75] Zu untersuchen ist nun der hier zur Definition des Gefühlsbegriffs vorausgesetzte Begriff des unmittelbaren Selbstbewußtseins.

In der Glaubenslehre ist das seltene Vorkommen dieses Begriffs auffällig. Dies gilt für die folgenden Einleitungsparagraphen in den beiden

69 KGA I/7.1, 41,41f.
70 WA 2, 310 § 207.
71 KGA I/7.1, 28,37.
72 Siehe oben S. 419.
73 KGA I/13.1, 25,9ff. = Gl2.1, 18: „Das Fühlen hingegen ist nicht nur in seiner Dauer als Bewegtwordensein ein Insichbleiben, sondern es wird auch als Bewegtwerden nicht von dem Subject bewirkt, sondern kommt nur in dem Subject zu Stande, und ist also, indem es ganz und gar der Empfänglichkeit angehört, auch gänzlich ein Insichbleiben".
74 KGA I/7.1, 26,14f.; vgl. WA 2, 647: „Sichwiewissen". Christian Albrecht übersieht diesen Aspekt der Einführung des Gefühlsbegriffs in die Religionstheorie der Glaubenslehre, wenn er in seiner an der zweiten Ausgabe orientierten Interpretation „eine Bestimmtheit" lediglich in „eine von mehreren möglichen inhaltsvollen Realisierungsgestalten" übersetzt (Albrecht, Theorie 234 Anm. 166).
75 KGA I/7.1, 26,4ff.

Auflagen,[76] aber der Begriff des unmittelbaren Selbstbewußtseins ist noch
seltener in der materialen Dogmatik; so habe ich ihn im ersten Teil der
ersten Auflage nur zweimal registriert.[77] Dieser Befund darf nicht so
ausgelegt werden, daß der Begriff von geringerer Bedeutung ist. Er ist
eher von da her zu erklären, daß das unmittelbare Selbstbewußtsein mit
dem primären, authentischen Selbstbewußtsein identisch ist, weshalb eine
nähere Beschreibung sich erübrigt.

Wie bereits erwähnt, gibt die Einleitung zur Glaubenslehre in der ersten Auflage keine Erklärung des Wissensmodus des unmittelbaren
Selbstbewußtseins. Die eher beiläufige Erklärung beleuchtet dies in einer
anderen Hinsicht: Unter *unmittelbar*, wird mitgeteilt, versteht Schleiermacher *ursprünglich* in dem Sinn, daß das Selbstbewußtsein nicht an einem
Moment des Wissens oder des Tuns haftet.[78] Dem entspricht die faktische
Verwendung des Begriffs in den zentralen Paragraphen und später: Das
unmittelbare Selbstbewußtsein wird hier als das rein innere und von
anderen Funktionen unabhängige und diesen nicht begleitende Selbstbewußtsein beschrieben.[79] Diese Weise, den Begriff zu verwenden, fügt zum
oben festgestellten, auch in dieser Auflage gegenwärtigen Hauptsinn der
Unmittelbarkeit des Selbstbewußtseins[80] eine weitere Bedeutungsnuance
hinzu, die aber nicht seine innere Struktur, sondern seinen Status im
Zusammenhang der Funktionen des Subjekts kennzeichnet.

Die Erklärung der Randbemerkung stimmt auch mit dem Begriff des
unmittelbaren Selbstbewußtseins im obigen Zitat überein: Es ist das reine
wissende Selbstverhältnis des Subjekts, das als solches der Zeit enthoben
ist. Um es von der Hauptbedeutung der Unmittelbarkeit zu unterscheiden, nenne ich es im folgenden oft das *reine* Selbstbewußtsein.[81] Ein
Zeitmomente erfüllendes Selbstbewußtsein ist dieses nur aufgrund des
Gefühls. Das Erfüllen eines Moments durch das Gefühl ist graduell:
„wenn nicht ausschließend, doch vorzüglich"; im Hintergrund steht
Schleiermachers Modell des relativen Überwiegens, das hier wie andernorts auch in der Redeweise vom Hervor- oder Zurücktretens des Gefühls
zum Ausdruck kommt.[82] Das Zitat zeigt noch einmal, daß die Religionstheorie der Glaubenslehre von demselben Begriff der Subjektivität her wie

---

76   Das hat Ausleger verwirrt, zum Beispiel Offermann, Einleitung 51ff.
77   KGA I/7.1, 123,9; 183,25.
78   KGA I/7.3, 24 Nr. 80.
79   KGA I/7.1, 27,17; 35,34; 38,14; 183,24ff.
80   Siehe ebd. 31,13f., vgl. oben 8.3.1.
81   Vgl. KGA I/7.1, 31,6f.
82   Ebd. 26,14ff.

die Dialektik denkt, nur daß das Interesse jetzt vorwiegend ihrer konkreten Seite gilt.

An dieser Stelle bietet sich der Vergleich mit dem Jugendentwurf, der „Wissen, Glauben und Meinen" überschrieben wird, an.[83] Wurde dessen vorfichtescher Begriff eines unmittelbaren Selbstbewußtseins bisher gegen den gleichlautenden, aber auf eine vorreflexive Selbstbeziehung abzielenden Begriff beim späten Schleiermacher abgegrenzt, ist nun auf eine Übereinstimmung hinzuweisen: In beiden Argumentationszusammenhängen ist vom reinen, allgemeinen Selbstbewußtsein die Rede. Ebenso besteht eine Entsprechung zwischen einerseits der frühen Unterscheidung des allgemeinen Selbstbewußtseins der menschlichen Natur und des individuellen Selbstbewußtseins als des Bewußtseins der Modifikationen oder des Zustands der Natur des Menschen und andererseits der späteren Unterscheidung des unmittelbaren im Sinne des reinen Selbstbewußtseins und des konkreten Gefühls.[84] Im Blick auf diese Bedeutungsmomente der betreffenden Begriffe des jungen bzw. des späten Schleiermacher kann also eine Kontinuität festgestellt werden. Vielleicht kann man wie beim Selbstbewußtseinsbegriff in „Wissen, Glauben und Meinen" auch im Begriff des Wesens des Subjekts, wie er in diesem Zusammenhang des Spätwerks verwendet wird, ein Rudiment der vorkantischen Aufklärungsphilosophie sehen; es ist jedoch kritizistisch modifiziert – zwischen der Wolffschen Schulphilosophie und Schleiermacher steht, wie anhand seines Frühwerks festgestellt wurde, die Kantische Paralogismenkritik.

Es hat sich anhand der Glaubenslehre die Einsicht wiederholt, daß Schleiermachers Begriffe von Selbstbewußtsein und Gefühl sich als Begriffe der Subjektivität zueinander wie Abstraktes und Konkretes verhalten. Es geht hier um die in der Ethik entwickelte und in der Dialektik weitergeführte Doppelstruktur der Subjektivität. Von dort her wissen wir, daß die reine, sich selbst gleiche Selbstbeziehung des Selbstbewußtseins als auf der Spontaneität des Subjekts beruhend rekonstruiert werden muß, während die Bestimmtheit des Gefühls Affektion von außen voraussetzt. Im Zusammenhang des 8. Paragraphen der Erstauflage der Dogmatik gibt es indessen eine Bemerkung, die sich nicht ohne weiteres in dieses Bild einfügt. Sie scheint eine weiterreichende These über die Kennzeichnung des Gefühls als einer Bestimmtheit des Selbstbewußtseins zu enthalten: In der Vorskizze wird von dem den Übergang bedingenden Selbstbewußtsein gesagt, daß „dessen Ursprüngliches nur eine Bestimmung *des Gefühls*

---

83 Siehe oben S. 92ff.

84 Es ist diese Konkretheit, auf die es uns hier neben der Reinheit der Subjektivität ankommt. Die konkrete Zustandsbestimmtheit erschöpft allerdings nicht die von „Wissen, Glauben und Meinen" berührte Frage nach der Subjektivität als einer individuellen.

ist".[85] Vorläufig soll mit Hinweis auf diese sehr interpretationsbedürftige Bemerkung nur hervorgehoben werden, daß das Selbstbewußtsein, ungeachtet der Reinheit seiner Selbstbeziehung, von Schleiermacher nicht als isoliert von durch das Gefühl vermittelten Kontexten gedacht wird.

9.4.3. Die innere Doppelstruktur der Subjektivität

Hat § 8 das reine Selbstbewußtsein und das Gefühl in ihrer Beziehung auf die anderen Funktionen des Subjekts thematisiert, rückt § 9.1-2[86] die Struktur der Subjektivität an sich in den Mittelpunkt. Dieser 9. Paragraph ist nur im Zusammenhang mit der Doppelheit von Gefühl und Selbstbewußtsein zu interpretieren. Der Paragraph – und sein Pendant in der folgenden Auflage – expliziert die ganze Struktur der Subjektivität in einer andernorts bei Schleiermacher nicht erreichten Tiefe und Prägnanz. Konrad Cramer hat in einem ausgezeichneten Aufsatz die betreffenden Gedanken in der Version von 1830 neu erschlossen.[87] Cramers Rekonstruktion, die in Zusammenhang mit seinen Arbeiten über das erkennende Bewußtsein bei Kant steht und Schleiermacher auf dieser Linie begreift, wird auf einer umfassenderen Textgrundlage durch meine Interpretation weitgehend bestätigt. Diese versucht zugleich, Schleiermachers Gefühlstheorie, die bei Cramer zu kurz kommt, besser Rechnung zu tragen.

9.4.3.1. Reines Selbstbewußtsein und Sosein

Die Erläuterung von § 9 beginnt folgendermaßen:

> „Es giebt kein als zeiterfüllend hervortretendes reines Selbstbewußtsein, worin einer sich nur seines reinen Ich an sich bewußt würde, sondern immer in Beziehung auf etwas, mag das nun eines sein oder vieles, und bestimmt zusammengefaßt oder unbestimmt; denn wir haben nicht in besonderen Momenten ein Selbstbewußtsein von uns als den sich immer gleichbleibenden, und in besonderen wieder ein anderes von uns als den von einem Augenblick zum andern veränderlichen; sondern beides sind nur Bestandtheile jedes bestimmten Selbstbewußtseins, indem jedes ist ein unmittelbares Bewußtsein des Menschen von sich als verändertem".[88]

---

85   KGA I/7.3, 657,6f.; obwohl dies nicht im herausgegebenen Text aufgenommen wurde, hat Schleiermacher es in seiner Dogmatikvorlesung 1823/24 wiederholt (ebd. 24f. App.).

86   KGA I/7.1, 31f., vgl. KGA I/13.1, 33-37 § 4.1-2 = Gl2.1, 24-27.

87   Cramer, Prämissen.

88   KGA I/7.1, 31,6ff., vgl. KGA I/13.1, 33,6ff. = Gl2.1, 24.

Von da her soll zuerst präzisiert werden, wie das Verhältnis zwischen § 8 und § 9 der ersten oder § 3 und 4 der zweiten Auflage, das einleitend berührt wurde, zu verstehen ist. Es ist behauptet worden, daß ein Sprung zwischen den beiden Paragraphen stattfindet:[89] Es geht zwar an beiden Stellen um ein unmittelbares und nicht um ein gegenständliches Selbstbewußtsein, aber § 9 oder 4 setzt anders als der vorhergehende Paragraph beim *wirklichen* Selbstbewußtsein ein.[90] Mit dieser Behauptung wird die Erklärung verbunden, daß der Paragraph das unmittelbare Selbstbewußtsein als *komplexe* Größe – aus zwei Elementen zusammengesetzt – definiert und einführt und sich dadurch außerdem von der Dialektik unterscheidet, die es als einfach begreift.[91]

Diese Darstellung ist unzutreffend im Blick sowohl auf die Beziehung zwischen den zwei Paragraphen der Glaubenslehre als auch auf diejenige zwischen dieser und der Dialektik in dieser Sache. Insofern Schleiermacher sich in der Glaubenslehre bei der Einordnung und Abgrenzung des religiösen Bewußtseins an der wirklichen, bestimmten Subjektivität orientiert, ist diese Orientierung beiden Paragraphen gemeinsam.[92] Es verhält sich zwar so, daß im zitierten Passus das Selbstbewußtsein im weiten Sinn – also mit seinen beiden Bestandteilen – das vorreflexive Selbstbewußtsein ist. Dies geht am deutlichsten aus der Version von 1830 hervor, die sich auf die ausführliche Erklärung dessen in § 3.2[93] zurückbeziehen kann, ist aber auch von der Version von 1821 her klar. Der Rückbezug kann aber differenzierter gefaßt werden, wenn man sich an den Status des Selbstbewußtseins, wie er in § 8 der Erstauflage bestimmt wird, erinnert. Keine der mir bekannten Interpretationen scheinen zu berücksichtigen, daß der Eingang von § 9 gerade *darauf* und also auf die Unterscheidung von Selbstbewußtsein und Gefühl abzielt. Das reine Selbstbewußtsein ist mit dem unmittelbaren im Sinne des zeitenthobenen, abstrakten Selbstbewußtseins identisch, während das zeiterfüllende Selbstbewußtsein dem Gefühl der Definition in § 8 entspricht. Dieser Zusammenhang ist in der endgültigen Ausgabe weniger klar, obwohl deren § 4 mit derselben Doppelheit wie der Vorgänger von 1821 operiert. Die Nichtbe-

---

89 Unter anderen Offermann, Einleitung 47f.

90 Vgl. auch Ebeling, Beobachtungen 106f.

91 Offermann, Einleitung 51.55.104f. Die Komplexität des Selbstbewußtseins ist nicht zu verwechseln mit seiner oben in 8.3.1 erörterten epistemischen Verfaßtheit.

92 Vgl. Wagner, Dialektik 186f. Auch Wagner konstruiert jedoch zwischen den Subjektivitätsbegriffen der beiden Disziplinen einen unsachgemäßen Gegensatz, der auf seiner Rekonstruktion des Begriffs des unmittelbaren Selbstbewußtseins in der Dialektik beruht (ebd. 187ff.).

93 KGA I/13.1, 22f. = Gl2.1, 16; siehe oben 522ff.

achtung des Zusammenhangs geschieht meist zulasten des ersten Bestandteils der Subjektivität.

Damit ist schon klar, daß es ungenau wäre, mit Cramer zu sagen, daß das Thema des Zitats die allgemeine Struktur des menschlichen *Bewußtseins* oder *Objektbewußtseins* ist.[94] Das Thema ist die *innere* Struktur des *Selbstbewußtseins* in dem weiten, auch das Gefühl umfassenden Sinn. Diese ist gemeint, wenn in der Zweitfassung von der „Duplicität des Selbstbewußtseins" gesprochen wird.[95] Sie wird allerdings im Zusammenhang mit erkenntnis- und bewußtseinstheoretischen Aussagen letztlich Kantischer Provenienz bestimmt.

So ist deutlich, und zwar deutlicher in der ersten Auflage als in der zweiten, daß Schleiermacher sich hier an der allgemeinen Struktur des Bewußtseins orientiert. Sie wird wie in anderen Argumentationen Schleiermachers durch die Begriffe der *Unterscheidung*[96] und *Beziehung* ausgedrückt: Das Ich wird sich seiner nur in Beziehung auf etwas bewußt, das von ihm unterschieden wird, sei dies „bestimmt zusammengefaßt oder unbestimmt", d.h. objektiv im engen oder im weiten Sinn. Anders als in der Wissenstheorie der Dialektik gilt die Aufmerksamkeit innerhalb dieser Struktur aber nicht so sehr dem Objekt als dem Subjekt, und zwar diesem in zwei Hinsichten: als reinem Ich und als durch anderes bestimmtem. Vom Subjekt als Bestimmtem her wird sodann auf das Bestimmende zurückgegangen.

Die diese beiden Bestandteile umfassende Doppelstruktur des Selbstbewußtseins wird, auch wie sie in der ersten Fassung dargestellt wird, durch Konrad Cramers Interpretation des Textes von 1830 zutreffend gefaßt, die drei Behauptungen als darin enthalten herauspräpariert: „Erstens: Wir sind uns in jedem Fall von wirklichem Bewußtsein [...] unseres *Selbst* bewußt. Zweitens: Wir sind uns in jedem solchen Fall unseres Selbst, wie es immer *dasselbe* ist, bewußt. Drittens: Wir sind uns in jedem solchen Fall unseres Selbst, wie es immer dasselbe ist, nicht *allein* bewußt".[97] Die erste Behauptung bezieht sich auf das bloße Selbstbewußt-

---

94 Cramer, Prämissen 139. Seine Lesart wird durch einen Fehler in Martin Redekers Ausgabe begünstigt, wo *Selbstbewußtsein* in *Bewußtsein* verwandelt wird (Gl2.1, 24,1); vgl. KGA I/13.1, 33,6: „In keinem wirklichen Selbstbewußtsein [...]". Die betreffende Ungenauigkeit ist an sich nicht schwerwiegend, ist aber eine Voraussetzung von Cramers Unterbelichtung des Gefühlselements.

95 KGA I/13.1, 33,23 = Gl2.1, 24.

96 KGA I/7.1, 31,19.

97 Cramer, Prämissen 139, mit Bezug auf KGA I/13.1, 33,6ff. = Gl2.1, 24: „In keinem wirklichen Selbstbewußtsein, gleichviel ob es nur ein Denken oder Thun begleitet, oder ob es einen Moment für sich erfüllt, sind wir uns unsres Selbst an und für sich, wie es

sein als Bedingung dafür, daß ein Subjekt sich Bewußtseinszustände als
seine eigenen zuschreiben kann; die zweite auf dessen Bewußtsein der
Identität seiner selbst in Relation auf die wechselnden Zustände, die es
sich zuschreibt. Der dritte Punkt ist darin impliziert: Das Subjekt ist sich
seiner Identität nur in Relation auf solche wechselnden Zustände bewußt.

Hier erhält die These über das Verhältnis zwischen Schleiermachers
früher und später Religionstheorie seine Bestätigung: Durch den Einbau
dieses Subjektivitätsbegriffs in den Religionsbegriff wird aufgrund der
zwei ersten Behauptungen dem Mangel, der an dieser Stelle in den *Reden*
festgestellt wurde, auf vorzügliche Weise abgeholfen.

Bei der in der dritten Behauptung gemeinten Relation geht es im Zusammenhang von Schleiermachers Theorie des subjektiven Bewußtseins
nicht um auf Gegenstände zu beziehende Vorstellungen oder Bewußtseins-
inhalte, wie Cramer voraussetzt,[98] sondern um die Wirkung von diesen
auf das Subjekt. Das kommt hier im Gedanken der Bestimmtheit des
Selbstbewußtseins zum Ausdruck, ebenfalls in dem „so", das in der
Fortsetzung des Zitats allein oder in Zusammensetzungen wie „Sosein"[99]
auftritt und mit dem „wie" in § 8[100] korrespondiert. Die zweite Auflage
bildet dementsprechend den Begriff „Irgendwiegewordensein".[101] Dies
bezieht sich auf den Begriff des *Gefühls*, wie er im vorhergehenden
Paragraphen dargestellt wurde. Dasselbe ist der Fall bei der hervorgehobenen Beschreibung des zweiten Elements des Selbstbewußtseins als des
Bewußtseins der *Veränderlichkeit* des Selbst, das dem Bewußtsein von
dessen Gleichbleiben entgegengesetzt wird. Daß das Subjekt veränderlich
ist, nimmt auf seine Bestimmbarkeit durch anderes Bezug. Daß dieser
Punkt unter den Begriff des Gefühls fällt, erhellt auch der Vergleich mit
der Definition dieses Begriffes in den *Reden* und ist ebenso von Schleiermachers philosophischer Ethik her deutlich.[102]

Weitere Hinweise zum Verstehen der beiden Bestandteile der Subjektivität werden in der Fortsetzung gegeben:

> „Des lezteren Bestandtheiles aber sind wir uns nicht als eines von uns selbst
> hervorgebrachten und vorgebildeten bewußt; sondern mit dem bestimmten

---

immer dasselbe ist, allein bewußt, sondern immer zugleich einer wechselnden Bestimmtheit desselben" (Redekers Wortlaut korrigiert; vgl. oben Anm. 94).

98   Cramer, Prämissen 140ff.

99   KGA I/7.1, 31,18.20.

100 Ebd. 26,15.

101 KGA I/13.1, 33,17 = Gl2.1, 24.

102 Vgl. oben S. 308.405f.; WA 2, 647f. Nach Falk Wagner kann „ein unmittelbares Bewußtsein des Menschen von sich als verändertem" nicht unmittelbar sein, weil es durch anderes vermittelt ist (Wagner, Dialektik 190f.). Das ist aber keine Vermittlung, die der
Unmittelbarkeit des Selbstbewußtseins im Schleiermacherschen Sinn widerstreitet.

Selbstbewußtsein ist unmittelbar verbunden die Zurükschiebung unseres So-
seins auf ein etwas als mitwirkende Ursache, d. h. das Bewußtsein, es sei etwas von uns unterschiedenes, ohne welches unser Selbstbewußtsein jezt nicht
so sein würde: jedoch wird deshalb das Selbstbewußtsein nicht Bewußtsein
eines Gegenstandes, sondern es bleibt Selbstbewußtsein, und man kann nur
sagen, daß in dem Selbstbewußtsein der erste Bestandtheil ausdrükke das für
sich sein des Einzelnen, der andere aber das Zusammensein desselben mit
anderen".[103]

Auch der subjektivitätstheoretische Hauptgehalt dieses Passus darf als mit
Konrad Cramers Interpretation des entsprechenden Textes der folgenden
Ausgabe aufgeklärt gelten. Sie greift Schleiermachers Unterscheidung der
Empfänglichkeit und Selbsttätigkeit des Subjekts auf, die wir – dem
Aufbau des Paragraphen in der Erstauflage folgend – erst unten erörtern
wollen: Während die Tatsache, daß das Subjekt in wechselnden Zustän-
den ist, in seiner Empfänglichkeit begründet ist, kann das Bewußtsein der
Einheit des Subjekts mit Bezug auf diese Zustände nicht als einen solchen
Zustand und also von der Empfänglichkeit, sondern nur von der Spontaneität des Subjekts her erklärt werden.[104] Mit den Worten der ersten
Fassung, wir sind uns dieses Teils des Selbstbewußtseins „als eines von
uns selbst hervorgebrachten und vorgebildeten bewußt". Die zweite Fassung drückt das spontane Element durch den Begriff von einem „Sich-
selbstsezen" aus. Dem wird ein „Sichselbstnichtsogesezthaben" gegenübergestellt.[105] Dies wird gern und zu Recht als Fichte-Kritik gedeutet. Es
muß jedoch betont werden, daß diese erst in der zweiten Ausgabe pointiert formulierte Kritik mit Bezug auf einen mit Fichte gemeinsamen

---

103 KGA I/7.1, 31,14ff.
104 Cramer, Prämissen 140f. Zur Auseinandersetzung mit Cramers Rekonstruktion siehe
     Barth, Bewußtsein 42ff. Ulrich Barth macht zu Recht geltend, daß das in § 4.1 der
     Zweitauflage thematisierte Bewußtsein nicht das Objektbewußtsein, sondern das
     Selbstbewußtsein ist, wobei jedoch festzuhalten bleibt, daß der theoretische Kontext der
     Thematisierung durch eine kantianisierende Erkenntnistheorie einschließlich der Zwei-
     Stämme-Lehre mitgebildet wird. Barth wendet sich wie die hier vorgelegte Interpretati-
     on auch gegen Cramers stiefmütterliche Behandlung von Schleiermachers Begriff des
     Gefühls und hebt dessen Charakter als Zustands- und Veränderlichkeitsbewußtsein
     hervor. Wohl im Anschluß an den Satz in der 1830-Fassung des vorletzten Zitats aus der
     Glaubenslehre: „Das Ich an sich kann gegenständlich vorgestellt werden" (KGA I/13.1,
     33,10 = Gl2.1, 24,5f.), ordnet Barth indessen nicht nur das Ichbewußtsein, sondern auch
     den Selbstsetzungsgedanken und das Identitätsbewußtsein der reflektierten Selbstvor-
     stellung zu. Diese Zuordnung ist unzutreffend, und Cramer hat mit Recht Ich, Identität
     und Selbstsetzung als Ausdrücke des einen Elements des Schleiermacher im Blick auf
     den Religionsbegriff interessierenden ganzen Selbstbewußtseins begriffen. Sie reprä-
     sentieren das unmittelbare Selbstbewußtsein als reines. In diesem Sinn kommt – Cramer
     gegenüber – bei Barth Schleiermachers Begriff des unmittelbarem Selbstbewußtseins zu
     kurz.
105 KGA I/13.1, 33,16 = Gl2.1, 24,11f.

sachlichen und auch terminologisch an ihn anknüpfenden Punkt artikuliert wird.[106] Dies zeigt sich ebenso in Schleiermachers Psychologie, wo
der Begriff des Ichsetzens ein Grundbegriff ist. Ein einzelner Punkt soll
erwähnt werden, wo die frühe Auflage der Dogmatik sich von der späteren unterscheidet, wenn der Text ganz buchstäblich genommen werden
darf: Am Ende des Zitats wird über den Gedanken des Individuums der
zweite Bestandteil der Subjektivität nebenbei mit dem Gedanken der
Intersubjektivität verbunden.

§ 9.1 gibt noch zu weiteren Bemerkungen über Schleiermachers *Verfahren* Anlaß. Es ist oft hervorgehoben worden, daß er sich in diesen
Paragraphen wiederholt auf die Erfahrung beruft.[107] Darin kann dann eine
besondere Orientierung am Phänomen des Lebens und ein Verzicht auf
abstrakte Spekulation[108] oder ein Ungenügen der Argumentation Schleiermachers gesehen werden; im letzten Fall wird dies gern der ersten, nicht
aber der zweiten Ausgabe zur Last gelegt.[109] Beiden Auslegungen entgegen steht das spezifische Verfahren, das Schleiermacher hier in beiden
Fassungen ausübt. Ein ähnliches Verfahren, das durch Kantische Tradition
gespeist ist, hat er in der Dialektik, der Ethik und in den *Reden* in den
Theorien der Erkenntnis, der Religion und der Subjektivität praktiziert. Er
geht immer in der Weise vor, daß er die diese Phänomene konstituierenden Elemente oder Bestandteile aufweist, die irreduzibel, aber gleichzeitig
gegenseitig abhängig sind. Daraus erhellt der Status des Gedankens des
reinen Ich: Dieser Gedanke ist das Ergebnis einer bewußt unternommenen
Abstraktion: „Ich an sich kann gedacht werden als Abstraction".[110] Das
reine Ich ist ein unselbständiger, aber notwendiger Bestandteil des Bewußtseins. Dieses Verfahren, das mit Ulrich Barth ein elemententheoreti-
sches genannt werden kann,[111] entspricht dem expliziten Hauptbegriff der
Glaubenslehre, was die Methode betrifft: dem Begriff der *Analyse des
Selbstbewußtseins*;[112] „Analyse" meint dabei Zergliederung. Außerdem soll
die Berufung auf die Erfahrung und der Hinweis auf Selbstbeobachtung
nicht die begriffliche Argumentation ersetzen, sondern die Kompetenz

---

106 Vgl. Wehrung, Methode 40ff. Er hebt auf plausible Weise Aussagen aus dem Anfang
   von Fichtes Sittenlehre hervor, welcher Text oben 3.2.4.1 mit Teilen der Religionstheorie
   der *Reden* verbunden wurde.
107 Zum Beispiel auch KGA I/7.1, 26,12ff.
108 Vgl. Ebeling, Beobachtungen; Weymann, Glaube; Jørgensen, Offenbarungsverständnis
   215f.
109 Siehe oben Anm. 17.
110 KGA I/7.3, 29 Nr. 104.
111 Barth, Christentum 42ff.; ders., Bewußtsein 54f.
112 KGA I/13.1, 33 Anm. = Gl2.1, 24 Anm. a, vgl. zum Beispiel KGA I/7.1, 119f.; 132,19ff.;
   192,11ff.

der Leser in Anspruch nehmen. An diesem Punkt dürfte besonders in der ersten Auflage noch ein Nachhall der Wissenschaftslehre hörbar sein: „Die Zustimmung zu diesem Saz kann unbedingt gefordert werden, und keiner wird sie versagen, der überhaupt fähig ist in diese Untersuchungen hinein zu gehen".[113]

9.4.3.2. Freiheitsgefühl und Abhängigkeitsgefühl

Diese Überschrift bezieht sich besonders auf die zweite Ausgabe, auf die wir wegen der Bedeutung des Freiheits- und des Abhängigkeitsgefühls für ihre differenziertere religionstheoretische Argumentation näher eingehen werden. Doch muß auch ein Blick auf die frühere Version in § 9.2 der ersten Ausgabe[114] geworfen werden.

Diese Version ist nicht streng aufgebaut: Es wird auf den Zusammenhang von Selbstbewußtsein und durch anderes bestimmtem Sosein hingewiesen, dieser wird auf unbestimmte Weise mit den Zusammenhang von Empfänglichkeit und Selbsttätigkeit verbunden, und von dort her wird auf zwei Modifikationen des Gefühls geschlossen. Der Begriff des Gefühls, der bis jetzt nicht explizit in der Erläuterung des Paragraphen verwendet wurde, hat dabei den in § 8 abgegrenzten Sinn. Hieraus ergibt sich eine Antwort auf die Frage, warum Schleiermacher nicht nur vom Bewußtsein, sondern auch von *Gefühlen* der Freiheit und der Abhängigkeit redet.[115] Er tut dies in seiner spezifischen Begrifflichkeit, weil er sich darauf nicht als auf das reine Selbstbewußtsein, sondern als auf konkrete Bestimmtheiten des Selbstbewußtseins bezieht.[116] Die erste Auflage gebraucht zwar erst unter dem folgenden Punkt der Erläuterung den Begriff des Gefühls der Abhängigkeit[117] und den des Freiheitsgefühls viel später.[118] Die beiden Modifikationen des Gefühls werden hier so unterschieden, daß das Selbstbewußtsein entweder „ein Verhältniß der Abhängigkeit" oder „ein Verhältnis der Wechselwirkung oder Gegenwirkung"

---

113 KGA I/7.1, 31,24ff., vgl. KGA I/13.1, 34,22ff. = Gl2.1, 25,7ff.; FW z.B. I, 522; IV, 8; auf diese Übereinstimmung mit Fichte hat Georg Wehrung hingewiesen (Wehrung, Methode 43).
114 KGA I/7.1, 31f.
115 Vgl. Cramer, Prämissen 143.
116 Vgl. auch KGA I/13.1, 34,26ff. = Gl2.1, 25,11ff.; KGA I/7.1, 253,11ff. Zu Schleiermachers früher Verwendung von Begriffen von Gefühlen der Freiheit und – nicht der Abhängigkeit, sondern – der Notwendigkeit siehe oben S. 84ff.131f.213.
117 KGA I/7.1, 32,7.
118 Ebd. 124,14ff.

ausdrückt.[119] Es wird hinzugefügt, daß es auch im letzten Fall „reines Gefühl" – d.h. wohl, daß es selbst rezeptiv – bleibt.[120] Die zweite Auflage enthält in der zweiten Hälfte von § 4.1 eine eigene Erörterung der Spontaneität und der Rezeptivität. Darin muß erstens der Übergang von den beiden Elementen des Selbstbewußtseins zu dieser Unterscheidung beachtet werden: „Diesen zwei Elementen, wie sie im zeitlichen Selbstbewußtsein zusammen sind, entsprechen nun in dem Subject dessen *Empfänglichkeit* und *Selbstthätigkeit*".[121] Wie der Rekurs auf den Begriff des Subjekts in § 3 ist dieser Hinweis auf dieses und auf seine Empfänglichkeit und Selbsttätigkeit kaum Ausdruck der Einführung einer das angeblich lediglich deskriptive Verfahren der ersten Auflage überbietenden transzendentalen Analyse.[122] Wie wir von Schleiermachers Dialektik her wissen, behandelt er diese Funktionen im Kantischen Sinne, insofern er sie als solche versteht, die nicht weiter begründet werden können. Daß er auch in der Glaubenslehre nicht weiter geht, kann aus der oben berührten besonderen Verwendung des Begriffs vom Wesen des Subjekts geschlossen werden, der noch einmal in diesem Zusammenhang vorkommt.[123]

Zweitens unternimmt Schleiermacher eine Verhältnisbestimmung der Empfänglichkeit und der Selbsttätigkeit, die der des reinen und des bestimmten Selbstbewußtseins parallel läuft: Würde das Zusammensein mit anderem weggedacht und die Selbsttätigkeit des Subjekts allein gedacht, wäre diese

> „auf keinen Gegenstand bezogen, nur ein Hervortretenwollen, eine unbestimmte Agilität ohne Gestalt und Farbe [...]. Wie wir uns aber immer nur im Zusammensein mit anderem finden: so ist auch in jedem für sich hervortretenden Selbstbewußtsein das Element der irgendwie getroffenen Empfäng-

---

119 Ebd. 31,31f.34f.
120 Ebd. 32,3. Es könnte eventuell auch heißen, daß es selbstbezogen bleibt, welches es qua Gefühl auf konkrete Weise ist. Was in einem Gefühl gefühlt wird, ist ja nicht etwas anderes als das Fühlende, sondern dessen Zustand oder Sosein. – Claus-Dieter Osthövener deutet § 9.2 so: „Die Abhängigkeit bezieht sich auf das stets gleichbleibende Für-sich-Sein, das als Element des Selbstbewußtseins ausgemacht wurde, die Wechselwirkung dagegen auf dessen Veränderlichkeit und Selbsttätigkeit" (Osthövener, Lehre 15). Gegen diese Interpretation – die wohl durch Schleiermachers Wendung, daß sich das Gefühl im Abhängigkeitsverhältnis ganz gleich bleibt, veranlaßt wurde – spricht seine Unterscheidung von reinem Selbstbewußtsein und Gefühl, wo dieses durch Empfänglichkeit bestimmtes Veränderlichkeitsbewußtsein und jenes auf Selbsttätigkeit beruhendes Identitätsbewußtsein ist.
121 KGA I/13.1, 34,5ff. = Gl2.1, 24; vgl. wiederum mit Reinholds Lehre, daß diese die Natur des vorstellenden Subjekts ausmachen (siehe oben Kap. 1 Anm. 610).
122 Vgl. Junker, Urbild 57.
123 KGA I/13.1, 35,11ff. = Gl2.1, 25.

lichkeit das erste, und selbst das ein Thun, worunter auch das Erkennen begriffen werden kann, begleitende Selbstbewußtsein, wiewol es überwiegend eine regsame Selbstthätigkeit aussagt, wird immer auf einen früheren Moment getroffener Empfänglichkeit bezogen, durch welchen die ursprüngliche Agilität ihre Richtung empfing, nur daß oft auch diese Beziehung eine ganz unbestimmte sein kann".[124]

Dies ist wiederum Glied einer Auseinandersetzung mit Fichte, die vermutlich besonders auf dessen Sittenlehre zu beziehen ist.[125] Sie richtet sich gegen die Unbestimmtheit und Leerheit des Fichteschen Begriffs der Selbsttätigkeit und des Ich und ist eine Variante einer verbreiteten Fichte-Kritik, die zum Beispiel von Jacobi vertreten wurde.[126]

Dazu sind zwei kommentierende Bemerkungen notwendig. Erstens: Obwohl Schleiermacher sich scheinbar nur abgrenzend über die unbestimmte Agilität äußert, geht es um eine Voraussetzung, die er selbst macht. Er tut dies in seiner Dialektik,[127] aber auch an dieser Stelle. So hat dieser Begriff einen Status bei Schleiermacher, der dem des Begriffs des reinen Ich entspricht. Die Agilität wird zwar mit Bezug auf das wirkliche Selbstbewußtsein relativiert, aber nicht von der Rezeptivität abgeleitet. Sie wird als eine ursprüngliche bezeichnet, die nur ihre Richtung durch eine Bestimmtheit von dieser erhält. Schleiermachers Korrektur an Fichte – und dies ist der zweite Punkt – bewegt sich also nicht auf der Ebene dieses Begriffs, sondern auf der des wirklichen Bewußtseins. Hier gilt der Primat der Rezeptivität. Dies ist jedoch nicht ohne Bedeutung für die Interpretation der Spontaneität: Obwohl nicht von der Empfänglichkeit hergeleitet, gibt es Selbsttätigkeit und selbsttätig erzeugtes Selbstbewußtsein nur in Verbindung mit einem von außen angeregten Gefühl. Vielleicht kann die Aussage aus der Vorskizze, daß das Ursprüngliche des Selbstbewußtseins eine Bestimmung des Gefühls ist,[128] in diesem Sinn verstanden werden. Dies ist jedoch nicht etwas, was überhaupt keine Entsprechung bei Fichte findet, obzwar es ganz anders angelegt ist als das, woran man bei ihm hier denken kann, nämlich seine in Naturrecht und Sittenlehre entfaltete Konzeption einer Theorie der *konkreten* Subjektivität.[129] In dieser Hinsicht ist Schleiermachers Gefühlstheorie mit Fichtes Entwurf vergleichbar.

Von da her führt Schleiermacher in § 4.2 die Begriffe des Abhängigkeitsgefühls und des Freiheitsgefühls als Bezeichnungen relativ entgegen-

---

124 KGA I/13.1, 34,8ff. = Gl2.1, 24f.
125 Vgl. FW IV, bes. 8f.; Wehrung, Methode 41; Wagner, Dialektik 189 Anm. 76.
126 Vgl. Stolzenberg, Begriff [1995] 75f.
127 Vgl. KGA II/10.1, 155,7f.; 273,31f.; 339,27ff.; SW III/4.2, 493 Anm. *.
128 Siehe oben Anm. 85.
129 Siehe oben 2.2.3.

gesetzter Bestimmtheiten des Selbstbewußtseins ein.[130] Vor dem Hintergrund seiner Analyse des wirklichen Selbstbewußtseins stellt er fest, daß die Gefühle der Freiheit und der Abhängigkeit, wie sie sich in unseren natürlichen und gesellschaftlichen Verhältnissen ausprägen, immer nur eine Wechselwirkung zwischen uns und dem Außeruns darstellen. Indem er diese Relate in ihrer Totalität in dem Begriff der *Welt* faßt, erklärt er:

> „Demnach ist unser Selbstbewußtsein als Bewußtsein unseres Seins in der Welt oder unseres Zusammenseins mit der Welt, eine Reihe von getheiltem Freiheitsgefühl und Abhängigkeitsgefühl; schlechthiniges Abhängigkeitsgefühl aber, d. h. ohne ein auf dasselbe Mitbestimmende bezügliches Freiheitsgefühl, oder schlechthiniges Freiheitsgefühl, d. h. ohne ein auf dasselbe Mitbestimmende bezügliches Abhängigkeitsgefühl giebt es in diesem ganzen Gebiete nicht".[131]

Die Tragweite von Schleiermachers These wird erst deutlich, wenn beachtet wird, daß er sie nicht nur auf das sich in jenen Verhältnissen ausdrückende erkennende oder praktische Bewußtsein bezieht, in dem „eine aus uns herausgehende Selbstthätigkeit" stattfindet, die einen Gegenstand haben muß, „der uns irgenwie gegeben worden ist".[132] Er bezieht sie zudem sowohl auf jeden einzelnen inneren Akt als auch auf die Gesamtheit der inneren Akte der Spontaneität: „Soll aber das Freiheitsgefühl nur eine innere selbstthätige Bewegung aussagen, so hängt nicht nur jede einzelne solche mit dem jedesmaligen Zustande unserer erregten Empfänglichkeit zusammen, sondern auch die Gesamtheit unserer innern freien Bewegungen als Einheit betrachtet kann nicht durch ein schlechthiniges Freiheitsgefühl repräsentirt werden".[133] Dieser einfach hinzunehmenden Bestimmtheit des Selbst korrespondiert innerhalb der Doppelstruktur der Subjektivität das Gefühl.[134]

---

130 KGA I/13.1, 34ff. = Gl2.1, 25ff.
131 KGA I/13.1, 36,12ff. = Gl2.1, 26.
132 KGA I/13.1, 37,19ff. § 4.3 = Gl2.1, 27.
133 KGA I/13.1, 38,2ff. = Gl2, 28.
134 Obwohl Konrad Cramer den Gefühlsbegriff nicht berücksichtigt, drückt er die Implikation des Gesagten präzise aus, indem er den Satz über die Relativität der Freiheit auf den Gedanken von der Erzeugung des Identitätsbewußtseins bezieht: „In Wahrheit geht also auch derjenige freie Akt, durch welchen sich ein Subjekt das Bewußtsein seiner selbst erzeugt, zu etwas an diesem Subjekt heraus, was der Sphäre der Empfänglichkeit des Subjekt angehört. Auch das epistemische Selbstbewußtsein trifft das Selbst jeweils in einer Bestimmtheit an, die es nur hinzunehmen, nicht aber zu erzeugen vermag. Schleiermacher läßt keinen Zweifel darüber, daß das Selbst in dieser seiner Bestimmtheit welthaft bestimmt ist" (Cramer, Prämissen 145f. Anm. 23).

9.4.4. Konkrete Subjektivität

Wie § 9 der ersten Auflage nicht eine § 8 gegenüber ganz neue Thematik aufnimmt, so auch nicht die uns an dieser Stelle der Untersuchung interessierenden Abschnitte in den Paragraphen 10-11[135] in Beziehung auf § 9. Sie haben insbesondere die Bedeutung, ein genaueres Verständnis der Konkretheit des Gefühls zu ermöglichen. Sie tun dies, indem sie den sonst aus der Religionsdefinition ausgeschiedenen Begriff der *Anschauung* wieder einbeziehen.

9.4.4.1. Stufen des Bewußtseins

§ 10 unterscheidet drei Stufen des Bewußtseins. Schleiermacher spricht von Stufen des Gefühls und auch des Selbstbewußtseins, obwohl es nicht nur um das subjektive Bewußtsein geht; dies spiegelt sein theoretisches Interesse in der Einleitung in die Glaubenslehre wider, die von „dem gegenständlichen Bewußtsein" als von etwas absieht, womit die Religion nicht zu tun hat.[136]

Der Stufenbegriff wird mit einem Vorbehalt versehen, der besagt, daß „nur uneigentlich" von Stufen mit Bezug auf das menschliche bewußte Leben zu reden ist, wo alles als „allmählicher Uebergang" gedacht werden kann.[137] Dieser Vorbehalt ist mit Schleiermachers These vom Zusammenhang zwischen gemeinem und höherem Bewußtsein verbunden, die erstmals in seinem „Versuch einer Theorie des geselligen Betragens" in Übereinstimmung mit Friedrich Schlegels Fichte-Korrektur dargestellt wurde,[138] und die wir seitdem an mehreren Stellen im Spätwerk artikuliert gefunden haben.[139] Wie gezeigt, ist diese These grundlegend für die Konzeption der dem objektiven Bewußtsein gewidmeten Dialektik. Damit vergleichbar ist die Erörterung des subjektiven Bewußtseins in der Glaubenslehre, wo Schleiermacher auch das höchste Bewußtsein als Wissen und als Gefühl parallelisiert.[140]

Die unterste Bewußtseinsstufe wird von Schleiermacher lediglich als eine Annahme eingeführt. Er gibt ihr diesen Status, teils weil sie den Tie-

---

135 KGA I/7.1, 33-40, vgl. KGA I/13.1, 41-51 § 5 = Gl2.1, 31-40.
136 KGA I/13.1, 43,5ff. = Gl2.1, 32.
137 KGA I/7.1, 34,3ff.
138 Siehe oben 2.4.1.1.
139 Siehe oben S. 385f.; 7.1.2.2. Vgl. die Stelle der Glaubenslehre besonders mit KGA II/10.1, 76 § 11.
140 KGA I/7.1, 35,28ff.

ren zugeschrieben werden muß, deren Bewußtsein uns doch nicht zugänglich ist, teils weil sie sich in ihrer Reinheit nicht als menschliche Bewußtseinsart aufweisen läßt; der Mensch kann ihr aber nahe kommen. Schleiermacher konstruiert also diese Stufe, indem er das menschliche Bewußtsein in Analogie[141] mit dem tierischen Bewußtsein stellt:

> „Das thierische Leben ist uns eigentlich ganz verborgen, indem wir aber auf der einen Seite genöthigt sind, ihm Bewußtsein zuzuschreiben, auf der andern eben so ihm Erkenntniß abzusprechen: so bleibt uns kaum etwas anderes übrig, als ein Bewußtsein anzunehmen, in welchem das insichzurükgehende und das gegenständliche, Gefühl und Anschauung, nicht recht auseinandertreten. Einem solchen Zustand ungeschiedener Verworrenheit nähert sich der Mensch sowohl in der ersten dunkeln Lebensperiode als auch in einzelnen träumerischen Momenten".[142]

Diese Art des Bewußtseins kommt am ehesten dem Säugling zu und ist so eine solche, die durch eine andere Bewußtseinsart abgelöst wird. Sie ist insofern relevant, als sie eine bleibende Möglichkeit des Menschen ist. Das davon abgesonderte höherstufige Bewußtsein ist ein solches, das „der scharf geschiedene Gegensaz von Gefühl und Anschauung" definiert.[143]

Ob der Begriff der Anschauung hier die der Religionstheorie der *Reden* zugrunde gelegte oder die besonders in der Dialektik festgelegte Bedeutung hat, ist bei der Desinteressiertheit der Glaubenslehre gegenüber dem objektiven Erkennen schwierig festzustellen und letztlich nicht entscheidend. Dieser Text hat erkenntnistheoretisch denselben Stellenwert wie die Texte der philosophischen Ethik, die in ihren späteren Fassungen dazu neigen, den Anschauungsbegriff im elementaren, in der frühen Religionstheorie hervorgehobenen Sinn gegen den Begriff der Wahrnehmung auszutauschen.[144] Er bestätigt aber diese Tendenz nicht, insofern er hier vorzüglich den erstgenannten Begriff gebraucht. Auf der anderen Seite bezieht sich Schleiermacher an dieser Stelle auf die Anschauung als vom Gefühl getrennt und insofern in ihrer Gestalt nach dem Verlust der Unschuld, um deretwillen sie in der frühen Religionsschrift hervorgehoben wurde. Es läßt sich vermuten, daß die neuen Konnotationen des Begriffs dabei mitklingen; jedenfalls vertritt der Begriff der Anschauung in einigen Aussagen der Glaubenslehre das objektive Erkennen.[145] Dies kommt auch darin zum Ausdruck, daß Erkenntnis und nach der zweiten Auflage „eigentliche" – d.h. hier im strengen Sinn objektive – Erkennt-

---

141 Vgl. KGA I/7.3, 34 Nr. 132.
142 KGA I/7.1, 34,9ff.
143 Ebd. 34,17f.
144 Siehe oben 5.2.3.
145 Vgl. KGA I/7.1, 123,14f.; 125,27ff.; 132,22f.

nis[146] als durch den Gegensatz von Anschauung und Gefühl bedingt verstanden wird. Dem entspricht, daß Schleiermacher hier im gleichen Sinn vom Auseinandertreten von *Subjekt* und *Objekt* reden kann.[147] Zu diesen Unterscheidungen fügt die zweite Auflage die von partiellem Freiheitsgefühl und partiellem Abhängigkeitsgefühl hinzu.[148]

Die niedere Stufe ist also durch Bewußtsein gekennzeichnet, aber durch ein Bewußtsein, in dem Gefühl und Anschauung, Subjekt und Objekt nicht „recht auseinandertreten". Das heißt, daß das betreffende Bewußtsein ein Subjekt und ein Objekt impliziert: Es ist nur darin Bewußtsein, daß *jemand sich etwas* bewußt ist. Insofern werden in dieser Art des Bewußtseins auch Subjekt und Objekt aufeinander bezogen und voneinander unterschieden. Auf der anderen Seite wird die Unterscheidung hier nicht explizit vollzogen. Dieses Bewußtsein ist folglich von Dunkel und „ungeschiedener Verworrenheit" geprägt. Wenn Schleiermacher auf die unterste Bewußtseinsstufe als auf „das Dunkel der Bewußtlosigkeit" verweist,[149] muß dies als Ausdruck des Fehlens der ausdrücklichen Unterscheidung, nicht aber des Fehlens des Bewußtseins überhaupt verstanden werden. Demgegenüber wird das durch eine solche Unterscheidung konstituierte Bewußtsein der zweiten Stufe als klar charakterisiert.[150] Am Rande kommt hier auch der Begriff der Reflexion vor.[151]

Diese Bewußtseinstheorie weist Entsprechungen zu der oben bei der Religionstheorie der *Reden* rekonstruierten auf. Beide Texte unterscheiden eine dunkle Stufe des Bewußtseins von einer klaren Stufe, ein Bewußtsein, in welchem Subjekt und Objekt vorkommen, aber nicht als unterschiedene bewußt werden, von einem reflexiven Bewußtsein, in dem sie getrennt werden. Es dreht sich also um Gedanken, die kontinuierlich in Schleiermachers Werk festgehalten werden. Sie werden von ihm allem Anschein nach in der Nachfolge Eberhards und insbesondere Reinholds formuliert.

Entscheidend ist, was die zweite Bewußtseinsstufe auf der Seite des Subjekts, des „Insichzurückgehenden", impliziert – wie Schleiermacher es mit einem auch andernorts sowohl im Frühwerk als im Spätwerk von ihm verwendeten, besonders von Fichte geprägten Ausdruck[152] formuliert. Wie auf der zweiten Stufe objektive Erkenntnis möglich ist, ist durch die Trennung des Gefühls von der Anschauung *Selbstbewußtsein* möglich.

---

146 KGA I/13.1, 41,16ff. = Gl2.1, 31,16ff.
147 KGA I/13.1, 41 Anm. a = Gl2, 31 Anm. c.
148 KGA I/13.1, 41 Anm. a = Gl2, 31 Anm. c.
149 KGA I/7.1, 39,33.
150 Ebd. 37,19; KGA I/7.3, 39 Nr. 164.
151 KGA I/7.3, 37 Nr. 145.
152 Vgl. oben Kap. 2 Anm. 297.

Schleiermacher formuliert diesen Begriff durch Rückgriff auf den Begriff der Lebenseinheit aus seiner philosophischen Ethik. Der Mensch hat eine solche auf andere Weise als das Tier, das „eine Lebenseinheit nur für uns nicht für sich" hat,[153] also ohne sich seiner bewußt zu sein. Nach dieser Aussage ist die Lebenseinheit epistemisches Korrelat des Selbstbewußtseins. Eine andere Aussage bezieht ebenso dieses auf jene, aber in der Weise, daß das Selbstbewußtsein als die Lebenseinheit synthetisch bedingend verstanden wird: Wie dem Tier eigentliche Erkenntnis abgesprochen wird, so auch eigentliches Selbstbewußtsein: „vollkommnes die geschiedenen Momente zu einer stetigen Einheit des Lebens verbindendes Selbstbewußtsein".[154]

Indem das Objekt als vom Subjekt getrennt bewußt wird – so kann von Schleiermachers bewußtseins- und erkenntnistheoretischen Bedingungen her sein Gedankengang expliziert werden –, wird das Objekt als solches bewußt, wird es Objekt im strengen Sinn. Die Frage ist: Gilt eine entsprechende Implikation auf der anderen Seite? Ist dies das, was eigentliches Selbstbewußtsein heißt? Sind wir uns also im zugleich ermöglichten Selbstbewußtsein nicht einfach uns selbst Gegenstand, sondern unserer selbst *als* Gegenstand bewußt? Eine solche These, die meine Erklärung der Unmittelbarkeit des Selbstbewußtseins problematisieren oder die Einschränkung, daß hier nicht mehr von unmittelbarem Selbstbewußtsein die Rede ist, notwendig machen würde, wird nicht vertreten. Es wird zwar der ausdrücklich vollzogene Subjekt-Objekt-Gegensatz als Bedingung auch des Selbstbewußtseins in Anspruch genommen. Er wird aber nur als eine *äußere* Bedingung namhaft gemacht.[155] Aus der expliziten Unterscheidung von Anschauung und Gefühl, Subjekt und Objekt folgt also nicht das Eintreten eines in sich reflektierten Selbstverhältnisses.[156] Mit ihr ist noch nichts über die innere epistemische Verfassung des Selbstbewußtseins gesagt. Im Argumentationszusammenhang des Paragraphen ist nur die Bedingung des Selbstbewußtseins relevant, die darin besteht, daß das Subjekt sich von anderem unterscheidet, worauf es sich auch bezieht.

---

153 KGA I/7.3, 34 Nr. 132.

154 KGA I/13.1, 42,1f. = Gl2.1, 31.

155 Vgl. unter anderem KGA I/7.1, 35,8ff. Vielleicht kann die Bemerkung ebenso verstanden werden, die Schleiermacher am Rande zu ebd. 37,10ff.: „Auch wird niemand sich bewußt werden können eines schlechthin allgemeinen Abhängigkeitsgefühls von Gott, sondern immer eines auf einen bestimmten Zustand bezogen", hinzufügt, nämlich die Bemerkung: „Das allgemeine haben wir nur unter der Form der Reflexion" (KGA I/7.3, 37 Nr. 145); vgl. KGA II/10.1, 143 § 215.2: „nur an einem Gegensaz (zwischen dem eignen Sein und dem außer uns gesezten) ist man sich der Einheit bewußt".

156 Ulrich Barth scheint dagegen zu meinen, daß das sinnliche Selbstbewußtsein reflektiertes Selbstbewußtsein ist (Barth, Bewußtsein 55).

Die dritte Bewußtseinsstufe, der Schleiermacher nun die Religion zuordnet, um deren Eigenart gerecht zu werden, soll sich wiederum durch
die Aufhebung des Gegensatzes auszeichnen. Dieses Bewußtsein ähnelt
folglich dem Bewußtsein der ersten Stufe darin, daß es ohne Gegensatz ist,
setzt aber die zweite Stufe voraus, indem sie den diese konstituierenden
Gegensatz wieder aufhebt.[157] Einer näheren Betrachtung stellt sich Schleiermachers Einstufung der Religion jedoch komplizierter dar: Das religiöse
Bewußtsein kann das Bewußtsein der zweiten Stufe nicht entbehren. Dies
scheint zu bedeuten, daß es nicht um eine eigentliche, eigenständige Stufe
geht. Es kann daran erinnert werden, daß Schleiermachers philosophische
Ethik, wo diese Bewußtseinstheorie nach seiner Systematik verortet ist,
keine dritte Stufe explizit kennt.[158]

Worauf es uns vorläufig allein ankommt, ist die Tatsache, daß Religion nun eindeutig von der ersten Bewußtseinsstufe weggerückt wird. So
wird erreicht, daß das religiöse Bewußtsein nicht als eine Art des *dunklen*
Bewußtseins oder in struktureller Entsprechung dazu verstanden und
kritisiert werden kann, wie dies bei der Theorie der *Reden* möglich war.
Die Unvereinbarkeit mit einem solchen Bewußtsein begründet Schleiermacher dadurch, daß fromme Erregungen „ein sich seiner selbst heller
bewußtes vorausezen",[159] daß *religiöse Gefühle Selbstbewußtsein voraussetzen*. Diese Voraussetzung konnte unter den Bedingungen seines frühen
Religionsbegriffs nicht konsistent geltend gemacht werden. Dies stellt die
endgültige Bestätigung der These dar, daß die Glaubenslehre einen bedeutenden Schritt über die *Reden* hinaus geht und deren religionstheoretisches Hauptdefizit einholt.

---

157 KGA I/7.1, 35,21ff.

158 Siehe oben S. 385. Wie Ulrich Barth hinweist (Barth, Christentum 42f.), hat Braniß
scharfsinnig in der Glaubenslehre das, was er als einen Widerspruch zwischen einer –
mit Barth zu reden – stufentheoretischen und einer elemententheoretischen Thematisierung der Subjektivität versteht, diagnostiziert: „Die eine setzt das fromme und das sinnliche Gefühl als zwei einander subordinirte *Stufen* im *wirklichen* Bewußtsein, die andere
betrachtet beide als entgegensetzte, das wirkliche Bewußtsein jedoch gleich sehr constituirende und insofern einander coordinirte *Elemente* im *reinen* Bewußtsein" (KGA I/7.3,
330ff., dort 331). Schleiermacher ist durch Braniß' Kritik zu einer vorsichtigeren Ausdrucksweise in der Zweitauflage der Glaubenslehre angeregt worden (vgl. KGA I/13.1,
46 Anm. = Gl 2, Bd. 1, 35 Anm. b), hat sie aber grundsätzlich abgewiesen (KGA I/7.3, 36
Nr. 141) – und zwar mit Recht. So weit ich sehe, besteht im Prinzip kein Widerspruch
zwischen einer Stufen- und einer Elemententheorie, da die erste eine materiale Theorie,
die zweite aber eine Methode ist. Eine andere Frage ist, ob Schleiermacher die Elemententheorie überall nur als eine solche handhabt.

159 KGA I/7.1, 34,35ff.

9.4.4.2. Sinnliches Gefühl

Ein Fortschritt in der Thematisierung der Subjektivität im Vergleich mit den vorhergehenden Paragraphen ist noch nicht verdeutlicht worden. Ein solcher ist darin zu sehen, daß das Gefühl, das auch in diesem Paragraph begrifflich vom Selbstbewußtsein unterschieden wird, als ein sinnliches definiert wird. Diese Definition bezieht sich auf das Gefühl als ein der Anschauung entgegengesetztes: „Alles Gefühl nun, welches innerhalb dieses Gegensazes als bestimmter Zustand des Menschen im Zusammensein mit irgend etwas hervortritt, nennen wir ein sinnliches".[160]

In welcher Bedeutung wird das Gefühl als *sinnlich* bezeichnet? Schleiermacher unterstreicht, daß dies „im weitesten Umfang des Wortes" geschieht, und rechnet darunter auch die geselligen und sittlichen Gefühle.[161] Das Kriterium ist, daß ein Gegensatz zwischen dem menschlichen Subjekt und etwas anderem impliziert ist. Dies macht jedoch kaum verständlich, warum vom Gefühl als sinnlichem gesprochen wird. Dies schließt ohne Zweifel Sinnlichkeit in der üblichen Bedeutung ein, und sie ist wohl an dieser Stelle in der Hervorhebung des Gefühls, der Anschauung und auch der Wahrnehmung beim sinnlichen Bewußtsein[162] mitzuhören. Die These des Paragraphen über das Gefühl als sinnliches läßt sich von Schleiermachers Theorie des Gefühls, wie sie in ihrem erkenntnistheoretischen Kontext bei ihm analysiert wurde, rekonstruieren. Es geht nämlich beim sinnlichen Gefühl nicht um eine besondere Art des Gefühls, sondern um das Gefühl im normalen Sinn. Die These ist nur eine weitere Entfaltung der Definition des Gefühls von § 8 mit Bezug auf seine konkrete Bestimmtheit von außen.

Schleiermachers Aussagen über das sinnliche Gefühl beziehen sich, wie bereits gesagt, auf das Subjekt im Verhältnis zu etwas, was es von sich unterscheidet. Es ist „allen sinnlichen Gefühlen wesentlich, daß darin das Selbstbewußte als ein Endliches sich einem andern endlichen gegenüberstellt und theilweise entgegensezt".[163] Dieses Zusammensein mit etwas anderem ist das Wechselwirkungsverhältnis, das in § 9 erörtert wurde.[164] Entscheidend im Zusammenhang von §§ 10-11 ist nicht nur die Tatsache, die auch in jenem Paragraph festgestellt wurde, daß das Fühlende darin von dem anderen *bestimmt* wird, daß „jede Bestimmtheit des sinnlichen Selbstbewußtseins auf ein bestimmendes außer dem Bewußtsein zurük-

---

160 Ebd. 34,20ff.
161 Ebd. 34,17ff., dort 34,19.
162 Ebd. 34,23; KGA I/13.1, 42,14ff.; 50,16ff. = Gl2.1, 32,3ff.; 39,15ff.
163 KGA I/7.1, 35, 8ff.
164 Vgl. auch KGA I/13.1, 43,6ff. = Gl2.1, 32,17ff.

weist".[165] Es wird an *ein in einem weiten Sinn objektives Bestimmendes* gedacht, wie es im erkennenden und praktischen Weltverhältnis des Subjekts auf dieses einwirkt.[166] Entscheidend ist auch, daß das Selbstbewußtsein dabei *sinnlich* bestimmt ist.[167] Diese Merkmale implizieren die bleibende Beziehung des Gefühls und des Selbstbewußtseins zu der *Anschauung*. Endlich ist in der Sinnlichkeit des Gefühls seine Bestimmbarkeit durch Lust und Unlust enthalten.

Das Element der sinnlichen Affiziertheit fällt vielleicht nicht in die Augen bei dem, was Schleiermacher hier über das Gefühl sagt. Nur unter seiner Voraussetzung werden jedoch die weiteren Charakteristika des Gefühls als eines sinnlichen verständlich. Sie bestehen darin, daß ein sinnliches Gefühl ein Gefühl als *bestimmter Zustand* des Menschen und als *bestimmter zeitlicher Moment* ist und also erst unterscheidbare Momente ermöglicht. In dieser Bestimmtheit und Unterscheidung der Momente besteht die Klarheit des subjektiven Bewußtseins als Gefühl.[168] Die Zeitlichkeit des Gefühls wird auf die Veränderlichkeit des Subjekts als eines durch anderes bestimmbaren zurückgeführt.[169] Aber nicht darauf allein – hier tritt nämlich noch ein Bedeutungsaspekt der betreffenden Bestimmtheit hervor. Um dies alles begreifen zu können, müssen wir uns an den ursprünglichen erkenntnistheoretischen Zusammenhang des Gefühlsbegriffs Schleiermachers erinnern: Von einer Bestimmtheit des Zustands und des Moments kann nicht bei der Empfindung als der inneren, subjektiven Seite der rein sinnlichen Perzeption die Rede sein, sondern nur im Gefühl als einer Bestimmung der Empfindung durch die *Vernunft*.[170] Das Gefühl ist sinnlich, indem es auf der sinnlichen Affektion des Subjekts durch die Gegenstände beruht, aber nicht rein sinnlich.

Beim ersten Blick kann es scheinen, daß die Begriffe des Gefühls und des Selbstbewußtseins gleichbedeutend nebeneinander gebraucht werden. Dieser Eindruck täuscht. Schleiermachers Formulierungen halten auch

---

165 KGA I/7.1, 119,15ff.

166 Vgl. auch ebd. 40,5ff.; 226,27ff.; KGA I/13.1, 45,13ff. = Gl2.1, 34,17ff.

167 Vgl. die Nachschrift der Dogmatikvorlesung von 1823/24, KGA I/7.3, 35 App.: „Alle Gefühle die zur Klasse der sinnlichen gehören, erfordern ein sinnlich Mitbestimmendes".

168 Zum Zusammenhang mit Eberhard und der vorkantischen Aufklärung vgl. oben S. 387.

169 Siehe KGA I/7.1, 37,1ff., vgl. KGA I/13.1, 47,25ff. = Gl2.1, 36: „Das sinnlich bestimmte Selbstbewußtsein zerfällt seiner Natur nach und von selbst in eine Reihe ihrem Inhalt nach verschiedener Momente". Dies ist uns aus Schleiermachers Ethik bekannt; außer den bereits gegebenen Hinweisen vgl. WA 2, 647f.

170 Vgl. mit Kants Gebrauch des Begriffs der Bestimmung im doppelten Sinne von sinnlicher Affektion des inneren Sinnes und von „Auf-den-Begriff-Bringen von in sinnlichen Vorstellungen Gegebenem" (Mohr, Ich 158.161ff.).

hier meist seine Unterscheidung beider genau fest. Sie wird auf die Weise präzisiert, daß ein sinnliches Element in das Gefühl im Gegensatz zum Selbstbewußtsein in seiner Reinheit eingeht. Es ist dieses sinnliche Element, worauf die Konkretheit des Gefühls beruht. Insofern ist dieses auch mannigfaltig – anders als vom Selbstbewußtsein kann auch nach der Glaubenslehre vom Gefühl plural geredet werden[171] – und unvermögend, die Einheit des Lebens zu leisten. Die *Konkretisierung des Selbstbewußtseins durch die Gefühle* und die *Vereinheitlichung der Gefühlsmomente durch das Selbstbewußtsein* wird von Schleiermacher ausdrücklich als These aufgestellt:

> „In jeder Erfahrung dagegen ist nachzuweisen, und auch [...] von selbst einzusehen, daß wir keinen Augenblik sein können ohne ein sinnliches Gefühl, dieses also *der beständige Gehalt unseres Selbstbewußtseins* ist, welches zwar in entschiedenen Augenblikken des Erkennens und des Handelns sehr zurüktreten, aber doch niemals Null werden kann, weil sonst *der Zusammenhang unseres Daseins für uns selbst* unwiederbringlich zerstört wäre".[172]

Es ergibt sich, daß nach dem Denken des späten Schleiermacher auch ein Zusammenhang zwischen Gefühl und Anschauung, Selbstbewußtsein und Gegenstandsbewußtsein besteht. Nur aufgrund dieses Zusammenhangs ist die Subjektivität konkret. Sie ist dies nicht durch das reine Selbstbewußtsein des Subjekts, sondern allein durch seine Gefühle.

9.5. Religiöses Abhängigkeitsgefühl

Das religiöse Bewußtsein wird beim späten Schleiermacher in zwei Schritten bestimmt. Der erste Schritt, um den es in diesem Abschnitt geht, bezieht sich auf das religiöse Bewußtsein „an und für sich"[173] und erst der nächste Schritt auf das wirkliche oder vollständige religiöse Bewußtsein. Innerhalb des ersten Argumentationsschritts können wiederum zwei Schritte unterschieden werden.[174] Sie sind beide, aber auf verschiedene Weise, an dem Begriff des Selbstbewußtseins im weiteren Sinn orientiert. Auch bei der Definition der Religion weichen die beiden Auflagen

---

171 Vgl. auch Schleiermacher, Sittenlehre [1983] 13f.

172 KGA I/7.1, 36,17ff.; meine Hervorhebung. Die Rede von „Null" wird in der folgenden Ausgabe in dem religionstheoretischen Hauptargument aufgenommen (KGA I/13.1, 38,20 = Gl2.1, 28,25) und greift außerdem Wendungen der Dialektik von 1822 und 1831 vor (KGA II/10.1, 266,10; 334,32).

173 KGA I/13.1, 45,13 = Gl2.1, 34.

174 Diese Schritte sind auch in der Religionstheorie der Dialektik identifizierbar. Die Darstellung oben in 9.3 beschränkte sich auf den ersten Teil des ersten Schritts. In der Dialektik von 1822 wird der zweite Teilschritt KGA II/10.1, 266,8ff., vollzogen.

voneinander ab und zwar zugunsten der zweiten Auflage. Die erste ist jedoch auch hier erhellend, zumal mit Bezug auf Gedanken, die in der zweiten Auflage festgehalten werden.

9.5.1. Reines und allgemeines Abhängigkeitsgefühl

Der bekannte Terminus *schlechthinniges Abhängigkeitsgefühl* kommt nicht in der Erstfassung der Glaubenslehre vor, wo jedoch davon gesprochen wird, daß wir uns als *schlechthin* abhängig bewußt sind oder fühlen.[175] Bei der Definition der Religion in § 9.3[176] ist von einem *reinen* Gefühl der Abhängigkeit,[177] andernorts vom *absoluten* Abhängigkeitsgefühl die Rede,[178] was sachlich mit jenem Begriff übereinstimmt. Das religiöse Bewußtsein kann auch durch das Korrelat der Abhängigkeit gekennzeichnet werden,[179] häufig wird es aber einfach als Abhängigkeitsgefühl bezeichnet. Überhaupt operiert die erste Auflage nicht so pointiert wie die zweite mit einer begrifflichen Unterscheidung von zwei Arten der Abhängigkeit.[180] Ein weiterer Bedeutungsaspekt kommt zum Ausdruck, wenn das Abhängigkeitsgefühl als ein *allgemeines* beschrieben wird.[181] Obwohl gesagt werden darf, daß die sachliche Hauptintention des Religionsbegriffs in den beiden Auflagen dieselbe ist, sind die terminologischen Unterschiede nicht unerheblich; sie entsprechen der argumentativen Struktur ihrer Religionsbegriffe.

Die Basis der Definition der ersten Auflage ist die Unterscheidung von zwei Modifikationen des Gefühls in § 9.2, nämlich als sich auf Abhängigkeit und auf Wechselwirkung beziehend.[182] Von dort her wird in § 9.3 unmittelbar jedes religiöse Gefühl als „ein reines Gefühl der Abhängigkeit" postuliert.[183] Diesem nähern sich die anderen Gefühle „in dem Maaß, als die Einwirkung stärker ist und häufiger als die Gegenwirkung".[184] Sie bleiben jedoch Gefühle einer partiellen Abhängigkeit, während das religiöse Abhängigkeitsgefühl das Gefühl „einer vollkomm-

---

175 Zur Begriffsgeschichte siehe Albrecht, Theorie 243 Anm. 204.
176 KGA I/7.1, 32,6ff.
177 Ebd. 32,7.
178 Ebd. 32,6f.; 33,5; 126,12; 188 etc.
179 Ebd., z.B. 37,22.30f.38.
180 Vgl. Osthövener, Lehre 15.
181 KGA I/7.1, 37,11f.; 148,5; 182,31 etc.
182 Ebd. 31,27ff.
183 Ebd. 32,7.
184 Ebd. 32,10ff.

nen, stetigen, also auf keine Art von einer Wechselwirkung begrenzten oder durchschnittenen Abhängigkeit" ist.[185]

Die argumentativen Orientierungspunkte dieser Religionsdefinition sind deutlich das Gefühlselement im Begriff der Subjektivität, die Gedanken vom Bestimmtsein und Sosein des Subjekts und von dessen Rezeptivität und endlich natürlich der Abhängigkeitsgedanke.[186] Problematisch ist dabei nicht so sehr, daß das religiöse Abhängigkeitsgefühl anscheinend nur als eine Steigerung der übrigen Gefühle auftritt. Wird der Begriff des absoluten Abhängigkeitsgefühls auch direkt vom Begriff des relativen Abhängigkeitsgefühls aus entwickelt, trennt Schleiermacher doch auf sachlich klare Weise beide voneinander. Fraglich ist dagegen, ob eine Erklärung der Religion lediglich vom Abhängigkeitsgedanken her vermeiden kann, das religiöse Bewußtsein in Gegensatz zum Freiheitsbewußtsein des Menschen, das hier in der ersten Auflage nicht eigens erörtert wird, zu begreifen. Dies würde zweifellos anderen Teilen der Religionstheorie Schleiermachers auch zu dieser Zeit widersprechen.[187]

Die Bezeichnung des reinen Abhängigkeitsgefühls als eines *allgemeinen* scheint sich auf die Überlegungen, die als ein zweiter Gedankenschritt des ersten Teils von Schleiermachers Bestimmung des religiösen Bewußtseins profiliert werden können, zu beziehen. Daß es um einen eigenen Schritt geht, fällt in seinem Text nicht sofort auf. Der Begriff des allgemeinen Abhängigkeitsgefühls zielt jedoch in eine etwas andere Richtung als das bisher Explizierte: Vom allgemeinen Abhängigkeitsgefühl spricht Schleiermacher insbesondere, insofern die Abhängigkeit *alles Endlichen* in Anspruch genommen wird.[188] Das ist durch die Argumentation von § 9 nicht begründet worden, die sich nur auf die Abhängigkeit des menschlichen Subjekts bezieht.[189] Es muß gefragt werden, wie Schleiermacher zu dieser weiteren These kommt.

Schleiermacher kommentiert die Sache in einer Anmerkung zu § 15, die die Beschreibungen der Frömmigkeit als Selbstbewußtsein und als

---

185 Ebd. 32,31ff.
186 Vgl. Junker, Urbild 44ff.58; Osthövener, Lehre 15. Sie behaupten beide, daß die reine Abhängigkeit schon in § 9.2 abgehandelt wird. Maureen Junker auf die Weise, daß die Unterscheidung dieses Stücks eine solche zwischen absoluter und partieller Abhängigkeit ist, während nach Claus-Dieter Osthövener hier und in § 9.3 nur von *einer* Art der Abhängigkeit die Rede sein soll, also von der reinen Abhängigkeit. Meines Erachtens ist die Abhängigkeit in § 9.2 in sachlicher Übereinstimmung mit dem entsprechenden Argumentationsstück der Zweitauflage nur eine relative.
187 Vgl. KGA I/7.1, z.B. 54ff. § 16.
188 Vgl. ebd. 168ff.182.226; KGA II/10.1, 266,35ff.
189 Vgl. KGA I/7.1, 31,22ff.

Gefühl der Abhängigkeit alles Endlichen auseinander hält.[190] Er über-
brückt beide durch folgende Überlegung: „das Selbstbewußtsein ist einer
verschiedenen Ausdehnung fähig, und eben sogut als bestimmte einzelne
Sphären, wie Hauswesen und Vaterland, kann der Mensch auch die Welt
in sein Selbstbewußtsein aufnehmen (S. §. 10,2)".[191] Der Verweis auf § 10
gibt einen Wink, wie diese Erweiterung des Selbstbewußtseins zu Weltbewußtsein zu verstehen und wie sie in die bisherige Argumentation der
Einleitung in die Glaubenslehre einzuordnen ist: Dieser „Fähigkeit sich im
Selbstbewußtsein mit der ganzen Welt zu einen, d. h. sich selbst schlechthin als Welt oder die Welt schlechthin als sich selbst zu fühlen", „im
Selbstbewußtsein das Ich bis zur Welt auszudehnen",[192] entspricht in
§ 10.2 die vom einzelnen vollzogene Aufnahme der „Einheit alles Endlichen in sein Selbstbewußtsein", wodurch er „sich seiner nur als eines
Theiles der ganzen Welt bewußt wird".[193] Dies wird dort auf die Aufhebung des Gegensatzes des sinnlichen Selbstbewußtseins bezogen.

Solche Wendungen weisen eine Kontinuität mit den *Reden* auf. Sie
betrifft schon den Begriff vom Ausdehnen des Ich, der eine Vorlage in der
vereinigungsphilosophischen Begrifflichkeit der Religionsschrift hat.[194] Sie
artikulieren eine Totalitätsdimension der Religion, die dem Religionsbegriff des frühen und des späten Schleiermacher gemeinsam ist. So kann
die zweite Auflage der Glaubenslehre bei der Formulierung des Gedankens von der betreffenden Sichvereinigung des Subjekts mit der Totalität
den Gedanken der All-Einheit wieder aufgreifen. Sie tut dies jedoch bei
gleichzeitiger, die begriffliche Unterscheidung von Welt und Gott reflek-
tierender Korrektur dieses Gedankens, indem nun vom „AllEinen des
endlichen Seins" gesprochen wird.[195] Diese Korrektur weist auf den an
diesem Punkt entscheidenden Unterschied zwischen den beiden Religionstheorien hin: Das religiöse Bewußtsein selbst wird nicht mehr als eine
Totalitätsbeziehung, sondern nur als sich an einer solchen vollziehend
begriffen.[196] Dies kommt darin zum Ausdruck, daß das Selbstbewußtsein
als Weltbewußtsein und das allgemeine Abhängigkeitsgefühl unterschie-

---

190 Ebd. 49,15ff.
191 Ebd. 49,18ff.
192 Ebd. 50,27ff.31f., vgl. KGA I/13.1, 67,15ff. = Gl2.1, 53.
193 KGA I/7.1, 35,14ff.
194 Vgl. KGA I/2, 191,29ff. = R, 6f.
195 KGA I/13.1, 269,9 = Gl2.1, 228.
196 Vgl. Ulrich Barth, Gott 143. Es ist unzutreffend, wenn Jörg Dierken in der Erstauflage
     anders als in der Zweitauflage der Glaubenslehre eine „gleichsam unmittelbar spino-
     zistische Sicht des religiösen Gefühls" findet, die „nicht durch eine subjektivitätstheore-
     tische Konzeption eines ‚Gesamtselbstbewußtseins' vermittelt" ist (Dierken, Lehre 366
     Anm. 85).

den werden.[197] Die Erweiterung des Selbstbewußtseins ist also als solche nicht Religion.

Es soll noch einmal hervorgehoben werden, wie sich Schleiermachers Argumentation als ganze auf den Begriff der Subjektivität bezieht. Dies zeigt sich in der Reihenfolge der beiden Schritte dieses Teils der Religionsdefinition, nämlich darin, daß vom Selbstbewußtsein des einzelnen menschlichen Subjekts ausgegangen und erst von dort her auf das Ganze weitergegangen wird. Ein weiterer Ausdruck ist die Rede vom erweiterten Selbstbewußtsein als Darstellung oder Repräsentation der Gesamtheit des endlichen Seins[198] – wiederum ein Beispiel eines in seiner Bedeutung modifizierten und subjektivitätstheoretisch pointierten Gedankens der Religionsschrift. Endlich kann darauf verwiesen werden, wie Schleiermacher den Weltbezug dem Selbstbezug des religiösen Bewußtseins gegenüber an zweiter Stelle nennen kann: Beide sind irreduzibel, aber in jenem geht es nur um etwas, was wir *haben*, in diesem um das, was wir *sind*.[199] In dieser Einsicht schlägt sich – neben der Präzisierung der Unterscheidung von Gott und Welt – der andere entscheidende religionstheoretische Fortschritt des späten Schleiermacher nieder, der in der Ausarbeitung der Selbstbeziehung des religiösen Bewußtseins besteht.

9.5.2. Schlechthinniges Abhängigkeitsgefühl

Die übergeordnete Linie der Argumentation der Endfassung der Schleiermacherschen Religionstheorie in § 4.3 der Glaubenslehre von 1830/31,[200] welche mit dem Begriff des schlechthinnigen Abhängigkeitsgefühls eine festere und einheitlichere Terminologie einführt, tritt durch Vergleich mit der Erstauflage deutlich hervor: War der erste der zwei Schritte dort eine Definition der Religion vom Abhängigkeitsgefühl her, ist die neue Definition eher eine Argumentation *vom Freiheitsbewußtsein her*. Eine Randbemerkung Schleiermachers zeigt diese Linie an: „Wie kann das Abhängigkeitsgefühl schlechthinig sein? Nur ausschließend und nicht im Gegensatz zum Freiheitsgefühl".[201] Wie die Durchführung der Argumentation zu verstehen ist, ist umstritten in der Forschung. Ulrich Barth hat eine

---

197 Zum Beispiel KGA I/7.1, 35,14ff; 133,15ff.; 174,23ff. Schleiermacher versteht wohl das Weltbewußtsein als sinnlich bestimmtes Bewußtsein; vgl. ebd. 130ff. §§ 40f.; Ulrich Barth, Bewußtsein 54ff.
198 KGA I/7.1, 131,36ff.; 134,2ff.
199 Ebd. 132,3ff.
200 KGA I/13.1, 37f. = Gl2.1, 27f.
201 KGA I/13.1, 37 Anm. = Gl2.1, 27 Anm. c.

Interpretation vorgelegt,[202] die in Abgrenzung gegen Konrad Cramer[203] zu dem Ergebnis kommt, daß Schleiermacher, ungeachtet der Orientierung am Freiheitsgedanken, das schlechthinnige Abhängigkeitsgefühl als „ein reines Zustandsgefühl" bestimmt.[204]

Was den Begriff des schlechthinnigen Abhängigkeitsgefühls betrifft, ist nicht von etwas in der Sache eigentlich Neuem die Rede. Die Schlechthinnigkeit wird als darin bestehend erklärt, daß es hier kein sich auf das in diesem Abhängigkeitsgefühl Bestimmende beziehendes Freiheitsgefühl,[205] d.h. keine Möglichkeit der bestimmenden Gegenwirkung von seiten des fühlenden Subjekts gibt. Oder mit einer anderen Erklärung: „,Schlechthinig' gleich absolut".[206]

Das Neue liegt in der Begründung des Religionsbegriffs. Wir erinnern uns, daß diese Version der Glaubenslehre in § 4.1 der Primat der Empfänglichkeit im wirklichen Bewußtsein betont hat.[207] Es erscheint naheliegend, darin eine Vorbereitung der Einführung des Begriffs des religiösen Abhängigkeitsgefühls zu sehen. Die zweite Auflage zeichnet sich nun dadurch aus, daß sie trotzdem diesen nicht direkt von dorther einführt. Der Grund ist darin zu sehen, daß eine auf die Empfänglichkeit gehende Selbsttätigkeit immer noch möglich ist, auch wenn jene die erste und die überwiegende ist. Von der Empfänglichkeit und dem Bewußtsein relativer Abhängigkeit führt also kein gerader Weg zu einem Gefühl absoluter Abhängigkeit.

In § 4.3 erläutert Schleiermacher die Negation eines schlechthinnigen Freiheitsgefühls im Hinblick auf die Religion. Hat er in § 4.2 ein solches Gefühl mit Bezug auf das Gebiet der Wechselwirkung abgewiesen, behauptet er in 4.3, daß es ein schlechthinniges Freiheitsgefühl „für uns" überhaupt nicht geben kann.[208] Das wichtigste Glied in der Begründung dieser Behauptung ist das folgende: „auch die Gesamtheit unserer innern freien Bewegungen als Einheit betrachtet kann nicht durch ein schlechthiniges Freiheitsgefühl repräsentirt werden, weil unser ganzes Dasein uns nicht als aus unserer Selbstthätigkeit hervorgegangen zum Bewußtsein kommt".[209]

Die entscheidende Frage ist, wie darin „unser ganzes Dasein" zu verstehen ist. Nach Ulrich Barth muß es von der zusammenfassenden Be-

---

202 Barth, Bewußtsein.
203 Cramer, Prämissen 146ff.
204 Barth, Bewußtsein 53.
205 KGA I/13.1, 36,15ff. = Gl2.1, 26,26ff.
206 KGA I/13.1, 33 Anm. = Gl2.1, 23 Anm. c.
207 KGA I/13.1, 34,14ff. = Gl2.1, 24f.
208 KGA I/13.1, 37,16f. = Gl2.1, 27.
209 KGA I/13.1, 38,5ff. = Gl2.1, 28.

trachtung in der ersten Satzhälfte her verstanden werden, die er als Schlüssel der Argumentation faßt und auch zur Grundlage seiner inhaltlichen Interpretation des Religionsbegriffs macht: Der Ganzheitsbegriff ist „additiv-relational".[210] Dieses Verständnis ist nicht zwingend. Der betreffende Ausdruck im zweiten, begründenden Satzteil kann auf das Subjekt mit den beiden Funktionen oder das Selbstbewußtsein als Sein und Sosein hinweisen. Dies entspricht der Duplizität des Subjektivitätsbegriffs, von welchem her Schleiermacher denkt, und wird durch andere Wendungen im Kontext nahegelegt.[211] Es erscheint vor dem Hintergrund sowohl von Schleiermachers Subjektivitätstheorie überhaupt als auch von dem, was er in §§ 3-4 bisher zum Thema Subjektivität gesagt hat, auch nicht plausibel, daß er am entscheidenden Punkt der Definition der Religion als Bestimmtheit des Selbstbewußtseins mit einem solchen additiv angelegten Begriff der Subjektivität operieren sollte. Hier macht sich Barths problematische These bemerkbar, daß das reine Selbstbewußtsein einschließlich des Identitäts- und Ichbewußtseins kein Element der Subjektivität ist, das eine Rolle in der religionstheoretischen Argumentation spielt.[212]

Der letztgenannte Begriff des Selbstbewußtseins ist jedoch auch nicht in § 4.3 abwesend. Das zitierte und analysierte Argument fungiert als Schleiermachers Prämisse der These eines schlechthinnigen Abhängigkeitsgefühls, indem dieses als Negation eines schlechthinnigen Freiheitsgefühls gedacht wird:

> „Allein eben das unsere gesamte Selbstthätigkeit, also auch, weil diese niemals Null ist, unser ganzes Dasein begleitende, schlechthinige Freiheit verneinende, Selbstbewußtsein ist schon an und für sich ein Bewußtsein schlechthiniger Abhängigkeit, denn es ist das Bewußtsein, daß unsere ganze Selbstthätigkeit eben so von anderwärtsher ist, wie dasjenige ganz von uns her sein müßte, in Bezug worauf wir ein schlechthiniges Freiheitsgefühl haben sollten. Ohne alles Freiheitsgefühl aber wäre ein schlechthiniges Abhängigkeitsgefühl nicht möglich".[213]

Hier geht das reine Selbstbewußtsein als notwendiger Bestandteil in das „unser ganzes Dasein begleitende Selbstbewußtsein" ein, das nicht allein vom Gefühl als veränderlichem Zustandsbewußtsein her verstanden werden kann.[214] Barth zufolge müssen aber alle Verwendungen des Ganzheitsbegriffs vom ersten Zitat her als additiv begriffen werden.

---

210 Barth, Bewußtsein 49. Ebd.: „Er bezeichnet diejenige Menge realer Subjektsmomente, die sich aus der Gesamtheit der inneren Selbsttätigkeitsvollzüge und der Gesamtheit der inneren Empfänglichkeitszustände zusammensetzt".

211 Siehe KGA I/13.1, 38,28ff. = Gl2.1, 28, vgl. Cramer, Prämissen 148.

212 Siehe oben Anm. 104.

213 KGA I/13.1, 38,19ff. = Gl2.1, 28.

214 Siehe auch oben Anm. 172.

Es kommt nun darauf an, wie dieser Schritt und der Religionsbegriff selbst verstanden werden. Ulrich Barths Hervorhebung der additiven Betrachtung führt zu diesem Ergebnis: „Das Bewußtsein schlechthinniger Abhängigkeit besteht [...] im Bewußtsein der generellen Angewiesenheit der Spontaneität auf von ihr selbst nicht Erzeugtes, an welchem sie sich ausübt und ohne welches ihre Ausübung leer bliebe".[215] Gegen diese Darstellung der Religionsdefinition ist erstens einzuwenden, daß die betreffende Angewiesenheit nicht das Merkmal der Schlechthinnigkeit und Absolutheit, wie es von Schleiermacher bestimmt wurde, zu erfüllen scheint. Dies wird durch Barths eigene Erklärung bestätigt, daß die Basis der Darstellung „der in jener Begrenztheitserfahrung enthaltene Weltbezug" ist, weshalb sich „das schwierige Problem" stellt, wie sich dieser zu „der welttranszendierenden Dimension" des religiösen Bewußtseins verhält.[216] Dann ist zweitens einzuwenden, daß Barth Schleiermachers Argumentation gewissermaßen auf den Kopf stellt: In einem ersten Teilschritt bestimmt dieser die Religion in seiner welttranszendierenden Dimension vom Selbstbewußtsein her, um in einem zweiten Teilschritt den Weltbezug des religiösen Bewußtseins zu thematisieren. Wie wir sahen, kommt dem ersten Schritt auch sachlich die erste Stelle zu, während das Weltbewußtsein, das anscheinend in Barths zitierter Definition allein enthalten ist, als solche nicht Religion ist.[217]

Meines Erachtens handelt das Argument dagegen von der Relativität der Freiheit und der Subjektivität überhaupt und von ihrer Bedingtheit durch etwas anderes, das der Wechselwirkung enthoben ist. Das Freiheitsgefühl bildet als ein irreduzibles Element der Subjektivität die Voraussetzung, von welcher her argumentiert wird. Vom Bewußtsein der Freiheit und der Selbsttätigkeit wird auf die schlechthinnige Abhängigkeit als deren innere, schlechthin entzogene Bedingung zurückgegangen.[218] Diese Interpretation wird durch Aussagen in der eigentlichen Dogmatik

---

215 Barth, Bewußtsein 51.
216 Ebd.
217 Vgl. die eigene Darstellung von Barth, Bewußtsein 56ff.
218 Vgl. Wagner, Dialektik 193ff., bei welchem dies jedoch nur ein Moment der Interpretation ausmacht; Cramer, Prämissen 148f.152.156. In Konrad Cramers Interpretation geht damit die Konstruktion einer Metastufe des Bewußtseins einher, indem er das absolute Abhängigkeitsbewußtsein als das Bewußtsein – oder besser: Wissen – von der duplizitären Struktur der Subjektivität begreift (ebd., bes. 153f.); dagegen wendet sich mit Recht Barth, Bewußtsein 48ff. In einem älteren Aufsatz hat Ulrich Barth die Religionstheorie des späten Schleiermacher darin zusammengefaßt, daß es „eine innere Grenze der Autonomie" gibt (Barth, Gott 157). Ihre „subjektivitätstheoretische Pointe" ist darin zu sehen, „daß das Ich in seinem Kern opak verfaßt ist". „Das Gefühl schlechthinniger Abhängigkeit repräsentiert so betrachtet gewissermaßen den blinden Fleck, der dem Für-Sich-Sein von Subjektivität in seinem Grundverhältnis eignet" (ebd. 151).

bestätigt.[219] Dies ist die Pointe des Religionsbegriffs, wie er von dem späten Schleiermacher formuliert wird: daß *wir selbst in unserer Freiheit und damit in unserem ganzen frei-abhängigen Dasein „von anderwärtsher" unverfügbar bedingt und bestimmt* sind, oder mit Schleiermachers Worten in der philosophischen Ethik: „daß das Ich sich als Gesondertes und Entgegengeseztes, mithin als solches als gehalten findet unter einem andern".[220]

Zuletzt soll wiederum die Frage gestellt werden, warum bei dem auf diese Weise definierten religiösen Bewußtsein von einem *Gefühl* gesprochen wird. Dies kann nicht denselben Sinn haben wie bei den teilweisen Abhängigkeits- und Freiheitsgefühlen, weil nicht von einer sinnlichen Bestimmtheit die Rede sein kann. Die betreffende Bestimmtheit ist eine solche, die die Gegensätzlichkeit übersteigt, die unser normales Welt- und Selbstverhältnis kennzeichnet, und die insofern der dritten Stufe des Bewußtseins zugeordnet werden kann. Von Schleiermachers Begriffen der Subjektivität her rechtfertigt sich sein Sprachgebrauch dadurch, daß das Selbstbewußtsein, das ein schlechthinniges Abhängigkeitsbewußtsein ist, als solches kein auf die Spontaneität des Subjekts beruhendes Selbstbewußtsein ist. Es geht immer noch um eine Bestimmtheit des Selbstbewußtseins von anderwärts her und also um ein Gefühl, wenn auch um eine Bestimmtheit und ein Gefühl besonderer Art.

9.6. Konkretes religiöses Bewußtsein

Die allgemeine Religionstheorie der Glaubenslehre ist mit der Entwicklung des Begriffs des absoluten Abhängigkeitsgefühls nicht erschöpft. Die Untersuchung des zweiten Hauptschritts, der in §§ 10-11 der Erstauflage erfolgt[221] und Licht auf jenen Begriff wirft, steht noch aus. Sofern in diesem Argumentationsschritt der Begriff der konkreten Subjektivität thematisiert wird, zeigt sich, daß das religiöse Bewußtsein, obgleich selbst keine Art der Anschauung, dennoch – wenn auch auf neue Weise im Vergleich mit dem Religionsbegriff der *Reden* – auf Anschauung bezogen bleibt.

---

219 In § 49.1 erinnert Schleiermacher mit Verweis auf § 4.3 daran, „wie das beziehungsweisige Freiheitsgefühl und das schlechthinige Abhängigkeitsgefühl in und mit einander sind, so daß das lezte ohne jenes gar nicht bestehen könnte", und daran, „daß wir des schlechthinigen Abhängigkeitsgefühls nur als freie selbstthätige fähig sind", und erklärt, daß „dadurch ausgesagt wird, daß wir uns unsrer Freiheit als eines empfangenen" bewußt sind (KGA I/13.1, 295,6ff.18ff. = Gl2.1, 250). Vgl. auch den intersubjektivitätstheoretisch begründeten Gedanken vom Gegebensein der Freiheit des Subjekts in Fichtes Naturrecht (siehe oben 2.2.3).

220 WA 2, 648.

221 KGA I/7.1, 36-40, vgl. KGA I/13.1, 45-51 § 5.3-5 = Gl2.1, 34-40.

9.6.1. Religiöses und sinnliches Gefühl

Die These von § 10 ist, daß es kein wirkliches, konkretes religiöses Selbstbewußtsein gibt als nur unter Einschluß eines sinnlichen Gefühls.

Diese These stellt Schleiermachers Lösung eines Problems dar, das sich aus seiner Definition und Einstufung des religiösen Bewußtseins ergibt. Als Gefühl absoluter Abhängigkeit transzendiert dieses die Gegensätze des Bewußtseins, die Gegensätze von Subjekt und Objekt, Freiheit und Abhängigkeit. Es ist also völlig einfach und immer sich selbst gleich.[222] Wie kann das religiöse Abhängigkeitsgefühl dann überhaupt bewußt sein?

Die These von der Konkretheit des religiösen Bewußtseins enthält, daß das religiöse Bewußtsein in Entsprechung zum allgemeinen Begriff der Subjektivität als Selbstbewußtsein und als Gefühl gedacht wird. Vorerst soll beachtet werden, wie dies eine Behandlung des religiösen Bewußtseins nach demselben elemententheoretischen Verfahren wie bei der Subjektivität überhaupt einschließt. Man kann auch das Verhältnis zwischen religiösem und sinnlichem Gefühl mit dem zwischen der intellektuellen und der organischen Funktion des Erkennens parallelisieren. Wie das Ich oder die intellektuelle Funktion an sich ist das schlechthinnige Abhängigkeitsgefühl an sich eine Abstraktion.

Weiter liegt darin, daß die beiden Elemente des religiösen Bewußtseins inhaltlich im Zusammenhang mit den Elementen der Subjektivität im allgemeinen begriffen werden. Das religiöse Abhängigkeitsbewußtsein wird als etwas Intellektuelles verstanden.[223] § 10 knüpft unter Aufnahme der innersubjektiven Distinktionen von §§ 8-9 an das *reine Selbstbewußtsein* an.[224] Es ist also ein unselbständiges Element des Bewußtseins und als solches auf Verbindung mit dem sinnlichen Element angewiesen: Wird das absolute Abhängigkeitsgefühl allein betrachtet,

> „ist nicht einzusehn, wie dasselbe könnte zu einem bestimmten die Zeit als eine Reihe von Momenten erfüllenden Selbstbewußtsein gedeihen. Denn ein solches kann nur stattfinden als ein veränderliches. Sofern aber das Mitgegebensein des höchsten Wesens, mit unserm Ich allein zusammentreffend, Selbstbewußtsein erzeugte, wäre gar kein Grund zur Veränderung und also

---

222 KGA I/7.1, 36,39; I/13.1, 45,12ff. = Gl2.1, 34.

223 Vgl. WA 2, 648: „Diese beiden also, das einzelne Veränderlichkeitsbewußtsein und das absolute Abhängigkeitsbewußtsein, sind die das einzelne Leben umfassenden Elemente des Selbstbewußtseins, jenes die bestimmte Wirklichkeit, dieses die bestimmte Intellektualität desselben bedingend".

224 Insofern geht es um mehr als eine lediglich formale Entsprechung zwischen dem schlechthinnigen Abhängigkeitsgefühl auf der einen Seite und dem reinen Selbstbewußtsein auch der Dialektik auf der anderen Seite; gegen Offermann, Einleitung, bes. 93.51.

auch keine zeitliche Bestimmtheit gegeben. Sondern nur sofern wir schon ein
zeitlich bestimmtes werden, d. h. im sinnlichen Selbstbewußtsein begriffen
sind, kann jenes Mitgegebene mit unserm Ich ein bestimmtes Selbstbewußtsein erzeugen [...]. Auch wird Niemand sich bewußt werden können eines
schlechthin allgemeinen Abhängigkeitsgefühls von Gott, sondern immer eines auf einen bestimmten Zustand bezogenen".[225]

Es wird nicht notwendig sein, den Sinn der uns aus mehreren Argumentationszusammenhängen bei Schleiermacher vertrauten Begriffe des reinen Ich, des zeiterfüllenden Bewußtseins, der Veränderlichkeit unter
anderem noch einmal zu erklären. Wenn er mit diesen expliziert, wie das
religiöse Verhältnis Selbstbewußtsein – das heißt ein religiöses Selbstbewußtsein – erzeugt, kommt pointiert zum Ausdruck, daß religiöses Bewußtsein eine Art des Selbstbewußtseins ist.

Die These enthält nicht, daß es gar keine Art des Bewußtseins des Abhängigkeitsgefühls an sich geben kann, sondern daß kein *bestimmtes* Bewußtsein des absoluten Abhängigkeitsgefühls, kein bestimmtes religiöses
Selbstbewußtsein anders als in Beziehung auf ein sinnliches Gefühl
vorkommen kann. Nur auf diese Weise wird es *wirkliches* Bewußtsein.[226]
Insofern entspricht die These Schleiermachers grundlegendem Satz aus
der Dialektik und der philosophischen Ethik über die subjektiven Bedingungen des Erkennens.[227] Es geht in der Religionstheorie um eine Bestimmtheit und Wirklichkeit im Sinne des *subjektiven* Bewußtseins, also
um die *Konkretheit*, die ein Gefühl als ein durch sinnliche Affektion, d.h.
auch durch Anschauung, bestimmtes hat, des weiteren um die Bestimmtheit des Zustands und des zeitlichen Moments, die die spezifische *Klarheit*
des sinnlichen Gefühls ausmacht. Diese Klarheit ist gemeint, wenn von
der „Begrenztheit und Klarheit" die Rede ist, die dem schlechthinnigen
Abhängigkeitsgefühl „aus der Beziehung auf die Bestimmtheit des sinnlichen Selbstbewußtseins entsteht".[228]

Schleiermachers These steht der gelegentlichen Behauptung in der älteren Forschung, daß seine späte Religionstheorie auf eine Entwertung des
Sinnlichen und Zeitlichen hinausläuft, diametral entgegen. Sie mißt diesem eine irreduzible Bedeutung im religiösen Bewußtsein bei. Am poin-
tiertesten kommt dies in der Aussage zum Ausdruck, daß die Beziehung

---

225 KGA I/7.1, 36,39ff., vgl. ebd. 38,28ff. Es ist mir nicht recht klar geworden, ob das
      schlechthinnige Abhängigkeitsgefühl als solches nach Ulrich Barth einen Zustand reprä-
      sentiert. Er scheint dies an einigen Stellen gegen Konrad Cramer zu behaupten (vgl.
      Barth, Bewußtsein 53.56), während er anderswo abstrakter von ihm als Repräsentation
      einer Zuständlichkeit oder Zustandsbestimmtheit spricht (ebd. 57).
226 Siehe KGA I/7.1, 38,1f.; 39,3ff.
227 Vgl. oben 7.2.2.; 5.2.1.
228 KGA I/13.1, 47,4ff. = Gl2.1, 36,5ff., vgl. KGA I/13.1, 51,24ff. = Gl2.1, 40,15ff.

des absoluten Abhängigkeitsgefühls und des sinnlichen Gefühls die
„Vollendung des Gefühls" ist.[229] Der Zusammenhang zwischen sinnlichem Selbstbewußtsein und absolutem Abhängigkeitsgefühl ist konzeptionell für die ganze Glaubenslehre bestimmend.[230]

9.6.2. Vereinigungsphilosophie in der Glaubenslehre

In der Analyse der Religionstheorie der Glaubenslehre habe ich mich aus
gutem Grund auf bewußtseinstheoretische, vor allem aus dem Kritizismus
gespeiste Argumentationen konzentriert und sie von solchen der frühen
Religionsschrift unterschieden. Für die *Reden* ließ sich der Rekurs auf Gedanken anderer Art und Provenienz zur Interpretation der Religion,
Gedanken der sogenannten Vereinigungsphilosophie, nachweisen.[231] Es
soll darauf hingewiesen werden, daß diese Interpretation auch Spuren im
späten Religionsbegriff Schleiermachers hinterlassen hat.

Es würde eine besondere, hier nicht durchzuführende Untersuchung
erfordern, um zu entscheiden, ob diese Tatsache von weitergehender Bedeutung ist. Soweit ich sehe, geht es nur um Rudimente. Trotzdem ist sie
geeignet, die Religionstheorie der Glaubenslehre von einer anderen Seite
her erscheinen und eventuell gewisse Aspekte anders hervortreten zu
lassen und so auch eine gewisse Nachprüfung der bisherigen Interpretation zu ermöglichen.

Die Rudimente des frühen vereinigungsphilosophischen Religionsbegriffs sind deutlicher in der ersten als in der zweiten Auflage der
Dogmatik. Dieser tritt in § 8, dem ersten religionstheoretischen Paragraphen, hervor, wo die Frömmigkeit als eine *Neigung* definiert wird.[232] Diese
Definition nimmt Schleiermacher in § 10 wieder auf, wenn er „die Vollendung des Gefühls"[233] „von oben herab" beschreibt:

> „die an sich unbestimmte Neigung und Sehnsucht der menschlichen Seele,
> das Abhängigkeitsverhältniß zu dem höchsten Wesen, welches auch ihre
> Gemeinschaft mit demselben ist, in ihrem Selbstbewußtsein auszusprechen,
> indem sie heraustreten will, verschmilzt mit jeder von außen her entstehen-
> den sinnlichen Bestimmtheit des Selbstbewußtseins und dadurch werden
> beide zusammen eine bestimmte fromme Erregung".[234]

---

229 KGA I/7.1, 37,16f. Dies wird mit Recht von Doris Offermann (Einleitung 98ff.) hervorgehoben.
230 Vgl. KGA I/7.1, 37,34ff.
231 Siehe oben 3.2.1.
232 KGA I/7.1, 26,2f.
233 Ebd. 37,16f.
234 Ebd. 37,22ff.; eine Randbemerkung bezieht dies auf die Definition in § 8 zurück (KGA
     I/7.3, 37 Nr. 150).

Neben den Begriffen der Neigung, der Sehnsucht und der Richtung[235] erinnert insbesondere der Gedanke von der Verschmelzung und vom Einswerden[236] der religiösen Neigung etc. mit dem sinnlichen Gefühl an die vereinigungsphilosophische Begrifflichkeit der *Reden*. In § 5.3 der zweiten Auflage wird er modifiziert[237] – diese Begrifflichkeit scheint immer mehr zurückzutreten.

Desungeachtet zeigt diese Begrifflichkeit der Dogmatik etwas Wichtiges und Bleibendes: Die Theorie des konkreten religiösen Bewußtseins der Glaubenslehre führt das innersubjektive Vereinigungsmotiv der *Reden* und auch den Bildungsgedanken des jungen Schleiermacher weiter. Ganz in Übereinstimmung damit wird erklärt, daß sich „die frommen Momente mit den übrigen [...] zu Einem Leben verbinden" sollen.[238] Der Nachweis dieses Zusammenhangs mit dem frühen Ansatz gibt eine Bestätigung der Hervorhebung des sinnlichen Elements in der obigen Interpretation von Schleiermachers Begriff des religiösen Gefühls. Wie vorher geht es in seiner späten Religionstheorie um die Vereinigung der intellektuellen und der sinnlichen Richtung des Menschen, des niederen und des höheren Bewußtseins.

Von besonderem Interesse wäre es zu wissen, inwiefern der vereinigungsphilosophische Religionsbegriff der *Reden* eine Korrektur erfahren hat, die derjenigen entspricht, die am Begriff der Religion als eines mit Gefühl verbundenen Anschauens des Universums vorgenommen wird. Am vereinigungsphilosophischen Religionsbegriff wurde ja eine problematische Tendenz festgestellt, die der Schwierigkeit des anderen Religionsbegriffs parallel ist und die eher den übersubjektiven Vereinigungsgedanken betrifft. Hier wurde Religion als ein Streben nach Sichverlieren im Universum ausgelegt. Dies findet in der Glaubenslehre wiederum eine partielle Entsprechung im Begriff des Abhängigkeitsgefühls als eines allgemeinen, wie die Rede von der Einigung mit der ganzen Welt belegt. Eine Korrektur kann – worauf schon bei der Analyse dieses Begriffs hingewiesen wurde – zweifellos festgestellt werden, wenigstens als in der Neuformulierung der bewußtseinstheoretischen Argumentation eingeschlossen. Diese kann nicht ohne Folgen für die andere, vereinigungsphilosophisch geprägte Seite der Religionstheorie sein, so sehr es nur um zwei Seiten derselben Sache geht.

Solche Folgen werden zum Beispiel in einer Aussage gegen Ende der Glaubenslehre sichtbar. Schleiermacher erklärt von seinem Begriff des konkreten religiösen Bewußtseins her, der hier noch einmal auf pointierte

---

235 KGA I/7.1, 37,42f.; 39,19; 40,18f.
236 Ebd. 36,35f.
237 Vgl. KGA I/13.1, 47,15ff. = Gl2.1, 37.
238 KGA I/13.1, 27,8 = Gl2.1, 19.

Weise formuliert wird, die Schwierigkeit, sich beim Gedanken von der ewigen Seligkeit als Anschauen Gottes etwas Bestimmtes vorzustellen. Das Problem ist besonders, dies zu denken, „ohne daß die Identität unseres Wesens gefährdet"[239] wird:

> „das nächste wäre, den Unterschied des künftigen Gottesbewußtsein von unserem gegenwärtigen [...] darin zu sezen, daß wie dieses vermittelt ist, indem wir hier das Bewußtsein Gottes immer nur haben in und mit einem anderen, jenes unvermittelt sein werde. Allein dieses wäre eine wahre Rükkehr in Gott mit Aufgebung unseres besonderen Daseins; und als *Wir* können wir das Bewußtsein Gottes immer nur haben mit unserm Selbstbewußtsein zugleich und als von demselben unterschieden, und dieses wiederum ist nicht möglich, wenn nicht unser Selbstbewußtsein sich zu jenem dem sich immer gleich bleibenden verhält, wie ein wandelbares und also afficirtes".[240]

9.6.3. Das Problem des religiösen Abhängigkeitsgefühls

Bisher wurde versucht, die Religionstheorie des späten Schleiermacher von seiten ihrer Stärke zu fassen, indem aufgewiesen wurde, worin sie ihrer Vorläuferin aus den *Reden* überlegen ist. Die festgestellte Überlegenheit beruht auf der Einführung eines angemesseneren Subjektivitätsbegriffs in die Bestimmung der Religion und auch auf der Präzisierung der Unterscheidung von Gott und Welt. Es ist nun darauf aufmerksam zu machen, daß die Religionstheorie dafür einen Preis hat bezahlen müssen, daß sie der frühen Theorie gegenüber auch einen Verlust erlitten hat. Es geht jedoch nicht um eine Inkonsistenz und auch nicht um eine destruktive Aporie. Ich versuche, dies durch erneuten Vergleich mit der Religionsschrift zu skizzieren.

Die betreffende Verschiebung kann im Blick auf die Weise dargestellt werden, wie die spätere Theorie das Verhältnis zwischen dem religiösen Bewußtsein im engeren Sinn und dem sonstigen Bewußtsein, zwischen dem schlechthinnigen Abhängigkeitsgefühl und den sinnlichen Gefühlen erklärt. Will man dies auf den frühen Religionsbegriff beziehen, läßt sich das zweite Element der Doppelheit des religiösen Bewußtseins im weiteren Sinn, die sinnliche Bestimmtheit des Selbstbewußtseins, mit der Anschauung des einzelnen vergleichen.[241]

Es wurde einleitend behauptet, daß Schleiermachers späte Religionstheorie mit der frühen die These des nichtobjektivierenden Charakters der

---

239 KGA I/7.2, 335,21.
240 Ebd. 334,38ff.
241 Siehe Schleiermachers 5. Erläuterung zur zweiten Rede in der dritten Auflage der Religionsschrift, KGA I/12, 133,34ff., ferner aus der Dialektik KGA II/10.1, 143 § 215.2.

Religion teilt. Dies ist richtig, aber nicht hinreichend genau: Die beiden Versionen der Religionstheorie reden auf verschiedene Weise einer solchen These das Wort. 1799 wird religiöses Bewußtsein primär als Anschauung vom eigentlichen Gegenstandsbewußtsein unterschieden und also als eine nichtvergegenständlichende, vorprädikative epistemische Relation zu einem Gegenstand verstanden. 1821 wird es dagegen gar nicht als Relation zu einem Gegenstand begriffen. Es wird als Gefühl und Selbstbewußtsein gegenüber dem objektiven Bewußtsein überhaupt, also auch gegenüber dem anschauenden Bewußtsein, abgegrenzt. Das heißt nicht, daß das absolute Abhängigkeitsgefühl als solches gar keine Art der Erkenntnis enthält. Ein vorbegriffliches epistemisches Moment, wie es in den *Reden* besonders im Zusammenhang mit dem Begriff der Anschauung erklärt wurde, kehrt hier in den Begriffen des Gefühls und des Selbstbewußtseins als Arten eines unmittelbaren Bewußtseins wieder. Es geht aber nicht mehr um Bewußtsein von etwas anderem. Dies wird durch den Begriff des Gefühls in Schleiermachers Theorie der subjektiven Erkenntnis ausgeschlossen, nach welchem wir im Gefühl nur uns selbst fühlen, eben so, wie wir uns im Selbstbewußtsein allein unser selbst bewußt sind.

Das bedeutet weder, daß die Beziehung des Subjekts zu etwas anderem im religiösen Bewußtsein abgeschnitten ist, noch daß jede erkennende Beziehung dazu eliminiert ist. Dies ist in der Gefühlstheorie Schleiermachers enthalten: Jedes Gefühl ist eine Bestimmtheit des Selbstbewußtseins durch anderes, und diese Bestimmtheit ist die Wirkung eines Eindrucks von einem Gegenstand auf das Subjekt in der Anschauung oder der Wahrnehmung. Die Erkenntnisrelation des Subjekts nach außen ist aber von einem Gefühl her immer nur eine *indirekte*, und das fühlende und also auch das religiöse Bewußtsein ist als solches selbst keines, in welchem anderes erkannt wird.

Das epistemische Element des religiösen Bewußtseins wurde in der Theorie von 1799 näher als *Deutung* verstanden. Religion ist nicht einfach Anschauung des Universums, sondern Anschauung des einzelnen und endlichen als Darstellung des unendlichen Universums und hat die Struktur von *Anschauung von etwas als etwas*. Dieser fruchtbare Gedanke ist 1821 entfallen. Das betreffende Element der Auslegung, das die inhaltliche Fülle der weiteren Entfaltung des religiösen Bewußtseins in den *Reden* bedingt und auf höheren Ebenen der Deutung weitergeführt wird, hat keine eigentliche Entsprechung in der späteren Theorie. Man kann vielleicht auch hier von religiöser Deutung, nämlich von religiöser *Selbstdeutung* sprechen. Dagegen spricht nicht, daß dem nach der Definition des späten Schleiermacher rezeptiven Gefühl die jede Deutung kennzeichnende Spontaneität fehlt. Eine solche gehört dem Selbstbewußtsein zu. Will man auch von einer religiösen Deutung anderes einzelnen und der Welt reden, geht es nicht mehr wie in den *Reden* um eine direkt sich darauf beziehende Deutung, insofern die Weltbeziehung des religiösen Bewußtseins nun als eine rein gefühlsmäßige, allein auf der subjektiven Wirkung des Eindrucks der Welt beruhende begriffen wird.[242] An diesem Punkt zeigt sich eine Begrenzung der streng am Gefühlsbegriff orientierten Religionstheorie des Spätwerks.[243]

Darin kann, wie im folgenden Kapitel zu zeigen ist, auf andere Weise ein Moment der Deutung festgestellt werden, und zwar aufgrund der subjektivitätstheoretischen Zuspitzung des Gedankengangs immer noch ein Moment der Selbstdeutung oder Selbstauslegung des religiösen Subjekts. Sie ist eine *reflexive* und nachträgliche.[244] Auch dies stellt eine Änderung im Vergleich mit den *Reden* dar. Sie ist mit einem noch zu betrachtenden wichtigen theologischen Gewinn verbunden. Ein anderer, ebenso bedeutsamer theoretischer Fortschritt besteht darin, daß die Metaphysik, die nach der obigen Rekonstruktion dem Religionsbegriff der *Reden* implizit war und im Spätwerk in die Dialektik übergegangen ist, jetzt die Funktion erhält, die mit ihr parallel konzipierte religiöse Gotteslehre auf indirekte Weise zu unterstützen.

Der tatsächlich erfolgte Verlust, der den an sich fruchtbaren Neubildungen der späteren Theorie zur Last gelegt werden muß, kommt in der Erklärung der Relation zwischen dem religiösen Abhängigkeitsgefühl und dem sinnlich bestimmten Bewußtsein zum Ausdruck. Die Beziehung wird dargestellt durch die Wendungen, daß ein sinnliches Gefühl das absolute Abhängigkeitsgefühl „veranlaßt", „erregt" o.ä.[245] Die Veränderung im Verhältnis zu den *Reden* besteht nicht in einer Herabsetzung des Sinnlichen und Individuellen gegenüber dem höheren, reinen religiösen Gefühl. Schleiermacher betont beim Verstehen der Religion noch in der späten Theorie das Sinnliche und Endliche sogar sehr stark. Wir können das Gottesbewußtsein nur *vermittelt* durch das sinnliche Selbstbewußtsein haben.[246] Meine Pointe ist nur, daß die betreffende Beziehung des sinnlichen und des religiösen Selbstbewußtseins im Unterschied zu der zwischen den sinnlichen und den religiösen Anschauungen als eine rein gefühlsmäßige frei von Deutungsstrukturen ist.

---

242 Vgl. auch KGA I/12, 134,8ff.
243 Vgl. Ulrich Barth, Bewußtsein 53 Anm. 55. Er spricht in diesem Zusammenhang von religiöser Weltdeutung (ebd. 57), scheint jedoch diese Deutung als eine reflektierte zu verstehen, indem er sinnliches Selbstbewußtsein mit reflektiertem Selbstbewußtsein identifiziert.
244 Vgl. Dierken, Lehre 369ff.
245 Zum Beispiel KGA I/7.1, 132,7f.; 226,30ff.; 229,15f.; I/13.1, 50,13ff. = Gl2.1, 39,14.
246 KGA I/7.2, 334f.

Diese Verschiebung wird von Schleiermacher selbst verschleiert, vielleicht weil ihm die an diesem Punkt reichere Struktur des religiösen Bewußtseins als Anschauens inzwischen unklar geworden ist. Indem er die Religionsschrift vom Begriff der Religion als eines schlechthinnigen Abhängigkeitsgefühls in der Glaubenslehre her auslegt, behauptet er in der dritten Auflage der *Reden* – den ursprünglichen Gedanken der religiösen Anschauung nicht berücksichtigend –, daß es nach *beiden* Schriften gilt, „daß dieses Gefühl nur wirklich in uns werden könne auf Veranlassung der Einwirkungen einzelner Dinge", „daß die einzelnen Dinge dieses Gefühl veranlassen".[247]

---

247 KGA I/12, 133,39ff.

10. Metaphysik und Theologie im Spätwerk

Metaphysik und Theologie können nach Schleiermachers frühesten Arbeiten als alternative Größen verstanden werden. Dort hat er durch eine Radikalisierung der Metaphysikkritik Kants und Gedanken Spinozas eine Kritik der philosophischen Theologie vorgetragen, die *Gott* keinen Platz in der Metaphysik, sondern nur in der Religion läßt. Obwohl die kritische Linie fortgesetzt wird, ist dies seitdem anders geworden. Es kommt uns in diesem Zusammenhang nicht auf die im Vergleich mit den Jugendarbeiten veränderte theoretische Problematik der *Reden*, sondern auf das Spätwerk an. Wie wir aus Schleiermachers Dialektik wissen, gelangt auch der darin entfaltete Versuch einer neuen Metaphysik zu einem Gottesgedanken. Dieser Faden soll jetzt wieder aufgenommen und der metaphysische Gottesgedanke in Beziehung zum Denken Gottes im Horizont der Religion gesetzt werden. Ungeachtet der erwähnten Änderung führen die Theorie des metaphysischen Gottesgedankens und die des religiösen Gottesgedankens und die Verhältnisbestimmung beider beim späteren Schleiermacher die Konzeptionen des Frühwerks und der *Reden* weiter, jedoch mit gewissen bedeutsamen Verschiebungen. Wir kommen hier zu Argumentationen Schleiermachers, die – wie einleitend in Kapitel 7 bemerkt – in der Interpretation und Diskussion oft nicht oder nur verkürzt zur Kenntnis genommen wurden.

Der hier vorausgesetzte Begriff der Theologie ist allerdings erläuterungsbedürftig. Er wird in einem anderen Sinn verwendet als Schleiermachers Theologiebegriff in *Kurze Darstellung des theologischen Studiums*[1] und ist nicht funktional, sondern thematisch bestimmt, insofern er das Denken Gottes bezeichnet. Des weiteren geht es nicht lediglich um Theologie als christliche Theologie, wie sie in diesem Begriff gewöhnlich, aber nicht überall bei Schleiermacher gemeint ist. Gott kommt hier auch als ein philosophisches Thema in Betracht.[2] Es geht also um das Verhältnis zwischen religiösem und philosophisch-metaphysischem Gottesgedanken. Die Dogmatik bleibt als solche außerhalb der Untersuchung und wird nur als Gestaltung der religiösen Gotteslehre, diesseits christlich-dogmatischer Bestimmungen, berücksichtigt. Die religionsphilosophische Perspektive,

---

1 Vgl. oben 9.1.2.
2 Vgl. die Überlegungen zum Terminus in Schleiermacher, Enzyklopädie 2.

wie sie bis jetzt ebenso in einem von Schleiermachers Terminologie
abweichenden Sinn der Untersuchung zugrunde gelegt wurde,[3] wird also
auch in diesem Zusammenhang beibehalten.

10.1. Zur Einführung in die Glaubenslehre

Die bisher gegebenen einführenden Bemerkungen zur Glaubenslehre
müssen im Hinblick auf das Thema dieses Kapitels ergänzt werden. Eine
ausführliche Darstellung, wie sie sich im Kontext der Dialektik als notwendig erwies, ist jedoch hier nicht erforderlich. Ich beziehe mich im
folgenden weiterhin auf die erste Auflage, und zwar auf die Einleitung,
um die Zweitauflage als Kommentar, Supplement oder Korrektur hinzuzunehmen.[4]

10.1.1. Dogmatik

Gesucht ist nicht ein Verständnis von Schleiermachers Begriff der Dogmatik, ihren Merkmalen und ihrem Umfang etc. und noch weniger ein
Einblick in seine Entfaltung dieser Disziplin. Gesucht wird stattdessen
eine elementare Erklärung der Art des *Denkens*, um die es in der Dogmatik geht. Wir brauchen eine solche Erklärung, um sowohl die Stellung des
religiösen Gottesgedankens als auch die Beziehung zwischen diesem und
dem dialektischen Denken verstehen zu können. Einschlägig ist auch an
dieser Stelle die Metatheorie der Glaubenslehre, die Einleitung, und zwar
die Paragraphen 1-4.[5] Schleiermacher definiert in § 1 – den Titel des
Buches aufnehmend – Dogmatik als „die Wissenschaft von dem Zusammenhange der in einer christlichen Kirchengesellschaft zu einer bestimmten Zeit geltenden Lehre".[6] Wie ist dabei der Begriff der Lehre zu verstehen, und was heißt nach dieser Definition dogmatisches Denken?
    Die Dogmatik unterscheidet sich darin grundsätzlich von der Dialek-
tik, daß sie nicht wie diese ein spezifisches Anfangsproblem hat. Die Eigentümlichkeit der Dialektik im Vergleich mit allen anderen Disziplinen
rührt unter anderem daher, daß sie keinen Gegenstand außerhalb ihrer
selbst hat. Ihr ist nichts als das Denken vorgegeben, dessen Selbstreflexion
sie ist. Die Dogmatik ist wie die christliche Theologie überhaupt auch

---

3   Vgl. oben S. 3f.
4   Vgl. oben 9.1.1.
5   KGA I/7.1, 9-18, vgl. KGA I/13.1, 127ff. §§ 15ff. = Gl2.1, 105ff.
6   KGA I/7.1, 9.

keine Einzelwissenschaft mit einem besonderen Gegenstandsgebiet. Dies ist aber darin begründet, daß die Theologie als positive Wissenschaft gleichwohl etwas Vorgegebenes hat: Sie ist „auf eine bestimmte Glaubensweise, d. h. eine bestimmte Gestaltung des Gottesbewußtseins"[7] oder, mit andern Worten, auf die Aufgabe der „Erhaltung des christlichen Glaubens in der Gemeinschaft"[8] bezogen.

Eine Beziehung auf den Glauben oder auf die christliche Frömmigkeit ist die erste Bedingung der Dogmatik, die aus den ersten Paragraphen der Einleitung erwähnt werden soll.[9] Das religiöse Bewußtsein wird hier vorläufig „als eine unmittelbare Beziehung auf das höchste Wesen in sich schließend" oder als „auf Gott gerichtet" beschrieben.[10] Wie wir von den späteren religionstheoretischen Paragraphen her wissen, begreift die Glaubenslehre dieses Bewußtsein als etwas anderes als Denken und Wissen; das kommt hier schon mit Bezug auf das Denken, das Lehre und Dogmatik ist, zum Ausdruck. Das Gegebensein frommer Erregungen ist Voraussetzung der Dogmatik.[11] Diese kann als Wissenschaft im Ungläubigen nicht Glauben hervorrufen, sondern „nur dem gläubigen seinen Glauben auseinanderlegen".[12] Die Beziehung der Dogmatik auf die christliche Frömmigkeit wird so verstanden, daß diese Gegenstand jener ist.

Eine solche Beziehung ist nicht dem Denken der Dogmatik vorbehalten, sondern kommt auch einem anderen Denken zu, das eine weitere Bedingung der Dogmatik ausmacht. Es wird dahingehend beschrieben, „sich des frommen Gemüthszustandes unter der Form des Denkens bewußt zu werden".[13] Dieses Denken ist das, welches sich in Lehre artikuliert.[14] Schleiermacher führt es auf ein Bestreben zurück, das auf graduell verschiedene Weise jedes menschliche Bewußtsein kennzeichnet: Es „ist etwas allgemein in allen Menschen mehr oder weniger gegebenes. Jeder nach der Stufe der Besinnung auf welcher er steht, macht sich selbst in seinen verschiedenen Zuständen zum Gegenstand seiner Betrachtung und hält sie fest im Gedanken".[15] Dafür wird ebenso der Begriff der Vorstellung verwendet.[16] Schleiermacher macht außerdem deutlich, daß diese

7 KGA I/6, 325 § 1.
8 Schleiermacher, Enzyklopädie 1.
9 KGA I/7.1, 11,38ff.; 12,14f.; 14,5f. etc.
10 Ebd. 14,17f.33.
11 Ebd. 16,38ff.
12 Ebd. 11,34ff.
13 KGA I/7.3, 13f. App.
14 Vgl. KGA I/7.1, 16,18f.; 12,14f.; 14,4ff.
15 Ebd. 16,21ff.
16 KGA I/13.1, 128,11 = Gl2.1, 106,6.

„Allgemeinheit der Reflexion"[17] mit der sprachlichen Kompetenz des Menschen verbunden ist.[18] Wie aus dem Hinweis auf Gedanken und Sprache hervorgeht, handelt es sich unter Schleiermachers insbesondere in der philosophischen Ethik entfalteten Voraussetzungen um einen besonderen Modus des identischen Erkennens.

Entsprechendes gilt schließlich mit Bezug auf die jene notwendige Bedingung dogmatischen Denkens, die das wissenschaftliche Element zum Ausdruck bringt. Schleiermacher schreibt sie einer Tätigkeit zu, die in ihrer allgemeinen Form nicht von jedem Menschen ausgeübt wird, obwohl sie – wie wir vor dem Hintergrund der Dialektik voraussetzen dürfen – an ein allgemeinmenschliches Denken anknüpft: dem wissenschaftlichen Trieb.[19] Dieser zielt darauf, „Zusammenhang in das Gedachte zu bringen".[20] Wenn dieses Bestreben „das Denken in seinem Verhältniß zum Sein bearbeitet, entsteht das eigentliche Wissen".[21] Dazu gehört die Dogmatik nicht, die sich über die Lehre auf etwas Subjektives bezieht: „wenn es sich auf das oben beschriebene Denken wendet, im Verhältniß zu den darin ausgedrükten Lebenszuständen, entsteht die christliche Glaubenslehre im eigentlichen Sinne".[22]

Es ist festzuhalten, daß es bei der Lehrbildung um die *Selbstreflexion* des religiösen Subjekts oder der religiösen Gemeinschaft geht. Sie ist eine Art der allgemein menschlichen Selbstdeutung und Selbstreflexion, die ihrerseits eine Sonderart des *objektiven* Bewußtseins ist. Das dogmatische Denken ist ein spezieller Fall dieser Reflexion, der sich durch seinen Gegenstand vom normalen, auf eigentlich Objektives zielenden Wissen unterscheidet.

10.1.2. Dogmatik und Dialektik

Wenn das Verhältnis zwischen Dogmatik und Dialektik im Zusammenhang einführender Bemerkungen zur Dogmatik aufgegriffen wird, ist schon entschieden, daß dies aus deren Blickwinkel geschieht. Es muß jedoch darauf hingewiesen werden, daß das Verhältnis durchaus auch in der Perspektive der Dialektik relevant ist und innerhalb eigener Überlegungen am Ende des transzendentalen Teils, wo Dogmatik in Überein-

17 KGA I/13.1, 127 Anm. = Gl2.1, 105 Anm. b.
18 KGA I/13.1, 128 = Gl2.1, 106, vgl. KGA I/7.1, 14,21ff.; 16,30ff.
19 KGA I/7.1, 17,17.
20 Ebd. 17,5.
21 Ebd. 17,11f.
22 Ebd. 17,13ff.

stimmung mit den ersten Paragraphen der Glaubenslehre kurz als Reflexion über das religiöse Gefühl definiert wird, thematisiert wird.[23] Dieser Umstand, der in Zusammenhang mit der Tatsache, daß Schleiermacher die christliche Theologie nicht als notwendiges Glied des Organismus der Wissenschaften versteht, gewürdigt werden muß, macht auf ein weiteres Motiv der Ausarbeitung der Dialektik aufmerksam: das Erfordernis, über die Beziehung des Denkens Gottes jeweils in der Metaphysik und in der Religion Rechenschaft abzulegen.

§ 2 der Glaubenlehre nennt zwei Ziele der Dogmatik als Wissenschaft vom Zusammenhang der Lehre. Während das erste darin besteht, die Klarheit der Lehre zu fördern, ist das zweite Ziel die Unterscheidung dieses Denkens von der Philosophie.[24] In einer Anmerkung wird von Schleiermacher als „Grundgedanke" seiner Dogmatik hervorgehoben, „daß Philosophisches und Dogmatisches nicht vermischt werden dürfe".[25] Wie aus § 2.2[26] klar wird, denkt er insbesondere an das, worauf wir hier abzielen, nämlich an den Gottesgedanken.

Die Erkenntnis der Notwendigkeit der grundsätzlichen Unterscheidung von religiöser und philosophischer Gotteslehre, welcher Unterscheidung wiederum die Unterscheidung von Religion und Philosophie zugrunde liegt, ist die erste wichtige Einsicht Schleiermachers, die hier notiert werden soll. Auf ihr, die Schleiermacher seit dem Anfang seines selbständigen Denkens beschäftigt hat, beruht insbesondere seine epochale religionsphilosophische Leistung.[27]

---

23 KGA II/10.1, 268,7ff.; 271,18; siehe auch Schleiermacher, Jacobi 395: Dogmatik ist „die durch Reflexion entstandene Dolmetschung des Verstandes über das Gefühl".
24 KGA I/7.1, 14,4ff.
25 Ebd. 14,13ff.
26 Ebd. 15f.
27 Die Unterscheidung steht bei Hans-Joachim Birkner in Gefahr, abgeschwächt zu werden. Was in der Glaubenslehre über Philosophie und Theologie gesagt wird, kann nach ihm „nicht als Auskunft über das Spezifische des Philosophie-Theologie-Verhältnisses in Schleiermachers Gesamtwerk angesehen werden", sondern muß auf das Denken der Umwelt eher als auf sein eigenes bezogen werden (Birkner, Theologie 38; siehe auch ebd. 21f.). Diese These hängt mit der anderen These Birkners zusammen, daß für Schleiermacher jenes Verhältnis „nicht die Würde eines Grundthemas hat" (ebd. 29). Diese These, die Birkner von der theologischen Enzyklopädie Schleiermachers her formuliert, appliziert er auch auf die Äußerungen der Glaubenslehre über Theologie und Philosophie: Werden sie wenigstens als Rahmenbestimmungen auf Schleiermachers eigene Entwürfe bezogen, zeigt sich, daß sie sich nur auf das Verhältnis von Philosophie (als philosophischer Theologie in der Schleiermacherschen Bedeutung) und Dogmatik beziehen (ebd. 38, vgl. ebd. 29ff.33f.). Statt daß das Theologie-Philosophie-Problem auf diese Weise gelöst wird, wird es lediglich verschoben. Gegen den letzten Punkt zu Recht Wagner, Dialektik 183f. Anm. 68.

Ist hier entscheidend die These der grundsätzlichen Unabhängigkeit der Dogmatik von der Philosophie, so wird jedoch nicht eine Beziehungslosigkeit behauptet. Dies geht aus der Begründung der Notwendigkeit der Unterscheidung im zweiten Leitsatz hervor, die darauf hinweist, daß das philosophische Denken „auf *denselben Inhalt* hinausläuft"[28] wie das dogmatische Denken, nämlich auf das höchste Wesen. Schleiermacher spricht auch von einer Analogie zwischen philosophischen und theologischen Sätzen.[29] Auch dieser Punkt ist für unsere Fragestellung von größter Bedeutung. Schleiermachers Pointe im gegenwärtigen Zusammenhang ist, daß die Unterscheidung vom Inhalt her unsicher bleibt und vom Ursprung und Gedankenkontext der betreffenden Aussage aus vollzogen werden muß.

Dieser Punkt ist am deutlichsten in der ersten Auflage. Obwohl er in der folgenden festgehalten wird, wird die Aufmerksamkeit dort von ihm weggeleitet. Teils durch seine weniger hervorgehobene Stellung in einem Zusatz zu § 16,[30] in der Erstauflage dagegen am Anfang der Glaubenslehre und in einem Leitsatz, der sowohl in einer Anmerkung als auch in der Erklärung des Satzes kommentiert wird; teils durch seine Verbindung mit einem anderen Punkt, der den Einfluß der Philosophie auf die *Form* der dogmatischen Satzbildungen betrifft, und mit einer neu akzentuierten, teilweise durch die Rezeption der Erstauflage veranlaßten Unterstreichung der Unabhängigkeit der dogmatischen Sätze von philosophischen Schulbildungen.[31] Dies könnte den unzutreffenden Eindruck geben, daß Berührungen zwischen den beiden Disziplinen lediglich im Formalen stattfinden, wie eine umfassende Literatur in der Tat behauptet hat. Vom formalen Zusammenhang der Dogmatik mit der Philosophie, der an anderer Stelle auch 1821 dargestellt wird,[32] sehen wir ab. Daß es nicht einfach ist, Form und Inhalt der Philosophie zu trennen, zeigt die Klausel, die Schleiermacher für diese formuliert: Theologisch legitim sind nur Philosophien, die grundlegende Distinktionen – Gott/Welt und gut/böse oder geistig/sinnlich – enthalten und also weder atheistisch noch materialistisch oder sensualistisch sind.[33]

---

28   KGA I/7.1 14,7; Hervorhebung von mir.
29   Ebd. 15,40f.; 113,7.
30   KGA I/13.1, 134 = Gl2.1, 111.
31   KGA I/13.1, 134f. = Gl2.1, 111f.; zur letzten Abgrenzung siehe auch besonders das zweite Sendschreiben an Lücke, KGA I/10, 337-394.
32   KGA I/7.1, 108ff § 31; dessen Entsprechung in der Zweitauflage ist § 28, KGA I/13.1, 182ff. = Gl2.1, 155ff.
33   KGA I/7.1, 111f.; I/13.1, 183,23ff. = Gl2.1, 155f.; KGA I/6, 402 § 214.

Das Thema des Verhältnisses von religiöser und philosophischer Theologie wird auch auf dieser einführenden Ebene durch die Regel des Ausschlusses der Vermischung nicht erschöpft. Eine notwendige Aufgabe ist nach Schleiermacher zudem, die *Übereinstimmung* beider aufzuweisen:

> „Jeder Einzelne zwar, dessen spekulatives Bewußtsein erwacht ist, muß sich der Uebereinstimmung zwischen den Aussagen von diesem und den Erregungen seines frommen Gefühls auf das genaueste bewußt zu werden suchen, weil er sich nur in der Harmonie dieser beiden Funktionen, welche zusammen die höchste Stuffe seines Daseins bilden, der höchsten Einheit seiner selbst bewußt werden kann".[34]

Er verneint diese Aufgabe jedoch für die Dogmatik als auf eine kirchliche Gemeinschaft bezogene, aber nicht weil sie für die Dogmatik irrelevant ist, sondern wegen der – auch in der Dialektik hervorgehobenen – wesentlichen Individualität jeder Philosophie.[35]

10.2. Der religiöse Gottesgedanke

Bei der Interpretation des Religionsbegriffs wurde möglichst vom Gottesgedanken abstrahiert. Das läßt sich nur durch Hinweis auf den schrittweise aufgebauten Fortgang der Analyse rechtfertigen. Sachlich entspricht es dem Religionsbegriff des späten Schleiermacher nicht. Für diesen Begriff ist der Gedanke Gottes entscheidend,[36] aber auf andere Weise als in der theologisch-philosophischen Tradition. Dieser gegenüber bestimmt Schleiermacher – in Fortsetzung seiner eigenen frühesten Entwürfe – die Beziehung beider neu.

10.2.1. Gottesbewußtsein und Gottesgedanke

§ 9 der Erstfassung der Glaubenslehre lautet als ganzer: „Das gemeinsame aller frommen Erregungen, also das Wesen der Frömmigkeit ist dieses, daß wir uns unsrer selbst als schlechthin abhängig bewußt sind, das heißt, daß wir uns abhängig fühlen von Gott".[37]

In dieser Definition, die *Frömmigkeit* und *Gott* eng verbindet, soll zuerst die Relation zwischen dem Gefühl und Gott erläutert werden. Es ist

---

34   KGA I/7.1, 109,7ff.
35   Ebd. 109,12ff. 1811 hat Schleiermacher die Aufgabe der Dogmatik zugewiesen (Schleiermacher, Einleitung [1998] 95).
36   Vgl. besonders KGA I/13.1, 40,8ff. = Gl2.1, 30.
37   KGA I/7.1, 31.

klar, daß Gott unter Schleiermachers erkenntnis- und religionstheoretischen Voraussetzungen nicht Korrelat des objektiven Bewußtseins und also nicht eigentliches Objekt des Bewußtseins sein kann. Der Satz ist nun so verstanden und kritisiert worden, daß er Gott als intentionalen Gegenstand des Gefühls versteht.[38] Der Ausdruck das „Gefühl von Gott"[39] scheint diese Auslegung erst recht notwendig zu machen. Sie ist aber unzutreffend und widerstreitet nicht erst der Religionstheorie Schleiermachers von 1821, sondern schon der von 1799. Sie wird, worauf schon mit Bezug auf die Dialektik aufmerksam gemacht wurde, durch seinen Begriff des Gefühls ausgeschlossen: Objekt – ein Terminus, der bei diesem Phänomen nur in uneigentlichem Sinn verwendet werden kann – eines Gefühls kann nur das fühlende Subjekt, aber nicht Gott sein. Dies wird durch den Satz selbst ausreichend klar, der aussagt, daß wir *uns* fühlen, nämlich *abhängig von Gott*. Der Begriff des Gefühls von Gott ist als eine zwar irreführende Kurzfassung dessen zu verstehen. Er entspricht dem häufiger in der zweiten Auflage vorkommenden Begriff des Gottesbewußtseins, das in das absolute Abhängigkeitsbewußtsein eingeschlossen ist und mit ihm identifiziert wird.[40] Mißverständlich und ungesichert ist in der ersten Auflage ebenso die Redeweise von einem zwar nicht äußerlichen, aber innerlichen Gegebensein Gottes,[41] die jedoch auf der Linie des Religionsbegriffs, wie er oben interpretiert wurde, zu fassen ist.[42] Die zweite Auflage ist an diesen Punkten präziser.

Der uns hier beschäftigende zweite Teil des Satzes enthält zwei Thesen mit Bezug auf den Gottesgedanken, eine positive und eine negative These. Sie werden in einem Zusatz zum Paragraphen 9.3 kurz entfaltet.[43] Wie die Argumentation in der ersten Auflage aufgebaut ist, weist der Zusatz auf die Bestimmungen zur Genese der Lehre und des dogmatischen Denkens aus dem religiösen Bewußtsein und zur Beziehung dieses Denkens auf ein anders entstehendes Denken Gottes, das unter den Disziplinen des eigenen Systems Schleiermachers vor allem in die Dialektik gehört, in den ersten Paragraphen zurück und muß im Zusammenhang mit diesen verstanden werden.

---

38   Konrad Cramer, Prämissen 137. Cramer sieht im Vergleich mit dem Satz zu Recht einen Artikulationsfortschritt in § 4 der Zweitfassung: „daß wir uns unsrer selbst als schlechthin abhängig, oder, was dasselbe sagen will, als in Beziehung mit Gott bewußt sind" (KGA I/13.1, 32 = Gl2.1, 23).

39   KGA I/7.1, 32,38f., vgl. KGA II/10.1, 143 § 215.2.

40   Vgl. KGA I/13.1, 40,4ff. = Gl2.1, 30,8ff.

41   KGA I/7.1, 33,6ff., vgl. Junker, Urbild 67 Anm. 102.

42   Vgl. KGA I/7.1, 33,25f.: „innerlich als ihr Selbstbewußtsein mitbestimmend gegeben".

43   Ebd. 32,38ff.

Die negative These besagt, daß das religiöse Bewußtsein mit Bezug auf jedes ihm vorgängige und von ihm unabhängige Wissen von Gott selbständig ist. Ein solches Wissen könnte die Gestalt des Supranaturalismus, der rationalen Theologie der alten Metaphysik oder auch einer transformierten Metaphysik wie Schleiermachers eigener haben. Er drückt diese These an verschiedenen Stellen durch Zurückweisung des Diktums Christoph Friedrich von Ammons aus, daß die Religion die Tochter der Theologie ist.[44] Er fügt hinzu, daß er damit „nichts Anderes" tut, „als was eine zahlreiche Schule seit mehr als einem Jahrhundert immer gethan hat";[45] über das mit der Aufklärung beginnende Denken hinaus weist er außerdem auf Luther hin.[46]

Ist Theologie nicht Bedingung der Religion, so ist diese aber Bedingung einer Theologie. Das ist die positive These, die eine These über die Genese des religiösen Gottesbegriffs ist: Die Gleichsetzung des religiösen Abhängigkeitsgefühls und des Gefühls der Abhängigkeit von Gott im Leitsatz ist „zugleich die Aufstellung des Begriffs von Gott".[47] Der Satz läuft nicht auf eine Reduktion des Gottesgedankens auf das religiöse Bewußtsein und auch nicht auf die Einführung eines neuen Gottesbegriffs hinaus, sondern auf die Rekonstruktion der ursprünglichen Intention des Gedankens vom religiösen Bewußtsein her. Ebensowenig ist es die Pointe, daß dies unabhängig von religiöser Tradition stattfinden kann.[48] Es geht ja um den Nachweis der authentischen Bedeutung des Grundwortes der überlieferten religiösen Sprache.[49]

Weiter gibt der Zusatz in der Form einer fiktiven Annahme um der Rekonstruktion willen[50] einen Hinweis für die Erklärung, wie die Bildung des religiösen Gottesgedankens geschieht: „gesezt auch er wäre nirgend andersher gegeben, aber die frommen Erregungen wären gegeben, so würde, wenn die Besinnung unter der Form des Denkens nur weit genug entwikkelt wäre, aus der Betrachtung jener Erregungen das Bestreben entstehen, den Gedanken des höchsten Wesens zu bilden".[51] Diese Aussage, die Begriffe aus §§ 2-3 aufgreift, appliziert die allgemeinen Überlegungen zur Lehrbildung auf die Bildung des Gottesgedankens. Diese ist ein

---

44 KGA I/10, 319,1ff., vgl. KGA I/7.1, 90,11ff.; I/7.3, 32 Nr. 119.
45 KGA I/10, 319,8ff.
46 Ebd. 319,16ff.
47 KGA I/7.3, 32 Nr. 117.
48 Dies wird von Falk Wagner als Einwand gegen Schleiermacher behauptet (Wagner, Dialektik 200f.).
49 Vgl. KGA I/10, 330,15ff.
50 Vgl. KGA I/7.3, 32 Nr. 120.
51 KGA I/7.1, 32,42ff.

besonderer Fall dessen, was dort mit Bezug auf die religiösen Erregungen
gesagt wurde: „Wenn sie in Betrachtung gezogen werden, entwickeln sie
sich zum Gedanken".[52] Was betrachtet wird, ist das absolute Abhängigkeitsgefühl als Gottesbewußtsein. Den Zusammenhang des gegenwärtigen
Theoriestücks mit jenen Überlegungen zu beobachten, führt zu der wichtigen Einsicht, daß der religiöse Gottesgedanke hier als *ein Produkt der
Reflexion* begriffen wird, und zwar als ein Produkt *der Selbstreflexion des
religiösen Subjekts,* soweit nicht auf ein wissenschaftliches, sondern auf das
allgemein menschliche Denken abgehoben wird.

Fragt man endlich, worauf genau sich die Gleichsetzung des religiösen Abhängigkeitsgefühls mit dem Gottesbewußtsein bezieht, wird man
zu Einsichten über den Inhalt des Gottesgedankens geführt. Es ist nach
Schleiermachers These die *Schlechthinnigkeit* und *Absolutheit* des Abhängigkeitsgefühls, die die Rede von *Gott* legitimiert.[53] Dies wird nicht im
Zusatz zum Paragraphen 9.3, sondern in diesem selbst entfaltet:

> „Wenn daher in dem die frommen Erregungen auszeichnenden Geseztsein
> einer vollkommnen, stetigen, also auf keine Art von einer Wechselwirkung
> begrenzten oder durchschnittenen Abhängigkeit, die Unendlichkeit des mit-
> bestimmenden nothwendig mitgesezt ist, so ist dies nicht die in sich getheilte
> und endlich gestaltete Unendlichkeit der Welt, sondern die einfache und ab-
> solute Unendlichkeit. Und dies ist der Sinn des obigen Ausdruks, daß sich
> schlechthin abhängig fühlen und sich abhängig fühlen von Gott einerlei ist".[54]

Dieser Passus verdeutlicht Schleiermachers Rekonstruktion der Bildung
des religiösen Gottesbegriffs: Es wird das, was das religiöse Bewußtsein
als solches bestimmt, von diesem her durch Absolutheit und Einheit im
Sinne von Einfachheit gekennzeichnet, und von dort her wird der Gottesbegriff eingeführt. Das Prädikat der Persönlichkeit kommt hier selbstverständlich nicht in Betracht.

In der früher eingeführten Terminologie muß dieses Argument – abweichend von Schleiermachers Sprachgebrauch – als ein spekulatives
bezeichnet werden: Es hat eine spekulative Struktur, insofern es, die Differenzen unseres Weltverhältnisses transzendierend, den Gedanken von
einer Einheit als Bedingung unseres Selbst- und Weltverhältnisses bildet.[55]
Die Argumentation ist jedoch spekulativ in einem anderen Sinn als die
Metaphysik der Dialektik Schleiermachers, weil hier nicht vom objektiven,
sondern vom subjektiven Bewußtsein aus gedacht wird. Dies führt zu
einer zweiten Bemerkung: Der betreffende Gottesbegriff berührt sich wie

---

52 Ebd. 14,20f.
53 Vgl. auch KGA I/7.3, 32 Nr. 117.
54 KGA I/7.1, 32,30ff.
55 Siehe oben S. 461.

der Weltbegriff mit Gedanken der Dialektik. Er wird aber nicht von dort-
oder anderswoher als in seiner Bedeutung bekannt in Anspruch genommen,[56] sondern vor dem Hintergrund des Religionsbegriffs rekonstruiert.

10.2.2. Die *unmittelbarste Reflexion*

Der entsprechende Ansatz der zweiten Auflage, der in § 4.4 entfaltet
wird,[57] ist in Übereinstimmung mit der Neugestaltung der religionstheoretischen Argumentation vorsichtiger. Die zweite Auflage hält sich an
dieser Stelle nicht nur von personalen Bestimmungen, sondern auch von
dem betreffenden spekulativen Gedanken zurück, der jedoch nicht aufgegeben wird, sondern nur später auftaucht.[58] Sie erläutert die Gleichsetzung der schlechthinnigen Abhängigkeit und der Beziehung auf Gott, wie
§ 4 die Erstauflage präzisiert,[59] dahingehend, „daß eben das in diesem
Selbstbewußtsein mit gesetze *Woher* unseres empfänglichen und selbst-
thätigen Daseins durch den Ausdrukk Gott bezeichnet werden soll".[60]
Während die Abgrenzung gegen die Identifikation von diesem Woher mit
der Welt festgehalten wird, wird auf seine Kennzeichnung als einfach
verzichtet. Der Ansatz wird als Ausgangspunkt weiterer inhaltlicher
Bestimmungen des religiösen Gottesgedankens dargestellt.[61]

Der Ausdruck *Woher* „bezeichnet nicht irgend etwas, sondern er leitet
eine Frage ein", die durch das „von anderwärts her", nicht aber durch den
Ausdruck „Gott" beantwortet wird.[62] Der Sinn dieses Ausdrucks wird
dagegen durch die Woher-Frage interpretiert. Dabei ist jedoch nicht bloß
Fragliches, sondern das das schlechthin Abhängige Bestimmende und
Begründende, seine Deutung auf einen verläßlichen Grund hin relevant.[63]

---

56 Wie Maureen Junker behauptet (Junker, Urbild 54.67f.).

57 KGA I/13.1, 38-40. = Gl2.1, 28-30.

58 Zum Beispiel KGA I/13.1, 303,11ff. = Gl2.1, 258.

59 KGA I/13.1, 32,13ff. = Gl2.1, 23.

60 KGA I/13.1, 38,29ff. = Gl2.1, 28f.

61 Vgl. KGA I/13.1, 40,1ff. = Gl2.1, 30: „so daß Gott uns zunächst nur das bedeutet was in
    diesem Gefühl das mitbestimmende ist, und worauf wir dieses unser Sosein zurück-
    schieben, jeder anderweitige Inhalt dieser Vorstellung aber erst aus dem angegebenen
    Grundgehalt entwikkelt werden muß".

62 Osthövener, Lehre 22.

63 Claus-Dieter Osthövener behauptet nicht nur, daß das schlechthinnige Abhängigkeitsge-
    fühl „von keinem Bestimmten" weiß, von dem es abhängt, sondern auch, daß kein es
    „Bestimmendes" qualifiziert werden kann, und daß es um eine Relation geht, wo eines
    der Relate „schlechthin unbestimmt", „ein unbestimmbares Unbestimmtes" ist (ebd. 21f.).
    Dies trifft nur in dem Sinn zu, daß nicht von objektiver Bestimmtheit die Rede sein kann.
    Es muß aber ein die schlechthinnige Abhängigkeit Bestimmendes gedacht werden können.

Durch die nicht entfaltete Frage: „Woher kommen wir?" wird dagegen
etwas anderes deutlich, nämlich die Lebensdimension der religionsphilosophischen Überlegungen. Sie ist wesentlich in den darin in Anspruch
genommenen Gedanken der Selbstbeziehung und der Selbstverständigung enthalten, könnte aber über die theoretische Form der Thematisierung der Religion vergessen werden.

Das aus dieser Auflage Wiedergebene enthält einen weiteren Punkt,
der an derselben Stelle der Erstauflage nicht explizit aufgenommen wurde: Mit dem Begriff des Ausdrucks und des Worts wird eine Dimension
des Verhältnisses von Religion und Sprache berührt. Darüber schreibt
Schleiermacher weiter in § 4.4:

> „Wenn aber das Wort überall ursprünglich mit der Vorstellung Eins ist, und
> also der Ausdrukk Gott eine Vorstellung voraussezt: so soll nur gesagt wer-
> den, daß diese, welche nichts anders ist als nur das Aussprechen des
> schlechthinigen Abhängigkeitsgefühls die unmittelbarste Reflexion über das-
> selbe, die ursprünglichste Vorstellung sei, mit welcher wir es hier zu thun
> haben, ganz unabhängig von jenem ursprünglichen eigentlichen Wissen, und
> nur bedingt durch unser schlechthiniges Abhängigkeitsgefühl".[64]

Das Verhältnis zwischen Religion und Sprache wird im Blick auf die
Frage der *Denkbarkeit Gottes* vom religiösen Gefühl her aufgegriffen; es
geht also um dasselbe Thema wie im Zusatz zu § 9.3 der Erstfassung. Dies
erhellt erstens aus dem Zusammenhang von § 4.4: Schleiermacher kommt
auf die Beziehung von Wort und Vorstellung durch eine Abgrenzung des
religiösen Ausdrucks „Gott" gegen ein Wissen von Gott im Sinne eines
„ursprünglichen d. h. von allem Gefühl unabhängigen Begriffs von
Gott".[65] Es kommt stattdessen auf einen Gottesbegriff an, der nicht in
dieser Bedeutung ursprünglich, sondern durch das Gefühl vermittelt ist.[66]
Zweitens kann an die systematische Stellung der Sprache bei Schleiermacher, wie sie in seiner Ethik begründet wird, erinnert werden: Die Sprache
ist auf das identische Denken als dessen äußere Darstellung bezogen und
hängt also mit dem objektiven Bewußtsein, nicht in eigentlicher Weise mit
dem Gefühl zusammen. Darauf, daß es um eine Unterart des objektiven
Erkennens geht, weist endlich auch die Verwendung des Begriffs der
Vorstellung hin, der an den sachlich nächststehenden Stellen der Glaubenslehre eine vergegenständlichende erkennende Einstellung bezeichnet.[67]

---

64   KGA I/13.1, 39,25ff. = Gl2.1, 29f.
65   KGA I/13.1, 39,16f. = Gl2.1, 29.
66   Vgl. KGA I/7.3, 22 Nr. 76; I/10, 388.
67   Siehe oben S. 520f.587f.

Dem scheint entgegenzustehen die Kennzeichnung der betreffenden Vorstellung als der ursprünglichsten Vorstellung ebenso wie die Rede von der unmittelbarsten Reflexion. Diese Wendungen, die auch nach der obigen Analyse des Unmittelbarkeitsbegriffs widersprüchlich sind, sind mit Recht als eine Verlegenheitsantwort auf die Frage des Verhältnisses von der Vorstellung und dem Wort „Gott" bezeichnet worden.[68] Man hat sie als Ausdruck eines Versuchs, der objektivierenden Tendenz der Vorstellung möglichst entgegenzuwirken, interpretiert.[69] Demgegenüber ist treffend darauf hingewiesen worden, daß jene Wendungen die im Vergleich mit anderen Lehrbegriffen besondere Nähe des Gottesgedankens zum unmittelbaren Gefühl hervorheben, daß sich aber dieser Gedanke *als Reflexionsprodukt* nicht von den anderen unterscheidet.[70] Mit einer Randbemerkung Schleiermachers: „Gott nur meine Reflexion – aber gewiß die allerinnerlichste und ursprünglichste".[71] Daß der religiöse Gottesgedanke der Reflexion entspringt, stimmt mit anderen Aussagen bei Schleiermacher überein.[72] Es zeigt sich also, daß seine Theoriebildung in dieser Hinsicht auf einer Linie mit der Erstauflage geblieben ist.

Daß darin immerhin der Ausdruck einer Verlegenheit gesehen werden kann, läßt sich durch Vergleich mit den *Reden* deutlich machen. Insofern Schleiermacher den Gottesgedanken näher als die Lehrsätze an das religiöse Bewußtsein heranrückt, darf gesagt werden, daß er darüber dasselbe wie in seiner frühen Philosophie der Religion sagen *will*.[73] Von der obigen Rekonstruktion der verschiedenen Versionen seiner Theorie der Religion her ist aber auch klar, daß er dasselbe nicht mehr sagen *kann*. In dieser Verbindung muß ein Vorschlag, der zur Erklärung des Vorstellungsbegriffs beim Ausdruck „Gott" gemacht worden ist, problematisiert werden: Wiederum mit dem Ansatz der *Reden* wird die betreffende Vorstellung auf die freien Vorstellungen bezogen, die der produktiven Phantasie entspringen, so daß die frühe und die späte Konzeption der

---

68 Jørgensen, Offenbarungsverständnis 237.
69 Ebd.; Christ, Gott 195. Theodor Jørgensen geht einen Schritt weiter, indem er darin ein Bestreben, eine Vorstellung mit Bezug auf das Wort „Gott" zu verneinen, sieht. Dies hängt mit seiner These zusammen, daß nicht der Mensch, sondern Gott Subjekt der – wie er § 4.4 interpretiert – Sprachwerdung des Gottesbewußtseins ist, und daß das *Wort* „Gott" Offenbarungscharakter hat (Jørgensen, Offenbarungsverständnis 242f.246); dagegen siehe Christ, Gott 196ff.
70 Osthövener, Lehre 23f.
71 KGA I/7.3, 22 Nr. 77.
72 KGA I/10, 388,9ff.: Meine Dogmatik „ist ja sowohl nach Form, als nach Inhalt ganz und gar bedingt durch die Voraussetzung, daß der in ihr zu entwickelnde Gottesgedanke nicht ursprünglich sey, sondern nur geworden in der Reflexion über jenes höhere Selbstbewußtseyn".
73 Siehe oben S. 365f.; Christ, Gott 198f.

Gottesvorstellung eng miteinander verbunden werden.[74] Sieht man von dem wichtigen Unterschied ab, daß die in den *Reden* der Phantasie zugeschriebene Gottesvorstellung nur die persönliche ist, welche an dieser Stelle der Glaubenslehre noch nicht behandelt wird, wird die vorgeschlagene Verbindung durch die Verschiedenheit der theoretischen Mittel der beiden Religionsbegriffe ausgeschlossen. In der frühen Religionsschrift wurde der Gottesgedanke – als Weiterführung des Deutungselements der religiösen Anschauung auf einer höheren Ebene – als Produkt der Phantasie und anders als die Lehrsätze nicht als Produkt der Reflexion gefaßt. Diese Möglichkeit wird durch die Ausscheidung des Begriffs der Anschauung aus der Religionsdefinition und also durch den Wegfall der Deutung auf der primären Ebene des religiösen Bewußtseins abgeschnitten. Sie wird durch den Gedanken einer nachträglichen Auslegung im Sinne der Reflexion ersetzt.

Noch schwerwiegender ist indessen, daß dem Vorschlag das systematisch Wichtigste am Neuansatz entgeht. Bedeutet die Abänderung des Begriffs der Religion einen Verlust an konkreter Fülle derselben auf der primären Ebene, wird gerade hier auf der sekundären Ebene die Stärke der Philosophie der Religion beim späten Schleiermacher im Vergleich mit der des früheren deutlich: Vorher wurde dem Zusammenhang zwischen Religion und Metaphysik nicht angemessen Rechnung getragen, ebenso wie die Universumsidee und ihre Äquivalente in den *Reden* unzureichend erklärt wurden. Demgegenüber ermöglicht der Neuansatz die Erkenntnis der Bedeutung der Metaphysik – und zwar der expliziten, von Schleiermacher in der Dialektik entfalteten Metaphysik – für die religiöse Gotteslehre.

10.2.3. Konkretes Gottesbewußtsein

Schleiermachers Theorie des religiösen Gottesgedankens schließt sich seiner Religionstheorie nahe an und ist wie diese in zwei Schritten aufgebaut. Bisher wurde nur der erste Schritt, der vom reinen Bewußtsein und Begriff Gottes handelt, untersucht. In Entsprechung zum zweiten Schritt der Religionsdefinition wird im dritten Zusatz zu § 10.5 der Erstauflage[75] zu einer konkreten Ebene weitergegangen, wo erst von einem wirklichen Bewußtsein Gottes die Rede ist.

---

74   Christ, Gott 198f., gestützt auf Jørgensen, Offenbarungsverständnis 237f.243.
75   KGA I/7.1, 37,41ff., vgl. KGA I/13.1, 51ff. = Gl2.1, 40f.

Der Zusatz hat zum Thema das Problem des *Anthropomorphismus* im Sinne der Darstellung Gottes durch dem Menschen, also einzelnem Endlichen, zukommende gegensätzliche Bestimmungen.[76] Obwohl die Glaubenslehre es nicht explizit sagt, muß dies *personale* Bestimmungen einschließen.[77] Der Zusatz nimmt dieses Problem in apologetischer Absicht auf, weil es einen „großen Angelpunkt" im Streit zwischen Leugnern und Anerkennern der „Grundvoraussezung" des Mitgegebenseins Gottes im religiösen Bewußtsein ausmacht.[78] Was für uns aus dieser Diskussion relevant ist, soll kurz dargestellt werden.

Es ist erstens die Behauptung, daß „wegen der allen frommen Erregungen beigemischten sinnlichen Gefühle auch in die darauf sich beziehenden Aussagen über Gott nothwendig menschenähnliches kommt".[79] Darin liegt ein Doppeltes: Einerseits ist Gott nicht anthropomorph, andererseits können die religiösen Aussagen die Vermenschlichung nicht vermeiden und sind insofern inadäquat. Dieser Lage kann nach Schleiermacher aufgrund des komplexen Charakters des religiösen Selbstbewußtseins dadurch Rechnung getragen werden, daß man im Sprechen vermenschlicht, aber im reinen Bewußtsein unterscheidet. Dadurch scheint er jedoch über den methodischen Sinn und also über die legitime Kompetenz der Elemententheorie hinauszugehen, insofern diese ein Verfahren ist, das durch den Theoretiker, nicht durch das religiöse Subjekt als solches ausgeübt wird. Zweitens wird die Bedeutung und Legitimität des konkreten Bewußtseins und Denkens Gottes abschließend hervorgehoben, indem auf den Gedanken von der Aufeinanderbezogenheit des sinnlichen und des höheren Selbstbewußtseins oder Gefühls als der Vollendung des Gefühls rekurriert wird.[80] Schleiermachers These den Gegnern der Frömmigkeit gegenüber ist, wie sie in der zweiten Auflage formuliert wird, „daß ohne diese Vollständigkeit des Gefühls auch für die höchste Stuffe des gegenständlichen Bewußtseins und des Aussichherausgehenden Handelns keine Sicherheit vorhanden sei, und daß sie folgerechterweise

---

76 Vgl. KGA I/13.1, 51,24ff. = Gl2.1, 40,20ff.; dazu Christ, Gott, bes. 206ff.

77 Vgl. die dritte Auflage der *Reden*, KGA I/12, 120,19ff., ferner KGA II/10.1, 335f.; SW III/4.2, 525ff. Anmerkungen. Die von Schleiermacher im Brief an Friedrich Samuel Gottfried Sack von 1801 mit Bezug auf die erste Fassung der *Reden* formulierte Unterscheidung von personaler und anthropomorpher Rede von Gott (KGA V/5, Nr. 1065,74ff.) scheint nicht auf die mit der Erstauflage der Glaubenslehre zeitgleiche Fassung der Schrift zuzutreffen.

78 KGA I/13.1, 52,6ff. = Gl2.1, 40, vgl. KGA I/7.1, 37,41ff. Zum Anthropomorphismus als Grund des Atheismus siehe auch Schleiermachers Aufzeichnung aus Hemsterhuis KGA I/1, 586,26f.

79 KGA I/7.1, 38,5ff.

80 Vgl. ebd. 38,15ff., mit ebd. 37,16ff.

sich ganz auf die niedere Lebensstufe beschränken müßten".[81] Was das besagt, wird von der unten zu analysierenden Komplementarität des philosophischen und des religiösen Gottesgedankens, der Dialektik und der Dogmatik her verständlich werden.

Die zweite Auflage fügt in ihrer Fassung des Zusatzes zu den Frommen und zu denen, „welche weder einen Begriff von Gott noch ein ihn repräsentirendes Gefühl zugestehn wollen"[82] eine weitere Position hinzu. Sie wird durch einen metaphysischen Gottesbegriff gekennzeichnet, von welchem aus sie verneint, „daß das Aussprechen jenes Gefühls dasselbige als das darin wirksame seze, was ihr ursprünglicher Begriff aussagt", und behauptet, „der Gott des Gefühls sei nur eine Fiction ein Idol".[83] Dies ist in zwei Hinsichten interessant.

Die dritte Position ist – wenn auch nicht allein – auf Fichte zu beziehen, wie aus einer Randbemerkung Schleiermachers hervorgeht.[84] Dies zeigt, daß der nähere Kontext seiner Überlegungen zum Gottesbegriff in den *Reden*, nämlich der Atheismusstreit um Fichte, noch in der Glaubenslehre präsent ist, auch wenn Schleiermacher sich nun kritischer zu diesem Denker verhält. Außerdem geht es auch hier um Passagen der Fichte-Schrift, die im Zusammenhang des Anhangs zur zweiten Rede besonders wichtig war, der *Appellation an das Publicum*.[85] Was Schleiermacher am Rande neben der Erwähnung des philosophischen Gottesbegriffs geschrieben hat: „*Fichte's* ‚Götze'", ist auslegungsbedürftig.[86] Es ist kaum so zu verstehen, daß er durch die Hervorhebung den Gott dieses metaphysischen Begriffs als einen Götzen auszeichnet und also Fichtes Kritik des Theismus der Spätaufklärung auf höherer Ebene gegen ihn selbst zurückwendet.[87] Das wäre jedenfalls sachlich unangemessen angesichts sowohl Schleiermachers eigener verwandter Begriffsbildung im metaphysischen Teil der Dialektik als auch seines ersten, den reinen religiösen Gottesgedanken rekonstruierenden Schrittes in der Einleitung zur Glaubenslehre.

---

81 KGA I/13.1, 52,23ff. = Gl2.1, 41.
82 KGA I/13.1, 52,16f. = Gl2.1, 41.
83 KGA I/13.1, 52,11ff. = Gl2.1, 41.
84 KGA I/13.1, 52 Anm. = Gl2.1, 40 Anm. b.
85 FW V, 218ff., vgl. KGA I/13.1, 52 App.; Christ, Gott 212 Anm. 320.
86 Fichte bezeichnet mit diesem Ausdruck ein übermächtiges Wesen, das nach dem Bild des Menschen und von der Sinnlichkeit her gedacht wird, indem Glückseligkeit von ihm erwartet wird. Demgegenüber versteht er Gott als „ein von aller Sinnlichkeit und allem sinnlichen Zusatze gänzlich befreites Wesen" (FW V, 220). Wenn Schleiermacher im Anhang zur zweiten Rede von 1799 den Begriff des Götzens auf die unterste Stufe der Applikation des Gottesgedankens bezieht (KGA I/2, 244, 26 = R, 127), ist er vielleicht von Fichte abhängig.
87 Wie Franz Christ meint (Christ, Gott 212 einschl. Anm. 323).

Die Randbemerkung und der Passus des Zusatzes müssen zusammen eher als partielle Verteidigung des Gegners Fichtes mit Rücksicht der konkreten, sinnlichen Bestimmtheit der religiösen Aussagen über Gott verstanden werden und laufen also auf einen Hinweis auf Wahrheitsmomente auf beiden Seiten hinaus. Diese Interpretation wird durch eine ähnliche Randbemerkung zur ersten Auflage unterstützt, die interessanterweise neben Fichte Eberhard nennt, wobei an dessen Beiträge zum Atheismusstreit zu denken ist.[88] Dementsprechend heißt es in der Nachschrift der Dogmatikvorlesung von 1823/24 mit Bezug auf beide Denker: „Keiner war das beschuldigte – beide waren gläubig".[89]

Sodann drückt die Verwendung des Begriffs der *Fiktion* systematisch wichtige Verschiebungen in der Stellung des Gottesgedankens im Vergleich mit der Position Schleiermachers um 1800 aus. Damals konnte er in einer Notiz jenen Begriff ziemlich unbekümmert auf diese Position beziehen[90] und in den *Reden* den persönlichen Gottesgedanken als eine entbehrliche, obwohl fast notwendige, ästhetisch orientierte Bestimmung des jeder solchen Fiktion vorausliegenden, dem religiösen Anschauen zugänglichen Universums fassen. Jetzt geht es dagegen beim „Gott des Gefühls" um das primär allein vom Selbstbewußtsein oder Gefühl her gedachte und unumgänglich menschenähnlich und personal gestaltete eigentliche Korrelat des religiösen Bewußtseins. Unter diesen Voraussetzungen tritt die Fiktionsthese als eine ernstzunehmende Einwendung auf. Was Schleiermacher darauf zu antworten vermag und was schon in dem vom Gegner Verneinten angedeutet ist, soll uns weiter beschäftigen.

Alles in allem ergibt sich, daß die zusätzliche Behandlungsweise ebensowenig wie beim ersten Schritt eine geringere Bedeutsamkeit dieses Glieds der Argumentation anzeigt. Im Gegenteil, es ist mit grundlegend für Schleiermachers ganze, auch Überlegungen der Dialektik einschließende Konzeption des philosophischen und des religiösen Gottesgedankens.

10.3. Metaphysischer und religiöser Gottesgedanke

Zu dem Verhältnis von metaphysischer und religiöser Gotteslehre wurden schon einige Hinweise gegeben. In erster Linie zu nennen war Schleiermachers Unterscheidung beider nach ihrem jeweiligen Ursprung. Es wurde gleichzeitig deutlich, daß es nach ihm auch Beziehungen zwischen

---

88   KGA I/7.3, 38 Nr. 156.
89   Ebd. App.
90   Siehe KGA I/2, 136 Nr. 71.

ihnen gibt, was in seiner These zum Ausdruck kam, daß metaphysisches und religiöses Denken „auf denselben Inhalt" hinauslaufen, oder mit der zuletzt besprochenen Aussage: daß das Aussprechen des religiösen Gefühls und der ursprüngliche philosophische Begriff „dasselbige" meint. Die folgenden Abschnitte werden die Ergebnisse des sich auf den Gottesgedanken beziehenden Teils der Untersuchung zusammenfassen. Abschließend soll deutlich gemacht werden, wie sich Schleiermacher noch in diesem Zusammenhang weitgehend – wenn auch kritisch umformend und weiterbildend – Kantischer Theorieformen bedient.

10.3.1. Komplementarität von Metaphysik und Religion

Die These vom inhaltlichen Zusammenhang des metaphysischen und des religiösen Denkens ist nicht neu in Schleiermachers Werk. Sie ist uns in der Gestalt der Behauptung der *Reden*, daß Religion, Metaphysik und Moral denselben Gegenstand haben, bekannt. Dort wurde die Bedeutung dieses Verhältnisses für die Religion nicht entfaltet, weshalb Schleiermacher oft zum Gegenstand einer nicht ganz unberechtigten Kritik gemacht worden ist. Die explizit systematische Spätkonzeption, die sich auch von der frühen durch ihre Entfaltung der Metaphysik unterscheidet, geht weiter als die *Reden*. Hier wäre eine entsprechende Kritik meines Erachtens gegenstandslos.

Neben Schleiermachers Unterscheidung der philosophischen und der religiösen Theologie wurde oben gezeigt, daß ihm auch der Nachweis ihres Zusammenhangs wichtig war. Was er darüber in der gedruckten Glaubenslehre sagt, bezieht sich jedoch nicht auf theoretische Aspekte, sondern auf die existentielle Bedeutung der Übereinstimmung für den einzelnen. Sie ist nicht unwichtig, insofern weder Dialektik noch christliche Theologie rein wissenschaftliche Unternehmen sind, sondern auf unterschiedliche Weise menschlicher Lebenspraxis entspringen und darauf bezogen bleiben. Es wurde aber auch angedeutet, daß nicht nur die Unterscheidung, sondern ebenso der Zusammenhang zwischen philosophischer und christlicher Rede von Gott nach Schleiermachers Ansatz von wesentlichem theoretischem Belang ist.

Die Hauptsache von dem, was er darüber explizit sagt, ist im letzten Drittel der religionstheoretischen Argumentation der Dialektikvorlesung von 1822 enthalten, die oben im achten und neunten Kapitel in der Analyse des Selbstbewußtseins- und des Religionsbegriffs in dieser Disziplin berücksichtigt wurde und die auch an diesem Punkt die präziseste ist.[91] Schleiermacher geht vom Ergebnis der bisherigen Argumentation des metaphysischen Teils der Dialektik aus, das oben wiedergegeben wurde.[92] Es wird am Ende dieses Argumentationsgangs in derselben Vorlesung von Schleiermacher so zusammengefaßt: es „ist uns nicht mißlungen den transcendenten Grund inne zu werden [...] sondern nur ihn zu einer Einheit des wirklichen Bewußtseins zu bringen. Wir haben ihn aber indem wir die Unzulänglichkeit der einseitigen und getheilten Formeln erkennen".[93]

Dies vorausgesetzt, stellt der genannte Text zwei Behauptungen auf: „Dieses religiöse Gefühl nun [...] ist die Ergänzung zu dem was wir in unserm Verfahren noch vermissen. D. h. jede von unsern Formeln wird eine Beschreibung des Urgrundes dadurch daß wir sie auf dieses Gefühl beziehen"; „da im Gefühl immer das Bewußtsein Gottes verknüpft ist mit einem endlich bestimmten, unser und entgegengesetztes zusammenfassenden, Bewußtsein so bedarf es einer Isolirung".[94] Die erste Behauptung bezieht sich auf die Leistung des Begriffs von Religion als Gefühl für die Metaphysik, von der zweiten kann eine Linie zu einer Leistung des dialektischen Verfahrens für die Religionsphilosophie gezogen werden.

Fangen wir bei der ersten Behauptung an, wo wiederum zwei Punkte unterschieden werden können: Daß das religiöse Bewußtsein auf die inadäquaten metaphysischen Begriffe bezogen werden kann, liegt an dem intellektuellen Element des religiösen Selbstbewußtseins, das jenen Begriffen darin entspricht, daß es eine Art der Vergegenwärtigung des Grundes ist. Daß das religiöse Bewußtsein, den Sinngehalt erweiternd, auf die Metaphysik bezogen werden kann, liegt erstens daran, daß sein intellektuelles Element anders als deren Begriffe *einheitlich* ist.[95] Dies ist der für den metaphysischen Argumentationsgang entscheidende Punkt. Er besagt bei Festhalten an der Unabhängigkeit der Metaphysik von der Religion, daß der Einheitsgedanke der Dialektik letztlich von der Religion aus als gewiß behauptet werden kann. Der zweite Punkt, der untrennbar vom ersten Punkt ist und insofern auch die betreffende Leistung bedingt, ist der komplexe Charakter des religiösen Gefühls als eines sowohl

---

91 KGA II/10.1, 267,14ff.
92 S. 477ff.
93 KGA II/10.1, 265,24ff.
94 Ebd. 267,14ff.22ff.
95 Ebd. 267,26ff.: „dasjenige Element des Selbstbewußtseins welches zugleich jenen Formeln, jeder unter anderen Umständen entspricht ist die Repräsentation des transcendenten Grundes in unserm Selbstbewußtsein, und diese ist immer sich selbst gleich, und also die Ergänzung der fehlenden Einheit".

Intellektuelles als auch Sinnliches umfassenden. Aufgrund dessen vermag das religiöse Gefühl, was dem objektiven Bewußtsein nicht möglich war, das Absolute „zu einer Einheit des *wirklichen* Bewußtseins zu bringen", oder mit den Texten von 1814/15 und 1818/19: „Im Gefühl ist die im Denken und Wollen bloß vorausgesezte absolute Einheit des idealen und realen wirklich vollzogen".[96] „Das religiöse Gefühl ist zwar ein wirklich vollzogenes aber es ist nie rein denn das Bewußtsein Gottes ist darin immer an einem anderen".[97] Wir sehen in diesem Zusammenhang wieder Schleiermachers Verwendung seines elemententheoretischen Verfahrens.

Schleiermacher gibt über das schon aus der Vorlesung von 1822 Mitgeteilte hinaus seiner ersten Behauptung eine problematische Begründung. Er sagt, daß mit dem religiösen Gefühl „der Urgrund ebenso in uns gesezt ist wie in der Wahrnehmung die Dinge in uns gesezt sind".[98] Dies ist insofern irreführend, als es das Verständnis nahe legt, gegen welches die Rede vom „Gefühl von Gott" in demselben Kontext der Dialektik von 1814/15 auch nicht hinreichend geschützt ist, daß das Subjekt sich im religiösen Gefühl intentional auf den Grund wie in der Wahrnehmung auf die Dinge bezieht.[99] Mit der Wahrnehmung hat das Gefühl – oder eher die Empfindung – nach Schleiermachers Theorie der Erkenntnis gemeinsam, ein Element der sinnlichen Erkenntnis zu sein, und die Sinne, enthält seine Theorie weiter, irren nicht.[100] Ist seine Pointe also, daß das religiöse Gefühl deshalb als Beziehung auf das Absolute irrtumsfrei ist? Dies würde schlecht mit seiner These vom Selbstbewußtsein als Analogie oder Bild des Absoluten zusammenpassen. Übrigens würde eine solche Berufung auf die Sinnlichkeit des religiösen Gefühls dem widerstreiten, daß ein Gefühl unter Schleiermachers Voraussetzungen auch durch Vernunft bestimmt ist, und daß die religiöse Bestimmtheit des Gefühls als solche keine sinnliche ist.

Die Vorlesung von 1818/19 artikuliert einen ähnlichen Anspruch, nur daß dieser begründet wird auf die hier wahrscheinlich cartesianisch verstandene Gewißheit des Selbstbewußtseins, die sonst nicht in Schleiermachers subjektivitätstheoretischen Argumentationen hervorgehoben wird: „Wenn man sagen wollte: im Religiösen ist wohl etwas gesezt, aber es ist

---

96 SW III/4.2, 152 Anm., vgl. KGA II/10.2, 239,36ff.
97 KGA II/10.1, 143 § 215.2
98 Ebd. 267,14ff.
99 Falk Wagner deutet die Stelle so, daß Schleiermacher wie der späte Jacobi das Gefühl – von diesem mit der Vernunft identifiziert – als ein privilegiertes Organ für die Erkenntnis des Übersinnlichen versteht (Wagner, Dialektik 165 Anm. 29). Eine solche Konzeption wäre jedoch mit Schleiermachers Kritizismus unvereinbar.
100 Siehe oben Kap. 5 Anm. 51.

nur Einbildung, daß dies das Höchste sei, so müssen wir diese Skepsis abweisen, denn weil das Religiöse das Gefühl, das absolute Selbstbewußtsein selbst ist, kann es darin keine Einbildung geben. Nur im Raissoniren über das Gefühl ist Irrthum möglich, im Gefühl nicht".[101] Also gibt das religiöse Gefühl in Beziehung auf das Absolute eine Gewißheit, die irrtumsimmun und nicht auf andere Weise zu erreichen ist. Auch dieses Argument ist nicht auf der Höhe der Gefühlstheorie Schleiermachers: Das Gefühl bezieht sich als subjektive Erkenntnis nur auf das fühlende Subjekt selbst. Seine Irrtumsfreiheit kann deshalb allein die Selbstbeziehung, nicht das diese Beziehung bedingende Verhältnis auf das Absolute betreffen.

Aus dieser theoretischen Lage folgt, daß mit einer schwächeren Begründung des religiösen Gottesgedankens gerechnet werden muß, wie sie auch durch Schleiermachers religionstheoretische Hauptargumentation sowohl in der Glaubenslehre als auch in der Dialektik repräsentiert wird. Eine Randbemerkung Schleiermachers zur Erstauflage der Glaubenslehre lautet: „die philosophische Gotteslehre ist immer mit Bezug auf das System des endlichen Seins, die religiöse Gotteslehre nur Analyse der Subjektivität".[102] Der Begriff der Subjektivität hat hier zwar nicht die Bedeutung des Persönlich-Beschränkten, sondern ist mit dem Begriff des Selbstbewußtseins identisch. Als allein in einer Analyse des Selbstbewußtseins begründet bleibt die religiöse Gotteslehre aber der Einwendung ausgesetzt, „Fiction oder Täuschung",[103] Projektion des menschlichen Subjekts zu sein.

Hier wird die zweite der oben zitierten Behauptungen Schleiermachers relevant, die von der Unterscheidung des spekulativen Gehalts des Gottesgedankens von seiner endlich bestimmten Gestalt im religiösen Bewußtsein durch die Dialektik handelt. Wie oben mit Bezug auf die Glaubenslehre festgestellt wurde, sieht Schleiermacher in dieser Bestimmtheit einen Anlaß des Atheismus. An diesem Punkt leistet die Dialektik der religiösen Gotteslehre einen Dienst, insofern ihre Reinigung des Gottesgedankens dazu beiträgt, einer durch Verweis auf den Anthropomorphismus begründeten Kritik gegenüber der Rede von Gott den Boden zu entziehen. Die theologische Bedeutung der Dialektik reicht jedoch weiter.

Schleiermacher geht in der Dialektikvorlesung von 1822 auf das Problem des Atheismus besonders in einem Absatz mit der Überschrift „Ueber das Verhältniß zur Dogmatik oder religiösen Reflexion"[104]

---

101 KGA II/10.2, 240,26ff.
102 KGA I/7.3, 33 Nr. 121.
103 KGA II/10.2, 569,31.
104 KGA II/10.1, 271,18.

ein.[105] Hier wird das Vorhaben des transzendentalen Teils der Dialektik als eine metaphysische Argumentation gegen den Atheismus dargestellt: „Unser GrundSatz ist: es giebt kein Bestreben nach dem Wissen, dem nicht die Idee der Einheit des transcendentalen Grundes zur Basis diente; und jeder muß hierauf zurückkommen, um das Wissen zu gestalten. Gehen wir auf diesen GrundSatz, wie haben wir uns jene Erscheinung" – nämlich den Atheismus – „zu erklären? Sie ist stets ein Mißverständniß nach jenem GrundSatze".[106] So läuft der Versuch der Dialektik, auch mit Bezug auf das System des endlichen Seins Gott zu denken, letztlich auf eine indirekte Begründung des religiösen Gottesgedankens hinaus.

10.3.2. Bestimmung des Gottesgedankens

In früheren Kapiteln wurde erwiesen, wie zwei sachlich eng verbundene Aufgaben einer Philosophie der Religion – die *Begründung* des Denkens und der Rede von Gott und die Formulierung eines *bestimmten* Gottesbegriffs – Schleiermacher seit seinen ersten selbständigen Arbeiten beschäftigt haben.[107] Das in den *Reden* über Gott Gesagte bezog sich besonders auf die Bestimmungsaufgabe, während die erste Aufgabe im Zusammenhang des Begriffs der Religion als Anschauung des Universums behandelt wurde. Wie stellt sich dazu der späte Schleiermacher?

Auf die Begründungsaufgabe wurden wir durch die Erörterung des komplementären Verhältnisses zwischen dem metaphysischen und dem religiösen Denken geführt: Der durch die Fiktionsanklage bedrohte religiöse Gottesgedanke erhält durch die metaphysische Gottesidee eine indirekte Unterstützung. Was Schleiermacher explizit zu dieser Aufgabe beiträgt, besteht aber – wie in der frühen Religionsschrift – besonders in der Religionstheorie, in dem Nachweis der Religion als eines notwendigen Elements im Leben des Menschen.[108] Die früher untersuchten Aussagen der Glaubenslehre über den Gottesbegriff sind dagegen vorwiegend der zweiten Aufgabe gewidmet.

Es ist wiederum zu berücksichtigen, daß diese Aussagen nur *einen* Teil seiner Theorie des Gottesbegriffs ausmachen. Das liegt an der Eigentümlichkeit dieser Theorie, wie sie im Spätwerk Schleiermachers entfaltet

---

105 Ebd. 271f.; KGA II/10.2, 584ff.
106 KGA II/10.2 585,18ff.
107 1.5.2-3; 4.3.3-4.
108 Vgl. KGA I/7.1, 127 § 38: „Die Anerkennung, daß jenes Abhängigkeitsgefühl eine wesentliche Lebensbedingung sei, vertritt für uns die Stelle aller Beweise vom Dasein Gottes, welche bei unserm Verfahren keinen Ort finden".

wird, daß mit einem *doppelten* Ursprung des Gottesgedankens operiert
wird, wobei der zweite Ansatz der im metaphysischen Teil der Dialektik
untersuchte ist.

Wenn gesagt wird, daß Schleiermachers Dialektik „Gott" denkt, muß
sofort differenziert werden. Am häufigsten spricht er vom Hauptthema
seiner Metaphysik – dem Prinzip der Übereinstimmung von Denken und
Sein im Wissen – als vom transzendentalen oder transzendenten Grund,
oder er verwendet andere abstrakte Ausdrücke. Wir haben jedoch bereits
in Verbindung mit der Einleitung der Dialektik festgestellt, daß er auch
jenen Terminus darauf bezieht. Insofern gilt von der Dialektik, was Schleiermacher am Anfang des religionstheoretischen Abschnitts über die
Philosophie sagt: Sie „ist nichts als das Suchen der Idee der Gottheit".[109]
Daß diese Aussage gerade an dieser Stelle steht, ist aber nicht zufällig,
worüber Schleiermacher selbst in einer Bemerkung in demselben Kontext
der Vorlesung von 1818/19 reflektiert: Er hat nebeneinander die Ausdrücke
„das Höchste" und „die Gottheit" verwendet, sie gehören aber verschiedenen Richtungen an, nämlich der spekulativen und der religiösen.[110] Daß
sie nebeneinander gebraucht werden können, ist darin begründet, daß
„nicht jede einen verschiedenen Gegenstand" hat, „sondern jedes ist dasselbe nur in einer andern Beziehung".[111] An dieser Stelle interessiert uns
besonders, was über die terminologische und sachliche Unterscheidung
gesagt wird: Ist die neuere spekulative Bezeichnung nach Schleiermacher
„das Absolute", die er auch selbst verwendet, und die ältere „das schlechthin Seiende", ist „Gott" die religiöse Bezeichnung, und sie gebrauchte die
Dialektik – darauf kommt es uns hier an – erst von der Einbeziehung der
Religionstheorie an.[112] Diese Differenzierung des Ausdrucks spiegelt also
einen sachlichen Unterschied wider und ist in den Bedingungen bestimmter Rede von Gott begründet.

Was ist nun der Ertrag des dialektischen Suchens der Idee der Gottheit im Horizont des objektiven Bewußtseins? Schleiermacher faßt dies
zusammen, wenn er in einer Randbemerkung zur Glaubenslehre einem
spekulativ anspruchsvolleren Kritiker gegenüber leugnet, „daß es in der
Philosophie zu einer *bestimmten* Gotteslehre komme [...]; vielmehr kommt
es nur zu einer bestimten Weltlehre und Gott bleibt die ewige Voraussezung".[113]

---

109 KGA II/10.2, 240,4f.
110 Ebd. 247,9ff.
111 Ebd. 247,23ff.
112 Ebd. 247,16ff.
113 KGA I/7.3, 112 Nr. 625; Hervorhebung von mir.

Der Dialektik lassen sich auch Hinweise für die Theorie des religiösen Gottesgedankens entnehmen. Einschlägig ist wieder der religionstheoretische Abschnitt. Die mit Bezug auf die Frage der Bestimmung des Gottesbegriffs implizite Behauptung dieses Theoriestücks ist, daß erst vom religiösen Bewußtsein her Gott bestimmt gedacht werden kann. Die Figur der Ergänzung kann auch darauf appliziert werden: Zum metaphysischen Begriff der Gottheit kommt dadurch ein bestimmter Gottesbegriff hinzu, daß er auf das religiöse Selbstbewußtsein bezogen wird. Dies heißt in erster Linie, daß mit Bezug auf das schlechthinnige Abhängigkeitsgefühl Gott angemessen als Einheit gedacht werden kann. Sodann kann es in dem Sinn verstanden werden, daß er mit Bezug auf das religiöse Gefühl zudem konkret gedacht wird, nämlich aufgrund dessen besonderer Konkretheit als eines von außen sinnlich Affizierten.

Diese Hinweise konvergieren mit den aus der Einleitung zur Glaubenslehre hinzugezogenen Argumenten, die Schleiermachers Gedankengang in ihren verschiedenen Gliedern nur vollständiger darstellen: das religiöse Selbstbewußtsein als Ursprung des religiösen Gottesgedankens, die Genese dessen aus der Reflexion auf jenes und die notwendig anthropomorphe Gestaltung dieses Gedankens. Diese Glieder bilden zusammen einen fortschreitenden Prozeß[114] der Bestimmung des Gottesdankens, der auf die sinnlich geprägte Rede von Gott hinführt und vom Gedanken von dem im schlechthinnigen Abhängigkeitsgefühl Mitgesetzten ausgeht: „Demnach müssen sich auch alle nähern Bestimmungen erst hieraus entwickeln. Daher das Anthropopathische zu erklären".[115]

Der metaphysische und der religiöse Gottesgedanke verhalten sich also zueinander wie Unbestimmtes zu Bestimmtem, wie Abstraktes zu Konkretem. Das kann nicht so verstanden werden, daß die Metaphysik den Begriff Gottes klar denken und nur seine faktische Annahme nicht begründen kann und der Religion überlassen muß. Im Gegenteil, der Unterschied hinsichtlich der Fähigkeiten des metaphysischen und des durch die Religion angeregten Denkens betrifft den Inhalt des Gottesbegriffs. Der betreffende Zuwachs an Bestimmtheit des Begriffs vom gemeinsamen Korrelat der Metaphysik und der Religion korrespondiert mit einem proportionalen Verlust an allgemeiner, objektiver Geltung. Dasselbe gilt für alle weiteren religiös-theologischen Begriffe.

---

114 Vgl. Christ, Gott, u.a. 210.
115 KGA I/13.1, 38 Anm. = Gl2.1, 28f. Anm. a, vgl. KGA I/13.1, 40,1ff. = Gl2.1, 30.

10.3.3. Kantische Theorieformen

Kant ist neben Platon der in Schleiermachers Dialektik häufigst genannte Denker, und ihre kritisch modifizierende und oft von neuen Voraussetzungen her sich ergebende Anknüpfung an die Kantische Philosophie ist im Laufe der Untersuchung in mehreren Zusammenhängen hervorgetreten. Es fällt außerhalb des Rahmens dieser Untersuchung, die die Auseinandersetzung der Dialektik mit der überlieferten Metaphysik nur verkürzt zur Kenntnis nehmen kann, Schleiermachers Metaphysikkritik mit der Kantischen detailliert zu vergleichen. Es ist jedoch schon erhellend – womit wir uns begnügen müssen – Schleiermachers eigene metaphysische und religiöse Gotteslehre zu Kants entsprechenden Theoriebildungen in Beziehung zu setzen.

Wir sahen, wie die Dialektik die von der Kantischen Vernunftkritik abweichende Forderung macht, die Idee Gottes nicht allein als regulativ, sondern auch als *konstitutiv* und also als die Bestimmung von Gegenständen bedingend zu begreifen.[116] Es ist nun der Ort, auf die Präzisierung, die diese Forderung am Ende des transzendentalen Teils erfährt, einzugehen. Unter den Mißverständnissen, die nach Schleiermacher die von ihm in ihrer polemischen Ausrichtung ausdrücklich bejahte[117] Kantische Kritik der rationalen Metaphysik trüben, wird dieser Punkt bei Kant genannt: „Die Idee der Gottheit könnte nicht regulativ sein, Princip des formalen, und zwar nicht bloß im Handeln sondern auch im Denken, wenn sie nicht constitutiv wäre, nemlich unser eignes Sein constituirend".[118] Ein Anhaltspunkt für das Verstehen des erklärenden Zusatzes wird durch den vorhergehenden Paragraphen[119] gegeben. Aus ihm geht deutlich hervor, daß sich diese beiden Paragraphen auf die bisherige Argumentation dieses Teils zurückbeziehen und von dorther ausgelegt werden müssen. Wenn in § 228 die Idee Gottes und der Welt als „constitutive Principien des menschlichen Daseins" bezeichnet werden,[120] so ist es – und ebenso der Zusatz in § 229.1 – als ein Rückverweis auf die transzendentale *Bewußtseinsanalyse* der ersten Abschnitte des ersten Teils der Dialektik zu verstehen; dementsprechend werden hier in der Vorlesung von 1818/19 die Prinzipien als die notwendigen Bedingungen des Bewußtseins bezeichnet.[121] Die pointierten Aussagen über unser Sein oder Dasein als

---

116 Vgl. oben S. 458.
117 Vgl. KGA II/10.2, 257,11ff.
118 KGA II/10.1, 153 § 229.1.
119 Zitiert oben Kap. 7 Anm. 219.
120 KGA II/10.1, 153,1f.
121 KGA II/10.2, 256,30f.

durch Gott konstituiert verweisen jedoch kaum auf die Analyse des objektiven Bewußtseins allein. Sie müssen notwendig auch das über das *Selbstbewußtsein* Gesagte und besonders den subjektivitäts- und religionstheoretischen Abschnitt berücksichtigen, der ja für die dialektische Argumentation mit Bezug auf den Gedanken des transzendenten Grundes oder Gottes entscheidend war. Es wird also nochmals am Ende des metaphysischen Teils der Dialektik hervorgehoben, wie *der transzendentale Grund unsere erkennende Selbstbeziehung konstituiert*. Daß dies Kant gegenüber pointiert wird, ist insofern sinnvoll, als er kaum Bestimmungen der internen Verfassung der Selbstbeziehung und auch keine metaphysische Untermauerung für sie gibt. Trotzdem wäre dieser Abschnitt der Dialektik undenkbar ohne Kant. Auch in diesem Zusammenhang kehren Kantische Gedankenstrukturen – vor allem solche der Postulatenlehre – wieder.

Obwohl Schleiermachers Bestimmung der Gottesidee als zugleich regulativ und konstitutiv Kants Abgrenzung der theoretischen Kompetenz der Ideen überschreitet, ist sie nicht ganz ohne Anschluß an die Vernunftkritik. Das wird klar, wenn man sich erinnert, daß Schleiermachers Dialektik nicht nur das erkennende Bewußtsein hinsichtlich seiner Voraussetzungen analysiert, sondern ebenso das praktische Bewußtsein, um die epistemischen Momente des menschlichen Weltverhältnisses als Ganzes zu berücksichtigen. Beim praktischen Bewußtsein hat Kant im Zusammenhang seiner Moraltheologie in der *Kritik der Urteilskraft* eine konstitutive Bedeutung der Ideen geltend gemacht.[122]

Es soll natürlich nicht behauptet werden, daß Schleiermacher einfach auf einer Linie mit der Kantischen Moraltheologie denkt, auch nicht, sofern diese in der dritten Kritik ohne Hervorhebung des Begriffs des höchsten Gutes und also auch des Glückseligkeitsgedankens formuliert wird. Bekanntlich hat Schleiermacher sich von Anfang an sehr kritisch mit der Postulatenlehre auseinandergesetzt, und auch die Texte zur Dialektik enthalten distanzierende Bemerkungen dazu. Zum Beispiel wird die Postulatenlehre wie in Schleiermachers „Über das höchste Gut" von 1789 immanent kritisiert, indem der Finger auf Kants Glückseligkeitsbegriff gelegt wird. Sie wird aber nicht aus diesem Grund ganz abgewiesen; Schleiermacher urteilt nur, daß Kant die moralische Seite der Metaphysik „nicht ganz recht gefaßt" hat.[123] Der Haupteinwand, der zu Recht gemacht wird und der wiederum nicht total kritisch ist, lautet, daß die Metaphysik der Postulatenlehre einseitig ist: Die Dialektik gibt zu, daß sich die Frage nach dem Grund beim Wollen jedem unmittelbarer als beim Denken auf-

---

122 KU B, 437f.
123 KGA II/10.1, 142 § 214.4.

drängt, dies berechtigt indessen nicht, wie Kant „nur die eine Wurzel" der Metaphysik anzuerkennen.[124] Schleiermacher führt die Einseitigkeit ebenso auf überzeugende Weise auf eine Verwischung des Unterschiedes von religiösem und philosophischem Denken bei Kant zurück, die ihn unfähig macht, in der rationalen Metaphysik „die verkappte Dogmatik" zu erkennen, und ihn veranlaßt, ihren Fehler allein im Theoretischen zu suchen.[125] Dagegen wird Schleiermacher hier Kants philosophisch-theologischer Leistung im Zusammenhang der theoretischen Vernunft – man denke besonders an den Abschnitt über das transzendentale Ideal in der ersten Kritik – nicht gerecht.[126]

Auf der anderen Seite ließ sich im Frühwerk bei Schleiermacher selbst eine Art Postulatenlehre aufweisen, die als Vorgänger der Religionstheorie und der *religiösen* Gotteslehre des Spätwerks betrachtet werden muß und die vor einem Kantisch geprägten Hintergrund erste Ansätze einer theoretischen Verbindung des Selbstbewußtseinsbegriffs und des Gottesgedankens formuliert. In der Metaphysik der Dialektik gibt es mehrere, die Kantische *Metaphysik* transformierende Gedanken. Daß Schleiermacher sich hier auf diese Weise auf die Postulatenlehre einlassen kann, ist darin begründet, daß er nun selbst eine Metaphysik entwirft. Sowohl in der Einleitung in seine Glaubenslehre als auch in seiner Dialektik können also wichtige Theorieformen der Kantischen philosophischen Theologie rekonstruiert werden.

Ein Beispiel, das jedoch nicht überbewertet werden sollte, ist die Verwendung des Begriff des *Postulats* selbst. Auf der Linie der Einseitigkeitsanklage gegen die Kantische Metaphysik kann Schleiermacher den Postulatsbegriff aufnehmen und auf sein eigenes Vorhaben beziehen, indem er fragt: „Giebt es denn aber keine Postulate der theoretischen Vernunft?"[127] Diese Applikation des Postulatsbegriffs auf die Idee des transzendenten Grundes wirft Licht auf deren epistemischen Status. Ein Postulat ist nach Kants Definition ein theoretischer Satz, der nicht theoretisch erwiesen werden kann, sondern nur in Beziehung auf das praktische Bewußtsein angenommen wird. Das Verhältnis zwischen den metaphysischen For-

---

124 Ebd., vgl. KGA II/10.2, 561ff.572.
125 KGA II/10.1, 272,13ff., vgl. KGA II/10.2, 582,35ff.
126 Vgl. KGA II/10.1, 153 § 229.1: „Allein Kant hat den Ort der Idee der Gottheit und den Zusammenhang ihres Seins in der Vernunft nicht nachgewiesen, sondern er nimmt die Idee nur als er weiß nicht wie gegeben".
127 KGA II/10.2, 562,30f. Ebd. 563,7ff.: „Vergleichen wir unsern Gang mit diesem [d.h. Kant], so sind wir sogleich aufs Entgegengesetzte gekommen, indem wir fragten: was muß vorausgesetzt werden, wenn das Denken ein Wissen werden soll? Das ganze Denken betrachteten wir von seiner praktischen Seite aus (streitige Vorstellungen zu lösen), und *daher* kamen wir auch hier auf Postulate".

meln der Dialektik Schleiermachers und dem religiösen Bewußtsein hat
eine ähnliche Struktur.

Dieser Hinweis kann im Zusammenhang mit drei Gedankenfiguren,
die im vorhergehenden oder früher berührt wurden, weiter verfolgt und
der Bezug zu Kant dadurch breiter entfaltet werden. Es geht erstens um
den Begriff der *Voraussetzung*. Wir haben ihn mehrmals in Argumentationen Schleiermachers getroffen. Am wichtigsten ist er in der Dialektik, wo
der Grund des Wissens als eine notwendige Voraussetzung des Wissens
und des Wollens gekennzeichnet wird.[128] Der Begriff wird von Kant im
engen Zusammenhang mit dem Begriff der Postulate der praktischen
Vernunft gebildet[129] und von Schleiermacher auf die Erklärung des
Wissens übertragen, um den besonderen epistemischen Status des Erkenntnis bedingenden und überschreitenden Grundes zu bestimmen.[130]
Zweitens muß der Begriff der *Ergänzung* genannt werden. Schleiermacher
hat diesen vermutlich von Kant übernommen, der ihn in der dritten Kritik
in großer Ähnlichkeit mit den Angaben der Dialektik auf das Verhältnis
zwischen dem der theoretischen und dem der praktischen Vernunft
möglichen Begriff des Höchsten bezieht. Diese Annahme wird durch die
Tatsache gestützt, daß Schleiermacher ihn im vorhergehenden Abschnitt
der Dialektik wie Kant auch auf die Beziehung der praktischen Funktion
zur theoretischen Funktion appliziert hat.[131] Der Verweis auf diese Kantische Wendung: „Auf solche Weise ergänzt die *moralische* Teleologie den
Mangel der *physischen* und gründet allererst eine Theologie",[132] führt zur
dritten, die dargestellte Spätkonzeption Schleiermachers mit der Kantischen Philosophie verbindenden Gedankenfigur weiter: Wie früher
erklärt, lehrt Kant, daß nicht die theoretische, sondern erst die praktische
Vernunft vom Selbstbewußtsein des moralischen Subjekts aus einen
bestimmten Gottesbegriff zu bilden vermag. Schleiermachers erste Überlegungen zu diesem Thema und selbst seine Aussagen über den Gottesgedanken um 1800 hatten bei aller Ironie der Bezugnahme auf Kant eine
sachliche Affinität zu dieser These. Es ist deshalb nicht überraschend, daß
auch seine reife Theorie der philosophischen und der religiösen Gotteslehre dieser These – mit verschiedenen Modifikationen – entspricht.

---

128 Zum Beispiel ebd. 239; SW III/4.2, 152f. Anm.
129 Siehe oben Kap. 1 Anm. 444.
130 Auf ähnliche Weise hat Hölderlin um 1795 an diese Kantische Begriffsform angeknüpft;
     siehe Henrich, Grund, bes. 111f.293ff.
131 KGA II/10.1, 262,17ff.
132 KU B, 414, vgl. ebd. 418.

Schlußbetrachtung: Deutungen des Subjekts

In der Einleitung wurden einige Motive erwähnt, die nach der Idealismus- und Frühromantikforschung der letzten Jahrzehnte die deutsche Philosophie um 1800 kennzeichnen und die das geläufige Schreckensbild dieses Denkens problematisieren und zeigen, daß es im Gegenteil gewisse günstige religionsphilosophische Perspektiven eröffnet. Es hat sich deutlich bestätigt, daß solche Motive ebenso für Schleiermachers Denken grundlegend sind. Von da her konnten verbreitete Mißverständnisse desselben korrigiert und Potentiale seiner Philosophie der Religion herausgestellt werden. Umgekehrt darf geschlossen werden, daß Schleiermachers Denken seinerseits geeignet ist, die Behauptung des Facettenreichtums der klassischen deutschen Philosophie zu bestätigen und zu veranschaulichen.

Nach Schleiermachers Konzeption geht Theorie von einem vortheoretischen Denken aus, das er besonders in seiner Geselligkeitstheorie und danach vor allem in seiner Dialektik direkt geltend macht, das indirekt aber auch im Deutungsgedanken des Religionsbegriffs der *Reden* zum Ausdruck kommt. Dieses Motiv korrespondiert zunächst mit dem Sachverhalt, daß Schleiermacher den Ausgang der ganzen Philosophie von einem einzigen Grundsatz und ihren Aufbau als Ableitung des in einem Satz solchen Enthaltenen ausschließt. Überhaupt ist Schleiermachers Denken durch konzeptionelle Offenheit gekennzeichnet, wie zum Beispiel seine Behauptung in der Einleitung der Dialektik zeigt, daß die Philosophie notwendig individuell bestimmt ist, die Form einer unendlichen Annäherung haben muß und nicht unmittelbar als Wissenschaft gelehrt werden kann. Dasselbe kommt gewissermaßen am anderen Ende der Konzeption zum Ausdruck, wie sie im transzendentalen Teil der Dialektik gefaßt wird. So stellt der Begriff der Subjektivität hier nicht einen Letztbegründungsgedanken dar; der Subjektivität wird der Status von etwas Relativem beigemessen, das auf das Absolute hinweist, was in Schleiermachers Religionstheorie artikuliert wird. Ebenso verhält es sich bei den Begriffen des Absoluten, die die Ergebnisse der Metaphysik Schleiermachers sind: Sie sind Abschlußgedanken nur als Voraussetzungen und als problematische, unausgefüllte Begriffe oder Ideen.

Diese Art des Denkens kann man *Frühromantik* nennen. Will man eine zusammenfassende Bezeichnung haben, die über die philosophiehistorischen Kategorisierungen hinausgeht, könnte man den Terminus *Herme-*

neutik erwägen. Mit Bezug sowohl auf das Anfangsproblem der Philosophie als auch auf die verschiedenen Ebenen des Deutens in der Religionstheorie und der Metaphysik werden bei Schleiermacher Gedankenformen artikuliert, die sachliche Affinität zu dem haben, was man im neueren Denken gewöhnt ist, in einem umfassenden, nicht nur methodischen Sinn Hermeneutik zu nennen. Damit hängt ein anderer wichtiger Punkt zusammen, an dem unsere Untersuchung die Tendenz der neueren Erforschung der klassischen deutschen Philosophie bestätigt: Mit dem Bild, das durch Züge wie die erwähnten von dieser gezeichnet wird, wird die Trennungslinie aufgeweicht, die man gewöhnlich zwischen Idealismus und Nachidealismus gezogen hat. Es besteht ein höheres Maß von Kontinuität. Es muß sogleich hinzugefügt werden, daß es auch wesentliche Unterschiede zwischen dem deutschen Idealismus und vielen neueren philosophischen Richtungen gibt und zwar meines Erachtens nicht nur zuungunsten des Idealismus. Was die Hermeneutik betrifft, zeichnet sich Schleiermachers Denken als solches gegenüber typischen Varianten des unter dieser Bezeichnung bekannten neueren Denkens dadurch vorteilhaft aus, daß es weder vernunftkritisch, subjektkritisch noch metaphysikkritisch in einem radikalen Sinn ist.

Innerhalb des idealistischen Kontexts ist Schleiermachers theologisch-philosophische Konzeption in vielen Hinsichten nicht einzigartig, obwohl sie ein eigenes Gepräge hat, das zum Teil von seinem ihn von den anderen bedeutenden Idealisten und Frühromantikern unterscheidenden Hintergrund in der Halleschen und Berliner Aufklärung her zu erklären ist. Betrachtet man Schleiermachers Theoriebildungen im einzelnen, so kann man ihren originären Charakter bezweifeln. Das gilt nicht nur von Schleiermachers Ästhetik, sondern auch von seiner Hermeneutik im Sinne einer spezifischen Disziplin, die oft als sein innovativer Einsatz hervorgehoben worden ist. Ein in unserem Zusammenhang wichtigeres Beispiel ist seine Dialektik, die in einigen Gedanken an Friedrich Schlegel anschließt. Es gibt indessen mindestens *eine* Disziplin, in welcher Schleiermachers Leistung als herausragend beurteilt werden muß: *die Religionsphilosophie.*

Schleiermachers verschiedenen religionsphilosophischen Entwürfen ist gemeinsam, daß sie das religiöse Bewußtsein zugleich in seiner Selbständigkeit und in seiner Beziehung zu unserem vernunftbestimmten erkennenden und handelnden Weltverhältnis verstehen und es als eine besondere Modifikation unseres Selbstverhältnisses bestimmen. In Schleiermachers Thematisierung der Subjektivität ist der Begriff des unmittelbaren Selbstbewußtseins durch die Forschung als lediglich eine weitere Variante einer verbreiteten zirkulären und also fehlerhaften Erklärung der wissenden Selbstbeziehung und auf der anderen Seite als ein originaler

Vorschlag rekonstruiert worden, der über diesen Fehler hinauskommt und also Probleme löst, in die die wichtigsten Selbstbewußtseinstheoretiker der klassischen deutschen Philosophie – vor allen Kant und Fichte – angeblich verstrickt waren. Der vorgelegten Untersuchung zufolge sind beide Interpretationen unzutreffend. Der Begriff des unmittelbaren Selbstbewußtseins muß als ein von Schleiermachers bewußtseinstheoretischen Voraussetzungen her konsistenter und sachgemäßer Begriff beurteilt werden. Seine Bestimmungen des Selbstbewußtseinsbegriffs sind überhaupt differenzierter, als sie meistens in der bisherigen Forschung dargestellt wurden, und verdienen angesichts der notorischen, auch die heutige Diskussion bestimmenden Schwierigkeit dieses Themas – exemplarisch kann man hier auf Dieter Henrichs einschlägige Arbeiten verweisen – durchaus noch größere Beachtung. Allerdings kann Schleiermachers Begriff des unmittelbaren Selbstbewußtseins nicht als eigentlich innovativ gelten. Vielleicht bezieht er sich darauf als auf einen ihm vorgegebenen, bekannten Begriff. Jedenfalls hat Fichte lange vor ihm ähnliche Bestimmungen öffentlich vorgetragen. Insofern sollte Schleiermachers Beitrag zur Subjektivitätstheorie, wenn man diese isoliert nimmt, nicht überschätzt werden; wenn etwas in seinen diesbezüglichen Argumentationen als originär bezeichnet werden soll, so ist es eher sein Begriff des Gefühls als ein Begriff der konkreten Subjektivität, durch welchen das Subjekt als bezogen auf anderes und also als welthaft gedacht wird. Oder anders gewendet und Schleiermachers tatsächlicher Leistung eher gerecht werdend: Er führt verschiedene mehr oder weniger bekannte und vielversprechende Ansätze in der Theorie der Subjektivität, die ihn unter anderem mit Kant und Fichte verbinden, auf eigenständige Weise weiter. Die Eigenständigkeit zeigt sich besonders in seiner Bestimmung der religiösen Subjektivität, die zugleich eine Vertiefung des Verständnisses der Subjektivität als solcher einschließt. Hier liegt zweifellos das Innovative seines subjektivitätstheoretischen Beitrags. Die eigene, zugleich subjektivitätstheoretische und religionstheoretische Hauptpointe Schleiermachers – das sind bei ihm letztlich zwei Seiten derselben Sache – besteht darin, daß auch in unserem klarsten Selbstbewußtsein immer ein Moment der Undurchsichtigkeit oder Opakheit ist, daß wir uns überall, selbst in unserer höchsten Selbsttätigkeit und Freiheit, in einer nur hinzunehmenden Bestimmtheit vorfinden.

Überhaupt ist also kennzeichnend für Schleiermachers theoretische Behandlung des menschlichen Subjekts und dessen Selbstbeziehung, daß er sie als wesenhaft nicht selbstgenügsam und auf sich selbst beruhend versteht. Dies muß als Angelpunkt seines Religionsbegriffs und seines Gedankens der religiösen Deutung und also seiner Religionsphilosophie als ganzer rekonstruiert werden: Als frei und von uns wissend, aber uns unserer selbst nicht mächtig und durchsichtig werden wir über uns selbst hinaus getrieben zur Deutung unserer und der ebenso in sich letztlich unverständlichen Welt von einem – mit dem späten Schleiermacher zu reden – transzendenten Grund her. Daß diese Bewegung den Charakter einer Deutung haben muß, ergibt sich eben aus der Transzendenz des Grundes, die besagt, daß der Grund sich dem Wissen entzieht; dieser Punkt ist in der von Schleiermacher von Anfang an bejahten Destruktion der rationalen Metaphysik impliziert. Er hat von diesem Ansatz her grundsätzlich zwei verschiedene Versionen seiner Religionsphilosophie entworfen, die jeweils ihre eigentümliche Stärke und Schwäche haben.

Als Inhalt des Hauptbegriffs des religiösen Bewußtseins in der Erstauflage der *Reden* gilt weithin ein mit Gefühl verbundenes „Anschauen des Universums", aber dies ist eine Kurzfassung des Begriffs, der, vollständig ausgeschrieben, enthält, daß Religion „Anschauen des Einzelnen als Darstellung des Universums" ist. Das „als" drückt den Gedanken einer vorprädikativen, vorreflexiven Deutung aus. Die Deutung, als welche die Religion begriffen wird, bezieht sich auf alles einzelne und endliche. Wir haben es mit einem vielversprechenden religionsphilosophischen Ansatz zu tun, der nicht ohne jeden Grund von einigen Interpreten dem späteren Ansatz Schleiermachers vorgezogen worden ist und der auch unter den Bedingungen der neueren Religionsphilosophie als im wesentlichen unüberholt gelten darf. Die besondere Schwäche des Ansatzes besteht in einer begrenzten Fähigkeit, dem Subjekt des religiösen Bewußtseins theoretisch Rechnung zu tragen.

Von da her können Linien zu zwei verschiedenen Theoriezusammenhängen im Spätwerk Schleiermachers gezogen werden. Miteinander bilden diese eine Konzeption, die *in ihrer Ganzheit* als der religionsphilosophischen Konzeption der *Reden* überlegen beurteilt werden muß und besonders aufgrund der subjektivitätstheoretischen Grundlegung und der metaphysischen Unterstützung der Religionstheorie ein noch unausgeschöpftes aktuelles Potential enthält. Die eine Linie läuft natürlich zur Religionstheorie, wie sie nun von Schleiermacher entfaltet wird, sei es in der Glaubenslehre, in der Dialektik oder in anderen Disziplinen. Sie überwindet das Defizit ihrer Vorgängerin, indem sie in Aufnahme des Gefühlselements darin den Religionsbegriff streng auf den Subjektivitätsgedanken konzentriert. Diese Konzentration hat Folgen für das Deutungsmoment, das nicht in seiner ursprünglichen Form im Religionsbegriff festgehalten wird. Das Gefühl und das Selbstbewußtsein stellen keine epistemische Beziehung des Subjekts auf anderes dar, obwohl sie durch eine solche Beziehung bestimmt werden, so daß in das religiöse Bewußtsein als Gefühl anderes Endliches oder die Welt aufgenommen werden kann. Deshalb kann nicht mehr davon die Rede sein, daß das religiöse Bewußtsein unmittelbar dieses deutet. Eher kann hier in einem pointierteren Sinn von Selbstdeutung gesprochen werden, und zwar vor allem von einem anderen Modus der Deutung, nämlich einer reflexiven Deutung.

Der Religionsbegriff der *Reden* setzt einen Gedanken vom Unendlichen voraus, der nach der hier verwendeten Begrifflichkeit metaphysisch ist, aber von Schleiermacher nicht als solcher gekennzeichnet wird; die Untersuchung hat darauf als auf eine implizite Metaphysik Bezug genommen. Dagegen spricht er später von Metaphysik im Blick auf entsprechende Gedanken in seiner Dialektik. Hier endet die zweite von den *Reden* ausgehende Linie, und zwar eine solche, die mit dem in einem weiten Sinn gegenständlichen Element des frühen Religionsbegriffs, dem Anschauungselement, korrespondiert. Insofern ist der darin enthaltene Deutungsgedanke erst in der Metaphysik der Dialektik recht wiederzufinden. Sie wird als Bewußtmachung und Klärung des erwähnten vortheoretischen und in diesem Sinn impliziten Denkens oder Deutens konzipiert und empfiehlt sich auch sonst als eine bescheidene Metaphysik. Sie unterscheidet sich von der Idee des Universums in den *Reden* durch ihre ausdrückliche begriffliche Distinktion von Gott und Welt.

Schleiermachers verschiedene Hinweise zum Status und Inhalt des Gottesgedankens machen zusammen eine differenzierte, hoch reflektierte Theorie aus. Hier können deutliche Linien nicht nur von den *Reden*, sondern ebensosehr von Schleiermachers ersten Entwürfen zu den späten Hauptdisziplinen gezogen werden. In der Sache von der Destruktion der traditionellen philosophischen Theologie ausgehend, ist die Theorie in konstruktiver Hinsicht eine zweiteilige, indem sie den Ursprung des Gottesgedankens aus zwei verschiedenen Weisen des Deutens des Subjekts begreift. Die eine Teiltheorie rekonstruiert die Bildung der religiösen Gottesidee. In den *Reden* wurde sie als eine höherstufige, aber immer noch vorreflexive Deutung des in der religiösen Deutung vorausgesetzten Universumsgedankens verstanden. In der späten Theorie wird sie einerseits auf grundlegendere Weise an das religiöse Bewußtsein gebunden und damit ihre Genese im menschlichen Leben rekonstruiert, andererseits wird sie als eine reflexive Auslegung des religiösen Bewußtseins begriffen. Die zweite Teiltheorie ist die in der Metaphysik der Dialektik entworfene. Sie geht nicht vom subjektiven, sondern vom objektiven Bewußtsein aus und denkt Gott als notwendige Voraussetzung dessen. Gott, mit Bezug auf welchen wir uns und die Welt verstehen, wird auf diese Weise einerseits als der transzendente Grund alles Wissens und Seins, andererseits als das Woher der Subjektivität und dadurch auch der ganzen Welt dargestellt.

Das Ergebnis dieser Theorie, wie sie als eine Rekonstruktion der Genese des Gottesgedankens im bewußten Leben gestaltet ist, ist eine doppelte These über die Geltung und den Inhalt dieses Gedankens: Der Gottesgedanke beansprucht als ein metaphysischer allgemeine Geltung, ist aber unbestimmt. Als religiöser ist er zwar bestimmt, aber zugleich nur subjektiv. Das Verhältnis ist damit als ein komplementäres gefaßt, wobei besonders der Gewinn, der daraus für die religiöse Deutung erreicht wird, unterstrichen werden soll: Für ihre Wahrheit bürgt die allgemein begründete metaphysische Gottesidee. Schleiermachers sowohl im Frühwerk als auch im Spätwerk stark hervorgehobene These der Unterscheidung der Metaphysik und der Religion erschöpft sich also nicht in der Kritik der Vermischung beider, sondern schließt ebenso die Abweisung ihrer Trennung ein. Die theoretische Explikation der Religion und ihrer Deutung bedarf der Metaphysik, um dem Gottesgedanken angemessen Rechnung tragen zu können. Andererseits besagt Schleiermachers These – zieht man die Linie weiter aus und bezieht man die konkrete Gemeinschaftsdimension ein, die die Religion auch von der Metaphysik unterscheidet –, daß die Metaphysik allein nicht fähig ist, die Deutung des Lebens auf verbindliche Weise zu tragen.

Anhang

Abkürzungen und Literatur

Abkürzungen

Auf die Quellen und die weitere Literatur wird jeweils mit Angabe von Verfasser- bzw. Herausgebernamen und erstem Substantiv im Titel hingewiesen. Darüber hinaus werden – außer den gängigen Abkürzungen – die folgenden Abkürzungen verwendet; nähere bibliographische Angaben finden sich unten im Verzeichnis bei Quellen und Literatur.

AA	Kant, Schriften
ALZ	Allgemeine Literatur-Zeitung, hg. v. Christian Gottfried Schütz, Jena/Leipzig 1785-1803
Br	Schleiermacher, Leben
FGA	Fichte, Gesamtausgabe
FW	Fichte, Werke
Gl2.1-2	Schleiermacher, Glaube
KFSA	Schlegel, Ausgabe
KGA	Schleiermacher, Gesamtausgabe
M	[Schleiermacher], Monologen. Eine Neujahrsgabe, Berlin 1800
PhJ	Philosophisches Journal einer Gesellschaft teutscher Gelehrten
PhM	Philosophisches Magazin
R	[Schleiermacher], Über die Religion. Reden an die Gebildeten unter ihren Verächtern, Berlin 1799
SW	Schleiermacher, Werke [1834ff.]
TM	Der Teutsche Merkur, hg. v. Christoph Martin Wieland, Wiemar 1773-89; Der neue Teutsche Merkur, hg. v. dems., Weimar 1790-1810
WA	Schleiermacher, Werke [1927f./1981]

Bibliographische Hilfsmittel

Arndt, Andreas/Virmond, Wolfgang: Schleiermachers Briefwechsel (Verzeichnis) nebst einer Liste seiner Vorlesungen, Berlin/New York 1992.

Meding, Wichmann von: Bibliographie der Schriften Schleiermachers nebst einer Zusammenstellung und Datierung seiner gedruckten Predigten, Berlin/New York 1992.

Schönborn, Alexander von: Karl Leonhard Reinhold. Eine annotierte Bibliographie, Stuttgart-Bad Cannstatt 1991.

Tice, Terrence N.: Schleiermacher Bibliography with Brief Introductions, Annotations, and Index, Princeton 1966.

— Schleiermacher Bibliography (1784-1984). Updating and Commentary, Princeton 1985.

— Schleiermacher Bibliography: Update 1987, in: New Athenaeum/ Neues Athenaeum 1, 1989, 280-350.

— Schleiermacher Bibliography: Update 1990, in: New Athenaeum/ Neues Athenaeum 2, 1991, 131-163.

— Schleiermacher Bibliography: Update 1994, in: New Athenaeum/ Neues Athenaeum 4, 1995, 139-194.

Quellen

Adelung, Johann Christoph: Grammatisch-kritisches Wörterbuch der Hochdeutschen Mundart, Erster Theil, von A-E, Leipzig 1793[2].

Aristoteles: Posterior Analytics, by Hugh Tredennick, London 1966.

— The Nicomachean Ethics, with an English Translation by H. Reckham, London 1990.

— Metaphysics, with an English Translation by Hugh Tredennick, London 1990-96.

Athenaeum. Eine Zeitschrift von August Wilhelm Schlegel und Friedrich Schlegel, 1-3, 1798-1800; photographischer Nachdruck Darmstadt 1992.

Baumgarten, Alexander Gottlieb: Metaphysik, übersetzt v. Georg Friedrich Meier, hg. v. Johann August Eberhard, Halle 1783².

Bittner, Rüdiger/Cramer, Konrad (Hg.): Materialien zu Kants ‚Kritik der praktischen Vernunft‘, Frankfurt am Main 1975.

Creuzer, Leonhard: Skeptische Betrachtungen über die Freyheit des Willens in Hinsicht auf die neuesten Theorien über dieselbe, Gießen 1793.

Eberhard, Johann August: Neue Apologie des Sokrates oder Untersuchung der Lehre von der Seligkeit der Heiden, Bd. 1, Berlin und Stettin 1776²; Bd. 2, Berlin und Stettin 1778.

— Von dem Begriffe der Philosophie und ihren Theilen, Berlin 1778.

— Vermischte Schriften, Bd. 1, Halle 1784.

— Allgemeine Theorie des Denkens und Empfindens, Berlin 1786².

— Sittenlehre der Vernunft, Berlin 1786².

— Allgemeine Geschichte der Philosophie, Halle 1788.

— Neue vermischte Schriften, Halle 1788.

Fichte, Johann Gottlieb: Sämmtliche Werke, Berlin 1845f.; photographischer Nachdruck als: Ders., Werke, Bd. I-VIII, Berlin 1971 (abgekürzt: FW).

— Gesamtausgabe der Bayrischen Akademie der Wissenschaften, Stuttgart-Bad Cannstatt 1962ff. (abgekürzt: FGA).

Hemsterhuis, Frans: Vermischte philosophische Schriften, Bd. 1-2, Leipzig 1782, Bd. 3, Leipzig 1797.

Herbart, Johann Friedrich: Hauptpuncte der Metaphysik, Göttingen 1808.

Herder, Johann Gottfried: Gott. Einige Gespräche, in: Ders., Sämmtliche Werke, Bd. 16, Berlin 1887, 401-580.

— Liebe und Selbstheit, in: Ders., Sämmtliche Werke, Bd. 15, 1888, 304-326.

Hölderlin, Friedrich: Sämtliche Werke und Briefe, Bd. 1, Darmstadt 1989.

Hülsen, August Ludwig: Prüfung der von der Akademie der Wissenschaften zu Berlin aufgestellten Preisfrage: Was hat die Metaphysik seit Leibnitz und Wolf für Progressen gemacht? Altona 1796.

Jacobi, Friedrich Heinrich: Wider Mendelssohns Beschuldigungen betreffend die Briefe über die Lehre des Spinoza, Leipzig 1786.

— David Hume über den Glauben oder Idealismus und Realismus. Ein Gespräch, Breslau 1787.

— Ueber die Lehre des Spinoza in Briefen an den Herrn Moses Mendelssohn, Breslau 1789[2].

— Werke, 1,1-2, Hamburg/Stuttgart-Bad Cannstatt 1998.

Kant, Immanuel: Gesammelte Schriften. Akademie-Ausgabe, Bd. I-IX, Berlin 1902-1923; photographischer Nachdruck als: Ders., Werke. Akademie-Textausgabe, Berlin 1968 (abgekürzt: AA).

— Der Streit mit Eberhard, hg. v. Marion Lautschke/Manfred Zahn, Hamburg 1998.

Leibniz, Gottfried Wilhelm: Discours de métaphysique/Metaphysische Abhandlung, in: Ders., Philosophische Schriften, Bd. I, hg. und übersetzt v. Hans Heinz Holz, Darmstadt 1985, 49-172.

— Les principes de la nature et de la grâce fondés en raison/In der Vernunft begründete Prinzipien der Natur und Gnade, ebd. 414-439.

— Les principes de la philosophie ou la monadologie/Die Prinzipien der Philosophie oder die Monadologie, ebd. 438-483.

Maimon, Salomon: Versuch über die Transcendentalphilosophie mit einem Anhang über die symbolische Erkenntniß und Anmerkungen, Berlin 1790; photographischer Nachdruck in: Ders., Gesammelte Werke, Bd. II, Hildesheim 1965, 1-442.

— Streifereien im Gebiete der Philosophie, Bd. 1, Berlin 1793; photographischer Nachdruck in: Ders., Gesammelte Werke, Bd. IV, Hildesheim 1970, 1-294.

Mendelssohn, Moses: Gesammelte Schriften. Jubiläumsausgabe, Bd. III,2, Stuttgart-Bad Cannstatt 1974.

Novalis: Schriften. Die Werke Friedrich von Hardenbergs, Stuttgart/Berlin/Köln/Mainz 1977-99.

Okely, Samuel: Das Tagebuch von Schleiermachers Schul- und Studienfreund Samuel Okely (1985/86), hg. v. Wolfgang Virmond, in: New Athenaeum/Neues Athenaeum 3, 1992, 153-210.

Philosophisches Journal einer Gesellschaft teutscher Gelehrten, Bd. 1-5, hg. v. Friedrich Immanuel Niethammer, Jena/Leipzig 1795-96, Bd. 6-10, hg. v. dems./Johann Gottlieb Fichte, Jena/Leipzig 1797-1800 (abgekürzt: PhJ).

Philosophisches Magazin, hg. v. Johann August Eberhard, Bd. 1-4, Halle 1788-1792 (abgekürzt: PhM).

Rehberg, August Wilhelm: Ueber das Verhältniß der Metaphysik zu der Religion, Berlin 1787.

[Rehberg, August Wilhelm]: Rezension von KpV, in: ALZ Nr. 188a-b, 6.8.1788, 345-360.

Rehberg, August Wilhelm: Erläuterungen einiger Schwierigkeiten der natürlichen Theologie, in: TM, 9.1788, 215-233.

[Rehberg, August Wilhelm]: Rezension von PhM 1, Stück 1, in: ALZ Nr. 10, 10.1.1789, 77-80.

— Rezension von PhM 1, Stück 2, in: ALZ Nr. 90, 22.3.1789, 713-716.

— Rezension von Reinhold, Versuch, in: ALZ Nr. 357f., 19.-20.11.1789, 417-429.

— Rezension von Reinhold, Beyträge, in: ALZ Nr. 26f., 28.1.1791, 201-214.

Reimarus, Hermann Samuel: Die Vernunftlehre als eine Anweisung zum richtigen Gebrauche der Vernunft in der Erkenntniß der Wahrheit, aus zwoen ganz natürlichen Regeln der Einstimmung und des Wiederspruchs hergeleitet, Hamburg 1756; photographischer Nachdruck München 1979.

[Reinhold, Karl Leonhard]: Briefe über die Kantische Philosophie, in: TM, 8.1786, 99-141; 1.1787, 3-39; 2.1787, 117-142; 5.1787, 167-185; 7.1787, 67-88; 8.1787, 142-165; 9.1787, 247-278.

— Rezension von Rehberg, Verhältnis, in: ALZ Nr. 153b, 26.6.1788, 689-696.

— Ueber das bisherige Schicksal der Kantischen Philosophie, in: TM, 4.1789, 3-37; 5.1789, 113-135 (im 2. Teil Titel leicht verändert).

— Rezension von PhM 1, Stück 3-4, ALZ Nr. 174-176, 11.-13.6.1789, 577-597.

Reinhold, Karl Leonhard: Versuch einer neuen Theorie des menschlichen Vorstellungsvermögens, Prag/Jena 1789; photographischer Nachdruck Darmstadt 1963.

— Beyträge zur Berichtigung bisheriger Mißverständnisse der Philosophen. *Erster Band* das Fundament der Elementarphilosophie betreffend, Jena 1790.

— Ueber das Fundament des philosophischen Wissens nebst einigen Erläuterungen über die Theorie des Vorstellungsvermögens, Jena 1791; photographischer Teilnachdruck Hamburg 1978.

— Systematische Darstellung aller bisher möglichen Systeme der Metaphysik, in: TM, 1.1794, 3-19; 3.1794, 235-256.

— Ueber den Unterschied zwischen dem gesunden Verstande und der philosophierenden Vernunft in Rücksicht auf die Fundamente des durch beyde möglichen Wissens, in: Ders., Beyträge zur Berichtigung bisheriger Mißverständnisse der Philosophen. *Zweyter Band* die Fundamente des philosophischen Wissens, der Metaphysik, Moral, moralischen Religion und Geschmackslehre betreffend, Jena 1794, 1-72.

— Ueber den Einfluß der Moralität des Philosophen auf den Inhalt seiner Philosophie, in: Ders., Auswahl vermischter Schriften, 1. Teil, Jena 1796, 31-65.

— Auswahl vermischter Schriften, 2. Teil, Jena 1797.

[Reinhold, Karl Leonhard]: Rezension von Johann Gottlieb Fichte, Ueber den Begriff der Wissenschaftslehre oder der sogenannten Philosophie, Jena 1794; ders., Grundlage der gesammten Wissenschaftslehre, Jena 1794-95; ders., Grundriß des Eigenthümlichen der Wissenschaftslehre in Rücksicht auf das theoretische Vermögen, Jena 1795, und von PhJ 5, Heft 1-6, in: ALZ Nr. 5-9, 4.-8.1.1798, 33-69.

Reinhold, Karl Leonhard: Ueber die Paradoxien der neuesten Philosophie, Hamburg 1799.

— Sendschreiben an J. C. Lavater und J. G. Fichte über den Glauben an Gott, Hamburg 1799.

— Briefe über die Kantische Philosophie, Bd. I-II, Leipzig 1923.

Röhr, Werner (Hg.): Appellation an das Publikum .... Dokumente zum Atheismusstreit um Fichte, Forberg, Niethammer. Jena 1798/99, Leipzig 1987.

Schelling, Friedrich Wilhelm Joseph: Schriften von 1794-1798, Darmstadt 1980.

— Schriften von 1801-1804, Darmstadt 1988.

— Schriften von 1799-1801, Darmstadt 1990.

Schlegel, Friedrich: Philosophie der Philologie, hg. v. Josef Körner, in: Logos. Internationale Zeitschrift für Philosophie der Kultur 17, 1928, 1-72.

— Neue philosophische Schriften, hg. v. Josef Körner, Frankfurt am Main 1935

— Kritische Ausgabe, Paderborn/Zürich 1958ff. (abgekürzt: KFSA).

Schleiermacher, Friedrich Daniel Ernst: Sämmtliche Werke, Berlin 1834-1864 (abgekürzt: SW).

— Aus Schleiermacher's Leben. In Briefen, hg. v. Ludwig Jonas/Wilhelm Dilthey, Bd. 1-2, Berlin 1860[2], Bd. 3-4, Berlin 1861 und 1863 (abgekürzt: Br).

— Denkmale der inneren Entwicklung Schleiermachers, hg. v. Wilhelm Dilthey, Anhang zu: Ders., Leben Schleiermachers, Bd. 1, Berlin 1870.

— Reden über die Religion. Kritische Ausgabe, besorgt v. G.Ch. Bernhard Pünjer, Braunschweig 1879.

— Predigtentwürfe aus Friedrich Schleiermacher's erster Amtsthätigkeit, hg. v. Friedrich Zimmer, in: Zeitschrift für praktische Theologie 4, 1882, 281-290.369-378.

— Einige ungedruckte Predigtentwürfe Schleiermachers, hg. v. Johannes Bauer, in: Ders., Schleiermacher als patriotischer Prediger, Gießen 1908, 306-356.

— Ungedruckte Predigten Schleiermachers aus den Jahren 1820-1828, hg. v. Johannes Bauer, Leipzig 1909.

— Schleiermacher als Mensch. Sein Werden und Wirken. Familien- und Freundesbriefe, hg. v. Heinrich Meisner, Bd. 2, Gotha 1923.

— Über die Religion. Reden an die Gebildeten unter ihren Verächtern, hg. v. Rudolf Otto, Göttingen 1926[5].

— Werke. Auswahl in vier Bänden, Bd. 1-2, Leipzig 1927-28[2]; photographischer Nachdruck Aalen 1981 (abgekürzt: WA).

— Dialektik, hg. v. Rudolf Odebrecht, Leipzig 1942; photographischer Nachdruck Darmstadt 1976.

— Über die Religion. Reden an die Gebildeten unter ihren Verächtern, hg. v. Hans-Joachim Rothert, Hamburg 1958.

— Der christliche Glaube nach den Grundsätzen der evangelischen Kirche im Zusammenhange dargestellt, Bd. 1-2, hg. v. Martin Redeker, Berlin 1960 (abgekürzt: Gl2.1-2).

— Über die Religion. Reden an die Gebildeten unter ihren Verächtern, hg. v. Carl Heinz Ratschow, Stuttgart 1969.

— Hermeneutik, hg. v. Heinz Kimmerle, Heidelberg 1974.

— Kritische Gesamtausgabe, Berlin/New York 1980ff. (abgekürzt: KGA).

— Christliche Sittenlehre. Einleitung (Wintersemester 1826/27), hg. v. Hermann Peiter, Stuttgart/Berlin/Köln/Mainz 1983.

— Ästhetik (1819/25). Über den Begriff der Kunst (1831/32), hg. v. Thomas Lehnerer, Hamburg 1984.

— Die allgemeine Hermeneutik, hg. v. Wolfgang Virmond, in: Selge, Schleiermacher-Kongreß, Bd. 2, 1269-1310.

— Dialektik (1811), hg. v. Andreas Arndt, Hamburg 1986.

— Theologische Enzyklopädie (1831/32). Nachschrift David Friedrich Strauß, hg. v. Walter Sachs, Berlin/New York 1987.

— Dialektik (1814/15). Einleitung zur Dialektik (1833), hg. v. Andreas Arndt, Hamburg 1988.

— Schleiermacher an Jacobi, in: Walter Jaeschke (Hg.), Religionsphilosophie und spekulative Philosophie. Der Streit um die Göttlichen Dinge (1799-1812). Quellenband, Hamburg 1994, 394-398.

— Über die Philosophie Platons, hg. v. P. M. Steiner, Hamburg 1996.

— Einleitung zur Vorlesung über Dogmatische Theologie (Sommersemester 1811), Nachschrift August Detlev Christian Twesten, hg. v. Matthias Wolfes, in: Zeitschrift für Kirchengeschichte 109, 1998, 80-99.

Schmid, Carl Christian Erhard: Wörterbuch zum leichtern Gebrauch der Kantischen Schriften nebst einer Abhandlung, Jena 1788².

[Schmid, Carl Christian Erhard]: Rezension von Reinhold, Fundament, in: ALZ Nr. 92f., 9.-10.4.1792, 49-60.

[Schultz, Johann]: Rezension von Rehberg, Verhältnis, in: ALZ Nr. 147, 19.6.1788, 617-621.

Schultz, Johann: Prüfung der Kantischen Critik der reinen Vernunft, Erster Theil, Königsberg 1789.

[Schulze, Gottlob Ernst]: Aenesidemus oder über die Fundamente der von dem Herrn Prof. Reinhold in Jena gelieferten ElementarPhilosophie. Nebst einer Vertheidigung des Skepticismus gegen die Anmaaßungen der Vernunftkritik, ohne Ort 1792.

[Spalding, Johann Joachim]: Vertraute Briefe die Religion betreffend, Breslau 1788³.

— Religion, eine Angelegenheit des Menschen, Leipzig 1797; Nachdruck in: Barth/Osthövener, Jahre 941-987.

Spinoza, Benedictus de: Die Ethik, lateinisch/deutsch, übersetzt v. Jakob Stern, hg. v. Bernhard Lakebring, Stuttgart 1984.

Twesten, August: D. August Twesten nach Tagebüchern und Briefen, von C.F. Georg Heinrici, Berlin 1889.

[Wizenmann, Thomas]: Die Resultate der Jacobischen und Mendelssohnschen Philosophie; kritisch untersucht von einem Freywilligen, Leipzig 1786.

Wizenmann, Thomas: An den Herrn Professor Kant von dem Verfasser der Resultate Jakobischer und Mendelssohnscher Philosophie, in: Deutsches Museum, 2.1787, 116-156.

Wolff, Christian: Vernünfftige Gedancken von Gott, der Welt und der Seele des Menschen, auch allen Dingen überhaupt, Halle 1751¹¹; photographischer Nachdruck als: Ders., Gesammelte Werke, Bd. I/2, Hildesheim/New York 1983.

— Vernünfftige Gedancken von der Menschen Thun und Lassen, zu Beförderung ihrer Glückseeligkeit, Halle 1752⁸; photographischer Nachdruck als: Ders., Gesammelte Werke, Bd. I/4, Hildesheim/New York 1976.

Literatur

Albrecht, Christian: Schleiermachers Theorie der Frömmigkeit. Ihr wissenschaftlicher Ort und ihr systematischer Gehalt in den Reden, in der Glaubenslehre und in der Dialektik, Berlin/New York 1994.

— Zwischen transzendentalphilosophischer Spekulation und religionspraktischer Empirie. Zu Schleiermachers Grundlegung eines diagnostisch motivierten Programms religionstheoretischer Methodik, in: Barth/Osthövener, Jahre 559-573.

Andersen, Svend: Ideal und Singularität. Über die Funktion des Gottesbegriffes in Kants theoretischer Philosophie, Berlin/New York 1983.

Aner, Karl: Die Theologie der Lessingzeit, Halle 1929.

Arndt, Andreas: Schleiermachers Philosophie im Kontext idealistischer Systemprogramme. Anmerkungen zur Systemkonzeption in Schleiermachers Vorlesungen zur philosophischen Ethik 1807/08, in: Archivio di Filosofia 52, 1984, 103-121.

— Unmittelbarkeit als Reflexion. Voraussetzungen der Dialektik Friedrich Schleiermachers, in: Selge, Schleiermacher-Kongreß, Bd. 1, 469-484.

— Zur Vorgeschichte des Schleiermacherschen Begriffs von Dialektik, in: Meckenstock, Kultur 315-333.

— Zum Begriff der Dialektik bei Friedrich Schlegel 1796-1801, in: Archiv für Begriffsgeschichte 35, 1992, 257-273.

— Gefühl und Reflexion. Schleiermachers Stellung zur Transzendentalphilosophie im Kontext der zeitgenössischen Kritik an Kant und Fichte, in: Walter Jaeschke (Hg.), Transzendentalphilosophie und Spekulation. Der Streit um die Gestalt einer Ersten Philosophie (1799-1807), Hamburg 1993, 105-126.

— Kommentar, in: Friedrich Schleiermacher, Schriften, hg. v. Andreas Arndt, Frankfurt am Main 1996, 993-1349.

— Schleiermacher und Platon, in: Schleiermacher, Philosophie [1996] VII-XXII.

— Dialektik und Hermeneutik. Zur kritischen Vermittlung der Disziplinen bei Schleiermacher, in: Synthesis philosophica 12, 1997, 39-63.

— Geselligkeit und Gesellschaft. Die Geburt der Dialektik aus dem Geist der Konversation in Schleiermachers „Versuch einer Theorie des geselligen Betragens", in: Hartwig Schultz (Hg.), Salons der Romantik. Beiträge eines Wiepersdorfer Kolloquiums zu Theorie und Geschichte des Salons, Berlin/New York 1997, 45-61.

— „Spekulative Blicke auf das geistige Prinzip". Friedrich Schleiermachers Psychologie, in: Burdorf/Schmücker, Wissenschaft 147-161.

— Schleiermacher und die englische Aufklärung, in: Barth/Osthövener, Jahre 181-193.

Barth, Karl: Schleiermacher, in: Ders., Die Theologie und die Kirche. Gesammelte Vorträge, Bd. 2, München 1928, 136-189.

— Die protestantische Theologie im 19. Jahrhundert, Zürich 1952.

Barth, Ulrich: Christentum und Selbstbewußtsein. Versuch einer rationalen Rekonstruktion des systematischen Zusammenhanges von Schleiermachers subjektivitätstheoretischer Deutung der christlichen Religion, Göttingen 1983.

— Gott – Die Wahrheit? Problemgeschichtliche und systematische Anmerkungen zum Verhältnis Hirsch/Schleiermacher, in: Joachim Ringleben (Hg.), Christentumsgeschichte und Wahrheitsbewußtsein. Studien zur Theologie Emanuel Hirschs, Berlin/New York 1991, 98-157.

— Religion oder Gott? Die religionstheoretische Bedeutung von Kants Destruktion der spekulativen Theologie, in: Ders./Wilhelm Gräb (Hg.), Gott im Selbstbewußtsein der Moderne. Zum neuzeitlichen Begriff der Religion, Gütersloh 1993, 11-34.

— Der ethische Individualitätsgedanke beim frühen Schleiermacher, in: Günter Jerouschek/Arno Sames (Hg.), Aufklärung und Erneuerung. Beiträge zur Geschichte der Universität Halle im ersten Jahrhundert ihres Bestehens (1694-1806), Hanau/Halle 1994, 309-331.

— Was ist Religion? in: Zeitschrift für Theologie und Kirche 93, 1996, 538-560.

— Schleiermachers *Reden* als religionstheoretisches Modernisierungsprogramm, in: Silvio Vietta/Dirk Kemper (Hg.), Ästhetische Moderne in Europa. Grundzüge und Problemzusammenhänge seit der Romantik, München 1998, 441-474.

— Pantheismusstreit, Atheismusstreit und Fichtes Konsequenzen, in: Klaus-M. Kodalle/Martin Ohst (Hg.), Fichtes Entlassung. Der Atheismusstreit vor 200 Jahren, Würzburg 1999, 101-123.

— Schleiermacher-Literatur im letzten Drittel des 20. Jahrhunderts, in: Theologische Rundschau 66, 2001, 408-461.

— Bewußtsein schlechthinniger Abhängigkeit. Anmerkungen zu Konrad Cramers Schleiermacher-Interpretation, in: Jürgen Stolzenberg (Hg.), Subjekt und Metaphysik. Konrad Cramer zu Ehren aus Anlaß seines 65. Geburtstag, Göttingen 2001, 41-59.

Barth, Ulrich/Osthövener, Claus-Dieter (Hg.): 200 Jahre „Reden über die Religion". Akten des 1. Internationalen Kongresses der Schleiermacher-Gesellschaft Halle 14.-17. März 1999, Berlin/New York 2000.

Bartuschat, Wolfgang: Baruch de Spinoza, München 1996.

Behler, Ernst: Studien zur Romantik und zur idealistischen Philosophie, Paderborn/München/Wien/Zürich 1988.

— Studien zur Romantik und zur idealistischen Philosophie 2, Paderborn/München/Wien/Zürich 1993.

— Friedrich Schlegels Vorlesungen über Transzendentalphilosophie Jena 1800-1801, in: Walter Jaeschke (Hg.), Transzendentalphilosophie und Spekulation. Der Streit um die Gestalt einer Ersten Philosophie (1799-1807), Hamburg 1993, 52-71.

— Friedrich Schlegel's Theory of an Alternating Principle prior to his Arrival in Jena (6 August 1796), in: Manfred Frank (Hg.), Le premier romantisme allemand (1796), Revue Internationale de Philosophie 197, 1996, 383-402.

Beiser, Frederick C.: The Fate of Reason. German Philosophy from Kant to Fichte, Cambridge/London 1987.

Beisler, Hermann: Friedrich Schlegels Begriff der natürlichen Philosophie, in: Athenäum. Jahrbuch für Romantik 7, 1997, 73-94.

Beisser, Friedrich: Schleiermachers Lehre von Gott dargestellt nach seinen Reden und seiner Glaubenslehre, Göttingen 1970.

Benjamin, Walter: Der Begriff der Kunstkritik in der deutschen Romantik, Frankfurt am Main 1973.

Berben, Tobias: Praktische Vernunft und Individualität. Schleiermachers Ethik als Theorie konventioneller Moralität, in: Burdorf/Schmücker, Wissenschaft 163-185.

Birkner, Hans-Joachim: Schleiermachers christliche Sittenlehre im Zusammenhang seines philosophisch-theologischen Systems, Berlin 1964.

— Theologie und Philosophie. Einführung in Probleme der Schleiermacher-Interpretation, München 1974.

— Einleitung, in: Friedrich Schleiermacher, Brouillon zur Ethik (1805/05), hg. v. Hans-Joachim Birkner, Hamburg 1981, VII-XXVIII.

— Einleitung, in: Friedrich Schleiermacher, Ethik (1812/13), hg. v. Hans-Joachim Birkner, Hamburg 1981, VII-XXXIII.

Blackwell, Albert L.: Schleiermacher's Early Philosophy of Life. Determinism, Freedom, and Phantasy, Chico 1982.

Bohrer, Karl Heinz: Friedrich Schlegels Rede über die Mythologie, in: Ders. (Hg.), Mythos und Moderne. Begriff und Bild einer Rekonstruktion, Frankfurt am Main 1983, 52-82.

Bondeli, Martin: Das Anfangsproblem bei Karl Leonhard Reinhold. Eine systematische und entwicklungsgeschichtliche Untersuchung zur Philosophie Reinholds in der Zeit von 1789 bis 1803, Frankfurt am Main 1995.

Brandt, Richard B.: The Philosophy of Schleiermacher. The Development of His Theory of Scientific and Religious Knowledge, New York 1941.

Braniß, Christlieb Julius: Ueber Schleiermachers Glaubenslehre. Ein kritischer Versuch, Berlin 1824, 73-197; Nachdruck in: KGA I/7.3, 287-365.

Breazeale, Daniel: Between Kant and Fichte: Karl Leonhard Reinhold's „Elementary Philosophy", in: Review of Metaphysics 35, 1982, 785-821.

— How to make an Idealist: Fichte's „Refutation of Dogmatism" and the Problem of the Starting Point of the Wissenschaftslehre, in: The Philosophical Forum 19, 1987-88, 97-123.

Brunner, Emil: Die Mystik und das Wort. Der Gegensatz zwischen moderner Religionsauffassung und christlichem Glauben dargestellt an der Theologie Schleiermachers, Tübingen 1924.

Bubner, Rüdiger: Zur dialektischen Bedeutung romantischer Ironie, in: Ernst Behler/Jochen Hörisch (Hg.), Die Aktualität der Frühromantik, Paderborn/München/Wien/Zürich 1987, 85-95.

Burdorf, Dieter/Schmücker, Reinold (Hg.): Dialogische Wissenschaft. Perspektiven der Philosophie Schleiermachers, Paderborn/München/Wien/Zürich 1998.

Carl, Wolfgang: Der schweigende Kant. Die Entwürfe zu einer Deduktion der Kategorien vor 1781, Göttingen 1989.

— Die Transzendentale Deduktion der Kategorien in der ersten Auflage der Kritik der reinen Vernunft. Ein Kommentar, Frankfurt am Main 1992.

— Ich und Spontaneität, in: Marcelo Stamm (Hg.), Philosophie in synthetischer Absicht. Synthesis in Mind, Stuttgart 1998, 105-122.

— Die transzendentale Deduktion in der zweiten Auflage (B129-169), in: Georg Mohr/Marcus Willaschek (Hg.), Immanuel Kant. Kritik der reinen Vernunft, Berlin 1998, 189-216.

Christ, Franz: Menschlich von Gott reden. Das Problem des Anthropomorphismus bei Schleiermacher, Gütersloh 1982.

Claesges, Ulrich: Geschichte des Selbstbewußtseins. Der Ursprung des spekulativen Problems in Fichtes Wissenschaftslehre von 1794-95, Den Haag 1974.

Cramer, Konrad: Bemerkungen zu Hegels Begriff vom Bewußtsein in der Einleitung zur Phänomenologie des Geistes, in: Rolf-Peter Horstmann (Hg.), Seminar: Dialektik in der Philosophie Hegels, Frankfurt am Main 1978, 360-393.

— Gedanken über Spinozas Lehre von der All-Einheit, in: Dieter Henrich (Hg.), All-Einheit. Wege eines Gedankens in Ost und West, Stuttgart 1985, 151-179.

— Die subjektivitätstheoretischen Prämissen von Schleiermachers Bestimmung des religiösen Bewußtseins, in: Lange, Theologe 129-162.

— Über Kants Satz: Das: Ich denke, muß alle meine Vorstellungen begleiten können, in: Ders./Hans Friedrich Fulda/Rolf-Peter Horstmann/Ulrich Pothast (Hg.), Theorie der Subjektivität, Frankfurt am Main 1987, 167-202.

— Metaphysik und Erfahrung in Kants Grundlegung der Ethik, in: Neue Hefte für Philosophie 30-31, 1991, 15-68.

— „Anschauung des Universums". Schleiermacher und Spinoza, in: Barth/Osthövener, Jahre 118-141.

Cramer, Wolfgang: Spinozas Philosophie des Absoluten, Frankfurt am Main 1966.

Dalferth, Ingolf Ulrich: Religiöse Rede von Gott, München 1981.

Dessoir, Max: Geschichte der neueren deutschen Psychologie, Berlin 1902; Nachdruck Amsterdam 1964.

Dierken, Jörg: Das zwiefältige Absolute. Die irreduzible Differenz zwischen Frömmigkeit und Reflexion im Denken Friedrich Schleiermachers, in: Zeitschrift für neuere Theologiegeschichte 1, 1994, 17-46.

— Glaube und Lehre im modernen Protestantismus. Studien zum Verhältnis von religiösem Vollzug und theologischer Bestimmtheit bei Barth und Bultmann sowie Hegel und Schleiermacher, Tübingen 1996.

— „Daß eine Religion ohne Gott besser sein kann als eine andre mit Gott". Der Beitrag von Schleiermachers ‚Reden' zu einer nichttheistischen Konzeption des Absoluten, in: Barth/Osthövener, Jahre 668-684.

Dierkes, Hans: Die problematische Poesie. Schleiermachers Beitrag zur Frühromantik, in: Selge, Schleiermacher-Kongreß, Bd. 1, 61-98.

— Ironie und System. Friedrich Schlegels „Philosophische Lehrjahre" (1797-1799), in: Philosophisches Jahrbuch 97, 1990, 251-276.

— „Schleyermacher hat Eine Art *von Liebe*, von Religion verkündigt". Hat er das? Novalis' Rezeption der Reden ‚Über die Religion', in: Barth/Osthövener, Jahre 534-558.

Dilthey, Wilhelm: Leben Schleiermachers. Schleiermachers System als Philosophie und Theologie, Bd. 2.1-2, hg. v. Martin Redeker, Göttingen 1966.

— Leben Schleiermachers, Bd. 1.1-2, hg. v. Martin Redeker, Göttingen 1970[3].

Draeger, Georg: Johann August Eberhards Psychologie und Ästhetik, Halle 1914.

Düsing, Edith: Intersubjektivität und Selbstbewußtsein. Behavioristische, phänomenologische und idealistische Begründungstheorien bei Mead, Schütz, Fichte und Hegel, Köln 1986.

Düsing, Klaus: Selbstbewußtseinsmodelle. Moderne Kritiken und systematische Entwürfe zur konkreten Subjektivität, München 1997.

Ebeling, Gerhard: Beobachtungen zu Schleiermachers Wirklichkeitsverständnis, in: Ders.: Wort und Glaube, Bd. 3, Tübingen 1975, 96-115

— Schleiermachers Abhängigkeitsgefühl als Gottesbewußtsein, ebd. 116-136.

— Zum Religionsbegriff Schleiermachers, in: Hans Martin Müller/ Dietrich Rössler (Hg.), Reformation und praktische Theologie. Festschrift für Werner Jetter zum 70. Geburtstag, Göttingen 1983, 61-81.

Eckert, Michael: Das Verhältnis von Unendlichem und Endlichem in F. Schleiermachers Reden „Über die Religion", in: Archiv für Religionspsychologie 16, 1985, 22-56.

— Gott – Glauben und Wissen. Friedrich Schleiermachers Philosophische Theologie, Berlin/New York 1987.

Elsässer, Michael: Friedrich Schlegels Kritik am Ding, Hamburg 1994.

Erdmann, Johann Eduard: Versuch einer wissenschaftlichen Darstellung der Geschichte der neuern Philosophie, Bd. III/1, Stuttgart 1931.

Feiereis, Konrad: Die Umprägung der natürlichen Theologie in Religionsphilosophie. Ein Beitrag zur deutschen Geistesgeschichte des 18. Jahrhunderts, Leipzig 1965.

Flittner, Willy: August Hülsen und der Bund der freien Männer, Jena 1913.

Forstmann, Jack: A Romantic Triangle: Schleiermacher and Early German Romanticism, Missoula 1977.

Frank, Manfred: Das Problem „Zeit" in der deutschen Romantik. Zeitbewußtsein und Bewußtsein von Zeitlichkeit in der frühromantischen Philosophie und in Tiecks Dichtung, München 1972.

— Das individuelle Allgemeine. Textstrukturierung und -interpretation nach Schleiermacher, Frankfurt am Main 1977.

— Einführung in die frühromantische Ästhetik, Frankfurt am Main 1989.

— Fragmente einer Geschichte der Selbstbewußtseinstheorie von Kant bis Sartre, in: Ders. (Hg.), Selbstbewußtseinstheorien von Fichte bis Sartre, Frankfurt am Main 1991, 413-599.

— „Unendliche Annäherung". Die Anfänge der philosophischen Frühromantik, Frankfurt am Main 1997.

— Einleitung des Herausgebers, in: Friedrich Schleiermacher, Dialektik, hg. v. Manfred Frank, Bd. 1, Frankfurt am Main 2001, 10-136.

Franke, Ursula: Ein Komplement der Vernunft. Zur Bestimmung des Gefühls im 18. Jahrhundert, in: Ingrid Craemer-Ruegenberg (Hg.), Pathos, Affekt, Gefühl, Freiburg/München 1981, 131-148.

Fuchs, Emil: Schleiermachers Religionsbegriff und religiöse Stellung zur Zeit der ersten Ausgabe der Reden (1799-1806), Giessen 1901.

— Der Charakter der Frömmigkeit Schleiermachers, in: Zeitschrift für Theologie und Kirche 22, 1914, 369-378.

— Schleiermachers Auseinandersetzung mit Kant, Fichte und Schelling. Seine grundlegenden Interessen und Gedanken, in: Ders., Von Schleiermacher zu Marx, hg. v. Heinrich Fink/Herbert Trebs, Berlin 1969, 21-129.

Gaier, Ulrich/Lawitschka, Valérie/Rapp, Wolfgang/Waibel, Violetta: Das „Jenaische Project". Das Wintersemester 1794/95 mit Vorbereitung und Nachlese, Hölderlin Texturen 2, Tübingen 1995.

Gardimer, H.M./Metcalf, Ruth Clark/Beebe-Center, John G.: Feeling and Emotion. A History of Theories, Westport 1970.

Gawlina, Manfred: Das Medusenhaupt der Kritik. Die Kontroverse zwischen Immanuel Kant und Johann August Eberhard, Berlin/New York 1996.

Gawoll, Hans-Jürgen: Karl Heinrich Heydenreich: Zwischen Spinozismus und Kantianismus, Manuskript vom Sonderforschungsbereich 119 der DFG, Ruhr-Universität Bochum, ohne Jahr.

Gräb, Wilhelm: Humanität und Christentumsgeschichte. Eine Untersuchung zum Geschichtsbegriff im Spätwerk Schleiermachers, Göttingen 1980.

— Der kulturelle Umbruch zur Moderne und Schleiermachers Neubestimmung des Begriffs der christlichen Religion, in: Barth/Osthövener, Jahre 167-177.

Graf, Friedrich Wilhelm: Ursprüngliches Gefühl unmittelbarer Koinzidenz des Differenten. Zur Modifikation des Religionsbegriffs in den verschiedenen Auflagen von Schleiermachers „Reden über die Religion", in: Zeitschrift für Theologie und Kirche 75, 1978, 147-186.

Grove, Peter: Frihed, selvbevidsthed, religion. Schleiermachers tidlige Kant-reception [Freiheit, Selbstbewußtsein, Religion. Schleiermachers frühe Kant-Rezeption], unpublizierte Ph.D.-Abhandlung, Aarhus 1994.

— Handling og frihed. Subjektivitet i et praktisk perspektiv [Handlung und Freiheit. Subjektivität in praktischer Perspektive], in: Philosophia 25, 1996, 115-128.

— Schleiermachers kritik af den filosofiske teologi som forudsætning for hans religionsteori og dogmatik [Schleiermachers Kritik der philosophischen Theologie als Voraussetzung seiner Religionstheorie und Dogmatik], in: Dansk Teologisk Tidsskrift 60, 1997, 60-77.

— Schleiermacher und Rehberg, in: Zeitschrift für neuere Theologiegeschichte 5, 1998, 1-28.

— Schleiermachers Postulatenlehre. Reflexionen zu „Wissen, Glauben und Meinen", in: Neue Zeitschrift für systematische Theologie und Religionsphilosophie 42, 2000, 43-65.

— „Vereinigungsphilosophie" beim frühen Schleiermacher und bei Herder, in: Barth/Osthövener, Jahre 328-343.

Hammacher, Klaus: Die Philosophie Friedrich Heinrich Jacobis, München 1969.

— Unmittelbarkeit und Kritik bei Hemsterhuis, München 1971.

Hanewald, Christian: Apperzeption und Einbildungskraft. Die Auseinandersetzung mit der theoretischen Philosophie Kants in Fichtes früher Wissenschaftslehre, Berlin/New York 2001.

Hartmann, Martin: Die Repsychologisierung des Geistes. Neuere Literatur über die Emotionen, in: Philosophische Rundschau 49, 2002, 195-223.

Hartmann, Nicolai: Die Philosophie des deutschen Idealismus, Berlin/New York 1974

Haym, Rudolf: Die romantische Schule. Ein Beitrag zur Geschichte des deutschen Geistes, Berlin 1870; photographischer Nachdruck Darmstadt 1977.

Heidegger, Martin: Sein und Zeit, Tübingen 1979[15].

Henrich, Dieter: Über die Einheit der Subjektivität, in: Philosophische Rundschau 3, 1955, 28-69.

— Der ontologische Gottesbeweis. Sein Problem und seine Geschichte in der Neuzeit, Tübingen 1960.

— Der Begriff der sittlichen Einsicht und Kants Lehre vom Faktum der Vernunft, in: Ders./Walter Schulz/Karl-Heinz Volkmann-Schluck (Hg.), Die Gegenwart der Griechen im neueren Denken. Festschrift für Hans-Georg Gadamer zum 60. Geburtstag, Tübingen 1960, 77-115.

— Fichtes ursprüngliche Einsicht, in: Ders./Hans Wagner (Hg.), Subjektivität und Metaphysik. Festschrift für Wolfgang Cramer, Frankfurt am Main 1966, 188-232.

— Selbstbewußtsein. Kritische Einleitung in eine Theorie, in: Rüdiger Bubner/Konrad Cramer/Reiner Wiehl (Hg.), Hermeneutik und Dialektik, Bd. 1, Tübingen 1970, 257-284.

— Die Deduktion des Sittengesetzes. Über die Gründe der Dunkelheit des letzten Abschnittes von Kants ‚Grundlegung zur Metaphysik der Sitten', in: Alexander Schwan (Hg.), Denken im Schatten des Nihilismus, Darmstadt 1975, 55-112.

— Identität und Objektivität. Eine Untersuchung über Kants transzendentale Deduktion, Heidelberg 1976.

— Hegel im Kontext, Frankfurt am Main 1981[3].

— Selbstverhältnisse. Gedanken und Auslegungen zu den Grundlagen der klassischen deutschen Philosophie, Stuttgart 1982.

— Dunkelheit und Vergewisserung, in: Ders. (Hg.), All-Einheit. Wege eines Gedankens in Ost und West, Stuttgart 1985, 33-52.

— Konzepte. Essays zur Philosophie in der Zeit, Frankfurt am Main 1987.

— Die Identität des Subjekts in der transzendentalen Deduktion, in: Hariolf Oberer/Gerhard Seel (Hg.) Kant. Analysen-Probleme-Kritik, Würzburg 1988, 39-70.

— Die Anfänge der Theorie des Subjekts (1789), in: Axel Honneth/Thomas McCarthy/Claus Offe/Albrecht Wellmer (Hg.), Zwischenbetrachtungen. Im Prozeß der Aufklärung. Jürgen Habermas zum 60. Geburtstag, Frankfurt am Main 1989, 106-170.

— Kant's Notion of a Deduction and the Methodological Background of the First *Critique*, in: Eckart Förster (Hg.), Kant's Transcendental Deductions. The Three *Critiques* and the *Opus postumum*, Standford 1989, 29-46.

— Konstellationen. Probleme und Debatten am Ursprung der idealistischen Philosophie (1789-1795), Stuttgart 1991.

— Der Grund im Bewußtsein. Untersuchungen zu Hölderlins Denken (1794-1795), Stuttgart 1992.

— Bewußtes Leben. Untersuchungen zum Verhältnis von Subjektivität und Metaphysik, Stuttgart 1999.

— Versuch über Kunst und Leben. Subjektivität – Weltverstehen – Kunst, München/Wien 2001.

Hering, Hermann: Samuel Ernst Timotheus Stubenrauch und sein Neffe Friedrich Schleiermacher, Gütersloh 1919.

Herms, Eilert: Herkunft, Entfaltung und erste Gestalt des Systems der Wissenschaften bei Schleiermacher, Gütersloh 1974.

— Die Ethik des Wissens beim späten Schleiermacher, in: Zeitschrift für Theologie und Kirche 73, 1976, 471-523.

— ,Beseelung der Natur durch die Vernunft', in: Archivio di Filosofia 52, 1984, 49-102.

— Die Bedeutung der „Psychologie" für die Konzeption des Wissenschaftssystems beim späten Schleiermacher, in: Meckenstock, Kultur 369-401.

— Platonismus und Aristotelismus in Schleiermachers Ethik, in: Sorrentino, Philosophy 3-26.

Hertel, Friedrich: Das theologische Denken Schleiermachers untersucht an der ersten Auflage seiner Reden „Über die Religion", Zürich/Stuttgart 1965.

Hinske, Norbert: Der Jenaer Frühkantianismus als Forschungsaufgabe, in: Ders./Lange/Schröpfer, Aufbruch 231-243.

— Wolffs empirische Psychologie und Kants pragmatische Anthropologie. Zur Diskussion über die Anfänge der Anthropologie im 18. Jahrhundert, in: Aufklärung 11/1, 1999, 97-107.

Hinske, Norbert/Lange, Erhard/Schröpfer, Horst (Hg.): Der Aufbruch in den Kantianismus. Der Frühkantianismus an der Universität Jena von 1785-1800 und seine Vorgeschichte, Stuttgart-Bad Cannstatt 1995.

Hirsch, Emanuel: Die idealistische Philosophie und das Christentum, Gütersloh 1926.

— Geschichte der neuern evangelischen Theologie im Zusammenhang mit den allgemeinen Bewegungen des europäischen Denkens, Bd. I-V, Gütersloh 1964[3].

Honneth, Axel: Die transzendentale Notwendigkeit von Intersubjektivität (Zweiter Lehrsatz: § 3), in: Merle, Grundlage 63-80.

Huber, Eugen: Die Entwicklung des Religionsbegriffs bei Schleiermacher, Leipzig 1901.

Jaeschke, Walter: Die Vernunft in der Religion. Studien zur Grundlegung der Religionsphilosophie Hegels, Stuttgart-Bad Cannstatt 1986.

Janke, Wolfgang: Fichte. Sein und Reflexion. Grundlagen der kritischen Vernunft, Berlin 1970.

Joesten, Clara: Christian Wolffs Grundlegung der praktischen Philosophie, Leipzig 1931.

Johansen, Karsten Friis: Antikken, Den europæiske filosofis historie, Bd. 1, København 1994.

Junker, Maureen: Das Urbild des Gottesbewußtseins. Zur Entwicklung der Religionstheorie und Christologie Schleiermachers von der ersten zur zweiten Auflage der Glaubenslehre, Berlin/New York 1990.

Jørgensen, Theodor Holzdeppe: Das religionsphilosophische Offenbarungsverständnis des späteren Schleiermacher, Tübingen 1977.

Kaulbach, Friedrich: Schleiermachers Idee der Dialektik, in: Neue Zeitschrift für systematische Theologie und Religionsphilosophie 10, 1968, 225-260.

Keller-Wentorf, Christel: Schleiermachers Denken. Die Bewußtseinslehre in Schleiermachers philosophischer Ethik als Schlüssel zu seinem Denken, Berlin/New York 1984.

Kimmerle, Heinz: Das Verhältnis Schleiermachers zum transzendentalen Idealismus, in: Kant-Studien 51, 1959-60, 410-426.

— Schleiermachers Dialektik als Grundlegung philosophisch-theologischer Systematik und als Ausgangspunkt offener Wechselseitigkeit, in: Selge, Schleiermacher-Kongreß, Bd. 1, 39-59.

Klemm, David E.: The Desire to Know God in Schleiermacher's *Dialektik*, in: New Athenaeum/Neues Athenaeum 5, 1998, 129-146.

Klemme, Heiner F.: Kants Philosophie des Subjekts. Systematische und entwicklungsgeschichtliche Untersuchungen zum Verhältnis von Selbstbewußtsein und Selbsterkenntnis, Hamburg 1996.

Klemmt, Alfred: Karl Leonhard Reinholds Elementarphilosophie. Eine Studie über den Ursprung des deutschen Idealismus, Hamburg 1958.

Klotz, Christian: Reines Selbstbewußtsein und Reflexion in Fichtes Grundlegung der Wissenschaftslehre (1794-1800), in: Fichte-Studien 7, 1995, 27-48.

— Selbstbewußtsein und praktische Identität. Eine Untersuchung über Fichtes Wissenschaftslehre nova methodo, Frankfurt am Main 2002.

Kluckhohn, Paul: Die Auffassung der Liebe in der Literatur des 18. Jahrhunderts und in der deutschen Romantik, Tübingen 1966.

Knittermeyer, Hinrich: Der ,Übergang' zur Philosophie der Gegenwart, in: Zeitschrift für philosophische Forschung 1, 1946, 266-286.521-540.

Korsch, Dietrich: Das doppelte Absolute. Reflexion und Religion im Medium des Geistes, in: Ders., Dialektische Theologie nach Karl Barth, Tübingen 1995, 241-272.

— „Höherer Realismus". Schleiermachers Erkenntnistheorie der Religion in der Zweiten Rede, in: Barth/Osthövener, Jahre 609-628.

Kroner, Richard: Von Kant bis Hegel, Bd. 1, Tübingen 1921.

Kumlehn, Martina: Symbolisierendes Handeln. Schleiermachers Theorie religiöser Kommunikation und ihre Bedeutung für die gegenwärtige Religionspädagogik, Gütersloh 1999.

Lamm, Julia A.: The Early Philosophical Roots of Schleiermacher's Notion of *Gefühl*, 1788-1794, in: Harvard Theological Review 87, 1994, 67-105.

— The Living God: Schleiermacher's Theological Appropriation of Spinoza, Pennsylvania 1994.

Lange, Dietz (Hg.): Friedrich Schleiermacher 1768-1834. Theologe – Philosoph – Pädagoge, Göttingen 1985.

Lauth, Reinhard: Über Fichtes Lehrtätigkeit in Berlin von Mitte 1799 bis Anfang 1805 und seine Zuhörerschaft, in: Hegel-Studien 15, 1980, 9-50.

Lehnerer, Thomas: Die Kunsttheorie Friedrich Schleiermachers, Stuttgart 1987.

— Kunst und Bildung – zu Schleiermachers Reden über die Religion, in: Walter Jaeschke/Helmut Holzhey (Hg.), Früher Idealismus und Frühromantik. Der Streit um die Grundlagen der Ästhetik (1795-1805), Hamburg 1990, 190-200.

Leuze, Reinhard: Sprache und frommes Selbstbewußtsein. Bemerkungen zu Schleiermachers Glaubenslehre, in: Selge, Schleiermacher-Kongreß, Bd. 2, 917-922.

Lindroth, Hjalmar: Schleiermachers religionsbegrepp. Förutsättningar och konsekvenser, I-II, in: Uppsala Universitets Årsskrift 1926 und 1930.

Lipsius, Richard Adelbert: Schleiermachers Reden über die Religion, in: Jahrbücher für protestantische Theologie 1, 1875, 134-184.269-315.

Lönker, Fred: Religöses Erleben. Zu Schleiermachers zweiter Rede Über die Religion, in: Burdorf/Schmücker, Wissenschaft 53-68.

Loew, Wilhelm: Das Grundproblem der Ethik Schleiermachers in seiner Beziehung zu Kants Ethik, Berlin 1914; photographischer Nachdruck Liechtenstein 1987.

Martin, Gottfried (Hg.): Sachindex zu Kants Kritik der reinen Vernunft, Berlin 1967.

Meckenstock, Günter: Schleiermachers naturrechtliche Überlegungen zur Vertragslehre (1796/97), in: Selge, Schleiermacher-Kongreß, Bd. 1, 139-151.

— Diltheys Edition der Schleiermacherschen Jugendschriften, in: Selge, Schleiermacher-Kongreß, Bd. 2, 1229-1242.

— Deterministische Ethik und kritische Theologie. Die Auseinandersetzung des frühen Schleiermacher mit Kant und Spinoza 1789-1794, Berlin/New York 1988.

— (Hg.): Schleiermacher und die wissenschaftliche Kultur des Christentums, Berlin/New York 1991.

— Die Wandlungen der „Monologen" Schleiermachers, in: Ders., Kultur 403-418.

— Schleiermachers Auseinandersetzung mit Fichte, in: Sorrentino, Philosophy 27-46.

— Schleiermachers Bibliothek. Bearbeitung des faksimilierten Rauchschen Auktionskatalogs und der Hauptbücher des Verlages G. Reimer, Berlin/New York 1993.

Meier-Dörken, Christoph: Die Theologie der frühen Predigten Schleiermachers, Berlin/New York 1988.

Meisner, Heinrich: Schleiermachers Lehrjahre, hg. v. Hermann Mulert, Berlin/Leipzig 1934.

Mensen, Bernhard: Reinhold zur Frage des ersten Grundsatzes der Philosophie, in: Reinhard Lauth (Hg.), Philosophie aus einem Prinzip. Karl Leonhard Reinhold, Bonn 1974, 108-128.

Merle, Jean-Christophe (Hg.): Johann Gottlieb Fichte. Grundlage des Naturrechts, Berlin 2001.

Meyer, E.R.: Schleiermachers und C.G. von Brinkmanns Gang durch die Brüdergemeine, Leipzig 1905.

Miller, Marlin E.: Der Übergang. Schleiermachers Theologie des Reiches Gottes im Zusammenhang seines Gesamtdenkens, Gütersloh 1970.

Mohr, Georg: Das sinnliche Ich. Innerer Sinn und Bewußtsein bei Kant, Würzburg 1991.

Moretto, Giovanni: The Problem of the Religious in the Philosophical Perspectives of Fichte and Schleiermacher, in: Sorrentino, Philosophy 47-73.

Moxter, Michael: Güterbegriff und Handlungstheorie. Eine Studie zur Ethik F. Schleiermachers, Kampen 1992.

Müller, Ernst: Religion als ‚Kunst ohne Kunstwerk'. F. D. E. Schleiermachers Reden ‚Über die Religion' und das Problem ästhetischer Subjektivität, in: Wolfgang Braungart/Gotthard Fuchs/Manfred Koch (Hg.), Ästhetische und religiöse Erfahrungen der Jahrhundertwenden. I: um 1800, Paderborn/München/Wien/Zürich 1997, 149-165.

Nakai, Chiyuki: Poesie und Bildung. Untersuchungen zu Friedrich Schlegels Idee der Bildung des Menschen und ihrer Beziehung zur Poesie, Bonn 1970.

Naschert, Guido: Friedrich Schlegel über Wechselerweis und Ironie, in: Athenäum. Jahrbuch für Romantik 6, 1996, 47-90; 7, 1997, 11-36.

— August Ludwig Hülsens erster Beitrag zur philosophischen Frühromantik, in: Athenäum. Jahrbuch für Romantik 8, 1998, 113-135.

Neubauer, John: Intellektuelle, intellektuale und ästhetische Anschauung. Zur Entstehung der romantischen Kunstauffassung, in: Deutsche Vierteljahresschrift für Literaturwissenschaft und Geistesgeschichte 46, 1972, 294-319.

Neuhouser, Frederick: The Efficacy of the Rational Being. (First Proposition: § 1), in: Merle, Grundlage 39-49.

Niebuhr, Richard R.: Schleiermacher on Christ and Religion. A New Interpretation, New York 1964.

Nowak, Kurt: Die französische Revolution in Leben und Werk des jungen Schleiermacher. Forschungsgeschichtliche Probleme und Perspektiven, in: Selge, Schleiermacher-Kongreß, Bd. 1, 103-125.

— Schleiermacher und die Frühromantik. Eine literaturgeschichtliche Studie zum romantischen Religionsverständnis und Menschenbild am Ende des 18. Jahrhunderts in Deutschland, Göttingen 1986.

Nygren, Anders: Dogmatikens vetenskapliga grundläggning med särskild hänsyn till den Kant-Schleiermacherska problemställningen, Lund 1922.

Oberdorfer, Bernd: Geselligkeit und Realisierung von Sittlichkeit. Die Theorieentwicklung Friedrich Schleiermachers bis 1799, Berlin/New York 1995.

— „Umrisse der Persönlichkeit". Personalität beim jungen Schleiermacher – ein Beitrag zur gegenwärtigen ethischen Diskussion, in: Evangelische Theologie 60, 2000, 9-24.

Odebrecht, Rudolf: Das Gefüge des religiösen Bewußtseins bei Fr. Schleiermacher, in: Blätter für deutsche Philosophie 8, 1934/35, 284-301.

Offermann, Doris: Schleiermachers Einleitung in die Glaubenslehre. Eine Untersuchung der „Lehnsätze", Berlin 1969.

Ohst, Martin: Schleiermacher und die Bekenntnisschriften. Eine Untersuchung zu seiner Reformations- und Protestantismusdeutung, Tübingen 1989.

Osthövener, Claus-Dieter: Die Lehre von Gottes Eigenschaften bei Friedrich Schleiermacher und Karl Barth, Berlin/New York 1996.

Otto, Rüdiger: Studien zur Spinozarezeption in Deutschland im 18. Jahrhundert, Frankfurt am Main/Berlin/Bern/New York/Paris/Wien 1994.

Pannenberg, Wolfhart: Wissenschaftstheorie und Theologie, Frankfurt am Main 1977.

— Systematische Theologie, Bd. 1, Göttingen 1988.

— Metaphysik und Gottesgedanke, Göttingen 1988.

Patsch, Hermann: Friedrich Schlegels „Philosophie der Philologie" und Schleiermachers frühe Entwürfe zur Hermeneutik, in: Zeitschrift für Theologie und Kirche 63, 1966, 434-472.

— Alle Menschen sind Künstler. Friedrich Schleiermachers poetische Versuche, Berlin/New York 1986.

— „Das gewiß herrliche Werk". Die rhetorische Form der Auseinandersetzung Schleiermachers mit Fichtes Geschichtsphilosophie, in: Meckenstock, Kultur 441-454.

Piper, Otto: Das religiöse Erlebnis. Eine kritische Analyse der Schleiermacherschen Reden über die Religion, Göttingen 1920.

Pleger, Wolfgang. H.: Schleiermachers Philosophie, Berlin/New York 1988.

Pöggeler, Otto: Ist Hegel Schlegel? Friedrich Schlegel und Hölderlins Frankfurter Freundeskreis, in: Christoph Jamme/Otto Pöggeler (Hg.), „Frankfurt ist aber der Nabel dieser Erde". Das Schicksal einer Generation der Goethezeit, Stuttgart 1983, 325-348.

Pohl, Karl: Die Bedeutung der Sprache für den Erkenntnisakt in der „Dialektik" Friedrich Schleiermachers, in: Kant-Studien 46, 1954-55, 302-332.

Quapp, Erwin H.U.: Christus im Leben Schleiermachers. Vom Herrnhuter zum Spinozisten, Göttingen 1972.

Reble, Albert: Schleiermachers Kulturphilosophie, Erfurt 1935.

Renaut, Alain: Deduktion des Rechts (Dritter Lehrsatz: § 4), in: Merle, Grundlage 81-95.

Reuter, Hans-Richard: Die Einheit der Dialektik Friedrich Schleiermachers. Eine systematische Interpretation, München 1979.

Riedel, Manfred: Christian Wolffs ‚Emendation' der praktischen Philosophie, in: Hans-Georg Gadamer (Hg.), Das Problem der Sprache, München 1967, 207-219.

Riemer, Matthias: Bildung und Christentum. Der Bildungsgedanke Schleiermachers, Göttingen 1989.

Ringleben, Joachim: Die Reden über die Religion, in: Lange, Theologe 236-258.

Risse, Wilhelm: Die Logik der Neuzeit, Bd. 1-2, Stuttgart-Bad Cannstatt 1964-1970.

Ritschl, Albrecht: Schleiermachers Reden über die Religion und ihre Nachwirkungen auf die evangelische Kirche Deutschlands, Bonn 1874.

Ritschl, Otto: Schleiermachers Stellung zum Christentum in seinen Reden über die Religion. Ein Beitrag zur Ehrenrettung Schleiermachers, Gotha 1888.

Rössler, Martin: Schleiermachers Programm der Philosophischen Theologie, Berlin/New York 1994.

Rohls, Jan: Frömmigkeit als Gefühl schlechthinniger Abhängigkeit. Zu Schleiermachers Religionstheorie in der „Glaubenslehre", in: Selge, Schleiermacher-Kongreß, Bd. 1, 221-252.

Roth, Stefanie: Friedrich Hölderlin und die deutsche Frühromantik, Stuttgart 1991.

Rothert, Hans Joachim: Die Dialektik Schleiermachers. Überlegungen zu einem noch immer wartenden Buch, in: Zeitschrift für Theologie und Kirche 67, 1970, 183-214.

Sandkaulen-Bock, Birgit: Ausgang vom Unbedingten. Über den Anfang in der Philosophie Schellings, Göttingen 1990.

Schneiders, Werner (Hg.): Christian Wolff 1679-1754. Interpretationen zu seiner Philosophie und deren Wirkung, Hamburg 1983.

Schnur, Harald: Schleiermachers Hermeneutik und ihre Vorgeschichte im 18. Jahrhundert. Studien zur Bibelauslegung, zu Hamann, Herder und F. Schlegel, Stuttgart/Weimar 1994.

Scholtz, Gunter: Die Philosophie Schleiermachers, Darmstadt 1984.

— Ethik und Hermeneutik. Schleiermachers Grundlegung der Geisteswissenschaften, Frankfurt am Main 1995.

— Schleiermacher und die Kunstreligion, in: Barth/Osthövener, Jahre 515-533.

Scholz, Heinrich: Christentum und Wissenschaft in Schleiermachers Glaubenslehre. Ein Beitrag zum Verständnis der Schleiermacherschen Theologie, Leipzig 1911.

Schrader, Wilhelm: Geschichte der Friedrichs-Universität zu Halle, Bd. 1, 1894.

Schrader, Wolfgang H. (Hg.): Fichte und die Romantik. Hölderlin, Schelling, Hegel und die späte Wissenschaftslehre, Fichte-Studien 12, 1997.

Schröder, Kurt: Das Freiheitsproblem in der zweiten Hälfte der deutschen Aufklärung, Gütersloh 1936.

Schröder, Markus: Die kritische Identität des neuzeitlichen Christentums. Schleiermachers Wesensbestimmung der christlichen Religion, Tübingen 1996.

Schröpfer, Horst: „... zum besten der Teutschen Gelehrsamkeit und Literatur ...", in: Hinske/Lange/Schröpfer, Aufbruch 85-93.

Schrofner, Erich: Theologie als positive Wissenschaft. Prinzipien und Methoden der Dogmatik bei Schleiermacher, Frankfurt am Main/Bern/Cirencester 1980.

Schütte, Hans Walter: Das getröstete Denken. Zu Schleiermachers Dialektik, in: Lange, Theologe 72-84.

Schultz, Gerhard: Zeitgenossenschaft. Hölderlin und der Jenaer Freundeskreis, in: Hölderlin-Jahrbuch 28, 1992-93, 48-67.

Schulz, Eberhard Günter: Rehbergs Opposition gegen Kants Ethik. Eine Untersuchung ihrer Grundlagen, ihrer Berücksichtigung durch Kant und ihrer Wirkungen auf Reinhold, Schiller und Fichte, Köln/Wien 1975.

— Wolffs Moralprinzip und Kants kategorischer Imperativ, in: Christian Wolff, Gesammelte Werke, Bd. III.31, Nuovi studi sul pensiero di Christian Wolff, hg. v. Jean Ecole, Hildesheim/New York 1992, 217-237.

Seibert, Peter: Der literarische Salon. Literatur und Geselligkeit zwischen Aufklärung und Vormärz, Stuttgart/Weimar 1993.

Seifert, Peter: Die Theologie des jungen Schleiermacher, Gütersloh 1960.

Selge, Kurt-Victor (Hg.): Internationaler Schleiermacher-Kongreß Berlin 1984, Bd. 1-2, Berlin/New York 1985.

Selling, Magnus: Studien zur Geschichte der Transzendentalphilosophie, Bd. 1, Karl Leonhard Reinholds Elementarphilosophie in ihrem philosophiegeschichtlichen Zusammenhang mit Beilagen Fichtes Entwicklung betreffend, Lund 1938.

Seysen, Christian: Die Rezeption des Atheismusstreits bei F. Schleiermacher, in: Klaus-M. Kodalle/Martin Ohst (Hg.), Fichtes Entlassung. Der Atheismusstreit vor 200 Jahren, Würzburg 1999, 175-190.

Siegfried, Theodor: Das romantische Prinzip in Schleiermachers Reden über die Religion, Berlin 1916.

Siep, Ludwig: Naturrecht und Wissenschaftslehre, in: Ders., Praktische Philosophie im Deutschen Idealismus, Frankfurt am Main 1992, 19-40.

— Einheit und Methode von Fichtes „Grundlage des Naturrechts", ebd. 41-66.

— Autonomie und Vereinigung. Hegel und Fichtes Religionsphilosophie bis 1800, ebd. 116-129.

Sigwart, Christoph von: Schleiermachers Erkenntnistheorie und ihre Bedeutung für die Grundbegriffe der Glaubenslehre, in: Jahrbücher für Deutsche Theologie 2, 1857, 267-327.

— Schleiermachers psychologische Voraussetzungen, insbesondere die Begriffe des Gefühls und der Individualität, ebd. 829-864.

Sommer, Wolfgang: Schleiermacher und Novalis. Die Christologie des jungen Schleiermacher und ihre Beziehung zum Christusbild des Novalis, Bern/Frankfurt am Main 1973.

Sorrentino, Sergio (Hg.): Schleiermacher's Philosophy and the Philosophical Tradition, Lewiston 1992,

Stalder, Robert: Grundlinien der Theologie Schleiermachers. I. Zur Fundamentaltheologie, Wiesbaden 1969.

Stock, Hans: Friedrich Schlegel und Schleiermacher, Marburg 1930.

Stolzenberg, Jürgen: Fichtes Begriff der intellektuellen Anschauung. Die Entwicklung in den Wissenschaftslehren von 1793/94 bis 1800/02, Stuttgart 1986.

— Das Selbstbewußtsein einer reinen praktischen Vernunft. Zu den Grundlagen von Kants und Fichtes Theorien des sittlichen Bewußtseins, in Dieter Henrich/Rolf-Peter Horstmann (Hg.), Metaphysik nach Kant? Stuttgarter Hegel-Kongreß 1987, Stuttgart 1988, 181-208.

— Fichtes Satz „Ich bin". Argumentanalytische Überlegungen zu Paragraph 1 der *Grundlage der gesamten Wissenschaftslehre* von 1794/95, in: Fichte-Studien 6, 1994, 1-34.

— Fichtes Begriff des praktischen Selbstbewußtseins, in: Wolfram Hogrebe (Hg.), Fichtes Wissenschaftslehre 1794. Philosophische Resonanzen, Frankfurt am Main 1995, 71-95.

— Selbstbewußtsein. Ein Problem der Philosophie nach Kant. Zum Verhältnis Reinhold-Hölderlin-Fichte, in: Manfred Frank (Hg.), Le premier romantisme allemand (1796), Revue Internationale de Philosophie 197, 1996, 461-482.

— Weltinterpretationen um 1800, in: Barth/Osthövener, Jahre 58-78.

Süskind, Hermann: Der Einfluss Schellings auf die Entwicklung von Schleiermachers System, Tübingen 1909; photographischer Nachdruck Aalen 1983.

Summerer, Stefan: Wirkliche Sittlichkeit und Ästhetische Illusion. Die Fichterezeption in den Fragmenten und Aufzeichnungen Friedrich Schlegels und Hardenbergs, Bonn 1974.

Taylor, Charles: Sources of the Self. The Making of Modern Identity, Cambridge 1992.

Thiel, John E.: God and World in Schleiermacher's *Dialektik* and *Glaubenslehre*. Criticism and Methodology of Dogmatics, Bern/Frankfurt am Main/Las Vegas 1981.

Timm, Hermann: Gott und die Freiheit. Studien zur Religionsphilosophie der Goethezeit, Bd. 1, Die Spinozarenaissance, Frankfurt am Main 1974.

— Die heilige Revolution. Das religiöse Totalitätskonzept der Frühromantik. Schleiermacher-Novalis-Friedrich Schlegel, Frankfurt am Main 1978.

Trowitzsch, Michael: Zeit zur Ewigkeit. Beiträge zum Zeitverständnis in der „Glaubenslehre" Schleiermachers, München 1976.

Uerlings, Herbert: Friedrich von Hardenberg, genannt Novalis. Werk und Forschung, Stuttgart 1991.

Virmond, Wolfgang: Bemerkungen zu Schleiermachers Schlobittener Stil-Vorträgen von 1791. Mit einem Exkurs über die ‚Reden' (1799) und Spaldings ‚Religion' (1797), in: Barth/Osthövener, Jahre 247-261.

Wagner, Falk: Schleiermachers Dialektik. Eine kritische Interpretation, Gütersloh 1974.

— Was ist Religion? Studien zu ihrem Begriff und Thema in Geschichte und Gegenwart, Gütersloh 1986.

Waibel, Violetta L.: Hölderlin und Fichte 1794-1800, Paderborn/München/Wien/Zürich 2000.

Wallhausser, John: Schleiermacher's Early Development as Ethical Thinker, Diss. Yale 1965.

Weber, Fritz: Schleiermachers Wissenschaftsbegriff. Eine Studie aufgrund seiner frühesten Abhandlungen, Gütersloh 1973.

Wehrung, Georg: Der geschichtsphilosophische Standpunkt Schleiermachers zur Zeit seiner Freundschaft mit den Romantikern, Straßburg 1907.

— Die philosophisch-theologische Methode Schleiermachers. Eine Einführung in die kurze Darstellung und in die Glaubenslehre, Göttingen 1911.

— Die Dialektik Schleiermachers, Tübingen 1920.

— Schleiermacher in der Zeit seines Werdens, Gütersloh 1927.

Wendland, Johannes: Die religiöse Entwicklung Schleiermachers, Tübingen 1915.

Wenz, Gunther: Sinn und Geschmack fürs Unendliche. F.D.E. Schleiermachers Reden über die Religion an die Gebildeten unter ihren Verächtern von 1799, München 1999.

Weymann, Volker: Glaube als Lebensvollzug und der Lebensbezug des Denkens. Eine Untersuchung zur Glaubenslehre Friedrich Schleiermachers, Göttingen 1977.

Widmann, Peter: Bestemmelser. Teologiske tilløb og bidrag, København 2000.

Williams, Robert R.: Schleiermacher the Theologian: The Construction of the Doctrine of God, Philadelphia 1978.

Wittekind, Folkhart: Religiosität als Bewußtseinsform. Fichtes Religionsphilosophie 1795-1800, Gütersloh 1993.

— Die Vision der Gesellschaft und die Bedeutung religiöser Kommunikation. Schleiermachers Kritik am Atheismusstreit als Leitmotiv der ‚Reden‘, in: Barth/Osthövener, Jahre 397-415.

Wolfes, Matthias: „Ein Gegensatz zwischen Vernunft und Offenbarung findet nicht statt". Friedrich Schleiermachers Vorlesung über Dogmatische Theologie aus dem Sommersemester 1811, in: Barth/Osthövener, Jahre 629-667.

Wolff, Hans M.: Die Weltanschauung der deutschen Aufklärung in geschichtlicher Entwicklung, Bern 1949.

Wundt, Max: Die deutsche Schulphilosophie im Zeitalter der Aufklärung, Tübingen 1945.

Zahn, Manfred: Der historische Kontext der Kant-Eberhard-Kontroverse, in: Kant, Streit XIII-XL.

Personenregister